上海市专志丛书

崇明县政协志

（1956—2012）

《崇明县政协志》编纂委员会　编

主　　编：陈汉刚　　副主编：施利华

执行主编：徐耀明

方志出版社
Publishing House of Local Records

图书在版编目(CIP)数据

崇明县政协志：1956—2012/《崇明县政协志》编纂委员会编;陈汉刚主编. —北京：方志出版社，2016.12

ISBN 978-7-5144-2321-1

Ⅰ.①崇… Ⅱ.①崇…②陈… Ⅲ.①中国人民政治协商会议—地方委员会—概况—崇明县—1956—2012 Ⅳ.①D628.514

中国版本图书馆 CIP 数据核字(2016)第 317284 号

崇明县政协志(1956—2012)

编　　者：《崇明县政协志》编纂委员会
主　　编：陈汉刚
副 主 编：施利华
执行主编：徐耀明
责任编辑：刘方圆

出 版 人：冀祥德
出 版 者：方志出版社
地址　北京市朝阳区潘家园东里 9 号(国家方志馆 4 层)
邮编　100021
网址　http://www.fzph.org
发　　行：方志出版社发行中心
电话(010)67110500
经　　销：各地新华书店
印　　刷：上海市崇明县裕安印刷厂

开　　本：889×1194　1/16
印　　张：54
字　　数：1890 千字
版　　次：2016 年 12 月第 1 版　2016 年 12 月第 1 次印刷
印　　数：0001～1500 册

ISBN 978-7-5144-2321-1　定价：278.00 元

中国人民政治协商会议会徽

1950年7月1日，崇明县第二届各界人民代表会议合影

1950年12月18日，崇明县第三届各界人民代表会议合影

1951年7月30日，崇明县第四届各界人民代表会议合影

会议 掠影

1981年6月24日—30日，县政协召开五届一次会议，出席和列席人员合影

1984年4月8日—14日，县政协召开六届一次会议

1987年4月10日—16日，县政协召开七届一次会议

会议 掠影

1990年4月2日—6日，县政协召开八届一次会议，投票选举县政协主席、副主席、秘书长及常务委员

1993年4月4日—9日，县政协召开九届一次会议

1998年3月24日—28日，县政协召开十届一次会议

会议掠影

2003年3月16日—20日，县政协召开十一届一次会议

2007年2月5日—9日，县政协召开十二届一次会议

2012年1月5日—8日，县政协召开十三届一次会议

1993年4月4日，县政协九届一次会议上，县政协主席陆瑾作常委会工作报告

2001年2月26日，县政协十届四次会议上，县政协主席黄振兴讲话

2002年9月12日，县政协十届六次会议上，县政协主席邵礼达讲话

会议掠影

2007年2月5日，县政协十二届一次会议上，县政协主席范陈杰作常委会工作报告

2012年1月5日，县政协十三届一次会议上，县政协主席施建华作常委会工作报告

1987年4月，县政协七届一次会议期间，县委书记姚明宝看望县政协委员

1992年3月，县政协八届三次会议期间，县委副书记沈兰全看望县政协委员

1993年4月，县政协九届一次会议期间，县委书记徐木泉看望县政协委员

1997年3月，县政协九届五次会议期间，县委书记施兴忠看望县政协委员

会议 掠影

1999年3月，县政协十届二次会议期间，县委书记盛亚飞看望县政协委员

2003年3月，县政协十一届一次会议期间，县委书记龚德庆看望县政协委员

2007年2月，县政协十二届一次会议期间，县委书记孙雷看望县政协委员

2012年1月，县政协十三届一次会议期间，县委书记彭沉雷看望县政协委员

1995年12月25日，县委召开政协工作会议

2006年2月17日，县委召开人大、政协工作会议

会议 掠影

2009年12月29日，县人大常委会与县政协联合召开工作情况交流会

2012年2月15日，县政府、县政协召开工作交流会

1993年10月，县政协组织部分政协委员视察工厂

1994年3月，县政协组织部分政协委员视察绿化工程

1998年11月，县政协组织部分政协委员视察工厂

工作 纪实

2003年7月，县政协组织部分政协委员视察农村居民点建设情况

2005年6月27日—29日，县政协组织政协委员“保护环境百里行”巡视

2007年12月6日，县政协组织政协委员年终集中视察

2008年6月22日，县政协举行"加快发展高效生态农业"委员巡视活动座谈会

2009年11月17日，县政协举行迎世博工作巡查活动座谈会

2010年12月1日，县政协举行政协委员年终集中视察活动座谈会

2008年11月10日，县政协主席会议成员赴县教育局集体调研

2010年9月8日，县政协主席会议成员赴县安全生产监督管理局集体调研

2011年3月24日，县政协主席会议成员赴东平镇集体调研

2011年5月10日，县政协主席会议成员赴新海镇集体调研

2011年5月26日，县政协主席会议成员赴县民政局集体调研

2003年11月21日，县政协举行专题议政会

工作 纪实

2007年6月21日，县政协举行“科学发展、共建和谐”专题议政会

2007年8月28日，县政协召开县委、县政府重点工作情况通报会

2008年1月16日，县政协举行“创建国家级生态县”专题议政会

2010年9月10日，县政协召开政协专门委员会与县党政部门对口联系工作会议

2012年3 月14日，县政协社会事业委员会与县卫生局进行对口联系活动

2009年9月上旬至10月上旬，县政协开展2009年度政协提案办理工作民主测评活动

学习 交流

1986年11月1日，县政协举行主席会议（扩大）学习会

2003年2月28日，县政协举行新委员学习会

2004年7月29日，县政协召开学习贯彻政协章程座谈会

2008年2月27日，县政协、县委统战部联合举行“坚定不移发展社会主义民主政治”专题报告会

2008年4月22日，县政协、县委统战部联合举行《中国的政党制度》白皮书解读专题报告会

2010年8月31日，县政协、县委统战部联合举行“当前国际形势展望与我国对外战略”专题报告会

学习 交流

2006年9月13日，县政协举行中心组学习《江泽民文选》交流会

2009年3月26日，县政协举行中心组（扩大）学习会

2009年3月11日，县政协召开机关干部学习实践科学发展观动员会

2009年4月23日，县政协党组召开学习实践科学发展观活动调研成果和解放思想大讨论交流会

1989年7月12日—13日，上海市郊县政协工作例会在崇明召开

1991年9月21日—22日，长江口北部六县（市）政协联谊会在崇明召开

2005年11月9日—10日，沪浙十县（市、区）政协工作研讨交流会在崇明召开

2010年4月22日，出席在崇明召开的苏浙沪十五县（市、区）政协工作研讨会人员合影

1991年9月20日，县政协举行崇明县各界人士中秋联欢晚会

2004年9月20日，县政协举行各界人士纪念人民政协成立55周年大会

2005年2月2日，县政协举行崇明县各界人士春节团拜会

团结 联谊

2006年12月30日，县政协举行崇明县各界人士迎新年联欢会

2008年4月30日，县政协、县委统战部召开纪念中共中央发布“五一口号”60周年座谈会

2009年9月21日，县政协、县委统战部举行崇明县各界人士庆祝人民政协成立60周年招待会

2009年12月29日，县政协举行崇明县各界人士迎新年专场文艺演出

2011年6月21日，县政协举行崇明县各界人士纪念中国共产党成立90周年座谈会

2012年9月27日，县政协、县委统战部联合举行崇明县各界人士“迎中秋、庆国庆”专场文艺演出

证件 选录

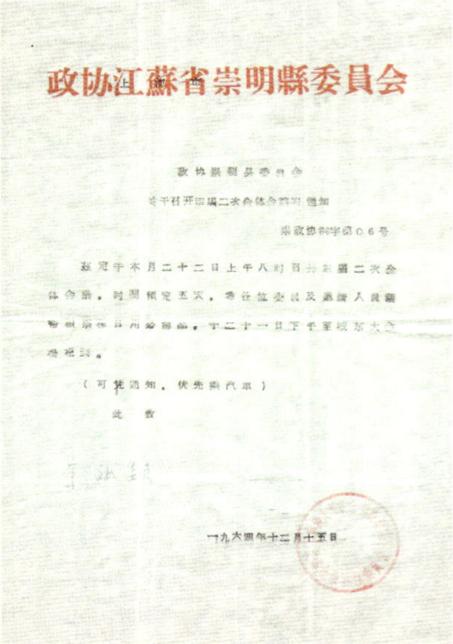

政协江蘇省崇明縣委員会

政协崇明县委员会

关于召开四届二次会体会议的通知

崇政协[illegible]字第06号

兹定于本月二十二日上午八时召开四届二次全体会议，时间预定五天，希各位委员及邀请人员[illegible]于二十一日下午至[illegible]大会报到。

（可凭通知，优先乘汽车）

此致

一九六四年十二月十五日

县政协召开四届二次会议通知

县政协四届二次会议主席团证

县政协八届一次会议出席证

县政协八届一次会议列席证

县政协九届三次会议出席证

县政协九届三次会议列席证

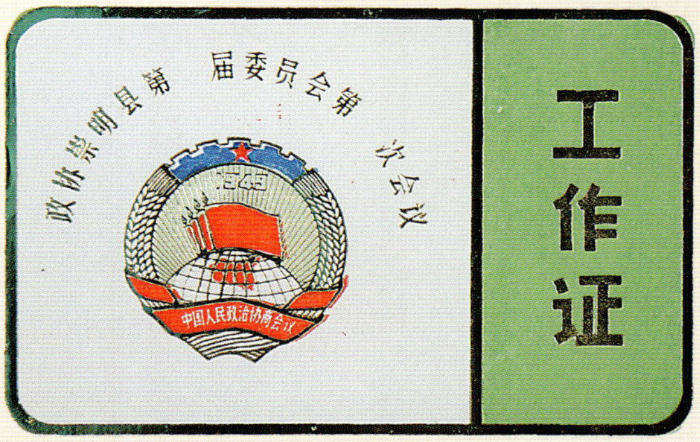

县政协九届三次会议工作证

县政协十二届五次会议出席证

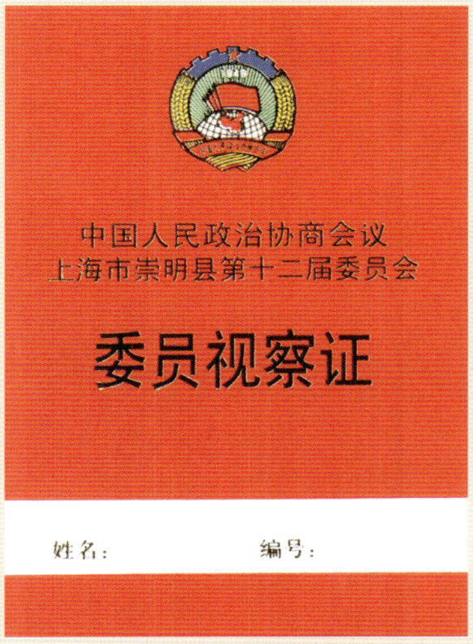

县政协十二届委员视察证

县政协十二届四次会议工作证

县政协十三届一次会议工作证

县政协大型活动工作证

2008年12月20日，“亚宗和”名誉主席、巴基斯坦原政府部长马瓦特一行到崇明访问

2010年4月25日，约旦王国参议院秘书长哈拉米·哈米萨特一行到崇明访问

2010年7月21日，匈牙利共和国驻上海领事馆总领事库·蒂·拉斯诺到崇明访问

2007年7月13日，天津市政协副主席周绍熹一行到崇明参观考察

2009年11月26日，江西省政协副主席朱张才一行到崇明参观考察

2010年10月16日，陕西省政协主席马中平一行到崇明参观考察

2010年10月18日，青海省政协副主席陈资全一行到崇明参观考察

2010年10月27日，河南省政协副主席李英杰到崇明参观考察

2007年10月15日—21日，县政协主席范陈杰率县政协常委会组成人员前往京津郊区学习考察

2008年10月20日，县政协主席范陈杰带领常委会组成人员前往浙江省海宁市、杭州市学习考察

2011年4月23日—26日，县政协常委会组成人员前往陕西省延安市学习考察

2012年7月3日—6日，县政协组织中共特邀界别委员以及政协机关部分工作人员前往江西省井冈山地区学习考察

书画 作品

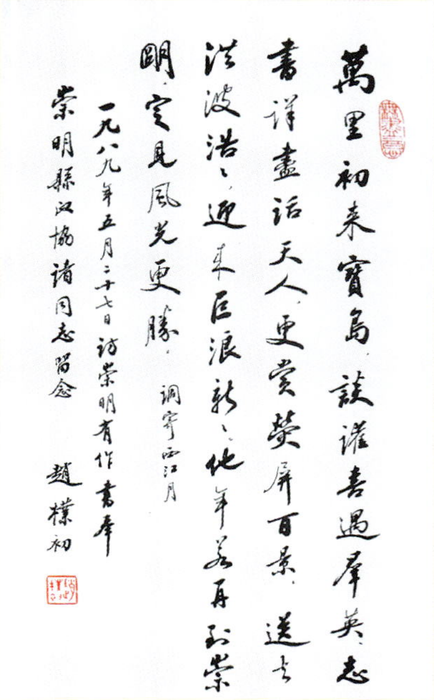

全国政协副主席赵朴初题词

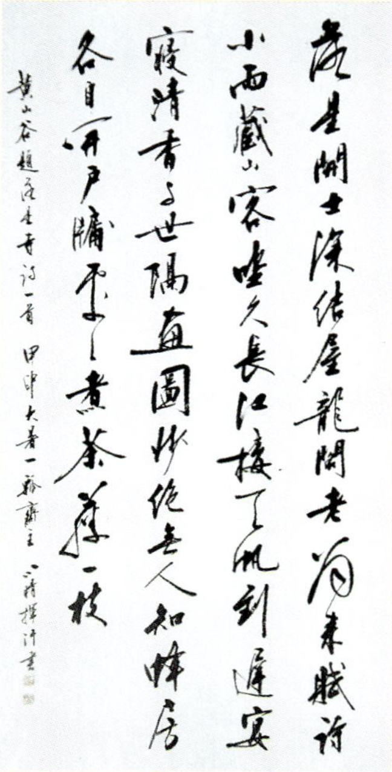

行书　刘小晴（崇明籍人士，上海书法家协会副主席、上海市政协委员）

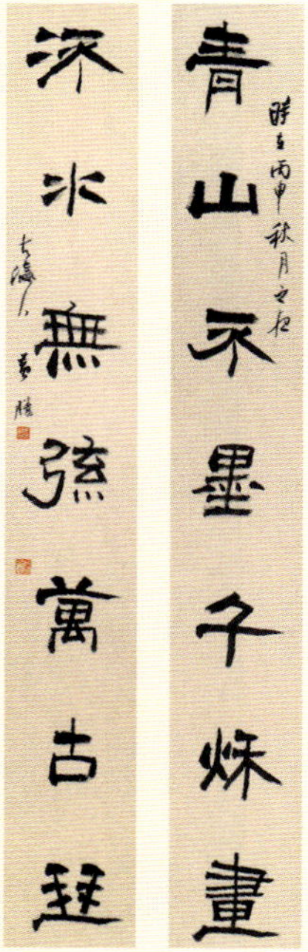

录书　黄胜（上海市书法家协会理事、上海市美术家协会理事，崇明县政协委员）

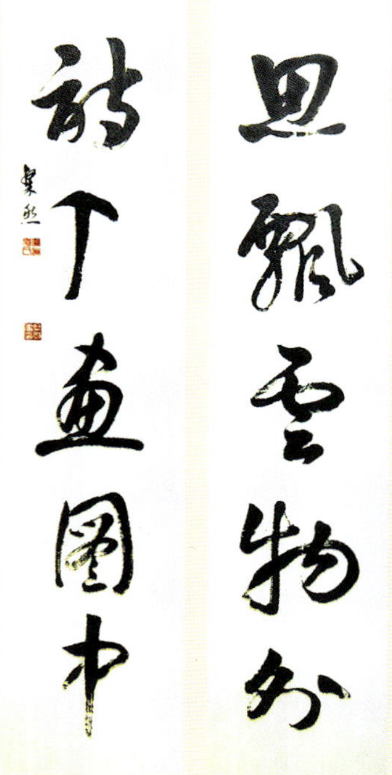

草书　沈士忠（崇明书法家协会理事、崇明县政协常委）

国画　花枝欲动春风寒　张志安（上海美术家协会会员、崇明画院副院长、崇明县政协委员）

国画　瓶花系列　陆春涛（中国美术家协会会员、崇明画院院长、崇明县政协委员）

油画　花之韵　姚伟超（上海美术家协会会员、崇明画院副院长、崇明县政协委员）

国画　紫气东来　施国敦（萧派山水画传人、崇明县政协之友社社员）

1987年4月16日，县政协之友社召开第一届理事会会议，并进行“社牌”授牌仪式。

1987年10月4日，县政协之友社召开一届一次社员大会

2009年3月16日，县政协之友社召开六届三次社员大会

2009年10月21日，县政协之友社举行庆祝重阳节活动

2010年11月17日，县政协之友社社员参观江南三民文化村

2012年8月3日，县政协之友社召开七届二次理事会会议

2012年3月1日，县政协召开十三届四次主席会议，讨论《崇明县政协志》编纂方案

2015年7月30日，《崇明县政协志》编纂委员会召开《崇明县政协志》专家评审会

2015年7月30日，《崇明县政协志》专家评审会成员合影。上海市地方志办公室原副主任、研究员、专家组组长姚金祥（前排左五），上海市地方志办公室原副主任沈锦生（前排右五），上海市档案局副巡视员、研究员马长林（前排左四），上海市地方志办公室年鉴工作处处长王继杰（前排左三），上海市地方志办公室区县工作处处长黄文雷（前排左二），崇明县政协副主席沈卫国（前排右六）

《崇明县政协志》编审人员名录

编纂委员会

顾　　问：陈继明　施　群　张　彪　陆　瑾（女）　黄振兴
邵礼达　范陈杰

主　　任：施建华

副 主 任：王为群（女）　沈卫国　施　俭　周新卫　顾德昌

委　　员：陈汉刚　陈志德　陆善昌　沈士忠　施利华

编纂人员

主　　编：陈汉刚

副 主 编：施利华

执行主编：徐耀明

编　　辑：季洪昌　徐耀明　樊祥森

照片收集人员

周　红（女）

资料采集人员

陆松平　金德培　张诗履　周洪生　徐　蔚（女）　王　莉（女）　顾红英（女）
朱美君（女）　沈　虹（女）　周咸立　姚洁芳（女）　顾　虹（女）　张　喆（女）
葛文君（女）　杜晓丹　沈　静（女）　何云峰　陈　凯

审定人员

姚金祥　沈锦生　马长林　王继杰　黄文雷　吴　韵（女）　丁惠义
朱鑫德　杨　兴　汪志星

序

盛世修志，乃是中华民族优秀的文化传统。作为崇明有史以来的第一部政协专志——《崇明县政协志(1956—2012)》在各级领导和社会各界的关注、支持下，经全体编纂人员多年的辛勤笔耕和不懈努力，四易其稿，终于付梓出版了。她的问世，是崇明县政协历史上的一件盛事，也是崇明推进社会主义民主政治建设，加强人民政协工作的一个丰硕成果。

人民政协是中国人民爱国统一战线的组织，是中国共产党领导的多党合作和政治协商的重要机构，是我国政治生活中发扬社会主义民主的重要形式，是中国共产党把马克思列宁主义统一战线理论同中国具体实践相结合的伟大创造，是中国共产党同各民主党派、人民团体和各族各界人士风雨同舟、团结奋斗的伟大成果。政协崇明县委员会从1956年3月成立至今，已历经60个春秋。60年来，崇明县政协作为人民政协的地方组织，始终高举爱国主义、社会主义两面旗帜，牢牢把握团结民主两大主题，广泛团结各民主党派、人民团体和各族各界人士，认真履行政治协商、民主监督、参政议政职能，全力服从服务于各个历史时期党的中心工作，在积极推动经济建设、政治建设、文化建设、社会建设和生态文明建设中发挥了无可替代的作用，赢得了全县各界人士的广泛赞誉。

《崇明县政协志(1956—2012)》记述了1956年—2012年政协崇明县第一届委员会至第十三届委员会的工作历程；是政协崇明县历届委员会在政协上海市历届委员会的精心指导和中共崇明县历届委员会的坚强领导下，团结各民主党派、工商联、各人民团体和社会各界人士为社会主义革命和建设，为改革开放和现代化建设同心同德、共同奋斗的历史见证，是历届政协委员为推进社会主义民主政治建设、努力开创人民政协事业新局面的精彩缩影。

崇明县政协60年来的光辉历程和丰富实践，积累了宝贵经验，形成了优良传统，也为继续推进崇明政协事业发展提供了重要启示。以史为鉴，服务当代，垂益将来，是《崇明县政协志(1956—2012)》编纂工作的主旨。本志秉承资政、教化、存史的理念，采用章节条目体，分卷、章、节、目四个层次，采用述、记、志、传、图、表、录等多种体裁，以志为主，并将总述、大事记和政协活动照片置于卷章节之前，县政协相关文件和崇明县第一届至第六届各界人民代表会议等情况附录置于书后。《崇明县政协志(1956—2012)》以大量客观、准确、翔实的资料系统地记述了崇明县政协的发展脉络和组织沿革,全面总结了崇明县政协履行职能的成果和经验,真实地展示了历届政协委员满腔热忱、不忘初心、牢记使命、乐于奉献的精神风貌和工作业绩,既反映了人民政协的时代精神,又体现了崇明县政协的地方特色,也留下了崇明县政协的历史印迹。

《崇明县政协志(1956—2012)》的如期出版,得到了中共崇明区委、县政府的高度重视,得到了区委组织部、统战部、县档案局(馆)等相关部门的大力支持,得到了历届县政协领导、离退休老同志的热忱关心。在此期间,参加编纂工作的同志以及县政协机关全体工作人员通力协作,辛勤工作,倾注了大量心血。在此谨向为《崇明县政协志(1956—2012)》纂写工作作出贡献的同志们致以诚挚的谢意。编纂志书是一项细致的工作,由于时间跨度较大、某些原始资料散失,加之第一次编修政协专业志,缺少经验,在工作中难免存在这样那样的不足或疏漏,诚请各级领导、各位政协委员、社会各界人士及广大读者不吝指教。

六十年弹指一挥间。崇明县政协60年的光辉历程,在崇明发展史册上留下了光辉一章。立足新的起点,迈向新的征程,崇明政协事业的明天将更加美好。让我们高举中国特色社会主义伟大旗帜,坚持团结民主两大主题,认真履行政治协商、民主监督、参政议政职能,承前启后、继往开来,为开创崇明政协工作新局面,谱写崇明现代化生态岛建设新篇章作出新的贡献。

是为序。

崇明县政协主席 施建华

2016年12月

凡　例

一、本志定名《崇明县政协志(1956—2012)》。志首设图照、序言、凡例、总述、大事记，正文10卷，志末设专记、附录。

二、本志以马列主义、毛泽东思想、邓小平理论、“三个代表”重要思想和科学发展观为指导，坚持实事求是原则，力求全面、系统、准确地记述崇明县政协各方面的情况。

三、本志记述断限，上限为1956年3月政协崇明县第一届委员会第一次会议召开，下限为2012年12月。部分内容适当上溯或下延。大事记延至2016年12月。

四、本志体例采用章节体，分卷、章、节、目四个层次，体裁采用述、记、志、传、图、表、录等，以志为主。

五、本志人物卷设人物传略、人物简介和人物名录。人物传略以卒年为序，人物简介以届次为序，只记简历。崇明籍和在崇明的全国政协委员、在崇明的上海市政协委员、县政协常委会委员和县政协委员等以名录入志。

六、本志记述的机构或事物，首次出现时用全称，并标注简称，之后用简称。

七、本志记述民国之前史实以历史纪年，再括注公元纪年；自民国纪元起，统一采用公元纪年。

八、本志文字、数字、标点符号、计量单位等均按国家有关规定书写。

九、本志引录的部分内容和文件摘编，为保持历史原貌不作修改。

十、本志资料主要来自崇明县档案馆和县政协机关档案室所藏档案。

目　录

卷一　组　织

卷二 会 议

卷三　政 治 协 商

卷四　民 主 监 督

卷五　参 政 议 政

卷六　学　　习

卷七　文史资料　宣传工作　会讯简报

卷八　团结联谊

卷九　制 度 建 设

卷十　人　物

专记

附录

资料

总　述

1949年6月2日，崇明县解放。翌年1月，召开崇明县第一届各界人民代表会议，至1953年2月，共经历6届，召开6次全体会议。崇明县各界人民代表会议是人民代表大会制度的过渡形式，又具有人民民主统一战线的作用和政治协商职能。1956年3月，中国人民政治协商会议江苏省崇明县委员会成立。1958年12月，崇明县由江苏省划归上海市，中国人民政治协商会议江苏省崇明县委员会改称为中国人民政治协商会议上海市崇明县委员会（简称崇明县政协）。1966年“文化大革命”开始，崇明县政协停止活动。1980年7月，崇明县政协恢复工作。至2012年，崇明县政协共经历13届。

一

1956年3月，崇明县政协一届一次会议召开，政协崇明县委员会成立，至2012年，崇明县政协大致经历三个阶段。

第一阶段，第一届县政协成立至“文化大革命”开始。

1956年3月，根据《中国人民政治协商会议章程》（简称政协章程），在中共崇明县委领导下，经各方协商，认真筹备，召开崇明县政协一届一次会议，成立政协崇明县第一届委员会，选举产生政协崇明县第一届委员会常务委员会。至1966年5月，共经历4届。第一届县政协任期自1956年3月至1958年4月，由14个界别组成，委员108人（届初56人），举行全体会议3次，选举产生常务委员会组成人员25人，设立5个工作组。第二届县政协任期自1958年4月至1961年9月，由14个界别组成，委员116人，举行全体会议3次，选举产生常务委员会组成人员22人，设立学习委员会。第三届县政协任期自1961年9月至1963年11月，由13个界别组成，委员117人，举行全体会议3次，选举产生常务委员会组成人员23人，设立学习委员会，第二次全体会议后增设联络工作组和3个专题研究组。第四届县政协任期自1963年11月至1966年5月“文化大革命”开始，由14个界别组成，委员125人，举行全体会议4次，选举产生常务委员会组成人员21人，设立学习委员会。

这一阶段，县政协认真贯彻中共中央关于社会主义改造的方针和鼓足干劲、力争上游、多快好省地建设社会主义的总路线，团结各界人士积极参加社会主义建设；参与全县大政方针和地方重要事务的协商讨论，促进崇明经济和社会发展；广泛联系群众，协调各方力量，巩固和扩大爱国统一战线；团结各界人士，学习马列主义、毛泽东思想和时事政治，促进自我教育、自我改造、自我提高。但由于“左”的干扰，特别是1957年反右派斗争被严重地扩大化、1963年—1965年间的社会主义教育运动，各界人士面临“批判资产阶级言行、过好社会主义关”的严峻形势，政协委员履行职能的积极性受到挫伤，政协工作受到影响。

第二阶段，1966 年 5 月至“文化大革命”结束。

1966 年 5 月 16 日，中共中央下发《五・一六通知》，“文化大革命”全面开始。1967 年 2 月，造反组织全面夺权，建立上海人民公社崇明革命造反联合委员会。同年 3 月，崇明县革命委员会筹备小组成立。1968 年 2 月，经上海市革命委员会批准，崇明县革命委员会成立。是年 4 月至 5 月，崇明县各社（镇）都先后成立革命委员会，实行革命委员会一元化领导。1976 年 10 月，粉碎江青反革命集团，“文化大革命”结束。

“文化大革命”期间，一些政协委员遭受打击和迫害，县政协停止活动。

第三阶段，第五届县政协至第十三届县政协。

1978 年 12 月，中共十一届三中全会召开，经拨乱反正，重新确立解放思想、实事求是的思想路线。中共崇明县委认真贯彻十一届三中全会路线、方针、政策，从思想上、组织上，为恢复县政协工作作充分准备。1980 年 7 月，中共崇明县委根据中共上海市委有关文件精神，下发恢复县政协机构的通知，第四届县政协常委会多次召开会议，讨论协商召开县政协五届一次会议。1981 年 6 月，县政协五届一次会议召开。第五届县政协任期自 1981 年 6 月至 1984 年 4 月，由 16 个界别组成，委员 152 人，举行全体会议 3 次，选举产生常务委员会组成人员 39 人，设立 10 个工作组。第六届县政协任期自 1984 年 4 月至 1987 年 4 月，由 16 个界别组成，委员 151 人，举行全体会议 4 次，选举产生常务委员会组成人员 38 人，设立 10 个工作组。第七届县政协任期自 1987 年 4 月至 1990 年 4 月，由 18 个界别组成，委员 166 人，举行全体会议 3 次，选举产生常务委员会组成人员 37 人，设立 7 个专门委员会、3 个工作组。第八届县政协任期自 1990 年 4 月至 1993 年 4 月，由 20 个界别组成，委员 172 人，举行全体会议 3 次，选举产生常务委员会组成人员 37 人，设立 11 个专门委员会。第九届县政协任期自 1993 年 4 月至 1998 年 3 月，由 23 个界别组成，委员 172 人，举行全体会议 5 次，选举产生常务委员会组成人员 27 人，设立 12 个专门委员会。第十届县政协任期自 1998 年 3 月至 2003 年 3 月，由 22 个界别组成，委员 161 人，举行全体会议 6 次，选举产生常务委员会组成人员 26 人，设立 10 个专门委员会，2002 年 1 月在县级机构改革中调整为 8 个专门委员会。第十一届县政协任期自 2003 年 3 月至 2007 年 2 月，由 25 个界别组成，委员 182 人，举行全体会议 4 次，选举产生常务委员会组成人员 27 人，设立 8 个专门委员会。第十二届县政协任期自 2007 年 2 月至 2012 年 1 月，由 25 个界别组成，委员 210 人，举行全体会议 6 次，选举产生常务委员会组成人员 29 人，设立 8 个专门委员会。第十三届县政协任期自 2012 年 1 月起，由 28 个界别组成，委员 230 人，2012 年 1 月召开第一次全体会议，选举产生常务委员会组成人员 35 人，设立 4 个专门委员会。这一阶段，县政协学习贯彻中共十一届三中全会精神，坚持以经济建设为中心，坚持四项基本原则，坚持改革开放的基本路线，把工作重点转移到社会主义现代化建设上来；坚持以邓小平理论、“三个代表”重要思想和科学发展观为指导，深入学习习近平系列重要讲话精神，高举爱国主义、社会主义两面旗帜，牢牢把握团结、民主两大主题，切实履行政治协商、民主监督、参政议政职能，为促进崇明改革开放和经济、社会发展以及生态岛建设发挥重要作用。

二

政治协商是对国家和地方的大政方针以及政治、经济、文化、社会生活的重要问题，爱国统一战线和政协内部的重要事务进行协商，是人民政协的一项基本职能。崇明县政协成立以来，积极履行政治协商职能。

全体会议、常委会会议、主席会议是人民政协履行政治协商的基本形式。县政协全体会议一般每年举行一次，听取和审议常委会工作报告和提案工作报告，1956 年 3 月至 2012 年 1 月，共召开全体会议 48 次。自县政协三届一次会议起，参加政协全体会议的委员列席县人民代表大会会议，听取和讨论县人民政府（人民委员会）工作报告和其他报告。1961 年—2012 年，听取和讨论县人民政府（人民委员会）工作报告和其他报告 37 次。1998 年 8 月起，每年年中，全体委员列席县人大常委会扩大会议，听取和讨论县政府上半年工作情况和下半年工作打算的报告，至2012年8月，听取和讨论县政府上半年工作情况和下半年工作打算的报告15次。县政协常委会会议一般每季度召开1次，1956年3月至2012年12月，共召开常委会会议212次。常委会会议主要内容有学习贯彻中共中央、中共上海市委和中共崇明县委重要会议和文件精神；听取和讨论关于崇明县政治、经济、文化以及社会生活中的重要事项；讨论协商崇明县国民经济和社会发展五年计划（规划），1980年—2012年，参与讨论协商6个五年计划（规划）和2个远景规划；讨论协商《《政府工作报告（征求意见稿）》，1988年—2012年，讨论协商《政府工作报告（征求意见稿）》23次；讨论协商常务委员会工作和召开全体会议的有关事项等。主席会议一般每月举行1次，1981年7月至2012年12月，共召开主席会议342次，主要内容有传达学习重要文件，讨论工作安排和有关工作报告，听取专门委员会（工作组）工作汇报，决定常委会会议内容和召开日期等。县政协还通过专题报告会、专题议政会、对口联系、征求意见、通报协商等形式，履行人民政协的政治协商职能。

县政协根据崇明县各个时期经济社会发展的实际情况，提出协商讨论的内容。第一届至第三届县政协，主要就县人民政府（人民委员会）工作报告和县长、副县长、县人民委员会委员人选进行协商。第四届县政协主要围绕发展农业、贯彻国民经济调整方针、开展城乡社会主义教育、开展增产节约运动等方面进行协商。第五届县政协主要围绕贯彻国家大政方针、推行农业生产责任制、发展乡镇工业、解决群众关注的热点问题等方面进行协商。第六届县政协主要围绕贯彻以经济建设为中心、重大改革措施的出台、落实知识分子政策等方面进行协商。第七届县政协主要围绕贯彻治理整顿和深化改革的方针、加强精神文明建设、编制城乡规划等方面进行协商。第八届县政协主要围绕加快经济发展、企业产权制度改革、发展第三产业、参与浦东开发、社会治安综合治理等方面进行协商。第九届县政协主要围绕农业产业结构调整、发展私营经济、发展建筑业、科技兴岛、精神文明建设等方面进行协商。第十届县政协主要围绕贯彻执行改革发展稳定方针、农业产业结构调整、科教兴县、改善投资环境、生态岛建设、规划编制等方面进行协商。第十一届政协主要围绕科教兴县、环境保护建设、工业园区建设、旅游业发展、社会保障等方面进行协商。第十二届县政协主要围绕生态岛建设、现代高效农业发展、长兴产业基地建设、重点城镇建设以及民生改善等方面进行协商。第十三届县政协主要围绕产业结构调整、生态文明建设、文化建设、创新社会管理、推进依法治县、创建全国县级文明城市等方面进行协商。通过协商讨论，形成共识，增强团结，使各项决策更具科学性，调动各界人士积极性，为促进崇明经济社会发展，为深化改革和现代化生态岛建设作出贡献。

三

民主监督是人民政协的一项重要职能，主要是对国家宪法和法律法规的实施、重大方针政策的贯彻执行、国家机关及其工作人员工作等提出意见建议。县政协采取组织各民主党派、有关人民团体、县政协专委会和政协委员在县政协全体会议上作大会发言，组织委员视察，组织委员、委组、各组成界别提案，选派特邀监督员等形式，实施民主监督。

组织各民主党派、有关人民团体、县政协专委会和政协委员在县政协全体会议上作大会发言是政协履行民主监督职能的特有形式。大会发言围绕全县经济社会发展，反映实际情况，分析存在问题，提出意见建议。1989年县政协七届三次会议起，大会发言列入全体会议议程，至2012年县政协十三届一次会议，10次全体会议安排大会发言，各民主党派、有关人民团体、县政协专委会代表和政协委员作大会发言共115人次。

组织委员视察是政协履行民主监督职能的基本形式。视察活动有主席会议成员视察、委组（界别）视察、全体委员集体视察、政协委员与人大代表联合视察等。1981年第五届县政协起，视察活动逐渐健全，以委组（界别）视察为主。1984年第六届县政协起，主席会议成员视察逐渐增多，由主席带队，副主席、秘书长参加，有时也邀请部分委员参加。1981年—2012年，共组织委组（界别）和主席会议成员视察400余次，围绕工业、农业、商贸服务业、旅游业和科技、教育、文化、医卫等社会事业以及政法、城镇建设、安全生产、精神文明建设、民族宗教等方面提出意见建议。2000 年起，每年由主席、副主席、秘书长带队，组织全体委员年终集中视察，并邀请在崇明的市政协委员参加。视察内容是本年度县政府组织实施的实事项目和重点工程建设以及环境保护、城乡建设、民生工程、生态岛建设等。2000 年—2012 年，共组织年终集中视察 13 次，参加视察的委员达 2 000 多人次。

提案是由政协委员和参加政协的党派、团体、各界别以及政协专门委员会向政协全体会议或常委会提交的书面意见建议，是政协履行民主监督职能的重要形式。第一届至第四届县政协期间，政协提案主要以情况反映的形式提出。1982 年第五届县政协第二次会议审议通过《关于改进提案工作的意见》，对提案提出、提案范围、提案审查、提案办理都作了明确规定。1990 年 7 月，第八届县政协第三次常委会会议审议通过《政协崇明县委员会提案工作条例》，至 2012 年，共修订 4 次，提案工作渐趋规范化、制度化。1981 年—2012 年，县政协共收到以提案形式提出的书面意见 4 906 件，经审查，立案 4 636 件，提案者对办理结果满意和基本满意的占立案总数的 95.65%。1991 年第八届县政协起，开展优秀提案评选工作，至 2012 年共表彰优秀提案 203 件。

听取政府及其职能部门工作情况通报，是县政协开展民主监督的有效形式。五届县政协起，县政协根据各个时期政府工作的重点、重大决策以及人民群众普遍关注的热点，邀请县政府及其职能部门在县政协召开的常委会会议、主席会议或委员活动日会议上作情况通报，内容涉及工业、农业、城镇建设、环境保护、生态建设、精神文明建设、实事项目重点工程建设等。在听取情况通报的基础上，组织专题议政会，提出意见建议。1981 年—2012 年，共听取情况通报 190 余次。

推荐政协委员担任特邀监督员，是县政协履行民主监督的一个新途径。1990 年起，县政协推荐政协委员受聘担任政府部门和其他有关单位的特邀监督员。1995 年起，县政协每年召开特邀监督员工作会议，把特邀监督员工作纳入政协工作的总体部署。2004 年 7 月，第十一届县政协第六次常委会会议审议通过《特邀监督员工作简则》，特邀监督员工作逐步规范化、制度化。至 2012 年，政协委员受聘担任特邀监督员 341 人次。

四

参政议政是人民政协履行政治协商和民主监督职能的拓展和延伸。崇明县政协认真履行参政议政的职能，组织委员围绕崇明政治、经济、文化和社会生活的重要问题以及人民群众普遍关注的热点难点问题，通过组织专题调研、撰写调研报告、提出建议案、反映社情民意等形式，向县委、县政府提出意见建议。

组织专题调研活动是县政协履行参政议政职能的一项基础性工作。1985 年第六届县政协起，以委组调研活动为主。1990 年第八届县政协起，专题调研活动逐步形成制度化。每年年初，根据县政协的工作安排制订调研活动计划。1999 年起，根据县委、县政府的中心工作，组织课题组调研，形成调研报告，送县委、县政府领导决策参考。2000 年起，主席会议成员集体调研逐渐成为调研活动的主要形式。1985 年—2012 年，共开展各类调研 800 余次，形成调研报告 300 余篇。

常委会建议案和主席会议建议案是政协履行参政议政职能的创新。1990 年起，县政协围绕县委、县政府的重点工作，选择具有全局性、综合性，前瞻性的重要课题进行专题调研，在调研的基础上形成建议案。常委会建议案须经常委会会议审议通过，主席会议建议案须经主席会议审议通过。建议案的办理一般由县委、县政府领导作出批示，由县长办公会议或由县政府办公室组织有关职能部门进行专题讨论，提出落实措施，并专函县政协答复落实情况。1990 年—2012 年，共提出常委会建议案 27 件、主席会议建议案 11 件。

反映社情民意是县政协协助县委、县政府了解民情和社会动态，了解社会不同阶层、不同群体的愿望和诉求的重要途径，是县政协发挥自身优势，积极引导政协委员和参与政协的党派、团体关注经济、社会生活中的新情况、新问题，及时反映基层和社会各界人士的呼声和意见建议的重要举措。1995 年 8 月，县政协下发《政协崇明县委员会关于在政协委员中开展反映社情民意工作的通知》。1998 年 7 月，第十届县政协第三次常委会会议审议通过《政协崇明县委员会关于加强反映社情民意工作的意见》。2012 年 5 月，第十三届县政协第三次常委会会议审议通过《政协崇明县委员会关于反映社情民意工作规则》，反映社情民意工作逐步规范化、制度化。1995 年起，县政协组建社情民意信息员队伍。1998 年起，每届县政协换届后，及时调整信息员队伍。1999 年起，定期召开信息员工作会议。1996 年起，编印《社情民意》简报，至 2012 年，共编印《社情民意》102 期。

五

在中国共产党的领导下，实行团结和民主，是人民政协性质的集中体现，也是人民政协继往开来的历史使命。崇明县政协成立以来，坚持团结和民主两大主题，发挥政协联系广、协调强的优势，积极促进政党关系、民族关系、宗教关系、阶层关系、海内外同胞关系和谐，努力把各方面力量凝聚起来，促进经济社会发展和中华民族伟大复兴。

加强与民主党派的团结是政协工作的一个重要内容。1985 年 1 月，民盟崇明小组恢复活动。1986 年 8 月，民进崇明小组成立。1989 年 6 月，农工党崇明县支部成立。2005 年 8 月，九三学社崇明县支社成立。2006 年 12 月，民建崇明县支部成立。2010 年 5 月，民革崇明县支部成立。至 2012 年，崇明县有 6 个民主党派地方组织。县政协重视吸纳民主党派组织成为政协界别组成单位。1987 年第七届县政协起，民主党派首次以党派组织单独成为县政协的组成界别，安排民主党派成员 2 人为县政协委员。1990 年第八届县政协安排民主党派成员 4 人为县政协委员。1993 年第九届县政协安排民主党派成员 8 人为县政协委员。1998 年第十届县政协安排民主党派成员 12 人为县政协委员。2003 年第十一届县政协安排民主党派成员 18 人为县政协委员。2007 年第十二届县政协安排民主党派成员 25 人为县政协委员。2012 年第十三届县政协安排民主党派成员 33 人为县政协委员。县政协加强与各民主党派的沟通和联系，定期召开民主党派负责人座谈会，通报政协工作，征求对政协工作的意见建议。县政协主席、副主席定期走访各民主党派负责人，了解和关心民主党派工作，为民主党派参与政治协商、民主监督和参政议政创造条件，支持民主党派人士参与县委、县政府重大方针政策的协商讨论及履行职责的各项活动，尊重和保护他们在政协会议上以党派名义发表意见的权利，鼓励他们以党派名义提出提案、发表意见、反映社情民意。

加强与港澳台同胞、海外侨胞及其眷属的联系，是团结联谊的一个重要方面。1981 年第五届县政协首次将归国华侨作为单独界别，安排政协委员 2 人。1990 年第八届县政协将县侨联作为单独界别，安排政协委员 4 人。1993 年第九届县政协将县台联作为单独界别，安排政协委员 7 人。至 2012 年，历届县政协都将县侨联、县台联作为单独界别，成为县政协的组成单位，安排政协委员人数逐届增加。1987 年第十届县政协设立海外联谊委员会，2003 年第十一届县政协起海外联谊委员会更名为港澳台侨委员会，加强对港澳同胞，台湾同胞、海外侨胞(简称“三胞”)的团结联谊工作。每逢中秋节、春节等传统节日，召开“三胞”及其眷属参加的座谈会、茶话会，畅谈家乡变化，表达盼望祖国统一、国家富强民主的心声，还为“三胞”界别委员接待海外亲属提供方便。1988 年—2012 年，县政协接待港澳台同胞及海外侨胞 35 批次、500 余人次。

县政协重视与上海市其他区县政协和全国各地政协的交流。通过组团外出学习考察和接待到访团(组)，参加与承办上海市区县政协工作例会、沪浙十一县(市)政协工作联谊会、苏沪浙十五县(市、区)政协工作研讨会和长江三角洲十二县(市、区)政协工作研讨会等，交流政协工作经验。1990 年起至 2012 年，共接待多批次各地政协到访，同时自行组团赴外省、市、自治区政协学习考察。

1987 年 3 月，成立崇明县政协之友社。县政协之友社是在县政协领导下，具有爱国统一战线性质的社会联谊团体，主要由历届县政协常委、委组主任(组长)等组成。其主要任务是加强与历届委员之间的联系，团结广大热心政协工作的各界人士，交流信息，联结感情，增进友谊，促进政治建设、经济建设、社会建设、文化建设以及生态文明建设，共同为祖国统一，振兴中华议政献策。县政协之友社一般每年召开一次社员大会，至2012年，共召开社员大会25次，选举产生理事会7届。

县政协重视文史资料整理工作，发挥其资政、存史、团结、育人作用。1987年4月，县政协设文史资料组，负责文史的收集整理。1990年4月，设立文史资料委员会。2012年设立文史资料研究科。1985年起编印文史资料专辑，至2012年共编印各类专辑30多种，约300万字。

六

发挥委员的主体作用，是人民政协履行职能的基础。崇明县政协加强委员队伍的组织建设、思想建设和制度建设，不断提升委员履职水平。

加强组织建设。县政协根据各个时期社会阶层的变化，适时调整界别构成和委员结构，并注重吸纳新的社会阶层代表人物担任委员，扩大团结面，增强包容性。县政协初建时期，由11个界别、委员56人组成。第四届县政协新增特邀界别，委员增加至125人。中共十一届三中全会召开后，经济和社会进入一个新的发展阶段，人民政协也进入一个新的发展时期，第五届县政协界别增加至16个，委员增加至152人。中共十四大召开后，各种新经济组织形式相继出现，逐步形成多种经济成分共同发展的格局，第九届县政协适时增加新经济组织的代表人物担任政协委员。第十届县政协界别增加至22个，委员增加至161人。2012年，第十三届县政协由28个界别、委员230人组成。

加强思想建设。县政协把组织委员学习，提高委员的整体素质，作为提高委员履职水平的一项重要工作，提到常委会工作的重要议事日程并认真抓好。每年年初制订委员学习计划、确定学习内容，采用举办学习辅导报告会、培训班、交流学习心得体会等形式，把学习不断引向深入。第一届至第四届县政协任期内，组织委员学习毛泽东著作、时事政治、党在过渡时期的总路线，开展批评与自我批评，提高社会主义觉悟。第五届至第九届县政协任期内，主要学习邓小平建设有中国特色社会主义理论、党的基本路线、重要方针政策、中共中央重要会议和文件精神、统一战线和人民政协理论。第十届至第十三届县政协任期内，主要学习邓小平理论、“三个代表”重要思想、科学发展观、中共中央重要会议和文件精神。通过学习，增强政协委员做好政协工作的责任感和使命感，委员的履职能力和水平不断提高。

加强制度建设。县政协不断探索和完善履行职能的各项工作制度。1956年7月，县政协制定办公会议制度，至2012年12月，历届县政协制定各项规章制度42项，其中由中共崇明县政协党组会议讨论通过的5项，主席会议讨论通过的15项，常委会会议审议通过的16项。各项规章制度的制定，有力地促进政协工作制度化、规范化、程序化，使县政协工作水平不断提高。

回顾人民政协走过的光辉历程，崇明县政协高举爱国主义、社会主义旗帜，团结一切可以团结的力量，为促进崇明的经济建设、政治建设、文化建设、社会建设和生态文明建设作出了重要贡献。展望未来，在建设中国特色社会主义的征途中，人民政协肩负着庄严而崇高的历史使命，崇明县政协将在中共崇明区委的领导下，继往开来，与时俱进，努力作出新的贡献，谱写新的篇章。

说明：2016年7月，国务院批复同意撤销崇明县设立崇明区。2016年7月22日，中共上海市委、市人民政府召开崇明撤县建区工作会议，宣读《国务院关于同意上海市调整部分行政区划的批复》，宣布撤销崇明县设立崇明区。同时还宣读《中共上海市委关于组建中共崇明区委领导班子等有关事项的通知》。崇明县人大常委会、崇明县人民政府、崇明县政协机构名称待区一届人大一次会议和区政协一届一次会议选举产生区人大常委会、区人民政府、区政协班子组成人员后更名。

大事记

1956 年

2 月 28 日　中共崇明县委、县人民委员会召开各界人士座谈会，听取关于成立中国人民政治协商会议江苏省崇明县委员会的意见。政协崇明县委员会筹委会成立。

3 月 2 日—5 日　县政协召开一届一次会议，成立政协崇明县委员会。会议选举产生第一届县政协常委会，选举王乐三为主席。会址设于城内南街 12 号县文化馆内。

3 月 5 日　“中国人民政治协商会议江苏省崇明县委员会”印章启用。

4 月 12 日　县政协召开一届一次常委会(扩大)会议，传达省政协扩大会议精神。

7 月 3 日　县政协成立学习委员会。

7 月 4 日—6 日　县政协召开一届二次常委会(扩大)会议，听取国内外形势与和平解放台湾问题等报告，并决定设立文教、工商、医务、社会、宗教 5 个工作组。

9 月 28 日　县政协工商工作组召开座谈会，讨论协商政府对资本主义工商业的社会主义改造(简称对资改造)中的有关问题等。

10 月 13 日　县政协医务工作组召开座谈会，对政府工作提出批评和建议。

11 月 6 日　县政协下发《关于学习中国共产党第八次全国代表大会重要文献的意见》。

11 月 8 日—10 日　县政协召开一届三次常委会(扩大)会议，对政府工作提出批评和建议，讨论协商第二届县人民代表大会代表名额等。

11 月 15 日　县政协文教工作组组织崇明中学、扬子中学教师，参观三沙洪水闸。

12 月 25 日　县政协召开一届四次常委会(扩大)会议(与县人民委员会联合召开)，传达贯彻中共八届二中全会和江苏省人民委员会、省政协联席会议精神。

1957 年

1 月 8 日　县政协社会工作组召开座谈会，学习讨论中共中央关于农业合作化的方针政策。

3月4日　县政协医务工作组召开座谈会，讨论组内活动安排。会后参观崇明电厂和三沙洪水闸。

3月10日—11日　县政协召开一届二次会议，传达江苏省政协召开的市、县政协工作会议精神，协商讨论第二届县人民委员会委员候选人名额、名单和县长、副县长候选人名单。

4月5日　县政协组织部分委员和社会人士到新河烈士公园凭吊革命先烈。

4月22日　县政协召开一届五次常委会会议，讨论县政协一届三次会议主要议程和具体安排。

4月22日—25日　县政协召开一届三次会议，听取副县长刘蔚作的关于开展增产节约运动情况报告和中共崇明县委副书记朱仲达作的关于在机关、学校等团体开展肃反工作情况报告等。

5月22日　县政协文教工作组召开座谈会，讨论开展“大鸣大放”。

5月23日　县政协召开一届六次常委会会议，讨论帮助中国共产党整风。

5月28日—30日　县政协组织部分委员和人大代表视察农业合作社，并参观堡镇港水闸、崇明纱厂和崇明中学。

6月16日　县政协召开一届七次常委会(扩大)会议，讨论整风运动中出现的问题等。

6月20日　县政协举行时政报告会，副主席徐鼎铨传达中共中央主席、中华人民共和国主席毛泽东在第十一次最高国务会议上的讲话精神。

11月29日　县政协召开教育界政协委员和人大代表座谈会，要求消除顾虑，积极参加“大鸣大放”。

12月10日　县政协召开常委和部分委员座谈会，听取各界人士对县直机关干部下乡当农民的反映。

1958年

3月8日—11日　县政协组织部分政协委员和人大代表，以及有关特邀人士视察市镇以“除四害”(苍蝇、蚊子、老鼠、蟑螂)为中心的爱国卫生运动和农村以春耕备种为重点的农业生产。

3月21日—24日　县政协组织社会耆老、社会医生、宗教界人士进行整风学习。

4月15日—17日　县政协召开二届一次会议，听取副县长刘蔚作的关于目前“大跃进”形势的报告；选举产生第二届县政协常委会，选举张惠和为主席。

7月24日　县政协召开工商界部分委员和人大代表座谈会，就进一步认清美帝国主义侵略本质不会改变和世界爱好和平的人民力量日益强大进行座谈。

8月11日　县政协召开常委和部分委员座谈会，座谈学习《中苏领袖会议公报》的体会。

9月27日　县政协召开城桥地区政协委员座谈会，学习座谈中华人民共和国外交部部长陈毅关于抗议和痛斥美帝国主义霸占中国台湾和其他沿海岛屿，不断进行军事挑衅，造成紧张局势的声明。

12月1日　崇明县由江苏省改隶上海市。

12月13日—15日　县政协召开二届二次会议，听取县长赵志良作的《政府工作报告》和中共崇明县委第一书记张惠和作的国际国内形势报告。

1959年

4月1日　县政协召集城桥地区部分政协委员、人大代表学习新华社《关于西藏叛乱事件公报》，并进行座谈讨论。

5月9日　县政协召集工商界代表人士，就印度总理尼赫鲁4月27日关于西藏问题的讲话和《人民日报》编辑部文章《西藏的革命和尼赫鲁的哲学》进行座谈讨论。

5月11日　县政协组织天主教神甫和修女学习国务院有关西藏问题的文件，还就梵蒂冈在西藏问题的叫嚷进行座谈讨论。12日，组织天主教神甫和修女赴上海参观反革命分子披着宗教外衣进行活动的罪证展览。

7月15日　"中国人民政治协商会议上海市崇明县委员会"印章启用。

8月26日　县政协召开二届二次常委会（扩大）会议，中共崇明县委第一书记、县政协主席张惠和传达中共中央八届八中全会精神。

9月18日—22日　县政协组织各界人士参观三星、庙镇等人民公社和崇明电厂、崇明纱厂等企业。

11月12日　县政协组织政协委员赴沪参观上海市工农业展览馆。

11月17日　县政协举办报告会，听取上海市政协副主席陈望道、常委廖世承的"首都观礼感"录音报告。

12月1日　县政协举办报告会，听取中共上海市委统战部有关人士作访苏观感和全国"群英会"代表上海机床厂朱大仙的录音报告。

12月3日　县政协举办政治理论学习辅导报告会，由崇明师范学校校长戴希和作学习毛泽东《矛盾论》和《实践论》的辅导报告。

1960年

1月24日　县政协召开二届三次常委会（扩大）会议，副主席徐鼎铨传达市政协二届二次会议精神。

3月5日　县政协组织文教、医务界政协委员和社会人士参观"崇明县十年成就展览会"。

3月12日　县政协组织各界人士赴沪参观市政协举办的"对台工作展览会"和闵行一条街。

4月5日　县政协在城桥地区建立3个"毛主席著作学习小组"。

4月15日—16日　上海市政协春季爱国卫生检查团到崇明县检查爱国卫生运动。

5月3日　县政协组织工商、文教、医务界政协委员和部分社会人士听取上海建襄民办小学教师吴佩芳"鸡毛飞上天"的录音报告。

5月15日　县政协召开城桥地区政协委员、人大代表会议，传达上海市政协常委会扩大会议精神。

5月23日—24日　县政协召开城桥地区政协委员、人大代表座谈会，就美国间谍飞机侵犯苏联、破坏四国首脑会议等重大国际问题进行座谈。

5月31日　县政协组织政协委员和邀请部分社会人士到庙镇人民公社参观农业生产情况。

6月1日　县政协工商工作组组织委员学习《红旗》杂志发表的《列宁主义万岁》等文章。

6月6日　县政协组织城桥地区政协委员、人大代表，并邀请宗教界人士，听取中国人民解放军上海警备司令部联络部长朱皓群关于"美帝在和平烟幕下进行备战"的录音报告。

6月26日　县政协召开城桥地区政协委员、人大代表座谈会，就美帝国主义的侵略行为进行座谈。

6月26日　县政协举办时政讲座，听取市教育卫生部部长杨西光关于"教育改革问题"的录音报告。

7月10日　县政协组织各界民主人士参观国营新海农场。

7月20日　县政协召开部分常委座谈会，商讨成立"崇明县各界人士政治学校"，推选咸文和为校长。

7月30日　崇明县各界人士政治学校开学，第一期学员41人。

8月25日—26日　县政协召开二届四次常委会（扩大）会议，协商崇明县第四届人民代表大会代表名额和候选人名单。

10月8日　县政协举办时政讲座，听取市农委宣传部部长高原关于"以农业为基础的方针"录音报告。

10月31日　县政协举办时政讲座，听取中国登山队副队长许竞关于“攀登珠穆朗玛峰”录音报告。

11月5日　县政协举办时政讲座，听取参加抗美援朝的空军战士韩德新关于“抗美援朝战斗生活”和中共上钢一厂党委书记陈林关于“艰苦奋斗，为钢而战”的录音报告。

12月8日　县政协举办时政讲座，听取崇明县新民人民公社谢西生产大队党支部书记陈庆章关于“艰苦奋斗，为粮而战”报告。

12月12日　县政协组织政协委员、民主人士参观崇明第一钢铁厂和棉花加工厂。

12月28日　县政协举办时政讲座，听取上海市副市长金仲华关于“出国见闻”录音报告。

1961年

3月15日　县政协举办时政讲座，听取中共崇明县委统战部副部长陈启刚作“学习毛主席著作，改造世界观”报告。

4月13日　县政协举办报告会，听取秦鸿钧烈士家属韩慧如关于“秦鸿钧烈士战斗的一生”录音报告。

4月20日　县政协举办报告会，听取杨树浦发电厂吴关荣关于“王孝和烈士生前事迹”录音报告。

9月8日　县政协召开二届五次常委会会议，协商讨论县政协三届一次会议有关事项。

9月13日—16日　县政协召开三届一次会议，听取和审议第二届县政协常委会工作报告；选举产生第三届县政协常委会，选举张惠和为主席。与会人员列席县四届人大一次会议。

9月16日　县政协举办时政讲座，听取中共崇明县委统战部副部长陈启刚关于“当前国际形势”报告。

10月7日　县政协召开三届一次常委会会议，听取中共崇明县委统战部副部长陈启刚作“关于崇明县右派分子改造工作情况”报告。

10月16日　县政协召开医务界政协委员座谈会，就中西医相互团结、西医学习中医、中医带徒等问题进行座谈。

10月16日　副市长金仲华率上海市各界人士垦区慰问参观团到崇明参观慰问。

1962年

1月10日　县政协、县工商联联合举办时政讲座，听取市工商联副主任委员魏如关于“访问江西革命根据地”的录音报告。

1月17日　县政协举办时政讲座，听取上海市政协常委程孝刚关于“访问山东省”录音报告。

1月24日　县政协召开城桥地区政协委员会议，学习《中共中央关于反对美国政府迫害共产党的声明》和《人民日报》社论，并就与美帝国主义斗争的问题进行座谈讨论。

1月27日　县政协召开主席办公会议，讨论上半年政协工作安排。

1月29日　县政协组织政协委员和人大代表赴沪参观中国人民革命军事博物馆流动展览会。

2月2日　县政协举行各界人士迎春座谈会，副主席咸文和主持会议，中共崇明县委书记、县政协主席张惠和出席会议并讲话。

2月19日—23日　县政协召开三届二次常委会(扩大)会议。与会人员学习座谈当前国内外形势。

3月14日　县政协召开主席办公会议，讨论3月至6月工作计划。

3月18日　县政协举办时政报告会，听取上海青年京剧团关于“香港演出归来”录音报告。

3月22日　县政协举办时政报告会，听取市政协副秘书长刘良模关于“慰问解放军”录音报告。

4月16日—17日　县政协召开三届三次常委会（扩大）会议，听取中共崇明县委书记、县政协主席张惠和作国内经济形势报告。

5月8日　县政协召开政协委员和部分知识界人士会议，传达全国人大二届三次会议上的《政府工作报告》。

8月10日　县政协召开主席办公会议，商议传达贯彻市政协会议精神等事宜。

8月14日—17日　县政协召开三届二次会议，传达市政协三届一次会议精神，听取和审议副主席徐鼎铨所作的县政协常委会工作报告。与会人员列席县四届人大二次会议。

8月29日—9月2日　县政协组织委员参加县爱国卫生检查团，与人大代表和政府有关部门负责人一起，对全县夏秋季爱国卫生运动情况进行第一次大检查。

9月9日　县政协举办时政报告会，听取中共崇明县委统战部副部长陈启刚关于当前形势的报告。

9月14日　县政协召开城桥地区政协委员会议，就中国人民解放军空军部队击落美制U2飞机进行座谈。

9月26日—28日　县政协组织委员参加县爱国卫生检查团，对全县夏秋季爱国卫生运动情况进行第二次大检查。

9月29日　县政协召开政协委员座谈会，听取中共崇明县委统战部副部长陈启刚作“关于右派分子改造工作情况”报告，座谈“右派分子”改造工作，并协商讨论国庆前崇明县第一批右派摘帽名单。

10月5日—7日　县政协就贯彻中共八届十中全会精神，分别在城桥、新河、堡镇召开政协委员和人大代表座谈会。

10月12日　县政协工商工作组召开座谈会，就公私合营企业合作共事进行座谈。

10月30日　县政协举办时政报告会，听取上海评弹团关于“在港演出”录音报告。

10月31日　县政协举办时政报告会，听取县商业局负责人通报1963年发放布票的有关情况。

1963年

7月1日　县政协召开三届四次常委会（扩大）会议，传达市政协有关负责人的讲话精神，讨论决定在堡镇、庙镇、新河、陈家镇地区各成立一个学习小组。

11月25日—29日　县政协召开四届一次会议，听取和审议第三届县政协常委会工作报告；选举产生第四届县政协常委会，选举张惠和为主席。与会人员列席县五届人大一次会议。

12月7日　县政协召开政治理论学习心得交流会。

12月28日　县政协组织政协委员、人大代表赴沪参观在上海展出的“日本工业展览会”。

1964年

1月9日—18日　县政协分组召开崇明县各界人士座谈会，传达中共中央和市政协有关会议精神。

3月11日—15日　县政协召开四届二次会议，学习中共中央有关文件，讨论1964年县政协工作意见。

8月25日　县政协组织委员参加县爱国卫生检查团，对全县卫生工作情况进行检查。

12月23日—26日　县政协召开四届三次会议，传达市政协会议精神，听取副主席徐鼎铨作的关于加强学习的动员报告。与会人员列席县五届人大四次会议。

1965 年

3 月 18 日　县政协召开四届三次常委会会议，讨论调整学习小组。

12 月 25 日—29 日　县政协召开四届四次会议，听取和审议副主席徐鼎铨所作的常委会工作报告。与会人员列席县五届人大五次会议。

1966 年—1976 年

“文化大革命”期间，县政协停止活动。

1977 年—1979 年

中共中央粉碎江青反革命集团后，中共崇明县委贯彻中共十一届三中全会路线、方针、政策，从思想上、组织上，为恢复县政协工作作准备。

1980 年

7 月 28 日　根据中共上海市委有关文件精神，中共崇明县委发出通知，恢复县政协机构。

9 月 4 日—6 日　县政协副主席咸文和、徐鼎铨、施桂馨率部分委员视察城桥镇、堡镇镇及新建副业场等单位。

9 月 18 日　县政协召开工商界人士座谈会，学习讨论全国人大五届三次和全国政协五届三次会议的文件。

10 月 21 日—22 日　县政协组织部分委员视察城桥镇、堡镇镇商业单位开展的“双佳”(最佳单位、最佳营业员)活动情况。

1981 年

1 月 28 日　县政协举行各界人士迎春座谈会，副主席徐鼎铨主持会议，中共崇明县委副书记朱耀熙到会并讲话。

4 月 1 日　县政协召开四届四次常委会会议，协商讨论县政协五届一次会议有关事项。

5 月 7 日　县政协召开四届五次常委会会议，学习贯彻市“两会”精神，讨论有关人事事项。

5 月 12 日—13 日　县政协组织委员视察堡镇公社 14 大队、县良种场等单位，副主席咸文和、徐鼎铨、施桂馨参加视察。

6 月 18 日　县政协召开四届六次常委会会议，协商确定县政协五届一次会议有关事项。

6 月 24 日—30 日　县政协召开五届一次会议，中共崇明县委书记倪鸿福致开幕词，县委副书记陈继明讲话。会议选举产生第五届县政协常委会，选举陈继明为主席。与会人员列席县七届人大一次会议。

7月3日　“中国人民政治协商会议上海市崇明县委员会”和“中国人民政治协商会议上海市崇明县委员会秘书处”新印章启用。

7月5日　县政协召开五届一次主席办公会议，讨论主席、副主席分工及工作安排。

7月7日　县政协发出《关于认真学习中共十一届六中全会文件的通知》。

7月25日　县政协召开五届二次主席办公会议，讨论学习等事项。

7月30日—31日　县政协召开五届一次常委会会议，讨论政协下半年工作安排，学习《中共中央关于建国以来党的若干历史问题的决议》。

8月3日—4日　县政协与县人大常委会组织部分政协委员和人大代表视察城桥镇和堡镇镇饮食卫生、安全生产和幼托事业等情况。

8月20日　县政协召开五届三次主席办公会议，讨论视察及学习问题。

8月26日—28日　县政协与县人大常委会组织政协委员、人大代表视察农业生产责任制贯彻情况。

9月28日　县政协召开五届四次主席办公会议。总结县政协五届一次会议以来3个月工作，部署下阶段工作。

10月8日　县政协召集部分委员交流学习全国人大常委会委员长叶剑英关于对台政策谈话精神的体会。

10月9日—10日　县政协组织教育组委员视察新风中学、港西中心小学等。

10月12日　县政协组织科技组委员到堡镇视察环境保护工作情况。

10月26日—27日　县政协组织医卫组委员视察县卫生防疫站、中心医院等。

10月30日　县政协召开五届五次主席办公会议，讨论召开学习交流会等事项。

12月3日　县政协召开五届六次主席办公会议，讨论召开第二次常委会会议和五届二次会议事项。

12月6日　县政协召开各工作组组长座谈会，交流工作情况。会议由副主席刘蔚主持。

12月6日　县政协主席陈继明召集副主席刘蔚、施文德、施桂馨、黄冠球、龚镜澄座谈，征求对中共崇明县委、县政府近期工作安排的意见。

12月27日　县政协召开五届二次常委会会议，讨论县政协五届二次会议有关事项。

1982年

1月17日　县政协举行各界人士迎春座谈会，主席陈继明主持会议，中共崇明县委书记倪鸿福参加会议并讲话。

3月5日　县政协召开五届七次主席办公会议，传达中共中央统战工作会议和中共上海市委统战工作会议精神，讨论当前工作。

3月11日—13日　县政协组织委员视察部分乡镇开展全民文明礼貌月活动情况。

4月17日　县政协召开五届八次主席办公会议，讨论县政协五届二次会议准备工作。

4月26日　县政协召开五届三次常委会会议，讨论县政协五届二次会议准备工作及有关人事事项。

5月7日　县政协召开五届九次主席办公会议，讨论县政协五届二次会议准备工作。

5月8日—13日　县政协召开五届二次会议，听取和审议常委会工作报告和提案办理情况报告。与会人员列席县七届人大二次会议。

5月21日　县政协召开五届十次主席办公会议，讨论县政协五届二次会议后有关工作安排。

5月25日　县政协召开五届四次常委会会议，讨论宪法修改草案。

6月12日　县政协组织部分委员视察崇西中学、庙镇小学等。

6月30日　县政协召开五届十一次主席办公会议，讨论近期工作安排。

7月3日—4日　县政协组织民族宗教组委员视察部分宗教活动场所。

7月31日　县政协召开五届十二次主席办公会议，学习讨论《政协章程(修改草案)》。

8月6日　县政协召集部分委员座谈讨论全国人大常委会副委员长廖承志致台湾蒋经国先生信。

8月10日　县政协召开科技组委员座谈会，就中小学开展科技活动进行协商讨论。

8月13日　县政协召开五届十三次主席办公会议，传达贯彻市政协有关会议精神。

8月25日　县政协召开五届五次常委会(扩大)会议，传达全国政协及市政协有关会议精神，讨论当前工作。

8月30日—9月1日　县政协组织文体新闻组委员视察竖河、五滧等人民公社文化活动中心。

10月5日　县政协召开五届十四次主席办公会议，学习中共十二大精神。

10月25日　县政协召开五届十五次主席办公会议，传达学习市政协有关会议精神。

10月26日—27日　县政协组织科技组委员视察县部分重点科研项目进展情况。

11月5日、8日、11日　县政协与县人大常委会联合召开知识分子座谈会，讨论如何进一步落实知识分子政策。

11月27日　县政协召开五届十六次主席办公会议，讨论下阶段工作。

12月13日　县政协召开部分政协委员会议，学习新修订的《中华人民共和国宪法》。

1983年

1月7日　县政协召开五届十七次主席办公会议，传达市政协会议精神，讨论第一季度工作安排。

1月8日　县政协召开五届六次常委会会议，传达全国政协及市政协会议精神。

1月27日—28日　县政协组织部分委员视察部分乡镇精神文明建设和计划生育宣传月活动开展情况。

2月26日　县政协召开五届十八次主席办公会议，讨论县政协五届三次会议准备工作。

3月2日　县政协召开五届七次常委会会议，讨论县政协五届三次会议准备工作及其他事项。

3月19日　县政协召开五届十九次主席办公会议，传达贯彻市政协会议精神。

3月25日—4月1日　县政协召开五届三次会议，听取和审议常委会工作报告和提案办理情况报告。与会人员列席县七届人大三次会议。

4月15日　县政协召开五届二十次主席办公会议，交流学习中共中央纪律检查委员会有关文件精神。

4月22日—23日　县政协组织教育组委员到大新中学、大同中心小学等学校，调查教师的健康状况。

5月5日　县政协召开五届二十一次主席办公会议，传达市政协会议精神，讨论近期工作安排。

6月4日　县政协召开五届二十二次主席办公会议，讨论近期工作安排和学习问题。

6月10日　县政协召开五届八次常委会(扩大)会议，传达学习全国政协会议精神，并听取县政协工作情况汇报。

6月24日—26日　县政协组织教育组部分委员，前往江苏省南通市参观学习。

7月2日　县政协召开五届二十三次主席办公会议，传达市政协区县工作会议精神。

7月16日　县政协召开五届二十四次主席办公会议，传达市政协会议精神，讨论近期工作安排。

7月20日　县政协召开五届九次常委会(扩大)会议，传达市政协有关会议精神，讨论近期工作安排。

8月26日　县政协组织科技组委员视察新河公社垦区水产养殖场与竖河种兔场等。

9 月 5 日—8 日　县政协组织法制组委员视察县公安局贯彻中共中央关于严厉打击严重刑事犯罪活动情况。

9 月 17 日　县政协召开五届二十五次主席办公会议，研究部署学习《邓小平文选》和讨论近期工作安排。

9 月 22 日—24 日　县政协组织部分委员到有关公社和委局检查了解落实中共统战政策情况。

10 月 12 日　县政协召开五届二十六次主席办公会议，讨论第四季度工作安排，传达市政协会议精神。

10 月 16 日　县政协分片召开非中共党员政协委员座谈会，听取落实政协委员有关政策的意见。

10 月 17 日　县政协召开五届十次常委会会议。总结第三季度工作，部署第四季度工作。

10 月 19 日—22 日　上海市政协检查组组长王希孟到崇明检查落实政协委员政策情况。

10 月 21 日　县政协召开五届十一次常委会（扩大）会议，听取市政协检查组组长王希孟传达中共中央有关领导对政协工作的指示精神。

11 月 8 日　县政协组织科技组委员视察绿华农工商联合公司大白菜生产及县水产良种场渔业生产情况。

11 月 21 日—22 日　县政协组织部分家在农村的政协委员视察贯彻农村联产承包责任制情况。

11 月 28 日　县政协召开五届二十七次主席办公会议，讨论有关落实政协委员政策的问题。

12 月 23 日　县政协组织教育组部分委员视察崇明县交通中等专业学校、崇明县卫生学校、崇明县金融中等专业学校、崇明师范学校和北堡中学。

12 月 26 日　县政协召开五届二十八次主席办公会议，传达市政协会议精神，讨论第四季度工作小结及 1984 年第一季度工作打算。

12 月 29 日　县政协召开五届十二次常委会（扩大）会议，传达中共上海市委有关文件精神，讨论第四季度工作小结及 1984 年第一季度工作打算。

1984 年

1 月 13 日　县政协组织医卫组部分委员视察堡镇医院、三星卫生院。

1 月 24 日　县政协召开五届二十九次主席办公会议，传达市政协有关会议精神。

2 月 20 日　县政协召开五届三十次主席办公会议，讨论县政协换届筹备工作等。

2 月 21 日　县政协召开五届十三次常委会会议，讨论县政协换届和有关人事安排问题。

2 月 29 日　县政协召开部分政协委员座谈会，讨论政协工作及换届有关事项。

3 月 19 日　县政协召开五届三十一次主席办公会议，讨论常委会工作报告等。

3 月 20 日　县政协召开五届十四次常委会会议，讨论常委会工作报告等。

4 月 6 日　县政协召开五届三十二次主席办公会议，讨论县政协六届一次会议有关事项。

4 月 7 日　县政协召开五届十五次常委会会议，协商县政协六届一次会议有关事项。

4 月 8 日—14 日　县政协召开六届一次会议，听取和审议五届常委会工作报告和提案办理情况报告，选举产生第六届县政协常委会，选举施群为主席。与会人员列席县八届人大一次会议。

4 月 14 日　县政协召开六届一次常委会会议，讨论工作安排。

4 月 19 日　中共崇明县委发文，决定建立中共崇明县政协党组，施群为书记。

5 月 29 日　县政协召开六届一次主席办公会议，讨论关于协助有关单位做好知识分子政策落实问题以及近期工作安排和主席、副主席分工等。

6 月 20 日　县政协召开六届二次主席办公会议，学习全国“两会”精神。

7月9日　县政协召开六届三次主席办公会议，讨论如何结合当前形势、发挥政协作用的问题；总结第二季度工作，部署第三季度工作。

7月16日　县政协召开六届二次常委会（扩大）会议，总结第二季度工作情况和讨论第三季度工作安排。

7月17日　县政协举行报告会，听取中共崇明县委书记曹昌桢所作的关于改革开放中如何发挥政协作用的报告和县长田长春所作的关于对外开放工作的报告。

8月15日　县政协召开六届四次主席办公会议，讨论各工作组活动安排及检查落实知识分子政策等事项。

8月22日　县政协召开工作组组长会议，交流工作组上半年工作及下半年工作安排。

9月19日　县政协召开六届五次主席办公会议，传达中共上海市委、市政府有关会议精神，讨论国庆节活动安排。

9月25日　县政协举行庆祝中华人民共和国成立35周年座谈会，副主席顾青主持会议，主席施群参加会议并讲话。

10月23日　县政协召开六届六次主席办公会议，总结第三季度工作，部署第四季度工作。

10月24日　县政协副主席黄冠球带领教育工作组委员到上海市静安区第一中心小学观摩教育改革情况。

10月25日　县政协召开六届三次常委会（扩大）会议，讨论第三季度工作情况汇报和第四季度工作要点。

10月31日　县政协举行常委会学习会，学习中共十二届三中全会精神。

11月19日—20日　县政协召开六届四次常委会（扩大）会议，听取县长田长春关于全县经济情况及发展设想的通报。

12月19日　县政协召开教育工作组政协委员会议，座谈讨论崇明的教育改革问题。

12月25日　县政协召开六届七次主席办公会议，传达市政协会议精神。

1985年

1月17日　县政协召开六届八次主席办公会议，讨论1984年工作总结及1985年第一季度工作意见。

1月24日　县政协召开六届五次常委会会议，学习中共中央一号文件（中共中央、国务院《关于进一步活跃农村经济的十项政策》），并讨论1984年工作总结及1985年第一季度工作意见。

2月11日　县政协召开各界人士迎春茶话会，副主席顾青主持会议，主席施群参加会议并讲话。

3月1日　县政协召开六届九次主席办公会议，讨论县政协六届二次会议有关事项。

3月2日　县政协召开六届六次常委会会议，讨论县政协六届二次会议上常委会工作报告和提案办理情况报告及有关人事事项。

3月27日　县政协召开六届七次常委会会议，讨论县政协六届二次会议有关事项。

3月27日—4月1日　县政协召开六届二次会议，听取和审议常委会工作报告和提案办理情况报告。与会人员列席县八届人大二次会议。

3月30日　县政协召开六届八次常委会会议，讨论有关人事事项及县政协六届二次会议决议等。

4月17日　县政协召开六届十次主席办公会议，讨论第二季度工作。

4月23日　县政协召开六届九次常委会（扩大）会议，学习市政府有关文件，讨论第二季度工作。

5月7日　县政协召开县政协委员、民主党派成员、社会知名人士出席的会议，传达全国人大、政协会议和市人大、政协会议精神。

5月11日—20日　县政协与县文化局、县总工会联合举办刘侃生画展，县政协副主席顾青出席开幕式并讲话。

6月27日　县政协召开六届十一次主席办公会议，听取有关工作组赴外地学习考察情况汇报，讨论第三季度工作安排。

6月27日　县政协召开医卫组委员座谈会，就饮食、食品卫生问题进行协商讨论。

7月5日　县政协召开六届十次常委会(扩大)会议，传达市政协有关会议精神。

7月18日　县政协召开六届十二次主席办公会议，通报上海市郊县政协工作例会情况。

8月13日　县政协召开六届十三次主席办公会议，传达市政协召开的区县政协工作经验交流会精神及讨论庆祝教师节事项。

8月21日　县政协召开六届十一次常委会(扩大)会议，传达市政协六届四次会议精神。

8月25日　县政协召开政协委员座谈会，对中共崇明县委政策研究室制定的《关于完善土地承包办法的意见(讨论稿)》提出修改意见。

9月2日　县政协召开纪念抗日战争和世界反法西斯战争胜利40周年座谈会，副主席顾青主持会议，主席施群参加会议并讲话。

9月17日—19日　县政协组织部分政协委员视察向化中学、港西中学、东风中学、向化中心小学、双津小学等。

10月9日　县政协召开六届十四次主席办公会议，总结第三季度工作，部署第四季度工作。

10月28日　县政协组织科技组委员视察老滧港林带、林场等。

11月4日　县政协组织新闻文体组委员视察唐一岑墓、金鳌山、寿安寺、崇明学宫等。

11月16日　县政协召开六届十二次常委会(扩大)会议，总结第三季度工作，讨论第四季度工作安排。

11月22日　县政协、中共崇明县委统战部联合举行形势报告会，由中共崇明县委书记姚明宝作当前形势报告。

12月5日—9日　市政协副主席徐以枋、董寅初率市政协考察团到崇明考察。

12月11日　县政协召开六届十五次主席办公会议，传达市政协有关会议精神。

12月12日—13日　县政协组织民族宗教组委员和部分宗教界人士视察寿安寺、广福寺、大公所天主堂、新开河天主堂、基督教崇主堂。

12月24日　县政协组织部分委员视察县农业技术推广中心、基层农科站和兽医站。

1986年

1月15日　县政协召开六届十六次主席办公会议，总结1985年第四季度工作，部署1986年第一季度工作。

1月18日　县政协召开六届十三次常委会(扩大)会议，学习中共中央有关文件精神，总结县政协1985年第四季度工作，讨论1986年第一季度工作安排。

1月28日　县政协召开部分政协委员座谈会，传达中共上海市委召开的郊区工作会议精神，讨论崇明县“七五”计划草案。

2月17日　县政协召开六届十七次主席办公会议，讨论县政协六届三次会议有关事项。

3月3日—4日　县政协组织工交财贸组委员就崇明拆船工业污染情况进行调研，并形成调研报告。

3月7日　县政协召开六届十八次主席办公会议，讨论县政协六届三次会议有关事项。

3月7日　县政协召开六届十四次常委会（扩大）会议，协商确定县政协六届三次会议有关事项。

3月30日—4月4日　县政协召开六届三次会议，听取和审议常委会工作报告和提案办理情况报告。与会人员列席县八届人大三次会议。

4月12日　县政协召开六届十九次主席办公会议，总结第一季度工作和讨论第二季度工作安排。

4月19日　县政协召开六届十五次常委会（扩大）会议，传达全国政协召开的地方政协工作会议精神。

5月6日　县政协召开六届二十次主席办公（扩大）会议，传达全国政协六届四次会议精神和市政协六届五次会议精神。

5月7日　中共崇明县委书记姚明宝、副书记陆瑾及中共崇明县委组织部、宣传部负责人到县政协机关调研，听取政协工作情况汇报。

5月10日　县政协召开全体委员会议，传达市人大八届五次会议和市政协六届五次会议精神。

5月23日　县政协和县教育局联合召开“青保”工作会议，教育界政协委员，各完全中学、各乡中心小学分管负责人和城桥、堡镇两镇小学负责人参加会议。

6月14日　县政协召开六届二十一次主席办公会议，传达市政协有关会议精神。

8月4日—5日　县政协召开振兴崇明经济座谈会，副主席宋斌主持会议，中共崇明县委副书记陆瑾到会并讲话。

8月6日　县政协组织部分委员赴城桥、堡镇、新河三镇视察夏令食品卫生情况。

8月8日　中国民主促进会崇明县小组成立。

8月27日　县政协召开六届二十二次主席办公会议，听取县政协考察团赴江苏省如东、大丰、盐城等地学习考察情况汇报。

8月30日　县政协就物价调整问题召开部分常委座谈会，副主席宋斌主持会议。

9月4日　县政协召开六届十六次常委会会议，讨论同意薛以霆为县政协秘书长候选人，并决定提请县政协六届四次会议选举。

9月6日　县政协召开六届四次会议，听取中共崇明县委书记姚明宝所作的关于崇明经济形势的报告；同意吴庆培辞去县政协秘书长职务，补选薛以霆为县政协秘书长。

9月16日　县政协、中共崇明县委统战部联合举行中秋茶话会。县政协副主席、县委统战部部长宋斌主持会议，中共崇明县委副书记陆瑾等出席。

9月28日　县政协召开六届二十三次主席办公会议，传达市政协有关会议精神。

10月6日　县政协召开六届十七次常委会（扩大）会议，学习中共中央十二届六中全会决议，传达市政协有关会议精神。

10月8日　县政协组织科技组、农村组、经济开发组委员前往大新乡，视察大新棉纺厂等单位。

10月17日　县政协召开恢复金鳌山景区和搬迁精神病医院座谈会，副主席宋斌主持会议。

11月6日　县政协召开六届十八次常委会（扩大）会议，讨论中共崇明县委《关于“七五”期间加强社会主义精神文明建设的意见》。

11月27日　县政协召开振兴崇明中医事业座谈会，副主席施文德主持会议。

12月2日　县政协召开六届二十四次主席办公会议，通报中共中央总书记胡耀邦视察崇明情况，并研究有关工作。

12月10日　县政协召开情况通报会，由中共崇明县委常委、组织部部长黄振兴通报县党代会情况。各民主党派和人民团体负责人出席通报会。

1987 年

1 月 16 日　县政协召开部分离、退休老干部参加的振兴崇明经济座谈会，副主席宋斌主持会议。

1 月 23 日　县政协举行各界人士迎春茶话会。县政协副主席、中共崇明县委统战部部长宋斌主持会议，中共崇明县委副书记陆瑾到会并讲话。

1 月 26 日　中共崇明县委书记姚明宝、副书记陆瑾到县政协机关慰问机关工作人员。

2 月 9 日　县政协召开六届十九次常委会（扩大）会议，学习中共中央有关文件，讨论通过当前工作意见。

3 月 16 日　县政协召开六届二十五次主席办公会议，讨论县政协换届工作事宜等。

3 月 20 日　县政协召开六届二十次常委会（扩大）会议，讨论换届有关事项，修改常委会工作报告和提案办理情况报告。

3 月 30 日　县政协召开六届二十六次主席办公会议，讨论成立县政协之友社有关事项。

3 月 31 日　县政协召开六届二十一次常委会会议，协商讨论七届县政协委员名单等。

4 月 10 日　县政协召开六届二十二次常委会会议，讨论县政协七届一次会议有关事项。

4 月 10 日—16 日　县政协召开七届一次会议，听取和审议六届常委会工作报告和提案办理情况报告，选举产生第七届县政协常委会，选举张彪为主席。与会人员列席县九届人大一次会议。

4 月 16 日　县政协召开七届一次常委会会议，讨论工作委员会和工作组的设置，协商决定县政协副秘书长人选。

4 月 16 日　县政协之友社召开第一届理事会第一次会议，选举张彪为理事长。

4 月 17 日　县政协召开七届一次主席办公会议，讨论主席会议成员分工及近期工作安排。

5 月 4 日　县政协召开七届二次主席办公会议，传达市政协六届六次会议精神，讨论县政协之友社活动安排等。

5 月 7 日　县政协召开七届二次常委会会议，传达市“两会”精神，通报第二季度工作安排；中共崇明县委书记姚明宝通报国务院总理赵紫阳到崇明视察情况。

5 月 12 日　中国民主同盟上海市崇明县支部委员会成立。

6 月 2 日　县政协召开七届三次常委会（扩大）会议，传达市政协召开的区县政协主席会议精神，听取主席张彪关于赴浙江参观学习情况的汇报，讨论召开委组工作交流会议事项。

6 月 13 日　县政协召开七届三次主席办公会议，听取副主席宋斌关于赴长宁、卢湾、徐汇区政协学习情况的汇报，讨论近期工作安排。

6 月 25 日　县政协组织科技工作委员会委员视察防汛、防台准备工作情况。

7 月 7 日　县政协、中共崇明县委统战部联合举行纪念“七七”卢沟桥事变 50 周年座谈会，县政协副主席、县委统战部部长宋斌主持会议并讲话。

7 月 9 日　县政协召开七届四次主席办公会议，传达区县政协工作例会精神，讨论近期工作安排。

7 月 30 日　县政协组织委员和有关人士学习中共上海市委书记江泽民在全市党员负责干部会议上的讲话精神。

8 月 7 日　县政协召开七届五次主席办公会议，传达市政协召开的政协理论研讨会有关内容，讨论第三季度工作安排。

8 月 14 日　县政协召开七届四次常委会（扩大）会议，听取县建设局关于崇明县总体规划及城镇规划编制情况的通报，布置第三季度工作。

8 月 19 日　县政协召开县有关部门负责人和有关人士座谈会，听取成立“崇明县教育奖励基金会”

的意见。

9月8日　崇明县教育奖励基金会成立大会召开。中共崇明县委书记姚明宝，县委副书记、县长田长春，县委副书记陆瑾等参加会议，陆瑾主持会议，田长春宣布理事名单，姚明宝讲话。县政协主席张彪任理事长。

9月17日—18日　市政协副主席、科技委员会主任杨士法等到崇明视察"星火计划"项目实施情况。

9月21日　县政协组织科技工作委员会部分委员前往中国人民解放军海军上海基地后勤部崇明农场开展科技咨询活动。

9月22日　县政协召开七届六次主席办公（扩大）会议，传达区县政协工作例会精神，讨论第四季度工作安排。

9月24日　县政协主席张彪率部分常委、委员视察国庆期间城桥镇副食品市场安排情况。

9月25日　县政协与县政协之友社联合组织有关医务人员到向化卫生院进行医疗咨询服务活动。

9月29日　县政协、中共崇明县委统战部联合召开民主党派、人民团体及各界人士座谈会。县政协主席张彪主持会议。中共崇明县委书记姚明宝，县委副书记、县长田长春，县委副书记陆瑾出席会议，并解答与会者提出的问题。

10月4日　县政协举行各界人士庆国庆、迎中秋茶话会，主席张彪主持会议，中共崇明县委副书记陆瑾出席会议并讲话。

10月4日　县政协之友社召开一届一次社员大会。

10月15日　县政协开展委员活动日活动，听取中共崇明县委副书记陆瑾作"访日观感"的报告。

10月28日　县政协与县政协之友社联合组织有关医务人员到三星卫生院进行医疗咨询服务活动。

10月29日　县政协、中共崇明县委统战部联合召开学习中共第十三次代表大会精神座谈会，县政协主席张彪主持会议并讲话。

12月2日　中国民主促进会上海市崇明县支部委员会成立。

12月4日　县政协召开七届七次主席办公会议，总结县政协七届一次会议以来的工作，部署下阶段工作。

12月24日　县政协召开七届五次常委会（扩大）会议，交流学习中共十三大精神体会，并与中共崇明县委、县政府领导就教育、卫生等问题进行协商对话。

1988年

1月20日　县政协召开七届八次主席办公会议，讨论县政协七届二次会议准备工作事项。

2月10日　县政协召开七届六次常委会（扩大）会议，讨论县政协七届二次会议有关事项。

2月13日　县政协、中共崇明县委统战部联合举行各界人士新春茶话会。县政协副主席、县委统战部部长宋斌主持会议，中共崇明县委副书记陆瑾、县政协主席张彪等到会拜年致贺。

2月26日　县政协召开七届七次常委会（扩大）会议，对县《政府工作报告》和财政预决算报告（征求意见稿）提出修改意见。

3月5日　县政协召开七届八次常委会会议，协商决定县政协七届二次会议因与市农村工作会议冲突延期召开。

3月12日　县政协召开七届九次主席办公室会议，讨论七届二次会议有关事项。

3月13日—19日　县政协召开七届二次会议，听取和审议常委会工作报告和提案办理情况报告。中共崇明县委书记姚明宝到会作报告。与会人员列席县九届人大二次会议。

4月1日　县政协召开七届十次主席办公会议，传达市农村工作会议精神。

5月17日　县政协召开七届九次常委会(扩大)会议,传达市政协七届一次会议精神等。

6月2日　县政协召开文史工作会议,研究文史资料编写出版形式、内容、经费、发行等。

6月3日　县政协、中共崇明县委统战部联合召开"振兴中华,建设家乡"座谈会,县政协副主席、县委统战部部长宋斌主持会议。

6月15日—16日　县政协组织特邀监督员视察《中华人民共和国食品卫生法(试行)》实施情况。

7月8日　县政协举行报告会,请中共崇明县委书记姚明宝作访日报告。报告会由县政协主席张彪主持。

7月14日　县政协召开七届十一次主席办公会议,听取上海崇明经济技术开发公司情况汇报。

7月19日　县政协、中共崇明县委统战部联合召开信息交流座谈会,县政协主席张彪主持会议。

7月28日　县政协主席张彪、副主席宋斌等慰问中国人民解放军驻陈家镇地区部队及武警堡镇消防中队官兵。

8月5日　县政协召开七届十二次主席办公会议,学习中共中央和中共上海市委有关为政清廉的文件。

8月17日　县政协召开统战系统各部门政协常委座谈会,交流各部门工作,主席张彪主持会议。

8月23日　县政协、中共崇明县委统战部联合召开各界人士座谈会,副县长胡伯坤通报1—8月崇明工业生产情况。会议由县政协主席张彪主持。

9月14日　县政协举办报告会,邀请上海市育才中学名誉校长段力佩作教育改革报告。

9月14日　县政协、中共崇明县委统战部联合召开统战系统各部门负责人会议,讨论建立联席会议制度和中秋节活动事宜。县政协副主席、县委统战部部长宋斌主持会议。

9月22日　县政协、中共崇明县委统战部联合举行报告会,听取中共崇明县委书记姚明宝所作的关于"深化改革,共渡难关"的报告。

9月22日　县政协、中共崇明县委统战部联合举行中秋茶话会。县政协副主席、县委统战部部长宋斌主持茶话会。中共崇明县委书记姚明宝、副书记陆瑾等出席茶话会。

10月11日　县政协召开七届十三次主席办公会议,学习中共十三届三中全会精神,讨论第四季度工作。

10月14日　县政协召开工作委员会主任会议,交流工作委员会活动情况。

10月17日　县政协召开统战系统各部门负责人联席会议,讨论《崇明县统战系统联席会议制度(讨论稿)》。

10月18日　县政协主席张彪率部分政协委员视察大新乡外向型经济。

10月22日　县政协召开党外人士座谈会,学习讨论中共十三届三中全会精神。会议由县政协副主席、中共崇明县委统战部部长宋斌主持。

11月2日　全国政协副主席王任重到崇明考察。

11月18日　全国政协副主席谷牧到崇明考察。

11月22日　黑龙江省政协常委、伊春市政协副主席张鼎忠等到崇明参观考察,并商议伊春市政协与和崇明县政协建立友好联系事宜。

11月24日　县政协召开部分委员座谈会,围绕城镇居民蔬菜、副食品供应问题进行协商讨论。

11月25日　县政协副主席宋斌等视察合作乡"千头养猪场"。

12月3日　县政协召开七届十四次主席办公会议,听取副主席宋斌传达县长办公会议精神和主席张彪赴外省市学习考察情况汇报,讨论1989年政协工作。

12月8日　县政协召开七届十次常委会(扩大)会议,听取副县长周祖安关于全县财政经济状况的通报。

12月14日—16日　市政协副主席杨槱率市政协视察组到崇明视察成人教育和职工教育条例贯彻

实施情况。

12月27日　县政协组织教育工作委员会部分委员视察特殊教育情况。

1989年

1月9日　市政协副主席王兴等到崇明考察。

1月17日　县政协召开七届十五次主席办公会议，协商讨论常委会廉政建设意见，并决定提请常委会会议通过。

1月30日　县政协召开七届十一次常委会(扩大)会议，听取县长田长春通报政府工作情况。

1月30日　县政协、中共崇明县委统战部联合举行各界人士迎春茶话会。县政协副主席、县委统战部部长宋斌主持会议，中共崇明县委书记姚明宝、县政协主席张彪到会并讲话。

2月15日　县政协召开七届十六次主席办公会议，讨论召开县政协七届三次会议有关事项。

2月21日　县政协召开七届十七次主席办公会议，传达市农村工作会议精神等。

2月24日　县政协召开七届十二次常委会会议，协商决定县政协七届三次会议的有关事项，对《政府工作报告》提出修改意见和建议。

3月13日—18日　县政协召开七届三次会议，听取和审议常委会工作报告和提案办理情况报告。听取和讨论中共崇明县委书记姚明宝所作的《全党重视政协工作，更好地发挥政治协商、民主监督作用》的报告。与会人员列席县九届人大三次会议。

3月29日　中共崇明县委书记姚明宝等到县政协召开座谈会，就县委加强对政协工作的领导征求意见。县政协主席张彪，副主席宋斌、徐正林、昝泰昌、施兆发、罗永祥等参加座谈会。

4月7日　中共崇明县委召开政协工作会议，提出加强政协工作十条意见。

4月28日　县政协召开七届十三次常委会(扩大)会议，与县纪委、监察、审计等部门负责人协商讨论廉政建设工作。

5月27日—28日　全国政协副主席、中国佛教协会会长赵朴初到崇明考察，为寿安寺题词"如来无量寿，净土万年安"。

6月7日　县政协召开七届十八次主席办公(扩大)会议，学习中共中央、中共上海市委领导讲话精神，讨论提案工作和有关人事事项。

6月8日　县政协召开七届十四次常委会(扩大)会议，传达学习中共中央有关文件精神。

6月20日　中国农工民主党上海市崇明县支部委员会成立。

6月30日　县政协召开七届十九次主席办公会议，传达学习中共十三届四中全会精神。

7月8日　县政协召开七届十五次常委会(扩大)会议，传达学习中共十三届四中全会精神。

7月10日　县政协、中共崇明县委统战部联合召开会议，传达学习中共十三届四中全会及邓小平讲话精神。

7月12日—13日　上海市郊县政协工作例会在崇明召开。县长田长春到会致欢迎词。县政协主席张彪，副主席宋斌、徐正林等参加会议。

7月31日　县政协副主席宋斌、黄和招慰问中国人民解放军海军上海基地后勤部崇明农场官兵。

8月3日　县政协组织部分委员视察农业生产和创汇农业情况，副主席宋斌、黄和招、罗永祥参加视察。

8月29日　县政协开展委员学习日活动，学习中共十三届四中全会精神。

9月12日　县政协、中共崇明县委统战部联合举行庆中秋、迎国庆各界人士茶话会。县政协副主席、县委统战部部长宋斌主持会议。中共崇明县委书记姚明宝、副书记陆瑾，县政协主席张彪等出席。

9 月 19 日　县政协召开七届十六次常委会(扩大)会议,民主推荐中共崇明县委、县人大常委会、县政府、县政协四套班子组成人员人选,听取副县长陈继明关于全县经济工作情况通报。

10 月 19 日　县政协开展委员学习日活动,学习中共中央总书记江泽民在庆祝中华人民共和国成立 40 周年大会上的讲话。

11 月 10 日　县政协、中共崇明县委统战部联合组织委员学习会,学习中共十三届五中全会公报,县政协副主席、县委统战部部长宋斌主持会议。

11 月 11 日　县政协组织民族宗教工作委员会委员及宗教团体负责人,视察绿华乡农副业生产和县水产养殖场网箱养鱼情况。

11 月 17 日　县政协召开七届二十次主席办公会议,学习中共十三届五中全会精神,讨论县政协换届人事安排事宜。

11 月 22 日—23 日　县政协召开七届十七次常委会(扩大)会议,学习中共十三届五中全会精神。

1990 年

1 月 16 日　县政协召开七届二十一次主席办公会议,讨论迎春茶话会、春节前后工作以及县政协换届等有关事项。

1 月 17 日　县政协、中共崇明县委统战部联合举行各界人士迎春茶话会。县政协主席张彪主持会议。中共崇明县委书记姚明宝,县委副书记、县长田长春,县委副书记陆瑾等参加会议。

2 月 5 日　县政协召开党外人士会议,传达《中共中央关于坚持和完善中国共产党领导的多党合作和政治协商制度的意见》,县政协副主席、中共崇明县委统战部部长宋斌主持会议。

2 月 12 日　县政协召开七届二十二次主席办公会议,讨论修改常委会工作报告。

2 月 13 日　县政协召开七届十八次常委会会议,学习《中共中央关于坚持和完善中国共产党领导的多党合作和政治协商制度的意见》,讨论常委会工作报告以及县政协换届人事安排等。

3 月 8 日　县政协召开七届十九次常委会(扩大)会议,县长田长春征求对《政府工作报告》的修改意见。

3 月 20 日　县政协召开七届二十次常委会(扩大)会议,讨论修改常委会工作报告和提案工作情况报告,讨论县政协八届一次会议日程和议程(草案)等事项。

3 月 23 日　县政协召开七届二十三次主席办公会议,听取中共崇明县委副书记陆瑾,县委常委、组织部部长黄振兴有关人事安排情况的通报。

4 月 2 日—6 日　县政协召开八届一次会议,听取和审议七届常委会工作报告和提案办理情况报告,选举产生第八届县政协常委会,选举陆瑾为主席。与会人员列席县十届人大一次会议。

4 月 6 日　县政协召开八届一次常委会会议,讨论决定县政协工作委员会设置及主任、副主任人选等。

4 月 7 日　县政协召开各工作委员会主任、副主任会议,交流各工作委员会工作设想。

4 月 18 日　县政协召开八届一次主席会议,讨论主席会议成员分工等。

4 月 30 日　县政协召开八届二次主席会议,讨论县政协年度工作意见。

5 月 21 日　县政协召开八届二次常委会(扩大)会议,传达市政协七届三次会议精神,协商确定县政协年度工作意见。

5 月 23 日　县政协之友社召开二届一次社员大会,选举产生第二届理事会,徐正林为理事长。

6 月 19 日　县政协召开教育文化委员会委员、县政协之友社部分社员与县教育局有关方面负责人参加的座谈会,就学校德育教育进行协商讨论。

6月22日　县政协召开《联合时报》崇明县特约通讯站成立大会，县政协秘书长顾建新任站长。

7月9日　中国民主同盟上海市崇明县委员会成立。

7月18日　县政协召开八届三次主席会议，传达全国统战工作会议精神等。

7月25日　县政协召开八届三次常委会（扩大）会议，传达中共崇明县委六届四次全会精神，协商讨论县政协常委会工作简则等。

7月25日　县政协召开部分政协委员座谈会，就商品流通问题进行协商讨论。

7月31日　县政协主席陆瑾，副主席徐正林、黄和招，秘书长顾建新前往中国人民解放军上海警备区富民农场慰问部队官兵。

8月23日　县政协召开崇明县部分企业厂长座谈会，了解企业生产情况，副主席徐正林主持会议。

9月4日　县政协召开社会治安综合治理工作研讨会，副主席徐正林主持会议，主席陆瑾到会并讲话。

9月11日　县政协组织委员活动日活动，分片传达全国统战工作会议精神，座谈讨论"怎样当好一名政协委员"。

9月28日　县政协、中共崇明县委统战部联合举行迎国庆迎中秋联欢会。县政协副主席、县委统战部部长徐正林主持会议。中共崇明县委副书记、县政协主席陆瑾致词，中共崇明县委副书记、县长田长春，县人大常委会主任陈继明讲话。

10月19日　县政协召开八届四次主席会议，传达郊县政协工作例会精神，讨论第四季度工作等。

10月24日　县政协召开八届四次常委会（扩大）会议，听取副县长施兴忠通报团结沙围垦情况，并审议常委会建议案。

12月18日　县政协召开八届五次常委会会议，听取副县长仇永鸣通报崇明县国民经济和社会发展"八五"计划和"九五"规划设想。

12月30日　县政协召开八届五次主席会议，讨论1990年工作总结和1991年工作要点。

1991年

1月15日—18日　县政协分片召开政协委员迎新春座谈会，交流学习工作情况，征求对县政协工作意见。

2月4日　县政协主席陆瑾慰问武警崇明县中队、武警崇明消防大队官兵。

2月6日　县政协举行崇明县各界人士迎春联欢会。副主席徐正林主持会议。中共崇明县委书记姚明宝、县人大常委会主任陈继明、县政协主席陆瑾等出席并讲话。

3月4日　县政协召开八届六次常委会会议，县长田长春征求《政府工作报告》修改意见。

3月5日　县政协召开八届六次主席会议，讨论县政协八届二次会议有关事项，修改常委会工作报告。

3月9日　县政协召开八届七次常委会会议，讨论县政协八届二次会议有关事项，讨论修改常委会工作报告。

3月21日　县政协召开八届七次主席会议，检查县政协八届二次会议准备工作事项。

3月25日—30日　县政协召开八届二次会议，听取和审议常委会工作报告和提案办理情况报告，听取和讨论中共崇明县委书记姚明宝的讲话。与会人员列席县十届人大二次会议。

5月9日　县政协召开八届八次主席会议，讨论评选优秀政协委员、先进工作委员会、最佳提案。

5月10日　县政协召开八届八次常委会（扩大）会议，传达市"两会"精神，部署7月底前工作。

6月25日　中共崇明县政协党组召开纪念中国共产党成立70周年中共党员委员座谈会，县政协党组成员、县政协副主席徐正林主持会议，中共崇明县委副书记、县政协党组书记、县政协主席陆瑾讲话。

6 月 26 日　县政协召开八届九次主席会议，讨论《关于对乡镇企业劳动人事、分配制度改革的建议》等 4 个建议案。

6 月 27 日　县政协召开八届九次常委会会议，审议常委会《关于组建工业企业联合体》等建议案。

6 月 27 日　县政协召开八届十次常委会(扩大)会议，听取副县长黄雄通报学校德育教育工作情况。

7 月 6 日　市政协在崇明举行开发东平林场研讨会，九三学社中央副主席、市政协副主席杨槱到会讲话。

7 月 19 日　县政协召开八届十一次常委会(扩大)会议，听取县长田长春关于崇明经济工作情况和中共崇明县委副书记、县政协主席陆瑾关于崇明社会治安情况通报。

7 月 24 日　县政协召开有关部门、乡镇负责人座谈会，讨论外来人口管理问题，副主席徐正林主持会议。

7 月 26 日　县政协召开八届十次主席会议，讨论修改常委会《关于加强外来人口管理的建议案》。

8 月 23 日　县政协组织部分委员视察竖河、大同、港沿等乡农副业生产情况。

9 月 2 日　县政协召开八届十一次主席会议，讨论教育奖励基金委员会机构调整等。

9 月 20 日　县政协举行各界人士中秋联欢会，副主席徐正林主持会议，主席陆瑾致词，中共崇明县委书记姚明宝、副书记沈兰全出席会议并讲话。

9 月 21 日—22 日　长江口北部六县(市)政协联谊会第一次会议在崇明召开，崇明县政协副主席徐正林主持会议，主席陆瑾致欢迎词，中共崇明县委副书记沈兰全到会讲话。

11 月 18 日—20 日　县政协副主席徐正林、黄和招参加在江苏省南通县召开的长江口北部七县(市)政协联谊会第一次会议。

11 月 28 日　县政协分片召开政协委员和乡、村基层干部座谈会，就进一步加强精神文明建设开展调研。

12 月 6 日　县政协召开提案工作会议，听取八届二次会议以来提案办理工作情况汇报，协商推荐最佳提案候选名单。副主席罗永祥主持会议，副主席徐正林参加会议。

12 月 17 日　县政协召开八届十二次主席会议，讨论有关优秀政协委员、先进工作委员会、最佳提案评选工作事宜等。

12 月 19 日　县政协召开八届十二次常委会(扩大)会议，传达学习中共十三届八中全会和中共上海市委五届十二次全会精神。

1992 年

1 月 13 日　县政协召开工作委员会主任会议，交流 1991 年活动情况，推荐先进工作委员会候选单位，协商优秀政协委员候选人名单，讨论最佳提案候选名单。

1 月 15 日　县政协召开八届十三次常委会(扩大)会议。中共崇明县委副书记、县政协主席陆瑾通报县委六届七次全会精神，副县长胡伯坤通报全县工业生产情况，副县长周祖安通报 1991 年财政收支情况，县公安局、县农业局等部门负责人通报相关情况。

1 月 22 日　县政协召开八届十三次主席会议，讨论确定优秀政协委员、先进工作委员会、最佳提案，修改常委会工作报告等。

1 月 23 日　县政协召开八届十四次常委会会议，讨论修改常委会工作报告。

1 月 23 日　县政协举行各界人士迎春茶话会。县政协副主席、中共崇明县委统战部部长徐正林主持会议。中共崇明县委副书记沈兰全，县委副书记、县长田长春，县委副书记、县政协主席陆瑾，县人大常委会主任陈继明讲话。

2月21日　县政协召开八届十四次主席会议，讨论县政协八届三次会议日期、议程等有关事项。

2月28日　县政协召开八届十五次常委会会议，副县长仇永鸣征求《政府工作报告(讨论稿)》修改意见，并讨论县政协八届三次会议有关事项。

3月11日　县政协召开八届十五次主席会议，讨论县政协八届三次会议日程安排等有关事项。讨论增补2名政协委员。

3月13日　县政协召开八届十六次常委会会议，讨论县政协八届三次会议有关事项，协商增补政协委员。

3月22日　县政协召开八届十六次主席会议，听取县政协八届三次会议各项准备工作的汇报。

3月23日—27日　县政协召开八届三次会议，听取和审议常委会工作报告和提案办理情况报告，听取和讨论中共崇明县委副书记沈兰全的讲话。与会人员列席县十届人大三次会议。

3月27日　县政协举行1991年度先进工作委员会、优秀政协委员、最佳提案表彰大会。

4月2日—4日　县政协副主席徐正林参加在江苏省如皋市召开的长江口北部七县(市)政协联谊会第二次会议。

4月4日　县政协召开海外联谊委员会委员参加的座谈会，听取副县长周祖安关于发展崇明外向型经济优惠政策和县外经办负责人关于崇明外向型经济发展情况的通报，就加快发展崇明外向型经济进行讨论。

5月16日　县政协召开八届十七次常委会(扩大)会议，传达市政协七届五次会议精神。

7月11日　县政协举行学习报告会，听取上海国际问题研究所综合研究室主任郭隆隆作学习邓小平南方谈话辅导报告。

7月21日　县政协召开八届十七次主席会议，传达市政协常委会会议精神，听取各工作委员会活动情况汇报，讨论近期工作。

7月22日　县政协召开八届第十八次常委会(扩大)会议，听取副县长施兴忠通报上半年经济工作情况和下半年经济工作计划。

8月12日—17日　县政协分片召开委员座谈会，传达讨论副县长施兴忠在县政协八届十八次常委会会议上的经济工作情况通报。

9月9日　县政协、中共崇明县委统战部联合举行各界人士迎中秋联欢会，县政协副主席、县委统战部部长徐正林主持会议。中共崇明县委书记沈兰全，县委副书记、副县长施兴忠，县委副书记、县政协主席陆瑾等出席并讲话。

9月18日　县政协召开八届十八次主席会议，讨论上海市郊县政协工作例会准备工作等。

9月22日—23日　上海市郊县政协工作例会在崇明召开，会议主题是提案工作如何为经济建设服务。崇明县政协主席陆瑾主持会议，中共崇明县委书记沈兰全参加会议并讲话。

9月25日—27日　全国政协委员、全国基督教三自爱国运动委员会副主席沈德培到崇明考察。

10月8日　县政协召开工作委员会主任、副主任会议，通报前三季度各工作委员会活动情况，部署下阶段工作。

10月10日　中共崇明县委书记沈兰全到县政协召开座谈会，就发展崇明经济听取非中共政协委员意见，县政协主席陆瑾，副主席徐正林、黄和招、施兆发、姚振尧等参加座谈会。

10月20日　县政协召开八届十九次常委会(扩大)会议，听取副县长胡伯坤通报全县经济工作情况，特邀上海廷豪服饰有限公司总经理介绍公司创建情况。

10月29日　县政协召开八届二十次常委会(扩大)会议，中共十四大代表、县政协主席陆瑾传达中共十四大会议精神。

11月20日　县政协开展委员活动日活动，听取副县长胡伯坤通报全县经济工作情况。

11月21日　县政协组织教育文化委员会部分委员视察崇明县校办工业。

12 月 17 日—19 日　县政协副主席徐正林参加在江苏省海安县召开的长江口北部七县(市)政协联谊会第三次会议。

12 月 22 日　县政协组织海外联谊委员会部分委员视察崇明“三资”企业。

1993 年

1 月 18 日　县政协举行各界人士迎春茶话会,县政协副主席、中共崇明县委统战部部长徐正林主持会议。中共崇明县委书记徐木泉,县委副书记、县长曹树民等出席。县委副书记、县政协主席陆瑾在会上讲话。

2 月 1 日　县政协召开八届十九次主席会议,传达中共崇明县委书记徐木泉在县四套班子会议上的讲话精神,协商讨论常委会工作报告(讨论稿),讨论县政协换届前的工作。

3 月 12 日　县政协召开八届二十次主席会议,讨论第二十一次常委会会议议程和县政协九届一次会议有关事项。

3 月 12 日　县政协召开八届二十一次常委会会议,传达市政协八届一次会议精神,讨论修改常委会工作报告(讨论稿),讨论县政协换届人事安排等。

3 月 19 日　县政协提案委员会召开会议,讨论修改县政协八届一次会议以来提案工作情况报告(讨论稿)。

3 月 23 日　县政协召开八届二十二次常委会会议,协商确定九届县政协委员名额和人选。

3 月 25 日　县政协召开八届二十一次主席会议,讨论县政协九届一次会议有关事项。

3 月 26 日　县政协召开八届离任委员座谈会,主席陆瑾主持会议并讲话。

3 月 26 日　县政协举办九届新任委员学习班,副主席徐正林介绍人民政协的历史、地位、作用、任务和职责。

4 月 2 日　县政协召开八届二十二次主席会议,听取县政协九届一次会议各项准备工作情况汇报。

4 月 4 日—9 日　县政协召开九届一次会议,听取和审议八届常委会工作报告和提案办理情况报告,选举产生九届县政协常委会组成人员,选举陆瑾为主席。与会人员列席县十一届人大一次会议。

4 月 9 日　县政协召开九届一次常委会会议,讨论决定九届县政协工作委员会设置和各工作委员会组成人员名单等。

4 月 9 日　县政协召开工作委员会主任会议,部署年度工作,交流活动计划。

4 月 14 日　县政协召开九届一次主席会议,讨论决定主席会议成员分工,讨论近期工作安排。

4 月 27 日—29 日　县政协副主席黄振兴参加在江苏省通州市举行的长江口北部七县(市)政协联谊会第四次会议。

5 月 11 日　县政协召开九届二次主席会议,学习中共中央总书记江泽民在中央经济情况通报会上的讲话,讨论近期工作安排。

5 月 19 日　县政协召开九届二次常委会(扩大)会议,听取中共崇明县委常委周世民通报县级机构改革情况。

6 月 8 日　县政协召开工作委员会主任会议,确定各委员会活动内容,讨论县政协学习计划。

6 月 9 日　县政协召开九届三次主席会议,传达市政协常委会(扩大)会议精神,讨论乡镇机构改革方案,讨论近期工作。

6 月 11 日—12 日　县政协副主席黄振兴参加在松江县召开的沪浙十一县(市)政协工作联谊会第一次会议。

6 月 18 日　县政协召开九届三次常委会会议,协商讨论乡镇机构改革方案,审议并通过加快发展崇明县私营经济的常委会建议案。

7月12日　县政协召开九届四次主席会议，学习中共中央关于加强经济宏观调控的文件，讨论县政协之友社换届事项等。

7月14日　县政协组织医卫体委员会委员视察部分乡村自来水厂。

7月22日　县政协召开九届四次常委会（扩大）会议，通报上半年全县经济工作和社会治安综合治理工作情况。

8月27日　县政协举行学习报告会，听取上海社科院教授吴绍中所作的“关于社会主义市场经济理论和实践”的辅导报告。

8月30日　县政协召开九届五次主席会议，讨论县政协之友社及教育奖励基金会换届事项。

9月11日　县政协召开九届六次主席会议，交流在新形势下开展反腐败斗争的思想认识，讨论制定政协机关廉政建设制度。

9月16日—17日　县政协副主席黄振兴参加在浙江省海宁县召开的沪浙十一县（市）政协工作联谊会第二次会议。

9月22日　县政协召开九届五次常委会会议，审议通过常委会《关于寻求我县乡镇亏损企业出路的建议》等，通报政协上半年工作情况。

9月22日　县政协召开通报会，听取中共崇明县纪律检查委员会、县人民检察院关于开展反腐败斗争情况的通报。

10月8日　县政协之友社召开三届一次社员大会，选举产生第三届理事会，黄振兴为理事长。

10月11日　县政协召开九届七次主席会议，讨论中共崇明县委关于1994年经济工作总体思路。

10月19日—20日　县政协副主席黄振兴参加在南汇县召开的上海市郊县政协工作例会。

11月10日　县政协召开九届八次主席会议，交流学习《邓小平文选》第三卷体会，部署在政协委员中开展学习《邓小平文选》工作。

11月25日—26日　县政协副主席黄振兴参加在江苏省海门县召开的长江口北部七县（市）政协联谊会第五次会议。

12月1日　中国农工民主党上海市崇明县委员会成立。

12月20日　县政协召开九届九次主席会议，讨论常委会建议案，通过启东市政协与崇明县政协关于加强友好关系的协议，讨论1993年度政协工作总结和1994年度政协工作要点。

12月24日　县政协召开九届六次常委会会议，审议通过《关于加快我县职业教育发展，为崇明经济建设培养有用人才》的常委会建议案，通过有关人事任免，讨论春节前工作安排等。

12月24日　县政协、中共崇明县委统战部联合召开纪念毛泽东诞辰100周年座谈会，县政协副主席、县委统战部部长黄振兴主持会议。

1994年

1月10日—11日　市政协副主席刘恒椽到崇明考察中小学课程教材改革情况。

1月14日　县政协开展委员活动日活动，中共崇明县委党校副校长何家邦作学习《邓小平文选》第三卷辅导报告。

1月17日　县政协召开九届十次主席会议，按照中共崇明县委统一部署，举行民主生活会。

2月3日　中共崇明县委、县人大常委会、县政府、县政协联合举行各界人士春节团拜会，县四套班子成员参加团拜会。

2月26日　县政协召开九届十一次主席会议，讨论县政协九届二次会议有关事项。

3 月 2 日　县政协召开九届七次常委会会议，讨论县政协九届二次会议有关事项。

3 月 21 日—25 日　县政协召开九届二次会议，听取和审议常委会工作报告和提案办理情况报告，听取和讨论中共崇明县委书记徐木泉讲话。与会人员列席县十一届人大二次会议。

4 月 6 日—8 日　江苏省南通市政协副主席殷若男一行到崇明参观考察。

4 月 18 日　县政协召开九届十二次主席会议，讨论年度工作要点等。

4 月 22 日　县政协召开九届八次常委会会议，讨论通过 1994 年政协工作要点，通报常委会建议案议题和委员视察活动设想以及建立地区委员小组等。

4 月 29 日　县政协召开工作委员会主任会议，学习《政协崇明县委员会各工作委员会工作简则》，交流各工作委员会 1994 年度工作计划。

5 月 9 日—11 日　县政协副主席黄振兴参加在江苏省如东县召开的长江口北部七县（市）政协联谊会第六次会议。

5 月 12 日　县政协召开九届九次常委会会议，协商讨论政协机关内设机构，讨论通过人事任免事项。

6 月 6 日—7 日　县政协副主席黄振兴参加在上海市奉贤县召开的沪浙十一县（市）政协联谊会第三次会议暨上海市郊县政协主席例会。

6 月 10 日　县政协组织农贸经济委员会部分委员对县内杂交玉米、杂交水稻亲本种子繁育基地进行调查。

6 月 13 日　县政协召开九届十三次主席会议，讨论政协委组活动计划。

6 月 14 日—23 日　县政协主席陆瑾率团赴香港招商。

6 月 16 日　县政协召开九届十四次主席会议，讨论政协委员大视察活动方案。

6 月 22 日—24 日　县政协组织全体委员视察崇明县上半年经济发展情况。

7 月 8 日　县政协召开九届十五次主席会议，讨论修改《关于优化环境，理顺关系，促进我县三资企业发展》的常委会建议案等。

7 月 13 日　县政协开展委员学习日活动，听取中共崇明县委常委、县纪委书记邵礼达关于全县反腐败工作情况的通报。

7 月 21 日　县政协提案委员会召开会议，讨论九届二次会议以来提案情况、提案办理情况和优秀提案、先进承办单位的评选条件。

7 月 29 日　县政协召开九届十次常委会（扩大）会议，讨论通过《优化环境，理顺关系，促进我县三资企业发展》的常委会建议案，围绕“农业技术推广机构和农业科技队伍的现状及对策”等专题进行研讨。

8 月 8 日　县政协召开九届十六次主席会议，讨论确定下半年重点活动安排，听取关于提案办理情况的汇报等。

8 月 13 日　县政协召开工作委员会主任会议，通报下半年县政协重要活动安排。

8 月 23 日　县政协举行委员活动日活动，听取县长曹树民关于上半年工作情况及下半年工作思路的通报。

8 月 24 日　县政协召开学习政协章程交流会，秘书长刘亚池主持会议，主席陆瑾出席会议并讲话。

9 月 8 日　县政协、中共崇明县委统战部联合召开庆祝第十届教师节座谈会。

9 月 19 日　中共崇明县委、县人大常委会、县政府、县政协联合召开各界人士迎中秋暨纪念人民政协成立 45 周年座谈会，县四套班子成员参加座谈会。

9 月 29 日　县政协召开九届十七次主席会议，学习中共十四届四中全会公报，讨论 10 月份工作，讨论委员视察活动有关事项。

10 月 20 日—21 日　县政协副主席仇永鸣参加在浙江省桐乡市召开的沪浙十一县（市）政协联谊会第四次会议。

10月21日—22日　上海市郊县政协工作例会在崇明召开，市政协秘书长马松山传达华东六省一市第三次政协工作交流会精神。

10月28日　县政协召开九届十一次常委会（扩大）会议，传达全国政协八届八次常委会会议精神，部署学习贯彻中共十四届四中全会精神。

11月1日—3日　县政协副主席黄振兴参加在江苏省启东市召开的长江口北岸七县（市）政协联谊会第七次会议。

11月5日、11日、17日　县政协组织全体委员视察崇明县实事工程建设情况。

11月9日　县政协组织历届县政协主席、副主席与县商委领导班子成员共同商讨崇明第三产业的发展。

11月24日　县政协召开部分经济界委员座谈会，讨论县政府制定的《1995年度对本县重点企业经营者开展年度工作实绩考核奖励的实施意见（征求意见稿）》。

12月12日　县政协召开九届十八次主席会议，听取评选优秀提案和先进承办单位工作情况和视察实事工程建设情况汇报，讨论常委会工作报告内容与1995年政协工作思路等。

12月14日　县政协召开九届十二次常委会（扩大）会议，听取中共崇明县委常委、县公安局局长黄菊良通报1994年社会治安情况，副县长周祖安通报1994年财政收支情况。

12月22日　县政协召开反贪斗争情况通报会，听取县人民检察院检察长康家通报1994年全县反贪斗争情况。副主席仇永鸣主持会议。

1995年

1月5日　县政协召开九届十九次主席会议，讨论县政协九届三次会议有关事项，审议优秀提案和先进承办单位。

1月9日　县政协召开九届十三次常委会会议，讨论县政协九届三次会议有关事项，审议通过表彰的优秀提案和先进承办单位。

1月18日　中共崇明县委、县人大常委会、县政府、县政协联合举行各界人士春节团拜会，县四套班子成员出席团拜会。

1月20日　县政协组织部分委员视察上海亚通股份有限公司。

2月10日　县政协召开九届十四次常委会（扩大）会议，副县长吴新超征求对《政府工作报告（征求意见稿）》的意见建议。

2月11日　县政协与中共崇明县委统战部联合召开各界人士座谈会，学习中共中央总书记江泽民《为促进祖国统一大业的完成而继续奋斗》的讲话。秘书长刘亚池主持会议。

2月20日　县政协召开各专门委员会主任会议，总结1994年工作，部署1995年工作。

2月24日　县政协召开新委员座谈会。副主席仇永鸣主持会议，秘书长刘亚池向新委员介绍人民政协的历史、地位、作用、任务和职责。

3月5日—9日　县政协召开九届三次会议，听取和审议常委会工作报告和提案办理情况报告，听取和讨论中共崇明县委书记徐木泉讲话。与会人员列席县十一届人大三次会议。

3月24日　县政协召开九届二十次主席会议，讨论县政协1995年工作要点和1995年度重要会议、活动安排等。

3月27日—28日　县政协副主席黄振兴参加在松江县召开的上海市郊县政协工作例会。

4月6日　县政协召开九届十五次常委会会议，传达全国政协八届三次会议精神，讨论通过1995年度政协工作要点，审议通过评选优秀政协委员条件和办法。

4月20日　县政协召开九届二十一次主席会议，听取东平国家森林公园旅游开发情况的通报，讨论有关建议案内容。

5月4日　县政协召开九届二十二次主席会议，学习讨论中共中央总书记江泽民在中共北京市委常委扩大会议上的讲话。

5月17日—18日　县政协副主席黄振兴参加在上海市金山县召开的沪浙十一县(市)政协工作联谊会第五次会议。

5月26日　县政协召开九届二十三次主席(扩大)会议，讨论《加快崇明旅游事业发展》的主席会议建议案。

6月27日—28日　县政协副主席黄振兴出席在江苏省如东县举行的长江三角洲十二县(市、区)政协工作研讨会第一次会议。

7月3日　县政协召开九届二十四次主席会议，学习中共上海市委关于加强政协工作的文件，讨论7月份工作安排。

7月5日　县政协召开九届十六次常委会会议，听取中共崇明县委宣传部副部长徐耀明关于崇明县精神文明建设情况的通报，并视察华星牙膏厂。

7月13日　县政协召开情况通报会，听取县长曹树民关于全县经济工作情况的通报。

7月21日　县政协召开纪念抗日战争胜利50周年座谈会，副主席黄振兴主持会议，主席陆瑾出席会议并讲话。

8月2日　九届县政协召开第二十五次主席会议，听取提案办理情况汇报，讨论8月份工作安排。

8月4日　县政协召开专门委员会主任会议，总结上半年工作，部署下半年工作。

8月5日　县政协副主席罗永祥主持召开提案委员会会议，听取县政协九届三次会议以来提案办理情况的汇报。

8月31日　县政协召开部分委员座谈会，就提高政协委员参政议政积极性展开讨论，秘书长刘亚池主持会议。

9月8日　县政协召开各界人士中秋茶话会，县政协副主席、中共崇明县委统战部部长黄振兴主持会议，中共崇明县委书记施兴忠到会并讲话。

10月9日　县政协召开九届二十六次主席会议，讨论《政协崇明县委员会常务委员会工作条例》等3个工作制度，讨论10月份工作安排。

10月17日　县政协召开九届十七次常委会会议，审议通过《政协崇明县委员会常务委员会工作条例》等3个工作制度，听取县蔬菜办公室关于崇明蔬菜基地建设情况通报。

10月19日—23日　县政协副主席黄振兴参加市政协在金山县召开的区县政协学习邓小平关于统一战线和人民政协论述交流会。

11月9日—10日　县政协副主席黄振兴参加在浙江省平湖市召开的沪浙十一县(市)政协工作联谊会第六次会议。

11月13日　县政协召开农业工作情况通报会，副县长殷惠生通报全县农业发展情况及“九五”农业发展规划内容。

11月15日—17日　县政协副主席黄振兴参加在浙江省余杭市召开的长江三角洲十二县(市、区)政协工作研讨会第二次会议。

11月17日—18日　市政协副主席赵定玉率市政协视察团到崇明视察“两个文明”建设情况。

11月22日　市政协之友社副理事长杨士法一行到崇明考察。

11月24日　县政协召开九届二十七次主席会议，讨论1995年工作总结和1996年工作思路及视察活动安排等。

12月5日　县政协召开专门委员会主任、副主任，地区委员小组组长、副组长会议，交流委组工作，讨论评优活动。

12月9日　县政协组织部分委员视察崇明特种水产养殖情况。

12月22日　县政协组织部分委员视察团结沙农场商品粮基地。

12月25日　中共崇明县委召开政协工作会议。县委副书记顾勇主持会议，县委书记施兴忠、县政协主席陆瑾讲话，县委副书记、县长曹树民等参加会议。

1996年

1月2日　县政协召开九届二十八次主席会议，讨论县政协九届四次会议有关事项等。

1月23日　县政协召开提案委员会委员会议，讨论提案工作报告，副主席罗永祥主持会议。

1月26日　县政协召开九届二十九次主席会议，讨论县政协九届四次会议有关事项，协商确定先进委组、优秀政协委员候选名单。

1月29日　县政协召开九届十八次常委会会议，协商讨论县政协九届四次会议有关事项，协商确定先进委组、优秀政协委员表彰名单。

3月7日　县政协召开座谈会，副县长吴新超到会就《政府工作报告》征求政协委员意见。

3月10日—14日　县政协召开九届四次会议，听取和审议常委会工作报告和提案办理情况报告，听取中共崇明县委、县政府6个职能部门的情况通报。与会人员列席县十一届人大四次会议。

3月14日　县政协召开九届十九次常委会会议，讨论1996年工作要点和1996年度重要会议、活动安排。

4月5日　县政协召开委组主任组长会议，交流各委组活动安排。

4月16日　县政协召开九届三十次主席会议，讨论委组活动计划、常委会建议案选题和有关学习研讨活动事项。

4月24日　县政协开展委员活动日活动，听取上海市台湾事务办公室副主任陈祥元作台湾问题专题报告。

5月20日—21日　县政协副主席仇永鸣赴青浦县参加沪浙十一县（市）政协联谊会第七次会议。

5月21日—23日　县政协副主席黄振兴赴江苏省如皋市参加长江三角洲十二县（市、区）政协工作研讨会第三次会议。

5月28日　县政协组织文体新闻委员会部分委员视察堡镇镇、竖新镇全民健身活动情况。

5月30日　县政协召开九届二十次常委会（扩大）会议，听取县公安局关于全县开展“严打”斗争情况的通报。

6月13日　县政协召开专题座谈会，对城桥镇总体规划调整提出意见建议。副主席黄振兴主持会议，副县长邱威尔到会介绍情况、听取意见。

6月18日　中共崇明县政协党组召开（扩大）会议，学习中共中央总书记江泽民在中纪委会议上的讲话和中共中央13号文件精神。

6月21日　县政协召开九届三十一次主席会议，传达中共上海市委召开的统战工作会议精神，讨论修改常委会《关于我县开展全民健身活动的建议案》。

6月28日　县政协召开九届二十一次常委会会议，听取崇明县纠风工作情况通报，讨论审议常委会建议案。

7月2日　县政协召开九届三十二次主席会议，按照中共崇明县委统一部署，进行专题民主生活会。

7月25日　县政协开展委员活动日活动，听取县长曹树民通报经济工作情况。副主席黄振兴主持活动。

7月30日　县政协副主席黄振兴慰问武警崇明县中队官兵。

8月6日　福建省政协副主席刘金妹一行到崇明参观考察。

8月7日　县政协召开九届三十三次主席会议，讨论8月份工作安排，听取提案办理情况及开展“怎样当好政协委员”学习研讨活动的情况汇报。

8月15日　县政协召开城桥地区部分政协委员座谈会，围绕“履行政协职能，反映社情民意”进行讨论。副主席黄振兴主持座谈会。

9月3日　县政协召开委组主任、组长会议，交流委组工作。会议由副主席黄振兴主持。

9月10日　县政协召开庆祝教师节茶话会。秘书长刘亚池主持会议，副主席姚振尧参加会议并讲话。

9月10日　县政协召开医卫委员会委员会议，听取县医保办负责人有关医疗保险情况的介绍。副主席施兆发主持会议。

9月16日　县政协召开九届二十二次常委会（扩大）会议，听取崇明广播电视台关于崇明广播电视事业发展情况的通报，并视察崇明广播电视台。

9月25日　县政协、中共崇明县委统战部联合举行崇明县各界人士中秋茶话会。县政协副主席、县委统战部部长黄振兴主持会议。县政协主席陆瑾参加会议并讲话。

10月7日　县政协召开九届三十四次主席会议，审议“怎样当好政协委员”研讨文章和政协知识竞赛试题答卷获奖名单，讨论10月份工作安排。

10月20日　县政协副主席黄振兴参加广福寺大雄宝殿落成、天王殿奠基暨常定法师升座庆典。

10月25日　县政协组织部分委员就重点提案办理情况进行跟踪视察，副主席罗永祥主持视察活动。

10月29日—31日　县政协副主席黄振兴参加在奉贤县召开的长江三角洲十二县（市、区）政协工作研讨会第四次会议。

11月1日　县政协召开“怎样当好政协委员”学习研讨活动表彰会暨香港回归与香港基本法报告会，听取上海法学院教授赵炳霖作“香港回归与香港基本法”辅导报告。

11月2日　宁夏回族自治区政协副主席强鄂一行到崇明参观考察。

11月26日—27日　县政协副主席姚振尧参加在浙江省嘉善县召开的沪浙十一县（市）政协联谊会第八次会议。

11月28日　县政协主席陆瑾参加上海市政协在浦东新区政协联络处召开的区、县政协联谊恳谈会。

11月29日　县政协副主席罗永祥参加市政协在南汇县召开的提案工作会议。

12月4日　县政协召开学习中共十四届六中全会精神辅导报告会，听取中共崇明县委宣传部副部长徐耀明作辅导报告。副主席黄振兴主持报告会，主席陆瑾参加报告会并讲话。

12月9日　县政协召开九届三十五次主席会议，研究1996年工作总结和1997年工作思路框架，讨论九届五次会议有关事项和近期工作安排。

12月10日　县政协主席陆瑾率副主席黄振兴、姚振尧、罗永祥及部分委员视察崇明工业园区。

12月26日　县政协开展委员活动日活动，听取县长曹树民通报全县经济工作情况。

12月30日　县政协召开九届三十六次主席会议，讨论县政协九届五次会议有关事项。

1997年

1月6日　县政协召开提案委员会会议，讨论修改提案工作报告。副主席罗永祥主持会议。

1月10日　县政协召开九届二十三次常委会会议，协商确定县政协九届五次会议有关事项，协商通过有关人事任免事项。

1月17日　县政协召开九届三十七次主席会议，交流学习中共十四届六中全会精神体会。

2月24日　县政协召开专题会议，代县长顾国林征求对《政府工作报告（征求意见稿）》修改意见。

3月2日—6日　县政协召开九届五次会议，听取和审议常委会工作报告和提案办理情况报告，听取中共崇明县委、县政府有关职能部门的情况通报。与会人员列席县十一届人大五次会议。

3月5日　代县长顾国林召开县政协委员中的私营企业代表座谈会，就进一步发展崇明私营经济听取意见。县政协副主席黄振兴、仇永鸣等参加座谈会。

3月27日　县政协召开九届三十八次主席会议，传达市政协召开的区县政协秘书长联席会议精神等。

3月28日　县政协召开建议案调查方案专题讨论会，副主席仇永鸣主持会议。

4月4日　县政协召开委组主任、组长会议，总结委组工作，交流委组活动计划。

4月10日　县政协组织部分委员听取县商委关于崇明县第三产业发展情况汇报。

4月24日　县政协召开九届二十四次常委会（扩大）会议，听取县人民检察院检察长康家通报全县反贪查案工作情况。

4月28日—29日　县政协副主席黄振兴参加在南汇县召开的沪浙十一县（市）政协工作联谊会第九次会议。

5月5日　县政协召开九届三十九次主席会议，讨论《进一步发展崇明米酒生产》的主席会议建议案和5月份工作安排。

5月7日—9日　县政协副主席施兆发参加在江苏省启东市召开的长江三角洲十二县（市）政协工作研讨会第五次会议。

5月27日　县政协举办学习1997年3月修订的《中华人民共和国刑法》（简称刑法）专题讲座，听取上海市申江律师事务所主任黄亚忠作新刑法知识讲座。副主席施兆发主持会议。

6月4日　山东省政协副主席兼秘书长李殿魁一行到崇明参观考察。

6月16日　县政协、中共崇明县委统战部联合召开迎香港回归座谈会，县政协副主席、县委统战部部长黄振兴主持会议，县政协主席陆瑾到会并讲话。

6月18日　中共崇明县政协党组召开党组（扩大）会议，学习、讨论中共中央总书记江泽民在中纪委第八次全会上的讲话。

7月2日　中共崇明县政协党组召开专题民主生活会。

7月7日　县政协召开九届二十五次常委会（扩大）会议，听取全县打假治劣工作和计划生育工作的情况通报。

8月5日　县政协开展委员活动日活动，听取县长顾国林通报上半年经济工作情况。

8月7日　县政协召开九届四十次主席会议，讨论县政协九届一次会议以来政协工作总结，听取县政协九届五次会议以来提案办理情况汇报。

8月29日　县政协召开委组主任、组长会议，总结上半年工作，部署下半年工作。

9月2日　县政协召开城桥镇总体规划专题座谈会。副主席黄振兴主持座谈会，主席陆瑾，副主席仇永鸣、施兆发、罗永祥参加座谈会。

9月3日　市政协副主席陈灏珠到崇明调研乡镇卫生院建设情况。

9月10日　县政协召开庆祝教师节座谈会。副主席仇永鸣主持会议，主席陆瑾到会并讲话。

9月10日—11日　上海市政协区县联络委员会主任（扩大）会议在崇明召开。

9月15日　县政协举行各界人士中秋电影招待会，主席陆瑾，副主席黄振兴、仇永鸣、施兆发、姚振尧、罗永祥出席招待会。

9月16日　中共崇明县政协党组召开（扩大）会议，学习中共十五大报告。

9月25日　县政协召开九届二十六次常委会(扩大)会议,传达中共十五大精神。

10月10日　县政协召开庆祝重阳节座谈会。秘书长刘亚池主持会议,并向与会人员传达中共十五大精神。副主席黄振兴到会祝贺。

10月21日　县政协召开九届四十一次主席会议,讨论县政协换届工作等。

10月30日　县政协组织部分委员跟踪视察重点提案办理情况。副主席罗永祥主持视察活动。

11月6日—7日　县政协副主席黄振兴参加在浙江省海盐县召开的沪浙十一县(市)政协工作联谊会第十次会议。

11月27日—29日　县政协副主席黄振兴参加在江苏省昆山市举行的长江三角洲十二县(市、区)政协工作研讨会第六次会议。

12月1日　县政协召开部分政协委员参加的座谈会,协商讨论农村环境整治工作。

12月24日　县政协召开情况通报会,听取县人民法院负责人通报崇明县经济案件审理和执行情况。

1998年

1月9日　县政协召开委组主任、组长会议,协商推荐先进委组和优秀政协委员候选名单。

1月24日　县政协召开各界人士迎春茶话会。县政协主席陆瑾主持茶话会,中共崇明县委书记、县人大常委会主任施兴忠等县四套班子成员出席茶话会。

2月5日　县政协召开九届四十二次主席会议,讨论县十届政协委员建议名单和县政协十届一次会议有关事项。

2月25日　县政协副主席罗永祥主持召开提案委员会会议,讨论修改提案工作报告。

3月3日　县政协召开1997年度先进委组和优秀政协委员表彰会,副主席黄振兴主持会议。

3月9日　县政协召开九届二十七次常委会会议,协商确定县政协十届一次会议有关事项,协商讨论县政协换届人事安排等。

3月20日　县政协召开九届四十三次主席会议,协商县十届政协主席、副主席、秘书长和常务委员候选人建议名单等。

3月24日—28日　县政协召开十届一次会议,听取和审议九届常委会工作报告和提案办理情况报告,选举产生第十届县政协常委会,选举黄振兴为主席。与会人员列席县十二届人大一次会议。

3月28日　县政协召开十届一次常委会会议,讨论通过年度工作要点,讨论决定专门委员会设置及有关人事任免事项。

4月3日　县政协召开十届一次主席会议,讨论决定主席会议成员分工,讨论年度政协重点工作内容。

4月21日　县政协召开十届二次主席会议,传达市政协有关会议精神,确定年度主要活动安排及近期工作。

4月23日　县政协召开十届二次常委会(扩大)会议,传达贯彻全国政协九届一次会议精神。

5月5日　县政协召开十届三次主席会议,讨论各专门委员会组成人员名单及年度工作计划,商定组建地区委员小组事宜,讨论5月份工作安排。

5月19日—20日　县政协主席黄振兴参加在江苏省海门市举行的长江三角洲十二县(市、区)政协工作研讨会第七次会议。

5月22日　县政协开展委员活动日活动,听取上海国际问题研究所所长、教授陈佩尧作“中国国际环境和中美关系”的报告。

5月27日—29日　沪浙十一县(市)政协联谊会第十一次会议在崇明召开。崇明县政协主席黄振兴主持会议,中共崇明县委书记施兴忠出席开幕会并讲话。

6月2日　县政协召开十届四次主席会议,讨论6月份工作安排等。

6月2日　县政协之友社召开四届一次社员大会,选举产生第四届理事会,宋斌为理事长。

7月3日　县政协主席黄振兴率县有关部门负责人慰问企业下岗特困职工和自主择业人员。

7月7日　县政协召开十届五次主席会议,开展民主生活,并讨论《政协崇明县委员会关于加强反映社情民意工作的意见》等。

7月20日　县政协、中共崇明县委统战部联合召开民主党派、工商联工作座谈会,交流上半年工作情况及下半年工作打算。

7月22日　县政协召开十届三次常委会会议,审议通过《政协崇明县委员会关于加强反映社情民意工作的意见》《政协崇明县委员会关于加强与委员联系的制度》等。

7月28日　县政协主席会议成员视察县精神卫生中心。

8月2日　县政协委员列席县十二届人大常委会第四次(扩大)会议,听取和讨论县政府上半年工作情况及下半年工作打算的报告、上半年预算执行情况的报告。

8月4日　县政协召开十届六次主席会议,讨论中共崇明县政协党组《关于认真学习中共中央通知精神,进一步深入学习邓小平理论的意见》,并研究8月份工作安排。

9月1日　县政协召开十届七次主席会议,听取提案办理工作情况的汇报,讨论9月份工作安排。

9月2日　县政协学习中心组组织集体学习活动,学习中共中央总书记江泽民、中共上海市委书记黄菊重要讲话。

9月9日　县政协举行庆祝教师节座谈会,并组织委员视察崇明中学。副主席姚振尧主持活动。

9月22日—23日　县政协副主席仇永鸣参加在浙江省海宁市召开的沪浙十一县(市)政协联谊会第十二次会议。

9月30日　县政协、中共崇明县委统战部联合举行崇明县各界人士“庆国庆,迎中秋”联欢会,县政协主席黄振兴主持会议,中共崇明县委书记盛亚飞出席联欢会并讲话。

10月7日　县政协召开十届八次主席会议,听取有关情况通报,讨论10月份工作安排。

10月13日—14日　市政协副主席陈正兴一行到崇明视察东滩候鸟保护区和大新镇前卫村。

10月15日　县政协组织部分委员跟踪视察重点提案办理情况,并就进一步做好提案办理工作进行座谈讨论。副主席黄雄主持活动。

10月21日　县政协召开十届四次常委会会议,听取港西镇关于私营经济发展情况的介绍,并围绕崇明发展私营经济进行讨论。会后视察有关私营企业。

10月29日　县政协开展委员活动日活动,传达贯彻中共崇明县委、县政府经济工作会议精神。副主席仇永鸣主持活动。

11月6日　县政协召开学习中共十五届三中全会精神座谈会。副主席仇永鸣主持会议。

11月11日　县政协召开十届九次主席会议,学习中共十五届三中全会通过的《中共中央关于农业和农村工作若干重大问题的决定》,讨论通过《政协崇明县委员会关于认真学习中共十五届三中全会精神的通知》,讨论近期工作安排。

11月16日—17日　新疆维吾尔自治区政协副主席毛德华一行到崇明考察农业生态示范区建设。

11月19日—20日　长江三角洲十二县(市、区)政协工作研讨会第八次会议在崇明召开。崇明县政协副主席仇永鸣主持会议。会议期间,中共崇明县委书记盛亚飞,县委副书记、县长顾国林会见与会人员。

12月1日　县政协召开十届十次主席会议,传达中共上海市委召开的政协工作座谈会精神,讨论常委会工作报告提纲和12月份工作安排。

12月10日—11日　上海市区、县政协提案工作座谈会在崇明召开。市政协副秘书长、市政协提案委员会副主任梁玉书主持会议，并向与会人员介绍市政协1998年提案工作情况和1999年提案工作思路。

12月22日　中共崇明县政协党组召开(扩大)会议，讨论县政协十届二次会议期间大会发言安排和县政协1999年总体工作思路。

12月25日　县政协开展委员学习日活动，听取中共崇明县委党校常务副校长顾鹏炎作学习中共十五届三中全会精神的辅导报告。副主席仇永鸣主持活动。

1999年

1月5日　县政协召开十届十一次主席会议，讨论县政协十届二次会议有关事项和1月份工作安排。

1月11日　县政协召开委组主任、组长会议，学习有关文件，交流工作情况。

1月21日　县政协召开十届十二次主席会议，讨论县政协十届二次会议有关事项。

1月29日　县政协召开十届五次常委会会议，讨论县政协十届二次会议有关事项，协商通过人事任免事项。

2月4日　县政协召开专题会议，县长顾国林征求对《政府工作报告(征求意见稿)》修改意见。

2月12日　县政协召开各界人士迎春座谈会。县政协主席陆瑾主持座谈会，中共崇明县委书记、县人大常委会主任施兴忠等县四套班子成员出席座谈会。

3月1日—4日　县政协召开十届二次会议，听取和审议常委会工作报告和提案办理情况报告。与会人员列席县十二届人大二次会议。

3月9日　县政协召开十届十三次主席会议，讨论年度主要工作安排。

3月22日　县政协召开提案委员会委员会议，讨论《优秀提案评选办法(草案)》和《提案办理先进单位和先进个人评选办法(草案)》。副主席黄雄主持会议。

3月23日　县政协召开十届十四次主席会议，讨论1999年工作要点和1999年度重要会议、活动安排。

4月1日　县政协召开十届六次常委会会议，讨论1999年工作要点和1999年度重要会议、活动安排，协商通过有关人事任免事项。

4月7日—8日　上海市区、县政协之友社负责人联谊交流会在崇明召开。崇明县政协副主席仇永鸣主持会议，副县长殷惠生向与会人员通报崇明经济及社会发展情况，介绍崇明资源优势和发展远景规划。

4月13日—14日　县政协副主席周祖安赴青浦县参加沪浙十县(市、区)政协工作研讨会第十三次会议。

4月29日　县政协召开特邀监督员工作会议，讨论部署特邀监督员工作。副主席周祖安主持会议。

5月18日　县政协召开十届十五次主席会议，学习中共中央总书记江泽民在中共中央第三次常委会议上的讲话，讨论《关于评选先进专门委员会和先进地区小组的通知》等。

5月25日　中共崇明县政协党组召开(扩大)会议，学习中共上海市委关于处级以上领导班子和领导干部开展"三讲"教育文件。

5月31日　县政协开展委员活动日活动，组织委员参观"解放崇明岛登陆纪念碑"和崇明烈士馆。副主席周祖安主持活动，主席黄振兴参加活动并讲话。

6月10日　县政协召开十届十六次主席会议，讨论修改常委会《关于搞好种源提纯复壮，发展崇明特色农副产品的建议案》，讨论近期工作安排。

6月14日　县政协召开部分特邀监督员聘请单位负责人座谈会，讨论特邀监督员工作。副主席周祖安主持会议。

7月1日　县政协召开十届七次常委会会议，听取县农委关于崇明特色农副产品发展情况介绍，讨论通过常委会《关于搞好种源提纯复壮，发展崇明特色农副产品》等建议案。

7月8日　县政协召开委组主任、组长会议，总结上半年工作，部署下半年工作。副主席周祖安主持会议。

7月15日　县政协召开十届十七次主席会议，听取提案办理工作情况汇报，讨论近期工作安排。

8月3日　县政协委员列席县十二届人大常委会第十二次（扩大）会议，听取和讨论县政府上半年工作情况及下半年工作打算的报告、上半年预算执行情况的报告。

8月10日　县政协召开十届十八次主席会议，听取县文体委员会关于取缔“法轮功”情况的通报，讨论8月份工作安排。

9月7日　县政协召开十届十九次主席会议，听取秘书处关于开展农业科技成果推广工作调研情况的汇报，讨论9月份工作安排。

9月21日　县政协召开庆祝中华人民共和国成立50周年、人民政协成立50周年座谈会。副主席仇永鸣主持会议，主席黄振兴作回顾人民政协50年光辉历程的发言，中共崇明县委书记盛亚飞出席会议并讲话。

9月22日　县政协组织部分委员对提案办理落实情况进行跟踪视察，副主席黄雄主持活动。

9月28日　县政协召开十届八次常委会会议，学习中共中央总书记江泽民在庆祝人民政协成立50周年大会上的讲话，审议通过《实现崇明三年奋斗目标，必须加强农业科技成果推广工作》的调研报告。

10月12日　县政协召开十届二十次主席会议，讨论修改有关调研报告，讨论10月份工作安排。

10月15日　县政协举行重阳节敬老活动，并传达中共十五届四中全会精神。县政协之友社理事长宋斌主持活动，县政协副主席仇永鸣参加活动。

10月22日　县政协组织部分委员和民主党派负责人视察海塘达标工程建设情况。主席黄振兴，副主席仇永鸣、周祖安、姚振尧、罗永祥参加视察。

10月27日　县政协开展委员活动日活动，听取学习邓小平理论的辅导报告。主席黄振兴、副主席黄雄参加活动。

11月2日　县政协召开十届二十一次主席会议，讨论11月份工作安排等。

11月4日—5日　县政协副主席仇永鸣参加在嘉定区召开的长江三角洲十二县（市、区）政协工作研讨会第十次会议。

11月11日—12日　县政协副主席黄雄参加在浙江省桐乡市召开的沪浙十县（市、区）政协工作研讨会第十四次会议。

11月12日　县政协召开领导班子和领导干部“三讲”教育动员会。主席黄振兴作动员报告，副主席仇永鸣传达中共崇明县委书记盛亚飞在县委“三讲”教育动员大会上的讲话精神。

11月12日　县政协主席黄振兴、副主席周祖安参加寿安寺大雄宝殿落成暨广愿法师升座仪式。

12月7日　县政协召开十届二十二次主席会议，讨论常委会工作报告和提案工作报告框架，讨论12月份工作安排。

12月7日—8日　市政协副主席吴增亮到崇明考察。

12月15日　县政协组织学习报告会，听取上海市社科院法学研究所宪法研究室主任费成康所作的关于澳门历史与现状的报告。

12月18日　全国政协原副主席杨汝岱到崇明考察。

12月23日　县政协召开提案委员会会议，讨论优秀提案、提案办理先进单位和先进个人候选名单副主席黄雄主持会议。

2000 年

1月7日　县政协召开特邀监督员工作座谈会。副主席周祖安主持会议，主席黄振兴到会并讲话。

1月10日　县政协召开十届二十三次主席会议，讨论修改常委会工作报告和提案工作报告，讨论1月份工作安排。

1月11日　县政协召开委组主任、组长会议，总结1999年工作，部署2000年工作。

1月11日　县政协主席会议成员赴县城旧区改造办公室协商讨论县城旧区改造工作。

1月20日　县政协召开十届二十四次主席会议，讨论十届三次会议有关事项，审议先进委组、优秀政协委员、优秀提案、提案办理先进单位和先进个人名单，讨论有关人事事项。

1月25日　县政协召开十届九次常委会会议，讨论县政协十届三次会议有关事项等。

1月31日　县政协主席黄振兴率员慰问中国人民解放军驻崇部队官兵。

2月22日　县政协召开专题会议，县长顾国林征求对《政府工作报告(征求意见稿)》的修改意见。

2月28日　县政协召开先进委组、优秀政协委员、优秀提案、提案办理先进单位和先进个人表彰大会。

2月28日—3月2日　县政协召开十届三次会议，听取和审议常委会工作报告和提案办理情况报告。与会人员列席县十二届人大三次会议。

3月21日　县政协召开十届二十五次主席会议，讨论2000年工作要点和2000年度重要会议、活动安排，审议委组活动计划。

3月28日　县政协召开十届十次常委会会议，讨论年度工作要点及委组活动安排等。

3月31日　全国政协常委、农工民主党中央副主席章师明等到崇明考察。

4月4日　县政协召开十届二十六次主席会议，讨论县政协年度各月工作安排和落实措施。

4月5日　县政协开展委员学习日活动，听取上海市对台办常务副主任郭戈作台湾情况专题报告。

4月18日　县政协主席会议成员赴新河镇新梅村就农村生活垃圾处置问题开展知情调研。

4月27日—28日　县政协副主席黄雄参加在松江县召开的沪浙十县(市、区)政协工作研讨会第十五次会议。

5月9日　县政协召开十届二十七次主席会议，讨论通过《政协崇明县委员会关于政治协商、民主监督、参政议政的规定》等制度，讨论5月份工作安排。

5月17日—19日　县政协副主席仇永鸣参加在江苏省海安县召开的长江三角洲十二县(市、区)政协工作研讨会第十一次会议。

5月22日　县政协副主席黄雄参加在沪举行的华东六省一市政协第八次提案工作座谈会。

5月23日　县政协主席会议成员赴县农委知情调研。

5月31日　县政协召开加强民主监督研讨会。主席黄振兴主持会议，各民主党派、工商联负责人作研讨发言。

6月5日　县政协组织委员视察崇明旅游业发展情况。主席黄振兴、副主席仇永鸣参加视察。

6月7日—8日　县政协主席黄振兴参加上海市区县政协工作研讨会。

6月13日　县政协召开十届二十八次主席会议，讨论关于加强国家卫生县城长效管理的调查报告，讨论下阶段工作安排。

6月19日—25日　县政协主席黄振兴参加市政协组织的学习考察团赴四川省政协学习考察。

6月22日　县政协召开特邀监督员座谈会，交流上半年工作。副主席周祖安主持会议，并就做好特邀监督员工作提出意见。

6月26日　县政协主席会议成员赴裕安镇就招商引资工作开展知情调研。

6月27日　县政协召开十届十一次常委会会议，讨论通过常委会《关于加强长效管理，巩固国家卫生县城创建成果的建议案》和《政协崇明县委员会关于政治协商、民主监督、参政议政的规定》。

6月27日　县政协学习中心组组织集体学习，听取中共崇明县委常委、宣传部部长施建华作关于学习“三个代表”重要思想的辅导报告。

7月7日　县政协召开十届二十九次主席会议，学习《邓小平新时期统一战线理论学习纲要》，讨论7月份工作安排。

7月14日　县政协召开委组主任、组长会议，交流上半年工作，部署下半年工作。

7月21日　县政协召开民主党派、工商联负责人座谈会，交流上半年工作情况和下半年工作思路。主席黄振兴主持会议并讲话。

7月24日　县政协主席黄振兴与政协委员中的私营业主进行座谈。

8月2日　县政协委员列席县十二届人大常委会第十八次（扩大）会议，听取和讨论县政府上半年工作情况及下半年工作打算的报告、上半年预算执行情况的报告。

8月9日　县政协召开十届三十次主席会议，听取提案工作情况汇报，讨论8月份工作安排。

8月29日　县政协主席会议成员围绕泵改工作和防渗渠道建设到县水利排灌所知情调研。

9月5日　县政协召开十届三十一次主席会议，学习《邓小平新时期统一战线理论学习纲要》，讨论修改《关于发展崇明农副产品加工业的调研报告》，讨论9月份工作安排。

9月7日　县政协举行中秋茶话会。副主席仇永鸣主持会议，主席黄振兴出席会议并讲话。

9月25日　县政协召开十届十二次常委会会议，听取关于发展崇明农副产品加工业调查情况的汇报，协商通过有关人事任免事项。

9月29日　县政协召开纪念中共中央总书记江泽民在庆祝人民政协成立50周年大会上重要讲话发表一周年座谈会。副主席仇永鸣主持会议，主席黄振兴出席会议并讲话。

10月10日　县政协召开十届三十二次主席会议，学习《邓小平新时期统一战线理论学习纲要》，讨论10月份工作安排。

10月11日—13日　县政协副主席周祖安参加在浙江省德清县召开的长江三角洲十二县（市、区）政协工作研讨会第十二次会议。

10月19日　县政协组织部分委员对重点提案办理落实情况进行跟踪视察，副主席黄雄参加视察。

10月24日　县政协组织部分委员视察农业重点项目建设情况。副主席仇永鸣参加视察，副县长殷惠生陪同视察。

10月25日　县政协开展委员学习日活动，听取县长顾国林作县情通报。

11月7日　县政协召开十届三十三次主席会议，学习《邓小平新时期统一战线理论学习纲要》，讨论11月份工作安排。

11月9日　市政协主席王力平，中共上海市委副书记龚学平，中共上海市委常委、副市长韩正到崇明考察。

11月13日　县政协主席会议成员赴现代农业园区知情调研。

11月25日　市政协主席王力平，中共上海市委常委、副市长韩正，副市长冯国勤到崇明考察。

12月6日　县政协召开提案工作座谈会。副主席黄雄主持会议。

12月14日　县政协召开十届三十四次主席会议，讨论修改常委会工作报告和提案工作报告，讨论12月份工作安排。

12月19日—20日　县政协副主席黄雄参加在浙江省嘉善县召开的沪浙十县（市、区）政协工作研讨会第十六次会议。

12 月 20 日　县政协召开民主党派、工商联负责人座谈会，就充分发挥党派团体在政协中的作用开展研讨。主席黄振兴主持会议。

12 月 21 日　县政协开展委员学习日活动，听取县计委关于崇明县国民经济和社会发展“十五”计划编制情况的通报。副主席黄雄主持活动。

12 月 26 日　县政协组织全体委员年终集中视察县政府实事工程和重点项目建设情况。副县长黄进陪同视察。

12 月 28 日　县政协召开委组主任、组长会议，交流 2000 年工作情况和 2001 年工作思路。

2001 年

1 月 2 日　县政协召开十届三十五次主席会议，讨论修改常委会工作报告和提案工作报告，讨论春节前主要工作安排和县政协十届四次会议有关事项。

1 月 11 日　县政协召开十届十三次常委会会议，讨论县政协十届四次会议有关事项。

1 月 17 日　县政协主席黄振兴率有关人员赴海军农场、富民农场慰问部队官兵。

1 月 18 日　县政协、中共崇明县委统战部联合召开各界人士迎春茶话会。县政协副主席黄雄主持会议，县政协副主席、县委统战部部长周祖安讲话。

2 月 21 日　县政协召开专题会议，副县长黄进征求对《关于崇明县国民经济和社会发展第十个五年计划纲要（草案）的报告》的意见。

2 月 23 日　县政协召开十届三十六次主席会议，讨论政协 2001 年工作要点和县政协十届四次会议有关事项。

2 月 26 日—3 月 2 日　县政协召开十届四次会议，听取和审议常委会工作报告和提案办理情况报告。与会人员列席县十二届人大四次会议。闭幕会上，中共崇明县委书记盛亚飞讲话，副县长贾伟勇通报工业经济情况。

3 月 21 日　县政协召开十届三十七次主席会议，讨论县政协 2001 年工作要点和各委组活动计划。

3 月 28 日　县政协召开十届十四次常委会会议，讨论通过年度工作要点，讨论部署“崇明大开发，政协怎么办”大讨论活动计划。

3 月 29 日　县政协召开委组主任、组长会议，总结交流 2000 年工作情况，讨论 2001 年工作计划。

4 月 6 日　县政协召开十届三十八次主席会议，讨论 4 月份工作安排，部署“崇明大开发，政协怎么办”大讨论活动。

4 月 18 日　县政协开展委员活动日活动，分别听取县环保局和县计委关于生态示范区创建情况和崇明战略功能定位情况的通报。

5 月 9 日　县政协召开十届三十九次主席会议，学习全国政协主席李瑞环在全国政协九届四次会议闭幕会上的讲话，讨论 5 月份工作安排。

5 月 16 日　县政协主席会议成员赴上海亚通股份有限公司知情调研。

5 月 18 日　县政协召开党派团体负责人座谈会，学习李瑞环讲话，交流各党派团体工作情况。主席黄振兴主持会议并讲话。

6 月 7 日—8 日　市政协之友社副理事长杨槱等到崇明考察。

6 月 11 日　县政协召开十届四十次主席会议，听取关于“深化村务公开工作，推进农村基层民主建设”和“关于农村垃圾收集处置的思考和建议”两个课题调研组开展调研情况的汇报，讨论 6 月份工作安排。

6 月 28 日　县政协召开庆祝中国共产党成立 80 周年座谈会。主席黄振兴主持会议并讲话。

7月6日　县政协召开十届四十一次主席会议，学习全国政协副主席叶选平关于"进一步拓宽反映社情民意的渠道"的讲话，听取提案办理工作情况的汇报，讨论7月份工作安排。

7月11日　上海市区县政协主席例会在崇明召开。会议由市政协区县政协联指导组组长黄耀文主持，中共崇明县委副书记邵礼达致欢迎词。

7月12日　中共崇明县政协党组召开(扩大)会议，学习中共中央总书记江泽民"七一"重要讲话，部署下阶段工作。

7月20日　县政协召开十届十五次常委会会议，讨论通过《深化村务公开，推进农村基层民主建设》常委会建议案。

7月31日　县政协主席黄振兴率有关人员慰问中国人民解放军驻崇明部队官兵。

8月2日　县政协委员列席县十二届人大常委会第二十四次(扩大)会议，听取县政府上半年工作情况和下半年工作打算的报告以及上半年预算执行情况的报告。

8月8日　县政协召开十届四十二次主席会议，讨论8月份工作安排和有关人事任免事项。

8月30日　县政协召开十届四十三次主席会议，讨论9月份工作安排。

9月4日—16日　县政协主席黄振兴随上海市政协访问团赴澳大利亚访问。

9月21日　县政协召开十届四十四次主席会议，讨论10月份工作安排。

9月21日　县政协召开十届十六次常委会会议，协商讨论有关人事事项。

10月10日　县政协主席会议成员就崇明河蟹养殖到县农委知情调研。

10月10日　县政协召开十届四十五次主席会议，讨论《关于我县人才工程建设情况的调查报告》和近期工作安排。

10月22日　县政协组织开展"九九"重阳节敬老活动。主席黄振兴参加活动。

10月24日—26日　县政协副主席黄雄参加在江苏省如东县召开的长江三角洲十二县(市、区)政协研讨会第十四次会议。

10月31日　县政协召开"崇明大开发，政协怎么办"专题研讨会。副主席周祖安主持会议，主席黄振兴出席会议并讲话。

11月5日—6日　市政协副主席朱达人等到崇明考察。

11月12日　县政协召开十届四十六次主席会议，讨论委员年终视察等有关事项。

11月13日—14日　县政协副主席黄雄参加在奉贤区召开的沪浙十县(市、区)政协工作研讨会第十八次会议。

11月20日—22日　县政协组织全体委员就县政府实事工程和重点项目建设情况进行年终集中视察。主席黄振兴，副主席周祖安、黄雄参加视察，副县长黄铁军、殷惠生、贾伟勇陪同视察。

11月23日　县政协主席会议成员赴崇明工业园区知情调研。

11月24日　县政协召开农业、医卫、工商联等界别政协委员座谈会，协商讨论生态绿化工程建设。

11月28日　县政协组织部分委员对重点提案办理情况进行跟踪视察，并邀请部分政协提案承办单位负责人座谈讨论如何进一步做好提案办理工作。副主席黄雄参加视察和座谈。

12月7日　县政协召开特邀监督员座谈会，交流2001年工作情况。副主席周祖安主持会议。

12月10日　县政协召开十届四十七次主席会议，协商政协机关职能配置、内设机构和人员编制方案，讨论有关人事任免事项和12月份工作安排。

12月10日　县政协召开十届十七次常委会会议，讨论决定政协机关机构设置及人事安排。

12月11日　县政协召开各民主党派、工商联负责人座谈会，交流2001年工作情况和2002年工作打算。主席黄振兴主持会议。

12月20日　县政协召开提案委员会年度工作总结会议。副主席黄雄主持会议。

12月26日　县政协召开委组主任、组长会议，交流各委组2001年工作总结和2002年工作打算。

2002 年

1 月 7 日　县政协召开十届四十八次主席会议，讨论县政协十届五次会议有关准备工作事项，听取县国有（集体）资产管理办公室关于清理农户拖欠集体资金工作情况通报。

1 月 14 日　县政协召开十届四十九次主席会议，讨论修改常委会工作报告和提案工作报告，讨论县政协十届五次会议及有关人事任免事项。

1 月 22 日　县政协召开十届十八次常委会会议，讨论县政协十届五次会议有关事项，协商决定有关人事任免事项。

2 月 7 日　县政协主席黄振兴等慰问中国人民解放军驻崇明部队官兵。

2 月 7 日　县政协召开政协委员中部分私营企业主座谈会。副主席周祖安主持会议。

2 月 8 日　县政协召开各界人士迎春茶话会。县政协主席黄振兴主持会议，中共崇明县委书记盛亚飞出席会议并讲话。

2 月 20 日　县政协召开专题会议，县长顾国林征求政协委员对《政府工作报告（征求意见稿）》的修改意见。

3 月 4 日—7 日　县政协召开十届五次会议，听取和审议常委会工作报告和提案办理情况报告。与会人员列席县十二届人大五次会议。闭幕会上，中共崇明县委书记盛亚飞讲话。

3 月 5 日　中共崇明县委书记盛亚飞、县长顾国林等看望参加县政协十届五次会议的政协委员。

3 月 20 日　县政协召开十届五十次主席会议，讨论年度工作要点和重要会议、活动安排以及有关人事任免事项。

3 月 20 日　县政协主席会议成员赴县商业总公司知情调研。

3 月 26 日　县政协召开十届十九次常委会会议，讨论年度工作要点及有关人事安排。

3 月 28 日　县政协召开委组主任、组长会议，交流年度工作计划。

4 月 8 日　县政协召开十届五十一次主席会议，讨论委组活动计划和 4 月份主要工作。

4 月 10 日　县政协主席会议成员赴县旅游局知情调研。

4 月 17 日—18 日　市政协副主席刘恒椽、陈正兴率市政协崇明岛发展定位课题组到崇明调研。

4 月 19 日　县政协开展委员学习日活动，听取中共上海市委党校教授冯金华作 WTO 知识专题报告。

4 月 26 日—28 日　县政协副主席周祖安参加在江苏省昆山市召开的长江三角洲十二县（市、区）政协工作研讨会第十五次会议。

4 月 28 日—29 日　沪浙十县（市、区）政协工作研讨会第十九次会议在浙江省平湖市召开，县政协秘书长陈汉刚出席会议。

5 月 9 日　县政协召开十届五十二次主席会议，讨论调整主席会议成员分工和 5 月份主要工作等。

5 月 15 日　县政协常委会招商引资专题调研组召开市工商局崇明分局、县税务局、县经济委员会等部门和堡镇、陈家镇等乡镇负责人座谈会，围绕招商引资专题，听取介绍并展开讨论。副主席罗永祥主持会议。

5 月 25 日　复旦大学副校长薛明扬和香港盈科拓展集团副主席袁天凡（崇明籍）、新加坡博达投资发展公司董事长林素琴一行到崇明考察。

6 月 3 日　县政协召开十届五十三次主席会议，听取和讨论“政协崇明县委员会委员界别设置和专委会设置情况的汇报”和 6 月份主要工作。

6 月 5 日　县政协学习中心组成员及政协机关干部学习讨论中共中央总书记江泽民在中央党校省

部级干部进修班毕业典礼上的重要讲话精神。

6月6日　县政协常委会招商引资专题调研组前往富盛经济开发区和崇明工业园区了解招商引资情况。副主席罗永祥参加调研。

6月18日　县政协主席会议成员前往县政府办公室就提案办理工作情况开展知情调研。

6月20日　县政协召开民主党派、工商联负责人座谈会。副主席周祖安主持会议。

7月2日　县政协召开十届五十四次主席会议，讨论上半年工作总结和下半年工作安排等。

7月4日　中共崇明县委召开常委会会议，听取中共崇明县政协党组关于政协工作汇报。县政协党组成员、副主席周祖安汇报县政协上半年工作情况和下半年工作打算。中共崇明县委书记盛亚飞肯定县政协上半年工作，并对做好下半年工作提出要求。

7月11日　县政协主席会议成员赴县经济委员会就招商引资工作进行知情调研。

7月12日　县政协副主席周祖安、黄雄、罗永祥等前往县卫生局，听取关于实施镇村卫生机构一体化管理情况汇报。

7月23日　县政协召开十届二十次常委会会议，讨论通过《加大招商引资力度，加快崇明经济发展》常委会建议案。

8月2日　县政协委员列席县十二届人大常委会第三十一次(扩大)会议，听取并讨论县政府关于上半年工作情况和下半年主要工作的报告。

8月2日　县政协召开十届五十五次主席会议，讨论关于前五年工作总结与后五年工作思路以及调研计划等。

8月8日　县政协举办全体常委参加的理论教育讲座，听取华东政法学院成人教育学院副院长邹荣作题为“积极推进依法行政，努力实现政府行政法制化”的报告。

8月16日　县政协主席会议成员前往县依法治县领导小组办公室知情调研。

8月21日　县政协主席会议成员前往县人民检察院知情调研。

8月26日　中共崇明县政协党组召开(扩大)会议。党组成员、副主席周祖安主持会议，并传达中共崇明县委常委会会议精神。

8月27日—29日　市政协之友社副理事长王兴等到崇明调研。

9月6日　中共崇明县委召开各民主党派、工商联、人民团体负责人参加的民主协商会。县政协副主席、中共崇明县委统战部部长周祖安主持会议，中共崇明县委副书记周卫杰通报县政协主席候选人产生情况。

9月6日　县政协召开十届五十六次主席会议，讨论县政协十届六次会议有关事项，协商讨论人事任免事项。

9月6日　县政协召开十届二十一次常委会会议，讨论县政协十届六次会议有关事项，协商决定人事任免事项。

9月12日　县政协召开十届六次会议，补选邵礼达为县政协主席。

9月17日　县政协召开十届五十七次主席会议，讨论调整主席、副主席分工，讨论9月份工作安排。

9月19日　县政协举行各界人士迎国庆、迎中秋电影招待会。招待会由县政协副主席、中共崇明县委统战部部长周祖安主持，中共崇明县委副书记、县政协主席邵礼达出席招待会并讲话。

9月25日　县政协主席会议成员前往县农委知情调研。

10月9日　县政协召开十届五十八次主席会议，讨论修改政协前五年工作总结和后五年工作建议，讨论10月份工作安排。

10月14日　县政协举办重阳节敬老活动。副主席周祖安主持活动并讲话。

10月18日　县政协主席会议成员前往县社会治安综合治理办公室知情调研。

10月21日—22日　县政协副主席周祖安出席在南汇县召开的沪浙十市(区、县)政协工作研讨会第二十次会议。

10月29日　县政协召开特邀监督员座谈会，交流监督工作经验。副主席周祖安主持会议并讲话。

10月31日—11月2日　县政协副主席周祖安参加在江苏省如皋市召开的长江三角洲十二县(市、区)政协工作研讨会第十六次会议。

11月11日　中共崇明县政协党组召开扩大会议，学习中共中央总书记江泽民在中共第十六次全国代表大会上的重要报告。

11月11日　县政协召开十届五十九次主席会议，讨论“崇明县前五年回顾和后五年展望综合思考提纲”。

11月14日　县政协组织部分委员对重点提案办理情况进行跟踪视察。副主席黄雄参加视察。

11月18日—20日　县政协组织全体委员就县政府重点工程和实事项目建设情况开展年终集中视察。主席邵礼达，副主席周祖安、黄雄、罗永祥参加视察，副县长黄铁军、殷惠生、贾伟勇陪同视察。

11月25日　县政协召开十届二十二次常委会(扩大)会议，传达中共十六大精神，部署当前工作。

11月25日　县政协召开委组主任、组长会议，交流2000年—2002年委组工作，推荐先进委组候选名单。副主席黄雄主持会议。

12月4日　县政协召开十届六十次主席会议，讨论12月份工作安排和评优工作。

12月11日—12日　市政协之友社副理事长王兴、赵定玉到崇明调研。

12月18日　县政协召开学习中共十六大精神报告会暨政协工作总结表彰会。副主席周祖安主持会议，主席邵礼达出席会议并讲话。

2003年

1月9日　县政协召开十届六十一次主席会议，讨论第一季度主要工作和1月份活动安排。

1月9日　县政协主席会议成员赴市药监局崇明分局知情调研。

1月29日　县政协、中共崇明县委统战部联合召开各界人士迎春茶话会。县政协主席邵礼达主持会议，中共崇明县委书记龚德庆出席会议并讲话。

2月12日　县政协召开十届六十二次主席会议，讨论县政协常委会工作报告和提案工作报告，以及2月至3月份主要工作。

2月13日　县政协召开十届二十三次常委会会议，讨论县政协十一届一次会议有关事项等。

2月28日　县政协举行十一届新委员学习会。中共崇明县政协党组书记范陈杰主持会议，县政协主席邵礼达作《深入贯彻十六大精神，努力做好新时期政协工作》的报告。

3月11日　县政协召开十届六十三次主席会议，讨论县政协十一届一次会议有关事项。

3月16日—20日　县政协召开十一届一次会议，听取和审议十届常委会工作报告和提案办理情况报告，选举产生第十一届县政协常委会，选举范陈杰为主席。与会人员列席县十三届人大一次会议。

3月26日　县政协召开十一届一次主席会议，讨论确定主席会议成员分工，讨论县政协2003年工作意见和有关人事事项。

3月31日　县政协召开十一届一次常委会会议，审议通过《政协崇明县委员会常务委员会工作规则(修正案)》，讨论通过2003年度工作意见和重要会议、活动安排，讨论决定第十一届县政协专门委员会、地区委员小组设置及有关人事事项。

4月8日　县政协召开十一届二次主席会议，讨论4月份工作安排等。

4月11日　县政协召开委组主任组长会议，交流委组工作计划，并听取县发展计划委员会关于崇明岛域总体规划编制情况的通报。

4月15日　县政协之友社召开五届一次社员大会，选举产生第五届理事会，邵礼达为理事长。

4月17日　县政协组织开展委员学习日活动，听取县政府关于崇明岛域总体规划编制思路情况的通报。

4月23日　县政协主席会议成员赴上海亚通股份有限公司知情调研。

4月29日　县政协召开十一届三次主席会议，讨论5月份工作安排和委组工作计划等。

5月12日　县政协主席会议成员赴中华高级中学调研。

5月12日　县政协主席会议成员前往崇明县中心医院慰问在控"非典"第一线的医务工作者，并向他们表示"5·12"国际护士节的祝贺。

5月13日—15日　县政协与县总工会、团县委、县妇联联合召开专题座谈会，围绕"世博会与上海新一轮发展——加快实现崇明跨越式发展"进行讨论。县政协主席范陈杰，副主席袁佳平、罗永祥分别主持或参加座谈会。

5月16日　县政协主席范陈杰、副主席袁佳平等赴港沿镇调研。

5月22日　县政协主席会议成员到县建设和管理委员会调研。

5月27日　县政协召开十一届四次主席会议，讨论修改《关于加快崇明农村富余劳动力转移的调查报告》，讨论6月份工作安排。

5月30日　县政协召开科技界、教育界部分委员座谈会，围绕实施科教兴县战略，加快崇明跨越式发展进行专题研讨。副主席袁佳平主持会议。

6月2日　县人大常委会与县政协召开工作情况通报会，县人大常委会主任陆瑾、县政协主席范陈杰分别通报人大和政协工作情况。

6月24日　中共崇明县委书记龚德庆到县政协调研。中共崇明县政协党组书记、主席范陈杰汇报换届以来县政协工作情况和下半年工作设想。

6月25日　县政协召开提案工作座谈会。副主席罗永祥主持会议，并通报县政协十一届一次会议以来提案工作情况以及下阶段工作打算。主席范陈杰参加会议并讲话。

6月30日　县政协召开十一届五次主席会议，讨论修改《政协崇明县委员会提案工作条例》，讨论7月份工作安排和有关人事任免事项。

7月2日　县政协、中共崇明县委统战部联合召开民主党派、工商联负责人座谈会。县政协副主席、县委统战部部长袁佳平主持会议。县政协主席范陈杰参加会议并讲话。

7月3日　县政协主席会议成员与县文广电视局领导班子成员协商讨论崇明文化、广电、体育事业发展问题。

7月7日　县政协召开十一届二次常委会会议，听取中共崇明县委常委、副县长黄铁军通报提案办理工作情况，讨论决定人事任免事项。

7月7日　县政协开展委员学习日活动，听取市农委助理巡视员顾吾浩作关于上海市郊"三个集中"(工业向园区集中，农民向城镇集中，农田向规模化经营集中)基本思路和相关政策措施的专题报告。

7月7日　县政协召开统战系统"世博会与上海新一轮发展暨加快实现崇明跨越式发展"大讨论活动总结大会。县政协主席范陈杰主持会议并讲话。

7月9日　县政协召开专题座谈会，县长孙雷征求对县政府《关于上半年工作回顾和下半年主要工作报告(征求意见稿)》的意见。

7月10日—11日　县政协副主席罗永祥参加在浙江省嘉善县召开的沪浙十县(市、区)政协工作研讨会第二十二次会议。

7月16日　县政协委员列席县十三届人大常委会第五次(扩大)会议，听取并讨论县政府关于上半年工作情况和下半年主要工作的报告。

7月16日—17日　县政协副主席吴复安参加在奉贤区召开的长江三角洲十三县(市、区)政协工作研讨会第十八次会议。

7月23日　县政协主席会议成员赴县科委知情调研。

7月29日　县政协召开十一届六次主席会议，讨论学习“三个代表”重要思想活动方案、科教兴县课题调研计划和8月份工作安排。

7月30日　县政协主席范陈杰、副主席袁佳平慰问中国人民解放军驻崇部队官兵。

8月7日　县政协召开学习贯彻《中共崇明县委关于进一步加强政协工作的若干意见》座谈会。县政协主席范陈杰主持会议并讲话。

8月8日—11日　县政协组织部分委员开展科教兴县专题调研活动。主席范陈杰，副主席袁佳平、罗永祥、王菁参加调研。

8月11日　县政协召开委组主任、组长会议，部署委组下半年工作。副主席袁佳平主持会议。

8月14日　县政协召开各民主党派、工商联学习贯彻《中共崇明县委关于进一步加强政协工作的若干意见》座谈会。县政协副主席、中共崇明县委统战部部长袁佳平主持会议并讲话。

8月14日　县政协主席会议成员前往县国有(集体)资产管理办公室知情调研。

8月20日　中共崇明县政协党组就学习贯彻《中共崇明县委关于进一步加强政协工作的若干意见》，邀请部分乡镇委局党政负责人座谈。县政协党组书记、主席范陈杰主持会议并讲话。

8月27日　县政协召开特邀监督员座谈会，县监委、县人民法院、县人民检察院分别通报开展特邀监督员工作情况。副主席袁佳平主持会议并讲话。

8月28日　县政协召开十一届七次主席会议，讨论《县政协关于学习贯彻县委文件，推动当前政协工作的意见》和9月份工作安排等。

8月29日　县政协召开社情民意座谈会。主席范陈杰主持会议并讲话。

9月1日　县政协主席会议成员赴竖新镇前卫村考察生态农家游情况。

9月3日　县政协召开主席会议成员学习会，观看党风廉政建设专题宣教片。

9月9日　县政协主席范陈杰、副主席王菁前往民本中学慰问教育界政协委员，并同该校领导班子成员、教师代表进行座谈。

9月10日　县政协、中共崇明县委统战部联合举行各界人士迎中秋电影招待会，县政协主席范陈杰致词，中共崇明县委副书记郝立宽等出席参加招待会。

9月17日　县人大常委会与县政协召开工作情况交流会。县人大常委会主任陆瑾、县政协主席范陈杰分别通报人大工作和政协工作情况。

9月17日　县政协主席会议成员赴县环保局知情调研。

9月18日　县政协主席会议成员赴县招商服务中心知情调研。

9月23日　县政协组织重阳节敬老活动。主席范陈杰参加活动。

9月26日　县政协召开十一届八次主席会议，讨论修改《坚持实施科教兴县战略，加快实现崇明跨越式发展》常委会建议案，讨论委员年终视察方案、有关专题议政会方案和10月份工作安排。

10月15日　县政协围绕“植树造林、保护湿地，推进崇明生态岛建设”举行专题议政会。副主席袁佳平主持会议，副县长胡俊、朱正标分别通报岛域林业建设和环境保护等方面的情况，主席范陈杰参加会议并讲话。

10月15日　县政协主席会议成员赴县劳动和社会保障局知情调研。

10月16日　县政协召开十一届三次常委会会议，听取县农委关于崇明岛域林业规划情况的通报，审议通过常委会《关于坚持实施科教兴县战略，加快实现崇明跨越式发展的建议案》等。

10月21日　县政协组织部分委员就提案办理落实情况开展调研。副主席罗永祥参加调研。

10月26日　河北省政协主席赵金铎率在冀全国政协委员赴上海视察团到崇明考察电子政务建设。

10月31日　县政协召开十一届九次主席会议，讨论11月份工作安排和“积极调整产业结构，实现三次产业融合发展”专题议政会方案。

11 月 19 日—20 日　全国政协常委、人口资源环境委员会副主任、中国林业科学研究院院长江泽慧率考察团到崇明考察湿地保护情况。

11 月 21 日　县政协举行“积极调整产业结构，实现三次产业融合发展”专题议政会。副主席袁佳平主持会议，副县长褚以琳、张国坤应邀出席会议，主席范陈杰参加会议并讲话。

11 月 24 日　县政协主席会议成员听取森林公园周边地区规划情况的汇报。

12 月 4 日　县政协主席会议成员赴上海亚通股份有限公司知情调研。

12 月 5 日　县政协召开十一届十次主席会议，听取副县长陆鸣关于崇明县中心医院托管情况的通报，讨论 12 月份工作安排。

12 月 5 日　县政协主席会议成员赴上海瀛通(集团)公司知情调研。

12 月 10 日　县政协主席会议成员赴县民政局知情调研。

12 月 11 日　县政协主席会议成员赴县经济委员会知情调研。

12 月 18 日—19 日　县政协组织全体委员就县政府重点工程和实事项目建设情况开展年终集中视察。主席范陈杰，副主席袁佳平、罗永祥、吴复安参加视察，副县长黄铁军、朱正标陪同视察。

12 月 25 日　县政协主席范陈杰、副主席袁佳平赴中兴镇调研，并慰问特困家庭。

12 月 29 日　县政协召开十一届十一次主席会议，讨论县政协十一届二次会议有关事项。

12 月 29 日　县政协召开各民主党派、工商联、人民团体负责人座谈会，听取对县政协常委会工作报告(讨论稿)的修改意见。主席范陈杰主持会议。

12 月 31 日　县政协召开提案委员会委员会议，回顾总结提案工作情况，讨论修改提案工作情况报告。副主席罗永祥主持会议。

2004 年

1 月 2 日　县政协召开十一届四次常委会会议，讨论县政协十一届二次会议有关事项，讨论决定有关人事任免事项。

1 月 5 日　县政协召开专题座谈会，县长孙雷就《政府工作报告(征求意见稿)》征求意见。

1 月 6 日　县政协主席会议成员赴县交通局知情调研。

1 月 18 日　县政协、中共崇明县委统战部联合召开各界人士迎春茶话会。县政协主席范陈杰主持会议，中共崇明县委书记龚德庆出席会议并讲话。

2 月 5 日　县政协召开十一届十二次主席会议，听取 2003 年度提案最终办理情况通报，讨论县政协十一届二次会议有关事项和县政协 2004 年度重要会议、活动安排，讨论 2 月份工作安排。

2 月 9 日—12 日　县政协召开十一届二次会议，听取和审议常委会工作报告和提案办理情况报告，听取副县长胡俊、朱正标关于崇明岛域总体规划、崇明新城规划和崇明岛域林业发展规划情况的通报。与会人员列席县十三届人大二次会议。

2 月 13 日　全国政协副主席黄孟复到崇明考察。

2 月 26 日　县政协召开十一届十三次主席会议，听取提案交办情况的通报，讨论 3 月份工作安排。

3 月 2 日　县政协主席会议成员赴县信息委知情调研。

3 月 4 日　县政协召开部分政协委员座谈会。主席范陈杰主持会议并讲话。

3 月 8 日　县政协召开十一届十四次主席会议，讨论年度委组活动计划等。

3 月 11 日　市政协副主席宋仪侨到崇明考察。

3 月 15 日　县政协召开委组主任、组长会议，围绕开展崇明生态岛建设大讨论活动进行动员，并部署年度委组工作。副主席袁佳平主持会议。

3 月 23 日　县政协召开十一届五次常委会会议，传达学习全国政协十届二次会议精神，讨论通过《政协崇明县委员会关于进一步发挥委员主体作用的意见》等。

3 月 31 日　县政协主席会议成员赴县农委知情调研。

4 月 2 日　县政协召开十一届十五次主席会议，听取县民政局关于农村低保工作情况通报，讨论 4 月份工作安排。

4 月 7 日　县政协主席会议成员赴县房地局知情调研。

4 月 16 日　县政协召开生态岛建设专题报告会，听取全国政协委员、民盟中央委员、华东师范大学资源与环境学院博士生导师陆健健作关于生态岛建设的辅导报告。副主席袁佳平主持会议并讲话。

4 月 22 日　县政协召开崇明生态岛建设大讨论交流会。副主席王菁主持会议，中共崇明县委常委、宣传部部长邹明出席会议，主席范陈杰参加会议并讲话。

4 月 22 日　县政协主席会议成员赴县商业委员会知情调研。

5 月 9 日　县政协召开十一届十六次主席会议，听取提案办理情况的通报，讨论 5 月份工作安排。

5 月 20 日—21 日　长江三角洲十三县(市、区)政协工作研讨会第十九次会议在崇明举行。崇明县政协主席范陈杰主持会议，中共崇明县委副书记施建华致欢迎词。

5 月 26 日　县政协主席会议成员赴县人民法院知情调研。

5 月 27 日—28 日　县政协副主席罗永祥参加在浙江省平湖市举行的沪浙十县(市、区)政协工作研讨会第二十三次会议。

5 月 31 日　县政协召开十一届十七次主席会议，讨论 6 月份工作安排。

5 月 31 日　县政协主席会议成员赴县人民检察院知情调研。

6 月 9 日—10 日　市政协常委、市政协社会和法制委员会主任洪林珍等到崇明调研。

6 月 15 日—16 日　贵州省贵阳市政协副主席杜云峰等到崇明参观考察。

6 月 16 日　县政协主席会议成员赴县文广影视局知情调研。

6 月 17 日—18 日　全国政协人口资源环境建设委员会副主任温克刚等到崇明考察。

6 月 20 日　县政协主席会议成员赴县财政局知情调研。

6 月 26 日　县政协主席会议成员赴县公安局知情调研。

7 月 1 日　县政协召开十一届十八次主席会议，讨论 7 月份工作安排，学习有关文件精神。

7 月 1 日　县政协主席会议成员赴县民防办知情调研。

7 月 7 日　副县长褚以琳与县商委负责人到县政协就城区集贸市场规划设置方案征求意见。

7 月 8 日　县政协委员列席县十三届人大常委会第十三次(扩大)会议，听取和讨论县政府关于上半年工作回顾和下半年主要工作的报告。

7 月 13 日　县政协主席会议成员赴县司法局知情调研。

7 月 16 日　县政协主席会议成员赴县信访办知情调研。

7 月 20 日　中共崇明县政协党组召开中共界及特邀界中的中共党员座谈会，讨论县政协党组制订的《关于发挥县政协委员中的共产党员作用的意见》。党组书记、主席范陈杰主持会议并讲话。

7 月 22 日　县政协召开十一届六次常委会会议，听取副县长马乐声关于提案办理情况的通报，讨论通过《政协崇明县委员会关于进一步发挥各民主党派、工商联在人民政协中作用的意见》等文件。

7 月 22 日　县政协主席会议成员赴县审计局知情调研。

7 月 23 日　中共崇明县委召开学习贯彻《中国人民政治协商会议章程》(简称政协章程)专题座谈会。县委副书记周卫杰主持会议，县委书记龚德庆就学习贯彻政协章程提出要求。中共崇明县政协党组书记、主席范陈杰在座谈会上讲话。

7 月 23 日　县政协副主席吴复安率经济委员会部分委员视察民营经济发展情况。

7月28日　县政协主席会议成员赴县交通局知情调研。

7月29日　县政协召开学习贯彻政协章程座谈会，主席范陈杰主持会议并讲话。

8月3日　县政协召开十一届十九次主席会议，讨论8月份工作安排和各专门委员会专题调研课题。

8月5日　县政协开展委员学习日活动，听取上海社科院副院长沈国明、全国政协四局局长原东平关于学习贯彻宪法和政协章程的专题辅导录音报告。副主席袁佳平主持活动，并传达中共中央总书记胡锦涛在崇明视察时的讲话精神。主席范陈杰参加活动并讲话。

8月12日　县政协主席会议成员赴县社会治安综合治理办公室知情调研。

8月19日　县政协召开十一届二十次主席会议，听取副县长褚以琳关于崇西地区旅游规划情况的通报，讨论国庆节前工作安排。

8月30日　县政协主席会议成员赴县教育局知情调研。

9月1日　县政协召开十一届二十一次主席会议，讨论9月份工作安排以及庆祝中华人民共和国成立55周年和人民政协成立55周年系列活动方案。

9月7日　县政协主席会议成员赴县森林旅游园区知情调研。

9月9日　县政协主席范陈杰前往三乐中学、崇西中学慰问教育界部分政协委员。

9月20日　中共崇明县委召开各界人士庆祝人民政协成立55周年大会。县委副书记施建华主持会议，县委书记龚德庆讲话。中共崇明县政协党组书记、主席范陈杰发言。

9月20日　崇明县各界人士庆祝中华人民共和国和人民政协成立55周年书画作品展开幕，县政协副主席罗永祥主持开幕式。

9月23日　县政协主席会议成员赴县卫生局知情调研。

9月28日　县政协举办庆祝中华人民共和国成立55周年和人民政协成立55周年"政协之声"文艺专场演出。主席范陈杰致词，中共崇明县委副书记、县长孙雷，县人大常委会主任陆瑾，县委副书记郝立宽等观看演出。

9月30日　县政协召开十一届二十二次主席会议，讨论10月份工作安排和评优方案。

10月9日　县政协主席会议成员赴庙镇知情调研。

10月10日　县政协主席会议成员赴现代农业园区知情调研。

10月20日　县政协主席范陈杰等参加县政协之友社组织的重阳节敬老活动。

10月22日　全国政协副主席李贵鲜率全国政协"保护长江万里行"考察团到崇明考察。

11月4日　县政协召开十一届二十三次主席会议，讨论11月份工作安排等。

11月4日　县政协主席会议成员听取陈家镇城镇总体规划情况通报。

11月10日　县政协召开科教兴县座谈会，主席范陈杰主持会议并讲话。

11月10日—11日　市政协主席蒋以任，副主席宋仪侨、谢丽娟、黄关从率市政协办公厅、研究室及相关专门委员会负责人到崇明调研。

11月10日—11日　县政协副主席吴复安参加在江苏省海门市举行的长江三角洲十三县(市、区)政协工作研讨会第二十次会议。

11月16日　县政协召开十一届七次常委会(扩大)会议，传达市政协主席蒋以任在崇明调研时的讲话精神，部署年内工作。

12月1日—2日　县政协组织全体委员对全县水利建设和河道整治情况以及县政府重点工程和实事项目建设情况开展年终集中视察。主席范陈杰，副主席袁佳平、罗永祥、王菁、吴复安参加视察，副县长陆鸣、朱正标陪同视察。

12月7日　县政协召开十一届二十四次主席会议，讨论12月份工作安排和县政协十一届三次会议有关准备工作。

12月13日　县政协主席会议成员赴市税务局崇明分局知情调研。

12月16日　县政协召开情况通报会，听取市食品药品监督管理局崇明分局、县卫生局、县劳动和社会保障局工作情况通报。副主席袁佳平主持会议，主席范陈杰，副主席罗永祥、王菁、吴复安参加会议。

12月24日　县政协召开情况通报会，听取县经委、县房地局、县信访办工作情况通报。副主席袁佳平主持会议，主席范陈杰，副主席罗永祥、吴复安参加会议。

12月28日　县政协召开特邀监督员工作会议，交流特邀监督员工作情况。副主席袁佳平主持会议。

12月28日　县政协主席会议成员赴崇明新城开发公司知情调研。

12月29日　县政协召开十一届二十五次主席会议，讨论2005年1月份工作安排。

12月29日　县政协主席会议成员赴富盛经济开发区知情调研。

2005年

1月5日—6日　市政协区县政协联络指导组组长陈士杰带领区政协主席到崇明考察。中共崇明县委副书记、县长孙雷参加接待，县政协主席范陈杰陪同考察。

1月7日　县政协召开十一届二十六次主席会议，讨论县政协十一届三次会议有关事项。

1月10日　县政协召开委组主任、组长会议，总结2004年工作，部署2005年工作。

1月12日　县政协召开专题座谈会，县长孙雷到会就《政府工作报告(征求意见稿)》征求意见。

1月15日　菲律宾华侨领袖、国务院侨办高级顾问陈祖昌在市政协原秘书长陈福根陪同下到崇明考察。

1月25日　县政协召开十一届二十七次主席会议，讨论评优工作和其他有关事项。

1月26日　县政协召开十一届八次常委会会议，协商讨论县政协十一届三次会议有关事项，协商通过有关人事任免事项。

1月27日　县政协主席会议成员赴县质量技术监督局知情调研。

2月1日　县政协召开十一届二十八次主席会议，听取副县长胡俊和县房地局、规划局、港西镇主要负责人通报崇明农村宅基地置换试点工作情况，讨论2月份主要工作安排以及2005年度重要会议、活动安排。

2月2日　县政协、中共崇明县委统战部联合举行各界人士春节团拜会。县政协主席范陈杰主持团拜会，中共崇明县委书记龚德庆讲话，县委副书记、县长孙雷，县人大常委会主任陆瑾，县委副书记周卫杰、施建华、郝立宽等参加团拜会。

2月6日　县政协主席会议成员赴县发展计划委员会知情调研。

2月21日—24日　县政协召开十一届三次会议，听取和审议常委会工作报告和提案办理情况报告。与会人员列席县十三届人大三次会议。

3月3日　县政协召开十一届二十九次主席会议，讨论3月份工作安排，听取县政协十一届三次会议提案交办情况汇报。

3月10日　县政协学习中心组组织成员学习中共中央《关于进一步加强中国共产党领导的多党合作和政治协商制度建设的意见》。

3月10日　县政协主席会议成员赴市工商局崇明分局知情调研。

3月24日　县政协召开十一届九次常委会会议，传达全国政协十届三次会议精神。中共崇明县委书记龚德庆参加会议并通报县委重点工作。

3月24日　县政协主席会议成员赴绿华镇知情调研，副县长褚以琳陪同调研并通报有关情况。

3月30日　县政协召开十一届三十次主席会议，讨论4月份工作安排、委组工作计划和“保护环境百里行”巡视活动以及各界人士摄影展方案。

4月6日　县政协召开委组主任、组长会议，学习中共中央《关于进一步加强中国共产党领导的多党合作和政治协商制度建设的意见》，传达全国政协十届三次会议精神，交流年度工作安排。

4月7日　县政协主席会议成员赴崇明工业园区知情调研。

4月13日—14日　县政协副主席罗永祥参加在嘉定区召开的长江三角洲十三县(市、区)政协工作研讨会第二十一次会议。

4月28日　县政协主席会议成员赴陈家镇知情调研。

4月29日　县政协召开十一届三十一次主席会议，讨论5月份工作安排等。

4月29日　县政协召开工会、共青团、妇联、青联界别委员座谈会，主席范陈杰主持会议并讲话。

5月12日　县政协主席会议成员赴上海亚通股份有限公司知情调研。

5月17日　县政协主席会议成员赴县中华职教社知情调研。

5月19日　全国政协原副主席王文元到崇明考察。

5月21日　市政协区县政协联络指导组组长陈士杰率市政协“改善城乡二元结构，推进城乡一体化进程”课题组到崇明调研。

5月24日—25日　县政协副主席吴复安参加在浙江省海宁市召开的沪浙十市(县、区)政协工作研讨会第二十五次会议。

5月27日　县政协召开十一届三十二次主席会议，讨论6月份工作安排和县政协文化沙龙组建方案，协商县政协界别小组成员名单。

6月1日　县政协主席会议成员赴向化镇知情调研。

6月8日　县政协召开工商联界别委员座谈会，交流企业生产经营情况。主席范陈杰主持会议并讲话。

6月13日　县政协开展委员学习日活动，听取上海市台湾研究所常务副所长、教授严安林作当前台海形势报告。副主席袁佳平主持活动。

6月20日—29日　县政协组织委员开展“保护环境百里行”巡视活动。主席范陈杰，副主席袁佳平、罗永祥、王菁、吴复安参加巡视活动。

6月30日　县政协召开十一届三十三次主席会议，讨论7月份工作安排和常委会建议案框架，协商增补委员。

7月6日　县政协召开提案工作会议，围绕如何进一步提高提案质量进行研讨交流。副主席罗永祥主持会议并讲话。

7月7日　县政协召开十一届十次常委会会议，讨论通过《关于进一步推进崇明生态岛建设教育实践活动的建议案》，协商决定委员增补名单，听取中共崇明县委常委、副县长黄铁军关于县政府上半年工作情况和下半年主要工作安排以及政协提案办理情况的通报。

7月12日　县政协委员列席县第十三届人大常委会第二十二次(扩大)会议。听取和讨论县政府关于上半年工作回顾和下半年主要工作的报告。

7月19日　县政协主席会议成员赴县人口和计划生育委员会知情调研。

7月20日　县政协主席会议成员赴堡镇人民医院知情调研。

7月21日　县政协召开科技、科协界和医药卫生界委员座谈会。主席范陈杰主持会议并讲话。

7月26日　县人大常委会、县政协举行工作交流会。县人大常委会主任陆瑾、县政协主席范陈杰分别交流人大、政协上半年工作情况和下半年工作打算。中共崇明县委书记龚德庆参加会议并讲话。

7月27日　县政协主席会议成员赴县安全生产监督局知情调研。

7月29日　中共崇明县委举行加强中国共产党领导的多党合作和政治协商制度建设辅导报告会，

听取中共上海市委统战部副局级巡视员徐力作辅导报告。县委副书记周卫杰主持报告会。

7 月 29 日　县政协召开十一届三十四次主席会议，讨论 8 月份主要工作安排、“十一五”规划暨推进生态岛区建设专题研讨会方案等。

8 月 11 日　县政协召开政府重点工作情况通报会，听取副县长马乐声通报崇明城桥新城建设和全县基础设施建设情况。

8 月 11 日　县政协主席会议成员赴县建设委员会知情调研。

8 月 12 日　县政协召开教育界委员座谈会，就崇明教育问题进行协商讨论。主席范陈杰主持会议并讲话。

8 月 17 日—18 日　县政协、中共崇明县委统战部联合组织各民主党派、工商联负责人和部分无党派人士赴长兴乡、横沙乡调研。县政协主席范陈杰参加调研。

8 月 22 日　县政协召开情况通报会，听取副县长胡俊关于崇明三岛总体规划编制情况的通报。主席范陈杰主持会议。

8 月 23 日　县政协主席会议成员赴市食品药品监督管理局崇明分局知情调研。

8 月 24 日　九三学社上海市崇明县支社成立。

8 月 25 日　县政协召开“聚焦‘十一五’规划，推进生态岛区建设”专题议政会。副主席袁佳平主持会议，主席范陈杰出席会议并讲话。

8 月 25 日　县政协主席会议成员赴县房地局知情调研。

8 月 31 日　县政协召开十一届三十五次主席会议，传达学习《中共上海市委关于加强政协工作的意见》，讨论 9 月份工作安排和各界人士生态前卫游园活动暨“迎中秋”文艺专场演出方案。

8 月 31 日　县政协主席会议成员赴上海电视大学崇明分校知情调研。

9 月 7 日　县政协主席范陈杰、副主席罗永祥走访慰问教育界部分政协委员。

9 月 15 日　县政协召开十一届十一次常委会会议，传达贯彻市政协工作会议精神和《中共上海市委关于加强政协工作的意见》，协商讨论《政协崇明县委员会关于学习贯彻市政协工作会议精神的意见》。

9 月 15 日　县政协、中共崇明县委统战部在前卫生态村联合举行各界人士迎中秋生态游园联谊活动。中共崇明县委书记龚德庆，县委副书记、县长孙雷，县政协主席范陈杰等参加活动。

9 月 18 日　全国政协原副主席陈锦华到崇明考察。

9 月 26 日　县政协召开经济界委员座谈会，主席范陈杰主持会议并讲话。

9 月 27 日　县政协召开政府重点工作情况通报会，县政府通报农村宅基地置换试点、陈家镇试点城镇建设以及社会保障、就业工作等情况。主席范陈杰主持会议。

9 月 29 日　县政协召开十一届三十六次主席会议，讨论 10 月份工作安排，讨论通过关于编制崇明商业专项规划的主席会议建议案。

9 月 29 日　县政协学习中心组召开贯彻市政协工作会议精神学习交流会。主席范陈杰主持会议。

10 月 6 日　吉林省政协副主席常万海等到崇明参观考察。

10 月 13 日　县政协召开委组主任、组长会议，交流学习与工作。副主席袁佳平主持会议并讲话。

10 月 16 日　安徽省政协原副主席、老委员联谊会副会长季家宏等到崇明参观考察。

10 月 18 日　县政协举办“一秀杯”崇明县各界人士生态岛区建设摄影作品展。中共崇明县委常委、宣传部部长邹明，县人大常委会副主任殷惠生，副县长陆鸣，县政协副主席袁佳平、罗永祥、王菁等出席开幕式。

10 月 20 日—21 日　县政协副主席罗永祥参加在江苏省海安县举行的长江三角洲十三县(市、区)政协工作研讨会第二十二次会议。

10 月 31 日　县政协召开十一届三十七次主席会议，讨论 11 月份工作安排，听取提案办理工作民主测评汇总情况汇报。

11月1日　县政协召开政府重点工作情况通报会，听取副县长朱正标、褚以琳分别通报林业和水系建设以及旅游业发展情况。主席范陈杰主持会议。

11月1日　县政协主席会议成员赴富盛经济开发区知情调研。

11月4日　全国政协委员、中国人民解放军总装备部少将巫致中率全国政协教科文卫体委员会考察团到崇明考察。

11月7日　县政协召开农业界别委员座谈会。主席范陈杰主持会议。

11月9日—10日　沪浙十县（市、区）政协工作研讨会第二十六次会议在崇明举行。崇明县政协主席范陈杰主持会议。

11月12日　市政协副主席、农工党上海市委主委左焕琛率市政协教科文卫体委员会、区县联络指导组和农工党上海市委部分成员以及上海医疗卫生界著名专家到崇明举行送医下乡系列活动。

11月23日—24日　县政协组织全体委员对县政府重点工程和实事项目建设情况开展年终集中视察。主席范陈杰，副主席袁佳平、罗永祥、王菁、吴复安参加视察，副县长褚以琳、马乐声陪同视察。

11月29日　县政协召开政府重点工作情况通报会，听取副县长陆鸣通报科教兴县战略实施情况以及明年工作思路。主席范陈杰主持会议。

12月2日　县政协召开十一届三十八次主席会议，听取年终委员集中视察情况汇报，讨论12月份工作安排、崇明政协成立50周年纪念活动安排、《崇明政协》（月刊）创刊方案以及春节团拜会方案。

12月5日　市政协港澳台侨委员会主任、中共上海市委统战部副部长金闽珠率市政协港澳地区委员到崇明视察。

12月8日—9日　全国政协副主席、全国供销合作总社主任白立忱到崇明考察。

12月14日　县政协召开十一届三十九次主席会议，讨论县政协十一届四次会议有关事项。

12月22日　县政协召开十一届十二次常委会会议，协商讨论县政协十一届四次会议有关事项，协商决定有关人事任免事项。

12月22日　县长孙雷到县政协召开专题座谈会，就《关于崇明县国民经济和社会发展"十一五"规划纲要（草案）的报告》及规划纲要（草案）征求部分政协委员意见。县政协主席范陈杰，副主席袁佳平、罗永祥、王菁、吴复安参加座谈会。

12月26日　县政协、中共崇明县委统战部联合召开党派团体工作座谈会。县政协主席范陈杰主持会议，中共崇明县委副书记周卫杰参加会议并讲话。

12月26日　县政协主席会议成员赴县人民检察院知情调研。

12月28日　县政协召开侨联、台联界别委员座谈会。主席范陈杰主持会议。

12月29日　县政协召开特邀监督员工作座谈会，交流特邀监督工作。副主席袁佳平主持会议。

2006年

1月4日　县政协召开十一届四十次主席会议，讨论2006年工作要点及2006年度重要会议、重要活动安排等。

1月8日—11日　县政协召开十一届四次会议，听取和审议常委会工作报告和提案办理情况报告，听取中共崇明县委书记龚德庆讲话。与会人员列席县十三届人大四次会议。

1月10日　中共崇明县委召开人大代表书面意见、政协提案工作表彰会议。

1月25日　县政协、中共崇明县委统战部联合举行各界人士春节团拜会。县政协主席范陈杰主持会议，中共崇明县委书记龚德庆讲话。

2月6日　县政协召开十一届四十一次主席会议，讨论2月份工作安排等。

2月14日　县政协主席会议成员赴上棉35厂知情调研。

2月15日　县政协召开十一届十三次常委会会议，中共崇明县委书记龚德庆通报县委年度重点工作。

2月17日　中共崇明县委召开人大、政协工作会议。县委副书记、县长孙雷主持会议，县委书记龚德庆就进一步加强人大、政协工作提出要求，县政协主席范陈杰在会上讲话。

2月23日　县政协主席会议成员赴三星镇知情调研。

2月24日　县政协召开工会、共青团、妇联、少数民族、宗教和社会保障界别委员座谈会。主席范陈杰主持会议并讲话。

2月28日　中共崇明县委举行报告会，听取市政协主席蒋以任作人民政协理论专题报告。县委书记龚德庆主持会议并讲话。

3月2日　县政协召开庆祝崇明县政协成立50周年座谈会。副主席袁佳平主持会议，主席范陈杰讲话，中共崇明县委副书记周卫杰应邀出席会议并讲话。同日，举行《崇明政协五十年》一书首发式，县政协网站开通。

3月3日　县政协召开十一届四十二次主席会议，讨论3月份工作安排等。

3月5日　县政协召开庆祝"三八"妇女节座谈会。主席范陈杰出席会议并讲话。

3月8日　县政协主席会议成员赴县公安局知情调研。

3月13日　县政协召开工商联、经济界委员中部分民营企业家座谈会。主席范陈杰主持会议并讲话。

3月14日　县政协召开专门委员会和地区委员小组年度工作会议。副主席袁佳平主持会议并讲话。

3月21日　县政协主席会议成员赴港西镇知情调研。

3月29日　县政协召开十一届四十三次主席会议，讨论4月份工作安排等。

3月31日　县政协召开十一届十四次常委会(扩大)会议，学习贯彻《中共中央关于加强人民政协工作的意见》和全国政协十届四次会议精神。

4月6日　县政协主席会议成员赴现代农业园区知情调研。

4月26日—27日　市政协教科文卫体委员会常务副主任郭开荣等到崇明调研。

5月8日　县政协召开十一届四十四次主席会议，讨论5月份主要工作等。

5月10日　全国政协常委陈益群等到崇明调研农村职业教育培训工作。

5月11日　县政协主席会议成员赴县疾病预防控制中心知情调研。

5月11日　县政协主席会议成员赴仁济医院崇明分院开展国际护士节慰问活动。

5月12日　县政协、中共崇明县委统战部联合举行"中日关系现状与展望"专题报告会，听取中国致公党中央常委、上海市政协常委、同济大学国际文化交流学院院长蔡建国作报告。县政协副主席、县委统战部部长袁佳平主持会议并讲话。

5月17日　县政协主席会议成员赴崇明工业园区知情调研。

5月18日　县政协召开科技、科协界委员座谈会。主席范陈杰主持会议并讲话。

5月18日—19日　县政协副主席罗永祥参加在浙江省海盐市召开的沪浙十县(市、区)政协工作研讨会第二十七次会议。

5月20日—25日　县政协先后召开民进崇明县委、农工党崇明县委、民盟崇明县委、九三学社崇明支社界别委员和党派成员座谈会。主席范陈杰主持会议，副主席、中共崇明县委统战部部长袁佳平出席会议。

5月24日—25日　县政协副主席吴复安参加在浙江省德清县召开的长江三角洲十三县(市、区)政协工作研讨会第二十三次会议。

5月25日　县政协召开提案办理工作座谈会。副主席罗永祥主持会议并讲话。

5月26日　市政协社会和法制委员会主任洪林珍等到崇明调研。

6月7日　县政协召开十一届四十五次主席会议，讨论6月份主要工作和建设社会主义新农村专题议政会方案等。

6月12日　县政协召开经济界别委员座谈会。主席范陈杰主持会议并讲话。

6月13日　县政协召开农业界别委员座谈会。主席范陈杰主持会议并讲话。

6月22日　县政协主席会议成员赴横沙乡知情调研。

6月26日　县政协主席会议成员赴县国有(集体)资产监督管理委员会知情调研。

6月28日　县政协主席会议成员赴堡镇知情调研。

6月29日　县政协主席会议成员赴县人事局知情调研。

6月30日　县政协召开十一届四十六次主席(扩大)会议，听取县科委关于崇明县实施科教兴县战略情况的通报，讨论7月份主要工作等。

7月6日　县政协召开建设社会主义新农村专题议政会。副主席袁佳平主持会议，主席范陈杰讲话。中共崇明县委副书记施建华应邀出席会议，并在听取大会议政发言后讲话。

7月12日　县政协召开十一届十五次常委会(扩大)会议，传达贯彻中共崇明县委九届八次全会精神，听取副县长黄铁军关于县政协十一届四次会议以来政协提案办理工作情况的通报。

7月19日　县政协主席会议成员赴新村乡知情调研。

7月25日　县政协主席会议成员赴陈家镇建设发展有限公司知情调研。

7月27日—28日　县政协委员列席县十三届人大常委会第三十二次(扩大)会议，听取和讨论县政府关于上半年工作回顾和下半年主要工作的报告。

8月1日　县政协召开十一届四十七次主席会议，讨论8月份主要工作安排，讨论常委会建议案调研方案等。

8月7日　县政协主席会议成员赴城桥镇知情调研。

8月8日　县政协主席会议成员赴县教育局知情调研。

8月21日　县政协主席会议成员赴新河镇知情调研。

8月22日　县政协召开中共崇明县委、县政府重点工作情况通报会。主席范陈杰主持会议并讲话。

8月24日—25日　市政协农业、经济、工商联界别部分委员在市政协经济委员会主任陈祥麟带领下到崇明就建设社会主义新农村开展调研。

8月31日　县政协召开十一届四十八次主席会议，讨论9月份主要工作安排等。

9月7日　县政协主席会议成员赴县水务局知情调研。

9月7日　县政协召开庆祝教师节委员座谈会。副主席王菁主持会议，主席范陈杰参加会议并讲话。

9月13日　县政协召开学习中心组成员座谈会，交流学习《江泽民文选》体会。主席范陈杰主持会议并讲话。

9月15日　县政协召开专门委员会主任和地区委员小组组长会议，学习中共中央总书记胡锦涛在学习《江泽民文选》报告会上的讲话。副主席袁佳平主持会议。

9月18日—20日　县政协、中共崇明县委统战部联合组织新农村建设专题学习考察活动，实地参观金山现代农业园区、嘉定现代农业园区等新农村建设示范点，听取情况介绍。县政协主席范陈杰，副主席罗永祥参加考察活动。

9月25日　县政协召开县政府重点工作情况通报会，听取副县长陆鸣、褚以琳关于崇明社会事业和旅游业发展情况的通报。主席范陈杰主持会议。

9月27日　县政协、中共崇明县委统战部联合举行各界人士庆国庆迎中秋联欢会。县政协主席范陈杰主持联欢会，中共崇明县委书记孙雷等县四套班子成员出席联欢会。

9月28日 县政协召开十一届四十九次主席会议，讨论10月份主要工作安排，传达中共上海市委统战部关于区、县政协换届工作会议精神。

10月9日 县政协主席范陈杰、副主席罗永祥赴上海永新艺术团、崇明沪剧团、县文化馆慰问。

10月10日 市政协副主席、九三学社中央副主席、九三学社上海市委主委谢丽娟到崇明调研。

10月12日 县政协主席会议成员赴建设镇知情调研。

10月18日 市政协区县联络指导组组长陈士杰等到崇明长兴岛考察。县政协主席范陈杰陪同考察。

10月19日 县政协主席会议成员赴县卫生局知情调研。

10月23日—25日 县政协副主席吴复安出席在奉贤区召开的沪浙十县(市、区)政协工作研讨会第二十八次会议。

10月26日 县政协召开十一届十六次常委会会议，传达中共十六届六中全会精神，听取副县长朱正标关于当前农业生产和农民专业合作社建设情况通报。

10月27日 县政协召开十一届五十次主席会议，讨论11月份主要工作安排和2006年度委员集中视察活动方案。

11月8日 市政协副主席、民建中央副主席、民建上海市委主委黄关从到崇明考察。

11月14日 县政协召开专门委员会主任和地区委员小组组长会议，交流学习与工作，推荐2005年—2006年度先进委组候选名单。副主席袁佳平主持会议。

11月14日—15日 县政协副主席吴复安参加在江苏省东台市召开的长江三角洲十三县(市、区)政协工作研讨会第二十四次会议。

11月15日—16日 内蒙古自治区政协之友社常务副理事长袁明铎等到崇明参观考察。

11月16日 县政协主席会议成员赴县文广局知情调研。

11月22日 县政协召开县政府重点工作情况通报会，副县长胡俊通报2006年规划工作情况及2007年规划工作思路和主要任务。主席范陈杰主持会议并讲话。

11月30日 市政协主席蒋以任率领新农村、新郊区建设视察组到崇明视察。

12月1日 县政协召开十一届五十一次主席会议，讨论12月份主要工作安排，确定2005年—2006年度优秀政协委员、先进专门委员会、先进地区委员小组、优秀提案、县政协工作创新奖、县政协委员特别贡献奖获奖名单以及表彰会方案。

12月6日 县政协组织全体委员对县政府重点工程和实事项目建设情况开展年终集中视察。主席范陈杰，副主席袁佳平、罗永祥、王菁、吴复安参加视察，副县长马乐声陪同视察。

12月14日 县政协主席会议成员赴县财政局知情调研。

12月14日 中国民主建国会上海市崇明县支部委员会成立。

12月21日 县政协主席范陈杰率部分常委视察堡镇小学。

12月27日 县长赵奇到县政协召开座谈会，就《政府工作报告(征求意见稿)》征求部分政协委员意见。县政协主席范陈杰，副主席袁佳平、罗永祥、王菁、吴复安参加座谈会。

12月27日 县政协主席会议成员赴中兴镇知情调研。

12月28日 县政协召开特邀监督员工作座谈会，交流当好特邀监督员的体会。副主席袁佳平主持会议。

12月30日 县政协召开2005年—2006年度工作总结表彰会议。主席范陈杰主持会议并讲话。

12月30日 县政协举行各界人士迎新年联欢会。主席范陈杰发表新年贺辞，副主席袁佳平、罗永祥、王菁、吴复安出席联欢会。

2007 年

1 月 4 日　县政协召开十一届五十二次主席会议，讨论召开县政协十二届一次会议的决定草案和 1 月份主要工作安排。

1 月 4 日　县政协召开十一届十七次常委会会议，协商讨论关于召开县政协十二届一次会议的有关事项等。

1 月 17 日　县政协、中共崇明县委统战部召开党派与团体工作交流会。县政协主席范陈杰主持会议并讲话。

1 月 18 日　县政协召开十一届五十三次主席会议，协商讨论关于召开县政协十二届一次会议的有关事项。

1 月 18 日　县政协召开十一届十八次常委会会议，审议县政协十二届一次会议有关事项。

1 月 25 日　县政协举办新任委员培训班。副主席袁佳平主持会议，主席范陈杰作“坚持和完善国家基本政治制度，推进人民政协事业不断向前发展”的报告，副主席罗永祥作提案工作辅导。

2 月 5 日—9 日　县政协召开十二届一次会议，市政协副主席黄关从出席开幕式并致贺词。会议听取和审议十一届县政协常委会工作报告和提案办理情况报告，选举产生第十二届县政协常委会，选举范陈杰为主席。与会人员列席县十四届人大一次会议。中共崇明县委书记孙雷在闭幕会上讲话。

2 月 16 日　县政协召开十二届一次主席会议，讨论县政协 2007 年工作要点和《关于学习贯彻中国共产党崇明县第十次代表大会精神的决议》等。

2 月 28 日　县政协召开十二届二次主席会议，讨论 3 月份主要工作安排，协商讨论 2007 年度县政协提案工作计划和主席、副主席联系界别分工及有关人事事项。

3 月 1 日　县政协召开十二届一次常委会（扩大）会议，中共崇明县委书记孙雷到会通报 2007 年县委重点工作。会议讨论通过《崇明县政协常委会关于学习贯彻中国共产党崇明县第十次代表大会精神的决议》等文件，协商通过有关人事任免事项等。

3 月 1 日　县人大常委会、县政府、县政协联合召开 2007 年度人大代表书面意见、政协提案办理工作会议。中共崇明县委常委、常务副县长马乐声主持会议并讲话。

3 月 2 日　县政协组织文化艺术界委员以及其他界别的部分委员开展和谐文化主题沙龙活动。副主席王菁主持活动，主席范陈杰参加活动并讲话。

3 月 5 日　县政协召开部分政协女委员座谈会，庆祝“三八”妇女节。主席范陈杰主持会议并讲话。

3 月 14 日　县政协主席会议成员赴县经济委员会知情调研。

3 月 21 日　县政协主席会议成员赴港西镇知情调研。

3 月 29 日　县政协、中共崇明县委统战部联合举行“构建社会主义和谐社会”报告会，邀请中共上海市委党校副教授卢肖文作报告。县政协副主席袁佳平主持会议并讲话。

3 月 29 日　县政协召开委组工作会议，交流 2007 年度活动计划。副主席袁佳平主持会议并讲话。

4 月 2 日　县政协召开十二届三次主席会议，讨论 4 月份主要工作安排和确定县政协 2007 年度重点提案等。

4 月 3 日　县政协主席会议成员赴绿华镇知情调研。

4 月 16 日　县政协之友社召开六届一次社员大会，选举产生第六届理事会，邵礼达为理事长。同日，县政协之友社召开成立 20 周年座谈会，副理事长黄振兴主持会议，邵礼达出席会议并讲话。

4 月 19 日　县政协主席会议成员赴竖新镇知情调研。

4 月 20 日　市政协民族和宗教委员会主任马定华等到崇明调研。

4月25日　县政协召开工会界别委员座谈会。主席范陈杰主持会议并讲话。

4月26日　县政协主席会议成员赴县建委知情调研。

4月27日　全国政协副主席、农工党中央常务副主席李蒙等到崇明考察。

4月27日　县政协召开共青团、青联界别委员座谈会。副主席袁佳平主持会议并讲话。

4月28日　县政协主席会议成员及县国资委、县政研室、县环保局、县卫生局等部门负责人赴中兴镇调研新农村建设情况。

4月30日　县政协召开十二届四次主席会议，讨论5月份主要工作安排，讨论通过《关于在政协委员中广泛开展“科学发展，共建和谐”主题宣传实践活动的实施意见》等。

5月9日　县政协主席会议成员赴县公安局知情调研。

5月10日　县政协召开医药卫生界别委员座谈会。主席范陈杰主持会议并讲话。

5月10日　县政协主席范陈杰、副主席施俭赴堡镇人民医院慰问获崇明县“新长征突击队”荣誉称号的护士班。

5月14日　县政协召开科协、科技界别委员座谈会。副主席袁佳平主持会议并讲话。

5月15日　县政协主席范陈杰率县国资委、县政研室、县环保局、县卫生局等部门负责人赴向化镇调研新农村建设情况。

5月16日　县政协、中共崇明县委统战部联合举行学习《中华人民共和国物权法》专题报告会，听取中国法学会民法学研究会理事、华东政法大学教授张驰作专题辅导报告。中共崇明县委常委、县政协副主席、县委统战部部长王为群主持会议并讲话。

5月16日　县政协召开十二届二次常委会(扩大)会议，协商讨论《中共崇明县委关于构建社会主义和谐社会的实施意见》等。

5月21日—22日　市政协副主席左焕琛率市政协人口资源环境建设委员会部分委员到崇明调研。

5月28日—29日　县政协副主席袁佳平出席在江苏省如东县召开的长江三角洲十三县(市、区)政协工作研讨会第二十五次会议。

5月31日　县政协召开十二届五次主席会议，讨论6月份主要工作安排，讨论通过县政协学习中心组集体学习，“科学发展、共建和谐”专题议政会等方案。

6月11日　县政协学习中心组组织集体学习，传达中共上海市第九次代表大会精神。

6月11日　县政协召开工商联界别委员座谈会。副主席周新卫主持会议并讲话。

6月12日—15日　民盟崇明县委、民进崇明县委、农工党崇明县委和九三学社崇明支社分别召开党派界别委员座谈会。中共崇明县委常委、县政协副主席、县委统战部部长王为群出席会议并讲话。

6月19日—20日　上海市政协区县政协联络指导组组长陈士杰等到崇明调研。

6月20日—21日　县政协副主席袁佳平出席在南汇区召开的沪浙十县(市、区)政协工作研讨会第二十九次会议。

6月21日　县政协举行“科学发展、共建和谐专题议政会”。

6月28日　县政协召开中共、特邀界别中共党员委员座谈会。中共崇明县政协党组书记、主席范陈杰主持会议并讲话。

7月10日　县政协召开十二届六次主席会议，讨论7月份主要工作安排，讨论协商县政协常委会《关于加强崇明农村和谐文化建设》的建议案等。

7月13日　天津市政协副主席周绍熹一行到崇明参观考察。

7月16日　县政协委员列席县十四届人大常委会第四次(扩大)会议，听取并分组讨论县政府关于上半年工作回顾和下半年主要工作的报告。

7月18日　县政协召开十二届三次常委会(扩大)会议，传达贯彻中共崇明县委十届四次全会精神，协商通过常委会《关于加强崇明农村和谐文化建设》的建议案等。

7月24日　县政协主席会议成员赴县招商服务中心集体调研。

7月25日　县政协主席会议成员赴县供销合作总社集体调研。

7月26日　县政协主席会议成员赴县民政局集体调研。

8月1日　县政协召开十二届七次主席会议，讨论8月份主要工作安排和2007年度县政协民主评议提案办理工作方案等。

8月2日　县政协主席会议成员赴崇明工业园区集体调研。

8月9日　县政协主席会议成员赴县农业委员会集体调研。

8月9日　县政协召开经济界别委员座谈会，围绕逐步解决农村土地流转中的矛盾进行讨论。主席范陈杰、副主席周新卫参加座谈。

8月14日　县政协主席会议成员赴县房地局集体调研。

8月17日　市政协人口资源环境建设委员会主任、"崇明发展问题研究"课题组组长周剑萍一行到崇明调研。

8月23日　县政协主席会议成员赴堡镇集体调研。

8月28日　县政协召开中共崇明县委、县政府重点工作情况通报会，县科委、县农委通报科教兴县工作和现代农业发展情况。主席范陈杰主持通报会，中共崇明县委副书记施建华，副县长褚以琳、李志宏出席通报会并讲话。

9月4日　县政协召开十二届八次主席会议，讨论9月份主要工作安排，讨论通过2007年度县政协民主评议提案办理工作方案等。

9月5日　县政协主席会议成员赴县残联集体调研。

9月6日　县政协召开在沪工作县政协委员座谈会。副主席周新卫主持会议并讲话。

9月10日　县政协召开庆祝教师节委员座谈会。副主席王菁主持会议，主席范陈杰出席会议并讲话。

9月11日　县政协主席会议成员赴上海亚通股份有限公司集体调研。

9月14日　中国农工民主党中央副主席陈宗兴、陈勋儒等到崇明考察。

9月19日　县政协召开文化艺术、体育、新闻界别委员座谈会。副主席王菁主持会议并讲话。

9月24日　县政协、中共崇明县委统战部联合举行各界人士迎中秋迎国庆联欢会。县政协主席范陈杰主持联欢会，中共崇明县委书记孙雷等县四套班子成员出席联欢会。

9月25日　县政协主席会议成员赴仁济医院崇明分院集体调研。

9月26日　县政协主席会议成员赴陈家镇集体调研。

9月28日　县政协主席会议成员赴县总工会集体调研。

9月30日　县政协召开十二届九次主席会议，讨论10月份主要工作安排，讨论通过第四次常委会(扩大)会议方案。

10月9日—10日　市政协主席蒋以任，副主席宋仪侨、谢丽娟、左焕琛等到崇明调研。

10月11日—12日　县政协副主席袁佳平参加在浙江省嘉善县召开的沪浙十县(市、区)政协工作研讨会第三十次会议。

10月11日—12日　县政协副主席施俭参加在浙江省杭州市余杭区召开的长江三角洲十三县(市、区)政协工作研讨会第二十六次会议。

10月15日　县政协召开十二届四次常委会(扩大)会议，听取县政策研究室负责人关于崇明新农村建设情况通报等。

10月20日　贵州省政协副主席唐世礼一行到崇明参观考察。

10月24日　县政协主席会议成员赴县安监局集体调研。

10月29日　县政协召开十二届十次主席会议，讨论11月份主要工作安排，讨论通过2007年县政协委员年终视察活动安排方案和主席会议建议案。

10月29日　县政协召开农业界别委员座谈会。主席范陈杰、副主席周新卫参加座谈会。

10月30日　县政协召开十二届五次常委会(扩大)会议，传达中共十七大精神，审议通过《政协崇明县委员会关于学习贯彻中共十七大会议精神的决议》。

10月31日　县政协主席会议成员赴县森林旅游园区集体调研。

11月6日　市政协副主席、上海科普教育发展基金会理事长左焕琛率上海科技馆和上海科普教育发展基金会有关人员到崇明考察。

11月8日　县政协主席会议成员赴县科委集体调研。

11月13日　市政协召开推进崇明发展研讨会，副主席王荣华主持会议，主席蒋以任出席会议并讲话。崇明县政协主席范陈杰在会上作题为“继续加大扶持力度，全力推进崇明生态岛建设”的发言。

11月17日　全国政协副秘书长李昌鉴、全国政协港澳台侨委员会主任郭东坡等到崇明考察。

11月22日　县政协主席会议成员赴横沙乡集体调研。

12月5日　县政协召开十二届十一次主席会议，讨论12月份主要工作安排，讨论通过召开县政协十二届二次会议方案等。

12月6日　县政协组织全体委员对2007年度县政府重点工程和实事项目建设情况开展年终集中视察。主席范陈杰，副主席袁佳平、施俭、王菁、周新卫参加视察，副县长马乐声陪同视察。

12月17日　县政协召开十二届十二次主席会议，讨论召开县政协十二届二次会议有关事项等。

12月18日　县政协主席会议成员赴县人事局集体调研。

12月20日　全国政协副主席、香港特别行政区第一任行政长官、香港凤凰卫视大型公益电视行动《中国江河水》总顾问董建华到崇明参加由凤凰卫视主办、崇明县人民政府承办的《中国江河水》启步礼。

12月21日　县政协召开社会福利、社会保障、少数民族、宗教界委员和县部分宗教界代表人士座谈会。副主席袁佳平主持会议并讲话。

12月26日　县政协召开十二届十三次主席会议，讨论增补委员名单、调整部分界别委员方案等。

12月27日　县政协、中共崇明县委统战部联合举办各界人士迎新年专场文艺演出。县政协主席范陈杰致辞。中共崇明县委书记孙雷等县四套班子成员观看演出。

12月27日　县政协召开委组主任、组长会议，交流2007年工作情况和2008年工作设想。副主席袁佳平主持会议并讲话。

12月28日　县政协、中共崇明县委统战部联合召开党派团体工作交流会。县政协主席范陈杰主持会议并讲话，中共崇明县委常委、县政协副主席、县委统战部部长王为群出席会议。

12月28日　县政协主席会议成员赴新村乡集体调研。

12月29日　县政协召开十二届六次常委会会议，县长赵奇到会就《政府工作报告(征求意见稿)》征求意见。

2008年

1月14日　县政协召开十二届十四次主席会议，讨论1月份主要工作安排，协商讨论增补县政协十二届委员会常务委员会部分组成人员候选人建议名单和县政协十二届二次会议决议(草案)等。

1月14日—17日　县政协召开十二届二次会议，听取和审议常委会工作报告和提案办理情况报告。与会人员列席县十四届人大三次会议。中共崇明县委副书记施建华在闭幕会上讲话。

1月16日　县政协举行“创建国家级生态县”专题议政会。副主席袁佳平主持会议。中共崇明县委副书记施建华，县委常委、常务副县长马乐声应邀出席会议，施建华在听取大会发言后讲话。

1月17日　县政协召开十二届七次常委会会议，讨论通过县政协2008年工作要点和2008年度重要会议、活动安排方案等。

2月14日　县政协召开十二届十五次主席会议，讨论2月份主要工作安排，协商通过2008年度提案工作计划，协商讨论有关人事任免事项等。

2月19日　县政协主席会议成员赴县公安局刑侦大队集体调研。

2月21日　县政协召开委组、界别工作会议，探讨做好新一年委组、界别工作的形式和方法，部署安排2008年委组、界别工作。副主席袁佳平主持会议并讲话。

2月27日　县政协、中共崇明县委统战部联合举行"坚定不移发展社会主义民主政治"专题报告会，听取中共上海市委党校教授陈尤文作辅导报告。中共崇明县委常委、县政协副主席、县委统战部部长王为群主持会议并讲话。

2月27日　县政协主席会议成员赴县统计局集体调研。

2月28日　县政协主席会议成员赴绿华镇集体调研。

3月3日　县政协召开十二届十六次主席会议，讨论3月份主要工作安排和2008年度重点提案督办工作等。

3月3日　县政协召开庆"三八"妇女节女委员座谈会。主席范陈杰主持会议并讲话。

3月7日　县政协召开文史工作座谈会。主席范陈杰主持会议并讲话。

3月11日　县政协主席会议成员赴崇明新城建设发展有限公司集体调研。

3月13日　县政协主席会议成员赴县城市管理监察大队集体调研。

3月27日　县政协召开十二届八次常委会(扩大)会议，传达全国政协十一届一次会议精神。

4月2日　县政协召开十二届十七次主席会议，讨论4月份主要工作安排，讨论通过关于召开纪念中共中央发布"五一口号"60周年大型座谈会建议方案等。

4月6日　县政协主席会议成员赴县司法局集体调研。

4月7日　县政协主席会议成员赴县信息委集体调研。

4月22日　县政协、中共崇明县委统战部联合举行《中国的政党制度》解读报告会，听取上海市社会主义学院副院长张颖作辅导报告。中共崇明县委常委、县政协副主席、县委统战部部长王为群主持会议并讲话。

4月25日—26日　市政协副秘书长、办公厅主任管维镛率市政协对外友好委员会部分委员到崇明考察。

4月28日　县政协、中共崇明县委统战部联合举办崇明县各界人士书画作品展。中共崇明县委常委、县政协副主席、县委统战部部长王为群主持开幕式，县委副书记施建华出席开幕式。

4月30日　县政协、中共崇明县委统战部联合召开纪念中共中央发布"五一口号"60周年座谈会。中共崇明县委常委、县政协副主席、县委统战部部长王为群主持会议，中共崇明县委书记彭沉雷、县政协主席范陈杰出席会议并讲话。

4月30日　县政协召开工会界别委员座谈会。主席范陈杰主持会议并讲话。

5月4日　县政协召开十二届十八次主席会议，讨论5月份主要工作安排，协商通过县政协2008年度提案工作座谈会方案等。

5月4日　县政协召开共青团、青联界别委员座谈会。主席范陈杰主持会议并讲话。

5月7日—8日　市政协副主席钱景林带领市政协区县政协联络指导组部分成员到崇明调研。

5月13日　县政协召开台联、侨联界别委员座谈会。副主席袁佳平主持会议并讲话。

5月14日　县政协主席会议成员赴县人民法院集体调研。

5月15日　县政协主席会议成员赴县卫生局集体调研。

5月15日—16日　县政协副主席袁佳平参加在松江区召开的苏浙沪十五县(市、区)政协工作研讨会第一次会议。

5月19日—20日　县政协副主席袁佳平参加在江苏省如皋县召开的长江三角洲十三县(市、区)政协工作研讨会第二十七次会议。

5月20日　县政协召开提案工作座谈会。主席范陈杰主持会议并讲话。

5月23日　县政协召开十二届九次常委会(扩大)会议,听取常务副县长马乐声关于提案办理情况的通报。

5月29日　县政协、中共崇明县委统战部联合召开党派团体负责人恳谈会。主席范陈杰主持会议并讲话,中共崇明县委常委、县政协副主席、县委统战部部长王为群参加会议。

6月2日　县政协召开十二届十九次主席会议,讨论6月份主要工作安排,讨论通过县政协文史资料委员会工作方案和政协委员巡视"加快发展高效生态农业"活动方案等。

6月3日　县政协、中共崇明县委统战部联合举行台海形势专题报告会,听取上海市人民政府台湾事务办公室研究室主任李雷鸣作专题报告。副主席袁佳平主持报告会并讲话。

6月5日　县政协主席会议成员赴县人民检察院集体调研。

6月16日—20日　县政协组织委员赴新村乡等14个乡镇围绕高效生态农业发展情况开展巡视活动。主席范陈杰,副主席袁佳平、施俭、王菁、周新卫参加巡视。

6月23日　县政协开展安全生产专题视察。主席范陈杰,副主席王为群、袁佳平、周新卫参加视察活动。

7月1日　县政协召开十二届二十次主席会议,讨论7月份主要工作安排,讨论通过县政协上半年工作总结和下半年工作安排等。

7月3日—4日　县政协主席范陈杰率队赴上海农工商集团长江总公司、跃进总公司就加快发展高效生态农业课题进行调研。

7月11日　县政协召开十二届十次常委会(扩大)会议,听取中共崇明县委书记彭沉雷关于加快推进现代化生态岛建设工作思路的通报。

7月14日、21日　县政协就主席会议成员分工督办的重点提案办理落实情况进行跟踪视察。主席范陈杰,副主席袁佳平、施俭、周新卫参加视察。

7月17日　县政协主席范陈杰率有关人员赴上海交通大学农业和生物学院、上海农科院就加快发展高效生态农业课题进行调研。

7月21日　县政协召开宣传工作座谈会。主席范陈杰主持会议并讲话。

7月23日　中共崇明县政协党组召开(扩大)会议,专题研究学习贯彻中共崇明县委十届六次全会精神,讨论政协下半年度工作安排。

7月23日　县政协主席会议成员赴县审计局集体调研。

7月23日　县政协主席会议成员赴中国电信上海公司崇明局集体调研。

7月24日　县政协举行"关注民生、改善民生"专题议政会。副主席袁佳平主持会议,主席范陈杰,副主席王为群、施俭、王菁参加会议。中共崇明县委副书记施建华,副县长杜松全应邀出席会议。施建华在听取大会发言后讲话。

7月24日　县政协召开科技、科协界别委员座谈会。副主席袁佳平主持会议并讲话。

7月30日—31日　全国政协副主席李金华到崇明考察。

8月4日　县政协委员列席县十四届人大常委会第十二次(扩大)会议,听取并讨论县政府关于上半年工作回顾和下半年主要工作的报告。

8月5日　县政协召开十二届二十一次主席会议,讨论8月份主要工作安排,讨论通过第十一次常委会(扩大)会议以及崇明县各界人士"迎中秋"游园活动和群众文艺专场演出等方案。

8月13日　县政协召开经济界别委员座谈会。副主席周新卫主持会议并讲话。

8月14日　县政协主席会议成员赴县文化市场行政执法大队集体调研。

8月14日　县政协主席会议成员赴县环保局集体调研。

8月28日　县政协召开十二届十一次常委会(扩大)会议，听取副县长胡俊通报关于国家级生态县创建工作和第三轮环保三年行动计划推进情况。

9月2日　县政协召开十二届二十二次主席会议，讨论9月份主要工作安排，讨论通过县政协2008年提案办理工作民主测评以及崇明县各界人士中秋游园活动和文艺晚会总体方案等。

9月11日　县政协、中共崇明县委统战部在高家庄园联合举行崇明县各界人士中秋游园活动。县人大常委会主任周卫杰、县政协主席范陈杰、副县长褚以琳等参加活动。

9月20日　全国政协社会法制委员会办公室副主任路宁和天津市政协社会法制委员会主任王伟庄一行到崇明参观考察。

10月7日　县政协召开十二届二十三次主席(扩大)会议，听取关于崇明旅游事业发展情况的通报，讨论10月份主要工作安排等。

10月8日　全国政协外事委员会副主任吴建民一行到崇明参观考察。

10月8日　县政协主席会议成员赴县交通局集体调研。

10月20日　县政协召开十二届十二次常委会(扩大)会议，听取中共崇明县委、县政府政策研究室通报崇明新农村建设情况。

10月20日—21日　县政协副主席袁佳平参加在浙江省平湖市召开的苏浙沪十五县(市、区)政协工作研讨会第二次会议。

10月20日—21日　县政协副主席周新卫参加在浙江省平湖市召开的长江三角洲十三县(市、区)政协工作研讨会第二十八次会议。

10月23日　县政协召开农业界别委员座谈会。主席范陈杰主持会议并讲话。

11月3日　县政协召开十二届二十四次主席会议，讨论11月份主要工作安排，讨论通过2008年度委员年终集中视察活动方案等。

11月4日、5日、12日　县政协、中共崇明县委统战部召开各民主党派、工商联有关人士座谈会。县政协主席范陈杰，中共崇明县委常委、县政协副主席、县委统战部部长王为群分别通报县政协工作和统战工作情况。

11月10日　县政协主席会议成员赴县教育局集体调研。

11月12日　云南省昆明市政协主席田云翔等到崇明参观考察。

11月26日—27日　县政协组织全体委员对2008年度县政府重点工程和实事项目建设情况进行年终集中视察。主席范陈杰，副主席袁佳平、施俭、王菁、周新卫参加视察，中共崇明县委副书记、县长赵奇陪同视察并讲话，中共崇明县委常委、副县长马乐声陪同视察并作县情通报。

12月2日　县政协召开十二届二十五次主席会议，讨论通过关于召开县政协十二届十三次常委会(扩大)会议方案等。

12月2日　县政协召开委组主任、组长会议，交流2007年—2008年委组活动开展情况和2009年委组活动的初步设想。副主席袁佳平主持会议并讲话。

12月17日　县政协召开十二届二十六次主席会议，协商讨论县政协十二届三次会议有关事项等。

12月18日　县政协主席会议成员赴县建筑工务署集体调研。

12月20日　“亚宗和”名誉主席、巴基斯坦原政府部长马瓦特一行到崇明访问。

12月22日　县政协召开十二届十三次常委会(扩大)会议，县长赵奇就《政府工作报告(征求意见稿)》征求意见。会议还协商讨论县政协十二届三次会议有关事项。

12月24日　县政协召开崇明县各界人士纪念改革开放30周年座谈会。主席范陈杰主持会议并讲话。

12 月 25 日　县政协主席会议成员赴县财政局集体调研。

12 月 26 日　县政协、中共崇明县委统战部召开崇明县各界人士新年茶话会，县政协主席范陈杰致新年贺词，中共崇明县委书记彭沉雷、县人大常委会主任周卫杰等出席茶话会。

12 月 27 日　县政协召开专题协商讨论会，就《崇明县 2009—2011 年经济和社会发展若干领域行动纲要（征求意见稿）》听取政协委员意见建议。

2009 年

1 月 4 日　县政协召开十二届二十七次主席会议，讨论县政协 2009 年工作要点和 2009 年度重要会议、重要活动安排方案，讨论 1 月份工作安排。

1 月 5 日—8 日　县政协召开十二届三次会议，听取和审议常委会工作报告和提案办理情况报告。与会人员列席县十四届人大四次会议。中共崇明县委书记彭沉雷在闭幕会上讲话。

1 月 6 日　县政协召开县情通报会，听取崇明新城建设发展有限公司、陈家镇建设发展有限公司负责人作关于城桥新城和陈家镇地区开发建设情况的通报。副主席袁佳平主持会议并讲话。

1 月 7 日　县政协举行“加快崇明经济和社会事业发展”专题议政会。副主席袁佳平主持会议。中共崇明县委副书记施建华，县委常委、常务副县长马乐声应邀出席会议。施建华在听取大会发言后讲话。

1 月 16 日　县政府召开 2009 年度县人大代表书面意见、政协提案办理工作会议，中共崇明县委常委、常务副县长马乐声出席会议并讲话，县政协副主席袁佳平就做好 2009 年度政协提案工作提出建议。

1 月 24 日　县政协召开离任委员座谈会。主席范陈杰主持会议并讲话。

2 月 2 日　县政协召开十二届二十八次主席会议，讨论 2 月份工作安排，协商通过 2009 年度中共崇明县委、县政府重大问题、重要情况与县政协协商通报建议方案等。

2 月 12 日　县政协主席会议成员赴东平镇集体调研。

2 月 14 日　中共中央党校“三农”问题研究中心主任张虎林到崇明考察。

2 月 17 日　县政协召开政协界别和委组工作会议，部署 2009 年度界别和委组工作。副主席袁佳平主持会议并讲话。

2 月 18 日　县人大常委会与县政协召开工作交流会。县人大常委会主任周卫杰、县政协主席范陈杰分别就人大、政协 2009 年工作思路和共同关注的话题进行交流。中共崇明县委副书记施建华出席会议并讲话。

2 月 25 日　县政协召开十二届十四次常委会会议，听取中共崇明县委书记彭沉雷关于 2009 年县委重点工作的情况通报。

3 月 2 日　县政协召开十二届二十九次主席会议，讨论 3 月份工作安排，讨论通过 2009 年度县政协提案工作计划和各专门委员会、地区委员小组活动计划等。

3 月 5 日　县政协召开庆祝“三八”妇女节女委员座谈会。副主席袁佳平主持会议，主席范陈杰出席会议并讲话。

3 月 11 日　中共崇明县政协党组召开深入学习实践科学发展观活动动员会议。党组书记、主席、深入学习实践科学发展观活动领导小组组长范陈杰作动员讲话。

3 月 11 日　县政协主席会议成员赴上海电视大学崇明分校集体调研。

3 月 12 日　县政协主席会议成员赴新海镇集体调研。

3 月 24 日　县政协副主席袁佳平率社会和法制委员会委员视察崇明工业园区。

3 月 26 日　县政协召开中心组（扩大）学习会，传达全国政协十一届二次会议精神。主席范陈杰主持会议并讲话。

3月26日—27日　全国政协原常委、中国文联副主席、中国美术家协会主席、中国美术学院院长靳尚谊等到崇明考察。

3月27日　县政协召开工商联界别委员座谈会。主席范陈杰主持会议并讲话。

4月3日　县政协召开十二届三十次主席会议，讨论4月份工作安排，讨论通过《政协崇明县委员会关于开展纪念人民政协成立60周年系列活动的意见》等。

4月10日　县政协主席会议成员赴县经济委员会集体调研。

4月21日—22日　县政协副主席施俭参加在青浦区召开的苏浙沪十五县(市、区)政协工作研讨会第三次会议。

4月23日　中共崇明县政协党组召开深入学习实践科学发展观活动调研成果和解放思想大讨论交流会。县政协党组书记、主席、深入学习实践科学发展观活动领导小组组长范陈杰主持会议并讲话。

4月30日　县政协组织工会界别委员举行庆祝“五一”国际劳动节活动。主席范陈杰参加活动。

5月4日　县政协召开十二届三十一次主席会议，讨论5月份工作安排，讨论通过关于召开第十五次常委会(扩大)会议方案等。

5月4日　县政协组织共青团、青联界别委员活动。主席范陈杰、副主席袁佳平参加活动。

5月7日　中共崇明县政协党组召开深入学习实践科学发展观活动分析检查阶段转段动员会议。县政协党组书记、主席、深入学习实践科学发展观活动领导小组组长范陈杰作动员讲话。

5月7日　县政协主席会议成员赴县建设和交通委员会集体调研。

5月12日　县政协主席范陈杰、副主席袁佳平赴崇明县中心医院、堡镇人民医院、长江医院开展国际护士节慰问活动。

5月15日—16日　县政协副主席周新卫出席在江苏省启东市召开的长江三角洲部分县(市、区)政协工作研讨会第二十九次会议。

5月25日　县政协召开十二届十五次常委会(扩大)会议。听取副县长马乐声关于提案办理总体情况及县政府重点督办10件提案办理情况的通报。

5月26日　中共崇明县政协党组召开深入学习实践科学发展观活动专题民主生活会。县政协党组书记、主席、深入学习实践科学发展观活动领导小组组长范陈杰主持会议。

6月1日　县政协召开十二届三十二次主席会议，讨论6月份工作安排，讨论通过庆祝中华人民共和国和人民政协成立60周年国画作品邀请展方案等。

6月2日—3日　市政协人口资源环境建设委员会主任孟燕堃等到崇明考察。

6月10日　县政协主席会议成员赴新河镇集体调研。

6月16日　县政协主席会议成员赴建设镇集体调研。

6月17日　县政协主席会议成员赴县供销合作总社集体调研。

6月22日　中共崇明县政协党组召开深入学习实践科学发展观活动分析检查报告评议会。县政协党组书记、主席、深入学习实践科学发展观活动领导小组组长范陈杰主持会议。

6月23日　市政协主席冯国勤、副主席钱景林等到崇明调研。

6月25日　县政协召开贯彻落实中共十七届三中全会精神，加快崇明新农村建设专题协商通报会。主席范陈杰主持会议并讲话。

7月7日　县政协召开十二届三十三次主席会议，讨论7月份工作安排，讨论通过召开第十六次常委会(扩大)会议方案等。

7月7日　县政协组织中共、特邀界别委员前往县旅游局协商讨论发展崇明旅游业。

7月13日　县政协召开直接参与世博项目工程建设的县政协委员座谈会。主席范陈杰主持会议并讲话。

7月16日　县政协主席会议成员赴县规划和土地管理局、城桥镇集体调研。

7 月 21 日　县政协召开十二届十六次常委会(扩大)会议,听取关于迎世博 600 天行动计划落实情况的通报。中共崇明县委常委、副县长张国坤应邀出席会议并讲话。

7 月 29 日　县政府、县政协召开提案工作协商交流会。县长赵奇、县政协主席范陈杰出席会议并讲话。

7 月 30 日　县政协主席范陈杰等慰问中国人民解放军驻崇明某部队官兵。

7 月 31 日　县政协召开十二届三十四次主席会议,讨论县政协十二届四次会议的有关事项。

8 月 4 日　县政协召开十二届十七次常委会会议,协商讨论县政协十二届四次会议有关事项。

8 月 6 日　市政协副主席周太彤等到崇明调研。

8 月 11 日　县政协召开十二届四次会议,补选褚以琳为县政协副主席。

8 月 11 日　县政协举行"农村改革和发展"专题议政会。副主席袁佳平主持会议。主席范陈杰,副主席王为群、褚以琳、施俭、周新卫参加会议。中共崇明县委常委、常务副县长马乐声出席会议并讲话。

8 月 11 日—12 日　县政协委员列席县第十四届人大第五次会议,听取并讨论县政府关于上半年工作回顾和下半年主要工作安排的报告。

8 月 24 日　县政协主席会议成员赴县农委集体调研。

8 月 27 日　县政协主席会议成员赴竖新镇集体调研。

9 月 1 日　县政协召开十二届三十五次主席会议,讨论 9 月份工作安排,讨论通过主席会议成员分工调整方案等。

9 月 3 日　县政协主席会议成员赴县人民法院集体调研。

9 月 8 日　县政协、中共崇明县委统战部联合举行纪念人民政协成立 60 周年专题报告会,听取上海市社会主义学院副院长、教授张颖作辅导报告。中共崇明县委常委、县政协副主席、县委统战部部长王为群主持会议并讲话。

9 月 16 日　县政协、中共崇明县委统战部联合召开崇明县各界人士庆祝人民政协成立 60 周年座谈会。中共崇明县委常委、县政协副主席、县委统战部部长王为群主持会议,中共崇明县委书记彭沉雷、县政协主席范陈杰出席会议并讲话。

9 月 18 日　县政协主席会议成员赴三星镇集体调研。

9 月 21 日　县政协和中共崇明县委统战部联合举行崇明县各界人士庆祝人民政协成立 60 周年招待会和文艺专场演出。县政协主席范陈杰致辞。中共崇明县委书记彭沉雷,县委副书记、县长赵奇,县人大常委会主任周卫杰出席招待会。

9 月 25 日　县政协和中共崇明县委统战部联合举行庆祝人民政协成立 60 周年党的统一战线和人民政协理论知识竞赛。中共崇明县委常委、县政协副主席、县委统战部部长王为群,县政协副主席袁佳平等莅临竞赛现场,并为优胜代表队颁奖。

9 月 29 日　县政协召开十二届三十六次主席会议,学习中共中央总书记胡锦涛在庆祝人民政协成立 60 周年大会上的重要讲话,讨论通过关于召开第十八次常委会(扩大)会议方案等。

9 月 30 日　县政协和中共崇明县委统战部联合举办庆祝中华人民共和国和人民政协成立 60 周年国画展。县政协副主席褚以琳主持开幕式,中共崇明县委常委、县政协副主席、县委统战部部长王为群致词,中共崇明县委副书记施建华、县人大常委会副主任殷惠生、副县长王菁、县政协副主席袁佳平出席开幕式。

10 月 20 日　全国政协干部培训中心主任乔梁率第 69 期政协干部培训班 230 多名学员到崇明考察。

10 月 22 日—23 日　县政协副主席袁佳平参加在奉贤区召开的长江三角洲十三县(市、区)政协工作研讨会第三十次会议。

10 月 26 日　县政协主席会议成员赴陈家镇集体调研。

10 月 27 日　县政协召开十二届十八次常委会(扩大)会议,听取中共崇明县委副书记施建华关于

《崇明县经济社会发展若干领域三年行动纲领》(简称"三年行动纲领")实施情况的通报。

10月29日　县政协召开十二届三十七次主席会议，讨论11月份工作安排，讨论通过主席会议建议案，协商讨论《县政协关于认真学习贯彻胡锦涛总书记在庆祝人民政协成立60周年大会上重要讲话精神的通知》等。

10月30日　中共崇明县委召开政协工作会议。中共崇明县委副书记、县长赵奇主持会议。县政协主席范陈杰、中共崇明县委副书记施建华分别传达中共上海市委召开的政协工作会议精神和市委《关于进一步加强人民政协工作的实施意见》，县委书记彭沉雷出席会议并讲话。

10月30日　县政协主办的"上海长江隧桥开通·中国当代著名书法家作品展"开幕。中共崇明县委常委、县政协副主席、县委统战部部长王为群主持开幕式，中共崇明县委副书记施建华致词。

11月4日　全国政协原副主席胡启立一行到崇明考察。

11月4日—5日　县政协副主席施俭参加在浙江省海宁市召开的苏浙沪十五县(市、区)政协工作研讨会第四次会议。

11月8日　全国政协港澳台侨委员会、全国人大常委会香港特别行政区基本法委员会副主任委员王凤超等到崇明考察。

11月10日　县政协召开专委会主任会议。副主席褚以琳主持会议并讲话。

11月12日　全国政协社会和法制委员会副主任王东进等到崇明考察。

11月13日　全国政协常委、港澳台侨委员会副主任林兆枢等到崇明考察。

11月17日—25日　县政协组织委员开展"迎世博"工作巡察暨2009年年终委员集中视察活动。中共崇明县委常委、县政协副主席王为群，县政协副主席褚以琳、袁佳平、施俭、周新卫分别参加以各专业委员会为单位的活动。中共崇明县委常委、副县长张国坤参加人口和健康委员会的巡、视察活动，并在巡、视察座谈会上讲话。

11月20日　县政协主席会议成员赴县人口和计划生育委员会集体调研。

11月26日　江西省政协副主席朱张才、宁夏回族自治区政协副秘书长魏锋等到崇明参观考察。

12月1日　县政协召开十二届三十八次主席会议，讨论12月份主要工作安排，讨论协商关于召开县政协十二届五次会议方案等。

12月2日　全国政协副主席、农工党中央常务副主席陈宗兴率队到崇明考察。

12月3日　县政协主席会议成员及部分县政协常委赴长兴镇开展"迎世博"工作委员巡查暨2009年年终委员视察活动。

12月4日　县政协主席会议成员及部分县政协常委赴横沙乡开展"迎世博"工作委员巡查暨2009年年终委员视察活动。

12月10日　吉林省政协副秘书长、研究室主任王立平一行到崇明参观考察。

12月15日　县政协主席范陈杰向县政协之友社通报2009年度县政协工作情况。

12月17日　云南省政协副主席管国忠率队到崇明参观考察。

12月21日　县政协召开学习贯彻中共中央总书记胡锦涛"9·20"重要讲话精神交流会暨县政协工作务虚会。主席范陈杰主持会议并讲话。

12月25日　县政协召开十二届三十九次主席会议，讨论修改常委会工作报告、提案工作情况报告，讨论确定县政协2009度优秀提案。

12月28日　县政协召开十二届十九次常委会(扩大)会议，县长赵奇到会就《政府工作报告(征求意见稿)》征求意见。

12月29日　县政协、中共崇明县委统战部联合举行崇明县各界人士迎新年文艺专场演出。县政协主席范陈杰发表新年贺词。中共崇明县委书记彭沉雷，县委副书记、县长赵奇，县人大常委会主任周卫杰等观看演出。

12 月 29 日　县人大常委会、县政协召开工作交流会。县人大常委会主任周卫杰、县政协主席范陈杰分别交流 2009 年工作情况和 2010 年工作思路。中共崇明县委书记彭沉雷参加会议并讲话。

2010 年

1 月 4 日　县政协召开十二届四十次主席会议，讨论县政协十二届五次会议有关事项和 1 月份工作安排。

1 月 6 日　县政协召开十二届二十次常委会会议。县国资委、县交通港口局通报上海亚通股份有限公司港航剥离及资产置换方案和崇明实施交通体制改革方案，协商确定县政协十二届五次会议有关事项。

1 月 7 日　市政协副秘书长、台盟市委副主委高美琴等到崇明考察。

1 月 12 日　县政协主席会议成员赴县住房保障房屋管理局集体调研。

1 月 13 日　县政协召开离任委员座谈会。主席范陈杰主持会议并讲话。

1 月 18 日—21 日　县政协召开十二届五次会议，听取和审议常委会工作报告和提案办理情况报告。与会人员列席县十四届人大六次会议。中共崇明县委书记彭沉雷在闭幕会上讲话。

1 月 19 日　县政协举行县情通报会，听取县发展改革委、县“迎世博”领导小组办公室作关于 2009 年市、县级重点工程、实事项目推进情况和 2010 年市、县级重点工程、实事项目安排情况以及县“迎世博”600 天行动工作情况的通报。副主席褚以琳主持会议并讲话。

1 月 20 日　县政协举行编制“十二五”规划专题议政会。副主席袁佳平主持会议。中共崇明县委副书记施建华出席会议，并在听取大会发言后讲话。

2 月 1 日　县政协召开十二届四十一次主席会议，讨论县政协 2010 年工作要点和 2010 年度重要会议、重要活动安排方案以及 2 月份工作安排。

2 月 3 日　县政协召开十二届二十一次常委会(扩大)会议，听取中共崇明县委书记彭沉雷通报县委 2010 年度重点工作安排情况，讨论通过县政协 2010 年工作要点和 2010 年度重要会议、重要活动安排方案。

2 月 3 日　全国政协副秘书长王胜洪一行到崇明考察。

2 月 9 日　市政协副主席朱晓明等到崇明开展帮困送温暖活动。

2 月 9 日　市政协港澳台侨委员会主任丁志坚一行到崇明考察。

2 月 18 日　全国政协原副主席郝建秀一行到崇明考察。

2 月 20 日　中共崇明县委书记彭沉雷走访慰问县政协全体机关干部。

2 月 22 日　县政协主席会议成员赴中兴镇集体调研。

2 月 23 日　县政协主席会议成员赴县妇联集体调研。

2 月 26 日　县政协召开十二届四十二次主席会议，讨论 3 月份工作安排，讨论通过 2010 年度委组工作计划等。

3 月 5 日　县政协、县妇联联合举办庆祝“三八”国际劳动妇女节 100 周年联谊会。县政协主席范陈杰，中共崇明县委常委、县政协副主席王为群，副县长王菁，县政协副主席褚以琳、施俭、周新卫参加联谊会。

3 月 8 日　县政协主席会议成员赴绿华镇集体调研。

3 月 17 日　县政协主席会议成员赴市工商行政管理局崇明分局集体调研。

3 月 18 日　县政协召开县政府重点工作情况通报会，听取县长赵奇通报 2010 年县政府重点工作。主席范陈杰主持会议。

3月18日　县政协召开界别和委组工作会议。副主席袁佳平主持会议并讲话。

3月22日　县政协召开提案重点承办单位负责人座谈会。副主席袁佳平主持会议并讲话。

3月23日　县政协、中共崇明县委统战部联合举办理财知识专题讲座，听取中国金融在线副总裁、证券之星总经理洪榕作理财知识讲座。县政协副主席袁佳平主持会议并讲话。

3月24日　市政协民族和宗教委员会主任杨奇庆一行到崇明考察。

4月6日　县政协召开十二届四十三次主席会议，讨论4月份主要工作安排，讨论通过世博城市运行和安保专项督查活动方案等。

4月15日—16日　县政协副主席袁佳平参加在江苏省通州市召开的长江三角洲十三县(市、区)政协工作研讨会第三十一次会议。

4月19日　县政协开展世博城市运行和安保工作专项督查活动，并举行专题协商通报会。县政协主席范陈杰，中共崇明县委常委、县政协副主席王为群，县政协副主席褚以琳、袁佳平、施俭、周新卫参加督查活动和专题协商通报会。范陈杰在专题协商通报会上讲话。

4月21日　全国政协办公厅新闻办公室主任张敬安一行到崇明考察。

4月22日　中共河北省政协党组副书记、河北省政协副主席高喜同一行到崇明参观考察。

4月22日—23日　苏浙沪十五县(市、区)政协工作研讨会第五次会议在崇明召开，崇明县政协主席范陈杰主持会议。中共崇明县委常委、副县长张国坤致辞并向与会人员介绍崇明情况。市政协常委、区县联络指导组组长王乐齐出席会议并讲话。

4月24日　北京市政协副主席沈宝昌一行到崇明参观考察。

4月25日　全国政协副主席、中共中央统战部部长杜青林到崇明考察。

4月25日　约旦哈希姆王国参议院秘书长哈拉米·哈米萨特一行到崇明访问。

4月28日　县政协组织工会、共青团、青联界别委员围绕"关注世博、参与世博、服务世博"主题，联合开展志愿者活动。主席范陈杰参加活动。

5月6日　县政协召开十二届四十四次主席会议，讨论5月份工作安排，讨论通过召开第二十二次常委会(扩大)会议方案等。

5月6日　县政协主席会议成员赴庙镇集体调研。

5月7日　县政协主席会议成员赴县科委集体调研。

5月11日　县政协主席会议成员赴港沿镇集体调研。

5月11日　县政协主席范陈杰、副主席褚以琳等赴城桥镇社区卫生服务中心等慰问护士。

5月13日　县政协召开各党派团体、县政协各专委会课题调研会议。主席范陈杰主持会议并讲话。

5月19日　县人大常委会、县政协召开工作交流会。县人大常委会主任周卫杰、县政协主席范陈杰分别交流近年来县人大代表书面意见和县政协提案工作情况及当前工作中存在的主要问题。

5月20日　县政协召开十二届二十二次常委会(扩大)会议，中共崇明县委常委、副县长马乐声通报提案办理情况及下一步工作安排。

5月20日　县政协主席会议成员赴新华医院崇明分院集体调研。

5月20日　县政协主席范陈杰、副主席褚以琳赴县住房保障房屋管理局和规划土地局听取提案办理工作情况汇报。

5月29日　河南省政协常委、学习和文史委员会主任肖贵彬一行到崇明参观考察。

5月31日　中国国民党革命委员会(简称民革)上海市崇明县支部委员会成立，市政协副主席、民革上海市委主委高小玫出席会议并讲话。

5月31日　县政协召开十二届四十五次主席会议，讨论6月份工作安排，讨论通过召开第二十三次常委会(扩大)会议方案等。

6月2日　县政协主席会议成员赴上海长兴海洋装备产业基地开发有限公司集体调研。

6月8日　县政协主席会议成员赴建设镇集体调研。

6月9日　县政协主席会议成员赴县总工会集体调研。

6月10日　县政协主席会议成员赴县农业委员会集体调研。

6月10日　县政协主席范陈杰，副主席褚以琳、袁佳平前往县人民检察院调研。

6月21日　县政协召开十二届二十三次常委会（扩大）会议，听取中共崇明县委常委、县纪委书记朱正标作关于全县党风廉政建设和反腐败斗争情况的通报与县发展改革委负责人作关于崇明县国民经济和社会发展第十二个五年规划基本思路的介绍。

6月30日　县政协召开十二届四十六次主席会议，讨论7月份工作安排，讨论通过召开第二十四次常委会（扩大）会议方案等。

7月7日　贵州省政协外事侨务与港澳事务委员会主任陈海若一行到崇明参观考察。

7月7日　县政协主席范陈杰等赴县行政服务中心和公共资源交易中心调研。

7月12日　县政协主席会议成员赴县水务局集体调研。

7月17日　吉林省政协副主席林炎志一行到崇明参观考察。

7月20日　市政协教科文卫体委员会常务副主任陈志兴等到崇明调研。

7月21日　匈牙利共和国驻上海领事馆领事库·蒂·拉斯到崇明访问。

7月22日　县政协主席会议成员赴新村乡集体调研。

7月26日　县政协召开十二届二十四次常委会（扩大）会议，听取中共崇明县委副书记施建华关于“三年行动纲领”推进实施情况的通报。

7月29日　县政协主席范陈杰等慰问中国人民解放军驻崇明部队官兵。

7月29日—30日　县政协委员列席县十四届人大第七次会议，听取县政府关于上半年工作情况和下半年主要工作部署的报告。

7月30日—31日　市政协副主席钱景林率区县政协主席到崇明考察。

8月2日　县政协主席范陈杰等前往上海亚通股份有限公司等单位慰问。

8月2日　县政协召开十二届四十七次主席会议，讨论8月份工作安排，讨论确定崇明县各界人士“迎中秋”专场文艺演出方案等。

8月3日　县政协举行聚焦“十二五”，谋划新发展专题议政会。副主席袁佳平主持会议。县政协主席范陈杰，中共崇明县委常委、县政协副主席王为群，中共崇明县委常委、常务副县长马乐声，副县长王菁，县政协副主席褚以琳、施俭、周新卫参加会议。马乐声在听取专题议政发言后讲话。

8月5日　市政协经济委员会副主任许培星等到崇明调研。

8月11日　河南省政协副主席王平一行到崇明参观考察。

8月18日　县政协主席会议成员赴崇明新城建设发展有限公司集体调研。

8月18日　法兰西共和国留尼旺大区议会副主席弗雷德里克·卡戴一行到崇明访问。

8月23日　县政协主席会议成员赴县经委集体调研。

8月27日　河南省政协副主席袁祖亮一行到崇明参观考察。

8月31日　县政协、中共崇明县委统战部联合举办专题报告会，听取上海国际问题研究院院长、研究员杨洁勉作“当前国际形势展望与中国对外战略”的专题报告。中共崇明县委常委、县政协副主席、县委统战部部长王为群主持会议并讲话。

8月31日　县政协召开十二届四十八次主席会议，讨论9月份工作安排，讨论通过主席会议《关于发展崇明服务外包业的建议案》。

9月2日　山东省政协提案委员会主任孙庆传率队到崇明参观考察。

9月4日　河南省政协主席王全书一行到崇明参观考察。

9月8日　云南省政协副主席王学智一行到崇明参观考察。

9月8日　县政协主席会议成员赴县安全生产监督管理局集体调研。

9月8日　县政协主席范陈杰等前往崇明中学等慰问县政协教育界别委员。

9月10日　尼日利亚前总统、联合国秘书长刚果(金)问题特使奥巴桑乔一行到崇明访问。

9月10日　县政协召开县政协专门委员会与县党政部门对口联系工作会议。主席范陈杰主持会议并讲话。

9月12日　北京市政协老委员联谊会会长黄以云一行到崇明参观考察。

9月13日—14日　县政协副主席周新卫参加在江苏省太仓市召开的苏浙沪十五县(市、区)政协工作研讨会第六次会议。

9月15日　市政协副主席李良园等到崇明考察。

9月20日　县政协、中共崇明县委统战部联合举办崇明县各界人士"迎中秋"专场文艺演出。县政协主席范陈杰致辞,中共崇明县委书记彭沉雷,县委副书记、县长赵奇,县人大常委会主任周卫杰等一同观看演出。

9月21日　中共崇明县政协党组召开深入贯彻中共中央《关于进一步加强人民政协工作的意见》精神座谈会。党组书记、主席范陈杰主持会议并讲话。

9月26日　全国政协原副主席、台盟中央主席林文漪到崇明考察。

10月6日　全国政协原副主席王文元一行到崇明考察。

10月9日　县政协召开十二届四十九次主席会议,讨论10月份工作安排,协商讨论召开第二十五次常委会(扩大)会议方案等。

10月12日　全国政协副主席陈奎元一行到崇明考察。

10月14日　县政协主席会议成员赴陈家镇建设发展有限公司集体调研。

10月16日　陕西省政协主席马中平等到崇明参观考察。

10月17日　福建省政协文史资料委员会副主任程润江一行到崇明参观考察。

10月18日　县政协召开十二届二十五次常委会(扩大)会议,听取副县长王菁关于崇明建设国家可持续发展实验区情况的通报。

10月18日　青海省政协副主席陈资全等到崇明参观考察。

10月25日　县政协主席会议成员赴横沙乡集体调研。

10月26日　县政协主席会议成员赴富盛经济开发区集体调研。

10月27日　河南省政协副主席李英杰等到崇明参观考察。

11月2日　全国政协原副主席王忠禹一行到崇明考察。

11月2日　市政协对外友好委员会常务副主任吴金兰一行到崇明考察。

11月4日　江苏省政协副秘书长唐立鸣一行到崇明参观考察。

11月6日　全国政协原副主席陈锦华一行到崇明考察。

11月8日　县政协召开十二届五十次主席会议,讨论11月份工作安排,协商讨论召开第二十六次常委会(扩大)会议方案等。

11月13日　全国政协副主席郑万通一行到崇明考察。

11月15日　县政协召开十二届二十六次常委会(扩大)会议,听取中共崇明县委常委、副县长马乐声作关于县政府办理的政协重点提案落实情况的通报和县发展改革委负责人作关于《崇明县国民经济和社会发展第十二个五年计划纲要》编制情况的介绍。

11月18日—19日　长江三角洲十三县(市、区)政协工作研讨会第三十二次会议在崇明举行。崇明县政协主席范陈杰主持会议,中共崇明县委常委、县政协副主席、县委统战部部长王为群到会致辞并向与会人员介绍崇明情况。

11月18日—19日　县政协副主席施俭出席在浙江省海盐市召开的苏浙沪十五县(市、区)政协工作研讨会第七次会议。

11 月 22 日　县政协主席会议成员赴县国资委集体调研。

11 月 23 日　县政协主席会议成员赴堡镇集体调研。

11 月 24 日　县人大常委会与县政协举行工作交流会。县人大常委会主任周卫杰、县政协主席范陈杰分别介绍人大、政协加强自身建设情况。中共崇明县委书记彭沉雷出席会议并讲话。

11 月 25 日　市政协副主席钱景林到崇明走访慰问。

11 月 27 日—28 日　民进中央副主席、全国政协常委、福建省政协副主席南帆(张帆)一行到崇明参观考察。

11 月 30 日—12 月 1 日　县政协组织全体委员对 2010 年度县政府重点工程和实事项目建设情况开展年终集中视察。县政协主席范陈杰,中共崇明县委常委、县政协副主席王为群,县政协副主席褚以琳、袁佳平、周新卫参加视察。县委常委、副县长张国坤陪同视察。

12 月 6 日　县政协召开十二届五十一次主席会议,讨论 12 月份工作安排,协商讨论召开第二十七次常委会(扩大)会议方案等。

12 月 21 日　县政协主席范陈杰向县政协之友社社员传达中共上海市委九届十四次全会精神,通报 2010 年度县政协工作情况。

12 月 27 日　县政协召开十二届五十二次主席会议,讨论 2011 年 1 月份工作安排,协商讨论关于召开第二十八次常委会会议方案等。

12 月 28 日　县政协主席会议成员赴向化镇集体调研。

12 月 29 日　县政协召开政协工作务虚会,县各民主党派、工商联和县政协各专委会分别交流 2010 年工作情况和 2011 年工作思路。中共崇明县委常委、县政协副主席、县委统战部部长王为群主持会议,县政协主席范陈杰出席会议并讲话。

12 月 30 日　县政协、中共崇明县委统战部联合举办崇明县各界人士迎新年文艺专场演出。县政协主席范陈杰致辞。中共崇明县委书记彭沉雷,县委副书记、县长赵奇,县人大常委会主任周卫杰,县委副书记施建华等观看演出。

12 月 31 日　县政协召开十二届二十七次常委会(扩大)会议。县长赵奇到会通报全县经济社会发展情况,并就《政府工作报告(征求意见稿)》征求意见。

2011 年

1 月 5 日　县政协主席会议成员赴县财政局集体调研。

1 月 12 日　县政协主席范陈杰等前往有关乡镇参加帮困送温暖和慰问活动。

1 月 14 日　中共崇明县政协党组召开(扩大)会议,宣布中共崇明县委关于施建华任县政协党组书记的决定。

1 月 14 日　县政协召开十二届五十三次主席会议,讨论县政协十二届六次会议的有关事项等。

1 月 14 日　县政协召开十二届二十八次常委会会议,听取中共崇明县委常委、组织部部长宋宝儒关于第十二届县政协有关人事安排说明,协商讨论十二届六次会议有关事项等。

1 月 24 日—26 日　县政协召开十二届六次会议,听取和审议常委会工作报告和提案办理情况报告,补选施建华为第十二届县政协主席。与会人员列席县十四届人大八次会议。

1 月 26 日　县政协举行“生态崇明 · 低碳发展”专题议政会。副主席袁佳平主持会议,中共崇明县委常委、副县长张国坤到会讲话。

1 月 31 日　中共崇明县委副书记、县政协主席施建华等前往有关单位参加春节慰问活动。

2月9日　中共崇明县委书记彭沉雷走访慰问县政协机关人员。

2月9日　县政协召开十二届五十四次主席会议，讨论2011年工作要点和2011年度重要会议、活动安排方案等。

2月16日　县政协召开十二届二十九次常委会（扩大）会议，听取中共崇明县委书记彭沉雷通报县委2011年度重点工作安排情况，讨论通过县政协2011年工作要点和2011年度重要会议、活动安排。

2月25日　县政协主席会议成员赴县卫生局集体调研。

2月25日　县政协召开2011年度界别和委组工作会议。副主席袁佳平主持会议并讲话。

2月28日　县政协主席会议成员赴新海镇集体调研。

3月1日　县政协召开十二届五十五次主席会议，讨论3月份工作安排，协商通过2011年度县政协提案工作计划等。

3月2日—3日　重庆市政协常委、学习与文史委员会主任李自治一行到崇明参观考察。

3月4日　县政协召开庆"三八"女委员座谈会。副主席袁佳平主持会议并讲话。

3月16日　县政协召开民主党派、人民团体界别委员座谈会。中共崇明县委常委、县政协副主席、县委统战部部长王为群主持会议，中共崇明县委副书记、县政协主席施建华参加会议并讲话。

3月23日　县政协、中共崇明县委统战部联合举办学习贯彻中共十七届五中全会精神报告会，听取中共上海市委党校、上海行政学院经济学教授陈勇鸣作"创新·转型·提升·富民——中共十七届五中全会精神解读"的辅导报告。中共崇明县委常委、县政协副主席、县委统战部部长王为群主持会议并讲话。

3月24日　县政协主席会议成员赴东平镇、崇明工业园区集体调研。

3月31日　县政协召开十二届五十六次主席会议，讨论4月份工作安排，协商通过县政协关于纪念中国共产党成立90周年活动方案等。

4月11日　县政协组织部分常委视察城乡公共安全保障和建筑市场整顿规范情况。主席施建华，副主席褚以琳、袁佳平、周新卫参加视察。

4月19日　县政协主席会议成员赴新河镇、县交通运输和港口管理局集体调研。

4月27日—28日　县政协副主席袁佳平出席在江苏省海门市召开的长江三角洲十三县（市、区）政协工作研讨会第三十三次会议。

4月29日　县政协工会界别召开庆祝"五一"国际劳动节委员座谈会。

5月3日　县政协召开十二届五十七次主席会议，讨论5月份工作安排，协商通过召开第三十次常委会（扩大）会议方案等。

5月12日—13日　县政协副主席袁佳平出席在奉贤区召开的苏浙沪十五县（市、区）政协工作研讨会第八次会议。

5月17日　县政协主席会议成员赴港西镇集体调研。

5月19日　县政协召开十二届三十次常委会（扩大）会议，听取中共崇明县委常委、副县长马乐声通报提案办理情况。

5月20日　全国政协副主席、九三学社中央副主席王志珍一行到崇明考察。

5月21日　重庆市政协学习与文史委员会、上海市政协文史资料委员会和崇明县政协联合组织"心系故乡人，黄桷传真情——为三峡移民送连心树"活动。县政协主席施建华参加活动。

5月25日　河南省政协副主席李英杰一行到崇明参观考察。

5月26日　县政协主席会议成员赴县民政局集体调研。

6月1日　县政协召开十二届五十八次主席会议，讨论6月份工作安排，协商通过县人大常委会、县政协工作交流会方案。

6月8日　全国政协常委、民盟中央副主席、福建省政协副主席郑兰荪一行到崇明参观考察。

6月8日　县政协主席会议成员赴县人口和计划生育委员会集体调研。

6月10日　县政协主席会议成员赴竖新镇集体调研。

6月10日—11日　市政协办公厅副主任乔明华一行到崇明考察。

6月27日　县政协、中共崇明县委统战部联合举行纪念中国共产党成立90周年专题报告会，听取华东政法大学政治学与公共管理学院院长、博士生导师张明军作“90年来中国共产党对民主政治的艰辛追求”的报告。县政协副主席袁佳平主持报告会并讲话。

7月4日　县政协召开十二届五十九次主席会议，讨论7月份工作安排，协商通过第三十一次常委会(扩大)会议方案等。

7月5日　县政协主席施建华等前往长兴镇潘圆公路二标段等建设工地慰问工人。

7月14日　县政协主席会议成员赴陈家镇、县环保局集体调研。

7月17日　在上海参加京津沪渝四直辖市政协主席第三次工作研讨会、京津沪渝四直辖市政协第六次提案工作座谈会的全国政协和京津沪渝政协领导，在全国政协常委、市十届政协主席蒋以任等陪同下到崇明参观考察。

7月18日　县人大常委会与县政协举行工作交流会。县人大常委会主任周卫杰、县政协主席施建华分别交流近年来县人大法律监督和县政协民主监督情况。

7月18日　县政协召开十二届三十一次常委会(扩大)会议，副县长张国坤通报“三年行动纲领”第三年推进实施情况。

8月1日　县政协召开十二届六十次主席会议，讨论8月份主要工作安排，协商通过关于召开崇明县各界人士纪念辛亥革命100周年座谈会方案等。

8月1日　县政协主席施建华等前往崇明县军队干休所、武警崇明县中队和中国人民解放军空军驻崇明部队慰问。

8月8日　县政协主席会议成员赴港沿镇、县供销合作总社集体调研。

8月9日　县政协举行“加强社会建设，促进社会和谐”专题议政会。副主席袁佳平主持会议。县政协主席施建华，副主席施俭、周新卫参加会议。副县长朱建江出席会议并讲话。

8月9日　县政协委员列席县十四届人大常委会第四十一次(扩大)会议，听取县政府关于上半年工作情况和下半年主要工作部署的报告。

8月24日　县政协召开十二届六十一次主席(扩大)会议，听取副县长朱建江关于2011年上半年崇明县城乡居民就业和社会保障体系建设情况的通报。

9月1日　县政协召开十二届六十二次主席会议，讨论9月份工作安排，协商通过关于评选2009年—2011年度优秀政协委员方案等。

9月9日　县政协、中共崇明县委统战部联合举行崇明县各界人士“迎中秋”专场文艺演出。中共崇明县委副书记、县政协主席施建华致辞，县人大常委会主任周卫杰，县委常委、县政协副主席、县委统战部部长王为群，副县长王菁等观看演出。

9月13日—14日　新疆维吾尔自治区政协办公厅副主任关锋一行到崇明参观考察。

9月14日　中共崇明县委召开县政协换届工作会议。中共崇明县委副书记、县政协主席施建华出席会议并讲话。

9月15日—16日　县政协副主席褚以琳出席在嘉定区召开的长江三角洲十三县(市、区)政协工作研讨会第三十四次会议。

9月15日—16日　县政协副主席袁佳平出席在江苏省昆山市召开的苏浙沪十五县(市、区)政协工作研讨会第九次会议。

9月19日　县政协、中共崇明县委统战部联合举办纪念辛亥革命100周年报告会，听取中国第二历史档案馆副馆长马振犊作“辛亥革命百年启示”报告。中共崇明县委常委、县政协副主席、县委统战部部长王为群主持会议并讲话。

9月20日　县政协主席会议成员赴三星镇、县绿化市容局集体调研。

9月22日　县政协组织部分委员赴县发展改革委、县经委对提案办理工作进行民主测评。

9月28日　县政协、中共崇明县委统战部联合举办纪念辛亥革命100周年台湾、崇明两岛书画作品展。县政协主席施建华出席开幕式并致辞。

9月28日　崇明县、启东市政协专门委员会工作交流会在崇明城桥新城会议中心召开。崇明县政协主席施建华主持会议，启东市政协主席张建飞在会上讲话。

9月30日　县政协、中共崇明县委统战部联合组织纪念辛亥革命100周年知识竞赛活动，县各民主党派、工商联、县政协各专委会共13支代表队参赛。

10月8日　县政协召开十二届六十三次主席会议，讨论10月份工作安排，协商通过召开第三十二次常委会(扩大)会议方案等。

10月8日　县政协召开崇明县各界人士纪念辛亥革命100周年座谈会。中共崇明县委副书记、县政协主席施建华主持会议，县委书记彭沉雷出席会议并讲话。

10月15日　县政协副主席褚以琳率县政协机关干部赴沪参观"辛亥革命在上海"文献文物展、辛亥百年美术作品展。

10月17日　县政协召开十二届三十二次常委会(扩大)会议，听取常务副县长马乐声通报2011年县政协提案办理情况。

10月26日　县政协主席会议成员赴县委政法委、城桥镇集体调研。

11月2日　全国政协副主席何厚铧率澳门特别行政区全国政协委员考察团到崇明考察。

11月4日　县政协召开十二届六十四次主席会议，讨论11月份工作安排，协商通过委员集中视察活动方案。

11月8日　县政协召开专门委员会、地区委员小组工作交流会。副主席袁佳平主持会议并讲话。

11月10日　县政协主席会议成员赴绿华镇、县旅游投资发展公司集体调研。

11月15日—16日　县政协副主席施俭出席在浙江省桐乡市召开的苏浙沪十五县(市、区)政协工作研讨会第十次会议。

11月15日　上海市区县政协之友社负责人联谊交流会在崇明召开。市政协之友社副理事长王生洪主持会议，理事长蒋以任出席会议并讲话。中共崇明县委书记彭沉雷致欢迎辞，并向与会人员介绍崇明现代化生态岛建设情况。

11月17日—18日　2011年上海市政协工作学习讨论会在崇明召开。市政协副主席周太彤主持会议，主席冯国勤出席会议并讲话。会议期间，中共崇明县委书记彭沉雷，县委副书记、县长赵奇，县委副书记、县政协主席施建华等陪同与会人员参观崇明规划展示馆、明珠湖公园、西沙湿地等。

11月24日　市政协副主席钱景林到崇明走访慰问。

11月24日　县政协组织全体委员对2011年度县政府重点工程和实事项目建设情况开展年终集中视察。中共崇明县委常委、县政协副主席王为群，县政协副主席褚以琳、施俭、周新卫参加视察，副县长王菁陪同视察。

12月2日　县政协召开十二届六十五次主席会议，协商讨论政协崇明县第十三届委员会委员建议名单，县政协十三届一次会议议程、日程等。

12月5日　县政协召开十二届三十三次常委会会议，协商讨论召开县政协十三届一次会议议程、日程等，协商通过第十三届县政协委员名单。

12月12日　县政协主席会议成员赴中兴镇、县住房保障和房屋管理局集体调研。

12月15日　新疆维吾尔自治区政协经济委员会副主任罗建基一行到崇明参观考察。

12月16日　县政协召开十二届六十六次主席会议，讨论县政协十三届一次会议的有关事项等。

12 月 19 日　县政协召开总结表彰大会，表彰 2009 年—2011 年度先进专门委员会、先进地区委员小组、优秀政协委员和 2011 年度优秀提案。副主席王为群主持会议，主席施建华出席会议并讲话。

12 月 19 日　县政协召开十二届三十四次常委会会议，协商讨论县政协十三届一次会议主席团组成人员名单等相关事项。

12 月 28 日　县政协召开十二届三十五次常委会(扩大)会议，县长赵奇到会通报 2011 年县政府工作情况，并就《政府工作报告(征求意见稿)》征求意见。

12 月 30 日　县政协、中共崇明县委统战部联合举行崇明县各界人士迎新年电影招待会。县政协主席施建华致辞。中共崇明县委书记彭沉雷，县委副书记、县长赵奇，县人大常委会主任周卫杰等出席招待会。

2012 年

1 月 5 日—8 日　县政协召开十三届一次会议，听取和审议十二届常委会工作报告和提案办理情况报告，选举产生第十三届县政协常委会，选举施建华为主席。与会人员列席县十五届人大一次会议。

1 月 11 日　县政协主席施建华等前往向化镇、中兴镇参加春节帮困送温暖活动。

1 月 13 日　县政协副主席沈卫国等慰问劳动模范。

1 月 17 日　县政协召开十三届一次主席会议，讨论 2012 年工作要点和 2012 年度重要会议、活动安排等。

1 月 21 日　县政协主席施建华等前往崇明电信局、县房屋维修应急中心、县邮政局慰问节日期间坚守工作岗位的职工。

1 月 29 日　中共崇明县委书记彭沉雷走访慰问县政协机关人员。

1 月 31 日　全国政协原副主席钱正英等到崇明考察。

2 月 1 日　县政协召开十三届二次主席会议，讨论 2 月份工作安排，协商通过 2012 年度专委会工作要点等。

2 月 6 日　县政协主席会议成员赴横沙乡集体调研。

2 月 7 日　县政协主席施建华率相关部门负责人前往上海自动化仪表七厂和上海永利输送系统有限公司了解企业发展情况。

2 月 8 日　县政协召开十三届三次主席会议，协商讨论委组主任组长、界别活动召集人名单和县政协之友社第七届理事会换届工作方案等。

2 月 8 日　市政协主席冯国勤到崇明考察。

2 月 9 日　县政协召开十三届一次常委会会议，听取中共崇明县委书记彭沉雷通报 2012 年县委重点工作安排情况，讨论通过县政协 2012 年工作要点和 2012 年度重要会议、活动安排。

2 月 10 日　市政协副秘书长、台盟市委副主委高美琴一行到崇明考察。

2 月 13 日　县政协主席会议成员赴县经委集体调研。

2 月 15 日　县政府、县政协举行工作交流会。县长赵奇、县政协主席施建华分别通报县政府和县政协 2012 年重点工作和重要活动安排情况。

2 月 21 日　县政协主席施建华走访慰问部分县政协常委。

2 月 22 日　县政协主席施建华赴崇明瀛通老年大学调研。

2 月 29 日　海南省政协副主席张海国等到崇明参观考察。

3 月 1 日　县政协召开十三届四次主席会议，讨论 3 月份工作安排，协商通过各专门委员会 2012 年度工作计划，讨论修改《政协崇明县委员会常务委员会工作规则》等文件。

3月2日　县政协召开委组负责人会议，各委组交流2012年工作计划与活动安排。副主席沈卫国主持会议，主席施建华参加会议并讲话。

3月6日　县政协召开庆祝“三八”妇女节女委员座谈会。副主席沈卫国主持会议，主席施建华参加会议并讲话。

3月7日　县政府召开县政协重点提案办理协调会。中共崇明县委常委、副县长马乐声主持会议并讲话。

3月13日　县政协主席会议成员赴崇明新城建设发展有限公司集体调研。

3月15日　县政协之友社召开七届一次社员大会，选举产生第七届理事会，范陈杰为理事长。

3月16日　县政协主席会议成员赴向化镇集体调研。

3月22日　县政协召开十三届二次常委会会议，传达贯彻全国政协十一届五次会议精神，协商决定有关人事事项。

4月6日　县政协召开十三届五次主席会议，讨论4月份工作安排，讨论修改《政协崇明县委员会反映社情民意信息工作规则》等。

4月9日　县政协主席会议成员赴中共崇明县委统战部集体调研。

4月9日　县政协召开民主党派界别委员座谈会。主席施建华主持会议并讲话。

4月10日　县政协就《坚决查处非法电捕鱼，保护崇明水生态环境》重点提案召开督办座谈会。主席施建华主持会议并讲话。

4月11日　市政协教科文卫体委员会主任李宣海一行到崇明调研。

4月12日　河南省政协办公厅副主任王克俊等到崇明参观考察。

4月16日　县政协召开加强崇明文化建设专题协商通报会，县文广影视局负责人通报崇明县2012年—2017年文化建设目标、任务和2012年重点工作。主席施建华主持会议并讲话。

4月17日　县政协主席会议成员赴新村乡集体调研。

4月19日　县政协召开界别工作会议，主席施建华主持会议并讲话。

4月23日　县政协主席会议成员赴县行政服务中心集体调研

4月24日—25日　县政协副主席顾德昌参加在江苏省海安县召开的长江三角洲十三县(市、区)政协工作研讨会第三十五次会议。

4月28日　县政协召开工会界别委员座谈会，主席施建华主持会议并讲话。

5月2日　县政协召开十三届六次主席会议，讨论5月份工作安排和第三次常委会(扩大)会议方案等。

5月3日　县政协组织共青团、青联界别委员开展活动，庆祝“五四”青年节。主席施建华出席活动并讲话。

5月10日　县政协主席会议成员赴新海镇集体调研。

5月17日　县政协副主席施俭赴建设镇残疾人综合服务中心慰问。

5月23日　江西省政协港澳台侨和外事委员会专职副主任陈金乐一行到崇明参观考察。

5月25日—26日　全国政协副主席李金华到崇明考察。

5月28日　县政协召开十三届三次常委会(扩大)会议，听取中共崇明县委常委、副县长马乐声关于提案办理工作情况通报，协商通过有关人事任免事项。

5月28日　县政协召开重点提案《关于开发人文景观旅游资源的建议》督办座谈会。副主席周新卫主持会议并讲话。

5月29日　县政协主席会议成员赴上海实业东滩投资开发(集团)有限公司、陈家镇建设发展有限公司和智慧岛数据产业园投资发展有限公司集体调研。

5月30日　县政协召开十三届七次主席会议，讨论6月份工作安排，讨论通过《政协崇明县委员会地区委员小组工作规则》等。

6月1日　县政协副主席顾德昌赴陈家镇、长兴镇同少年儿童代表一起庆祝“六一”国际儿童节。

6月6日　县政协主席会议成员赴县科委集体调研。

6月6日　县政协召开专门委员会工作座谈会。副主席沈卫国主持会议，主席施建华出席会议并讲话。

6月13日　全国政协教科文卫体委员会副主任江绍高等到崇明考察。

6月25日　县政协召开提案工作座谈会。副主席沈卫国主持会议并讲话。

6月26日　县政协主席会议成员赴庙镇集体调研。

6月28日　全国政协常委、教科文卫体委员会副主任张文康等到崇明调研。

7月2日　县政协召开十三届八次主席会议，讨论7月份工作安排，讨论通过第四次常委会(扩大)会议方案等。

7月9日　县政协召开工商联界别、经济界别委员座谈会。主席施建华、副主席周新卫出席座谈会。

7月10日　县政协召开无党派人士界别委员座谈会。主席施建华，副主席王为群、顾德昌参加座谈会。

7月16日　县政协召开十三届四次常委会(扩大)会议，听取中共崇明县委常委、副县长张国坤关于上半年崇明重点地区和重大项目建设情况的通报；总结县政协上半年工作，部署下半年工作。

7月18日　县政协、中共崇明县委统战部联合举办专题报告会，听取上海社科院文化产业中心秘书长、研究员巫志南作“文化改革发展的思路与方法”报告。副主席沈卫国主持会议并讲话。

7月19日　县政协主席会议成员赴县教育局集体调研。

7月23日　县政协之友社召开庆祝崇明县政协之友社成立25周年座谈会。副理事长罗永祥主持会议，理事长范陈杰讲话。县政协主席施建华出席会议并讲话。

8月1日　县政协召开十三届九次主席会议，讨论8月份工作安排，协商通过关于加强崇明文化建设专题议政会方案等。

8月1日　县政协主席会议成员赴建设镇集体调研。

8月7日　县政协举行加强崇明文化建设专题议政会。副主席沈卫国主持会议，主席施建华出席会议并讲话。中共崇明县委副书记宋宝儒、副县长王菁应邀出席会议，并在议政发言后分别代表县委、县政府讲话。

8月7日　县政协委员列席县第十五届人大常委会第五次(扩大)会议，听取并讨论县政府关于上半年工作情况和下半年主要工作部署的报告。

8月16日　县政协主席会议成员赴堡镇集体调研。

8月24日　市政协副主席钱景林等到崇明调研。

8月27日　县政协召开发展现代服务业协商讨论会。主席施建华主持会议并讲话，副县长王菁通报崇明现代服务业发展现状、存在问题和原因以及发展思路和措施。

8月27日　县政协主席会议成员赴县建设交通委集体调研。

9月4日　县政协召开十三届十次主席会议，讨论9月份工作安排，讨论通过关于召开崇明生态岛建设及统筹乡镇发展情况通报会方案等。

9月5日　县政协召开庆祝教师节委员座谈会，主席施建华主持会议并讲话。

9月17日　吉林省政协原副主席郑龙喆一行到崇明参观考察。

9月17日　县政协主席会议成员赴绿华镇集体调研。

9月19日　县政协召开民主测评县文广影视局2012年度提案办理工作会议和文化艺术、体育、新闻界别委员座谈会。主席施建华、副主席沈卫国出席会议并分别讲话。

9月21日　县政协召开民主测评县绿化市容局2012年度提案办理工作会议。副主席沈卫国出席会议并讲话。

9月24日　县政协召开十三届五次常委会(扩大)会议,听取中共崇明县委常委、副县长马乐声关于崇明生态岛建设及统筹乡镇发展情况的通报,审议通过《关于加强崇明文化建设的建议》的常委会建议案。

9月27日　县政协、中共崇明县委统战部联合举办崇明县各界人士"迎中秋、迎国庆"专场文艺演出。县政协主席施建华致辞,中共崇明县委副书记、县长赵奇,县委常委、副县长马乐声,县委常委、县政协副主席、县委统战部部长王为群等观看演出。

10月8日　县政协召开十三届十一次主席会议,讨论10月份工作安排,讨论通过第六次常委会(扩大)会议方案等。

10月11日　县政协主席会议成员赴县旅游局集体调研。

10月15日　县政协召开专委会主任例会。副主席沈卫国主持会议并讲话。

10月16日　县政协主席会议成员赴县农业委员会集体调研。

10月18日　县政协主席会议成员赴港沿镇集体调研。

10月21日—25日　县政协主席施建华、副主席沈卫国出席在湖北省武汉市汉阳区召开的全国十七城区政协工作研讨会。

10月29日　县政协召开十三届六次常委会(扩大)会议,听取副县长张国坤关于"崇明县第五轮环保三年行动计划"第一年实施情况的通报。

10月30日　县政协召开社情民意信息员工作会议。秘书长陈汉刚主持会议,副主席沈卫国参加会议并讲话。

10月31日　县政协召开十三届十二次主席会议,讨论11月份工作安排,讨论通过第七次常委会(扩大)会议方案等。

11月3日　全国政协科教文卫体委员会副主任于永湛等到崇明考察。

11月12日　县政协主席会议成员赴市工商行政管理局崇明分局集体调研。

11月15日　黑龙江省政协常委、科教文卫体委员会主任潘春良一行到崇明参观考察。

11月22日　县政协主席会议成员赴港西镇集体调研。

11月26日　县政协召开十三届七次常委会(扩大)会议,听取中共崇明县委副书记宋宝儒关于崇明县社区建设推进情况的通报。

11月29日　县政协组织全体委员对2012年度县政府重点工程和实事项目建设情况开展年终集中视察。中共崇明县委常委、县政协副主席王为群主持视察活动。县政协主席施建华,县政协副主席沈卫国、施俭、周新卫、顾德昌参加视察,中共崇明县委常委、副县长张国坤陪同视察。

12月3日　县政协召开十三届十三次主席会议,讨论12月份工作安排,讨论通过第八次常委会会议方案等。

12月5日　市政协副主席、提案委员会主任李良园率市政协提案委员会委员到崇明考察。

12月7日　县政协、中共崇明县委统战部联合举办报告会,听取市学习贯彻中共十八大精神宣讲团成员、市政协副秘书长徐海鹰作"学习贯彻中共十八大精神"的专题报告。中共崇明县委常委、县政协副主席、县委统战部部长王为群主持会议并讲话,主席施建华等出席报告会。

12月12日　县政协主席会议成员赴上海长兴海洋装备产业基地开发有限公司集体调研。

12月13日　县政协主席会议成员赴长兴镇集体调研。

12月13日—14日　县政协召开2012年度专委会工作务虚会。副主席沈卫国主持会议并讲话。

12月19日　县政协召开十三届十四次主席会议,协商讨论县政协十三届二次会议议程、日程,讨论修改常委会工作报告、提案工作报告等。

12月19日　县政协召开十三届八次常委会会议,协商讨论县政协十三届二次会议有关事项,讨论修改常委会工作报告、提案工作报告。

12 月 28 日　县政协主席会议成员赴县财政局集体调研。

12 月 31 日　县政协、中共崇明县委统战部联合举行各界人士迎新年电影招待会。中共崇明县委副书记、县长赵奇，县人大常委会主任周卫杰，县政协主席施建华等出席招待会。

2013 年

1 月 8 日　县政协召开十三届十五次主席会议，讨论 2013 年工作要点和 2013 年度重要会议、活动安排等。

1 月 9 日　县政协召开十三届九次常委会(扩大)会议，县长赵奇到会通报 2012 年政府工作情况，并就《政府工作报告(征求意见稿)》征求意见。

1 月 14 日—16 日　县政协召开十三届二次会议，听取和审议常委会工作报告和提案办理情况报告。与会人员列席县十五届人大二次会议。

2 月 4 日　县政协召开十三届十六次主席会议，协商讨论《县政协关于专门委员会参与提案工作的暂行办法》等。

2 月 21 日　县政协、中共崇明县委统战部联合举行县情通报会，听取中共崇明县委书记彭沉雷关于 2013 年县委重要工作安排情况的通报。县政协主席施建华主持会议并讲话。

2 月 21 日　县政协召开十三届十次常委会(扩大)会议，传达市政协十二届一次会议精神，协商通过 2013 年工作要点和 2013 年度重要会议、活动安排。

2 月 28 日　县政协召开 2013 年度界别和委组工作会议。副主席沈卫国主持会议，主席施建华出席会议并讲话。

3 月 1 日　县政协召开十三届十七次主席会议，讨论 3 月份主要工作安排，协商通过 2013 年度主席会议成员专题调研方案等。

3 月 6 日　县政协组织妇联界别委员开展庆“三八”主题活动。副主席沈卫国主持活动，主席施建华、副主席王为群等参加活动。

3 月 7 日　县政协主席施建华，副主席沈卫国、顾德昌走访部分县政协委员。

3 月 13 日　县政协主席施建华走访部分县政协委员，视察申农(上海)生态农业发展有限公司崇明岛现代农业科技园。

3 月 14 日　县政协主席施建华走访部分县政协委员。

3 月 18 日—19 日　县政协主席会议成员围绕加强机关作风建设，赴县纪委、县级机关党工委、城桥镇、陈家镇集体调研，并与县政协经济界别、工商联界别部分委员座谈交流。

3 月 26 日　县政协、中共崇明县委统战部联合举办学习报告会，听取上海交通大学环太平洋研究中心主任、日本研究中心主任王少普作关于“美国亚太战略调整与中国周边安全形势”的报告。中共崇明县委常委、县政协副主席、县委统战部部长王为群主持报告会并讲话。

4 月 1 日　县政协召开十三届十八次主席会议，讨论 4 月份县政协主要工作安排，协商通过召开第十一次常委会(扩大)会议方案等。

4 月 9 日、10 日　县政协主席施建华等赴瀛旭果蔬专业合作社和国家设施农业工程技术研究中心崇明农业示范基地、上海小生蔬菜专业合作社、上海绿笋芦笋专业合作社、上海众富白山羊养殖专业合作社调研。

4 月 15 日—18 日　县政协主席会议成员围绕积极推进基层民主协商工作，赴县社会工作党委、县民政局等部门和陈家镇、新河镇等乡镇集体调研。

4月16日　县政协召开十三届十一次常委会(扩大)会议,听取副县长王智华关于崇明现代生态型产业体系建设情况的通报,并进行协商讨论。

4月16日　县政协召开《加强农村公路安保工程建设》提案跟踪督办座谈会。副主席顾德昌主持会议,副主席沈卫国出席会议并讲话。

4月17日　上海市政协在崇明召开社情民意信息工作例会。县政协副主席沈卫国参加会议。

4月27日　县政协与江苏省启东市政协开展界别工作交流活动。崇明县政协主席施建华、启东市政协主席张建飞参加活动并在交流会上讲话。

4月28日　中共崇明县委书记赵奇到县政协调研,县政协主席施建华汇报县政协工作情况。

4月28日　县政协组织总工会、共青团、青联界别委员开展"庆五一、迎五四"视察座谈活动。县政协主席施建华参加活动。

5月2日　县政协召开十三届十九次主席会议,讨论5月份主要工作安排、协商通过召开第十二次常委会(扩大)会议方案等。

5月9日　全国政协原副主席、民进中央原常务副主席张怀西到崇明参观考察。

5月17日　县政协主席会议成员赴县住房保障和房屋管理局就保障性住房建设开展专题调研。

5月21日　县政协召开十三届十二次常委会(扩大)会议,听取代县长马乐声关于2013年县政协重点提案办理情况的通报,并就进一步做好提案办理工作进行协商。

5月27日　县政协、中共崇明县委统战部联合举办中国传统文化专题报告会,听取上海社科院终身研究员、《周易》研究中心主任、华东师范大学博士生导师周山作"《周易》的文化价值"的报告。中共崇明县委常委、县政协副主席、县委统战部部长王为群主持报告会并讲话。

5月30日　县政协组织相关提案者到县旅游局召开《整合资源,加快发展崇明旅游事业》提案跟踪督办座谈会,副主席周新卫主持会议,副主席沈卫国参加会议并讲话。

6月3日　县政协召开十三届二十次主席会议,讨论6月份主要工作安排、协商通过召开第十三次常委会(扩大)会议方案等。

6月8日　县政协副主席沈卫国参加在江苏省东台市召开的长江三角洲十三县(市、区)政协工作研讨会第三十七次会议。

6月19日　县政协主席会议成员围绕教育改革发展赴大通中学、陈家镇成人学校、堡镇职工业余学校、民一中学等单位开展专题调研。

6月25日　江西省政协副主席、民建江西省主委孙菊生到崇明参观考察。

6月27日　县政协召开十三届十三次常委会(扩大)会议,听取副县长薛红关于崇明社会保障体系建设情况的通报。

7月2日　县政协召开十三届二十一次主席会议,讨论7月份主要工作安排、协商通过召开第十四次常委会(扩大)会议方案等。

7月15日　县政协主席施建华慰问崇明客轮公司、新华医院崇明分院、崇明巴士公司等单位职工。

7月17日、18日　县政协主席会议成员围绕科技创新开展专题调研,先后实地察看上海友声衡器电子有限公司、上海华贻电力市政建设工程有限公司等企业的新产品研发、科研团队建设等情况,并召开座谈会,听取县科委、县经委关于科技创新情况介绍。

7月23日　县政协组织相关提案者和教育、体育界别人士就推进体教结合与县教育局、县体育局专题协商。副主席施俭主持会议并讲话。

7月30日　县政协召开十三届十四次常委会(扩大)会议,听取中共崇明县委副书记宋宝儒关于2012年以来崇明农村改革与发展情况的通报。

8月2日　县政协召开十三届二十二次主席会议,讨论8月份主要工作安排,协商通过关于召开推进崇明生态文明建设专题议政会方案等。

8月12日　县政协召开推进崇明生态文明建设专题议政会。副主席沈卫国主持会议，中共崇明县委副书记宋宝儒应邀出席会议并讲话。

8月12日　县政协、中共崇明县委统战部联合举办专题学习报告会，听取南京政治学院上海分院教授、博士生导师奚纪荣作"信息化战争与中国国防现代化"报告。中共崇明县委常委、县政协副主席、县委统战部部长王为群主持报告会并讲话。

8月19日、20日　县政协主席会议成员围绕发展农民专业合作社开展专题调研，先后实地察看上海绿瑞蔬果合作社、上海瀛庙专业合作社鲜切花基地、上海崇林果树种植专业合作社等单位，并召开座谈会，听取县农委关于崇明农民专业合作社发展情况的介绍。

8月27日　县政协召开文史资料工作座谈会。县政协主席施建华出席会议并讲话。

8月30日　县政协召开政协宣传工作座谈会，总结换届以来县政协宣传工作情况，讨论如何进一步加强和改进县政协宣传工作。县政协秘书长陈汉刚主持会议，主席施建华、副主席沈卫国出席会议并讲话。

9月3日　县政协召开十三届二十三次主席会议，讨论9月份主要工作安排，协商通过2013年度县政协提案办理工作民主测评方案等。

9月9日　县政协开展庆祝教师节暨教育界别委员活动。主席施建华等参加活动。

9月16日　县政协主席会议成员赴依法治县领导小组办公室开展依法治县专题调研活动。

9月23日　县政协主席施建华率领有关人员赴新河镇新民村调查农村经济社会发展情况。

9月24日　县政协召开崇明县重点地区和重大基础设施建设专题协商会，听取县重大办负责人有关情况通报，并就进一步推进重点地区和重大基础设施建设提出建议意见。主席施建华主持会议并讲话。

9月26日　县政协召开民主测评县人力资源社会保障局2012年—2013年度提案办理工作会议。副主席沈卫国出席会议并讲话。

10月8日　县政协召开十三届二十四次主席会议，讨论10月份主要工作安排，协商通过召开第十五次常委会(扩大)会议方案等。

10月8日　县政协主席施建华赴港沿镇慰问特困老人、百岁老人、敬老院住院老人。

10月14日　县政协、中共崇明县委统战部联合举办经济形势报告会，听取中国经济体制改革研究会副会长、上海福卡经济预测研究所所长王德培作"破解形势迷局，把握发展机遇"报告。中共崇明县委常委、县政协副主席、县委统战部部长王为群主持报告会并讲话。

10月17日　市政协区县联络指导组在崇明召开工作会议，市政协副主席方惠萍出席会议。

10月17日　县政协召开十三届十五次常委会(扩大)会议，听取副县长杨宝良关于2013年县政协重点提案落实情况的通报。

11月11日　县政协召开十三届二十五次主席会议，讨论11月份主要工作安排、协商通过召开第十六次常委会(扩大)会议方案等。

11月16日　青海省政协原主席郑海峰等到崇明参观考察。

11月18日　县政协主席会议成员赴县规划土地局集体调研。

11月26日　县政协组织全体委员对2013年度县政府重点工程和实事项目建设情况开展年终集中视察。县政协主席施建华主持视察活动。中共崇明县委常委、县政协副主席王为群，县政协副主席沈卫国、周新卫、顾德昌参加视察，副县长杨宝良陪同视察。

11月28日　县政协召开十三届十六次常委会(扩大)会议，传达学习中共十八届三中全会精神，听取中共崇明县委常委、宣传部部长郝炳权关于崇明精神文明建设情况通报和副县长王菁关于崇明公共文化资源利用情况通报。

12月4日　县政协召开十三届二十六次主席会议，讨论12月份主要工作安排，协商通过召开第十七次常委会(扩大)会议方案等。

12月5日　青海省政协副主席李忠保等到崇明参观考察。

12月5日　黑龙江省政协副主席郭晓华等到崇明参观考察。

12月6日　县政协召开“学习贯彻中共十八届三中全会精神，推进政协工作创新发展”务虚会。主席施建华主持会议并讲话。

12月16日　县政协组织社会福利和社会保障、少数民族、宗教界别委员视察上海燃气崇明有限公司和崇明中学新疆部。中共崇明县委常委、县政协副主席王为群参加视察。

12月23日　县政协召开十三届二十七次主席会议，协商讨论县政协十三届三次会议有关事项。

12月26日　县政协召开十三届十七次常委会(扩大)会议，中共崇明县委副书记、县长马乐声到会通报2013年县政府工作情况和2014年工作打算，并就《政府工作报告(征求意见稿)》征求意见。会议还协商通过召开县政协十三届三次会议的有关事项。

12月26日　市政协在崇明召开港澳台侨委员会工作会议。市政协副主席张恩迪、副秘书长高美琴出席会议。

12月30日　县政协、中共崇明县委统战部联合举行“爱国情·中国梦”崇明县各界人士迎新年专场文艺演出。县政协主席施建华致辞，中共崇明县委常委、县政协副主席、县委统战部部长王为群，县委常委、县纪委书记林杰，县人大常委会副主任褚以琳，县政协副主席顾德昌等出席。

2014年

1月2日　县政协召开十三届二十八次主席会议，协商通过《政协崇明县委员会关于开展2014年提案工作质量年活动的意见》等事项。

1月13日　县政协召开优秀政协委员、优秀提案、反映社情民意信息工作先进单位和优秀社情民意信息表彰会议。

1月13日—15日　县政协召开十三届三次会议，听取和审议常委会工作报告和提案办理情况报告。与会人员列席县十五届人大三次会议。

1月23日　县政协副主席沈卫国走访慰问武警崇明边防大队和武警崇明消防支队官兵。

1月26日　县政协主席施建华走访慰问新河镇三烈村、新民村和天新村村干部和困难户。

1月27日　县政协主席施建华走访慰问中国电信上海公司崇明局、崇明邮电局及县房屋维修中心等单位职工。

2月8日　县政协召开十三届二十九次主席会议，协商通过2014年县政协界别、委组工作会议方案，重点提案建议方案以及各专委会工作计划等事项。

2月20日　县政协召开十三届十八次常委会(扩大)会议，听取中共崇明县委书记赵奇作2014年县委重点工作安排情况通报，协商通过县政协常委会2014年工作要点和2014年度重要会议、活动安排。

2月28日　县政协召开2014年度委组、界别工作会议。副主席沈卫国主持会议，主席施建华出席会议并讲话。

3月3日　县政协召开十三届三十次主席会议，协商通过2014年县政协主席会议集体调研、课题调研方案等。

3月6日　县政协组织妇联界别委员开展庆祝“三八”妇女节活动。主席施建华参加活动并讲话。

3月11日　县政协召开2014年度社情民意信息工作会议。秘书长陈汉刚主持会议，副主席沈卫国出席会议并讲话。

3月13日　县政协主席会议成员围绕农村综合改革专题赴县农委集体调研。

3月14日　县政协举行县建设交通委提案办理专题协商会。副主席顾德昌主持会议并讲话。

3月20日　县政协主席会议成员围绕村级集体经济产权制度改革试点工作赴中兴镇集体调研。

3月20日　县政协举行沟河整治提案专题协商会。主席施建华参加会议并讲话。

3月21日　县政协举行县教育局承办提案办理专题协商会。副主席沈卫国参加会议并讲话。

3月26日　县政协举行县公安局提案办理集中答复座谈会，副主席沈卫国主持会议并讲话。

3月31日　县政协召开十三届三十一次主席会议，传达学习全国政协十二届二次会议精神，讨论4月份主要工作安排。

4月9日　县政协主席会议成员赴崇明工业园区、上海富盛经济开发区集体调研。

4月15日　县政协主席会议成员赴上海智慧岛数据产业园区集体调研。

4月18日　县政协召集县经委、农委、财政局、政研室、市工商局崇明分局、市食药监局崇明分局等提案承办单位及提案者就提案《关于扶持本土品牌食品加工企业设立熟食配送销售连锁店的建议》的办理工作进行专题协商。

4月23日　市政协主席吴志明到崇明调研生态农业规划发展情况。

4月28日　县政协主席会议成员赴上海长兴海洋装备产业基地开发有限公司集体调研。

4月29日　县政协、中共崇明县委统战部联合召开专题协商会，听取副县长王智华、王菁关于崇明产业园区能级提升情况和崇明公立医院综合改革试点工作情况的通报。县政协主席施建华，中共崇明县委常委、县政协副主席、县委统战部部长王为群，县政协副主席施俭、周新卫、顾德昌出席会议。在与会人员协商发言的基础上，施建华代表县政协提出协商建议。

4月29日　县政协召集县农委、经委、绿化市容局、市工商局崇明分局、市食药监局崇明分局等提案承办单位及提案者就提案《加强生猪养殖监管，确保市民食品安全》的办理工作进行专题协商。

4月30日　县政协举行总工会、共青团、青联界别活动暨“庆五一、迎五四”委员视察座谈活动。主席施建华参加活动并讲话。

5月5日　县政协召开十三届三十二次主席会议，讨论5月份主要工作安排，协商通过召开第十九次常委会(扩大)会议方案等。

5月6日　县政协召开《崇明政协》创刊100期座谈会。秘书长陈汉刚主持会议，主席施建华参加会议并讲话。

5月15日—16日　县政协主席会议成员围绕崇明农产品产销一体化建设开展专题调研，实地察看徐汇区古祥菜市场、月河菜市场、康五菜市场，静安区康定路菜场、铜仁路菜场，上海静捷农产品合作社、县生态农业公司堡镇配送中心及上海农科院港沿科技示范中心的生产、科研、营销情况。

5月16日　县政协组织委员视察县生态科技馆和上海智慧岛数据产业园区。副主席周新卫参加视察。

5月19日—23日　应台湾省台北市中华文化经济交流协会邀请，县政协主席施建华率县社区建设和管理访问团赴台参观考察。

5月22日—23日　县政协副主席沈卫国参加在浙江省余杭区召开的长江三角洲十三县(市、区)政协工作研讨会第三十九次会议。

5月23日　县政协副主席顾德昌前往竖新镇残疾人综合服务中心慰问残疾人。

5月28日　县政协召开十三届十九次常委会(扩大)会议，听取副县长杨宝良关于提案办理情况的通报。

5月30日　县政协副主席沈卫国前往竖新小学、堡镇小学、港沿幼儿园、向化幼儿园开展“六一”儿童节慰问活动。

6月3日　县政协召开十三届三十三次主席会议，协商通过县政协6月份主要工作安排、关于召开社会主义核心价值观宣传教育和实践活动专题协商会议方案等。

6月11日　市政协副主席方惠萍率"推进上海新一轮城镇化"课题组人员到崇明调研。

6月11日　县政协、中共崇明县委统战部联合召开专题报告会，听取中共上海市委党校三农发展研究中心主任庄荣盛作"农村集体土地制度改革现状与前瞻"专题报告。中共崇明县委常委、县政协副主席、县委统战部部长王为群主持报告会并讲话。

6月12日　县政协召开部分乡镇、委局分管负责人参加的座谈会，听取关于进一步推进崇明社会主义核心价值观宣传教育和实践活动的建议意见。主席施建华出席会议并讲话。

6月12日　全国政协常委、教科文卫体委员会副主任黄洁夫等到崇明调研考察。

6月19日　全国政协副主席、中国文联主席孙家正到崇明考察生态环境建设。

6月24日　县政协组织中共、特邀界别委员前往上海工人文化宫参观"党的好干部——焦裕禄事迹图片展"。主席施建华、副主席沈卫国参加活动。

6月25日　县政协主席施建华走访慰问"五好"基层党组织横沙乡丰乐村党支部和长兴镇大兴村家庭困难党员。

6月26日　县政协主席施建华等赴中国人民解放军驻沪海军某水警区余山岛观通站慰问官兵。

7月1日　县政协召开十三届三十四次主席会议，讨论7月份主要工作安排，协商通过召开第二十次常委会(扩大)会议方案等。

7月3日　县政协召开培育和践行社会主义核心价值观专题协商会，中共崇明县委常委、宣传部部长郝炳权到会通报崇明县培育和践行社会主义核心价值观情况，副主席沈卫国主持会议。主席施建华出席会议并讲话。

7月10日　县政协副主席、提案委员会主任沈卫国率相关提案者和部分委员围绕"加强企业安全生产管理"专题跟踪视察提案办理落实情况。

7月15日　县政协召开2014年上半年专委会工作总结会。副主席沈卫国主持会议并讲话。

7月23日　县政协主席施建华等慰问中国人民解放军驻崇明部队官兵。

7月24日　县政协副主席沈卫国慰问城桥自来水厂、上海振西手帕厂职工。

7月25日　县政协、中共崇明县委统战部联合举行专题报告会，听取上海市政协经济委员会副主任、市政府发展研究中心流通经济研究所常务副所长汪亮作"中国(上海)自贸试验区的创建是重大国家战略"的专题报告。县政协副主席沈卫国主持报告会，主席施建华等出席报告会。

8月1日　县政协召开十三届三十五次主席会议，讨论8月份主要工作安排，协商通过召开崇明县各界人士纪念人民政协成立65周年座谈会和县政协专题协商会方案等。

8月1日　县政协召开十三届二十次常委会(扩大)会议，听取中共崇明县委常委、县纪委书记王智华关于全县党风廉政建设和反腐败工作情况以及中共崇明县委常委、县政协副主席、县委统战部部长王为群关于崇明统战工作情况的通报。

8月6日　县政协召开推进"美丽乡村·生态崇明"建设专题议政会。副主席沈卫国主持会议，主席施建华等参加会议。副县长杨宝良出席会议并讲话。

8月7日　县政协主席施建华、副主席沈卫国等赴崇明工业园区调研。

8月14日　县政协主席会议成员围绕促进崇明城乡劳动就业工作开展专题调研。

8月19日　县政协副主席、民革崇明支部主委顾德昌主持召开民革界别委员座谈会，交流探讨推进党派界别反映社情民意信息工作的新路径。

8月26日　县政协召开崇明国家可持续发展实验区建设和促进城乡劳动就业工作专题协商会，中共崇明县委常委、副县长冯志勇，副县长薛红分别到会作专题情况通报，副主席沈卫国主持会议。主席施建华出席会议并讲话。

9月1日　县政协召开十三届三十六次主席会议，讨论9月份主要工作安排，协商通过纪念人民政协成立65周年书画作品邀请展开幕式座谈会方案，协商讨论县政协常委会《关于推进"美丽乡村·生态崇明"建设建议案》。

9月4日　县政协举行庆祝教师节暨教育界别委员座谈会。副主席顾德昌主持会议，主席施建华出席会议并讲话。

9月9日　县政协副主席顾德昌慰问崇明县"十佳"德育工作者——上海工程技术管理学校教师钮曙霞、东门小学教师施丽华及西门小学教师毛艳艳。

9月11日　县政协主席会议成员围绕崇明重点地区、重大项目建设情况开展专题调研。

9月18日　县政协召开崇明县各界人士纪念人民政协成立65周年座谈会。县政协副主席沈卫国主持会议。中共崇明县委常委、县政协副主席、县委统战部部长王为群，县政协副主席施俭、周新卫、顾德昌等参加会议。中共崇明县委副书记、县长马乐声出席会议并讲话。

9月18日　"翰墨丹青颂政协"——崇明县各界人士纪念人民政协成立65周年书画作品邀请展开幕。中共崇明县委常委、县政协副主席、县委统战部部长王为群致开幕辞。县委常委、县委宣传部部长郝炳权，县人大常委会副主任陈锡昌，副县长杨宝良，县政协副主席周新卫、顾德昌等出席开幕式。

10月8日　县政协召开十三届三十七次主席会议，讨论10月份主要工作安排，协商通过召开第二十一次常委会(扩大)会议暨县情通报会方案等。

10月11日　县政协召开基层组织建设和重点地区、重大基础设施项目建设情况专题协商会，中共崇明县委常委、组织部部长顾春源和副县长顾军分别作专题情况通报。副主席沈卫国主持会议。主席施建华出席会议并讲话。

10月15日　青海省政协主席仁青加等到崇明参观考察。

10月20日　县政协召开党的群众路线教育实践活动总结会议。中共崇明县政协党组书记、主席施建华，中共崇明县委常委、党组副书记、副主席王为群，副主席施俭、顾德昌等参加会议。会上，王为群对活动开展情况作总结，施建华讲话。

10月21日—22日　县政协主席会议成员围绕美丽乡村建设情况先后赴陈家镇、港沿镇专题调研。

10月28日　县政协、中共崇明县委统战部联合举行专题报告会，听取上海市政协副秘书长徐海鹰作"学习习近平总书记在庆祝人民政协成立65周年大会上重要讲话精神"专题报告。县政协副主席沈卫国主持报告会并讲话。

10月31日　县政协召开十三届二十一次常委会(扩大)会议，听取中共崇明县委副书记林杰作崇明美丽乡村建设规划和推进实施情况的通报。

10月31日　四川省成都市政协副秘书长李荣等到崇明参观考察。

11月6日　县政协召开十三届三十八次主席会议，讨论11月份主要工作安排，协商讨论召开县政协十三届四次会议方案等。

11月13日　县政协主席会议成员围绕崇明平安建设情况赴堡镇、竖新镇专题调研。

11月21日　县政协副主席沈卫国参加在江苏省如皋市召开的长江三角洲十三县(市、区)政协工作研讨会第四十次会议。

11月27日　县政协召开崇明平安建设工作专题协商会，中共崇明县委常委、政法委书记梅云平到会作情况通报。副主席沈卫国主持会议。主席施建华出席会议并讲话。

11月28日　县政协组织全体委员对2014年度县政府重点工程和实事项目建设情况开展年终集中视察。县政协主席施建华，中共崇明县委常委、县政协副主席王为群，县政协副主席沈卫国、顾德昌参加视察，副县长杨宝良陪同视察。

12月2日　县政协召开十三届三十九次主席会议，讨论12月份主要工作安排，协商通过关于举行崇明县各界人士迎新年电影招待会方案等。

12月11日　县政协召开2015年度专委会工作务虚会。副主席沈卫国主持会议并讲话。

12月18日　县政协召开2015年度政协工作务虚会，主席施建华主持会议并讲话。

12月23日　县政协召开十三届四十次主席会议，听取县民政局负责人作《崇明县养老设施布局专项规划(2014年—2020年)》编制情况通报，并进行协商讨论；讨论修改县政协常委会工作报告、提案工作情况报告；讨论县政协十三届四次会议及其他有关事项；协商通过县政协2014年度优秀提案、优秀社情民意信息员名单等。

12月30日　县政协、中共崇明县委统战部在崇明影剧院联合举行崇明县各界人士迎新年电影招待会。县政协主席施建华致辞。中共崇明县委书记马乐声，县委副书记林杰，县委常委、县政协副主席、县委统战部部长王为群等出席。

12月31日　县政协、中共崇明县委统战部联合举行县情通报会。中共崇明县委副书记、代县长唐海龙通报崇明县经济转型升级的基本思路，县政府办公室负责人作《政府工作报告(征求意见稿)》的起草说明，并征求修改意见。会议由县政协主席施建华主持。

12月31日　县政协召开十三届二十二次常委会会议，讨论修改常委会工作报告、提案工作情况报告，讨论通过县政协十三届四次会议及其他有关事项。

2015年

1月9日　县政协召开十三届四十一次主席会议，协商讨论县政协常委会2015年工作要点、委员增补名单等事宜，并协商通过县政协及各专门委员会2015年1月份主要工作安排。

1月9日　县政协召开十三届二十三次常委会议，协商通过县政协常委会2015年工作要点、委员增补名单等，并协商讨论县政协十三届四次会议决议(草案)。

1月19日　县政协召开2014年度优秀提案、反映社情民意信息工作先进单位和优秀社情民意信息表彰会议。

1月19日—21日　县政协召开十三届四次会议，听取和审议常委会工作报告和提案办理情况报告。与会人员列席县十五届人大四次会议。

2月3日　县政协召开十三届四十二次主席会议，协商通过县政协2月份主要工作安排，2015年中共崇明县委、县政府向县政协协商通报计划建议方案等事宜，并协商通报县政协各专门委员会2015年工作计划和活动安排。

2月3日　县政协副主席沈卫国走访慰问武警崇明边防大队和武警崇明消防支队官兵。

2月9日　县政协主席施建华等慰问困难群众和百岁老人。

2月10日　县政协召开十三届二十四次常委会会议，传达学习市政协十二届三次会议精神，中共崇明县委书记马乐声出席会议并作重要讲话。

2月10日　县政协主席施建华等慰问崇明气象局、新华医院崇明分院、上海燃气公司崇明有限公司员工。

2月10日　县政府召开2015年度县人大代表书面意见和政协提案办理工作会议，县政协副主席沈卫国出席会议并就做好政协提案办理工作发言。

3月2日　中共崇明县委书记马乐声到县政协调研。县政协主席施建华汇报县政协2015年重点工作安排和工作抓手等，并就进一步加强政协工作提出意见。

3月2日　县政协召开十三届四十三次主席会议，协商通过县政协3月份主要工作安排、召开崇明县农村综合改革情况专题协商通报会方案等；协商讨论《政协崇明县委员会特聘委员管理办法(试行)》。

3月3日　县政协主席会议成员围绕“十三五”规划编制工作开展专题调研，听取县发展改革委、农委、经委、旅游局等部门的相关情况通报。

3月5日　县政协召开2015年度界别、委组工作会议。主席施建华出席会议并讲话。

3月6日　县政协举行庆祝“三八”妇女节暨妇联界别(扩大)活动。主席施建华参加活动并讲话。

3月6日　县政协副主席沈卫国慰问优秀妇女代表。

3月10日　县政协召开重点提案《制发公务电子卡,提升行政效能》办理协商会。副主席周新卫主持会议。

3月11日　县政协主席施建华等前往财政局对重点提案《强化财政预算执行管理,提高财政资金使用效率》进行协商督办。

3月19日　县政协主席会议成员赴县建设交通委调研城乡一体化工作情况。

3月20日　县政协主席会议成员赴陈家镇调研农村综合改革和城乡一体化工作情况。

3月24日　县政协主席会议成员赴长兴镇调研农村综合改革和城乡一体化工作情况。

3月25日　县政协召开2015年度反映社情民意信息工作会议。副主席沈卫国出席会议并讲话。

3月27日　县政协主席会议成员赴县规划土地局调研城乡一体化工作情况。

4月1日　县政协召开十三届四十四次主席会议,协商通过县政协4月份主要工作安排,关于党风廉政建设和反腐败工作、农村中小河道轮疏情况专题协商会方案等。

4月2日　县政协召开农村综合改革专题协商会议,副县长薛红作专题情况通报。主席施建华主持会议。

4月7日　县政协、中共崇明县委统战部联合举行专题学习报告会,听取上海市人大常委会法工委副主任、上海市法治研究会常务副会长施凯作“改革兴邦和依法治国——中共十八届四中全会精神导读”专题报告。县政协副主席沈卫国主持报告会。

4月20日　县政协主席会议成员赴新河镇调研党风廉政建设和反腐败工作及中小河道轮疏工作情况。

4月23日—24日　县政协主席会议成员分别赴庙镇、向化镇、港沿镇调研党风廉政建设和反腐败工作及中小河道轮疏工作情况。

4月27日　县政协组织总工会、共青团、青联界别委员开展庆祝“五一”劳动节、“五四”青年节视察座谈活动。主席施建华参加活动并讲话。

4月28日　县政协召开专题协商会议,分别听取中共崇明县委常委、纪委书记王智华,副县长顾军、王菁所作的关于党风廉政建设和反腐败工作情况、中小河道轮疏工作情况和生态绿道(自行车绿道)建设工作情况的通报。主席施建华主持会议并讲话。

5月4日　县政协召开十三届四十五次主席会议。会议听取县科委负责人关于县政协主席会议成员重点督办提案《关于加快推进社会诚信体系建设的建议》办理情况的通报,协商通过县政协5月份主要工作安排、县政协十三届二十五次常委会(扩大)会议方案等。

5月14日—15日　县政协主席会议成员赴县人民检察院、县人民法院、县依法治县办公室、县公安局调研依法治县工作情况。

5月29日　县政协、中共崇明县委统战部联合召开县情通报会暨县政协十三届二十五次常委会(扩大)会议。会议听取中共崇明县委常委、县政法委书记梅云平所作的关于崇明县依法治县推进情况的通报,以及中共崇明县委常委、副县长杨宝良所作的2015年县政协重点提案办理工作情况通报,协商通过《政协崇明县委员会特聘委员管理办法(试行)》。县政协主席施建华主持会议并讲话。

5月30日　约旦哈希姆王国参议院议长阿卜杜勒·拉乌夫·拉瓦比德在全国政协副秘书长张秋俭、上海市政协副秘书长徐海鹰等陪同下到崇明访问。

6月1日　县政协召开十三届四十六次主席会议。会议协商通过6月份主要工作安排、关于召开崇明县创建全国县级文明城市情况专题协商通报会方案、关于召开县“十三五”发展规划编制工作专题议政会方案等。

6月1日　县政协副主席沈卫国赴平安小学、中兴镇幼儿园、登瀛幼儿园、北堡小学开展“六一”儿童节慰问活动。

6月2日　县政协、中共崇明县委统战部联合举行专题学习报告会，听取上海图书馆研究员、上海市科技情报学会秘书长、上海科学技术情报研究所信息与研究中心副主任肖沪卫作“世界科技发展趋势与上海科创中心建设”专题报告。中共崇明县委常委、县政协副主席、县委统战部部长王为群主持报告会。

6月9日—10日　县政协主席会议成员分别赴新村乡、堡镇、中兴镇调研崇明县创建全国县级文明城市工作情况。

6月15日　县政协副主席沈卫国赴城桥镇侯南村开展结对联系活动，慰问结对困难群众。

6月16日　县政协主席施建华赴新河镇新民村开展结对联系活动，慰问结对困难群众。

6月17日　县政协召开党组中心组(扩大)学习会，观看“三严三实”专题教育纪录片《信仰》。

7月1日　县政协举行“谋划‘十三五’，描绘新蓝图”专题议政会。县政协副主席沈卫国主持会议。中共崇明县委常委、副县长杨宝良应邀出席会议并讲话。主席施建华，副主席王为群、施俭、周新卫、顾德昌，秘书长陈汉刚出席会议。

7月1日　县政协召开十三届四十七次主席会议，学习中共中央办公厅印发的《关于加强人民政协协商民主建设的实施意见》，协商通过7月份主要工作安排、关于召开县政协十三届二十六次常委会会议方案等。

7月2日　县政协召开全国县级文明城市创建工作专题协商会暨县党外代表人士情况通报会。中共崇明县委常委、宣传部部长、县全国县级文明城市创建工作领导小组副组长郝炳权通报相关情况。主席施建华出席会议并讲话。

7月7日　县政协召开专委会上半年工作总结交流会。副主席沈卫国主持会议。

7月8日—9日　县政协主席会议成员分别赴东平镇、新海镇、城桥镇、建设镇调研全县贯彻落实中共上海市委文件精神，创新社会治理，加强基层建设的情况。

7月10日　县政协党组召开中心组(扩大)学习会，围绕“三严三实”专题教育的“严以修身”专题开展学习交流。

7月23日　县政协主席会议成员赴县残联专题调研崇明县残疾人事业“十二五”规划实施及“十三五”规划编制情况。

7月27日　县政协召开十三届四十八次主席会议，协商通过8月份主要工作安排，崇明县市场监督管理体制改革情况专题协商会方案、“和平颂——纪念中国人民抗日战争暨世界反法西斯战争胜利70周年书画作品联展开幕式”方案等。

7月28日　县政协召开专题协商会暨二十六次常委会(扩大)会议。会议听取中共崇明县委副书记林杰关于创新社会治理，加强基层建设的情况通报，审议通过县政协常委会《关于编制崇明县“十三五”发展规划的建议案》。主席施建华主持会议并讲话。

7月30日　县政协召开《崇明县政协志》专家评审会。副主席沈卫国致欢迎辞，秘书长陈汉刚参加会议。

8月5日　县政协组织全体委员列席县十五届人大常委会第二十九次(扩大)会议，听取县政府上半年工作回顾和下半年主要工作安排的报告。

8月12日—13日　县政协主席会议成员赴竖新镇、县市场监督管理局、县出入境检验检疫局、海关驻崇明办事处、县档案局开展集体调研。

8月14日　县政协党组召开中心组(扩大)学习会，围绕“三严三实”专题教育的“严于律己”专题开展学习交流。

8月26日　县政协、中共崇明县委统战部联合举行专题报告会，听取上海中医药大学博士生导师、中医药文化研究与传播中心常务副主任李其忠教授作“中医养生与行为习惯”专题讲座。县政协副主席周新卫主持报告会。

8月27日　县政协召开崇明县市场监督管理体制改革专题协商会。主席施建华主持会议，副县长吴召忠出席会议并讲话。

8月31日　由崇明县政协、江苏省南通市政协主办的“和平颂”——纪念中国人民抗日战争暨世界反法西斯战争胜利70周年书画展开幕式在崇明县档案馆隆重举行。崇明县政协主席施建华，中共崇明县委副书记林杰，县人大常委会副主任褚以琳，副县长王菁，南通市政协副主席陆玉明、陈德新、杨展里，南通市政协原副主席储长林，崇明县政协副主席施俭、周新卫、顾德昌等出席开幕式。崇明县政协副主席沈卫国主持开幕式。施建华致开幕词。

9月2日　县政协召开十三届四十九次主席会议，传达市政协工作会议精神，协商通过9月份主要工作安排、崇明县美丽乡村建设推进情况专题协商会方案等。

9月7日　县政协开展庆祝教师节暨教育界别委员（扩大）活动。主席施建华参加活动并讲话。

9月14日　县政协主席会议成员赴横沙乡、三星镇就崇明县美丽乡村建设推进情况开展集体调研。

9月16日　县政协主席会议成员赴县统计局调研统计工作情况。

9月16日　四川省政协原副主席吴正德一行到崇明调研。

9月18日　县政协主席会议成员赴绿华镇、港西镇就崇明县美丽乡村建设推进情况开展集体调研。

9月24日　北京市政协副秘书长、人事联络室主任王荔茹一行到崇明考察协商民主建设、委员履职管理等情况。县政协主席施建华参加接待。

9月24日—25日　县政协副主席周新卫参加在江苏省昆山市召开的长江三角洲十三县（市、区）政协工作研讨会第四十一次会议。

9月29日　县政协召开崇明县美丽乡村建设推进情况专题协商会。主席施建华主持会议。副县长薛红出席会议并讲话。

9月30日　县政协召开十三届五十次主席会议，协商通过10月份主要工作安排、县政协十三届二十七次常委会（扩大）会议暨县情通报会方案等。

10月14日—15日　县政协主席会议成员赴县城管执法局、审计局集体调研。

10月28日　县政协、中共崇明统战部联合召开县情通报会暨十三届县政协第二十七次常委会（扩大）会议。会议听取中共崇明县委常委、副县长杨宝良关于崇明县“十三五”规划纲要编制工作的情况通报。县政协主席施建华出席会议并讲话。

11月2日　县政协召开十三届五十一次主席会议，协商讨论关于召开县政协十三届五次会议方案及日程安排，协商通过11月份主要工作安排、县政协专题协商会方案等。

11月10日—11日　县政协主席会议成员赴县教育局、民政局集体调研。

11月13日　县政协主席会议成员赴县卫生计生委集体调研。

11月23日　县政协召开提案办理工作专题协商会，中共崇明县委常委、副县长杨宝良作县政协十三届四次会议以来重点提案办理工作的情况通报。主席施建华主持会议并讲话。

11月27日　县政协组织委员对县级敬老院建设工程、龙源电力集团崇明北堡风电项目、崇明固体废弃物处置综合利用中心建设工程、上海长兴横沙渔港等县政府实事项目和重点工程建设情况开展年终集中视察。主席施建华，副主席沈卫国、施俭、周新卫、顾德昌参加视察。副县长顾军陪同视察。

12月1日　县政协召开十三届五十二次主席会议，协商讨论县政协十三届五次会议筹备工作情况；协商确定县政协2015年度优秀提案、优秀社情民意信息、反映社情民意信息工作先进单位和先进个人，以及县政协特聘委员名单；协商通过12月份主要工作安排、县情通报会暨十三届县政协第二十八次常委会（扩大）会议方案、崇明县各界人士迎新年电影招待会方案等。

12月4日　市政协区县政协联络指导组组长施南昌就生态建设规划与发展到崇明调研。

12月10日　县政协主席会议成员赴安信农业保险公司崇明支公司调研该公司服务“三农”、促进农村经济发展等方面的情况。

12月15日　县政协、中共崇明县委统战部联合举行专题报告会，听取中国浦东干部学院院务委员、科研部主任刘靖北教授作“中共十八届五中全会精神解读”专题报告。中共崇明县委常委、县政协副主席、县委统战部部长王为群主持会议。

12月17日　中共崇明县委召开政协工作会议。会议由县委副书记、县长唐海龙主持。县委书记马乐声作重要讲话，县政协党组书记、主席施建华就贯彻落实市、县政协工作会议精神，进一步做好崇明政协工作发言，县委副书记林杰就《中共崇明县委关于加强社会主义协商民主建设，充分发挥政协作用的实施意见》作说明。县委、县人大常委会、县政府、县政协四套班子领导及县人民检察院、县人民法院主要负责人出席会议。

12月25日　县政协召开新任特聘委员培训会议。主席施建华主持会议并讲话。

12月30日　县政协召开十三届五十三次主席会议，协商讨论调整及增补县十三届政协委员、常委人选建议方案，并决定提交十三届县政协第二十八次常委会会议审议；协商通过2016年1月份主要工作安排、十三届县政协第二十九次常委会会议方案等。

12月30日　县政协、中共崇明县委统战部联合召开县情通报会暨十三届县政协第二十八次常委会（扩大）会议。县政协主席施建华主持会议。中共崇明县委副书记、县长唐海龙出席会议并讲话。

12月30日　县政协、中共崇明县委统战部联合举行崇明县各界人士迎新年电影招待会。县政协主席施建华致辞，中共崇明县委书记马乐声，县政协副主席沈卫国、施俭、顾德昌等出席电影招待会。

12月31日　县政协党组、机关领导班子召开“三严三实”专题民主生活会。

2016年

1月11日—13日　县政协召开十三届五次会议。

1月11日　县政协召开2015年度优秀提案、反映社情民意信息工作先进单位、反映社情民意信息工作先进个人和优秀社情民意信息表彰会议。

1月14日　县委书记马乐声慰问县政协机关干部。

1月14日　县政协机关党支部召开“三严三实”专题组织生活会暨民主评议党员会议。

2月1日　县政协召开十三届五十四次主席会议。

2月2日　县政协主席施建华赴县公安指挥中心、交巡警大队及崇明气象局慰问公安干警和干部职工。

2月3日　县政府召开2016年度县人大代表书面意见和政协提案办理工作会议。

2月17日　县政协主席会议成员赴县环保局调研第六轮环保三年行动计划实施情况。

2月18日　县政协召开十三届二十九次常委会（扩大）会议。

2月19日　县政协主席会议成员赴县水务局调研第六轮环保三年行动计划实施情况。

2月25日　县政协召开2016年度界别委组工作会议。

2月26日　县政协召开2016年度反映社情民意信息工作会议。

3月1日　县政协召开十三届五十五次主席会议。

3月2日　县政协举行各界人士庆祝崇明县政协成立60周年座谈会。

3月4日　县政协举行庆祝“三八”妇女节暨妇联界别（扩大）活动。

3月11日　县政协主席会议成员赴陈家镇公司、智慧岛数据产业园开展集体调研。

3月14日　县政协主席会议成员赴崇明县新城公司开展集体调研。

3月15日　县政协副主席沈卫国赴县网格化中心督办重点提案《将农村环境问题纳入乡镇网格化综合管理的建议》。

3月16日　县政协主席会议成员赴长兴产业基地公司开展集体调研。

3月18日　县政协主席施建华召开县政协2016年度重点课题调研工作座谈会。

3月22日—25日　县政协主席施建华率队赴广西壮族自治区北海市政协学习考察。

3月28日　县政协召开崇明县重点地区开发建设情况专题协商会。

3月28日　县政协召开十三届五十六次主席会议。

3月28日　县政协、中共崇明县委统战部联合举行庆祝崇明县政协成立60周年知识竞赛活动。

4月1日　县政协召开十三届五十七次主席会议。

4月6日　县政协主席会议成员赴县民政局就重点提案《建立政府购买服务公共平台，鼓励和引导社会组织承接政府购买服务项目》开展督办协商活动。

4月6日　县政协主席施建华就重点提案《关于加快推进生态农业科创中心建设的几点建议》开展督办活动。

4月7日　县政协、中共崇明县委统战部联合举行"生态文明与环境保护"专题报告会。

4月8日　县政协副主席周新卫就重点提案《关于完善本县农村生活污水处理长效运行机制的建议》开展督办活动。

4月15日　市政协提案委员会副主任李栋樑到崇明调研。

4月19日　县政协主席会议成员赴三星镇、港西镇开展集体调研。

4月20日　县政协召开崇明县体育强县和生态绿道建设工作专题通报会。

4月21日　县政协主席会议成员赴港沿镇开展集体调研。

4月24日—27日　县政协常委会组成人员赴云南省普洱市镇沅县、景东县学习考察。

4月26日—27日　县政协副主席施俭赴江苏省启东市参加长江三角洲十三县(市、区)第四十二次政协工作研讨会。

4月28日　县政协召开实施"生态＋"战略专题调研座谈会。

4月29日　县政协开展总工会、共青团、青联界别(扩大)活动。

5月3日　县政协召开十三届五十八次主席会议。

5月5日　县政协机关党支部召开"两学一做"学习教育动员会议。

5月17日—20日　县政协主席施建华率"'生态＋'发展理念与实践研究"课题组成员赴海南省文昌市、琼海市学习考察。

5月18日　县政协副主席顾德昌赴东平镇开展"助残日"慰问活动。

5月23日、25日、27日　县政协组织全体县政协委员开展创建全国县级文明城市委员巡察活动。

5月27日　市政协副主席方惠萍率"促进城乡一体化发展"重点提案协商办理专题调研组到崇明调研。

5月30日　县政协主席施建华主持召开县情通报会暨县政协十三届三十次常委会(扩大)会议。

5月30日　县政协常委会组成人员赴上海通成安保消防工程(集团)有限公司参观考察。

6月1日　县政协召开十三届五十九次主席会议。

6月1日　县政协副主席沈卫国赴登瀛小学、中兴镇幼儿园、长兴小学、长兴幼儿园开展"六一"儿童节慰问活动。

6月7日　县政协机关党支部召开"两学一做"专题学习讨论会。

6月14日　县政协主席会议成员赴竖新镇、建设镇开展集体调研。

6月16日　县政协主席会议成员赴中兴镇、横沙乡开展集体调研。

6月21日　县政协主席施建华主持召开崇明县创新社会治理加强基层建设工作专题协商会。

6月23日　县政协、中共崇明县委统战部联合举行"台湾局势与两岸关系"专题报告会。

6月30日　县政协主席施建华赴新河镇新民村走访慰问困难党员。

7月1日　县政协召开十三届六十次主席会议。

7月16日　全国政协原副主席陈宗兴一行到崇明考察生态环境建设情况。

7月19日　县政协主席会议成员赴县旅游局、旅游投资公司开展集体调研。

7月20日　县政协召开"崇明'生态＋'发展理念与实践研究"调研课题专家咨询座谈会。

7月21日　县政协机关党支部开展"两学一做"学习教育活动。

7月21日　县政协副主席沈卫国主持召开上半年度专门委员会工作交流座谈会。

7月29日　县政协主席施建华主持召开县情通报会暨县政协十三届三十一次常委会(扩大)会议。

7月29日　县政协召开十三届六十一次主席会议。

8月8日　上海市政协纪念中国共产党成立95周年书画作品巡展崇明展开幕式在崇明美术馆举行。

8月16日　县政协举行"生态引领·创新发展"专题议政会。

8月16日　县政协委员列席县十五届人大常委会第三十六次(扩大)会议。

8月16日—19日　县政协副主席顾德昌率长兴、横沙地区委员小组成员赴浙江省长兴县、嘉善县学习考察。

8月19日　县政协召开城乡一体化发展主席会议成员集体调研座谈会。

8月19日　县政协组织民建界别委员及其他民建党派委员召开委员履职情况座谈会。

8月23日—26日　县政协副主席、提案委员会主任沈卫国一行赴内蒙古自治区赤峰市、锡林郭勒盟学习考察。

8月24日　市政协区县联络指导组组长顾国林、常务副组长张丽就"如何更好地发挥区县政协专委会在协商民主中的作用"主题到崇明调研。

8月29日　县政协召开推进城乡一体化发展专题通报会。

8月31日　县政协主席施建华、副主席周新卫等赴崇明农旅商贸战略联盟调研。

9月1日　县政协召开十三届六十二次主席会议。

9月6日　县政协开展庆祝教师节暨教育界别(扩大)活动。

9月8日　县政协主席会议成员赴县农委、经委调研。

9月8日　县政协副主席沈卫国赴合兴中学、登瀛小学、长兴小学慰问优秀教师代表。

9月23日　县政协、中共崇明县委统战部联合举行"社会治理与法治建设"专题报告会。

9月28日　县政协召开十三届三十二次常委会(扩大)会议。

10月8日　县政协召开十三届六十三次主席会议。

10月13日—14日　县政协主席会议成员赴向化镇、绿华镇、县城管执法局开展专题调研。

10月17日　县政协机关党支部召开"两学一做"专题学习讨论会。

10月24日　县政协召开提案办理落实情况专题通报会。

11月1日　县政协召开十三届六十四次主席会议。

11月10日　县政协组织农业界别、科技界别委员赴三星镇沈镇村、白山羊保种场、中鸽实业有限公司、宝岛蟹庄视察。

11月11日　县政协党组书记邹明率队前往长兴镇开展全国县级文明城市创建工作督查活动。

11月11日　县政协召开委组工作专题会议。

11月11日—14日　县政协副主席顾德昌率民革界别委员及部分民革崇明区总支部党员前往广东省广州市、中山市学习考察。

11月16日　县政协主席会议成员围绕崇明生态岛建设情况召开专题调研座谈会。

11月17日　县政协主席施建华率队前往堡镇开展全国县级文明城市创建工作督查活动。

11月18日　县政协组织开展年终集中视察活动。

11月23日—26日　县政协主席施建华率常委会组成人员赴福建省福州市、莆田市学习考察。

12月2日　县政协召开十三届六十五次主席会议。

12月2日　县政协召开十三届三十三次常委会会议。

12月15日　县政协召开十三届委员会总结表彰大会。

12月21日　县政协召开专题协商会，中共崇明区委常委侯继军通报政府工作，并就《政府工作报告(征求意见稿)》征求意见。

12月22日　县政协举办区政协第一届委员会委员培训班。

12月26日　县政协举行崇明县各界人士迎新年电影招待会。

12月27日　县政协召开县情通报会暨县政协十三届三十四次常委会(扩大)会议。

卷一 组 织

根据《中国人民政治协商会议章程》(简称政协章程)和有关规定,崇明县设立中国人民政治协商会议地方组织——政协崇明县委员会。1956 年 3 月,中国人民政治协商会议江苏省崇明县委员会成立。1958 年 12 月,崇明县划归上海市,中国人民政治协商会议江苏省崇明县委员会改称中国人民政治协商会议上海市崇明县委员会(简称县政协)。至 2012 年 12 月,县政协历经 13 届。

县政协组织形式为全体委员会、常务委员会和主席会议,并设置专门(工作)委员会、地区委员小组等工作机构和办公室(秘书处)、研究室等办事机构。

第一章 政协崇明县委员会

1956 年 3 月,县政协召开一届一次会议。县政协成立初期,由中共崇明县委、各人民团体、社会各界代表以及特别邀请人士组成,以后逐步扩展到中共崇明县委、各民主党派和无党派、少数民族和社会各界代表、归国华侨代表、港澳台同胞代表以及社会特邀人士组成。人选由各界别、各系统推荐,经中共崇明县委组织、统战等部门与各界别、各系统反复协商后,由上届县政协常务委员会协商决定,并报中共崇明县委审定。每届任期内如需增加或变更参加单位、委员名额和委员人选,由县委组织、统战部门提出方案,并由当届县政协常务委员会协商决定。

根据政协章程,县政协设常务委员会。常务委员会主持全体委员会议及全体委员会议闭会期间的会务。其成员经全体委员会议选举产生,由主席 1 人、副主席若干人、秘书长 1 人、常务委员若干人组成。1981 年 7 月县政协第五届委员会起,设主席办公会议,1990 年 4 月第八届委员会起,主席办公会议更名为主席会议。主席会议由主席、副主席、秘书长组成,负责处理常务委员会日常工作。

第一节 第一届委员会

政协崇明县第一届委员会任期从 1956 年 3 月成立至 1958 年 4 月。

一、委员会

1956 年 2 月,中共崇明县委统战部与各有关方面负责人组成政协筹备委员会,共同协商县政协第一届委员会界别、委员名额、人选等事项,讨论确定一届一次会议的准备工作和具体会务。

1956 年 3 月 2 日至 5 日，县政协召开一届一次全体委员会议，政协崇明县第一届委员会成立。

县政协第一届委员会届初由 14 个界别 56 人组成，届内先后增补 52 人，1958 年 4 月届满时，委员 108 人。其中中共崇明县委 17 人，占委员总数的 15.74%；工人界 3 人，占 2.78%；农民界 2 人，占 1.85%；青年、学生界 6 人，占 5.56%；妇女界 3 人，占 2.78%；供销合作社 2 人，占 1.85%；工商界 25 人，占 23.15%；文教界 22 人，占 20.37%；科技界 2 人，占 1.85%；渔民界 1 人，占 0.93%；报社界 2 人，占 1.85%；医务界 16 人，占 14.81%；宗教界 2 人，占 1.85%；社会民主人士 5 人，占 4.63%。委员中有中共党员 34 人，占 31.48%；民主党派和无党派人士 74 人，占 68.52%。女性委员 11 人，占委员总数的 10.19%。委员平均年龄 44.05 岁，35 周岁以下中青年委员 32 人，占委员总数的 29.63%。

二、常务委员会

县政协一届一次会议选举产生常务委员会，成员 7 人：主席 1 人、副主席 2 人、常务委员 4 人。同年 7 月，增选常务委员 16 人。1957 年 3 月，增选常务委员 1 人。同年 6 月，增选副主席 3 人（其中 2 人原为常务委员）。至 1958 年 4 月届满时，常务委员会成员 25 人：主席 1 人、副主席 5 人、常务委员 19 人。其中，中共党员 10 人，占 40.00%；民主党派和无党派人士 15 人，占 60.00%。

第二节 第二届委员会

政协崇明县第二届委员会任期从 1958 年 4 月至 1961 年 9 月。

一、委员会

1958 年 4 月 15 日至 17 日，县政协召开二届一次全体委员会议。

县政协第二届委员会由 14 个界别 116 人组成。其中中共崇明县委 11 人，占委员总数的 9.48%；工人界 7 人，占 6.03%；农民界 5 人，占 4.31%；青年界 4 人，占 3.45%；妇女界 3 人，占 2.59%；手工业界 2 人，占 1.72%；工商界 28 人，占 24.14%；文教界 23 人，占 19.83%；科技界 3 人，占 2.59%；渔民界 1 人，占 0.86%；报社界 1 人，占 0.86%；医卫界 17 人，占 14.66%；宗教界 5 人，占 4.31%；社会民主人士 6 人，占 5.17%。委员中有中共党员 34 人，占 29.31%；民主党派和无党派人士 82 人，占 70.69%。女性委员 13 人，占委员总数的 11.21%。委员平均年龄 45.02 岁，35 周岁以下中青年委员 33 人，占委员总数的 28.45%。

二、常务委员会

县政协二届一次会议选举产生常务委员会，成员 22 人：主席 1 人、副主席 4 人、常务委员 17 人。其中，中共党员 7 人，占 31.82%；民主党派和无党派人士 15 人，占 68.18%。

第三节 第三届委员会

政协崇明县第三届委员会任期从 1961 年 9 月至 1963 年 11 月。

一、委员会

1961 年 9 月 13 日至 16 日，县政协召开三届一次全体委员会议。

县政协第三届委员会由 13 个界别 117 人组成。其中中共崇明县委 13 人，占委员总数的 11.11%；工会界 7 人，占 5.98%；手工业界 2 人，占 1.71%；农会界 5 人，占 4.27%；渔民界 1 人，占 0.85%；共青团 2 人，占 1.71%；妇联 2 人，占 1.71%；工商界 28 人，占 23.93%；文教界 23 人，占 19.66%；科技界 4 人，占

3.42%；医卫界19人，占16.24%；宗教界4人，占3.42%；社会民主人士7人，占5.98%。委员中有中共党员36人，占30.77%；民主党派和无党派人士81人，占69.23%。女性委员11人，占委员总数的9.40%。委员平均年龄45.68岁，35周岁以下中青年委员32人，占委员总数的27.35%。

二、常务委员会

县政协三届一次会议选举产生常务委员会，成员23人：主席1人、副主席4人、秘书长1人、常务委员17人。其中，中共党员8人，占34.78%；民主党派和无党派人士15人，占65.22%。

第四节　第四届委员会

政协崇明县第四届委员会任期从1963年11月至1981年6月。其间，由于“文化大革命”，县政协第四届委员会被迫中止活动，至1980年7月恢复组织，重新开始活动。

一、委员会

1963年11月25日至29日，县政协召开四届一次全体委员会议。

县政协第四届委员会由14个界别125人组成。其中中共崇明县委11人，占委员总数的8.80%；工会界7人，占5.60%；手工业界2人，占1.60%；农会界4人，占3.20%；渔民界1人，占0.80%；共青团2人，占1.60%；妇联2人，占1.60%；工商界28人，占22.40%；文教界25人，占20.00%；科技界4人，占3.20%；医卫界21人，占16.80%；宗教界4人，占3.20%；社会民主人士7人，占5.60%；特邀人士7人，占5.60%。委员中有中共党员34人，占27.20%；民主党派和无党派人士91人，占72.80%。女性委员8人，占委员总数的6.40%。委员平均年龄46.21岁，35周岁以下中青年委员34人，占委员总数的27.20%。

二、常务委员会

县政协四届一次会议选举产生常务委员会，成员21人：主席1人、副主席4人、秘书长1人、常务委员15人。其中，中共党员7人，占33.33%；民主党派和无党派人士14人，占66.67%。

第五节　第五届委员会

政协崇明县第五届委员会任期从1981年6月至1984年4月。

一、委员会

1980年7月28日，中共崇明县委印发通知：“根据中共上海市委沪委〔1979〕批字第522号文件精神，经研究，恢复县政协机构。”县政协原四届常委会多次召开会议，讨论协商召开政协第五届委员会第一次会议事宜。1981年6月24日至30日，县政协召开五届一次全体委员会议。

县政协第五届委员会届初由16个界别150人组成，任期内增补4人、减少2人，1984年4月届满时有委员152人。其中中共崇明县委13人，占委员总数的8.55%；工会10人，占6.58%；农民7人，占4.61%；共青团2人，占1.32%；妇联2人，占1.32%；工商界16人，占10.53%；文艺界4人，占2.63%；科技界16人，占10.53%；教育界29人，占19.08%；体育界2人，占1.32%；新闻界2人，占1.32%；医卫界22人，占14.47%；少数民族2人，占1.32%；归国华侨2人，占1.32%；宗教界4人，占2.63%；特邀人士19人，占12.50%。委员中有中共党员58人，占38.16%；民主党派和无党派人士94人，占61.84%。女性委员26人，占委员总数的17.11%。委员平均年龄54.71岁，35周岁以下中青年委员6人，占委员总数的3.94%。大专以上文化程度39人，占委员总数的25.66%。

二、常务委员会

县政协五届一次会议选举产生常务委员会，成员39人：主席1人、副主席7人、秘书长1人（副主席兼）、常务委员31人。其中，中共党员14人，占35.90%；民主党派和无党派人士25人，占64.10%。

三、主席办公会议

县政协第五届主席办公会议成员为主席陈继明，副主席刘蔚、施文德、施桂馨、顾青、黄冠球、龚镜澄、蔡宗锷，秘书长黄冠球（兼）。

第六节 第六届委员会

政协崇明县第六届委员会任期从1984年4月至1987年4月。

一、委员会

1984年4月8日至14日，县政协召开六届一次全体委员会议。

县政协第六届委员会由16个界别151人组成。其中中共崇明县委14人，占委员总数的9.27%；工会10人，占6.63%；农民7人，占4.64%；共青团2人，占1.32%；妇联2人，占1.32%；工商界8人，占5.30%；文艺界4人，占2.65%；科技界21人，占13.91%；教育界30人，占19.87%；体育界2人，占1.32%；新闻界2人，占1.32%；医卫界20人，占13.25%；少数民族2人，占1.32%；归国华侨2人，占1.32%；宗教界5人，占3.31%；特邀人士20人，占13.25%。委员中有中共党员56人，占37.09%；民主党派和无党派人士95人，占62.91%。女性委员32人，占委员总数的21.19%。委员平均年龄51.39岁。35周岁以下中青年委员10人，占委员总数的6.62%。大专以上文化程度47人，占委员总数的31.13%。

二、常务委员会

县政协六届一次会议选举产生常务委员会，成员38人：主席1人、副主席6人、秘书长1人、常务委员30人。1984年8月起，不再担任常务委员2人。1986年4月，接受主席1人、副主席2人辞去主席、副主席职务，补选副主席1人。1986年9月，接受秘书长1人辞去秘书长职务，补选秘书长1人。1987年4月届满时，第六届县政协常务委员会成员有34人：副主席5人、秘书长1人、常务委员28人。其中，中共党员12人，占35.29%；民主党派和无党派人士22人，占64.71%。

三、主席办公会议

县政协第六届主席办公会议成员为主席施群（1986年4月县政协六届三次会议上，辞去主席职务），副主席顾青（1986年4月县政协六届三次会议上，辞去副主席职务）、黄冠球、施桂馨（1986年4月县政协六届三次会议上，辞去副主席职务）、施文德、唐丽光、黄茂生、宋斌（1986年4月增补），秘书长吴庆培（1986年9月起不再担任）、薛以霆（1986年9月补选）。

第六届县政协主席、副主席合影

第七节　第七届委员会

政协崇明县第七届委员会任期从1987年4月至1990年4月。

一、委员会

1987年4月10日至16日，县政协召开七届一次全体委员会议。

县政协第七届委员会届初由18个界别163人组成，届中增补3人，1994年4月届满时有委员166人。其中中共崇明县委12人，占委员总数的7.23%；民盟崇明支部1人，占0.60%；民进崇明支部1人，占0.60%；工会11人，占6.63%；农民7人，占4.22%；共青团2人，占1.20%；妇联3人，占1.81%；工商界8人，占4.82%；文化艺术界6人，占3.61%；科技界27人，占16.27%；教育界30人，占18.07%；体育界3人，占1.81%；新闻界2人，占1.20%；医卫界21人，占12.65%；少数民族2人，占1.20%；归国华侨3人，占1.81%；宗教界6人，占3.61%；特邀人士21人，占12.65%。委员中有中共党员67人，占40.36%；民主党派和无党派人士99人，占59.64%。女性委员28人，占委员总数的16.87%。委员平均年龄50.62岁，35周岁以下中青年委员12人，占委员总数的7.23%。大专以上文化程度73人，占委员总数的43.98%。

二、常务委员会

县政协七届一次会议选举产生常务委员会，成员36人：主席1人、副主席6人、秘书长1人、常务委员28人。1988年3月，增补常务委员1人。1994年4月届满时常务委员会成员有37人。其中，中共党员15人，占40.54%；民主党派和无党派人士22人，占59.46%。

三、主席办公会议

县政协第七届主席办公会议成员为主席张彪，副主席宋斌、黄和招、徐正林、昝泰昌、施兆发、罗永祥，秘书长薛以霆。

第八节　第八届委员会

政协崇明县第八届委员会任期从1990年4月至1993年4月。

一、委员会

1990年4月2日至6日，县政协召开八届一次全体委员会议。

第八届县政协委员合影

县政协第八届委员会届初由20个界别172人组成。其中中共崇明县委12人，占委员总数的6.98%；民盟崇明支部2人，占1.16%；民进崇明支部1人，占0.58%；农工党崇明支部1人，占0.58%；工会11人，占6.40%；农民10人，占5.81%；共青团2人，占1.16%；青联2人，占1.16%；妇联3人，占1.74%；工商联11人，占6.40%；文化艺术界6人，占3.49%；科技界27人，占15.70%；教育界25人，占14.53%；体育界3人，占1.74%；新闻界2人，占1.16%；

医卫界 21 人，占 12.21%；少数民族 2 人，占 1.16%；侨联 4 人，占 2.33%；宗教界 6 人，占 3.49%；特邀人士 21 人，占 12.21%。委员中有中共党员 64 人，占 37.21%；民主党派和无党派人士 108 人，占 62.79%。女性委员 29 人，占委员总数的 16.86%。委员平均年龄 48.34 岁，35 周岁以下中青年委员 14 人，占委员总数的 8.14%。大专以上文化程度 86 人，占委员总数的 50.00%。届中，第八届县政协增补委员 3 人，2 人不再担任政协委员。

二、常务委员会

县政协八届一次会议选举产生常务委员会，成员 37 人：主席 1 人、副主席 4 人、秘书长 1 人、常务委员 31 人。1991 年 3 月增补常务委员 1 人，1992 年 3 月不再担任常务委员 1 人，1993 年 4 月届满时，常务委员会成员 37 人。其中，中共党员 14 人，占 37.84%；民主党派和无党派人士 23 人，占 62.16%。

三、主席会议

县政协第八届主席会议成员为主席陆瑾，副主席徐正林、黄和招、施兆发、姚振尧，秘书长顾建新。

第九节 第九届委员会

政协崇明县第九届委员会任期从 1993 年 4 月至 1998 年 3 月。

一、委员会

1993 年 4 月 4 日至 9 日，县政协召开九届一次全体委员会议。

县政协第九届委员会届初由 23 个界别 169 人组成。任期内增补委员 14 人，有 11 人不再担任委员。至 1998 年 3 月届满时，有委员 172 人。其中中共崇明县委 12 人，占委员总数的 6.98%；民盟崇明县委 3 人，占 1.75%；民进崇明县委 3 人，占 1.75%；农工党崇明县委 2 人，占 1.16%；总工会 5 人，占 2.91%；共青团 2 人，占 1.16%；妇联 3 人，占 1.75%；青联 2 人，占 1.16%；工商联 9 人，占 5.23%；科协 3 人，占 1.74%；侨联 8 人，占 4.65%；台联 7 人，占 4.07%；农民界 12 人，占 6.98%；经济界 23 人，占 13.37%；文化艺术界 3 人，占 1.74%；科学技术界 20 人，占 11.63%；教育界 20 人，占 11.63%；体育界 3 人，占 1.74%；新闻界 2 人，占 1.16%；医药卫生界 20 人，占 11.63%；少数民族 2 人，占 1.16%；宗教界 3 人，占 1.74%；特邀人士 5 人，占 2.91%。委员中有中共党员 62 人，占 36.05%；民主党派和无党派人士 110 人，占 63.95%。女性委员 30 人，占委员总数的 17.44%。委员平均年龄 46.87 岁，35 周岁以下中青年委员 16 人，占委员总数的 9.30%。大专以上文化程度 98 人，占委员总数的 56.98%。

二、常务委员会

县政协九届一次会议选举产生常务委员会，成员 27 人：主席 1 人、副主席 5 人、秘书长 1 人、常务委员 20 人。1994 年 3 月，接受 1 名秘书长、2 名常务委员辞去秘书长、常务委员职务，补选秘书长 1 人、常务委员 2 人。1995 年 1 月，接受 1 名常务委员辞去常务委员职务，补选常务委员 1 人。至 1998 年 3 月届满时，第九届县政协常务委员会成员有 27 人。其中，中共党员 10 人，占 37.04%；民主党派和无党派人士 17 人，占 62.96%。

第九届县政协主席、副主席合影

三、主席会议

县政协第九届主席会议成员为主席陆瑾，副主席黄振兴、仇永鸣、施兆发、姚振尧、罗永祥，秘书长顾建新(1994年3月起不再担任)、刘亚池(1994年3月补选)。

第十节　第十届委员会

政协崇明县第十届委员会任期从1998年3月至2003年3月。

一、委员会

1998年3月24日至28日，县政协召开十届一次全体委员会议。

县政协第十届委员会届初由22个界别161人组成。任期内增补委员8人，有11人不再担任委员。至2003年3月届满时，有委员158人。其中中共崇明县委8人，占委员总数的5.06%；民盟崇明县委4人，占2.53%；民进崇明县委4人，占2.53%；农工党崇明县委4人，占2.53%；总工会4人，占2.53%；共青团2人，占1.26%；妇联3人，占1.90%；青联2人，占1.26%；工商联12人，占7.60%；侨联7人，占4.43%；台联4人，占2.53%；农业界12人，占7.59%；经济界19人，占12.03%；文化艺术界4人，占2.53%；科学技术界18人，占11.39%；教育界18人，占11.39%；体育界2人，占1.26%；新闻界2人，占1.26%；医药卫生界17人，占10.76%；少数民族2人，占1.26%；宗教界3人，占1.90%；特邀人士7人，占4.43%。委员中有中共党员60人，占37.97%；民主党派和无党派人士98人，占62.03%。女性委员33人，占委员总数的20.89%；35周岁以下中青年委员15人，占委员总数的9.49%。大专以上文化程度110人，占委员总数的69.62%。

二、常务委员会

县政协十届一次会议选举产生常务委员会，成员26人：主席1人、副主席5人、秘书长1人、常务委员19人。2001年1月，接受副主席2人辞去副主席职务。2001年9月，接受1名秘书长辞去秘书长职务。2002年3月，接受主席1人、常务委员1人辞去主席、常务委员职务，补选秘书长1人。2002年9月，补选主席1人。至2003年3月届满时，第十届县政协常务委员会成员有23人：主席1人、副主席3人、秘书长1人、常务委员18人。其中中共党员9人，占39.13%；民主党派和无党派人士14人，占60.87%。

三、主席会议

县政协第十届主席会议成员为主席黄振兴(2002年3月起不再担任)、邵礼达(2002年9月补选)，副主席周祖安、黄雄、罗永祥、仇永鸣(2001年1月起不再担任)、姚振尧(2001年1月起不再担任)，秘书长刘亚池(2001年9月起不再担任)、陈汉刚(2002年3月补选)。

第十一节　第十一届委员会

政协崇明县第十一届委员会任期从2003年3月至2007年2月。

一、委员会

2003年3月16日至20日，县政协召开十一届一次全体委员会议。

县政协第十一届委员会届初由25个界别173人组成。任期内共增补委员16人，有7人不再担任委员。至2007年3月届满时，有委员182人。其中中共崇明县委12人，占委员总数的6.59%；民盟崇明县委6人，占3.30%；民进崇明县委6人，占3.30%；农工党崇明县委4人，占2.20%；九三学社崇明县支社2人，占1.10%；总工会5人，占2.75%；共青团2人，占1.10%；妇联5人，占2.75%；青联2人，占1.10%；工商联13人，占7.14%；侨联7人，占3.85%；台联4人，占2.20%；科协2人，占1.10%；农业界16人，占8.79%；经济界21人，占11.54%；文化艺术界5人，占2.75%；科学技术界18人，占9.89%；教育界16人，占8.79%；体育界2人，占1.10%；新闻界2人，占1.10%；医药卫生界14人，占7.69%；社会福利和社会保障界2人，占1.10%；少数民族2人，占1.10%；宗教界3人，占1.65%；特邀人士11人，占6.04%。委员中有中共党员68人，占37.36%；民主党派和无党派人士114人，占62.64%。女性委员36人，占委员总数的19.78%；35周岁以下中青年委员17人，占委员总数的9.34%。大专以上文化程度134人，占委员总数的73.63%。

二、常务委员会

县政协十一届一次会议选举产生常务委员会，成员25人：主席1人、副主席4人、秘书长1人、常务委员19人。2004年2月，接受1名常务委员辞去常务委员职务。2005年1月，接受1名常务委员辞去常务委员职务。2005年2月，补选常务委员3人。2006年1月，补选常务委员1人。至2007年3月届满时，第十一届县政协常务委员会成员有27人：主席1人、副主席4人、秘书长1人、常务委员21人。其中中共党员10人，占37.04%；民主党派和无党派人士17人，占62.96%。

第十一届县政协主席、副主席、秘书长合影

三、主席会议

县政协第十一届主席会议成员为主席范陈杰，副主席袁佳平、罗永祥、王菁、吴复安，秘书长陈汉刚。

第十二节 第十二届委员会

政协崇明县第十二届委员会任期从2007年2月至2012年1月。

一、委员会

2007年2月5日至9日，县政协召开十二届一次全体委员会议。

县政协第十二届委员会届初由25个界别199人组成。任期内共增补委员39人，有28人不再担任委员。至2012年1月届满时，有委员210人，其中中共崇明县委13人，占委员总数的6.19%；民盟崇明县委7人，占3.33%；民进崇明县委8人，占3.81%；农工党崇明县委7人，占3.33%；九三学社崇明县支社3人，占1.43%；总工会5人，占2.38%；共青团2人，占0.95%；妇联5人，占2.38%；青联2人，占0.95%；工商联14人，占6.67%；侨联10人，占4.76%；台联5人，占2.38%；科协2人，占0.95%；农业界17人，占8.10%；经济界26人，占12.38%；文化艺术界4人，占1.91%；科学技术界16人，占7.62%；教育界18人，占8.57%；体育界2人，占0.95%；新闻界3人，占1.43%；医药卫生界16人，占7.62%；社会福利和社会保障界5人，占2.38%；少数民族3人，占1.43%；宗教界3人，占1.43%；特邀人士14人，占6.67%。委员中有中共党员79人，占37.62%；民主党派和无党派人士131人，占62.38%。女性委员46人，占委员总数的21.90%。委员平均年龄43.4岁，35周岁以下中青年委员19人，占委员总数的9.05%。大专以上文化程度176人，占委员总数的83.81%。

二、常务委员会

县政协十二届一次会议选举产生常务委员会，成员27人：主席1人、副主席5人、秘书长1人、常务委员20人。2008年1月，接受5名常务委员辞去常务委员职务，补选常务委员5人。2009年1月，接受2名常务委员辞去常务委员职务，补选常务委员4人。2010年1月，接受5名常务委员辞去常务委员职务，补选常务委员5人。2009年8月，接受1名副主席辞去副主席职务，补选副主席1人。2011年1月，接受1名主席辞去主席职务，补选主席1人。至2012年1月届满时，第十二届县政协常务委员会成员有29人：主席1人、副主席5人、秘书长1人、常务委员22人。其中中共党员11人，占37.93%；民主党派和无党派人士18人，占62.07%。

三、主席会议

县政协第十二届主席会议成员为主席范陈杰(2011年1月起不再担任)、施建华(2011年1月补选)，副主席王为群、褚以琳(2009年8月补选)、袁佳平、王菁(2009年8月起不再担任)、施俭、周新卫，秘书长陈汉刚。

第十三节　第十三届委员会

政协崇明县第十三届委员会任期从2012年1月起。

一、委员会

2012年1月5日至8日，县政协召开十三届一次全体委员会议。

县政协第十三届委员会由28个界别250人组成，第一次全体会议时有委员230人(保留20名待届中增补)。其中，中共崇明县委13人，占委员总数的5.65%；民盟崇明县委7人，占3.04%；民进崇明县委7人，占3.04%；农工党崇明县委7人，占3.04%；九三学社崇明县支社4人，占1.74%；民建崇明支部5人，占2.18%；民革崇明支部3人，占1.30%；无党派人士8人，占3.48%；总工会5人，占2.18%；共青团3人，占1.30%；妇联5人，占2.18%；青联2人，占0.87%；工商联15人，占6.52%；侨联9人，占3.92%；台联5人，占2.18%；科协3人，占1.30%；农业界17人，占7.39%；经济界24人，占10.44%；文化艺术界4人，占1.74%；科学技术界17人，占7.39%；教育界19人，占8.26%；体育界2人，占0.87%；新闻界3人，占1.30%；医药卫生界18人，占7.83%；社会福利和社会保障界6人，占2.61%；少数民族3人，占1.30%；宗教界3人，占1.30%；特邀人士13人，占5.65%。委员中有中共党员91人，占39.57%；民主党派和无党派人士139人，占60.43%。女性委员55人，占委员总数的23.91%。委员平均年龄42.5岁，35周岁以下中青年委员34人，占委员总数的14.78%。大专以上文化程度213人，占委员总数的92.61%。2012年12月19日，第十三届县政协常委会第八次会议协商决定新增政协委员15人、不再担任政协委员8人。

二、常务委员会

县政协十三届一次会议选举产生常务委员会，成员35人：主席1人、副主席5人、秘书长1人、常务委员28人。其中中共党员13人，占37.14%；民主党派和无党派人士22人，占62.86%。

三、主席会议

县政协第十三届主席会议成员为主席施建华，副主席王为群、沈卫国、施俭、周新卫、顾德昌，秘书长陈汉刚。

第二章　政协专门委员会(工作组)

政协崇明县委员会各专门工作委员会(简称专委会)和工作组(简称组)是在县政协常务委员会和主席会议领导下，由特定界别政协委员组成并开展活动的工作机构，是县政协组织委员履行政治协商、民主监督、参政议政职能的重要组织形式。

专委会(组)的主要任务是：执行县政协全体会议和常务委员会的决议，以及主席会议提出的各项任务，组织政协委员和委组成员在全体会议闭会期间开展政治学习、座谈讨论、对口联系、参观考察、视察调研、提出提案、咨询服务等各项活动。

专委会(组)设主任(组长)1人，副主任(副组长)若干人，政协委员和委组成员若干人。专委会(组)的设置和变动，由县政协常务委员会决定。

第一节　第一届县政协学习委员会和工作组

1956年7月3日，第一届县政协设立学习委员会，成员15人，设主任1人、副主任2人。

1956年7月6日，县政协召开一届二次常委会(扩大)会议，讨论决定设立5个工作组。

文教组：成员23人，设组长1人、副组长2人。

医务组：成员16人，设组长1人、副组长2人。

工商组：成员25人，设组长1人、副组长2人(1957年3月增加副组长1人)。

宗教组：成员8人，设组长1人、副组长2人。

社会组：成员19人，设组长1人、副组长2人。

上述成员数为工作组设立时的人数，以后因政协委员增加，各组成员人数相应变动。

第二节　第二届县政协学习委员会

第二届县政协不再设立工作组，由常委会和秘书处统一安排活动。为了加强学习，1958年4月17日县政协二届一次会议闭幕后，经常委会讨论决定，设立学习委员会。根据城桥地区政协委员相对集中的特点，1960年4月20日，在城桥地区设立文教、医务和工商(社会)3个毛泽东著作学习小组。

第三节　第三届县政协学习委员会、学习小组和工作组

第三届县政协设立学习委员会和毛泽东著作学习小组。

1962年8月17日，县政协三届二次会议后，增设联络工作组和文教、医卫、工商3个专题研究组，并确定组成人员。其中联络工作组设组长1人、副组长2人、组员9人；文教、医卫、工商3个专题研究组均设正、副组长各1人，组员各3人。

1963年7月1日，县政协召开三届四次常委会(扩大)会议，通过总结前一时期学习情况，认为坚持政治学习，对加强自我改造很有必要，决定在城桥地区已设立3个学习小组(原名毛泽东著作学习小组)的基础上，再在堡镇、庙镇、新河和陈家镇4个地区各建立1个学习小组。各组的情况是：城桥地区学习

小组第一组召集人 3 人、组员 13 人，第二组召集人 3 人、组员 14 人，第三组召集人 2 人、组员 11 人；堡镇地区学习小组召集人 3 人、组员 21 人；庙镇地区学习小组召集人 2 人、组员 17 人；新河地区学习小组召集人 3 人、组员 13 人；陈家镇地区学习小组召集人 3 人、组员 13 人。各组均设联络秘书 1 人。

第四节　第四届县政协学习委员会和学习小组

第四届县政协设立学习委员会和学习小组。1965 年 3 月 18 日，县政协召开四届三次常委会会议，讨论通过学习小组的调整方案：原庙镇地区学习小组并入城桥地区学习小组，原新河、陈家镇地区学习小组并入堡镇地区学习小组，基本以界别为主重新编为 6 个学习小组，城桥和堡镇地区各有 3 个学习小组。

城桥地区：

第一学习小组：组员 24 人（医卫界为主），设组长 1 人、副组长 3 人。

第二学习小组：组员 24 人（文教界为主），设组长 1 人、副组长 3 人。

第三学习小组：组员 29 人（工商界、宗教界为主），设组长 1 人、副组长 2 人。

堡镇地区：

第四学习小组：组员 18 人（医卫界和特邀人士为主），设组长 1 人、副组长 2 人。

第五学习小组：组员 20 人（文教界和社会民主人士为主），设组长 1 人、副组长 3 人。

第六学习小组：组员 23 人（工商界、宗教界为主），设组长 1 人、副组长 3 人。

上述各组均设联络秘书 1 人。

第五节　第五届县政协工作组

1981 年 7 月 31 日，县政协召开五届一次常委会会议，讨论决定设立 10 个工作组。

教育组：成员 32 人，设组长 1 人、副组长 3 人。

医卫组：成员 20 人，设组长 1 人、副组长 3 人。

文体新闻组：成员 11 人，设组长 1 人、副组长 2 人。

科技组：成员 19 人，设组长 1 人、副组长 2 人。

工商组：成员 15 人，设组长 1 人、副组长 3 人。

侨务对台组：成员 12 人，设组长 1 人、副组长 2 人。

农村组：成员 12 人，设组长 1 人、副组长 2 人。

经济研究组：成员 18 人，设组长 1 人、副组长 2 人。

法制研究组：成员 11 人，设组长 1 人、副组长 2 人。

宗教民族组：成员 7 人，设组长 1 人、副组长 2 人。

第六节　第六届县政协工作组

1984 年 10 月 25 日，县政协召开六届三次常委会会议，讨论决定设立 9 个工作组。

工交财贸组：成员 13 人，设组长 1 人、副组长 1 人。

农村组：成员 11 人，设组长 1 人、副组长 1 人。

工商组：成员 8 人，设组长 1 人、副组长 2 人。

文体新闻组：成员 7 人，设组长 1 人、副组长 1 人。

科技组：成员 23 人，设组长 1 人、副组长 2 人。

教育组：成员 31 人，设组长 1 人、副组长 3 人。

医卫组：成员 21 人，设组长 1 人、副组长 2 人。
侨务对台组：成员 20 人，设组长 1 人、副组长 1 人。
宗教民族组：成员 11 人，设组长 1 人、副组长 1 人。
1985 年 3 月 30 日，县政协召开六届八次常委会会议，决定设立经济开发组，成员 5 人，设组长 1 人、副组长 2 人。

第七节　第七届县政协专门委员会（组）

1987 年 4 月 16 日，县政协召开七届一次常委会会议，讨论决定设立 7 个专门委员会、3 个工作组。

一、专门委员会

对外经济联络委员会：成员 8 人，设主任 1 人、副主任 2 人。
海外联谊委员会：成员 22 人，设主任 1 人、副主任 1 人。
市政工交财贸委员会：成员 18 人，设主任 1 人、副主任 2 人。
科学技术委员会：成员 26 人，设主任 1 人、副主任 2 人。
教育委员会：成员 31 人，设主任 1 人、副主任 3 人。
医卫妇幼委员会：成员 26 人，设主任 1 人、副主任 2 人。
文体新闻委员会：成员 10 人，设主任 1 人、副主任 2 人。

二、工作组

宗教民族组：成员 9 人，设组长 1 人、副组长 2 人。
农村经济组：成员 7 人，设组长 1 人、副组长 1 人。
文史资料组：成员 3 人，设组长 1 人、副组长 1 人。

第八节　第八届县政协专门委员会

1990 年 4 月 6 日，县政协召开八届一次常委会会议，讨论决定设立 11 个专门委员会。
学习委员会：成员 13 人，设主任 1 人、副主任 1 人。
提案委员会：成员 12 人，设主任 1 人、副主任 1 人。
文史资料委员会：成员 9 人，设主任 1 人、副主任 2 人。
市政工交委员会：成员 25 人，设主任 1 人、副主任 2 人。
农村经济委员会：成员 32 人，设主任 1 人、副主任 3 人。
科学技术委员会：成员 27 人，设主任 1 人、副主任 2 人。
教育文化委员会：成员 32 人，设主任 1 人、副主任 3 人。
医卫体委员会：成员 24 人，设主任 1 人、副主任 3 人。
法制委员会：成员 10 人，设主任 1 人、副主任 2 人。
民族宗教委员会：成员 9 人，设主任 1 人、副主任 1 人。
海外联谊委员会：成员 26 人，设主任 1 人、副主任 3 人。

第九节　第九届县政协专门委员会

1993 年 4 月 9 日，县政协召开九届一次常委会会议，讨论决定设立 12 个专门委员会。

学习委员会：成员 12 人，设主任 1 人、副主任 1 人。
提案委员会：成员 12 人，设主任 1 人、副主任 1 人。
文史资料委员会：成员 11 人，设主任 1 人、副主任 1 人。
市政工交委员会：成员 24 人，设主任 1 人、副主任 2 人。
农贸经济委员会：成员 20 人，设主任 1 人、副主任 2 人。
科学技术委员会：成员 20 人，设主任 1 人、副主任 2 人。
教育委员会：成员 23 人，设主任 1 人、副主任 2 人。
医卫委员会：成员 21 人，设主任 1 人、副主任 2 人。
文体新闻委员会：成员 12 人，设主任 1 人、副主任 1 人。
民族宗教委员会：成员 8 人，设主任 1 人、副主任 1 人。
法制委员会：成员 10 人，设主任 1 人、副主任 1 人。
海外联谊委员会：成员 18 人，设主任 1 人、副主任 2 人。

第十节　第十届县政协专门委员会

1998 年 3 月 28 日，县政协召开十届一次常委会会议，讨论决定设立 10 个专门委员会。
学习委员会：成员 10 人，设主任 1 人、副主任 2 人。
提案委员会：成员 11 人，设主任 1 人、副主任 2 人。
文史资料委员会：成员 9 人，设主任 1 人、副主任 1 人。
经济委员会：成员 18 人，设主任 1 人、副主任 3 人。
科技委员会：成员 20 人，设主任 1 人、副主任 2 人。
教育委员会：成员 19 人，设主任 1 人、副主任 2 人
医卫委员会：成员 20 人，设主任 1 人、副主任 3 人。
文体委员会：成员 10 人，设主任 1 人、副主任 1 人。
社会法制委员会：成员 13 人，设主任 1 人、副主任 2 人。
海外联谊委员会：成员 11 人，设主任 1 人、副主任 1 人。

2002 年 1 月 22 日，根据《崇明县机构改革总体方案》精神，县政协召开十届十八次常委会会议，决定将原 10 个专门委员会调整为 8 个专门委员会。
提案委员会：成员 8 人，设主任 1 人、副主任 1 人。
文史资料委员会：成员 7 人，设主任 1 人、副主任 1 人。
经济委员会：成员 16 人，设主任 1 人、副主任 3 人。
科技委员会：成员 18 人，设主任 1 人、副主任 2 人。
教文体委员会：成员 16 人，设主任 1 人、副主任 3 人。
社会和法制委员会成员：13 人，设主任 1 人、副主任 3 人。
人口和健康委员会：成员 19 人，设主任 1 人、副主任 3 人。
港澳台侨委员会：成员 11 人，设主任 1 人、副主任 1 人。

第十一节　第十一届县政协专门委员会

2003 年 3 月 31 日，县政协召开十一届一次常委会会议，决定设立 8 个专门委员会。
提案委员会：成员 11 人，设主任 1 人、副主任 2 人。
文史资料委员会：成员 11 人，设主任 1 人、副主任 1 人。

经济委员会：成员 49 人，设主任 1 人、副主任 2 人。
科技委员会：成员 20 人，设主任 1 人、副主任 2 人。
教文体委员会：成员 26 人，设主任 1 人、副主任 2 人。
社会和法制委员会：成员 22 人，设主任 1 人、副主任 2 人。
人口和健康委员会：成员 19 人，设主任 1 人、副主任 3 人。
港澳台侨委员会：成员 12 人，设主任 1 人、副主任 2 人。

第十二节　第十二届县政协专门委员会

2007 年 3 月 1 日，县政协召开十二届一次常委会会议，决定设立 8 个专门委员会。
提案委员会：成员 15 人，设主任 1 人、副主任 2 人。
文史资料委员会：成员 13 人，设主任 1 人、副主任 2 人。
经济委员会：成员 62 人，设主任 1 人、副主任 4 人。
科技委员会：成员 20 人，设主任 1 人、副主任 2 人。
教文体委员会：成员 26 人，设主任 1 人、副主任 3 人。
社会和法制委员会：成员 26，设主任 1 人、副主任 3 人。
人口和健康委员会：成员 19 人，设主任 1 人、副主任 3 人。
港澳台侨委员会：成员 12 人，设主任 1 人、副主任 2 人。

第十三节　第十三届县政协专门委员会

2012 年 2 月 9 日，县政协召开十三届一次常委会会议，讨论决定设立 4 个专门委员会。
提案委员会：成员 19 人，设主任 1 人、副主任 2 人。
经济委员会：成员 84 人，设主任 1 人、副主任 4 人。下设 4 个组，其中工商联组 14 人，科技科协组 21 人，经济组 28 人，农业组 20 人。各组设正、副组长各 1 人(4 个组长由 4 个副主任兼任)。
社会事业委员会：成员 58 人，设主任 1 人、副主任 3 人。下设 3 个组，其中教育组 26 人，医药卫生组 20 人，文化艺术、体育、新闻组 11 人。各组设正、副组长各 1 人(3 个组长由 3 个副主任兼任)。
建设管理委员会：成员 79 人，设主任 1 人、副主任 3 人。下设 3 个组，其中城乡建设组 17 人，群团组 31 人，社会和法制组 30 人。各组设正、副组长各 1 人(3 个组长由 3 个副主任兼任)。

本章附录

先进专门委员会名单

1991 年起，县政协评选先进专门委员会，至 2012 年共评选 9 次(1992—1994 年度和 1996 年度未评)，评出先进专门委员会 27 个(次)。
1991 年度：农村经济委员会　科学技术委员会　教育文化委员会
1995 年度：医卫委员会　教育委员会
1997 年度：市政工交委员会　科学技术委员会　教育委员会　医卫委员会
1998—1999 年度：社会法制委员会　教育委员会　文史资料委员会
2000—2002 年度：文史资料委员会　教文体委员会　人口和健康委员会
2003—2004 年度：文史资料委员会　科学技术委员会　人口和健康委员会
2005—2006 年度：文史资料委员会　教文体委员会　人口和健康委员会

2007—2008 年度：经济委员会　教文体委员会　人口和健康委员会
2009—2011 年度：经济委员会　科学技术委员会　教文体委员会

第三章　政协界别小组和乡镇(地区)委员小组

为了体现政协界别特色、突出政协界别优势、发挥政协界别作用，经县政协十一届四十六次主席会议审议通过，决定从该届起建立界别委员小组，并明确 1 名召集人。政协界别小组召集人由界别委员协商推荐、主席会议研究确定。政协界别小组召集人的职责是：根据本界别特点，组织本界别委员开展各具特色的活动，密切与本组委员的联系和沟通，了解他们的意见建议，做好本组委员履职情况和参加界别活动的考核等工作。

政协委员中有一部分分散在各乡镇、常住在农村的委员，为了加强与这些委员的联络沟通，方便履职活动，县政协于 1994 年 4 月起设立乡镇(地区)委员小组。凡有 5 名以上县政协委员的乡、镇可以单独组建乡、镇委员小组；一个乡、镇不足 5 名县政协委员的，与邻近乡、镇合并建立地区委员小组。乡镇(地区)委员小组设组长 1 人，副组长 1 至 2 人。乡镇(地区)委员小组的设置和变动，由县政协常务委员会或主席会议决定。县政协乡镇(地区)委员小组是在政协常务委员会和主席会议领导下，组织相关乡镇(地区)的县政协委员开展学习、加强联系、组织活动的一种组织形式，是政协工作的重要基础。乡镇(地区)委员小组的工作职责是：组织委员学习马克思列宁主义、毛泽东思想、邓小平理论和“三个代表”重要思想、科学发展观等，学习党的方针、政策和国家及地方的法律、法规，学习统一战线和人民政协理论，学习履职相关知识；围绕所在乡镇(地区)经济建设、政治建设、文化建设、社会建设和生态文明建设，组织委员开展小型调查和视察、参观活动，履行政治协商、民主监督、参政议政职能；加强与政协委员和社会各界人士的联系，多形式、多渠道汇集各种信息，积极反映社情民意；配合县政协开展的由全体政协委员参加的重要活动，为所在乡镇(地区)的县政协委员参加活动提供必要的帮助；配合县政协有关专门委员会及当地党委、政府有关部门开展专题调查、专项检查工作。

第一节　政协界别小组

2006 年 6 月 30 日，县政协召开十一届四十六次主席会议，协商通过政协界别召集人，分别是：陈汉刚为中共、特邀界别小组召集人，周洪生为民盟界别小组召集人，张诗履为民进界别小组召集人，丁汉明为农工党界别小组召集人，施亚周为九三学社界别小组召集人，顾柏铭为工商联界别小组召集人，徐洪为经济界别小组召集人，赵杰为农业界别小组召集人，吴磊为科技、科协界别小组召集人，吴勇为教育界别小组召集人，黄飞为文化艺术、体育、新闻界别小组召集人，张耀范为医药卫生界别小组召集人，陈英为工会、共青团、妇联、青联界别小组召集人，袁锦超为社会福利和社会保障、少数民族、宗教界别小组召集人，黄晓为侨联、台联界别小组召集人。

2007 年 2 月 18 日，县政协召开十二届一次主席会议，协商决定各界别小组召集人，分别是：陈汉刚为中共、特邀界别小组召集人，周洪生为民盟界别小组召集人，张诗履为民进界别小组召集人，丁汉明为农工党界别小组召集人，施亚周为九三学社界别小组召集人，顾柏铭为工商联界别小组召集人，徐洪为经济界别小组召集人，徐瑞国为农业界别小组召集人，吴磊为科技、科协界别小组召集人，吴勇为教育界别小组召集人，施耀忠为文化艺术、体育、新闻界别小组召集人，蔡志昌为医药卫生界别小组召集人，宋学梅为工会、共青团、妇联、青联界别小组召集人，沈志强为社会福利和社会保障、少数民族、宗教界别小组召集人，黄美兰为台联、侨联界别小组召集人。

2008 年 2 月 14 日，县政协十二届十五次主席会议协商决定，郭卫平任经济界别小组召集人，徐洪不再担任经济界别小组召集人。2009 年 7 月 7 日，县政协十二届三十三次主席会议协商决定，龚耀昌任民进界别小组召集人，张诗履不再担任民进界别小组召集人。2010 年 5 月 6 日，县政协十二届四十四次主席会议协商决定，施惠聪为民盟界别小组召集人，施建华(民进)为民进界别小组召集人，陈伟为九三学社界别小组召集人，黄晓霞为工会、共青团、妇联、青联界别小组召集人；周洪生不再担任民盟界别小组召集人，龚耀昌不再担任民进界别小组召集人，施亚周不再担任九三学社界别小组召集人，宋学梅不再担任工会、共青团、妇联、青联界别小组召集人。

2012 年 2 月 8 日，县政协十三届三次主席会议协商决定各界别小组召集人，分别是：陈汉刚为中共、特邀界别小组召集人，施惠聪为民盟界别小组召集人，施建华(民进)为民进界别小组召集人，丁汉明为农工党界别小组召集人，赵中平为九三学社界别小组召集人，吴忠华为民建界别小组召集人，顾德昌为民革界别小组召集人，沈庆佳为无党派人士界别小组召集人，姚美琴为工会、共青团、青联、妇联界别小组召集人，张成刚为工商联界别小组召集人，袁文君为科技、科协界别小组召集人，黄美兰为侨联、台联界别小组召集人，张立新为经济界别小组召集人，陆锦辉为农业界别小组召集人，黄乃华为教育界别小组召集人，陆松平为文化艺术、体育、新闻界别小组召集人，蔡志昌为医药卫生界别小组召集人，张耀春为社会福利和社会保障、少数民族、宗教界别小组召集人。

第二节 政协乡镇(地区)委员小组

1994 年 4 月 22 日，县政协召开九届八次常委会会议，协商决定在委员较为集中的庙镇、鳌山、堡镇 3 个地区设立政协地区委员小组。其中：庙镇地区小组有委员 9 人，杨忠义为组长，范宜煊为副组长；鳌山地区小组有委员 8 人，徐承杰为组长，沈镇泉为副组长；堡镇地区小组有委员 11 人，施亚参为组长，王谨敏为副组长。

1995 年 1 月 9 日，县政协召开九届十三次常委会会议，制定政协地区委员小组工作简则，并决定在已设立 3 个地区委员小组的基础上，成熟一个，设立一个。8 月 4 日，政协城桥镇地区委员小组设立，有委员 8 人，协商推荐袁兰馨为组长，黄秀丽为副组长。

1998 年 5 月 5 日，县政协十届三次主席会议商量设立地区委员小组事宜，决定设立 6 个地区委员小组。其中：庙镇地区委员小组有委员 14 人，陆秀金为组长，范宜煊、黄思道为副组长；城桥镇地区委员小组有委员 9 人，袁兰馨为组长，周锡涛为副组长；城北地区委员小组有委员 10 人，顾松兰为组长，沈镇泉为副组长；新河地区委员小组有委员 8 人，刘仁德为组长，施文忠、徐卫国为副组长；堡镇地区委员小组有委员 14 人，施亚参为组长，黄文元、朱俊贤为副组长；向化地区委员小组有委员 10 人，杨文广为组长，施和平、陈尚明为副组长。2000 年 2 月，6 个地区委员小组调整为：三星镇地区委员小组有委员 5 人，黄思道为组长，郭志超为副组长；庙镇地区委员小组有委员 7 人，陆秀金为组长，马世奇为副组长；城桥镇地区委员小组有委员 10 人，周锡涛为组长，沈镇泉为副组长；竖新镇地区委员小组有委员 6 人，刘仁德为组长，施文忠为副组长；堡镇地区委员小组有委员 17 人，施亚参为组长，黄文元、朱俊贤为副组长；港沿镇地区委员小组有委员 5 人，杨文广为组长，范玉琴为副组长。

2003 年 3 月 31 日，县政协十一届一次常委会会议审议通过设立 6 个地区委员小组。其中：庙镇地区委员小组有委员 8 人，陆秀金为组长，张英为副组长；港西镇地区委员小组有委员 5 人，吴忠华为组长，杨刚为副组长；城桥镇地区委员小组有委员 11 人，姚士新为组长，陈飞为副组长；竖新镇地区委员小组有委员 6 人，吴磊为组长，施文忠(经济)为副组长；堡镇地区委员小组有委员 15 人，施文忠(特邀)为组长，黄松、龚超为副组长；港沿镇地区委员小组有委员 6 人，范玉琴为组长，杜俊德为副组长。

2007 年 3 月 1 日，县政协十二届一次常委会(扩大)会议审议通过设立 7 个地区委员小组。其中：庙镇地区委员小组有委员 6 人，黄胜为组长，马世奇为副组长；城桥镇地区委员小组有委员 7 人，钮东升为组长，薛永红为副组长；竖新镇地区小组有委员 6 人，施文忠(经济)为组长，龚耀飞为副组长；堡镇地区委员小组有委员 15 人，施文忠(特邀)为组长，龚超、张耀范为副组长；港沿镇地区委员小组有委员 6 人，范玉琴为组长，杜俊德为副组长；陈家镇地区委员小组有委员 7 人，施永法为组长，罗毅为副组长；长兴、横沙地区委员小组有委员 8 人，张永康为组长，周文忠为副组长。2009 年 2 月 2 日，县政协十二届二十八次主席会议协商决定林艳华任堡镇地区委员小组组长、顾建舟任庙镇地区委员小组组长，施文忠(特邀)不再担任堡镇地区委员小组组长、黄胜不再担任庙镇地区委员小组组长。2010 年 3 月 1 日，县政协十二届四十二次主席会议协商决定，沈国兴任城桥镇地区委员小组组长，钮东升不再担任城桥镇地区委员小组组长。

2012 年 2 月 8 日，县政协十三届三次主席会议讨论通过设立 7 个地区委员小组。其中：新村、绿华、三星、庙镇地区委员小组有委员 16 人，陆春明为组长，张成刚为副组长；城桥、港西、建设地区委员小组有委员 23 人，沈国兴为组长，沈庆佳为副组长；新河、竖新地区委员小组有委员 9 人，张虹为组长，郁葱为副组长；堡镇、港沿地区委员小组有委员 21 人，朱举纲为组长，杜俊德为副组长；陈家镇、向化、中兴地区委员小组有委员 13 人，沈益为组长，黄立昌为副组长；长兴、横沙地区委员小组有委员 9 人，郭春菊为组长，倪耀忠为副组长；东平、新海地区委员小组有委员 7 人，吴美华为组长，胡林森为副组长。

本节附录

先进乡镇(地区)委员小组名单

1995 年起，县政协评选乡镇(地区)委员小组，至 2012 年共评选 8 次(1996 年度未评)，评出先进乡镇(地区)委员小组 14 个(次)。

1995 年度：堡镇地区委员小组

1997 年度：城桥镇地区委员小组

1998—1999 年度：城桥镇委员小组　堡镇镇委员小组

2000—2002 年度：城桥镇委员小组　堡镇委员小组

2003—2004 年度：城桥镇委员小组　堡镇委员小组

2005—2006 年度：城桥镇委员小组　港沿镇委员小组

2007—2008 年度：堡镇委员小组　庙镇委员小组

2009—2011 年度：城桥镇委员小组　陈家镇委员小组

第四章　政协党组　机关

中共崇明县政协党组是中共崇明县委的派出机构，在县政协工作中发挥政治核心作用。其主要职责是：宣传党的基本理论、基本路线、基本纲领，贯彻党关于人民政协的方针、政策，把中共中央和中共上海市委、中共崇明县委的重大决策落实到政协的工作中去；推动参加政协的各民主党派、人民团体和各族各界人士自觉接受中国共产党的领导，使中共的主张成为各党派、团体和各界人士的共识；发挥政协委员中中共党员的先锋模范作用，增强他们的政治责任感和历史使命感，自觉争做理论学习的表率，履行职能的表率，发扬民主的表率，团结合作的表率；加强县政协机关的思想建设、组织建设、作风建设、业务建设，不断提高机关工作人员的政治素质、工作效率和服务水平；按照中共崇明县委的统一部署和政协章程的规定，配合中共崇明县委有关部门研究政协换届时有关界别设置、委员名额、人选等问题，并提出建议。

崇明县政协机关是县政协的办事机构。其主要职责是：贯彻县政协全体会议、常委会会议、主席会议的决议、决定；配合机关党组织抓好机关的政治、业务学习，加强思想政治工作；承担县政协文件、领导讲话的起草工作和各种会议的筹备工作；负责机关后勤的保障服务；做好县政协调研、提案、视察、座谈等的协调服务和社情民意信息的收集整理工作；密切与党政部门和社会各界的联系，开展各类联谊活动；完成常委会、主席会议交办的其他工作。

第一节 政 协 党 组

1984 年 4 月，经中共崇明县委讨论决定，建立中共崇明县政协党组（简称县政协党组）。设党组书记 1 人（由县政协主席兼任）、党组成员 2 人。此后，随着县政协换届和原党组成员工作调动、职务变动等，县委对政协党组及时进行调整。

一、党组组成

第六届县政协党组（1984.4—1987.5）
书　记　施　群　（1984.4—1986.4）
副书记　宋　斌　（1986.6—1987.5）
成　员　顾　青　（1984.4—1986.4）
　　　　黄冠球　（1984.4—1987.5）
　　　　薛以霆　（1986.11—1987.5）
第七届县政协党组（1987.5—1990.3）
书　记　张　彪　（1987.5—1990.3）
成　员　宋　斌　（1987.5—1990.3）
　　　　徐正林　（1987.5—1990.3）
　　　　薛以霆　（1987.5—1990.3）
第八届县政协党组（1990.6—1993.3）
书　记　陆　瑾　（1990.6—1993.3）
成　员　徐正林　（1990.6—1993.3）
　　　　顾建新　（1990.6—1993.3）
第九届县政协党组（1993.4—1998.3）
书　记　陆　瑾　（1993.4—1998.3）
成　员　黄振兴　（1993.4—1998.3）
　　　　仇永鸣　（1993.4—1998.3）
　　　　顾建新　（1993.4—1994.4）
　　　　刘亚池　（1994.4—1998.3）
第十届县政协党组（1998.4—2003.3）
书　记　黄振兴　（1998.4—2002.9）
　　　　邵礼达　（2002.9—2003.1）
　　　　范陈杰　（2003.1—2003.3）
成　员　仇永鸣　（1998.4—2001.1）
　　　　周祖安　（1998.4—2003.3）
　　　　袁佳平　（2003.1—2003.3）
　　　　刘亚池　（1998.4—2001.9）
　　　　陈汉刚　（2001.9—2003.3）
第十一届县政协党组（2003.3—2007.2）
书　记　范陈杰　（2003.3—2007.2）
成　员　袁佳平　（2003.3—2007.2）
　　　　王为群　（2006.12—2007.2）

陈汉刚 （2003.3—2007.2）

第十二届县政协党组（2007.2—2012.1）

书　记 范陈杰 （2007.2—2011.1）

施建华 （2011.1—2012.1）

成　员 王为群 （2007.2—2012.1）

袁佳平 （2007.2—2012.1）

沈卫国 （2011.12—2012.1）

陈汉刚 （2007.2—2012.1）

第十三届县政协党组（2012.1— ）

书　记 施建华 （2012.1— ）

副书记 王为群 （2012.1— ）

成　员 沈卫国 （2012.1— ）

陈汉刚 （2012.1— ）

二、党组主要工作

制定规章制度 1988 年 1 月 5 日，县政协党组制定《政协崇明县委员会机关工作人员责任制》。1999 年 12 月 29 日，县政协党组会议讨论通过《中共崇明县政协党组工作简则》。2000 年 5 月 9 日，县政协党组制定《崇明县政协中心组学习制度》，对学习内容、学习要求、学习方式、参加人员等均作出具体规定。同日，又制定《崇明县政协机关党风廉政建设责任制》，明确党风廉政建设的责任内容、责任分工等。2003 年 3 月 26 日，县政协党组制定《中共政协崇明县委员会党组工作规则》，明确党组工作的指导思想、主要任务、工作原则、议事制度等，以后每届县政协党组都对党组工作规则进行修订。

下发意见通知 1991 年 7 月 20 日，县政协党组下发《关于发挥县政协委员中的共产党员先锋模范作用的通知》。1995 年 5 月 25 日，下发《关于深入开展向孔繁森学习活动的通知》。1997 年 9 月 25 日，下发《关于认真学习贯彻中国共产党第十五次代表大会精神的通知》。2002 年 11 月 27 日，下发《关于认真学习贯彻中国共产党第十六次代表大会精神的通知》。2003 年 7 月 22 日，下发《关于认真学习胡锦涛重要讲话，兴起学习贯彻“三个代表”重要思想新高潮的通知》。2004 年 7 月 27 日，下发《关于发挥县政协委员中的共产党员作用的意见》。2006 年 9 月 11 日，下发《关于认真学习〈江泽民文选〉的通知》。2007 年 10 月 31 日，下发《关于学习贯彻中国共产党第十七次代表大会精神的决议》。2008 年 7 月 3 日，下发《关于积极投身“讲党性、重品行、作表率”主题教育活动，充分发挥县政协委员中的中共党员先锋模范作用的意见》。2012 年 11 月 27 日，下发《关于学习贯彻中国共产党第十八次代表大会精神的决议》。

研究讨论政协工作中的重大问题 2000 年起，县政协党组每年年中和年底总结上半年工作、安排下半年工作和回顾当年工作、部署明年工作，并向中共崇明县委常委会报告工作。2003 年起，县政协党组认真执行《中共政协崇明县委员会党组工作规则》，坚持民主集中制原则，一般每月召开 1 次党组会议或党组扩大会议，集体讨论确定县政协重要会议（包括历届各次全体委员会议、常务委员会议、协商通报会、民主生活会等）、重大活动（包括每年节庆活动，委员专题巡查、年终视察活动以及重大纪念活动等）方案，审议县政协委员、常委的人事安排，讨论县政协机关机构的设置、调整等，并以书面形式向中共崇明县委请示或报告。

组织开展专题教育实践活动 1999 年 11 月至 2000 年 1 月，县政协党组根据中共中央《关于在县级以上党政领导班子、领导干部中深入开展以“讲学习、讲政治、讲正气”为主要内容的党性党风教育的意见》，在中共崇明县委的统一安排下，组织开展“三讲”教育活动。通过加强学习、提高认识，自我剖析、查找问题，即知即改、落实措施，“三讲”教育取得预期效果。2001 年 4 月至 6 月，县政协党组组织开展全体机关党员干部参加的“三个代表”重要思想学习教育活动。2005 年 1 月至 6 月，在中共崇明县委的统一安排下，县政协党组组织全体机关党员干部参加第一批保持共产党员先进性教育活动，通过学习动员、分析评议、整改提高三个阶段的活动过程，提高全体机关党员干部的思想认识，推进县政协各项工作的开展，教育活动达到预期目的。2009年3月至8月，按照中共中央的统一部署和中共上海市委、中共崇明县委的总体安排，县政协党组组织开展深入学习实践科学发展观活动。3月11日，党组召开动员会议。活动分为学习调研、分析检查、整改落实三个阶段。县政协党组围绕中共崇明县委"坚持科学发展、落实行动纲要、建设生态崇明"这一总的实践载体，结合机关实际，确定"坚持科学发展、切实履行职能、推进政协事业"的实践载体，制定切实可行的实施方案，学习实践活动扎实有序开展。在活动中，对五个方面30个事项制定整改落实方案。8月25日，县政协党组召开总结会议。

向县委提出关于政协工作的意见建议 1987年8月12日，县政协党组向中共崇明县委提交《关于进一步发挥政协职能作用的几点意见》，8月15日，中共崇明县委向各乡、镇、局、公司党委(党组)和各部、委、办转发此意见。1989年3月22日，县政协党组对中共崇明县委决定召开的政协工作会议提出书面建议。根据县政协党组的建议，中共崇明县委在做好各项准备工作的基础上，于4月7日召开政协工作会议。会后，中共崇明县委又听取县政协党组意见，进行专题讨论研究，向各乡、镇、局、公司党委(党组)和各部、委、办下发《关于加强政协工作的意见》文件。1994年12月16日，县政协党组向中共崇明县委提交《关于县政协委员列席乡、镇人代会的建议》，中共崇明县委于12月21日作出批复：同意建议。1995年、2003年、2006年、2009年，中共崇明县委先后下发《中共崇明县委关于进一步加强政协工作的意见》《中共崇明县委关于进一步加强政协工作的若干意见》《中共崇明县委关于进一步加强多党合作和政治协商制度建设的实施意见》和《中共崇明县委关于进一步加强人民政协政治协商工作的若干规定》，县政协党组在这些文件制定过程中都提出了很好的意见和建议。

加强党组自身建设 县政协党组坚持和健全学习制度，在党组成员自学的基础上，定期组织集体学习活动，学习掌握人民政协和党的统一战线理论，学习和了解经济、科技、金融、法律和历史等方面的知识。通过学习，不断增强工作的原则性、系统性、前瞻性和创造性。1993年起，县政协党组按照中共崇明县委的要求，坚持做到每年定期召开1—2次民主生活会，开展批评与自我批评，端正思想作风、工作作风和领导作风，每次民主生活会情况及时向中共崇明县委书面汇报。

第二节 政 协 机 关

崇明县政协机关先后设秘书处、办公室、专门委员会办公室(简称专委会办公室)、研究室等办事机构。在县政协党组和主席会议领导下，各办事机构各司其职、各负其责。县政协机关还建立中共崇明县政协机关支部委员会(简称机关党支部)，机关党支部在县政协党组和县级机关党工委的领导下，加强政协机关党的思想建设、组织建设、作风建设。

一、机关机构设置及其职责

秘书处 县政协第一届和第二届委员会均配备1名专职秘书，由其负责政协机关的日常事务工作。1961年9月，县政协三届一次会议后，正式设立工作机构——秘书处，设秘书长1人、副秘书长2人。1967年1月起，因"文化大革命"，县政协中止活动，秘书处也停止工作。1981年6月，县政协五届一次会议后，秘书处恢复工作，秘书长由1名副主席兼任，并设副秘书长1人。1984年4月，县政协第六届委员会起，秘书长不再由副主席兼任。1995年5月，按照中共崇明县委办公室《关于印发县政协秘书处职能配置、内设机构和人员编制方案的通知》，政协秘书处内设秘书科和行政科，行政编制14人。其中，秘书长1人，副秘书长2人(分别兼秘书科和行政科科长)。2001年12月10日，县政协召开十届四十七次主席会议，根据《崇明县机构改革方案》规定和中共崇明县委关于县级机构改革的总体要求，研究政协机关职能配置、内设机构和人员编制方案。同日，该方案经县政协十届十七次常委会会议协商通过，决定撤销政协秘书处，政协机关设置办公室和专委会办公室。

政协秘书处主要职责：负责全体委员会议、常务委员会会议、主席会议、常务委员会专题座谈会等各种会议的准备工作；做好政协常委会会议、主席会议所作决定事项的贯彻落实和督办工作；负责政协常委会和委员的学习、考察、视察等各项活动的准备工作；起草政协文件、领导讲话、工作报告和调查研究报告等；围绕全县的中心工作和群众关心的热点、难点，协助县政协领导开展专题调查研究，负责起草常委会建议案；做好委员提案的审查、立案、交办、催办和跟踪落实工作；协助和指导各工作委员会、乡镇（地区）委员小组开展活动；协助做好委员的学习和培训工作，加强与委员的联系，为委员做好服务工作；密切与民主党派、工商联的联系和交往，为他们提供参政议政场所，发挥他们的作用；加强与"三胞"和海外的联谊活动，做好接待工作；做好行政事务和后勤工作，处理好群众来信来访；做好政协领导交办的其他工作。2001 年 12 月，县政协秘书处撤销。按照政协章程规定，秘书长作为政协常务委员会和政协主席会议的组成人员，具体负责和全面主持政协机关工作。副秘书长协助秘书长工作。

办公室　2001 年 12 月，县政协设置综合办事机构——办公室，编制 8 人，其中主任 1 人（由秘书长兼任）、副主任 1 人。办公室内设秘书科（科长 1 人、副科长 1 人、秘书 2 人）和行政科（科长 1 人、秘书 1 人）。2003 年 7 月，办公室增设调研信息科，人员编制在政协机关编制总数内解决。2012 年 2 月，在县政协机关机构设置调整中，调研信息科被撤销。

办公室主要职责：负责县政协全体会议、常务委员会会议、主席会议、秘书长联席会议等会务工作；负责起草政协全体会议和其他重要会议的文件、报告；围绕中共崇明县委、县政府中心工作，按照政协工作计划，组织实施委员视察、调研等活动，撰写视察、调研报告；承办党政机关邀请政协委员参加有关会议和活动的联系、组织工作；承办以政协名义举办的重大活动和节日庆祝活动；负责编写政协各类简报、通报，协调做好对内对外宣传工作；联系政协委员、党派团体，收集整理信息，向中共崇明县委、县政府及时反映社情民意；负责政协机关来往文电处理、文书档案、文印、通讯、机要保密等工作；负责联络接待、经费保障、后勤服务等机关行政事务工作和离退休人员服务工作；承办县政协主席、副主席、秘书长交办的其他工作事项。

专委会办公室　2001 年 12 月，县政协设置专门委员会办事机构——专委会办公室，编制 5 人，其中主任 1 人（由副秘书长兼任），副主任 1 人。下设综合科（科长 1 人、秘书 2 人）。

专委会办公室主要职责：协助专门委员会拟定年度工作计划，并组织实施；负责专门委员会主任会议、全体会议及所组织的报告会、学习会、座谈会、参观访问、对口联系等活动的组织、联络和会务工作；联络各地区委员小组，并指导其开展各项活动；开展政协工作方面的调查研究，向主席、分管副主席反映专门委员会、乡镇（地区）委员小组的工作情况，总结和推广其工作经验；负责安排专门委员会的专题调研，收集整理专门委员会的调研材料，整理委员提出的意见和建议，协助专门委员会起草调研报告。征集政协委员、各党派团体的提案，及时交办并与承办单位联系沟通，督办各项提案的落实；负责做好兄弟单位政协专门委员会到崇明参观考察的接待工作；负责政协之友社的日常事务工作；完成县政协主席、副主席、秘书长交办的其他工作事项。

2012 年 2 月 9 日，根据中共崇明县委《关于同意调整县政协机关机构设置的批复》精神，经县政协十三届一次常委会会议协商，决定调整专门委员会设置。原 8 个专门委员会调整为 4 个，即提案委员会、经济委员会、社会事业委员会、建设管理委员会。撤销专委会办公室及下设的综合科。4 个专门委员会实行主任驻会制度。设提案委员会主任 1 人（由县政协副主席兼任），专职副主任 1 人。设经济委员会、社会事业委员会、建设管理委员会驻会主任各 1 人。

研究室　2012 年 2 月，在县政协机关机构调整中，设置研究室，设主任 1 人。下设调研信息科、文史资料研究科。研究室主要负责起草县政协文件、报告、领导讲话等；组织实施人民政协理论与实践研究、工作调研以及文史资料研究。

二、机关党支部

1987年6月26日，中共崇明县县级机关工作委员会(简称机关党工委)发文，同意将原统战系统的1个联合党支部改建为县政协、统战部、侨务3个独立党支部。同年8月13日，县政协机关党支部成立，有党员10人，选举姚志一为党支部书记、郭美英为副书记。1990年6月6日，县政协机关党支部换届选举，新一届党支部委员会由姚志一、郭美英、陆松平3人组成，姚志一为书记，郭美英为副书记，有党员12人。1992年3月7日，县政协机关党支部换届选举，姚志一为书记，郭美英为副书记，有党员13人。1993年9月22日，机关党工委根据县委组织部批复，同意姚志一、陆松平、郭美英3人组成县政协机关党支部委员会，姚志一为党支部书记，有党员13人。1996年8月1日，县政协机关党支部换届选举，新一届党支部委员会由刘亚池、姚志一、陆松平3人组成，刘亚池为书记，姚志一为副书记，有党员12人。2001年10月11日，县政协机关党支部换届选举，新一届党支部委员会由陆松平、沈士忠、顾红英3人组成，陆松平为书记，沈士忠为副书记，有党员15人。2007年6月26日，县政协机关党支部换届选举，新一届党支部委员会由沈士忠、施捷、顾红英3人组成，沈士忠为书记，施捷为副书记(2009年11月调离)，有党员16人。2012年9月3日，县政协机关党支部换届选举，新一届党支部委员会由王莉、沈虹、顾欢欢3人组成，王莉为书记，沈虹为副书记，有党员16人。

县政协机关党支部根据《中国共产党章程》有关基层党组织基本任务的规定，宣传、贯彻党的路线、方针、政策，执行上级党组织的决议，充分发挥政协机关党员的先锋模范作用，努力完成自己所担负的各项任务；组织党员认真学习马克思列宁主义、毛泽东思想、邓小平理论、"三个代表"重要思想和科学发展观，学习党的路线、方针、政策、上级的重大决策和重要会议精神，学习党的基本知识，学习科学、文化和业务知识，不断提高机关党员的政治素质和业务素质；对党员进行政治思想教育和党的传统作风教育，严格党的组织生活，维护和执行党的纪律，监督党员切实履行义务，寓教育管理于服务之中，从思想、工作、生活上关心党员，调动党员干部的创造性和积极性；对要求入党的积极分子进行教育和培养，做好发展党员工作；健全制度，组织开展批评与自我批评，纠正各种不正之风。县政协机关党支部履行工作职责，在推进政协工作中，充分发挥战斗堡垒作用。

三、机关地址迁移变更

1956年3月县政协成立初期，会址设于县城内北街20号。1961年9月，第三届县政协会址迁移至县城内南街8号。1981年6月，第五届县政协仍在原址办公。同年10月，会址迁移至县城内陈仓门弄4号。1994年5月起，会址在城内人民路68号县政府大院4号楼。

卷二　会　议

会议是人民政协履行政治协商、民主监督、参政议政职能和政协委员履行职责的基本形式。崇明县政协围绕人民政协团结和民主两大主题，通过召开全体会议、常委会会议、主席会议及其他会议，参与崇明各项重大决策、重要事务和重要问题的协商、监督，提出意见、建议，履行政治协商、民主监督、参政议政职能。

本卷除按县政协届次分别记述委员全体会议、常委会会议、主席办公会议和主席会议召开的日期和主要内容外，还简要记述中共崇明县委召开的政协工作会议、政协工作座谈（研讨）会和县人大常委会、县政协联合召开的工作交流会。

第一章　委员会全体会议

根据政协章程，县政协全体会议一般每年举行1次，由常委会召集并主持会议，全体委员参加，邀请有关人士和有关部门负责人列席。1956年3月2日召开县政协一届一次会议至2012年1月召开十三届一次会议，共召开全体委员会议48次。

县政协全体委员会议主要任务：听取和审议常委会工作报告和提案工作情况报告；选举县政协主席、副主席、秘书长和常务委员，决定常委会组成人员的增减或变更；列席县人民代表大会会议，听取和讨论《政府工作报告》和其他有关报告，提出意见建议等。

第一节　第一届委员会全体会议

第一届委员会任期内，共召开全体会议3次。

一、第一次会议

1956年3月2日—5日在县文化馆召开。出席委员56人，列席18人。会议听取中共崇明县委书记王乐三所作的关于人民政协性质和任务的报告和中共崇明县委宣传部部长朱仲达所作的关于当前国内外形势的报告。

会议选举主席1人，由中共崇明县委书记兼任，副主席2人，常务委员4人，7人组成第一届常务委员会。

二、第二次会议

1957 年 3 月 10 日—11 日在县文化馆召开。出席委员 78 人，列席 16 人。会议传达江苏省政协召开的市、县政协工作会议精神，听取副主席徐鼎铨所作的县政协成立以来的工作情况和 1957 年上半年工作意见的报告，听取中共崇明县委财贸部和文教部负责人关于动员各界人士踊跃认购 1957 年经济建设公债和当年中、小学毕业生指导问题的发言，听取主席王乐三所作的关于协商县第二届人民委员会委员候选人名额、名单和县长、副县长候选人名单的说明，并进行分组讨论。14 名委员作大会发言，王乐三作总结。

三、第三次会议

1957 年 4 月 22 日—25 日在县文化馆召开(这次会议与县人民委员会联合召开)。出席委员 84 人，列席 17 人。会议听取副县长刘蔚所作的关于过去开展增产节约运动的情况和今后工作意见的报告，听取中共崇明县委副书记朱仲达所作的关于在机关、学校等团体内开展肃反工作情况的报告，听取县公安局局长顾洪福、县人民法院副院长黄竞成、县人民检察院副院长陈秀康所作的关于公安、法院、检察工作的报告。13 名委员作大会发言。会议最后由主席王乐三作总结。会议期间，召开县政协第五次常委会会议。

第二节　第二届委员会全体会议

第二届委员会任期内，共召开全体会议 3 次。

一、第一次会议

1958 年 4 月 15 日—17 日在县文化馆召开。出席委员 94 人，列席 19 人。会议听取和审议副主席徐鼎铨所作的县政协常委会工作报告，听取副县长刘蔚所作的关于目前大跃进形势的报告和中共崇明县委统战部副部长陈启刚关于党的统战工作的发言，协商县第三届人民代表大会代表候选人名额、名单。

会议选举县政协主席 1 人，由中共崇明县委书记兼任，副主席 4 人，常务委员 17 人，22 人组成第二届常务委员会。

二、第二次会议

1958 年 12 月 13 日—15 日在县文化馆召开。出席委员 92 人，列席 21 人。会议听取省人大代表赵友仁和县政协副主席范春如分别传达中共江苏省委书记江渭清、省长惠浴宇在省人民代表大会、省政协会议上所作的报告，听取和讨论中共崇明县委第二书记、县长赵志良所作的《政府工作报告》，听取中共崇明县委第一书记张惠和所作的国际国内形势的报告。会议期间，全体委员参观“崇明县大跃进成就展览会”。

三、第三次会议

会议召开日期、内容等情况无资料查考。

第三节　第三届委员会全体会议

第三届委员会任期内，共召开全体会议 3 次。

一、第一次会议

1961 年 9 月 13 日—16 日在县文化馆召开。出席委员 98 人，列席 22 人。全体人员列席崇明县第四届人民代表大会第一次会议，听取中共崇明县委书记、县政协主席张惠和所作的政治报告，副县长咸文和所作的《政府工作报告》，副县长刘蔚所作的 1960 年财政收支决算和 1961 年财政收支预算的报告，与人大代表一起参加小组讨论。

县四届人大一次会议闭幕后，县政协举行全体会议，听取和审议第二届县政协副主席徐鼎铨代表常委会所作的工作报告，会议同意这一报告。

会议选举县政协主席 1 人，由中共崇明县委书记兼任，副主席 4 人，秘书长 1 人，常务委员 17 人，23 人组成第三届常务委员会。

二、第二次会议

1962 年 8 月 14 日—17 日在县文化馆召开。出席委员 82 人，列席 50 人。全体人员列席县四届人大二次会议，听取市四届人大一次会议上市长柯庆施的开幕词和副市长曹荻秋所作的《政府工作报告》的传达，听取副县长刘蔚所作的 1961 年财政收支决算和 1962 年财政收支预算（草案）的报告，听取副县长咸文和所作的下半年政府工作意见的报告。

县四届人大二次会议闭幕后，县政协举行全体会议，听取副主席范春如传达市政协三届一次会议上市政协副主席陈望道所作的政协工作报告和大会决议，听取秘书长陈启刚传达市政协主席陈丕显在市政协三届一次会议上的重要讲话。听取和审议副主席徐鼎铨所作的县政协常委会工作报告，会议同意这一报告。

三、第三次会议

会议召开日期、内容等情况无资料考查。

第四节　第四届委员会全体会议

第四届委员会因“文化大革命”，没有正常换届，活动停止，至 1981 年 6 月的任期内，共召开全体会议 4 次。

一、第一次会议

1963 年 11 月 25 日—29 日在县文化馆召开。出席委员 119 人，列席 28 人。全体人员列席县五届人大一次会议，听取县长赵志良所作的《政府工作报告》，县人民法院院长沈保群所作的法院工作报告以及中共崇明县委书记张惠和讲话，并参加小组讨论。

县五届人大一次会议闭幕后，县政协召开全体会议，听取和审议第三届县政协副主席徐鼎铨所作的县政协常委会工作报告，会议同意这一报告。

会议选举县政协主席 1 人，由中共崇明县委书记兼任，副主席 4 人，秘书长 1 人，常务委员 15 人，21 人组成第四届常务委员会。

二、第二次会议

1964 年 3 月 11 日—15 日在县文化馆召开。出席委员 87 人，列席 25 人。会议学习讨论中共中央有关反对现代修正主义和大庆石油会战等文件和《人民日报》社论《全国都要学习解放军》等，并协商讨论 1964 年县政协工作意见。

三、第三次会议

1964 年 12 月 23 日—26 日在县文化馆召开。出席委员 93 人，列席 32 人。全体人员列席县五届人大四次会议，听取中共崇明县委书记张惠和所作的政治报告和副县长刘蔚所作的《政府工作报告》。

县五届人大四次会议闭幕后，县政协召开全体会议，听取副主席施桂馨传达上海市政协副主席金仲华所作的市政协常务委员会工作报告，听取副主席徐鼎铨所作的关于加强学习的动员报告。

四、第四次会议

1965 年 12 月 25 日—29 日在县文化馆召开。出席委员 81 人，列席 37 人。会议听取和审议副主席徐鼎铨所作的县政协常委会工作报告，会议同意这一报告。

全体人员列席县五届人大五次会议，听取副县长刘蔚所作的《政府工作报告》，听取中共上海市委书记陈丕显在市五届人大二次会议上所作的政治报告和市长曹荻秋所作的关于增产节约运动报告的传达等。

第五节　第五届委员会全体会议

第五届委员会任期内，共召开全体会议 3 次。

一、第一次会议

1981 年 6 月 24 日—30 日在县政府招待所召开。出席委员 150 人，列席 32 人。会议听取和讨论中共崇明县委书记倪鸿福的开幕词和县委副书记陈继明的讲话。

会议选举县政协主席 1 人，副主席 7 人，秘书长 1 人(由副主席兼任)，常务委员 31 人，39 人组成第五届常务委员会。

全体人员列席县七届人大一次会议，听取和讨论县革命委员会副主任陈亮所作的《崇明县革命委员会工作报告》以及其他各项报告。

二、第二次会议

1982 年 5 月 8 日—13 日在县政府招待所召开。出席委员 151 人，列席 28 人。会议听取和审议副主席顾青所作的县政协常委会工作报告和副主席刘蔚所作的县政协五届一次会议以来提案办理情况报告。报告回顾总结县政协五届一次会议以来的主要工作：建立主席办公会议制度和常委会会议制度，按计划开展各项活动；举办报告会和讲座，组织委员学习政治时事；组织参观视察，开展调查研究；落实大会提案，认真处理来信来访。委员们认为，县政协五届一次会议召开后，不到一年的时间里，县政协常委会做了许多工作。在认真贯彻中共中央关于经济上实行进一步调整、政治上实现进一步安定的方针，促进物质文明与精神文明建设，巩固和发展爱国统一战线等方面，发挥了积极的作用。会议通过决议，批准这两个报告。

全体人员列席县七届人大二次会议，听取和讨论县长陈亮所作的《政府工作报告》以及其他报告。

三、第三次会议

1983 年 3 月 25 日—4 月 1 日在县政府招待所召开。出席委员 149 人，列席 39 人。会议听取和审议副主席顾青所作的县政协常委会工作报告和副主席刘蔚所作的县政协五届二次会议以来提案办理情况报告。报告回顾总结县政协五届二次会议以来的主要工作：组织委员和各界人士认真学习中共十二大

1983年3月25日—4月1日，县政协召开五届三次会议

文件、《中华人民共和国宪法》和《中国人民政治协商会议章程》；围绕经济建设，组织参观视察，开展调查研究；加强同委员与民主人士的联系，协助党和政府落实有关政策；开展对台宣传和文史资料征集工作；做好提案办理和来信来访处理工作。委员们认为，一年来，县政协常委会在中共崇明县委领导下，在各方面支持下，各项工作取得新的进展，充分发挥了政治协商和民主监督的作用。会议通过决议，批准这两个报告。

全体人员列席县七届人大三次会议，听取和讨论县长陈亮所作的《政府工作报告》以及其他报告。

第六节　第六届委员会全体会议

第六届委员会任期内，共召开全体会议4次。

一、第一次会议

1984年4月8日—14日在县政府招待所召开。出席委员150人，列席61人。会议听取和审议第五届县政协副主席顾青所作的县政协常委会工作报告和第五届县政协副主席刘蔚所作的县政协五届三次会议以来提案办理情况报告，报告回顾总结县政协五届一次会议三年来的主要工作：组织开展学习活动，1981年下半年学习中共十一届六中全会《关于建国以来党的若干历史问题的决议》，1982年学习全国人大五届四次会议有关文件，1983年学习中共十二大报告、学习新宪法和政协章程等；开展参观视察、调查研究等多种形式的活动，围绕经济社会发展献计献策，发挥政协委员在"两个文明"建设中的作用；推动落实各项统战政策，重点抓好政协委员的政策落实工作；开展对台工作，宣传统一祖国的方针政策；积极开展工作组活动，发挥工作组的作用；督促有关部门，做好提案办理工作。委员们认为，县政协恢复工作三年来，常委会活动内容越来越丰富，作用发挥越来越明显。对此，委员们感到满意，并表示要在各自的岗位上努力工作，作出新的贡献。会议通过决议，批准这两个报告。

会议选举县政协主席1人，副主席6人，秘书长1人，常务委员30人，38人组成第六届常务委员会。

全体人员列席县八届人大一次会议，听取和讨论县长陈亮所作的《政府工作报告》以及其他报告。

二、第二次会议

1985年3月27日—4月1日在县政府招待所召开。出席委员150人，列席67人。会议听取和审议主席施群所作的县政协常委会工作报告和副主席顾青所作的县政协六届一次会议以来提案办理情况报告。报告回顾总结县政协六届一次会议以来的主要工作：在全体委员中传达贯彻全国人大六届二次和全国政协六届二次会议精神以及中共十二届三中全会有关文件；结合中英签署关于香港问题的联合声明和中华人民共和国国庆35周年等，召开座谈会、庆祝会，开展各种活动；发挥政协优势，为崇明开发建设牵线搭桥；继续做好政协委员的政策落实工作；组织委员参观调查，围绕经济建设和社会发展，总结推广经验，反映分析问题，提出意见建议；抓好提案办理后的落实工作；整理政协历史资料，编印《崇明县政协简讯》。委员们认为，县政协六届一次会议以来，在中共崇明县委领导下，在上海市政协指导下，常委会认真贯彻执行大会决议，就全县重要事务进行政治协商，围绕经济建设献计献策，并在办理提案等方面做了不少工作，取得一定成效。对此，委员们表示满意。会议通过决议，批准这两个报告。

全体人员列席县八届人大二次会议，听取和讨论县长田长春所作的《政府工作报告》以及其他报告。

三、第三次会议

1986 年 3 月 30 日—4 月 4 日在县政府招待所召开。出席委员 123 人，列席 68 人。会议听取和审议副主席黄冠球所作的县政协常委会工作报告，审议六届二次会议以来提案办理情况报告。报告回顾总结县政协六届二次会议以来的主要工作：组织委员学习全国人大六届三次会议有关文件和中国共产党全国代表会议精神，学习、贯彻全国政协六届三次和市政协六届四次会议精神；围绕“两个文明”建设，开展内外联系、参观学习、调查考察、咨询服务、座谈讨论等各种活动；继续配合有关部门，推动各项统战政策的落实；结合重大纪念日或节日，举行团结联谊活动；加强与港、澳、台胞的联系，宣传政策，广交朋友；整理文史资料，编印《政协简讯》；重视政协提案，做好提案办理落实工作。委员们认为，六届二次会议以来，县政协常委会按照大会决议，积极开展各种活动，各项工作有新的发展。同时建议，为了胜利完成“七五”计划，县政协要充分发挥“政治协商，民主监督”的职能作用，积极组织政协委员参与国家大事和地方重大事务的讨论、协商，紧紧围绕经济体制改革和对外开放、对内搞活的要求，组织专题调查，提出真知灼见，为“两个文明”建设作出更大贡献。会议通过决议，批准这两个报告。

1986 年 3 月 30 日—4 月 4 日，县政协召开六届三次会议

会议听取副县长陈继明所作的关于全县农业生产发展情况的通报和县经委、县计委负责人关于“七五”计划若干问题的情况通报。

会议补选宋斌为县政协副主席，同意施群、顾青、施桂馨辞去主席、副主席职务的请求。

全体人员列席县八届人大三次会议，听取和讨论县长田长春所作的《政府工作报告》，副县长张彪所作的《关于崇明县国民经济和社会发展“七五”计划（草案）的报告》以及其他报告。

四、第四次会议

1986 年 9 月 6 日在县政府小礼堂召开。出席委员 95 人。会议听取中共崇明县委书记姚明宝的报告。姚明宝在报告中分析了崇明农、副、工三业发展情况，用具体数据说明全县经济发展的形势，并介绍学习苏南经验的体会和进一步发展经济的设想，对县政协和政协委员履行职责提出了殷切希望。会议同意吴庆培辞去县政协秘书长职务的请求，补选薛以霆为县政协秘书长。

第七节　第七届委员会全体会议

第七届委员会任期内，共召开全体会议 3 次。

一、第一次会议

1987 年 4 月 10 日—16 日在县交通局礼堂召开。出席委员 163 人，列席 52 人。会议听取和审议第六届县政协副主席宋斌所作的县政协常委会工作报告，审议六届三次会议以来提案办理情况报告。报告回顾总结县政协六届一次会议三年来的主要工作：发挥政协职能作用，积极参与全县经济社会发展和重大改革决策的协商讨论；学习中共十二届三中全会、六中全会和中国共产党全国代表会议精神，学习全国人大、全国政协六届二次至五次会议文件和精神等，不断提高政协委员思想认识和参政水平；通过专题调查考察、提案等多种形式，为崇明改革开放和“两个文明”建设献计献策；发挥政协优势，开展外引内联，为发展崇明经济服务；加强祖国统一工作，广泛宣传“一国两制”的基本国策；协助党政部门，认真落实政协委员有关政策。委员们认为，六届一次会议以来三年间，县政协六届常委会认真执行各项决议，充分发挥政协职能作用，积极参与全县大政方针的协商讨论；围绕“四化”为中心的经济建设，深入开展调查研究；发挥政协人才库的优势，调动委员和各界人士积极性，为执行“七五”计划献计出力；进行坚持四项基本原则、反对资产阶级自由化的宣传教育等方面都做了不少工作，成绩是显著的。对此，委员们感到满意。同时指出，1987 年是继续深入改革开放的一年，县政协常委会要进一步发挥自身的优势和作用，坚持四项基本原则，为社会主义“两个文明”建设和促进“一国两制”的实施多做实事，要努力扩大政协的联系面、团结面，为开创政协工作新局面作出贡献。会议通过决议，批准这两个报告。

会议听取和讨论中共崇明县委书记姚明宝的讲话；听取县农业局、县畜牧局、县经委、县科委负责人关于农业生产、副业生产、横向经济联系、科研等方面的情况介绍。

会议选举县政协主席 1 人，副主席 6 人，秘书长 1 人，常务委员 28 人，36 人组成第七届常务委员会。

全体人员列席县九届人大一次会议，听取和讨论县长田长春所作的《政府工作报告》以及其他报告。

二、第二次会议

1988 年 3 月 13 日—19 日在县交通局礼堂召开。出席委员 149 人，列席 62 人。会议听取和审议主席张彪所作的县政协常委会工作报告，审议七届一次会议以来提案办理情况报告。报告回顾总结县政协七届一次会议以来的主要工作：适应新时期形势发展要求，组织委员学习政协章程，学习《建设有中国特色的社会主义》和《坚持四项基本原则，反对资产阶级自由化》两本书，学习中共十三大文件；主席、专职副主席分别列席县委、县政府两套班子会议和参加四套班子会议，组织常委和部分委员与县委、县政府领导，委组与县有关部门协商对话，履行政协基本职能，发挥“政治协商，民主监督”作用；调整委组设置，开展委组活动，委组工作成效明显；对全县改革开放和“两个文明”建设中出现的新情况、新问题开展调查研究，撰写调研报告，提供县委、县政府和有关部门领导参考；发挥政协人才集中的作用，开展内外联系活动和咨询服务活动，为发展崇明经济出力；建立县政协之友社，加强与老委员的联系，继续发挥老委员的作用；重视和加强机关自身建设，不断改进工作作风、提高工作水平。委员们对县政协常委会一年来的工作表示满意，认为自七届一次会议以来，常委会在组织委员学习、开展协商对话活动、发挥委组作用、加强机关自身建设等方面都做了大量工作，特别是发挥政协人才库的作用，为“两个文明”建设、为振兴崇明经济办了不少实事，取得了显著成绩。会议通过决议，批准这两个报告。

会议补选胡文刚为常务委员。

会议听取并讨论中共崇明县委书记姚明宝所作的政治报告。

全体人员列席县九届人大二次会议，听取和讨论县长田长春所作的《政府工作报告》以及其他报告。

三、第三次会议

1989 年 3 月 13 日—18 日在县政协礼堂召开。出席委员 141 人，列席 58 人。会议听取和审议主席张彪所作的县政协常委会工作报告，审议七届二次会议以来提案办理情况报告。报告回顾总结县政协七届二次会议以来的主要工作：通过全体会议、常委会会议、委组活动等开展多层次多渠道的协商监督，政治协商、民主监督逐步走向经常化、制度化；通过开展调研考察、提出建议意见，积极参与崇明“两个文明”建设，为振兴崇明经济献计出力、建功立业；通过举办报告会、组织学习座谈会等，抓好政协委员的学习，不断提高委员思想认识和参政议政水平；通过主动联系、热情接待，加强台湾同胞、港澳同胞、海外侨胞的联谊工作，促进祖国统一大业；通过搜集整理，文史资料工作取得初步成效。委员们对县政协七届二次会议以来所做的工作表示满意，对常委会提出的 1989 年的各项工作计划表示赞成。委员们认为，在新的一年里，县政协常委会要紧紧围绕贯彻中共十三届三中全会提出的治理经济环境、整顿经济秩序、全面深化改革的指导方针，执行全国政协关于开展政治协商、民主监督的暂行规定，积极参政议政，为振兴崇明经济服务，为完成祖国统一大业出力。会议通过决议，批准这两个报告。

会议听取和讨论中共崇明县委书记姚明宝所作的题为《全党重视政协工作，更好地发挥政治协商、民主监督作用》的讲话；传达中共上海市委书记江泽民在市委召开的政协工作会议上的讲话，学习全国政协及市政协关于政治协商、民主监督的暂行规定。

全体人员列席县九届人大三次会议，听取和讨论县长田长春所作的《政府工作报告》以及其他报告。

第八节 第八届委员会全体会议

第八届委员会任期内，共召开全体会议3次。

一、第一次会议

1990年4月2日—6日在县政协礼堂召开。出席委员164人，列席58人。会议听取和审议第七届县政协副主席徐正林所作的县政协常委会工作报告和第七届县政协副主席罗永祥所作的七届三次会议以来提案办理情况报告。报告回顾总结县政协七届一次会议三年来的主要工作：通过召开全体委员会议、主席办公会议、常委会会议或常委会扩大会议，主席、常务副主席列席县委、县政府两套班子会议和县长办公会议以及参加四套班子会议等各种会议形式，参与全县政治、经济和人民群众生活中重大问题的讨论；重视和加强委组建设，各委组与政府部门对口协商，按照计划开展学习考察、调查研究等活动，积极参政议政；通过提案和召开茶话会、座谈会等形式，广泛听取意见建议，认真履行“政治协商，民主监督”的职能；就外向型经济发展、乡村工业治理整顿、滩涂围垦、市镇建设等问题，组织专题调查活动，为县委、县政府献计献策；开展技术咨询服务，搞好内外联系，为发展崇明经济出力；组织委员学习中共十三大精神、中共中央有关文件、政协章程以及国家的方针政策和时事政治，使委员的思想认识水平和参政议政水平不断提高；加强“三胞”联谊工作，努力促进祖国统一；积极开展文史资料的搜集、整理、编辑、出版工作，文史资料工作迈出新的一步；成立政协之友社，为加强政协同老委员的联系、继续发挥老委员的作用创造了条件。委员们认为，七届县政协常委会三年来做了大量工作，特别是在参与经济建设方面取得明显成效；对八届县政协工作提出的四点建议比较实际，也切实可行。会议通过决议，批准这两个报告。

会议听取并讨论中共崇明县委书记姚明宝的重要讲话。

会议选举县政协主席1人，副主席4人，秘书长1人，常务委员31人，37人组成第八届常务委员会。

全体人员列席县十届人大一次会议，听取和讨论县长田长春所作的《政府工作报告》以及其他报告。

二、第二次会议

1991年3月25日—30日在县政协礼堂召开。出席委员163人，列席57人。会议听取和审议副主席徐正林所作的县政协常委会工作报告和副主席罗永祥所作的八届一次会议以来提案办理情况报告。报告回顾总结县政协八届一次会议以来的主要工作：一是组织学习，提高政协委员思想素质和履职水平。举办新委员学习班，组织新委员学习政协的基本知识和熟悉政协的工作；结合学习《中共中央关于坚持和完善中国共产党领导的多党合作和政治协商制度的意见》，分层次传达贯彻全国统战工作会议精神，并在县政协和统战系统各部门机关干部中举办统战知识竞赛活动。二是参政议政，为促进全县治理整顿、深化改革和“两个文明”建设献计出力。围绕县委、县政府中心工作和人民群众普遍关心的重大问题，开展调查研究，向县委、县政府提交常委会建议案；各专门委员会有计划、有目的地开展各种活动，发挥专委会在参政议政的作用；请县委、县政府领导及有关部门通报情况，为委员更好地参政议政创造条件。三是抓好提案工作，积极组织提案和督促办理提案，促使委员提案尽快产生社会效益。委员提案数量增加、质量提高；各承办单位办理提案认真、迅速，做到件件落实、时间提前。四是通过政协领导对委员走访建立委员联系卡制度等，与委员加强联系，增进相互间的感情，调动委员参政议政积极性。五是注重政协机关内部建设，进一步提高机关办事效率。委员们认为，八届县政协成立以来，在中共崇明县委领导下，常委会认真贯彻全国统战工作会议精神，紧密团结全体政协委员和全县各界人士，围绕县委、县政府中心工作，积极参政议政，为贯彻落实治理整顿、深化改革方针，推动崇明“两个文明”建设，开展各项工作，取得一定成绩。委员们建议，在新的一年里，县政协常委会要继续深入贯彻中共十三届七中全会精神和全国统战工作会议精神，以经济建设为中心，坚持四项基本原则，坚持改革开放，积极参政议政，切实履行政协职能，为巩固和发展安定团结的政治局面，为健全社会主义民主和法制服务，为振兴崇明经济和实现“八五”计划作出应有的贡献。会议通过决议，批准这两个报告。

会议听取并讨论中共崇明县委副书记、县长田长春的重要讲话。

会议通过《崇明县政协关于增补常务委员的选举办法》，补选周卫杰为常务委员。

全体人员列席县十届人大二次会议，听取并讨论县长田长春所作的《政府工作报告》以及其他报告。

三、第三次会议

1992年3月23日—27日在县政协礼堂召开。出席委员161人，列席58人。会议听取和审议副主席徐正林所作的县政协常委会工作报告和副主席罗永祥所作的八届二次会议以来提案办理情况报告。报告回顾总结县政协八届二次会议以来的主要工作：一是通过组织情况通报、提交常委会建议案、搞好委员提案工作、开展专委会活动等形式，认真履行政协基本职能，积极参政议政。二是加强与民主党派、人民团体的联系，发挥他们在人民政协中的作用。三是开展多种形式的学习活动，加强委员的学习，进一步提高委员参政议政水平。四是开展评选优秀政协委员、先进委员会和最佳提案（简称“三优”）活动，增强委员搞好政协工作的主动性，提高委员参政议政的自觉性，鼓舞委员为振兴崇明经济献计出力的积极性。五是加强机关自身建设，改进工作作风，提高办事效率。委员们认为，一年来，在中共崇明县委的领导下，在市政协的指导下，县政协常委会认真履行基本职能，团结全县各界人士，围绕经济建设这个中心，积极参政议政、献计献策，较好地完成了八届二次会议确定的各项工作任务，为崇明“两个文明”建设发挥了积极作用。委员们对县政协常委会所做的工作表示满意，对提出的1992年县政协4项重点工作表示赞同。会议通过决议，批准这两个报告。

1992年3月23日—27日，县政协召开八届三次会议

会议听取并讨论中共崇明县委副书记沈兰全的重要讲话。

会议同意刘伟国辞去常务委员职务的请求。

全体人员列席县十届人大三次会议，听取并讨论县长田长春所作的《政府工作报告》以及其他报告。

第九节　第九届委员会全体会议

第九届委员会任期内，共召开全体会议5次。

一、第一次会议

1993年4月4日—9日在县政协礼堂召开。出席委员147人，列席68人。会议听取和审议第八届县政协主席陆瑾所作的县政协常委会工作报告和第八届县政协副主席罗永祥所作的八届三次会议以来提案工作情况报告。报告回顾总结县政协八届一次会议三年来的主要工作：一是以经济建设为中心，积极参政议政。组织情况通报，让委员知情出力；围绕振兴崇明经济，发动委员参加“浦东开发，崇明怎么办”的献计活动；针对崇明改革和建设中的重要问题，搞好常委会建议案；认真抓好提案，为经济建设服务。二是加强学习，转变观念，提高委员以经济建设为中心的参政议政水平。举办新委员学习班，使新委员尽快了解政协基本知识和熟悉政协工作；学习《中共中央关于坚持和完善中国共产党领导的多党合作和政治协商制度的意见》和全国统战工作会议精神，提高新时期统战工作重要性、必要性和长期性的认识，增强做好统战工作的自觉性；学习中共十四大精神，认真贯彻落实党的基本路线。三是活跃专委会活动，充分发挥政协整体功能作用。制订计划，开展调查研究与视察考察活动；建立与政府部门的对口协商制度，加强联系；开展“三优”评选活动，增强委员参政议政的责任心和使命感，促进委组工作。四是加强与民主党派、人民团体的联系，使政协真正成为各个党派、人民团体和各界代表人士团结合作、参政议政的重要场所。五是加强海外联谊工作，认真做好“三胞”回崇接待工作，扩大与“三胞”的联系。六是通过加强思想政治工作、修订完善岗位责任制、努力做好统战系统各部门的协调工作，切实加强机关自身建设，进一步提高办事效率。委员们认为，三年来，八届县政协常委会在中共崇明县委的领导下，在县人大常委会、县政府的支持下，在市政协的指导下，坚持四项基本原则，坚持改革开放方针，紧紧围绕经济建设这个中心，积极参政议政、献计献策，为维护安定团结的政治局面，为振兴崇明经济努力开展各项工作，取得显著成绩。委员们对此感到满意，并赞同对九届县政协常委会工作提出的五点建议。会议通过决议，批准这两个报告。

会议选举县政协主席1人，副主席4人，秘书长1人，常务委员20人，26人组成第九届常务委员会。

全体人员列席县十一届人大一次会议，听取和讨论代县长曹树民所作的《政府工作报告》以及其他报告。

二、第二次会议

1994年3月21日—25日在县政协礼堂召开。出席委员145人，列席64人。会议听取和审议副主席黄振兴所作的县政协常委会工作报告和副主席罗永祥所作的九届一次会议以来提案工作情况报告。报告回顾总结县政协九届一次会议一年来的主要工作：一是发扬政协自我学习、自我教育的优良传统，通过制订计划，明确学习内容；举行学习报告会，邀请专家学者进行辅导；开展纪念毛泽东诞辰100周年征文活动；召开座谈会、专题研讨会，进行交流等，抓好委员的学习，提高委员参政议政水平。二是围绕县委、县政府中心工作，通过组织情况通报会、提交常委会建议案、认真抓好提案工作等，开展多个层次、多种形式的政治协商和民主监督活动。三是通过加强专委会组织建设、积极开展专委会调研考察活动、搞好专委会与政府部门的对口协商联系，发挥县政协群体作用。四是加强同民主党派的合作与协商，发挥民主党派在政协中的作用。五是坚持走访委员制度、密切与兄弟地区的横向联系等，不断加强机关自身建设，进一步改进工作作风。委员们认为，一年来，县政协常委会认真履行政协职能，围绕经济建设这个中心，积极参政议政、献计献策，为推进崇明改革开放和“两个文明”建设作出了努力，发挥了积极作用。委员们对县政协常委会所做的工作表示满意，认为报告提出的1994年县政协6项主要工作任务是可行的。会议通过决议，批准这两个报告。

会议听取中共崇明县委书记徐木泉的重要讲话。

会议补选刘亚池为秘书长，增选黄炎明、徐耀明为常务委员，同意李家敏、时家兴辞去常务委员职务的请求。

全体人员列席县十一届人大二次会议，听取和讨论县长曹树民所作的《政府工作报告》以及其他报告。

三、第三次会议

1995年3月5日—9日在县政协礼堂召开。出席委员161人，列席66人。会议听取和审议副主席黄振兴所作的县政协常委会工作报告和副主席罗永祥所作的九届二次会议以来提案工作情况报告。报告回顾总结县政协九届二次会议一年来的主要工作：一是制订计划，组织委员学习《邓小平文选》第三卷、中共十四届四中全会精神、全国政协八届二次会议通过的新的政协章程等，沟通思想，增进共识，提高委员整体素质。二是围绕中心，履行参政议政职能。通过调查研究，向县政府提交常委会建议案；组织委员对全县1994年上半年经济工作和1994年县政府实事工程项目开展视察活动，了解情况，分析问题，提出建议；抓好提案工作，做到思想早发动，行动早落实，并建立回访制度，开展评选优秀提案和先进承办单位的活动。三是发挥专委会优势，提高专委会活动质量。本着“宜少不宜多，宜精不宜粗，宜实不宜虚”的精神，确定调研课题，制订活动计划，积极开展调研考察活动，撰写调研报告；与政府对口部门工作和解决实际问题相结合，不断加强与政府对口部门的联系。四是广泛联谊，团结合作，进一步发挥民主党派参政议政作用。通过举办座谈会、要情通报会等形式，及时向各民主党派、人民团体和各界代表人士传达重要文件、重要会议精神，通报有关情况；鼓励以党派、团体名义提出提案，动员民主党派成员多提提案，各专委会加强与民主党派、人民团体的联系，推荐民主党派成员和无党派人士受聘担任特邀监督员，为民主党派参政议政开辟渠道。五是通过建立政协委员热线电话制度，县政协与各民主党派、工商联、侨联秘书长联席会议制度和政协委员地区小组活动制度，使政协活动形式有所创新。六是通过加强机关人员学习、调整秘书处内设机构、建立机关干部年度目标岗位责任制，政协机关自身建设不断加强。委员们认为，过去的一年，县政协常委会以邓小平建设有中国特色社会主义理论和党的基本路线为指导，认真贯彻中共十四届三中、四中全会和县委七届四次全会精神，拓展政协工作新思路，各方面工作取得新的成绩，为崇明经济建设和社会事业发展作出了贡献。委员们还认为，1995年是实施崇明新一轮“三年大变样”的起始年，也是完成“八五”计划的最后一年，做好这一年工作具有重要意义，县政协常委会要全力做好报告中提出的1995年的5项重点工作。会议通过决议，批准这两个报告。

会议听取中共崇明县委书记徐木泉的重要讲话。大会期间，举行现场协商咨询及提案办理活动。

全体人员列席县十一届人大三次会议，听取和讨论县长曹树民所作的《政府工作报告》以及其他报告。

四、第四次会议

1996年3月10日—14日在县政协礼堂召开。出席委员153人，列席63人。会议听取和审议副主席黄振兴所作的县政协常委会工作报告和副主席罗永祥所作的九届三次会议以来提案工作情况报告。报告回顾总结县政协九届三次会议一年来的主要工作：一是加强学习，提高认识，增强政协委员做好政协工作的使命感和责任感。注重实效，见诸行动，组织委员开展向孔繁森学习活动；结合贯彻落实全国政协《关于政治协商民主监督参政议政的规定》和围绕制定崇明“九五”计划与2010年远景目标献计献策，认真学习中共十四届五中全会精神。二是服务经济建设，提高参政议政质量。健全主席会议、常委会会议等制度，对全县“两个文明”建设协商监督；通过组织专题调查、视察考察，开展委组对口联系活动，反映社情民意，提出提案等形式，就经济建设和社会发展中的问题，提出意见建议；为使委员知情知政，更好地参政议政，编印《知政信息》。三是围绕中心，突出重点，委组开展形式多样、内容丰富的活动，委组作为委员参加政协工作的载体和做好政协工作基础的优势进一步发挥。四是加强与民主党派、人民团体的联系，进一步调动各界人士的积极性。五是认真贯彻全国政协《关于政治协商民主监督参政议政的规定》，转变工作作风，加强政协机关自身建设。委员们认为，一年来，县政协常委会以邓小平建设有中国特色社会主义理论为指导，坚持党的基本路线，认真贯彻落实中共中央和中共上海市委关于加强政协工作的两个通知精神和全国政协《关于政治协商民主监督参政议政的规定》，突出团结民主两大主题，围绕县委、县政府中心工作，积极履行政协职能，努力为经济建设服务，取得新的成绩。委员们赞同报告中提出的1996年要做好的4项重点工作。会议通过决议，批准这两个报告。

1996年3月10日—14日，县政协召开九届四次会议

会议听取中共崇明县委、县政府6个职能部门的情况通报。大会期间，中共崇明县委、县政府15个职能部门到会开展现场协商咨询及提案办理活动。

全体人员列席县十一届人大四次会议，听取和讨论县长曹树民所作的《关于崇明县国民经济和社会发展"九五"计划及2010年远景目标纲要(草案)的报告》以及其他报告。

五、第五次会议

1997年3月2日—6日在锦绣宾馆会议中心召开。出席委员158人，列席66人。会议听取和审议副主席黄振兴所作的县政协常委会工作报告和副主席罗永祥所作的九届四次会议以来提案工作情况报告。报告回顾总结县政协九届四次会议一年来的主要工作：一是加强学习，求新唯实，委员整体素质不断提高。制定学习计划，安排学习内容，明确学习方法和要求；精心组织"怎样当好政协委员"学习研讨活动和政协知识竞赛活动；组织好每季度一次的委员学习日活动，通过情况通报会、专题报告会和学习讨论会等形式，使委员拓宽视野、增进共识；及时下发《关于认真学习中共十四届六中全会精神的通知》，组织委员学习交流中共十四届六中全会决议精神。二是围绕中心，履行职能，提高参政议政水平。按照少而精的原则，选择人民群众普遍关心的重大问题，以常委会建议案形式，向县委、县政府献计建议；选准课题，开展调查研究；抓住重点，搞好提案工作；拓宽渠道，广泛收集社情民意。三是发挥优势，突出重点，委组活动取得新成效。围绕县委、县政府中心工作，开展视察调研活动；共同确定联系活动内容，加强与县委、县政府对口部门的联系；发挥自身优势，开展为社会、为发展崇明经济办实事活动。四是发展联谊，协调关系，提高各界人士参政议政积极性。通过印发《崇明政协简讯》《知政信息》等资料，召开委员座谈会、走访委员等形式，加强与委员的联系与沟通；邀请民主党派、工商联代表人士参加县政协的重要会议或重大活动，增进相互了解；坚持秘书长联席会议制度，沟通情况，促进工作；重视办好党派团体提案；推荐民主党派成员担任纠风员、监察员、检查员；通过召开教师节座谈会、中秋茶话会、春节团拜会等形式，密切同社会各界人士的联系；做好兄弟县市政协来崇参观的接待工作，组织外出学习考察，开展对外交流活动，促进政协工作开展。五是规范制度，搞好服务，机关建设上新的台阶。委员们认为，一年来，县政协常委会以邓小平建设有中国特色社会主义理论为指导，坚持党的基本路线，认真学习中共十四届五中、六中全会精神，围绕县委、县政府中心工作，努力发挥政协职能作用，较好地完成了县政协九届四次会议提出的各项任务，为崇明改革、发展、稳定作出了贡献。报告中提出的1997年要做好的4项重点工作任务切实可行，要认真组织实施，务求落实。会议通过决议，批准这两个报告。

会议听取中共崇明县委、县政府有关职能部门的情况通报。会议期间，委员们参观崇明工业园区和崇明中学。

全体人员列席县十一届人大五次会议，听取和讨论代县长顾国林所作的《政府工作报告》以及其他报告。

第十节 第十届委员会全体会议

第十届委员会任期内，共召开全体会议 6 次。

一、第一次会议

1998 年 3 月 24 日—28 日在锦绣宾馆会议中心召开。出席政协委员 160 人，列席 67 人。会议听取和审议第九届县政协主席陆瑾所作的的县政协常委会工作报告和第九届县政协副主席罗永祥所作的九届政协五年来提案工作情况报告。报告回顾总结县政协九届一次会议五年来的主要工作：一是深入学习邓小平理论，提高政协委员整体素质。制订计划，明确学习内容，坚持把学习邓小平理论作为首要任务；讲究实效，拓展学习形式，在组织辅导报告会、学习交流会、委员学习日活动的基础上，开展纪念毛泽东诞辰 100 周年征文活动、“怎样当好政协委员”学习研讨活动和政协知识竞赛活动；联系实际，注重学习效果，坚持以委员自学为主，以各委组组织学习为侧重点，发扬理论联系实际的学风，学习与调查研究相结合，与知情知政、参政议政相结合，与立足本职、多作贡献相结合。二是选准角度，紧扣中心，提高政治协商的质量。组织委员协商全县的大政方针，提前介入全县战略性决策的讨论研究，进一步加强重大决策协商在前的工作。三是发挥优势，突出重点，加大民主监督的力度。选择县政府的重点工作和群众关心的热点问题，组织委员视察，形成视察报告或建议案，供县政府或有关门参考；组织委员参与行风评议活动，增强民主监督的针对性；提案办理中采取跟踪视察的方式，增强民主监督的实效性；加强政协监督员队伍建设，增强民主监督的经常性。四是选择专题，深化调研，拓宽参政议政的领域。围绕中心，深入调研，重点抓好常委会和主席会议建议案；不断强化提案工作，大多数提案经过充分酝酿和深入调研，有情况、有分析、有建议，围绕县委、县政府的中心工作和社会关注的热点问题，坦诚谏言，献计献策；注重发挥优势，认真开展了解和反映社情民意工作；充分发挥委组作用，深入开展调查研究，提出意见建议，加大参政议政的力度；加强与政府部门的对口联系，拓展参政议政的深度。五是坚持团结，弘扬民主，调动民主党派和各界人士的积极性。通过举办民主协商会、要情通报会等，向各民主党派、人民团体和各界代表人士传达上级重要文件、会议精神，并邀请他们参加委员活动日活动；建立县政协和民主党派、工商联、侨联秘书长联席会议制度，互通信息，增进共识；发挥民主党派、工商联作用，鼓励他们提出集体提案；推荐民主党派、工商联成员受聘担任各种监督员，参与对邮电、电力、卫生、公安等部门的行风评议；举办联谊活动，密切与各界人士的联系。六是制定制度，规范工作，加强政协的自身建设。委员们认为，五年来，九届县政协常委会在中共崇明县委的领导下，以邓小平理论为指导，坚持党在社会主义初级阶段的基本路线和纲领，突出团结、民主两大主题，切实履行政协职能，政治协商逐渐规范化、制度化，民主监督力度不断加大，参政议政质量进一步提高，各项工作取得新的成绩，积累的宝贵经验，对十届县政协常委会工作提供了很好的借鉴。会议通过决议，批准这两个报告。

会议听取县政府有关职能部门的情况通报。

会议选举县政协主席 1 人，副主席 5 人，秘书长 1 人，常务委员 19 人，26 人组成第十届常务委员会。

全体人员列席县十二届人大一次会议，听取和讨论县长顾国林所作的《政府工作报告》以及其他报告。

二、第二次会议

1999 年 3 月 1 日—4 日在锦绣宾馆会议中心召开。出席委员 159 人，列席 62 人。会议听取和审议副主席仇永鸣所作的县政协常委会工作报告和副主席黄雄所作的十届一次会议以来提案工作情况报告。报告回顾总结县政协十届一次会议一年来的主要工作：一是联系实际，注重实效，深入学习邓小平理论。二是围绕中心，服务大局，切实履行政协职能。三是加强团结，增进合作，进一步调动各界人士的积极性。

四是积极探索，范规运作，不断加强政协的自身建设。委员们认为，一年来，县政协常委会在中共崇明县委的领导下，紧紧围绕崇明改革、发展、稳定的大局，发挥优势，履行职能，很好地完成了十届一次会议提出的各项任务，使十届县政协工作有了一个良好的开端。委员们赞同报告中提出的县政协1999年要做好的5项重点工作。会议通过决议，批准这两个报告。

中共崇明县委书记盛亚飞在闭幕会上作重要讲话。

全体人员列席县十二届人大二次会议，听取和讨论县长顾国林所作的《政府工作报告》以及其他报告。

三、第三次会议

2000年2月28日—3月2日在锦绣宾馆会议中心召开。出席委员159人，列席63人。会议听取和审议副主席周祖安所作的县政协常委会工作报告和副主席黄雄所作的十届二次会议以来提案工作情况报告。报告回顾总结县政协十届二次会议一年来的主要工作：一是围绕中心，切实履行协商监督的职能。政治协商注重全局，以政协全委会议为重点，开展协商活动；围绕事关全局的重大问题，进行多层次、多渠道的协商。民主监督注重实效，认真开展主席会议和常委会成员视察；切实搞好提案工作，提案质量和办理质量均有提高；调整充实特邀监督员队伍，召开特邀监督员工作会议，总结交流特邀监督员工作；通过各种会议、走访和组织活动等形式，收集和反映社情民意。二是深入调研，不断提高参政议政水平。主席会议进行调研考察，常委会调研力度加大，组织和指导委组开展调研考察活动。三是增进团结，充分调动各界人士的积极性。以庆祝中华人民共和国成立50周年、人民政协成立50周年和澳门回归祖国为契机，举办各种活动，开展社会主义、爱国主义教育，推进大团结、大联合；通过召开民主党派、工商联负责人工作座谈会，联合进行专题调研等形式，加强与党派团体的合作；通过召开座谈会、茶话会、联欢会、电影招待会和团拜会等形式，加强与社会各界人士的联系。四是规范运作，继续加大自身建设的力度。集中进行以“讲学习、讲政治、讲正气”为主要内容的党性党风教育；把学习邓小平理论列为重要议事日程，加强思想作风建设；制定有关规定、简则和办法，使政协工作逐步走上规范化、制度化轨道。委员们认为，一年来，县政协常委会在中共崇明县委的领导下，以邓小平理论为指导，按照十届二次会议确定的指导思想和总体要求，突出团结、民主两大主题，围绕崇明改革、发展、稳定的大局，履行政治协商、民主监督、参政议政的职能，为崇明“两个文明”建设作出了贡献。委员们对1999年政协常委会工作表示满意，对报告中提出的2000年要做好的5个方面重点工作表示赞同。会议通过决议，批准这两个报告。

中共崇明县委书记盛亚飞在闭幕会上作重要讲话。

全体人员列席县十二届人大三次会议，听取和讨论县长顾国林所作的《政府工作报告》以及其他报告。

四、第四次会议

2001年2月26日—3月2日在锦绣宾馆会议中心召开。出席委员150人，列席60人。会议听取和审议副主席周祖安所作的县政协常委会工作报告和副主席黄雄所作的十届三次会议以来提案工作情况报告。报告回顾总结县政协十届三次会议一年来的主要工作：一是通过全体委员会议、常务委员会议、主席会议、专委会会议等，参与全县大政方针和重大方案的协商讨论，切实履行政治协商职能。二是通过委员集中视察、加大提案督办力度、发挥特邀监督员作用、收集和反映社情民意等，使民主监督落到实处。三是通过开展常委会、主席会议、专委会多层次的调查研究，为崇明改革开放、发展稳定献计献策。四是通过拓宽委员知情明政的渠道、增强与党派团体的合作、加强与各界人士的联系，巩固和发展爱国统一战线。四是通过认真组织学习活动、积极参与市政协组织的区县政协工作交流研讨活动、健全有关规章制度、开展“三讲”教育活动，不断加强政协自身建设。委员们认为，2000年，县政协常委会工作有条不紊，切实履行了政协职能，取得了明显成效。特别是在努力拓展委员知情知政渠道方面做了大量工作。委员们指出，当前崇明面临着前所未有的机遇和挑战，每个政协委员都要为崇明大开发、大发展献计献策，尽自己的力量，当好参谋，发挥作用，作出贡献。会议通过决议，批准这两个报告。

2月26日召开的预备会上，县政协主席黄振兴通报于1月11日召开的第十届县政协第十三次常委会会议关于同意仇永鸣辞去县十届政协副主席、委员职务请求和同意姚振尧辞去县十届政协副主席、委员职务请求的决定。

闭幕会上，中共崇明县委书记盛亚飞作重要讲话，副县长贾伟勇通报崇明工业经济情况。

全体人员列席县十二届人大四次会议，听取和讨论县长顾国林所作的《关于崇明县国民经济和社会发展第十个五年计划纲要（草案）的报告》以及其他报告。

五、第五次会议

2002年3月4日—7日在锦绣宾馆会议中心召开。出席委员139人，列席62人。会议听取和审议副主席周祖安所作的县政协常委会工作报告和副主席黄雄所作的十届四次会议以来提案工作情况报告。报告回顾总结县政协十届四次会议一年来的主要工作：一是围绕中心，服务大局，政治协商不断深入。围绕大政方针进行协商讨论，抓住重要问题，选择热点、难点问题开展协商讨论。二是积极探索，勇于实践，民主监督切实有效。精心组织委员开展集中视察活动，积极收集和反映社情民意，认真搞好提案工作，切实加强特邀监督员队伍建设。三是发挥优势，建言立论，参政议政成效明显。广泛开展专题研讨活动，重视抓好常委会调研工作，认真落实主席会议调研制度，积极组织专委会开展专题调研。四是加强联系，增进团结，联谊范围不断扩大。拓宽知情明政渠道，增强与党派团体合作，加强同社会各界联系。五是努力学习，提高素质，自身建设不断加强。学习活动深入开展，机构改革顺利完成，“两化”（规范化、制度化）建设继续推进。委员们认为，一年来，县政协常委会认真学习贯彻中共十五大和十五届五中、六中全会精神，高举爱国主义、社会主义两面旗帜，突出团结、民主两大主题，认真履行政协职能，不断开创政协工作新局面，为崇明“两个文明”建设献计献策，做了大量工作。委员们对县政协过去一年工作表示满意，赞同报告中提出的2002年工作的指导思想、总体要求和5个方面重点工作。会议通过决议，批准这两个报告。

2002年3月4日—7日，县政协召开十届五次会议

会议补选陈汉刚为第十届县政协秘书长。

会议同意高振威辞去常务委员职务的请求。

中共崇明县委书记盛亚飞在闭幕会上作重要讲话。

全体人员列席县十二届人大五次会议，听取和讨论县长顾国林所作的《政府工作报告》以及其他报告。

六、第六次会议

2002年9月12日在锦绣宾馆会议中心召开。出席委员132人，列席26人。会议首先听取中共崇明县委副书记周卫杰就第十届县政协主席候选人产生情况所作的说明。随后，委员们讨论候选人名单、大会选举办法等。会议补选邵礼达为第十届县政协主席。

第十一节 第十一届委员会全体会议

第十一届委员会任期内，共召开全体会议 4 次。

一、第一次会议

2003 年 3 月 16 日—20 日在锦绣宾馆会议中心召开。出席委员 165 人，列席 68 人。上海市政协副主席宋仪侨代表市政协向大会致贺词。会议听取和审议第十届县政协主席邵礼达所作的县政协常委会工作报告和第十届县政协副主席黄雄所作的十届政协五年来提案工作情况报告。报告回顾总结县政协十届一次会议五年来的主要工作：一是积极参与政治协商。参与大政方针的协商讨论，围绕《政府工作报告》提出的各项任务，积极建言献策；在制定“十五”计划过程中，提出意见建议。参与县委、县政府关于县级机构和乡镇机构改革、乡镇行政区划调整和村级区划调整等重大改革方案的协商讨论。加强与政府有关部门的对口联系，参与部门重点工作的协商讨论。二是切实开展民主监督。围绕县委、县政府年度工作重点，组织委员集中视察；通过政协会议部署、委组内部发动、召开秘书长联席会议沟通、组织政协之友社社员活动、开展委员个别走访等多种途径，广泛收集和反映社情民意；通过加强与提案承办单位联系、反馈提案者意见、召开提案办理工作座谈会等，强化提案跟踪督办工作；调整充实特邀监督员队伍，规范特邀监督员工作制度，积极参与行风评议。三是围绕重点参政议政。认真组织常委会、主席会议、专委会、地区委员小组各层次的专题调研，深化政协提案工作，开展专题讨论活动。四是发挥党派团体作用。各民主党派、工商联和人民团体积极参加政协组织的各项活动，运用提案参政议政，积极反映基层群众特别是本界别人士的意见和呼声。五是广泛联系各界人士。落实领导走访制度，组织各界联谊活动，拓宽海外联谊渠道，加强横向联系交流。六是不断加强自身建设。注重理论学习，提高委员整体素质；实施机构改革，优化政协组织结构；强化委组建设，发挥委组在政协工作中的基础作用。委员们认为，过去的五年，十届县政协常委会在思想上与县委同心，目标上与县委同向，工作上与县委同步，围绕中心，服务大局，切实履行政治协商、民主监督、参政议政的职能，提出大量针对性强的提案和调研报告，工作卓有成效，成绩有目共睹。报告对下届县政协工作提出的建议，既有现实性，又有前瞻性，对十一届县政协常委会工作具有较强的指导意义。会议通过决议，批准这两个报告。

2003 年 3 月 20 日，出席县政协十一届一次会议的政协委员合影

会议选举县政协主席 1 人，副主席 4 人，秘书长 1 人，常务委员 19 人，25 人组成第十一届常务委员会。

全体人员列席县十三届人大一次会议，听取并讨论县长龚德庆所作的《政府工作报告》以及其他报告。

二、第二次会议

2004 年 2 月 9 日—12 日在锦绣宾馆会议中心召开。出席委员 165 人，列席 65 人。会议听取和审议主席范陈杰所作的县政协常委会工作报告和副主席罗永祥所作的十一届一次会议以来提案工作情况报告。报告回顾总结县政协十一届一次会议一年来的主要工作：一是加强学习，努力提高全体委员履职水平。从主席会议成员、常委会组成人员到各专门委员会、地区委员，分层次、多形式地开展学习活动，深入学习中共十六大、十六届三中全会精神，坚持以“三个代表”重要思想统领政协工作；认真学习贯彻中共崇明县委《关于进一步加强政协工作的若干意见》，指导和推进新一届政协工作；抓好委员教育培训工作，逐步提高政协委员的参政议政能力。二是紧紧围绕县委、县政府中心工作，切实履行政协职能。在全体政协委员中组织开展加快实现崇明跨越式发展大讨论活动，提出不少具有前瞻性、科学性和可操作性的意见建议；深入调查研究，形成一批调研报告和建议案；积极开展协商讨论，发表具有较高质量和参考价值的协商意见；精心组织委员对县委、县政府确定的重点工作及县政府重点工程和实事项目进行视察；认真做好提案和反映社情民意工作；切实加强新一届政协特邀监督员队伍建设。三是牢牢把握团结、民主两大主题，不断加强与各界人士的联系和合作。坚持政协领导走访、约谈委员和挂钩联系委组制度，了解掌握委员思想工作情况，指导委组开展活动；召开各民主党派、工商联和人民团体负责人座谈会，互通信息，交换意见；与中共崇明县委统战部联合举行迎中秋电影招待会、新春茶话会，邀请社会各界代表人士参加，增进相互之间的感情；重视关心政协之友社工作；开展横向联系，相互交流开展政协工作的做法和经验。四是严格规范各项规章制度，努力抓好政协自身建设。合理设置政协委组机构，建立健全各项规章制度，加大政协工作宣传力度。委员们认为，十一届县政协开局之年，常委会坚持以邓小平理论和“三个代表”重要思想为指导，认真贯彻中共十六大、十六届三中全会精神，围绕中心，服务大局，履行职能，发挥作用，新一届政协工作有生气，有活力，有成效。委员们还就做好新一年政协工作提出建议意见，会议通过决议，批准这两个报告。

会议同意尹海霞辞去常务委员职务的请求。

会议听取副县长胡俊、朱正标关于崇明岛域总体规划、崇明城桥新城规划和崇明岛域林业发展总体规划情况的通报。中共崇明县委书记龚德庆在闭幕会上作重要讲话。

全体人员列席县十三届人大二次会议，听取并讨论县长孙雷所作的《政府工作报告》以及其他报告。

三、第三次会议

2005 年 2 月 21 日—24 日在锦绣宾馆会议中心召开。出席委员 175 人，列席 66 人。会议听取和审议主席范陈杰所作的县政协常委会工作报告和副主席罗永祥所作的十一届二次会议以来提案工作情况报告。报告回顾总结县政协十一届二次会议一年来的主要工作：一是认真开展学习活动，坚持以邓小平理论和“三个代表”重要思想统领政协工作。深入学习邓小平理论、“三个代表”重要思想和中共十六届三中、四中全会精神，提高全体委员对科学发展观深刻内涵和做好政协工作重要意义的认识；认真学习贯彻政协章程，以政协章程规范、指导政协工作；学习贯彻胡锦涛在庆祝人民政协成立 55 周年大会上的重要讲话，推进崇明政协工作不断向前发展。二是把开展生态岛建设大讨论和科教兴县大讨论活动作为全年工作的重点，广泛发动，精心组织，加强指导，扎实推进，在全体委员中形成思想共识。三是坚持围绕中心，服务大局，努力寻求政协工作与县委、县政府中心工作的最佳结合点，不断扩大政治协商的广度，加大民主监督的力度，拓展参政议政的深度，积极开展一系列富有成效的活动。四是牢牢把握团结、民主两大主题，精心组织庆祝人民政协成立 55 周年系列活动，不断加强与各界人士的联系和合作，积极营造民主协商、平等议事的氛围，巩固和发展爱国统一战线。五是坚持以规范各项规章制度为抓手，切实加强政协自身建设，不断提高履职水平和实效。委员们认为，一年来，县政协常委会紧紧围绕第一要务，抓大事，议大事，尤其是围绕加快崇明生态岛建设和科教兴县主战略，察民情，重调研，建诤言，献良策，全方位、多层次地做了大量参政议政的工作，充分发挥了政协群策群力、共商国是的职能作用。委员们又认为，报告提出的 2005 年工作思路清晰，目标明确，重点突出，措施有力，尤其是在围绕中心履行职能方面有新意，有高度。会议通过决议，批准这两个报告。

会议增选陈子龙、杨德生、顾钱菊为常务委员。

中共崇明县委书记龚德庆在闭幕会上作重要讲话。

全体人员列席县十三届人大三次会议，听取并讨论县长孙雷所作的《政府工作报告》以及其他报告。

四、第四次会议

2006年1月8日—11日在锦绣宾馆会议中心召开。出席委员173人，列席65人。会议听取和审议主席范陈杰所作的县政协常委会工作报告和副主席罗永祥所作的十一届三次会议以来提案工作情况报告。报告回顾总结县政协十一届三次会议一年来的主要工作：一是把学习作为首要任务，通过各个层面的学习活动，重点学习中共中央《关于进一步加强中国共产党领导的多党合作和政治协商制度建设的意见》、全国政协十届三次会议和中共上海市委召开的政协工作会议精神。二是坚持围绕中心，服务大局，努力寻求政协工作与县委、县政府中心工作的最佳结合点，求真务实，不断探索，切实履行政协政治协商、民主监督、参政议政的职能。三是精心组织促进崇明生态岛建设的系列主题活动，使政协工作增添新的平台。四是牢牢把握团结、民主两大主题，充分发挥政协组织广泛性和包容性的特点，加强与社会各界的联系，积极开展团结和凝聚人心的工作，为构建社会主义和谐社会作出贡献。五是努力抓好政协自身建设，使整体工作迈上新台阶。委员们认为，2005年，县政协常委会在中共崇明县委领导下，以邓小平理论和"三个代表"重要思想为指导，贯彻中共十六大、十六届五中全会精神，广泛团结社会各界人士，努力发挥政协优势，认真履行政协职能，为促进崇明政治、经济、文化和社会建设，巩固、发展爱国统一战线，构建社会主义和谐社会作出了新的贡献。委员们对县政协常委会一年来的工作表示满意，同意报告提出的2006年工作的指导思想、总体要求和5个方面重点工作。会议通过决议，批准这两个报告。

会议增选施亚周为常务委员会委员。

中共崇明县委书记龚德庆在闭幕会上作重要讲话。

全体人员列席县十三届人大四次会议，听取并讨论县长孙雷所作的《关于崇明县国民经济和社会发展第十一个五年规划纲要(草案)的报告》以及其他报告。

第十二节　第十二届委员会全体会议

第十二届委员会任期内，共召开全体会议6次。

一、第一次会议

2007年2月5日—9日在锦绣宾馆会议中心召开。出席委员192人，列席69人。会议听取和审议第十一届县政协主席范陈杰所作的县政协常委会工作报告和第十一届县政协副主席罗永祥所作的十一届政协四年来提案工作情况报告。报告回顾总结县政协十一届一次会议四年来的主要工作：一是把握学习重点，拓展学习形式，提高学习效果，夯实思想基础。二是认真履行三大职能，政治协商取得新成果，民主监督取得新进展，参政议政取得新成效。三是大力弘扬团结、民主两大主题，增强政协工作的感召力和凝聚力，为构建和谐社会出力。四是积极探索履行职能的新形式、新途径，围绕县委、县政府各项重点工作，精心组织加快实现崇明跨越式发展大讨论、科教兴县大讨论、生态岛建设教育实践和三岛功能定位宣传实践等主题活动，搭建平台，不断拓展履职空间。五是建立健全各项规章制度，加大对政协工作的宣传力度，着力建设适应新时期工作要求的政协机关，扎实推进政协自身建设。委员们认为，十一届县政协常委会在中共崇明县委的领导下，坚持以邓小平理论和"三个代表"重要思想为指导，围绕中心，求真务实，开拓创新，工作重点一年比一年突出，团结、民主两大主题一年比一年鲜明，履职领域一年比一年拓展，委员参政议政意识一年比一年增强，政协工作一年比一年活跃，政协发挥的作用一年比一年明显。委员们在充分肯定十一届县政协常委会四年工作的同时，就做好新一届政协工作提出意见建议。会议通过决议，批准这两个报告。

会议选举县政协主席1人，副主席5人，秘书长1人，常务委员20人，27人组成第十二届常务委员会。

中共崇明县委书记孙雷在闭幕会上作重要讲话。

全体人员列席县十四届人大一次会议，听取并讨论县长赵奇所作的《政府工作报告》以及其他报告。

二、第二次会议

2008年1月14日—17日在锦绣宾馆会议中心召开。出席委员188人，列席65人。会议听取和审议主席范陈杰所作的县政协常委会工作报告和副主席袁佳平所作的十二届一次会议以来提案工作情况报告。报告回顾总结县政协十二届一次会议一年来的主要工作：一是认真开展学习活动，进一步巩固各界人士的共同思想基础。二是切实履行政协职能，进一步提高政协工作的整体水平。三是始终坚持工作创新，进一步增强政协组织的工作活力。四是坚持团结、民主两大主题，进一步发挥政协团结各界、共建和谐的作用。五是努力适应新的形势，进一步加强政协自身建设。委员们认为，新一届县政协在开局之年，坚持以邓小平理论和“三个代表”重要思想为指导，深入贯彻落实科学发展观，认真学习贯彻中共十七大、中共上海市第九次代表大会和中共崇明县第十次代表大会精神，围绕中心，服务大局，切实履行政协职能，在全县经济、政治、文化和社会建设中发挥了积极作用。委员们充分肯定县政协常委会2007年所做的工作和取得成绩，一致同意报告提出的2008年工作的指导思想、总体要求和重点做好的5个方面工作。会议通过决议，批准这两个报告。

会议增选陈丽、倪健、龚耀昌、樊红妹、施利华为常务委员，同意陆瑜、赵杰、施菊萍、姚士新、姚安宝辞去常务委员职务的请求。

中共崇明县委副书记施建华在闭幕会上作重要讲话。

全体人员列席县十四届人大三次会议，听取并讨论县长赵奇所作的《政府工作报告》以及其他报告。

三、第三次会议

2009年1月5日—8日在锦绣宾馆会议中心召开。出席委员185人，列席65人。会议听取和审议主席范陈杰所作的县政协常委会工作报告和副主席袁佳平所作的十二届二次会议以来提案工作情况报告。报告回顾总结县政协十二届二次会议一年来的主要工作：一是坚持把学习放在一切工作的首位，积极探索搞好政协学习的有效方式和方法，全体委员政治理论和业务知识学习取得新的成效。二是坚持把促进崇明经济社会又好又快发展作为履职的第一要务，密切关注现代化生态岛建设中的重点、热点和难点问题，切实开展课题调研、委员视察、专题议政等各项履职活动，为建设生态崇明、和谐崇明发挥积极作用。三是坚持弘扬团结、民主两大主题，广泛开展各项交流、联谊活动，紧密团结和联系社会各界，努力做好合作共事工作，不断促进政党和谐、界别和谐，积极营造宽松融洽的政治环境。四是坚持围绕中心服务大局，精心组织各项主题活动，不断丰富全县各界人士的文化生活，共同构建社会主义和谐社会，促进崇明经济、政治、文化和社会建设。五是坚持把强化政协自身建设作为提升政协整体工作水平的重要抓手，紧密结合新时期、新阶段人民政协面临的新形势、新任务，切实加强自身建设，有效提升政协履职能力和水平。委员们认为，一年来，县政协常委会在中共崇明县委的领导下，坚持以邓小平理论和“三个代表”重要思想为指导，深入贯彻落实科学发展观，认真学习贯彻中共十七大和十七届三中全会，中共上海市委九届四次、五次全会以及中共崇明县委十届五次、六次全会精神，切实履行政协职能，各项工作取得新进展。委员们对常委会2008年工作表示满意，对报告提出的2009年县政协工作的指导思想、总体要求和5项重点工作表示赞同。会议通过决议，批准这两个报告。

会议增选施建华（民进）、孙宇峰、沈竑、袁永达为常务委员，同意张诗履、盛建平辞去常务委员职务的请求。

中共崇明县委书记彭沉雷在闭幕会上作重要讲话。

全体人员列席县十四届人大四次会议，听取并讨论县长赵奇所作的《政府工作报告》以及其他报告。

四、第四次会议

2009 年 8 月 11 日在天鹤大酒店召开。出席委员 182 人。会议听取中共崇明县委常委、组织部部长宋宝儒所作的关于补选政协崇明县第十二届委员会副主席人选的产生过程及副主席候选人基本情况的说明；审议通过关于同意王菁辞去第十二届县政协副主席、委员职务请求的决议；补选褚以琳为第十二届县政协副主席。

五、第五次会议

2010 年 1 月 18 日—21 日在锦绣宾馆会议中心召开。出席委员 187 人，列席 68 人。会议听取和审议主席范陈杰所作的县政协常委会工作报告和副主席袁佳平所作的十二届三次会议以来提案工作情况报告。报告回顾总结县政协十二届三次会议一年来的主要工作：一是把学习贯彻中共十七届三中、四中全会，胡锦涛在庆祝人民政协成立 60 周年大会上讲话，全国政协十一届二次会议，市、县政协工作会议精神作为重点，通过组织常委会、中心组、主席会议、专委会等各个层面的学习和印发学习资料、举办学习报告会等多种形式，开展学习活动，以此统一思想，指导实践，推动工作。二是坚持围绕中心、服务大局的工作原则，始终把推动科学发展作为政协工作第一要务，把服务崇明经济社会发展作为履行职能的工作重点，通过召开专题议政会、开展“迎世博 600 天”活动、组织调查研究等，充分发挥政协在推动科学发展中的重要作用。三是积极探索民主监督的形式和途径，不断创新民主监督的载体，以提案、视察、反映社情民意、政协委员受聘担任特邀监督员等主要形式开展民主监督，在县委、县政府推进科学决策、民主决策中发挥积极作用。四是坚持把促进社会和谐作为履职的第一目标，牢牢把握团结、民主两大主题，加强同各民主党派、工商联和无党派人士的团结联系、合作共事，发挥党派团体的作用。五是抓住庆祝人民政协成立 60 周年这一契机，广泛开展一系列活动，增强全体委员和各界人士走中国特色社会主义道路的自觉性和坚定性，激发全体委员和各界人士建设崇明现代化生态岛的积极性和主动性。六是结合深入学习实践科学发展观活动，切实加强政协自身建设。委员们认为，一年来，县政协常委会坚持以邓小平理论和“三个代表”重要思想为指导，深入贯彻落实科学发展观，认真学习贯彻中共十七届三中全会、四中全会精神，全面贯彻落实《崇明县 2009—2011 年经济和社会发展若干领域行动纲要》，切实履行政协职能，各项工作很有特点特色，取得的成绩令人满意。特别是对按照政协职能，工作定位准；工作作风实，深入基层调查研究多；关注和重视民生，积极反映社情民意等给予充分肯定。委员们还对努力开创崇明政协工作新局面提出意见建议。会议通过决议，批准这两个报告。

会议补选王家章、陈伟、范金丽、施惠聪、顾德昌为常务委员，同意陈丽、周洪生、施亚周、倪健、龚耀昌辞去常务委员职务的请求。

中共崇明县委书记彭沉雷在闭幕会上作重要讲话。

全体人员列席县十四届人大六次会议，听取并讨论县长赵奇所作的《政府工作报告》以及其他报告。

六、第六次会议

2011 年 1 月 24 日—26 日在崇明新城会议中心召开。出席委员 187 人，列席 68 人。会议听取和审议主席范陈杰所作的县政协常委会工作报告和副主席褚以琳所作的十二届五次会议以来提案工作情况报告。报告回顾总结县政协十二届五次会议一年来的主要工作：一是紧紧围绕不断巩固团结奋斗的共同思想政治基础，切实抓好学习工作。二是紧紧围绕编制“十二五”发展规划，努力为促进崇明经济社会科学发展献计献策。三是紧紧围绕举办“成功、精彩、难忘”的上海世博会，扎实开展促进服务世搏的各项工作。四是紧紧围绕经济社会发展和民生改善工作，广泛开展各种形式的履职活动。五是紧紧围绕团结、民主两大主题，努力汇聚建设现代化生态岛的强大力量。六是紧紧围绕提高政协工作科学化水平，切实加强政协自身建设。委员们认为，一年来，县政协常委会在中共崇明县委领导下，认真学习贯彻中共十

2011年1月24日—26日，县政协召开十二届六次会议

七届四中全会、五中全会，全国政协十一届三次会议和市、县政协工作会议精神，抓学习、抓大事、抓履职、抓建设，有序开展各项工作，使崇明政协事业实现了新发展。委员们充分肯定县政协2010年所做的工作和取得的成绩，并对做好2011年政协工作提出意见建议。会议通过决议，批准这两个报告。

会议同意范陈杰辞去主席、委员职务的请求，补选施建华为第十二届县政协主席。

中共崇明县委书记彭沉雷在闭幕会上作重要讲话。

全体人员列席县十四届人大八次会议，听取并讨论县长赵奇所作的《政府工作报告》以及其他报告。

第十三节　第十三届委员会第一次全体会议

2012年1月5日—8日在崇明新城会议中心召开。出席委员225人，列席68人。上海市政协副主席周汉民代表市政协向大会致贺词。会议听取和审议第十二届县政协主席施建华所作的县政协常委会工作报告和第十二届县政协副主席褚以琳所作的第十二届县政协五年来提案工作情况报告。报告回顾总结县政协十二届一次会议五年来的主要工作：一是认真贯彻中共崇明县委《关于进一步加强政治协商工作的意见》，坚持把政治协商融入全县经济、政治、文化、社会和生态文明建设，主动议大事、谋良策、促发展，形成全体会议广泛协商、常委会会议专题协商、主席会议重点协商、专委会会议对口协商的新格局，政治协商取得新进展。二是坚持不断健全民主监督机制，积极探索民主监督途径，努力创新民主监督载体，以委员视察、提案、反映社情民意、特邀监督等多种形式开展民主监督，为进一步推进县委、县政府科学决策、民主决策发挥积极作用。三是坚持把参政议政作为人民政协的重要履职形式，不断拓展知政渠道，积极创建议政平台，切实增强参政议政实效，不断提高政协参政议政的质量和水平。四是坚持高举爱国主义、社会主义两面旗帜，按照团结、民主两大主题，努力畅通联系渠道，注重协调各方关系，充分发挥人民政协的优势和作用。五是依照政协章程规定，切实加强政协自身建设，不断增强履职能力，提高履职水平，努力做到在固本强基中不断激发政协内在动力，在继承创新中不断推动政协事业向前发展。委员们认为，十二届县政协常委会在中共崇明县委的领导下，坚持以邓小平理论和“三个代表”重要思想为指导，深入贯彻落实科学发展观，围绕中心，服务大局，积极履行政治协商、民主监督、参政议政职能，圆满完成十二届县政协历次会议提出的各项任务，为全面推进崇明改革开放和建设现代化生态岛作出了积极贡献。委员们充分肯定十二届县政协常委会五年的工作和取得的成绩，并就做好新一届县政协工作提出意见建议。会议通过决议，批准这两个报告。

会议选举县政协主席1人，副主席5人，秘书长1人，常务委员28人，35人组成第十三届常务委员会。

中共崇明县委书记彭沉雷在闭幕会上作重要讲话。

全体人员列席县十五届人大一次会议，听取并讨论县长赵奇所作的《政府工作报告》以及其他报告。

第二章　常务委员会会议

根据政协章程及县政协制订(修订)的会议制度和议事规则，县政协常务委员会会议一般每季度召开

1次，必要时临时举行。主席、副主席、秘书长和全体常务委员出席，副秘书长和秘书处(办公室)有关人员列席。根据审议议题需要，列席对象可扩大到各工作(专门)委员会负责人、中共崇明县委统战部负责人、在崇市政协委员和各民主党派负责人、有关人民团体负责人以及政协之友社负责人等。会议由主席或由主席委托1名副主席主持。1956年3月—2012年12月，县政协共召开常务委员会会议212次。

县政协常务委员会会议主要任务：协商决定常务委员会工作中的重要问题；协商讨论中共崇明县委、县人民政府提出的有关全县大政方针、重要事务，崇明经济建设、政治建设、文化建设、社会建设和生态文明建设以及事关群众切身利益的重要问题；审议提请政协崇明县委员会全体会议讨论的有关文件草案；协商决定政协崇明县委员会年度工作计划；审议通过以常务委员会名义提出的建议案、协商意见、调研报告和其他意见、建议；根据秘书长提议任免副秘书长；决定届内工作机构设置和变动，任免机构人员等。

第一节 第一届常务委员会会议

第一届委员会共召开常务委员会会议7次。

一、第一次(扩大)会议

1956年4月12日召开，出席常委会成员7人，委员20人列席，主席王乐三主持会议。会议传达江苏省政协扩大会议精神。

二、第二次(扩大)会议

1956年7月4日—6日召开，出席常委会成员7人，委员26人和各界人士22人列席，主席王乐三主持会议。会议听取中共崇明县委宣传部部长作当前国内外形势与和平解放台湾的报告和中共崇明县委统战部部长作人民民主统一战线作用、意义的报告；协商讨论政协委员由56人增至84人，常务委员由4人增至20人；听取和讨论副主席徐鼎铨关于下半年工作意见的讲话；讨论决定成立文教、工商、医务、宗教、社会5个工作组；审议通过《政协崇明县委员会办公会议制度》。

三、第三次(扩大)会议

1956年11月8日—10日召开，出席常委会成员20人，委员19人和各界人士48人列席，主席王乐三主持会议。会议讨论协商崇明县第二届人民代表大会代表名额、各阶层比例，以及民主人士代表候选人名单；讨论关于支持埃及人民斗争与和平解放台湾；向中共崇明县委和县政府提出批评和建议；讨论通过政协学习委员会提出的关于学习中共八大文件精神的意见；听取县粮食局局长关于目前粮食工作的几点意见的发言；听取中共崇明县委书记王乐三和县长咸文和所作的报告。

四、第四次(扩大)会议

1956年12月25日与县人民委员会联合召开，出席常委会成员22人，委员20人列席，主席王乐三主持会议。会议传达贯彻中共八届二中全会和江苏省人民委员会、政协江苏省委员会联席会议“关于开展增产节约，提倡艰苦朴素作风，与群众同甘共苦，反对铺张浪费”的精神。

五、第五次会议

1957年4月22日召开，出席常委会成员22人，主席王乐三主持会议。会议协商讨论县政协一届三次会议的议程、日程以及其他有关事项。

六、第六次会议

1957 年 5 月 23 日召开，出席常委会成员 18 人，副主席徐鼎铨主持会议。会议就“大鸣大放”和帮助中共整风进行讨论。经协商，增加常务委员 1 人。

七、第七次(扩大)会议

1957 年 6 月 16 日召开，出席常委会成员 23 人，委员 19 人和各界人士 45 人列席，主席王乐三主持会议。会议总结上半年工作，讨论下半年工作意见；讨论如何加强工作组、地区小组活动和对中小学毕业生升学指导；讨论开展整风运动；协商讨论有关人事事项。

第二节　第二届常务委员会会议

第二届委员会共召开常务委员会会议 5 次。

一、第一次会议

会议召开日期、内容等情况无资料考查。

二、第二次(扩大)会议

1959 年 8 月 26 日召开，出席常委会成员 21 人，委员 37 人列席，副主席咸文和主持会议。会议听取中共崇明县委书记、县政协主席张惠和传达中共八届八中全会精神。

三、第三次(扩大)会议

1960 年 1 月 24 日召开，出席常委会成员 20 人，委员 42 人列席，副主席咸文和主持会议。会议听取副主席徐鼎铨传达市政协二届二次会议精神。

四、第四次(扩大)会议

1960 年 8 月 25 日—26 日召开，出席常委会成员 21 人，委员 20 人列席，主席张惠和主持会议。会议协商崇明县第四届人民代表大会代表名额和候选人名单。

五、第五次会议

1961 年 9 月 8 日召开，出席常委会成员 18 人，委员 6 人列席，副主席咸文和主持会议。会议协商确定县政协三届一次会议有关事项。

第三节　第三届常务委员会会议

第三届委员会共召开常务委员会会议 4 次。

一、第一次会议

1961 年 10 月 7 日召开，出席常委会成员 16 人，副主席咸文和主持会议。会议听取县政协秘书长、中共崇明县委统战部副部长陈启刚作关于崇明县“右派分子”改造工作情况的报告，并对“右派分子”摘帽问题进行讨论，同意第一批 14 名“右派分子”摘帽。

二、第二次(扩大)会议

1962年2月19日—23日召开,出席常委会成员20人,委员14人列席,副主席咸文和主持会议。会议组织与会人员学习中共中央和中共上海市委关于当前国内外形势的文件,并进行座谈讨论。

三、第三次(扩大)会议

1962年4月16日—17日召开,出席常委会成员22人,委员35人和人大代表27人列席,副主席咸文和主持会议。会议听取中共崇明县委书记、县政协主席张惠和作关于国内经济形势、正确处理红专关系和正确看待当前暂时困难等问题的报告;听取中共崇明县委统战部负责人关于党对知识界、工商界、宗教界的政治评价的讲话。

四、第四次(扩大)会议

1963年7月1日召开,出席常委会成员21人,委员22人列席,副主席咸文和主持会议。会议传达市政协负责人在有关会议上的讲话精神;讨论决定在堡镇、庙镇、新河、陈家镇地区分别设立学习小组。

第四节 第四届常务委员会会议

第四届委员会共召开常务委员会会议6次。

一、第一次会议

会议召开日期、内容等情况无资料考查。

二、第二次会议

1964年11月7日召开,会议出席人数和内容等情况无资料考查。

三、第三次会议

1965年3月18日召开,出席常委会成员15人,副主席咸文和主持会议。会议讨论决定原来以地区划分的7个学习小组调整为以界别划分的6个学习小组。

四、第四次会议

1981年4月1日召开,出席常委会成员16人,副主席咸文和主持会议。会议讨论关于召开县政协五届一次会议有关事项,酝酿协商第五届县政协主席、副主席,秘书长和常务委员会委员候选人,讨论协商增补第五届县政协委员等。

五、第五次会议

1981年5月7日召开,出席常委会成员15人,副主席施桂馨主持会议。会议传达市政协、市人代会精神;讨论通过屈锦成、吴献文、黄锷丞、施其禄为第五届县政协委员;讨论组织政协委员参观活动事项。

六、第六次会议

1981年6月18日召开,出席常委会成员13人,副主席徐鼎铨主持会议。会议讨论确定县政协五届一次会议的有关事项;讨论常务委员调整事宜;讨论决议起草委员会组成人员名单等。

第五节　第五届常务委员会会议

第五届委员会共召开常务委员会会议15次。

一、第一次会议

1981年7月30日—31日召开，出席常委会成员29人，主席陈继明主持会议。会议讨论县政协下半年工作安排；讨论决定成立教育、医卫、科技、工商、侨务对台、宗教民族、文体新闻、经济研究、法制研究、农村10个工作组；讨论协商县政协副秘书长人选。会议组织与会人员学习中共十一届六中全会《关于建国以来党的若干历史问题的决议》和全会公报，学习中共中央主席胡耀邦在庆祝中国共产党成立六十周年大会上的讲话等。

二、第二次会议

1981年12月27日召开，出席常委会成员26人，副主席顾青主持会议。会议回顾总结五届一次会议以来的工作，讨论部署1982年工作；协商决定增补1名政协委员；听取中共崇明县委书记倪鸿福报告等。

三、第三次会议

1982年4月26日召开，出席常委会成员27人，副主席黄冠球主持会议。会议讨论县政协五届二次会议的准备工作事项，协商增补3名县政协委员。

四、第四次会议

1982年5月25日召开，出席常委会成员20人，副主席顾青主持会议。会议讨论宪法修改草案。

五、第五次(扩大)会议

1982年8月25日召开，出席常委会成员30人，委员20人列席，副主席顾青主持会议。会议传达全国政协副主席刘澜涛讲话、市政协常委会扩大会议和主席办公(扩大)会议精神，讨论近期工作安排。

六、第六次会议

1983年1月8日召开，出席常委会成员21人，副主席顾青主持会议。会议传达全国政协、全国人大和市政协五届五次会议精神，讨论第一季度工作安排。

七、第七次会议

1983年3月2日召开，出席常委会成员22人，副主席顾青主持会议。会议讨论协商县政协五届三次会议的准备工作事项，讨论学习政协章程、开展全国文明礼貌月活动事宜。

八、第八次(扩大)会议

1983年6月10日召开，出席常委会成员29人，委员22人列席，副主席顾青主持会议。会议组织与会人员学习中共中央总书记胡耀邦在全国政协、全国人大预备会上的讲话和全国政协主席邓颖超在全国政协六届一次会议上的开幕词，讨论县政协将在市政协召开的区县政协工作交流会上的发言稿。

九、第九次(扩大)会议

1983年7月20日召开，出席常委会成员32人，委员20人列席，副主席顾青主持会议。会议传达市政协于7月8日召开的常委会扩大会议精神，讨论近期工作安排。

十、第十次会议

1983年10月17日召开，出席常委会成员20人，副主席顾青主持会议。会议总结第三季度工作，讨论第四季度工作安排。

十一、第十一次（扩大）会议

10月21日召开，出席常委会成员35人，委员27人列席，主席陈继明主持会议。会议听取市政协检查组组长王希孟传达中共中央有关领导对政协工作的讲话精神。

十二、第十二次（扩大）会议

1983年12月29日召开，出席常委会成员33人，委员25人列席，副主席顾青主持会议。会议传达中共上海市委有关文件精神与中共上海市委第一书记陈国栋在有关会议上的讲话，讨论第四季度工作小结和明年第一季度工作安排的意见。

十三、第十三次会议

1984年2月21日召开，出席常委会成员25人，主席陈继明主持会议。会议讨论县政协换届中的有关人事安排等。

十四、第十四次会议

1984年3月20日召开，出席常委会成员20人，主席陈继明主持会议。会议讨论修改县政协六届一次会议上的常委会工作报告，讨论协商六届县政协委员人选。

十五、第十五次会议

1984年4月7日召开，出席常委会成员30人，主席陈继明主持会议。会议讨论县政协六届一次会议议程、日程安排和主席团及秘书长候选人建议名单。

第六节 第六届常务委员会会议

第六届委员会共召开常务委员会会议22次。

一、第一次会议

1984年4月14日召开，出席常委会成员32人，主席施群主持会议。会议讨论通过常委会年度工作安排，协商决定薛以霆、龚镜澄为副秘书长。

二、第二次（扩大）会议

1984年7月16日召开，出席常委会成员18人，委员20人列席，副主席顾青主持会议。会议讨论第二季度工作小结和第三季度工作安排。

三、第三次（扩大）会议

1984年10月25日召开，出席常委会成员23人，委员21人列席，副主席顾青主持会议。会议讨论第三季度的工作小结和第四季度工作安排，讨论决定各工作组组长、副组长人选。

四、第四次(扩大)会议

1984年11月19日—20日召开,出席常委会成员30人,委员18人列席,主席施群主持会议。会议听取县长田长春关于全县经济情况及发展设想的通报,并进行讨论。

五、第五次会议

1985年1月24日召开,出席常委会成员23人,副主席顾青主持会议。会议组织与会人员学习《中共中央、国务院关于进一步活跃农村经济的十项政策》,讨论1984年工作总结与1985年工作打算。

六、第六次会议

1985年3月2日召开,出席常委会成员21人,副主席顾青主持会议。会议讨论修改县政协六届二次会议上的常委会工作报告和提案办理情况报告,协商通过增补县政协委员名单。

七、第七次会议

1985年3月27日召开,出席常委会成员34人,主席施群主持会议。会议讨论县政协六届二次会议议程(草案)、日程(草案)等。

八、第八次会议

1985年3月30日召开,出席常委会成员33人,主席施群主持会议。会议讨论决定成立经济开发组,协商补选一名常务委员人选,通过有关决议。

九、第九次(扩大)会议

1985年4月23日召开,出席常委会成员25人,委员26人列席,副主席顾青主持会议。会议组织与会人员学习市政府有关文件,讨论第二季度工作安排。

十、第十次(扩大)会议

1985年7月5日召开,出席常委会成员37人,委员22人列席,副主席顾青主持会议。会议传达市政协有关会议精神,讨论第二季度工作小结和第三季度工作打算,听取副县长张彪关于赴香港考察和崇明乡镇工业情况的通报。

十一、第十一次(扩大)会议

1985年8月21日召开,出席常委会成员32人,委员24人列席,主席施群主持会议。会议传达中共上海市委书记芮杏文在市政协六届四次全体会议上的讲话、市政协秘书长范征夫的报告和市政协召开的区县政协工作交流会上兄弟区县政协的先进经验。

十二、第十二次(扩大)会议

1985年11月16日召开,出席常委会成员29人,委员29人列席,副主席顾青主持会议。会议讨论第三季度工作小结与第四季度工作安排。

十三、第十三次(扩大)会议

1986年1月18日召开,出席常委会成员28人,委员30人列席,副主席顾青主持会议。会议组织与会人员学习《中共中央、国务院关于一九八六年农村工作的部署》;总结1985年第四季度工作,讨论1986

年第一季度工作。

十四、第十四次(扩大)会议

1986 年 3 月 7 日召开，出席常委会成员 26 人，委员 28 人列席，主席施群、副主席黄冠球先后主持会议会议。会议传达中共崇明县委关于召开县政协六届三次会议的批复，决定六届三次会议于 3 月下旬召开；讨论通过六届三次会议有关事项；讨论修改常委会工作报告；同意施群、顾青、施桂馨辞去县政协主席、副主席职务的请求。

十五、第十五次(扩大)会议

1986 年 4 月 19 日召开，出席常委会成员 28 人，委员 25 人列席，副主席宋斌主持会议。会议传达全国政协召开的地方政协工作会议精神，讨论第二季度工作安排，商议调查研究和委员学习等事宜。

十六、第十六次会议

1986 年 9 月 4 日召开，出席常委会成员 20 人，副主席宋斌主持会议。会议讨论通过薛以霆为县政协秘书长候选人，并决定提请全体委员会议选举。

十七、第十七次(扩大)会议

1986 年 10 月 6 日召开，出席常委会成员 21 人，委员 16 人列席，副主席宋斌主持会议。会议组织与会人员学习中共十二届六中全会决议和《人民日报》有关社论，传达市政协常委会扩大会议精神及区县政协工作会议精神，讨论第四季度工作安排。

十八、第十八次(扩大)会议

1986 年 11 月 6 日召开，出席常委会成员 20 人，委员 22 人列席，副主席宋斌主持会议。会议讨论中共崇明县委《关于"七五"期间加强社会主义精神文明建设的意见》。中共崇明县委副书记陆瑾到会听取意见建议。

十九、第十九次(扩大)会议

1987 年 2 月 9 日召开，出席常委会成员 26 人，委员 20 人列席，副主席宋斌主持会议。会议组织与会人员学习中共中央有关文件，传达全国省、市长会议精神。大家认为，反对资产阶级自由化关系国家安危，表示坚决拥护中共中央关于反对资产阶级自由化的决定。会议还讨论通过当前工作的意见。

二十、第二十次(扩大)会议

1987 年 3 月 20 日召开，出席常委会成员 26 人，委员 28 人列席，副主席宋斌主持会议。会议听取中共崇明县委副书记陆瑾关于乡镇和县政协换届情况的通报，讨论修改县政协七届一次会议上的常委会工作报告，协商讨论县政协换届事项。

二十一、第二十一次会议

1987 年 3 月 31 日召开，出席常委会成员 25 人，副主席宋斌主持会议。会议讨论协商七届县政协委员名单，讨论通过县政协七届一次会议议程，讨论修改县政协常委会工作报告和提案办理情况报告。

二十二、第二十二次会议

1987 年 4 月 10 日召开，出席常委会成员 30 人，副主席宋斌主持会议。会议听取七届县政协个别委员进行调整的说明，协商通过七届一次会议主席团，提案审查、决议起草委员会与大会秘书长人选。

第七节　第七届常务委员会会议

第七届委员会共召开常务委员会会议20次。

一、第一次会议

1987年4月16日召开，出席常委会成员35人，副主席宋斌主持会议。会议协商通过姚志一为县政协副秘书长；讨论决定设置7个委员会和3个工作组，即：对外经济联络委员会、海外联谊委员会、市政工交财贸委员会、科学技术委员会、教育委员会、医卫妇幼委员会、文体新闻委员会和宗教民族组、农业经济组、文史资料组。

二、第二次会议

1987年5月7日召开，出席常委会成员32人，主席张彪主持会议。会议传达市政协六届六次会议精神，听取中共崇明县委书记姚明宝关于国务院总理赵紫阳到崇明视察情况的通报，讨论下一阶段工作安排。

三、第三次(扩大)会议

1987年6月2日召开，出席常委会成员31人，委员28人列席，主席张彪主持会议。会议传达市政协召开的区、县政协主席、秘书长会议精神，听取副主席罗永祥作赴浙江杭州、萧山、温州、宁波等地参观学习情况的汇报，交流各委、组工作、学习等情况。

四、第四次(扩大)会议

1987年8月14日召开，出席常委会成员34人，委员26人列席，秘书长薛以霆主持会议。会议听取县建设局关于崇明县总体规划及城镇规划编制情况的介绍和副主席宋斌关于第二季度工作小结和第三季度工作安排的讲话。

五、第五次(扩大)会议

1987年12月24日召开，出席常委会成员36人，委员20人列席，主席张彪主持会议。会议传达市政协召开的常委会扩大会议精神，交流学习中共十三大文件体会，并就教育、卫生、农业、流通等问题与中共崇明县委、县政府领导进行协商对话。

六、第六次(扩大)会议

1988年2月10日召开，出席常委会成员35人，委员29人列席，副主席宋斌主持会议。会议讨论县政协七届二次会议议程及有关事项；讨论修改七届二次会议上县政协常委会工作报告及提案办理情况报告；协商决定增补3名政协委员，协商提名增补胡文刚为县政协常务委员，并决定提请县政协七届二次会议补选。

七、第七次(扩大)会议

1988年2月26日召开，出席常委会成员30人，委员32人列席，副主席宋斌主持会议。会议讨论征求县九届人大二次会议上的《政府工作报告(征求意见稿)》的意见建议，讨论县政协七届二次会议日程安排等。

八、第八次会议

1988年3月5日召开，出席常委会成员19人，副主席宋斌主持会议。会议讨论决定，因市政府召开农村工作会议，县政协七届二次全会延期至3月13日召开。

九、第九次(扩大)会议

1988年5月17日召开，出常委会成员34人，委员22人列席，副主席徐正林主持会议。会议听取主席张彪传达市政协七届一次全会精神，就农业问题与中共崇明县委常委、政策研究室主任殷惠生和副县长陈继明进行协商对话，听取秘书长薛以霆作下阶段工作安排的说明。

十、第十次(扩大)会议

1988年12月8日召开，出席常委会成员35人，委员47人列席，主席张彪主持会议。会议听取副县长周祖安通报全县当前财政经济状况和秘书长薛以霆通报县政协七届二次全会以来工作情况和1989年第一季度工作打算。

十一、第十一次(扩大)会议

1989年1月30日召开，出席常委会成员28人，委员32人列席，主席张彪主持会议。会议听取县长田长春关于政府工作情况的通报。

十二、第十二次会议

1989年2月24日召开，出席常委会成员33人，主席张彪主持会议。会议讨论决定县政协七届三次会议的有关事项；讨论修改县政协常委会工作报告和提案办理情况报告；讨论县《政府工作报告(征求意见稿)》，并提出修改的意见建议。

十三、第十三次(扩大)会议

1989年4月28日召开，出席常委会成员28人，委组负责人和各民主党派负责人共14人列席，主席张彪主持会议。会议由县纪检、监察、审计部门负责人就廉政问题与到会人员进行协商对话，听取副主席宋斌传达市政协七届二次会议精神。中共崇明县委副书记陆瑾参加会议并讲话。

十四、第十四次(扩大)会议

1989年6月8日召开，出席常委会成员30人，委组负责人和各民主党派支部负责人共17人列席，副主席宋斌主持会议。会议传达学习中共中央和中共上海市委有关当前形势的两个文件(李鹏、杨尚昆、姚依林、乔石5月22日讲话和江泽民在市委委员学习会上的讲话)，并进行讨论。主席张彪讲话，要求政协委员要认清动乱的性质，坚决拥护中共中央和国务院的决策；要加强学习，把思想统一到中国共产党和中央政府的决策上来；要坚信中国共产党的领导，一定能解决腐败问题；要坚守岗位、搞好工作。

十五、第十五次(扩大)会议

1989年7月8日召开，出席常委会成员27人，委组负责人和各民主党派支部负责人共15人列席，副主席宋斌主持会议。会议传达学习中共十三届四中全会有关文件精神(邓小平讲话、李鹏在政治局会议上的报告、江泽民在政治局会议闭幕式上的讲话)，传达市政协召开的常委会扩大会议精神，协商讨论县政协下半年学习计划和工作要点。

十六、第十六次(扩大)会议

1989年9月19日召开,出席常委会成员35人,委组负责人和各民主党派支部负责人等共19人列席,副主席宋斌主持会议。会议听取中共崇明县委常委、组织部部长黄振兴关于换届人事安排情况的通报,组织与会人员推荐县政府、县政协两套班子组成人员人选;听取副县长陈继明关于全县经济形势的通报。

十七、第十七次(扩大)会议

1989年11月22日—23日召开,出席常委会成员34人,委组负责人,各民主党派、工商联、无党派科长以上干部和部分政协之友社社员共21人列席,副主席宋斌主持会议。会议传达中共十三届五中全会文件,以及江泽民、李鹏的讲话及邓小平同江泽民、李鹏、乔石、姚依林、宋平、李瑞环、杨尚昆、万里谈话要点;听取中共崇明县委书记姚明宝传达中共上海市委五届九次全会和中共崇明县委五届十次全会精神。会议围绕邓小平辞去中央军委主席职务和中共中央关于治理整顿、深化改革的决定进行座谈讨论,主席张彪讲话,要求认真学习和贯彻中央文件精神,进一步统一干部群众思想认识;按照制订的计划,认真做好县政协的各项工作。

十八、第十八次会议

1990年2月13日召开,出席常委会成员28人,主席张彪主持会议。会议组织与会人员学习《中共中央关于坚持和完善中国共产党领导的多党合作和政治协商制度的意见》,讨论修改常委会工作报告,协商政协换届人事安排等有关事项。

十九、第十九次(扩大)会议

1990年3月8日召开,出席常委会成员21人,委组负责人、各民主党派支部以上负责人19人列席,主席张彪主持会议。会议听取并讨论县长田长春《政府工作报告(征求意见稿)》主要内容的介绍,提出修改意见。

二十、第二十次(扩大)会议

1990年3月20日召开,出席常委会成员29人,委员18人列席,主席张彪主持会议。会议协商决定八届县政协委员人选,讨论修改县政协常委会工作报告、提案工作报告,协商讨论县政协八届一次会议议程、日程等事项。

第八节　第八届常务委员会会议

第八届委员会共召开常务委员会会议22次。

一、第一次会议

1990年4月6日召开,出席常委会成员34人,副主席徐正林主持会议。会议协商通过11个专门委员会设置和主任、副主任名单。新一届主席、副主席表态发言,交流履职打算。

二、第二次(扩大)会议

1990年5月21日召开,出席常委会成员26人,专委会主任、副主任18人列席,主席陆瑾主持会议。会议听取陆瑾通报当前崇明治安、经济形势和副主席徐正林传达市政协七届三次会议精神,讨论决定县政协年度工作计划。

三、第三次（扩大）会议

1990年7月25日召开，出席常委会成员21人，专委会主任、副主任17人列席，副主席徐正林主持会议。会议听取全国统战工作会议精神（江泽民有关讲话和中共中央关于加强统战工作的通知）的传达，听取主席陆瑾传达中共崇明县委六届四次全会（扩大）会议精神；审议通过常委会工作简则、各工作委员会工作简则、委员视察简则、提案工作条例；听取县供销社关于经营状况的通报，讨论《关于整顿流通领域秩序，发挥供销商业主渠道作用的建议案》。

四、第四次（扩大）会议

1990年10月24日召开，出席常委会成员30人，专委会主任、副主任16人列席，副主席徐正林主持会议。会议听取副县长施兴忠关于团结沙围垦情况的通报，讨论通过常委会《关于进一步推进我县社会治安综合治理工作的建议案》和《关于建设海岛特色工程，发展崇明经济的建议案》，通报郊县政协工作例会和县政协提案办理等情况，协商决定增补一名县政协委员，讨论通过第四季度县政协工作安排。

五、第五次会议

1990年12月18日召开，出席常委会成员29人，副主席徐正林主持会议。会议听取并讨论副县长仇永鸣关于崇明县国民经济和社会发展"八五"计划和"九五"规划设想的通报，提出建议意见。

六、第六次会议

1991年3月4日召开，出席常委会成员25人，副主席徐正林主持会议。会上，县长田长春就《政府工作报告（征求意见稿）》征求修改意见。

七、第七次会议

1991年3月9日召开，出席常委会成员31人，副主席徐正林主持会议。会议讨论决定县政协八届二次会议召开的日期及议程、日程等有关事项，讨论修改常委会工作报告和提案工作报告。

八、第八次（扩大）会议

1991年5月10日召开，出席常委会成员22人，各民主党派负责人，政协之友社理事长、副理事长，统战系统各部门负责人共19人列席，副主席徐正林主持会议。会议传达市政协七届四次、市九届人大四次会议精神，讨论7月底前县政协工作要点。

九、第九次会议

1991年6月27日上午召开，出席常委会成员26人，副主席徐正林主持会议。会议审议常委会《关于组建工业企业联合体》等4个建议案。

十、第十次（扩大）会议

1991年6月27日下午召开，出席常委会成员22人，县政协教育文化委员会部分委员、各民主党派负责人、政协之友社部分教育界社员共26人列席，副主席徐正林主持会议。会议听取副县长黄雄通报学校德育教育情况，协商讨论学校德育教育工作。

十一、第十一次（扩大）会议

1991年7月19日召开，出席常委会成员23人，部分县政协委员、各民主党派负责人、工商联负责人、政协之友社部分社员共32人列席，副主席徐正林主持会议。会议听取县长田长春通报上半年崇明经济情况，中共崇明县委副书记、县政协主席陆瑾通报上半年崇明社会治安情况。

十二、第十二次(扩大)会议

1991年12月19日召开，出席常委会成员28人，各民主党派支部以上负责人、无党派人士代表、政协之友社部分社员共53人列席，副主席徐正林主持会议。会议听取中共崇明县委常委、宣传部部长黄志才传达中共十三届八中全会和中共上海市委五届十二次全会精神，中共崇明县委副书记沈兰全传达江泽民在中共十三届八中全会上和吴邦国在中共上海市委五届十二次全会上的讲话。沈兰全结合崇明实际，提出工作要求。

十三、第十三次(扩大)会议

1992年1月15日召开，出席常委会成员30人，民主党派负责人及各界人士代表共56人列席，副主席徐正林主持会议。会议听取副县长胡伯坤通报1991年全县工业生产情况，县农业局党委书记万显昌通报1991年全县农业生产情况，县公安局局长茅永成通报1991年社会综合治理情况，副县长周祖安通报1991年财政收支情况，中共崇明县委副书记、县政协主席陆瑾通报中共崇明县委六届七次全会精神。

十四、第十四次会议

1992年1月23日召开，出席常委会成员26人，副主席徐正林主持会议。会议审议通过“三优”(优秀政协委员、先进工作委员会、最佳提案)候选对象，协商通过增补1名政协委员和同意2名政协委员因调动工作辞去委员职务的请求，通报各界人士迎春茶话会方案等。

十五、第十五次会议

1992年2月28日召开，出席常委会成员28人，副主席徐正林主持会议。上午，会议讨论通过县政协八届三次会议召开日期及日程、议程，讨论修改常委会工作报告和提案工作报告，协商通过有关人事事项。下午，9名民主党派成员列席会议，副县长仇永鸣就《政府工作报告(征求意见稿)》征求意见。

十六、第十六次会议

1992年3月13日召开，出席常委会成员20人，副主席徐正林主持会议。会议协商讨论县政协八届三次会议日程、八届三次会议决议起草委员会名单等，协商通过增补2名政协委员。

十七、第十七次(扩大)会议

1992年5月16日召开，出席常委会成员29人，城桥地区部分政协委员、民主党派负责人、人民团体负责人、政协之友社部分理事共69人列席，副主席徐正林主持会议。会议传达市政协七届五次会议精神。

十八、第十八次(扩大)会议

1992年7月22日召开，出席常委会成员28人，民主党派成员、政协之友社部分理事共34人列席，副主席徐正林主持会议。会议听取副县长施兴忠通报上半年全县经济工作情况。

十九、第十九次(扩大)会议

1992年10月20日召开，出席常委会成员31人，县政协市政工交、农村经济、科学技术、海外联谊委员会成员，各民主党派负责人，无党派代表人士，侨联委员，台联理事和工商联执委等共71人列席，副主席徐正林主持会议。会议听取副县长胡伯坤通报全县经济工作情况，特邀上海廷豪服饰有限公司总经理介绍公司有关情况。

二十、第二十次(扩大)会议

1992 年 10 月 29 日召开，出席常委会成员 30 人，民主党派负责人和无党派代表人士共 42 人列席，副主席徐正林主持会议。会议听取中共十四大代表、中共崇明县委副书记、县政协主席陆瑾传达中共十四大会议精神。

二十一、第二十一次会议

1993 年 3 月 12 日召开，出席常委会成员 24 人，副主席徐正林主持会议。会议传达市政协八届一次会议精神，讨论通过县政协九届一次会议召开日期，讨论修改八届常委会工作报告和提案工作报告，同意黄和招辞去县政协副主席职务的请求。

二十二、第二十二次会议

1993 年 3 月 23 日召开，出席常委会成员 25 人，副主席徐正林主持会议。会议协商九届县政协委员名额、名单等。

第九节 第九届常务委员会会议

第九届委员会共召开常务委员会会议 27 次。

一、第一次会议

1993 年 4 月 9 日召开，出席常委会成员 23 人，主席陆瑾主持会议。会议协商决定县政协副秘书长人选，根据中共崇明县委建议和秘书长顾建新提名，同意姚志一任副秘书长；讨论决定九届政协工作委员会设置和各工作委员会组成人员名单；讨论 1993 年县政协工作要点。

二、第二次(扩大)会议

1993 年 5 月 19 日，出席常委会成员 24 人，部分县政协委员、民主党派负责人、无党派代表人士以及政协之友社理事长、副理事长等共 82 人列席。主席陆瑾主持会议。会议听取中共崇明县委常委、县委政策研究室主任周世民通报县级机构改革情况。

三、第三次会议

1993 年 6 月 18 日召开，出席常委会成员 18 人，副主席黄振兴主持会议。会议通报乡镇机构改革方案以及有关政策，审议通过《关于开展纪念毛泽东同志诞辰 100 周年征文活动的通知》和《关于加快发展崇明县个体私营经济的建议案》。

四、第四次(扩大)会议

1993 年 7 月 22 日召开，出席常委会成员 22 人，民主党派负责人、无党派代表人士和政协之友社理事长、副理事长共 23 人列席，副主席黄振兴主持会议。会议听取主席陆瑾通报上半年崇明经济工作情况，县公安局局长茅永成通报当前崇明社会治安情况。

五、第五次会议

1993 年 9 月 22 日召开，出席常委会成员 16 人，副主席仇永鸣主持会议。会议通报县政府对《关于加快发展我县个体私营经济的建议案》的答复情况，审议通过《关于我县乡镇亏损企业出路的建议案》，通报县政协上半年工作情况，协商通过李家敏任文体新闻委员会副主任。

六、第六次会议

1993年12月24日召开，出席常委会成员18人，副主席黄振兴主持会议。会议审议通过《关于加快发展我县职业教育，为崇明经济建设培养有用人才的建议案》，讨论春节前县政协主要工作安排，协商通过有关人事事项。

七、第七次会议

1994年3月2日召开，出席常委会成员17人，副主席黄振兴主持会议。会议讨论通过县政协九届二次会议召开日期、议程和日程，讨论修改常委会工作报告，征求《政府工作报告(征求意见稿)》修改意见，协商通过有关人事任免事项。

八、第八次会议

1994年4月22日召开，出席常委会成员16人，主席陆瑾主持会议。会议讨论通过1994年县政协工作要点、学习委员会学习计划；通报常委会建议案内容和委员视察活动设想；协商决定学习委员会主任、副主任调整人选，刘亚池为主任，徐耀明为副主任；讨论确定建立庙镇、鳌山、堡镇地区委员小组，杨忠义为庙镇地区委员小组组长，徐承杰为鳌山地区委员小组组长，施亚参为堡镇地区委员小组组长。

九、第九次会议

1994年5月12日召开，出席常委会成员18人，主席陆瑾主持会议。会议根据中共崇明县委建议和秘书长刘亚池提名，协商通过陆松平为副秘书长；讨论通过县政协秘书处下设行政科、秘书科。

十、第十次(扩大)会议

1994年7月29日召开，出席常委会成员20人，委组主任组长和民主党派负责人共18人列席，主席陆瑾主持会议。会议讨论通过《关于优化环境，理顺关系，促进崇明三资企业发展的建议案》，围绕《我县农业技术推广机构和农业科技队伍的现状及对策》等专题进行研讨，听取县政协秘书处关于委员集体视察活动的情况报告。

十一、第十一次(扩大)会议

1994年10月28日召开，出席常委会成员26人，委组主任组长和民主党派负责人共19人列席，副主席黄振兴主持会议。会议传达全国政协八届八次常委会精神，并就下阶段深入学习贯彻中共中央十四届四中全会精神提出要求。

十二、第十二次(扩大)会议

1994年12月14日召开，出席常委会成员18人，委(组)主任(组长)、副主任(组长)和民主党派负责人共20人列席，主席陆瑾主持会议。会上，副县长周祖安通报财政收支情况，中共崇明县委常委、公安局局长黄菊良通报社会治安情况。会议审议通过《关于进一步发展我县岛外第三产业的建议》。

十三、第十三次会议

1995年1月9日召开，出席常委会成员17人，主席陆瑾主持会议。会议审议通过关于召开县政协九届三次会议的决定，讨论县政协九届三次会议议程、日程安排、列席人员范围，讨论修改县政协常委会工作报告、提案工作报告，审议通过10件优秀提案和5个先进承办单位，审议通过地区（系统）委员简则（草案）；协商讨论县政协1995年工作思路，协商通过有关人事任免事项。

十四、第十四次(扩大)会议

1995年2月10日召开，出席常委会成员16人，民主党派和工商联负责人等15人列席，副主席仇永鸣主持会议。会议讨论《政府工作报告(征求意见稿)》，中共崇明县委常委、常务副县长吴新超出席会议并听取意见。

十五、第十五次会议

1995年4月6日召开，出席常委会成员18人，主席陆瑾主持会议。会议传达全国政协八届三次会议精神，审议通过常委会1995年工作要点和先进专门委员会、优秀政协委员评选办法。

十六、第十六次会议

1995年7月5日召开，出席常委会成员17人，副主席黄振兴主持会议。会议听取中共崇明县委宣传部负责人关于崇明县社会主义精神文明建设的情况通报，协商通过增补2名政协委员。会后，与会人员视察上海华星牙膏厂创建市级文明单位情况。

十七、第十七次会议

1995年10月17日召开，出席常委会成员23人，副主席仇永鸣主持会议。会议审议通过《政协崇明县委员会常务委员会工作条例》等3个规章制度；听取县蔬菜办负责人关于全县蔬菜基地建设情况和中共合兴乡委员会负责人关于合兴蔬菜基地生产、经营情况的介绍，围绕如何进一步加强崇明蔬菜基地建设进行讨论，提出建议。会后，与会人员视察合兴乡蔬菜园艺场。

十八、第十八次会议

1996年1月29日召开，出席常委会成员20人，主席陆瑾主持会议。会议讨论决定县政协九届四次会议召开的日期、议程和日程，九届四次会议分组和召集人名单；讨论修改常委会工作报告、提案工作报告；讨论确定先进委组和优秀政协委员名单；协商通过有关人事任免事项，决定增补2名县政协委员，潘永昌任海外联谊委员会主任，刘亚池不再担任海外联谊委员会主任。

十九、第十九次会议

1996年3月14日召开，出席常委会成员25人，主席陆瑾主持会议。会议讨论修改县政协常委会1996年工作要点及重要活动安排。

二十、第二十次(扩大)会议

1996年5月30日召开，出席常委会成员21人，法制委员会委员等15人列席，主席陆瑾主持会议。会议听取中共崇明县委常委、县公安局局长黄菊良通报全县“严打”(严厉打击刑事犯罪活动)情况，中共崇明县委政法委副书记、县社会治安综合治理办公室主任龚锡超通报政法机关“严打”情况和政法委下阶段工作安排情况。

二十一、第二十一次会议

1996年6月28日召开，出席常委会成员15人，主席陆瑾主持会议。会议听取中共崇明县纪律检查委员会副书记、县监察委员会副主任郁洪飞通报崇明纠风工作情况，协商讨论《关于我县开展全民健身活动的建议案》。

二十二、第二十二次(扩大)会议

1996 年 9 月 16 日召开,出席常委会成员 18 人,各委员会主任、部分地区小组组长、文体新闻委员会部分委员共 22 人列席,主席陆瑾主持会议。会议听取崇明广播电视台台长陈志德作关于崇明广电工作情况的通报,与会人员围绕崇明广播电视工作情况进行讨论,提出意见和建议。会后,与会人员视察崇明广播电视台。

二十三、第二十三次会议

1997 年 1 月 10 日召开,出席常委会成员 19 人,主席陆瑾主持会议。会议讨论修改常委会工作报告和提案工作报告,讨论九届五次会议议程、日程、分组召集人名单、列席人员范围等;协商通过有关人事任免事项,决定增补 1 名县政协委员,张诗履任文史资料委员会主任。

二十四、第二十四次(扩大)会议

1997 年 4 月 24 日召开,出席常委会成员 19 人,委(组)主任(组长)、民主党派和人民团体负责人共 26 人列席,副主席黄振兴主持会议。会上,县人民检察院检察长康家通报崇明反贪查案工作情况,并讲解刑法新修订的内容。

二十五、第二十五次(扩大)会议

1997 年 7 月 7 日召开,出席常委会成员 20 人,政协之友社理事长、副理事长,部分民主党派成员和无党派代表人士共 28 人列席,副主席黄振兴主持会议。会议听取县工商局局长庞忍夫通报 1 月—6 月崇明打假治劣工作情况,县计划生育委员会副主任郁允珍通报崇明计划生育工作情况。

二十六、第二十六次(扩大)会议

1997 年 9 月 25 日召开,出席常委会成员 22 人,委(组)主任(组长),民主党派县委委员,工商联会长、副会长和无党派代表人士共 34 人列席,主席陆瑾主持会议。会议传达中共十五大会议精神。

二十七、第二十七次会议

1998 年 3 月 9 日召开,出席常委会成员 18 人,副主席黄振兴主持会议。会议讨论决定县政协十届一次会议召开的日期、日程和议程,讨论修改常委会工作报告和提案工作报告,协商决定十届政协委员名额和名单。

第十节　第十届常务委员会会议

第十届委员会共召开常务委员会会议 23 次。

一、第一次会议

1998 年 3 月 28 日召开,出席常委会成员 22 人,主席黄振兴主持会议。会议协商通过副秘书长和各专委会主任、副主任人选,讨论通过 1998 年度工作要点。

二、第二次(扩大)会议

1998 年 4 月 23 日召开,出席常委会成员 18 人,专委会主任、副主任,地区(系统)委员小组组长共 16

人列席，主席黄振兴主持会议。会议传达全国政协九届一次会议精神和全国政协主席李瑞环在全国政协九届一次会议闭幕式上的讲话；讨论如何搞好常委会工作和委组工作，交流专委会活动计划。副主席周祖安、黄雄分别就专委会性质、任务、作用和进一步提高提案工作质量，充分发挥政协提案在参政议政中的作用发言。

三、第三次会议

1998 年 7 月 22 日召开，出席常委会成员 21 人，主席黄振兴主持会议。会议审议通过《政协崇明县委员会关于加强反映社情民意工作的意见》《政协崇明县委员会关于加强与委员联系的制度》，传达中共崇明县委常委扩大会议精神。中共崇明县委书记盛亚飞到会看望与会人员并讲话。

四、第四次会议

1998 年 10 月 21 日召开，出席常委会成员 20 人，副主席周祖安主持会议。会议听取中共港西镇委员会书记陈锡昌和副书记秦赛金关于港西镇私营经济发展情况的介绍，并就发展崇明私营经济问题进行讨论；协商通过有关人事任免。会后，与会人员视察阳刚电子有限公司、申港窗饰制品有限公司、骑腾机械有限公司等私营企业。

五、第五次会议

1999 年 1 月 29 日召开，出席常委会成员 19 人，主席黄振兴主持会议。会议讨论县政协十届二次会议议程、讨论分组、列席范围等有关事项，讨论修改常委会工作报告和提案工作报告，协商通过政协委员调整等有关人事任免事项。

六、第六次会议

1999 年 4 月 1 日召开，出席常委会成员 20 人，主席黄振兴主持会议。会议审议通过县政协常委会 1999 年工作要点和 1999 年重要会议、活动安排，协商通过有关人事任免事项。

七、第七次会议

1999 年 7 月 1 日召开，出席常委会成员 21 人，主席黄振兴主持会议。会议听取县农委主任顾圣群关于崇明特色农副产品发展情况的介绍，组织与会人员视察港东乡市级稻田养蟹示范基地和县种羊场。审议通过常委会《关于搞好种源提纯复壮，发展崇明特色农副产品的建议案》。

八、第八次会议

1999 年 9 月 28 日召开，出席常委会成员 24 人，主席黄振兴主持会议。会议组织与会人员学习中共中央总书记江泽民在庆祝人民政协成立 50 周年大会上的讲话，听取县科委主任石炳良关于崇明近年来农业科技攻关推广情况的介绍和堡镇镇副镇长胡耀忠关于该镇农业科技成果推广工作的情况介绍，审议通过常委会《实现崇明三年奋斗目标，必须加强农业科技成果推广工作》的调研报告。

九、第九次会议

2000 年 1 月 25 日召开，出席常委会成员 25 人，主席黄振兴主持会议。会议讨论决定县政协十届三次会议召开日期；审议通过县政协十届三次会议的议程（草案）和日程（草案），大会秘书长、副秘书长名单（草案）；讨论通过县政协十届三次会议分组及召集人名单、十届三次会议列席人员范围；讨论修改常委会工作报告和提案工作报告；协商决定增补 3 名县政协委员。

十、第十次会议

2000年3月28日召开，出席常委会成员23人，主席黄振兴主持会议。会议审议通过县政协常委会2000年工作要点和县政协2000年重要会议、活动的安排，讨论县政协专门委员会、地区委员小组2000年度活动计划。

十一、第十一次会议

2000年6月27日召开，出席常委会成员25人，主席黄振兴主持会议。会议听取县创建国家卫生县城领导小组办公室常务副主任、城桥镇副镇长李友春所作的关于国家卫生县城创建工作情况的通报，审议通过常委会的《关于加强长效管理，巩固国家卫生县城创建成果的建议案》和《政协崇明县委员会关于政治协商、民主监督、参政议政的规定》。

十二、第十二次会议

2000年9月25日召开，出席常委会成员21人，主席黄振兴主持会议。会议听取副秘书长金德培关于发展崇明农副产品加工业调研情况的汇报，并就调研组撰写的调查报告进行审议；协商通过有关人事任免事项。

十三、第十三次会议

2001年1月11日召开，出席常委会成员22人，主席黄振兴主持会议。会议讨论决定县政协十届四次会议召开日期；审议通过县政协十届四次会议的议程（草案）、日程（草案），大会秘书长、副秘书长名单（草案）；讨论通过十届四次会议分组及召集人名单、列席人员范围；讨论修改常委会工作报告和提案工作报告；协商通过有关人事事项，同意仇永鸣和姚振尧辞去政协副主席、委员职务的请求。

十四、第十四次会议

2001年3月28日召开，出席常委会成员21人，主席黄振兴主持会议。与会人员视察南门海塘观光工程、南门至绿华段海塘达标工程和陈海公路西段；讨论通过县政协常委会2001年工作要点，协商部署“崇明大开发，政协怎么办”讨论活动。

十五、第十五次会议

2001年7月20日召开，出席常委会成员21人，主席黄振兴主持会议。会议听取中共崇明县委组织部副部长杨永斌所作的关于崇明县村务公开情况的介绍，审议通过常委会《关于深化村务公开，推进农村基层民主建设的建议案》。

十六、第十六次会议

2001年9月21日召开，出席常委会成员20人，主席黄振兴主持会议。会议同意刘亚池辞去县政协秘书长职务的请求，同意增补陈汉刚为县十届政协委员，协商决定陈汉刚为县政协代秘书长。黄振兴就认真学习贯彻江泽民“七一”讲话，积极参加专题调研和视察考察活动，积极反映社情民意，继续搞好“崇明大开发，政协怎么办”讨论活动等提出要求。

十七、第十七次会议

2001年12月10日召开，出席常委会成员22人，主席黄振兴主持会议。会议传达中共上海市委、市政府批准实施的《崇明县机构改革方案》和《关于县级机构改革工作若干问题的意见》以及中共崇明县委书记盛亚飞在县级机构改革动员会议上的讲话精神;协商讨论政协机关职能设置、内设机构和人员编制方案;协商决定建立政协崇明县委员会办公室和政协崇明县委员会专门委员会办公室;协商决定陈汉刚任政协崇明县委员会办公室主任,陆松平任政协崇明县委员会专门委员会办公室主任,金德培不再担任县政协副秘书长职务。黄振兴就贯彻落实县级机构改革动员大会精神,切实做好政协机关的机构改革工作提出要求。

十八、第十八次会议

2002年1月22日召开,出席常委会成员19人,主席黄振兴主持会议。会议讨论决定县政协十届五次会议召开日期;审议通过县政协十届五次会议议程(草案)、日程(草案),大会秘书长、副秘书长名单(草案);讨论通过十届五次会议分组及召集人名单,十届五次会议列席人员范围;讨论修改常委会工作报告和提案工作报告;协商讨论政协专门委员会和地区委员小组的主要任务和工作职责;协商决定有关人事任免事项。

十九、第十九次会议

2002年3月26日召开,出席常委会成员16人,副主席周祖安主持会议。会议同意黄振兴因到退休年龄辞去县政协主席、委员职务的请求,讨论确定县政协常委会2002年工作要点和县政协2002年重要会议、活动安排。

二十、第二十次会议

2002年7月23日召开,出席常委会成员17人,副主席周祖安主持会议。会议传达市政协主席王力平在学习江泽民“5·31”重要讲话交流会上的讲话和中共崇明县委书记盛亚飞在县委常委扩大会议上的讲话精神,通报2002年度提案办理工作情况,讨论通过开展评优评先活动的意见和常委会《关于加大招商引资力度,加快崇明经济发展的建议案》,协商决定有关人事任免事项。

二十一、第二十一次会议

2002年9月6日召开,出席常委会成员18人,副主席周祖安主持会议。会议讨论决定县政协十届六次会议召开日期;审议通过县政协十届六次会议的议程(草案)、日程(草案),大会秘书长、副秘书长名单(草案);讨论通过十届六次会议分组、召集人名单和列席人员范围;协商决定有关人事任免事项。

二十二、第二十二次(扩大)会议

2002年11月25日召开,出席常委会成员17人,各专门委员会、地区委员小组负责人、政协机关科长以上干部共18人列席,主席邵礼达主持会议。会议传达学习中共十六大精神,讨论近期工作安排。

二十三、第二十三次会议

2003年2月13日召开,出席常委会成员18人,主席邵礼达主持会议。会议讨论协商县十一届政协委员人选建议名单;讨论通过召开县政协十一届一次会议的决定,十一届一次会议议程(草案)、会议日程(草案),常委会工作报告报告人和提案工作报告报告人建议名单,大会主席团成员和秘书长建议名单(草案)、大会主席团常务主席名单(草案)、大会主席团会议和主席团常务主席会议主持会议人建议名单(草案)、大会提案审查委员会建议名单(草案)、大会副秘书长建议名单(草案),会议列席对象及邀请范围;讨论修改常委会工作报告和提案工作报告。

第十一节 第十一届常务委员会会议

第十一届委员会共召开常务委员会会议18次。

一、第一次会议

2003年3月31日召开，出席常委会成员23人，主席范陈杰主持会议。会议通报县十一届政协主席、副主席、秘书长分工；审议通过《政协崇明县委员会常务委员会工作规则(修正案)》，县政协常委会2003年度工作意见和县政协2003年度重要会议、活动安排，县十一届政协专门委员会、地区委员小组设置方案；协商通过十一届县政协副秘书长名单和政协专门委员会主任名单。会议最后由范陈杰讲话，提出五点要求：一要加强学习，尽快熟悉政协工作，早日进入常委角色；二要正确处理好本职工作和政协工作的关系，切实履行常委职责；三要善于继承传统，勇于开拓创新，不断开创崇明政协工作的新局面；四要围绕中心，服务大局，积极为实现崇明经济和社会事业跨越式发展献计出力；五要加强团结，发扬民主，形成常委会的整体合力。

二、第二次会议

2003年7月7日召开，出席常委会成员24人，主席范陈杰主持会议。会议听取中共崇明县委常委、副县长黄铁军所作的关于县十一届政协一次会议以来提案办理工作情况的通报，副主席袁佳平传达中共崇明县委书记龚德庆在政协调研时的重要讲话精神。会议还审议通过《政协崇明县委员会提案工作条例》《政协崇明县委员会专门委员会工作简则》《政协崇明县委员会委员视察简则》和有关人事任免事项。范陈杰对县政协上半年度工作进行总结，对下半年度工作作出部署。

三、第三次会议

2003年10月16日召开，出席常委会成员22人，主席范陈杰主持会议。会议听取县农委主任顾圣群关于崇明岛域林业规划情况的通报，审议通过常委会《关于坚持实施科教兴县战略，加快实现崇明跨越式发展的建议案》和《崇明县政协关于进一步发挥常务委员会作用的若干意见》。

四、第四次会议

2004年1月2日召开，出席常委会成员19人，主席范陈杰主持会议。会议听取副县长马乐声关于南门港地区改造工程规划及实施计划的通报，协商讨论县政协十一届二次会议议程(草案)、日程(草案)，讨论修改常委会工作报告和提案工作情况报告，讨论通过县政协十一届二次会议列席及邀请范围建议方案，协商决定增补县十一届政协委员名单及其他人事任免事项。

五、第五次会议

2004年3月23日召开，出席常委会成员16人，主席范陈杰主持会议。会议传达学习全国政协十届二次会议精神和《政协章程(修正案)》，审议通过《关于开展崇明生态岛建设大讨论活动的意见》《关于进一步发挥委员主体作用的意见》，听取县台办负责人关于台湾政局和台海局势的情况通报。

六、第六次会议

2004年7月22日召开，出席常委会成员20人，主席范陈杰主持会议。会议听取副县长马乐声关于提案办理情况的通报，审议通过《关于进一步发挥各民主党派、工商联在人民政协中作用的意见》《关于加强了解和反映社情民意工作的若干意见》《特邀监督员工作简则》《关于进一步发挥政协界别作用的意见(试行)》。会议最后由范陈杰对县政协上半年工作进行回顾，对下半年重点工作作出部署。

七、第七次(扩大)会议

2004年11月16日召开，出席常委会成员20人，政协副秘书长、专门委员会办公室主任、县政协办公室副主任以及政协各专门委员会主任、地区委员小组组长共 24 人列席，主席范陈杰主持会议。与会人员观看《胡锦涛总书记视察崇明岛纪行》专题片，副主席袁佳平传达市政协主席蒋以任在崇调研时的讲话精神。会议最后由范陈杰总结县政协第三季度工作，部署年内工作。

八、第八次会议

2005 年 1 月 26 日召开，出席常委会成员 17 人，主席范陈杰主持会议。会议协商讨论县政协十一届三次会议议程（草案）、日程（草案），讨论修改常委会工作报告和提案工作报告，讨论通过县政协十一届三次会议列席及邀请范围建议方案，协商决定增补县十一届政协委员名单及其他人事任免事项。

九、第九次会议

2005 年 3 月 24 日召开，出席常委会成员 19 人，主席范陈杰主持会议。会上，中共崇明县委书记龚德庆通报 2005 年县委直接牵头组织实施的八项重点工作，并代表县委就进一步做好县政协工作提出三点要求：一要进一步加强调查研究，为县委决策积极建言献策；二要加强和改进对党和政府工作的民主监督；三要进一步密切与人民群众的联系，为构建社会主义和谐社会作贡献。范陈杰传达全国政协十届三次会议精神，通报中共崇明县政协党组开展保持共产党员先进性教育活动的有关情况，征求对县政协党组和党组成员的意见和建议。

十、第十次会议

2005 年 7 月 7 日召开，出席常委会成员 18 人，副主席袁佳平主持会议。会议讨论通过常委会《关于进一步推进崇明生态岛建设教育实践活动的建议案》，协商决定县十一届政协委员增补名单。中共崇明县委常委、副县长黄铁军到会通报县政府上半年工作情况和下半年主要工作安排以及县政协提案办理工作情况。会议最后由主席范陈杰回顾县政协上半年工作、部署下半年工作。

十一、第十一次会议

2005 年 9 月 15 日召开，出席常委会成员 17 人，主席范陈杰主持会议。会议传达中共上海市委召开的政协工作会议精神和《中共上海市委关于加强政协工作的意见》，讨论通过《政协崇明县委员会关于学习贯彻市政协工作会议精神的意见》。会议最后由范陈杰就做好年内工作、筹划新一年工作进行部署。

十二、第十二次会议

2005 年 12 月 22 日召开，出席常委会成员 20 人，主席范陈杰主持会议。会议讨论县政协十一届四次会议议程（草案）、日程（草案），讨论常委会工作报告和提案工作报告，讨论通过县政协十一届四次会议列席及邀请人员范围建议方案，协商通过有关人事任免事项。

十三、第十三次会议

2006 年 2 月 15 日召开，出席常委会成员 18 人，主席范陈杰主持会议。会议听取中共崇明县委书记龚德庆关于 2006 年县委牵头组织实施的崇明三岛功能定位宣传实践活动、深入开展保持共产党员先进性教育活动、继续推进科教兴县主战略、努力建设社会主义新农村、着力加强各级领导班子思想组织作风建设、全面提高党的执政能力等重点工作安排情况的通报，并展开讨论，提出意见和建议。

十四、第十四次（扩大）会议

2006 年 3 月 31 日召开，出席常委会成员 19 人，县级各民主党派主委、副主委、秘书长，县工商联会长、驻会副会长、秘书长，中共崇明县委统战部部长、副部长、县委统战员等县政协学习中心组成员以及县政协机关领导班子全体成员共38人列席，主席范陈杰主持会议。会议听取副主席袁佳平传达全国政协十届四次会议精神；民盟崇明县委、民进崇明县委、农工党崇明县委、九三学社崇明支社、县工商联负责人代表各党派团体，交流学习贯彻《中共中央关于加强人民政协工作的意见》的体会；协商通过《政协崇明县委员会关于认真学习贯彻（中共中央关于加强人民政协工作的意见）的意见》和《政协崇明县委员会关于组织委员参加崇明三岛功能定位宣传实践活动的意见》。会议最后范陈杰讲话，就学习贯彻《中共中央关于加强人民政协工作的意见》，推进崇明政协工作提出要求。

十五、第十五次（扩大）会议

2006年7月12日召开，出席常委会成员18人，县政协各专门委员会正副主任，各地区委员小组正副组长共20人列席会议，主席范陈杰主持会议。会议传达上海市市长韩正在崇明调研时的讲话精神和中共崇明县委九届八次全会精神，听取中共崇明县委常委、副县长黄铁军关于县政协十一届四次会议以来政协提案办理工作情况的通报，讨论通过《政协崇明县委员会关于专门委员会年度工作考核办法（试行）》和《政协崇明县委员会关于政协委员年度工作考核办法（试行）》，协商决定有关人事任免事项。会上，范陈杰作关于上半年政协工作总结和下半年政协工作安排的讲话。

十六、第十六次会议

2006年10月26日召开，出席常委会成员19人，县政协机关领导班子成员5人列席，主席范陈杰主持会议。会议传达中共十六届六中全会精神，听取副县长朱正标关于当前农业生产及农民专业合作社建设的情况通报，审议通过《关于加快发展崇明现代农业的建议案》，讨论下阶段主要工作安排。

十七、第十七次会议

2007年1月4日召开，出席常委会成员20人，主席范陈杰主持会议。会议听取中共崇明县委统战部副部长周建华关于县十二届政协委员协商产生情况的通报，协商通过县十二届政协委员名单；讨论决定县十二届政协一次会议召开日期；协商讨论常委会工作报告和提案工作报告。

2007年1月18日，县政协召开十一届十八次常委会会议

十八、第十八次会议

2007年1月18日召开，出席常委会成员22人，主席范陈杰主持会议。会议讨论通过县政协十二届一次会议日程和议程、常委会工作报告和提案工作报告的报告人建议名单、大会列席人员和邀请对象建议范围等有关事项。

第十二节　第十二届常务委员会会议

第十二届委员会共召开常务委员会会议35次。

一、第一次（扩大）会议

2007年3月1日召开，出席常委会成员23人，县各民主党派负责人和无党派人士代表共25人列席，主席范陈杰主持会议。会议听取中共崇明县委书记孙雷关于2007年县委重点工作的情况通报，讨论通过《崇明县政协常务委员会关于学习贯彻中国共产党崇明县第十次代表大会精神的决议》《政协崇明县委员会常务委员会工作规则》《政协崇明县委员会常务委员会2007年工作要点》，协商决定有关人事任免事项，通报县十二届政协主席、副主席、秘书长工作分工。

二、第二次（扩大）会议

2007年5月16日召开，出席常委会成员18人，县各民主党派负责人和各专门委员会主任共19人列席，主席范陈杰主持会议。会议协商讨论《中共崇明县委关于构建社会主义和谐社会的实施意见》，中共崇明县委副书记施建华通报实施意见的调研起草情况、框架结构及主要内容，并听取县政协常委会成员对实施意见的修改意见。会议还听取副县长马乐声所作的关于县政协十二届一次会议期间提案办理情况的通报。会上，县政协副主席袁佳平传达中共上海市委书记习近平在崇明调研时的讲话精神。

三、第三次（扩大）会议

2007年7月18日召开，出席常委会成员23人，县各民主党派负责人和各专门委员会主任共20人列席，主席范陈杰主持会议。会议传达贯彻中共崇明县委十届四次全会精神；听取中共崇明县委政法委副书记、县综治办主任陈鹏所作的关于2007年以来全县平安建设情况的通报，县劳动和社会保障局局长沈克勤所作的关于2007年以来全县劳动就业和社会保障工作情况的通报；讨论通过常委会《关于加强崇明农村和谐文化建设的建议案》。会上，范陈杰总结县政协上半年度工作和部署下半年度工作。

四、第四次（扩大）会议

2007年10月15日召开，出席常委会成员18人，县政协各专门委员会主任、地区委员小组组长、机关领导班子成员共25人列席，副主席王为群主持会议。会议听取中共崇明县委、县政府政策研究室副主任顾立超作关于崇明新农村建设情况的通报，主席范陈杰所作的关于县政协第三季度工作总结和第四季度工作安排的报告。会上，与会人员还集体收看中国共产党第十七次全国代表大会开幕式实况直播，听取中共中央总书记胡锦涛代表第十六届中央委员会所作的工作报告。

五、第五次（扩大）会议

2007年10月30日召开，出席常委会成员15人，中共崇明县委统战部副部长，县各民主党派主委、副主委、秘书长，县工商联会长、副会长（驻会）、秘书长，县政协各专门委员会主任、地区委员小组组长，县政协机关领导班子成员共46人列席，主席范陈杰主持会议。会议传达中共十七大精神和中共崇明县委书记孙雷在全县党员负责干部会议上关于学习贯彻中共十七大精神的重要讲话，审议通过《崇明县政协关于学习贯彻中国共产党第十七次全国代表大会精神的决议》。

六、第六次会议

2007年12月29日召开，出席常委会成员16人，主席范陈杰主持会议。会上，县长赵奇就《政府工作报告（征求意见稿）》征求意见，并通报2008年县政府将全力推进的重点工程，一、二、三产业发展重点以及在社会发展、民生保障、新农村建设和推进改革方面的工作部署。与会人员就《政府工作报告（征求意见稿）》的修改和完善提出意见和建议。会议协商讨论县十二届政协第二次会议的议程和日程，讨论县政协常委会工作报告、提案工作报告。与会人员还听取中共崇明县委统战部副部长周建华关于县十二届政协增补委员人选协商产生情况的说明。会议协商通过拟不再担任县十二届政协委员建议名单，县十二届政协委员增补名单，县十二届政协部分委员界别调整方案，县政协十二届二次会议秘书长、副秘书长建议名单，分组召集人建议名单、列席对象及邀请范围建议方案等事项。

七、第七次会议

2008 年 1 月 17 日召开，出席常委会成员 18 人，主席范陈杰主持会议。会议讨论通过县政协常委会 2008 年工作要点和县政协 2008 年度重要会议、重要活动安排方案。

八、第八次(扩大)会议

2008 年 3 月 27 日召开，出席常委会成员 18 人，县各民主党派主委、副主委、秘书长，县工商联会长、副会长(驻会)、秘书长，无党派代表人士，县政协各专门委员会主任、地区委员小组组长，县政协机关领导班子成员共 48 人列席，主席范陈杰主持会议。会议传达全国政协十一届一次会议主要精神，并就学习贯彻这次会议精神，做好县政协上半年工作提出要求。

九、第九次(扩大)会议

2008 年 5 月 23 日召开，出席常委会成员 17 人，县政协各专门委员会主任，县政协专门委员会办公室主任、县政协办公室副主任共 18 人列席，主席范陈杰主持会议。会议听取中共崇明县委常委、副县长马乐声所作的关于县政协十二届二次会议期间提案办理情况的通报，传达中共上海市委书记俞正声在市政协常委、专门委员会主任、界别召集人培训班上的讲话精神，协商决定有关人事任免事项。会上，范陈杰就当前县政协工作作出部署。会议还组织与会人员参加支援四川汶川地震灾区重建家园捐款活动。

十、第十次(扩大)会议

2008 年 7 月 11 日召开，出席常委会成员 19 人，县各民主党派主委、副主委、秘书长，县工商联主席、副主席(驻会)、秘书长，无党派代表人士，县政协机关领导班子成员共 48 人列席，主席范陈杰主持会议。会议听取中共崇明县委书记彭沉雷通报关于加快推进现代化生态岛建设工作思路，范陈杰作关于县政协上半年度工作总结和下半年度工作安排的报告。

十一、第十一次(扩大)会议

2008 年 8 月 28 日召开，出席常委会成员 19 人，县政协各专门委员会主任，县政协专门委员会办公室主任共 14 人列席，主席范陈杰主持会议。会议听取中共崇明县委常委、副县长胡俊所作的关于国家级生态县创建工作和县环保局局长汤学锋作第三轮环保三年行动计划推进情况的通报，审议通过常委会《关于加快发展高效生态农业的建议案》。会议最后由范陈杰对县政协近期重点工作进行部署。

十二、第十二次(扩大)会议

2008 年 10 月 20 日召开，出席常委会成员 19 人，县级各民主党派主委、副主委、秘书长，县工商联主席、副主席(驻会)、秘书长，县政协专门委员会主任共 28 人列席，主席范陈杰主持会议。会议听取中共崇明县委、县政府政策研究室主任施金星所作的关于崇明新农村建设情况的通报。范陈杰作关于县政协第三季度工作总结和第四季度工作安排的讲话。

十三、第十三次(扩大)会议

2008 年 12 月 22 日召开，出席常委会成员 18 人，民主党派、工商联负责人，县政协专门委员会主任共 24 人列席，主席范陈杰主持会议。会上，县长赵奇就《政府工作报告(征求意见稿)》征求意见，并就 2008 年度全县经济社会发展情况以及对明年工作的形势判断、工作思路等进行通报，与会人员提出修改完善意见。会议讨论县十二届政协第三次会议的议程和日程；讨论修改常委会工作报告、提案工作报告，决定提交县政协十二届三次会议审议。与会人员还听取中共崇明县委统战部副部长周建华关于十二届县政协增补委员人选协商产生情况的说明。会议协商通过拟不再担任县十二届政协委员建议名单，县十二届政协委员增补名单，县十二届政协第三次会议秘书长、副秘书长建议名单，分组召集人建议名单，列席人员名单，县十二届政协常委会工作报告、提案工作情况报告报告人名单，总监票人、监票人建议名单等事项。

十四、第十四次会议

2009 年 2 月 25 日召开，出席常委会成员 21 人，主席范陈杰主持会议。会议听取中共崇明县委书记彭沉雷关于 2009 年县委重点工作的情况通报，与会人员就如何做好 2009 年县委重点工作提出意见建议；副主席王为群传达上海市市长韩正在崇明调研时的讲话精神；讨论通过县政协常委会 2009 年工作要点和 2009 年度重要会议、活动安排；审议通过县政协关于贯彻落实《崇明县迎世博 600 天行动计划的实施意见》的决议；协商通过有关人事任免事项，秦志超为县政协文史资料委员会主任、朱鑫德为港澳台侨委员会主任，接受张诗履辞去文史资料委员会主任职务的请求。

十五、第十五次(扩大)会议

2009 年 5 月 25 日召开，出席常委会成员 18 人，县政协专门委员会办公室主任，县政协各专门委员会主任、地区委员小组组长，县政府重点督办提案的提案人共 21 人列席，主席范陈杰主持会议。会议听取中共崇明县委常委、副县长马乐声所作的关于县政协十二届三次会议期间提案办理总体情况及县政府重点督办 10 件提案办理情况的通报，讨论通过《政协崇明县委员会关于专门委员会与县党政部门对口联系的实施办法》。最后，范陈杰就近期工作作部署。

十六、第十六次(扩大)会议

2009 年 7 月 21 日召开，出席常委会成员 18 人，县各民主党派主委、副主委，工商联主席、副主席(驻会)，县级党外代表人士，县政协专门委员会办公室主任，县政协各专门委员会主任、地区委员小组组长共 38 人列席，主席范陈杰主持会议。会议听取县迎世博 600 天行动社会动员、城市管理、窗口服务指挥部办公室负责人所作的关于崇明贯彻落实迎世搏 600 天行动计划情况的通报。中共崇明县委常委、副县长张国坤参加会议并讲话。

2009 年 7 月 21 日，县政协召开十二届十六次常委会(扩大)会议

十七、第十七次会议

2009 年 8 月 4 日召开，出席常委会成员 19 人，主席范陈杰主持会议。会议听取中共崇明县委常委、县委组织部部长宋宝儒所作的关于补选政协崇明县第十二届委员会副主席人选的产生过程及副主席候选人基本情况的说明；协商讨论县政协十二届四次会议召开日期、议程和日程；协商通过县政协十二届四次会议秘书长、副秘书长建议名单，大会选举总监票人、监票人建议名单；决定增补 1 名县十二届政协委员。

十八、第十八次(扩大)会议

2009 年 10 月 27 日召开，出席常委会成员 18 人，县各民主党派主委、副主委，工商联主席、副主席(驻会)，县级党外代表人士，县政协各专门委员会主任、地区委员小组组长，县政协专门委员会办公室主任、县政协办公室副主任共39人列席，主席范陈杰主持会议。会议听取中共崇明县委副书记施建华代表县委所作的关于《崇明县2009—2011年经济和社会发展若干领域行动纲要》(简称“三年行动纲要”)实施情况的通报和范陈杰所作的关于县政协下半年以来的主要工作总结和下阶段主要工作安排的报告。

十九、第十九次(扩大)会议

2009年12月28日召开，出席常委会成员19人，县各民主党派正副主委、秘书长，县工商联正副主席、秘书长以及党外代表人士共43人列席，主席范陈杰主持会议。会议听取县长赵奇关于2009年度全县经济社会发展以及对明年工作的形势判断、工作思路等情况的通报，并就《政府工作报告(征求意见稿)》提出意见建议；会议协商讨论县政协十二届五次会议召开日期、议程和日程，审议通过常委会《关于进一步加强崇明迎世博各项工作的建议案》，讨论修订《政协崇明县委员会提案工作条例》，协商通过人事任免事项。

二十、第二十次会议

2010年1月6日召开，出席常委会成员18人，主席范陈杰主持会议。会议听取县国资委主任洪德辉所作的关于上海亚通股份有限公司港航剥离及资产置换方案和县交通港口局局长钱锦良关于崇明实施交通体制改革方案的通报，讨论县政协十二届五次会议有关事项。

二十一、第二十一次(扩大)会议

2010年2月3日召开，出席常委会成员19人，县政协专门委员会主任、地区委员小组组长共20人列席，主席范陈杰主持会议。会议听取中共崇明县委书记彭沉雷所作的关于县委2010年度重点工作安排情况的通报，协商通过县政协常委会2010年工作要点和2010年度重要会议、活动安排，听取范陈杰传达市政协十一届三次会议主要精神。

二十二、第二十二次(扩大)会议

2010年5月20日召开，出席常委会成员18人，县政协专门委员会办公室主任，县政协各专门委员会主任、地区委员小组组长共21人列席，主席范陈杰主持会议。会议听取中共崇明县委常委、副县长马乐声所作的关于县政协十二届五次会议期间提案办理总体情况、县政府重点督办10件提案办理情况以及下一步工作安排的通报。

二十三、第二十三次(扩大)会议

2010年6月21日召开，出席常委会成员17人，县各民主党派、工商联负责人，无党派人士，县政协专门委员会办公室主任，县政协各专门委员会主任、地区委员小组组长共48人列席，主席范陈杰主持会议。会议听取中共崇明县委常委、纪委书记朱正标所作的关于全县党风廉政建设和反腐败工作的情况通报，听取县发展改革委主任顾惠明作关于崇明县国民经济和社会发展第十二个五年规划基本思路的介绍。

二十四、第二十四次(扩大)会议

2010年7月26日召开，出席常委会成员19人，县政协专门委员会办公室主任，县政协各专门委员会主任、地区委员小组组长共21人列席，主席范陈杰主持会议。会议听取中共崇明县委副书记施建华所作的关于“三年行动纲要”推进实施及重点地区和重大项目建设情况的通报，范陈杰作关于县政协上半年度工作总结和下半年度工作安排的讲话。

二十五、第二十五次(扩大)会议

2010年10月18日召开，出席常委会成员19人，县政协专门委员会办公室主任，县政协各专门委员会主任、地区委员小组组长共20人列席，主席范陈杰主持会议。会议听取副县长王菁所作的关于崇明建设国家可持续发展实验区的专题情况通报，范陈杰作关于县政协第三季度工作总结和第四季度工作安排的讲话。

二十六、第二十六次(扩大)会议

2010年11月15日召开，出席常委会成员18人，县政协专门委员会办公室主任，县政协各专门委员会主任、地区委员小组组长共21人列席，主席范陈杰主持会议。会议听取中共崇明县委常委、副县长马乐声所作的关于2010年县政府办理的政协重点提案落实情况的通报和县发展改革委主任顾惠明所作的关于《崇明县国民经济和社会发展第十二个五年规划纲要》编制情况的介绍；审议并通过《政协崇明县委员会关于学习贯彻中共十七届五中全会和市委九届十三次全会精神，进一步为编制本县“十二五”发展规划建言献策的决议》；协商通过有关人事任免事项。

2010年11月15日，县政协召开十二届二十六次常委会(扩大)会议

二十七、第二十七次(扩大)会议

2010年12月31日召开，出席常委会成员18人，县各民主党派主委、副主委、秘书长，县工商联主席、副主席、秘书长，县级党外代表人士以及县政协专门委员会办公室主任、县政协办公室副主任共32人列席，主席范陈杰主持会议。会议听取县长赵奇所作的关于2010年度全县经济社会发展情况，2011年工作的形势判断、工作思路以及崇明县国民经济和社会发展第十二个五年规划纲要(草案)等的通报和说明，并就《政府工作报告(征求意见稿)》提出意见建议。

二十八、第二十八次会议

2011年1月14日召开，出席常委会成员19人，县政协专门委员会办公室主任、县政协办公室副主任列席，主席范陈杰主持会议。会议听取中共崇明县委常委、县委组织部部长宋宝儒所作的关于政协崇明县第十二届委员会有关人事安排的说明，协商讨论县政协十二届六次会议的有关事项，协商通过县政协十二届六次会议常委会工作报告和提案工作报告报告人名单、县十二届政协委员变动名单，协商决定增补4名县政协委员。

二十九、第二十九次(扩大)会议

2011年2月16日召开，出席常委会成员25人，县政协各专门委员会主任、地区委员小组组长以及县政协专门委员会办公室主任、县政协办公室副主任共22人列席，主席施建华主持会议。会议听取中共崇明县委书记彭沉雷所作的关于县委2011年度重点工作情况的通报，讨论通过县政协常委会2011年工作要点和2011年度重要会议、活动安排。

三十、第三十次(扩大)会议

2011年5月19日召开，出席常委会成员19人，县政协各专门委员会主任、地区委员小组组长以及县政协专门委员会办公室主任、县政协办公室副主任共23人列席，主席施建华主持会议。会议听取中共崇明县委常委、副县长马乐声所作的关于县政协十二届六次会议期间提案办理情况的通报。

三十一、第三十一次(扩大)会议

2011年7月18日召开,出席常委会成员21人,县各民主党派主委、副主委,工商联主席、副主席(驻会),无党派代表人士,县政协各专门委员会主任、地区委员小组组长,县政协专门委员会办公室主任、县政协办公室副主任共35人列席,主席施建华主持会议。会议听取中共崇明县委常委、副县长张国坤所作的关于"三年行动纲要"第三年推进实施及重点地区和重大项目建设情况的通报。施建华对县政协上半年工作进行总结,对下半年工作作出部署。

三十二、第三十二次(扩大)会议

2011年10月17日召开,出席常委会成员18人,县政协各专门委员会主任、地区委员小组组长以及县政协专门委员会办公室主任、县政协办公室副主任共22人列席,副主席王为群主持会议。会议听取中共崇明县委常委、副县长马乐声所作的关于2011年县政协提案办理落实工作情况的通报。主席施建华回顾总结县政协第三季度工作并部署安排年内主要工作。

三十三、第三十三次会议

2011年12月5日召开,出席常委会成员20人,主席施建华主持会议。会议听取中共崇明县委统战部副部长钮东升所作的关于政协崇明县十三届委员会委员建议人选的说明,协商通过十三届县政协委员名单;协商讨论县政协十三届一次会议召开日期、议程和日程;讨论修改十二届县政协常委会工作报告、提案工作报告。

三十四、第三十四次会议

2011年12月19日召开,出席常委会成员18人,主席施建华主持会议。会议协商讨论县政协十三届一次会议大会主席团成员和秘书长、副秘书长,大会主席团常务主席以及主席团会议主持会议人建议名单;协商讨论县政协十三届一次会议提案审查委员会组成人员,分组召集人,大会选举总监票人、监票人建议名单;协商讨论县政协十三届一次会议选举办法、大会决议草案;协商通过县政协十三届一次会议常委会工作报告和提案工作情况报告报告人建议名单,县政协十三届一次会议列席人员名单以及大会期间常务主席分工建议名单等。

三十五、第三十五次(扩大)会议

2011年12月28日召开,出席常委会成员18人,党外代表人士、县政协专门委员会办公室主任、县政协办公室副主任共18人列席,主席施建华主持会议。会上,县长赵奇通报2011年县政府工作情况,并就《政府工作报告(征求意见稿)》听取意见和建议。

第十三节　第十三届常务委员会会议

至2012年12月,第十三届委员会共召开常务委员会会议8次。

一、第一次会议

2012年2月9日召开,出席常委会成员30人,主席施建华主持会议。会议听取中共崇明县委书记彭沉雷通报2012年县委重点工作安排情况,讨论通过县政协常委会2012年工作要点和2012年度重要会议、活动安排,讨论通过《政协崇明县委员会常务委员会工作规则》,讨论决定县政协机关机构调整方案,讨论有关人事事项。施建华对新一届县政协常委会履行职能提出希望和要求。

二、第二次会议

2012年3月22日召开，出席常委会成员26人，主席施建华主持会议。会议传达全国政协十一届五次会议主要精神以及大会期间全国政协委员讨论审议情况；讨论通过《政协崇明县委员会专门委员会工作规则》《政协崇明县委员会关于专门委员会与党政职能部门对口联系的实施办法》；协商决定县政协研究室、县政协提案委员会的有关人事事项。施建华就县政协学习贯彻全国政协十一届五次会议精神提出要求。

三、第三次(扩大)会议

2012年5月28日召开，出席常委会成员19人，民主党派、工商联负责人县政协各专门委员会主任、地区委员小组组长，县政协专门委员会办公室主任、县政协办公室副主任共25人列席，主席施建华主持会议。会议听取中共崇明县委常委、常务副县长马乐声通报2012年以来提案办理工作情况，听取中共崇明县委常委、县政协副主席王为群传达中共上海市委第十次代表会议精神，协商通过《政协崇明县委员会反映社情民意信息工作规则》《政协崇明县委员会关于进一步发挥政协界别作用的意见》，协商决定县政协副秘书长人选。施建华就县政协学习贯彻市党代会精神提出要求。

四、第四次(扩大)会议

2012年7月16日召开，出席常委会成员26人，民主党派、工商联负责人县政协各专门委员会主任、地区委员小组组长，县政协专门委员会办公室主任、县政协办公室副主任共20人列席，主席施建华主持会议。会议听取中共崇明县委常委、副县长张国坤关于2012年以来崇明重点地区重大项目建设情况的通报。施建华回顾总结县政协上半年工作情况，并对下半年工作作出部署。

五、第五次(扩大)会议

2012年9月24日召开，出席常委会成员21人，县发展改革委有关负责人、县政协办公室副主任、提案委员会专职副主任、部分县政协委员共18人列席，主席施建华主持会议。会议听取中共崇明县委常委、副县长马乐声关于崇明生态岛建设和统筹乡镇发展有关情况的通报，审议通过《关于加强崇明文化建设的建议案》。

六、第六次(扩大)会议

2012年10月29日召开，出席常委会成员22人，提案委员会专职副主任和部分委员共18人列席，主席施建华主持会议。会议听取中共崇明县委常委、副县长张国坤关于崇明第五轮环保三年行动计划第一年实施情况的通报，副主席沈卫国传达市政协提案工作会议精神，县政府办公室有关负责人通报2012年度县政府重点督办的18件政协提案的落实情况。

七、第七次(扩大)会议

2012年11月26日召开，出席常委会成员22人，中共党外代表人士、提案委员会专职副主任等列席，主席施建华主持会议。会议传达学习中国共产党第十八次全国代表大会精神，听取中共崇明县委副书记宋宝儒所作的关于崇明县社

2012年11月26日，县政协召开十三届七次常委会(扩大)会议

区建设推进情况的通报，审议通过《政协崇明县委员会关于学习中国共产党第十八次全国代表大会精神的决议》。施建华对学习贯彻中共十八大精神，做好年内各项工作以及县政协十三届二次会议筹备工作提出要求。

八、第八次会议

2012年12月19日召开，出席常委会成员18人，主席施建华主持会议。会议协商讨论县政协十三届二次会议议程、日程，十三届二次会议大会秘书长、副秘书长、分组召集人、大会选举总监票人、监票人建议名单，十三届二次会议选举办法（讨论稿）、大会决议（讨论稿）；讨论修改十三届县政协常委会工作报告（征求意见稿）、提案工作情况报告（征求意见稿）；协商讨论十三届县政协委员增补名单和增补十三届县政协常务委员候选人建议名单。会议决定将上述有关事项提交县政协十三届二次会议协商通过。会议还协商通过常委会工作报告和提案工作情况报告报告人建议名单以及大会列席人员名单。

第三章　主席办公会议　主席会议

1981年7月第五届县政协起，建立主席办公会议制度。1990年4月第八届县政协起，主席办公会议更名为主席会议。

根据政协章程及崇明县政协制定（修订）的会议制度和议事规则，县政协主席办公会议、主席会议一般每月召开1次，必要时可临时召集。主席、副主席、秘书长为主席办公会议、主席会议组成人员，副秘书长和秘书处（办公室）有关人员列席，根据需要，也可请有关专门（工作）委员会负责人或民主党派负责人列席。会议日期、议程由主席或常务副主席提出，也可由秘书长（包括秘书长办公会议）提出报主席或常务副主席决定。会议由主席或常务副主席主持，也可由他们委托的副主席主持。

主席办公会议、主席会议主要任务：常务委员会会议闭会期间，讨论处理常务委员会的重要会务工作；学习贯彻中央和市重要文件和会议精神，结合崇明实际情况商议和安排县政协近期工作；协商讨论中共崇明县委、县政府有关大政方针以及群众生活中普遍关心的重大问题，提出建议和意见；审议以县政协名义提出的建议案；决定常务委员会召开会议的日期、议程，审议提请全体会议和常务委员会会议讨论的有关文件草案；讨论召开政协全体会议的各项准备工作；讨论决定委员视察、参观和调查研究等重要活动；研究并向常务委员会提交本会工作机构的设置、变动及其领导成员任免的建议；研究需要由主席、副主席处理的其他事项等。

第一节　主席办公会议

1981年7月5日，第五届县政协召开第一次主席办公会议至1990年4月，共召开主席办公会议81次。

一、第五届主席办公会议

第一次会议　1981年7月5日召开，主席陈继明主持会议。会议讨论中共崇明县委制订的关于县四套班子职责范围及分工的初步方案，讨论新一届县政协主席、副主席分工和有关制度，讨论下一阶段学习和工作的意见，讨论确定县政协五届一次常委会会议议程和日期。

第二次会议　1981年7月25日召开，主席陈继明主持会议。会议讨论政协常委会成员学习的内容和学习计划草案，讨论设立政协工作小组、政协副秘书长人选。

第三次会议　1981年8月20日召开，副主席顾青主持会议。会议讨论组织部分委员前往合作、城桥和堡镇三个公社视察贯彻农业生产责任制情况的活动方案，副秘书长薛以霆传达副市长陈锦华在市政协常委会扩大会议上的讲话，顾青汇报赴上海县、徐汇区政协学习考察情况，讨论有关学习事项。

第四次会议 1981年9月28日召开，副主席顾青主持会议。会议讨论第五届政协成立3个月来的工作小结和后3个月的工作安排。

第五次会议 1981年10月30日召开，副主席顾青主持会议。会议讨论决定召开政协委员学习交流会，讨论11月份小组活动安排。

第六次会议 1981年12月3日召开，副主席顾青主持会议。会议讨论县政协五届二次常委会会议和五届二次会议召开的日期、议程和年前工作安排。

第七次会议 1982年3月5日召开，副主席顾青主持会议。会议传达中共中央和中共上海市委统战工作会议精神，讨论当前工作安排。

第八次会议 1982年4月17日召开，主席陈继明主持会议。会议讨论县政协五届二次会议议程和其他有关事项，讨论修改常委会工作报告、提案处理情况报告。

第九次会议 1982年5月7日召开，主席陈继明主持会议。会议听取秘书处关于县政协五届二次会议各项准备工作的汇报，讨论提出大会主席团、提案审查委员会和决议起草委员会人选。

第十次会议 1982年5月21日召开，副主席顾青主持会议。会议讨论如何落实县政协五届二次会议提出的各项工作任务，决定当前要重点抓好学习和提案的处理，讨论关于开展落实农业生产责任制视察活动和爱国卫生视察活动的方案。

第十一次会议 1982年6月30日召开，副主席顾青主持会议。会议讨论近期工作安排，包括学习宪法，举行全体委员参加的学习辅导报告会，拟请县人大常委会副主任戴希和作关于学习宪法的辅导报告；邀请中共崇明县委党校副校长梅宗泽作关于经济领域中斗争的报告；讨论如何关注7月1日开始的全国人口普查工作。

第十二次会议 1982年7月31日召开，副主席顾青主持会议。会议讨论全国政协常委会会议对政协章程修改意见和全国人大常委会副委员长廖承志致台湾蒋经国的信，决定召开常委会扩大会议和相关委员座谈会。

第十三次会议 1982年8月13日召开，副主席顾青主持会议。会议传达市政协召开的主席（扩大）会议精神；讨论如何做好统战工作和政协工作，以实际行动迎接中共十二大召开。

第十四次会议 1982年10月5日召开，副主席顾青主持会议。会议传达中共十二大精神，学习中共上海市委书记陈国栋所作的贯彻中共十二大精神的报告，讨论县政协如何贯彻中共十二大精神。

第十五次会议 1982年10月25日召开，副主席顾青主持会议。会议传达市政协常委会（扩大）会议精神。

第十六次会议 1982年11月27日召开，副主席顾青主持会议。会议围绕贯彻中共十二大精神，开创崇明社会主义建设新局面进行座谈讨论。

第十七次会议 1983年1月7日召开，主席陈继明主持会议。会议传达市政协会议精神；讨论第一季度主要工作安排；结合学习新宪法、新章程，继续学习中共十二大精神；参加"五讲四美"活动，春节前组织一次视察活动；召开迎春茶话会；做好县政协五届三次会议各项准备工作。

第十八次会议 1983年2月26日召开，副主席顾青主持会议。会议讨论县政协五届三次会议准备工作事项，讨论修改常委会工作报告。

第十九次会议 1983年3月19日召开，副主席顾青主持会议。会议传达贯彻市政协召开的区、县政协负责人会议精神。

第二十次会议 1983年4月15日召开，主席陈继明主持会议。会议学习中共中央纪律检查委员会关于党风问题的公开信。大家认为，解决突出问题、实现党风根本好转是全国人民的共同愿望，县政协要联系实际，认真贯彻公开信的精神。

第二十一次会议 1983年5月5日召开，主席陈继明主持会议。会议传达市政协六届一次会议精神，讨论县政协下阶段工作安排。

第二十二次会议 1983年6月4日召开，副主席顾青主持会议。会议学习有关文件精神，讨论县政协近期工作安排和将在市政协召开的区县政协工作交流会上的发言稿。

第二十三次会议 1983年7月2日召开，副主席顾青主持会议。会议传达市政协召开的区县政协工作会议精神，讨论近期工作和学习。

第二十四次会议 1983年7月16日召开，副主席顾青主持会议。会议传达贯彻全国政协工作会议精神，讨论设立文史组、组织参观等有关事项。

第二十五次会议 1983年9月17日召开，副主席顾青主持会议。会议学习《邓小平文选》有关章节；讨论如何落实中共中央统战政策，决定召开相关座谈会，听取意见和建议。

第二十六次会议 1983年10月12日召开，副主席顾青主持会议。会议传达市政协会议精神，讨论第四季度工作安排。

第二十七次会议 1983年11月28日召开，主席陈继明主持会议。会议对部分政协委员政策的落实情况进行讨论分析，并提出建议。

第二十八次会议 1983年12月26日召开，副主席顾青主持会议。会议传达市政协召开的常委会（扩大）会议精神，讨论县政协第四季度工作小结和1984年第一季度工作打算。

第二十九次会议 1984年1月24日召开，副主席顾青主持会议。会议传达市政协主席（扩大）会议精神，并对县政协委员中有关对象的落实政策问题进行讨论研究。

第三十次会议 1984年2月20日召开，副主席顾青主持会议。会议讨论县政协换届筹备工作事宜，包括人事安排、常委会工作报告起草和相关会务准备等。

第三十一次会议 1984年3月19日召开，副主席顾青主持会议。会议讨论修改常委会工作报告等。

第三十二次会议 1984年4月6日召开，副主席顾青主持会议。会议讨论县政协六届一次会议有关事项。

二、第六届主席办公会议

第一次会议 1984年5月29日召开，主席施群主持会议。会议讨论关于协助县知识分子领导小组及有关部门做好落实知识分子政策工作，讨论关于继续做好对政协委员“知情、出力、落实政策”的工作，讨论县政协近期工作和活动安排以及主席办公会议成员分工。

第二次（扩大）会议 1984年6月20日召开，主席施群主持会议。会议传达贯彻全国人大和全国政协会议精神，讨论有关工作安排。

第三次会议 1984年7月9日召开，主席施群主持会议。会议讨论贯彻全国政协会议精神的意见；总结县政协第二季度工作，讨论第三季度工作计划及当前工作安排；讨论决定召开第二次常委会会议，发动政协委员围绕经济建设和改革开放献计献策。

第四次会议 1984年8月15日召开，主席施群主持会议。会议讨论各工作组活动安排和对知识分子政策落实情况开展检查的方案。

第五次会议 1984年9月19日召开，主席施群主持会议。会议传达上海市市长汪道涵在市政协会议上的报告和中共上海市委召开的关于落实“文化大革命”中被抄房屋、文物、图书会议精神；讨论国庆节活动安排，决定在国庆前夕召开全体委员参加的庆祝中华人民共和国成立35周年座谈会。

第六次会议 1984年10月23日召开，主席施群主持会议。会议讨论第三季度工作小结与第四季度工作打算。

第七次会议 1984年12月25日召开，主席施群主持会议。会议传达中共中央召开的十四个开放城市统战、政协工作座谈会精神，听取副主席顾青关于赴福建省学习考察情况汇报，讨论县政协全年工作总结。

第八次会议　1985年1月17日召开，主席施群主持会议。会议总结1984年工作，讨论1985年第一季度工作安排，并讨论如何更好地开展政协工作。

第九次会议　1985年3月1日召开，主席施群主持会议。会议讨论县政协六届二次会议有关事项，讨论修改常委会工作报告、提案办理情况报告，讨论有关人事事项等。

第十次会议　1985年4月17日召开，主席施群主持会议。会议讨论第二季度工作，拟订常委会成员第二季度学习计划。

第十一次会议　1985年6月27日召开，主席施群主持会议。会议总结第二季度工作，安排第三季度工作；听取教育组关于学习考察江苏省苏州中学、苏州电子职业学校、无锡旅游中等专业学校等学校教学工作和科技组关于考察江苏省无锡市无锡县、宜兴县等地区社队工业发展情况的汇报。

第十二次会议　1985年7月18日召开，主席施群主持会议。会议传达市政协召开的上海市郊县政协工作例会精神，讨论通过《坚持办好职业教育，为农村培养有用人才的调查报告》。

第十三次会议　1985年8月13日召开，主席施群主持会议。会议传达市政协召开的区县政协工作经验交流会精神和中共上海市委书记芮杏文关于政协和统战工作的重要讲话；讨论县政协如何主动参与崇明县国民经济和社会发展"七五"计划及2000年发展规划的制定工作；讨论教师节庆祝活动有关事宜，决定对教师中的政协委员进行慰问并赠送纪念品。

第十四次会议　1985年10月9日召开，主席施群主持会议。会议讨论第三季度工作小结和第四季度工作意见。

第十五次会议　1985年12月11日召开，主席施群主持会议。会议传达中共上海市委书记芮杏文在市政协会议上的形势报告，听取副主席顾青汇报赴广西、湖南等地学习考察情况。

第十六次会议　1986年1月15日召开，主席施群主持会议。会议总结1985年第四季度工作，讨论1986年第一季度工作打算；讨论如何进一步加强政协委员学习，并决定召开政协委员学习体会交流会。

第十七次会议　1986年2月17日召开，主席施群主持会议。会议讨论修改常委会工作报告、提案处理情况报告；讨论崇明县国民经济和社会发展第七个五年计划，提出意见建议；讨论县政协六届三次会议筹备工作；讨论组织政协委员视察等事项。

第十八次会议　1986年3月7日召开，主席施群主持会议。会议讨论县政协六届三次会议筹备工作，讨论修改常委会工作报告。

第十九次会议　1986年4月12日召开，副主席黄冠球主持会议。会议总结第一季度工作和讨论第二季度工作。

第二十次(扩大)会议　1986年5月6日召开，常务委员20人列席，副主席宋斌主持会议。会议传达全国政协六届四次会议精神和市政协六届五次会议精神。

第二十一次会议　1986年6月14日召开，副主席宋斌主持会议。会议传达市政协副主席、中共上海市委统战部部长毛经权关于把统战工作做到海外去的报告精神，讨论市政协在崇明召开区县政协工作会议的会务筹备工作，讨论第三季度工作安排。

第二十二次会议　1986年8月27日召开，副主席宋斌主持会议。会议听取县政协考察团前往江苏省如东、大丰、盐城等地学习考察情况的汇报。这次考察活动中落实如下合作事项：与如东县商定解决崇明积压的700担蚕茧，为崇明发展鳗苗生产提供技术人才；与大丰县商定为崇明县外贸公司提供30吨大蒜头、20吨胡萝卜，为崇明县饲料公司提供2 000吨饲料等，崇明为大丰县解决8万只麻袋等。会议还商议开展技术协作和联营办厂等事项。

第二十三次会议　1986年9月28日召开，副主席宋斌主持会议。会议传达市政协常委会会议和区县政协工作例会精神，讨论县政协委员视察事项，讨论委组活动等。

第二十四次会议　1986年12月2日召开，副主席宋斌主持会议。会议听取宋斌通报中共中央总书记胡耀邦考察崇明情况；听取秘书长薛以霆介绍在宝山县召开的区县政协工作例会情况，传达中共上海市委关于人大、政协换届工作的文件精神；商议成立县政协之友社的有关事项。

第二十五次会议 1987年3月16日召开，副主席宋斌主持会议。会议讨论县政协换届工作有关事项，讨论修改常委会工作报告和提案处理情况报告，讨论成立县政协之友社的有关事宜和政协之友社章程。

第二十六次会议 1987年3月30日召开，副主席宋斌主持会议。会议协商七届县政协委员名单，讨论七届一次会议日程、议程，讨论县政协之友社理事长、副理事长、理事人选名单。

三、第七届主席办公会议

第一次会议 1987年4月17日召开，主席张彪主持会议。会议由秘书长薛以霆向新一届主席会议成员介绍政协组织和机构等情况，讨论主席会议成员分工和近期工作安排。

第二次会议 1987年5月4日召开，主席张彪主持会议。会议听取副主席宋斌传达市政协六届六次会议精神；讨论当前工作和工作组的调整，拟增加市镇交通组和设立学习委员会；讨论县政协之友社的活动安排及召开理事会会议方案。会议要求县政协之友社要组织理事会成员学习政协之友社章程，研究理事会成员分工，制订政协之友社工作计划。

第三次会议 1987年6月13日召开，主席张彪主持会议。会议听取副主席宋斌汇报考察长宁、徐汇、卢湾三区政协工作情况，讨论通过建立主席办公日制度，讨论部署下阶段工作，讨论县政协经费使用等事项。

第四次会议 1987年7月9日召开，主席张彪主持会议。会议听取副主席宋斌传达市政协在青浦县召开的区县政协工作例会精神，讨论第三季度工作安排。

第五次会议 1987年8月7日召开，主席张彪主持会议。会上，副主席宋斌传达市政协召开的政协理论研讨会精神，副主席施兆发汇报赴山东省青岛市学习考察情况，秘书长薛以霆作第三季度工作安排的说明，县政协之友社理事顾思三汇报发展社员的计划。

第六次(扩大)会议 1987年9月22日召开，县政协之友社理事16人列席，副主席宋斌主持会议。会议传达市政协常委会(扩大)会议和郊县政协工作例会精神，讨论召开县政协之友社第一次社员大会方案，通报国庆节前后工作安排。

第七次会议 1987年12月4日召开，主席张彪主持会议。会议回顾总结换届以来的工作情况，讨论12月份工作安排和1988年工作初步设想。

第八次会议 1988年1月20日召开，主席张彪主持会议。会议讨论县政协七届二次会议召开的时间、议程和七届二次会议上的常委会工作报告的起草工作。

第九次会议 1988年3月12日召开，主席张彪主持会议。会议讨论县政协七届二次会议有关事项，听取县政协拟办公司的情况通报。

第十次会议 1988年4月1日召开，主席张彪主持会议。会议传达中共上海市委在松江县召开的农村工作会议精神，讨论县政协开办“上海崇明经济技术开发公司”的有关事宜，讨论推荐市政协成立的“郊县振兴经济联谊会”副理事长崇明县建议人选。

第十一次会议 1988年7月14日召开，主席张彪主持会议。会议听取上海崇明经济技术开发公司负责人关于公司运转情况的汇报。

第十二次会议 1988年8月5日召开，主席张彪主持会议。会议学习中共中央和中共上海市委关于为政清廉的文件。

第十三次会议 1988年10月11日召开，主席张彪主持会议。会议学习中共十三届三中全会精神和中共中央总书记赵紫阳在全会上的报告，讨论第四季度学习、委组活动、召开常委会会议、公司发展与中华职校办学等事项。

第十四次会议 1988年12月3日召开，主席张彪主持会议。会议听取副主席宋斌传达县长办公会议精神，听取张彪赴海南省和深圳市学习考察情况的汇报，讨论召开县政协七届十次常委会(扩大)会议方案和1989年县政协工作设想。

第十五次会议 1989年1月17日召开，主席张彪主持会议。会议就廉政建设进行座谈，协商讨论常委会关于廉政建设的意见，并决定提请常委会会议通过。会议还讨论县政协七届三次会议召开的日期、议程及常委会工作报告起草工作等。

第十六次会议 1989年2月15日召开，主席张彪主持会议。会议讨论修改常委会工作报告，讨论县政协七届三次会议邀请对象及其他有关事项。

第十七次会议 1989年2月21日召开，主席张彪主持会议。会议听取张彪传达上海市农村工作会议精神，讨论协商有关人事任免事项，拟对部分委组及负责人进行调整，并决定提请常委会会议审议通过。

第十八次(扩大)会议 1989年6月7日召开，各民主党派崇明县支部主要负责人列席会议，主席张彪主持会议。会议学习讨论李鹏、杨尚昆、姚依林、乔石等中央领导重要讲话和中共上海市委书记江泽民在市委委员学习会上的讲话精神，听取张彪传达市政协召开的区县政协主席会议精神，讨论提案工作和有关人事任免事项。

第十九次会议 1989年6月30日召开，主席张彪主持会议。会议学习和讨论中共十三届四中全会精神，大家一致表示，拥护中共中央关于撤销赵紫阳和免去胡启立职务的决定，拥护党中央新的领导班子，拥护党中央关于坚持改革开放不变和坚持中共十一届三中全会确定的路线、方针、政策不变的决策。会议决定，在适当时候召开政协全体委员会议，结合工作实际，学习贯彻中共中央全会精神，把思想统一到中共中央全会精神上来。

第二十次会议 1989年11月17日召开，主席张彪主持会议。会议组织与会人员学习讨论中共十三届五中全会文件，大家一致表示拥护五中全会决定，拥护江泽民为核心的党中央；认为邓小平主动提出辞去中央军委主席职务为废除干部终身制树立了榜样，也表明党的领导核心完成了由第二代向第三代的顺利交接。会议还听取张彪赴云南学习考察情况的汇报，讨论政协换届中的人事安排等有关事宜和在中共崇明县委召开的政治思想工作会议上政协的发言稿。

第二十一次会议 1990年1月16日召开，主席张彪主持会议。会议听取副主席宋斌传达县长办公会议精神，讨论召开迎春茶话会方案、春节前后工作安排、换届准备工作等。

第二十二次会议 1990年2月12日召开，主席张彪主持会议。会议学习《中共中央关于坚持和完善中国共产党领导的多党合作制和政治协商制度的意见》，听取副主席宋斌传达中共上海市委统战部召开的区、县统战部长会议和中共崇明县委召开的党委负责人会议精神；讨论县政协换届原则，委员界别、名额、年龄结构等；讨论县政协常委会工作报告初稿。

第二十三次会议 1990年3月23日召开，主席张彪主持会议，中共崇明县委副书记陆瑾和中共崇明县委常委、组织部部长黄振兴参加。会议听取黄振兴关于县人大常委会、县政府、县政协领导班子候选人情况的介绍，然后进行协商讨论。会议还讨论新一届县政协委员协商产生过程中相关遗留问题和县政协八届一次会议的准备工作。

第二节 主 席 会 议

1990年4月18日，第八届县政协召开第一次主席会议至2012年12月，共召开主席会议261次。

一、第八届主席会议

第一次会议 1990年4月18日召开，副主席徐正林主持会议。会议讨论确定主席会议成员分工，讨论各委员会名称和组成人员名单，讨论市政协会议上崇明县政协组织提交的提案和县政协八届一次会议提案的落实及近期工作安排。

第二次会议 1990年4月30日召开，副主席徐正林主持会议。会议讨论1990年工作安排，讨论县政协之友社召开年会的时间、议程，以及关于教育奖励基金会的人事变动、资金筹集、基金使用等事宜。会议还讨论传达市政协七届三次会议精神的方案。

第三次会议 1990年7月18日召开，副主席徐正林主持会议。会议传达全国统战工作会议精神，讨论第三次常委会会议议程和传达贯彻全国统战工作会议精神方案，讨论《崇明县政协主席会议议事规则》《政协崇明县委员会会议制度》。

第四次会议 1990年10月19日召开，副主席徐正林主持会议。会议讨论通过《关于进一步推进我县社会治安综合治理工作的建议》和《关于建设海岛特色工程发展崇明经济的建议》，传达郊县政协工作例会精神，通报县政协提案办理情况，讨论县政协第四季度工作和有关人事任免事项。

第五次会议 1990年12月30日召开，副主席徐正林主持会议。会议讨论修改《关于学校德育工作的建议案》，讨论1990年工作总结和1991年工作要点，以及提案工作总结，讨论部署今冬明春县政协工作。

第六次会议 1991年3月5日召开，副主席徐正林主持会议。会议讨论县政协八届二次会议召开时间、议程、日程、列席对象和补选常务委员等事项，讨论修改常委会工作报告和提案办理情况报告。

第七次会议 1991年3月21日召开，副主席徐正林主持会议。会议主要检查县政协八届二次会议的各项准备工作的落实情况。

第八次会议 1991年5月9日召开，副主席徐正林主持会议。会议讨论评选优秀政协委员、先进工作委员会、最佳提案的有关事项，讨论确定常委会建议案主要内容、人员分工等，讨论通过成立信息咨询服务部、县政协上半年工作要点，讨论主席会议成员分工联系工作委员会等。

第九次会议 1991年6月26日召开，副主席徐正林主持会议。会议讨论召开第九次常委会会议和举办委员活动日的有关事项，讨论修改《关于对乡镇企业劳动人事、分配制度改革的建议》《关于组建工业企业联合体的建议》《关于深化流通体制改革的几点建议》《关于建立和健全农村合作基金会，搞好内部融资活动的几点建议》等4个常委会建议案。

第十次会议 1991年7月26日召开，副主席徐正林主持会议。会议讨论修改常委会《关于加强外来人员管理的建议案》。

第十一次会议 1991年9月2日召开，副主席徐正林主持会议。会议讨论教育奖励基金委员会机构的调整、中秋联欢会准备工作和召开临近地区政协委员联谊会的有关事宜。

第十二次会议 1991年12月17日召开，副主席徐正林主持会议。会议讨论第十二次常委会会议的列席对象、会议议程等事项，讨论关于评选优秀政协委员、先进工作委员会、最佳提案的有关事宜。会议还决定近期对部分政协委员进行走访。

第十三次会议 1992年1月22日召开，副主席徐正林主持会议。会议讨论优秀政协委员、先进工作委员会、最佳提案评比工作，讨论确定科技、农村经济、教育文化3个委员会为先进委员会，范本范的《对江车客渡码头应增添接送旅客的车辆》等8个提案为最佳提案，王春荣等20人为优秀政协委员；讨论常委会工作报告起草工作和召开各界人士迎春茶话会方案。

第十四次会议 1992年2月21日召开，副主席徐正林主持会议。会议讨论县政协八届三次会议召开日期、议程，讨论修改常委会工作报告和提案办理情况报告，讨论拟撤销陆维成的政协委员资格。

第十五次会议 1992年3月11日召开，副主席徐正林主持会议。会议讨论县政协八届三次会议日程安排、八届三次会议决议起草委员会名单，协商增补2名政协委员。

第十六次会议 1992年3月22日召开，副主席徐正林主持会议。会议听取县政协八届三次会议各项准备工作情况的汇报。

第十七次会议 1992年7月21日召开，副主席徐正林主持会议。会议由副主席姚振尧传达市政协常委会会议精神、秘书长顾建新汇报各工作委员会活动情况、副秘书长金德培汇报经济研讨会准备工作情况，讨论近期工作。

第十八次会议 1992年9月18日召开，副主席徐正林主持会议。会议讨论拟在崇明召开的上海市郊县政协第三季度例会的准备工作和崇明县政协在这次例会上的发言材料；通报中共崇明县委、县政府两套班子会议研究开发崇明规划草案的情况，讨论政协如何配合搞好规划，就交通、电力和通讯开展调查研究的有关事项。

第十九次会议 1993年2月1日召开，主席陆瑾主持会议。会议讨论中共崇明县委书记徐木泉在县四套班子会议上的讲话，讨论修改常委会工作报告，协商讨论换届工作、行政事务、人事安排等关事项。

第二十次会议 1993年3月12日召开，副主席徐正林主持会议。会议讨论通过第二十一次常委会会议程；讨论县政协九届一次会议召开的日期、议程、列席对象、主席团组成人员等；讨论同意黄和招因定居日本辞去县政协副主席职务，并决定提请常委会会议审议通过。

第二十一次会议 1993年3月25日召开，副主席徐正林主持会议。会议讨论县政协九届一次会议主席团、秘书长、副秘书长建议名单，讨论九届一次会议提案审查委员会、决议起草委员会、会议分组及召集人建议名单，讨论九届政协工作委员会设置和负责人建议名单。

第二十二次会议 1993年4月2日召开，黄振兴、仇永鸣列席，主席陆瑾主持会议。会议由秘书长顾建新汇报县政协九届一次会议各项准备工作情况，讨论会议有关事项。

二、第九届主席会议

第一次会议 1993年4月14日召开，主席陆瑾主持会议。会议讨论通过主席会议成员分工，讨论拟建立全体委员会议、常务委员会会议和主席会议制度，讨论关于考察和视察规则和当前工作安排。

第二次会议 1993年5月11日召开，副主席黄振兴主持会议。会议学习江泽民、李鹏、朱镕基在中央经济情况通报会上的讲话，讨论6月底前工作。

第三次会议 1993年6月9日召开，主席陆瑾主持会议。会议讨论中共崇明县委、县政府关于乡镇机构改革方案，传达市政协常委会（扩大）会议精神，讨论《县政协关于开展纪念毛泽东诞辰100周年征文活动的通知》，讨论常委会《关于加快发展我县个体、私营经济的建议案》，讨论部署近期工作。

第四次会议 1993年7月12日召开，主席陆瑾主持会议。会议学习中共中央、中办关于加强经济宏观调控的文件，讨论第四次常委会（扩大）会议议程，讨论县政协之友社换届有关事项。

第五次会议 1993年8月30日召开，主席陆瑾主持会议。会议讨论常委会《关于加快发展我县私营经济的建议案》经县政府答复后进一步落实的措施；讨论县政协之友社换届和县教育奖励基金会换届的有关事宜；讨论有关人事事项，拟增补李家敏为文体新闻委员会副主任；通报下阶段工作和政协经费收支情况。

第六次会议 1993年9月11日召开，主席陆瑾主持会议。会议组织与会人员按照中共崇明县委办公室通知要求，对照中共中央、中共上海市委和中共崇明县委关于反腐败的有关文件精神及规定进行自我检查。讨论制订县政协机关关于清正廉洁、务实高效的规定。副主席黄振兴通报政协近期工作安排。

第七次会议 1993年10月11日召开，主席陆瑾主持会议。会议讨论中共崇明县委、县政府拟定的《关于1994年经济工作的总体思路》，提出意见建议。

第八次会议 1993年11月10日召开，主席陆瑾主持会议。会议组织与会人员交流学习《邓小平文选》第三卷的体会；讨论通过关于认真学习《邓小平文选》的通知，并部署在政协委员中开展学习《邓小平文选》的工作；讨论2名县政协委员辞去委员职务的请求。

第九次会议 1993年12月20日召开，主席陆瑾主持会议。会议讨论修改常委会《关于加快发展我县职业教育，为崇明经济建设培养有用人才的建议案》，讨论通过启东市政协与崇明县政协关于加强友好关系的协议，讨论县政协1993年工作总结和县政协1994年工作要点以及春节前工作。

第十次会议 1994年1月17日召开，主席陆瑾主持会议。会议根据中共崇明县委关于民主生活会的要求，组织与会人员联系思想和工作实际，开展批评与自我批评。会议还对县政协1994年如何围绕中共崇明县委中心任务做好工作提出设想和建议。

第十一次会议 1994年2月26日召开，主席陆瑾主持会议。会议讨论县政协九届二次会议议程、日程、列席对象范围等；讨论修改常委会工作报告和提案工作情况报告；讨论协商增补2名委员、3名常务委员人选；听取九届二次会议准备工作情况汇报。

第十二次会议 1994年4月18日召开，主席陆瑾主持会议。会议讨论县政协1994年度工作要点和县政协学习委员会制订的1994年度学习计划，讨论1994年度县政协常委会建议案和委员视察活动的内容及初步设想，协商在政协委员相对集中的地区建立政协委员地区小组及其负责人人选，协商调整学习委员会主任、副主任人选，讨论确定在市政协举办的政协工作研讨会上崇明县政协的发言材料，听取各专门委员会1994年度工作计划和九届二次会议提案交办情况的汇报，研究教育奖励基金会有关事项。

第十三次会议 1994年6月13日召开，主席陆瑾主持会议。会议讨论委组活动计划和关于副主席接听热线电话的安排，听取5月份工作情况和6月份工作安排的通报，讨论教育奖励基金会的有关事项。

第十四次会议 1994年6月16日召开，副主席黄振兴主持会议。会议讨论通过政协委员集体视察活动方案，决定分6个组对全县农业、工业、商业等进行视察，并商定各组人员、组长和主席、副主席分工等。

第十五次会议 1994年7月8日召开，主席陆瑾主持会议。会议讨论修改常委会《关于优化环境，理顺关系，促进崇明“三资”企业发展的建议案》，听取和讨论政协委员大视察活动的情况报告，讨论第十次常委会(扩大)会议议程，听取对浙江省3个市(县)政协工作考察情况的汇报。会议还组织与会人员学习中共中央关于反腐倡廉的文件精神，联系实际，座谈学习体会。

第十六次会议 1994年8月8日召开，主席陆瑾主持会议。会议讨论确定县政协下半年活动的安排，听取提案处理情况的汇报，副主席黄振兴汇报市政协研讨班学习情况，学习新修订的政协章程。

第十七次会议 1994年9月29日召开，主席陆瑾主持会议。会议组织与会人员学习中共十四届四中全会公报，讨论安排10月份工作，协商委员视察活动的有关事项。

第十八次会议 1994年12月12日召开，主席陆瑾主持会议。会议听取关于评选优秀提案和先进承办单位工作情况的汇报，讨论确定九届二次会议以来的优秀提案和先进承办单位；听取关于实事工程视察情况的汇报；讨论政协委员任免的有关原则和人选；讨论常委会工作报告起草工作和新一年政协工作思路；讨论修改常委会《关于发展崇明岛外“三产”的建议案》；讨论确定情况通报活动方案。

第十九次会议 1995年1月5日召开，主席陆瑾主持会议。会议讨论关于召开县政协九届三次会议的决定草案，讨论县政协九届三次会议议程、日程安排、列席人员范围和大会发言专题，讨论修改常委会工作报告和提案工作情况报告，讨论审议优秀提案和先进承办单位。

第二十次会议 1995年3月24日召开，主席陆瑾主持会议。会议讨论县政协1995年度工作要点和重要活动安排，讨论评选优秀政协委员和先进专门委员会的有关事项，审议县政协学习委员会制订的1995年学习计划，讨论各专门委员会1995年活动计划，讨论并确定县政协九届十五次常委会会议召开的时间和议程。

第二十一次会议 1995年4月20日召开，主席陆瑾主持会议。会议听取东平林场场长徐洪关于东平森林公园旅游开发情况的通报，讨论《关于发展以东平森林公园为重点的崇明旅游业的建议案》。

第二十二次会议 1995年5月4日召开，副主席黄振兴主持会议。会议组织与会人员学习中共中央总书记江泽民、国务院总理李鹏在中共北京市委常委(扩大)会议上关于王宝森事件的讲话，并进行座谈讨论。

第二十三次(扩大)会议 1995年5月26日召开，部分常委和委员共17人列席，主席陆瑾主持会议。

会议听取县长曹树民关于崇明目前旅游事业发展的基本情况及今后发展思路的介绍和副主席仇永鸣代表县政协提出加快发展崇明旅游事业的5条建议，讨论《加快崇明旅游事业发展》的主席会议建议案。

第二十四次会议　1995年7月3日召开，副主席黄振兴主持会议。会议组织与会人员学习中共上海市委关于加强政协工作的文件，讨论7月份工作安排，协商增补2名政协委员人选。

第二十五次会议　1995年8月2日召开，主席陆瑾主持会议。会议听取提案办理情况汇报，讨论开展反映社情民意活动和8月份工作安排。

第二十六次会议　1995年10月9日召开，主席陆瑾主持会议。会议讨论修改《政协崇明县委员会常务委员会工作条例》《政协崇明县委员会专门委员会工作简则》《政协崇明县委员会提案工作条例》《政协崇明县委员会主席会议工作规则》，并决定提请常委会会议审议通过；讨论确定县政协九届十七次常委会会议召开的时间和议程；讨论10月份工作安排。

第二十七次会议　1995年11月24日召开，主席陆瑾主持会议。会议讨论《政协崇明县委员会关于进一步加强政协工作的意见》；讨论县政协1995年工作总结和1996年工作思路、年终委员视察活动方案；讨论修改常委会《关于加强我县蔬菜基地建设的建议案》，并决定提请常委会会议审议通过；讨论县政协九届四次会议有关准备工作事项。

第二十八次会议　1996年1月2日召开，主席陆瑾主持会议。会议讨论县政协常委会工作报告、提案工作情况报告的起草工作及九届四次会议有关事项，协商调整专门委员会机构设置及建立地区（系统）小组事宜。

第二十九次会议　1996年1月26日召开，主席陆瑾主持会议。会议讨论和修改常委会工作报告和提案工作情况报告，讨论九届四次会议议程（草案）、日程（草案）和列席对象范围（草案），讨论确定先进委组、优秀政协委员候选人名单，讨论有关人事任免事项。

第三十次会议　1996年4月16日召开，主席陆瑾主持会议。会议讨论各专门委员会和地区（系统）小组1996年度活动计划和学习委员会1996年度学习计划，讨论常委会建议案选题和有关学习研讨活动事项。

第三十一次会议　1996年6月21日召开，主席陆瑾主持会议。会议听取县教文体委关于开展全民健身活动的情况介绍，讨论修改常委会《关于开展全民健身运动的建议案》；传达中共上海市委召开的统战工作会议精神和市农村工作会议精神；讨论确定县政协九届二十一次常委会会议召开的日期和议程。

第三十二次会议　1996年7月2日召开，主席陆瑾主持会议。会议按照中共崇明县委办公室[1996]19号文件精神，围绕“讲政治”，开展专题民主生活会。

第三十三次会议　1996年8月7日召开，主席陆瑾主持会议。会议听取九届四次会议以来提案办理情况的通报和开展怎样当好政协委员学习研讨活动情况的汇报，讨论8月份工作安排。

第三十四次会议　1996年10月7日召开，主席陆瑾主持会议。会议讨论修改“怎样当好政协委员”研讨文章，审议通过政协基本知识竞赛试题答卷获奖名单，讨论10月份工作安排。

第三十五次会议　1996年12月9日召开，主席陆瑾主持会议。会议讨论县政协1996年工作总结、1997年工作思路及年底前工作安排。

第三十六次会议　1996年12月30日召开，主席陆瑾主持会议。会议讨论县政协九届五次会议召开的日期、会议议程、日程，讨论列席对象范围和分组召集人建议名单，讨论修改常委会工作报告和提案工作情况报告，讨论其他有关事项。

第三十七次会议　1997年1月17日召开，主席陆瑾主持会议。会议组织与会人员联系思想和工作实际，交流学习中共十四届六中全会精神体会，还就进一步加强党风廉政建设进行自查，开展批评与自我批评。

第三十八次会议　1997年3月27日召开，主席陆瑾主持会议。会议传达市政协在长宁区召开的区县政协秘书长联席会议精神（主要是市政协1997年工作要点），讨论1997年委组活动计划和学习委员会

1997年学习计划，讨论有关评选先进委组、优秀政协委员事项。

第三十九次会议　1997年5月5日召开，主席陆瑾主持会议。会议讨论《关于进一步发展崇明米酒生产的建议案》和5月份工作安排。

第四十次会议　1997年8月7日召开，主席陆瑾主持会议。会议讨论九届一次会议以来政协工作总结，听取九届五次会议以来提案办理情况汇报，讨论8月份工作安排。

第四十一次会议　1997年10月21日召开，主席陆瑾主持会议。会议讨论新一届县政协界别设置、委员规模、常委人数等有关事项；讨论政协堡镇地区委员小组《关于拓宽堡镇中路、堡镇南路，铺设白色路面的提案》。

第四十二次会议　1998年2月5日召开，主席陆瑾主持会议。会议协商十届县政协委员建议名单，讨论和修改常委会工作报告，讨论县政协十届一次会议议程、日程，讨论1997年先进委组、优秀政协委员候选名单和先进委组、优秀政协委员表彰大会召开的日期，讨论举办新委员培训班议程和离任委员活动安排。

第四十三次会议　1998年3月20日召开，主席陆瑾主持会议。会议协商讨论十届县政协主席、副主席、秘书长和常务委员候选人建议名单；协商讨论县政协十届一次会议主席团和秘书长建议名单、主席团常务主席和常务主席会议主持人建议名单、副秘书长建议名单、提案审查委员会成员建议名单；协商讨论县政协十届一次会议讨论小组划分和召集人建议名单；协商讨论县政协十届一次会议列席人员建议名单。

三、第十届主席会议

第一次会议　1998年4月3日召开，主席黄振兴主持会议。会议讨论确定主席会议成员分工，讨论十届县政协任期内的工作方针和年度政协工作重点和近期工作安排。

第二次会议　1998年4月21日召开，主席黄振兴主持会议。会议传达市政协召开的区县政协主席、秘书长会议精神，讨论修改常委会组成人员守则，讨论1998年工作安排和县政协十届二次常委会(扩大)会议内容。

第三次会议　1998年5月5日召开，主席黄振兴主持会议。会议传达县四套班子主要领导碰头会议精神，讨论各专委会组成人员名单、年度活动计划和有关人事任免事项，协商地区委员小组组建方案，讨论5月份工作安排。

第四次会议　1998年6月2日召开，主席黄振兴主持会议。会议讨论通过《关于农村用电管理情况的调查报告》，讨论6月份工作安排。

第五次会议　1998年7月7日召开，主席黄振兴主持会议。会议围绕中共中央关于党政机关厉行节约制止奢侈浪费的若干规定及实施细则，领导班子成员联系自己的思想实际谈体会与认识，开展专题民主生活；讨论《政协崇明县委员会关于加强反映社情民意工作的意见》《政协崇明县委员会关于加强与委员联系的制度》；讨论7月份工作安排。

第六次会议　1998年8月4日召开，主席黄振兴主持会议。会议讨论贯彻中共崇明县政协党组《关于认真学习中共中央〈通知〉精神，进一步深入学习邓小平理论的意见》，听取秘书处关于制订岗位责任制情况的通报，讨论8月份工作安排。

第七次会议　1998年9月1日召开，主席黄振兴主持会议。会议听取秘书处关于提案办理的情况通报，讨论9月份工作安排。

第八次会议　1998年10月7日召开，主席黄振兴主持会议。会议听取在金山区召开的上海市区县政协主席例会精神的通报和拟在崇明召开的长江三角洲十二县(市、区)政协工作研讨会准备工作情况的汇报，讨论10月份工作安排。

第九次会议　1998年11月11日召开，主席黄振兴主持会议。会议组织与会人员学习中共十五届三中全会通过的《中共中央关于农业和农村工作若干重大问题的决定》，讨论通过《政协崇明县委员会关于认真学习十五届三中全会精神的通知》，讨论长江三角洲十二县（市、区）政协工作研讨会有关准备工作事项，讨论修改县级机关作风建设大会上县政协的交流材料，讨论11月份工作安排。

第十次会议 1998年12月1日召开，主席黄振兴主持会议。会议传达市政协召开的政协工作座谈会精神，讨论常委会工作报告和12月份的工作安排。

第十一次会议 1999年1月5日召开，主席黄振兴主持会议。会议讨论县政协十届二次会议议程、日程等有关事项和1999年1月份工作安排。

第十二次会议 1999年1月21日召开，主席黄振兴主持会议。会议讨论县政协十届二次会议召开日期、会议议程、日程等有关事项以及有关人事安排，讨论修改县政协十届二次会议上的常委会工作报告、提案工作情况报告和提案工作条例、提案审查办法。

第十三次会议 1999年3月9日召开，主席黄振兴主持会议。会议主要研究县政协1999年工作安排，大家围绕加强学习、常委会会议、课题调研、委员活动日、专题视察等进行讨论，提出意见，由秘书处整理后形成年度工作要点提交第十四次主席会议审议。

第十四次会议 1999年3月23日召开，主席黄振兴主持会议。会议讨论县政协常委会1999年工作要点和1999年重要会议、活动安排，并决定提交第六次常委会会议审议通过；讨论学习委员会1999年工作计划和各专委会、地区委员小组1999年度活动计划；审议通过第十届县政协有关会议（活动）的若干规定；审议通过第十届县政协提案办理先进单位和先进个人、优秀提案、先进委组、优秀政协委员评选办法等4个文件；讨论第六次常委会会议召开日期、议程；协商有关人事任免事项。

第十五次会议 1999年5月18日召开，主席黄振兴主持会议。会议组织与会人员学习中共中央总书记江泽民在中共中央第三次常委会上的讲话精神，大家表示坚决拥护中国政府的严正声明，强烈谴责以美国为首的北约轰炸中国驻南斯拉夫使馆的暴行，要更加紧密地团结在中共中央周围，努力做好本职工作。会议听取关于组团赴山东省苍山县考察蔬菜生产和销售情况的汇报，讨论《政协崇明县委员会关于评选先进专门委门委员会和先进地区小组的通知》《政协崇明县委员会关于评选优秀提案的通知》《政协崇明县委员会关于评选先进委组的通知》《政协崇明县委员会关于评选优秀政协委员的通知》和《政协崇明县委员会关于特邀监督员工作的简则》，讨论部署近期工作。

第十六次会议 1999年6月10日召开，主席黄振兴主持会议。会议听取“搞好种源提纯复壮，发展崇明特色农副产品”课题组开展调研工作情况的汇报，讨论修改常委会《关于搞好种源提纯复壮，发展崇明特色农副产品的建议案》，并决定提请常委会会议审议通过；讨论确定第七次常委会会议召开日期；讨论近期工作安排。

第十七次会议 1999年7月15日召开，主席黄振兴主持会议。会议听取关于提案办理工作情况的汇报，讨论近期工作安排和有关人事任免事项。

第十八次会议 1999年8月10日召开，主席黄振兴主持会议。会议听取县文体委副主任李家敏关于取缔“法轮功”情况的通报。主席会议成员认为，中共中央关于处理和解决“法轮功”问题的决定及时必要。县政协在这场政治斗争中，要旗帜鲜明，立场坚定，为捍卫中国共产党领导的有中国特色社会主义伟大事业，维护科学的尊严和发展安定团结的政治局面作出应有的努力。会议还对近期收集到的社情民意信息进行分析研究，并讨论8月份工作安排。

第十九次会议 1999年9月7日召开，主席黄振兴主持会议。会议听取政协秘书处关于开展农业科技成果推广工作调研情况的汇报，并提出修改意见；讨论9月份工作安排。

第二十次会议 1999年10月12日召开，主席黄振兴主持会议。会议根据十届县政协第八次常委会会议授权，对《关于加强农业科技成果推广工作的调查报告》的修改部分进行审议；听取社会法制委员会关于崇明县劳务输出调查情况的汇报，讨论修改调查报告；讨论10月份工作安排。

第二十一次会议 1999年11月2日召开，主席黄振兴主持会议。会议主要讨论11月份工作。黄振兴就县级领导班子和领导干部“三讲”教育及做好本职工作提出要求。

第二十二次会议 1999年12月7日召开，主席黄振兴主持会议。会议讨论县政协十届三次会议上常委会工作报告和提案工作情况报告的框架，并提出意见；讨论12月份工作安排。

第二十三次会议 2000年1月10日召开，主席黄振兴主持会议。会议讨论修改常委会工作报告和提案工作情况报告，讨论1月份工作安排。

第二十四次会议 2000年1月20日召开，主席黄振兴主持会议。会议讨论县政协十届三次会议议程、日程，列席人员、委员分组和召集人建议名单等有关事项；审议先进专门委员会和先进地区委员小组、优秀政协委员、优秀提案、提案办理先进单位和先进个人名单；讨论有关人事任免事项。

第二十五次会议 2000年3月21日召开，主席黄振兴主持会议。会议讨论2000年政协工作要点，2000年度重要会议和活动安排；审议2000年委组活动计划；确定第十次常委会会议召开日期和议程。

第二十六次会议 2000年4月4日召开，主席黄振兴主持会议。会议讨论县政协2000年度工作安排，并讨论如何围绕年度工作重点抓好落实。

第二十七次会议 2000年5月9日召开，主席黄振兴主持会议。会议讨论《政协崇明县委员会关于政治协商民主监督参政议政的规定》《崇明县政协与民主党派、工商联负责人工作座谈会制度》《崇明县政协中心组学习制度》《崇明县政协机关党风廉政建设责任制》《崇明县政协领导与委员之间的约谈制度》，讨论5月份工作安排。

第二十八次会议 2000年6月13日召开，主席黄振兴主持会议。会议学习中共中央总书记江泽民关于“三个代表”重要思想和中共上海市委书记黄菊关于学习贯彻“三个代表”重要思想的讲话精神，传达市政协工作交流研讨会上市政协主席王力平的讲话精神，讨论修改《关于加强国家卫生县城长效管理的调查报告》，讨论近期工作安排。

第二十九次会议 2000年7月7日召开，主席黄振兴主持会议。会议学习《邓小平新时期统一战线理论学习纲要》第一部分中的第一、第二条，讨论7月份工作安排，交流各自分管的工作情况。

第三十次会议 2000年8月9日召开，主席黄振兴主持会议。会议组织交流“三讲”（讲学习、讲政治、讲正气）情况，讨论修改中共崇明县政协党组“三讲”教育回头看自查总结；听取提案办理情况汇报；讨论8月份工作安排和有关人事事项。

第三十一次会议 2000年9月5日召开，主席黄振兴主持会议。会议学习讨论《邓小平新时期统一战线理论学习纲要》第三部分“中国共产党领导的多党合作是我国政治制度的一个特点和优点”，讨论修改《关于发展我县农副产品加工业的调研报告》，讨论9月份工作安排。

第三十二次会议 2000年10月10日召开，主席黄振兴主持会议。会议学习讨论《邓小平新时期统一战线理论学习纲要》有关章节内容，讨论10月份工作安排。

第三十三次会议 2000年11月7日召开，主席黄振兴主持会议。会议学习讨论《邓小平新时期统一战线理论学习纲要》第五部分“正确对待和处理宗教问题”，讨论11月份工作安排。

第三十四次会议 2000年12月14日召开，主席黄振兴主持会议。会议讨论修改常委会工作报告、提案工作情况报告和12月份工作安排。

第三十五次会议 2001年1月2日召开，主席黄振兴主持会议。会议讨论和修改常委会工作报告和提案工作情况报告，讨论县政协十届四次会议有关准备工作和有关人事任免事项，讨论春节前主要工作安排。

第三十六次会议 2001年2月23日召开，主席黄振兴主持会议。会议讨论县政协十届四次会议有关事项、主席会议成员分工调整和县政协2001年工作要点。

第三十七次会议 2001年3月21日召开，主席黄振兴主持会议。会议讨论县政协2001年重要会议和活动安排以及各委组2001年度活动计划；讨论关于开展“崇明大开发，政协怎么办”讨论活动的有关事项，并就活动的指导思想、时间部署和具体要求等提出意见。会议决定将上述事项提请县政协十届十四次常委会会议审议通过。

第三十八次会议 2001年4月6日召开，主席黄振兴主持会议。会议讨论4月份工作，讨论部署“崇明大开发，政协怎么办”讨论活动，对县政协组织的关于环境保护、民主法制建设、人才资源开发和农副产品加工等方面的专题调研提出节点安排。

第三十九次会议 2001年5月9日召开，主席黄振兴主持会议。会议组织与会人员学习讨论全国政协主席李瑞环在全国政协九届四次会议闭幕会上的讲话；讨论5月份工作安排；讨论如何抓好“崇明大开发，政协怎么办”讨论活动，决定进行再发动、再动员，切实把讨论活动引向深入。

第四十次会议 2001年6月11日召开，主席黄振兴主持会议。会议听取秘书处“关于深化村务公开工作，推进农村基层民主建设”和“关于农村垃圾收集处置的思考和建议”两个课题组开展调研情况的汇报，并对两份调研报告进行讨论，提出修改意见。会议还讨论6月份工作安排。

第四十一次会议 2001年7月6日召开，主席黄振兴主持会议。会议学习《人民政协报》评论员文章《进一步拓宽反映社情民意的渠道》。大家认为，全国政协将反映社情民意作为重要工作来抓，并摆上重要议事日程，县政协也应该在认真学习全国政协副主席叶选平讲话精神的基础上作专题研究，将反映社情民意工作抓实抓好。会议还听取县政协秘书处关于提案办理工作情况的汇报，讨论上半年工作总结，研究7月份工作安排。

第四十二次会议 2001年8月8日召开，主席黄振兴主持会议。会议讨论8月份工作安排和有关人事事项。

第四十三次会议 2001年8月30日召开，主席黄振兴主持会议。会议讨论9月份工作安排，要求重点抓好“崇明大开发，政协怎么办”讨论活动，切实搞好各委组的调研工作，努力完成年初制订的各项计划。

第四十四次会议 2001年9月21日召开，主席黄振兴主持会议。会议讨论10月份工作安排。

第四十五次会议 2001年10月10日召开，主席黄振兴主持会议。会议讨论《关于我县人才工程建设情况的调查报告》，并决定提请下次常委会会议审议。会议还讨论11月工作安排。

第四十六次会议 2001年11月12日召开，主席黄振兴主持会议。会议讨论组织2001年委员视察活动和召开民主党派、工商联负责人座谈会的有关事项，讨论决定对重点提案进行跟踪视察和召开提案工作座谈会。会议要求主席会议成员认真学习中共十五届六中全会精神，切实抓好作风建设，努力推进政协工作。

第四十七会议 2001年12月10日召开，主席黄振兴主持会议。会议根据《崇明县机构改革方案》的有关规定和中共崇明县委关于县级机构改革的总体要求，讨论政协机关职能配置、内设机构和人员编制方案；根据中共崇明县委〔2001〕147号文件精神，讨论有关人事任免事项。会议决定将上述事项提请县政协十届十七次常委会会议审议。会议还讨论12月份工作安排。

第四十八会议 2002年1月7日召开，主席黄振兴主持会议。会议讨论县政协十届五次会议的有关准备工作事项；听取县国有(集体)资产管理办公室主任石建新关于开展清理农户拖欠村组(队)集体资金工作的情况介绍，黄振兴代表主席会议成员就如何搞好清欠工作提出抓好舆论宣传、加强组织领导、把握清理时机、探索破解难题、坚持务求实效等建议；讨论1月—2月份工作安排和专门委员会工作职责。

第四十九会议 2002年1月14日召开，主席黄振兴主持会议。会议讨论修改常委会工作报告和提案工作报告，讨论县政协十届五次会议的议程(草案)、日程(草案)、列席人员范围和有关人事任免事项。会议决定将上述有关事项提请县政协十届十八次常委会会议审议。

第五十会议 2002年3月20日召开，主席黄振兴主持会议。会议讨论县政协常委会2002年工作要点和2002年度重要会议、活动安排，同意接受县政协常委会有关组成人员请求辞去县政协常务委员职务的报告，并决定将上述事项提请县政协十届十九次常委会会议审议通过。会议还研究政协当前工作和政协机关有关人事任免事项。

第五十一会议 2002年4月8日召开，副主席周祖安主持会议。会议讨论县政协专门委员会、地区委员小组2002年度活动计划和县政协重点调研课题的分工及节点安排，确定县政协常委会调研的有关事项，协商第十一届县政协界别、专门委员会设置等，讨论4月份主要工作安排。

第五十二会议

2002年5月9日召开，副主席周祖安主持会议。会议讨论副主席分工调整和5月份工作安排；听取县政协招商引资课题组人员赴广东省学习考察情况汇报，听取县政协办公室和专委会办公室关于工作分工情况的汇报；传达市政协第二十七次常委会会议精神，重点介绍市政协关于崇明岛发展定位课题组开展调研的情况。

第五十三会议 2002年6月3日召开，副主席周祖安主持会议。会议听取和讨论关于县政协委员界别设置和专委会设置情况的汇报，讨论部署6月份主要工作及其他有关工作。

第五十四会议 2002年7月2日召开，副主席周祖安主持会议。会议讨论县政协上半年工作总结和下半年工作安排，讨论常委会《关于加大招商引资力度，加快崇明经济发展的建议》的基本框架，讨论关于开展评选先进专门委员会、地区委员小组，评选优秀政协委员和优秀提案活动的有关事项以及7月份主要工作。

第五十五会议 2002年8月2日召开，副主席周祖安主持会议。会议讨论关于县政协前五年工作总结与后五年工作思路的调研计划，要求集中精力，全面总结十届县政协五年来的工作情况、成功经验和存在问题，明确提出今后五年政协工作的指导思想、主要任务和工作措施，努力探索政协工作的规律和方法，为新一届政协更好地履行政协职能、开创崇明政协工作新局面提供依据。会议还讨论8月份主要工作安排和编辑出版《崇明楹联选》的有关事宜。

第五十六会议 2002年9月6日召开，副主席周祖安主持会议。会议讨论县政协十届六次会议的议程（草案）和日程（草案）、列席人员范围，讨论有关人事任免事项。会议决定将有关事项提请县政协十届二十一次常委会会议审议。

第五十七会议 2002年9月17日召开，主席邵礼达主持会议。会议听取副主席、中共崇明县委统战部部长周祖安传达中共上海市委召开的换届选举工作会议精神。主席会议成员认为，要按照中共上海市委有关文件精神，根据中共崇明县委的总体部署，配合搞好换届选举工作。会议还对主席会议成员分工进行协商调整，讨论9月份主要工作安排。

第五十八会议 2002年10月9日召开，主席邵礼达主持会议。会议讨论修改县政协前五年工作总结和后五年工作建议，讨论10月份主要工作安排。

第五十九会议 2002年11月11日召开，主席邵礼达主持会议。会议讨论《崇明县前五年回顾和后五年展望综合思考提纲》，大家认为，五年来，全县在工业、农业、旅游业、基础设施建设、环境保护和建设等各方面都取得可喜的成绩，形成不少关于崇明改革、发展、稳定的经验。同时，崇明应正视差距，妥善解决各类制约发展的矛盾，在崇明发展定位确定的基础上，抓紧制订发展规划，实现崇明经济的跨越式发展。

第六十会议 2002年12月4日召开，主席邵礼达主持会议。会议讨论12月份主要工作安排和评优工作。

第六十一会议 2003年1月9日召开，主席邵礼达主持会议。会议讨论县政协2003年第一季度工作安排和1月份主要活动安排，讨论迎春茶话会方案。

第六十二会议 2003年2月12日召开，主席邵礼达主持会议。会议讨论县政协2月—3月份主要工作安排，讨论第十一届县政协委员建议名单、关于召开县政协十一届一次会议的决定及议程（草案）和日程（草案）、县政协十一届一次会议主席团成员和秘书长建议名单及提案审查委员会建议名单等有关事项，讨论修改常委会工作报告和提案工作情况报告。会议决定将上述有关事项提请县政协十届二十三次常委会会议审议。

第六十三会议 2003 年 3 月 11 日召开，主席邵礼达主持会议。会议讨论县政协十一届一次会议选举办法（草案）、大会总监票人和监票人建议名单（草案）、大会主席团常务主席建议名单（草案）、大会期间委员分组方案及召集人建议名单（草案）、大会主席团常务主席分工建议、大会副秘书长建议名单（草案）、大会秘书处机构设置等，会议还讨论部分日程调整、增加列席对象、增加提案审查委员会建议名单、召开政协委员中的中共党员会议、大会会务准备工作等事项。

四、第十一届主席会议

第一次会议 2003 年 3 月 26 日召开，主席范陈杰主持会议。会议讨论通过主席会议成员分工；讨论《政协崇明县委员会常务委员会工作规则（修正案）》《政协崇明县委员会 2003 年度工作意见》《政协崇明县委员会 2003 年度重要会议、活动安排》；讨论第十一届县政协专门委员会、地区委员小组设置方案，第十一届县政协副秘书长、专门委员会主任建议名单。会议决定将上述有关事项提请县政协十一届一次常委会会议审议通过。会议还听取县政协之友社换届工作的有关情况通报。

第二次会议 2003 年 4 月 8 日召开，主席范陈杰主持会议。会议讨论 4 月份工作安排和关于在政协委员中开展“世博会与上海新一轮发展——加快实现崇明跨越式发展”大讨论活动的意见；讨论和确定主席会议成员及政协常委会 2003 年度的调研课题，主席、副主席出席中共崇明县委、县人大常委会、县政府会议的分工。会议最后由范陈杰就组织开展大讨论活动、搞好政协专题调研工作、提高政协参政议政水平提出要求。

第三次会议 2003 年 4 月 29 日召开，主席范陈杰主持会议。会议讨论政协专门委员会、地区委员小组 2003 年工作计划和《政协崇明县委员会各专门委员会、地区委员小组主要工作任务和工作职责》，讨论落实中共崇明县委大讨论领导小组办公室关于开展“世博会与上海新一轮发展暨加快实现崇明跨越式发展”大讨论活动实施方案的计划和 5 月份工作安排，通报县政协委员对编制崇明新城总体规划和崇明岛域总体规划的意见建议。会议最后范陈杰对开展“世博会与上海新一轮发展暨加快实现崇明跨越式发展”大讨论活动和做好农村富余劳动力转移专题调研工作提出要求。

第四次会议 2003 年 5 月 27 日召开，主席范陈杰主持会议。会议讨论 6 月份主要工作，讨论修改《关于加快崇明农村富余劳动力转移的建议》，讨论关于组织开展“世博会与上海新一轮发展暨加快实现崇明跨越式发展”大讨论座谈交流活动的有关事项。

第五次会议 2003 年 6 月 30 日召开，主席范陈杰主持会议。会议听取副主席罗永祥关于政协提案工作情况的通报，讨论修改《政协崇明县委员会提案工作条例》《政协崇明县委员会专门委员会工作简则》和《政协崇明县委员会视察简则》，讨论 7 月份主要工作安排和有关人事任免事项。会议决定将上述有关事项提请县政协十一届二次常委会会议审议。

第六次会议 2003 年 7 月 29 日召开，主席范陈杰主持会议。会议讨论学习“三个代表”重要思想活动方案，讨论科教兴县课题的专题调研计划、委组工作会议方案及委组下半年工作计划，通报市政协学习工作会议和沪浙十县市（区）、长江三角洲十三县市政协工作研讨会主要精神，讨论 8 月份主要工作安排。

第七次会议 2003 年 8 月 28 日召开，主席范陈杰主持会议。会议审议通过《县政协关于学习贯彻县委文件，推动当前政协工作的意见》，讨论常委会建议案提纲、专题议政会和迎中秋文艺活动方案，协商政协办公室、专门委员会办公室内设机构及人事任免事项，讨论 9 月份主要工作安排。

第八次会议 2003 年 9 月 26 日召开，主席范陈杰主持会议。会议讨论 10 月份主要工作安排，讨论修改常委会《坚持实施科教兴县战略，加快实现崇明跨越式发展的建议案》，讨论年终政协委员视察方案和关于“植树造林，保护湿地，建设生态岛”专题议政会方案，传达学习全国政协章程修改工作座谈会精神，观看中央纪委、中组部联合摄制的党风廉政建设专题宣传教育片。

第九次会议 2003 年 10 月 31 日召开，主席范陈杰主持会议。会议讨论 11 月份主要工作安排，讨论通过“积极调整产业结构，实现三次产业融合发展”专题议政会方案，通报有关情况。

第十次会议　2003年12月5日召开，主席范陈杰主持会议。会议听取副县长陆鸣关于崇明县中心医院托管情况的通报，讨论12月份主要工作安排，讨论年终政协委员视察方案和委组工作交流会方案，讨论确定县政协十一届二次会议常委会工作报告提纲和提案工作报告提纲，听取县政协十一届二次会议有关准备工作情况的汇报。

第十一次会议　2003年12月29日召开，主席范陈杰主持会议。会议讨论县政协十一届二次会议有关事项，包括会议议程、日程，常委会工作报告和提案工作情况报告报告人建议名单，会议期间正副主席分工，大会秘书长、副秘书长建议名单；讨论常委会工作报告（讨论稿）和提案工作情况报告（讨论稿）；讨论县政协2004年1月份主要工作安排和有关人事任免事项。

第十二次会议　2004年2月5日召开，主席范陈杰主持会议。会议听取2003年度提案最终办理情况通报，听取县政协十一届二次会议有关准备工作情况以及县政协之友社五届二次会议准备工作情况的汇报，讨论县政协2004年度重要会议、活动安排和2月份主要工作安排。

第十三次会议　2004年2月26日召开，主席范陈杰主持会议。会议听取副主席、提案委员会主任罗永祥关于2004年政协提案交办情况的通报，协商确定2004年度县政协重点提案，并就政协领导亲自督办重点提案作出分工；听取县政协办公室起草《县政协关于进一步做好提案办理工作的意见》和《县政协关于进一步发挥委员主体作用的意见》的情况汇报；讨论3月份主要工作安排。

第十四次会议　2004年3月8日召开，主席范陈杰主持会议。会议讨论《县政协各专门委员会、地区委员小组2004年度活动计划》《县政协关于进一步发挥委员主体作用的意见》《县政协关于开展生态岛建设大讨论活动的意见》《县政协关于开展"生态岛建设与社会事业发展"专题调研的计划安排》《县政协关于崇明生态岛建设专题论坛方案》。

第十五次会议　2004年4月2日召开，主席范陈杰主持会议。会议听取县民政局关于崇明县农村低保工作的情况通报，讨论《县政协关于学习贯彻〈中国人民政治协商会议章程〉的通知》和4月份主要工作安排，讨论有关委组和县教育基金会的人事事项。

第十六次会议　2004年5月9日召开，主席范陈杰主持会议。会议听取2004年提案办理情况的通报，讨论5月份主要工作安排，协商主办长江三角洲十三县（市、区）政协工作研讨会的有关事宜。

第十七次会议　2004年5月31日召开，主席范陈杰主持会议。会议讨论县政协6月份主要工作安排和"庆祝中华人民共和国和人民政协成立55周年、上海和崇明解放55周年崇明县书画作品大展"方案。会上，范陈杰传达市政协召开的区县政协主席座谈会精神，并总结县政协上半年工作，提出下半年主要工作任务和要求。

第十八次会议　2004年7月1日召开，主席范陈杰主持会议。会议讨论7月份主要工作安排，讨论修改《县政协关于进一步发挥各民主党派、工商联在人民政协中作用的意见》《县政协关于进一步加强了解和反映社情民意工作的若干意见》《县政协特邀监督员工作简则》，并决定提请县政协十一届六次常委会会议审议。

第十九次会议　2004年8月3日召开，主席范陈杰主持会议。会议讨论8月份主要工作安排，确定各专门委员会专题调研课题。

第二十次会议　2004年8月19日召开，主席范陈杰主持会议。会议讨论通过县政协主席会议《关于推进我县林业建设的建议案》，听取副县长褚以琳关于崇西地区旅游规划情况的通报，讨论县政协国庆节之前主要工作安排。

第二十一次会议　2004年9月1日召开，主席范陈杰主持会议。会议讨论崇明县各界人士庆祝建国和人民政协成立55周年座谈会方案、崇明县庆祝建国和人民政协成立55周年书画大展活动方案、崇明县庆祝建国和人民政协成立55周年"政协之声"文艺专场活动方案和县政协常委会关于推进农村"三个集中"课题调研方案，讨论9月份主要工作安排，范陈杰还就召开县政协领导班子民主生活会进行部署。

第二十二次会议 2004年9月30日召开，主席范陈杰主持会议。会议讨论10月份主要工作安排和2003—2004年度优秀政协委员、优秀提案和先进委组评比活动方案。

第二十三次会议 2004年11月4日召开，主席范陈杰主持会议。会议讨论11月份主要工作安排，讨论“县政协关于认真学习贯彻中共十六届四中全会精神的通知”、年末委员视察方案和县政协十一届七次常委会（扩大）会议方案，听取特邀监督员聘请单位开展特邀监督员工作的情况通报。

第二十四次会议 2004年12月7日召开，主席范陈杰主持会议。会议讨论12月份主要工作安排和县政协十一届三次会议有关准备工作事项，并通报有关情况。

第二十五次会议 2004年12月29日召开，主席范陈杰主持会议。会议讨论县政协2005年1月份主要工作安排，并通报有关情况。

第二十六次会议 2005年1月7日召开，主席范陈杰主持会议。会议讨论修改县政协常委会工作报告和提案工作情况报告，讨论关于召开县政协十一届三次会议的决定、会议议程和日程，提出县政协常委会工作报告和提案工作情况报告报告人建议名单，大会秘书长、副秘书长建议名单和会议期间主席、副主席分工。

第二十七次会议 2005年1月25日召开，主席范陈杰主持会议。会议审议通过2003—2004年度先进专门委员会和地区委员小组、优秀政协委员、优秀提案名单，协商增补第十一届县政协委员名单和十一届三次会议选举总监票人、监票人名单以及会议期间各讨论小组召集人名单，讨论有关人事任免事项。

第二十八次会议 2005年2月1日召开，主席范陈杰主持会议。会议由副县长胡俊和县房地局、规划局、港西镇负责人通报农村宅基地置换试点工作的进展情况。主席会议成员对试点方案给予肯定，同时建议要大力宣传实施农村宅基地置换对加快“三个集中”、推进崇明生态岛建设的重要意义，充分考虑与岛域总体规划、新城规划以及陈家镇城镇建设规划的配套衔接，认真研究具体实施政策，切实维护农民利益。会议还讨论2月份主要工作安排以及2005年重要会议和活动安排。

第二十九次会议 2005年3月3日召开，主席范陈杰主持会议。会议讨论3月份主要工作安排，审议通过《县政协关于在政协委员中开展生态岛建设教育实践活动的实施意见》，听取县政协十一届三次会议以来提案交办情况以及2005年提案工作安排的汇报，讨论确定年度重点提案和主席、副主席分工督办的提案。

第三十次会议 2005年3月30日召开，主席范陈杰主持会议。会议讨论4月份主要工作安排、各专门委员会和地区委员小组2005年度工作计划，讨论“保护环境百里行”巡视活动方案和崇明县各界人士摄影展方案，讨论有关专门委员会人事任免事项。

第三十一次会议 2005年4月29日召开，主席范陈杰主持会议。会议讨论5月份主要工作安排，讨论《县政协关于认真学习贯彻〈中共中央关于进一步加强中国共产党领导的多党合作和政治协商制度建设的意见〉的通知》和《县政协关于开展我为“十一五”规划献一计活动的通知》，讨论提案工作座谈会和听取县政府重点工作推进情况通报会的方案。

第三十二次会议 2005年5月27日召开，主席范陈杰主持会议。会议讨论6月份主要工作安排和县政协文化沙龙组建方案，协商县政协界别小组成员名单。

第三十三次会议 2005年6月30日召开，主席范陈杰主持会议。会议讨论7月份主要工作安排和政协常委会建议案框架，协商增补县政协委员人选。

第三十四次会议 2005年7月29日召开，主席范陈杰主持会议。会议讨论8月份主要工作安排和“十一五”规划暨推进生态岛区建设专题研讨会方案、重点提案办理情况视察方案和民主评议提案办理情况方案，协商迎中秋、庆国庆文艺专场演出有关准备工作事项。

第三十五次会议 2005年8月31日召开，主席范陈杰主持会议。会议传达学习中共上海市委主要负责人在市委召开的政协工作会议上的重要讲话以及《中共上海市委关于加强政协工作的意见》。大家认为，市委召开政协工作会议，是市委全面贯彻中共中央文件精神、加强党的执政能力建设的重要举措，也是上海社会主义政治文明建设进程中的一件大事，在上海政协工作历史上具有里程碑的重要意义。会议下发的《中共上海市委关于加强政协工作的意见》，是指导上海政协工作的纲领性文件，对全市进一步坚持和完善中国共产党领导的多党合作和政治协商制度，开创上海政协工作新局面产生重要影响。会议提出，要把学习市政协工作会议精神与学习贯彻中共中央 5 号文件精神结合起来，深刻认识人民政协工作的重要性，进一步增强做好新时期崇明政协工作的责任感、使命感；要与推进年内工作和筹划明年工作结合起来，切实履行政协职能，进一步发挥政协在民主政治建设中的作用；要与切实加强政协自身建设结合起来，不断推进政协制度化、规范化、程序化建设，进一步提高崇明政协工作的整体水平。会议还讨论 9 月份主要工作安排和各界人士生态前卫游园活动暨"迎中秋"文艺专场演出方案以及各界人士生态岛区建设摄影展方案。

第三十六次会议 2005 年 9 月 29 日召开，主席范陈杰主持会议。会议讨论 10 月份主要工作安排，讨论通过县政协主席会议《关于编制崇明商业专项规划的建议案》、讨论沪浙十县（市、区）政协工作研讨会、政协优秀提案及政协提案先进承办单位和个人表彰大会、县政协十一届四次会议大会发言方案，听取崇明县各界人士生态岛区建设摄影展准备工作情况汇报。

第三十七次会议 2005 年 10 月 31 日召开，主席范陈杰主持会议。会议讨论 11 月份主要工作安排，讨论通过沪浙十县（市、区）政协工作研讨会日程安排、委员集中视察方案以及筹办文化沙龙的实施方案，听取提案办理工作民主测评汇总情况的汇报。

第三十八次会议 2005 年 12 月 2 日召开，主席范陈杰主持会议。会议听取年终委员集中视察情况的汇报，讨论 12 月份主要工作安排、崇明政协成立 50 周年纪念活动安排、《崇明政协》（月刊）创刊方案以及春节团拜会方案，协商有关人事任免事项。

第三十九次会议 2005 年 12 月 14 日召开，主席范陈杰主持会议。会议讨论关于召开县政协十一届四次会议的决定、会议议程和日程以及其他有关事项。听取常委会工作报告和提案工作情况报告起草情况的汇报，并讨论报告初稿。

第四十次会议 2006 年 1 月 4 日召开，主席范陈杰主持会议。会议讨论县政协 2006 年 1 月份主要工作安排和 2006 年工作要点以及重要会议、活动安排，讨论修改常委会《关于推进崇明城乡一体化，建设社会主义新农村的建议案》。

第四十一次会议 2006 年 2 月 6 日召开，主席范陈杰主持会议。会议讨论 2 月份主要工作安排，讨论通过人民政协理论和主要职能专题报告会方案、政协领导督办重点提案方案以及召开县政协之友社五届四次社员大会方案。

第四十二次会议 2006 年 3 月 3 日召开，主席范陈杰主持会议。会议讨论 3 月份主要工作安排、《政协崇明县委员会关于学习贯彻〈中共中央关于加强人民政协工作的意见〉的意见》、2006 年度各专门委员会和地区委员小组工作计划、2006 年度提案工作计划，讨论通过 2006 年度中共崇明县委、县政府向县政协通报协商重点工作计划安排建议方案，协商有关人事事项。

第四十三次会议 2006 年 3 月 29 日召开，主席范陈杰主持会议。会议讨论 4 月份主要工作安排，讨论通过《政协崇明县委员会关于学习贯彻〈中共中央关于加强人民政协工作的意见〉的意见》和《政协崇明县委员会关于组织委员参加崇明三岛功能定位宣传实践活动的意见》，传达学习全国政协十届四次会议精神。

2006 年 3 月 3 日，县政协召开十一届四十二次主席会议

第四十四次会议 2006年5月8日召开，主席范陈杰主持会议。会议讨论5月份主要工作安排、各专门委员会以及委员年度工作考核办法，讨论各民主党派、工商联以及各专门委员会关于新农村建设课题调研方案，听取县政协办公室关于全国政协教文卫体委员会到崇明视察接待方案以及组织全体政协委员体检方案的汇报。

第四十五次会议 2006年6月7日召开，主席范陈杰主持会议。会议讨论6月份主要工作安排，讨论通过县政协关于社会主义新农村建设专题议政会方案，听取县政协办公室关于主席会议成员赴横沙乡知情调研方案的汇报。

第四十六次(扩大)会议 2006年6月30日召开，主席范陈杰主持会议。会议听取县科委主任杜松全关于崇明实施科教兴县战略情况的通报，讨论县政协2006年上半年工作总结和下半年工作安排及7月份主要工作安排，讨论《政协崇明县委员会关于专门委员会年度工作考核办法》《政协崇明县委员会关于委员年度工作考核办法》，讨论有关人事任免事项，并决定提请县政协十一届十五次常委会会议审议。

第四十七次会议 2006年8月1日召开，主席范陈杰主持会议。会议讨论8月份主要工作安排，讨论县政协常委会建议案调研方案、政协提案办理工作民主测评方案和崇明县各界人士"庆国庆、迎中秋"文艺专场演出方案，讨论《县政协关于支持和保证政协及民主党派开展民主监督的实施意见》和《县政协委员界别召集人主要职责和工作任务》。

第四十八次会议 2006年8月31日召开，主席范陈杰主持会议。会议讨论9月份主要工作安排，讨论县政协贯彻《中共中央关于学习〈江泽民文选〉的决定》的总体安排、委组主任组长会议方案以及2005—2006年度先进专门委员会、先进地区委员小组、优秀提案以及优秀政协委员评选方法，听取关于县政协2006年度提案重点办理单位民主测评情况的汇报。

第四十九次会议 2006年9月28日召开，主席范陈杰主持会议。会议讨论10月份主要工作安排，传达中共上海市委统战部关于区、县政协换届工作会议精神。

第五十次会议 2006年10月27日召开，主席范陈杰主持会议。会议讨论11月份主要工作安排，讨论通过2006年度委员集中视察活动方案，决定于11月下旬组织全体委员对县政府重点工程与实事项目以及县委、县政府确定的重点工作进行视察。

第五十一次会议 2006年12月1日召开，主席范陈杰主持会议。会议讨论12月份主要工作安排，讨论通过2005—2006年度优秀政协委员、先进专门委员会、先进地区委员小组、优秀提案、县政协工作创新奖、县政协委员特别贡献奖获奖名单以及表彰会议方案。会议还讨论县政协十二届一次会议的准备工作事项。

第五十二次会议 2007年1月4日召开，主席范陈杰主持会议。会议听取中共崇明县委统战部副部长周建华关于县十二届政协委员协商产生情况的通报，讨论县十二届政协委员建议名单，讨论1月份主要工作安排。

第五十三次会议 2007年1月18日召开，主席范陈杰主持会议。会议协商讨论县政协十二届一次会议议程、日程；协商大会主席团成员、主席团常务主席、主席团会议主持人，会议秘书长、副秘书长，提案审查委员会组成人员，分组召集人，大会选举总监票人和监票人，常委会工作报告报告人、提案工作情况报告报告人建议名单及会议列席人员和邀请对象建议范围，大会期间常务主席分工建议名单等。决定将上述有关事项提请县政协十一届十八次常委会会议审议。

五、第十二届主席会议

第一次会议 2007年2月16日召开，主席范陈杰主持会议。会议讨论《关于学习贯彻中国共产党崇明县第十次代表大会精神的决议》《政协崇明县委员会常务委员会2007年工作要点》《政协崇明县委员会常务委员会工作规则》以及第十二届县政协专门委员会设置和主任建议名单，并决定提请县政协十二届一次常委会会议审议；讨论通过《政协崇明县委员会主席会议工作规则》以及主席会议成员分工，县十二届政协各专门委员会副主任，地区委员小组组长、副组长以及委员人选。

第二次会议　2007年2月28日召开，主席范陈杰主持会议。会议讨论3月份主要工作安排，讨论2007年度县政协提案工作计划和县政协之友社换届工作以及主席会议成员联系界别分工，协商有关人事任免事项。

第三次会议　2007年4月2日召开，主席范陈杰主持会议。会议讨论4月份主要工作安排，讨论确定县政协2007年度重点提案、主席会议成员对重点提案的督办分工，讨论通过2007年度县政协各专门委员会、地区委员小组活动计划，听取县政协专门委员会办公室关于筹备召开县政协之友社六届一次社员大会和纪念县政协之友社成立20周年座谈会准备工作情况的汇报，听取县政协办公室关于县政协特邀监督员工作开展情况的汇报，并就推荐委员担任各有关单位(部门)特邀监督员以及适时召开特邀监督员工作会议进行协商。

第四次会议　2007年4月30日召开，主席范陈杰主持会议。会议讨论5月份主要工作安排，讨论通过《关于在政协委员中广泛开展"科学发展，共建和谐"主题宣传实践活动的实施意见》，讨论确定提案工作座谈会、农村和谐文化建设课题调研方案以及县政协十二届二次常委会会议议程。

第五次会议　2007年5月31日召开，主席范陈杰主持会议。会议讨论6月份主要工作安排，讨论通过县政协中心组(扩大)学习会、"科学发展共建和谐"专题议政会、崇明县各界人士摄影比赛暨摄影作品展以及"宝岛风情——海峡两岸艺术家作品展"等活动方案。

第六次会议　2007年7月10日召开，主席范陈杰主持会议。会议讨论7月份主要工作安排；讨论通过县政协上半年度工作总结和下半年度工作安排的报告以及县政协十二届三次常委会(扩大)会议和崇明县各界人士"迎中秋、庆国庆"文艺专场演出方案；讨论县政协常委会《关于加强崇明农村和谐文化建设的建议案》，并决定提请县政协十二届三次常委会(扩大)会议审议；听取民盟崇明县委关于积极组织崇明县城乡劳动力向长兴海洋装备基地转移调研情况的汇报，并协商决定将该项调研进一步深化，形成县政协主席会议建议案报中共崇明县委、县政府。

第七次会议　2007年8月1日召开，主席范陈杰主持会议。会议讨论8月份主要工作安排，讨论通过2007年度县政协民主评议提案办理工作方案和各党派、各专委会下半年调研课题，讨论和修改县政协常委会《关于加快崇明和谐文化建设的建议案》和县政协主席会议《关于积极组织崇明县城乡劳动力向长兴海洋装备基地转移的建议案》。会议最后，范陈杰就学习贯彻中共中央总书记胡锦涛《坚定不移走中国特色社会主义伟大道路，为夺取全面建设小康社会新胜利而奋斗》的重要讲话精神提出要求。

第八次会议　2007年9月4日召开，主席范陈杰主持会议。会议讨论9月份主要工作安排，讨论通过县政协重点提案落实情况跟踪视察活动方案，听取"和谐崇明"崇明县各界人士"迎中秋、迎国庆"联欢会文艺专场演出和崇明县各界人士摄影作品展准备工作汇报。

第九次会议　2007年9月30日召开，主席范陈杰主持会议。会议讨论10月份主要工作安排，讨论通过县政协第四季度工作要点和县政协十二届四次常委会(扩大)会议方案，听取关于2007年县政协提案重点承办单位办理工作民主测评情况的汇报。

第十次会议　2007年10月29日召开，主席范陈杰主持会议。会议讨论11月份主要工作安排，讨论通过2007年县政协委员年终视察活动方案和县政协十二届五次常委会(扩大)会议方案，协商讨论县政协常委会《关于学习贯彻中国共产党第十七次全国代表大会精神的决议(草案)》，并决定提请县政协十二届五次常委会(扩大)会议审议。

第十一次会议　2007年12月5日召开，主席范陈杰主持会议。会议讨论12月份主要工作安排，讨论通过关于召开县政协十二届二次会议方案和崇明县各界人士"共同迈向2008"迎新年文艺专场演出方案，审议通过2007年度县政协优秀提案评选办法和2007年度县政协优秀提案。

第十二次会议　2007年12月17日召开，主席范陈杰主持会议。会议协商讨论关于召开县政协十二届二次会议的决定和会议议程、日程及会议期间提案征集方案等事项，讨论修改常委会工作报告、提案工作情况报告，决定将上述事项提请县政协十二届六次常委会会议审议。

第十三次会议 2007年12月26日召开，主席范陈杰主持会议。会议听取中共崇明县委统战部副部长周建华关于第十二届县政协增补委员人选协商产生情况的说明；协商讨论第十二届县政协委员增补名单、部分界别委员调整方案，常委会工作报告、提案工作情况报告报告人建议名单，会议分组召集人建议名单，大会秘书长、副秘书长建议名单等事项。会议决定将上述有关事项提请县政协十二届六次常委会会议审议。

第十四次会议 2008年1月14日召开，主席范陈杰主持会议。会议讨论1月份主要工作安排，协商讨论关于增补第十二届县政协常务委员会部分组成人员候选人建议名单和县政协十二届二次会议决议(草案)，并决定提请县政协十二届二次会议期间第二次常委会会议审议。会议讨论通过县政协常委会2008年工作要点和县政协2008年度重要会议、重要活动安排方案，并决定提请县政协十二届七次常委会会议审议。

第十五次会议 2008年2月14日召开，主席范陈杰主持会议。会议讨论2月份主要工作安排，讨论通过县政协2008年度提案工作计划，协商有关人事任免事项。

第十六次会议 2008年3月3日召开，主席范陈杰主持会议。会议讨论3月份主要工作安排和县政协2008年度重点提案督办工作，讨论通过县政协之友社六届二次社员大会方案和县政协2008年度专门委员会、地区委员小组工作计划。

第十七次会议 2008年4月2日召开，主席范陈杰主持会议。会议讨论4月份主要工作安排，讨论通过关于召开纪念中共中央发布“五一口号”60周年大型座谈会建议方案。

第十八次会议 2008年5月4日召开，主席范陈杰主持会议。会议讨论5月份主要工作安排，讨论通过县政协2008年度提案工作座谈会方案，讨论市政协到崇明调研时县政协的汇报提纲，讨论县政协如何进一步推进政治协商规范化、程序化等事项。

第十九次会议 2008年6月2日召开，主席范陈杰主持会议。会议讨论6月份主要工作安排，讨论通过县政协文史资料委员会文史工作方案、政协委员巡视高效生态农业活动方案、县政协“关注民生、改善民生”专题议政会方案和安全生产视察活动方案。

第二十次会议 2008年7月1日召开，主席范陈杰主持会议。会议邀请县疾病预防控制中心姚健介绍参加四川汶川抗震救灾的情况，讨论7月份主要工作安排、县政协上半年工作总结和下半年工作安排的报告、县政协常委会《关于加快发展崇明高效生态农业建议案》的提纲，审议通过县政协重点提案办理工作视察方案和县政协十二届十次常委会(扩大)会议方案。

第二十一次会议 2008年8月5日召开，主席范陈杰主持会议。会议讨论8月份主要工作，讨论通过县政协十二届十一次常委会会议以及崇明县各界人士“迎中秋”游园活动和群众文艺专场演出方案等。

第二十二次会议 2008年9月2日召开，主席范陈杰主持会议。会议讨论9月份主要工作，讨论通过县政协2008年提案办理工作民主测评以及崇明县各界人士中秋游园活动和文艺晚会总体方案，讨论修改县政协常委会《关于加快发展崇明高效生态农业的建议案》。

第二十三次(扩大)会议 2008年10月7日召开，部分县政协常务委员、县政协专门委员会办公室主任、县政协办公室副主任列席，主席范陈杰主持会议。会议听取副县长李志宏及县旅游局局长沈永平所作的关于崇明旅游事业发展情况的通报，就进一步加快崇明旅游事业发展提出建议。会议还讨论部署10月份主要工作，协商讨论关于召开县政协十二届十二次常委会会议方案以及县政协第三季度工作总结和第四季度工作安排，通报中共崇明县政协党组关于县政协领导班子党员领导干部民主生活会方案。

第二十四次会议 2008年11月3日召开，主席范陈杰主持会议。会议讨论11月份主要工作安排，听取对县劳动和社会保障局、县卫生局、县民政局承办的2008年度县政协提案民主测评情况的汇报，讨论通过县政协2008年度委员年终集中视察活动方案和县政协2007年—2008年度先进专门委员会、先进地区委员小组、优秀政协委员以及2008年度优秀提案评选活动方案，协商讨论县政协十二届三次会议上常委会工作报告、提案工作报告提纲及其他有关事项。

第二十五次会议 2008年12月2日召开，主席范陈杰主持会议。会议讨论通过关于召开县政协十二届十三次常委会(扩大)会议方案；讨论关于县政协十二届三次会议有关事项，讨论修改常委会工作报告、提案工作情况报告，决定将上述有关事项提请县政协十二届十三次常委会(扩大)会议协商讨论；讨论通过崇明县各界人士新年茶话会方案和崇明县各界人士纪念改革开放30周年座谈会方案；讨论12月份主要工作安排。

第二十六次会议 2008年12月18日召开，主席范陈杰主持会议。会议协商讨论县政协十二届三次会议期间县政协领导分工安排、分组召集人建议名单、县政协常委会工作报告和提案工作情况报告报告人建议名单等有关会议事项，协商确定2007—2008年度县政协优秀政协委员、先进专门委员会、先进地区委员小组名单及2008年度县政协优秀提案。

第二十七次会议 2009年1月4日召开，主席范陈杰主持会议。会议讨论县政协常委会2009年工作要点和县政协2009年度重要会议、重要活动安排方案，并决定提请县政协十二届十四次常委会会议审议；讨论1月份主要工作安排。

第二十八次会议 2009年2月2日召开，主席范陈杰主持会议。会议讨论2月份主要工作安排；讨论通过2009年度中共崇明县委、县政府重大问题、重要情况与县政协协商通报建议方案，县政协2009年度重点提案建议方案；讨论有关人事任免事项。

第二十九次会议 2009年3月2日召开，主席范陈杰主持会议。会议讨论3月份主要工作安排；讨论通过2009年度县政协提案工作计划和各专门委员会、地区委员小组活动计划；讨论召开县政协之友社六届三次社员大会等有关事项；讨论《崇明县政协关于专门委员会与县党政部门对口联系的实施办法》，并决定提请县政协十二届十五次常委会会议审议。

第三十次会议 2009年4月3日召开，主席范陈杰主持会议。会议讨论4月份主要工作安排，讨论通过《政协崇明县委员会关于开展纪念人民政协成立60周年系列活动的意见》和《政协崇明县委员会关于组织开展迎世博“五个一”主题活动的意见》。会议还对近阶段政协提案督办、各党派团体和专门委员会上半年课题调研以及开展界别活动等工作提出要求。

第三十一次会议 2009年5月4日召开，主席范陈杰主持会议。会议讨论5月份主要工作安排，讨论通过关于召开县政协十二届十五次常委会(扩大)会议方案、关于开展“我为世博献一计”活动方案和关于开展人民政协基本理论知识宣传月暨竞赛活动方案。会议还对近阶段政协提案工作、各党派和专门委员会上半年课题调研以及组织委员参观上海世博会展示中心等工作提出要求。

第三十二次会议 2009年6月1日召开，主席范陈杰主持会议。会议讨论6月份主要工作安排，讨论通过县政协庆祝中华人民共和国和人民政协成立60周年国画作品邀请展方案，讨论修改《崇明县政协关于规范县政协委员参加会议活动、履行职责的规定》。会议还对深入学习实践科学发展观、专题协商通报、界别活动以及各党派和专门委员会上半年课题调研等工作提出要求。

第三十三次会议 2009年7月7日召开，主席范陈杰主持会议。会议讨论7月份主要工作安排，讨论通过关于召开县政协十二届十六次常委会(扩大)会议方案以及关于举行崇明县各界人士庆祝中华人民共和国60华诞和纪念人民政协成立60周年文艺专场演出方案，会议还对深入学习实践科学发展观活动整改落实阶段工作、农村改革和发展专题议政会、重点提案办理跟踪视察、县各民主党派和工商联界别活动等工作提出要求。

第三十四次会议 2009年7月31日召开，主席范陈杰主持会议。会议听取中共崇明县委常委、县委组织部部长宋宝儒所作的关于补选政协崇明县第十二届委员会副主席人选事项说明；协商讨论增补政协崇明县第十二届委员会委员名单，补选政协崇明县第十二届委员会副主席候选人建议名单，关于同意王菁辞去政协崇明县第十二届委员会副主席、委员职务请求的决议，关于召开县政协十二届四次会议的决定；讨论县政协十二届四次会议议程、日程，选举办法，大会秘书长、副秘书长建议名单，总监票人、监票人建议名单，会议决议等事项。会议决定将上述有关事项提请县政协十二届十七次常委会会议协商讨论。会议还讨论部署8月份主要工作，讨论通过关于召开县政协十二届十七次常委会会议方案和关于召开县政协十二届四次会议经费匡算方案。

第三十五次会议 2009年9月1日召开，主席范陈杰主持会议。会议讨论9月份主要工作安排；讨论通过关于县十二届政协主席、副主席、秘书长分工调整方案，2009年度县政协提案办理工作民主测评方案和关于召开崇明县各界人士纪念人民政协成立60周年座谈会方案；讨论《崇明县政协关于进一步发挥政协界别作用的意见》，并决定提请县政协十二届十八次常委会会议审议。会议还传达市政协召开的区县政协主席会议和秘书长会议精神，学习中共上海市委书记俞正声在听取中共上海市政协党组工作汇报后的重要讲话精神，部署县政协下阶段重点工作。

第三十六次会议 2009年9月29日召开，主席范陈杰主持会议。会议组织学习中共中央总书记胡锦涛在庆祝人民政协成立60周年大会上的重要讲话、中共上海市委书记俞正声在庆祝人民政协成立60周年暨上海市政协工作会议上的讲话精神以及《中共上海市委关于进一步加强人民政协工作的实施意见》，听取县交通港口局负责人所作的关于上海长江隧桥开通后新辟市郊线路情况的通报，讨论部署10月份主要工作，听取关于重点单位提案办理工作民主测评情况的汇报，讨论通过关于召开县政协十二届十八次常委会(扩大)会议方案、庆祝上海长江隧桥贯通·中国当代著名书法家作品展方案。

第三十七次会议 2009年10月29日召开，主席范陈杰主持会议。会议讨论11月份主要工作安排，讨论修改县政协《关于认真学习贯彻胡锦涛总书记在庆祝人民政协成立60周年大会上重要讲话精神的通知》和县政协主席会议《关于崇明农村改革发展若干问题的建议案》，讨论通过关于开展"迎世博"工作委员巡察暨2009年年终委员视察活动方案。会议还对学习贯彻市、县政协工作会议精神，开展调研工作等提出要求。

第三十八次会议 2009年12月1日召开，主席范陈杰主持会议。会议讨论12月份主要工作安排，协商讨论关于召开县政协十二届五次会议的方案及其日程安排，讨论通过关于学习贯彻中共中央总书记胡锦涛在庆祝中国人民政治协商会议成立60周年大会上的讲话交流会暨政协工作务虚会方案、关于召开县政协十二届十九次常委会(扩大)会议方案和关于举行崇明县各界人士迎新年专场文艺演出方案。会议对做好县政协十二届五次会议各项准备工作等提出要求。

第三十九次会议 2009年12月25日召开，主席范陈杰主持会议。会议讨论修改常委会工作报告和提案工作情况报告，讨论修改县政协常委会《关于进一步加强崇明"迎世博"各项工作的建议案》和《崇明县政协提案工作条例》，讨论确定县政协2009年度优秀提案，讨论协商县政协机关人事任免事项。

第四十次会议 2010年1月4日召开，主席范陈杰主持会议。会议协商讨论拟不再担任十二届县政协委员建议名单和增补十二届县政协委员建议名单、补选十二届县政协常委候选人建议名单、大会秘书长和副秘书长建议名单、总监票人和监票人建议名单、县十二届政协常委会工作报告和提案工作情况报告报告人名单、大会列席人员名单、分组召集人建议名单、县政协十二届五次会议选举办法(草案)和大会决议(草案)等事项，并决定将上述有关事项提请县政协十二届二十次常委会会议审议。会议还讨论部署县政协2010年1月份主要工作。

2010年1月4日，县政协召开十二届四十次主席会议

第四十一次会议 2010年2月1日召开，主席范陈杰主持会议。会议讨论县政协常委会2010年工作要点和县政协2010年度重要会议、活动安排方案，并决定提请县政协十二届二十一

次常委会会议审议；讨论通过县政协2010年度提案工作计划和重点提案建议方案；讨论2月份主要工作安排。

第四十二次会议 2010年2月26日召开，主席范陈杰主持会议。会议传达县政府全体会议主要精神，讨论通过县政协2010年度专门委员会、地区委员小组工作计划和2010年上半年党派团体、专门委员会课题调研方案及参考选题，讨论确定关于召开县政协之友社六届四次社员大会方案和关于召开苏浙沪十五县（市、区）政协工作研讨会方案，讨论3月份主要工作安排，讨论协商有关人事事项。

第四十三次会议 2010年4月6日召开，主席范陈杰主持会议。会议讨论4月份主要工作安排，讨论通过县政协关于世博城市运行和安保专项督查活动方案、关于2010年度乡镇政协工作的考核意见、关于2010年度县政协提案办理工作的考核意见和县政协常委会组成人员外出考察日程安排方案。会议还对重点提案督办、开展调研工作和界别活动等提出要求。

第四十四次会议 2010年5月6日召开，主席范陈杰主持会议。会议讨论5月份主要工作安排，讨论通过关于召开县政协十二届二十二次常委会（扩大）会议方案、关于县政协部分界别召集人调整方案和关于出版《百年涛声——崇明籍航海家传记》的方案。会议还对做好第二十二次常委会（扩大）会议准备工作、提案工作、调研工作等提出要求。

第四十五次会议 2010年5月31日召开，主席范陈杰主持会议。会议讨论6月份主要工作安排，讨论通过关于召开县政协十二届二十三次常委会（扩大）会议方案，交流参加崇明县党政代表团赴江苏省启东市、海门市学习考察的体会。

第四十六次会议 2010年6月30日召开，主席范陈杰主持会议。会议讨论7月份主要工作安排，讨论通过关于召开县政协十二届二十四次常委会（扩大）会议方案、关于崇明县"十二五"规划专题议政会方案。会议还对做好第二十四次常委会（扩大）会议准备工作、重点提案督办工作、委组工作等提出要求。

第四十七次会议 2010年8月2日召开，主席范陈杰主持会议。会议讨论8月份主要工作安排，协商讨论《县政协关于贯彻落实中共中央、中共上海市委关于加强人民政协工作的意见精神的总结检查情况报告》和崇明县各界人士"迎中秋"专场文艺演出方案，传达学习中共上海市委九届十二次全会精神。会议还对做好专题调研、专委会对口联系工作等提出要求。

第四十八次会议 2010年8月31日召开，主席范陈杰主持会议。会议讨论9月份主要工作安排，讨论通过县政协主席会议《关于发展崇明服务外包业的建议案》和县政协十二届六次会议期间专题议政会主题。会议对做好党派、界别、专委会和地区委员小组工作等提出要求。

第四十九次会议 2010年10月9日召开，主席范陈杰主持会议。会议讨论10月份主要工作安排，协商讨论关于召开县政协十二届二十五次常委会（扩大）会议方案和县政协党派团体、专门委员会课题调研方案，讨论2010年度县政协提案办理工作民主测评方案和长江三角洲十三县（市、区）政协工作研讨会方案。

第五十次会议 2010年11月8日召开，主席范陈杰主持会议。会议讨论11月份主要工作安排，协商讨论关于召开县政协十二届二十六次常委会（扩大）会议方案、2010年县政协委员年终集中视察活动总体方案及日程安排，讨论《县政协关于学习贯彻中共十七届五中全会精神，进一步为编制本县"十二五"规划建言献策的决议》，协商县政协机关有关人事事项。会议还对做好提案民主测评工作、调研工作、长江三角洲十三县（市、区）政协工作研讨会准备工作等提出要求。

第五十一次会议 2010年12月6日召开，主席范陈杰主持会议。会议讨论12月份主要工作安排，讨论协商县政协十二届六次会议议程、日程等事项，讨论通过崇明县各界人士迎新年专场文艺演出方案、县政协工作务虚会方案和2010年度县政协优秀提案，讨论修改县政协常委会《关于编制县"十二五"规划的建议案》。会议还对做好县政协十二届六次会议各项准备工作等提出要求。

第五十二次会议 2010年12月27日召开，主席范陈杰主持会议。会议听取副县长朱建江和县卫生局、县人力资源社会保障局有关负责人通报2011年农村合作医疗工作实施意见、崇明县新型农村社会养老保险试点办法，并提出意见建议；讨论部署2011年1月份主要工作安排；讨论通过关于召开县政协十二届二十七次常委会(扩大)会议方案；讨论修改县政协常委会工作报告和提案工作情况报告，并决定提请县政协十二届二十七次常委会(扩大)会议讨论。

第五十三次会议 2011年1月14日召开，主席范陈杰主持会议。会议讨论增补第十二届县政协委员名单，县政协十二届六次会议选举办法(草案)，大会选举总监票人、监票人建议名单，常委会工作报告、提案工作情况报告报告人名单，大会秘书长、副秘书长建议名单，分组召集人建议名单，大会决议(草案)等事项。会议决定将上述有关事项提请县政协十二届二十八次常委会会议审议。

第五十四次会议 2011年2月9日召开，主席施建华主持会议。会议讨论增补十二届县政协委员名单，县政协常委会2011年工作要点和县政协2011年度重要会议、活动安排方案，并决定提请县政协十二届二十九次常委会(扩大)会议审议；协商通过十二届县政协主席、副主席、秘书长工作分工调整方案、县政协十二届二十九次常委会(扩大)会议方案、县政协2011年度重点提案建议方案；讨论2月份工作安排。

2011年2月9日，县政协召开十二届五十四次主席会议

第五十五次会议 2011年3月1日召开，主席施建华主持会议。会议讨论3月份主要工作安排，协商通过2011年度县政协提案工作计划、关于开展社会建设专题调研方案及课题参考选题和关于召开县政协之友社六届五次社员大会方案。

第五十六次会议 2011年3月31日召开，主席施建华主持会议。会议讨论4月份主要工作安排，协商通过县政协关于开展纪念中国共产党成立90周年活动方案、关于开展纪念辛亥革命100周年活动方案、关于举办“构建和谐，振兴中华”纪念辛亥革命100周年两岛书画艺术家作品展方案、关于举办《书远堂六年记》作品讨论会方案等。

第五十七次会议 2011年5月3日召开，主席施建华主持会议。会议讨论5月份主要工作安排，协商通过关于召开县政协十二届三十次常委会(扩大)会议方案。会议还对做好县政协第三十次常委会(扩大)会议、界别委员座谈会及纪念“七一”系列活动准备工作等提出要求。

第五十八次会议 2011年6月1日召开，主席施建华主持会议。会议讨论6月份主要工作安排，协商通过县人大常委会、县政协工作交流会方案和庆祝中国共产党建党90周年专题报告会方案。

第五十九次会议 2011年7月4日召开，主席施建华主持会议。会议听取副县长朱建江和县卫生局负责人关于崇明县深化医药卫生体制改革近期重点实施方案的通报，讨论县政协7月份主要工作安排，协商通过县政协十二届三十一次常委会(扩大)会议方案，讨论县政协上半年工作总结和下半年工作安排。会议还对县政协十二届三十一次常委会(扩大)会议和专题议政会的筹备工作提出要求。

第六十次会议 2011年8月1日召开，主席施建华主持会议。会议讨论8月份主要工作安排，协商通过关于召开崇明县各界人士纪念辛亥革命100周年座谈会方案和关于举行崇明县各界人士“迎中秋”专场文艺演出方案。

第六十一次(扩大)会议 2011年8月24日召开，部分县政协常委和县人保局、县民政局、县卫生局等相关职能部门负责人列席，主席施建华主持会议。会议听取副县长朱建江所作的关于2011年上半年崇明县城乡居民就业和社会保障体系建设情况的通报。

第六十二次会议 2011年9月1日召开，主席施建华主持会议。会议讨论9月份主要工作安排，讨论通过关于评选2009—2011年度优秀政协委员、先进专门委员会和先进地区委员小组方案，关于评选

2011年9月1日，县政协召开十二届六十二次主席会议

2011年度优秀提案方案以及2011年度县政协提案办理工作民主测评方案。会议还对举行2011年崇明县各界人士迎中秋专场文艺演出活动提出要求。

第六十三次会议 2011年10月8日召开，主席施建华主持会议。会议讨论10月份主要工作安排，协商通过关于召开县政协十二届三十二次常委会（扩大）会议方案和县政协第四季度工作安排。

第六十四次会议 2011年11月4日召开，主席施建华主持会议。会议讨论11月份主要工作安排，讨论通过县政协2011年度委员集中视察活动方案、关于召开县政协十二届三十三次常委会（扩大）会议方案和上海市区县政协之友社负责人联谊交流会方案，讨论修改县政协主席会议《关于加快推进崇明社会建设若干问题的建议案》。

第六十五次会议 2011年12月2日召开，主席施建华主持会议。会议听取中共崇明县委统战部副部长钮东升所作的关于政协崇明县第十三届委员会委员建议人选的说明；讨论政协崇明县第十三届委员会委员建议名单，讨论县政协十三届一次会议议程、日程，讨论修改常委会工作报告、提案工作报告，并决定将上述事项提请县政协十二届三十三次常委会（扩大）会议审议；讨论部署县政协12月份主要工作安排；协商决定县十二届政协先进专门委员会、先进地区委员小组、优秀政协委员、优秀提案名单；讨论通过2012年崇明县各界人士新年电影招待会方案。

第六十六次会议 2011年12月16日召开，主席施建华主持会议。会议协商讨论县政协十三届一次会议主席团成员和秘书长，主席团常务主席，主席团会议主持人，副秘书长，提案审查委员会组成人员，分组召集人，选举总监票人、监票人，常委会工作报告、提案工作报告报告人建议名单，列席人员建议名单，选举办法；协商通过2011年度各乡镇政协工作考核结果和2011年度各委办局政协提案办理工作考核结果。会议决定将上述事项提请县政协十二届三十四次常委会会议审议。

六、第十三届主席会议

第一次会议 2012年1月17日召开，主席施建华主持会议。会议讨论县政协常务委员会2012年工作要点，2012年度重要会议、活动安排；讨论十三届县政协主席、副主席、秘书长分工方案，县政协主席、副主席出席会议分工安排；讨论县政协2012年第一季度主要工作安排以及县政协常委会工作规则、主席会议工作规则。

第二次会议 2012年2月1日召开，主席施建华主持会议。会议讨论2月份主要工作安排、2012年县政协专门委员会工作要点、2012年县政协重点提案督办方案、县政协十三届一次常委会（扩大）会议方案以及县政协机关机构设置调整方案。

2012年2月1日，县政协召开十三届二次主席会议

第三次会议 2012年2月8日召开，主席施建华主持会议。会议协商讨论县政协专门委员会主任、副主任及下设各组组长、副组长名单，县政协地区委员小组组长、副组长名单，县政协界别活动召集人名单；讨论县政协之友社第七届

理事会换届工作方案、县政协之友社章程修正案(草案)以及县政协2012年度提案工作计划。

第四次会议 2012年3月1日召开,主席施建华主持会议。会议讨论3月份主要工作安排,讨论通过县政协各专门委员会2012年度工作计划和《崇明县政协志》编纂方案,讨论修改《政协崇明县委员会专门委员会工作规则》《政协崇明县委员会关于专门委员会与党政职能部门对口联系的实施办法》,协商县政协研究室、提案委员会有关人事任免事项。

第五次会议 2012年4月6日召开,主席施建华主持会议。会议讨论4月份主要工作安排,讨论修改《政协崇明县委员会反映社情民意信息工作规则》《政协崇明县委员会关于进一步发挥政协界别作用的意见》,协商县政协机关各部门工作职责以及关于开展崇明文化建设专题调研的方案。

第六次会议 2012年5月2日召开,主席施建华主持会议。会议讨论5月份主要工作安排,讨论协商县政协十三届三次常委会会议方案,听取提案委员会关于县政协十三届一次会议期间提案办理工作情况的通报,讨论协商文化建设专题调研选题和《崇明县政协志》编纂计划。

第七次会议 2012年5月30日召开,主席施建华主持会议。会议讨论6月份主要工作安排,协商通过《政协崇明县委员会地区委员小组工作规则》以及举办庆祝县政协之友社成立25周年系列活动方案。

第八次会议 2012年7月2日召开,主席施建华主持会议。会议讨论7月份主要工作安排,协商通过县政协十三届四次常委会会议方案以及举行崇明县各界人士"迎中秋、迎国庆"文艺演出方案,讨论协商县政协2012年上半年工作总结和下半年工作安排。

第九次会议 2012年8月1日召开,主席施建华主持会议。会议讨论8月份主要工作安排,协商通过关于召开加强崇明文化建设专题议政会方案、现代服务业专题协商通报会方案以及县政协专门委员会活动经费安排和管理办法。

第十次会议 2012年9月4日召开,主席施建华主持会议。会议讨论9月份主要工作安排,协商通过关于召开统筹乡镇发展及国家生态县创建工作情况协商通报会方案、关于2012年度县政协提案办理工作民主测评方案和县政协2012年下半年课题调研方案,讨论修改常委会《关于加强崇明文化建设的建议案》。

第十一次会议 2012年10月8日召开,主席施建华主持会议。会议讨论10月份主要工作安排,听取2012年度县政协民主测评提案办理工作情况、下半年课题调研选题情况的通报,协商通过县政协十三届六次常委会(扩大)会议方案、2012年第四季度县政协主要工作安排和关于开展县政协委员述职活动的意见等。

第十二次会议 2012年10月31日召开,主席施建华主持会议。会议讨论11月份主要工作安排,协商通过县政协十三届七次常委会(扩大)会议方案、县政协十三届二次会议上常委会工作报告和提案工作情况报告提纲、关于开展2012年县政协委员年终集中视察活动和开展述职活动的方案等。

第十三次会议 2012年12月3日召开,主席施建华主持会议。会议讨论12月份主要工作安排,讨论协商县政协十三届八次常委会会议方案、县政协工作务虚会方案、县政协十三届二次会议方案,讨论第十三届县政协常委会工作报告和提案工作情况报告起草工作。

第十四次会议 2012年12月19日召开,主席施建华主持会议。会议讨论协商县政协十三届二次会议议程、日程,讨论修改第十三届县政协常委会工作报告(征求意见稿)、提案工作情况报告(征求意见稿),讨论协商县政协十三届二次会议大会秘书长、副秘书长、分组召集人、大会选举总监票人、监票人建议名单,讨论协商县政协十三届二次会议选举办法(讨论稿)、大会决议(讨论稿),讨论协商增补十三届县政协委员名单和增补十三届县政协常务委员候选人建议名单。

第四章 政协工作会议

中共崇明县委贯彻执行中国共产党领导的多党合作和政治协商制度,加强对政协工作的领导,重视和发挥政协政治协商、民主监督、参政议政的职能作用。1986年5月至2012年12月,召开有关政协工作的会议和座谈(研讨)会 8 次,其中政协工作会议 4 次(1 次与人大工作会议一起召开)、政协工作座谈(研讨)会 4 次。

2003 年起,县政协与县人大常委会不定期召开工作交流会,本章辑录交流会 8 次。

第一节　县委召开政协工作(座谈研讨)会议

1986 年 5 月 7 日,中共崇明县委书记姚明宝、副书记陆瑾与县委组织部、宣传部负责人前往县政协召开座谈会。县政协副主席宋斌、黄冠球,秘书长吴庆培等参加。会上,宋斌首先汇报政协工作情况和要求县委帮助解决的几个问题,黄冠球、吴庆培作补充发言。姚明宝、陆瑾在会上先后讲话,他们肯定前阶段县政协所做的工作,指出在新的历史时期,县政协工作已充实许多新的内容。他们指出,县委应该重视政协工作,充分发挥政协的作用,政协的成员也应该对做好工作具有信心,对目前政协工作中存在的一些困难,表示理解。对宋斌代表县政协提出的要求县委帮助解决的问题,姚明宝一一作了答复。他明确,今后政协工作由陆瑾分管。对政协工作人员少的问题,在市对县政协编制尚未明确前,先抽调两名干部充实秘书处力量。同时县委还考虑采取双月座谈会等形式,及时听取政协领导和委员们的意见。对政协用车困难与办公用房紧张等问题,也表示积极与有关部门研究帮助解决。

1989 年 3 月 29 日,中共崇明县委书记姚明宝、副书记陆瑾,县委常委、宣传部部长黄志才等前往县政协机关,与县政协主席张彪,副主席宋斌、徐正林、昝泰昌、施兆发、罗永祥,秘书长薛以霆等主席会议成员一起座谈,就县委如何进一步加强对政协工作的领导及筹备召开政协工作会议听取意见。主席会议成员认为,县委领导到县政协听取意见,是县委对政协工作的重视和支持。座谈会上,主席会议成员就开好政协工作会议发表各自的意见,建议县委加强人民政协性质、地位、作用的宣传,以提高各级干部的认识。并对协商监督的深度、民主渠道的畅开,发展共产党领导的多党合作,增强政协委员的使命感、责任感,不断提高委员素质,充分发挥委员参政议政积极性,特别是发挥中共党员政协委员的作用以及为县政协开展工作理顺关系、创造条件等提出意见和建议。陆瑾在讲话中指出,政协是最大的统战组织,要在治理整顿中发挥更大的作用,政协领导接触政协委员多,意见听得多,希望能将听到的意见及时反映给县委,帮助我们不断改进作风,做好工作。姚明宝在讲话中指出,政协工作一年比一年做得好,积极发挥政协委员参政议政作用,为振兴崇明,为团结各民主党派和各界民主人士与党和政府同心同德,为建设"四化"做了大量工作。在县政协七届三次会议上,政协委员提出 84 条意见和建议,对县委、县政府工作很有促进作用。姚明宝说,县委召开政协工作会议,是不断健全社会主义民主政治和法制建设的需要,是深化政治体制改革的需要。县委要增强对政协工作重要性的认识。过去对宣传人民政协的性质、地位、作用很不够,这是我们的责任,今后要加强宣传。县委要创造一些条件,使县政协更好地开展工作。政协作为一个综合人才库,还有很大的潜力,要发挥每一个政协委员的作用,不断提高政协委员参政议政的质量。政治协商一定要做到在决策之前,民主监督必须贯穿于执行之中。政协对于一些重要问题一定要抓住不放,抓出成效来。县里党政领导及各部门领导对政协委员提出的意见要有政治气量,并予以积极采纳。

1989 年 4 月 7 日,中共崇明县委在县政协礼堂召开首次政协工作会议,会议的指导思想是动员全县各级党组织重视政协工作,进一步发挥政协政治协商、民主监督的作用,同心同德、群策群力、共同搞好崇明的治理整顿、深化改革和民主政治建设。中共崇明县委副书记陆瑾主持会议,县委常委、宣传部长黄志才传达中共上海市委书记江泽民在市委召开的政协工作会议上的讲话,县政协副主席、县委统战部长宋斌宣读中共中央〔1989〕13 号通知《关于同意全国政协党组提出的〈政协全国委员会关于政治协商、民主监督的暂行规定〉的通知》及《政协全国委员会关于政治协商、民主监督的暂行规定》。中共崇明县委书记姚明宝作题为《切实加强党对政协工作的领导,更好地发挥政协政治协商、民主监督的作用》的重要讲话。他首先指出,党的十一届三中全会以来,特别是最近几年来,崇明县政协工作生机勃勃、蒸蒸日上、成绩显著,主要反映在三个方面:一是积极参政议政,发挥了协商监督作用;二是为"两个文明"建设献计出力,发挥了人才智力库作用；三是积极促进祖国统一大业，发挥了海外联谊作用。但是随着改革不断深化、四化建设不断发展、祖国统一事业不断前进，人民政协肩负的任务更重了，工作范围更广了，对政协工作要求更高了。要充分认识人民政协的性质、地位和作用，不断加强党对政协工作的领导。县委对如何加强政协工作专门进行论讨研究，提出十条意见：1. 县委把加强政协工作列入议事日程，每年安排一至两次县委常委会议听取政协工作的汇报和讨论研究政协工作。2. 根据县政协安排，县委、县政府定期向政协委员通报全县工作情况和重大事项；不定期地召开专题座谈会、谈心会、对话会等，听取政协委员的意见和建议。3. 县委、县政府对全县性的大政方针，在作出重大决策时，一般先与县政协联系、协商，做到协商于决策之前。4. 重视处理县政协提出的建议案，重要的建议案将提交县委常委会和县长办公会议讨论，并认真答复。县委、县政府各部门对政协委员的提案，要努力提高办理质量。对重要的提案，承办单位要直接同提案人见面，征求意见，共商解决办法或研究可行性方案，使办理提案的过程，成为政治协商和民主监督的过程。5. 各部、委、办、局与政协各专门委员会要加强联系，开展对口协商，听取意见；还可根据需要，邀请政协专门委员会负责人或委员列席有关会议。6. 各乡、镇召开人民代表大会会议时，可请本地政协委员列席；县直各条线、各企事业单位召开职代会、工代会，也要请本单位的政协委员列席，以便听取他们对本地、本单位的意见和建议。7. 对政协专门委员会和政协委员的调研、视察等活动。各部门、各单位要积极支持、密切配合、创造条件、提供方便，并热忱地帮助解决活动中遇到的困难。县政协委员参加县政协及所属各专门委员会举办的各种会议和活动，各单位要给予方便和支持。8. 凡有政协委员的单位，可视工作需要，吸收他们参加同级召开的有关会议，并按照上级规定，阅读传达到全体党员的上级党委的有关文件。9. 视议题需要，县委常委会议请县政协党组书记列席。建议县长办公会议请县政协主要负责同志列席；建议县人大和县政协在召开常委会会议或主任（主席）办公会议时，视议题需要请对方的领导列席。10. 由县委办公室主任牵头，定期召开县委办公室、县人大常委会办公室、县政府办公室主任和县政协秘书长联席会议，交流情况，协调关系，研究工作。县教育局、县经委、县卫生局、县农业局和城桥镇在大会上作交流发言。县长田长春作题为《提高对人民政协的认识，自觉接受政协民主监督》的讲话。他指出，要着重做好四个方面工作：一是认真处理委员的提案；二是认真协助政协做好调研、视察等工作；三是认真接受政协对政府决策和日常工作的民主监督；四是在具体工作中，依靠政协“人才库”的优势，认真听取政协的意见建议。县政协党组书记、主席张彪在会上通报政协工作。参加大会的有县委、县人大常委会、县政府、县政协四套班子成员；县委、县政府各部、委、办、局，法院、检察院党政主要负责人；乡镇党委书记、乡镇长，副处级以上事业单位党政负责人；县政协常委、党员政协委员等近200人。

1995年12月25日，中共崇明县委在县政府6号楼会议室召开政协工作会议。这次会议的指导思想是认真贯彻落实中共中央和中共上海市委关于加强政协工作的通知精神，回顾总结县政协工作的成绩和经验，进一步提高认识，统一思想，加强对人民政协工作的领导和支持，充分发挥人民政协的作用，更好地促进崇明的改革开放和“两个文明”建设，促进社会主义民主政治建设。中共崇明县委副书记顾勇主持会议，县委书记施兴忠、副县长吴新超，县政协党组书记、政协主席陆瑾分别讲话。县长曹树民等县四套班子领导，各乡镇党委书记，乡、镇长，各部、委、办、局、行、公司党政主要负责人，县级各民主党派、工商联负责人，县政协各专门委员会主任、地区（系统）委员小组组长共100多人参加会议。会上，县委书记施兴忠代表县委作报告。他指出，县政协坚持以邓小平建设有中国特色社会主义理论为指导，紧紧围绕经济建设这个中心，突出团结、民主两大主题，充分发挥政协自身的优势，认真履行政治协商、民主监督和参政议政的职能，开展了一系列富有成效的工作，为崇明“两个文明”建设作出了积极的贡献。施兴忠强调，为了进一步加强党对政协工作的领导，县委制订了《中共崇明县委关于进一步加强政协工作的意见》。县委、县政府以及所属党政部门和乡镇要按照上级和县委下发的意见要求，积极支持政协开展政治协商、民主监督、参政议政工作，进一步发挥政协组织在政治生活、经济建设以及社会其他各个领域中的积极作用。第一，各级党政领导干部要认真学习，努力宣传，提高对做好新形势下人民政协工作重要性的认识。第二，要把政协工作纳入党委、政府的重要议事日程，认真落实《政协全国委员会关于政治协商、民主监督、参政议政的规定》，切实把政治协商、民主监督和参政议政活动开展起来。第三，要积极支持政协的各种参政议政活动，为崇明“两个文明”建设服务。第四，充分发挥政协组织和全体政协委员的积极作用，开创崇明政协工作的新局面。政协要加强对《政协全国委员会关于政治协商、民主监督、参政议政的规定》的学习和宣传，掌握精神，提高认识，切实把规定有计划、有步骤地付诸实践。副县长吴新超代表县政府就如何贯彻中央、市委、县委关于做好政协工作的一系列文件精神，提出四点意见。第一，为了充分发挥政协的优势和作用，实行协商于决策之前，监督于实施之中，今后凡涉及全县经济、社会发展的重大决策和改革方案，出台前要先与县政协协商，听取意见，避免或减少失误，保证决策和改革方案能得到贯彻落实。第二，建立必要的工作制度，加强县政府与县政协之间的联系，县政府应进一步加强同县政协的联系，建立和完善一些切实可行的工作制度：一是重要情况通报制度，二是重要会议的参加制度，三是经常性的对口联系制度。第三，认真办理政协委员提案和专题调查报告。第四，努力为县政协开展工作创造有利条件。县政协党组书记、主席陆瑾代表政协党组在会上讲话。她说，为贯彻中共中央〔1995〕13号文件和中共上海市委〔1995〕168号文件精神，为进一步加强党对政协工作领导，县委专门制定了《关于进一步加强政协工作的意见》，并召开这次政协工作会议。这充分体现县委、县政府对政协工作的重视和支持。县委这样重视政协工作，使我们更觉责任重大，做好政协工作的信心更足，我们要从以下四个方面贯彻、落实好这次会议精神。第一，进一步加强学习，充分认识新时期政协的性质、地位和作用；第二，紧紧围绕经济建设这个中心，认真履行政治协商、民主监督和参政议政的主要职能；第三，要抓住民主和团结两大主题，更好地发挥政协的统战作用；第四，要加强政协自身建设，适应新时期政协工作的要求。

2003年6月24日，中共崇明县委书记龚德庆前往县政协机关召开座谈会，对政协工作进行调研。县政协党组书记、主席范陈杰，副主席罗永祥、王菁、吴复安，县政协党组成员、秘书长陈汉刚参加调研会。范陈杰代表县政协党组就换届以来政协系统广泛开展加快实现崇明跨越式发展大讨论活动，积极参政议政；认真履行政协职能，发挥委员作用；大力弘扬团结、民主两大主题，调动一切积极因素；突出抓好提案和社情民意，畅通政协联系人民群众的渠道；充分发挥政协党组和常委会领导作用，推进政协工作；不断加强机关自身建设，努力提高政协机关工作整体水平和县政协下半年工作的主要设想等方面作了汇报，并对县委进一步加强政协工作等提出建议。在听取县政协党组工作汇报后，龚德庆作讲话。他指出，3个月来，新一届县政协围绕县委、县政府重点工作，围绕团结、民主两大主题，围绕履行政协的三大职能做了大量工作，体现了政协工作的连续性、稳定性和开拓性。县政协工作紧跟县委工作的步伐，无论是开展大讨论活动，还是配合“非典”防治工作；无论是参政议政，为崇明发展献计献策，还是加强政协制度建设等方面都具有政协的独特性和工作的敏锐性。龚德庆说，县政协加强领导班子建设，班子成员之间心情舒畅，工作热情较高；重视委组建设，通过专题调研、积极参与大讨论等形式，使广大委员思想统一，也使委组活动有了新的起色；注重工作重心下移，加强委员队伍建设，通过与委员的联系和沟通，调动了委员的积极性，从而也进一步推动了县政协常委会和专委会的工作；加强机关干部队伍建设，通过机关干部的真诚服务，发挥委员的积极作用，因而为新一届政协工作开了个好头。龚德庆在讲话中向县政协通报了当前县委组织实施的五项重点工作：一是编制完善崇明岛域总体规划；二是组织开展“世博会与上海新一轮发展暨加快实现崇明跨越式发展”大讨论；三是在新一轮发展中加强干部队伍建设；四是积极推进企业产权制度改革；五是切实抓好以增加农民收入为核心的“三农”工作。龚德庆在讲话中指出，人民政协工作是党的工作的重要组成部分，加强和改善党对政协工作的领导，是充分发挥政协职能作用，开创人民政协工作新局面的根本保证。全县各级党组织要充分认识做好人民政协工作的重要性和紧迫性，把重视政协工作，善于发挥政协作用，作为衡量自身政治素质、领导水平和民主作风的一个重要标志。县委将一如既往地把政协工作摆上重要议事日程，坚持每年两次听取政协工作汇报。县委对重大改革措施的出台、重大事项的决策、重大人事的调整，在实施之前听取县政协的意见，促进决策的民主化、科学化。政府各部门要主动加强同县政协的联系和沟通，更好地为政协委员知情议政创造条件；对县政协组织的视察、考察、调研、对口联系等活动，要积极给予支持和协助；对政协委员、民主党派提出的提案和政协提出的意见建议，要高度重视，认真督办，抓好落实，及时反馈。龚德庆在讲话中希望县政协在今后工作中，一要懂大局、议大事；二要发挥政协优势，为崇明跨越式发展积极献计献策；三要牢牢把握团结、民主两大主题，团结各党派、团体，让他们在政协的舞台上发挥更大的作用；四要建立一支高素质的机关干部队伍。

2004年7月23日，中共崇明县委召开学习贯彻《中国人民政治协商议章程》专题座谈会。中共崇明县委书记龚德庆就学习贯彻政协章程提出三点要求：一是要充分认识学习贯彻政协章程的重大意义，全面和准确把握政协章程的精神实质；二是要认真落实中央、市委、县委通知精神，切实加强和改善党对政协工作的领导；三是要按照政协章程办事，努力提高政协履职水平。县政协党组书记、主席范陈杰在座谈会上讲话。县委副书记周卫杰主持座谈会。城桥镇、公安局等4个单位和个人作交流发言。

2006年2月17日，中共崇明县委在锦绣宾馆会议中心召开人大、政协工作会议。中共崇明县委书龚德庆在会上就进一步加强人大和政协工作提出三点要求：一是要从战略和全局的高度，充分认识新形势下加强人大和政协工作的重大意义。加强人大和政协工作，是提高党的执政能力的必然要求，是发展社会主义民主政治的重要内容，是推进崇明现代化生态岛区建设的现实需要。二是要加强和改进党的领导，支持和保证人大、政协更好地行使职权、履行职能。要进一步发挥党委"总揽全局、协调各方"的领导核心作用，把人大、政协工作摆在全局工作的重要位置，不断健全和完善党委领导人大、政协工作的各项制度；要支持和保证人大及其常委会依法行使监督权、重大事项决定权、选举任免权；"一府两院"要自觉接受人大监督；要支持和保证政协更好地履行职能，高度重视政治协商，真诚接受民主监督，积极支持参政议政，虚心听取政协委员的意见。三是要加强人大和政协自身建设，努力开创崇明人大和政协工作新局面。县人大和县政协要努力抓好自身建设，各级党委要重视和支持县人大、县政协的自身建设，使县人大、县政协在干部素质、制度建设、机构设置、工作条件等方面，与担负的责任和任务相适应，在推进崇明的改革和发展中发挥更大的作用。会议由中共崇明县委副书记、县长孙雷主持，县人大常委会主任陆瑾和县政协主席范陈杰分别讲话，县委副书记周卫杰作《中共崇明县委关于加强人大工作的意见》和《中共崇明县委关于加强政协工作的意见》的起草说明。县四套班子领导，各乡镇局、部委办党政主要负责人，全体县人大代表、县政协委员参加会议。

2009年10月30日，中共崇明县委在锦绣宾馆会议中心召开政协工作会议。中共崇明县委副书记、县长赵奇主持会议，县委书记彭沉雷作重要讲话。县政协主席范陈杰、中共崇明县委副书记施建华分别传达中共上海市委书记俞正声在庆祝人民政协。成立60周年暨上海市政协工作会议上的重要讲话和中共上海市委《关于进一步加强人民政协工作的实施意见》的主要精神。县人大常委会主任周卫杰，县委常委、县政协副主席、县委统战部部长王为群，县政协副主席褚以琳、袁佳平、施俭、周新卫等出席会议。彭沉雷在讲话中充分肯定县政协自成立以来在崇明革命、建设和改革的各个历史时期所作出的重要贡献，对认真学习贯彻胡锦涛总书记的重要讲话精神、充分发挥崇明政协在社会主义民主政治建设中的重要作用、切实加强和改善党对政协工作的领导等方面提出了明确具体的要求。彭沉雷指出，深入学习贯彻胡锦涛总书记重要讲话精神是当前摆在我们面前的一项重要政治任务，也是人民政协当前和今后一个时期的一项重大政治任务。他要求，要在深刻领会讲话的精神实质上下功夫，切实把思想认识统一到讲话精神上来；要在密切联系实际上下功夫，切实用讲话精神武装头脑、指导实践、推动工作；要抓住学习贯彻讲话的有利时机，大力宣传统一战线和人民政协事业。

2009年10月30日，县委召开政协工作会议

彭沉雷指出，崇明正处于开发建设的关键时期。在当前形势下，尤其需要群策群力，集思广益，使各项决策建立在民主科学的基础上，经得起历史和实践的检验；尤其需要调动一切积极因素，团结一切可以团结的力量，形成推动发展、攻坚克难的强大合力，尤其需要协调好各种利益关系、妥善化解各类社会矛盾，最大限度地增加和谐因素、最大限度地减少不和谐因素，为改革发展创造更加和谐稳定的环境。人民政协作为中国共产党领导的各党派、各团体、各民族、各阶层、各界人士大团结大联合的组织，是党和政府联系群众、团结各界的重要桥梁和纽带，是中华民族强大凝聚力的重要实现形式，具有广泛的代表性和包容性，充分发挥县政协在崇明现代化生态岛建设中协调关系、汇聚力量、建言献策、服务大局方面的独特优势和作用，尤为重要。他要求，要认真落实把政治协商纳入决策程序的要求；要积极探索民主监督的形式和机制；要努力提高参政议政的水平和实效；要不断推进政协自身建设。彭沉雷指出，加强和改善对人民政协的领导，是中国共产党加强和改善党的领导的重要内容，对提高党的执政能力、巩固党的执政地位具有重要意义。他要求，要以学习胡锦涛重要讲话和市政协工作会议精神为契机，切实抓好市委《关于进一步加强人民政协工作的实施意见》和县委《关于加强政协工作的意见》的贯彻落实，保证中央、市委和县委关于加强人民政协工作各项方针政策落到实处，更好地发挥政协在崇明改革开放和现代化生态岛建设中的重要作用。要切实从全局高度将政协工作列入重要议事日程；要充分发挥县政协党组的领导核心作用和中共党员委员的先锋模范作用；要着力营造各方重视、关心支持政协工作的良好氛围。赵奇在主持会议时要求，全县各级要认真传达市委书记俞正声和县委书记彭沉雷的重要讲话精神，深刻认识加强和改善党对政协工作领导的重要性，进一步把政协工作放到全局工作中加以规划和大力推进。要以改革创新精神落实这次会议精神，要把政协工作列入重要议事日程，支持政协依照章程履行职能、开展工作，支持县政协基层组织开展各项活动，切实帮助政协解决工作中遇到的困难和问题，在全县上下着力形成有利于政协事业发展的良好氛围。县政协要充分发挥专门委员会的基础作用、界别的独特作用、委员的主体作用以及中共党员委员的模范带头作用，创新工作方式方法，不断增强政协工作活力和实效，切实发挥协调关系、汇聚力量、建言献策、服务大局的独特优势和作用，为崇明现代化生态岛建设作出新的更大贡献。县各部委办、乡镇局、公司园区党委（党组）有关负责人，县各党派团体有关负责人，党外代表人士，县政协常委会组成人员，各委组正副主任、组长等参加会议。

第二节　人大、政协工作交流会

2003 年 6 月 2 日，县人大常委会与县政协召开工作情况交流会。县人大常委会主任陆瑾，副主任周世民、殷惠生、陆兆飞、施俭；县政协主席范陈杰，副主席袁佳平、罗永祥、王菁、吴复安出席会议。陆瑾就人大及其常委会如何履行监督权、决定权、任免权作通报。范陈杰通报县政协在围绕中心，服务大局，履行职能，组织委员开展“世博会与上海新一轮发展—加快实现崇明跨越式发展”大讨论活动，政协工作规范化、制度化建设，加强机关队伍建设等方面的工作情况。

2003 年 9 月 17 日，县人大常委会与县政协召开工作情况交流会。县人大常委会主任陆瑾，副主任周世民、殷惠生、施俭；县政协主席范陈杰，副主席罗永祥、王菁、吴复安出席会议。陆瑾和范陈杰分别通报县人大常委会和县政协近期工作情况。

2005 年 7 月 26 日，县人大常委会与县政协召开工作情况交流会。县人大常委会主任陆瑾，副主任周世民、殷惠生、陆兆飞、施俭；县政协主席范陈杰，副主席袁佳平、罗永祥、王菁、吴复安出席会议。中共崇明县委书记龚德庆、副书记周卫杰应邀参加会议。陆瑾、范陈杰分别通报县人大常委会和县政协上半年工作情况和下半年工作安排。龚德庆在会上讲话，他充分肯定县人大常委会和县政协上半年所做的工作，希望县人大常委会和县政协要按照各自的职责，进一步发挥各自的优势，创新思路，创新工作，发挥人大代表和政协委员的作用，为促进崇明经济和社会协调发展作出应有的贡献。

2009 年 2 月 18 日，县人大常委会与县政协召开工作情况交流会。县人大常委会主任周卫杰，副主任殷惠生、黄铁军、龚全福、张荣、顾钱菊；县政协主席范陈杰，副主席袁佳平、施俭、王菁、周新卫出席会议。周卫杰、范陈杰分别通报县人大常委会和县政协 2009 年工作安排情况。与会人员还就共同关注的话题进行交流探讨。大家认为，必须在发挥常委会组成人员表率作用和人大代表、政协委员主体作用上下功夫，要进一步增强人大代表、政协委员的光荣感、责任感和使命感，不断激发人大代表、政协委员履职的积极性、主动性和创造性，全面提高人大代表和政协委员履职的能力和水平。要推动建立县人大常委会、县政府、县政协督办、促办人大代表书面意见和政协提案工作的协作机制，进一步提高督办、促办工作的效率和成效。中共崇明县委副书记施建华参加会议并讲话。

2009 年 12 月 29 日，县人大常委会与县政协召开工作情况交流会。县人大常委会主任周卫杰，副主任殷惠生、黄铁军、龚全福、张荣、顾钱菊；县政协主席范陈杰，中共崇明县委常委、县政协副主席、县委统战部部长王为群，县政协副主席褚以琳、袁佳平、施俭出席会议。中共崇明县委书记彭沉雷应邀参加会议。周卫杰、范陈杰分别通报县人大常委会与县政协 2009 年工作情况和 2010 年工作思路。彭沉雷在讲话中充分肯定县人大常委会和县政协一年来所做的工作，他希望县人大常委会和县政协在新的一年里，发挥各自的优势，履行好各自的职责，围绕中心，服务大局，继续加强人大的法律监督和政协的民主监督，帮助县委、县政府推进各项工作，为促进社会主义民主法制建设、崇明经济协调发展和社会全面进步作出应有的贡献。

2010 年 5 月 19 日，县人大常委会与县政协召开工作座谈会

2010 年 5 月 19 日，县人大常委会与县政协召开工作座谈会。县人大常委会主任周卫杰，副主任殷惠生、黄铁军、龚全福、张荣、顾钱菊；县政协主席范陈杰，中共崇明县委常委、县政协副主席、县委统战部部长王为群，县政协副主席褚以琳、袁佳平、施俭、周新卫出席会议。周卫杰、范陈杰分别通报近年来县人大代表书面意见、县政协提案工作情况以及当前工作中存在的主要问题。与会人员对县政府及各承办单位重视人大代表书面意见、县政协提案办理工作，并取得成效给予肯定，建议政府部门要进一步加强对人大代表书面意见、政协提案办理工作的指导、检查和督促，使办理工作进一步制度化、规范化，确保各项答复落实到位。

2010 年 11 月 24 日，县人大常委会与县政协召开工作情况交流会。县人大常委会主任周卫杰，副主任殷惠生、黄铁军、张荣、顾钱菊；县政协主席范陈杰，副主席施俭、周新卫出席会议。中共崇明县委书记彭沉雷应邀参加会议。周卫杰、范陈杰分别代表县人大常委会、县政协通报近年来自身建设，特别是制度建设的情况，并就今后工作中如何进一步加强自身建设进行深入探讨。彭沉雷在讲话中充分肯定县人大常委会和县政协在崇明现代化生态岛建设中发挥重要作用，希望县人大常委会、县政协要继续加强自身建设，认真履行各自的职责，继续发挥参谋作用、监督作用、推手作用，为促进崇明现代化生态岛建设作出新的贡献。

2011 年 7 月 18 日，县人大常委会与县政协召开工作情况交流会。中共崇明县委副书记、县政协主席施建华主持会议。县人大常委会主任周卫杰，副主任张荣、邢建良、顾钱菊；县政协副主席褚以琳、袁佳平、施俭、周新卫出席会议。县人大常委会、县政协分别通报近年来监督工作情况，并就进一步加强监督工作进行研讨。

卷三 政治协商

政治协商是对国家和地方的大政方针以及政治、经济、文化、社会生活的重要问题，爱国统一战线和政协内部的重要事务，在决策之前和决策执行过程中进行协商，是人民政协的一个重要职能。政治协商的主要形式有：政协全体会议、常务委员会会议、主席会议、秘书长联席会议、专门委员会（地区委员小组）会议、专题讨论会、专题议政会、对口协商座谈会以及协商对话等。

为了进一步加强人民政协政治协商工作，确保政治协商职能的有效实施，1987年、1989年、1995年、2003年、2006年，中共崇明县委下发的关于加强政协工作的文件都对政治协商工作提出具体意见。2008年起，中共崇明县委、县政府与县政协建立重大问题、重要情况的协商通报制度，县政协召开专题协商会议，中共崇明县委、县政府及有关方面负责人到会作有关问题和情况的通报，与会人员围绕议题协商讨论，提出的意见建议经整理归纳形成协商建议书，以书面形式报送中共崇明县委、县政府。2009年，中共崇明县委又下发《关于进一步加强人民政协政治协商工作的若干规定》，对政治协商的内容、形式、程序等作出明确规定。县政协也先后制定《政协崇明县委员会关于政治协商、民主监督、参政议政的规定》《政协崇明县委员会关于专门委员会与县党政部门对口协商联系的实施办法》等有关政治协商的文件。县政协政治协商工作逐步走上制度化、规范化、程序化的轨道。

第一章 协商讨论《政府工作报告》及其他重要报告

1961年9月，出席县政协三届一次会议的委员首次列席县第四届人民代表大会第一次会议。此后，除县政协三届三次会议（资料无从查找）、1964年3月召开的县政协四届二次会议、1986年9月召开的县政协六届四次会议、2002年9月召开的县政协十届六次会议、2009年8月召开的县政协十二届四次会议外，历次出席县政协全体会议的委员均列席县人民代表大会全体会议，协商讨论《政府工作报告》及其他报告。至2012年，出席县政协全体会议的委员共列席县人民代表大会全体会议，协商讨论《政府工作报告》及其他重要报告37次。1988年—2012年，在县人代会召开前协商讨论《政府工作报告（征求意见稿）》23次。1998年起，每年年中，全体委员列席县人大常委会扩大会议，协商讨论政府上半年工作报告，至2012年，协商讨论政府上半年工作报告15次。

第一节 协商讨论《政府工作报告》、《政府工作报告（征求意见稿）》、政府上半年工作报告

一、协商讨论《政府工作报告》

1961年9月13日—16日，出席县政协三届一次会议的政协委员列席县第四届人民代表大会第一次会议，听取和讨论县长赵志良作的《崇明县人民委员会工作报告》。委员们对人民委员会工作表示满意，并提出意见和建议。

1962年8月14日—17日，出席县政协三届二次会议的政协委员列席县第四届人民代表大会第二次会议，听取和讨论副县长咸文和作的《崇明县人民委员会工作报告》。委员们在充分肯定人民委员会工作的同时，对进一步做好相关工作提出意见建议。

1963年11月25日—29日，出席县政协四届一次会议的政协委员列席县第五届人民代表大会第一次会议，听取和讨论县长赵志良作的《崇明县人民委员会工作报告》。委员们认为，两年来人民委员会做了大量工作，取得的成绩令人鼓舞，同时围绕国民经济调整工作提出意见建议。

1964年12月23日—26日，出席县政协四届三次会议的政协委员列席县第五届人民代表大会第三次会议，听取和讨论副县长刘蔚作的《崇明县人民委员会工作报告》。委员们在充分肯定人民委员会工作的同时，对深入开展城乡社会主义教育运动等提出意见建议。

1965年12月25日—29日，出席县政协四届四次会议的政协委员列席县第五届人民代表大会第五次会议，听取和讨论副县长刘蔚作的《崇明县人民委员会工作报告》。委员们对人民委员会一年来的工作表示满意，同时围绕开展增产节约运动、爱国卫生运动，宣传计划生育，动员青年上山下乡、参加边疆和内地建设等提出意见建议。

1981年6月25日—30日，出席县政协五届一次会议的政协委员列席县第七届人民代表大会第一次会议，听取和讨论县革命委员会副主任陈亮作的《崇明县革命委员会工作报告》。委员们对粉碎江青反革命集团以来各项工作取得的成绩表示满意，对报告中提出的各项任务和措施表示拥护。委员们就加强社会治安、打击刑事犯罪和封建迷信活动，加强农业生产和农田水利建设，加快城镇居民住房建设、合理分配城镇居民住房，加强教育、科技投入等提出意见建议。

1982年5月8日—13日，出席县政协五届二次会议的政协委员列席县第七届人民代表大会第二次会议，听取并讨论县长陈亮作的《政府工作报告》。委员们认为，1981年，由于贯彻执行党中央、国务院关于在经济上实行进一步调整、政治上实现进一步安定的方针和《关于建国以来党的若干历史问题的决议》的精神，全县各条战线都取得新的成就。农业、副业、工业生产不断发展，教育、卫生、科技、文化等事业有新的进步，城镇建设面貌日新月异，市场物价基本稳定，商品供应不断增多，城乡人民生活继续改善，社会治安和社会风气有所好转。委员们赞同报告提出的建设"两个文明"的指导思想和1982年的主要工作任务。委员们认为，县政府根据崇明实际情况提出1982年要实现的预期目标是适当的、必要的，同时指出，要清醒地看到1981年的高增长是在1980年基数较低的情况下实现的，要完成1982年目标任务需要落实各项具体措施。

1983年3月26日—4月1日，出席县政协五届三次会议的政协委员列席县第七届人民代表大会第三次会议，听取并讨论县长陈亮作的《政府工作报告》。委员们认为，报告对1982年工作回顾总结是符合实际的，对1983年的经济工作提出"三个一起上"（指农业、副业、工业三业一起上，公社、大队、生产队三级一起上，国家、集体、个人三者一起上）的目标也是明确的，符合当前的主攻方向。委员们建议要解决部门间推诿问题，改变机构臃肿、人浮于事现象，切实提高办事效率；要转变领导作风，加强调查研究，实行面对面领导；要加强城镇规划工作，避免盲目拆迁造成损失；要加强科技工作，增加科研经费；要重视知识

分子工作，县政府应建立知识分子联系小组，明确专管知识分子工作的人员。

1984年4月8日—14日，出席县政协六届一次会议的政协委员列席县第八届人民代表大会第一次会议，听取并讨论县长陈亮作的《政府工作报告》。委员们认为，三年来政府工作成绩显著，大家看得见、摸得到；提出的1984年主要任务符合崇明实际情况、适应形势发展要求。委员们建议：要积极采取措施，发展适销产品，扩大社会消费；要重视智力投资，进一步发展中等专业教育和普通中学职业班教育，加快培养适用建设人才；要进一步落实宗教政策，尽快帮助广福寺解决修复中的实际困难；要将机关作风建设摆上议事日程，采取有效措施，切实转变机关工作作风。

出席县政协六届一次会议的政协委员讨论协商《政府工作报告》

1985年3月27日—4月1日，出席县政协六届二次会议的政协委员列席县第八届人民代表大会第二次会议，听取并讨论县长田长春作的《政府工作报告》。委员们认为，1984年，在党的十二届三中全会精神指引下，在整党、改革的推动下，崇明各行各业都取得新的成绩。委员们赞同报告提出的1985年的政府工作的指导思想和10项工作任务。委员们对政府工作也提出一些建议意见：机构要精简，权力要下放；切实纠正新形势下的不正之风；人才引进要落实政策；进一步落实侨务政策；崇明农副产品的加工能力要加强；抓好乡镇企业的整顿工作；政府也要重视精神文明建设。

1986年3月31日—4月4日，出席县政协六届三次会议的政协委员列席县第八届人民代表大会第三次会议，听取并讨论县长田长春作的《政府工作报告》。委员们认为，一年来的政府工作符合“改革、开放”的要求，成绩比较显著，报告符合实际，“七五”计划奋斗目标明确。同时，委员们也对报告和“七五”计划（草案）提出修改意见。

出席县政协六届三次会议的政协委员讨论协商《政府工作报告》

1987年4月11日—16日，出席县政协七届一次会议的政协委员列席县第九届人民代表大会第一次会议，听取并讨论县长田长春作的《政府工作报告》。委员们认为，三年来崇明发展变化很快，县政府狠抓电力、交通等基础设施建设，使崇明的投资环境大有改善，工农业生产保持持续增长的势头，城乡居民收入、生活水平不断提高。委员们就强化农业生产指挥系统、提高工业产品质量、增加商业服务网点、重视中医事业发展等提出建议意见。

1988年3月14日—19日，出席县政协七届二次会议的政协委员列席县第九届人民代表大会第二次会议，听取并讨论县长田长春作的《政府工作报告》。委员们认为，报告全面、深入、实在、可信。同时委员们围绕要进一步转变观念、拓展思路，继续争取中央、市对发展崇明经济的关心和支持，加快发展外向型经济；要加强精神文明建设，坚决反对婚丧喜事大操大办和算命等迷信活动，狠煞赌博之风；要深化企业改革，进一步完善厂长承包责任制；要发挥崇明自然资源优势，发展特色农业、创汇农业；要把着力点放到提高经济效益上等提出意见建议。

1989年3月14日—18日，出席县政协七届三次会议的政协委员列席县第九届人民代表大会第三次会议，听取并讨论县长田长春作的《政府工作报告》。委员们认为，报告体现实事求是精神，实事求是地讲取得的成绩，也实事求是地谈存在的问题。同时，委员们围绕加强精神文明建设、发展教育卫生事业、落实宗教民族政策等提出意见建议。

1990年4月3日—6日，出席县政协八届一次会议的政协委员列席县第十届人民代表大会第一次会议，听取并讨论县长田长春作的《政府工作报告》。委员们认为，报告既谈成绩，又讲不足，实事求是。三年来，县政府工作成绩显著，有目共睹。报告提出1990年要全力办好的11件实事，令人鼓舞。同时，委员们围绕要切实改进机关作风，密切联系群众；要采取有力措施，切实解决群众意见多、反映大的突出问题；要重视科技兴农，补农资金要真正用在农业上，扎扎实实把农业搞上去；要抓好企业管理，搞好产业和产品结构调整；要加强对乡村医生的业务培训和搞好村卫生室建设；要切实加强领导，加快完成农村改水任务等提出意见建议。

1991年3月25日—30日，出席县政协八届二次会议的政协委员列席县第十届人民代表大会第二次会议，听取并讨论县长田长春作的《政府工作报告》。委员们认为，报告实事求是地总结了1990年的政府工作，1991年工作的指导思想明确、目标任务具体、措施积极可行。同时，委员们就加强机关作风建设、重视教育事业、加快经济发展速度等提出意见建议。

1992年3月24日—27日，出席县政协八届三次会议的政协委员列席县第十届人民代表大会第三次会议，听取并讨论县长田长春作的《政府工作报告》。委员们认为，报告既讲成绩，也讲存在的矛盾和困难，体现了实事求是的精神。1991年县政府工作是有成效的，一年来，政府带领全县人民，坚持以经济建设为中心，坚持改革开放，团结一致，努力奋斗，克服困难，使经济形势继续向好的方向发展，科技、教育、文化等各项社会事业取得新的成绩，实施国民经济和社会发展十年规划及“八五”计划有了一个良好的开端。1992年政府工作指导思想体现了邓小平关于建设中国特色社会主义一系列论述的精神。任务明确，措施扎实。委员们还围绕加快崇明社会经济发展提出意见建议。

1993年4月5日—9日，出席县政协九届一次会议的政协委员列席县第十一届人民代表大会第一次会议，听取并讨论代县长曹树民作的《政府工作报告》。委员们认为，报告实事求是地总结了前三年的工作，既肯定成绩，又看到不足；后三年的发展思路清晰，任务明确，措施有力。同时，委员们围绕要制定具体措施发展第三产业；要重视和支持私营经济发展；要积极筹措资金，加大投入力度；要切实转变领导干部工作作风，深入基层多作调查研究，帮助群众解决实际问题等提出意见建议。有的委员还建议，为了迎接21世纪崇明大开发、大开放，应尽快成立由县委、县政府主要领导挂帅的规划领导小组和工作班子，邀请有关方面专家共同参与，制定崇明经济、科技、社会发展总体规划以及工业、农业、三产、人口、教育、卫生、邮电通讯、能源、城镇建设等专项规划。

1994年3月22日—25日，出席县政协九届二次会议的政协委员列席县第十一届人民代表大会第二次会议，听取并讨论县长曹树民作的《政府工作报告》。委员们认为，报告实事求是地总结了过去一年的工作，又恰如其分地分析了崇明在深化改革中面临的新问题和新矛盾；1994年工作部署指导思想明确，工作重点突出。在讨论中，委员们就重视农业生产，增加对农业的投入；采取切实措施，解决农田抛荒现象；加快发展副业生产和养殖业等提出意见建议。

1995年3月5日—9日，出席县政协九届三次会议的政协委员列席县第十一届人民代表大会第三次会议，听取并讨论县长曹树民作的《政府工作报告》。委员们认为，1994年政府做了不少扎实的工作，取得的成绩有目共睹，报告对此作了实事求是的总结；1995年工作指导思想明确、重点突出、措施有力。同时，委员们就增强科技意识、实施人才工程，改善投资环境、发展外向型经济，采取切实措施、解决职工待岗问题，加强城镇管理、改善居民生活环境等提出意见建议。

1996年3月11日—14日，出席县政协九届四次会议的政协委员列席县第十一届人民代表大会第四次会议，听取并讨论县长曹树民作的《崇明县国民经济和社会发展“九五”计划及2010年远景目标纲要

（草案）的报告》。委员们认为，"八五"期间，县政府抓住重点，扎实工作，成绩较为显著，经济指标逐年增长，投资环境不断改善，实事工程完成良好，社会事业发展迅速，人民生活水平普遍提高；报告提出的"九五"计划和2010年远景目标，课题新、立意高、思路广，令人振奋。委员们就加大农业投入，完善为农服务体系；依靠科技进步，发展绿色食品生产，提高农业经济效益；建造东门地区中小学校，缓解"上学难"矛盾；有关职能部门齐抓共管，治理违章建筑等提出意见建议。

1997年3月3日—6日，出席县政协九届五次会议的政协委员列席县第十一届人民代表大会第五次会议，听取并讨论代县长顾国林作的《政府工作报告》。委员们认为，报告实在、全面，表示满意。委员们就农副产品生产应向深加工发展，形成产、加、销一条龙，实现规模效益；要充分利用农业水利设施，并加强管理；要坚持"特色"，做好规划，发展旅游业；要通过扶持政策，发展壮大崇明建筑实体企业等提出意见建议。

1998年3月25日—28日，出席县政协十届一次会议的政协委员列席县第十二届人民代表大会第一次会议，听取并讨论县长顾国林作的《政府工作报告》。委员们对过去五年的政府工作表示满意，认为报告内容全面、真实，反映问题实事求是，肯定成绩恰如其分。同时，委员们就要重视人才，培养人才，引进人才，留住人才；要进一步加强精神文明建设，提高崇明人民整体素质；要加快工业园区建设、发展崇明旅游业、改善崇明对外交通等提出意见建议。

1999年3月2日—4日，出席县政协十届二次会议的政协委员列席县第十二届人民代表大会第二次会议，听取并讨论县长顾国林作的《政府工作报告》。委员们认为，报告体现三个字："精""新""实"。所谓"精"，就是整个报告言简意明，1998年工作总结简明扼要、提纲挈领，1999年工作安排简洁明了、重点突出；所谓"新"，就是报告有新意，强调了综合性、前瞻性、可行性，强调了坚定信心、知难而进、创新意识、拼搏精神；所谓"实"，就是工作总结实事求是，评价成绩不浮夸，议论问题不回避，工作安排指导思想和奋斗目标明确。委员们还就做好新一年政府工作积极建言献策，提出意见建议。

2000年2月29日—3月2日，出席县政协十届三次会议的政协委员列席县第十二届人民代表大会第三次会议，听取并讨论县长顾国林作的《政府工作报告》。委员们认为，报告简练、实在，既看到取得的成绩，又找到存在的问题。讨论中，委员们就要搞好劳务输出，解决就业、增加收入、改善生活；要重视农业先进技术和最新科研成果的推广，加快农业发展；要集中处理农村生活垃圾，保护崇明良好的生态环境等提出意见建议。

2001年2月27日—3月2日，出席县政协十届四次会议的政协委员列席县第十二届人民代表大会第四次会议，听取并讨论县长顾国林作的《崇明县国民经济和社会发展第十个五年计划纲要（草案）报告》。委员们反映，报告实事求是地总结了"九五"期间取得的成绩，又找准了存在的问题。委员们认为，"九五"期间，崇明国民经济和社会发展取得较大成绩，为崇明实施"十五"计划奠定了很好的基础。委员们就重视人才、吸引人才、留住人才、激励人才以及保护生态环境、发展绿色经济、建设生态岛等提出意见建议。

2002年3月5日—7日，出席县政协十届五次会议的政协委员列席县第十二届人民代表大会第五次会议，听取并讨论县长顾国林作的《政府工作报告》。委员们认为，2001年，县政府围绕人代会确定的工作目标和任务，开拓进取，真抓实干，使全县国民经济和各项社会事业又有新的发展。2002年确定的七个方面工作重点突出、措施有力。同时，就抓住机遇，实现崇明经济跨越式发展；充分利用崇明资源优势，促进崇明经济和社会事业全面发展，展开热烈讨论，提出意见建议。

2003年3月17日—20日，出席县政协十一届一次会议的政协委员列席县第十三届人民代表大会第一次会议，听取并讨论县长龚德庆作的《政府工作报告》。委员们认为，报告集思广纳，听取多方面意见和建议，比较客观实在，大家表示满意。同时，委员们就编制崇明发展规划、实施科教兴县战略、加快经济发展速度、为民多办实事等提出意见建议。

2004年2月10日—12日，出席县政协十一届二次会议的政协委员列席县第十三届人民代表大会第二次会议，听取并讨论县长孙雷作的《政府工作报告》。委员们认为，报告对2003年工作总结全面系统，评价恰如其分；对2004年工作安排思路清晰，目标任务明确。同时，委员们围绕加快生态岛建设、搞好规划编制、实施科教兴县、维护群众利益等提出意见建议。

2005年2月22日—24日，出席县政协十一届三次会议的政协委员列席县第十三届人民代表大会第三次会议，听取并讨论县长孙雷作的《政府工作报告》。委员们认为，2004年，全县上下开拓创新，攻坚克难，扎实工作，圆满完成人代会确定的目标任务，经济持续发展，各项社会事业全面进步，生态建设取得新进展，对县政府一年来的工作表示满意。委员们还对做好新一年政府工作提出意见建议。

2006年1月9日—11日，出席县政协十一届四次会议的政协委员列席县第十三届人民代表大会第四次会议，听取并讨论县长孙雷作的《崇明县国民经济和社会发展第十一个五年规划纲要(草案)报告》。委员们认为，"十五"期间，县政府认真落实科学发展观，克服困难，扎实工作，全面完成了各项目标任务，为实施"十一五"规划奠定了良好的基础。编制的"十一五"规划纲要(草案)以及提出的2006年工作目标和主要任务，符合崇明经济和社会发展的实际，体现执政为民、务实开拓的基调。委员们围绕加快崇明生态岛区建设、落实科教兴县战略、构建和谐社会等提出意见建议。

2007年2月6日—9日，出席县政协十二届一次会议的政协委员列席县第十四届人民代表大会第一次会议，听取并讨论县长赵奇作的《政府工作报告》。委员们认为，报告实事求是地总结了过去四年的政府工作，明确提出了今后五年崇明经济和社会发展的奋斗目标和工作任务，凸显科学发展的施政理念，体现求真务实的工作作风。委员们就改善崇明招商引资软环境、加快长兴岛等重点地区建设以及加强生态环境建设等提出意见建议。

2008年1月15日—17日，出席县政协十二届二次会议的政协委员列席县第十四届人民代表大会第三次会议，听取并讨论县长赵奇作的《政府工作报告》。委员们认为，报告思路清晰，重点突出，围绕"十一五"规划和生态岛建设总体目标，从经济平稳较快发展、扎实推进新农村建设等七个方面对2007年工作进行了全面的总结，又从加快转变经济发展方式、促进经济又好又快发展等八个方面提出了2008年主要任务。委员们一致赞同报告提出的抓住上海长江隧桥贯通和上海举办世博会的机遇，加快崇明科学发展的思路，认为这一思路充分体现了县政府锐意改革、勇于创新、敢于争先的开拓精神和科学发展、和谐发展的执政理念。同时委员们围绕新农村建设、三次产业发展、生态文明建设、社会事业发展和其他社会热点问题提出意见建议。

2009年1月6日—8日，出席县政协十二届三次会议的政协委员列席县第十四届人民代表大会第四次会议，听取并讨论县长赵奇作的《政府工作报告》。委员们认为，一年来，县政府带领全县人民开拓进取，完成了县十四届人大三次会议确定的经济社会发展任务，现代化生态岛建设取得阶段性成果。报告提出的2009年工作目标和任务，符合崇明实际，充分体现"三岛联动""三次产业融合发展""经济、社会、民生三管齐下"的发展战略。委员们就加快崇明生态岛建设；做实做强岛内实体企业，积极应对金融危机以及改善人民生活，构建和谐崇明等提出意见建议。

2010年1月19日—21日，出席县政协十二届五次会议的政协委员列席县第十四届人民代表大会第六次会议，听取并讨论县长赵奇作的《政府工作报告》。委员们认为，报告思路清晰，重点突出，对2009年的工作总结既客观全面又简洁实在，对2010年的工作部署既明确具体又切实可行，充分体现中央"调结构，促转型"和市委、市政府"五个确保"的要求，体现县委十届十次全会关于"抓住机遇，乘势而上；聚焦突破，顺势而为；事在人为，重在落实"的精神。委员们就继续大力发展高效生态农业，扩大崇明农副产品品牌效应；尽快妥善解决陈家镇工业企业拆迁安置问题；加快崇明第三产业的内部结构调整；加大财政投入，保障世博会期间公共卫生安全；进一步加强环境污染治理和生态环境建设；加强县级实事项目的质量监督与工程管理；积极宣传倡导开展全民健身活动等提出意见建议。

2011年1月25日—26日，出席县政协十二届六次会议的政协委员列席县第十四届人民代表大会第八次会议，听取并讨论县长赵奇作的《政府工作报告》。委员们认为，报告对过去一年工作回顾全面客观，重点突出；对2011年工作部署思路清晰，任务明确；“十二五”时期发展目标令人鼓舞，催人奋进。讨论中，委员们就发挥崇明的资源优势，寻找经济发展的突破口，大力发展休闲度假业、康乐养老业、滨江旅游业、港口服务业；抓住浦东迪斯尼乐园建设的契机，加快重点旅游项目建设；加快农业信息化平台建设，大力培养农业信息人才，促进农业增效、农民增收；加大扶持中、小企业发展力度，进一步缓解岛内年龄偏大人员的就业困难；政府应及早制定养老事业发展规划，加快养老事业发展等提出意见建议。

2012年1月6日—8日，出席县政协十三届一次会议的政协委员列席县第十五届人民代表大会第一次会议，听取并讨论县长赵奇作的《政府工作报告》。委员们认为，报告总结过去五年工作客观全面，实事求是；提出的今后五年目标任务令人振奋、鼓舞人心；部署2012年工作任务思路清晰，切实可行。委员们就坚持创新驱动，加快产业结构调整；倡导绿色生活理念，优化三岛生态环境；提高民生质量水平，加强创新社会管理；挖掘崇明文化内涵，提升生态岛竞争能力等提出意见建议。

二、协商讨论《政府工作报告(征求意见稿)》

1988年2月26日，县政协召开七届七次常委会(扩大)会议，协商讨论县九届人大二次会议《政府工作报告(征求意见稿)》。委员们就找准崇明经济发展突破口，采取措施发展崇明外向型经济等提出修改意见。

1989年2月24日，县政协召开七届十二次常委会(扩大)会议，协商讨论县九届人大三次会议《政府工作报告(征求意见稿)》。委员们认为，《政府工作报告(征求意见稿)》的总体结构比较合理，但内容、提法、文字上尚需进一步推敲。委员们就加强“菜篮子”工程建设、稳定农业科技队伍、加大对农业的必要投入等提出修改意见。

1990年3月8日，县政协召开七届十九次常委会(扩大)会议，协商讨论县十届人大一次会议《政府工作报告(征求意见稿)》。县长田长春介绍《政府工作报告(征求意见稿)》内容。委员们认为，《政府工作报告(征求意见稿)》总体结构比较完整，内容比较全面。委员们在内容、文句等方面提出修改意见。

1991年3月4日，县政协召开八届六次常委会(扩大)会议，协商讨论县十届人大二次会议《政府工作报告(征求意见稿)》。县长田长春介绍《政府工作报告(征求意见稿)》主要内容。委员们认为，《政府工作报告(征求意见稿)》反映1990年工作成绩和存在问题，很实在；提出的1991年工作设想和对策措施，也很实际。同时，围绕发展外向型经济和建筑业、加快农贸市场建设、发展职业教育、巩固农村三级卫生网等提出修改意见。

1992年3月4日，县政协召开八届十五次常委会(扩大)会议，协商讨论县十届人大三次会议《政府工作报告(征求意见稿)》。副县长仇永鸣介绍《政府工作报告(征求意见稿)》主要内容。委员们认为，《政府工作报告(征求意见稿)》对1991年工作的总结是实事求是，提出的1992年的发展指标留有余地、切实可行。委员们就抓好特色农副业生产，加强交通、能源、通信等基础设施建设，制订崇明招商引资优惠政策等提出修改意见。

1994年3月2日，县政协召开九届七次常委会(扩大)会议，协商讨论县十一届人大二次会议《政府工作报告(征求意见稿)》，县政府办公室负责人介绍《政府工作报告(征求意见稿)》起草过程和主要内容。副县长黄雄到会听取意见。委员们认为，《政府工作报告(征求意见稿)》实事求是地反映了1993年的政府工作，有重点地提出了1994年的工作任务，总体结构比较合理。委员们就加强法制建设，切实做到有法必依、执法必严、违法必究；县、乡机构改革后要进一步理顺关系、转变职能；重视生态环境保护工作，特别是河道水质的改善；重视文化体育事业的发展，增加对文化体育设施的投入等提出修改意见。

1995年2月10日，县政协召开九届十四次常委会(扩大)会议，协商讨论县十一届人大三次会议《政府工作报告(征求意见稿)》，副县长吴新超到会听取意见。讨论协商中，委员们就合理制定工农业总产值计划指标、搞好企业转制、妥善安置下岗待业人员、推进再就业工作等提出修改意见。

1996年3月6日，副县长吴新超代表县长曹树民到县政协召开座谈会，听取县十一届人大四次会议

《政府工作报告(征求意见稿)》修改意见。讨论协商中,与会人员对《政府工作报告(征求意见稿)》的框架结构、主要内容、文字结构等提出修改意见。

1997年2月24日,代县长顾国林到县政协召开座谈会,听取县十一届人大五次会议《政府工作报告(征求意见稿)》修改意见。与会人员认为,《政府工作报告(征求意见稿)》内容全面,重点突出,提出的目标切实可行。同时,委员们就劳动就业、企业转制、环境保护、旅游业发展等提出修改意见。

1998年3月17日,代县长顾国林到县政协召开座谈会,听取县十二届人大一次会议《政府工作报告(征求意见稿)》修改意见。县政府办公室负责人介绍《政府工作报告(征求意见稿)》起草经过和主要内容。与会人员认为,《政府工作报告(征求意见稿)》充分体现十五大精神,指导思想明确,内容客观实在。同时,委员们就调整产业结构,发展建筑业、旅游业,完善社会保障体系,加强现代企业制度建设等提出修改意见。

1999年2月14日,县长顾国林到县政协召开座谈会,听取县十二届人大二次会议《政府工作报告(征求意见稿)》修改意见。与会人员认为,《政府工作报告(征求意见稿)》思路清晰、简明扼要,客观地总结了1998年的工作,实事求是地提出了1999年的目标。与会人员对《政府工作报告(征求意见稿)》中提出的科教兴县战略的实施、优势产业的定位、城镇建设规划编制等提出修改意见。

2000年2月22日,县长顾国林到县政协召开座谈会,听取县十二届人大三次会议《政府工作报告(征求意见稿)》修改意见。与会人员认为,《政府工作报告(征求意见稿)》对1999年的工作总结客观实在,提出的2000年的奋斗目标切实可行。同时,与会人员就发展生态农业、加强科教兴县等提出修改意见。

2001年1月22日,县长顾国林到县政协召开座谈会,听取县十二届人大四次会议《政府工作报告(征求意见稿)》修改意见。与会人员认为,《政府工作报告(征求意见稿)》实事求是地总结了"九五"期间取得的成绩,又指出存在的问题,"十五"发展目标鼓舞人心。与会人员围绕科教兴县、生态岛建设等积极建言献策,就《政府工作报告(征求意见稿)》提出修改意见。

2002年2月20日,县长顾国林到政协召开座谈会,听取县十二届人大五次会议《政府工作报告(征求意见稿)》修改意见。与会人员认为,《政府工作报告(征求意见稿)》简明扼要,结构合理,内容实在,文风朴实,突出了生态、绿色的主题,对此表示赞同。同时,就构筑人才高地、发展农业资源优势、加强舆论阵地建设、合理配置卫生资源等提出修改意见。

2004年1月5日,县长孙雷到县政协召开座谈会,听取县十三届人大二次会议《政府工作报告(征求意见稿)》修改意见。与会人员认为,新一届县政府一年来的工作体现了阶段性、稳定性、开拓性的特点,成果十分明显,《政府工作报告(征求意见稿)》对此作了实事求是的总结,新一年的工作思路清晰、重点突出。与会人员还就崇明发展定位,规划编制和实施,工业、旅游业以及医疗卫生事业发展等提出修改意见。

2005年1月12日,县长孙雷到县政协召开座谈会,听取县十三届人大三次会议《政府工作报告(征求意见稿)》修改意见。与会人员认为,县政府一年来的工作体现了求真务实、开拓创新的特点,成果显著,《政府工作报告(征求意见稿)》对此作了全面总结,新一年的工作思路目标明确、重点突出、切实可行。与会人员还就推进崇明城桥新城建设、促进三次产业发展、加快医疗卫生事业发展、转变政府职能等提出修改意见。

2005年12月22日,县长孙雷到县政协召开座谈会,听取县十三届人大四次会议《政府工作报告(征求意见稿)》修改意见。与会人员认为,《政府工作报告(征求意见稿)》对崇明前五年的经济和社会发展情况作了实事求是的回顾,提出的"十一五"期间的奋斗目标鼓舞人心、切实可行,2006年工作的指导思想明确、重点工作突出。与会人员还就实施生态岛建设、发展第三产业、扩大社会就业、关心群众生活等提出修改意见。

2006年12月27日,县长赵奇到县政协召开座谈会,听取县十四届人大一次会议《政府工作报告(征求意见稿)》修改意见。与会人员认为,《政府工作报告(征求意见稿)》对县政府前四年工作的回顾总结客观实在,查找不足实事求是;对后五年工作的总体考虑思路清晰,能紧紧围绕现代化生态岛区的建设目标,坚持与三岛总体规划和"十一五"规划相衔接,明确了下届政府工作的重点,描绘了未来五年发展的宏伟蓝图;对2007年工作的安排部分,经济社会发展目标明确,重点突出。同时,与会人员就发展现代农业;加快长兴海洋装备产业基地建设;加大扶持力度,引导企业逐步向工业园区集中;完善旅游景点建设,健全旅游服务体系,精心打造崇明生态旅游品牌;重视生态环境建设;加快推进崇明城桥新城实体项目的功能性开发;密切关注民生,努力提高群众生活水平等提出修改意见。

2007年12月29日,县政协召开十二届六次常委会会议,县长赵奇听取县十四届人大三次会议《政府工作报告(征求意见稿)》的修改意见。县政府办公室负责人就征求意见稿框架结构和起草情况作说明。与会人员认为,《政府工作报告(征求意见稿)》对2007年县政府工作的回顾总结客观实在,查找问题实事求是,对2008年工作的总体部署思路清晰,任务明确,重点突出,措施实在。提出的各项奋斗目标令人鼓舞,提出的努力转变经济发展方式、加强生态环境保护、促进社会发展、重视改善民生、转变政府职能等方面的工作措施切实可行。同时,与会人员就适当加大对贫困乡镇的财政转移支付力度;继续加大对医疗卫生事业的投入,合作医疗费用实行县级统筹;关注和扶持非公经济发展;加快社会主义新农村建设,切实抓好农村产业结构调整、农民增收、农村环境整治、公交村村通和有线电视家家通工程以及实行电表分时收费制等提出修改意见。

2008年12月22日,县政协召开十二届十三次常委会(扩大)会议。会上,县长赵奇就十四届人大四次会议上的《政府工作报告(征求意见稿)》征求意见,并通报2008年全县经济社会发展情况以及对2009年工作的形势判断、工作思路等。与会人员对《政府工作报告(征求意见稿)》进行协商讨论。常委会形成《关于对政府工作报告(征求意见稿)的协商建议书》。协商建议书提出如下建议:一是针对崇明现有工业经济基础较薄弱,部分县属企业因外部经济形势严峻生存压力进一步加大的现状,建议将推动崇明经济结构优化升级的重点放在重大产业项目的引进上;二是针对目前崇明旅游业规模较小、结构单一、布局分散、开发机制不完善等问题,建议以生态旅游为核心,细致规划崇明旅游发展蓝图,深入挖掘"农家乐"内涵,突出休闲、会务两大主题,进一步理顺开发机制,努力形成旅游产业链,促进第三产业发展;三是建议进一步加快社会主义新农村建设,在认真抓好崇明试点村规范性、基础性建设的同时,解放思想,大胆探索,力求在新农村建设的政策上有所突破,为新农村建设提供更多的创新成果和成功经验;四是建议在增加农民收入的措施上,要以崇明现代农业园区为依托,加大农业投入力度,走科技兴农之路;五是建议继续花大力气拆除违章建筑,做到有一处拆一处,杜绝乱搭乱建现象。

2009年12月28日,县政协召开十二届十九次常委会(扩大)会议。县长赵奇听取县十四届人大六次会议《政府工作报告(征求意见稿)》修改意见。与会人员认为,《政府工作报告(征求意见稿)》对2009年工作的回顾总结重点突出,肯定成绩实事求是,查找问题客观理性;对2010年工作的总体部署思路清晰,目标明确,措施具体。常委会形成《关于对政府工作报告(征求意见稿)的协商建议书》。协商建议书提出如下建议:一是进一步加大旅游业结构调整力度,要在进一步完善基础设施的同时,更加注重解决旅游产业的结构单一问题,借鉴发达国家和地区的成功经验,引入高端旅游项目,加快旅游业相关产业的配套开发,提高崇明旅游业的含金量;二是进一步加大绿色农产品认证的支持力度,提高崇明农产品的知名度,为崇明农产品走向广阔的市场奠定坚实基础;三是进一步加大落户企业扶持力度,以就业为导向,继续优化、落实县内实体型企业的扶持政策,鼓励更多地吸纳崇明富余劳动力,有效提高城乡居民收入水平;四是进一步加大老城区改造力度,满足老城区群众对住房及基础设施改善的强烈需求;五是进一步加大医疗卫生专业人才的引进力度;六是进一步加大基层维稳力度,向世人展现和谐崇明的良好形象;七是进一步加大政府自身建设力度,不断提高和增强各级政府的工作效率和服务意识,树立政府在人民群众中的威信。

2010年12月31日,县政协召开十二届二十七次常委会(扩大)会议,听取县长赵奇通报县政府工作情况，并就《政府工作报告（征求意见稿）》进行协商讨论。形成的《关于对政府工作报告（征求意见稿）的协商建议书》提出如下建议：一是进一步促进产业转型发展。建议开展崇启大桥通车后崇明发展环境和上海产业梯度转移的研究，从而未雨绸缪，找准定位，从容应对所面临的机遇和挑战，助推崇明经济转型发展。二是进一步提高社会保障水平。建议要进一步加强农村合作医疗制度建设，提高崇明新型农村养老保险的标准，在财政上加大对农村合作医疗和新型农村养老保险的投入，确保“两个缩小”目标的实现，让崇明老百姓真正享受到生态岛建设所带来的实惠。三是进一步加大职业教育投入。建议要针对崇明县劳动力结构性矛盾较为突出的特点，以就业为导向，将职业教育和就业市场需求结合起来，大力扶持职业教育的发展和壮大，并争取引入高等职业教育学院，吸引更多年轻人接受职业教育，以满足崇明劳动力市场的需求。四是进一步促进旅游增收。建议邀请业内专家认真研究崇明旅游业面临的发展瓶颈，学习和借鉴旅游业发达地区的成功经验，从崇明旅游的现有资源和实际情况出发，积极引进符合现代化生态岛功能定位的旅游项目，有效提升崇明旅游业的含金量，提高崇明旅游业的附加值，带动崇明旅游业的良性发展。五是进一步细化完善重点地区规划。建议不仅要细化完善平面布局的规划，而且也应注重开发地块和建筑物的形态规划，使重点开发区域的建筑风格保持协调统一，避免单体建筑物或单片建筑群美轮美奂，而城镇风格整体性被割裂的情况发生，从而彰显世界级生态岛独具特色的风貌。六是进一步明晰报告内容条块。建议要根据县委“十二五”期间加大社会建设力度的工作思路，将各章节中关于社会建设，尤其是关于公共服务和社会管理、民生改善的内容合并表述；对《政府工作报告（征求意见稿）》中所提到的一些具体内容需认真研究，以提高内容的准确性。

2011年12月28日，县政协召开十二届三十五次常委会（扩大）会议，县长赵奇听取县十五届人大一次会议《政府工作报告（征求意见稿）》修改意见。县政府办公室负责人就《政府工作报告（征求意见稿）》起草情况作说明。与会人员认为，《政府工作报告（征求意见稿）》对过去五年的工作总结既客观全面，又突出重点，对今后五年的工作部署思路清晰、目标清晰、发展路径清晰，体现了崇明现代化生态岛建设的阶段性发展目标，描绘了崇明今后五年发展的美好蓝图。2012年工作总体安排，体现远近结合、科学发展的总体思路，符合崇明生态岛建设的实际，顺应三岛人民追求美好生活的期待。同时，与会人员就进一步完善《政府工作报告（征求意见稿）》提出意见和建议。形成的《关于对政府工作报告（征求意见稿）的协商建议书》建议：一是《政府工作报告》中要突出对现代服务、制造业、高效生态农业发展等产业结构的调整；二是加强重大基础设施和生态环境建设，加快重点地区开发建设，不断推进新农村建设，促进经济、社会全面、协调发展；三是加快国家可持续发展实验区建设，充分发挥其对崇明经济社会发展的助推作用；四是加强各级政府自身建设，努力打造服务政府、责任政府、法治政府。

三、协商讨论政府上半年工作报告

1999年8月3日，县政协委员列席县十二届人大常委会第十二次（扩大）会议，听取并讨论县政府上半年工作报告

1998年8月2日，县政协委员列席县十二届人大常委会第四次（扩大）会议，听取和讨论县长顾国林作的《关于上半年工作回顾和下半年工作打算的报告》。委员们对新一届县政府围绕县第十二届人民代表大会第一次会议确定的任务，在中共崇明县委的领导下，依靠全县人民共同努力，实现经济建设和社会发展“时间过半、完成任务过半”的目标，表示满意。同时，委员们对做好下半年政府工作提出意见建议。

1999年8月3日，县政协委员列席县十二届人大常委会第十二次（扩大）会议，听取和讨论县长顾国林作的《关于上半年工作回顾和下半年工作打算的报告》。委员们认为，报告在总结上半年工作成绩的同时，又指出存在的问题，体现了实事求是精神。讨论中，委员们还对做好下半年政府工作提出意见建议。

2000年8月2日，县政协委员列席县十二届人大常委会第十八次(扩大)会议，听取和讨论县长顾国林作的《关于上半年工作回顾和下半年工作打算的报告》。委员们认为，报告实事求是地总结了上半年政府工作，既看到成绩，又找出不足。讨论中，委员们就做好下半年政府工作提出意见建议。

2001年8月2日，县政协委员列席县十二届人大常委会第二十四次(扩大)会议，听取和讨论县长顾国林作的《关于上半年工作回顾和下半年工作打算的报告》。委员们认为，上半年县政府按照年初人代会确定的工作目标，依靠全县干部群众的努力，经济和社会发展都取得新的成绩。委员们在充分肯定县政府上半年工作的同时，围绕推进社会主义新农村建设、实施科教兴县主战略、抓好重点实事项目建设等方面提出意见建议。

2002年8月2日，县政协委员列席县十二届人大常委会第三十一次(扩大)会议，听取和讨论副县长黄铁军作的《关于上半年工作回顾和下半年工作打算的报告》。与会人员对县政府上半年所做的工作和取得的成绩给予肯定，同时就做好下半年工作提出意见建议。

2003年7月16日，县政协委员列席县十三届人大常委会第五次(扩大)会议，听取和讨论县长孙雷作的《关于上半年工作回顾和下半年主要工作打算的报告》。委员们认为，报告对上半年工作总结实事求是，对下半年工作部署重点突出。同时大家就调整产业结构、推进农村"三个集中"、招商引资、加快工业和农业园区建设、中小企业改革和发展、坚持科教兴县、做好劳动就业、加大环境整治力度等提出意见建议。

2004年7月8日，县政协委员列席县十三届人大常委会第十三次(扩大)会议，听取并讨论县长孙雷作的《关于上半年工作回顾和下半年主要工作的报告》。委员们对县政府上半年所做的工作表示肯定，并就做好下半年各项工作提出意见建议。

2005年7月12日，县政协委员列席县十三届人大常委会第二十二次(扩大)会议，听取并讨论县长孙雷作的《关于上半年工作回顾和下半年主要工作的报告》。委员们对报告表示满意，同时就加快产业发展、拓展财政收入新渠道、保障群众安居乐业、有序推进生态岛建设、提高职能部门管理和服务水平等提出意见建议。

2006年7月27日，县政协委员列席县十三届人大常委会第三十二次(扩大)会议，听取并讨论代县长赵奇作的《关于上半年工作回顾和下半年主要工作的报告》。委员们在充分肯定县政府上半年工作的同时，围绕扎实推进社会主义新农村建设、积极实施科教兴县主战略、努力转变经济增长方式、加快重点地区和重点项目建设、加强生态环境保护和基础设施建设、进一步完善社会保障体系、不断转变工作作风等提出意见建议。

2007年7月16日，县政协委员列席县十四届人大常委会第四次(扩大)会议，听取并讨论县长赵奇作的《关于上半年工作回顾和下半年主要工作的报告》。委员们对上半年县政府在推进生态岛和新农村建设、加快崇明经济社会发展等各个方面所做的工作表示满意。在讨论中，与会委员围绕推进县政府下半年工作提出意见建议：一要积极争取长兴海洋装备企业税收部分落地崇明，努力发展实体型经济，加快发展崇明休闲旅游业，实现崇明经济又好又快发展；二要在新农村建设中，不断提高农民群众整体素质，充分发挥广大农民的积极性和主体作用；三要加强外来人口管理，维护稳定的社会秩序；四要进一步加强公务员队伍的思想建设和作风建设，切实履行服务政府、责任政府、法治政府的职能。

2008年8月4日，县政协委员列席县十四届人大常委会第十二次(扩大)会议，听取并讨论县长赵奇作的《关于2008年上半年工作回顾和下半年主要工作的报告》。委员们对县政府围绕年初县人代会确定的工作任务，依靠全县人民同心协力，奋力拼搏，战胜几十年一遇的冰冻大雪灾害，经济建设和社会发展实现"时间过半、完成任务过半"的目标，表示满意。对做好下半年的县政府工作提出意见建议：一是加快产业结构调整步伐，确保完成全年经济目标；二是加大新农村建设力度，努力解决农民迫切需要解决的问题；三是切实加强节能减排工作，大力推进生态创建活动；四是深化各项改革，有序推进招商引资工作；五是努力改善人民生活，积极构建和谐社会；六是改进工作作风，切实加强政府自身建设。

2009年8月11日，县政协委员列席县十四届人民代表大会第五次会议，听取并讨论县长赵奇作的《关于2009年上半年政府工作回顾和下半年主要工作安排的报告》。委员们认为，上半年，县政府按照年初人代会确定的工作目标，紧紧依靠全县干部群众，努力克服金融危机带来的影响，努力使经济和社会保持较快发展，为全面完成《崇明县经济社会发展若干领域三年行动纲领》(简称三年行动纲领)确定的目标任务奠定了扎实的基础。委员们建议：一是紧紧围绕崇明经济和社会发展三年行动纲要，坚持"上项目、调结构、保增长"，促进经济平稳较快发展；二是加强生态环境和基础设施建设，推进社会主义新农村建设；三是深化各项改革，关注民生问题，维护社会稳定；四是提高政府管理和服务水平，完成年初人代会确定的各项目标任务。

2009年8月11日，县政协委员列席县十四届人大第五次会议，听取并讨论政府上半年工作报告

2010年7月29日，县政协委员列席县十四届人民代表大会第七次会议，听取并讨论县长赵奇作的《关于2010年上半年工作情况回顾和下半年主要工作部署的报告》。委员们认为，上半年，县政府紧紧依靠全县人民，积极做好"参与世博、服务世博"工作，全面落实三年行动纲要，努力加快崇明生态岛建设步伐，经济保持平稳较快发展，社会建设取得新成绩，人民生活继续改善。委员们建议县政府下半年应着重抓好以下工作：一是推动产业结构优化，促进经济平稳较快发展；二是完善工作机制，积极参与世博、服务世博；三是继续加大开发力度，全力推进重点地区和基础设施建设；四是围绕《崇明生态岛建设纲要》，加大生态环境建设和保护力度；五是大力发展社会事业，努力提高公共服务水平；六是切实关注民生问题，积极构建和谐社会；七是以效能建设为中心，提高政府管理和服务水平。

2011年8月9日，县政协委员列席县十四届人大常委会第四十一次(扩大)会议，听取并讨论县长赵奇作的《关于2011年上半年工作回顾和下半年主要工作的报告》。委员们认为，2011年是"十二五"规划开局之年，县政府依靠全县人民，团结一致，开拓进取，基本实现"时间过半，任务完成过半"的目标。委员们建议：一是全力促进产业结构调整有新进展；二是全力促进重点地区建设有新面貌；三是全力促进民生改善工作有新成果；四是全力促进社会综合管理有新成效，努力确保全面完成年初人代会和三年行动纲要确定的目标任务。

2012年8月7日，县政协委员列席县十五届人大常委会第五次(扩大)会议，听取并讨论县长赵奇作的《关于2012年上半年工作情况和下半年主要工作安排的报告》。委员们认为，报告对上半年全县经济社会发展取得的成绩总结全面，重点突出；对下半年政府工作部署思路清晰，目标任务明确，措施切实可行；对当前崇明经济社会发展中存在的不足分析到位，充分体现了实事求是精神。委员们对进一步推进崇明经济社会发展提出意见建议：一要积极引进符合生态岛定位的产业，为现代化生态岛建设提供坚实的产业支撑；二要加快农业专业合作社的标准化生产和品牌化经营，着力打造崇明绿色安全的农副产品生产品牌；三要把崇明人文资源开发与旅游产业发展有机结合起来，不断丰富文化底蕴，提升崇明发展软实力；四要加强对重点企业环保设备的检测检查和镇、村河道的水环境治理，不断优化生态环境；五要进一步加大教育投入，注重培养学生的创新精神和实践能力，并逐步使之成为崇明的教育特色；六要解决好老百姓"就医贵"的问题，缩小崇明与市区医院的医药差价；七要促进就业和技能培训相挂钩，进一步解决剩余劳动力的就业问题。

第二节　协商讨论其他重要报告

一、协商讨论政府计划报告

1995 年县十一届人大三次会议起，县政府在每年的县人民代表大会全体会议上作上年度国民经济和社会发展计划执行情况与本年度国民经济和社会发展计划草案的报告，列席县人代会的县政协委员在协商讨论《政府工作报告》的同时，协商讨论县政府计划报告。

1995 年 3 月 6 日，出席县政协九届三次会议的政协委员协商讨论副县长吴新超作的《崇明县 1994 年国民经济和社会发展计划执行情况与 1995 年国民经济和社会发展计划草案的报告》。1994 年，全县增加值比上年增长 26.8%，高于计划 12.3 个百分点；财政收入比上年增长 21.9%，高于计划 7.8 个百分点；其他计划指标也均有较大幅度增长，委员们对此表示满意。委员们指出，1995 年是实施“八五”计划最后一年，又是实现“一年一个样，三年大变样”目标的起步年，要完成增加值增长 22.5%(力争 30%)、财政收入增长 17.2%(力争 22.3%)等国民经济和社会发展计划目标，任务较重，要求很高，需要县政府及其职能部门采取并落实相关措施。委员们对实施好 1995 年国民经济和社会发展计划提出建议：一要加大结构调整力度，促进经济良性循环；二要强化有效投入和拓宽筹资渠道，确保重点建设顺利推进；三要明确新三年奋斗目标，加快制定新的发展规划。

1996 年 3 月 12 日，出席县政协九届四次会议的政协委员协商讨论副县长吴新超作的《崇明县 1995 年国民经济和社会发展计划执行情况与 1996 年国民经济和社会发展计划草案的报告》。委员们认为，1995 年国民经济和社会发展计划执行情况良好，增加值比上年增长 22.2%，为“八五”计划画上圆满的句号；1996 年国民经济和社会发展计划提出“深度开发第一产业，积极主攻第二产业，大力开拓第三产业”符合崇明产业结构调整的方向。委员们建议：一要加大“三大园区”(崇明工业园区、绿色食品园区、旅游度假区)建设力度，加快新的经济增长点形成；二要提高对外开放水平，扩大崇明经济外向度；三要高起点制订集镇体系发展规划，逐步形成中心城、中心集镇、农民住宅示范区三个层次组成的合理的城乡一体化新格局。

1997 年 3 月 4 日，出席县政协九届五次会议的政协委员协商讨论副县长吴新超作的《崇明县 1996 年国民经济和社会发展计划执行情况与 1997 年国民经济和社会发展计划草案的报告》。委员们对 1996 年计划执行工作表示满意。在这一年中，全县人民在中共崇明县委的领导下，认真贯彻中央宏观调控政策，努力推进两个根本性转变，经济建设取得新成绩，各项社会事业有新发展，县十一届人大四次会议确定的各项计划目标圆满完成，为实施“九五”计划开好了局、起好了步。委员们对实施 1997 年发展计划提出建议：一要继续强化农业基础地位，提高农业市场化程度；二要全力抓好工业结构调整，加快工业经济发展速度；三要努力培育新的经济增长点，增强崇明发展后劲；四要加强基础设施建设，优化崇明投资环境。

1998 年 3 月 26 日，出席县政协十届一次会议的政协委员协商讨论副县长黄进作的《崇明县 1997 年国民经济与社会发展计划执行情况和 1998 年计划草案的报告》。1997 年，全县人民在中共崇明县委领导下，解放思想，振奋精神，团结一致，开拓前进，经济建设和各项社会事业取得新成绩，“九五”计划良好开局得到巩固和提高。委员们对此感到满意。委员们认为，1998 年国民经济和社会发展计划编制指导思想明确，预期目标合理，工作措施积极。委员们建议：一要充分发挥崇明优势，大力培育新的经济增长点，积极调整优化产业结构；二要加大招商引资力度，多渠道组织资金，增强经济和社会发展的支撑力；三要深化完善各项改革，切实强化企业管理，不断适应经济体制和经济增长方式两个根本性转变；四要继续实施科教兴县和可持续发展战略，促进各项社会事业全面发展。

1999 年 3 月 3 日，出席县政协十届二次会议的政协委员协商讨论副县长黄进作的《崇明县 1998 年国民经济与社会发展计划执行情况和 1999 年计划草案的报告》。委员们对 1998 年计划工作表示满意，一年来，面对复杂的国内外经济形势，县委、县政府认真贯彻“稳中有进、重在有质、重在求实”的经济工作方针，克服困难，艰苦奋斗，使国民经济和各项社会事业有新的发展。委员们认为，制定1999年国民经济和社会发展计划的指导思想是正确的，确定增加值比上年增长7%左右，财政收入比上年实绩略有减少是从崇明实际情况出发的。委员们围绕推进产业结构调整、促进经济健康发展提出建议：一要以建设绿色食品园区为重点，加快农业产业化步伐；二要以培育新的工业经济增长点和发展建筑业为抓手，扩大第二产业经济总量和提高运行质量；三要以发展旅游业为突破口，拓展第三产业发展空间。

2000年3月1日，出席县政协十届三次会议的政协委员协商讨论副县长黄进作的《崇明县1999年国民经济与社会发展计划执行情况和2000年计划草案的报告》。委员们指出，虽然1999年国民经济和社会发展计划指标完成实绩并不乐观，增加值和财政收入增幅分别只有6.9%、6.0%，但在崇明经济结构性矛盾比较突出、对外交通不便等各种制约因素依然存在的条件下，取得这些成绩仍属不易，政府所做的工作应该给予肯定。委员们赞同2000年国民经济和社会发展计划草案，认为确定的预期目标体现实事求是精神，是合理可行的。委员们建议：一要加快产业结构调整步伐，促进三次产业联动发展；二要大力开拓岛内消费市场，扩大固定资产投资规模，增强经济发展的拉动力；三要坚持可持续发展战略，加大生态环境建设和保护力度；四要注重民生改善，促进社会事业全面进步；五要做好规划编制工作，为近中期发展打好基础。

2001年2月28日，出席县政协十届四次会议的政协委员协商讨论副县长黄进作的《崇明县2000年国民经济与社会发展计划执行情况和2001年计划草案的报告》。委员们认为，在比较困难的条件下，2000年国民经济和社会发展仍较好地完成县十二届人大三次会议确定的目标，是全县人民团结拼搏、扎实工作的结果。委员们指出，2001年是进入新世纪的第一年，是实施“十五”计划的起步年，为了开好局、起好步，要认真贯彻中共崇明县委八届七次全会精神，坚持以加快建设和发展、准备崇明大规模开发为主题，以发展绿色经济、调整优化经济结构为主线，以深化改革、扩大开放和加快科技进步为动力，以增强综合经济实力、争创一流生态环境和社会环境、提高人民生活水平为目标，进一步认清形势、把握大局、齐心协力、真抓实干，促进经济快速发展、社会全面进步。

2002年3月6日，出席县政协十届五次会议的政协委员协商讨论副县长黄铁军作的《崇明县2001年国民经济与社会发展计划执行情况和2002年计划草案的报告》。一年来，崇明县产业结构调整步伐不断加快，环境建设和保护得到加强，招商引资取得新的成绩，基础设施建设继续推进，各项社会事业全面进步，县十二届人大四次会议确定的计划任务基本完成。委员们在肯定上述成绩的同时，也指出当前崇明经济社会发展中存在的问题与困难：一是由于投入不足，全县经济增长速度仍显缓慢；二是就业形势依然严峻；三是基础设施等建设资金不足；四是岛内消费增长乏力，制约着全县经济发展。委员们建议要正视这些问题与困难，切实采取措施，逐步予以解决。

2003年3月18日，出席县政协十一届一次会议的政协委员协商讨论《崇明县2002年国民经济与社会发展计划执行情况和2003年计划草案的报告》。委员们认为，2002年国民经济和社会发展计划执行结果比较理想，实现了县十二届人大五次会议确定的目标和任务。委员们指出，2003年是崇明实施开发开放战略实质性启动之年，全力完成全年国民经济和社会发展计划目标，体现把发展作为执政兴国第一要务的要求，有利于崇明大开发来临之前夯实基础、增强实力、抓住机遇、加快发展，有利于更好地处理改革、发展、稳定的关系，也有利于不断改善人民生活。委员们建议，2003年要重点抓好招商引资、结构调整、基础建设、生态保护等工作，促进经济社会健康协调发展。

2004年2月11日，出席县政协十一届二次会议的政协委员协商讨论《崇明县2003年国民经济与社会发展计划执行情况和2004年计划草案的报告》。2003年，县政府按照中共崇明县委对全年工作的部署，围绕年初县人代会确定的工作目标和任务，克服“非典”疫情等不利因素影响，抓住机遇，迎难而上，实现起好步、开好局的工作目标。国民经济持续健康发展，增加值增长12.1%；规划编制取得新成果，初步形成崇明岛域总体规划体系；基础设施建设和生态环境保护取得新进展；改革步伐不断加快，国有、城镇集体企业从一般性、竞争性领域退出的资产和企业户数分别达到总量的80%，乡镇集体企业产权制度改革基本完成；就业和社会保障工作得到加强；各项社会事业取得新的发展。委员们充分肯定新一届政府所做的工作，同时建议：一要全面推进规划编制工作，加大规划宣传和管理力度；二要进一步调整优化经济结构，促进国民经济持续增长；三要强化生态环境建设和保护，全力推进基础设施建设；四要深化各项改革，扩大对内对外开放；五要实施“科教兴县”战略，不断增强综合竞争能力；六要完善社会保障体系，促进社会事业全面进步。

2005年2月23日，出席县政协十一届三次会议的政协委员协商讨论《崇明县2004年国民经济与社会发展计划执行情况和2005年计划草案的报告》。过去的一年，县政府围绕县十三届人大二次会议确定的国民经济和社会发展目标，以贯彻中共中央宏观调控决策为主线，带领全县人民艰苦奋斗、开拓创新，克服困难、积极进取，较好地完成了各项任务，增加值同比增长12.7%，较计划增加1.7个百分点。委员们对2004年计划工作表示满意。委员们同意2005年国民经济和社会发展计划（草案），认为通过努力，预期目标一定能实现。委员们对2005年计划工作提出建议：一要落实“科教兴县”行动纲要，注重三次产业增长方式的转变；二要完善岛域规划体系，注重重点区域开发建设；三要加大生态环境建设和保护力度，注重生态观念的确立和行为规范的培养；四要围绕生态岛建设目标，注重与生态岛相匹配的基础设施建设；五要完善社会保障体系，注重各项社会事业协调发展。

2006年1月10日，出席县政协十一届四次会议的政协委员协商讨论《崇明县2005年国民经济与社会发展计划执行情况和2006年计划草案的报告》。委员们认为，2005年，在全县人民的共同努力下，县十三届人大三次会议确定的各项目标任务全面完成，增加值继续保持二位数增长，综合经济实力进一步增强；编制的2006年国民经济和社会发展计划贯彻了中共十六大、十六届三中全会和中共崇明县委九届五次全会精神，符合崇明发展的实际情况，预期目标积极可行；提出的2006年要实施的8项实事项目和10项重点工程体现了崇明国民经济和社会发展的阶段性目标，突出了项目和工程对经济社会发展的带动作用。委员们围绕产业结构调整、基础设施建设、生态环境保护、社会事业发展等提出意见和建议。

2007年2月7日，县政协委员协商讨论政府计划报告

2007年2月7日，出席县政协十二届一次会议的政协委员协商讨论县发展改革委员会主任张荣作的《崇明县2006年国民经济与社会发展计划执行情况和2007年计划草案的报告》。委员们对2006年计划执行结果表示满意。赞同2007年国民经济和社会发展计划（草案），认为该计划从实际出发，制定中既考虑发展需要，又考虑发展条件；既分析发展困难，又分析发展机遇；预期目标既体现积极进取，又体现量力而行，通过努力是可以实现的。委员们建议：一要大力提升三次产业能级，促进经济又好又快发展；二要突出重点，点面结合，进一步推进重点地区建设；三要促进城乡协调发展，扎实开展新农村建设；四要加快发展各项社会事业，促进社会和谐稳定。

2008年1月15日，出席县政协十二届二次会议的政协委员协商讨论《崇明县2007年国民经济与社会发展计划执行情况和2008年计划草案的报告》。委员们认为，2007年计划工作是有成绩的，一年来，在中共崇明县委的领导下，县政府带领全县人民克服金融危机和结构调整造成的困难，扎实工作，积极进取，较好地完成了县十四届人大一次会议确定的各项经济社会发展目标；2008年国民经济和社会发展计划是积极可行的，贯彻了中央经济工作会议精神，预期目标符合崇明实际情况。委员们赞同2008年国民经济和社会发展项目建设计划，认为安排的10项实事项目和10项重点工程，体现了崇明“双迎、三就、四求”（“双迎”：迎上海长江隧桥贯通、迎上海世博会举办；“三就”：就业、就医、就学；“四求”：求知、求乐、求保障、求平安）的工作思路，符合人民群众的意愿。委员们围绕优化产业结构、加强环境保护、促进社会稳定等提出意见和建议。

2009 年 1 月 7 日，出席县政协十二届三次会议的政协委员协商讨论《崇明县 2008 年国民经济与社会发展计划执行情况和 2009 年计划草案的报告》。2008 年，崇明县国民经济和社会发展计划执行情况良好，县十四届人大三次会议确定的各项经济社会发展目标全面实现，为“十一五”规划顺利实施奠定了坚实基础。对此，委员们感到满意。委员们认为，2009 年国民经济和社会发展计划是科学、可行的，因为是在综合分析崇明发展环境的基础上制定的，既考虑了发展的需要，又考虑了发展的条件。委员们建议计划管理部门，2010 年要重点抓好两件大事：一是聚焦热点，全力做好对接世博的各项工作；二是集中精力，高质量编制好“十二五”发展规划。

2010 年 1 月 19 日，出席县政协十二届五次会议的政协委员协商讨论《崇明县 2009 年国民经济和社会发展计划执行情况与 2010 年国民经济和社会发展计划草案的报告》。2009 年，崇明县贯彻落实国家和上海促进经济发展的决策部署，制定推出一系列政策措施，化解国际金融危机和产业结构调整带来的双重压力，经济保持平稳较快发展，各项社会事业全面进步。委员们对取得的成绩给予充分肯定。委员们认为，2010 年国民经济和社会发展计划既体现积极进取，也体现量力而行，通过努力，各项主要预期目标是可以实现的。委员们建议：一要继续推进高效生态农业发展，积极提升先进制造业能级，重视发展现代服务业，促使产业结构进一步优化；二要继续做好节能减排工作，加快水环境建设，努力巩固生态建设成果。

2011 年 1 月 25 日，出席县政协十二届六次会议的政协委员协商讨论《崇明县 2010 年国民经济和社会发展计划执行情况与 2011 年国民经济和社会发展计划草案的报告》。委员们对县政府通过努力，2010 年圆满完成县十四届人大六次会议批准的国民经济和社会发展计划的各项任务表示满意；2011 年国民经济和社会发展计划（草案）指导思想明确，预期目标积极可靠，工作措施切实可行。同时建议：一要加快产业转型升级，着力推进三次产业融合发展；二要不断改善民生，全面推进社会建设。

2012 年 1 月 6 日，出席县政协十三届一次会议的政协委员协商讨论《崇明县 2011 年国民经济和社会发展计划执行情况与 2012 年国民经济和社会发展计划草案的报告》。委员们认为，过去的一年，县政府着力调整经济结构和转变增长方式，努力构建和谐社会，经济社会发展取得新的成绩，计划报告对 2011 年的工作总结是实事求是的；2012 年国民经济和社会发展计划（草案）贯彻中共十七大、中央经济工作和中共上海市委九届十七次全会、中共崇明县第十一次党代会精神，体现科学发展观和构建现代化生态岛的要求，任务明确，措施扎实。同时指出，崇明县经济结构有待进一步优化，社会事业有待进一步发展。

二、协商讨论政府财政预决算报告

1961 年 9 月 14 日，出席县政协三届一次会议的政协委员协商讨论副县长刘蔚作的《崇明县 1960 年财政决算和 1961 年财政预算（草案）的报告》。1960 年财政预算执行情况良好，委员们对决算结果感到满意。委员们建议，为了完成 1961 年财政预算任务，全县上下要继续深入贯彻中共中央关于勤俭建国的方针，积极开展增产节约运动。

1962 年 8 月 15 日，出席县政协三届二次会议的政协委员协商讨论副县长刘蔚作的《崇明县 1961 年财政决算和 1962 年财政预算（草案）的报告》。委员们对 1961 年财政工作取得明显成效表示满意，认为这是认真贯彻中共中央关于国民经济“调整、巩固、充实、提高”八字方针的结果。委员们表示要为实现 1962 年财政预算目标而继续共同努力。

1984 年 4 月 11 日，出席县政协六届一次会议的政协委员协商讨论《崇明县 1983 年财政决算和 1984 年财政预算（草案）的报告》。委员们建议，在目前崇明财政比较困难，财力不足的情况下，要统筹安排好各项支出，并在增收节支上多动脑筋、多想办法。同时，要严肃财经纪律，发扬艰苦奋斗，勤俭建国，勤俭办一切事业的优良传统，克服大手大脚，讲排场、摆阔气，铺张浪费的不良风气。

1985年3月28日，出席县政协六届二次会议的政协委员协商讨论《崇明县1984年财政决算和1985年财政预算（草案）的报告》。委员们对1984年财政预算执行结果表示满意。同时，委员们建议，一是报告应就1985年国家实行新的财政体制后，市财政对崇明政策调整要作解释。二是认真考虑怎样用好财权的问题，为进一步搞活崇明经济发挥财政政策的杠杆作用。三是适当增加科技教育经费。

1986年4月1日，出席县政协六届三次会议的政协委员协商讨论《崇明县关于1985年财政决算和1986年财政预算（草案）的报告》。1985年，财政收入完成预算的116.69％，比上年增长21.92％，委员们充分肯定财政工作取得的成绩。委员们认为，县政府对1986年财政预算安排提出的“确保平衡、略有节余，在量力而行、尽力而为的前提下，合理安排支出，做到少花钱，多办事，办好事”的指导思想是正确的，各项安排是合理的。委员们建议，在新的一年里，继续认真贯彻“欲取先予”精神，把工作重点放到发展生产、搞活流通、培育财源、增强财力上，既保证国家税收持续稳定增长，也增强企业实力和发展后劲。

1987年4月12日，出席县政协七届一次会议的政协委员协商讨论《崇明县1986年财政决算和1987年财政预算（草案）的报告》。1986年财政预算执行情况良好，财政收入完成预算的101.97％，比上年增长4.75％，实现收支平衡略有节余，委员们表示满意。1987年财政预算贯彻保改革、保重点、保后劲、保预算良性循环的精神，体现“增产节约、增收节支”（简称双增双节）的要求，委员们表示赞同。委员们建议：要切实做好双增双节各项措施的落实工作，力争多增产、多增收；要深化改革，继续充分运用财税杠杆，大力支持和促进农副工各业发展。

1988年3月15日，出席县政协七届二次会议的政协委员协商讨论《崇明县1987年财政决算和1988年财政预算（草案）的报告》。委员们认为，县政府对县九届人大一次会议批准的1987年财政收入预算和中途经九届人大常委会第十五次会议审议批准的调整财政支出预算执行情况是好的。赞同县政府按照改革要求提出将承包机制引进财政领域的思路和实行“富基层、增后劲，保重点、压一般，求发展、促平衡”的方针。委员们指出，完成1988年财政预算任务比较艰巨，财税部门务必认真落实各项工作措施，同时继续抓好双增双节工作和预算外资金的管理工作。

1989年3月14日，出席县政协七届三次会议的政协委员协商讨论《崇明县1988年财政决算和1989年财政预算（草案）的报告》。1988年是实行财政包干管理体制的第一年，一年来，县政府在组织财政收入上抓好财源培养和征收管理两个主要环节，在安排财政支出上贯彻“确保重点，兼顾一般，当年平衡，略有节余”的原则，较好地完成县九届人大二次会议批准的财政预算任务，委员们感到满意。委员们认为，1989年财政预算的指导思想是正确的，符合当前形势和崇明实际。为了实现1989年财政预算任务，委员们建议：要切实落实依法纳税的各项措施，并继续采取各种有效手段，突出重点，进一步加强征管工作；要制订完善有关制度，加强预算管理，提高财政资金使用效益。

1990年4月4日，出席县政协八届一次会议的政协委员协商讨论《崇明县1989年财政决算和1990年财政预算（草案）的报告》。委员们认为，1989年财政收入比1988年虽有一定幅度增长，但没有改变崇明财政困难的状况，在新的一年里仍要努力抓好增收节支工作。同时建议要加强预算管理，合理调整支出结构，注重财政资金使用效益。

1991年3月27日，出席县政协八届二次会议的政协委员协商讨论《崇明县1990年财政决算和1991年财政预算（草案）的报告》。委员们指出，1990年财政收入比1989年减少，是因为崇明经济发展落后，要解决财政困难，加快经济发展速度是关键。委员们认为，报告中对增收节支提出了很好的措施，但必须狠抓落实。委员们对有些部门在财政很困难的情况下，仍大吃大喝很有意见，建议要加强管理，煞住吃喝风。

1992年3月24日，出席县政协八届三次会议的政协委员协商讨论副县长周祖安作的《崇明县1991年财政决算和1992年财政预算（草案）的报告》。委员们认为，崇明财经形势比较严峻，1991年财政收入又比上年减少，因此一定要花大力气，切实抓好增收节支，尽早走出困境。也有委员建议，教师“人头费”应由县财政统筹，以解决经济薄弱乡镇拖欠教师工资、补贴的问题。

1993年4月6日，出席县政协九届一次会议的政协委员协商讨论副县长周祖安作的《崇明县1992年财政决算和1993年财政预算（草案）的报告》。委员们感到，《政府工作报告》对今后三年提出了鼓舞人心的规划，而财政预算报告与《政府工作报告》不太协调，财政收入增长不能保证规划目标的实现，为此感到忧虑。也有委员认为，1993年财政预算中，科研经费下降，这不利于"科技兴岛"发展战略的实施。委员们建议，崇明财政收入连年下降，已影响到各项事业经费的必要开支，在进一步调动全县人民积极性、加快崇明经济发展、增加崇明财政收入的同时，也要主动向市政府如实反映崇明困难情况，争取市政府对崇明的关心帮助。

1994年3月25日，出席县政协九届二次会议的政协委员协商讨论副县长周祖安作的《崇明县1993年财政决算和1994年财政预算（草案）的报告》。委员们指出，由于市政府对崇明县采取特殊的"自收自支、三年到位"海岛财政政策，以及其他一些有利因素，1993年崇明财政收入有较大幅度增长，首次突破3亿元大关，但财政困难状况尚未根本好转，建议要将有限的资金用在刀口上，实实在在办一些实事，按照"保证重点，节减一般"的精神，合理调整支出结构，确保经常性经费支出，妥善解决教师工资、奖金及乡镇民政优扶人员补贴支出。委员们又指出，当前正在进行的财税改革是中国经济体制改革中一项关键性改革，为使改革措施在崇明顺利到位并取得预期效果，建议财税部门要做好学习、宣传工作，特别是税务部门要及时研究解决实行分税制后可能出现的新情况、新问题，要抓好企业财会人员业务辅导，建立健全必要的管理制度。

1995年3月6日，出席县政协九届三次会议的政协委员协商讨论副县长周祖安作的《崇明县1994年财政决算和1995年财政预算（草案）的报告》。委员们认为，1994年财政工作是有成绩的，财政收入比上年增幅较大。委员们建议：在财政状况有所改善的情况下，仍要坚持量力而行、量入为出；1995年在努力抓好财政收入的同时，也要控制财政支出，确保财政支出增幅低于财政收入增幅；在财政支出实行总量控制的同时，应该合理调整支出结构，确保对农业、教育、科技等重点投入。

1996年3月12日，出席县政协九届四次会议的政协委员协商讨论副县长周祖安作的《崇明县1995年财政决算和1996年财政预算（草案）的报告》。委员们对1995年财政工作取得的成绩给予肯定。同意1996年财政预算收入比上年增长10.1%。委员们认为，经济持续发展是财力不断壮大的基础，在新的一年里，全县上下要继续推进产业结构调整，促进崇明经济更快更好发展。委员们建议，为完成1996年财政预算任务，要坚持依法治税，确保应收尽收，同时千方百计挖掘增收潜力。

1997年3月4日，出席县政协九届五次会议的政协委员协商讨论副县长周祖安作的《崇明县1996年财政决算和1997年财政预算（草案）的报告》。1996年，全县财政收入完成5.68亿元，为年初预算的103.2%，比上年增长13.7%；可用财力收支实现平衡。委员们对1996年财政工作表示满意。委员们建议：在新的一年里，在加强财源建设、增强财力的同时，要切实加强财政支出管理，一要坚决执行国家统一的工资政策，不能以其他名义变相发放奖金、补贴；二要严格控制机构人员编制，科学界定财政支出的供给范围；三要进一步压缩公用经费开支，大力节省会议、文件、汽车修购等支出，严禁用公款请客送礼、游山玩水，制止各种形式的铺张浪费。

1998年3月26日，出席县政协十届一次会议的政协委员协商讨论副县长周祖安作的《崇明县1997年财政决算情况和1998年财政预算（草案）的报告》。委员们认为，1997年财政收入虽实现预期增收目标，但与市郊其他区县相比，无论是收入总量，还是增长速度，都处于明显落后状态。委员们建议：要加快发展崇明经济，为增加税收、增强财力打好基础；要厉行节约，坚持"量入为出，量力而行，确保重点，压缩一般"的原则，大力压缩公用经费支出，确保必要的民生保障资金和农业、教育、科技、基础设施建设等重点投入。

1999年3月3日，出席县政协十届二次会议的政协委员协商讨论副县长褚以琳作的《崇明县1998年财政决算情况和1999年财政预算（草案）的报告》。委员们认为，1998年财政收入并不理想，只比上年增长1.55%，但从崇明经济发展的现状分析，能够实现有所增长的预算目标，财政工作还是有成绩的。委员们指出，在1998年财政预算支出总额比1997年减少的情况下，教育投入增长11.51%，表明县政府对教育事业的重视。委员们对做好1999年财政工作提出建议：一要改革预算外资金管理方式，对预算内、外资金实行统一管理；二要建立健全政府采购制度，使政府消费行为市场化、规范化；三要继续贯彻中共中央关于增收节支、反对奢侈的规定，加大控制支出的力度。

2000年3月1日，出席县政协十届三次会议的政协委员协商讨论副县长褚以琳作的《崇明县1999年财政决算情况和2000年财政预算（草案）的报告》。委员们肯定1999年财政工作，认为财政收入增幅虽然不到6%，但在市属国营农场和乡镇企业税收大幅减少的情况下实现增长的目标是不容易的。委员们赞同2000年财政预算安排，认为预算目标是从崇明实际出发的，体现了量力而行。委员们建议：一要发展经济，涵养税源，增强地方财政实力；二要坚持依法治税，确保应收尽收；三要坚持依法理财，特别是对专项资金和重大项目资金使用要加大综合监管力度。

2001年2月28日，出席县政协十届四次会议的政协委员协商讨论副县长褚以琳作的《崇明县2000年财政决算情况和2001年财政预算（草案）的报告》。委员们对2000年财政工作表示满意，对2001年财政预算（草案）表示赞同。建议在财政预算支出偏紧、财政资金供求矛盾突出的情况下，仍要继续加大对教育、科技等社会事业投入的力度。

2002年3月6日，出席县政协十届五次会议的政协委员协商讨论副县长褚以琳作的《崇明县2001年财政决算情况和2002年财政预算（草案）的报告》。委员们认为，2001年崇明财政收入比上年有较大幅度的增长，是财税部门努力工作的结果；2002年财政预算安排从实际出发，具有针对性和合理性。委员们对进一步做好经费编制工作提出建议：要按照“把握编制原则，完善编制规则，规范编制程序”的要求，各部门、各单位的人员经费应严格按照规定的标准核定，公用经费中的业务经费和专项经费都要列出详细的项目；编制过程中，为了发挥部门共同理财的积极性，解决年初难以预计的项目支出，可在部门预算中留有一定比例或额度的待核预算资金，以后由部门提出申请，县政府分管领导审批后拨付；为使部门预算编制方案更趋科学、合理，更具操作性，要充分听取部门意见，努力寻求财力可能与部门需求的平衡点。

2003年3月18日，出席县政协十一届一次会议的政协委员协商讨论《崇明县2002年财政决算情况和2003年财政预算（草案）的报告》。委员们认为，2002年财政工作成效显著，财政收入保持较快增长势头，收支相抵尚有结余；2003年财政预算安排科学合理，提出的工作措施积极可行。委员们建议：一要采取有效措施，努力培育新的经济增长点，不断壮大崇明经济实力，为增强财力奠定更扎实的基础；二要充分发挥财政、审计、监察等部门的职能作用，加大财政监管力度，切实维护财经秩序。

2004年2月11日，出席县政协十一届二次会议的政协委员协商讨论《崇明县2003年财政决算情况和2004年财政预算（草案）的报告》。委员们肯定2003年的财政工作，同意2004年财政预算（草案）。委员们建议：一要加强和改进预算外资金监管，切实抓好“收支两条线”管理；二要加大增收节支力度，进一步规范财政资金收支行为。

2005年2月23日，出席县政协十一届三次会议的政协委员协商讨论《崇明县2004年财政决算情况和2005年财政预算（草案）的报告》。委员们认为，2004年财政工作是有成绩的，实现了预算的目标；2005年财政预算指导思想明确、目标任务具体、工作措施有力。委员们建议：一要认真贯彻《中华人民共和国预算法》及其他有关规定，强化预算约束，切实维护预算的严肃性和权威性；二要建立和完善财务信用、预算信用制度，加强会计培训管理工作；三要加大财政资金使用监管力度，努力提高财政资金使用效益。

2006年1月10日，出席县政协十一届四次会议的政协委员协商讨论《崇明县2005年财政决算情况和2006年财政预算（草案）的报告》。委员们在充分肯定财政工作成绩的同时，也指出财政工作存在的问题，建议要加强财税法律法规宣传，不断增强全民依法纳税意识；要依法强化税收征管，提高税收监管水平；要拓展征收渠道，挖掘增收潜力，做到应收尽收。

2007年2月7日，出席县政协十二届一次会议的政协委员协商讨论《崇明县2006年财政决算情况和

2007年财政预算(草案)的报告》。委员们认为,2006年县政府财政工作是有成绩的,实现了增收的预期目标,确保了必要的资金需求;2007年财政预算(草案)可行,做到收入有依据,支出能根据政府机关正常运转和社会保障需要,根据法定支出和重点项目支出需要,确保收支平衡。委员们还围绕扩大财源、增加财力,依法理财、强化监管等提出意见建议。

2008年1月16日,出席县政协十二届二次会议的政协委员协商讨论《崇明县2007年财政决算情况和2008年财政预算(草案)的报告》。委员们认为,县政府提出的2008年财政预算(草案)是可行的,体现了抓住机遇、加快发展的要求。同时建议要依法强化税收征管,提高税收监管效率和水平,做到应收尽收,促进财政收入稳定增长。

2009年1月7日,出席县政协十二届三次会议的政协委员协商讨论《崇明县2008年财政决算情况和2009年财政预算(草案)的报告》。委员们认为,2008年崇明财政工作成效显著,县政府努力克服经济发展中的各种矛盾和困难,求真务实,开拓前进,促进了经济发展,增加了财政收入,对推进崇明生态岛建设发挥了积极的保障作用。委员们赞同2009年财政预算(草案),认为2009年财政预算安排科学合理,提出的措施积极可行。委员们指出,财力积累的基础是经济的发展,建议县政府坚持发展第一要务,采取积极有效措施,促使崇明经济持续稳定发展。

2009年1月7日,县政协委员讨论政府财政预决算报告

2010年1月20日,出席县政协十二届五次会议的政协委员协商讨论《崇明县2009年财政决算情况和2010年财政预算(草案)的报告》。委员们认为,2009年县政府组织财政收入是积极、有效的,确保了政府履行职责基本需要和预算安排项目的资金安排;2010年财政预算(草案)任务明确,措施有力,是可行的。委员们建议,在积极努力增加财力的同时,也要规范财政资金支出行为,提高财政资金的使用效益。

2011年1月26日,出席县政协十二届六次会议的政协委员协商讨论《崇明县2010年财政决算情况和2011年财政预算(草案)的报告》。委员们对2010年财政预算执行结果表示满意,认为2010年崇明地方财政收入能取得同口径比上年增长19.8%的成绩,是县政府努力组织财政收入的结果。委员们认为,2011年财政预算(草案)是可行的,预算收入有依据,预算支出较合理。委员们建议,为使财政收入稳步增长,要重视经济运行状况和宏观经济政策的研究,及时分析预算执行过程中出现的新情况、新问题,切实加强收入征管的措施;要充分运用财税政策,注重税源培育,不断优化税收结构;要积极向上争取配套扶持资金,减轻地方财政支出压力。

2012年1月7日,出席县政协十三届一次会议的政协委员协商讨论《崇明县2011年财政决算情况和2012年财政预算(草案)的报告》。2011年财政预算执行情况良好,地方财政收入完成预算目标,按新的财税体制同口径比上年增长18.5%,可用财力与支出相抵,实现平衡,委员们对此感到满意。委员们认为,2012年财政预算(草案)指导思想明确,体现抢抓机遇、加快发展、保障民生的要求。同时建议:一要积极组织收入,确保财政稳步增长;二要加强财政监管,提高财政运行水平。

三、协商讨论县人民法院、县人民检察院工作报告

1961年9月15日,出席县政协三届一次会议的政协委员协商讨论《崇明县人民法院工作报告》。

1963年11月27日,出席县政协四届一次会议的政协委员协商讨论《崇明县人民法院工作报告》。

1982年5月11日,出席县政协五届二次会议的政协委员协商讨论《崇明县人民法院工作报告》和

《崇明县人民检察院工作报告》(以下简称“两院”报告)。委员们对1981年“两院”工作给予肯定,同时建议,要进一步发挥各自职能作用,通过互相配合、督促、制约,不断完善社会主义法制。

1983年3月29日,出席县政协五届三次会议的政协委员协商讨论“两院”报告。委员们认为,过去的一年,“两院”在加强社会治安、维护安定团结、巩固人民民主专政、保障国民经济调整和四化建设顺利进行等方面,做了大量工作,发挥了应有的作用,但与工作职能要求和人民群众愿望相比,还存在不足。委员们建议“两院”要加强青少年教育,减少青少年犯罪;要刹赌博歪风,以维护正常的社会秩序;要抓紧专业人才的培养,迅速提高司法人员的业务能力和办案效率。

1984年4月12日,出席县政协六届一次会议的政协委员协商讨论“两院”报告。委员们对“两院”一年来的工作予以肯定。建议政法机关在严格执法、严惩犯罪的同时,也应通过多种形式,进行法律法规的宣传教育,多做预防犯罪的工作。

1985年3月30日,出席县政协六届二次会议的政协委员协商讨论“两院”报告。委员们认为,过去的一年,在政法系统各部门相互配合、共同努力下,崇明社会治安形势有所好转,但赌博之风还未煞住。建议“两院”在新的一年里,在做好审判、检察工作的同时,要积极配合、主动参与禁赌等各项专项斗争,进一步加强社会治安综合治理。

1986年4月2日,出席县政协六届三次会议的政协委员协商讨论“两院”报告。1985年,“两院”根据宪法和法律赋予的职责,认真开展各项审判工作和检察工作,充分发挥各自的职能作用,委员们对“两院”工作表示满意。委员们指出,为使社会治安根本好转,“两院”要在做好审判、检察工作的同时,也要重视普法工作,通过宣传教育,增强公民守法意识。

1987年4月14日,出席县政协七届一次会议的政协委员协商讨论“两院”报告。委员们认为,县八届人大一次会议以来的三年中,“两院”在严厉打击严重刑事犯罪和严重经济犯罪以及加强社会治安综合治理方面做了大量工作,成绩显著,为促进全县社会治安和社会风气好转,保障改革、开放、搞活和“两个文明”建设顺利进行发挥了积极作用。委员们指出,“两打”斗争是长期、艰巨的任务,“两院”在已有成绩的基础上,要和社会各方面密切配合、通力合作,花大力气,继续开展“两打”斗争,为维护安定团结的政治局面,促进和保障改革开放、经济建设顺利进行作出新的贡献。

1988年3月17日,出席县政协七届二次会议的政协委员协商讨论“两院”报告。1987年,“两院”认真贯彻全国政法工作座谈会精神,依法打击各种犯罪活动,严惩各种犯罪分子,为改革、发展、稳定发挥了应有作用,委员们对“两院”工作表示满意。同时建议,“两院”要与其他部门合作,加大法制宣传教育的力度,扩大宣传面,帮助广大群众学法、懂法、知法、守法;在完成审判、检察工作的同时,要积极参与社会治安综合治理,做到既打击又防范,既治标又治本。

1989年3月16日,出席县政协七届三次会议的政协委员协商讨论“两院”报告。委员们肯定1988年“两院”所做的工作,并向“两院”提出建议:县人民法院要继续执行依法从重从快惩处严重刑事犯罪分子的方针,对办案质量要提出明确要求,并加强监督检查,在审理案件时,要做到院长、审判长、合议庭庭长各司其职,层层把关。县人民检察院要继续坚持依法从重从严打击贪污受贿、偷税漏税等严重经济犯罪和依法从重从快打击严重刑事犯罪,为维护国家、集体利益,保护人民合法权益,治理经济环境,整顿经济秩序,全面深化改革,发展崇明经济,充分发挥检察机关职能作用。

1990年4月5日,出席县政协八届一次会议的政协委员协商讨论“两院”报告。委员们认为,1989年“两院”充分发挥职能作用,为崇明地区社会稳定、经济发展作出了贡献。对做好1990年审判工作和检察工作,委员们建议:县人民法院在开展刑事、民事、经济、行政等各项审判中,要提高办案质量、加快办案节奏、注重办案效果。县人民检察院要继续深入开展反贪污贿赂斗争,集中精力查处大案要案,把打击重点集中指向严重危害改革开放、损害干部形象、造成重大损失的犯罪活动。

1991年3月29日,出席县政协八届二次会议的政协委员协商讨论“两院”报告。委员们对“两院”1990年工作表示满意,同时建议“两院”要增强服务经济的自觉性,县人民法院要积极参与清理企业“三角债”，县人民检察院要积极查处企业法人犯罪。

1992年3月26日，出席县政协八届三次会议的政协委员协商讨论“两院”报告。委员们在肯定“两院”工作的同时，建议县人民法院要充分运用法律手段，严惩严重刑事犯罪和经济犯罪，不断提高民事、经济、行政等各项审判工作的质量和效果；建议县人民检察院继续以惩治贪污贿赂为工作重点，加大打击各种犯罪行为的力度。

1993年4月8日，出席县政协九届一次会议的政协委员协商讨论“两院”报告。1992年，“两院”紧紧围绕经济建设这个中心，认真履行宪法和法律赋予的职责，切实开展审判、检察工作，为维护社会稳定、保障改革开放、促进经济发展作出了新的贡献，委员们肯定“两院”一年来的工作。委员们建议“两院”，要继续发挥审判机关和检察机关的职能作用，进一步提高审判、检察工作水平，为崇明改革、发展、稳定作出新的贡献。

1994年3月24日，出席县政协九届二次会议的政协委员协商讨论“两院”报告。县十一届人大一次会议以来，“两院”以中共十四大精神为指导，围绕中心任务，切实履行审判、检察职能，为崇明改革、发展、稳定提供了法律保障。委员们对“两院”所做的工作表示满意。同时指出存在的不足：县人民法院对一些民事、经济案件审理和执行时间过长，少数审件甚至超过审时；县人民检察院对新兴行业中的犯罪现象及其规律还缺乏深入的调查研究。委员们建议，为了进一步适应改革开放和经济发展的新形势，提高审判、检察工作水平，充分发挥审判、检察机关的职能作用，要从政治思想教育、政策法规教育、业务知识教育和职业道德教育入手，进一步加强审判、检察队伍建设。

1995年3月8日，出席县政协九届三次会议的政协委员协商讨论“两院”报告。委员们认为，1994年“两院”工作是有成绩的，办案效率和质量有提高。委员们建议：县人民法院要继续强化各项审判，加大执行力度，深化法院改革；县人民检察院要重点查处“三机关一部门”（党政领导机关，司法机关、行政执法机关、经济管理部门）中国家工作人员职务犯罪案件，认真查办发生在国有企业中的职务犯罪案件，并结合办案，积极开展职务犯罪预防工作。

1996年3月13日，出席县政协九届四次会议的政协委员协商讨论“两院”报告。委员们对“两院”工作表示满意，同时要求要加大执法力度，坚持有法必依、违法必究、执法必严。

1997年3月5日，出席县政协九届五次会议的政协委员协商讨论“两院”报告。委员们对“两院”工作表示满意，认为“两院”为崇明“两个文明”建设、社会和谐稳定作出了贡献，同时指出，在办案中还有“人情案”现象，部分干警素质需要提高；执法一定要严，要做到科学、文明、礼貌执法。

1998年3月27日，出席县政协十届一次会议的政协委员协商讨论“两院”报告。委员们认为，五年来，“两院”做了不少工作，取得的成绩有目共睹。同时指出，在当前社会变革和体制转换过程中，案件类型复杂，“两院”工作难度越来越大，要求越来越高，因此要更加重视队伍建设，不断提高审判、检察人员的思想素质和业务能力。

1999年3月4日，出席县政协十届二次会议的政协委员协商讨论“两院”报告。委员们认为，1998年“两院”工作是有成绩的，崇明社会稳定、治安良好，是与“两院”的努力工作分不开的。同时建议，对国家机关工作人员利用职务犯罪的案件应予以分析、曝光，以起到警示教育的作用；配合“三五”普法，加强对乡镇领导及企业法人代表的法制宣传。

2000年3月2日，出席县政协十届三次会议的政协委员协商讨论“两院”报告。委员们对“两院”1999年的工作表示满意，同时对2000年工作提出建议：县人民法院要继续依法严厉打击刑事犯罪，为崇明改革、发展、稳定提供有力的司法保障；要继续依法化解人民内部矛盾，采取有效措施解决“执行难”的问题。县人民检察院查办职务犯罪，要加大力度、提高水平；打击各种刑事犯罪活动，要从重从快、依法严惩；实施诉讼监督，要突出重点、务求实效；加强队伍建设，要从严治检、提高素质。

2001年3月1日，出席县政协十届四次会议的政协委员协商讨论“两院”报告。2000年，县人民法院围绕中心工作，强化各项审判；围绕公正司法，深化法院改革；围绕提高素质，加强队伍建设。县人民检察院依法坚决查办贪污贿赂、渎职等职务犯罪案件；依法履行审查批捕、审查起诉和出庭公诉职能，严厉打击严重刑事犯罪活动；依法履行行政诉讼监督职能，维护国家法律的统一正确实施。委员们充分肯定“两院”的工作。建议“两院”在新的一年里，继续切实履行宪法和法律赋予的职责，以司法公正为目标，坚持严肃执法，努力加强审判检察队伍建设，进一步做好审判检察工作，为维护崇明政治安定、社会稳定作出新的贡献。

2002 年 3 月 7 日，出席县政协十届五次会议的政协委员协商讨论“两院”报告。委员们对“两院”工作给予肯定，并建议，要加强宣传教育，做好同步预防工作；要增强工作透明度，充分发挥特邀监督员作用；要重视队伍建设，不断提高工作水平。

2003 年 3 月 19 日，出席县政协十一届一次会议的政协委员协商讨论“两院”报告。委员们肯定“两院”2002 年工作，同时建议“两院”要通过各种途径和形式，进一步加强队伍建设，不断提升队伍素质和提高工作水平。

2004 年 2 月 12 日，政协委员协商讨论“两院”报告

2004 年 2 月 12 日，出席县政协十一届二次会议的政协委员协商讨论“两院”报告。委员们认为，2003 年“两院”认真履行职责，为经济发展、社会稳定做了不少工作。委员们建议县人民法院在加大执行力度的同时，也要加强对群众的法制宣传教育，利用广播、电视、报刊等各种大众宣传媒体，扩大宣传教育覆盖面；通过以案论法，增强群众学法、懂法、守法意识。县人民检察院要积极参与社会治安综合治理，对提出的检察建议要抓检查落实。

2005 年 2 月 24 日，出席县政协十一届三次会议的政协委员协商讨论“两院”报告。委员们认为，2005 年审判工作和检察工作取得了新的成绩，“两院”为促进经济发展和维护社会稳定作出了新的贡献。同时建议：县人民法院在审理各类案件中要进一步落实便民措施。县人民检察院要进一步加强对预防职务犯罪的研究，将预防职务犯罪贯穿于检察工作的各个环节。

2006 年 1 月 11 日，出席县政协十一届四次会议的政协委员协商讨论“两院”报告。委员们对“两院”一年来的工作表示满意，同时就加强队伍建设、提高办案质量和效率、重视信访工作等提出意见和建议。

2007 年 2 月 8 日，出席县政协十二届一次会议的政协委员协商讨论“两院”报告。委员们对“两院”履行宪法和法律赋予的职责，依法行使审判权和检察权，努力提高工作质量和效率给予肯定。同时建议：县人民法院要进一步做好涉诉信访工作，进一步完善人民陪审员制度；县人民检察院要进一步健全制度、机制，加强职务犯罪预防工作，加大职务犯罪查处力度。

2008 年 1 月 16 日，出席县政协十二届二次会议的政协委员协商讨论“两院”报告。委员们认为，“两院”工作越来越细，措施越来越实。县人民法院在落实诉讼指导、风险告知等一系列便民措施的同时，尝试利用假日开庭审理案件，为民、便民上不断有新举措。县人民检察院针对基层各类社会矛盾增多的实际情况，实施“稳定、信访、举报”三位一体下访巡访制度，设立下访巡访联系点。委员们建议，要加大重点地区的工作力度，特别是长兴岛地区，该地区在迎来大发展的同时，也带来不少社会问题，“两院”应增强工作的前瞻性，可在该地区设置工作点，落实力量处理和解决各类纠纷事件。

2009 年 1 月 8 日，出席县政协十二届三次会议的政协委员协商讨论“两院”报告。委员们认为，一年来，“两院”为维护崇明地区经济发展、社会稳定发挥了职能作用，工作报告具体实在，总结成绩恰如其分，查摆问题实事求是。有的委员建议，“两院”进一步加强队伍建设，加大惩治犯罪的力度，县人民法院要破解“执行难”的问题。也有委员指出，随着桥隧开通，交通便利了，但增加了社会治安的压力，希望公检法司各部门都要有新举措，把预防工作做在前头。

2010年1月19日，出席县政协十二届五次会议的政协委员协商讨论“两院”报告。委员们认为，近年来，“两院”针对青少年犯罪低龄化、犯罪手段成人化、犯罪方式成人化的特点，重视对未成年人的教育、感化和挽救工作，取得一定成效。建议“两院”继续重视这方面工作，积极参与未成年人社会监护帮教体系建设。

2011年1月26日，出席县政协十二届六次会议的政协委员协商讨论“两院”报告。委员们认为，过去的一年，“两院”在中共崇明县委领导下，在县人大及其常委会的监督下，围绕崇明建设现代化生态岛，不断加强和改进审判和检察工作，为崇明地区经济发展、社会和谐提供了有力的司法保障。委员们建议“两院”，在新的一年里，要对社会上的各种违法行为进一步加大打击力度。

2012年1月7日，出席县政协十三届一次会议的政协委员协商讨论“两院”报告。委员们认为，过去的一年，“两院”认真履行宪法和法律赋予的职责，扎扎实实行使审判权和检察权，打击各类刑事犯罪，为创建“平安县”作出了贡献。委员们建议“两院”，今后要继续重视队伍建设，通过政治思想教育、法制观念教育、廉政勤政教育、职业技能教育，努力造就一支政治坚定、纪律严明、作风过硬、业务精通的高素质、专业化的司法队伍。

第二章　协商讨论经济社会发展重大事项

崇明县政协把参与崇明经济社会发展协商讨论作为履行政治协商职能的重要内容。通过专题协商、对口协商等多种形式，积极参与协商讨论事关全县改革、发展的重大问题，为中共崇明县委、县政府科学决策提出意见和建议。

第一节　协商讨论经济社会发展计划(规划)

一、协商讨论“七五”计划

1986年4月1日，出席县政协六届三次会议的政协委员，协商讨论《崇明县国民经济和社会发展第七个五年计划(草案)》。委员们认为，“七五”计划(草案)指导思想比较明确，注意发挥自身优势，做到扬长避短。目标任务也比较明确，但措施不够具体有力。同时，对“七五”计划(草案)提出了修改意见。一是“七五”计划(草案)中关于要高标准、高质量普及初中义务教育中，“高标准、高质量”的提法有待商榷。二是“七五”计划(草案)中提出医务人员五年中每年平均增长1.1%，不适应崇明目前医务力量十分紧缺的状况。三是“七五”计划(草案)指导思想一节中，加上“注意提高产品质量”。

二、协商讨论“八五”计划

1990年12月18日，八届县政协召开第五次常委会会议，协商讨论“八五”计划及“九五”规划设想。讨论中，与会人员就崇明工业、农业、旅游业、交通、教育、卫生等经济和社会事业发展提出意见和建议。

1991年3月28日，出席县政协八届二次会议的政协委员协商讨论副县长仇永鸣在县十届人大二次会议上作的《崇明县国民经济和社会发展十年规划与“八五”计划草案的报告》。委员们认为，崇明县国民经济和社会发展十年规划和“八五”计划，勾画了20世纪最后十年及前五年崇明经济建设和社会发展的目标任务，令人鼓舞。十年规划和“八五”计划比较实在，不唱高调，既积极进取，又留有余地，使人感到心里踏实。委员们还就依靠科技进步、振兴崇明经济，加快住房制度改革、发展房地产业，加强基础设施建设、改善崇明投资环境等问题提出意见和建议。

三、协商讨论“九五”计划

1996年1月29日，县政协召开座谈会，协商讨论《崇明县国民经济和社会发展第九个五年计划及

2010年远景目标纲要(草案)》。与会人员认为,“九五”计划和2010年远景目标纲要(草案)指导思想明确,提出的计划指标和远景目标令人振奋,符合崇明实际。同时,就思想观念转变、精神文明建设、产业结构调整、企业体制改革、基础设施建设、生态环境保护等问题提出意见和建议。

四、协商讨论“十五”计划

2001年2月21日,县政协召开座谈会,协商讨论《崇明县国民经济和社会发展第十个五年计划(草案)》。与会人员认为,《崇明县国民经济和社会发展第十个五年计划纲要(草案)》以发展为主题,客观、全面、务实,符合崇明县情,具有宏观性、战略性、针对性和前瞻性,表示赞同。同时,就发展旅游事业、控制化肥农药使用、加强鸟类保护、搞好成人教育等提出意见和建议。

五、协商讨论“十一五”规划

2005年12月22日,县长孙雷到县政协召开座谈会,就崇明县“十一五”规划纲要(草案)征求政协委员的意见。与会委员认为,规划纲要(草案)对崇明“十五”期间经济和社会发展情况的回顾实事求是,“十一五”期间的奋斗目标鼓舞人心,主要任务切实可行,在全县干部群众的共同努力下,是完全能够实现的,充分体现了县政府求真务实、开拓创新的工作作风。同时,与会人员就实施科教兴县战略、发展第三产业、加快教育卫生事业发展、培育生态文化、科学造林、扩大就业、致富群众等提出意见和建议。

六、协商讨论“十二五”规划

2010年6月21日,县政协召开十二届二十三次常委会(扩大)会议,听取县发改委负责人关于崇明县国民经济和社会发展第十二个五年规划基本思路的介绍,并进行协商讨论。县政协常委会在整理意见建议的基础上,形成《关于对崇明县国民经济和社会发展“十二五”规划基本思路的协商建议书》。协商建议书提出如下建议:一是在加快产业结构优化升级方面,应进一步探索农业与旅游业结合发展的模式,积极发展符合生态岛发展方向的外包服务业,充分利用陈家镇区位优势,认真规划和推进陈家镇绿色产业园区建设;二是在推进和谐社会建设方面,实现较高水平的社会养老保障目标应具体化,应定性、定量、定比例,应将全县老城改造作为县“十二五”规划的重要内容;三是在强化生态环境建设方面,应认真思考扩大生态公益林规模的实现途径,积极探索在崇明运用低碳交通工具,减少污染的形式和方法;四是在完善基础设施方面,应为长江隧桥西线工程积极做好立项前准备,通过在陈海公路路口架设立交桥,使其成为快速通道,并减少交通事故发生;五是在加强文化、体育事业建设方面,应将学习型社会建设和终身教育体系建设纳入县“十二五”规划。

2010年11月15日,县政协召开十二届二十六次常委会(扩大)会议,听取县发改委负责人关于《崇明县国民经济和社会发展第十二个五年规划纲要》编制情况的介绍,并进行协商讨论。在汇总意见的基础上,形成《关于对〈崇明县国民经济和社会发展第十二个五年规划纲要〉编制的协商建议书》。协商建议书提出如下建议:一要继续加快经济发展,有效推动产业优化升级。要着力促进崇明本岛工业企业集聚发展,有效增强崇明工业园区和富盛经济开发区的实力,促进“一体两翼”的壮大;要大力发展崇明绿色食品深加工业,通过发展食品深加工业带动崇明农业的发展升级,提高农民从事农业生产的积极性;要参照国际通用做法核算崇明环境效益,积极向市里争取相关补贴政策;要大力发展养老产业,吸引更多的老年人到崇明养老。二要继续加强社会管理,切实提高城乡管理水平。要坚持开展反邪教工作,确保社会和谐稳定;要继续推进廉租房建设,为各类外来人才提供居住保障,解决其后顾之忧;要重视民族、宗教工作,尊重、关心少数民族,加大投入,合理规划宗教场所的布局,维护崇明少数民族和宗教人士的合法权益。三要继续促进社会事业发展,不断完善公共服务体系。要重视终身教育,统筹考虑完善全县终身教育体系,促进乡镇终身教育事业的发展;要加快医疗队伍建设与学科建设,提高崇明医学学科建设水平;要扩大“村村通”公交的覆盖面,在方便群众出行的同时,提高崇明公交运营的效能和效益。四要继续做好城乡规划统筹,努力推进新农村建设。要加强土地规划管理,使乡镇土地更好地集约利用;要进一步营造乡镇文化氛围,丰富生态岛建设的内涵;要切实做好农民增收工作,努力提高农民群众的收入水平。五要继续推进基础设施建设,夯实现代化生态岛发展基石。要积极争取前瞻性项目落户崇明,如沪崇通道西线工程和轨道交通,使崇明对外交通联系更为快速便捷;要进一步推进农村公路改造工程,方便群众出行并能适应崇明对外开放的需求;要积极推进市政工程建设,积极向市里争取更多支持,促进崇明市容市貌有更大改观。

第二节 协商讨论经济发展重大事项

一、协商讨论第一产业发展事项

1981 年 5 月 12 日,县政协召开常委及部分委员参加的座谈会,协商讨论农业生产。与会人员在参观堡镇公社十四大队、县良种场等单位后认为,近年来,农业生产形势好,是因为党的经济政策好。委员们建议,要重视农业科技的作用,增加必要的科研投入;东平林场要进行统一规划,逐年实施,争取若干年后建设成为一个能供人参观游览的公园。

1985 年 11 月 25 日,县政协组织部分委员,并邀请县水产局负责人,围绕发展崇明淡水养殖开展协商讨论。委员们先实地考察江口、港西、大新 3 个乡的副业场,后进行座谈讨论。委员们认为,崇明具有得天独厚的资源优势,发展淡水养殖大有可为。委员们建议:一要进一步确立“靠山吃山,靠水吃水”的思想,各级领导把发展淡水养殖生产作为振兴崇明经济的一件大事来抓;二要建立一支专业养鱼人员队伍,推行承包经营责任制;三要重视配套工程建设,提高淡水养殖产量和效益;四要加强技术培训,提高科学养鱼水平。

1985 年 12 月 24 日,县政协组织部分委员,并邀请县农业局、畜牧局等单位负责人,就加强农技推广工作进行协商讨论。委员们先考察县农技推广中心,大同、港西、庙镇 3 个乡的农科站、兽医站,后进行座谈讨论。委员们认为,近年来,农科站、兽医站在当地政府和有关部门领导下,做了大量工作,为全县农副业生产的发展作出了贡献。委员们建议:一要进一步解决思想认识问题,各级领导要看到科技对生产的促进作用,要重视农业科研成果和新技术的推广运用;二要进一步健全农业技术推广服务体制,县农技推广中心要充实领导力量,乡农业科技组织要稳定人员队伍;三要进一步提高农业科技人员的业务水平,关心他们的生活,提高他们的工作积极性。

1987 年 12 月 9 日,县政协召开农村经济工作组委员座谈会,围绕发展农业规模经营进行协商讨论。在听取江口副业场、绿华水产养殖场和养猪专业户、种粮专业户生产经营情况的介绍后,委员们认为,目前的政策对发展农副业生产十分有利,要抓住机遇,发展农业规模经营。委员们建议,要进一步落实政策,关心和支持专业户,帮助解决生产经营中碰到的困难与问题。

1994 年 7 月 29 日,县政协召开九届十次常委会(扩大)会议,协商讨论依靠科技进步发展农业生产问题。委员们指出,目前崇明农业科技服务体系存在着队伍散乱、人员老化、设备落后等问题,影响“高优高”农业的发展。委员们建议:一要进一步提高农业基础作用的认识,依靠农业科技进步入手,重视农业、加强农业;二要制定政策、落实措施,做到农业科技服务体系机构健全、人员到位;三要重视农业科技人才的引进和培训,加强对科技人员的继续教育,使其拓宽视野,更新知识,以适应农村经济发展的需要;四要增加对农业科技工作的投入,解决农业科技机构经费不足的困难。

1995 年 10 月 17 日,县政协召开九届十七次常委会会议,协商讨论加强崇明蔬菜基地建设问题。在听取县蔬菜办负责人关于崇明蔬菜生产基地建设的情况后,与会人员就加强领导、设施建设、优选品种、深度加工、搞好流通、依靠科技、保护环境等提出意见和建议。

1995 年 11 月 13 日,县政协召开发展农业和制定“九五”农业发展规划协商讨论会。在听取副县长殷惠生通报 1995 年全县农业发展情况和“九五”崇明县农业发展规划的编制情况后,与会人员认为,1995

年农业增产、增收、增效，主要是农业政策宽松、气候条件好、农民生产积极性高、科技兴农服务工作搞得好。委员们建议，一要改变传统的农业经营模式，走集约化、科学化、规模化的道路；二要向科技进步要效益，重视和发挥科技人才的作用；三要充分利用崇明的资源优势，大力发展特色水产农业、绿色食品农业、观光旅游农业、环境洁净农业；四要积极引进外资，发展创汇农业。

2000年5月23日，县政协组织部分委员，并邀请县农委及有关乡镇负责人，围绕发展蔬菜生产进行协商讨论。委员们在听取县农委有关全县蔬菜生产情况的通报后认为，近年来，崇明蔬菜生产势头较好，对调整优化农业产业结构起到了促进作用，也使农民增加了收入。委员们针对进一步发展蔬菜生产面临的一些问题提出建议：一要搞好市场流通，积极培育营销队伍，一头连接市场，一头连接农户；二要发挥科技资源优势，不断提高蔬菜生产的科技含量；三要兴办龙头企业，带动蔬菜生产的发展。

2002年9月25日，县政协召开农业界别委员座谈会，围绕崇明农业产业结构调整进行协商讨论。委员们在听取县农委负责人有关崇明农业产业结构调整情况的通报后认为，近年来，全县农业总产值持续快速增长，种养业结构更趋合理，特色农产品的市场占有率不断提高，较好地实现了农业增效、农民增收、农村稳定的预期目标。委员们建议：一要进一步提高对农业产业结构调整的重要性和必要性的认识，增强农业产业结构调整的自觉性和积极性；二要进一步加快农业产业结构调整的步伐，不断提升崇明农业产业化的层次和水平；三要进一步加强对农业产业结构调整的领导，把各项措施落到实处。

2005年11月7日，县政协召开农业界别委员座谈会，围绕发展农业进行协商讨论。与会人员就加快土地流转、扩大规模经营、发展特色农业、提高农业科技含量、农产品深加工等提出意见和建议。

2007年10月29日，县政协召开农业界别委员座谈会，围绕发展崇明现代农业、高效生态农业和休闲农业进行协商讨论，县农委和上海北湖现代农业发展有限公司负责人应邀参加。委员们认为，崇明现代化生态岛建设为崇明农业走现代农业、高效生态农业、休闲农业道路提供了广阔的空间。近年来，崇明农业部门坚持依托资源和环境优势，以五大主导产业为抓手，加快农业产业结构调整和农业产业化建设步伐。委员们建议，要坚持以科学发展观为统领，以新型工业化理念来引导农业，以新型工业化成果来反哺农业，让崇明农业真正成为有市场竞争力、能带动农民致富、可持续发展的高效生态农业。

2011年4月21日，县政协经济委员会与县农委开展对口联系活动，协商讨论发展高效生态农业。委员们在听取县农委负责人关于崇明农业"十二五"规划和高效生态农业发展情况的介绍后认为，县政府明确以高效生态农业为发展定位，以推进生态岛建设纲要农业指标的落实和加快崇明生态农产品与市场的对接为立足点，以实现农业组织化程度不断提高、北部垦区发展高效生态农业和农民持续增收为突破口的现代农业发展思路，符合崇明农业实际，切实可行。委员们建议，要进一步解放思想，抢抓机遇，创新思路，真抓实干，力争在农产品安全生产和监管、农产品市场营销、北部垦区农业结构调整、低碳农业示范园推进、生态岛建设纲要指标落实、农村土地承包关系稳定和纠纷化解、重点亮点项目建设等方面实现新的突破。

2012年7月24日，县政协经济委员会与县农委开展对口联系活动，协商讨论农业发展问题。委员们听取县农委负责人关于调整农业经济结构，发展生态高效农业，促进农业增产、农民增收方面的情况介绍。委员们认为，当前，影响崇明农业发展主要有以下三个方面原因：一是村级经济乏力，农民增收困难；二是农民主体参与意识薄弱，艰苦奋斗精神欠缺；三是基层人才匮乏，青壮年劳动力流失严重。为此建议：一要大力发展有经济效益的特色农业，加快推进农业产业化进程。通过普栽果林，使崇明在保证绿化覆盖率的同时，实现农业经济结构的战略性调整。二要加强宣传教育，宣传勤劳有为的农业从业人员，并予奖励，对于好逸恶劳者，限制补助，逐步消除部分群众"等、靠、要"的惰性思维，以扭转"逆激励"恶性循环。三要注重本土人才的培养和挖掘，善用县内农业专业人才及大学生村官、高层次储备人才等，发挥崇明专业人才的作用。四要切实服务农民，做好农民所需要的现代农业装备的技术保障工作，为推进农村农业机械化、规模化、专业化提供技术支撑。

二、协商讨论第二产业发展事项

1989年4月4日，县政协和县经委、县计委联合召开座谈会，协商讨论崇明工业结构调整方案，县政协市政工交财贸委员会全体委员和部分科技界政协委员参加。县经委行业办公室负责人介绍这次调整总的要求、具体方案。委员们认为，这次工业调整是全县的一件大事，县经委和县计委为这次工业调整做了大量工作，方案考虑得比较全面，对全县的经济建设具有指导意义。委员们建议：一是指导思想还要更加具体，要考虑到以农业为基础，三次产业协调发展及发展外向型经济和实施"星火计划"等问题；二是工业企业的调整是一项复杂的系统工程，牵涉到方方面面，应建立强有力的领导班子，统筹安排，组织实施；三是要从长远的、总体的规划加以考虑，逐步建立专业化、社会化协作生产体系，使崇明经济更加健康、更有生命力地稳步发展；四是要做过细工作，使上上下下统一认识，明确调整的必要性，做到同心同德、自觉调整；五是在行业和产品调整中，既要考虑经济效益，又要考虑社会效益，人民生活必需品（如建材），即使企业目前经济效益差一些，也要尽力组织生产；六是在划分行业和产品类别时，要制订具体、明确的标准，并且要有量的概念；七是对关、停、并、转企业，要做好善后工作，特别是劳动力的出路问题。委员们还从技术进步与企业管理，增加投资与挖掘设备潜力，扩大生产与关停并转的辨证关系方面对方案的具体条款提出意见。

1990年8月23日，县政协召开部分厂长座谈会，就振兴海岛工业进行协商讨论。与会人员一起分析崇明经济落后的原因，共同探讨解决问题的办法，并提出四点意见和建议：一要扬长避短，发展崇明经济应考虑海岛的特殊性，不能人云亦云；二要振奋精神，树立克服困难的信心和发展经济的信念；三要转变观念，增强改革开放、商品经济、市场竞争意识；四要明确方向，崇明工业在结构调整中，要形成行业性集团、规模化生产，以增强竞争能力。

1996年9月27日，县政协市政工交委员会与县外经贸委、县工商物价局、县财税局就进一步发展"三资"企业进行协商讨论。委员们在听取关于崇明"三资"企业发展概况、存在问题等介绍后，就加大招商力度、改善投资环境、加强行业管理、健全服务体系等提出意见建议。

2000年3月24日，县政协经济委员会与县工业委员会就进一步深化工业企业改革与发展工业经济进行协商讨论。委员们在听取县工委负责人关于工委工作情况的简要介绍和关于崇明工业经济现状分析与发展思路的专题发言后，就工业经济在崇明经济发展中的重要地位，深化工业企业改革、培育壮大重点骨干企业以形成崇明工业经济发展的支柱、进一步发展农副产品加工工业以及为发展崇明工业做好服务工作等问题进行深入讨论研究，提出意见建议。

2004年9月8日，县政协经济委员会与县经济委员会开展对口联系活动，围绕"工业向园区集中"进行协商讨论。委员们在听取县经委负责人关于全县推进工业向园区集中工作的形势分析、工作举措及下阶段打算等情况介绍后指出，工业向园区集中对加快崇明生态岛建设具有重要意义，要根据崇明工业企业的发展实际，科学规划，合理布局，积极稳妥地促进工业向园区集中。委员们围绕明确产业导向、细化相关政策、完善配套服务、扶持企业发展等方面提出意见和建议。

2008年8月13日，县政协召开经济界别委员座谈会，围绕发展崇明中小企业进行协商讨论。委员们认为，由于受国家宏观经济形势和物价持续上涨等因素的影响，目前崇明中小企业面临着原材料价格不断上涨、劳动力成本逐步上升等问题，致使企业盈利能力不断下降，企业生存与发展越来越艰难。委员们建议：一是县政府及有关职能部门要进一步提高对发展中小企业重要性的认识，高度关注中小企业的发展；二是采取有效措施，制定和完善相关财税扶持政策和劳动力就业政策，尽快恢复工业园区落户实体企业原本享受的财政扶持政策，鼓励和扶持中小企业的生存与发展，帮助企业渡过难关；三是各职能部门要进一步增强服务意识，努力为企业生存与发展提供优质服务。

2009年3月27日，县政协召开工商联界别委员座谈会，协商讨论崇明中小企业的发展问题。委员们认为，县政府及有关职能部门在积极应对金融危机、服务全县中小企业发展方面做了大量工作，并取得一定成效，但在完善政策支持平台、优化政府为企业服务环境等方面还存在一些问题。委员们建议：一要进一步关注崇明中小企业发展，发挥其在拉动经济和促进崇明城乡居民就业方面的积极作用；二要强化各工业园区招商引资工作，加大对园区落户实体企业的扶持力度，注重政策的平衡，为其发展提供平等的竞争机会；三要加强与银行的沟通合作，完善已有的中小企业担保体制，扩大贷款担保基金规模，适当降低企业贷款担保的门槛，帮助中小企业缓解资金紧缺、融资困难等问题；四要进一步增强服务意识，对各职能部门派生的各类协会、机构组织以培训、代办、赞助等名目进行的搭车收费进行清理，减轻企业负担，为企业发展创造良好环境。

2012 年 7 月 9 日，县政协召开工商联界别、经济界别委员座谈会，就如何进一步“抓机遇、促发展、优环境、稳增长”，有效促进崇明中小企业发展进行协商讨论。委员们认为，由于当前国内经济增速放缓、市场需求萎缩，企业又面临用工成本递增、流动资金周转困难、企业订单锐减、产品销售不畅等问题，致使中小企业普遍承受市场竞争与经营管理的多重压力。委员们建议，在当前困难的经济形势下，县政府应出台一些阶段性的补助政策，改善企业外部环境，畅通相关信息渠道，使中小型实体企业能更合理、更高效地利用、整合各类有效资源，以助力中小企业早日摆脱困境、逆势而上。

2012 年 11 月 1 日，县政协经济委员会与县经委开展对口联系活动。委员们在听取县经委负责人关于县经委 2012 年主要经济工作完成情况、目前存在的困难和问题以及 2013 年经济形势分析和工作思路的通报后认为，2012 年，县经委积极履行职能，在保障经济平稳运行、促进产业结构调整、推动商务发展等方面做了大量工作，取得明显成效。同时指出，由于多方面因素影响，2013 年崇明经济平稳运行的压力较大。委员们就优化企业发展环境、做好中小企业服务工作等提出意见建议。

三、协商讨论第三产业发展事项

1988 年 11 月 24 日，县政协召开部分委员座谈会，围绕崇明县城镇居民蔬菜、副食品供应问题进行协商讨论。县畜牧局、水产局、供销社、蔬菜办、食品公司和城桥镇等单位分别介绍蔬菜、副食品的生产、供应等情况。与会人员认为，城镇居民的蔬菜、副食品供应涉及千家万户，解决得好坏，关系到能否安定人心、稳定社会的大问题。委员们就建立副食品生产基地、巩固蔬菜基地、切实解决生产中具体困难、筹集和用好副食品基金等提出意见建议。

1990 年 7 月 25 日，县政协召开部分委员座谈会，针对崇明商品流通领域出现不断滑坡的状况进行协商讨论。县供销社、物价委员会、工商局、建设局、公安局、农业银行等部门负责人应邀到会，县供销社通报有关情况。与会人员从增强市场竞争意识、提高商业服务质量等方面向县供销社提出建议，同时建议有关部门也要给予县供销社支持和配合。

1994 年 10 月 17 日，县政协农贸经济委员会召开全体委员座谈会，围绕发展崇明第三产业进行协商讨论，部分乡镇分管第三产业的负责人应邀参加。会上，港东乡等 6 个乡镇先后介绍第三产业发展情况，与会人员就加快发展崇明第三产业提出意见建议。

1994 年 11 月 9 日，县政协组织历届县政协主席、副主席与县商委领导班子成员一起协商讨论崇明第三产业的发展。与会人员听取县商委负责人有关第三产业发展情况的介绍，在肯定县商委在发展第三产业工作中取得成绩的同时，对进一步发展第三产业提出意见建议。

2004 年 8 月 19 日，副县长褚以琳率县旅游局领导班子成员到县政协，与县政协主席会议成员协商讨论崇西地区旅游规划的编制问题。褚以琳通报该规划的编制背景、基本原则和计划实施步骤。县旅游局负责人通报具体规划方案。主席会议成员认为，绿华地区拥有丰富的、极具崇明特色的旅游资源，目前编制的崇西地区旅游规划有机融合了这些资源要素，规划科学而有新意。主席会议成员建议：一是规划编制要广泛听取各方意见建议，不断优化、完善规划方案，确保方案的科学性、实效性；二是要加大招商力度，多渠道筹措资金，吸引社会力量共同参与该地区的旅游项目开发；三是要加快崇西旅游区周边的基础设施建设，尤其要加快道路交通建设，形成直达该区域以及连接区域内各景点的道路交通网络；四是要在景点规划和建设上多动脑筋，尽量减少人工建造的痕迹，凸显该地区独有的自然景观特色。

2005年12月1日，县政协文史资料委员会与县旅游局开展对口协商活动。委员们听取县旅游局关于2005年崇明旅游事业发展以及旅游事业发展规划编制情况的介绍，并就进一步加大招商力度，引进投资项目；制定优惠政策，激活旅游市场；提高服务质量，提升"农家乐"旅游档次等提出意见建议。

2008年9月9日，县政协经济委员会与县旅游局开展对口联系活动，就发展旅游业进行协商讨论。县旅游局负责人通报崇明旅游业发展情况。委员们认为，由于崇明旅游业发展受经济基础薄弱、越江交通不便、基础设施落后、管理机制不顺等不利因素制约，旅游业配套服务尚不到位，吸引力不强，回头率不高，缺乏资源优势和文化内涵，尚处于初级阶段。委员们建议：一是依托崇明湿地、湖泊、森林等自然环境优势，充分挖掘自然、人文、历史等资源，努力打造具有崇明特色的生态旅游品牌；二是紧紧抓住隧桥通车和世博会召开的机遇，加强旅游产品的推介和配套设施、服务的改善，努力扩大崇明旅游的知名度和吸引力；三是县旅游主管部门要切实加大与在崇明的市属相关单位和县内有关部门的合作，积极整合崇明岛域的旅游资源，推进崇明旅游产业的发展。

2008年10月7日，县政协召开十二届二十三次主席（扩大）会议，听取副县长李志宏及县旅游局负责人所作的关于崇明旅游事业发展情况的通报，并就进一步加快崇明旅游事业发展进行协商讨论，形成《关于加快崇明旅游事业发展专题协商建议书》。协商建议书提出以下建议：一要坚持科学发展，牢固确立旅游业在崇明产业发展中的重要地位，把旅游事业作为先导产业和崇明经济增长的支柱产业加以重点培育，不断提高旅游业在全县增加值（GDP）中的比重和崇明经济发展中的贡献率。二要坚持加强协调，努力形成共同推进旅游业发展的强大合力，在统一服从崇明旅游总体规划的前提下，明确各自职责，加大投入开发的力度，从而确保崇明生态休闲旅游业总体规划的落实和实施。三要坚持政府主导，共同营造促进旅游业发展的良好氛围，为进一步提升全县旅游业整体水平创造条件，营造良好的旅游业发展环境。四要坚持农旅结合，积极推动一、三产业联动发展，在继续打响前卫村、瀛东村、绿港村、南江村等农家乐旅游品牌的基础上，合理布局、规划建设新的农家乐旅游项目，积极探索一条政府扶持、企业推动、村级经营、农民参与的农业旅游新路，全面提升农家乐旅游的质量。五要坚持做精做强，不断增强崇明旅游项目的公众吸引力，深入挖掘崇明三岛尤其是崇明本岛的历史文化内涵，激活积淀的文化和凝固的建筑，结合自身资源条件筹划有影响力的大型节庆活动，并打造与之相配套的休闲、娱乐、购物、风味饮食、文化街，使更多的国内外游客乘兴而来，满意而归。

2009年7月8日，县政协组织中共、特邀界别委员到县旅游局，协商讨论发展崇明旅游业。县旅游局负责人通报崇明旅游业概况、上半年旅游产业重点工作推进情况、发展崇明旅游业设想及明珠湖地区规划情况等。委员们认为，近年来，县政府及有关职能部门为促进崇明旅游业发展，做了大量工作，并取得一定成效。但崇明旅游业尚处于初级阶段，存在着旅游业总体规模小，结构单一，旅游景点布局分散、文化内涵缺乏，资源优势尚未有效挖掘，配套设施、服务不到位、机制不完善等问题。委员们建议：一是崇明旅游业的发展必须以规划为先导，在编制和实施崇明县国民经济和社会发展"十二五"规划时，要形成一个与崇明生态岛建设相匹配的高水准的旅游专业规划；二是建立健全管理和开发机制，整合现有旅游景点资源，改造扩大新的景观；三是加快推动旅游业与农业、工业及服务业的融合，努力形成旅游产业链；四是进一步挖掘"农家乐"内涵，提升"农家乐"水平，探索开发崇明本岛休闲旅游、长兴岛工业旅游、陈家镇会展旅游相结合的旅游项目，不断丰富崇明旅游产品；五是依托崇明湿地、湖泊、森林等环境优势，充分挖掘自然、人文、历史资源，努力打造具有崇明特色的生态旅游品牌；六是加强旅游线路开发，加快旅游配套设施建设，提升旅游服务能力和水平，扩大崇明旅游的知名度和吸引力。

2010年4月15日，县政协经济委员会与县旅游局开展对口协商活动。委员们实地视察明珠湖北大门建筑工地，听取县旅游局负责人关于上海长江隧桥通车后崇明的旅游情况及崇明旅游业"十二五"发展规划初步设想的情况通报。委员们认为，上海长江隧桥通车后，崇明旅游出现"井喷"现象，游客停车难、吃饭难、如厕难等问题也凸显出来。上海世博会开幕在即，整个会展期间预计将有7 000万人次的海内外游客参观，届时崇明必将迎来新一轮的旅游高峰。如何用足用好这一重大历史性机遇，对于进一步扩大崇明对外影响，树立崇明良好形象具有十分重要的意义。委员们建议：一要全力打造崇明旅游品牌；二要加快推动旅游公共服务设施建设；三要建立规范有序的土特产品销售市场；四要大力加强旅游行业管理。

2012年6月29日，县政协经济委员会与县旅游局开展对口协商活动。县旅游局负责人通报崇明近年来旅游事业的发展情况及崇明文旅产业融合发展的现状。委员们认为，近年来，县政府及有关职能部门坚持以科学发展观为指导，挖掘历史民俗、非遗文化等资源，依托节庆和活动的平台，积极探索崇明文旅产业融合发展新模式，取得有目共睹的成绩。但由于崇明旅游事业尚处于初级阶段，因此在规划、营销、人才等诸方面均存在着一些亟待解决的问题。委员们建议：一是从崇明通江达海的区位优势、大浪淘沙的地质特性、水清气净的生态环境入手，对旅游产业开发给予明确定位。组织专业人士编制旅游发展规划，切实提升崇明旅游的层次，展示全县景区的内涵；二是"食、住、行、游、购、娱"六大要素有机结合、深度挖掘，对特色文化元素加以规模化、产业化发展，开发崇明文化旅游产业的新业态；三是严格规范旅游企业服务行为，建立规范有序的土特产品销售市场。

2012年8月27日，县政协举行发展现代服务业协商通报会。副县长王智华通报崇明现代服务业发展现状、存在问题和原因以及发展思路和措施等。与会人员认为，近年来，县政府在推进产业结构调整、加快现代服务业发展、促进崇明现代化生态岛建设方面做了大量工作，为构建具有崇明区域特色和优势的现代服务业框架打下一定基础。与会人员建议：一是金融企业要围绕崇明现代服务业发展做好服务工作。要保证现代服务业重点项目的资金需要，不断优化信贷结构，增加有效信贷投入，加大重点项目、重点企业的资金支持。要积极引入高端外资，出台相应的激励机制，进一步加大招商引资力度，促进现代服务业发展。二是要高起点、高标准、高速度抓好重点地区现代服务业的工程项目，同时，抓好一般地区的工程项目，从广度和深度两个方面谋划布局崇明现代服务产业。三是精心构筑旅游产业，以特色旅游项目建设为重要抓手，以文化内涵夯实旅游产业，以现代物流平衡东西部旅游业发展，为崇明现代服务业发展注入新的生机与活力。同时，全力完善旅游服务平台，同步升级旅游从业人员队伍，加快旅游资源整合，提升旅游品牌品位。四是依托陈家镇、崇明新城建设，坚持量的扩张与质的提升并举，系统性、规划性、前瞻性地打造集公共配套服务、功能设施齐全、城市特色鲜明的现代服务业集聚中心，有序引进高品位商贸服务项目，通过各类服务平台的功能完善，努力开创崇明现代服务业发展的新局面。

2012年8月27日，县政协举行现代服务业发展情况协商通报会

四、协商讨论其他经济发展事项

协商讨论完善土地承包办法　1985年8月25日，县政协召开座谈会，农村组政协委员参加，协商讨论如何进一步完善土地承包的办法。中共崇明县委政策研究室通报"关于完善土地承包办法的意见"(讨论稿)的主要内容。委员们认为，农村实行家庭联产承包责任制，调动了农民生产积极性，促进了经济的发展，但在农村生产经营方式改革中也确实存在一些需要解决的问题。委员们建议：一要按照"宜统则统，宜分则分，统分结合"的原则，切实加强村队集体经济组织"统"的职能，帮助农户解决自身难以解决的困难；二要按照"权责利统一"的原则，认真做好乡村企业承包合同的签订工作，解决企业承包经营中负盈不负亏的问题；三要按照"大稳定，小调整"的原则，慎重进行承包土地的调整工作，解决原有承包土地田

块过多、零散分散，部分外出人员承包土地抛荒等问题。

协商讨论“浦东开发，崇明怎么办?” 1990年7月5日，县政协发出开展“浦东开发，崇明怎么办?”献计活动的通知，之后20多天时间里，县政协农村经济委员会、市政工交委员会、科学技术委员会、海外联谊委员会等专门委员会，围绕“浦东开发，崇明怎么办?”先后举行协商讨论活动，在转变思想观念，扩大崇明对外开放；加强基础设施建设，改善崇明投资环境；发挥资源优势，调整崇明产业结构等方面共提出意见建议100多条。

协商讨论团结沙开发 1998年11月4日，县政协经济委员会与县农业委员会进行对口联系活动，协商讨论团结沙开发利用问题。团结沙农场负责人介绍团结沙近几年来的开发情况及下一步开发设想等。委员们认为，县农委和农场领导班子以及全体员工为农场的开发，做了大量的工作，并取得了一定的经济效益。鉴于团结沙农场在崇明建设国家级绿色食品园区中的重要地位，委员们建议：一是县政府对团结沙农场发展总体定位要有一个明确的思路；二是农场在作为绿色食品园区商品粮基地的基础上，要充分发挥地理和资源优势，发展养蟹业，使农场成为全县发展蟹苗亲本、种蟹的龙头企业，辐射全县养蟹发展；三是对已经申报绿色食品标志的产品要抓紧做好催办工作，促使尽快获得批准。

协商讨论上海长兴海洋装备产业基地建设 2011年8月3日，县政协组织经济界别委员赴上海长兴海洋装备产业基地开展协商讨论活动。在听取上海长兴海洋装备产业基地开发有限公司负责人关于公司运行情况通报后，委员们认为，上海长兴海洋装备产业基地开发有限公司克服种种困难，在前期开发中的推进土地收储、基础设施建设等方面做了大量卓有成效的工作，但目前也出现一些需要解决的问题，如基础设施建设仍是长期发展的重要瓶颈，投资软环境方面建设仍不尽如人意等。委员们建议：一要加快基础设施建设步伐，明确指标任务，实行量化管理，做到责、权、利挂钩，优化投资环境；二要积极构建融资平台，利用市场化运作，吸引、带动社会资金投入，盘活国有资产及土地资源；三要利用区位优势、人文优势、旅游资源优势，在完成配套设施建设的基础上，进一步完善投资软环境，吸引科技含量高、能源消耗少、环境污染小的精英企业入驻基地。

第三节 协商讨论社会事业发展重大事项

一、协商讨论教育科技事项

1982年1月6日，县政协召开教育界政协委员专题座谈会，就“减轻学生负担、提高教育质量”进行协商讨论。委员们听取崇明县协兴小学《全面贯彻教育方针，面向全体学生，抓好入学率、巩固率和合格率，办好农村小学》的经验介绍，并列举事实，指出部分学校、部分班级存在学生学习负担过重的状况。委员们建议：一是县教育局要专门召开校长、教导主任会议，端正办学思想，纠正片面追求升学率偏向，并加强对学校教育工作的督促检查，不断提高教育管理水平；二是加强教学研究和教师进修，严格执行市颁教学计划和大纲要求，使学生扎实、循序地掌握课本的知识、技能；三是加强学生思想政治教育，调动学生学习自觉性和积极性，对统考、竞赛和订购参考习题、复习资料要严格控制；四是认真推广竖河公社办学经验，推动教育结构改革；五是县委、县政府要加强对干部群众的宣传，支持学校全面贯彻教育方针，共同把青少年教育成为“四化”建设的有用人材。

1982年8月10日，县政协召开科技组委员座谈会，就中小学开展科技活动的问题进行协商讨论。县中小学科技活动指导站负责人介绍全县中小学科技活动情况。委员们认为，中小学校开展科技活动可以从小培养学生爱科学、学科学、用科学。委员们建议：一要加强中小学校开展科技活动意义的宣传；二要安排好科技活动的辅导老师；三要增加必要的科技活动经费；四要进一步加强中小学科技活动指导站的建设。

1982年11月5日、8日、11日，县政协先后召开3次座谈会，科技、教育界政协委员参加，部分县人大代表，中共崇明县委宣传部、县科委、县教育局、县卫生局的负责人和政工干部，以及其他方面知识分子代表应邀出席，就进一步调动知识分子积极性进行协商讨论。与会人员交流学习中共十二大文件的体会，联系实际，谈了过去在“左”的思想影响下对知识分子的偏见和当前存在的一些问题。与会人员建议：一是加强党对知识分子工作的领导。各级领导，特别是知识分子相对集中的单位，要把做好知识分子工作放到重要议事日程，重视知识分子入党和选拔符合“四化”要求的知识分子进各级领导班子。二是加强知识分子的政治思想工作。单位领导和政工干部要与知识分子多联系沟通，做知识分子的知音人，让知识分子多参加一些政治活动。三是帮助知识分子解决生活困难和落实政策中的具体问题。对科技人员享受的劳保福利、技术补贴，有关部门应按规定给予解决。

1984 年 12 月 19 日，县政协召开教育界政协委员专题座谈会，协商讨论崇明教育改革问题，县教育局负责人应邀参加。委员们建议：一是搞好教改的关键在领导，教育局要有专人抓教改，并配备必要的人力、财力和物力；二是崇明中学和实验小学为课堂教学改革的试点单位，取得经验后推广；三是崇明中学、民本中学缩小初中规模，重点办好高中；四是学校领导必须抓教育，教育质量上不去，领导也有责任；五是中共崇明县委、县政府要把发展职业教育、推进职校改革放在议事日程上。

1988 年 6 月 27 日，县政协教育工作委员会召开座谈会，就评选“优秀园丁”和评定职称进行协商讨论，县教育局负责人应邀出席。会上，部分政协委员及教师代表反映了在评选“优秀园丁”和评定职称工作中存在的问题。与会人员认为，评选“优秀园丁”和评定教师职称是一件好事，但要把好事办好，必须坚持原则和标准，做到公开、公平、公正。

1990 年 6 月 19 日，县政协召开县政协教育文化委员会委员、县政协之友社部分社员与县教育局有关方面负责人座谈会，协商讨论学校德育教育问题。与会人员在听取教育局普教股关于全县开展德育教育情况通报后认为，近年来，教育部门在抓好学校德育教育工作方面做了不少工作，取得了一些进展，但在全县范围内德育教育活动的面还不广，需要进一步努力。与会人员建议：一是提高加强学校德育教育工作重要性的认识，要统一思想，形成共识；二是学校德育教育要抓住教育学生热爱社会主义祖国这一主线，开展各种形式的德育教育活动；三是教育工作既要抓好德育，又要抓好智育，两个方面都要重视。

1991 年 6 月 27 日，县政协召开八届十次常委会(扩大)会议，协商讨论学校德育教育工作。副县长黄雄通报全县中小学校德育教育工作情况后，委员们围绕加强学校德育教育工作热烈讨论，建言献策。委员们认为，要端正办学思想，培养学生成为德、智、体全面发展的人才是学校义不容辞的责任；教师素质是德育教育的关键，要抓好学生的德育教育，首先要提高教师的政治思想素质；学校教育离不开社会教育、家庭教育，学校承担学生德育教育主要任务，社会、家庭也要配合和支持。

1991 年 12 月 3 日，县政协召开科学技术委员会委员座谈会，协商讨论“科技兴岛”问题。委员们建议：一是加强“科学技术是第一生产力”的宣传，增强各级干部科技兴岛意识；二是集中农、副、工各业中的精英，成立一个科技智囊团，为领导在重大科技生产项目决策前当好参谋；三是成立县级综合性科技研究所，建立科技开发小组，推动全县科技开发工作；四是增加科技投入，改善科技环境，吸引科技人才，调动科技人员的积极性，全力促进科技兴岛。

1996 年 12 月 10 日，县政协科学技术委员会与县科委开展对口协商活动。在听取县科委近期工作情况通报后，委员们认为，县科委建置恢复以来，克服人手少、经费缺、条件差等困难，认真贯彻落实县科技大会精神，取得一定的成绩，但也存在不足。委员们建议：一是从县科委开展工作的实际需要出发，县编委要适当增加人员编制；二是乡镇要设专职科技助理，各经济委局要设科技科；三是财政要增加科普经费的投入；四是尽早建立县科技工作领导小组和科普联席会议制度；五是有关部门应对全县科技人员现状进行一次调查。

2003 年 5 月 30 日，县政协组织县十届、十一届政协科技界、教育界部分委员，围绕实施科教兴县战略，加快崇明跨越式发展召开专题协商讨论会。与会人员围绕主题，踊跃发言，形成四个共识：一是实现崇明跨越式发展，必须加快实施科教兴县战略；二是实现崇明跨越式发展，必须造就一支高素质的科技人才队伍；三是实现崇明跨越式发展，必须加大教育体制改革力度；四是实现崇明跨越式发展，必须提高全民科学文化素质。与会人员认为，要在全县掀起一个学习现代科学技术知识的热潮，用现代科技知识武装广大干部群众的头脑，提高各级干部的科学决策能力。建议每年通过学历考试、外送人员参加中长期培训、学习考察、参加学术交流研讨、举办培训班等多种形式，不断提高各级干部的科技素养。同时重视和加强科学技术知识在广大群众中的普及。

2004 年 11 月 10 日，县政协召开科技界、教育界部分政协委员座谈会，围绕科教兴县战略，就完善推进机制、突出生态科技、优先发展教育、构筑人才高地、加快信息化建设等进行协商讨论。县政协主席范陈杰对委员们的发言给予肯定，并就切实履行政协职能，努力服务于坚持实施科教兴县战略，加快建设现代化生态岛的伟大实践提出三点要求：一是充分认识实施科教兴县战略对建设崇明生态岛的重大意义，不断增强落实科教兴县主战略的自觉性；二是认真履行政治协商、民主监督、参政议政职能，积极为实施科教兴县战略献计献策；三是切实做好本职工作，努力为实施科教兴县战略作贡献。

2005 年 8 月 12 日，县政协召开教育界委员座谈会，就崇明教育问题进行协商讨论。委员们认为，近年来崇明教育得到了较快发展，但仍存在着教学设施陈旧、教育经费不足、教师知识结构不全等问题。由于教师待遇偏低，导致骨干教师外流现象较为突出，教师队伍中已经出现年龄偏大、学科失衡等结构性矛盾。县委、县政府要高度重视，并采取有效措施，改变目前的状况。委员们提出两点建议：一要大力发展职业教育，根据生态岛建设的需要，抓紧培养适用人才；二要认真落实长效管理机制，切实加强校园周边环境整治。

2011 年 8 月 18 日，县政协组织教育界别委员围绕崇明教育工作进行协商讨论。县教育局负责人通报 2011 年崇明中、高考情况。委员们认为，近年来，县教育部门逐步调整教育布局、优化师资队伍结构、不断加大对教育公共资源的投入，在学前教育、义务教育和成人教育各阶段，创设了良好的教育环境，营造了和谐的学习氛围，使崇明中、高考录取率稳中有升。同时，委员们结合各自工作实际，就注重培养师生的独特性和差异性、积极开展教学观摩、完善教师工资经费保障机制等方面提出意见建议。

2011 年 8 月 18 日，县政协组织教育界别委员协商讨论教育工作

2012 年 5 月 24 日，县政协召开科技、科协界别委员座谈会，围绕科技工作进行协商讨论。县科委负责人通报县科委、科协 2012 年以来的工作情况及下阶段的工作打算。委员们认为，近年来，县科委、科协围绕崇明现代化生态岛建设，做了大量卓有成效的工作。委员们建议：一要围绕中心，服务大局，以科技创新为主线，以产学研结合为重点，努力提升科技对于崇明经济、社会、民生发展的支撑引领作用；二要加强对专项科技项目的检查、督促和指导，如种养基地的指导，种源农业的保护，水产、蔬菜和水稻新品种的试验，土壤改良、污水处理、农业面源污染治理等，推动专项科技发展；三要优化环境，提升服务，切实推动区域科技全面进步。

2012 年 6 月 27 日，县政协社会事业委员会组织部分委员与县教育局开展对口联系活动，协商讨论推进学习型社会建设。委员们首先听取陈家镇政府有关负责人关于社区教育发展情况和县教育局负责人关于全县学习型社会建设进展情况的通报。委员们认为，近年来在县委、县政府的领导下，崇明推进学习型社会建设工作有较快发展。县建立了建设学习型社会推进和指导委员会，初步构建了以县社区学院为龙头，以各中小学、校外教育机构、乡镇社区学校为骨干，以村（居）委教学点为基础的社区教育三级组织网络，形成了以社区院校专职教师、各部门兼职教师和民间志愿者三结合的教育宣讲队伍，初步形成“人人皆学、时时能学、处处可学”的学习型社会氛围。委员们建议：一要加强建设学习型社会的宣传，增强建设学习型社会的自觉性和责任感，吸引公民广泛参与各种学习活动，提高公民综合素质；二要加强社区学校和成人教育机构的建设，健全有关制度，提高办学水平，发挥示范辐射作用；三要加强社会公德和生态文明教育，为崇明生态岛建设作出应有的贡献。

二、协商讨论卫生和计划生育事项

1983年4月15日，县政协工商组邀请长期从事中药材经营管理的工商界人士和部分老药工，就加强和改进崇明中药材经营管理工作进行协商讨论。与会人员反映崇明中药行业存在以下问题：一是中药材加工炮制不规范，影响药品质量和疗效；二是基层药店对中药材保管不善，发生药材虫蛀、受潮、霉变；三是中药配方发药中存在着有的无故回方、划方，有的医嘱先煎后入的药味不予标明，有的甚至发错药品；四是中药材购销中存在着不符季节收购、小品种供应重视不够等问题；五是中药业职工队伍中随着老职工的退休，专业知识欠缺的新职工居多；六是中药商业领导体制不顺，不利于开展工作，全县各药店门市部（除城桥镇）都属于各基层供销社领导（包括劳动、人事、业务、经济），县医药公司对其只是业务上的联系和指导。与会人员建议：一要加强中药材工作的领导，理顺中药商业的领导体制；二要重视药业职工的政治思想工作，提高他们的事业心和责任感；三要加强药业职工的业务培训，培养一批业务骨干；四要建立岗位责任制，明确分工，落实责任，做好购销过程中各个环节的工作。

1985年6月27日，县政协召开医卫组委员座谈会，就饮食、食品卫生问题进行协商讨论。会前，委员们检查城堡两镇40个单位的饮食、食品卫生情况。座谈讨论中，委员们认为，饮食、食品卫生工作有进步，但也存在卫生“死角”，应该引起重视。委员们建议：一要有重点、有计划地继续深入宣传贯彻食品卫生法，加强对饮食食品行业干部职工的卫生教育；二要加强经常性的检查督促，尤其是对一些重点单位；三要研究采取改革性措施，帮助资金少、设备旧、人员老、效益差的单位解决实际困难。

1986年10月17日，县政协召开座谈会，副县长黄雄，县民政局、建设局、文化局、卫生局、财政局等单位负责人参加，一起协商讨论关于县精神病院搬迁问题。与会人员认为，县精神病院西迁与县结核病防治医院合并方案较好，资金由县财政、市民政局、市农场局等几方面共同提供，整个工程争取在三年内完成。

1986年11月27日，县政协召开部分政协委员以及县卫生局、县科协有关人员座谈会，就振兴崇明中医事业进行协商讨论。与会人员认为，这几年来，崇明的中医工作取得了一些成绩，但同上级发展中医的要求和人民群众治病的需要还有距离，当前的中医工作仍是卫生事业的薄弱环节。与会人员建议：一要重视中医，县卫生局和各医院都要有分管中医的领导，在人力、财力、物力方面关心中医事业的发展；二要尽早建立县中医医院，使之成为全县中医业务技术指导中心；三要稳定中医人员队伍，除了少数担任行政领导外，尽量减少原有中医人员改行从事非中医业务工作；四要加强中医人才培养，壮大中医人员队伍；五要做好中医医生，特别是名老中医医生临床医疗经验的整理、继承和发扬工作。

2002年7月12日，县政协副主席周祖安、黄雄、罗永祥等就实施镇村卫生机构一体化管理与县卫生局领导班子成员进行协商讨论。县卫生局负责人通报崇明县镇村卫生机构一体化管理的工作情况。与会人员对县政府及其职能部门所做的工作给予充分肯定，并提出如下建议：一是进一步提高实施镇村卫生机构一体化管理重要性的认识，加强领导，深化改革，优化农村卫生资源配置，提高崇明初级卫生保健工作水平；二是县、乡镇两级政府要增加对农村卫生事业的投入，添置必要的硬件设施，解决预防经费；三是加强对乡村医生的培训，进一步提高他们的职业道德和业务工作水平，同时，择优选择卫校毕业生充实乡村医生队伍，妥善做好富余乡村医生分流工作，确保乡村医生队伍的年轻化、专业化。

2002年8月5日，县政协人口和健康委员会与县卫生局开展对口联系活动，协商讨论卫生系统后勤服务社会化改革问题。县卫生局分管负责人通报有关情况。委员们认为，实行后勤服务社会化改革是卫生系统综合改革的重要组成部分，通过理顺职能、创新机制、进一步降低成本，以有效提高后勤服务的质量和效率。委员们就如何搞好卫生系统后勤服务社会化改革提出意见建议。

2003年5月13日，县政协召开人口和健康委员会委员会议，协商讨论防治“非典”工作。与会委员分别听取县卫生局和县中心医院关于全县和县中心医院防治“非典”工作情况的通报。委员们认为，中共崇明县委、县政府对防治“非典”工作高度重视，责任明确，网络健全，措施有力；县卫生部门和医疗单位领导到位，责任到位，防范工作措施到位，对全县前阶段防治“非典”工作表示满意。委员们建议：一要加强宣传教育，增强人民群众卫生意识；二要确保防治“非典”资金尽快到位，使全县上下抗“非典”措施落到实处；三要建立重点“非典”隔离区，按照标准配备设备和人员；四要关心医务人员身体健康，严格防范措施；五要加强医院、卫生院探视人员管理，防止交叉感染。

2005年7月21日，县政协召开医药卫生界委员座谈会，协商讨论医疗卫生工作。与会委员围绕加大对医疗卫生事业的投入力度、完善医疗卫生资源配置、解决普通百姓“看病难、看病贵”、注重人才培养和引进等问题进行协商讨论，提出意见建议。

2005年9月1日，县政协人口和健康委员会与市食品药品监督管理局崇明分局开展对口联系活动。委员们在听取市食品药品监督局崇明分局负责人关于食品、药品监督工作的情况介绍后，对崇明分局所做的工作给予充分肯定，并就进一步加强食品、药品监督管理工作提出意见建议。

2006年7月20日，县政协组织医药卫生界别委员前往堡镇医院，听取堡镇医院负责人关于该院概况、2006年工作以及医院迁建规划等情况介绍后，围绕解决农民看病难、就医难和如何留住人才、吸引人才等问题进行协商讨论。委员们建议：一要合理配置医疗资源，卫生经费投入要向农村倾斜；二要健全完善农村新型合作医疗制度，管理好合作医疗资金；三要提高社区卫生服务水平，将农村乡镇社区卫生服务中心建成新型农村合作医疗的主要定点医疗机构；四要加强医务人员培训，提高医务人员素质，依托大型综合性医院的技术力量，通过技术指导、设专家门诊、请专家授课等形式，提升医院整体医疗水平。此外，委员们还就进一步健全乡村医生队伍，提高乡村医生工资待遇等提出意见建议。

2010年8月26日，县政协人口和健康委员会与县卫生局开展对口联系活动，协商讨论崇明县“十二五”医疗卫生事业规划编制。县卫生局负责人介绍崇明县“十二五”医疗卫生事业规划编制情况。委员们充分肯定“十一五”期间全县卫生事业取得的成绩，同时建议：一要完善医疗卫生资源投放机制，适时建立投放听证制度，合理调整资源配置结构，以区域医疗联合体建设为契机，提高社区卫生服务整体水平；二要重视培养医疗人才队伍，健全完善人才机制，吸收医疗学科高技能人才、重点领域专门人才以及对应专业急需人才，以满足新形势下重点学科深入发展、各学科均衡发展、医疗服务网络联动发展的人才需求；三要建立县级财政资金对公共医疗机构投放逐年增长机制，使公共医疗机构逐步进入良性循环。

2012年3月14日，县政协社会事业委员会组织新华医院崇明分院、县血站、堡镇人民医院、庙镇人民医院等单位的政协委员与县卫生局开展对口联系活动，协商讨论卫生工作。委员们在听取县卫生局负责人关于2012年县卫生系统重点工作情况通报后，就医院收费、义务献血、新型农村合作医疗保险以及落实医疗改革双向转诊等方面存在的问题提出意见建议。

2012年5月11日，县政协召开医药卫生界别委员座谈会，协商讨论医药卫生体制的改革和新华医院崇明分院三级医院的创建。县卫生局负责人通报崇明2012年度医药卫生体制改革进展情况及新华医院崇明分院三级医院创建情况。关于医改工作，委员们建议：一要把握方向，稳步推进，促进社会和谐稳定；二要加大宣传，形成共识，不断创造良好的医改环境；三要解放思想，知难而进，力争取得医改工作的新进展。关于创建三级医院工作，委员们建议：一要集中力量，突破创建的瓶颈问题；二要建管并举，进一步建立健全相关制度；三要以点带面，不断提升全县医疗服务水平；四要坚持公益，加快建立财政补偿机制。

2012年7月31日，县政协社会事业委员会与县人口计生委开展对口联系活动，协商讨论人口与计划生育问题。委员们听取县人口计生委负责人关于崇明人口计生工作情况的通报。委员们充分肯定县人口计生委在人口发展规划制定、计划生育宣传服务、人口文化阵地建设、流动人口服务管理等方面所做的工作。并就进一步推进人口计生事业发展、提高人口整体素质等提出意见建议。

三、协商讨论文化、广电、体育事项

1996年1月18日，县政协文体新闻委员会与县教科文委员会开展对口协商活动。县教科文委员会文化科负责人通报1995年崇明文化工作情况，委员们充分肯定县教科文委员会去年所做的工作，并就文化工作为"两个文明"建设服务等提出意见建议。

1996年9月16日，县政协召开九届二十二次常委会（扩大）会议，就广播电视工作进行协商讨论。县广播电视台负责人通报崇明广播电视工作情况。与会人员认为，在中共崇明县委、县政府的重视支持下，通过广播电视工作人员的共同努力，崇明广播电视工作是有成绩的，但与上海其他区县相比还有一定差距。大家围绕广播电视事业中的体制、政策、投入、人才等方面展开热烈讨论，提出意见建议。

1998年1月12日，县政协文体新闻委员会召开座谈会，就乡镇文化站建设进行协商讨论。县文体委员会有关负责人通报崇明乡镇文化站基本情况。委员们认为，在中共崇明县委、县政府和各乡镇的重视下，在全体文化工作者的努力下，崇明乡镇文化站设施建设取得了一定成绩，但离市文化部门的要求和与兄弟区县相比还有不少差距，还不能满足群众文化生活的需求。委员们建议，各级领导要进一步提高对文化站建设重要性的认识，加大对文化站设施建设的投入；要调动广大文化工作者的积极性，更好地为"两个文明"建设服务。

2002年12月10日，县政协社会和法制委员会与县文广电视局开展对口联系活动，协商讨论如何加强文化执法工作。县文广电视局负责人通报近年来文化执法工作的开展情况。委员们在充分肯定文化执法工作取得成绩的同时，围绕加大宣传力度、开展业务学习、强化制度建设等方面提出意见建议。

2003年7月3日，县政协主席会议成员与县文广电视局领导班子成员协商讨论崇明文化、广电、体育事业的发展问题。县文广电视局负责人通报崇明文化、广播、电视、体育事业发展规划起草工作情况及规划的框架内容。主席会议成员建议：一是在制定规划时，要坚持以世界眼光、世纪尺度和从实施崇明大开发的战略高度进行认真研究；二是根据崇明岛域总体规划和新城总体规划，规划建设市郊一流、与崇明大开发相适应、能体现崇明岛标志性建筑水平的文化中心、广电中心和体育中心；三是坚持把现代文化建设和古文化保护开发结合起来，既要不断挖掘和充分展示崇明的文化底蕴，又要大力发展面向大众的社会主义文化体育事业。

2005年11月16日，县政协教文体委员会以"繁荣文化事业，推进生态岛区建设"为主题与县文广电视局进行协商讨论，崇明文化艺术方面的知名人士应邀参加。县文广电视局负责人向与会人员通报崇明文化事业发展的现状及下阶段的工作思路。与会人员就挖掘、保护传统民间文化，组织文艺活动宣传生态知识，发展社区文化、企业文化等提出意见建议。

2007年9月19日，县政协召开文化艺术、体育、新闻界别委员座谈会，协商讨论崇明文化、体育、新闻事业的发展问题。会上，县文广电视局负责人通报县广播、电视、报纸三大媒体运作的基本情况、前期主要工作以及今后的工作打算。县政协文化艺术、体育、新闻界别召集人通报前期全县文化体育事业发展情况以及下阶段工作思路。与会人员建议：一是在文化事业方面，要加强对文化信息资源共享工程农村基层服务点的管理，在强化硬件建设的同时，积极培养一批专业管理者队伍，提高设备利用率，避免资源浪费；努力引进文化人才，切实改变现有文化队伍尤其是乡镇文广站工作人员年龄老化、学历偏低的现状；结合崇明实际，积极发展民间文化，适当增加资金投入，加大扶持力度，鼓励民间文艺团体开展各项活动。二是在体育事业方面，要加强体育场馆、健身苑点等运动场所的建设，积极组织、引导开展全民健身活动；做大做强自行车赛事，打造精品、特色体育品牌；努力培养一批体育后备人才，打造崇明自己的体育明星。三是在媒体建设方面，要在媒体扩容增量的同时，不断丰富和拓展宣传内容，提高可读性和可看性，增强新闻宣传的影响力和感染力；要加大对有线电视"家家通"工程的资金投入，全力推进"家家通"工程建设。

2008年11月25日，县政协召开文化艺术、体育、新闻界别委员座谈会，协商讨论农村文化体育建设工作。县文广电视局分管负责人通报近年来崇明农村文化体育建设的情况、存在问题、对策措施及未来三年的行动计划。委员们对近年来县文广电视局在农村文化体育建设工作中取得的成绩给予充分肯定，并就建立公共财政投入保障机制、加强文体基础设施建设和管理、农村体裁优秀剧目创作、农村文体队伍建设等方面提出意见建议。

2009年11月10日，县政协文史资料委员会与县档案局开展对口联系活动，协商讨论崇明县志编纂工作。县档案局负责人通报续编崇明县志工作的进展情况、续编过程中遇到的困难和问题以及下阶段的工作打算。与会人员充分肯定续编县志工作取得的阶段性成果，并提出如下建议：一要加强组织协调，各承编单位和部门都要从延续崇明历史、传承地域文化、促进科学发展的高度，重视编志工作，从人力、物力、财力上保障编志工作顺利进行；二要开展业务培训，强化业务指导，提高编纂人员工作水平；三要严格把关，反复核实史料内容，确保真实性，入志人物要有统一的标准和充分的档案资料依据。

2012年4月16日，县政协召开加强文化建设协商讨论会。县文广影视局负责人通报崇明今后五年文化建设的目标、任务，2012年推进的重点工作和当前工作中的困难以及采取的对策措施等。与会人员在充分肯定崇明文化建设工作成绩的同时，就进一步加强文化建设提出如下建议：一要深入挖掘本土文化，加强崇明文化遗迹保护，充分体现崇明特色；二要突出重点，着力打造崇明文化品牌，并与兄弟区实现文化资源共享；三要坚持培养与引进相结合，加强文化人才队伍建设；四要进一步发挥乡镇文化设施服务功能，丰富农村文化生活。

四、协商讨论民生保障事项

2007年7月18日，县政协召开十二届三次常委会（扩大）会议，协商讨论劳动就业社会保障工作。县劳动和社会保障局负责人通报上半年崇明劳动就业和社会保障工作情况。与会人员在充分肯定已取得成绩的同时，就进一步加强劳动就业和社会保障工作提出如下建议：一是加强市场调研和预测，结合市场需求，选好再就业培训项目，以职校、技校为依托，联合大学办学，加强再就业培训力度，提高再就业培训质量；二是劳动监察部门要加大执法检察力度，规范企业用工行为，杜绝企业欠薪现象，维护劳动者合法权益；三是政府部门之间要形成协调机制，制订切实可行的就业政策，落实就业保障工作责任制；四是加强思想教育，转变富余劳动力的就业观念，鼓励和支持其自主就业、勤劳致富。

2007年12月11日，县政协社会和法制委员会与县民政局开展对口联系活动，就民政工作进行协商讨论。与会委员在听取县民政局负责人关于民政工作基本情况的通报后，对县民政局在保障困难群众基本生活权益、化解社会矛盾、维护社会稳定、促进社会公平等方面所做的工作和取得的成效给予充分肯定，并建议民政部门要进一步挖掘社会救助潜力，加大扶贫帮困力度，让更多的弱势群体享受改革开放政策带来的实惠。

2008年12月16日，县政协召开社会福利和社会保障界别委员座谈会。与会委员听取县民政局负责人关于崇明民营养老机构发展的情况通报和兰馨康复养老公寓负责人关于兰馨康复养老公寓经营状况及存在的困难和问题等情况介绍，并围绕发展崇明民营养老事业进行协商讨论。委员们认为，近年来，随着崇明县人口老龄化进程加快，民营养老机构增多，为发展养老事业发挥了积极作用。但也存在一些问题，如：民营养老机构地域分布不合理，内部设施简陋，经营举步维艰；养老服务人员大多是文化层次偏低的中老年人员；社会各界对民营养老机构关心甚少。委员们建议：一是加强宣传，提高对民营养老机构地位和作用的认识，全社会关心支持民营养老机构的发展；二是统筹规划民营养老机构的地域分布，制订扶持政策，并进行规范管理；三是采取积极措施，建立养老事业发展基金，拓宽发展养老事业资金渠道；四是加强护理人员培训，提高护理人员素质，实行规范管理和服务。

2010年8月25日，县政协社会和法制委员会与县民政局开展对口联系活动。委员们在听取县民政局负责人关于民政工作基本情况和崇明县“十二五”民政规划编制情况的通报后，对民政局近年来的工作给予充分肯定，并建议：一要充分发挥民政部门组织协调作用，健全以社会救助、社会福利、优抚安置为基础的民生保障体系；二要统筹规划，合理配置，逐步建立起以居家养老为主、社区养老为辅、机构养老为依托的养老福利服务模式，满足养老多样化的需求；三要加强社会组织管理，建立与经济社会发展水平相适应，布局合理、作用明显的民间组织发展格局，发挥各类民间组织在构建和谐社会中的积极作用；四要加强民政干部队伍建设，尤其要加强乡镇民政干部的教育，增强为民服务，为民排忧解难的意识。

2010年12月14日，县政协组织委员围绕"开拓养老事业，提升养老产业"进行协商讨论

2010年12月14日，县政协组织社会福利和社会保障、少数民族、宗教界委员围绕"开拓养老事业，提升养老产业"进行协商讨论，县民政局负责人参加。委员们建议：一是凭借区位优势和崇明成功创建"中国长寿之乡"的契机，多方面构筑宣传平台，营造绿色、宜居的现代养老氛围；二是职能部门牵头，鼓励社会组织或个人投资养老产业，予以政策扶持或税收优惠，促进养老服务事业全面、健康、可持续发展；三是提高从业人员整体素质和服务水平，弘扬长寿文化，崇尚敬老美德，促进养老产业发展。

2011年8月24日，县政协召开十二届六十一次主席（扩大）会议。与会人员听取副县长朱建江所作的关于2011年上半年崇明县城乡居民就业和社会保障体系建设情况的通报，并进行协商讨论，形成《关于进一步做好我县城乡居民就业和社会保障体系建设工作的协商建议书》。协商建议书建议：一是继续加大宣传教育力度，努力转变城乡居民的就业观念；二是及时发布劳动就业信息，不断提高职业培训的实效性；三是科学分析富余劳动力结构，增强就业工作的针对性；四是继续拓宽就业工作思路，有机结合特色产业发展促进劳动就业；五是协调发展养老事业和养老产业，逐步满足不同层次人群的养老需求；六是积极争取政策支持，力求建立农村合作医疗个人账户，实行账户余额累积，避免大量医药资源的浪费。

2012年8月15日，县政协建设管理委员会与县民政局开展对口联系活动。县民政局负责人通报工作情况。委员们就落实惠民政策提出如下建议：一是进一步完善低保审核机制，各乡镇在受理低保时，要成立工作核查组逐户查证，由评议小组进行集体评议，做到张榜公示，接受群众监督；二是民政部门在审批过程中，要入户抽查，切实落实低保审核审批公开透明机制；三是进一步完善应保、尽保、退保机制，对符合低保条件的困难家庭要及时纳入保障范围，对查出因家庭收入增加等原因超出低保标准的，要及时办理退保手续。

第四节　协商讨论城镇建设事项

一、协商讨论城镇建设规划

1987年8月14日，县政协召开七届四次常委会（扩大）会议，协商讨论崇明县总体规划和城镇建设规划。县建设局负责人介绍崇明县总体规划和城镇建设规划编制设想，委员们认为，规划编制工作是一项大工程，涉及方方面面，县政府要切实加强领导，各部门要配合支持；编制规划要慎重对待，既要从实际出发，又要有长远考虑，使规划具有超前性、科学性和可行性；规划批准后就一定要严格执行。委员们还就规划中的一些具体问题提出意见和建议。有的委员指出，在城镇建设中要注意文物的保护。有的委员提出，为了丰富城乡居民的文化生活，要将建造崇明电视台列入规划内容。

1996年6月13日，副县长邱威尔到县政协召开部分委员座谈会，征求对城桥镇总体规划调整的意见。与会人员在听取有关总体规划情况介绍后，进行协商讨论，提出意见建议。

2003年11月24日，县政协主席会议成员协商讨论森林公园周边地区规划。县规划局负责人通报森林公园周边地区规划的编制情况。主席会议成员认为，该规划思路清晰，目标明确，结构布局合理，功能定位科学。该规划的实施，将对崇明生态岛建设产生重要影响。主席会议成员还就进一步完善细化规划提出建议，并围绕规划的实施，对规划宣传、启动建设、农民就业、土地征用、场镇合并、管理体制等方面发表意见。

2004年11月4日，县政协主席会议成员协商讨论陈家镇城镇总体规划。县规划局负责人通报陈家镇城镇总体规划情况。主席会议成员认为，陈家镇区位条件突出，生态环境优越，科学合理编制好城镇总体规划是确保该镇经济和社会事业发展的首要条件。目前已形成的初步规划方案，生态主题突出，规划理念新颖，功能结构合理，产业导向明确，较好地实现了与崇明岛域总体规划的衔接，并体现了“海岛花园城镇”的特色。主席会议成员建议，要进一步广泛听取各方意见，不断细化完善规划方案。

二、协商讨论城镇建设管理

2000年1月16日，县政协主席会议成员与中共崇明县委常委、县城旧区改造办公室（简称县旧改办）主任黄铁军等一起协商讨论县城旧区改造工作。县旧改办通报新一轮旧区改造的基本思路和工作原则，以及对确定的城桥镇10个地块调查和概算情况；介绍新一轮旧区改造中的工作程序、工作职能和工作重点，以及新一轮旧区改造中需协调和解决的几个问题。主席会议成员充分肯定职能部门所做的工作，同时建议，在规划设计上要总体协调，政策调整时要注意保持稳定，实行招投标后要有制约和保证措施。

2010年7月23日，县政协港澳台侨委员会、文史资料委员会与县绿化市容局开展对口联系活动，围绕“十二五”期间崇明城镇公共绿地建设进行协商讨论。委员们听取县绿化市容局工作情况通报，对县绿化市容局坚持以崇明生态岛建设为主线，以民众需求为落脚点，既重视大型公共绿地建设，又重视城区街角旮旯的小绿地建设，给予充分肯定，并提出如下建议：一要统一思想，加强领导，创新思路，抓好落实，以崇明生态岛公共绿地建设为目标，契合“十二五”规划进程，同时抓好城区、乡镇两级公共绿地建设，切实让民众得到实惠，享受城市化进程的成果；二要重视生态景观建设。绿地建设在强调民众休憩、防灾避险等社会功能的同时，应兼顾景观建设的审美品级，出亮点，出精品，进一步提升崇明绿地建设的整体水平；三要探索方法，破除瓶颈，解决公共绿地建设资金问题。将公共绿地建设的成本补偿与城市经济发展相结合，以优美的城市绿化环境为主轴，辐射带动相关绿色生态服务业的发展，从后期经济效益中得到补偿；四要重视园林绿化人才队伍建设。崇明现代化生态岛建设需要大量能将传统绿化和现代科技交叉融合的人才，适时启动园林人才梯队建设工程，形成一支经验丰富，熟知植物水土习性，思维活跃，充满活力的园林人才队伍。

第五节 协商讨论《崇明县2009—2011年经济和社会发展若干领域行动纲要》

2008年12月26日，县政协召开专题协商讨论会，就《崇明县2009—2011年经济和社会发展若干领域行动纲要（征求意见稿）》听取政协委员的意见建议。在多方听取意见的基础上，形成《关于“崇明县2009—2011年经济和社会发展若干领域行动纲要”的协商建议书》。建议书主要内容：行动纲要应充分考虑影响经济社会发展的不确定因素，对全县增加值年均增长率、工业总产值等相关数据既不能过于刚性，缺少灵活性；也不能过于含糊，使目标不明确。行动纲要的内容也要进一步充实，表述要进一步明确。

2009年10月27日，县政协召开十二届十八次常委会（扩大）会议，听取中共崇明县委副书记施建华关于《崇明县2009—2011年经济和社会发展若干领域行动纲要》（以下简称三年行动纲要）执行情况的通报，并就进一步落实三年行动纲要进行协商讨论。经汇总与会人员意见建议，形成《〈崇明县2009—2011

年经济和社会发展若干领域行动纲要〉实施的协商建议书》。协商建议书提出如下建议：一是要因时制宜调整招商引资政策，提倡有序有效的招商引资，以引进落地企业、实体企业为主，充实崇明各工业园区和崇明经济增长实力，有效增加就业，切实促进崇明财政收入增长，夯实三年行动纲要实施的经济基础。二是要适应形势抓紧进行配套公交交通体系设施建设，不断改善人民群众出行条件。要重新定位崇明水上交通体系，积极推动两家水上交通企业的整合，做好水上交通服务工作；要积极争取将水上交通纳入全市公交体系，降低水上交通费用，施惠于民；要加快配套交通设施建设，为扩大崇明对外交流与合作积极创造条件。三是要协调配合加快审批工作，力争重大项目及时落地。要在报批工作上增强主动性，力争减少或加快项目立项、工程许可、资金使用等审批环节；要加强沟通配合，尽可能地加快审批速度，保证重大项目在规定时间内落地。四是要公平公正保障群众合法权益，推动动拆迁工作顺利进行。要加强动拆迁工作的透明度，公示补偿安置标准和标准执行情况；要扩大协议拆迁的范围，除市政工程建设等征地拆迁外，应根据近期项目实施计划实行"打包拆迁"，提前做好土地收储工作；要切实保障群众合法权益，帮助农民群众致富。五是要强化职能加大督办力度，提高工作效率。要紧紧抓住当前较为突出的问题，通过完善督办机制加大对相关单位的督办力度，使之转化为强大的工作动力，不断加快工作进度，切实解决各类难题，使三年行动纲要实施有条不紊，按时顺利完成各项目标任务。六是要根据实际调整阶段性任务，确保纲要目标顺利实现。要研究遴选三年行动纲要年度实施的备选项目，条件成熟的可以提前开工，并替代因政策变化等因素暂缓启动的项目；要针对备选项目中难度较大、耗时较长的项目进行认真分析，不急于求成，等待时机成熟再予启动；要在制定明年规划时应有预见性，并适当留有余地，切忌制定过高目标和标准，从而确保年内目标任务顺利完成。

2010 年 7 月 26 日，县政协召开十二届二十四次常委会（扩大）会议，听取县委副书记施建华关于三年行动纲要执行情况的通报，并就进一步落实三年行动纲要进行协商讨论，形成《关于进一步推进实施〈崇明县 2009—2011 年经济和社会发展若干领域行动纲要〉的协商建议书》。协商建议书提出如下建议：一是要广泛宣传实施三年行动纲要取得的成果，让更多干部群众及时了解，进一步增强干部群众对三年行动纲要的认同和支持度，进一步提振和坚定全县人民建设现代化生态岛的信心和决心。二是要正确处理质量和进度的关系，保证重大项目建设成为优质工程，做到进度和质量"两不误"，保证各项工程质量经得起历史的检验。三是要统筹兼顾崇明各地发展，点面结合推进三岛建设，要在抓好重点地区开发建设的同时，兼顾新海、东平、横沙、堡镇、庙镇、新河等一般地区的发展，使一般地区能在崇明新一轮发展中得到统筹发展。四是要注重加强软件建设，突破生态岛建设瓶颈，进一步加大与各种硬件相匹配的人才引进力度，争取引入更多学科带头人和有实力的专业人才，并有效带动各类人才加快成长，不断夯实生态岛建设的人才基础。五是要切实维护群众合法权益，推动动拆迁工作顺利进行。要规范动拆迁工作的操作程序，坚持公开、公正、公平的原则，严格执行统一的拆迁补偿标准；要借鉴兄弟区县的经验，建立包括人大代表、政协委员在内的社会各界人士组成的第三方公信协调小组，调解动拆迁矛盾，配合政府顺利推进动拆迁工作；要根据安置房房源情况适时调节动拆迁进度，防止安置房需求与房源严重倒挂的情况发生，保证大部分被拆迁群众得到及时安置，减少社会矛盾的诱发因素，减轻动拆迁资金负担。六是要积极协调项目审批事宜，确保重点工程资金落实到位。要加强沟通协调，除县内各部门项目审批要"一路绿灯"外，努力争取市相关部门在资金、政策和审批等方面加大对崇明的支持力度；要充实重大项目和重点工程项目库，时机成熟时随时上马，更好、更快地推进重大项目建设；要确保资金安全到位，确保重点工程和项

2010 年 7 月 26 日，县政协召开十二届二十四次常委会会议听取县委副书记施建华通报三年行动纲要执行情况

目不因资金问题而受影响；要确保项目实施的科学性和有效性，认真总结三年行动纲要项目安排的经验教训，分析项目建设的重要性、必要性以及可行性，为“十二五”规划的编制提供参考。

2011 年 7 月 18 日，县政协召开十二届三十一次常委会(扩大)会议，听取中共崇明县委常委、副县长张国坤所作的关于三年行动纲要第三年推进实施及重点地区和重大工程建设情况的通报，并就进一步做好三年行动纲要第三年推进工作和重点地区、重大工程建设工作进行协商讨论。在汇总意见的基础上，形成《关于进一步做好三年行动纲要第三年推进实施及重点地区和重大工程建设工作的协商建议书》。协商建议书提出如下建议：一是要正确处理近期目标和长远规划的关系，为实现崇明全面、协调、可持续发展，为崇明现代化生态岛建设的全面推进奠定坚实的基础。二是要积极争取上级政策支持，努力使崇明居民交通出行更加经济、便捷，努力缩小崇明与市区的差距，拉近崇明与市区的距离，使崇明交通真正融入上海大交通格局。三是要高度重视农村水环境治理，进一步加大生态建设力度，切实抓好农村泯沟的污染治理工作，确保水质洁净。四是要积极吸收借鉴先进经验，大力引导、扶持崇明文化创意产业的发展，使文化创意产业成为现代化生态岛建设中重要的产业之一。五是要切实加强工程项目管理，不断提高建设水平，进一步加强建筑市场监管工作，确保施工安全。六是要加大宣传工作力度，让全县干部群众知晓和感受到实施三年行动纲要的丰硕成果，进一步提振全县干部群众建设现代化生态岛的信心，广泛激励全县干部群众为全面实现三年行动纲要提出的各项奋斗目标作出新的贡献。

第三章　协商讨论其他重大事项

1982 年—2012 年，崇明县政协组织委员还就有关人事事项、精神文明建设、维护社会稳定、反腐倡廉、环境保护和生态岛建设、新农村建设等其他重大问题进行协商讨论。

第一节　协商讨论人事事项

1984 年 2 月 21 日，县政协召开五届十三次常委会会议，协商讨论县政协换届人事安排。常委会成员对新一届政协的界别设置、各界别人数安排、中共党员比例等表示赞同，并提出如下建议和意见：一是政协换届中的人事变动较大，退下来的老委员较多，要深入细致地做好思想工作，落实好有关政策，使其继续发挥作用。二是慎重选择新进的人员对象，做到反复酝酿、考虑。三是要挑选一些知识层次高、年龄相对小的专业人才担任政协委员，适当增加女性委员的比例。四是应在个体户、专业户中推荐一些政协委员人选。

1987 年 3 月 20 日，县政协召开六届二十次常委会会议，协商讨论县政协换届人事安排。中共崇明县委副书记陆瑾就县政协换届人事安排的指导思想和原则、七届政协的委员名额和比例、人选安排和界别构成等作了通报。常委会成员对中共崇明县委方案表示赞同，同时建议成立县政协之友社，继续发挥退任委员的作用。

1989 年 9 月 19 日，县政协召开七届十六次常委会(扩大)会议，民主推荐县政府和县政协领导班子候选人。中共崇明县委常委、组织部长黄振兴通报换届改选的原则和县政府、县政协领导班子人事安排的原则以及候选人的条件。与会人员按照有关原则和条件，慎重推选县政府和县政协领导班子候选人。

1990 年 2 月 13 日，县政协召开七届十八次常委会会议，协商讨论县政协换届人事安排。县政协副主席、中共崇明县委统战部部长宋斌介绍换届指导思想、政协委员名额和比例、人选安排原则。常委会成员同意换届人事安排原则，并提出两点建议：一是换届中退下来的老委员较多，要及时做好思想工作；二是适当放宽加入县政协之友社的条件，让退下来的老委员在政协之友社继续发挥作用。

1993 年 3 月 12 日，县政协召开八届二十一次常委会会议，协商讨论县政协换届人事安排。常委会成员赞同中共崇明县委统战部关于九届县政协组成单位、名额分配和人选建议。中共崇明县委副书记、县政协主席陆瑾说，无论是继续留任的还是因年龄、界限、工作变动等原因退下来的都要正确对待，希望退下来的继续关心政协工作，在不同岗位上携手前进；留任的保持光荣传统，使政协工作在八届的基础上搞得更好。

1998年3月9日，县政协召开九届二十七次常委会会议，协商讨论县政协换届人事安排。县政协副主席、中共崇明县委统战部部长黄振兴就县十届政协委员名单协商产生的过程作了说明。常委会成员同意协商名单，并提出建议，对退下来的老委员做好思想工作，使他们继续发挥余热。同时适时举办新委员学习会，让新委员了解人民政协的历史、性质、任务、作用及主要职能，并就如何当好一名合格的政协委员提出要求。

2002年9月6日，中共崇明县委召开部分县政协委员，各民主党派、工商联、人民团体负责人和无党派代表人士座谈会，就县政协主席人选进行协商讨论。会上，中共崇明县委副书记周卫杰通报县政协主席候选人产生的经过情况，他要求与会人员充分发表意见。与会人员纷纷发言，表明自己的观点和看法。

2003年2月13日，县政协召开十届二十三次常委会会议，协商讨论县十一届政协委员人选建议名单。县政协副主席、中共崇明县委统战部部长周祖安就县十一届政协委员名单协商产生的过程作了介绍。常委会成员经过讨论，一致同意建议名单。

2007年1月4日，县政协召开十一届十七次常委会会议，协商讨论县十二届政协委员建议名单。中共崇明县委统战部负责人就县十二届政协委员人数规模、党派构成、年龄规定、界别设置等情况作了通报。常委会成员认为，新一届政协委员人选协商确定的工作很细，党派在政协中的地位和作用进一步凸显；市属单位人选增加，代表的广泛性有了进一步扩大；委员结构更趋合理，并体现了连续性。一致同意建议名单。

2011年1月14日，县政协召开十二届二十八次常委会会议，中共崇明县委常委、组织部部长宋宝儒作关于补选政协崇明县第十二届委员会主席人选的产生过程及主席候选人基本情况的说明，经协商讨论，通过补选政协崇明县第十二届委员会主席的方案。

2011年12月5日，县政协召开十二届三十三次常委会会议，协商讨论县十三届政协委员建议名单。中共崇明县委统战部负责人就县十三届政协委员建议人选作说明。通过协商讨论，同意建议名单。

第二节 协商讨论精神文明建设

1986年10月30日，县委宣传部邀请部分县政协委员协商讨论如何加强精神文明建设，中共崇明县委副书记陆瑾出席并讲话。委员们认为，加强精神文明建设具有十分重要的意义。在座谈讨论中，大家围绕议题热烈发言，提出意见和建议。

1986年11月6日，中共崇明县委就如何加强精神文明建设再次与县政协常委和有关人士协商，听取意见。与会人员围绕加强精神文明建设发表看法，提出建议。

1995年7月5日，县政协召开九届十六次常委会会议，协商讨论精神文明建设。县文明办负责人通报崇明社会主义精神文明建设情况。与会人员认为，近年来，县委、县政府在抓好精神文明建设中做了大量工作，取得一定成绩，但还存在差距，需继续努力。与会人员建议：一要进一步统一县、乡（镇）各级干部的思想认识，切实贯彻“两个文明”建设一起抓、两手都要硬的方针；二要将机关事业单位，特别是与人民群众关系密切的行业主管部门的精神文明建设作为重点来抓；三要加强对群众文化娱乐阵地的管理，使其更好地发挥社会效应。

1996年6月14日，中共崇明县委宣传部和县精神文明建设领导小组办公室负责人到县政协，邀请宗教、少数民族、教育、经济、农民界别的部分委员协商讨论精神文明建设问题。与会人员一起讨论分析崇明精神文明建设的总体形势，取得的成绩和存在的薄弱环节，精神文明建设的领导体制及在发展社会主义市场经济新形势下精神文明建设面临的新情况、新问题等，并就如何进一步加强精神文明建设提出意见建议。

2012年8月23日，县政协社会事业委员会与县文明办开展对口联系活动，就精神文明建设进行协商讨论。与会委员先后参观崇明广播电视台、《崇明报》报社和城桥镇社区文化活动中心，听取县文明办负责人介绍有关情况。委员们充分肯定县文明办在加强社会主义核心价值体系教育引领、深化群众性精神文明创建、推进志愿者工作以及加强未成年人思想道德建设等方面所做的工作。并就进一步加强精神文明建设提出意见建议。

第三节 协商讨论维护社会稳定

1990年9月4日，县政协召开社会治安综合治理工作协商讨论会，中共崇明县委宣传部、中共崇明县委政法委员会、县公安局、县人民检察院、县人民法院、县司法局、县总工会、团县委、县妇联、县教育局、县民政局、县文化局、县信访办及城桥、堡镇两镇等单位负责人应邀参加。与会人员一起分析崇明的治安形势，共同探讨搞好综合治理工作的对策和措施。会上，公安局等9个单位发言，通报各自工作情况、目前存在的问题及打算采取的措施。中共崇明县委副书记、政协主席陆瑾作总结讲话，要求重点抓好四个方面工作：一是抓好政法队伍建设；二是抓好群防群治工作和基层的组织建设；三是坚持"两个文明"一起抓；四是各主管部门要继续抓好法制教育。

1991年7月24日，县政协邀请中共崇明县委政法委员会、县公安局、县人民检察院、县人民法院、县司法局、县民政局、县劳动局、县信访办、江口乡政府、港西乡政府、堡镇镇政府、城桥镇政府等十二个部门和单位的负责人座谈讨论加强外来人口管理的问题。与会人员分析了当前的社会治安形势和存在的问题，协商讨论了应该采取的对策和措施。

1994年10月10日，县政协法制委员会召开会议，各民主党派负责人以及县青保办、城桥中学、工读学校等有关单位负责人应邀参加。县人民检察院起诉科对崇明青少年犯罪情况作具体分析，县青保办、城桥中学、工读学校就预防和遏制青少年犯罪问题作专题发言。与会人员围绕预防和遏制青少年犯罪进行协商讨论，提出意见建议。

2005年12月15日，县政协社会和法制委员会与县司法局开展对口联系活动，就依法治县进行协商讨论。县司法局负责人向委员们通报有关情况。委员们对县司法局近年来所做的工作给予充分肯定，并就进一步推进依法治县、依法行政，努力维护社会稳定以及法律宣传、法律服务、法律援助、民事调解、安置帮教等方面的工作提出意见建议。

2007年7月18日，县政协召开十二届三次常委会（扩大）会议，就推进平安建设进行协商讨论。县社会治安综合治理办公室负责人向与会人员通报上半年崇明平安建设的情况。与会人员对职能部门重视平安建设和所做的工作及取得的成效给予充分肯定。并就进一步推进崇明平安建设提出建议意见：一是平安建设工作重心下移，抓好基层队伍建设，提高基层人员素质，形成上下联动机制，将矛盾及时有效地化解在基层；二是对历史遗留问题及开发建设中引发的突出性群体矛盾、社会治安问题等，要找准问题症结所在，研究制订对策措施；三是加强对热点地区社会矛盾排查调处，努力做到防患于未然；四是政府部门要不断增强依法行政的意识，重大问题决策前要广泛听取政策研究部门和相关专家的意见建议，努力使政府决策科学化、民主化和法制化；五是加强平安建设的宣传，开展平安建设进单位、进学校、进企业、进农村系列宣传活动，努力营造平安建设的良好氛围。

第四节 协商讨论反腐倡廉

1994年12月22日，县政协法制委员会召开座谈会，就查处贪污贿赂案件进行协商讨论。县人民检察院检察长康家通报全县查处贪污贿赂案件的情况。委员们认为，县人民检察院在经费不足、设备落后的情况下，反贪斗争中做了很多工作，取得了一些成绩，很不容易，应予肯定。同时建议：一要加大打击力度，重点查处发生在党政机关、执法机关、司法机关和经济管理部门的贪污贿赂犯罪行为；二要加强宣传教育，开展预防职务犯罪的工作；三要重视检察队伍建设，提高检察干警业务素质和办案能力。

1996 年 10 月 16 日，县政协法制委员会召开座谈会，就反对贪污贿赂进行协商讨论。县人民检察院检察长康家向委员们通报 1996 年 1 月—9 月反贪工作的基本情况、特点、存在问题以及下阶段反贪工作的打算等情况。委员们认为，县人民检察院对反贪工作领导重视，思想明确，重点突出，成绩显著。反贪斗争是一项长期、艰巨、复杂的工作，希望检察机关要加大对"三机关一部门"大案要案的查处力度，要加强检察队伍的自身建设，不断提高业务水平。同时，建议政府部门在经费、设备等方面对检察机关办案给予必要的支持。

2010 年 6 月 21 日，县政协召开十二届二十三次常委（扩大）会议，听取中共崇明县委常委、县纪委书记朱正标关于全县党风廉政建设和反腐败工作的情况通报，就进一步推进党风廉政建设和反腐败工作进行协商讨论。经汇总整理与会人员意见建议，形成《关于进一步加强县党风廉政建设和反腐败工作的协商建议书》。协商建议书提出如下建议：一是深入开展反腐倡廉教育，牢牢构筑拒腐防变的思想道德防线，从深度和广度上扩大党风廉政宣传教育面，使廉政文化和理念深入各机关、企事业单位、农村和社区基层，从而为崇明经济社会建设营造风清气正的社会氛围。二是大力加强对权力的监督制约，着力规范权力运行机制，进一步推动各级政府和各个部门政务公开，从而促使领导干部按原则用权，按程序用权，提高监督的整体效能。三是继续加大查办工作力度，严厉惩处各类违法违纪行为，积极构建方便快捷、保密安全的信访举报网络，充分发挥信访举报在发现案件线索方面的主渠道作用。四是不断强化机关自身建设，努力塑造纪检监察干部队伍良好形象，进一步提高纪检监察干部的分析研判能力、调查研究能力、组织协调能力、查办案件能力，借鉴吸收其他地区反腐倡廉工作的成功经验和做法，不断提高工作能力和反腐成效，努力打造一支党和群众充分信赖的纪检监察干部队伍。

2010 年 6 月 21 日，县政协召开十二届二十三次常委会会议，听取县委副书记朱正标通报全县党风廉政建设和反腐败工作情况

第五节 协商讨论重点地区和重大项目建设

2012 年 7 月 16 日，县政协召开十三届四次常委会（扩大）会议，听取中共崇明县委常委、副县长张国坤关于 2012 年以来崇明重点地区、重大项目建设情况的通报，并进行协商讨论。汇总与会人员的意见后，形成《关于进一步推进我县重点地区和重大项目建设的协商建议书》。协商建议书提出如下建议：一是进一步优化环境，依法保障重大项目的顺利实施。要切实注重动拆迁新、老政策的更替衔接，在执行政策的过程中，保持补偿标准、安置途径等各个方面的连续性，维护好项目开发建设中群众的切身利益。要着力加强乡镇与职能部门之间的沟通协调，适时组织乡镇政府与有关部门以联合巡查、现场办公、协调会议等形式及时解决出现的问题，推进项目顺利实施。要主动协调项目建设与运营双方关系，建议县政府在项目开发建设中主动协调建设方与运营方的关系，尽可能让运营方及早参与项目设计与建设，避免建设与运营脱节的情况发生。二是进一步加快城乡生产生活基础设施建设。要完善三大重点地区商业配套设施，建议县政府在三大重点地区开发中，加快商业和服务业配套，不断完善核心区各商圈功能，吸引并留住各类人才、人员，共同加快重点地区开发建设。要完善公共交通体系，建议县政府千方百计调动一

切积极因素，向市级层面争取崇明的轨道交通建设项目早日落实，努力缩小崇明与市区的差距，拉近崇明与市区的距离，使崇明交通真正融入上海大交通格局。要完善村级生活污水处置设施运管机制，建议县政府创新思路，规范和完善村级污水处理设施的运营管理机制，并协调职能部门按农业用电标准收取电费。同时，引入资质和诚信度高的经营企业，在维持其合理利润的前提下，加强监管，不断完善农村污水及垃圾处理设施的运营管理机制。三是进一步取得群众对开发建设的理解和支持。要加强宣传教育，理顺群众情绪，建议县政府相关职能部门进一步加强正面宣传引导，发挥好本地媒体在信息发布、舆论引导、理顺群众情绪、化解社会矛盾、协调利益关系等方面的重要作用。同时，各乡镇政府和有关职能部门要深入细致地做好教育、宣传工作，消除群众的顾虑，取得群众的理解、支持和配合。要引导群众理性表达利益诉求，及时解决突出问题，建议县政府相关职能部门积极教育、引导群众通过正常渠道和法律程序，理性地表达合理的利益诉求，坚持公开、公平、公正、公道，维护法律法规和政策的严肃性、权威性。农村基层干部是政策法规的具体实践者，在农村中又具有一定的影响力和权威性。建议县政府在重点地区和重大项目建设过程中，要充分发挥农村基层干部的作用，利用农村基层干部与群众联系深入、工作经验丰富、在当地具有一定影响等优势，引导其深入细致地做好当地群众的工作，争取使项目前期工作落地取得当地群众的支持和配合。

第六节 协商讨论环境保护和生态岛建设

1997 年 12 月 1 日，县政协召开部分政协委员参加的座谈会，协商讨论农村环境整治工作。县爱卫委、县卫生防疫站、县改水办等职能部门分别通报有关情况。与会人员认为，目前农村环境卫生状况令人忧虑，必须引起重视，切实采取整治措施。委员们建议：一要加强宣传教育，增强全民优化环境意识；二要加强领导，全面规划环境整治；三要投入必要资金，添置环保设施，集中处理生活垃圾；四要组建专业保洁队伍，加强日常监管。

2001 年 11 月 21 日，县政协召开农业、医卫、工商联等界别的政协委员座谈会，就生态绿化进行协商讨论。县农委通报全县生态绿化工程建设情况。与会人员认为，前期，政府职能部门在生态绿化方面做了大量工作，生态绿化工程建设成效显著，对此感到满意。同时就进一步抓好生态绿化工作提出如下建议：一要加强宣传教育，增强生态绿化意识；二要完善生态绿化规划，优化生态绿化布局，提升生态绿化品位；三要加强领导，建立机制，坚持依法行政，不断提高生态绿化的管理水平。

2004 年 5 月 31 日、6 月 2 日、6 月 9 日，县政协堡镇委员小组、城桥镇委员小组和竖新镇委员小组分别组织委员开展生态岛建设协商讨论活动。委员们围绕宣传生态知识、开展绿色教育、生态建设与人文环境等专题提出建议和意见。

2004 年 6 月 3 日、6 月 8 日，县政协科技委员会、社会和法制委员会分别组织委员开展生态岛建设协商讨论活动。委员们围绕加强水环境改造、建设生态文明家园、加强对学生生态意识的宣传教育等方面提出意见建议。

2008 年 1 月 16 日，县政协十二届二次会议举行专题议政会。中共崇明县委副书记施建华，县委常委、副县长马乐声和县政研室、文明办、发改委、农委、经委、建委、科委、水务局、环保局、旅游局、卫生局、规划局、房地局、文广局等有关职能部门负责人应邀参加。民盟崇明县委、农工党崇明县委、九三学社崇明县支社、民建崇明县支部、县工商联和县政协部分专门委员会以创建国家级生态县为主题，分别围绕加大环境保护和生态建设力度、发展生态文化、提高崇明生态环境质量、加快推进生态城镇建设、加快发展崇明生态旅游、倡导和培养健康文明的生活方式等专题作大会发言，提出建设性意见。

2008 年 7 月 11 日，县政协召开十二届十次常委会（扩大）会议，协商讨论崇明生态岛建设。中共崇明县委书记彭沉雷向与会人员作关于加快推进现代化生态岛建设工作思路的协商通报。彭沉雷指出，崇明未来的发展必须坚持三岛联动，三次产业融合发展，经济、社会、民生“三管齐下”的发展战略；坚持“两轮驱动”，即崇明本岛生态岛建设和长兴海洋装备岛建设；“两手抓”，即一手抓经济发展，一手抓改善民生；“两促进”，即在促进项目建设的同时，促进管理水平的提高的发展策略。根据这一发展战略和发展策略，重点做好四项工作：一是全力推进长兴海洋装备基地建设；二是全力推进崇明本岛生态岛建设；三是围绕群众最关心、最直接、最现实的问题，着力改善民生；四是切实加强和改进管理，提高经济社会管理水平。与会人员在协商讨论中认为，中共崇明县委对于崇明生态岛建设的发展战略、发展策略和近阶段重点工作的总体部署，思路清晰、目标明确，重点突出、措施实在，听后令人鼓舞、催人奋进，并就进一步加快推进崇明现代化生态岛建设提出意见建议。经整理汇总，形成《关于加快现代化生态岛建设专题协商建议书》。协商建议书建议：一要稳步推进农业产业结构、组织结构调整，以市场为导向，大力发展观光农业、特色农业和绿色有机农业，积极推进“一镇一品”“一村一品”等模式，并逐步扩展到“多镇一品”“多村一品”。二要加快实施人才强县战略，把人才队伍建设摆在重要位置，进一步完善科学合理、客观公正的识才、选才、育才、用才机制，努力做到盘活现有人才、稳定关键人才、引进急需人才、培养创新人才、开发实用人才，从而有效解决崇明人才总量不足、结构不合理、人才引进困难且流动性较大等问题。三要扎实做好农村富余劳动力转移工作，为富余劳动力进一步提供就业机会。在继续做好扶持农村富余劳动力向长兴海洋装备岛转移工作的同时，制定相关扶持政策，鼓励引导不愿出岛就业的农村富余劳动力去光明集团公司在崇分公司务工或当农业工人。四要不断加大化解社会矛盾的工作力度，严格按照现行的相关政策，切实采取有效措施，把群众最关心、最直接、最现实的利益问题，解决好，落实好，以充分体现执政为民的理念和全心全意为人民服务的根本宗旨。五要切实增强城乡居民的生态意识，普及生态知识，提升城乡居民的生态素养，增强城乡居民尤其是农村居民的生态忧患意识、责任意识和参与意识，牢固树立经济与环境协调发展的生态文明观，自觉改变不符合生态文明要求的陈规陋习，努力养成文明、健康、生态的生活习惯，不断形成保护生态环境，共建美好家园的良好氛围。六要继续加强机关作风建设，进一步增强全体公务员的政治意识、改革意识、服务意识、责任意识，不断提高履行“三个代表”重要思想的自觉性。

2008年8月28日，县政协召开十二届十一次常委会（扩大）会议，就崇明创建国家级生态县和实施环保行动计划进行协商讨论。副县长胡俊和县环保局负责人分别作关于国家级生态县创建工作和第三轮环保三年行动计划推进情况的通报。与会人员就进一步做好国家级生态县创建工作和推进第三轮环保三年行动计划的实施进行协商讨论，并形成《关于创建国家级生态县和实施环保三年行动计划的协商建议书》。协商建议书建议：一要广泛宣传，强化教育，切实增强全民生态文明意识，使生态理念家喻户晓、深入人心，并不断成为广大城乡居民自觉的价值标准和行为方式。二要突出重点，加强协调，保质保量完成各项创建目标任务，并使新建乡镇及早融入国家级生态县创建的整体工作中。三要集中力量，做精做亮，全面提升崇明生态岛建设的品位和形象。四要全面推进，务求实效，切实提高群众满意度，切实改善人民群众的生产、生活环境，满足人民群众对周边环境安乐、优美、和谐的要求，从而不断提高群众的满意度，确保创建工作的顺利推进。五要总结经验，再接再厉，巩固提高创建工作成效，使崇明环保走在全市前列，以实际行动迎接2010年上海世博会的举行。与会人员认为，近年来，在中共崇明县委、县政府的领导下，崇明在国家级生态县创建和第三轮环保三年行动计划的推进过程中，目标明确，重点突出，措施有力，亮点频现，取得了阶段性显著成效。同时指出，生态县创建工作是一项长期的、艰巨的任务，要以攻坚克难的精神持之以恒，扎实推进。与会人员还就进一步做好国家级生态县创建工作和推进第三轮环保三年行动计划的实施提出建议：一是广泛宣传，强化教育，切实增强全民生态文明意识；二是突出重点，加强协调，保质保量完成各项创建目标任务；三是集中力量，做精做亮，不断提升崇明生态岛建设形象；四是全面推进，务求实效，切实提高群众满意度；五是总结经验，再接再厉，巩固提高创建工作成效。

2010年8月6日，县政协科技委员会与县环保局就崇明县“十二五”环保规划编制情况开展对口协商活动。县环保局负责人通报崇明县“十二五”环保规划编制情况。委员们对县环保局“十一五”期间所做的工作予以充分肯定，并就做好“十二五”期间的环保工作提出如下建议：一是坚持立足崇明实际，统筹兼顾、合理安排，摸索出一套具有崇明特色、可持续的生态环境管理办法；二是加强环境保护宣传，营造

"绿色、低碳、可持续"的环保宣传氛围，重塑人民群众的生态理念，增强全民环保意识；三是加强服务指导，健全监管体系，坚持依法行政，不断提高防控水平。

2010年10月18日，县政协召开十二届二十五次常委会(扩大)会议，听取副县长王菁所作的关于崇明国家可持续发展实验区建设情况的通报。与会人员对一年多来崇明国家可持续发展实验区建设工作所取得的成绩给予充分肯定，并就如何进一步推进崇明国家可持续发展实验区建设提出意见建议。经汇总整理，形成《关于推进崇明国家可持续发展实验区创建工作的协商建议书》。协商建议书主要内容如下：一是加大创建宣传力度，协调各部门共同推动创建工作。建议由县委、县政府牵头，协调县、乡镇两级政府各有关部门，统一思想和认识，高度重视创建工作，各司其职、各尽其责，集聚全县力量保证创建工作按时保质完成。二是明确规划具体产业，切实支撑实验区可持续发展。建议县委、县政府邀请相关专家学者会同县级有关部门根据全县实际情况进行专题研究，科学规划，合理布局，积极引进符合崇明生态岛建设和低碳经济发展要求的先进产业和高科技企业落户崇明，为国家可持续发展实验区建设提供发展动力和有效支撑。三是加强资源循环利用研究，不断提高低碳发展效益。建议从崇明县是农业大县、农业为主要产业的实际情况出发，进一步加大对农业产业循环生产和利用的研究，发展效益较高的低碳产业，逐步提高崇明产业的发展能级。四是努力争取各类优惠政策，加快实验区建设步伐。建议积极向市里争取更多的优惠政策，为崇明的进一步发展创造更为有利的条件，进一步促进崇明经济、社会的全面、协调、可持续发展。五是认真总结各类经验教训，不断探索和完善发展模式。崇明创建国家可持续发展实验区，在国内也属于先河之列。在"投石问路"的过程中，要积极借鉴其他兄弟地区，尤其是正在创建国家可持续发展实验区的地区成功经验和做法，结合崇明实际情况加以利用。六是充分发挥专业人才优势，人尽其才为实验区发展提速。近年来，崇明引进了不少各领域的专业人才，在各自岗位上正在为崇明的经济社会建设发挥着重要作用。建议要在实验区建设过程中，充分利用崇明专业人才的独特优势，为崇明低碳经济发展和现代化生态岛建设服务。七是正确处理经济发展和环境保护关系，促进崇明经济可持续发展。要从实施《崇明三岛总体规划》出发，进一步明确各区域发展的定位和发展方向，科学规划，正确处理好经济发展和环境保护的关系。淘汰落后、重污染行业，不断引进和发展清洁、环保产业。通过三岛差异化发展，为崇明创建国家可持续发展实验区走出一条新路。

2010年10月18日，县政协召开十二届二十五次常委会(扩大)会议，听取副县长王菁所作的情况通报

2012年9月24日，县政协召开十三届五次常委会(扩大)会议。中共崇明县委常委、副县长马乐声作关于崇明生态岛建设和统筹乡镇发展有关问题的情况通报。与会人员一致认为，近三年来，崇明紧紧围绕建设现代化生态岛这一总体目标，切实按照《崇明生态岛建设纲要》，坚持"生态优先，环境优先"，扎实推进崇明生态岛建设，取得了阶段性成效。委员们对此给予充分肯定。同时提出意见建议，经汇总整理，形成《关于加强崇明生态岛建设和统筹乡镇发展的协商建议书》。协商建议书提出如下建议：一要加快结构调整，构造生态型产业体系。认真落实《崇明生态岛建设纲要》明确的产业结构，调整重点，继续打造好具有崇明品牌的高效生态农业和生态休闲旅游业。注重林下经济的研发，使植树造林的生态功能、景观功能与经济效益有机结合。加快长兴生产性服务业、陈家镇数据产业园、工业园区总部经济园的推进力度。优化产业的发展空间，促进崇明未来产业体系的形成。二要坚持生态优化，科学实施建设项目。要遵循自然规律，建设良好的河道生态环境，保证水生动植物与河畔植被间的循环共生，保证水体与周边

环境的和谐。要优化林相结构，尝试在滩涂区域栽植公益林，展现滩涂景观的自然魅力。三要加大保障力度，完善生态岛建设支撑体系。要加大攻坚力度，加快项目实施。由县政府牵头，进一步明确各责任部门和乡镇的职责、推进的要求和时间节点，确保各项目标的实现。要调动各方面的积极因素，推进市级层面政策、项目审批和资金的落实。突出人才优先发展战略，建立县人才工作领导小组，突出抓好人才的引进、培养和使用三个环节，推进人才资源整体性开发。要改变“重建设，轻管理”的现象，确保项目建成后的使用、维护和管理。四要弘扬生态文化，共建绿色家园。要通过广泛深入的宣传发动，大力弘扬生态文化，培育生态文明意识。要培育生态志愿者群体，增强全社会重视生态、共建生态岛的责任意识。

2012 年 10 月 29 日，县政协召开十三届六次常委会（扩大）会议。与会人员听取中共崇明县委常委、副县长张国坤所作的关于崇明县第五轮环保三年行动计划第一年实施情况的通报，并进行协商讨论。经汇总整理，形成《关于进一步推进实施第五轮环保三年行动计划的协商建议书》。协商建议书主要内容如下：一是坚持全面推进，重点突破。新一轮环保三年行动计划共涉及 7 个重点领域 80 个项目，基本涵盖崇明县环境与生态保护的各个方面。因此，必须全面推进，有序推进，突出重点，从而在环境保护和生态建设方面形成新的工作亮点，取得新的阶段性成果。二是不断寻找差距，聚焦落实。针对目前全县污染减排任务艰巨、环境风险隐患依然存在、农村面源污染尚未得到有效控制、环境保护监管能力建设相对滞后等问题，要进一步研究措施，明确具体的工作目标和任务，推动上述问题在这三年内得到有效解决，从而使全县环境保护和生态建设取得新的进展，为崇明现代化生态岛建设注入新的活力。三是切实加强领导，形成合力。要根据全市“十二五”环境保护建设要求和崇明“十二五”环保规划总体目标，更加注重环境质量和环境安全，更加注重解决人民群众普遍关心的环境问题，更加注重长效机制和管理创新。同时，要广泛开展环境宣传教育，加强重大决策和建设项目的公众参与度，加强环境保护的社会监督，及时化解环保方面的矛盾纠纷，努力消除社会不安定因素，从而形成全社会共同参与环保工作的良好氛围。

第七节　协商讨论新农村建设和社区建设

一、协商讨论新农村建设

2006 年 7 月 25 日，县政协文史资料委员会和庙镇地区委员小组就新农村建设开展协商讨论活动。委员们认为，建设社会主义新农村就是让广大农村“生产发展、生活宽裕、乡风文明、村容整洁、管理民主”。建议在建设社会主义新农村的过程中，一要结合崇明生态岛区建设的实际，把社会主义新农村的建设定位于发展绿色经济、营造绿色环境、奉献绿色产品、共享绿色生活；二要保证在生态岛区建设中农民能在当地充分就业；三要在加强硬件设施建设的同时，进一步提高农民的文明程度，使之协调发展；四要通过多种形式广泛开展农业实用技术培训和职业技能培训，提高崇明农民素质，培养造就有文化、懂技术、会经营的新型农民。

2006 年 8 月 15 日，县政协召集教育界委员围绕新农村建设进行协商讨论。委员们认为，大力发展教育事业是新农村建设的重要组成部分，进一步改善农村各类学校的办学条件，不断缩小城乡学校之间办学条件的差距，是“十一五”期间教育事业发展的主要任务之一。委员们建议，要进一步提高教师待遇，稳定教师队伍；县有关职能部门应制定吸引教学人才的优惠政策，创造条件，解决教学人才外流的问题；要树立“以人为本”的用人理念，创造条件解决教师在生活中遇到的实际困难，给教学人才以必要的人文关怀，既要争取待遇留人，更要注重感情留人、事业留人。

2007 年 10 月 15 日，县政协召开十二届四次常委会（扩大）会议，协商讨论新农村建设。中共崇明县委、县政府政策研究室负责人向到会人员通报崇明新农村建设情况。与会人员对正在实施的新农村建设各项试点工作给予充分肯定。就进一步推进崇明新农村建设提出如下建议：一要把发展现代农业作为崇明新农村建设的重头戏，力求实现农民经济收入的整体提高，为新农村建设夯实可持续发展的基础；二要加快发展农村文化事业，增加必要的投入，开展喜闻乐见、寓教于乐的多种形式的群众文体活动；三要加强群众性精神文明创建工作的领导，建设社会主义核心价值观体系，引导树立先进的思想观念和良好的道德风尚；四要大力推进新农村试点村建设，努力实现试点村建设的阶段性目标。

2008年10月20日，县政协召开十二届十二次常委会（扩大）会议，协商讨论新农村建设，中共崇明县委常委、副县长马乐声应邀出席。中共崇明县委、县政府政策研究室主要负责人通报崇明新农村建设情况。与会人员充分肯定崇明新农村建设取得的阶段性成果，并就进一步推进崇明新农村建设提出如下建议：一要加强舆论宣传，形成浓烈氛围，进一步调动广大农民群众建设社会主义新农村的主动性、积极性和创造性；二要加快发展现代农业，以崇明特色农产品品牌为载体，通过产业互动建立起核心产业、配套产业为一体的农业产业群，推进农业规模经营，提高农业组织化程度；三要继续加大对经济薄弱村财政转移支付力度，确保村级管理部门的经常性经费支出，同时要采取有效措施，进一步增强村级经济的综合实力；四要通过扶持农民自主创业、扩大市场营销、实施土地流转等形式切实增加农民收入；五要加强基层党组织建设，充分发挥党员和基层干部在新农村建设中的作用。

2009年6月25日，县政协召开贯彻落实中共十七届三中全会精神，加快崇明新农村建设专题协商讨论会，县政协部分常委以及县政协科技界、农业界等界别部分委员参加。会上，中共崇明县委、县政府政策研究室负责人通报崇明新农村建设工作的情况。与会人员认为，近年来，崇明新农村建设通过扩大试点村范围、面上专项推进和实施“双基”（农村基础设施与公共服务设施）工程等工作措施，使全县农村基础设施建设、社会事业发展和农村环境治理等方面取得了新进展、新成效。2009年新农村建设的目标明确、重点突出、措施实在。同时，针对目前新农村建设中存在的问题提出意见建议。县政协常委会整理汇总与会人员的意见建议，形成《关于加快推进崇明新农村建设的协商建议书》。协商建议书主要内容：一要切实抓好生产持续发展，确保农民持续增收，大力发展现代农业。积极发展具有崇明特色和一定规模的农产品深加工业，坚持不懈地推进崇明农业升级和扩大农产品销量，长期、有效、稳定地促进农民增收。二要规范做好土地流转和管理工作，建立土地承包仲裁机构，推广建立土地流转服务中心，通过机制和制度安排，有效保障广大农民群众的切身利益。三要不断增强广大农民建设社会主义新农村的主体意识，坚持走群众路线，既要尊重群众意愿，又要有政府的主导作用，让农民群众从心底里认同新农村建设的重要意义，认识到他们既是新农村建设的主人又是主体，并广泛发动全社会参与社会主义新农村建设，充分调动各方积极性，使新农村建设不断取得新的成效。四要高度重视村级民主管理工作，大力加强村级财务规范化管理，引进一些成熟的管理措施和方法，不断提高村级民主管理水平。五要加强外来人口的管理工作，加深对他们的了解，帮助他们解决实际困难，使他们积极主动地融入崇明，为崇明发展贡献力量。六要建立健全新农村建设长效管理机制，进一步加强新农村建设的相关宣传教育工作，使新农村建设的观念进一步深入人心；进一步加强对农民科技、文化、法制等方面的素质教育，提高新农村建设主体，即广大农民群众的文明程度；进一步加强对环境卫生的整治和督查，杜绝各种不良现象回潮；进一步加大对项目建设的监督力度，保证农村基础设施建设和公共服务设施建设的高标准、高质量。

二、协商讨论社区建设

2012年11月26日，县政协召开十三届七次常委会（扩大）会议，听取中共崇明县委副书记宋宝儒关于崇明推进社区建设的工作情况的通报，并进行协商讨论。经汇总整理，形成《关于崇明社区建设的协商建议书》。协商建议书就进一步围绕创新社区建设机制和服务管理模式、完善社区服务配套，推进社区基层群众自治等方面提出如下建议：一是突出社区建设重点，提高社区服务水平。要把强化社区服务作为社区建设的出发点和落脚点，作为与居民群众生活密切相关的重要工作。要突出抓好公益性、福利性的服务，积极探索为民服务的新途径，把加强和创新社会管理同提高社区服务水平和服务质量紧密结合起来，让社区居民切实感受到权益受到维护、需求得到满足，提升幸福感，从而自觉参与社区建设。要创新服务理念，拓展服务领域。要改变过去以完成政府交办的工作为社区任务的思维定式，以居民的需求作为社区工作的方向、努力的目标。二是把权力交给社会，强化基层群众自治。要正确认识政府职能与社区建设、行政管理与群众自治的关系，把发挥群众主体作用作为社区管理的着力点，努力培养群众的自治意识、自治能力和自治习惯，把群众的自主性引向公共性，充分发挥群众自我管理、自我教育、自我服务、自我监督的作用。要加强社区自治组织建设，进一步建立健全社区居民代表会议等社区群众自治组织体系，规范和完善以民主选举、民主决策、民主管理、民主监督为特征的社区基本管理制度，健全社区居民自治机制，强化社区自治功能。要增强社区党组织的公共性，通过强化基层党建工作，把村(居)委、物业公司、社会组织、群众自治组织等主体和资源有效整合起来，进一步完善社区多元共治的机制和格局。三是培育社区社会组织，提高社区自我服务能力。要加大对社会组织发展的支持力度，积极探索公共服务外包机制，加快推进政府购买服务工作。要把培育社区社会组织同提高社区服务水平和质量紧密结合起来，开展多层次、多样化的社区服务，努力将社区公共服务、便民利民服务、志愿互助服务覆盖到社区全体居民。要积极探索社区民间组织参与社区建设的新模式，按照服务主体多元化、服务对象公众化、服务体系社会化的要求，积极培育社区民间组织，加快推进社区服务社会化和基层群众自治的进程。四是加强社区工作队伍建设，推动社会专业人才使用。要培养造就一支数量充足、结构合理、素质优良的社会工作专业人才队伍。要积极挖掘社区各种人力资源，逐步扩大社会工作队伍规模。要更加注重社区志愿者队伍的培育，把那些真正热心于社区服务的积极分子充分调动起来，形成共建和谐社区的生动局面。五是学习先进管理经验，创新社区服务模式。要提高人口服务和管理水平。要学习借鉴其他地区先进经验和模式，消化运用到崇明社区建设中去。要坚持因地制宜、突出特色，进一步深化平安社区建设。

第四章　协商对话　征求意见

1987 年起，按照中共十三大提出的建立协商对话制度的要求，中共崇明县委、县政府根据崇明县经济和社会发展的实际，适时与县政协进行协商对话，听取政协委员对崇明经济社会发展大政方针确定、重要改革措施出台与实施等重大问题的意见建议。1993 年起，对话不再进行。县委、县政府还采用座谈会等形式就重要工作征求县政协的意见。

第一节　协商对话

1987 年 12 月 24 日，中共崇明县委副书记、县长田长春，县委副书记陆瑾，县委常委陈学行、黄振兴到县政协，就崇明政治、经济等重要问题，与县政协常委、委组负责人进行协商对话。县政协主席张彪要求委员们抱着知无不言、言无不尽的态度，积极发言。陆瑾对开展协商对话谈了认识。她指出，对话目的是为了增进了解，密切各级领导与人民群众的关系；是为了消除误会，正确处理各种社会矛盾；是为了发扬民主，广泛调动社会各方面的积极性。对话原则是贯彻群众路线，通过协商对话，使领导置身于群众之中。政协 5 名常委会委员和 1 名专委会负责人先后就提高教育质量、加强企业管理、稳定市场物价、搞好药品供应等问题提出意见建议。县委、县政府领导认真听取大家发言并插话交流。田长春代表县委、县政府讲话，对委员们的建言献策表示感谢，并表示将认真研究大家提出的问题和意见，明确有关方面予以采纳落实。

1988 年 3 月 15 日，在县政协七届一次会议期间，中共崇明县委常委、县委宣传部部长黄志才，副县长周祖安、黄雄与县政协教育、卫生、宗教、侨务界别的委员进行协商对话。委员们围绕教育体制改革、完善学校布点、整合教育资源、农村中学转轨、改善办学条件，改革公费医疗制度、提高医疗服务质量，落实宗教、侨务政策等方面分析存在问题、提出意见建议。县委、县政府领导对这些问题一一作答，并通报有关工作打算，委员们感到满意。

1989 年 3 月 17 日，副县长周祖安与县政协侨务和民族宗教界别委员进行协商对话。委员们就政府工作和有关问题提出建议。周祖安对解决崇主堂地方狭窄、修建寿安寺天王殿和大雄宝殿、陈家镇和裕安地区天主教信徒宗教活动、少数民族牛羊肉供应等问题作出答复。

1989年3月18日，副县长胡伯坤与县政协工业、交通、科技、市政建设界别委员进行协商对话。委员们围绕企业整顿、企业改革、产业结构调整、科技创新、科技协作等方面存在的问题和应该采取的措施，发表看法，提出建议。胡伯坤认真听取委员们的意见，并向大家通报有关情况。

1989年4月28日，县政协召开七届十三次常委会(扩大)会议，与中共崇明县委、县纪委及有关部门负责人，就廉政建设进行协商对话。中共崇明县委副书记陆瑾出席。会议由县政协主席张彪主持。县纪委书记陈学行通报纪检工作情况和进一步抓好廉政建设的打算。委员们就加强廉政建设提出如下建议：一是加强宣传教育，弘扬正气，狠煞歪风；二是组织上严格把关，把廉洁与否作为考察使用干部的主要标准；三是每个共产党员要从自身做起，用实际行动恢复党在人民群众中的威望；四是对干部建房中发现的问题，对贪污受贿等案子要一抓到底，纪检、执法部门要秉公办事，敢于碰硬。

1992年4月4日，副县长周祖安、县外经贸委负责人应邀参加县政协召开的座谈会，就制定发展外向型经济优惠政策，与县政协海外联谊工作委员会委员进行协商对话。县外经贸委负责人通报崇明外向型经济发展情况和县政府最近出台的有关发展外向型经济的优惠政策。与会委员对这些政策展开讨论。周祖安等当场解答委员们提出的一些还不明确的问题，并希望委员们多向海外亲友宣传这些优惠政策，鼓励亲友们不失时机地回故乡投资办企业。

第二节 征求意见

1989年3月29日，中共崇明县委书记姚明宝，副书记陆瑾，县委常委、宣传部部长黄志才等到县政协召开座谈会，就县委进一步加强对政协工作的领导和召开政协工作会议征求意见。县政协主席张彪，副主席宋斌、徐正林、昝泰昌、施兆发、罗永祥，秘书长薛以霆等参加座谈会。座谈会上，政协领导们就县委召开首次政协工作会议发表各自意见，并围绕加强对各级干部关于人民政协性质、地位、作用的宣传，拓展政治协商深度、畅开民主监督渠道，加强政协委员使命感、责任感教育，提高政协委员素质，为政协开展工作理顺关系、创造条件等方面提出意见和建议。

1992年10月10日，中共崇明县委书记沈兰全到县政协召开座谈会，就发展崇明经济听取非中共政协委员的意见。县政协主席陆瑾，副主席徐正林、黄和招、施兆发、姚振尧等参加座谈会。沈兰全简要通报崇明目前的经济形势，并谈了明后两年发展崇明经济的指导思想。他要求与会人士不讲客套，不说虚话，积极提出建议意见。与会人员围绕增强科技意识、更新用人观念、振奋精神状态和改革开放、政策措施、人才培养等方面坦率地畅谈自己的想法。沈兰全肯定大家提出的建议和意见，并希望委员们本着“肝胆相照，荣辱与共”的精神，为发展崇明经济多出主意，多想办法。

1997年3月5日，代县长顾国林与政协委员中的私营企业代表进行座谈，就进一步发展崇明私营经济征求意见。县政协副主席黄振兴、仇永鸣等参加座谈会。私营企业代表分别交流各自创业历史，介绍现有的生产规模、经营项目及发展目标。顾国林充分肯定业主们艰苦创业的精神，并希望业主们面对激烈的市场竞争，不要满足于现状，不断增强开拓创新意识，发扬拼搏精神，谋求企业更大发展。与会人员围绕进一步发展崇明私营经济提出不少意见建议。

2004年7月7日，副县长褚以琳率县商委负责人到县政协召开座谈会，就《崇明县城区集贸市场规划设置方案》征求政协委员的意见。县政协副主席袁佳平、王菁、吴复安等参加座谈会。褚以琳通报方案起草的指导思想和基本原则，县商委负责人通报城区集贸市场调研情况和具体的规划设置方案。与会委员认为，县政府及其职能部门对城区集贸市场的调查情况明，分析细，有深度。规划设置方案指导思想比较明确，基本原则符合实际，规划设置可行。委员们建议：一要进一步听取意见，完善方案，做到与新城建设总体规划布局和高起点的要求相吻合，与方便群众的宗旨相一致，与整个城区的布点相匹配；二要进一步整治马路、市政道路菜场及夜排挡市场，堵疏结合，规范操作，加强长效管理；三要进一步加强现有市场摊位和环境卫生管理；四要进一步研究集贸市场的机制、体制问题，不断提高城区集贸市场的管理水平。

2009年2月25日，县政协召开十二届十四次常委会会议，中共崇明县委书记彭沉雷到会就县委2009年重点工作征求县政协意见建议。与会人员提出如下建议：一是各级领导干部必须牢固树立正确的权力观、地位观、利益观、政绩观，增强“执政为民”意识，不断提高执政能力和水平。二是要把迎世博600天行动作为提升城乡管理水平、加强环境建设、倡导文明风尚的重要契机，增强工作的积极性、主动性和创造性，营造汇报社会各界共创建、全民投入迎世博的良好氛围，不断加大迎世博600天行动计划的舆论宣传和引导力度。三是要充分发挥崇明优美的环境优势和鲜明的产业特色，因地制宜发展旅游业，大力推进农业与旅游业的有机结合、共同发展，积极开发不同模式的农业旅游项目，通过推进农业、旅游业融合发展，不断提升农业生产附加值，努力促进农民增收致富。四是要继续完善和规范政务公开、村务公开的办事制度，真正维护好群众的切身利益。五是要抓紧完善农村合作医疗相关政策措施，不断提高农村合作医疗筹资水平，科学制定和调整农民医疗费用分类报销标准方案，并通过医疗救助，共同解决贫困农民看病就医难的问题。

2009年2月25日，县政协召开十二届十四次常委会会议听取县委书记彭沉雷关于2009年县委工作情况通报

2010年2月3日，县政协召开十二届二十一次常委会(扩大)会议，中共崇明县委书记彭沉雷到会就县委2010年重点工作征求县政协意见建议。与会人员提出如下建议：一是聚焦增长点，发展崇明经济。农业方面，要围绕结构调整，加快北部高效生态农业实验区建设，加大“农超对接”力度，调优品种，打响品牌，提高土地单位面积产出，促进农民增收；工业方面，要发挥工业园区的带动作用，加大招商引资和实体型企业引进力度，提升崇明制造业发展能级；服务业方面，要大力发展休闲体育、康复理疗、生态居住、生态旅游、银发产业、会议会务等六大产业。二是聚焦热点，做好世博接待工作。要统筹资源，加快旅游基础设施和环境建设；要落实措施，做好世博安保和社会稳定工作。三是聚焦亮点，牢牢抓住陈家镇、崇明新城、长兴凤凰新市镇等重点地区开发建设时间节点，加快基础设施建设和功能性项目落地，增强城区功能，快出形象。四是聚焦落脚点，切实抓好有关方面工作。出行方面，要坚持公交优先发展战略，完善崇明至市区公交线路，增加班次，优化岛内交通，统筹发展水陆交通；就业方面，要挖掘就业潜力，拓宽就业渠道；医疗卫生方面，要着力推进中心医院三级乙等医院和堡镇医院二级甲等医院的创建工作，进一步健全和完善覆盖城乡的医疗保障体系。五是编制好“十二五”规划，充分考虑上海长江隧桥、崇启通道对崇明未来发展的影响，做好相应的分析、判断、规划，使崇明真正成为连接上海与江苏的“桥头堡”和战略高地。

2011年2月16日，县政协召开十二届二十九次常委会(扩大)会议，中共崇明县委书记彭沉雷到会就县委2011年重点工作征求县政协意见建议。与会人员提出如下建议：一要更加注重发展。继续大力发展长兴海洋装备产业及其配套产业，使海洋装备产业作为崇明主导产业的地位进一步凸显；大力发展符合生态岛特点的养老产业，争取在“十二五”时期能有较好的起步；加快崇明旅游产业发展，充分发挥生态岛优势，将崇明旅游业与体育、文化等产业有机结合，不断提升崇明旅游业能级；引进符合生态岛发展特色的新型产业，带动崇明服务业发展上一个新台阶。二要更加注重民生。要大力促进就业，通过大力推动产业发展、出台各类政策、增加资金投入等措施，缓解崇明的就业压力；要加大对社会福利事业的投入，“十二五”期间对农保和养老金的投入每年都要递增；力争新华医院(崇明分院)成功创建市三级医院，逐步完善崇明四级医疗网络结构；要采取切实措施，进一步缩小城乡差距。三要更加注重管理。要加大投人，不断完善崇明的基础设施建设；进一步加强机关作风建设，完善相关制度，不断提高工作效率和服务水平；加强社会管理尤其是基层社会管理，结合中央和市有关精神以及崇明实际情况，摸索出符合崇明特点的社会管理方法；要加强干部和人才管理，重视各类人才的培养工作。四要集中精力抓好文明镇创建、全国双拥模范县创建、违章建筑集中整治和党建四个方面工作。

2012年2月9日，县政协召开十三届一次常委会会议，中共崇明县委书记彭沉雷到会就县委2012年重点工作征求县政协意见建议。与会人员建议：在新一届县委、县政府开局之年，县委要按照中央提出的“稳增长、控物价、调结构、惠民生、抓改革、促和谐”总要求，稳中求进，坚持以“创新驱动转型发展”为指导，切实抓好深入推进生态环境保护和重大基础设施建设、完善产业体系布局、统筹乡镇发展、强化民生保障和社会建设、创新社会管理、加强人才队伍建设等六个方面工作。

卷四 民主监督

民主监督是人民政协的一项重要职能，主要是对国家宪法和法律法规的实施、重大方针政策的贯彻执行、国家机关及其工作人员工作等提出意见建议。

各民主党派、有关人民团体、县政协专委会和政协委员在县政协全体会议上作大会发言，是政协民主监督的特有形式。大会发言围绕县委、县政府中心工作和全县经济社会发展问题，反映实际情况，分析存在问题，提出意见建议。为保证大会发言质量，县政协在全体会议前下发通知，提出选题、组稿等具体要求。

提案是由政协委员和参加政协的各民主党派、有关人民团体、各界别以及县政协专委会向政协全体会议或常委会提出的，经提案审查委员会或提案委员会审查立案后交由承办单位办理的书面意见建议。提案工作是政协民主监督的主要手段之一。

组织政协委员视察是政协活动的基本形式。县政协每年组织政协委员视察，围绕国家宪法、法律和法规的实施情况，党和国家各项方针、政策的贯彻执行情况，经济建设、社会发展情况以及人民群众关心的热点难点问题等，开展视察活动。

特邀监督是政协开展民主监督的一种重要形式，政协委员受聘担任特邀监督员，参与受聘单位的行政监督、司法监督等方面的活动，发挥民主监督的职能作用。

第一章 大 会 发 言

1985 年县政协六届二次会议首次安排大会发言，主要是交流工作打算，以参加单位发言为主。1989 年县政协七届三次会议起，大会发言列入会议日程，以政协委员个人发言为主。1991 年县政协八届二次会议上，除安排政协委员个人发言外，还安排有关民主党派、人民团体和政协专委会以及有关部门、单位代表发言。2005 年县政协十一届三次会议起，大会发言以各民主党派、有关人民团体和政协专委会代表的专题发言为主。1989 年县政协七届三次会议至 2012 年县政协十三届一次会议，有 10 次全体会议安排大会发言（其他全体会议安排县政府及有关部门情况通报等内容），各民主党派、有关人民团体、专委会代表和政协委员共 115 人（次）作大会发言。

第一节 大会发言选录

本节选录各民主党派、有关人民团体、县政协专委会代表和县政协委员大会发言（摘要）38 人（次）。

一、县政协七届三次会议发言选录

1989年3月，在县政协七届三次会议上，县政协副主席昝泰昌作《关于我县教育经费现状的分析和建议》的大会发言。发言指出，近年来，崇明教育经费逐年递增，但由于教师工资和各种津贴的增加，人头经费在总经费中所占的比重增大，公用经费不但没有增加，相反有所减少，加上物价不断上涨，学校开支十分困难，无法添置必要的设施设备，影响学校工作的正常开展。为此，提出如下建议：一是适当调整1984年确定的公用经费定额标准，做到有所增长，并在县财力好转时，优先考虑教育经费的增加；二是在实行财政包干政策的情况下，乡镇应在县返还的资金中划出一部分支持教育；三是多渠道筹集教育资金，陈旧校舍改造可采取集资的办法，并根据群众经济承受能力，适当提高学杂费收取标准；四是在资金、用电等方面给予校办工厂优惠，采取措施支持校办工厂发展，以弥补教育经费的不足；五是研究解决崇明教育系统人员超编严重的问题，减少冗员，控制人员费的持续增加。

1989年3月，在县政协七届三次会议上，县政协委员吴志冲作《崇明农村十年改革的回顾与展望》的大会发言。发言回顾了崇明农村十年改革的历程：1979年开始，逐步推行小段包工、定额计酬、部分作物联产到劳(组)、全部作物联产到劳(组)等各种形式的农业生产责任制。1982年年底开始，普遍实行包产到户，同时农业家庭承包责任制的成功经验，逐步引入乡镇企业。改革给农村经济发展注入新的活力，取得丰硕成果：一是建立了统分结合的农村双层经营模式，既有利于发挥农民家庭经营的积极性，又可以发挥集体统一经营的优越性。二是农村所有制结构发生显著变化，单一的集体所有制转变为集体所有制为主体，多种经济成分并存的所有制结构。三是乡镇企业异军突起，成为农村经济的支柱。四是农村生产力蓬勃发展，1988年全县工农业总产值26.05亿元，是1978年5.2亿元的5.01倍。五是农民收入大幅度增加，1988年人均收入1 053元，是1978年185元的5.69倍。六是乡镇企业的发展，使停止近三十年的农村城镇化进程重新启动。七是给农村带来了生产力和思想观念两个大解放。发言分析了当前农村经济发展中存在的问题：一是农业投入严重不足，土地僵化，农机老化，设施退化。二是农业比较利益太低，农民轻农、厌农情绪突出，经营行为短期化现象比较普遍。三是为农服务体系尚较薄弱，存在网络不全、工作断线状况。四是农业生产指挥系统欠灵，不少地方乡、村与农户之间的联系管道梗阻。五是乡镇企业发展存在困难，“二料一票”(原料、燃料和资金)紧缺，许多改革措施有待深化。发言认为，尽管面临困难和问题，但通过深化改革和继续努力，农村经济一定会持续发展。发言提出如下建议：一是广泛、深入开展农业为基础的再教育，充分认识无农不稳、无粮则乱的重要性和解决农业问题的紧迫性。二是提足用好以工补农、以工补副资金，多渠道增加对农业的投入。三是按价值规律和农民打交道，逐步提高农业的比较利益。四是保持农村经济政策的连续性和稳定性，巩固和发展农村改革成果，继续完善农业家庭承包责任制和农村双层经营结构，强化为农服务体系，拓宽为农服务领域，提高为农服务质量。五是抓住经济结构调整的机遇，继续稳步发展乡镇企业。六是加强对农业的领导，强化农业指挥系统，采取切实措施，尽快解决农业指挥系统上的“脉管炎”。

二、县政协八届二次会议发言选录

1991年3月，在县政协八届二次会议上，民盟崇明县委代表作《加强自身建设，履行参政议政职能》的大会发言。发言主要谈民盟崇明县委努力发挥组织整体功能、切实履行参政议政职能的打算：一是围绕经济建设这一中心，选择带有全局性的2—3个课题进行调查研究，通过政协提出较高质量的提案，供县党政领导参考；发动担任政协委员的盟员积极参加政协组织的各项活动，认真履行自己的职责。二是积极参加中共崇明县委、县政府、县政协和县委统战部召开的关于重大方针、政策、措施的民主协商会、座谈会、谈心会，在坚持四项基本原则的前提下，本着“知无不言，言无不尽”的精神，发表意见，提出建议，充分发挥参政党的助手作用。三是把参政议政与做实事、好事结合起来，推动盟员立足本职，发扬奉献精神，积极参加“我为民盟添光彩”活动；鼓励盟员在做好本职工作的同时，关心支持本单位工作。发挥民盟人才优势，在社会办学、科技咨询、经济服务和海外联谊、统一祖国等方面多做实事。四是与县教育局和一个乡建立对口联系，通过对口联系，更深入地了解政情，力所能及地为对口单位做些实事，使参政议政工作落到实处。

1991年3月，在县政协八届二次会议上，县工商联代表作《发挥参政议政职能，办好民间商会》的大会发言。发言首先汇报近年来县工商联发挥参政议政职能作用，为会员服务、为发展经济服务所做的主要工作：一是宣传党的方针政策，关心推动企业会员在治理整顿、深化改革中振奋精神、克服困难、发展经济；二是运用工商联网络优势，组织企业会员参加各种商品展销活动，扩大购销渠道，促进生产，启动市场；三是依靠市工商联组织，运用老会员的生产技术专长和经营管理经验，对企业会员进行技术指导和信息咨询服务；四是开展调查研究，了解企业会员要求，把参政议政与为会员服务相结合，发挥统战功能作用。然后针对工作中存在的问题，提出今后的工作打算：一是围绕党的中心工作，加强宣传教育，推动会员把中央和市、县委的指导方针、工作目标和任务措施落实到自己的实际工作中去；二是逐步筹组行业会、联谊会和地区会员工作组，为深入开展工商联工作奠定组织保证；三是深入调查研究，积极参政议政；四是加强自身建设，依靠全体会员共同努力，把工商联办成有特色、有成效的民间商会。

1991年3月，在县政协八届二次会议上，县政协常务委员顾鹏炎作《加强学习是当好政协委员的重要环节》的大会发言。发言从三个方面谈了政协委员的学习问题：一是明确意义，把加强学习作为重要任务。加强学习是政协领导对每一个委员的希望；加强学习是委员做好参政议政工作的需要；加强学习也是委员自身适应提高所要求的。二是抓住重点，联系实际搞好学习。要学习中国特色社会主义理论，坚定社会主义信念；要学习全局工作的大政方针，为崇明发展献计出力；要学习政协工作的文件，履行好政协委员的职责。三是贵在自觉，在学习上发扬钉子精神。要正确处理工作与学习的关系；要正确处理外部条件与主观努力的关系；要正确处理长期坚持与点滴积累的关系。

三、县政协八届三次会议发言选录

1992年3月，在县政协八届三次会议上，县政协委员范本范作《依靠科技进步，发展工业生产》的大会发言。发言首先指出，近年来，由于县乡各级加强了科技进步的工作，进行了一系列产业、产品结构调整的动作，使崇明工业有了较快发展，但总的来说，科技进步的步伐还不快，崇明工业发展后劲不足。表现在：一是“七五”期间，崇明投入几亿资金，新建、扩建了一批项目，但这批项目中大工业淘汰转移来的多，起点高、产品新的项目少，有些项目资金投入后不能及时启动。二是1990年、1991年两年中，乡镇工业技改项目少，投入少，技改起点也不高。1990年全县乡镇工业技改项目41个，总投资2 049万元，100万以上技改投资项目只有7个。1991年实施的技改项目也只有108个，总投资8 227万元。1991年技改投资中用于土建投资的比例占到45%以上，个别项目投入资金几乎全部用于新建、改建厂房和修筑道路，较多的技改项目是原有设备的更新，并不是技术装备水平的提高，有些项目添置的设备性能也属一般，甚至是自制土设备，技改项目的投资效益不高。针对崇明工业企业科技进步的现状和问题，提出如下建议：一是进一步提高加快企业技术进步重要性和紧迫性的认识，进一步增强“科技兴厂”的意识，制订中长期科技发展规划，并有计划有步骤地加以实施。二是认真执行国家和地方的有关政策，加强技术进步的投入，县有关部门要制订技术开发基金提取、分配和使用管理办法。三是落实责任制，提高投资效益。要根据崇明实际情况选择投资项目，突出重点，集中力量，抓住成熟、适用、效益好的项目，使有限的投入迅速转化为生产力；要组织好新项目、技改项目的可行性论证，尽可能不凭长官意志，无论新建企业或是老企业技改，必须明确采用适用先进技术成果，投资要向技术进步倾斜；技改项目要实行全过程跟踪管理。四是加强对企业技术进步工作的考核和奖励。要建立技术进步考核制度，并与企业的其他考核制度联动。对在技术进步工作中作出成绩的企业和个人，要进行宣传、表彰和奖励。五是组织开展群众性的技术进步活动，每个企业都要建立合理化建议活动的奖励基金，制订奖励办法。六是尊重知识，尊重人才，充分发挥科技人员在技术进步中的作用。七是抓一批技术先进骨干企业，在政策上予以重点倾斜。

八是加强对职工的教育，并采取多种形式做好职工的培训工作，使他们具有奋发向上的进取精神和强烈的技术进步意识。

1992年3月，在县政协八届三次会议上，县政协委员周国良作《浅谈我县外向型经济发展的历史、现状和建议》的大会发言。发言在对崇明外向型经济发展历史进行回顾和对现状进行分析的基础上，对加快发展崇明外向型经济提出如下建议：一是进一步抓好观念更新教育，把思想统一到发展外向型经济上来。二是进一步完善充实外向型经济领导协调机构，建立健全县乡两级指挥管理网络。三是抓住浦东开发机遇，寻找崇明经济发展的新路子。要在浦东开发区设立崇明的办事机构，并筹建若干个经济实体，作为吸引外资、外技，开发崇明的一个窗口；要积极参与浦东开发，接收浦东开发区的辐射；要深入深圳、珠海、汕头、厦门、海南五大特区和其他口岸，开辟多口岸、多渠道出口；要多组织人员出国考察学习，在境外建立联络点或信息点；要在外贸流通领域里成立若干个联合体或公司；要进一步发挥县外贸公司的作用。四是采取相应的政策措施。要制定崇明产业发展导向和项目引进导向政策，重点扶持创汇型、效益型、先进型的项目；要重视资源含量少、加工程度深、附加值高的农副产品及其加工品的出口；要研究外向型经济政策的吸引力，要给到崇投资办企业的外方更多实惠；要培养一批高素质的管理、技术和营销人才。五是加强基础设施建设，改善崇明投资硬环境。

1992年3月，在县政协八届三次会议上，县政协委员宋友韩作《发挥特色优势，加快我县水产业发展》的大会发言。发言指出，崇明水产生产在县委、县政府的重视下和市水产局的指导下，产量逐年增加，效益不断提高。1991年，全县水产品总产量达到36 442吨，比1990年增长11.11%；1991年，全县渔业总产值为14 594万元，占全县农业总产值72 165万元的20.22%。崇明是全国渔业生产重点县之一。1991年全国评选100个渔业先进县，崇明县是其中之一。发言还指出，崇明渔业生产也面临不少问题，特别是销售渠道不畅，过去是买鱼难，现在是卖鱼难。为此建议：一是从开拓流通渠道着手，解决淡水活鱼销往上海的交通问题，在新河码头开设专班航次，组织专门机构调运渔货；二是积极发展水产品加工，既适应消费者需要，又可调节供应，解决销售市场淡旺不均的问题；三是以市场为导向，不断调整品种结构，养殖适销对路的产品，同时积极引进和开发新品种，发展名、特、优水产品；四是完善养鱼生产联户承包责任制，调整积消比例，增加集体积累，提足老塘改造资金，同时执行上级文件规定的政策精神，将征收到的水产特产税，用于水产生产，下拨补助老塘改造；五是实施科技兴渔战略，成立县特种水产研究所，建立水产技术推广站，健全渔业科技服务体系。

四、县政协九届二次会议发言选录

1994年3月，在县政协九届二次会议上，民进崇明县委代表作《创造优良环境，发展三资企业》的大会发言。发言认为，1993年崇明发展三资企业取得新的成绩，有以下五个特点：一是批准项目增加，投资区域扩大；二是投资规模增大，技术含量提高；三是到崇投资的国家和地区增多；四是境外知名度高的跨国公司到崇投资增多；五是嫁接型三资企业增多。但发展中也存在隐忧，主要表现在：一是资金到位情况不尽人意，1993年批准的60家三资企业中，中外双方应到位资金6 602万美元，实际到位资金3 345万美元，占应到位数的50.7%；二是效益不高，亏损面较大，全县历年批准三资企业119家，已开业投产的59家中，有10家是亏损的，占已投产企业的16.9%；三是崇明基础设施落后，配套服务较差，投资环境不佳，影响外方投资热情。为促进外向型经济发展，提出如下建议：一是进一步统一思想，必须认识到崇明三资企业能否尽快发展，在于不断改善投资环境。二是县委、县政府领导要定期召开座谈会，邀请有影响的外商参加，或者定期走访外商，以听取意见和建议。三是县有关部门和当地政府领导应经常深入企业，了解情况，解决困难。四是强化三资企业管理机构，增强服务意识，提高服务质量。五是三资企业一经批准，双方都要严格遵守合同条款，银行信贷应给予保证。六是确保三资企业生产需要的用电、用水。七是加强对港口、码头、车站等对外窗口工作人员的教育，要热情接待外商，为他们提供优质服务。

1994年3月，在县政协九届二次会议上，农工党崇明县委代表作《关于崇明加速建立和完善"菜篮子”工程体系的建议》的大会发言。发言首先分析了崇明县建立“菜篮子”工程体系的外部条件和内部条件。外部条件：一是上海人口急增，现有固定人口1 293万人，加上每天客流量51万人和流动人口280万人，上海人口比前十年增加了446万多人，食菜量也比原来增加近一半。二是随着上海市区范围的不断扩大，近郊农田不断征用，菜田锐减。1991年前市郊常年菜田面积为18万亩，去年虽然新增2万亩，但是目前全市常年菜田面积仅有11万亩。加上新增菜园土壤尚未熟化，菜农生产技术不足，影响了蔬菜的数量和质量，供求矛盾比较突出。三是市民对绿叶菜营养价值的认识日趋提高，普遍养成吃绿叶菜的习惯。近年来，广大居民和旅沪外国人对优质、特色、花色蔬菜的需求量在不断增加。内部条件：一是蔬菜生产所需劳动力、土地多，对水的供应要求也高。而崇明土地资源丰富，河网水利纵横交错，且有足够的劳动力。二是水运方便。崇明与上海仅一江之隔，蔬菜运输可利用车客渡或挂机船直航吴淞、石洞口，或通过黄浦江，直达上海腹地，平均航行时间约2小时，和苏北、浙北一带运往上海相比，要方便得多。三是环境洁净。崇明空气清新、水质纯净、土壤无污染，有利于名、特、优、稀、新产品的生产，满足市场需要，也为加工高档的小包装蔬菜、洁净蔬菜、速冻蔬菜提供大量原料。对于崇明加速建立和发展“菜篮子”工程体系提出如下建议：一是建立布局合理、稳固的生产基地。用好市里下达的新增菜田，市里两次下拨新增菜地共4 000亩，分布在汲浜、合兴、大新(前卫)、绿华四个乡(各1 000亩)，对这些菜田，要进行丈量、勘察、制图、土壤分析，造册备案，要不断增加资金、技术的投入，要确保10—15年内不被征用；扩大城堡两镇菜田面积，县政府应及早调拨扩建新菜田的基本建设费用，对菜地建设资金应切实加强管理，实行先补后征、先建后拆、一支笔审批的原则，菜地建设资金要实行有偿使用，既用于菜地建设，又用于以丰补歉。二是强化服务体系，切实加强蔬菜生产的科学研究、技术推广、技术培训等工作。要与上海农科院、农学院建立长期的协作关系，利用他们的优势，提供优良新品种，并利用请进来、送出去的方式，加快技术骨干力量的培训；在向市内外选购名、特、优、抗病蔬菜种子的同时，要重视种子繁育工作，建立蔬菜良种繁育基地；县和有关乡、村、队要建立蔬菜技术推广网络，使新品种、新技术能迅速传递到菜农手中。三是加速形成新的产销运行机制。要以新增4 000亩菜田的四个乡和城堡两个菜园为龙头，组建蔬菜联合公司，搞好产前、产中、产后服务；要与大专院校、科研单位结合，创办精细蔬菜加工厂，形成产、加、销一条龙，通过深加工为市民提供更多的精细蔬菜；要通过外资渠道，打进国际市场，以获得更高的经济效益；要与上海大菜场、大企业、学校、机关、部队挂钩直供，减少流通中间环节；要建立批发交易市场。四是恢复城堡两镇的国营菜场，这对抑制平衡菜价、保障人民生活具有一定的现实意义。五是县政府应再向市政府申请增拨3 000亩菜田，以增加菜田基本建设资金450万元(每增1亩菜田，市政府增拨建设费1 500元)。如果短期内争取不到，县政府也应在近期内自行增建1 000亩至3 000亩菜田，既为现有菜田征用作转移准备，又为计划经济全面过渡到市场经济作竞争准备。

1994年3月，在县政协九届二次会议上，县政协常务委员钱裕令作《理顺关系，增强后劲，拓宽市场，振兴建筑业》的大会发言。发言指出，崇明县建筑业于50年代建立，60年代发展，70年代进上海，八九十年代不断发展壮大。建筑业为崇明经济发展积累了资金，为城乡面貌改变作出了贡献。但崇明建筑业与先进地区相比较增长不快、力量单薄、发展不平衡，存在以下几个方面的问题：一是产业意识不强。崇明建筑业虽然起步较早，且有一定的发展，但并没有真正把它作为支柱产业予以重视，有些乡镇只把建筑公司作为“小金库”“摇钱树”，机构设置、人员分配、技术力量和资金投入等跟不上发展的需要。二是管理体制不顺。崇明建筑安装总公司名义上是全民二级施工企业的经济实体，实际上是由28个乡(镇)建筑公司联合起来的管理机构，不具有人、财、物三权的独立企业，因此缺乏必要的统筹协调能力，难以形成合力，虽然上海市建委承认总公司是二级企业，这对各分公司具有一定的凝聚力和向心力，但是，随着市、县两级行业管理部门对企业资质审查放宽尺寸，全市二级企业大量增多，总公司的优势将会失去。三是发展后劲不足。建筑施工企业本身是薄利经营，加上建筑材料价格上涨，建设单位压低工程造价，使各分公司形成“三多”：贷款多，向建设银行贷款近千万元；欠款多，乡办企业拖欠各分公司的工程款达3 000余万元；上交多，每年平均上交乡镇500万元。由于资金不足，无力增添设备、扩大再生产。四是职工队伍不稳,技术力量薄弱。为解决目前建筑业存在的问题,着眼崇明岛未来开发建设,使建筑业成为崇明的支柱产业,提出如下建议:一是各级领导要树立建筑业是崇明支柱产业的观念。崇明建筑业已有相当基础,尤其是崇明地处上海,面临浦东开发和开放以及随之而来的崇明大开发,完全有条件使建筑业成为崇明的一个支柱产业。建筑业的发展还可以带动建材工业,建筑机械工业、冶金工业,建筑五金工业、家用电器工业等一系列工业的发展,并且能吸纳大量的农村剩余劳动力。二是增加对建筑业的投入,增强建筑业发展后劲。采取政策扶持,实行信贷倾斜;清理三角债,各乡(镇)对建筑公司的拖欠款应尽早归还,以增加建筑施工企业的投入,提高其装备能力,促进建筑业上新台阶。三是提高建筑施工企业的地位,稳定职工队伍。要制定合理的分配政策,提高建筑施工企业职工待遇。四是依靠科技进步,发展建筑行业。逐步提高勘察设计单位资质,扩大设计范围,形成设计市场,建立内部激励机制,鼓励技术人员创新。增强自身投入,提高电脑设计覆盖率,培养一支跨世纪的设计力量,迎接崇明岛开发开放新高潮的到来。五是建立建筑施工企业集团化公司。以现有崇明建筑安装总公司为基础,建立起紧密型或半紧密型的建筑企业集团,公司要真正成为经济实体,对下属各分公司具有人、财、物的管理、协调、分配职权,政策上给予适当的扶持。参加集团化公司的建筑施工企业要根据双向选择的原则自愿参加,并脱离原隶属关系,参加单位共享集团化公司的优惠政策。集团化公司为二级法人,设总公司,下属设统一名称分公司。总公司对分公司实行目标管理,超产分成,有特殊贡献重奖。各分公司独立核算、自负盈亏。县政府要制定相应扶持政策,鼓励集团化公司与市建筑大企业集团、设计单位和外商开展多层次、多形式的联合(包括合资),以便进一步进军市区,走向世界。

1994 年 3 月,在县政协九届二次会议上,县政协委员沈成富作《振兴崇明经济,必须重视发挥科技人才的作用》的大会发言。发言首先分析了崇明科技人员队伍的现状:一是专业技术人员队伍的总量增长较快。截至 1992 年年底,全县各类专业技术人员及管理人员的总量已达到 19 769 人,与 1990 年相比增加3 165人,年均增幅为 9.2%。二是专业门类比较齐全,涉及 22 个主要系列。其中直接为经济服务的工程、经济、会计类专业人员大幅度增加,从 1983 年的 755 人,上升到 1992 年年底的 7 481 人,增长 9.9 倍。三是科技队伍的年龄结构比较合理。专业人员的平均年龄为 37.5 岁,说明专业技术人员有较好的后劲和潜力。四是专业技术人员为崇明经济建设和社会发展作出了较大贡献,在科学研究、技术引进、成果推广等方面做了大量工作。“七五”以来,先后有 395 个项目分别获得县级科技成果奖或成果推广奖,144 个项目获市级科技成果奖、推广奖或星火奖,3 个项目获国家级星火奖。崇明专业技术队伍建设也存在一些问题,诸如科技人员队伍中高级职称人员的年龄偏高;有相当一部分人员没有达到各系列职务所规定的学历要求,其中有 5 783 名未达到中专学历,占全县科技人员总数的 29.25%;科技人员在行业中的分布不够平衡,教育、卫生系列共有专业科技人员 10 846 名,占全县专业技术人员总数的 54.8%。此外,全民科技人员大部分集中在机关和全民事业单位,共计 10 137 名,占总数的 51.3%,而直接为经济建设服务的第一线的专业人员偏少。在合理使用、充分发挥科技队伍作用方面也存在问题:在大力宣传科技兴县的战略方针,突出科学技术在经济建设中的重大作用,树立科技商品意识,宣传科技人员在经济建设中所作出的贡献方面还有待努力;由于受崇明地理环境等因素的制约,一些生产单位效益不佳,越来越多的生产第一线专门人才涌向党政机关或事业单位,出现人才浪费现象;人才政策落实尚有死角,挫伤了一些专门人才的积极性;专业技术职称的管理机制不健全,评审不严,对专门人才缺乏应有的鞭策力。为进一步发挥科技队伍作用,提出如下建议:一是加大“科学技术是第一生产力”的宣传力度,真正在全县形成“尊重知识、尊重人才”的社会风尚。工作上支持,生活上关心,使广大科技人员处在一个心情舒畅的社会环境中。县政府要把落实知识分子政策、发挥科技人员作用作为考核各级领导的一项内容,把增加科技含量作为考核企业领导的一个重要指标,真正把“科技兴岛”的战略落到实处。二是制定完善切实有效的政策措施,要鼓励机关、事业单位的工程技术人员“跳槽”,倡办科技型企业,促进人才向生产第一线流动;要选拔县级机关中年轻的专门人才担任基层科技工作负责人,支持和鼓励科技人员利用业余时间到农村和工厂进行技术承包,允许他们通过发挥自己的技术特长先富起来;要对贡献突出的科技人员予以重奖，鼓励科技人员多作贡献，多创效益，多得实惠；要根据发展的需要，在充分发挥现有科技人员作用的同时，广泛引进有技术、善经营、懂管理的优秀科技人才，壮大科技队伍实力。三是抽调中高级科技人员组成“崇明县经济技术咨询委员会”，其主要职能：为各级政府经济技术重大决策提供咨询，为引进、培养和使用科技人才提供建议，承担若干重大软课题研究，与大专院校、科研机构和城市大工业企业建立技术通道，作为政府和科技人才密切联系的纽带。四是抓好科技人员的再教育，促进各类专门人才的知识更新。在调查研究的基础上，制订科技人员继续教育规划。发挥县科协这个科技人员之家的作用，使其在科技人员继续教育中发挥应有的作用。举办技术讲座，开展县内外的学术研讨和交流，使科技人员的专业知识得到拓展和提高。

五、县政协九届三次会议发言选录

1995 年 3 月，在县政协九届三次会议上，民盟崇明县委代表作《关于学习贯彻〈爱国主义教育实施纲要〉的几点建议》的大会发言。发言指出，爱国主义是中华民族的光荣传统，是推动中国社会前进的巨大力量，是各族人民的精神支柱，是社会主义精神文明建设主旋律的重要组成部分。中共中央宣传部拟定的《爱国主义教育实施纲要》结合新的形势要求，论述了进行爱国主义教育的重要意义，提出了开展爱国主义教育的基本原则、主要内容和一系列具体措施，为进一步开展爱国主义教育指明了方向。爱国主义教育是一项系统、长期的工作，为深入持久地开展好爱国主义教育，就学习、宣传、贯彻《爱国主义教育实施纲要》提出如下建议：一是全方位、多侧面、系统、规范、持久地开展爱国主义教育。县委、县政府要制订符合崇明实际的爱国主义教育规划，县委宣传部、县教科文委、团县委等有关部门应制定相应的实施细则和具体措施。通过贯彻落实《爱国主义实施纲要》和其他精神文明建设的举措，使全县人民的精神面貌在新一轮的“一年一个样，三年大变样”过程中，有明显的变化。二是建立一批爱国主义教育基地。崇明可作为爱国主义教育基地的革命历史遗址、文物、先进典型、优秀人物很多，如各个革命时期的革命遗址、烈士馆、博物馆、唐一岑墓、侵华日军崇明登陆处、日军在竖河镇大烧杀遗址，工农业生产先进典型瀛东村、前卫村、新洲村，东滩鸟类自然保护区等，对这些地方要有选择地进行充实、完善、修葺，树碑命名挂牌，使之建成县一级的爱国主义教育基地，以利于爱国主义教育深入持久地开展下去。三是在竖河镇遇难同胞遗址或其他合适的地方建造“抗日死难同胞纪念碑”及馆，以教育后人不忘过去，牢记历史教训，振奋民族精神。四是结合世界反法西斯和中国抗日战争胜利 50 周年，举行弘扬爱国主义精神的一系列活动，如纪念活动宣传周，召开纪念大会，书、画图片、文物展览，爱国抗战知识竞赛等，以继承革命传统，弘扬爱国主义精神。五是充分利用崇明博物馆的现有场地、文物资料，并进一步广泛征集文物，完善史料，重点把崇明的沿革、变迁历史，各时期有影响的人物，民俗、风情、特产、沙船历史，革命斗争史料等，自古至今的内容陈列其中，以发扬光大崇明人民的优良传统和革命精神。六是开展爱国主义专题的读书活动、知识竞赛、征文比赛等，以及其他系列活动，使爱国主义教育持久地开展下去。七是县委、县政府、县人大常委会、县政协要在贯彻《爱国主义教育实施纲要》中起表率作用，在每周工作开始的星期一，县四套班子所在的机关大院应该举行升旗仪式。

1995 年 3 月，在县政协九届三次会议上，农工党崇明县委代表作《增强法制观念，提高企业自我保护意识》的大会发言。发言指出，近年来，随着市场经济体制的逐步建立和完善，崇明经济正沿着法制轨道健康发展，各企事业单位自我保护意识不断增强，已有 200 多个单位聘请律师担任常年法律顾问。由于这些律师的参与，使企业既避免了不应有的损失，又收回了大量的货款。县人民检察院、人民法院等司法部门协同有关企业，在去岛外处理经济纠纷、催收货款等方面也取得较好的效果。1994 年，县人民法院共受理经济案件 840 多件，比 1992 年增长一倍多，从案件的类型看，已从简单的货款纠纷上升到较高层次的票据纠纷、商标侵权和技术侵权等，说明经济实体通过法律程序，解决经济纠纷的意识明显增强。但是也有不少企业，由于法制观念不强，缺乏依法自我保护的能力，造成一定的经济损失，主要反映在以下几个方面：一是企业承包所引起的经济纠纷有所增加。相当数量的企业违反法律规定，任意将营业执照出租给他人使用，而使用者往往以执照上的单位名义，在外搞非法经营，甚至搞诈骗。发生问题后，企业不得不依法承担诉讼责任，牵制极大精力，造成经济损失，甚至企业破产。据不完全统计，近年全县此类问题造成的经济损失达2 000万元以上。其次是发包方贪图方便或微利，将企业承包于他人，而对承包人的履约能力和经营活动缺乏评估和监督，致使不少企业由于承包人经营不善或无力履约，而使承包合同成为一纸空文，造成一定的经济损失。二是片面追求业务量，盲目签订不平等合约。某些企业出于求成心切，置自己的合法权益不顾，与对方签订权利义务不平等的合约，其结果损害了集体利益。三是经营者法律意识薄弱，洽谈业务惯用口头约定，交货时无书面凭证，产生纠纷时空口无据，造成因证据不足而败诉坏账。有些单位虽签有书面合同，但企业没有留底，只放在经办人手中，因经办人将书面合同遗失或经办人调离工作，而造成证据不足难以诉讼。为此提出建议：一是加强法制宣传，提倡依法治厂。由县司法局牵头会同有关部门在全县开展“依法治厂”活动。由县人民法院牵头会同有关部门，把全县经济工作中实际发生的典型案例，以县乡两级有关领导干部和经营者为重点对象开展“以法治理”巡回宣讲活动，增强经济工作者的法制观念，丰富他们的法律知识，提高企业依法自我保护能力。二是司法机关会同相关经济部门，切实制订法制教学规划，有计划、有步骤地对全县有关领导干部、企业经营者和财会人员进行深入的法制教育。除了学好企业法、会计法、合同法、统计法等基本法律外，对一些新的法律法规必须进行轮训，当前尤其弄清票据的种类和各自的效用，弄清商标侵权、技术转让等概念，使他们适应市场经济条件下经济活动的需要。三是加强对清债工作的领导，乡、镇、村、企业都要做好清债工作，特别是对企事业新老干部交替之前和因工作需要干部调整之前存在的债务要落实到人。四是进一步发挥律师在经济交往中的参谋作用，积极提倡律师参与重大经济活动。各乡镇企业在条件许可下，应聘请常年法律顾问。

1995年3月，在县政协九届三次会议上，县政协委员施永明作《加强工业资产管理，防止工业资产流失》的大会发言。发言指出，崇明工业经济经过三十多年的艰苦创业，已经颇具规模，全县工业企业约有固定资产原值15亿元，净值8亿多元，拥有各类生产设备4.2万多台(套)，厂房建筑面积达240万多平方米，每年为全县创造50多亿元的产值和3亿多元的利税，为崇明经济发展起到了举足轻重的作用。但是，近年来由于忽视了对固定资产的管理，使工业企业的设备完好率、设备利用率、设备新度系数等指标不断下降，严重影响工业企业的正常生产和工业结构调整。当前集体资产大量流失，使公有制经济受到严重损失，应该引起高度重视。为此，提出如下建议：一是各级领导要加强对企业法的学习，尤其要认真学习中共十四届三中全会提出的关于建立现代企业制度的决定，要全面深刻地理解现代企业制度中关于“产权明晰、职责分明，政企分开、科学管理”的本质含义。要正确认识企业管理的重要性，而资产管理(包括设备管理)又是企业管理的重要组成部分，要把资产管理作为企业能否生存的重要工作来抓。二是尽快组织力量，在全县范围内对企业的设备现状和资产流失的现象作全面调查。在此基础上，要迅速健全县乡两级集体资产管理机构，制定切合实际、行之有效的资产管理制度，并立即开展工作，切实负起促使集体资产保值增值的责任。三是各级领导要督促企业尽快组建设备管理机构，摸清企业家底，建好设备台账，并建立和健全设备管理的各项制度。采取有力措施，确保企业设备完好和资产完整。在经营承包合同中，必须有明确的资产保值增值指标，对实行机制转换的企业，要经过严密的监督、制约程序和规范的评估，严格报批手续。四是对资产流失的企业，要进行全面清查和严格审计，问题严重的，要严肃处理，流失的资产，要坚决追回。要利用各种媒体，向社会广泛宣传确保国家和集体资产保值增值的重要性，接受全县人民的监督，让全社会来维护集体资产。

1995年3月，在县政协九届三次会议上，县政协委员龚安良作《抓住机遇，发挥优势，正确定位，加快发展崇明旅游事业》的大会发言。发言就加快发展崇明旅游事业，谈了三个问题：崇明发展旅游业的优势与机遇、困难与问题、对策与措施。崇明发展旅游业具有独特的优势，主要体现在：一有得天独厚的区位优势。崇明岛内联长江，扼居长江入海咽喉，外通太平洋，位居中国“黄金海岸”和“黄金水道”的交汇处，南依国际大都市上海，北枕江苏广阔腹地。加之浦东开发的扩散和上海经济的辐射作用，崇明发展旅游业具有得天独厚的区位优势。二有清新洁净的环境优势。崇明岛孤悬江海，水土洁净，空气新鲜，环境优美，中部有5 300亩平原人造森林，东部有候鸟自然保护区，具有良好的自然与生态环境，是上海目前屈指可数的最大的一块“净土”，是休憩、养生、度假的理想之处。三有相对富饶的资源优势。1 100多平方公里的土地资源为旅游景点及配套设施的建设提供了场所；驰名中外的名、特、优农副产品，如山羊、河豚、金瓜、毛蟹等，可满足游客的食、购需要。发展崇明旅游业，不仅有优势，也有机遇：一是上海“一个龙头、三个中心”地位的确立和浦东的开发开放；二是崇明经济战略的确定，开发开放和越江工程建设逐渐摆上位置；三是五天半工作制的实施和市民生活水平的提高，使旅游消费上升。但崇明发展旅游业，也存在诸多的困难与问题，主要表现为：一是缺少切实可行的高起点的旅游发展规划。二是旅游业投入少，且投资分散。自1987年以来，全县对旅游景点的投入仅为914万元，其中森林公园500万元，瀛洲公园250万元，崇明学宫25万元，金鳌山54万元，澹园85万元，投入少且分散，使全县旅游景点建设发展缓慢，同旅游业发展的要求不相适应。三是现有景点规模小，起点低，缺乏特色，无吸引力。四是旅游业的吃、住、行、游、购、娱等六个要素发展不平衡、不协调。为此提出如下建议：一是解放思想，转变观念，树立“大旅游”观念，切实把崇明旅游业的发展摆上位置。旅游作为一个朝阳产业、绿色产业，正越来越受到世界各国和地区的重视，而崇明由于长期受自给自足的封闭型发展观念以及产业定位的影响，旅游业长期没有摆上位置。在旅游业发展上也往往单纯地就旅游而发展旅游，而没有认识到旅游业的发展可以推动和促进商业、交通等相关行业的发展。二是搞好功能定位，制订发展规划。崇明旅游业的定位影响着崇明旅游业的发展方向。根据上海市总体发展规划和崇明岛独特的优势，崇明旅游业的定位应确定为：以上海为依托，建设具有海岛特色的，能适应高、中、低不同层次需求的集度假、疗养和观光为一体的国家级旅游区。根据上述定位，要切实制订好崇明旅游业发展规划，规划起点要高，突出整体开发，特别是东平国家森林公园的规划，应尽快组织实施，以免在无规划条件下的开发而破坏景点的整体优势。三是加大投入力度，动员多方参与旅游开发。要积极对外推销，宣传崇明发展旅游的优势资源，按照“谁投资、谁所有、谁受益”的原则，积极吸引外资和其他社会资金参与旅游开发。政府在财力许可的条件下，也要加大对旅游业的投资力度。多方筹集资金，集中力量搞好景点建设。四是制定优惠政策，扶持旅游业发展。旅游业是新兴行业，发展时间短，自身积累少，要制定一些优惠政策，在资金、税收、用工等各方面给予扶持。五是突出重点，从高到低，启动发展崇明旅游业。在目前情况下，旅游景点建设不宜分散，要集中力量重点搞好东平林场。在具体方法上可先发展高尔夫球场等高层次的旅游娱乐项目，扩大知名度，提高影响力，从高到低启动崇明旅游业的发展。

六、县政协十一届三次会议发言选录

2005年2月，在县政协十一届三次会议上，民盟崇明县委代表作《着眼生态岛建设，切实做好农村生活垃圾收集处置工作》的大会发言。发言指出，崇明农村生活垃圾收集处置工作，已经取得初步成效，但仍存在着不足，主要表现在：一是农村生活垃圾收集处置发展不平衡，镇与镇之间、村与村之间存在差异；二是各乡镇、村在人员配备、硬件设施投入等方面不尽统一；三是垃圾处置的方法和技术落后，没有进行科学分类处理；四是填埋点设置过多，不仅浪费耕地资源，又容易造成新的污染；五是生产垃圾、生活垃圾混杂，给分类处理带来极大不便。这些问题的形成，主要有以下几个原因：一是资金投入少，缺乏较为先进的硬件设施；二是保洁员队伍素质高低不一，待遇偏低；三是少数村民环保意识不强，生活陋习不易改变；四是管理不到位，缺乏有效管理方法和机制；五是县级层面缺乏统一的强有力的领导机构，又缺少科学合理的规划。为此提出如下建议：一是广泛宣传、全面发动。要深入宣传生活垃圾收集处置的重要意义和典型经验，使“保护生态，人人有责”的观念在全县蔚然成风。同时，要把生活垃圾收集处置工作与创建文明社区和开展各种健康活动结合起来，倡导科学、文明的健康行为和生活方式。二是确保投入，硬件到位。要把保洁员纳入万人就业岗位，逐步提高其收入待遇。要抓紧建设中小型垃圾压缩中转站，增配转运车辆，加快垃圾无害化处置的步伐，并适时试行生活垃圾收集处置收费制度，促进生活垃圾收集处

置向市场化、产业化发展。三是持之以恒，长效管理。要依照《中华人民共和国固体废物污染环境防治法》的相关规定，及早制定《崇明县农村生活垃圾管理细则》，建立健全长效管理机制。要强化奖惩制度，制定考核计划和量化指标，进行综合评定、动态监控和定期考核。四是加强领导，健全组织。要成立县级领导机构，统一协调、管理全县农村生活垃圾收集处置、河道保洁、集镇市容管理等工作。要健全县、乡镇、村三级工作网络，使环境卫生管理范围覆盖全县，不留死角和盲区。五是全面规划，科学处置。要及时制定《崇明县固体废弃物处置规划》，以建设现代化生态岛为目标，实现生活垃圾的无害化处置。

2005 年 2 月，在县政协十一届三次会议上，民进崇明县委代表作《对崇明新城建设的一些思考和建议》的大会发言。发言指出，在崇明历史上，县城经历过六建五迁的沧桑巨变，曾有完整的青砖城墙，砖城之外有泥城，泥城之外城河环绕。城内有五条相互贯通的“转河”，民居沿河构筑、临水而居、以桥相连，呈现的是一派江南水乡的景象，可惜这样的风貌早已荡然无存。因此，必须牢固树立精品意识，传承传统的亲水特色，精心打造以现代水乡城市为目标的崇明新城。规划中的崇明新城，地处南横引河以南、张网港以西、三沙洪以东、长江南支以北，其边界为“一江三河”，四水回绕，中部尚有老滧河等纵横穿越，构成了目前的水系框架。为了适应新城的开发，有关部门已对该区域的水系、道路作了相应的规划，但是还有必要进行深入研究。为此提出如下建议：一是建设独立水系。新城的河水循环系统，如果只考虑全岛的大循环背景，而没有相对独立的、健全的城区体系，即使增加一些河、湖，提高水面的比例，也难形成“水城”效果。要设法使城区的河湖随时能与长江相通，涨落有度，休戚与共，与水友好相处，确保水洁、水活。二是让水流得自然。新城的河湖应体现随机应变的自然律动和巧妙的设计，在不同的功能区域，设计不同的形象，显示不同的景观，塑造蜿蜒曲折的自然形态，避免简单划一的生硬僵化模式。三是造山优化环境。开河挖湖，应与积土造山相结合。崇明无自然山地，但古人堆筑了金鳌山，成为瀛洲一景。目前崇明进行的开河挖湖，提供了造山的泥土来源，在选定的地方将泥土堆积起来就能成山，从而满足造景、防灾、资源利用和空间开发的多方面需要。四是构筑多元交通。除水上交通游乐之外，新城的陆上交通最为基本。从长远发展来看，今后世界上最为先进的交通方式都有可能进入崇明，新城的交通框架应设计成不同类型、不同形态的道路组合，努力构建陆上交通线路与水系河流刚柔并举、相互交织的格局，形成独特的城市基本脉络和风貌特征。

2005 年 2 月，在县政协十一届三次会议上，县工商联代表作《崇明生态岛建设和民营企业发展》的大会发言。发言指出，有关数据统计显示，在崇明经济和社会事业发展中，中小企业在吸纳就业、上缴税收、扶贫帮困等方面功不可没。即将落地的《崇明岛域总体规划纲要》，对崇明未来的产业发展进行了总体描述和定位，即坚持走一条跨越传统工业化的生态型现代化的发展道路；坚持两个留足，留足自然生态涵养空间，留足适宜未来发展的空间；处理好经济发展与环境保护的关系；找到“上海将推进什么，崇明能提供什么”的结合点。产业选择的具体描述涉及有机生态农业、牧场庄园、农场庄园、森林休闲度假、旅游接待、会议会展、休疗养、国际高等教育、国际研创总部区等。规划中的未来固然绚丽，但是崇明的生态岛建设不可能一蹴而就，现阶段的崇明经济和社会事业仍需持续发展。在此过程中，中小企业仍是必然的依托。为此提出如下建议：一是加快推进企业向园区集中。要确保工业园区布局选址的科学性，从而保证集中的可行性。要根据崇明中小企业规模小、积累少的实际情况，降低进入园区的门槛，尤其要放宽对占地的规模限制。以政府牵头、多方筹措资金建立“小企业”或“失地农民创业”孵化基地，集中建造不同规格的标准厂房，按行业导入，鼓励自主创业。要完善工业园区的市政配套，强化政府服务职能，帮助企业解决搬迁、创业的各种具体困难。二是加强行业协会工作，促进产业健康发展。要借鉴河蟹协会的成功经验，针对全县经济发展缓慢、产业发育不良的状况，加强对行业协会工作的研究。抓紧组建“崇明老白酒协会”，规范产品标准化生产，实施原产地保护、品牌宣传推介、促销价格联盟等战略，不断提升产品竞争力；重建“烹饪协会”，促进崇明县餐饮业提高品位、扩大规模、健康发展，使之成为第三产业的一个亮点。三是贯彻国务院《关于鼓励支持和引导个体私营等非公有制经济发展的若干意见》，落实各项促进非公有制经济发展的政策，同时制定和完善相关的配套政策，为崇明非公有制经济发展营造宽松的氛围。

2005年2月，在县政协十一届三次会议上，县政协文史资料委员会代表作《发掘特色民间文化，促进生态文明建设》的大会发言。发言就更好地抢救、保护、弘扬崇明民间文化，提出如下建议：一是提高认识，加强领导。各级领导干部要从实践“三个代表”重要思想，树立和落实科学发展观的高度，充分认识发掘崇明特色民间文化的积极意义。二是制定规章，建立组织。制定有关发掘崇明特色民间文化的地方性规章，同时建立诸如“文管会”或“保护工程”机构等组织，进行经常有效的监控、保护和开发。三是摸清家底，明确重点。要分门别类，深入普查，摸清家底。同时要明确重点，力求把濒危的抢救过来、尚存的保护起来、消失的重现出来。四是编制规划，培训人才。要坚持政府主导、社会参与，长远规划、分步实施，明确职责、形成合力的原则，抓紧编制好专项规划。五是落实资金，交流展示。县政府要加大对崇明特色民间文化保护所需资金投入的力度，并想方设法发动社会各界重视和支持这项工作的开展。

2005年2月，在县政协十一届三次会议上，县政协人口和健康委员会代表作《坚持科学发展观，全面推进科教兴医战略》的大会发言。发言就进一步推进科教兴医战略，提出如下建议：一是以加强学科建设和人才培养为重点，全面提升医学技术整体水平。要按照“面向临床、打破均衡、扶强扶优”的原则，努力培植崇明医学的特色学科和优势学科。要建立重实绩、重贡献，自主灵活的分配机制，分配要向学科带头人和关键岗位倾斜。二是以加快科技创新为突破口，集中力量组织重大项目攻关。要以严重危害人民健康的重大疾病及常见病、多发病、老年病症等为重点，坚持以支持应用研究为主，兼顾应用基础研究，鼓励广大医务工作者创新研究，为医院临床服务。三是以完善政策为保证，加速医学科技成果的推广、应用和转化。要切实制定项目转化评估制度和成果转让奖励机制，逐步形成融科研、转化、推广、经营和服务于一体的医学科研开发运行新机制。四是以提高整体素质为目的，大力开展继续医学教育和住院医师规范化培训。要积极创造条件，不断充实和完善现有继续医学教育培训手段，逐步建立全县远程医学教育网络，提高继续医学教育的质量和效益。五是以深化卫生改革为契机，全面推动全科医学教育。要以加快医疗体制改革，建立社区卫生服务组织、综合医院和专科医院合理分工的卫生服务体系为契机，全面启动全科医学教育工作。六是以实施卫生全行业管理为出发点，建立卫生技术评估、准入制度和开展循证医学研究。要加强循证医学的研究、开发，积极应用循证医学原理和方法，对卫生技术的安全性、有效性、经济性和社会伦理适应性等方面进行系统评估，提出卫生技术应用、推广或淘汰的意见。

2005年2月，在县政协十一届三次会议上，县政协社会和法制委员会代表作《实施农村宅基地置换，加快农民居住向城镇集中》的大会发言。发言指出，随着上海长江隧桥工程的启动和生态岛建设的深入，加快推进“三个集中”是崇明未来发展的必由之路。推进“三个集中”的突破口是农村宅基地置换。实施农村宅基地置换，有利于整体推进“三个集中”，有利于节约和集约使用土地，有利于让农民得到更多实惠。因此，必须迅速实施并全面推进这项重中之重的工作。目前崇明农村宅基地现状可以用“遍地开花”四个字来形容，具体表现为居住点分布散，规模小。面对这一现状，在推进全县农村宅基地置换工作中，必须坚持三条原则：一是坚持依法办事；二是坚持科学规划、稳步推进；三是坚持保护农民合法权益。为积极稳妥地推进全县农村宅基地置换工作，提出如下建议：一是加强宣传，引导农民自觉配合和支持农村宅基地置换工作。广泛宣传实施宅基地置换对加快建设现代化生态岛的积极意义，宣传宅基地置换后农户能得到的实惠，使农户主动、自愿地配合做好农村宅基地置换工作。二是认真调查摸底，全面查清全县农村宅基地的真实情况。各乡镇应尽早对本行政区域内的宅基地情况进行全面调查、汇总分析。三是适当归并镇、村两级行政区划。有必要再次实施行政村合并，使新布点的农民集中居住区选址更科学，分布更紧凑。四是因地制宜，因势利导，采取不同的置换方式。实施宅基地置换有三种不同的方式，要根据不同的情况，灵活选用不同的方式。五是合理界定农户的宅基地占有数量。有两种情况值得关注：一种情况是应按用地批复核定面积为准，另一种情况是应按其应享受面积予以认定，以充分体现保护农民利益的原则。六是适当提高对农户的补偿安置标准。建议在政府财力许可范围内，适当提高补偿安置标准。七是拓展非农就业渠道，提高社会保障水平。要切实加强对离土农民的就业服务，强化就业技能教育和培训，增强其就业能力。八是建立健全土地储备、使用的控制机制。县规划部门和房地部门要切实加强土地的规划、使用管理。

七、县政协十一届四次会议发言选录

2006年1月，在县政协十一届四次会议上，民进崇明县委代表作《崇明生态岛区建设中的若干关系及其对策建议》的大会发言。发言就崇明生态岛区建设中的若干关系及其对策提出如下建议：一是把握崇明本岛与其他两岛在发展目标上的互补关系，依照总体规划，使人力资源的配置尽快适应三岛发展的不同需要。市委领导曾多次指出，横沙、长兴划入崇明行政辖区之后，“三岛”联动发展但功能定位不同。长期以来，“三岛”的产业结构单一，工业、商业基础薄弱、自给自足的小农经济占绝对比率。现在，“三岛”不同的功能定位和错位发展，将使崇明单一的产业结构得以完善，也将为生态富民、生态强县提供更宽广的空间。长兴岛作为中国最大的海洋装备生产基地，将大大改善崇明第二产业软弱的局面，增加崇明财政的实力，为生态岛区建设积聚更多的财力。同时，海洋装备基地所需要的大量产业工人，将为崇明人口从业结构的调整创造有利机会。但目前对长兴岛工业发展可能对崇明本岛所产生的影响和价值，还缺乏深入的分析研究，特别是在各类人力资源的准备上还少有动作。据了解，在崇明落户的上海船厂新招的工人中，崇明本地从业者只占到20%左右，这种状况持续下去，长兴岛今后工业发展所需要的各类从业岗位，也极有可能很快被外地民工占领，这样，崇明将失去这次由产业结构变动带来的人口从业结构大调整的机遇。有关部门应尽早出台实质性政策，在工厂招工、用工方面，向本地区倾斜，促使一部分农民向非农产业转化。用人的定点培养也要和龙头企业联合。同时，崇明的职业技术学校和各类成人技术培训单位，应加紧开设相关课程进行技能培训，提高从事农业或非农业等各类人员的整体素质，为崇明岛区产业结构的调整配置充足的人力资源。二是把握生态整治与生态富民的关系，按照生态产业发展规律，加强农业和现代加工业、服务业的结合，努力增强农业与农民的经济实力。近年来，在县委、县政府的领导下，全县上下围绕推进生态岛区建设，积极履行职责，狠抓组织领导，在舆论宣传、植树绿化、水环境治理以及环卫长效管理等方面，取得了明显成效。但是，随着工作的深入推进，生态整治和生态富民的矛盾将逐渐凸显。调查中发现，广大农民普遍赞同植树、开沟、修路等具体的工作事项，同样也急切地期盼在生态整治的同时，进一步提高自己的生活水平，达到“生产发展、生活宽裕”。要促进农产品加工转化增值，延伸农业产业链，使农产品加工业成为新兴的支柱产业；要促进传统农业与工厂化高科技农业相结合；要将农业和现代商业、服务业相结合。三是把握生态规划与生态评估的关系，建立生态岛建设的年度评估制度，提高生态岛区建设的科学性。调研中发现，经过这几年的努力，总体感觉崇明生态建设已经取得不少成绩，但是，如果要对照规划、指标，具体陈述一下目前的经验和教训，具体说明一下崇明各项生态指标现状和达成度，总觉得缺少翔实、科学的资料。因此政府要协调有关力量，建立某种机构或者机制，根据生态规划对生态建设工作实质性地进行年度评估。要设立具体项目，分列数据指标，组织专业人员和社会人士参与过程督查，最终以年度“生态绿皮书”的形式，公布生态建设各方面的进展状况和存在问题，全面反映生态岛区建设的实情。这样政府决策部门和广大人民群众就能清晰地看到生态岛区建设的发展轨迹和行进方向。四是把握自然生态、经济生态与文化生态的关系，对乡(镇)村干部和群众进行更为切实的生态观念、生态知识主技能的教育。崇明生态岛区建设，实际应该包括自然生态建设、经济生态建设和文化生态建设。三者既有互补性，又有独立性。调研分析发现，现在生态岛区建设关注的重点以及出台的政策，基本上都侧重在“自然生态”层面，“经济生态”有所考虑但还不够，“文化生态”建设更显薄弱。现代化进程中，人的观念和行为的现代化，是现代化的根本动力和外显标志。只有人与自然、人与经济活动、人与自己的社会生活群落都处在良性发展水平上的地区，才真正算得上是现代生态建设的成功范例。因此，当下急需要做的是对全体岛民进行生态意识、生态知识技能的教育，对广大乡村干部进行与生态岛区建设相匹配的现代乡村管理教育。民众素养的提高和乡村管理方式的改善，是“文化生态”的基础性工作，做得好，就能获得自下而上的持续推动力，就能使生态岛区建设“生生不息”地得以发展。五是把握政府资本投入与民间资金注入的关系，建立更稳健的生态建设保障体系。崇明生态岛区建设，需要大量的资金。市委、市政府已经在政府资金投入上给予了很多倾斜。但是,站在现代经济运作的立场上考虑,应该拓宽投资渠道,建立政府主导、多元参与的生态建设保障体系。通过多渠道的投资,吸引更多方面的关注,凝聚更多方面的人气,造成更大范围的声势,从利益上将崇明发展和国内外各方力量实质性地联结在一起,使生态岛区建设以不可逆转的强大动力向前发展。制订有关生态岛区建设的资金投入政策,建立良好的投资机制,营造良好的投资环境,使生态岛区建设获得更为稳健的保障。

2006 年 1 月,在县政协十一届四次会议上,九三学社崇明支社代表作《关于创建与完善康复养老院的建议》的大会发言。发言指出,上海已经步入老年人口快速增长期,成为全国老年人口占总人口比例最高的城市。2004 年,全市 60 岁以上的户籍老年人口已达 261 万人,预计到 2010 年,将增加到 326 万人,养老问题越来越突出。崇明岛空气清新,环境优美,非常适合老年人养老。但就崇明养老院现状而言,其状况不尽如人意,存在着专业护理人员缺少、养老院床位不足、对康复护理医院的依赖性较大、资金支持缺乏等问题。发言认为,为老年人安排好晚年生活,是每个家庭成员不可推卸的义务,也是各级政府义不容辞的责任。养老院条件设施能否得到质的飞跃,不仅是对政府在规划养老方面的一种能力检验,也是对上海人规划人生方式的一种考验。为此提出如下建议:一是加大宣传力度,创造良好的社会环境。要通过广播、电视、报纸、网络等媒体工具,加强宣传,让全社会都来关注、援助养老事业,使更多的人投入到关心老年人的行列。动员社会志愿者,定期不定期地到养老院为入住老年人服务,用实际行动关心和照顾他们。养老事业福利社会化、投资主体多元化、服务对象公众化、运营机制市场化发展是必然趋势。坚持社会养老投资渠道的多元化,采取国家、集体和个人共同承担的办法,建立一个养老基金会,主要用于示范性老年服务项目建设等。政府要进一步重视养老事业,将其纳入全县经济和社会发展规划;要进一步完善基本养老保险、企业补充养老保险和个人储蓄养老保险相结合的多层次养老保险制度;要制定相关优惠政策,整合现有社会资源,将闲置的国有资产,以股份制、租赁制等形式兴办养老事业。二是创建多功能的康复养老院,迎接老龄化快速增长期。县政府要搞好规划,在崇明七个分区中分别建造具有一定规模的,集老年公寓、颐养、托老,家庭护理、医疗保健、康复健身于一体的康复养老院。院内设有单人套房、双人套房、普通双人间、三人间和四人间,室内配备彩电、热水器、空调、电话、组合家具、娱乐室、消毒柜、供氧及各种抢救医疗设施,室外有花园、草坪,由专业护理人员给老人 24 小时料理。护理、医务和管理人员,必须通过专门的职业培训,做到持证上岗,实施规范化管理。三是完善各乡镇和民营养老院的服务体系,加大政策扶持力度。要加快以乡镇为中心的城市老年照料服务体系建设,利用现有的社会管理体系在每个乡镇建立家居养老和护理中心。相关部门应该对崇明地区现有养老院,尤其是民营养老院加强日常监督管理和指导。同时,也要加强养老机构的行业化管理。可以尝试组建非政府性质的养老机构行业协会,由行业协会代表养老机构的共同利益,反映共同要求和愿望,加强行业的内部协作关系,加强机构与老年团体和老人家庭的交流。政府每年拿出相应的资金用于补助边远乡镇的养老院,帮助这些机构改善养老环境、提高服务质量。大力支持民营养老院的创办,鼓励一些有实力的民营养老院兼并一些无法经营下去的养老院,并给予政策和资金上的扶持,助其发展壮大,让其越办越好。

2006 年 1 月,在县政协十一届四次会议上,县政协经济委员会代表作《关于本县实施"百人千人就业项目"的几点建议》的大会发言。发言指出,近年来,崇明县面临着就业的结构性矛盾,一些家庭经济困难、市场就业困难的"双困"人员难以获得就业岗位,成为社会救助对象。县委、县政府对解决这类人员的就业问题十分重视,在市政府推出"百人千人就业项目"政府扶持政策后,即把实施"百人千人就业项目"列为 2005 年促进就业的重点工作。至 10 月,全县共录用"百人千人就业项目"人员 7 352 人,其中:农村居民生活垃圾收集项目 1 366 人,乡镇泯沟清理维护项目 2 588 人,社区治安巡逻项目 1 763 人,村级公共绿化维护管理项目 231 人,乡村道路维护管理项目 1 163 人,住宅小区公益服务管理项目 241 人。在录用的 7 352 名人员中,属城镇失业人员的 54 人,协保人员 75 人,农村劳动力 6 686 人,其他人员(聘用在职管理人员)50 人。其中属"双困"人员为 6 977 人,占录用人员总数的 94.9%。作为缓解"双困"人员就业矛盾而实施的这项实事工程,使就业保障与社会救助较好地结合起来,化解了"双困"人员就业与经济困难的矛盾，对促进社会和谐稳定起到了重要的作用；同时切实加强了生态环境建设和社会公共服务，进一步促进了社会治安稳定，为全县人民提供了更好的生存环境，促进了全县生态岛建设。但目前仍存在困难和问题：一是从业人员的长效管理机制不够健全。这批从业人员，有明显“多、散、低”的特点。所谓“多”，即人员多，每个乡镇几乎都有400—500人，使乡镇有关部门在管理时感到人手不够，力不从心；所谓“散”，即这批人员工作地点分散，平时都在河边、路上、林中等野外自由工作，在村干部和镇服务社的视线之外，很难真正了解他们的出勤和工作情况；所谓“低”，即这批人员的文化水平和劳动技能等相对较低，也给管理带来一定难度。二是从业人员的管理主体是镇的几个服务社，还是各个村委会不够明确。从现在建立的综合服务社和多个专业服务社来看，管理主体应该是“社”，但从实际操作来看，较多的工作由村委会在管理。但是，现在各村干部只有3—4人，他们原本就工作多、负荷重，再来要求对新增加的这些保洁员、巡逻员、保绿员等进行管理，有点强人所难。三是从业人员的报酬、待遇不够合理。本次“百人千人就业项目”从业人员的工种多样，各工种的工作时间和地点不尽相同，就是相同的工种，工作强度、进度也有高低快慢之别，基本报酬的一刀切，无法体现按劳分配的原则，从业人员对此颇有微词。四是从业人员的教育培训不够扎实。这批“百人千人就业项目”的从业人员，整体文化素质和技能素质都相对较低。少数从业人员的业务能力和工作责任心不强。虽然在上岗之前他们都曾接受过职业培训，但无法真正解决问题。在他们踏上工作岗位后，对他们的教育和培训，还属于比较薄弱的一个环节。就加强“百人千人就业项目”管理提出如下建议：一是加强岗位管理，完善考核奖惩制度。在原有考核与奖惩要求的基础上，县有关职能部门应制定一套切实可行的考核办法和奖惩制度。建议日常工作检查由镇下派的市容协管员为主负责，做到天天有检查；每月一次对从业人员的考核由村负责，根据奖惩制度，奖优罚差；对村的工作考评由镇综合服务社和专业服务社负责，做到一月一次初评，一季一次总评，一年四次奖罚。年终对“百人千人就业项目”从业人员开展“评标兵”活动，以示政府对他们工作的鼓励。在制定考核标准时既要定性，又要定量，便于村干部把握。还要加强平时考核，做好台账记录，将考核评分与他们的工资待遇结合起来，工作出色的适当增加，以此调动他们工作的积极性和主动性，增强他们工作的责任心。对一些几经教育督促仍不能达标者，每年作一次调整，调整对象工作由镇服务社与有关村共同确定。二是加强组织领导，保障各项工作顺利开展。“百人千人就业项目”已经形成了镇—社—村，村—组长—从业人员的分级管理网络。但县有关职能部门应进一步明确县、镇、村各自的职责，尽可能做到人权、事权、财权的一致。根据目前的情况，对这几支队伍的管理主体应是村，镇综合服务社、专业服务社为主指导、协调和服务。考虑到各村干部少、工作重的特点，各村除有一名领导分管外，还应配一个专职管理员，具体做好管理、协调工作。在明确项目管理主体的同时，还要明确乡镇和业务委局的管理职责分工：“百人千人就业项目”中，非正规劳动组织的日常行政管理由各所在乡镇负责、业务管理由各主管委局负责。各乡镇和有关委局明确一名分管领导负责此项工作，并明确职能部门和具体工作人员。做到条块结合、协调一致、职责明确、各行其职。三是加强政策调整，确保实施项目取得良好成效。此次“百人千人就业项目”的从业人员，按非全日制用工的形式，享受每月基本工资300元，考核工资100元，合计400元。农业户口人员参加农村社会养老保险，城镇户口人员参加小城镇社会保险。所有人员都参加非正规劳动组织从业人员综合保险。所有的工种都配备必要的工具和劳防用品。根据现有实际，要适当提高某些工种的工资待遇。例如垃圾收集人员，他们的工作与其他工种相比，是最辛苦的，每天要到农户家中收集垃圾，一天不减，一户不漏；每天都要保持垃圾房、垃圾桶和垃圾车的清洁，还要对垃圾作分类处理，确实很累。统一实行300元的基本工资，对辛苦族来说有失公平。四是加强教育培训，提高从业人员素质。要通过各级组织对从业人员进行思想教育和业务培训。县有关职能部门应在听取基层镇、村意见的基础上，根据不同的就业岗位，制定每个年度的教育培训计划，加强对这些从业人员的上岗培训和学习教育，不断提高他们的业务能力，增强他们的服务理念，帮助他们树立爱岗敬业的精神。

2006年1月，在县政协十一届四次会议上，县政协社会和法制委员会代表作《发挥宗教积极因素，为构建社会主义和谐社会服务》的大会发言。发言就如何发挥宗教的积极因素，为构建社会主义和谐社会服务提出如下建议：一是全面认识宗教与构建和谐社会的关系。许多宗教教规与建设和谐社会的目标要求相通，宗教的消极作用是可以抑制的，信教群众也是建设有中国特色社会主义的积极力量。二是认真分析崇明宗教工作的现状。崇明现有3个宗教团体，即崇明县佛教协会、崇明县天主教爱国会、崇明县基督教三自爱国运动委员会。经政府登记的宗教活动场所共41处，有宗教教职人员115人，信教群众约4.4万人。虽然信教群众占全县总人口的比例不到7%，不可否认是一支可观的社会力量。在县委、县政府的正确领导下，各级党政组织认真贯彻党的宗教政策，宗教界人士和信教群众发扬爱国爱教的优良传统，宗教活动正常有序，宗教工作总体情况良好，但还存在一些问题需要引起重视：如一些部门对落实宗教信仰自由政策的理解和实施还不够全面；部分不信教群众对信教群众存有偏见和歧视；个别镇（乡）对依法管理宗教和对非法宗教活动的综合治理不够有力；违章建造寺庙教堂现象尚未杜绝。三是宗教界要不断加强自身建设。宗教场所内部管理问题较多，一些寺庙管理不严、道风不正，存在不安定因素；少数宗教教职人员存在世俗化、职业化倾向，宗教界接班人后继乏人。四是全面贯彻党的宗教政策，发挥宗教的积极因素，为构建和谐社会服务。要深刻认识做好新时期宗教工作的重要性，不断增强工作主动性和自觉性；要坚决贯彻落实党的宗教政策，促进宗教与社会主义社会相适应；要依法保证和支持宗教事业发展；要大力弘扬宗教教义中崇尚和睦友爱的价值观念，并体现到具体的宗教活动之中；要慈悲救苦，扶贫助困，努力拓宽社会慈善公益事业；要依法加强宗教活动场所的科学管理。

八、县政协十二届二次会议发言选录

2008年1月，在县政协十二届二次会议上，九三学社崇明县支社代表作《切实加强对水体土壤空气环境质量的保护》的大会发言。发言针对崇明三岛生态环境污染的主要因素，提出如下建议：一是加强对水体、土壤环境质量的保护。通过南横引河实现西水东调，以减少咸潮对崇明东部、北部的工农业生产影响；积极推行低毒农药和降解地膜等新型农业生产资料及病虫害生物综合防治技术，扭转因农业面源污染造成的水、土环境恶化趋势；通过种植业与畜牧业结合来实现对畜禽废水的总量控制，并分期分批关闭污染重、管理差、布局乱的畜禽场；根据轻重缓急和县级财力状况，分期实施截污纳管和污水处理厂建设计划；加强乡镇工业结构调整和布局优化，坚决关停污染重、能耗大、效益差的企业；积极实施垃圾的减量化。二是加强对环境空气质量的保护。积极利用风能，推广使用太阳能，开发生物质能；严格机动车尾气排放标准，加强车辆排污检查与维护管理；加强餐饮业油烟气污染控制，逐步更新改造现有餐饮企业的经营设施；提高建筑施工的管理水平，削减扬尘总量；减少道路运输引起的扬尘二次污染。

2008年1月，在县政协十二届二次会议上，民建崇明支部代表作《加快推进生态城镇建设，充分展示崇明生态特色》的大会发言。发言认为，生态城镇建设是以人为中心的经济发展、社会进步、生态保护三者高度和谐，人的创造力、生产力协同促进城市文明程度不断提高，稳定、协调和永续发展的自然与人工环境的复合系统。为此提出如下建议：一是抓紧完善已有的城乡规划体系。抓紧建立由经济、社会和环境三方面要素构成的生态城镇规划指标体系，及早启动规划中其余7个新市镇的规划编制工作，切实加大执法监察力度，全力维护规划的严肃性。二是适时启动新一轮乡镇行政区划调整。对崇明本岛现有14个乡镇行政区划进行适当调整，切实加强未来新市镇的重点建设、资金投入、人口集聚、动能完善。三是大力培育支撑生态城镇持续发展的产业体系。抓紧培育能支撑生态城镇持续发展的清洁生产、绿色农业、生态旅游等产业体系，认真搞好城市经营，多方筹集城建资金，积极盘活城镇资产。四是充分应用各类现代生态技术。制定新建建筑物节能、环保强制标准，调整和优化能源结构，逐步减少石化能源使用量，大力实施废弃物处置生态工程。五是努力发展现代生态文化。完善生活、文化、卫生、教育等各类设施，组织开展丰富多彩的群众性文体活动，对城乡居民广泛开展生态环保知识的宣传教育，帮助确立生态理念，改善生活习惯。

2008年1月，在县政协十二届二次会议上，县政协经济委员会代表作《加大引导督查力度，促进清洁生产发展》的大会发言。发言指出，清洁生产的发展对崇明建设现代化生态岛有着十分重要的意义。为此提出如下建议：一是努力转变经济发展理念。走经济、社会、环境协调和可持续发展的道路，切实加大结构调整力度，提高资源利用效率。二是及早成立协调清洁生产的专门机构。建议由县经委牵头，县发改委、建委、科委、规划、环保、水务等部门组成清洁生产领导或协调小组，各工业园区和乡镇成立相应机构，协调相关政策的落实。三是科学制定清洁生产发展计划。采用超前理念和系统工程思想，科学研究、及早制定崇明县清洁生产发展计划。四是制定落实符合生态岛要求的清洁生产地方标准。确定高能耗、高污染行业污染控制标准、市场准入标准和合格评定制度。五是建立完善清洁生产激励机制。安排技术进步专项资金，调整优化现有项目财政专项资金的支持与补助。六是切实加大督查监管和执法力度。要严格执行《中华人民共和国环境影响评价法》，完善环境影响评价制度，对不能通过环评的项目坚决放弃。七是不断加强清洁生产技术研究和信息服务。积极与国内外研究机构合作，吸收岛内外智力，加强清洁生产和循环经济相关技术的研究和指导。八是构建循环型社会经济运行体系。突出构建循环经济产业链和网络，大力发展环保产业。

2008年1月，在县政协十二届二次会议上，县政协科技委员会代表作《培育农业龙头企业，推进生态农业发展》的大会发言。发言指出，通过培育农业龙头企业，大力发展农产品加工业，是壮大崇明绿色产业、促进崇明生态农业发展的重要途径。为此提出如下建议：一是加强科技创新力度。要加强与大专院校、科研院所的合作，走产、学、研一体化的道路，既要突出企业的创新主体地位，又要体现高校与科研单位技术支撑的核心作用，通过科技与产业的有机衔接，实现产、学、研的紧密结合，保证产业化的顺利完成。二是加快生产基地建设。选择大气、土壤和水质良好、洁净的区域，周围无工厂、住宅等污染源的地区，田块集中连片、地势平坦、排灌方便、交通便捷的地段作为生产基地。三是树立品牌农业观念。积极实施品牌战略，努力打造一批农产品加工业的知名品牌，对获得市级以上名牌的产品要大力培育、积极推广、扩大宣传。四是加大项目推进力度。大力推进农业综合开发、农业科技成果转化、农业产业化等项目的实施。五是扩大产业投资规模。要吸收私营经济参与农产品加工业的建设，同时发挥行业协会的作用，鼓励农户和专业合作社形成稳定的利益联结关系，使全县农产品加工业迅速壮大。六是加强企业监督管理。要关注企业的经营状况，防微杜渐，尽可能避免因农业龙头企业内部管理不当而导致产业链失衡。

九、县政协十二届三次会议发言选录

2009年1月，在县政协十二届三次会议上，民盟崇明县委代表作《切实加强居委会建设，努力构建和谐社区》的大会发言。发言认为，加强新形势下的居委会建设，对于确保一方平安、促进社区和谐发展具有重要意义。为此提出如下建议：一是提高对居委会建设重要性和迫切性的认识。进一步理顺居委会与业委会、物业管理单位及其他社区民间组织之间的关系，为居委会依法履行基层群众自治职能创造良好环境。二是加强党组织在居委会建设中的领导核心作用。强化党对基层社区工作的领导，确立稳固而广泛的社会基础。三是加大对居委会基础设施建设的投入。对老社区在政策上给予照顾，因地制宜，采用改造、置换、购买、租赁等灵活多样的方式进行配置；对新社区严格按照标准进行配置，以免形成新的欠账。四是减轻居委会干部过重工作负担。全面梳理居委会工作条线，明确居委会工作内容，剥离不该属于居委会干部所做的工作。引导、培育民间组织参与社区事务，通过政府购买服务的方式给予扶持，让其承担专业性的社会事务工作。五是提升居委会干部队伍整体素质。拓宽居委会干部来源渠道，通过“公开招聘、定岗竞争、择优推荐”等办法，面向社会招聘居委会专职工作者。六是整合社区资源，实现资源效益最大化。由政府出面协调社区各单位，整合社区内文化、体育、娱乐等设施资源，由社区出面组织各类专业技术人员，实现资源效益最大化。

2009年1月，在县政协十二届三次会议上，民进崇明县委代表作《推进北部地区农业生产发展，吸纳富余劳动力就近就业》的大会发言。发言指出，做大做强包括光明集团在内的崇明北部地区农业及其延伸产业，能广泛吸纳农村劳动力，有效推进崇明农业现代化建设。为此提出如下建议：一是政府推动。

尽快规划崇明北部地区农工商、产供销发展蓝图。加大对农村道路、交通、农田基础设施建设以及荒田、荒滩、荒地、荒水、中低产田改造等农业综合开发的力度，大力提高农业综合生产能力，吸纳更多的临时性、季节性农村劳动力转移就业。二是企业行动。初级农产品在产地就近建设深加工企业，进一步拓宽吸纳农村劳动力的渠道。搭建具有崇明特色的农副产品销售平台，重点加强流通领域的扶助、引导和监管。积极发展生态绿色旅游农业、休闲观光农业，创崇明北部地区河口岛特色的“农家乐”“渔家乐”品牌。三是乡镇发动。大力发展农业合作组织，组织农村富余劳动力向北部地区规模企业转移就业。四是社会调动。整合社区教育资源和职业教育资源，广泛调动农业科技单位和农业技术人员为农服务的积极性，将先进农业技术推广和应用到崇明北部地区。五是农民主动。凡崇明北部地区农业规模企业吸纳的崇明农村劳动力，并及时办理用工手续，按规定交纳镇保的，参照岛外就业由县财政给予补贴，提高农民主动参与北部地区农业产业化建设的积极性。

2009年1月，在县政协十二届三次会议上，县政协提案委员会代表作《解决东平、新海两镇民生问题，促进社会和谐发展》的大会发言。发言指出，在崇农场政务移交之后，县、镇两级政府如何进一步加强与企业的协作，尽快解决突出的民生问题，还清历史欠账，成为增强凝聚力，促进和谐崇明建设的重要内容。为此提出如下建议：一是加快新镇规划落地，为解决民生问题奠定基础。在规划制订过程中尤其要注重对人口如何集中的研究，从而科学地安排基础建设资金，减少耗资大、周期长、作用小的项目。二是建立经常性政企协调机制，为解决民生问题创造条件。与光明集团商洽经常性协调机制，有效调动、发挥各自资源优势，明确各自职责。三是加大补偿性财政倾斜力度，为解决民生问题提供保障。县财政协同光明集团在资金投入上要加大倾斜力度，尤其要把由于历史问题未能解决的民生问题，作为补偿性工作予以优先考虑。四是建立新镇工作联席会议制度，提高解决民生问题的效率。凡联席会议确定的项目，各部门从立项到审批各环节应“一路绿灯”，切实提高解决民生问题的工作效率。五是实行公房收储置换与廉租房政策，为解决住房问题探索途径。尽快研究公房收储与“散户点”危房置换的可行性方案和相关政策，并及早施行。同时，适量建造廉租房，专项安排“散户点”房屋置换和租赁。六是明确近期项目实施计划，为解决民生问题落实抓手。根据民生问题的轻重缓急和县财政的承受能力，确定近期须实施的项目计划，力争通过三年左右时间达到其他乡镇平均水平。

2009年1月，在县政协十二届三次会议上，县政协经济委员会代表作《扎实推进节能减排工作，确保崇明经济可持续发展》的大会发言。发言指出，节能减排是推进节能创新、结构调整、技术进步、强化管理，促进高效循环、转变经济发展方式、建设节约型城市的重要举措。为此提出如下建议：一是建立财政支持节能减排工作的长效机制，逐年加大对节能减排工作的投入力度。二是进一步完善健全节能政策措施，加大节能减排工作的政策导向。研究制定对改造落后运行设备、提高能源综合利用效能的企业实施补贴的具体办法和补贴标准。三是着力加强对节能工作的监督和执法检查，建立健全重点用能单位月度分析监控制度。四是继续完善节能减排的考核机制，加强对乡镇、园区和重点用能单位主要领导的节能考核。五是推进能耗5 000吨标准煤以上企业能源利用状况报告工作，开展重点用能单位能源利用审计。六是不断加大产业结构调整力度，推进企业结构节能。重点加大对铸造、锻造、热处理、电镀四大工艺行业的调整力度。七是继续加强科技创新工作，推进企业工艺节能。鼓励和引导企业开展替代技术、减量技术、再利用技术、资源化技术、保温新技术的应用，实现企业的工艺节能。八是加快企业技改步伐，推进企业设备节能。鼓励重点耗能企业实施合同能源管理，形成一批符合节能要求的节约型企业。九是继续加强企业管理，推进企业管理节能。督促能耗5 000吨标准煤以上的重点用能单位按时完成能源利用状况报告，并按时上报节能指标完成情况及节能技改项目。十是加大节能减排人才的引进和培养力度。

十、县政协十二届五次会议发言选录

2010年1月，在县政协十二届五次会议上，农工党崇明县委代表作《加快农村土地流转，发展农业规模经营》的大会发言。发言指出，农业规模经营是转变农业产业结构和提高农民收入的重要途径。近几年来，崇明县积极探索农业规模化经营的实践模式，对促进全县农业增效和农民增收起到了积极的作用。但目前农村土地流转尚存在一些问题。为此提出如下建议：一是搭建土地流转平台，建立健全土地流转机制。建立县级农村土地流转信息网络，县农村经营管理部门设立"农村土地流转平台"网站，促进农村土地流转市场化运作。在县、乡镇、村三级层面，以项目为载体，发展农业规模经营，并有效协调农业产业化经营中各方面的关系，实施土地流转备案登记制度。二是多维度创造条件，推进土地适度规模经营。通过培育农村土地规模经营管理人才、建立规模经营农户培养提高机制、推进农村劳动力转移、建立为农服务的社会化服务机制、完善农村社会保障制度等途径，切实推进土地适度规模经营。

2010 年 1 月 20 日，县政协十二届五次会议专题议政会上委员发言

2010 年 1 月，在县政协十二届五次会议上，九三学社崇明县支社代表作《加强管理，规范运作，促进农民专业合作社发展》的大会发言。发言指出，农民专业合作社发展备受关注。目前，崇明实行五项扶持措施，建立四种发展模式，农民专业合作社发展取得显著成效。但是，农民专业合作社建设发展尚存在着多方面的制约因素。为此提出如下建议：一是继续引导农民组建专业合作社。通过宣传引导和对农民现有的成功经验及时总结，使全县农民专业合作社数量的增长和质量的提高同步推进。二是规范合作社的内部运作。通过引进人才、加强审计监督管理和引入专家管理制度等途径，形成"能人"治社和民主管理相协调的机制。应特别关注个别"借壳"组织，对于有名无实的合作社，要严格进行调整。三是加强创建工作，着力推进品牌建设。结合本岛桥隧开通后掀起的旅游热，着力打造一批在全市叫得响、过得硬的农业品牌。形成创建农业品牌的激励机制，激发合作社争创名牌的主动性。切实做好农业品牌的管理和维护，发挥品牌的最大效应。四是搞好合作社全程指导、管理和服务。继续支持和领办、兴办农民专业合作社，积极指导专业合作社品牌和产品质量建设，同时积极争取政府支持，探索农信担保、互助联保方式，为农民专业合作社季节性、临时性急需资金拓宽融资渠道。

2010 年 1 月，在县政协十二届五次会议上，县政协社会和法制委员会代表作《加强外来人员管理服务，促进社会和谐》的大会发言。发言指出，进一步做好外来人员的管理和服务，并将其纳入崇明生态岛建设的总体管理之中，是实现崇明人口与资源、环境、经济、社会的协调可持续发展的重要一环。鉴于当前在管理和服务工作中尚存在认识不尽到位、管理效率低下、自我管理机制缺失和刑事犯罪高发等问题，提出如下建议：一是加强宣传教育，提高思想认识。政府要加大政策宣传力度，纠正少数居民的本地观念，以"海纳百川"的胸怀接纳外来人员。二是完善管理网络，提升管理质量。县政府应进一步完善管理体系，建立外来人员基础信息标准化、常态化、动态化日常管理机制。同时，乡镇和社区应切实发挥人口管理基层基础网络优势，建立责任共担、服务互动、管理互补、信息共享的长效管理机制，实现外来人员服务和管理的全覆盖。三是加强政府引导监督，强化自我管理。政府及职能部门在提供服务和管理的同时，注重发展来崇人员的自治组织，倡导来崇人员的自我管理。四是加强综合教育，减少违法犯罪。应继续加强对出租房屋的管理，积极拓展居住证件的应用功能，同时加强治安管理力度，切实形成打、防、管、堵的治安体系，发挥公、检、法、司的职能作用。2010 年 1 月，在县政协十二届五次会议上，县政协人口和健康委员会代表作《进一步加大医疗卫生人才引进和培养力度》的大会发言。发言指出，目前，崇明医疗卫生人才总量相对不足，高层次卫生人才紧缺，学历结构严重失衡，人才分布与专业结构不尽合理。为此提出如下建议：一是进一步加强组织领导，拓宽人才录用渠道。通过加强组织领导和宣传，科学制定人才队伍建设规划，拓宽人才录用渠道。二是进一步创新思路，坚持科学、合理的人才队伍建设原则。要坚持科学人才观，按照统一管理人才、德才兼备和协调发展的要求，推进卫生人才结构调整，优化卫生人才资源配置，推动崇明卫生事业全面、协调、可持续发展。三是进一步加强对卫生人才建设的投入，加大高级卫生人才引进力度。应进一步加大政府投入，改善医疗环境，逐步提高医务人员的收入待遇，以稳定卫生人才队伍。同时，应加大高级卫生人才引进力度，加强重点学科和专科建设。四是进一步加大对在职人员培养力度，建立岗位竞争机制。应实行中、高级人才导师制培养，树立"终身教育"理念，建立岗位竞争机制。五是进一步创新卫生人才工作机制，建立良好的人才成长环境。应建立科学的人才评价机制和合理的用人、分配机制。同时，要倡导尊重知识、尊重人才，形成富有活力的人才成长环境。

第二节 大会发言存目

本节辑录县政协全体会议发言存目111条。其中，七届县政协全体会议发言存目6条，八届县政协全体会议发言存目35条，九届县政协全体会议发言存目18条，十一届县政协全体会议发言存目22条，十二届县政协全体会议发言存目30条

一、县政协七届三次会议发言存目

关于我县教育经费现状的分析和建议 昝泰昌
崇明农村十年改革的回顾与展望 吴志冲
关于举办崇明首届艺术节的几个问题 沈志雄
教育有危机，出路在改革 施汉樑
关于解决中小学流生问题的建议 朱俊德
发挥县办财经、建筑中等专业学校的作用 杨益莲

二、县政协八届二次会议发言存目

加强自身建设，履行参政议政职能 民盟崇明县委
努力发挥民主党派参政议政的作用 民进崇明县支部
发挥团体作用，搞好参政议政 共青团崇明县委员会
发挥"桥"的优势，为振兴崇明经济服务 县政协海外联谊委员会
发挥农工党成员专业特长，积极开展参政议政活动 农工党崇明县支部
发挥参政议政职能，办好民间商会 县工商联
团结信教群众，为崇明稳定和发展服务 县政协民族宗教委员会
努力学习，立足本职，知情出力，当好委员 杨德威
谈谈"怎样当好一名政协委员"的几点感想 李洪庆
做个有心人，多提好提案 陈家琪
加强学习是当好政协委员的重要环节 顾鹏炎
努力当好一名政协委员 沈锦荣
一个老政协委员的心愿 施汉樑
加强学习，努力搞好政协法制委员会工作 钱志福
一个老委员的体会 崔公烈
尽心尽力做好政协工作 高振威
认真处理学习、工作、教育等关系，积极参加政协活动 邵雪娟
冲出低谷，走上健康发展的道路 钱学邦

加强学习，严以律己，发挥一个侨眷在侨务工作的模范作用　张鼎权
对教师职务培训的几点建议　励允鸣
为统一祖国、振兴中华而努力　张伟宇
加强自身建设，发挥参政议政作用　施兆发
学习、宣传、贯彻“意见”是维护国家长治久安的重要保证　施之录
城桥住房制度改革应加快进行　钱裕令

三、县政协八届三次会议发言存目

依靠科技进步，发展工业生产　范本范
为增加财政收入、压缩财政支出、减少财政赤字而献计出力　陈伟鹤
开发旅游资源，振兴崇明经济　沈锦荣
对发展我县科技兴农工作的几点建议　黄永洲
浅谈我县外向型经济发展的历史、现状和建议　周国良
发挥特色优势，加快我县水产业发展　宋友韩
依靠科技进步，移植高新技术，加快新河工业经济发展　陈　宇
创造教育应该走进成人教育的殿堂　朱俊贤
关于发展民办科技为“科技兴岛”出力的几点建议　林　鑫
抓住契机，加快发展海岛旅游事业　徐　洪
我县修船业发展情况　宋　斌

四、县政协九届二次会议发言存目

创造优良环境，发展三资企业　民进崇明县委
进一步发挥民主党派参政议政的职能作用　民盟崇明县委
发展“高优高”农业，亟待加强农业科技工作　黄永洲
关于崇明加速建立和完善“菜篮子”工程体系的建议　农工党崇明县委
关于提高工业企业整体素质的几点建议　施汉良
理顺关系，增强后劲，拓宽市场，振兴建筑业　钱裕令
关于进一步关心困难企业和待业职工的几点建议　施永明
大力扶植龙头骨干私营企业，加快崇明私营经济发展　杨　刚
振兴崇明经济，必须重视发挥科技人才的作用　沈成富

五、县政协九届三次会议发言存目

关于加强我县副食品基地建设的几点建议　陈　炜
关于学习贯彻《爱国主义教育实施纲要》的几点建议　民盟崇明县委
增强法制观念，提高企业自我保护意识　农工党崇明县委
建设新农村，迎接大发展　钱裕令
加强工业资产管理，防止工业资产流失　施永明
抓住机遇，发挥优势，正确定位，加快发展崇明旅游事业　龚安良
强化投入，完善服务，促进交通运输业发展　民进崇明县委
关于发展我县私营经济的若干建议　吴锡忠
抓住机遇，积极务实，开创我县科技工作新局面　沈成富

六、县政协十一届三次会议发言存目

着眼生态岛建设，切实做好农村生活垃圾收集处置工作	民盟崇明县委
对崇明新城建设的一些思考和建议	民进崇明县委
树立生态健康理念，推进生态健康发展	农工党崇明县委
崇明生态岛建设和民营企业发展	县工商联
充分发挥界别优势，积极为崇明生态岛建设服务	县政协港澳台侨委员会
发掘特色民间文化，促进生态文明建设	县政协文史资料委员会
坚持科学发展观，全面推进科教兴医战略	县政协人口和健康委员会
确立教育优先发展地位，推进教育实事工程建设	县政协教文体委员会
科教兴县，先兴人才	县政协科技委员会
实施农村宅基地置换，加快农民居住向城镇集中	县政协社会和法制委员会
以科技兴农产业兴农，实现向现代农业跨越式发展	县政协经济委员会

七、县政协十一届四次会议发言存目

关于加快崇明旅游业发展的思考和建议	民盟崇明县委
崇明生态岛区建设中的若干关系及其对策建议	民进崇明县委
高度重视人口老龄化问题，努力营造敬老崇孝的崇明民风	农工党崇明县委
关于创建与完善康复养老院的建议	九三学社崇明县支社
科技创新和崇明中小企业发展	县工商联
关于实施“百人千人就业项目”的几点建议	县政协经济委员会
关于崇明生态岛建设的若干思考	县政协教文体委员会
加快科技创新，推进第二产业发展	县政协科技委员会
发挥宗教积极因素，为构建社会主义和谐社会服务	县政协社会和法制委员会
以人为本，注重实效，全面加强青少年思想道德建设	县政协港澳台侨委员会
关于进一步加强社区卫生服务中心建设的建议	县政协人口和健康委员会

八、县政协十二届二次会议发言存目

加大环境保护和生态建设力度，推进国家级生态县建设	民盟崇明县委
发展生态文化，促进生态文明	农工党崇明县委
切实加强对水体土壤空气环境质量的保护	九三学社崇明县支社
加快推进生态城镇建设，充分展示崇明生态特色	民建崇明支部
坚持以人为本，倡导和培养健康文明环保的生活方式	县工商联
创建环境优美乡镇，奠定国家级生态县基础	县政协文史资料委员会
加大引导督查力度，促进清洁生产发展	县政协经济委员会
培育农业龙头企业，推进生态农业发展	县政协科技委员会
发展旅游产业，打响绿色品牌	县政协教文体委员会
努力创建国家园林城镇，有效改善城镇人居环境	县政协港澳台侨委员会

九、县政协十二届三次会议发言存目

切实加强居委会建设，努力构建和谐社区	民盟崇明县委
推进北部地区农业生产发展，吸纳富余劳动力就近就业	民进崇明县委

以科学发展观为指导，加快现代农业园区建设 农工党崇明县委
继续深化改革，不断推进社区卫生服务事业发展 九三学社崇明县支社
加强疾病预防控制，保障人民群众身体健康 民建崇明支部
积极应对金融危机，帮助民营企业共渡难关 县工商联
解决东平、新海两镇民生问题，促进社会和谐发展 县政协提案委员会
扎实推进节能减排工作，确保崇明经济可持续发展 县政协经济委员会
加强集约化供水建设，确保人民群众用水安全 县政协科技委员会
培育农村文化，繁荣文化事业 县政协文史资料委员会

十、县政协十二届五次会议发言存目

找准问题，明确对策，推进我县精神文明建设 民盟崇明县委
提升旅游景点品质，适应社会发展需求 民进崇明县委
加快农村土地流转，发展农业规模经营 农工党崇明县委
加强管理，规范运作，促进农民专业合作社发展 九三学社崇明县支社
加强资源整合，促进义务教育均衡发展 民建崇明支部
因势利导，寻找对策，促进我县民营企业平稳较快发展 县工商联
破解文化专业人才匮乏"瓶颈" 县政协提案委员会
立足当前，着眼长远，加快发展我县现代物流业 县政协经济委员会
加强外来人员管理服务，促进社会和谐 县政协社会和法制委员会
进一步加大医疗卫生人才引进和培养力度 县政协人口和健康委员会

第二章　提　　案

提案是由政协委员和参加政协的各民主党派、有关人民团体、各界别以及政协专门委员会(工作组)向政协全体会议或常委会提出的、经提案审查委员会或提案委员会审查立案后交由承办单位办理的书面意见建议。

崇明县政协一届至四届期间，提案以情况反映的形式提出(资料残缺不全)。五届县政协起，每次全体会议设立提案审查委员会，负责全体会议期间的提案工作。五届二次会议起，每次全体会议听取和审议提案办理情况的报告。八届一次会议起，设立提案委员会，为常设机构，负责提案审查、立案、交办、督办等工作。十二届一次会议起，提案委员会设专职副主任，负责提案委员会日常工作。政协提案工作渐趋规范化、制度化、程序化。

1981 年—2012 年，县政协五届一次会议至十三届一次会议，共收到以提案形式提出的书面意见 4 906 件，经审查立案 4 636 件。其中，委员个人或联名提案 4 436 件，占提案立案总数的 95.69%；集体提案 200 件，占提案立案总数的 4.31%。

第一节　提 案 形 成

提案提出的方式有政协委员个人或联名提出、参加政协的各民主党派和有关人民团体提出、参加政协的界别提出、政协专门委员会提出、在崇明的上海市政协委员提出(涉及崇明县内容)等，归纳为个人或联名提案和党派团体、界别、专门委员会集体提案两类。

一、提案提出

征集提案　县政协四届一次会议起，每次召开全体会议前，县政协秘书处(县政协办公室)下发征集

提案的通知，要求政协委员和党派团体、界别、各专门委员会（工作组）就地开展调研活动，走访各界人士，并组织视察活动，听取基层的意见建议，为在会议期间提出提案作好准备。五届政协起，每次全体会议前，县政协秘书处、县政协办公室下发通知，要求组织政协委员和有关党派团体等，开展会前活动，就地开展调研和视察活动，听取各界人士意见建议，酝酿提案内容。

规范提案 县政协三届一次会议起，每次全体会议期间，县政协秘书处（县政协办公室）为委员撰写提案提供统一印制的提案纸，并要求做到一事一案，案由明确，字迹工整。委员联名提出的提案，发起人签名列于首位；以党派、团体、界别和县政协专门委员会名义提出的集体提案，须有该组织负责人签名，党派、团体提案要加盖公章，由此，使形成的提案格式规范有效。在全会闭会期间提出的提案，由县政协秘书处负责，随时接受，并依规定交提案审查委员会审查、立案。

县政协十二届一次会议起，每次全体会议期间，大会秘书处要求委员个人或联名提案和党派、团体、界别、专门委员会集体提案都要提供电子文本，至提案截止日期，由大会秘书处制作完整的电子文本，政协提案的文书更加规范。

二、提案审查

县政协五届一次会议起，对委员个人或联名提案和党派团体、界别、专门委员会的集体提案进行审查立案。提案审查包括提案者资格的审查、提案内容的审查、提案书写规范的审查。凡符合有关规定的，予以立案。对不符合提案要求的、提案内容不符合有关保密规定的、中共党员对党内有关组织和人事等方面有不同意见的、民主党派成员反映本组织内部事务的、属于本人或他人私事的、举报或揭发问题的、涉及司法诉讼案件的、不属于崇明县工作范围以及其他不应立案的，则不予立案。对于不予立案的，向提案者说明情况。

县政协会议期间，大会秘书处提案组对提案提出初步意见，并报请提案委员会审定。闭会期间的提案，经县政协秘书处（县政协办公室）或县政协提案委员会提出初审意见后，提请提案委员会主任会议审定。对于政协委员和党派、团体、政协专门委员会的重要提案，由提案委员会审定后送主席或分管副主席阅签，再送县委、县政府有关领导阅批。对涉及全局问题的重大提案，提请主席会议或常务委员会会议审议通过后，作为县政协建议案送交县委、县政府处理。

三、提案件数和分类

五届政协提案件数和分类

县政协五届一次会议和闭会期间，共收到以提案形式提出的书面意见149件。经审查，立案118件，不予立案31件，立案率79.19%，均系委员个人或联名提案。立案的118件提案中，涉及经济建设10件、文教科技20件、医疗卫生22件、商业财贸10件、市政建设16件、交通13件、落实政策7件、人民生活6件、环保3件、其他11件。

五届二次会议和闭会期间，共收到以提案形式提出的书面意见259件。经审查，立案159件，不予立案100件，立案率61.39%，均系委员个人或联名提案。立案的159件提案中，涉及经济建设20件、市政建设42件，医疗卫生25件，教育14件，科技22件，商业财贸20件、其他16件。

五届三次会议和闭会期间，共收到以提案形式提出的书面意见181件。经审查，立案178件，立案率98.34%，均系委员个人或联名提案。立案的178件提案中，涉及农副业生产9件、商业财贸34件、知识分子工作14件、城乡建设14件、文化事业8件、教育事业20件、卫生事业22件、社会治安10件、党风民风方面14件、社会福利10件、其他方面23件。

六届政协提案件数和分类

县政协六届一次会议和闭会期间，共收到以提案形式提出的书面意见176件。经审查，立案176件，立案率100%。其中，委员个人或联名提案172件，集体提案4件。立案的176件提案中，涉及工农业生产13件、市政建设22件、文化教育36件、科技19件、卫生事业18件、财政3件、市场供应7件、交通运输18件、落实政策18件、其他22件。

六届二次会议和闭会期间，共收到以提案形式提出的书面意见86件。经审查，经审查，立案86件，立案率100%，均系委员个人或联名提案。立案的86件提案中，涉及工农业生产2件、交通运输19件、教育15件、医疗卫生9件、市政建设8件、商业8件、落实政策4件、统战工作4件、文化事业3件、科技2件、其他12件。

六届三次会议和闭会期间，共收到以提案形式提出的书面意见132件。经审查，立案132件，立案率100%，均系委员个人或联名提案。立案的132件提案中，涉及工业、交通10件，教育文化12件，市镇建设8件，医疗卫生体育13件，邮政通讯6件，农副业生产4件，涉及商业服务、土地使用、劳动工资、人事制度、人民生活、落实政策、史实更改等方面79件。

七届政协提案件数和分类

县政协七届一次会议期间，共收到以提案形式提出的书面意见133件。经审查。立案130件，不予立案3件，立案率97.74%，均系委员个人或联名提案。立案的130件提案中，涉及工农业生产9件、市政建设30件、文化教育16件、市场供应14件、交通运输12件、医药卫生10件、培养和引进人才5件、落实政策5件、工资福利4件、法制教育2件、环卫2件、民族宗教4件、其他17件。

七届二次全会和闭会期间，共收到以提案形式提出的书面意见51件。经审查，立案51件，立案率100%，均系委员个人或联名提案。立案的51件提案中，涉及经济建设4件、教育14件、卫生8件、市政建设6件、交通安全4件、市场管理3件、干部作风2件、文物保护3件、宗教2件、其他5件。

七届三次会议和闭会期间，共收到以提案形式提出的书面意见107件。经审查，立案107件，立案率100%。其中，委员个人或联名提案104件，集体提案3件。立案的107件提案中，涉及工农业生产10件、文教22件、卫生20件、人民生活14件、市政建设9件、公共交通4件、绿化环保4件、邮电3件、商业服务2件、落实政策2件、其他17件。

八届政协提案件数和分类

县政协八届一次会议和闭会期间，共收到以提案形式提出的书面意见165件。经审查，立案163件，不予立案的2件，立案率98.79%。其中，委员个人或联名提案161件，集体提案2件。立案的163件提案中，涉及经济建设25件、人民生活41件，精神文明建设39件，廉政建设、密切联系群众28件，政府工作25件、其他5件。

八届二次会议和闭会期间，共收到以提案形式提出的书面意见160件。经审查，立案159件，立案率99.38%，均系委员个人或联名提案。立案的159件提案中，涉及工农业生产10件、经济体制改革10件、文教卫生31件、城乡建设23件、商业服务18件、交通安全17件、邮电煤气14件、精神文明建设8件、治安管理7件、政府工作6件、劳动人事5件、科学技术4件、其他6件。

八届三次会议和闭会期间，共收到以提案形式提出的书面意见149件。经审查，立案149件，立案率100%，均系委员个人或联名提案。立案的149件提案中，涉及经济建设34件、交通运输24件、教育17件、城乡建设12件、科技11件、旅游11件、医疗卫生9件、人民生活7件、政府工作4件、统战工作3件、邮电3件、精神文明建设2件、文化广电2件、社会治安2件、其他8件。

九届政协提案件数和分类

县政协九届一次会议和闭会期间，共收到以提案形式提出的书面意见123件。经审查，立案123件，立案率100%。其中，委员个人或联名提案122件，集体提案1件。立案的123件提案中，涉及经济建设19件、城乡建设22件、文教卫生21件、劳动人事14件、交通13件、财税金融9件、计划统计8件、其他17件。

九届二次会议和闭会期间，共收到以提案形式提出的书面意见148件。经审查，立案146件，不予立案2件，立案率98.65%。其中，委员个人或联名提案141件，集体提案5件。立案的146件提案中，涉及经济建设和改革开放58件，教科文卫49件，市政交通建设28件，其他11件。

九届三次会议和闭会期间，共收到以提案形式提出的书面意见143件。经审查，立案138件，不予立案5件，立案率96.50%。其中，委员个人或联名提案131件，集体提案7件。立案的138件提案中，涉及工农业生产22件，市政建设28件，交通事业建设21件，精神文明建设37件，社会公用事业20件、其他10件。

九届四次会议和闭会期间，共收到以提案形式提出的书面意见130件。经审查，立案124件，不立案6件，立案率95.38%。其中，委员个人或联名提案120件，集体提案4件。立案的124件提案中，涉及经济建设10件、市镇建设23件、交通运输23件、文化教育16件、市场管理9件、医疗卫生8件、人才培养6件、环境保护5件、社会治安4件、旧城改造3件、旅游3件、人民生活3件、其他11件。

九届五次会议和闭会期间，共收到以提案形式提出的书面意见117件。经审查，立案117件，立案率100%。其中，委员个人或联名提案112件，集体提案5件。立案的117件提案中，涉及经济建设12件、城乡建设16件、交通运输15件、教育12件、市镇管理12件、环境保护11件、人民生活10件、医药卫生5件、精神文明建设4件、科技5件、政府工作2件、政法2件、其他11件。

十届政协提案件数和分类

县政协十届一次会议和闭会期间，共收到以提案形式提出的书面意见147件。经审查，立案133件，不予立案的14件，立案率90.48%。其中，委员个人或联名提案125件，集体提案8件。立案的133件提案中，涉及经济建设方面21件，城建、交通、环保方面49件，教育、科技、文化、卫生、体育方面19件，其他方面44件。

十届二次会议和闭会期间，共收到以提案形式提出的书面意见144件。经审查，立案142件，不予立案2件，立案率98.61%。其中，委员个人或联名提案134件，集体提案8件。立案的142件提案中，涉及经济建设方面22件、城建、交通、环保方面43件，教科文卫体方面20件，其他方面57件。

十届三次会议和闭会期间，共收到以提案形式提出的书面意见176件。经审查，立案166件，不予立案的10件，立案率94.32%。其中，委员个人或联名提案157件，集体提案9件。立案的166件提案中，涉及经济方面21件，城建、交通、环保方面56件，教育、科技、文化、卫生、体育方面22件，其他方面67件。

十届四次会议和闭会期间，共收到以提案形式提出的书面意见157件。经审查，立案155件，立案率98.72%。其中，委员个人或联名提案147件，集体提案8件。立案的155件提案中，涉及经济方面24件，城建、交通、环保方面58件，教育、科技、文化、卫生、体育方面25件，其他方面48件。

十届五次会议和闭会期间，共收到以提案形式提出的书面意见168件。经审查，立案166件，不予立案2件，立案率98.81%。其中，委员个人或联名提案161件，集体提案5件。立案的166件提案中，涉及经济建设13件，城建、交通、环保方面59件，教育、科技、文化、卫生、体育方面35件，其他方面59件。

十一届政协提案件数和分类

县政协十一届一次会议和闭会期间，共收到以提案形式提出的书面意见163件。经审查，立案144件，不予立案19件，立案率88.34%。其中，委员个人或联名提案138件，集体提案6件。立案的144件提案中，涉及经济方面23件，城建、交通、环保方面47件，教育、科技、文化、卫生、体育方面27件，其他方面47件。

十一届二次会议和闭会期间，共收到以提案形式提出的书面意见143件。经审查，立案143件，立案率100%。其中，委员个人或联名提案136件，集体提案8件。立案的143件提案中，涉及经济方面14件，城建、交通、环保方面53件，教育、科技、文化、卫生、体育方面29件，其他方面47件。

十一届三次会议和闭会期间，共收到以提案形式提出的书面意见190件。经审查，立案186件，不予立案4件，立案率97.89%。其中，委员个人或联名提案174件，集体提案12件。立案的186件提案中，涉及经济建设方面17件，城建、交通、环保方面79件，教育、科技、文化、卫生、体育方面43件，其他方面47件。

十一届四次会议和闭会期间，共收到以提案形式提出的书面意见155件。经审查，立案141件，不予立案14件，立案率90.97%。其中，委员个人或联名提案131件，集体提案10件。立案的141件提案中，涉及经济方面10件，城建、交通、环保方面59件，教育、科技、文化、卫生、体育方面34件，其他方面38件。

十二届政协提案件数和分类

县政协十二届一次会议和闭会期间，共收到以提案形式提出的书面意见214件。经审查，立案209件，不予立案5件，立案率97.66%。其中，委员个人或联名提案200件，集体提案9件。立案的209件提案中，涉及经济建设方面30件，城建、交通、环保方面58件，教育、科技、文化、卫生、体育方面50件，精神文明建设、社区建设、民生问题等综合方面44件，其他方面27件。

十二届二次会议和闭会期间，共收到以提案形式提出的书面意见155件。经审查，立案143件，不予立案12件，立案率92.26%。其中，委员个人或联名提案128件，集体提案15件。立案的143件提案中，涉及经济方面16件，城建、交通、环保方面43件，教育、科技、文化、卫生、体育方面32件，社区建设、民生问题等方面52件。

十二届三次会议和闭会期间，共收到以提案形式提出的书面意见183件。经审查，立案172件，不予立案11件，立案率93.99%。其中，委员个人或联名提案156件，集体提案16件。立案的172件提案中，涉及经济方面35件，城建、交通、环保方面54件，教育、科技、文化、卫生、体育方面31件，社会保障和其他方面52件。

十二届五次会议和闭会期间，共收到以提案形式提出的书面意见189件。经审查，立案177件，不予立案12件，立案率93.65%。其中，委员个人或联名提案157件，集体提案20件。立案的177件提案中，涉及经济方面35件，涉及城建、交通、环保方面70件，涉及教育、科技、文化、卫生、体育方面20件，涉及社会保障和其他方面52件。

十二届六次会议和闭会期间，共收到以提案形式提出的书面意见159件。经审查，立案159件，立案率100%。其中，委员个人或联名提案138件，集体提案21件。立案的159件提案中，涉及经济发展22件，城市运行和环境保护66件，教育等社会事业和管理方面31件，劳动就业、社会保障、社区建设和其他方面40件。

十三届政协提案件数和分类

县政协十三届一次会议和闭会期间，共收到以提案形式提出的书面意见154件。经审查，立案144件，不予立案的10件，立案率93.51%。其中，委员个人或联名提案130件，集体提案14件。立案的144件提案中，涉及经济发展26件，城市运行和环境保护51件，教育等社会事业和管理方面54件，劳动就业、社会保障、社区建设和其他方面13件。

第二节 提案办理

县政协每次全体会议闭幕后，提案委员会(提案审查委员会)将提案编发提案目录，根据提案的内容和涉及的部门或单位，确定承办单位。提案内容涉及两家以上的部门或单位，确定1家为主办单位，其余为会同办理单位。

一、提案交办和承办

五届县政协至九届县政协期间，主要由提案审查委员会或提案委员会以县政协名义直接将提案转交有关部门办理。十届县政协起，县政府每年会同县人大常委会、县政协召开人大代表书面意见和政协提案办理工作会议或办理工作协商交流会，对提案办理工作提出要求。

1999年3月10日，县政府召开人大代表书面意见和政协委员提案办理工作会议，有45家承办单位负责人和承办人参加会议，要求各承办单位主要领导亲自抓，责任到人，加强检查，协调难点问题，按期完成办理任务。

2000年起，县政府实行办理工作条线负责制，由政府1名分管副县长负责。办公室1名副主任协助分管副县长，抓好提案办理工作。

2001年3月14日，县政府召开人大代表书面意见和政协委员提案办理工作会议，中共崇明县委常委、副县长黄进参加会议并讲话，要求各承办单位进一步规范办理程序，提高办理质量和水平，在规定的期限内全部办结，并认真做好答复工作，使代表和委员满意。

2002年3月13日，县政府召开人大代表书面意见和政协委员提案办理工作会议，有关承办单位负责人出席会议，副县长陆鸣出席会议并讲话。会议要求：增强做好办理工作的责任感和紧迫感，牢固树立群众观念，始终把代表、委员满意与否作为衡量办理工作成效的重要标志，把倾听代表、委员呼声当作办理工作的“第一信号”，把解决实际问题放在办理工作的“第一位置”，把代表、委员满意与否作为办理工作的“第一标准”；严格落实领导责任制，主要领导要关心、过问办理工作，并直接办理一部分意见和提案，力争在解决重点、难点问题上取得突破；继续发扬办理工作中讲究质量的传统，加强沟通联系，共同做好办理工作。

2003年3月3日，县长孙雷专题召开政协提案者座谈会，听取商品房建后售出情况介绍和商品房价格上涨过快的原因分析，并与提案者一起讨论加快商品房建设的对策和措施，并征求提案者的意见建议。

2004年2月12日，县政协召开提案办理工作座谈会，政府有关部门负责人和部分政协委员出席会议。中共崇明县委常委、副县长黄铁军参加会议并讲话。会议回顾总结2003年度办理工作，并就进一步做好政协提案工作和政府提案办理工作提出建议。

2004年2月20日，县政府召开人大代表书面意见和政协委员提案办理工作会议，有关承办单位负责人出席会议，中共崇明县委常委、副县长黄铁军出席会议并讲话。会议要求承办单位把办理工作作为贯彻落实“三个代表”重要思想的实践活动，作为了解民意、体察民情、集中民智的过程，落实责任，形成合力，加强督促检查，不断提高办理工作的水平。

2005年3月1日，县人大常委会、县政府、县政协联合召开县人大代表书面意见和政协提案办理工作会议。会议就办理工作提出三点要求：一是提高认识，增强做好办理工作的自觉性和主动性；二是加强领导，扎实负责地把办理工作落到实处；三是注重实效，努力解决实际问题，切实提高解决率和满意率。

2008年1月29日，县政府召开县人大代表书面意见和政协提案办理工作会议。会议要求进一步提高认识，增强做好办理工作的自觉性和积极性；落实措施，精心组织，切切实实抓好办理工作；求真务实，扎实工作，努力提高办理实效；完善制度，创新办法，不断提高办理质量。

2009年7月29日，县政府召开政协提案工作协商交流会。会议听取县政府办公室关于加强政协提案办理工作、协商建议书落实情况汇报。中共崇明县委副书记、县长赵奇到会并讲话，要求各级领导都要从建设生态岛、构建和谐社会的高度，充分认识办理政协提案的重要意义，切实做好办理工作，承办单位的书面答复，领导要亲自审稿，亲自签发。

2011年2月11日，县政府召开县人大代表书面意见和政协提案办理工作会议

2010年2月5日，县政府召开县人大代表书面意见和政协提案办理工作会议。中共崇明县委常委、副县长马乐声出席会议并讲话。会议要求各办理单位要高度重视办理工作，认真总结办理工作的经验和做法，要完善办理工作制度，注重提高解决率，努力使办理工作成为为民办事，为民做好事的重要抓手。

2011年2月11日，县政府召开县人大代表书面意见和政协提案办理工作会议。中共崇明县委常委、副县长马乐声出席会议并在讲话中提出要求：要办理好、落实好人大代表意见和政协委员提案，要把提高解决率作为办理工作质量的重要抓手，要完善办理制度，进一步推进意见和提案的办理和落实。

2012 年 1 月 16 日，县人大常委会、县政府、县政协联合召开县人大代表书面意见和政协委员提案办理工作会议。县政府办公室就代表书面意见和提案办理工作提出具体要求。中共崇明县委常委、副县长马乐声出席会议并讲话，要求进一步提高认识，增强办理工作的自觉性，不断改进工作作风，提高办理工作的实效。

二、提案督办

在提案办理过程中，县政协加强对提案承办单位的指导和督办，使承办单位的领导和办理人员充分认识提案是人民政协履行政治协商、民主监督、参政议政职能的重要形式，也是政协委员和参加政协的各民主党派、人民团体、各界别、政协各专门委员会围绕党和政府中心工作以及人民群众普遍关心的问题，积极为社会主义现代化建设献计出力的一种重要形式。承办单位加强与提案者的沟通和联系，通过召开情况通报会、同类提案归并办理协商会、座谈会、走访等形式，主动征求提案者对提案办理工作的意见，共商解决问题的办法。县政协通过召开提案办理工作专题协商会、专门委员会专题调研、委员视察等方式，跟踪了解提案办理情况，提高提案办理过程的透明度，促进提案办理工作。

每年县政协全会闭幕后，由县政协秘书处或办公室或提案委员会与承办单位协商，并报县政协主席会议审议，确定若干重点提案。对重点提案，县政协秘书处或办公室有选择地报送县政协主席或分管副主席阅批后，转请中共崇明县委、县政府有关领导阅示。承办单位根据领导指示精神，对重点提案及时研究，重点办理，主要负责人亲自过问或主持重点提案的办理工作。县政协则采取重点提案办理工作跟踪视察、专题调研或召开协商会等形式，协助承办单位办案，力求取得实效。办理政协委员个人或联名提案，承办单位在答复前派员走访提案者或联名提案的前 2 名署名政协委员；办理以民主党派、人民团体、界别和政协专门委员会名义提出的集体提案，承办单位负责人在答复前走访提出提案的民主党派、人民团体、界别及政协专门委员会负责人，听取意见，使提案办理结果更为圆满。

1995 年起，县政协对提案办理和落实情况进行跟踪视察和民主测评。同年 9 月 20 日，县政协提案委员会组织委员到县农委、县建委、县交通局等单位，对部分提案的办理和落实情况进行跟踪视察。委员们认为，这些单位对提案办理工作思想重视，态度积极，办理速度较快，质量较好，但也存在着有的提案因多种原因而难以落实，有的提案办理效果不够明显的情况。对此，督促承办单位加紧落实，并向提案者做好解释工作，以得到提案者的理解。

1996 年 10 月 25 日，县政协提案委员会组织部分提案者对重点提案进行跟踪视察。听取县建委、县教科文委、城桥镇关于政协提案办理情况的汇报，实地察看重点提案办理现场和评估办理结果，对办理过程中出现的一些新情况、新问题提出意见和建议。

1997 年 10 月 30 日，县政协提案委员会邀请县公安局、县交通局、县工商局、县建委、城桥镇等提案承办单位负责人和承办人，对县政府列出的重点提案进行跟踪视察。实地察看涉及县城的交通安全、环境卫生、市场秩序、学宫建设等 10 多件重点提案的落实情况，并进行座谈讨论，针对有关问题提出意见建议。

1998 年 10 月 15 日，县政协邀请部分提案者及承办单位分管领导参加的提案办理情况跟踪调查座谈会，听取县市政委、县教育局、县工商局、城桥镇政府等承办单位介绍部分重点提案的办理落实情况，随后实地视察，对提案办理情况提出意见和建议。同年 7 月，县政协对县建委、县农委、县工商局的提案办理工作进行督促检查，肯定所取得的成绩，指出不足和继续努力的方面。同年 9 月 22 日，县政协提案委员会对部分提案的办理落实情况进行跟踪视察，听取县建委、农委、工商局、环保局、公安局等单位的介绍，实地察看“改造寒山寺路”“陈海公路西段两侧荒地亟须整治利用”“加大打击吸毒、贩毒行为”等提案办理落实情况。要求对办理工作和结果进行一次梳理，加大办理力度，使提案真正落到实处。

2000年10月19日，县政协组织承办单位对部分重点提案办理落实情况进行跟踪视察。听取县房地局、县教育局、工商崇明分局、城桥镇政府等单位的情况汇报，实地视察城桥镇菜场、东门新村、陈海公路和南堡农贸市场等，进行座谈交流，促进提案办理落实工作。

2001年1月28日，县政协提案委员会召开提案办理工作座谈会，县房地局、县农委、县建委、县环保局、市工商局崇明分局等单位分别介绍提案办理工作情况。会议对进一步做好提案办理工作提出三点要求：一是要继续提高对做好政协提案办理工作重要性的认识；二是要以创新精神做好提案办理工作；三是要认真总结提案办理工作的经验教训，把提案办理工作提高到一个新的水平。同年11月28日，县政协提案委员会邀请部分提案者对"加快农村生活垃圾整治""排除大河污水，改善崇明水质""整治乡镇道路桥梁"等重点提案进行跟踪视察。实地察看亚通公司南门港3号码头、港西镇港西村农村生活垃圾分类处置现场，听取县水利局、县广电局、县市政委等单位的汇报，并针对存在的一些问题提出意见建议。

2002年11月14日，县政协组织部分政协委员开展重点提案跟踪视察。听取县经委、县农委、县卫生局、县民政局、县物价局等单位关于重点提案办理和落实情况的通报，实地视察上海绿利绿色食品有限公司、县中心医院一期改造工程等，并与承办单位负责人围绕重点提案的办理和进一步落实进行探讨，使提案办理工作更为规范。

2003年10月21日，县政协组织有关提案者就部分提案办理落实情况开展调研，听取县农委、县旅游局、县教育局、县卫生局等单位关于相关提案办理落实情况的汇报，视察县教育局信息中心、寿安寺周边地区环境卫生情况、上海瀛生实业公司仿生态培育蟹苗基地、堡镇医院污水和废弃物处理设施，就进一步加大有关提案的办理落实力度等与承办单位交换意见。

2004年4月，县政协提案委员会到承办政协提案数量较多的县公安局、县教育局、县建委、县商委等单位就政协提案办理情况进行调研，听取上述单位主要负责人或分管负责人关于政协提案办理工作情况通报，并针对存在问题提出意见建议。同年10月13日，县政协提案委员会组织部分政协委员对重点提案办理落实情况进行跟踪视察。委员们实地察看了重点提案所涉及的部分地段交通安全、市容环境管理和禽流感预防等情况，并就这些提案的办理落实情况与相关承办单位进行了座谈交流。委员们在充分肯定重点提案办理工作取得成绩的同时，对重点提案的落实和推进工作提出了意见和建议。

2005年8月8日，县政协提案委员会就开展提案办理工作民主测评进行研究。8月10日，县政协办公室下发《县政协关于开展提案办理工作民主测评的通知》，对民主测评活动作出具体安排，并提出明确要求，决定从8月10日起至8月30日，组织相关提案的提案者就部分承办单位的提案办理工作进行民主测评。同年11月10日，十一届县政协第三十四次主席会议决定，组织县政协提案委员会全体成员和相关提案者对县公安局承办的24件政协提案（包括会办件）以及县教育局承办的26件政协提案（包括会办件）的办理及落实工作开展民主测评。在测评中，发放提案办理工作自评表50份和民主测评表共100份。根据对提案办理结果的评估和提案办理工作自评表、主测评表的汇总，提案委员会成员及相关提案者普遍认为，县公安局和县教育局十分重视政协提案办理工作，体现在：一是领导重视，分工明确，主要领导和分管领导能亲自走访提案者；二是收到提案后能及时展开调研，并与提案者沟通，上门通报情况，虚心听取提案者及相关方面的意见建议，征求意见态度诚恳；三是在答复中能针对提案内容提出针对性较强的工作措施，解决存在问题；四是对部分提案能根据提案的目的作深入分析，提出比提案建议更具操作性的办法。绝大部分委员对两部门的办理工作表示"完全满意"或"基本满意"。县政协将测评工作向县委作了汇报。

2006年8月1日，县政协下发《关于开展提案办理工作民主测评的通知》。当年，对县建管委、县房土局、县交通局等3个部门2006年度承办的48件县政协提案（包括会办件）工作情况进行民主测评。测评中，对3个承办单位重视和积极办理提案给予肯定，并指出不足和改进意见。县政协办公室根据民主测评的情况，分别向承办单位发出民主测评意见书，并就有关情况向县政府办公室作书面通报。同年11月2日，县政协提案委员会组织部分提案者对《加快实施崇明农业种质资源保护》《抢救和保护民间文化，促进生态文明，构建和谐社会》《加强对崇明外地民工子女学校的扶持管理》《加强农村食品安全管理工作，构建城乡食品安全网络》《鼓励我县青少年开展科技创新活动》等重点提案的办理落实情况进行跟踪视察，对进一步做好政协提案的办理工作，提出意见建议。

2007年9月5日和9月7日，县政协组织部分提案委员会成员、提案者就县政协2007年《构建和谐医患关系，维护正常医疗秩序》和《关注农村“留守孩子”刻不容缓》等群众普遍关心、社会普遍关注的重点提案的办理落实情况开展跟踪视察。听取县卫生局、县公安局、县财政局、县文广影视局、县司法局、县教育局等单位负责人关于提案办理和落实情况的汇报，并就如何进一步落实和推进提案办理工作提出意见和建议。同年11月5日，县政协下发《关于开展2007年度县政协提案落实情况跟踪检查的通知》，要求在半个月内，对2007年度县政协提案办理书面答复落实情况进行跟踪检查。各承办单位通过自查，对书面答复“正在解决”“列入计划准备解决”的提案逐件认真自查，分别说明落实进展情况；对具备条件，且可以解决而未解决的，应尽快解决；对正在解决的，但目前还不能解决的，按计划继续跟踪落实；因客观条件变化不能按原计划解决或因情况变化而无法解决的应实事求是地说明原因。

2008年7月14日和7月21日，县政协分别就《关于本岛居民用户实施用电分时制的建议》《发挥城市雕塑传承文脉展示生态内涵的作用》《依托传统文化遗存，建设现代公共文化设施》《崇明县体育场馆、社体中心的体制亟待解决》等重点提案办理落实情况开展跟踪视察。听取县发改委、县文广影视局、县旅游局、县财政局、县人事局等承办单位的情况汇报，提出进一步推进和深化落实工作的意见建议。同年10月。县政协提案委员会组织委员和相关提案者对县劳动和社会保障局、县民政局和县卫生局承办（包括会办件）的组织领导、办理工作程序执行、提案办理和答复、书面答复承诺事项的落实等情况进行民主测评，并发出民主测评意见书，推动提案办理工作和承办单位的相关工作。

2009年8月5日，县政协召开《切实解决小城镇户口人员社会保障问题》重点提案促办座谈会。邀请县人保局及县公安局介绍提案办理情况，并就进一步落实提案提出意见建议。同年9月上旬至10月上旬，县政协开展2009年度政协提案办理工作民主测评。组织相关提案者对县绿化市容局、县文广影视局承办2009年度县政协提案（包括会办件）的组织领导、办理工作程序执行、办理提案及答复、重点提案办理和书面答复承诺事项的落实等情况进行民主测评。

2010年8月13日，县政协提案委员会对重点提案《加强对奚家港内三无船舶的管理》的办理落实情况进行跟踪督办。听取县综治办、县交通局、县农委、崇明地方海事、县公安边防大队的汇报，实地视察了奚家港内“三无”船舶的整治情况。委员们对提案办理落实工作表示满意，建议相关职能部门要进一步贯彻落实长效管理机制，加强对“三无”船舶的有效督管，严格控制，同时要依据法律法规，采取堵疏结合、分类管理的方法，实施人性化劝返和就地拆解相结合的方式，妥善解决。同年10月中旬至11月上旬，县政协开展提案办理工作民主测评，测评提案44件，涉及公共交通、道路改造、基础设施、交通安全等方面。测评采取三种形式：由承办单位自评，提出自评意见；召开民主测评工作会议，对办理工作提出意见建议；由提案者进行书面测评。测评结束后，向承办单位提出民主测评意见书，告知测评情况，并督促对存在问题和不足进行整改。

2011年8月24日，县政协组织委员就垃圾分类处置情况赴县绿化市容局开展提案促办活动。活动中，听取县绿化市容局关于提案办理落实工作情况的介绍，并提出进一步做好办理工作的意见建议。同年10月12日和13日，县政协组织委员对《农作物秸秆菌肥化利用》和《加快推进长兴岛幼儿园建设》两件重点提案的办理落实情况进行跟踪视察。听取县农委关于农作物秸秆菌肥化利用情况的通报后，对该提案办理落实工作表示充分肯定，并对《崇明县秸秆综合利用三年行动计划（2011—2013）》中改良农田土壤、提高农产品品质、试验摸索农作物菌肥化推进工作以及积累科学数据和资料等方面提出了相关建议。

2012年3月15日、3月20日，县政协经济委员会与县发改委、县政协社会事业委员会与县教育局分别开展对口联系活动暨提案办理集中答复座谈会。座谈会上，提案者与承办单位互通情况，零距离接触，目标一致地解决提案提出的问题。同年4月10日，县政协召开督办《坚决查处非法电捕鱼保护崇明水生态环境》重点提案座谈会，建议对查处非法电捕鱼工作要进一步强化领导，健全组织，制定长效管理机制；协同作战，依法查处，定期开展联合专项整治执法行动，提高查处打击效率；加大投入，落实经费，提供物力人力保证。同年5月28日，县政协召开《关于开发人文景观旅游资源的建议》重点提案办理座谈会，在听取县旅游局关于提案办理落实情况和近年来崇明县人文旅游资源开发利用情况的通报后，提出：转变观念，开发利用人文景观旅游资源；打造品牌，借"节"造势；拓展渠道，加强市内外融合；多措并举，加大投入力度等意见建议。同年6月12日，县政协提案委员会、建设管理委员会就县政协十三届一次会议期间第48号提案《对乡镇污水处理站实行专业化统一运营管理》办理和落实情况开展促办活动，听取提案主办单位、会办单位对48号提案办理落实情况的汇报后，委员们对提案的办理情况表示满意，认为，自我县实施集镇污水处理站建设以来，运行情况良好，治污效果明显，为保护水环境，服务生态岛建设发挥了重要作用，建议要继续跟踪提案的办理情况，为促进我县生态水环境建设、推进崇明现代化生态岛建设贡献力量。同年9月上旬起，县政协通过被测评单位总结自评、召开座谈会、提案者书面测评等形式，对涉及非遗文化保护与传承、农村文化建设、人文景观旅游开发、村级公共绿地建设、市容环卫、城市管理、城管执法以及文广影视、绿化市容等方面的41件县政协提案（包括会办件）的组织领导、程序执行、书面答复及答复后承诺事项落实等情况开展民主测评。民主测评提出三点要求，一要深刻认识开展办理工作民主测评的重要意义；二要客观公正地进行民主测评；三要切实做好提案办理跟踪整改工作。

三、提案办理反馈

承办单位将提案办结后，按统一格式行文答复提案者和县政协秘书处、县政协办公室和提案委员会。提案复文前，征求提案者对提案办理结果的意见，并附提案办理意见反馈表，提案者在提案办理意见反馈表中，对办理结果不同意或对办理态度不满意的，由县政协办公室研究后提出处理意见；对转交承办单位再次办理的提案，承办单位要根据提案者反馈意见，及时分析原因，研究复查。对其中办理不当的，采取切实措施，重新办理；需要其他部门协助解决的，要及时与有关部门联系解决；确实无法解决的，要再次向提案者说明情况，做好解释工作。提案办理意见反馈表由提案者填写后寄送县政协办公室。

承办单位的提案复文要求做到文字简练，内容清楚，正文后注明单位地址、联系人和联系电话，并加盖单位印章。提案复文在首页的右上角注明办理结果的具体分类。对于委员个人提案，复文每人寄送1份；委员联名提案，如提案者超过3人，复文寄送前3人；对于民主党派、人民团体、界别、政协专门委员会集体提案，复文寄送提案提出单位3份，同时抄送县政府办公室、县政协秘书处和办公室各2份；县委各工作部门、县人民法院、县人民检察院、各群众团体办理提案的复文，同时抄送中共崇明县委办公室2份。

承办单位在提案办复后，对办理结果列入"正在解决""列入计划解决"，并承诺落实期限的提案，组织跟踪落实，并在问题解决后再次复告提案者，对其中因情况变化而在承诺落实期限内不能解决或需推迟解决的，要及时向提案者说明原因。对办理结果列入"正在解决""列入计划解决"，但无明确落实期限的提案，要建立起长期跟踪制度，并将进展情况及时复告提案者。对办理结果列入"留作工作参考""暂时不能解决"的提案，如时机成熟，条件允许时争取解决，并复告提案者。

四、提案办理情况

五届政协提案办理情况

县政协五届一次会议和闭会期间，提案立案118件，至1982年1月，全都办理完毕。其中，承办单位采纳或部分采纳的有105件，占立案总数的88.98%；由受理单位对提案作出解释的13件，占立案总数的11.02%。

五届二次会议和闭会期间，提案立案159件，至1983年3月，全部办理完结。其中，承办单位采纳和基本采纳的120件，占立案总数的75.47%；经调查研究，正在创造条件，逐步实施的有26件，占立案总数的16.35%；难以解决或不宜实施的有13件，占立案总数的8.18%。

五届三次会议和闭会期间，提案立案178件，至1984年4月，全部办理完结。其中，承办单位接受采纳并有切实改进措施的78件，占立案总数的43.82%；所提提案、意见正确，有关部门也认为应该接受改进，但或因涉及面较宽，在技术、资金或其他方面需要积极创造条件逐步加以解决的39件，占立案总数的21.91%；提案在提出前，政府有关部门已在实施，或者由于提出的意见建议对有关规定和情况不够了解，因而由有关部门作出解释答复的48件，占立案总数的26.97%；不能落实的16条，占立案总数的8.99%。

六届政协提案办理情况

县政协六届一次会议和闭会期间，提案立案176件，至1984年年底前，全都办理完结。其中，承办单位采纳或部分采纳的96件，占立案总数的54.55%；所提提案，基本是可行的，但因涉及管理权限或有关规定，一时尚不能完全付诸实施的有11件，占立案总数的6.25%；所提意见与建议，有关部门作出解释答复的有52件，占立案总数的29.55%；未予采纳的有13件，占立案总数的7.38%；受理单位作为参考的有4件，占立案总数的2.27%。

六届二次会议和闭会期间，提案立案86件，至1986年3月前，全都办理完结。其中，被承办部门采纳或部分采纳的48件，占立案总数的55.81%；相关部门作出解释的33件，占立案总数的38.37%；暂时不能实现的5件，占立案总数的5.81%。

六届三次会议和闭会期间，提案立案132件，至1986年年底前，全部办理完毕。其中，承办单位采纳或部分采纳的83件，占立案总数的62.88%；作解释答复的42件，占立案总数的31.82%；暂时不能实现的有7件，占立案总数的5.30%。

七届政协提案办理情况

县政协七届一次会议和闭会期间，提案立案130件，至1987年年底前，全部办结。其中，采纳提案意见，已改进工作的40件，占立案总数的30.77%；提案意见合理，但由于各种原因，有关部门认为暂时不能实施的有22件，占立案总数的16.92%；部分委员由于对具体情况了解不够，有关部门对其提案作解释说明的有40件，占立案总数的30.76%；可供领导作参考、改进今后工作的16件，占立案总数的12.30%；由于受各方面因素的限制，目前一时难以实施的有7件，占立案总数的5.38%；暂时不能明确答复的5件，占立案总数的3.85%。

七届二次全会和闭会期间，提案立案51件，至1988年年底前，全部办结。其中，接受提案意见，改进工作的13件，占立案总数的25.49%；需作进一步调查研究的3件，占立案总数的5.88%；作解释说明的25件，占立案总数的49.01%；有关部门认为是可行的，但尚未付诸实施的有4件，占立案总数的7.84%；受国家财力限制，一时无法落实，尚需继续争取的6件，占立案总数的11.76%。

七届三次会议和闭会期间，提案立案107件，至1989年3月，全部办结。其中，解决或基本解决的54件，占立案总数的50.46%；已着手计划或规划拟逐步解决的30件，占立案总数的28.03%；留作研究参考的23件，占立案总数的21.49%。

八届政协提案办理情况

县政协八届一次会议期间，提案立案163件，至1990年8月，全部办理完毕。其中，承办单位采纳或部分采纳的148件，占立案总数90.80%；留作参考的15件，占立案总数9.20%。

八届二次会议期间，提案立案159件，至1991年年底，全部办理完毕。其中，承办单位采纳或部分采纳的145件，占立案总数的91.19%；留作参考的14件，占立案总数的8.81%。

八届三次会议和闭会期间，提案立案149件，至1992年年底，全部办结。其中，承办单位采纳或部分采纳的124件，占立案总数的83.22%；留作参考的25件，占立案总数的16.78%。

九届政协提案办理情况

县政协九届一次会议和闭会期间，提案立案123件，至1993年8月，全部办结。其中，承办单位采纳和纳入计划准备采纳的107件,占立案总数的86.99%;留作参考的16件,占立案总数的13.01%。

九届二次会议和闭会期间,提案立案146件,至1994年9月底,全部办结。其中,承办单位落实和基本落实的62件,占立案总数的42.47%;列入计划加以落实或留作参考的58件,占立案总数的39.73%;难以解决的26件,占立案总数的17.80%。

九届三次会议和闭会期间,提案立案138件,至1995年6月底,全部办结。其中,解决或正在解决的48件,占立案总数的34.78%;列入计划解决的37件,占立案总数的26.81%;供政府部门决策参考的24件,占立案总数的17.39%;难以解决的29件,占立案总数的21.01%。

九届四次会议和闭会期间,提案立案124件,至1996年8月底,全部办结。其中,解决或列入计划解决的78件,占立案总数的62.90%;供政府部门决策参考的30件,占立案总数的24.19%;难以解决的16件,占立案总数的12.90%。

九届五次会议和闭会期间,提案立案117件,至1997年年底,全部办结。其中,解决的55件,占立案总数的47.01%;正在解决和列入计划解决的48件,占立案总数的41.03%;难以解决,已作出解释和说明的14件,占立案总数的11.97%。

十届政协提案办理情况

县政协十届一次会议和闭会期间,提案立案133件,至1998年3月,全部办结。其中,承办单位已解决的14件,占立案总数的10.53%;正在解决的38件,占立案总数的28.57%;列入计划解决的33件,占立案总数的24.81%;留作参考的32件,占立案总数的24.06%;难以解决的16件,占立案总数的12.03%。

十届二次会议和闭会期间,提案立案142件,至1999年11月上旬,全部办结。其中,承办单位已解决的34件,占立案总数的23.94%;正在解决的53件,占立案总数的37.32%;计划解决的34件,占立案总数的23.94%;留作参考的10件,占立案总数的7.04%;难以解决的11件,占立案总数的7.75%。

十届三次会议和闭会期间,提案立案166件,至2001年2月,全部办结。其中,承办单位已解决的25件,占立案总数的15.06%;正在解决的62件,占立案总数的37.34%;计划解决的43件,占立案总数的25.90%;留作参考的27件,占立案总数的16.27%;难以解决的9件,占立案总数的5.42%。

十届四次会议和闭会期间,提案立案155件,至2002年3月,全部办结。其中,承办单位已解决的16件,占立案总数的10.32%;在解决中的76件,占立案数的49.03%;计划解决的31件,占立案总数的20.00%;留作参考的23件,占立案总数的14.83%;难以解决的9件,占立案总数的5.81%。

十届五次会议和闭会期间,提案立案166件,至2003年2月,全部办结。其中,承办单位已解决的25件,占立案总数的15.06%;在解决中的83件,占立案总数的50.00%;计划解决的41件,占立案总数的24.69%;留作参考的17件,占立案总数的10.24%。

十一届政协提案办理情况

县政协十一届一次会议和闭会期间,提案立案144件,至2004年2月,全部办结。其中,承办单位已解决的17件,占立案总数的11.89%;正在解决的66件,占立案总数的45.83%;列入计划准备解决的27件,占立案总数的18.75%;留作参考的28件,占立案总数的19.44%;难以解决的6件,占立案总数的4.16%。

十一届二次会议和闭会期间,提案立案143件,至2004年8月,全部办结。其中,承办单位已解决的31件,占立案总数的21.67%;正在解决的66件,占立案总数的46.15%;列入计划准备解决的28件,占立案总数的19.58%;留作参考的16件,占立案总数的11.18%;难以解决的3件,占立案总数的2.09%。

十一届三次会议和闭会期间,提案立案186件,至2005年年底,全部办结。其中,承办单位已经解决的32件,占立案总数的17.20%;正在解决的95件,占立案总数的51.07%;列入计划准备解决的32件,占立案总数的17.20%;留作参考的21件,占立案总数的11.29%;难以解决的6件,占立案总数的3.23%。

十一届四次会议和闭会期间，提案立案141件，至2006年年底，全部办结。其中，承办单位已经解决的12件，占立案总数的8.51%；正在解决的67件，占立案总数的47.52%；列入计划准备解决的28件，占立案总数的19.86%；留作参考的31件，占立案总数的21.99%；难以解决的3件，占立案总数的2.13%。

十二届政协提案办理情况

县政协十二届一次会议和闭会期间，提案立案209件，至2007年年底，全部办结。其中，承办单位已经解决的13件，占立案总数的6.22%；正在解决的68件，占立案总数的32.54%：列入计划准备解决的54件，占立案总数的25.84%；留作参考的70件，占立案总数的33.49%；难以解决的4件，占立案总数的1.91%。

十二届二次会议和闭会期间，提案立案143件，至2008年年底，全部办结。其中，已经解决的66件，占立案总数的46.15%；列入计划拟解决的43件，占立案总数的30.07%；留作参考的34件，占立案总数的23.78%。

十二届三次会议和闭会期间，提案立案172件，至2009年年底，全部办结。其中，已经解决的99件，占立案总数的57.55%；列入计划拟解决的37件，占立案总数的21.51%；留作参考的36件，占立案总数的20.93%。

十二届五次会议和闭会期间，提案立案177件，至2010年年底，全部办结。其中，已经解决的115件，占立案总数的64.97%；列入计划拟解决的25件，占立案总数的14.12%；留作参考的37件，占立案总数的20.90%。

十二届六次会议和闭会期间，提案立案159件，至2011年年底，全部办结。其中，已经解决的82件，占立案总数的51.57%；列入计划拟解决的34件，占立案总数的21.38%；留作参考的43件，占立案总数的27.05%。

十三届政协提案办理情况

县政协十三届一次会议期间，提案立案144件，至2012年年底，全部办结。其中，已经解决的82件，占立案总数的56.95%；列入计划拟解决的19件，占立案总数的13.19%；留作参考的43件，占立案总数的29.86%。

五、《提案工作专辑》

2005年3月—2005年12月，县政协共编印《提案工作专辑》7期，摘登县政协收到的提案11件。

第三节 提案表彰

1991年起，县政协组织开展优秀提案表彰活动。1991年2月27日，县政协提案委员会召开会议，讨论评选“最佳提案”的条件、方法等。1991年5月10日，县政协下发《关于开展评选最佳提案活动的通知》；1991年10月25日，下发《关于评选优秀政协委员、先进工作委员会、最佳提案的实施意见》；1991年12月7日，县政协下发《关于征求最佳提案候选名单意见的通知》。1994年7月21日，县政协提案委员会召开会议，讨论通过提交县政协主席会议讨论的《关于评选优秀提案和先进承办单位的条件及奖励办法》。1994年12月5日，崇明县政协提案委员会制定《评选优秀提案、先进承办单位条件和办法》，提案表彰逐步规范。1991年—2012年，县政协共组织评选优秀提案12次，表彰优秀提案188件，表彰提案办理先进单位10个、先进个人10人；2006年1月10日，中共崇明县委召开人大代表书面意见和政协提案工作表彰会议，表彰优秀政协提案15件、提案先进承办单位5个。

一、评选优秀提案

评选标准 县政协确定优秀提案的评选标准：提案事关全县“两个文明”建设和人民群众普遍关心

的重要问题以及统一战线中的重大事务等方面，以个人或联名及团体名义提出的提案；提案符合规范（一事一案，案由简明扼要，使用统一格式的提案用纸，字迹清楚），提出的问题言之有据，既有科学的分析和正确的判断，又有解决问题的建议和办法，符合“三性”（严肃性、科学性、可行性）要求；提案具有较强的可操作性，被承办单位采纳后，已经取得或将发挥较好的社会效益和经济效益。

优秀提案存目：

1991 年度最佳提案

1. 石洞口车客渡码头应增添客运车辆　范本范
2. 西门中学校门口道路难走，建议及早修筑　陈治平
3. 要减少偷窃，必须加强外来人口管理　陈家琪
4. 关于改善农村基层老干部生活待遇偏低的建议　罗永祥
5. 新工房地区应加强配套设施的建议　王成东
6. 关于现有乡村企业集体所有制模式改革的设想　陈伟鹤
7. 加强农村初高中毕业生的教育培训　沈镇泉
8. 建筑业应当成为发展崇明经济一大产业　民盟崇明县委

1994 年度优秀提案

1. 北门路东端直角拐弯处车祸频生，有关部门应采取措施　秦祖仪
2. 关于发展农副业规模生产，提高崇明农产品知名度的建议　赵玉华
3. 建议加强我县河沟水质的监测和保护　张诗履
4. 建议政府加强对乡镇工业废水排放的监督　施民权
5. 建议东门路（北门路）口设立交通信号指挥灯　金碧玉
6. 建议建立县长热线电话　民盟崇明县委
7. 建议县政府采取措施，保障部分归侨基本生活　高振威　张鼎权
8. 创造优良环境，发展“三资”企业　民进崇明县委
9. 完善和维护新村公共设施、绿化美化新村环境　施兆发
10. 统计审计工作必须客观公正　陈伟鹤

1998—1999 年度优秀提案

1. 加大打击吸毒贩毒力度，确保一方平安　民盟崇明县委、民进崇明县委、农工党崇明县委　县工商联
2. 关于搬迁崇明遣送站的建议　县政协社会法制委员会
3. 关于解决农村窃电问题的建议　陆秀金
4. 关于在崇明建立苗木生产基地的建议　柏　鹰
5. 新建陈海公路两侧荒地亟需整治利用　许品元
6. 关于建立崇明县房产交易中心的建议　蔡丽乔
7. 关于改造寒山寺路的建议　尹海霞
8. 加快农村电网改造步伐，促进农村电气化建设　顾丕雄
9. 修缮城南江堤，营造江边胜景　沈乐娟
10. 加强农村住宅区生活垃圾的管理　沈士新　薛怀军
11. 关于改造八一路步行街二侧商店门面的建议　蔡保忠

2000—2002 年度优秀提案

1. 关于尽快筹建崇明县青少年活动中心的建议　县政协教文体委员会
2. 制定用才政策，加快人才培养　县政协科技委员会
3. 关于加快我县现代农业园区建设的建议　民盟崇明县委

4. 保护东滩湿地，加快生态岛建设　民盟崇明县委、民进崇明县委、农工党崇明县委
5. 观潮新村路面积水问题需尽快解决　石守英
6. 关于延长南堡线公交车运营时间的建议　龚学德
7. 关于尽快组织实施埋设西引路南段下水道的建议　蔡丽乔
8. 关于对合兴中心小学北教育楼实施改造的建议　张启贤
9. 亚通公司在崇明经济发展中的作用与影响应予重视　陈　凯
10. 关于对村镇建制改革的几点意见　施民权
11. 关于整治本县乡镇河道桥梁的建议　蔡保忠
12. 关于重视撤并乡镇的房产管理和使用的建议　沈镇泉
13. 试行建立土地流转托管制度，充分利用崇明洁净土地资源　陈德安
14. 推行土地经营权入股，组建股份制农业企业　顾建新
15. 关于发展绿色大米生产，增加出口的建议　施和平
16. 加强对网吧的管理和整顿　周洪生　顾速行
17. 关于加大对水产市场“水发”食品卫生管理力度的建议　施兆发
18. 关于中心医院改造实行“总体设计，分步实施”的建议　陈治泉
19. 制止农村乱埋乱葬现象的蔓延　龚惠康
20. 关于尽快搬迁牛棚港码头的建议　龚惠康

2003—2004 年度优秀提案

1. 改善我县部分医院垃圾、污水处理的几点建议　农工党崇明县委、民盟崇明县委
2. 全社会要形成开展帮教工作氛围，降低重新犯罪率　民进崇明县委
3. 关于进一步加大促进我县中小企业发展力度的建议　县工商联
4. 关于加强职业教育，为崇明跨越式发展培养合格劳动力的建议　县侨联
5. 加强对土池仿生态育苗蟹种的管理　沈　竑
6. 积极鼓励农民向城镇搬迁　朱　铭
7. 建议尽早搭建石洞口码头引桥上的晴雨走廊　陈伟鹤
8. 关于处理乡镇农民街历史遗留问题的建议　陆　斌
9. 禽流感预防必须从源头抓起，并坚持长效管理　茅人权
10. 积极引进市场机制，促进本县房地产市场健康发展　袁刚明
11. 建议运用 BOT 模式建设生活污水处理厂　汤学锋
12. 关于建设崇明规划展示馆，加大崇明宣传和招商力度的建议　袁　斌
13. 加强镇村道路安全管理，清除镇村道路路口障碍　曹洪洲
14. 加强环境保护，发展第二产业　石炳良　吴　勇　黄　强　苏澧水
15. 关于禁止在绿化区内燃放爆竹及火烧草坪的建议　顾速行
16. 关于在中小学开展“生态岛”教育的建议　王愫怡
17. 加大对外来流浪乞讨人员的管理力度　陈卫国
18. 强化对柑橘生产的指导服务　陶永达
19. 适当提高动拆迁补贴标准，及早规划未撤销建制村的居民点　刘益昌
20. 关于增加农民收入的几点建议　倪洪兴

2005—2006 年度优秀提案

1. 关于加快崇明旅游业发展的几点建议　民盟崇明县委
2. 关于抢救和保护民间文化的建议　民进崇明县委
3. 努力营造敬老崇孝的崇明民风　农工党崇明县委

4. 加大引导工业企业向园区集中的力度　县工商联
5. 采取有效措施调控本县房价　县政协经济委员会
6. 鼓励我县青少年开展科技创新活动　县政协科技委员会
7. 切实改善城区道路安全环境　沈　雄
8. 拆违工作要坚持长效管理　周洪生
9. 加大我县社会治安预警工作建设力度　施惠聪
10. 加强废弃农药瓶回收管理　万建飞
11. 加强对农村村民小组长的教育、培训和管理　曹洪洲
12. 关于促进企业劳动用工规范化的建议　陶松岳
13. 开展绿色教育，培育“绿色心灵”　孙育才
14. 关于加快农村有线电视网络建设的建议　顾蓓蕾
15. 加大政策扶持力度，加快发展社会养老事业　沈飞龙
16. 关于实施崇明农业种质资源保护的建议　顾富家　陆　瑜
17. 加强农村食品安全管理，构建食品安全网络　朱　铭
18. 关于健全农业机械服务体系的建议　陶永达
19. 加强对外地民工子女学校的扶持管理　陈伟鹤
20. 培养海洋装备技术人才，促进农村富余劳动力转移　顾兴家

2006年1月，中共崇明县委召开人大代表书面意见和政协提案工作表彰会议，表彰优秀政协提案

1. 关于改善我县部分医院垃圾及污水处理的建议　农工党崇明县委、民盟崇明县委
2. 关于进一步开展帮教工作，降低重新犯罪率的建议　民进崇明县委
3. 关于进一步加快发展我县中小企业的建议　工商联
4. 关于加强职业教育，培养合格劳动力的建议　县侨联
5. 关于加快发展特色蔬菜的建议　县政协经济委员会
6. 关于积极鼓励农村居住向城镇集中的建议　朱　铭
7. 关于预防禽流感必须从源头抓起和坚持长效管理的建议　茅人权
8. 关于加强镇村道路安全管理，清除镇村道路口障碍的建议　曹洪洲
9. 关于加快建设生活污水处理厂的建议　汤学锋
10. 关于加强对柑橘生产指导服务的建议　陶永达
11. 关于整治违章建筑，必须坚持长效管理的建议　周洪生
12. 关于促进企业劳动用工规范化的建议　陶松岳
13. 关于加强废弃农药瓶回收管理的建议　万建飞
14. 关于开展绿色教育，培育“绿色心灵”的建议　孙育才
15. 关于加大我县社会治安预警工作建设力度的建议　施惠聪

2007年度优秀提案

1. 关于推进生态文明村镇创建工作的建议　民盟崇明县委
2. 加快建设崇明地质公园，提升崇明生态岛品位　民进崇明县委
3. 构建和谐医患关系，维护正常医疗秩序　农工党崇明县委
4. 有效控制加拿大一枝黄花蔓延　九三学社崇明县支社
5. 鼓励和支持崇明民营企业科技创新　县工商联
6. 关于出台崇明科技发展规划配套措施的建议　县政协科技委员会
7. 引导民营企业积极参与新农村建设　陈　丽
8. 挖掘环岛大堤旅游功能，打造生态旅游全新景点　陈　伟

9. 推进稻田养殖业，减少农业面源污染 徐瑞国
10. 关于大力发展崇明会展产业的建议 王愫怡
11. 完善工业扶持政策，促进工业经济健康发展 杨 刚 祁 斌
12. 关于加强水产养殖外排水污染控制的建议 赵中平
13. 关于切实加强犬类管理的建议 吴忠华 朱理东 施 伟 吴德平
14. 关于改建县体育场有关硬件设施的建议 顾蓓蕾 陈 捷
15. 建议标准化菜场内设食品快检室 汤建平
16. 解决中小企业贷款难问题 费其兵
17. 加强文化建设，营造文化底蕴，提升文化品位 秦志超
18. 关于关注农村“留守孩子”的建议 施建华

2008 年度优秀提案

1. 积极应对长江咸潮入侵 民盟崇明县委
2. 决策部门要建立信访评估机制 民进崇明县委
3. 依托传统文化遗存，建设现代公共文化设施 农工党崇明县委
4. 促进非公企业又好又快发展的建议 县工商联
5. 关于建造崇明科技馆的建议 县政协科技委员会
6. 关注少数民族家庭，维护社会和谐稳定 社会和法制委员会
7. 关于创建国家园林城镇的建议 县政协港澳台侨委员会
8. 关于崇明本岛实行居民用电分时制的建议 周洪生 张 莉 龚 超
9. 关于加大对废弃桥梁的管理和处置力度的建议 吴忠华
10. 生态旅游观光模式应逐步向生态休闲度假模式转变 郭 震
11. 加强城乡建材运输规范管理 陆祖秦
12. 发挥城市雕塑传承文脉，展示生态内涵的作用 黄 胜 张诗履
13. 尽早改善新村乡地区群众饮用水质 杨建刚
14. 关于进一步发挥就业援助员作用的建议 施永法
15. 加大对社区居委的财政转移支付力度 钮东升 薛永红

2009 年度优秀提案

1. 鼓励和培植农副产品深加工企业 农工党崇明县委
2. 加快乡村医生培养 九三学社崇明县支社
3. 进一步加强社区青少年工作 共青团崇明县委员会
4. 关于保护野生资源的建议 县政协港澳台侨委员会
5. 加强农技队伍建设，推进高效生态农业发展 县政协科技委员会
6. 关于加强对村级资金监管的建议 周洪生
7. 关于确保“生命通道”畅通无阻的建议 丁学忠
8. 关于理顺旅游管理体制的建议 沈飞龙 徐锡昌 季振华
9. 关于引入第三方处理医疗纠纷的建议 朱松明
10. 关于加强集镇菜场管理的建议 吴忠华
11. 把崇明打造成新农村建设范本 陆施燕 陈 红
12. 关于巩固扩大“百路千点”环境整治成果的建议 陆祖秦 曹洪洲
13. 关于成立世博会农副产品崇明供应中心的建议 黄宗逵 顾红梅
14. 关于推广种养殖结合的高效生态农业的建议 沈 竑 倪伯承
15. 进一步做大崇明老白酒产业 朱忠南

16. 打造丝竹文化名片，增添生态岛文化底蕴　杨　刚
17. 加大对落户崇明企业支持力度的建议　陈　华

2010 年度优秀提案

1. 整顿规范机动车修理市场　民盟崇明县委
2. 要以大手笔编制“十二五”游业规划　民进崇明县委
3. 改善陈海公路路况　农工党崇明县委
4. 提高并联审批执行力　九三学社崇明支社
5. 规划建设陈家镇工业园区　县工商联
6. 关于推进县政府法律顾问工作的建议　县政协社会和法制委员会
7. 保障世博期间公共卫生安全投入　县政协人口和健康委员会
8. 实施农业品牌战略，推进生态农业发展　万建飞
9. 发展现代观光农业，提升旅游服务水平　蔡健丽　黄宗逵
10. 关于规范宠物狗管理的建议　吴美华
11. 加强发展养老产业的政策引导　沈飞龙
12. 建议增设申崇公交堡镇始发站　赵素平　王愫怡等
13. 关于规范渣土运输的建议　陆祖秦
14. 关于丰富传统节日和民间信仰活动的建议　施惠聪
15. 关于加强对科技型企业政策支持的建议　胡林森　丁学忠　倪伯承
16. 建议陈海公路隔离带应按规定统一绿化高度　朱锡平
17. 关于丰富旅游景点文化内涵的建议　陆施燕　陈　红
18. 加强新农村建设工程质量监管　曹洪洲

2011 年度优秀提案

1. 关于加快长兴岛幼儿园建设的建议　民盟崇明县委、农工党崇明县委
2. 关于农作物秸秆菌肥化利用的建议　民进崇明县委
3. 发掘碳汇潜力，发展碳汇交易　九三学社崇明县支社
4. 扶持崇明本岛两大工业园区落户企业的发展　县工商联
5. 打造品牌文化，提升文化软实力　县政协文史资料委员会
6. 关于加快滨江旅游带开发建设的建议　县政协经济委员会
7. 关于将传染病医院纳入公共卫生体系的建议　县政协人口和健康委员会
8. 关于加强河道、绿化协管员队伍管理的建议　范崇科
9. 关于构筑食品安全绿色屏障的建议　顾建舟　黄宗逵
10. 严防外来生物入侵崇明　顾　斌　乔　杰
11. 关于加强垃圾分类处置的建议　黄美兰
12. 借“长寿之乡”品牌，打造崇明“长寿经济”　陆施燕　陈　红
13. 关于成立崇明作家协会的建议　沈飞龙　季振华
14. 加强对陈家镇临时汽车枢纽站的管理　施建华　施　炎
15. 关于规划建设堡镇医院新院周围商业配套设施的建议　钮　平
16. 关于试点推行电动公交车的建议　郭　震

2012 年度优秀提案

1. 加强外来人口的服务和管理　民盟崇明县委
2. 建设特色小镇，推进城乡发展　民进崇明县委
3. 开展生态文化村试点建设，提升新农村建设文化品位　农工党崇明县委

4. 避免崇明经济陷入"桥墩陷阱" 民革崇明支部
5. 强化创新驱动，扶持中小企业转型发展 县工商联
6. 充分挖掘食材资源，打造美食旅游 县侨联 县台联会
7. 引领高端农业发展 高春茂 施 庆
8. 关于乡村污水处理站实行专业化运营管理的建议 赵中平
9. 关于引导扶持"一村一园"公共绿地建设的建议 陆祖秦
10. 关于改造堡镇殡葬服务站的建议 刘 忠 顾 斌
11. 查处非法电捕鱼，保护水生态环境 陆春明 陆 星 陈 璇 李锦高
12. 规范公民代理行为，杜绝"法律黄牛"诈骗现象 曹洪洲 宋建立
13. 加大非物质文化遗产的保护和利用力度 赵素平 陆祖兴
14. 关于科学设置道路交通信号灯间隔时间的建议 周曰冬
15. 加快建设长兴综合受理中心 顾红梅 袁 斌

二、表彰先进承办单位和先进个人

评选标准 1994年起，县政协决定评选表彰在提案办理工作中作出显著成绩的承办单位和个人。评选标准是：承办单位领导重视提案办理，确定承办部门和承办人员，建立健全承办提案的各项制度，具体承办人认真办理提案，主动协调、推动落实；在办理过程中，主动走访提案者征求意见，在规定的期限内答复，答复符合规范，内容有针对性，实事求是，切实可行，提案人表示满意；立足落实，注重实效。对可以解决或经过努力能解决的问题，及时认真解决，并取得成效，对应该解决，但确有实际困难的问题，能主动向上级和有关部门反映，积极创造条件解决，对难以解决的问题，能主动向提案人说明情况。

1994年度提案办理先进单位

崇明县农业委员会、崇明县建设委员会、崇明县教科文委员会、崇明县公安局、崇明县劳动人事局

1998—1999年度提案办理先进单位、先进个人

先进单位：

崇明县环保局、崇明县农业委员会、崇明县电力公司、崇明县建设委员会、城桥镇人民政府

先进个人：

崇明县环保局	韩国治	崇明县民政局	赵文学
崇明县农业委员会	方永春	崇明县房管所	陆秀丽
崇明县城桥镇政府	丁汉明	崇明县水利局	袁文明
崇明县电力公司	毕毓良	崇明县公安局	马雪波
崇明县建设委员会	朱学富	市工商局崇明分局	施 忠

2006年1月中共崇明县委召开人大代表书面意见和政协提案工作表彰会议，表彰政协提案先进承办单位：

崇明县建设和管理委员会、崇明县公安局、崇明县水务局、崇明县教育局、崇明县交通局

第四节 提 案 选 录

本节选录提案(摘要)85件。其中，五届县政协3件，六届县政协3件，七届县政协4件，八届县政协9件，九届县政协16件，十届县政协14件，十一届县政协14件，十二届县政协18件，十三届县政协4件；提案内容涉及经济发展方面23件，教育科技方面9件，文化体育方面7件，医疗卫生方面3件，环境保护方面9件，市镇建设方面4件，社会治安和社会管理方面12件，劳动就业和社会保障方面7件，其他方面11件。

一、五届县政协提案选录

1981年6月县政协五届一次会议期间，委员张旦华提出《坚持贯彻“预防为主”，充实稳定防疫队伍》的提案。提案指出，中华人民共和国成立以来，各种传染病显著下降，天花已绝迹，连续9年无白喉病例，7年无骨髓灰质炎发生，乙脑、流脑、麻疹等疾病已很少出现，人民健康水平有了很大提高，有力地促进了工农业生产的发展。为了继续搞好卫生防疫工作，必须坚持贯彻“预防为主”方针，而当前各基层防疫人员不足，加之经常轮换，或者以青年顶替工补充，直接影响到防疫工作的质量，对此，亟需改善。提案建议：一是按照市政府关于按现有医务人员总数15%的比例配备防疫人员的规定，充实调整防疫人员队伍。防疫人员经费由国家全额包干，县卫生局审查核定人选，并参照江苏省吴县的管理办法，由县防疫站负责管理防疫人员的晋级晋升、工资调整、福利待遇等。二是为了适应形势发展的需要，县卫校要设置防疫中专班，招收的学生经过两三年专业学习后，补充防疫队伍。

1982年5月县政协五届二次会议期间，委员徐鼎铨提出《建议县政府制定林木养护管理地方性法规》的提案。提案指出，植树造林，绿化祖国，是一项利国利民、造福子孙万代的战略任务。近年来，在县委、县政府的领导下，发动全县人民开展植树造林，取得了很好的成效。但由于没有一个切实可行的养护管理法规，林木成活成材率不高，形成年年植树不成林，年年绿化化不起。究其原因，缺少一个养护管理办法。县革委会曾制订过一些规定，但随着农村生产责任制的建立，情况发生变化，亟需重新研究制订新的规定。建议县人民政府制定一个林木养护管理的规定，明确林木种植、养护、管理的责职权限、收益分成、奖励惩罚等，经县人大常委会审议批准后公布施行。

1983年3月县政协五届三次会议期间，委员施建东提出《农业承包制要开创新局面》的提案。提案指出，农业是国民经济的基础，农业稳步发展，各项工作就主动，四化建设步伐就加快。崇明的农业生产，如政府报告指出的处于徘徊状况。如何使农业生产稳中求高，农本下降，收入增加，提案建议：要在县社两级干部中挑选有培养前途的中青干部，带薪带职到生产队，实行承包制，一包几年。在科学种田上，从种到收创造一套科学的稳产高产增产规律；在使用土地上，从用地到养地，为稳产高产创造新经验；在群众工作上，从承包制的实践中培养一批密切联系群众，又红又专，建设社会主义新农村的好干部好领导；在组织工作上，对表现好、有贡献的干部，分别给予提升、晋级，各项待遇要高于在机关工作的干部，从各方面鼓励和促进到农业第一线去艰苦奋斗的干部。

二、六届县政协提案选录

1984年4月县政协六届一次会议期间，委员王春荣提出《关于加强全县科技工作的建议》的提案。提案建议要采取措施，加强科技工作：一是花大力气解决各级领导对科技工作的认识。在思想上真正解决“依靠”问题，在工作中逐步改变过去那种靠行政命令靠传统经验的工作方法，各局、社应把科技工作提到重要议事日程。二是健全科技管理体制。在精简机构、改革体制时，局科技股不能撤，而且应加强；要加强县科委工作，充实专业力量；县科委要参与崇明经济发展中重大问题的决策活动，充分发挥职能作用。三是进一步落实科技人员政策。县落实科技人员政策领导小组应多作些调查研究，听取科技人员意见，抓好科技人员的流动使用、技术职称评定、科技工作环境条件改善等。四是重视和加强科技情报信息工作，建立科技情报信息机构，使科技情报和信息为全县经济建设服务。五是加强科技队伍建设。要采取措施，提高科技人员的政治思想和专业素质。

1985年5月县政协六届二次会议期间，委员江一帆提出《建议采取有力措施，严禁滥捕滥杀鸟类，建立鸟类保护区》的提案。提案指出，鸟类有维护自然生态之功，但每年经过崇明岛的候鸟被滥捕滥杀的情况比较突出。提案建议：要重视鸟类保护，候鸟被滥捕滥杀的行为应予以制止。政府要有一位领导分管这项工作，并明确县级主管单位。同时建议，要迅速建立鸟类保护区，共商制止滥捕滥杀鸟类的措施和制定有关规定，鸟类保护区的区域选定后，要将各项具体工作落实到当地乡镇政府和有关责任人。

1986年4月县政协六届三次会议期间，委员朱景才提出《建议切实做好文物古迹的修复工作》的提案。提案指出，金鳌山、唐一岑墓、学宫是崇明三处传统的文化古迹，金鳌山、学宫更是家喻户晓、城乡皆知，但在“文化大革命”期间，为其他单位占用，并遭破坏。近年来，要求修复这几处文物古迹的呼声很高。去年，金鳌山的修复工程由市文管会拨款13万元，开始动工，但拨款已用完，目前因经费来源没有着落，即将停工。提案建议县政府在1986年财政预算以及县“七五”规划中对文物古迹的修复要有一个切实的具体措施，特别是经费上要有一个妥善安排，以便有计划有步骤地实现“七五”规划中“力争早日修复开放唐一岑墓、金鳌山、烈士陵园”的目标。

三、七届县政协提案选录

1987年4月县政协七届一次会议期间，委员张振权提出《关于开展水利规划、水利普查的建议》的提案。提案指出，水利是农业的命脉，但崇明现在还没有一个完整的水利规划设计。要做好水利规划，必须要对水利设施现状等各有关情况进行普查。水利普查工作面广量大，要有历年水文、气象、潮水、崇明岛淤积和现在土地、水塘、土质等资料；并对河沟断面、淤泥、纵坡等现状进行测量，对原有水利工程设施的好坏等进行清查，对各乡和各农场的农田、工业、水产、城乡居民等的用水与排水量也要查清，对内河航运情况都要调查。因此，建议县政府重视开展水利规划、水利普查工作，以县水利局为主，农业、交通、林牧、水产、城建等其他有关单位参加，各农场、各乡镇等配合支持。大概要一至两年的时间，做深做细水利普查，为制订水利规划及农业、航运等其他专业规划提供翔实的基本资料。

1988年3月县政协七届二次会议期间，委员沈鸿敏提出《关于进一步放开粮食市场，发展粮食名、特、优专业化生产的建议》的提案。提案反映，崇明粮食专业化生产由于粮食价格偏低，生产资料不断涨价，经济效益较差，因而发展不快，反而有所减少。农民种粮积极性不高，农村变相荒废的田块面积较多。粮食部门对全县粮食只允许在本县调剂，不能进入上海及其他市场，而上海市场对崇明的香糯、香粳米需要量极大。为此建议：崇明地多人少的地区，如新村、绿华、汲浜、陈家镇和农场等，包括各乡的粮食生产专业户，鼓励他们生产香糯、香粳米，发展名特优粮食生产既可提高崇明的知名度，又可提高经济效益；粮食部门要进一步放开粮食市场，让名特优粮食自由流通，价格随行就市，提高农民种粮的经济效益；名特优粮食产品可以提供给乡镇企业，也可与同上海大企业搞联营，促进崇明特色农副产品生产的发展。

1989年3月县政协七届三次会议期间，委员陆善修等4人提出《建议成立全县职教领导中心，统筹全县职教事业》的提案。提案指出，职业教育是振兴全县经济的基础，搞好职业教育可以满足全县工农商副各业各类人才的需要。但办好职业教育不是教育一个部门所能办到的，应由县政府组织有关部门齐心协力、统筹安排才能办成。为此建议：一是在县政府领导下，由县计委、县经委和县其他有关部门成立一个职业教育中心领导小组。成立全县职教领导中心，可以避免各职校重复招生设班，可以节省校舍、资金和教辅人员，可以提高现有职教设备的效益，可以针对全县振兴经济的需要灵活办班，使职校毕业的学生能充分发挥作用。县职教领导中心总揽全县职业教育各项事宜。县计委、县经委负责全县职业教育的规划编制、专业设置、学生招收、资金筹措，县劳动局负责职校毕业生的安排和分配，县教育局负责课程安排、学制设置、实施职教计划，县人事局负责落实教辅人员。二是教学经费可由各乡镇场受益企业承担，这样可以发挥全民办职教的积极性，节约国家教育经费的支出。

1989年3月县政协七届三次会议期间，委员王光昭提出《建议加强成人教育事业》的提案。提案指出，在县委、县政府的领导下，近几年来，崇明成人教育事业有显著发展，对开展在岗技术培训和推广农村实用技术发挥了很大作用。提案认为县政府在工作报告中提出今后要进一步加强成人教育，这是具有远见的决策。提案针对成人教育中存在的问题提出如下建议：一是目前成人教育体制较乱，重复办班互抢生源现象时有发生，浪费不少人力物力，各事业单位的成人教育缺乏统筹，县成人教育办公室设立在县教育局内，只有2个编制人员，无论从人力上，还是协调作用上相当欠缺。建议县政府在考虑“大职教”计划的过程中要给予必要的重视。二是在当地政府的重视下，各乡镇都成立了相当规模的成人中专文化技术学校，各校的师资也基本列入乡镇事业成员的编制。但这些学校还未明确为乡镇列编的事业单位，给这些学校开展成人教育活动带来不少问题，建议县政府在可能的情况下尽快明确这些学校在乡镇事业中的地位，使之发挥更大的作用。

四、八届县政协提案选录

1990年4月县政协八届一次会议期间，委员何家邦提出《切实抓好我县城堡地区居民的“菜篮子”》的提案。提案指出，市委、市政府把抓好居民“菜篮子”作为办实事之一，深得人心，成效甚大。而我县城堡地区居民的“菜篮子”解决得不太令人满意，国营菜场里蔬菜品种少、质量差，自由市场花色品种多，但价格贵。国营菜场的行业不正之风也十分严重，以买肉为例，熟悉的人公开在柜台内任意挑选，习以为常，顾客与营业员争吵屡见不鲜。建议：城堡地区居民“菜篮子”建设要作出规划，落实蔬菜种植面积，保质保量按时上市；供销系统要加强对职工的职业道德教育，采取措施纠正行业不正之风；加强集贸市场物价管理，对一些时鲜蔬菜要有最高限价。

1990年4月县政协八届一次会议期间，委员陈伟鹤提出《关于加强治安联防，打击刑事犯罪的建议》的提案。提案指出，改革开放以来，中国经济建设取得举世瞩目的成就，人民生活水平有较大提高，但近年来全国治安形势比较严峻。虽然公安、司法部门不断加大打击力度，审判了一批严重危害社会治安的刑事犯罪分子，但偷盗、抢劫、纵火等案件仍时有发生，人民生命财产、群众安居乐业受到威胁。崇明地区面临同样的治安形势。为此，提出如下建议：一要加强对刑侦人员和派出所、治安联防人员的业务培训，提高侦破工作水平和案件破案率。二要为刑侦人员和派出所、治安联防人员配备现代化的通讯、交通工具，以加强对突发恶性案件的快速反应侦破能力。三要在公安派出所所在乡镇建立治安联防队外，每个村、居委会也应建立治安小组。治安小组的人员，农村以村干部和基干民兵为主，城镇以分管领导和退休人员为主。治安小组要加强白天，尤其是夜间的巡逻保卫工作。治安小组必要的活动经费由村、居委会自行解决(可从村办企业、里弄工厂抽取)。四要加强对国营、集体、私营旅馆的管理、检查，坚决取缔并严肃处理“无证黑旅馆”，减少外来犯罪分子流窜崇明的发案率。五要大力宣传同各种犯罪分子作斗争的好人好事和英勇事迹。设立“治安奖励基金”，表彰、奖励在社会治安工作中成绩突出的人员。六要加强对民事调解人员的业务培训，做好民事纠纷的调解处理工作，避免由一般的民事纠纷因调解不当，矛盾激化上升为刑事案件，以减少刑事案件的发案率。

1990年4月县政协八届一次会议期间，委员陈礼初提出《关于加强水源保护的意见》的提案。提案指出，近几年来，崇明农村改水任务完成得较好，使农民自来水饮用率不断提高，这对防病、增强农民健康十分有利。但在改水任务完成得较好的乡、镇、村区域内的水源保护往往被忽视，如不向防疫部门申报、不经批准在取水口附近新建排放污水、废水的工厂、畜牧场等，造成环境污染；有的区域范围内的沟河阻塞成死水，一旦停电、停水，农民饮用水不能保证。为此建议：县、乡政府要重视水源保护，加强水源保护工作，在已建水厂的周边新建工厂、畜牧场要严格执行有关的审批规定；水利部门要有计划地组织疏浚河道，定期在大潮时开闸放水，使之变成活水、减少污染。

1991年3月县政协八届二次会议期间，民盟崇明县委提出《建筑业应当成为发展崇明经济的一大产业》的提案。提案指出，崇明建筑业有着悠久的历史，近十年来，崇明建筑业不断发展壮大，为县乡集体积累资金、提高城乡人民收入和生活水平作出了重大贡献。但崇明建筑业总体水平不高，已经跟不上建筑行业的发展潮流，在建筑市场上明显缺少竞争力。究其原因，主要是领导体制的问题。目前，县建筑总公司只是县建设局属下的一个业务科室，各乡镇建筑分公司只是乡镇工业公司下属的一个企业。县建筑总公司没有起到排头兵的作用，其对乡镇建筑分公司在干部任免、人员调动、技术装备、资金积累等无权过问，只在对外承包业务时以二级企业的总公司出面而已。乡镇政府对分公司只要求上缴利润，甚至大量占用或拖欠分公司的资金，致使分公司缺乏投资，设备陈旧落后。由于职工分配水平一直停留在不高的水平上，一批有技术有经验的技术骨干大量流失。为此，提出如下建议：一是各级领导要重视建筑业。

建筑业是特殊工业，具有投资少、效益高、见效快、风险小的特点。崇明建筑业有一定的基础，劳动力资源又十分丰富，浦东开发使建筑业发展的前景更加广阔。因此在当前调整产业结构中，要把建筑业作为发展崇明经济的一大产业予以充分考虑。二是加强对建筑业的组织领导。县政府应成立建筑工程局，统筹规划、领导全县的建筑施工队伍。在建工局未成立前，要有一位副县长兼管全县建筑业的发展规划、协调关系、制定政策、检查落实。县建设局要有一位副局长专管全县建筑施工企业，当务之急是帮助县建筑总公司上管理、上等级。各分公司由乡镇工业公司管理改变为由乡镇政府直接领导。三是落实措施扶持建筑业发展。各乡镇对分公司的考核不能单纯考核利润指标作为对干部职工分配的统一标准，必须全面考核全员劳动生产率、人均完成建筑面积率、原材料消耗、机械化程度、安全生产等各项指标。企业内部实行层层承包要充分考虑职工露天高空作业的风险辛苦，年终分配时报酬应多一些，保险待遇也应适当提高。采取"放水养魚"的倾斜政策，对各分公司的所得税给予减免或挂欠，减免或挂欠的税款只准用于技术装备费用，不准用作消费基金。

1991 年 3 月县政协八届二次会议期间，委员罗永祥提出《关于改善农村基层老干部生活待遇偏低的建议》的提案。提案指出，中华人民共和国成立初期，一批正值青、壮年的农民担任农村基层干部。他们参加土地改革、农业合作化、人民公社、"四清"等运动，参加崇明历次重大的水利建设、围垦造田等艰苦劳动，带领农民走社会主义道路，为崇明的建设事业作出过很大的贡献。其中的大部分人从最基层逐步提拔到较高的领导岗位，转为大集体或国家户口，现已领取退休金，在家安度晚年。但也有一部分人因没有文化或文化程度低等原因，一直担任最基层的干部，现在他们年老力衰，只享受普通农民同样补贴待遇。不能忘了这些农村基层老干部曾付出的努力、作出的贡献。为此建议有关方面作一调查，多一点雪中送炭，适当提高这批人的生活待遇。

1991 年 3 月县政协八届二次会议期间，委员沈向村提出《关于切实抓好城镇待业青年教育管理、就业培训的建议》的提案。提案指出，近几年来，初、高中毕业生未录取而成为待业青年的逐年增加，尤其是城镇待业青年的不断增加，如不加强教育管理，会影响年轻一代的成长和社会的稳定，抓好城镇待业青年教育管理、就业培训是摆在各级领导面前一个紧迫的任务，也是一个全社会都应关心、共同解决的问题。提案提出如下建议：一是各级领导要重视城镇待业青年教育管理、就业培训问题，以城堡两镇领导牵头，工会、妇联、共青团、青联、劳动部门等有关方面联合组成待业青年管委会，把城镇待业青年教育管理的责任承担起来。二是组织城镇待业青年学习，提高他们的思想觉悟。同时组织他们职前培训，使他们掌握一定的生产技能，为今后就业创造条件。三是县劳动部门要采取有力措施，继续清退外省市劳动力，严格控制使用退休人员，为城镇待业青年提供更多的就业机会。四是有关部门要为城镇待业青年广开就业门路提供方便。五是县政府要责成有关部门为鼓励企、事业单位安排待业青年就业制定有关政策措施。

1992 年 3 月县政协八届三次会议期间，委员吴志冲提出《关于组建崇明县旅游事业管理局的建议》的提案。提案指出，崇明有丰富的自然旅游资源和人文旅游资源，发展旅游事业前景广阔。为把崇明的旅游事业真正抓好，必须有一个专门机构管理。为此，建议县里组建崇明县旅游事业管理局或类似专门机构管理。崇明县旅游事业管理局是事业性政府职能部门，可下设经济实体性的旅游开发公司。这个机构的主要任务是：在县委、县政府领导下，统一规划、协调、领导、实施崇明旅游事业发展事项，从组织上保证旅游业尽快真正成为崇明的一大产业。崇明县旅游事业管理局的人员配备，可根据"小政府，大服务"的原则，挑选少量必配人员，名额在县编制总额中统筹解决，有的确因工作需要增配列编外人员。作为过渡，在崇明县旅游事业管理局建立前，县里可先设一个常设协调机构，具体处理崇明旅游业发展中的有关问题。

1992 年 3 月县政协八届三次会议期间，委员石建新提出《关于扶持经济薄弱村的几点建议》的提案。提案指出，近几年来，由于各级组织重视，加强了对经济薄弱村的领导，派出力量给予帮助，并制定一系列支持穷村的优惠政策，使不少穷村脱贫，扶持经济薄弱村的工作取得明显成效。但由于崇明地区经济薄弱村面广量多，穷村的脱贫任务相当繁重。为了加快脱贫进程，提案建议：一要建立扶贫基金，银行能划出一定数量的贷款，支持经济薄弱村现有企业生产所需的流动资金和新办项目的必要投入。二要制定优惠政策，积极鼓励厂村挂钩，明确各乡重点企业帮助穷村脱贫的任务和期限。三要改变新项目办在各村的老办法，用股份制的形式，各经济薄弱村共同参股，新项目建在一乡一点上，由乡直接管理，实现利润按股分给村，这样可有效解决穷村缺乏人才、办厂经验及企业分散、管理不善等问题。

1992年3月县政协八届三次会议期间，委员宋英武、孙锡福提出《关于办好清真饭店的建议》的提案。提案反映，县城南门地区唯一的清真饭店卖起了猪肉食品，引起回族等少数民族群众的不满。提案指出，清真饭店卖猪肉食品违反民族政策，崇明不吃猪肉的少数民族居民有三百多人，随着改革开放，办好清真饭店，不仅对崇明不吃猪肉的少数民族居民有益，也可解决来崇少数民族群众“吃饭难”的问题。为此建议：清真饭店应立即停止经营猪肉，并对店内用具、冷藏设备等进行清洗、清理；清真饭店在没有回族等少数民族领导和职工的情况下，可聘请1—2名回族等少数民族人士担任义务监督员；县宗教民族办公室或县少数民族联络组随时或定期上门对其检查；县政府给予清真饭店特殊优惠政策，提高饭店经营清真饮食的积极性。

五、九届县政协提案选录

1993年4月县政协九届一次会议期间，委员倪志峰提出《关于解决关闭企业职工就业问题的建议》的提案。提案指出，在发展社会主义市场经济的新形势下，大部分县属企业在整顿中不断发展壮大，但也有少数企业由于产品结构老化，不适应市场需求，或者其他原因而停产关闭，职工待业在家，拿待业金维持生活。由于物价不断上涨，这些职工生活十分艰苦。提案建议：关闭企业要支持职工自行组织起来，允许他们发展股份合作企业，自找门路，自负盈亏；对于关闭后组织成立的企业，金融、税务等部门给予支持，在信贷、税收等方面给予必要的优惠政策，使他们能在短期内取得效益；组织形式应是股份合作制，上岗聘用，打破大锅饭，彻底转换经营机制；对于公有资产，可按集体股的方式处理，并对公有资产提出相应的保护措施；其他一些管理可参照一般城镇集体企业。

1993年4月县政协九届一次会议期间，委员施汉良提出《关于崇明工业结构调整方向的建议》的提案。提案指出，崇明工业结构不仅合理主要表现在消费资料类产品与生产资料类产品的比例失调。据不完全统计，在全县乡镇企业中生产资料类产品的生产企业不到全部企业的19%，产值不到1/4，有7个乡生产资料类产品产值比例不到10%，比例最低的不到3%。由于消费产品直接受到消费市场的检验，经不起市场变化的冲击，而生产资料类产品的市场是国家建设的总盘子，比起消费资料类产品更具计划性和预见性，所以，崇明工业结构十分脆弱。提案建议：在工业结构调整中，除了充分利用现有条件和本地优势外，应向生产资料类产品倾斜。根据崇明特点，应择机电类产品，包括泵门类通用机械，压力成型机械，铸造机械，冲剪机械，食品机械，制药机械，各类减速器，特种电机等；仪器仪表类产品，包括电量，气、液流量，压力仪表，液位、物位仪表等；冶金类产品，由于黑色金属冶炼需要大量资金投入和生产用电以及庞大的运输吞吐设施，因此可选择稀有金属的冶炼和黑色金属的轧制，尤其是适宜建筑用金属材料的轧制行业。

1993年4月县政协九届一次会议期间，委员吴复安提出《关于鼓励发展崇明私营个体经济的建议》的提案。提案指出，崇明私营个体经济已有一定发展，但目前也存在一些困难和制约其进一步发展的因素。个体私营经济是社会主义市场经济的重要组成部分，是推动崇明经济社会发展的重要力量，对扩大就业、拉动内需具有重要意义。为使私营个体经济更快发展，提出如下建议：一是各级领导和管理部门要认真学习中共十四大精神、邓小平南方谈话，进一步转变思想观念，冲破“左”的束缚，从完善社会主义市场经济的高度充分认识鼓励崇明私营个体经济发展的必要性和重要性。二是由县委政研室牵头，清理目前正在执行的有关私营个体经济的文件和规定，以中共十四大精神为指针，制定适应崇明实际情况、有利私营个体经济发展的策略、政策和措施。三是早日规划建设崇明私营经济开发区，编制开发区内的优惠政策，以吸引投资、利于管理，形成规模效应。四是建立相关部门的定期联席会议制度，加强工商、税务、质监、卫生等部门及金融机构与工商联、私协、个协间的联系,收集崇明私营个体经济发展的动态情况,听取意见,提供信息,妥善解决出现的各种问题。

1994年3月县政协九届二次会议期间,民进崇明县委提出《创造优良环境,发展“三资”企业》的提案。提案反映,1993年,崇明“三资”企业发展取得可喜成绩,但与上海市郊区县及周边江浙两省发达地区相比差距甚大,同时发展存在着隐忧:资金到位情况不尽人意;效益不高,亏损面较大;基础设施落后,投资环境不佳,配套服务较差,外方投资热情不高。为了更好地改善外商到崇投资的环境,促进崇明外向型经济发展,提案提出如下建议:一是进一步统一思想,必须认识到崇明“三资”企业能否尽快发展,在于不断改善崇明的投资环境。在致力改善交通、能源等硬环境的同时,应在改善软环境上下功夫。要制定外商投资优惠政策,要为外商提供全方位、多形式的配套服务。二是县委、县政府要定期召开座谈会,邀请有影响的外商参加,或者定期走访外商,听取他们的意见和建议,对一些合理的建议和要求尽量予以采纳。三是县有关部门和当地政府领导应经常深入“三资”企业了解情况,解决问题。四是强化“三资”企业管理机构,切实加强有关人员培训。五是“三资”企业一经批准,双方都要严格遵守合同条款,确保资金及时到位,银行应予信贷支持。六是为使“三资”企业正常生产,确保用电、用水。七是港口、码头、车站等对外窗口要热情接待外商,为他们提供优先优质服务。

1994年3月县政协九届二次会议期间,委员龚建平提出《关于加强交通安全教育和管理的建议》的提案。提案指出,随着各项建设事业的发展,崇明各类机动车辆不断增加,外来流动车辆也在增多,而道路建设一时还跟不上,尤其是去冬今春以来轻便摩托车和助动车迅速增多,使本来就很拥挤的交通更添繁忙,加上外来人口激增,很多人交通安全意识淡薄,交通方面的不安全因素越来越多,以使交通事故频发。为此提出如下建议:通过电视、电台、各基层广播站及街头图片、黑板报等广泛开展交通安全宣传教育,特别是加强对农村群众的宣传教育;要重视和加强对摩托车驾驶员,特别是对近来新购轻便摩托车的驾驶员进行交通安全和交通法规教育,同时培训和指导他们在紧急情况时的应急处理措施;抓好交通安全管理,城桥、堡镇地区重要地段的十字路口都要使用红绿信号灯,并有交警值班,警力不足可聘请退休职工协助管理;在主要交通道口设置一些固定、醒目的交通安全和交通规则要点的宣传牌;从严执法,对闯红灯等违反交通规则的除在经济上处罚,还可罚当事人戴上违章标志在交警监督指导下在交通路口当1—2天的交通管理员。

1994年3月县政协九届二次会议期间,委员施之录、励允鸣提出《关于进一步开展学习、宣传教师法的建议》的提案。提案指出,教师法颁布施行以来,崇明干部群众知之不多,甚至连不少教师也不了解教师法的内容和要求。为此建议:各级干部应该认真学习教师法,在群众中宣传教师法;在全县教师中进一步开展学习、宣传教师法的活动,使每一个教师熟知教师法的内容和要求;对于违反教师法的,要抓住典型给予必要处罚。

1995年3月九届三次会议期间,委员朱俊贤提出《建议尽早把建造县少年宫纳入规划》的提案。提案指出,少年宫是校外教育的主要基地,是培养跨世纪人才的重要场所。崇明县少年宫设在民居旧宅,场地狭窄,破旧不堪,与现今教育形式和需求不相适应。对于建造县少年宫已有多次动议,终因经费等问题,一直得不到落实。建议县政府应重视县少年宫的建造,尽早将其纳入政府实事规划及旧城改造规划。

1995年3月县政协九届三次会议期间,民盟崇明县委提出《关于建立爱国主义教育基地的建议》的提案。提案指出,爱国主义教育是精神文明建设的一项基础性工程,是提高国民整体素质、继承中华民族优良传统的一项重要工作。根据爱国主义教育实施纲要精神,崇明可作为爱国主义教育基地的场所很多,如各个时期的革命斗争遗址、烈士馆、唐一岑墓、日本侵崇登陆处、竖河镇“6·26”大烧杀死难同胞殉难处遗址、博物馆,还有先进典型前卫村、瀛东村、新洲村等。提案建议政府有关部门对上述地方进行选择、完善、充实,然后命名挂牌,建成县一级爱国主义教育基地。

1995年3月县政协九届三次会议期间,委员施亚参提出《关于办好崇明老年护理院的建议》的提案。提案反映,前几年,崇明县红十字会在鳌山卫生院开设了一个崇明老年护理院,为长期卧床不起、生活不便的老人解决了后顾之忧，办了一件实事。但从目前情况看存在一些问题：一是病人日益增多，病房、床位不足；二是活动区域局限，住院老人生活方式枯燥；三是设施设备简陋，护理人员工作辛苦。为此建议：县政府及有关部门要重视崇明老年护理院的建设；县财政在经费上给予一定补贴；扩大院区，增加病房和床位，添置必要的设施设备。

1996 年 3 月县政协九届四次会议期间，民进崇明县委提出《城镇建设起点要高》的提案。提案指出，作为城镇建设重头戏的旧区改造和房地产开发正在崇明紧锣密鼓地进行。当前有 11 万平方米的旧房改造和一批公共设施项目正在施工，县旧城改造办公室已确定改造旧区 19.5 万平方米、兴建住宅及配套设施 25.9 万平方米的项目计划，各个房地产开发商也相应制订、实施新一轮房产开发项目。《崇明县国民经济和社会发展 2010 年远景目标纲要(草案)》指出，到 2010 年崇明要初步建设成为经济繁荣、交通便捷、通讯先进、环境优美、具有海岛特色的生态城市。为此建议：城镇建设中眼界要远，起点要高。在旧区改造和房地产开发中，要重视土地的优化配置，精心处理“人—建筑—绿地”的关系，腾出一定的土地用于居住区绿化建设，并建设好街头绿地。有关部门应结合旧区改造、房地产开发和市镇建设，制定公共绿地建设的规划和实施计划。

1996 年 3 月县政协九届四次会议期间，委员张诗履提出《关于建造东门地区小学的建议》的提案。提案指出，随着崇明城镇建设的迅速发展，东门、江山、玉环、湄洲四个新村相继落成使用，城桥镇东门地区居民激增。由于历史原因，原有小学偏集于老城区内，这一现象如不及时调整，势必造成城桥镇东门地区居民小孩上学难的社会问题。从加强社区建设、关心儿童成长以及教育自身发展等多方面考虑，在上述四个新村地区建造一所高水平的东门小学已是人心所想。提案建议县政府把这项工作列入议事日程，及早制订规划并付诸实施。

1996 年 3 月县政协九届四次会议期间，委员朱纯德提出《加强废品收购管理，从重、从严打击偷盗有色金属犯罪分子及非法收购偷盗物资的收购部门》的提案。提案反映，自来水阀门及下水井所用的铸铁箱盖，近几年经常被盗，且愈演愈烈。例如堡镇红领巾桥地段，道路刚刚改造好，就在这一交通十分繁忙的地段，一只直径 300 毫米自来水阀门的铸铁箱盖被盗走，幸亏及时发现后补上，否则后果不堪设想。如不采取有力措施制止偷盗行为，严重影响人民生命安全。究其原因：一是废旧生铁收购价格上升，出售废旧生铁效益较高；二是废品收购部门人员素质差，只要赚钱，不管物资来路是否正常，为偷盗人员销赃开了方便之门；三是打击偷盗有色金属的犯罪分子及非法收购偷盗物资的收购部门的力度不够。提案建议：对废品收购部门实行归口管理，取消个体废品收购店或限制个体废品收购店的收购品种；严格控制有色金属的收购，制定废旧有色金属的收购销售和监督处理法规；从重、从严打击偷盗公共管线(如自来水铸铁管道及配件阀门、电线、电缆等)的犯罪分子，对非法收购偷盗物资的收购部门也要予以处罚。

1996 年 3 月县政协九届四次会议期间，委员倪志峰提出《重视老企业改造，加速崇明经济发展》的提案。提案指出，经过几十年的努力，崇明工业已初具规模，为今后发展打下了良好基础。但目前崇明也有一些规模较大的企业由于种种原因处于关闭、停产状况，这些企业厂房、设备闲置，而且不少企业处于有利的地理位置，有良好的基础设施，如果新建一个同样规模的厂，没有几百万元，甚至上千万元是办不到的。提案认为，如何利用关停企业原有设施设备为发展崇明经济服务是一个值得重视的问题。为此建议：有关部门在考虑崇明经济发展规划时，能将老企业改造作为一个内容做好统筹协调工作；上新项目的单位或企业，在考虑能达到效益规模的同时，选择一些老企业加以改造，尽量减少资金的投入；拥有这些资产的企业部门要解放思想，消除顾虑，克服本位观念，主动采取合作合资、资产转让等形式，让原有设施设备发挥作用。

1997 年 3 月县政协九届五次会议期间，委员龚安良提出《改良品种，提高品质，发展“高、优、高”农业》的提案。提案指出，目前崇明粮食作物品种多而杂、品质低，如单季稻有的高产不优质，优劣混杂较普遍。又如小麦，从皮色看有红皮、白皮，从质地看有软性、硬性，且出粉率有高有低。加上粮食部门收购的是百家粮，很难在市场上参与竞争，这样影响粮食部门销售，也直接影响农民切身利益。为此建议：凡是用作商品粮的,必须确定好当家品种,力争全县统一;粮食种子应有种子公司统一供种,种子公司提供的种子质量要保证;农民交粮时,不同品种不能混杂,有关部门要做好宣传引导工作;根据崇明实际,创造条件,实行适度规模经营。

1997 年 3 月县政协九届五次会议期间,委员林鑫提出《关于设立科技企业发展风险担保基金的建议》的提案。提案认为,为使崇明民办科技企业能在社会主义市场经济发展中,加快科技与经济结合,促进科技成果转化为生产力,促进高新技术商品化、产业化、规模化,设立崇明科技企业发展风险担保基金很有必要。科技企业发展风险担保基金为有市场潜力、效益较高的高新技术成果提供有偿风险担保,可改善崇明民办科技企业的投入体制,为科技成果走向产业化创造宽松的资金环境。为此建议设立崇明科技企业发展风险担保基金。担保基金来源:一是政府每年筹集一定的投入资金;二是基金的担保收入;三是民营科技企业和社会资金的加入;四是基金利息收入等。担保基金主要用于项目筹办时的贷款担保、新产品开发费贷款担保、有民办科技证书企业的流动资金信贷担保。

1997 年 3 月县政协九届五次会议期间,委员黄晓提出《加强乡镇文化站建设》的提案。提案指出,乡镇文化站直接面向广大群众,是农村精神文明建设的一个重要窗口。近年来,按照创建文化先进县的标准要求,县委、县政府制定了文化发展规划,各乡镇也相应制定了文化工作计划。通过努力,乡镇文化站工作取得一定的成绩,但同时也存在着一些有待解决的问题。主要反映在乡镇文化站经费少,工作人员工资得不到全额落实;硬件设施落后,活动不能正常开展。提案建议:一是县政府要用行政手段要求督促各乡镇将乡镇文化站人头经费和活动经费纳入财政预算,标准基本统一,人头经费按文化站在编人数下拨基本工资,福利部分则鼓励各文化站搞“三产”及以文补文有偿服务自行解决;活动经费按照文化先进县的标准,各乡镇将财政收入的 1%用于购置图书等文化用品和举办各种文化活动。二是成立崇明县群众文化工作委员会,协调全县群众文化工作,提出群众文化工作的设想与建议,落实县委、县政府文化发展规划。三是制订计划,加大各文化站硬件设施投入力度,归还移作他用的文化活动房屋场地。四是稳定乡镇文化站的工作人员,回收分流在外的业务骨干,有计划地补充文化专业人才和管理人才。

六、十届县政协提案选录

1998 年 3 月县政协十届一次会议期间,委员陆秀金提出《关于解决农村窃电问题的建议》的提案。提案反映,目前农村窃电现象十分严重,据江口镇对村的调查,每年负担最多的有 7 万元左右,最少的也有 3 万元左右。提案指出,这一问题不解决,不但给村级经济带来沉重负担,而且给电力部门造成经济损失。为此建议:一要加强电力法的宣传,结合电力法,制订乡规民约。二要加大反窃电工作力度,建立县乡村三级反窃电工作网络,由派出所、联防队、用电站、经管办、村委会等组成检查小组,进行经常性与突击性相结合的反窃电检查。三要改进装置和技术,并明确抄表人员工作责任。四要严厉打击窃电行为,一经发现采取处罚等措施。

1998 年 3 月县政协十届一次会议期间,委员蔡保忠等 21 人提出《关于加快崇明广电工程建设的建议》的提案。提案指出,崇明广电事业的基础是 1976 年建造的 1 套有线广播站和 1990 年建造的 1 套无线电视转播站。但目前广电事业已发展为自办调频、有线 2 套广播节目,自办有线、无线 2 套电视节目,转播中央和上海及有关省市电视节目共 28 套。承担全县广播、电视的采编、制作、演播、控制、网络和发射的业务工作,是全县“两个文明”建设新闻宣传的重要窗口。但是,现有的广电设备设施和业务用房已严重影响并阻碍着崇明广电事业的发展,远远不适应崇明社会经济发展和“两个文明”建设的要求。为此建议:建造集广播、电视、报纸的采编、制作、演播、控制为一体的多功能的广电中心,建筑面积不少于 3 000 平方米;按照抓紧的要求,1998 年完成广电工程立项,并进行资金筹措,力争 1999 年开工;广电中心规划选址应考虑放在县城的文化中心。

1998 年 3 月县政协十届一次会议期间,委员周新卫提出《县政府应重视利用上市公司壳资源,拓展筹资渠道》的提案。提案指出,上海亚通股份有限公司是崇明较早上市的股份公司,几年来在股本扩张和配股筹资方面均有一定发展，但与其他上市公司相比，力度还不够。政府可通过资产重组，对其注入经济效益较好的优质资产，剥离不良资产，使其每股收益大幅度提高，重塑上市公司形象，从而使公司股本扩张、配股价格提高，从股市上筹措更多资金成为可能。为此建议县政府聘请有关专家，利用国家对现有股份制企业的政策，精心研究筹划，切实组织实施，争取在不长的时间内有所收获。

1999年3月县政协十届二次会议期间，民盟崇明县委提出《关于加强崇明东滩自然保护区管理的建议》的提案。提案指出，市政府于1998年11月批准在崇明东滩建立自然保护区，这为大批迁徙候鸟创造了良好的自然生态环境，也体现崇明具有良好的地理生态环境优势。但因崇明东滩自然保护区的工作正在起步阶段，目前各项保护措施尚未到位，尚不完善，所以仍有不少人在保护区内肆意捕杀各种鸟类。如果不尽快采取有力措施制止这种现象，则自然保护区的生态环境必遭破坏，崇明良好生态环境优势也将丧失。为此建议：加大环境保护宣传教育力度。利用各种宣传工具，采取各种宣传形式，广泛宣传环境保护的有关法规，使这些法律法规的内容在全县，特别是在东滩附近乡村家喻户晓、人人皆知，使保护生态环境成为每个人的自觉行动；增加监督管理和执法保护的力量。政府有关部门要尽快成立专门执法队伍，保护区附近的派出所、林业站也要增加管理人员，同时发动群众，在保护区周边地区建立义务业余的监管队伍；严格执法，加大违法处罚力度，发现在保护区内捕杀野生鸟类和在县内出售珍稀野生鸟类者，按有关法律法规严肃查处；尽快设立“崇明东滩自然保护区”标志，制定进入保护区的有关行为准则。

1999年3月县政协十届二次会议期间，委员蔡丽乔提出《关于建立崇明县房产交易中心的建议》的提案。提案反映，随着崇明房地产业的发展，目前私下不合法房屋交易情况比较严重，造成相当数量房屋交易税的流失，同时造成日后产权纠纷隐患。为了保证国家税收，完善崇明房产交易市场，规范居民房产交易活动，进一步促进崇明房产二级市场的发展，提案建议尽快建立崇明县房产交易中心。

1999年3月县政协十届二次会议期间，委员顾丕雄提出《加快农村电网改造步伐，促进农村电气化建设》的提案。提案指出，改革开放20年来，崇明农村居民物质、文化生活水平有了较大提高，家用电器增加不少，但由于农村原有电网陈旧、供电不足，而经常出现“卡脖子”现象。为了满足农村用电的需要，业已启动的农村电网改造要加快步伐。为此建议：县政府会同县电力公司、供电所向市政府、市电力局反映，尽快落实改造资金，并争取更多资金投入农村电网改造；县政府及乡镇政府大力支持和积极配合供电部门做到有计划、有步骤地实施，并向全县通报规划情况；建立强有力的电网改造领导班子，组织高素质的电网改造人员队伍，同时做到技术上有监理，财政上有审计，用人上有审查，确保电网改造的进度与质量，确保有限资金切实用于农网改造中；组织一支反窃电队伍，除供、用电所专业队伍外，还应组织业余反窃电队伍，对举报有功者实施奖励。

2000年2月县政协十届三次会议期间，委员黄文元提出《关于加大打击迷信算命、巫婆神汉活动力度的建议》的提案。提案反映，虽经有关部门多次打击，但近年来，崇明地区迷信算命、巫婆神汉活动仍有所抬头，一些不法之徒自封“小神仙”“半仙”“神医”，设置“香堂”，挂着“科学”算命的招牌，胡言乱语，骗取钱财，延误病人治病，制造邻里纠纷，影响社会稳定。为了进一步反对封建迷信，净化社会风气，创造安定团结的社会环境，提案建议公安部门会同有关部门加大打击迷信算命、巫婆神汉活动的力度，并与村民委员会、居民委员会联手向群众宣传迷信算命、巫婆神汉活动的危害，提醒大家不要相信上当，号召居民提供线索、及时举报。打击迷信算命、巫婆神汉活动的工作要常抓不懈，也可适时进行集中打击行动。

2000年2月县政协十届三次会议期间，委员张莉、黄晓分别提出《关于整治桥镇菜场的建议》和《关于解决桥镇菜场乱设摊问题的建议》的提案。提案反映，桥镇菜场存在脏、乱、差现象，城桥镇及有关部门虽多次整治，但好景不长，时有反复，甚至愈演愈烈。耗资建造的桥镇农贸市场空无一人，而从中津桥路口到健力宝公司近200米的马路上，摆满了菜摊、肉摊和水产品摊位，还有服装、小商品的地摊，严重影响人车通行，尤其到下午交通高峰时段，行人、购物人、各种车辆就乱成一团，中津桥路与小港路的十字路口水泄不通。为此建议：新建的大型桥镇室内农贸市场抓紧施工，力争年底竣工投入使用；公安、工商、市容、路政、卫生等有关部门会同城桥镇对占路摊位进行集中综合整治，菜摊、肉摊和水产品摊位集中至中津桥路西段的桥镇农贸市场，水果、服装、小百货集中至东小港路东段；新的室内农贸市场建成后，所有摊位必须搬至新集贸市场内经营，取缔马路摊位。

2000 年 2 月县政协十届三次会议期间，委员顾建新、何振明提出《加强对外宣传，扩大崇明影响》的提案。提案指出，崇明远离市区，交通不便，加上对外宣传没有做好，不少客户对崇明不了解，崇明对客户影响不深，因而谈不上到崇明投资办企业。为此建议：县委、县政府可在适当时候到市区召开崇明经济发展说明会；通过宣传媒体，宣传崇明优势、发展前景；通过网页向国内外介绍崇明，而且定期更换内容；利用旅游节召开招商洽谈会，可邀请各国驻沪领事和外省市驻沪办事处负责人参加。

2001 年 2 月县政协十届四次会议期间，委员范宜煊提出《关于建立农业专项基金的建议》的提案。提案指出，为适应社会主义市场经济发展的需要，促进农业产业结构调整，增加农业收入，有必要建立农业专项基金。农业专项基金的资金主要来自农林特产税，农业资源费，乡镇企业以工补农金；农业专项基金的资金主要用于农业新技术的引进、试验、推广，农业新产品的引进、试验、推广，农业资源的保护、开发及相关基础设施建设；农业专项基金使用时由农业主管部门申请立项、作出可行性研究，科技部门、咨询机构评估，县政府批准，农业部门组织实施，审计部门对资金使用跟踪审计。提案建议县政府重视农业专项基金的建立，创造条件，早日实施。

2002 年 3 月县政协十届五次会议期间，民盟、民进、农工党崇明县委提出《保护东滩湿地，加快生态岛建设》的提案。提案指出，湿地是宝贵的环境资源，具有极高的经济价值、社会价值和生态价值，受到许多国家的高度重视，共同制定了《湿地公约》。崇明有着丰富的湿地资源，尤其是东滩，地理位置优越，江海交汇，气候温和，植物和底栖动物种类繁多，且位于亚太地区候鸟迁徙路线的中点，又是水禽越冬的理想之地，为崇明提供了极为清新的环境和极有价值的资源，对促进崇明经济社会和谐协调发展具有较高的效益。目前东滩已相继被确认为上海和国家级自然保护区。保护东滩湿地是明智的抉择、历史的责任。但是，对这块风水宝地的管理和利用，无论是现实情况还是规划打算，还存在令人担忧的地方。为此建议：一要统一思想，提高认识，进一步明确湿地保护的目的、意义，提高全民自觉参与的意识。二要科学界定东滩湿地范围，研究制定湿地保护规划措施。三要建立健全管理机制，加强队伍建设，加大执法力度，严禁盲目围垦、渔猎、打捞、放牧或其他违反环境保护法规的行为。四要开展国内外协作，利用新型的投融资体制，建设合理利用的试验示范区，并根据东滩湿地自然演替的特殊规律，做好后续利用的生态开发。

2002 年 3 月县政协十届五次会议期间，县政协科技委员会提出《制定用才政策，加快人才培养》的提案。提案指出，近年来，经过全县上下共同努力，崇明人才队伍不断发展，整体素质逐步提高。但由于地理环境、交通条件、经济发展等诸多因素制约崇明人才队伍建设还不能适应形势发展的需要。目前崇明共有各类人才 2.4 万人，占全县总人口的 3.7%，低于全市平均水平。人才结构矛盾突出，表现为年龄老化，学历偏低，产业、行业、地区分布不尽合理。人才引不进、留不住，人才使用效益不高。这些问题影响和制约了崇明社会经济的发展。为了迎接崇明大开发、大发展，提案建议：一是制定人才发展规划，落实配套政策措施，形成全岛上下尊重人才、激励人才成长的氛围，吸引、留住各类优秀人才。二是继续采取走出去、请进来，依托高校和发挥县内各级各类培训基地作用及大力开拓社会化、市场化培训等办法，强化人才培养。按规定开展专业人员继续教育，抓好公务员晋升、转岗、录用培训，使崇明人才队伍整体素质不断提高。

2002 年 3 月县政协十届五次会议期间，委员龚学德提出《加强有关旅游景点软环境建设，促进旅游业良性发展》的提案。提案反映，寿安寺扩建改造后，殿宇巍峨，气象万千，硬件设施堪与江南诸古寺名刹媲美。每逢朔望之日及农佛诸节，香火鼎盛，信众如潮，誉及境外。但美中不足的就是此时此际，寺前要道入口兜售香火、香烛者云集，尾随追逐，挥之不去，死拽硬塞。此类不文明现象，令游客败兴不已。东平森林公园也有类似情况，就其硬件建设日臻完善，但其软环境亟有改进之处。游客才入园门，便有人蜂拥而上，争着乘坐其马车、电瓶车，拂之不去，令人却之不恭、应之无奈，影响游兴。为此建议有关部门进行针对性整治，加强这些旅游景点的软环境建设，创造更和谐自在的旅游氛围，为崇明旅游业大发展奠定良好基础。

2002年3月县政协十届五次会议期间，委员龚惠康提出《制止农村乱埋乱葬现象蔓延》的提案。提案指出，近几年农村乱埋乱葬现象时有发生，有的将骨灰盒埋在不恰当的地方导致邻里纠纷，有的在大田里筑墓立碑破坏耕地。为此向政府有关部门提出建议：一是利用广播、电视等进一步宣传有关法律法规，转变群众的思想观念，提倡科学、文明、健康的丧葬方式。二是制定切实有效的措施，禁止骨灰乱埋乱葬，建立乡镇、村二级管理机制，对此现象要有人抓、有人管，并做到常抓不懈、长效管理。三是堵疏结合，妥善解决骨灰安放与安葬问题，在不影响农村规划、农田耕作和水利建设的前提下将骨灰平地深埋于指定的地点，不留坟头，不立墓碑，已经出现的做好思想工作，予以平复。

七、十一届县政协提案选录

2003年3月县政协十一届一次会议期间，县工商联提出《关于进一步加大促进我县中小企业发展力度的建议》的提案。提案指出，崇明实体企业基本上是中小企业，且大部分是私营企业，总体规模小，产业结构不够合理，产品科技含量低、缺乏市场竞争力。提案建议：一是要正确处理公有制经济和非公有制经济的关系。要坚定不移遵循中共十六大精神，毫不动摇地发展非公有制经济。各级组织要从思想舆论、实际工作等方面大力鼓励、支持、引导非公有制经济发展。二是要加强对中小企业发展的有效管理。有关职能部门要进一步加强对中小企业发展的规划、指导和管理。要引导调整产业结构，资金、税收等优惠政策倾斜于科技含量高、有市场、效益好的产品；帮助组建行业协会，培训各类人才，建立诚信体系，提高企业技术水平和管理水平。三是要进一步完善中小企业扩大经营所需求的财税、金融扶持政策，探索建立政府支持、信用保障、社会互助、金融合作、保险参与、多渠道市场化运作的投、融资信用担保体系，进一步发挥崇明私营企业贷款担保基金的作用。四是要进一步营造良好的企业经营环境。要切实清理、纠正不合理的管理费、各种摊派、推不掉的报刊订阅、无休止的各种名目繁多的所谓“检查”，严禁行政执法程序上存在的随意性、缺乏严格的执法程序和操作规范。有关职能部门制定“收费指南”，公布于众。

2003年3月县政协十一届一次会议期间，委员卫岳提出《关于将建设崇明生态岛的内容编入崇明教育乡土教材的建议》的提案。提案指出，随着崇明大开发大开放的脚步日趋临近，以建设生态岛屿的发展思路也渐趋清晰。增强全县人民环保意识已成为宣传思想和精神文明建设工作的重要课题。为此，宣传部门在2001年利用崇明宣传媒体较有声势地开展了“生态绿岛世纪行”的舆论宣传，2002年又大规模地开展了“绿色在行动”的宣传。但光靠舆论宣传是不够的，还需要全社会各领域的共同参与，而全县广大的中小学生则是一个重要领域。提案建议将建设崇明生态岛的内容编入崇明教育的乡土教材，既丰富了教学内容，又为崇明人环保意识提升和崇明生态岛建设起到重要推进作用。

2003年3月县政协十一届一次会议期间，委员石炳良、吴勇、黄强、苏澧水提出《关于发展崇明农产品深加工的建议》的提案。提案指出，虽然近年来崇明农业结构有所调整，特种水产养殖等取得较大发展，但崇明传统的种植业仍占有较大比重，农民以种植业为主，而种植的大量农产品也只以原始产品进行销售，深加工产品少，农业附加值低，谷贱伤农，大量农民的收入和生活水平不高。由于崇明所处的地理位置独特，土壤和气候适宜，除了能种植各种常规农产品外，还有许多特色农产品，而且，很多特色农产品深受上海乃至全国消费者的喜爱。目前有一些企业已开始农产品的深加工尝试，虽然这些项目仍处于产业化初期，企业的经济收益不大，对崇明经济影响也不突出，但是，农产品深加工，不仅增加农业附加值、提高农民收入，而且还会带动种子、化肥、运输、销售等产业链的发展。因此，农产品的深加工是一项好事，为此建议崇明农业主管部门重视该项工作，制订计划、落实措施、加快实施，为崇明经济发展作出贡献。

2004年2月县政协十一届二次会议期间，委员茅人权提出《禽流感预防必须从源头抓起，并坚持长效管理》的提案。提案指出，各级政府十分重视禽流感预防，投入大量人力物力，采取紧急免疫方法进行预防。但是由于家禽饲养形式多样，有菜篮子工程建设的基地场，有一定规模的专业户，有从事活禽销售的运销户，还有农村中广大的散养户。根据崇明地区的实际情况，要控制禽流感发生，除了加强舆论宣传，提高群众防疫意识，还必须从源头抓起，并坚持长效管理。建议采取以下措施：一要加强种禽生产管理。对岛内现有种禽养殖户、哺化场按照验收标准、发放临时生产许可证和相关证书，取消无证经营。二要执行商品禽养殖许可制。进行商品禽养殖的单位(户)必须申领动物防疫合格证后，方可进行生产。三要规范免疫接种和消毒程序。养禽单位(户)捉苗前一个月将进苗数量、品种、来源等报乡镇兽医站，由乡镇兽医站做好相关疫苗接种和消毒处置工作。四要加强市场销售监督检查，哺化企业只有取得动物产地检疫证明后，才能将苗禽销售给持有生产许可证的养殖场(户)，养禽场须经农牧部门产地检疫合格，取得产地检疫证后，产品才可进入市场销售。加强道口管理，严格控制活禽进岛，进岛活禽必须进入隔离场进行检疫观察，同时健全县、乡、村、队四级监督网络，制止无证销售。五要加强病死禽类的处理。建设家禽焚烧站，对病死禽进行收集和无公害化处理。

2004年2月县政协十一届二次会议期间，委员陈卫国提出《加大外来乞讨人员的管理力度》的提案。提案反映，近来，外地来崇乞讨人员较多，尤其是在县城八一路步行街等热闹地段，流浪乞讨人员随处可见。这些流浪乞讨者有的肢体残疾，在街上或躺或坐，大呼小叫；有的是未成年人，跪在街头，请求施舍；有的流窜于车站码头，盯着过往旅客讨钱讨物。提案指出，这种现象一定程度上影响了海岛文明环境和社会治安，有关部门必须加强管理，不能任其蔓延。提案建议：设立流浪乞讨人员管理救助机构，进行规范化管理，管理救助所需经费列入财政预算；相关管理部门将管理流浪乞讨人员的工作列入职责内容，落实管理工作人员，发现流浪乞讨人员及时劝其离岛，阻止流浪乞讨人员在南门八一路步行街等闹市区滞留，对其中的残疾人、老年人、未成年人应派人护送到指定救助点；加强对外来流浪乞讨人员的盘查，对其中以乞讨身份作掩护进行诈骗、盗窃等违法犯罪活动以及强迫未成年人乞讨的幕后操纵者加大查处打击力度。

2004年2月县政协十一届二次会议期间，委员陶永达提出《强化对柑橘生产的指导服务》的提案。提案指出，随着农业产业结构的调整，尤其是近年来政策上对林地建设的扶持，大大提高农民种植经济林、观赏林的积极性，全县林地不断扩大，其中柑橘种植比较普遍，绿华、三星地区已达3.5万亩。柑橘是多年生常绿果树，只有采用科学的栽培管理技术措施，才能提早投产，提高产量和品质，取得较好的经济效益。但就现实情况看，种橘农户还未完全掌握栽培技术，往往施肥不当或管理不善造成肥害、冻害，甚至死苗。在病虫害防治上，由于对病虫发生时间不了解，没有及时防治，或者病虫害发生后盲目用药、滥用农药，达不到防治效果，影响柑橘产量和品质，降低商品率，并且增加生产成本，减少经济效益。提案建议：农业主管部门设立柑橘生产办公室，强化对柑橘生产的领导和技术上的指导服务，组织镇村有关人员生产技术培训，建立专业队伍，实施科技兴橘；县农业、林业植保部门要对柑橘生产上的病虫害做好专一测报植保工作，建立完善测报植保网络，利用广播、电视等宣传媒体或印发宣传资料，发布柑橘病虫信息，推介防病治虫措施，做到适时适量用药、药到虫治病愈。

2004年2月县政协十一届二次会议期间，委员黄强提出《关于加强知识产权宣传培训、提高社会知识产权意识的建议》的提案。提案指出，在中国加入世贸组织以后，知识产权工作已成为一项十分重要的工作，但在崇明，存在着企业专利量少、人们知识产权意识不强，各级领导干部、技术人员对知识产权的重要性认识不足等现象。提案建议：县委组织部、宣传部要根据市委要求，把知识产权的宣传培训列入对各级干部教育培训的计划；县行政干部培训学校(党校)，要在全县行政干部的培训中增加知识产权方面的内容，全面提高各级行政干部的知识产权意识；县人事局要发挥管理专业技术人员的优势，把知识产权知识作为专业技术人员继续教育的内容，开展知识产权方面的教育，提高技术人员的创新能力和知识产权保护意识；县经委组织全县各类企业负责人和技术骨干参加知识产权的培训，大力提高企业知识产权的拥有量，并开展知识产权战略的应用与研究；县知识产权局要加强同各部门的联系，做好开展知识产权宣传培训的服务工作，从而在全社会形成尊重知识、保护知识产权的良好社会氛围，使更多的发明创造转化为生产力，促进崇明经济和社会的可持续发展。

2005年2月县政协十一届三次会议期间，委员万建飞提出《加强废弃农药瓶回收管理》的提案。提案指出，建设生态岛是崇明的发展定位。生态岛建设既要抓全局性的越江通道、新城开发等重大工程，也要从清洁家园、回收管理好废电池、废弃农药瓶等点滴小事抓起。提案建议：一是广泛宣传废弃农药瓶的危害性，尽量减少有毒农药的使用量。农药残留是破坏崇明生态环境的主要污染源之一，必须利用宣传渠道向广大农民宣传安全使用农药、合理使用农药的重要性和乱扔乱放废弃农药瓶对生态环境的危害性，增强保护生态环境的意识。二是政府要安排回收处置的专项基金，落实回收处置的主管部门和单位，确保废弃农药瓶回收管理工作运转正常。三是建立回收队伍，想方设法回收、管理、处置好废弃农药瓶。可由村民组长为责任人负责此项工作，每回收一只废弃农药瓶给予村民组长和农户若干补贴，用药高峰时，责任人突击回收，用药低谷时田头沟边巡视回收，回收的废弃农药瓶交回收机构统一处置。四是建立有关考核制度，确保废弃农药瓶回收管理工作在监管下有序进行。

2005年2月县政协十一届三次会议期间，委员施惠聪提出《加大我县社会治安预警能力建设力度》的提案。提案指出，由于广大干警的努力工作，崇明社会治安状况良好。多年来，公安部门已形成一套成熟的工作机制，打防并举，以防为主，有效地预防和打击了各类违法犯罪活动，为崇明经济和社会发展保驾护航，为人民群众安居乐业作出了贡献。但是由于崇明周边地区违法犯罪活动频发、刑事案件居高不下，将会影响崇明的社会治安；崇明地区引发违法犯罪的各种因素依然存在，犯罪活动更加多样化；随着生态岛建设启动、崇明影响力提升，外来人口越来越多，鱼龙混杂现象不可避免；上海长江隧桥即将开通，为人口流动提供了方便，也为犯罪分子流窜作案、异地作案创造了条件。上述情况可以预见崇明社会治安状况将趋于严峻。提案建议：对已在崇的外来人员年龄结构、文化程度、就业情况、居住区域、生活规律、现实表现等开展调查摸底、分析研究和建卡立档，做到心中有数；建立畅通、高效、灵敏的社会治安信息收集、监测、研判机制和工作网络体系，及时了解掌握新来外地人口的有关信息和分析研究新形势下的治安新情况；视情况需要有限度地实行治安信息发布制度，让广大居民及时了解治安形势，并向广大居民、单位、场所提供预防犯罪的建设性意见；继续做好从优待警工作，从政治上、待遇上、生活上予以落实，调动公安干警积极性，确保关键时刻拉得出、打得响。同时合理配置警力资源，实行错时上班制度，确保违法犯罪活动高发时段和地段足够的警力配备。

2005年2月县政协十一届三次会议期间，委员顾钱菊提出《进一步加大对网吧、游戏机房的管理力度》的提案。提案指出，随着信息时代的到来，出现很多网吧、游戏机房，一些青少年由于缺乏自控能力，成天在网吧上网、游戏、聊天，既浪费时间、耽误学业，也影响身体健康。为此建议：家长和学校加强对学生的教育，帮助学生树立正确的人生观、价值观；有关部门加强对网吧、游戏机房的管理，严格掌握学校周边200米不准开设网吧、游戏机房的规定，凡不符合规定的，要求限期整改搬迁；加大执法力度，采取日常巡查与突击检查相结合的办法，严格查处网吧、游戏机房接纳未成年人的问题，发现一个，查处一个，不能手软。

2006年1月县政协十一届四次会议期间，县政协科技委员会提出《鼓励我县青少年开展科技创新活动》的提案。提案指出，中共十六届五中全会把“自主创新”提到了新的高度，并在对国家“十一五”规划的建议中强调：“必须提高自主创新能力。”创新要从下一代做起，要把青少年创新能力的培养放在重要的位置，要大力鼓励青少年开展创新活动，为崇明经济发展培养更多的创新人才。为了进一步推进青少年科技创新活动的开展，培养青少年创新精神和实践能力，提案建议：县教育局要重视青少年科技创新工作，制订政策、落实措施，切实推进崇明青少年科技创新活动的开展；县教育部门应建立青少年发明创造辅导员制度，开展多学科、多领域的青少年探究学习的研究；县教育部门要建立青少年发明创造专项基金，对发明创造活动中所需的部分材料、人员经费提供必要的支持，对发明创造给予奖励；县知识产权局应加强对青少年创新活动和特色学校的指导，帮助各类发明创造申请专利；县教育部门应制订相应政策，对在青少年发明创造活动中获得授权专利的学生，在升上重点高中时给予加分奖励，对有突出贡献的辅导教师在职称评定、业务考核等方面给予支持；其他有关部门应加强青少年发明创造成果的保护和产业化，使更多的发明创造应用于生产，促进崇明经济和社会发展。

2006年1月县政协十一届四次会议期间，委员顾兴家提出《培养海洋装备技术人才，促进农村富余劳动力转移》的提案。提案指出，崇明、长兴、横沙三岛联动发展功能定位已明确。三岛联动中，长兴岛是以船舶及港机制造业为主的海洋装备岛。岛上江南造船厂、振华港机等船舶及港机制造企业现有员工大多来自外地，有的已年龄偏高，今后几年随着企业发展，需要一大批掌握一定专业技能的人员。职业教育要为新型工业化服务，要为农村劳动力转移服务，要为建设社会主义新农村服务，要为提高劳动者素质服务。目前崇明现有职校生源不足、职校生毕业后就业不广，前景并不理想。所以职校要寻找与市场对接的途径，实行校企联合办学(班)或企业委托学校进行职业教育和职业培训。提案建议县政府及教育部门要主动出击，与相关企业牵手配合，促使职企联合办学模式的达成，这样既为企业培养了需要的海洋装备技术人才，又为崇明农村富余劳动力转移和城镇待工人员就业找到出路。

2006年1月县政协十一届四次会议期间，委员戴岳旻提出《古迹今用，丰富崇明学宫文化旅游内涵》的提案。提案指出，崇明学宫是古代儒生学习的场所，因其历史悠久、地方特色显著、文化内涵深刻而成为文物保护单位。随着崇明生态岛功能定位的确定、旅游事业的兴起，崇明学宫被列为崇明重要的人文旅游景点和爱国主义教育场所，也是上海地区最大的孔庙。但目前学宫时常大门紧闭，显得单调、冷清，无论是文化效应还是旅游商机都没有发挥其相应的作用。为此建议，在保护的前提下，充分利用学宫现有的设施、环境，开展娱乐、休闲型传统文体活动或进行专项培训、功能辅导等，如书法、绘画、古诗文阅读、礼义知识介绍、武术培训等。这样既传承了学宫应有的文化功能，又丰富了文化旅游内涵。

2006年1月县政协十一届四次会议期间，委员陈子龙提出《加强林业建设管理监督》的提案。提案指出，这几年，在建设崇明生态岛中，有关单位响应政府号召，利用各自条件和优势进行植树造林。政府为了鼓励植树造林，根据森林法的有关规定，对符合条件的单位给予一定的经济扶持，调动了植树造林的积极性，使全县森林覆盖率不断提高。但是也有一些单位和个人植树造林不是从大局出发，只考虑自身利益，有的只是为了得到政府的资金补贴，因此，在种好树、拿到补贴后，对其所种的树木不再关心，任其夭折。甚至为了取得其他利益，人为砍挖，造成树木实际存活数量与登记造册数量大不相同。为此建议：一要加强宣传。利用广播、电视、会议、发放宣传资料等形式，广泛宣传有关法律法规，在全县上下形成爱绿护绿的氛围。二要严格执法。按照森林法的有关规定，严格执行树木的采伐、迁移审批程序，保护绿化成果，打击乱砍、乱伐树木的违法行为。三要按照崇府发〔2006〕4号《崇明县人民政府办公室转发县农委关于加强本县公益林建设管理的实施意见(试行)的通知》要求，建立和逐步完善崇明森林资源的长效管理机制。

八、十二届县政协提案选录

2007年2月县政协十二届一次会议期间，委员钮平提出《拓展招商渠道，培育崇明经济新的增长点》的提案。提案指出，近几年来，崇明招商引资工作取得较好成绩，保证了财政收入与经济发展同步增长。但是随着招商引资工作的不断深入，各大园区、乡镇经济小区和委局的招商遇到了前所未有的困难，特别是2007年1月1日起上海市取消所得税，并调整征收方式后，使不少注册企业，其中相当一部分是为集团公司或大型企业配套的广告类企业、咨询类企业和建筑安装企业受到冲击。为了进一步搞好招商引资工作，提案建议：一要加大宣传力度。各招商主体要通过财经类报刊等传统媒体和互联网宣传崇明“以岛养岛，自费改革”的特殊优惠政策，三大园区可开通网上招商业务。二要完善县内招商管理体制，加强县内招商工作的统一领导，避免无序竞争，使招商工作健康发展；实行招商工作月会制度，协调解决招商工作中的有关问题；加强对招商人员的专业培。三要充分利用岸线、土地等资源优势，引进实体企业。四要营建新的特色领域，塑造崇明招商特色品牌。

2007年2月县政协十二届一次会议期间，委员费其兵提出《解决中小企业贷款难问题》的提案。提案指出，目前崇明岛上的中小企业，特别是小企业，除少数带有“红帽子”外，大多是私营企业或股份制企业。这些企业经过一二十年经济调整和市场竞争的大浪淘沙而幸存下来实属不易。但是随着经济体制改革的不断深入、开放力度的不断加大和社会主义市场经济的不断发展，本来就非常狭窄的融资渠道显得越发不畅，导致企业发展步履艰难。提案认为，如果不放宽政策，这些企业将在市场挤压中被淘汰。崇明中小企业是解决崇明劳动力就业的主力军，是崇明税收的重要来源，在当前落户崇明的企业还不多的情况下，要重视这些企业的生存和发展。为此建议融资方面要适当放宽政策，做好有关协调服务工作，帮助这些企业做大做强。

2007年2月县政协十二届一次会议期间，委员秦志超提出《加强文化建设，营造文化底蕴，提升文化品位》的提案。提案指出，崇明建设现代化生态岛，不仅要有现代化的硬环境，而且也要建设与之匹配的软环境，这个软环境的重要方面就是文化建设。尽管最近几年，崇明在非物质文化遗产的抢救和保护方面做了大量工作，在举办国际国内重大体育比赛项目方面取得很大成果，但与崇明建设现代化生态岛的要求，无论是文化建设的立意与创新、挖掘与提升，还是投资与规划都还不相适应。为此建议：一要加大文化建设重要性的宣传力度，形成社会共识，取得各界主持。二要加大政府对文化体育的经费投入，搞好崇明文化体育基础设施建设。三要编制与崇明三岛总体规划相配套的崇明文化建设规划。四要抓好专业和业余并重的文化队伍建设。五要加强指导扶助，办好已有民间团体刊物和《崇明报》，在这基础上，创刊一份综合性宣传崇明的刊物。

2007年2月县政协十二届一次会议期间，委员蔡健丽提出《有关部门应重视加强心理疾病的预防和治疗工作》的提案。提案指出，随着现代生活节奏的加快，工作、生活、学业等方面的压力不断加大，以前难得听说的“心理障碍”“心理疾病”也经常出现在人们的生活中，高发率主要在青少年学生中，崇明也不例外。目前崇明没有专门的青少年心理咨询门诊。崇明精神卫生中心主要治疗精神病，虽设有心理咨询门诊，但很少有人知道，加上心理咨询门诊的医师只参加过培训，未经过全国心理医师的统考，医治水准不高。所以每当有学生产生心理疾病需治疗时就要赶往上海，既耗时间，又耗财力、精力；对于农家子弟治疗费用是一笔不菲的开支；有些家长对心理疾病了解不清，孩子有病拖着不治，从而影响孩子成长。为此建议有关部门：一要深入社区与学校，做好精神卫生知识和心理疾病防治的宣传，改变人们将心理疾病和“神精病”混为一谈的错误观念。二要加快培养或引进专业的心理咨询医师，提高心理疾病防治实效，解决心理疾病患者的疾苦。三要针对人们爱面子，怕被人知道造成不良影响而不敢治疗的心理，建立电话预约、寻访出诊制度。四要针对崇明实际情况，心理疾病防治的重点放在青少年学生身上，可专设青少年心理咨询门诊。

2008年1月县政协十二届二次会议期间，农工党崇明县委提出《挖掘传统节日文化内涵，打造本土文化品牌》的提案。提案指出，传统节日，作为一个国家或民族历史文化长期积淀的产物，最近，国家有关部门明确了从2008年起取消“五一”黄金周，而改在清明、劳动节、端午、中秋各放假一天，同时实行带薪休假制度。这无疑为传统节日的复兴注入一针强心剂。如何增强传统节日的文化含量，创建既突出传统特色，又适应时代的需求的节日文化品牌，应该是各地都在认真思考和迫切需要解决的问题。崇明作为有1 600多万人口的大都市的郊区，又有着多样化的保护良好的环境和相对浓郁的传统文化的氛围，随着交通问题的解决，必将是短途休闲旅游的绝佳落脚点。尽快组织力量，挖掘传统节日的文化内涵，创建节日文化品牌，应该是推动生态文化和生态经济建设的必然选择。为此建议：一要加快建设节日文化的硬件设施。尽快启动规划中的春、夏、秋、冬“四园”的建设，并分别将它们建成清明、端午、中秋、春节四个节日的主题公园，既要充满着传统节日的特色，又要有举行大型活动的设施场地。二要精心打造节日文化活动品牌。清明节，可在学宫或陵园举行群众性大型公祭活动，祭孔、祭烈士、祭祖均可，活动注重群众的参与性。中秋节可以举行大型赏月活动，水上实景演出活动，大型集体婚礼活动等。重阳节可以办菊花节，螃蟹节，举行捉螃蟹，吃螃蟹比赛等系列活动；也可以设计围绕老年人的集体娱乐、运动、健康体检等活动。三要大力挖掘富有特色的“节物”“节食”品种。传统节日有丰富的“节物”，春节有梅花，清明有桃花，端午有石榴，中秋有桂花，重阳有菊花。在春、夏、秋、冬各园分别大量种植有标志性的花卉，将古代文人作品用各种富有创意的方式加以展示，增添园中的文化气息。传统节日还有丰富的“节食”，春节有饺子、年糕，元宵有汤团（还有圆子、卷团、“银子”、小动物制品等），清明有青团，端午有粽子，中秋有月饼，重阳有重阳糕、螃蟹等等，利用四大园中的“农家乐”，设计和举行节日食品传统手工制作的学习、比赛等活动，增强节日气氛。

2008 年 1 月县政协十二届二次会议期间，民进崇明县委提出《关于完善覆盖崇明城乡基层公共文化设施的建议》的提案。提案指出，在大力推进文化大繁荣大发展的新形势下，县委、县政府高度重视文化发展，文化工作取得很大发展。但由于财力等原因，在城乡基层公共文化设施建设方面还存在着较大的差距，需要努力加以完善。全县 16 个乡镇，基本达标的乡镇文化中心有 3 个，没有达标的有 1 个，其余 12 个乡镇文化活动中心尚待进一步完善。全县 217 个行政村，每个村都有一个综合文化活动室，内设报刊阅览，录像放映等活动项目。面积最小的 20 平方米左右，最大的 200 平方米左右。为了全面推进新农村建设，不断满足城乡有人民日益增长的精神文明需求，提案建议：一是进一步统筹规划，合理布局，稳步推进乡镇文化中心建设，争取在“十一五”期间完成乡镇文化中心建设。二是对乡镇文化中心活动项目设置要因地制宜，适宜各层次群众参与，有利于保障各层次的群体均能享受文化基本权益。三是村综合文化活动室建设和农村文化信息化建设要有机结合。全面建成文化信息资源共享工程、农村信息苑、农村数字电影放映“三位一体”村级文化基层服务点。四是县文化部门要加强对乡镇、村公共文化设施建设、使用、管理的指导，制订相应的规章制度，确保公共文化设施发挥应有的作用。

2008 年 1 月县政协十二届二次会议期间，县政协社会和法制委员会提出《关注少数民族家庭，维护社会和谐稳定》的提案。提案反映，随着崇明生态岛建设的不断推进，从岛外进入崇明的人员日益增多，大量外来人员当中，少数民族人数逐渐上升，形成了“五六十年代工作分配，七八十年代婚嫁，近五年打工”三个阶段为特点的崇明少数民族群体现状。据不完全统计，截至目前，全县少数民族人数近 1 300 人。其中，常往人口 600 余人，流动人口 700 人，共有 29 个民族成分，涉及 16 个乡镇，以壮族、回族、满族、土家族居多。上述少数民族人员当中，以婚嫁和打工的两类人员目前生活状况不容乐观。以婚嫁来崇的近百人（在崇成家，生育子女）的情况为例，这些人员来自中国偏远的少数民族地区，为了摆脱家乡极其贫困的生活，集中通过投亲靠友，或自谋出路以联姻的方式远嫁到崇明定居，因外来妹自身条件较差，她们嫁入的男方也多为家庭经济困难，或身体残疾的人员，这种“弱弱”结合的家庭，抵御生活困难的力量相对较弱，如遇家人生病等原因导致这一群体的生活陷入贫困当中。当此同时，由于受婚姻时间限制（农村 4 年、城镇 10 年），婚嫁人员不能在崇明报进户口，使这些家庭平均收入虽符合低保标准，却因家庭人员计算少于实际人数而不能享受低保待遇。为促进民族团结，发挥少数民族这一群体的力量，更为维护社会和谐稳定，提案建议政府有关职能部门要加大对这一群体的关注力度，并通过慈善机构，进行帮扶活动，以缓解和改变少数民族家庭的贫困状态。

2008 年 1 月县政协十二届二次会议期间，县政协港澳台侨委员会提出《关于创建国家园林城镇的建议》的提案。提案指出，把崇明建设成为环境和谐优美、资源集约利用、经济社会协调发展的现代化生态岛具有重大的战略意义。绿化建设是现代化生态岛建设的重要组成部分，城镇又是现代化生态岛建设的重点区域，搞好城镇绿化建设是现代化生态岛建设的一项基础性工作。提案建议：一要科学制定城镇绿地系统规划。要按照现代化生态岛建设的要求，根据国家园林城镇的标准，突出生态效应，注重绿化地带风貌，高标准制定好崇明城镇绿地规划。通过规划手段，安排好各种类型的园林绿地。实施规划时，要按部就班，在经济条件许可下一步到位，一次建成；如果条件尚不具备，则可以分步实施，逐步完善，确保整个规划执行的连贯性。二要有效提升城镇绿化品质。要按照创建国家园林城镇的标准，在巩固原有绿化成果的基础上，进一步通过规划扩绿、见缝插绿、租地造绿等途径，努力保持城镇各项园林绿化指标的逐年增长；通过增设公园、小游园、街头广场，改造原有绿地等方法，在增加城镇绿化量的同时提升城镇绿化的品质。要把建筑小品、城市雕塑作为重要内容，与崇明的传统人文历史文化相融合，赋予绿地建设人性化内涵，丰富新城绿化的韵味，提升新城绿化的品位。三要拓宽绿化建设投资渠道。政府在年度财政预算中，应确保安排足够的绿化资金，并根据园林城镇发展的需要，逐年增加资金的投入，各乡镇财政也应安排相应的资金用于绿化建设。公共绿地建设资金要统筹安排、集中使用、专款专用。另外，还可以考虑让其他集体或个人参与城镇绿化建设，逐渐建立成一个以政府投资为主，各方筹资为辅的多渠道、多层次投资体系。四要精心培育绿化养护专业队伍。对绿化养护人员进行专门培训，并邀请养护专业人员进行讲解、示范，教育引导养护人员正确修剪枝条保持树型完整美观，使用无毒或低药防治病虫害保护生态环境等，切实提高他们的养护知识和养护水平。五要大力营造爱绿护绿良好氛围。在公共绿地、社区绿地、单位绿地设置宣传牌，宣传法规政策、介绍养护知识等方法，进一步提高广大人民群众养绿、爱绿、护绿的道德意识和责任意识；各新闻媒体要积极宣传创建国家园林城镇的重要意义，使创建工作深入人心；要加大执法力度，任何部门或个人不得擅自改变绿地性质，对于任意侵占绿地、非法砍伐、破坏绿地及其设施的行为，要依法严惩。

2009年1月县政协十二届三次会议期间，农工党崇明县委提出《鼓励和培植农副产品深加工企业》的提案。提案指出，2008年，崇明不少农产品出现滞销，特别是庙镇的金瓜，绿华镇、长兴乡的柑橘，虽然社会各界给予大力支持，但种植户仍遭受较大损失。原因当然是多方面的，但缺少农副产品深加工企业，不能及时地把保质期短的农副产品加工成方便流通、易保存、附加值高的成品也是原因之一。发展农副产品深加工企业既可以解决农产品滞销的困难，也为当地富余劳动力转移提供机会。提案建议：一是各级政府要切实加强对农业产业化工作的领导，职能部门要精心规划，要把发展农产品深加工列入工业立县的重要组成部分，要像抓工业经济发展一样抓农产品加工业的发展，并制订切实可行的相关扶持和发展农产品深加工企业的措施。二是加大资金、税收、用地、水电等方面的扶持力度，降低农产品加工企业的指标考核和准入门槛，加快培植壮大龙头企业。三是正确引导企业通过技术改良、加强宣传，创建农副产品深加工企业品牌，提高农业组织化程度，积极引导和鼓励工商资本参与农民专业合作社兴办农产品加工企业。四是积极引进国内外食品加工知名企业进驻崇明，开发具有崇明地方特色的加工产品。五是加大实施农业标准化生产的力度，提高绿色食品和无公害农产品的比例，强化农产品质量检测检验体系建设，着力打造知名品牌，实现品牌资源共享，形成“拳头”，扩大市场占有份额，促进农业增效和农民增收。

2009年1月县政协十二届三次会议期间，共青团崇明县委员会提出《关于进一步加强社区青少年工作的建议》的提案。提案指出，社区青少年工作的主要对象是社会闲散青少年，即16—25周岁失学、失管、失业青少年。为使社会闲散青少年得到关心和帮助，促进社会和谐稳定，必须重视和加强社区青少年工作。提案根据目前社区青少年工作存在的问题，提出如下建议：一是增设社工、站点配置，每个乡镇应都有社工点，社区青少年较为集中的城桥镇、陈家镇、长兴乡的社工站点及东平镇和新海镇的社工站点要增加社工配置。二是建立有效激励机制，加强绩效考核，增强社工责任心和积极性。

2009年1月县政协十二届三次会议期间，委员周洪生提出《关于加强对村级资金监管的建议》的提案。提案指出，近年来，惠农政策相继出台，市县财政转移支付资金也按步到位，加上结对帮困工程实质启动，上海的一些区、部委办局纷纷与崇明某些贫困薄弱村签订资金援助协议，使“3020”工程落到实处，为新农村建设注入了新的活力。但由于历史的原因，村级自治组织发育不全，对村干部的监管缺失、缺位，导致部分村级干部利用职权乱批、乱租集体土地，肆意乱用财政拨款资金。因此，在新的形势下如何加强对村级资金的监管，是一个值得认真思考的问题。为此建议：一是加强对村级干部的教育引导和培训，健全村级干部队伍的监督管理制度，不断提高村级干部队伍素质和执行纪律的自觉性，以抵御腐败现象的侵袭。二是健全完善村级政务公开制度，特别是财务公开制度，并规范会计核算制度。对资金的使用情况，村委会应每月向村民公布一次，自觉接受村民监督。三是完善村委会的监督机制，组建村级财务审查小组和财务监督小组，对村级财政每月检查一次，严格财经纪律，规范程序和运作，使村级资金使用得到有效监管。四是乡镇、县两级政府财务部门对村级资金加大检查、监管力度。可以采取村与村、镇与镇交叉检查的方式，经常与突击相结合的方法进行抽查。可以考虑村与村、镇与镇每两个月对口抽查一次，镇对村每季检查一次，县对村每半年检查一次。发现问题及时纠正处理，把影响和损失降到最低程度。

2009年1月县政协十二届三次会议期间，委员赵中平、朱玲玲提出《关于加强对农作物秸秆综合利用的引导管理的建议》的提案。提案反映，崇明是一个农业县，每年的初夏或深秋，在收获了油菜、麦子和稻谷的同时产生大量的农作物秸秆。目前农户都已使用方便、清洁的液化气，使得过去用作做饭做菜燃料的秸秆变成多余的累赘，因此，有的堆放在田边沟旁任其腐烂，污染水体；有的直接在田间焚烧，污染空气。尤其是田间大片的焚烧，使人的呼吸感到窒息，严重影响崇明创建国家级生态县。为了保持崇明空气清新的优势，树立崇明生态岛的良好形象，根据崇明的实际情况，提案提出如下建议：一是根据秸秆的种类、分布，政府要有的放矢地扶持部分企业，采用成熟的秸秆成型技术，生产无甲醛中密度板。鼓励农户从事草绳加工，鼓励企业使用加工的草绳进行包装。二是在崇明不同的区域设置1—2个秸秆代煤示范点。对收购、综合利用一定数量秸秆的企业，政府应采取减税、免税或表彰等鼓励政策。三是利用秸秆与畜禽粪便堆肥或秸秆堆肥技术制造有机复合肥，减少化肥的使用量。四是利用上海的科技优势，加快农业机械器具的研制和开发，进一步完善秸秆直接还田、粉碎还田技术和对土壤熟化、生物学性质的影响与控制方法的研究。五是政府应多渠道宣传秸秆综合利用的好处和价值，使农户逐渐形成"秸秆是个宝"的理念。同时，各乡镇、行政村及有关部门要切实加强监督、管理，要把辖区内是否出现"田间焚烧"作为考核各级干部是否作为的指标之一。

2010年1月县政协十二届五次会议期间，委员万建飞提出《实施农业品牌战略，推进生态农业发展》的提案。提案指出，崇明现代化生态岛的功能定位为发展高效生态农业，实现崇明农业可持续发展提供了广阔的空间。立足产业优势，实施品牌战略，是推进生态农业发展的一条必由之路。近年来，由于政府的引导和扶植，崇明农产品品牌建设取得了一定成效。但不容忽视的是，崇明农产品品牌建设还处于初级阶段，政府部门和乡镇对品牌的引导还须加强，农业标准化生产、加工程度不高，规模化、集约化经营能力有限，农产品的科技含量和品质管理程度较低，加之品牌建设的体制机制还不够完善，崇明农产品的整体竞争力不强，还需加大力气，助推品牌农业发展。提案建议：一是完善政策导向，明确品牌农业发展方向。政府部门要明确品牌农业发展方向，结合农业产业结构调整，助推有品牌、有市场、有效益的崇明特色农产品发展。二是加强标准化生产，尽快形成农产品品牌。有品牌优势的农产品要加强整合，向合作社和大户过渡集中，在标准化的实施和监管过程中壮大农产品品牌。三是强化规模经营，做强做大农业品牌。进一步引导、扶植、支持农民及农业组织发展规模经营，扩大规模，做强品牌。四是加强科技创新，为品牌农业注入科技含量。要依托科技发展种源农业、设施农业、低碳农业、装备农业，依托科技创新优化和整合农业科技力量，吸引众多科技人员、吸收更多科技成果参与品牌农业建设。五是推进市场拓展，提升品牌农业发展空间。要发挥各自优势，采取多种方式拓展市场。六是强化服务职能，为品牌农业发展保驾护航。要以转变政府职能为核心，提高政府社会管理和提供公共服务的能力，全方位支持农业品牌战略的实施。七是搞好招商引资，吸引岛外客商参与品牌建设。吸引有品牌、有市场、有效益的农业企业落户崇明；吸引国内外知名农产品深加工、食品企业或大型农产品流通企业在崇设立分支机构；吸引一批高端的有机农产品生产加工企业，发展崇明有机农业。

2010年1月县政协十二届五次会议期间，委员沈飞龙提出《加强发展养老产业的政策引导》的提案。提案指出，崇明拥有一流的生存环境和丰富的绿色食品，十分适宜人居、养老，生态岛建设的发展前景为养老产业的发展提供了盛大的空间。面对充足的客源和便捷的交通条件，崇明应当站在发展生态产业的高度积极引导，迅速培育这一商机，大力吸引投资商来崇投资养老产业。提案建议：一要及时明确定位。鉴于崇明21世纪世界一流生态岛的发展目标，严格控制低档的养老企业，全力引导，发展中、高档的养老产业。上海有很多的成功人士，他们或其父辈晚年不缺金钱，但享受不到中、高档的养老设施、环境和丰富多彩的晚年生活，应把这些人士吸引到崇明养老，在与这些成功人士的接触中必将会增加各个行业的商机。二要加强政策支撑。县委、县政府政策研究室要认真制定引导中、高档养老产业迅速发展的政策，从土地优先、优惠、一次性补贴、医疗医保、税收等各方面予以倾斜，大力吸引投资商投资。三要确定重点发展地区。从交通的方便考虑，可首先在陈家镇、中兴镇两镇重点发展，形成品牌后再逐步铺开。

2011 年 1 月县政协十二届六次会议期间，县政协经济委员会提出《关于加快滨江旅游带开发建设的建议》的提案。提案指出，随着长江隧桥的通车和崇启通道的建设，崇明旅游业的发展将进入一个快速发展时期。目前，崇明已基本形成东部陈家镇东滩、中部森林公园和前卫村、西部明珠湖西沙湿地联动发展的格局。而作为未来人口集聚区的崇明城桥新城地区，虽然有寿安寺、金鳌山等文化旅游资源，以及滨江的自然优势，但尚未进行整合和联动，与崇明生态旅游的发展目标和岛外游客的需求未能很好地协调衔接起来。提案建议：一是拓展滨江休闲道路。应对原有的南门码头至瀛洲公园的休闲道路重新进行高标准的设计，开辟专用的自行车旅游道路，并结合新城地区建设，将该休闲道路向东延伸，高起点规划设计和建设，使这段休闲道路成为一条具有崇明特色的优美景观大道。二是建设宗教古典园林旅游区。要从大旅游的角度出发，整合相关资源，力争使其成为崇明地区最有影响力的宗教和古典园林旅游区。三是建设滨江休闲一条街。要高水平地对鳌山路进行道路绿化景观设计和建设，保留绿树成荫的现有韵味，并结合道路改建，对学宫、瀛洲公园周边地区进行景观整体规划改建。四是加快推进高星级酒店建设。在南门滨江地区建设高星级、富有特色的度假酒店成为当务之急。要明确时间节点，积极协调推进。五是加快新城公园的建设。新城 B 湖公园已建成开放，其高标准的设计和建设吸引了大量市民前来赏玩。要进一步推进新城地区其他公园的建设进程，早日形成以老滧河为串联，南部金鳌山古典园林、中部 B 湖庆典公园以及其他不同特质的数个公园为代表的景观带，使之成为崇明城桥新城的亮丽名片和旅游新亮点。

2011 年 1 月县政协十二届六次会议期间，委员黄美兰提出《关于加强垃圾分类处置的建议》的提案。提案指出，随着人们生活水平的提高，每天多会产生较多的生活垃圾，垃圾填埋成本很高，而且占用土地资源，还污染空气、水质。而垃圾分类投放，既可以节约资源又可以清洁家园，保护环境。为此建议：一是加大垃圾分类处理的宣传力度。要利用各种媒体，大力宣传垃圾分类处理的重要性，使全社会都知道垃圾分类处理的必要性；要印制《垃圾处理手册》，包括垃圾分类的意义、方法、奖惩等内容，发放给每家每户，全民自觉遵守；要在中小学系统重点加强宣传教育，从小养成垃圾分类处理的好习惯；要在主要街道、公共场合，组织志愿者现场指导投放，及时监督落实。二是有关部门要制定切实可行的垃圾分类规章，强制居民群众进行垃圾分类处理。要弘扬先进典型，曝光不良行为。三是县政府要加大投入力度。完善、增加分类投放的设施，小区的垃圾筒要分色、分放，还要分类运送、处理。四是建立上门分类收集垃圾的机制。要充分发挥乡镇垃圾收集队伍的作用，做到分类收集、分类处理、分类管理。五是推行垃圾处理产业化，垃圾从回收运输、开发利用、产品生产等全过程要形成一个产业链。

2011 年 1 月县政协十二届六次会议期间，委员陈裕生提出《建立健全协管员招聘和管理机制》的提案。提案指出，政府招聘各种协管员，有利困难人员解决就业、增加收入，但存在着某些工种协管员招聘和管理机制不健全，使一些人有空可钻，到岗不到位，在位不出力，与政府招聘初衷背道而驰。甚至也有一些原本在单位上班的职工为了贪图安逸，旱涝保收，宁愿放弃原来的工作，千方百计通路子去当协管员。为此提出以下建议：进一步完善招聘协管员的办法，设定条件，明确已有工作单位的人员不得录用，从真正意义上解决困难人员就业问题；派员到基层调查，摸清协管员的需求量，严格控制用人量，避免因人设岗；明确协管员的工作内容、职责，建立检查考核制度，不称职的坚决予以辞退，切实增强协管员的责任感和危机感，使协管员的工作真正起到促进社会和谐稳定的积极作用。

2011 年 1 月县政协十二届六次会议期间，委员顾斌、乔杰提出《严防外来生物入侵崇明》的提案。提案指出，近年来，外来生物入侵不仅对崇明生物的多样性带来极大的影响，造成重大经济损失，而且严重危害崇明的生物安全、生态安全和环境安全，据统计，崇明岛一枝黄花的蔓延面积已经达到 3.14 万亩，占整个崇明岛表土总面积的 7.8%，是十年前的 20 倍，此外，互花米草、喜旱莲子草、克氏螯虾也有不断发展趋势。提案建议：一是加强检疫。特别是对造船、修船厂的外来轮船的压舱水中的外来生物有针对性的研究和检疫，农林部门对外来生物的引进要慎之又慎。二是注重研究。组织相关专家对外来生物进行风险评估和分析，对可能入侵的生物种类提前给予研判与发布预警，确定防范重点，制订防范预案，研究控制技术和对策。对已入侵生物、研究防治办法和可利用途径。三是扩大宣传。要大力宣传外来生物入侵的害处，提高公众的防范意识。四是防治结合。崇明出入境检验检疫局要加强对外来生物入侵的动态监测，对相关数据进行分析汇总，有针对性防范外来生物入侵崇明，县农林等部门对已传入的入侵生物，应及时采取措施，加强围堵，尽早控制。

九、十三届县政协提案选录

2012 年 1 月县政协十三届一次会议期间，民革崇明支部提出《避免崇明经济陷入"桥墩陷阱"》的提案。提案指出，随着上海长江隧桥和崇启大桥的先后建成通车，崇明交通条件得到飞跃提升，区位条件更加优越。为此，县委、县政府加快了现代服务业和旅游业的建设和推进力度，充分体现崇明抢抓机遇、加快发展的决心。但在充分挖掘并及时抢抓机遇的同时，切勿忽视崇启大桥开通之后可能带来的"桥墩陷阱"，造成无论是人流还是车流只是路过而不停留的尴尬局面，最终变成沪苏通道中经济和产业发展的"洼地"。提案建议：一是应尽快让广大干部群众具备危机意识。在宣传苏崇沪通道贯通的良好机遇的同时，也要提醒广大干部群众应具有不进则退的危机意识，抛弃原有安于现状的岛民心态。二是在充分调研上海浦东和南通等地产业现状的基础上，有选择地尽快选好产业发展的起步和腾飞点。县委、县政府要组建专门的产业调研团队，在此前已经做过一定调研工作的基础上，再次进行更详尽、更有着重点的产业调研。根据调研成果，对崇明"十二五"期间的部分规划进行调整和扩充，在有效确保"上海智慧岛数据产业园"等重点项目的基础上，再次启动和加大"生态产业"的招商力度，并再次将"生态产业"招商成果作为考核重点纳入各乡镇委局的年度考核中，形成全县"生态产业"招商大潮。三是加大崇明旅游产业政府指导和整合力度，形成一体化的旅游格局，确保早出精品、早出特色。

2012 年 1 月县政协十三届一次会议期间，县侨联、县台联提出《充分挖掘食材资源，打造崇明美食旅游》的提案。提案指出，美食旅游是当前一种比较新颖的，并能促使游客消费的旅游模式。崇明临海濒江，气候宜人，环境优美，特产更是丰富，鲜明时令性的江鲜美食风格对游客极具吸引力。为此，建议要充分挖掘崇明本土食材资源，打造崇明美食旅游。一要集中规划建设崇明美食旅游点。可以根据主要景点、景区或游客集聚较多地区的分布，合理规范设置崇明美食旅游场点，如打造崇明的滨江渔人码头式的品享区，或在西沙湿地、明珠湖、北湖、东滩湿地、陈家镇国际旅游度假区、崇明新城等地建设美食旅游集中场所。二要建立主打品牌，扩大美食宣传。崇明美食旅游可以借鉴阳澄湖大闸蟹和台湾屏东黑鲔鱼旅游节等成功模式，主打一类美食，其他食材为辅，形成主次分明的食材结构，便于推广。同时利用节庆活动，打造美食文化。三要规范餐馆服务质量，提高美食餐饮质素。确保食材本土、绿色、健康的美食价值，并可以米其林餐馆评定星级体系为参考，逐步由专家和游客对岛内餐厅进行星级评定，促进餐厅的有序竞争，进一步提高岛内各个美食场所的知名度和美誉度。四要加大食材的种源保护，保持本土正宗。要在崇明美食食材的种源保护上加大力度，杜绝非本土食材的干扰，也要加大遴选防伪力度，统一标识，统一管理，加大教育宣传力度，从源头上根治假冒伪劣的食材进入旅游市场，确保崇明美食旅游的信誉。五要培养更多的美食旅游人才。不仅要培养更多的具有崇明本土烹饪风格的餐饮专才，也要扩大思路，不拘一格，广纳良才，各擅其长。

2012 年 1 月县政协十三届一次会议期间，委员施建华(民进)提出《进一步加强校车安全管理》的提案。提案指出，校车安全已经成为广大人民群众关心的民生问题。崇明目前共有校车 25 辆，其中，大巴车 13 辆，中巴车 12 辆，主要分布于四所民办学校和四所公办学校。还有新海学校、长江中学、向化小学等 5 所学校近 1 100 名学生乘坐公交公司定班车上下学。因公交车不符合校车的安全标准，且难以满足一人一座的要求，故县政府将投资购买 17 辆校车并于下学期投入使用。到时，全县的校车数量将达到

42 辆。经调查，发现崇明校车管理存在个别学校尚存在超载现象、少数校车车况还需进一步改善。为此，提出如下建议：一是建立并完善全县校车安全工作协调机制，确保校车管理工作常态化。由县政府牵头，成立由公安、交通港口、教育、质监、消防、监察等相关部门组成的县校车安全工作领导小组，进一步加大对全县校车的监管力度，尤其要加大对校车超速、超载和“黑校车”的处罚力度。二是出台校车管理办法，把接送学生的校车安全管理上升到行政法规的层面上。对严重违反管理办法和屡教不改的学校责任人和当事人给予行政甚至刑事处罚。三是将校车运营列为公益事业。由于校车属于公用事业的范畴，应将校车纳入政府的财政预算，由政府为校车的购买和养护买单。四是有关部门要通过多种途径向市民进行宣传教育，使广大市民高度认识校车安全的重要性，知晓校车的特别通行权等规定，保障校车通行和停靠安全。

2012 年 1 月县政协十三届一次会议期间，委员施伟提出《加强对个体工商户的管理》的提案。提案指出，目前，全县共有个体工商户 2.1 万户。这一群体人数众多、经营分散、成分复杂、流动性强。他们一方面在经济建设中发挥了重要作用，另一方面具有一定的趋利性，如引导不好就会产生负面影响。崇明个体工商户在工商局的管理下，在县个体劳动者协会的组织和引导下，开展诚信经营、优质服务、爱心奉献、扶贫帮困等活动，在经济建设、构建和谐、促进就业和繁荣市场方面发挥了积极作用。但也存在一些不尽如人意的地方。为了更好地发挥个体工商户的作用，建议做好以下三方面工作：一是政府有关部门要加大力度，抓好对个体工商户的思想政治教育，引导和管理其依法经营，树立诚信守法、奉献社会的意识和观念，充分发挥个体经济的作用，为崇明经济发展作出应有贡献。二是个体工商户作为一个阶层，应积极推荐他们中具有先进性、代表性的人士参加人大、政协，进行参政议政，共商崇明发展大计，以此进一步调动他们的积极性，增强他们的社会责任感。三是关心和扶助个体劳动者协会，解决其工作人员的经费，使这个组织在会员教育、管理、服务等方面发挥更大作用。

第三章　视　　察

崇明县政协组织的视察形式有全体委员视察、政协委员和人大代表联合视察、主席会议成员视察、委组（界别）视察等。本章辑录各类视察 130 次。

第一节　全体委员视察

全体委员视察是县政协组织的由全体政协委员参加的视察活动。本节辑录全体委员专项视察 3 次、全体委员年终集中视察 13 次。

一、全体委员专项视察

1994 年 6 月 22 日—24 日，县政协组织委员视察崇明上半年经济工作情况。全体政协委员分商业、县属工业、乡村办工业、镇办工业、私营企业和农业 6 个小组，采取现场实地察看，听取情况介绍，讨论和提出意见建议等方式，对全县上半年经济工作进行全面视察。视察结束后，分别撰写视察报告，秘书处在汇总的基础上形成综合性视察报告，送交县政府及有关部门参考。县政协副主席黄振兴、仇永鸣、施兆发、罗永祥、姚振尧，秘书长刘亚池分别参加 6 个小组的视察活动。

2005 年 6 月 27 日—29 日，县政协组织委员开展“保护环境百里行”巡视活动。各乡镇对巡视活动十分重视，党政主要负责人陪同，并认真安排、详尽介绍各自的工作情况。县文明办、县农委、县建委、县环保局、县水务局也派员陪同参加巡视活动，县广播电视台进行跟踪报道。巡视活动中，委员们听取乡镇开展教育实践活动的情况介绍，并就新增绿化、居民住宅区卫生、沟河水质、专项整治、生态村创建等进行巡视，提出意见和建议。县政协主席范陈杰，副主席袁佳平、罗永祥、王菁、吴复安，秘书长陈汉刚参加巡视活动。

2008年6月16日—22日，县政协组织委员开展以“加快发展高效生态农业”为主题的巡视活动。这次活动得到县委、县政府的高度重视。中共崇明县委书记彭沉雷在县政协党组《关于组织开展“加快发展高效生态农业”委员巡视活动的报告》上批示：“发展高效生态农业是崇明生态岛建设的重要内容。县政协开展巡视活动十分必要。建议通过巡视活动对崇明发展高效生态农业的路径及举措提出意见，供县委、县政府参考。”这次巡视活动以专门委员会为单位，对16个乡镇作全面巡视。县政协主席范陈杰，县政协副主席袁佳平、施俭、王菁、周新卫，秘书长陈汉刚分插至各专门委员会。巡视活动中，重点巡视具有典型代表性、创新实践性、基地规模型的农业生产基地。委员们对全县高效生态农业的发展情况有了比较全面的了解，并对发展高效生态农业发表意见和建议。副县长李志宏、有关部门和各乡镇政府负责人陪同视察。

二、全体委员年终集中视察

2000年12月26日，县政协组织委员年终集中视察。委员们实地察看中兴镇敬老院、新河镇健身苑、东门小学、湄洲路和沿江景观工程，听取副县长黄进关于一年来实事项目和重点工程建设情况及2001年如何做好工作的设想；听取县计划委员会负责人关于2000年县政府实事项目和重点工程实施情况的通报。委员们对2000年县政府实事项目和重点工程实施进展情况表示满意，并就如何进一步做好今后的实事项目和重点工程建设提出意见和建议。县政协副主席黄雄、罗永祥，秘书长刘亚池参加视察。副县长黄进陪同视察。

2001年11月20日—22日，县政协组织委员年终集中视察。20日，委员们实地察看桥镇菜场、城桥镇第三敬老院、新河多用途货运码头，听取政府职能部门关于2001年实事项目和重点工程建设情况的通报。委员们建议，要从迎接崇明大开发的高度，规划和建设实事项目和重点工程；要多渠道筹措建设资金，加快基础设施建设步伐；要加强实事项目和重点工程竣工后的经营管理，不断提高管理水平。21日，委员们实地察看东平桂花林、县苗木科技示范园和银杏雷竹经济林示范基地、永业花卉基地、上海种种园林绿化公司基地。听取县农委负责人关于全县生态绿化工程的情况介绍。委员们建议，要进一步加大宣传引导的力度，不断增强全岛人民生态绿化的意识；要进一步完善生态绿化规划，不断优化绿化功能；要进一步加强领导，建立和健全管理机制，不断提高生态绿化的管理水平；要进一步加强执法队伍建设，不断提升生态绿化执法队伍的整体素质。22日，委员们视察新业锅炉有限公司、富盛经济开发区和永冠商业设备有限公司。委员们建议，县私营经济主管部门要在调查研究的基础上对全县私营经济的发展制订一个总体发展目标，各乡镇要结合本地区的实际情况，制定乡镇私营企业的发展规划；进一步放宽对私营企业涉足领域的人为限制，进一步引导私营企业参与全县的产业结构调整，尤其是引导私营企业向生态农业、高新技术、岛内外旅游、三产服务等领域发展，进一步为私营经济的发展创造良好的环境。县政协主席黄振兴，副主席周祖安、黄雄参加视察，副县长黄铁军、殷惠生、贾伟勇陪同视察。

2002年11月18日—20日，县政协组织委员年终集中视察。中共、民盟、民进、农工党、共青团、工会、妇联、青联、新闻、体育、教育、文化艺术等界别政协委员视察县级重点工程和实事项目。委员们视察“60—90”工程，参观亚通公司候船室，观看堡镇站电脑售票演示，实地察看陈海公路东段工程，城桥压缩垃圾中转站，听取副县长黄铁军以及县发改委负责人关于重点工程和实事项目建设情况的通报及有关情况的介绍。委员们对重点工程和实事项目实施情况表示满意，并就加快重点工程和实事项目进度提出意见建议。农业、侨联、台联、宗教、医卫等界别委员视察农业产业化建设情况，实地察看港东万亩苗木基地一期工程、县蔬菜配送中心、万亩花菜基地、县现代农业园区、种养场等，听取副县长殷惠生和县农委负责人有关情况的通报和介绍。委员们对农业产业化建设表示满意，并就进一步加快农业产业化步伐提出来意见和建议。工商联、经济、科技界别委员视察工业经济发展情况，先后视察县政府招商服务中心、上海兴信厨房用具有限公司、上海源创数码科技有限公司、上海庆安药业有限公司等，听取副县长贾伟勇以及县经委负责人的有关情况通报和介绍。委员们对工业经济发展情况表示满意，并就进一步抓好招商引资工作、优化崇明投资环境提出意见建议。县政协主席邵礼达，副主席周祖安、黄雄、罗永祥，仇永鸣、姚振尧，秘书长陈汉刚参加视察。副县长黄铁军、殷惠生、贾伟勇陪同视察。

2003年12月18日—19日，县政协组织委员年终集中视察。委员们先后实地察看中心医院改造工程、县青少年活动中心、东门中学、明珠花苑、崇西水闸、环岛引河长征段、明珠湖水源涵养林、绿华示范经济林、港东公路重点绿化基地和前卫生态村。委员们听取县政府有关职能部门关于重点工程、实事项目建设情况，水利建设项目情况，植树造林以及环境保护工作情况的介绍，对县政府及其职能部门所做的工作和取得的成绩给予充分肯定，并就进一步推进重点工程和实事项目建设、加强环境保护工作提出意见和建议。县政协主席范陈杰代表县政协建议县政府及其职能部门要编制好2004年县重点工程和实事项目，大力推进海岛基础设施建设，坚持多渠道筹措建设资金，加快重点工程和实事项目的建设进程；坚持建管并举，充分发挥重点工程和实事项目的实际效应；在全县上下进一步统一林业建设是立岛之本的思想，注意林业建设与崇明岛域规划同步，正确处理好林业建设与农民增收问题；大力加强环保知识的宣传，营造全社会重视环境保护的良好意识。县政协副主席袁佳平、罗永祥、王菁、吴复安，秘书长陈汉刚参加视察。副县长黄铁军、朱正标陪同视察。

2004年12月1日—2日，县政协组织委员年终集中视察。委员们实地察看北横引河二三期工程段、北湖、新河镇河道的整治情况，以及仁济医院崇明分院新病房大楼、崇明中学、东滩湿地、上实公司湿地公园、国际会议中心等，先后听取县水务局、新河镇、县计划委员会、县规划局、上实公司崇明东滩投资开发公司负责人关于水利建设、河道整治、重点工程和实事项目建设、陈家镇城镇总体规划以及崇明东滩开发建设的情况介绍。委员们围绕加大河道整治力度，把河道整治向泯沟延伸，形成全社会齐抓共管的工作合力和长效管理的工作机制，以及大力推进重点工程和实事项目建设，细化完善陈家镇城镇总体规划，科学合理地实施崇明东滩开发建设等方面提出建议。县政协主席范陈杰，副主席袁佳平、罗永祥、王菁、吴复安，秘书长陈汉刚参加视察，副县长陆鸣、朱正标陪同视察。

2005年11月24日，县政协在长兴乡召开委员年终集中视察活动座谈会

2005年11月23日—24日，县政协组织委员年终集中视察。委员们先后实地察看崇明新城道路、陈海公路中段、港西镇农村宅基地置换试点建设工程、世界河口沙洲水文化展示馆、绿华桃源水乡观光休闲示范苑、西沙湿地生态修复实验基地、上海振华港机长兴基地、中船长兴修船基地、中船江南长兴基地的建设和生产情况分别听取崇明新城开发公司、县建委、县旅游局、港西镇、绿华镇、长兴乡等单位负责人的有关情况介绍。委员们对一年来在基础设施建设、新城开发、宅基地置换试点工作、旅游事业发展、海洋装备产业水平提升等方面取得的成绩给予了充分肯定，并分别就深化三岛总体规划、加快新城建设、培育生态文化、打造旅游精品等方面提出意见和建议。县政协主席范陈杰，副主席袁佳平、罗永祥、王菁、吴复安，秘书长陈汉刚参加视察。副县长马乐声、褚以琳陪同视察。

2006年12月6日，县政协组织委员年终集中视察。委员们实地察看上海长江隧桥工程工地、陈家镇宅基地置换工程和污水处理项目，并分别听取上海长江隧桥工程指挥部、陈家镇政府、县发展与改革委员会、陈家镇建设发展公司等单位负责人的有关情况介绍。委员们对县政府及其有关部门重视实事项目和重点工程建设，以及年初县人代会确定的各项任务顺利推进表示满意。并建议，要坚持以科学发展观为统领，抓住机遇，求真务实，开拓创新，高标准、高质量地完成重点工程和实事项目的节点任务；在项目推进过程中，要牢固树立以人为本的思想，密切关注民生，维护群众利益，努力化解矛盾。委员们表示，要切实履行政协职能，为崇明经济社会的发展献计献策；要充分发挥政协的界别优势，协助县政府做好协调关系、凝聚人心的工作；要坚持立足本职，扎实工作，努力为现代化生态岛区和新农村建设贡献智慧和力量。县政协主席范陈杰，副主席袁佳平、罗永祥、王菁、吴复安，秘书长陈汉刚参加视察。副县长马乐声陪同视察。

2007年12月6日，县政协组织委员年终集中视察。委员们实地察看浦东5号沟长江隧道工程建设工地和长兴岛长江大桥建设工地，分别听取上海长江隧桥工程公司、县发改委、新城公司、县交通局等单位负责人关于上海长江隧桥工程建设进展情况、2007年度县政府实事项目重点工程推进情况、崇明城桥新城行政中心整体设计方案、宝杨路和石洞口客运站改扩建等方面情况的介绍。通过视察，委员们对崇明现阶段的开发建设有了进一步的了解。委员们表示，要时刻牢记委员职责，充分发挥政协组织人才荟萃、智力密集的优势，坚持服务于现代化生态岛建设的大局，切实履行政协职能，为促进崇明经济社会又好又快发展多献良策；要坚持立足本职，爱岗敬业，勤奋工作，团结各界人士，共同为生态崇明建设添砖加瓦；要充分发挥政协联系各界的界别优势，密切关注社会动向，协助县委、县政府做好协调关系、化解矛盾的工作，努力为促进社会和谐凝聚力量。座谈会上，副县长马乐声在讲话中对县政协和全体政协委员长期以来对政府工作的大力支持和关心，对崇明经济社会发展的高度关注和重视表示感谢。并重点通报"三点"（崇明城桥新城、陈家镇试点城镇、长兴海洋装备岛三个重点开发地区）、"一线"（社会主义新农村建设）、"一面"（全面推进生态岛建设）的建设情况和2008年崇明经济社会事业发展的总体工作思路。马乐声强调，随着崇明开发建设的不断深入，崇明的发展正越来越多地受到关注和支持，崇明发展的外部环境和自身条件正变得越来越好。下一阶段，政府既要抓发展，更要关注民生，社会事业的投入力度将进一步增大，城乡居民的社会保障水平将进一步提高。希望委员们一如既往地为崇明的建设和发展献计出力，为现代化生态岛建设发挥积极作用。县政协主席范陈杰，副主席袁佳平、施俭、王菁、周新卫，秘书长陈汉刚参加视察。副县长马乐声陪同视察。

2008年11月26日—27日，县政协组织委员年终集中视察。委员们就县委、县政府2008年度实事项目、重点工程完成情况以及"百路千点"创建优美环境专项整治活动进展情况进行视察，实地察看桥镇菜场、港西镇中心幼儿园、新河镇区域农村路桥工程建设、竖新镇区域南横引河整治工程、新河镇社区文化活动中心、新河地区污水处理厂在建工程等工程项目建设情况，以及育麟桥路、堡镇大通路口、堡镇金三角加油站、堡镇港码头北侧、堡镇北路陈海公路路口、港沿公路镇区段等路段和道口的环境专项整治情况，分别听取县发改委、县建委、县城管大队，城桥镇、港西镇、新河镇、竖新镇、堡镇、港沿镇等单位负责人的相关情况介绍。座谈会上，委员们对各项实事项目、重点工程顺利推进，"百路千点"创建优美环境专项整治活动取得明显成效给予了充分肯定。同时，分别就加快推进实事项目、重点工程建设，不断巩固"百路千点"专项整治成果等提出等意见建议。县长赵奇在座谈会上就新农村建设、"迎世博600天"行动计划、环保三年行动计划、创建国家级生态县、创建绿化模范县等五大创建项目以及县乡财政体制改革情况作重要讲话。副县长马乐声在座淡会上就天然气过江工程、浦东至长兴岛轨道交通工程、崇明水库和饮水管道建设工程、长兴电厂建设工程以及2009年崇明经济社会事业发展总体工作思路进行了通报。县政协主席范陈杰，副主席王为群、袁佳平、施俭、王菁、

2008年11月27日，县政协召开委员年终集中视察活动座谈会

周新卫，秘书长陈汉刚参加视察。县长赵奇、副县长马乐声陪同视察。

2009 年 11 月 17 日—18 日，县政协组织委员年终集中视察。视察活动以政协各专门委员会为单位，分别视察全县 18 个乡镇，实地察看各乡镇镇区道路环境整治，区域街面公共秩序，集市贸易（菜场）、商店、超市环境卫生，社区事务受理中心窗口服务等“迎世博 600 天”行动计划执行情况，以及陈家镇公司生态示范办公楼、东滩大道、申崇公交临时枢纽中心、正大中学、乡镇幼儿园改造工程、村卫生室标准化建设以及污水处理设施建设等实事项目和重点工程完成情况，听取单位、部门的情况介绍，进行了座谈。委员们对“迎世博”工作的顺利开展，各项实事项目、重点工程的有序推进给予充分肯定。同时，委员们分别就不断巩固扩大“迎世博”工作成果，加快推进实事项目、重点工程建设提出建议。希望各单位紧紧围绕崇明经济社会发展的大局，牢牢抓住上海长江隧桥开通的重要机遇，充分发挥自身优势，共同为创造崇明的美好未来多作贡献。县政协副主席王为群、褚以琳、袁佳平、施俭、周新卫，秘书长陈汉刚参加视察。副县长张国坤陪同视察。

2010 年 11 月 30 日—12 月 1 日，县政协组织委员年终集中视察。委员们实地察看陈家镇临时交通枢纽中心、陈家镇建设发展有限公司生态办公大楼、上海外国语大学贤达经济人文学院崇明校区、陈家镇滨江体育公园社区、陈家镇裕安中心社区、新城市民公园、崇明县证照服务中心、新城文化活动中心、崇明规划展示馆、江南三民文化村及上海凯农农产品展销中心等项目的建设情况。听取陈家镇建设公司和新城建设公司负责人关于近年来陈家镇和崇明城桥新城等重点地区发展建设情况的介绍；听取县发展和改革委员会负责人关于 2010 年度县政府重点工程与实事项目建设情况的通报。委员们对县政府重点工程与实事项目稳步推进，城桥新城和陈家镇建设取得明显成效给予充分肯定。同时，就进一步推进崇明重点工程与实事项目建设，提出建议和意见：要加大重点工程与实事项目的宣传力度，营造良好的建设氛围；要进一步完善城桥新城规划，着力推进新城各项功能性项目建设；要统筹协调城乡发展，促进社会主义新农村建设；要规范动拆迁工作操作程序，化解征地拆迁矛盾；要加快国际教育园区规划和建设，促进教育事业健康发展；要正确处理建设速度与建设质量的关系，确保各项工程建设顺利进行；要坚持软件硬件建设并重，逐步加大软件建设投入，提高城乡管理水平；要未雨绸缪，做好明年重点工程和实事项目的安排。县政协主席范陈杰，副主席王为群、褚以琳、袁佳平、周新卫，秘书长陈汉刚等参加视察。副县长张国坤陪同视察。

2011 年 11 月 24 日，县政协组织在崇明的市政协委员和全体县政协委员就 2011 年度县政府重点工程与实事项目建设情况开展年终集中视察。委员们先后察看堡镇人民医院新院、向化公路北延伸段（崇启通道—北沿公路）新建工程、崇启通道（上海段）工程、陈家镇社区文化活动中心以及东滩花园等项目的建设情况。听取县发展改革委负责人关于 2011 年度县实事项目、重点工程推进情况的介绍；听取县水务局负责人、县建设与交通管理委员会负责人关于陈家镇供水集约化工程建设情况、向化公路北延伸段及其配套绿化工程建设情况的介绍。委员们对重点工程与实事项目稳步、有序推进及所取得的成果给予充分肯定。同时，就进一步加强重点工程与实事项目的周边配套设施建设，正确处理好城镇化建设与动拆迁之间的矛盾，加大崇明对外宣传力度，积极应对崇启大桥通车后岛内交通、社会治安问题，在抓好硬件建设的同时努力提升技术水平、服务水平、管理水平，加快推进庙镇医院迁建工作，改善崇明西部地区群众就医难以及加快崇明养老产业发展等方面提出建议意见。副县长王菁在座谈会上讲话。她对县政协长期以来高度关注县政府工作、为政府工作的推进积极建言献策表示感谢。她指出，2011 年是“十二五”规划的开局之年，也是崇明县三年行动纲要的收官之年，县政府不断加大改革、建设和管理力度，全力推进政府年初确定的各项工作。重点工程与实事项目建设工作正在按照时间节点稳步推进，完成情况总体良好。在今后的工作中，县政府将认真总结重点工程与实事项目建设经验，继续统筹利用各方面资源，努力争取市级层面支持，更加科学、合理地谋划和推进各项后续工作。她表示，县政府一向高度重视政协委员的各项意见、建议，对于各位委员提出的合理化建议，县政府会积极采纳，加以落实。她希望全体政协委员要紧紧围绕现代化生态岛建设大局，继续认真履职，建言献策，为加快崇明经济和社会发展提出更多真知灼见。县政协副主席王为群、褚以琳、施俭、周新卫，秘书长陈汉刚等参加视察。副县长王菁陪同视察。

2012年11月29日，县政协组织委员对县政府重点工程与实事项目建设情况开展年终集中视察活动。委员们实地察看张网港综合整治工程、建设镇浜西村农村分散生活污水处理工程、新河镇永丰村村庄改造情况及城桥新城图书馆、美术馆、文化馆等重点工程和实事项目。听取副县长张国坤关于2012度县政府重点工程与实事项目的建设情况介绍以及县发展和改革委员会负责人关于2012年度县重点工程与实事项目总体完成情况介绍。座谈会上，委员们认为，在县委、县政府的领导下，县重点工程与实事项目扎实推进、稳步落实，重点地区开发建设初见雏形，尤其是在推进乡镇社区文化活动中心建设的基础上，新建了设施一流的县图书馆、美术馆、文化馆，为丰富崇明人民群众的文化生活创造了良好条件。按照生态岛建设纲要，进一步加强了生态环境的保护和治理。通过景观河道改造、农村分散生活污水处理、农村村庄改造等实事工程，为广大百姓提供了更加舒适、优美的生活环境。同时，委员们就进一步推进重点工程与实事项目建设，提出建议和意见。针对新建的新城文化科技中心，建议要同步跟进基础设施配套建设，不断增加文化元素，兼顾多元文化需求，充分发挥公共文化设施作用。针对污水处理设施建设，建议要提升管理服务水平，明确各乡镇生态指标体系，认真落实各项指标任务，提高乡镇污水处理设施使用和管理水平，为生态岛建设打下扎实基础。针对村庄改造建设，建议要借势民心民力，加速项目建设的社会投资，以培育新的投资增长点为契机，畅通并拓宽融资渠道；要规范村民助捐，鼓励自愿集资做公益，不断创新民间养老新形式。针对新一年的实事项目、重点工程安排，建议要重视加强和推进涉及群众切身利益的工程建设，尽快解决群众反映强烈的拆迁安置房项目开工建设问题，从维护人民群众最基本的利益出发，尽早让被拆迁居民居有定所。县政协主席施建华，副主席王为群、沈卫国、施俭、周新卫、顾德昌参加视察。副县长张国坤陪同视察。

2012年11月29日，县政协召开年终集中视察活动座谈会

第二节 政协委员和人大代表联合视察

政协委员与人大代表联合视察是由县政协和县人大常委会共同组织的视察活动。本节辑录县政协委员和县人大代表联合视察5次。

1981年8月3日—4日，县政协与县人大常委会联合组织部分县政协委员和县人大代表视察城桥镇、堡镇镇饮食卫生、安全生产和幼托事业等。两天中共视察27个单位，其中饮食店12个、工厂6个、菜场2个、肉类和水产门市部2个、托儿所4个、幼儿园1个。政协委员和人大代表对各单位领导关心职工生活、搞好防暑降温和安全生产表示满意，对城、堡两镇卫生面貌较好，重视幼托事业给予充分肯定。针对视察中发现的问题，政协委员和人大代表提出如下意见建议：要及时清除不符合中共十一届三中全会路线、方针、政策的一些标语口号。有些工厂企业的锅炉不符合国家标准，须定期检查，并改造更新。县政协副主席顾青、施文德和县人大常委会副主任戴希和、徐鼎铨参加视察。

1981年8月26日—28日，县政协与县人大常委会联合组织部分县政协委员和县人大代表视察农业生产责任制贯彻情况。政协委员和人大代表先后听取合作、城桥和堡镇三个公社的情况介绍，实地察看田间，并召开社员座谈会和进行个别访谈，广泛听取意见。大家认为，实行农业生产责任制是广大农民的迫切愿望；搞好农业生产责任制，实行联产计酬，是提高农业产量、发展农业生产的正确途径；农业生产责任制的推行，为农、副业生产全面发展，开辟了广阔的前景；农业生产责任制的实行，还将推动文化科技的发展。由于各种形式的生产责任制才刚刚开始推行，许多新的情况还需要研究。针对视察中发现的不少人对联产计酬农业生产责任制还有种种看法，在推行农业生产责任制过程中如何安排好老年人等问题，政协委员和人大代表提出如下意见建议，要加强生产队干部培训，提高管理水平；要大力发展农村多种经营，增加社员收入；要加强领导，及时总结经验教训，完善农业生产责任制。

1983 年 12 月 23 日，县政协组织教育组部分委员并邀请部分人大代表，分两个组视察交通学校、卫生学校、金融中专和北堡中学、崇明师范，现场察看各项教育设施、听取办学情况介绍。政协委员和人大代表认为，被视察学校办得较好，培养了建设人才，积累了办学经验，为崇明"四化"建设和教育改革作出了贡献。政协委员和人大代表围绕学校充实、巩固和提高，以及有关方面帮助解决校舍设备缺乏、师资力量不足等困难和毕业生的出路等问题提出意见建议。县政协副主席顾青、龚镜澄和县人大常委会副主任戴希和参加视察。

1984 年 7 月 12 日，县政协和县人大常委会联合组织部分政协委员和人大代表视察夏季爱国卫生工作情况。政协委员和人大代表分两组实地察看城桥镇、堡镇镇、陈家镇乡、堡镇乡、新河乡、港西乡、绿华乡和长征农场等地区的部分工厂、旅社、饭店、生产队和个体饮食店共 35 个单位的卫生状况，听取县卫生局负责人关于全县爱国卫生工作情况的汇报。政协委员和人大代表对政府及其职能部门重视夏季卫生工作，全县的卫生面貌大有变化表示满意。针对视察中发现的一些问题，提出如下意见建议：注重卫生状况较差的地区和单位，采取有力措施，尽快改变面貌；继续加强市场和市容管理，在原有的基础上做得更好；新河镇的污水处理需要统筹规划，并尽早采取措施；部分垦区群众饮水卫生急待解决，有关部门应根据群众迫切要求及时研究新建水厂。县政协主席施群、副主席顾青、施桂馨、施文德，县人大常委会副主任黄吉谦、钟玉华参加视察。副县长黄雄陪同视察。

1988 年 6 月 15 日—16 日，县政协医卫组部分委员应县人大常委会邀请，与部分县人大代表一起，视察食品卫生法实施情况。15 日，视察新河镇集贸市场、新河汽水厂、堡镇镇瀛东饭店、堡镇奶牛场、海滨轧花厂冷饮车间，并听取堡镇镇政府有关方面负责人的情况介绍。16 日，视察城桥乡喜民食品厂、西小泯沟豆制品加工场、南门个体饮食店、魚味酒家，并听取城桥镇政府有关方面负责人以及县卫生局、工商局负责人的情况汇报。参加视察的县政协委员和人大代表对县政府及其有关部门重视食品卫生法的宣传贯彻以及取得的成效给予充分肯定，并针对视察中发现的一些问题和薄弱环节，提出如下意见建议：要进一步加强食品卫生法的宣传贯彻，扩大社会知晓面，增强全民的食品卫生意识；要进一步加强检查和督促，坚持依法行政，加大执法检查力度；要建立和健全长效管理机制，确保食品卫生管理常抓不懈，确保食品安全。县政协副主席宋斌、施兆发参加视察。

第三节　主席会议成员视察

主席会议成员视察是县政协主席或由县政协主席指定一名副主席带领其他副主席和秘书长参加的视察活动，也邀请部分政协委员参加。本节辑录主席会议成员视察 19 次。

1985 年 6 月 26 日—27 日，六届县政协主席施群带领主席会议成员和部分委员视察城桥镇、堡镇镇饮食和食品卫生情况。主席会议成员和委员们分别察看国营和集体的食品商店与饮食店、个体饮食摊、工厂食堂、托儿所食堂等 40 个单位，对卫生状况差的单位提出批评和改进意见。县工商局、县供销联社、县防疫站、县爱卫委及城桥镇、堡镇镇有关负责人陪同视察。

1986 年 8 月 6 日，六届县政协副主席宋斌带领主席会议成员和医卫组部分委员视察夏令食品卫生情况，主席会议成员和委员们分赴城桥镇、堡镇镇、新河镇的饭店、点心店、个体饮食店、酱油厂、食品厂、菜场等场所实地察看，针对发现的薄弱环节和存在问题提出意见建议。县工商局、县供销联社、县防疫站以及城桥镇和堡镇有关负责人陪同视察。

1987年5月23日，七届县政协副主席宋斌带领主席会议成员和县政协之友社部分理事到六滧港渔民村、团结沙、裕安乡对虾养殖场、东平林场、前卫村视察。委员们对各单位所取得的成绩给予充分肯定，并针对存在的不足提出意见建议。

1987年9月24日，七届县政协主席张彪带领主席会议成员及部分政协委员视察蔬菜、副食品生产和供应情况。实地察看人民菜场、北门菜场、城桥镇食品站、豆制品加工厂、城桥镇东门西门两个蔬菜大队和副业场，分别听取城桥镇、县食品公司、县畜牧局、县水产局关于蔬菜、生猪、禽蛋、水产品的生产情况和国庆节日期间市场供应安排打算的汇报，然后进行座谈。主席会议成员和委员们对政府及有关部门重视蔬菜和副食品供应给予肯定，并针对视察中发现的一些问题，提出如下建议：一是加强宣传工作，宣传副食品紧张的原因、解决的办法，使大家树立信心，共同努力搞好生产和供应；二是加强领导，建立一个统一管理副食品生产和供应的组织，做好计划制订、货源采购、市场安排、关系协调等工作；三是加强蔬菜老基地建设，增强抗灾能力，同时要建立新的基地，以补不足；四是加强管理，组织货源，确保国庆节期间副食品供应，并为元旦、春节期间作好准备。副县长周祖安陪同视察。

1989年8月3日，七届县政协副主席宋斌带领主席会议成员及部分政协委员前往陈家镇乡和汲浜乡视察陈家镇罐头食品厂和汲浜乡的水稻丰产方，并听取食品厂负责人和汲浜乡政府负责人的情况介绍。主席会议成员和委员们对食品厂的生产经营给予充分肯定，对汲浜乡政府重视水稻丰产方建设表示满意，并针对视察中发现的问题提出意见建议。

1994年11月5日，九届县政协主席陆瑾带领主席会议成员及部分政协委员视察实事工程进展情况。实地察看崇明商厦建筑工程工地，听取县供销社负责人关于崇明商厦建设情况的介绍。主席会议成员和委员们充分肯定县有关部门重视崇明商厦建设，工程进展快，建议在抓好工程进展的同时，更要重视工程质量。

1994年11月11日，九届县政协副主席仇永鸣带领主席会议成员和部分政协委员视察公路建设、旧城改造十号地块建设、堡镇垃圾堆场建设情况，听取县建委、县旧城改造办公室负责人的情况介绍。主席会议成员和委员们对县建委、县旧城改造办公室所做的工作表示满意，并针对视察中发现的一些问题提出意见建议。

1994年11月17日、25日，九届县政协主席陆瑾带领主席会议成员及部分政协委员视察县政府实事工程进展情况。主席会议成员和委员们先后听取县工商物价局关于集贸市场基建情况、县教科文委关于崇明中学教学大楼建造情况、县卫生局关于堡镇医院传染病大楼建造情况等汇报，并实地察看崇明中学教学大楼、堡镇医院传染病大楼基建工地和育麟桥路等。大家对有关部门克服困难，按期完成节点任务表示满意，并对实事工程建设中的有关问题提出意见建议。

1995年1月9日，九届县政协主席陆瑾带领主席会议成员和部分政协委员视察上海亚通股份有限公司，实地察看堡镇港码头、上海宝杨路码头、牛棚港码头和南门港码头。听取县交通局负责人关于崇明水上交通情况的介绍和上海亚通股份有限公司负责人关于公司成立以来工作情况和1995年工作打算的汇报。主席会议成员和委员们充分肯定县交通局、上海亚通股份有限公司近几年在改善崇明投资环境、发展崇明经济中所做的工作和发挥的作用，并就进一步发展崇明交通事业提出意见建议。县交通局和上海亚通股份有限公司负责人陪同视察。

1995年12月5日，九届县政协主席陆瑾带领主席会议成员和部分政协委员视察瀛新养鳗场和瀛羊食品有限公司。县农委负责人向主席会议成员和委员们介绍发展崇明特色养殖业的规划和措施等情况。主席会议成员和委员们对这两个单位发挥本地资源优势，为培育新经济增长点所作的努力和取得的成绩表示满意，建议在白山羊饲养加工中，要防止外地山羊冒充本地山羊进入崇明市场，要真正打出崇明白山羊的牌子，促进养羊规模进一步扩大。

1995年12月22日，九届县政协副主席黄振兴带领主席会议成员和部分政协委员视察团结沙农场商品粮基地。主席会议成员和委员们听取团结沙农场负责人关于团结沙农场概况、开发思路及万亩商品粮基地建设规划、实施情况的介绍，实地察看团结沙农场的生产情况。主席会议成员和委员建议：县政府要进一步重视团结沙的开发，并摆上重要议事日程；要制订吸引投资的优惠政策；要理顺团结沙农场的体制；要加强协调，县级各部门要共同关心、支持团结沙的开发和建设。

1996年12月10日，九届县政协主席陆瑾带领主席会议成员视察崇明工业园区，实地察看园区厂房、道路等基础设施建设情况，听取园区管委会负责人关于园区规划实施和近期工作情况的汇报。主席会议成员充分肯定园区管委会所做的工作，并就进一步搞好园区建设、发展园区经济提出意见建议。

1997年4月10日，九届县政协主席陆瑾带领主席会议成员及部分委员前往县商委视察三产发展情况。听取县商委负责人关于全县发展三产取得的成绩、遇到的困难、采取的措施以及发展前景等情况介绍。主席会议成员和委员们充分肯定县商委作为职能部门在全县发展三产中所做的工作，并就进一步发展崇明三产提出意见建议。

1998年7月28日，十届县政协主席黄振兴带领主席会议成员和医卫界部分委员视察新落成的县精神卫生中心大楼。主席会议成员和委员们实地察看门诊大楼、病房大楼等医疗设施和设备，听取县精神卫生中心负责人有关情况的介绍，并就县精神卫生中心的建设和人才的引进、业务的拓展等问题，与县卫生局和县精神卫生中心的领导进行座谈，发表意见和建议。主席会议成员和委员们指出，县精神卫生中心提出要建设成设施一流、服务一流、质量一流、管理一流"四个一流"的医疗单位，现已基本具备设施一流，今后工作的关键在于管理，通过一流的管理，争创一流的服务、确保一流的质量。建议县精神卫生中心努力提高管理水平，要发挥政治优势，做好干部职工的思想政治工作，继续发扬在困难环境中艰苦奋斗的优良传统，培养出一批优秀医务人员；要以创业的思想、踏实的作风、开拓创新的精神，实现"四个一流"目标，把县精神卫生中心建设成为市级文明单位。

1999年10月22日，十届县政协主席黄振兴带领主席会议成员视察海塘达标工程。主席会议成员实地察看堤顶保护工程1915－3段、运粮河涵道段和空军油库码头段，听取县水利局负责人有关情况的介绍，并进行座谈。主席会议成员认为，海塘达标工程完成得比较好，工程壮观，对水利局的工作表示满意。同时指出，海塘达标工程是崇明人民的生命线，也是保障线，一定要保证海塘达标工程质量，确保全县人民生命财产安全。建议县水利局适应市场和体制的变化，对在改革中遇到的困难和问题要用改革的方法去解决，要发扬好的传统，积极搞好水利工作。县政协将充分发挥自身优势，通过多种途经加强与政府和有关部门的联系、沟通与协商，积极向上呼吁，争取支持，进一步为崇明的水利建设献计出力。县卫生局和县水利局负责人陪同视察。

2000年1月18日，十届县政协主席黄振兴带领主席会议成员视察旧城改造情况。在视察中，中共崇明县委常委、县旧城改造办公室主任黄铁军介绍在新一轮旧城改造中需要协调和解决的几个问题；县旧城改造办公室有关方面负责人汇报新一轮旧城改造的基本思路和工作原则，介绍确定为旧城改造的城桥镇10个地块的调查和概算情况，以及新一轮旧城改造的工作程序、工作职能和工作重点等。主席会议成员对旧城改造近期工作给予充分肯定，并建议旧城改造办公室在规划设计上总体要协调，政策调整时要注意保持稳定，实行招投标后要有制约和保证措施。做到准备充分，考虑周密，实事办实。

2002年9月12日，十届县政协副主席黄雄带领主席会议成员及部分政协委员视察国家卫生城镇创建工作情况。主席会议成员和委员们实地察看南门观光大道、城桥镇八一路步行街、城桥镇北门菜场和东门新村，听取县创建办和城桥镇政府有关方面负责人关于创建国家卫生城镇工作情况的汇报，并同参加视察活动的有关委办负责人座谈。主席会议成员和委员们充分肯定县创建办和城桥镇政府的工作及取得的成效，并针对视察中发现的一些问题，提出如下建议：一要进一步加强宣传，增强公众参与创建的意识；二要进一步加强协调和沟通，各部门要进一步支持创建工作，形成创建合力；三要进一步加强管理，加大执法和督查力度，实行常态管理，确保通过国家卫生城镇验收。

2003年5月12日，十一届县政协主席范陈杰带领主席会议成员视察崇明中华职校和崇明中华高级中学。主席会议成员听取崇明中华职校、中华高级中学的情况介绍，并实地察看中华高级中学的教学楼、实验楼等教学设施，看望长期从事教学工作的学校班子成员和教职员工。主席会议成员对崇明中华职校、中华高级中学所取得的成绩表示充分肯定，对学校教职员工为教育事业作出的贡献表示敬意。建议崇明中华职校、中华高级中学认真总结十年办学的成功经验，认真制定未来五年、十年的发展规划；深化学校体制改革，不断增强学校的生机和活力；继续重视教学质量，强化管理，进一步提高学校的教学水平；牢记职教社宗旨，根据形势需要，为崇明大开发、大发展培养更多的各类实用人才。

2008 年 6 月 23 日，十二届县政协主席范陈杰带领主席会议成员视察安全生产工作情况。主席会议成员实地视察上海亚通股份有限公司安全生产情况，观看 2007 年崇明安全生产教育警示片，分别听取县安监局和亚通公司负责人关于全县安全生产工作总体情况及亚通公司安全生产情况的介绍。主席会议成员认为，近年来，在中共崇明县委、县政府的领导和高度重视下，县安全生产监督部门和各基层单位坚持以科学发展观为指导，开展安全生产教育培训，严格落实安全生产工作责任制，持续开展事故隐患排查整治工作，严肃查处安全生产责任事故，切实加强各级安监队伍建设，有效促进了崇明经济发展和社会和谐稳定。对此，主席会议成员给予充分肯定。主席会议成员指出，虽然目前全县安全生产形势总体较好，但应当看到还存在着一些不足。为此建议：一要进一步加大对安全生产重要性的宣传力度，积极营造全社会关注、重视、监督安全生产的氛围；二要进一步强化企业安全生产责任意识，努力实现经济效益、社会效益共赢；三要进一步坚持突出重点，切实加强对重点行业、重点企业的监督管理；四要进一步加强一线员工安全教育培训，增强安全生产意识和事故防范技能；五要进一步加强安监队伍建设，强化安全生产监管专业力量。

第四节　委组、界别视察

委组、界别视察是由县政协专门(工作)委员会、乡镇(地区)委员小组和界别组织本委组、界别成员参加的视察活动。县政协主席或副主席参加部分委组、界别的视察活动。本节辑录委组、界别视察 90 次。

1980 年 9 月 4 日—6 日，县政协组织城桥地区和堡镇地区学习小组部分委员视察城桥镇、堡镇地区爱国卫生和市政建设情况。委员们实地察看 18 个单位，并听取单位负责人的情况介绍，对这些单位重视卫生工作，积极开展爱国卫生运动，市政面貌有很大改观，表示满意。委员们针对视察中发现的不足，提出意见建议。县政协副主席咸文和、徐鼎铨、施桂馨参加视察。

1980 年 10 月 21 日—22 日，县政协组织部分委员前往城桥镇、堡镇镇的 30 多个菜场、饭店、商店，视察商业系统开展“双佳”(服务态度佳、服务质量佳)活动情况。视察中，深入现场，了解情况，听取意见，并针对群众关心的买菜难、吃早点难等问题，提出意见建议。县政协副主席咸文和参加视察。

1981 年 10 月 9 日—10 日，教育组组织委员视察新风中学、港西中心小学、江口中心小学、竖河职业学校、竖河公社中心幼儿园和三烈中学。委员们听取各校领导和竖河公社党委的情况介绍，实地察看各项教育设施，并到师生宿舍进行走访。委员们认为，全县教育战线形势喜人，特别是竖河公社党委重视教育工作的经验尤为可贵，并对进一步发展教育事业提出意见建议。县政协副主席顾青、龚镜澄参加视察。

1981 年 10 月 12 日，科技组组织委员到堡镇地区视察环境保护工作情况。委员们听取县环境保护办公室负责人关于全县环保工作情况的汇报，实地察看崇明发电厂、崇明化肥厂、崇明化工机械厂、崇明油厂、堡镇毛巾厂、堡镇色织厂、堡镇电镀厂、民本中学等 8 个单位及崇明发电厂环保工作经验的介绍。委员们认为，多数单位的领导对环保工作是重视的，在“三废”(废气、废水、固体废弃物)处理方面做了不少工作，取得了一定成效。同时，委员们对一些单位的“三废”处理提出意见建议。

1981 年 10 月 26 日—27 日，医卫组组织委员视察县防疫站、县中心医院、堡镇医院、港沿公社卫生院，听取上述单位负责人的情况介绍，实地察看防疫实验设备、医疗器械和医院病房，并进行座谈。委员们认为，这些年来，崇明的卫生防疫和医疗事业有了很大发展，医护人员逐步增加，医院管理制度日趋完善；增添了不少医疗器械和卫生防疫设备，扩大了病房，增加了床位；以生产大队赤脚医生为骨干的卫生防疫队伍得到巩固和发展，从而使全县卫生面貌起了新的变化，人民健康水平有了新的提高。但随着人民生活和健康水平的不断提高，对卫生防疫和医疗事业的要求也越来越高，同时也出现了一些问题和矛盾。如县中心医院、堡镇医院内、外科和妇产科的病房十分紧张。针对视察中发现的问题，委员们建议：卫生经费使用上要确保重点，避免平均分配；三个县级医院要调整布局，中心医院要增加床位；进一步加强卫生防疫、除害灭病工作，继续贯彻好预防为主、防治结合的方针等。县政协副主席顾青、施文德参加视察。

1984 年 1 月 13 日，医卫组组织部分委员，视察县第二人民医院（即堡镇医院）、三星公社卫生院。听取两个医院的情况介绍和所在地区计划生育工作情况汇报。委员们认为，这两所医院医疗条件和底子都较差，但工作搞得井井有条，都有一个团结、坚强的领导班子，都有一套行之有效的规章制度，都有一种艰苦创业的好作风。委员们建议，有关部门要重视配好各级医院的领导班子，加强全县的医务队伍建设，恢复医院的院务委员会组织，做到党、政分开，进一步做好计划生育宣传工作等。县政协副主席顾青、施文德参加视察。

1985 年 9 月 17 日—19 日，教育组部分委员组成教育视察小组，先后视察向化中学、港西初中、东风中学、向化中心小学、双津小学等 12 所中小学校，并召开 3 次在职教师、2 次退休教师座谈会。视察小组认为，近年来，各级政府对教育是重视的，教育投资逐年有所增加，校舍和教学设施有了明显改善，教师的工作条件和生活条件也在逐步改善，广大教师的积极性在提高，但也存在一些需要解决的问题，建议要继续贯彻执行《上海市普及义务教育条例》，制订切实可行的实施规划；要完善教育管理体制，明确县、乡小学、初中的管理范围、机构设置；要通过多方努力，帮助解决部分乡村学校校舍破旧、设备差等问题；要积极采取措施逐步解决师资紧缺的矛盾；要进一步加强对职业学校的领导；要重视退休教师工作等。

1986 年 8 月 6 日，医卫组组织委员分赴城桥镇、堡镇镇、新河镇视察夏令食品卫生情况。委员们实地察看饭店、饮食店、点心店、菜场、酱菜厂、酒厂等 10 多家单位，针对视察中发现的一些问题提出意见建议。县政协副主席宋斌、唐丽光参加视察，县供销社、县工商局、县防疫站、城桥镇、堡镇、新河镇等有关方面负责人陪同视察。

1987 年 6 月 25 日，科学技术委员会组织部分委员视察防汛防台准备工作情况。委员们先后实地察看庙镇乡桥鼻港外口、绿华乡西南角、新村乡北侧中部等堤段，听取相关单位的情况介绍。委员们充分肯定政府及有关职能部门在防汛防台准备方面所做的工作，并针对在视察中发现的一些薄弱环节提出意见建议。县政协副主席黄和招参加视察，县水利局负责人陪同视察。

1988 年 1 月 4 日，文体新闻委员会组织部分委员视察崇明影剧院、文化馆、图书馆、电影公司、沪剧团、博物馆及新华书店等单位。委员们充分肯定这些单位在发挥职能作用方面所做的工作，并分别对各单位的工作提出意见建议。

1988 年 12 月 27 日，教育委员会组织委员视察特殊教育工作情况。委员们先后到崇明县工读学校和聋哑学校，听取学校负责人的情况介绍，并察看教学楼和教学设施。委员们充分肯定工读学校和聋哑学校所做的工作，并对进一步发展特殊教育事业提出意见建议。县政协副主席昝泰昌参加视察。

1989 年 9 月 8 日，科学技术委员会组织委员视察交通设施和了解近年来交通发展情况。委员们察看“崇明二号”车客渡船的设施和石洞口轮站、新河对江渡轮站以及筹建中的张网港万吨级码头基地。委员们对县政府及其职能部门重视崇明对外交通建设表示满意，并对进一步发展交通事业，改善交通条件提出意见建议。县政协副主席罗永祥参加视察。

1989 年 11 月 3 日，市政工交财贸委员会组织部分委员视察煤气工程、陈海公路拓宽工程、上棉五厂崇明联营厂土建工程等。委员们对政府及其职能部门重视公用事业和公路交通建设表示满意，并对进一步发展公用事业和公路建设提出意见建议。县政协副主席徐正林、黄和招、罗永祥，秘书长薛以霆等参加视察。

1990 年 5 月 26 日，法制委员会和县政协之友社组织委员和部分社员视察崇明县看守所。委员们对县公安局重视看守所建设和管理表示满意，并对进一步加强看守所管理提出意见建议。县政协副主席、政协之友社理事长徐正林参加视察。

1990 年 11 月 7 日，科学技术委员会组织部分委员视察崇明造船厂和崇明汽车运输总公司。在崇明造船厂视察即将竣工的“杨集一号”内河集装箱船，听取关于船厂发展情况的介绍。在崇明汽车运输总公司，听取关于公司经营情况和目前存在的困难介绍。委员们充分肯定崇明造船厂和崇明汽车运输总公司取得的业绩，并就企业进一步发展提出意见建议。

1990 年 12 月 7 日—8 日，医卫体委员会和农工党崇明县支部联合组织视察活动，了解崇明三级医疗网和学校体育工作情况。7 日，分别听取县卫生局关于三级医疗网建设和县教育局关于学校体育工作的情况汇报。8 日，分组到港西乡、五滧乡视察三级医疗网，到鳌山乡视察学校体育工作。县政协副主席、农工党崇明县支部主任委员施兆发参加视察。

1990 年 12 月 20 日，教育文化委员会组织委员视察堡镇镇社区文化及崇明师范学校文化工作情况。委员们对政府及职能部门重视社区文化和学校文化工作表示满意，并对进一步加强社区文化和学校文化建设提出意见建议。县政协副主席姚振尧参加视察。

1991 年 6 月 19 日，教育文化委员会组织委员视察大同中学、大同乡中心小学德育教育情况。委员们对学校重视德育教育工作并取得显著成效给予充分肯定，并建议学校要进一步加强德育教育工作的领导，组织开展生动活泼的活动，不断提高德育教育工作水平。县政协副主席姚振尧参加视察。

1991 年 11 月 15 日，文史资料委员会组织委员视察崇明学宫、唐一岑墓、金鳌山、寿安寺等。委员们建议政府及其职能部门要进一步重视文物保护工作，要发挥文物古迹的作用。县政协副主席徐正林、徐鼎铨和秘书长顾建新参加视察。

1991 年 11 月 30 日，法制委员会组织委员视察崇明县工读学校。委员们听取学校负责人情况介绍，察看宣传画廊和学生劳动课情况。委员们就工读学校反映的招生难、经费少等困难展开讨论，提出意见建议。

1992 年 5 月 28 日，教育文化委员会组织委员视察三烈中学，与学校负责人和教师就素质教育、教学质量等进行研讨。委员们建议政府及其职能部门要进一步重视学校的素质教育，不断提高素质教育水平，并组织各种活动，把素质教育贯彻于学校的各项工作，使学生在德智体方面全面发展。县政协副主席徐正林、秘书长顾建新参加视察。

1993 年 6 月 10 日，教育委员会组织委员视察城桥乡中心小学课程改革工作情况。委员们听取学校负责人关于课改情况的汇报，观摩试点班公开课和成果展览，观看该校小乐队表演。委员们对城桥乡中心小学课程改革工作取得的成绩表示肯定，并就进一步搞好课程改革工作提出意见建议。县政协副主席姚振尧参加视察。

1994 年 5 月 31 日，医卫委员会组织部分委员视察食品卫生工作情况。委员们实地察看新河镇农贸市场、新河八达酒家、上海新奇食品厂、上海万宝饮料厂、上海海滨食品厂等单位，听取县卫生防疫站负责人关于食品卫生工作情况的汇报，就进一步加强食品卫生工作提出意见建议。

1994 年 10 月 8 日，民族宗教委员会组织部分委员视察基督教崇主堂、新开河天主堂和广福寺。委员们听取这 3 处宗教活动场所负责人的情况介绍，进行座谈讨论，就如何搞好民族宗教工作提出意见建议。

1994 年 12 月 9 日，教育委员会组织部分委员视察竖河职校和城东职校。委员们听取学校负责人的情况汇报，并就如何进一步搞好职业教育，为崇明经济建设培养有用人才的问题进行座谈讨论，提出意见建议。县政协秘书长刘亚池参加视察。

1995 年 6 月 6 日，科技委员会组织部分委员视察世行贷款重点项目。委员们实地察看合作乡东亚织造厂和大新乡前卫村 L 乳酸厂，听取县世行办负责人关于世行贷款星火计划项目总体实施情况的汇报。委员们充分肯定在实施世界银行贷款星火计划项目中所取得的成绩，客观地分析存在的问题，并提出意见建议。县政协副主席姚振尧参加视察。

1995年8月29日，市政工交委员会组织委员到新民镇视察。委员们实地察看新民镇有关企业，听取新民镇负责人关于企业转制情况的汇报。针对新民镇的实际，结合全县的情况，就企业转制过程中如何加强资产管理，防止资产流失的问题进行座谈讨论，提出意见建议。县政协副主席仇永鸣参加视察。

1995年9月26日，法制委员会组织部分委员视察县公安局看守所和收审所。委员们实地察看看守所和收容所，听取县公安局负责人有关情况的介绍。委员们认为，“两所”的监房条件虽然较差，但干警责任心强，工作效率高，成绩是显著的。但限于条件，也存在混关混押等问题。委员们建议要加强宣传，让社会上更多的人了解和支持看守所和收审所的工作；要增加投入，改善监房条件，确保监房安全；要切实规划，搞好“两所”建设。县政协副主席黄振兴参加视察。

1995年9月27日，市政工交委员会组织委员到新村乡新洲村视察环洲实业有限公司，委员们实地察看公司生产车间和产品陈列室，听取公司负责人有关情况的介绍，并就组建企业集团等问题与公司负责人进行探讨，提出意见建议。县政协副主席仇永鸣、秘书长刘亚池参加视察。

1996年5月3日，科技委员会组织委员视察瀛新养鳗场。委员们听取该场负责人的情况介绍，对该场取得的成绩表示满意，就如何提高设备利用率，进一步重视和发挥科技人员的作用等提出意见建议。

1996年5月9日，文体新闻委员会组织部分委员视察全民健身运动开展情况。委员们实地察看崇明县人民体育场、崇明县体育馆等体育场所，听取县教科文委和城桥镇关于全县及城桥镇开展全民健身运动情况的介绍，并就进一步加强全民健身运动的组织领导和业务指导以及加强体育场馆设施建设等提出意见建议。县政协副主席仇永鸣、秘书长刘亚池参加视察。

1996年5月13日，鳌山地区委员小组组织委员视察大新镇前卫村生态农业。委员们实地察看水产养殖场、蔬菜园艺场等，听取村接待办负责人关于生态农业发展情况的介绍。委员们对进一步搞好生态农业提出意见建议。县政协副主席姚振尧参加视察。

1996年7月26日，法制委员会组织部分委员视察外来人口管理工作情况。委员们先后前往合兴乡和上海农工商集团东旺总公司实地察看，并听取县公安局和公安局治安大队负责人有关情况介绍。委员们就如何进一步加强外来人口管理，确保崇明地区社会治安稳定，促进崇明经济健康发展提出意见建议。县政协副主席仇永鸣参加视察。

1996年10月10日，海外联谊委员会组织委员视察绿华镇中外合资企业新交华液力机械有限公司。委员们实地察看公司生产车间，听取公司负责人关于生产经营情况的介绍。委员们对公司取得的成绩给予充分肯定，并表示要发挥自身优势，加强与海外亲友的联系，积极为振兴崇明经济牵线搭桥，多作贡献。县政协秘书长刘亚池参加视察。

1997年10月8日，城桥地区委员小组组织委员视察城桥镇八一路环境整治工作情况。委员们察看现场，听取城桥镇副镇长有关情况汇报，并进行座谈讨论。委员们对八一路环境整治工作取得的成绩给予充分肯定，并就进一步改善八一路环境面貌、争创“市级文明街”提出意见建议。县政协副主席仇永鸣参加视察。

1997年12月23日，市政工交委员会组织委员视察合兴乡建筑公司。县建委和合兴乡建筑公司有关方面负责人向委员们介绍崇明建筑业发展基本情况和合兴乡建筑公司发展情况。委员们充分肯定政府职能部门重视建筑业的发展，并就进一步发展崇明建筑业提出意见建议。县政协副主席仇永鸣参加视察。

1998年6月25日，城桥镇地区委员小组组织委员视察城桥镇地区乱设摊整治工作情况。委员们实地察看桥镇地区设摊情况，听取城桥镇有关方面负责人介绍城桥镇创建“国家卫生镇”计划和开展活动的情况、通报关于整治乱设摊的措施和对策，并就如何进一步整治乱设摊、争创“国家卫生镇”提出意见建议。

1998年7月6日，科技委员会组织委员到新民镇永丰村视察上海永凤工贸有限公司。委员们实地察看公司的生产现场，听取永丰村党支部和永凤工贸有限公司负责人介绍公司发展情况。该公司目前拥有固定资产 2 916 万元，1997 年实现产值 2 066 万元，利润 241 万元，主要产品为上海大众汽车有限公司、中国第一汽车集团公司等国有大中型企业配套。委员们对永丰村依靠科技进步，艰苦创业所取得的成绩表示钦佩，并就开发新产品、提高产品科技含量和质量等方面提出意见建议。县政协副主席黄雄参加视察。

1998 年 10 月 5 日，城北地区委员小组组织委员视察港西镇阳刚电子有限公司和申港窗饰制品有限公司两家私营企业。委员们实地察看阳刚电子有限公司和申港窗饰制品有限公司的生产车间，听取这两家公司负责人关于企业发展情况的介绍，并就如何扶持私营企业发展、尽快形成规模优势、加快发展私营企业等问题进行探讨，提出意见建议。县政协副主席仇永鸣参加视察。

1998 年 11 月 25 日，社会法制委员会组织委员视察旧城改造工作情况。委员们听取县建委有关负责人关于 1994 年以来实施旧城改造的规划、拆迁、建设和物业管理等方面的情况汇报。委员们认为，四年多来的旧城改造工作取得了很大成绩，动迁安置工作做得比较细致，物业管理初步进入规范化，但也存在一些问题。委员们建议：对城桥镇新的总体规划应尽快审定；对物业管理公司要明确一个行政管理部门负责审核，必须具备资质才能批准营业。县政协副主席仇永鸣参加视察。

1998 年 11 月 27 日，教育委员会组织委员视察团结沙农场和陈家镇瀛东村。委员们听取团结沙农场和瀛东村负责人关于团结沙农场和瀛东村的围垦、开发以及建设情况的介绍，并进行实地考察。委员们认为，团结沙农场作为绿色食品园区的基地，应继续加大开发力度。同时提出，全县上下应继续发扬瀛东村艰苦奋斗的创业精神，推进各项事业的发展。

1998 年 12 月 4 日，海外联谊委员会组织委员视察台胞、侨眷创办的冠军食品厂和申港窗饰制品有限公司。委员们实地察看企业生产车间，听取企业负责人关于生产经营情况的介绍，对这两家企业取得的成绩给予充分肯定，并就企业进一步发展提出意见建议。县政协秘书长刘亚池参加视察。

1999 年 6 月 14 日，教育委员会组织委员视察裕安、大新两镇的工业生产情况。在裕安镇，委员们听取镇政府负责人的情况介绍，视察裕港电磁线厂；在大新镇，听取镇政府负责人的情况介绍，视察瀛春毛纺织厂。委员们认为，两个企业的成功关键在于人才的引进、培训和合理利用。因此，要进一步发展崇明教育事业，努力培养高素质的各类人才，促进崇明经济的振兴。县政协副主席姚振尧参加视察。

1999 年 7 月 16 日，城桥镇委员小组组织委员视察城桥镇庆成菜场。委员们实地察看菜场环境卫生、食品卫生管理、摊位管理情况，听取庆成菜场基本情况的介绍，对有关部门重视对庆成菜场的管理给予充分肯定，并针对视察中发现的一些问题提出意见建议。

1999 年 12 月 16 日，向化地区委员小组组织委员视察北八滧中华绒螯蟹繁殖基地。委员们听取有关情况介绍，对基地取得的成绩表示满意，并对进一步搞好中华绒螯蟹繁殖基地建设提出意见建议。

2000 年 6 月 5 日，县政协组织工商联、侨联、台联、少数民族、宗教、共青团、工会、妇联、青联、文艺、体育、新闻等界别委员视察旅游发展情况。委员们听取县旅游事业管理委员会负责人关于崇明旅游业发展情况的介绍，实地察看寿安寺、崇明县博物馆、瀛洲广场、南门观光大堤、宝岛度假村及东平国家森林公园等，并进行座谈讨论。委员们对县政府及其职能部门重视崇明旅游业的发展给予充分肯定，并针对在视察中发现的问题和薄弱环节提出如下建议：要进一步重视旅游业的发展，加强宣传，增强崇明旅游业的影响，吸引更多的游客到崇明旅游；要重视旅游景点的软件建设，加强对导游人员的培训，树立良好的服务形象；要进一步加强景点的硬件建设，提高景点的品位和档次；要进一步挖掘旅游资源，适当增加旅游景点，充分展示崇明生态旅游的特色。县政协主席黄振兴、副主席仇永鸣、秘书长刘亚池等参加视察。

2000 年 8 月 15 日，城桥镇委员小组组织委员视察城桥镇中津桥路、鳌山路、西门路等市容环境卫生情况。委员们实地察看这些路段市容环境，听取城桥镇有关方面负责人的情况介绍。委员们对政府职能部门及城桥镇政府重视地区环境卫生工作给予充分肯定，并针对视察中发现的一些存在问题提出意见建议。

2000年10月24日，县政协组织教育、医卫、农业、特邀界别的政协委员视察农业重点项目实施情况。委员们实地察看县级苗木基地、崇明稻田养蟹示范基地、县种苗园艺场、中兴镇花菜基地和裕安镇养蟹基地，听取县政府有关负责人的情况介绍，并进行座谈。委员们对县政府及其职能部门重视特种养殖业的发展给予充分肯定，并对加快特种养殖业发展提出意见建议。县政协主席黄振兴，副主席仇永鸣，秘书长刘亚池参加视察。副县长殷惠生陪同视察。

2002年5月9日—12日，人口和健康委员会组织委员视察农村医疗机构药品管理工作情况。委员们分组深入14个乡镇的卫生院、合作医疗管理站、村卫生室，看现场，听介绍，了解药品管理工作，并提出意见建议。县政协副主席黄雄参加视察。

2002年5月22日，教文体委员会组织委员到县少体校视察。委员们听取学校负责人的情况介绍，并进行座谈，就学校的发展和教研工作提出意见建议。县政协副主席黄雄参加视察。

2003年7月28日，科技委员会组织委员到县工业园区视察。委员们实地察看园区一期、二期开发工程施工现场，听取园区负责人有关情况的介绍，对园区建设表示满意，并对进一步加快园区建设提出意见建议。县政协副主席黄雄参加视察。

2003年10月28日，科技委员会组织委员到县中心医院视察。委员们听取县中心医院负责人关于医院总体改造规划及实施情况的介绍，实地察看新落成的门急诊大楼，并就改善医疗条件、提高医疗水平和服务质量提出意见建议。县政协主席范陈杰、副主席王菁参加视察。

2003年11月20日，社会和法制委员会组织委员前往江龙老年公寓视察。委员们实地察看老年公寓环境卫生状况，询问老人生活起居情况，听取老年公寓负责人有关情况介绍，就充分发挥崇明生态优势，发展养老事业，为弱势群体创造就业岗位开展讨论。委员们还围绕养老公寓在社区建设中的地位、发展养老公寓存在的难点问题，对如何争取社会力量做好共建工作提出意见建议。县政协副主席罗永祥参加视察。

2003年11月28日，科技委员会组织委员前往亚通生态苗木基地视察。委员们听取亚通生态苗木基地负责人关于基地发展情况的介绍，并就利用崇明生态岛建设及越江通道建设之机，扩大苗木种植规模、增加苗木种植品种等提出意见建议。

2004年6月22日，科技委员会组织委员视察保护知识产权工作情况。委员们听取县知识产权局负责人关于保护知识产权工作情况的汇报以及上海百顺锁厂、上海瀛春毛纺织厂关于保护知识产权和企业申请专利工作方面的情况介绍，实地察看上海百顺锁厂、上海瀛春毛纺织厂。委员们对政府及其职能部门重视知识产权保护工作给予充分肯定，并建议：要加大对知识产权和专利法的宣传力度，提高全社会对专利知识的知晓度；要加强服务，举办多种形式的专利知识培训讲座，帮助企业申请专利，形成知识产权保护网；要抓知识产权创新，为崇明发展提供技术支撑。县政协副主席王菁参加视察。

2004年7月23日，经济委员会组织委员视察民营经济发展情况。委员们实地察看上海百顺锁厂、上海嘉仕久机械制造有限公司等民营企业，听取县经委负责人关于崇明民营企业发展情况的汇报。委员们认为，大力发展民营企业，能有效壮大全县经济总量，为社会提供大量就业岗位，建议县政府及相关职能部门要继续关心、支持民营企业，提供政策、融资等方面的优质服务，为民营企业发展创造更好的环境。县政协副主席吴复安参加视察。

2004年7月29日，文史资料委员会组织委员视察水环境保护情况。委员们实地察看北横引河，听取县水务局负责人关于水环境保护和水利设施建设的情况介绍，并就进一步加强水环境保护提出意见建议。县政协副主席罗永祥参加视察。

2004年8月23日，堡镇委员小组组织委员视察堡镇地区实事工程建设进展情况。委员们先后察看堡镇千亩水源涵养林、连村道路建设、机口改造以及自来水地下管网建设等工程，听取堡镇政府有关方面负责人的情况介绍。委员们充分肯定堡镇政府积极推进实事工程建设，努力改善群众生产和生活条件所作的努力，并就进一步推进堡镇实事工程建设提出意见建议。

2004年12月22日，庙镇地区委员小组组织委员开展视察活动，实地察看种种园林绿化基地、永乐村和万安村生态示范村建设以及沟河整治情况，听取庙镇政府负责人关于2004年庙镇实事工程完成情况的通报。委员们对庙镇政府积极推进实事工程建设，努力改善群众生产、生活条件所作的努力给予充分肯定，并就加大生态环境保护力度、大力扶持农家游项目等提出意见建议。

2005年8月17日—18日，县政协、中共崇明县委统战部联合组织各民主党派、工商联负责人、无党派人士和部分政协委员前往长兴乡、横沙乡视察。参加视察的人员听取长兴乡和横沙乡党委、政府关于社会经济发展基本情况介绍，参观中船江南长兴造船基地、中海长兴修船基地和上海振华港机长兴基地，实地察看两乡的生态环境建设、农村道路改造、宗教场所和教育卫生事业发展情况。县政协主席范陈杰在视察活动中指出，随着上海长江隧桥工程建设的推进，崇明三岛作为上海的北翼纽带，将迎来崭新的发展机遇。长兴、横沙两乡要认真贯彻落实县委九届六次全会精神，按照市委、市政府确定的崇明三岛功能定位，整合完善好三岛总体规划，聚精会神谋发展，真抓实干出成果，为上海21世纪可持续发展拓展空间。县政协副主席袁佳平、罗永祥、吴复安，秘书长陈汉刚参加视察。

2006年11月24日，堡镇委员小组组织委员视察堡镇实事工程建设和生态示范村创建工作情况。委员们实地察看堡镇社区卫生服务中心、五滧中心幼儿园、石岛路、农民拆迁安置房一期工程及堡镇五滧村、花园村生态示范村创建情况，听取这些单位负责人的情况介绍。委员们对堡镇政府重视实事工程建设和生态示范村创建工作给予充分肯定，并就市政建设、培育生态文化、构建和谐社会等方面提出意见建议。

2007年8月2日，城桥镇委员小组组织委员开展视察活动。委员们实地察看城桥镇现代农业示范基地，听取城桥镇政府有关负责人关于城桥镇农业发展情况的介绍。委员们对城桥镇近年来结合本镇实际，在积极引导农民调整农业产业结构，发展特色农副产品，努力促进农业增效和农民增收等方面所做的工作和取得的成绩给予充分肯定，并就进一步推进城桥镇新农村建设提出意见建议。县政协副主席袁佳平、王菁参加视察。

2008年3月17日，人口和健康委员会组织委员视察城桥镇社区卫生服务中心。委员们听取城桥镇社区卫生服务中心情况介绍，并实地察看综合服务大楼。委员们对社区卫生服务工作给予充分肯定，同时建议，县政府与相关职能部门要进一步加大财政投入，制定和落实发展社区卫生事业的优惠政策，加强社区卫生服务机构的规范管理，不断完善社区卫生服务的管理机制和运行机制；要进一步加强社区卫生服务队伍建设，加大社区医护人员的培养、培训力度，不断提高医护人员素质，保证服务质量，推动社区服务工作健康发展。县政协主席范陈杰，副主席袁佳平、施俭参加视察。

2008年10月31日，堡镇委员小组组织委员视察新农村、新市镇建设情况。委员们先后实地察看堡镇北路等路段和堡镇花园村办事处，听取堡镇实施“百路千点”环境整治工作和堡镇花园村开展新农村建设示范点工作的情况介绍。委员们指出，“百路千点”环境整治工作是县委、县政府全力推进的全年实事工作之一，堡镇党委和政府积极行动，通过拆迁、粉刷、补绿等方式，全面推进该镇的整治工作，使违法违章建筑得到整治，镇容镇貌焕然一新，委员们对此给予充分肯定，并就建立完善乡村医生工作奖惩和激励机制、健全农村养老保险制度等新农村建设中的热点和难点问题提出意见建议。

2008年11月18日，科技委员会和长兴横沙地区委员小组组织委员到长兴岛视察。委员们先后视察中海长兴国际船务工程有限公司、上海振华港机长兴基地、江南造船(集团)有限责任公司等企业，听取企业负责人的情况介绍。委员们认为，随着各大企业的先后入驻，长兴岛海洋装备基地和基础设施建设得到快速推进。委员们建议进一步研究破解土地、资金、人才、环境等要素性难题，确保长兴经济社会又好又快发展。委员们还视察前卫农场的上海橘园。针对受“橘蛆”影响，柑橘销售困难，橘农增产不增收，委员们建议，要继续做好宣传工作，努力消除“橘蛆”带来的负面影响；要在积极组织政府机关、企事业单位进行团购的同时，进一步尝试通过网络等其他途径帮助橘农推销橘子；政府也可考虑针对橘农出台一些优惠政策，帮助他们渡过难关。县政协副主席周新卫参加视察。

2009年6月10日，提案委员会与经济委员会组织委员视察集贸市场管理工作情况。委员们先后实地察看港西镇、庙镇、三星镇等乡镇的集贸市场，听取县经济委员会负责人所作的情况介绍。委员们认为，集贸市场改造是一项民心工程，不仅是加强市容环境建设的迫切需要，更是社会主义新农村建设的必然要求。但目前全县的集贸市场还存在着不少问题与弊端。一是管理机制不顺；二是设施设备简陋；三是卫生环境较差；四是布点不尽合理。对此，委员们建议，要理顺集贸市场的管理体制，让各乡镇真正拥有集贸市场的“话语权”，恢复集贸市场的公益性质；各乡镇党政领导要进一步重视集贸市场的改造，加强领导，按照改造实施方案的具体要求，明确责任，加强协调配合，积极稳妥地推进集贸市场的改造工作；对部分明显不达标的乡镇集贸市场要实施重点管理，以“形象改观、功能提升，卫生洁净、管理有序”的目标大力进行改造，彻底改变这些集贸市场“脏、乱、差”的面貌；对“马路菜场”进行综合整治，疏堵结合，促进集贸市场稳定健康发展。县政协副主席袁佳平参加视察。

2009 年 8 月 20 日，县政协经济界别组织委员视察富盛经济开发区、新河集装箱码头及拆迁配套安置房小区。委员们听取富盛经济开发区管委会和开发公司负责人的情况介绍。委员们认为，富盛经济开发区区位条件优越，区域交通较为便捷，对于崇明经济和社会发展有着一定的辐射和拉动作用。委员们建议，要紧紧抓住上海长江隧桥工程即将竣工通车的契机，积极开展招商引资工作；要高起点、高标准、高水准地做好开发区的定位工作，力求符合建设崇明现代化生态岛的要求；要进一步提高服务水平，积极应对国际金融危机给园区建设带来的不利影响；要抓住开发区在国际金融危机影响下暴露出的各类问题，认真总结经验，努力提高工作水平，使开发区建设更加健康有序地发展。县政协主席范陈杰、副主席周新卫参加视察。

2009 年 12 月 9 日，堡镇委员小组组织委员视察。委员们先后参观上海华星牙膏厂和堡镇电镀厂，听取两厂发展情况的介绍。委员们认为，受国际金融危机的影响，2009 年经济形势比较严峻。上海华星牙膏厂与堡镇电镀厂能够认清形势，认真筹划，加强企业管理，及时修正营销计划，化压力为动力，变危机为转机，不仅使企业渡过了难关，更确保了员工的工资福利待遇，在协助当地政府保障民生、促进社会和谐稳定方面发挥了积极作用。委员们建议，要针对企业在此次国际金融危机中暴露出的生产力落后、资质水平低等问题，积极寻求财政政策扶持，建设符合现代化生态岛建设目标的先进生产厂区，切实提高生产力；要抓住上海长江隧桥建成通车的契机，积极寻求发展机遇，开拓岛外市场，努力增强企业自身发展的活力；要以先进、科学、规范的管理方法引领企业发展，切实提高产品质量，努力提升企业竞争力。

2010 年 2 月 4 日，城桥镇委员小组组织委员视察迎世博各项工作推进情况。委员们听取城桥镇政府负责人迎世博各项工作推进情况的介绍，对该镇认真落实胡锦涛总书记提出的世博筹办“六个确保”的要求，巩固迎世博 500 天以来的工作成效，在继续扩大社会宣传动员、提升窗口服务水平、完善基础设施建设、整治环境突出问题等多个方面取得的显著成效给予充分肯定。针对视察中发现的薄弱环节，委员们建议，要进一步拓展社会宣传动员深度，加强对广大群众的教育和引导，不断提高群众的文明素养；要进一步动员人民群众，积极参与迎世博各项活动，不断提升城乡文明程度和营造优美环境；要进一步采取措施，有效应对上海长江隧桥通车后面临的新形势，切实做好旅游接待工作，喜迎八方宾客，展示崇明人民良好形象。

2010 年 5 月 27 日，人口和健康委员会组织委员视察崇明公共卫生安全和保障世博会平安顺利召开工作情况。委员们听取县疾病控制中心负责人所作的关于围绕世博安保工作和崇明公共卫生安全工作的情况介绍。委员们认为，县疾病控制中心自成立以来，在传染病防治、慢性病防治、眼防、牙防以及公共卫生检测等方面做了大量工作，取得一定成绩。当前，面对手足口病防控工作的新形势，县疾病控制中心能积极应对，加强各种防护措施，使全县手足口病发病率低于全市平均水平。同时，随着上海长江隧桥建成通车，到崇游客激增使全县出现大量无证经营“农家乐”的新情况，县疾病控制中心能切实加强检查和风险评估工作，为全县“农家乐”旅游业健康发展提供了保障。委员们指出，2010 年上海世博会的召开给崇明经济社会发展带来了较大的推动作用，也对崇明公共卫生等方面的工作提出了更高的要求和带来了更新的挑战。世博会期间，崇明公共安全、环境卫生、服务业等方面工作将面临更大考验。委员们建议，县疾病控制中心要紧紧把握机遇，积极应对挑战，充分利用现有资源和力量，化挑战为发展机会，采取各项有效措施，努力将全县疾病防控工作推上新的台阶。委员们表示，要及时把县疾病控制中心面临的经费不足、人才匮乏、工作用房紧张等软硬件困难反映给有关部门，争取各方对疾病防控工作更多的支持。

2010年6月18日，科技委员会与竖新镇委员小组联合组织委员视察。委员们先后参观上海沐雨生态农业有限公司、上海绿晟实业有限公司，听取上海沐雨生态农业有限公司负责人关于水稻田生态小龙虾和生态甲鱼养殖情况的介绍，以及上海绿晟实业有限公司负责人关于有机蔬菜种植和外销精品葱加工制作情况的介绍。委员们认为，上海长江隧桥的通车使崇明农产品能够更加便捷地运往上海市区，而上海世博会的召开也使崇明有了更多的游客到访。在这背景下，县农业等有关部门和各相关单位应紧紧抓住大好机遇，继续深入研究探讨农产品优质培育、深加工问题，不断拓展对外销售渠道，打响崇明农产品优质品牌，为进一步推进崇明农业发展和加快新农村建设发挥积极作用。县政协副主席袁佳平、施俭参加视察。

2010年6月24日，县政协工商联界别组织委员视察上海北湖建设工程有限公司，听取北湖建设工程有限公司负责人的情况介绍，并召开座谈会。座谈会由县政协副主席、县工商联主席周新卫主持。座谈会上，委员们围绕如何在"十二五"期间不断推进崇明本岛工业园区建设的主题开展讨论。委员们指出，虽然近年来县工业园区和富盛经济开发区作为崇明"一体两翼"格局中的"两翼"，在增强全县经济实力、加快推进产业结构优化等方面发挥了较大作用，但仍有一些不足之处需要继续加以改进。委员们认为，即将来临的"十二五"时期，是崇明加快推进现代化生态岛建设的关键时期。在"十二五"期间加快推进县工业园区和富盛开发区两大工业园区建设，对于进一步转变经济发展方式，促进全县经济社会又好又快发展具有十分重要的意义。委员们建议：要明确园区功能定位，确定园区主导产业，从构建和延长产业链、产业价值链出发，有针对性地引入关键性、节点性的重点产业项目和企业，引导其他关联配套产业向园区集聚，着力打造特色化、专业化园区；要建立项目准入和退出机制，制定明确规范的园区准入条件，强化指标考核和监督管理，严格控制园区内企业的质量，确保园区健康有序发展；要扩大招商引资力度，科学确定招商引资主导方向和重点，有针对性地策划、储备、推进一批重点引资项目，完善招商有关机制，逐步由原来的以引进注册型企业为主向以引进实体性生产企业为主过渡；要着力缓解就业难与招工难矛盾，通过各类专场洽谈会、技能培训和择业意识宣传教育，提高本地富余劳动力就业动力，为其寻找匹配的岗位。同时，进一步规范企业劳动用工，切实履行最低工资标准，提高工资待遇，维护劳动者合法权益。座谈会上，与会委员还就进一步推进落实陈家镇相关企业安置措施等方面提出意见建议。县政协主席范陈杰参加视察。

2010年6月25日，县政协民进界别组织委员视察前卫村、三民文化村和县旅游投资发展公司，听取三民文化村和县旅游投资发展公司的情况介绍，并召开座谈会。委员们对县政府及其职能部门重视旅游事业发展，挖掘文化旅游资源给予充分肯定。建议政府部门要进一步加强旅游资源的挖掘和整理，加强旅游景点建设，吸引更多旅客到崇明旅游，促进崇明旅游业的更大发展。县政协主席范陈杰、副主席褚以琳参加视察。

2010年7月21日，港沿镇委员小组与竖新镇委员小组联合组织委员视察。委员们先后实地察看港沿花卉示范基地、上海绿笋芦笋专业生产合作社，听取两个单位的情况介绍，并进行座谈交流。委员们认为，近年来，随着经济的发展，港沿镇各项建设有条不紊地推进，特别是上海长江隧桥建成通车后，港沿镇在经济发展、文化事业建设、环境整治等方面都步上了新台阶，为推动现代化生态岛建设作出了积极贡献。县政协主席范陈杰参加视察活动。

2010年12月14日，县政协社会福利和社会保障、少数民族、宗教界别小组组织委员视察养老事业发展情况。委员们先后实地察看新海镇怡心养老院、新海镇阳光之家等场所，并听取这些单位负责人有关情况的介绍。委员们认为，近几年来，全县在致力于养老服务事业的发展中不仅为老年人提供了良好的晚年生活保障，而且提升了养老事业的整体服务水平，也为加快现代养老服务业发展打下了基础。但在如何有效利用生态优势、打响生态品牌等方面仍需进一步探索。委员们建议：要借势造势，凭借区位优势，借助崇明成功创建"中国长寿之乡"的契机，多方面构筑宣传平台，营造绿色、宜居的现代养老氛围，为全县养老事业规划布局宣传造势、吸引人气；要主力领跑，由职能部门牵头，鼓励社会组织或个人投资养老产业，予以政策扶持或税收优惠等措施，主推一两个优质养老项目，带动全县养老服务事业的全面健康可持续发展；要双管齐下，系统规划养老服务事业体制机制，进一步提高从业人员的整体素质和服务水平，在强调机构、床位、设施到位的同时，注重提升软实力，开拓服务范围、创新服务形式、细化服务内容，推动全社会重视老龄工作，弘扬长寿文化，崇尚尊老、爱老、敬老的优良传统美德，促进养老产业快速发展。

2011年5月10日，城桥镇委员小组和庙镇委员小组联合组织委员视察城桥镇现代农业园区。委员们实地察看园区生产情况，听取园区负责人关于现代农业园区的概况介绍。委员们认为，园区以产品市场化、生产专业化、布局区域化、服务社会化的产业规模扩张模式，抓龙头带基地，在兴建低碳农业种植示范区，推广种源种苗的繁育技术，实现农产品转化增值，增加绿色农业创收方面取得了一定成绩，但在进一步发挥农、科、教、产、学、研的集聚优势，使之逐步成为集生产、加工、销售、旅游观光一体化的外向型现代化生态农业园区方面还存在一定距离。委员们建议：要加大农技推广力度，提高农产品产出效益；要推进农业产业化发展，提高农产品市场竞争力；要优化农产品产、运、销环节，实现消费者与农民利益的双赢。县政协副主席袁佳平参加视察。

2012年5月9日，社会事业委员会组织委员视察长兴镇社会事业及社会管理工作情况。委员们先后察看长兴镇平安小学、长兴镇社区卫生服务中心、长兴镇文化馆等社会事业设施，听取长兴镇社会事业建设和管理工作的情况汇报。委员们认为，长兴镇紧紧围绕“海洋装备岛、生态水源岛、景观旅游岛”的总体建设目标，凝心聚力，开拓进取，实现经济社会各项事业又好又快发展。但随着重点产业发展和城镇化的推进，长兴地区外来人口总量已近11万人，给社会管理带来了很大的挑战。虽然长兴镇已做了大量的工作，取得了难能可贵的成绩，但是与形势的发展和人民群众的需求还有一定的差距。委员们建议：长兴镇必须坚持以人为本，统筹规划好长兴地区社会事业发展，全力解决社会管理难题；县政府要充分兼顾长兴地区在发展过程中的特殊性，切实重视长兴地区社会事业的建设和投入，加大协调和统筹，并给予一定的财政倾斜和政策支持；县教育部门要根据实际情况安排好长兴地区的教育资源；有关各方要大力支持长兴镇社会建设和管理，形成良好氛围。县政协副主席周新卫参加视察。

2012年9月25日，建设管理委员会组织委员视察上海实业东滩投资开发(集团)有限公司。委员们观看上实东滩公司的宣传专题片，听取东滩区域开发建设规划及商业养老产业发展情况介绍。委员们认为，上实东滩公司积极响应探索推进全生态养老社区的模式，将幸福长者养老社区作为首先落地的核心产业重点项目，按节能、环保、低碳和无障碍、无污染、高科技要求，科学布局、适时推进，着力建设一个区分年龄、服务层次并给予终老保障的养老生活支持系统，以满足不同层次老人的养老需要，为引领崇明养老产业起步起到重点示范作用。委员们建议：要在工程建设初期，加强与市政、县域内有关工程管辖部门的衔接，及时听取市政及县域相关部门对骨干道路、河道水系工程施工情况的意见建议，防止重点工程与项目功能不匹配的现象发生；要积极争取政府政策的支持，逐步形成一个新的产业领域和新的经济增长点，努力为全市养老产业的发展积极探索，多作贡献，同时，更好地占领能够实现社会价值和经济价值双赢的战略高地。县政协副主席顾德昌参加视察。

2012年10月9日，社会事业委员会组织委员视察崇明工业园区。委员们先后实地察看上海嘉仕久企业发展有限公司、上海自动化仪表七厂，听取工业园区负责人关于园区招商引资、形态开发、企业管理以及园区党建等方面的情况介绍。委员们对园区紧紧围绕县委、县政府2012年重点工作推进计划，注重创新驱动、转型发展，扎实推进招商引资引税和形态开发建设，切实抓好企业管理和党建工作等所取得的成绩给予充分的肯定，并就进一步推进工业园区招商引资、形态开发、加快结构调整、加强企业管理等提出意见建议。县政协副主席沈卫国参加视察。

2012年10月17日，建设管理委员会组织委员视察寿安寺。委员们实地察看大雄宝殿等，听取寿安寺监院有关情况的介绍，然后进行座谈。委员们认为，近年来，寿安寺根据信教群众的要求，逐步改善宗教活动场所条件，一方面参与扶贫救灾、助学助残、生态环保、公益慈善等事业；另一方面广泛动员教职人员和广大信教群众参与和谐社会建设，通过结合现实生活和时代精神阐释佛教教义，发挥佛教在促进建设社会和谐方面的积极作用。对此，委员们给予充分肯定，并建议寿安寺，要继续发挥佛教的积极作用，在弘扬道德规范，定位价值取向等方面下功夫，加强信教群众精神文化生活建设，提高其精神境界，形成一个积极向上的普遍价值观和规范体系，促进社会和谐发展；要加强佛教文化的传承和保护，提升寺院文化品位，为促进崇明佛教文化发展作出贡献。县政协副主席顾德昌参加视察。

2012 年 10 月 24 日，社会事业委员会组织委员视察横沙乡社会事业发展情况。委员们先后参观横沙乡中小学、幼儿园、社区卫生服务中心和社区文化活动中心，听取横沙乡政府负责人关于文化、教育、卫生等社会事业建设情况的介绍。委员们认为，横沙乡以科学发展观为指导，重视生态环境保护，积极推进社会事业发展，着力提升居民生活品质，在面临交通不方便、产业发展落后、农民增收困难等不利因素的情况下，坚持解放思想、开拓创新，克服困难、扎实苦干，使横沙乡成为全上海乡村原生态保存最完整的乡镇，生活质量指标最高的乡镇，百岁老人比例最高的乡镇，并获得“全国文明乡镇”和“上海最美乡村”的称号。对此，委员们给予充分的肯定，并就进一步推进横沙乡社会事业建设和管理工作提出意见建议。县政协副主席施俭参加视察。

2012 年 10 月 31 日，建设管理委员会组织委员视察上海长兴开发建设有限公司。委员们察看潘园公路、江南大道北侧绿地以及凤凰镇配套商品房基地建设现场，观看长兴岛建设宣传片，听取横沙国家一级渔港码头规划介绍和长兴开发公司负责人有关项目建设情况的介绍。委员们认为，长兴地区的拆迁安置、基础设施配套等工作面广量大、任务艰巨，但开发公司在较短的时间内采取有力措施、取得明显成效，不仅为后续工作的顺利开展打开了良好局面，也为改善本地民生，提升长兴岛形象，促进经济社会全面协调可持续发展发挥了积极作用。委员们建议，要紧紧围绕产业发展、基础设施、城镇建设、社会配套和生态保护“五位一体”的基本任务，扎实推进各项工作，早日将长兴岛建成世界先进的海洋装备岛、上海的生态水源岛和独具特色的景观旅游岛；要增强协调服务意识和责任意识，立足循环经济生态发展模式，深入挖掘地域滨海优势，整合招商资源、优化招商环境、创新招商方式，整合项目资源，形成大招商的工作格局。县政协副主席顾德昌参加视察。

2012 年 11 月 8 日，经济委员会组织委员视察中国移动通信集团上海有限公司崇明分公司。委员们先后察看中国移动视频产品创新基地和网络管理中心，听取关于网络管理模式和手段评估的介绍，并亲身体验了 TD－LTE 技术应用和手机视频直播。委员们认为，中国移动的技术应用为崇明岛推进上海智慧岛数据产业园的建设发展带来了很大的启迪。在崇明建设具有一定规模和产业水准的数据产业园既是对上海实现创新驱动、转型发展的最好实践，也是崇明建设现代化生态岛的必然要求。委员们建议：“十二五”期间，上海明确提出建设智慧城市的战略目标，崇明应将更多的移动新技术应用到崇明现代化生态岛的建设中，为崇明建设现代化生态岛，打造生态型产业提供有益经验。

第四章 特邀监督

1990 年起，崇明县政协委员应邀担任县司法机关和政府部门特邀监督员，对司法机关、政府职能部门和窗口行业的政风、行风进行监督检查评议。县政协十分重视特邀监督员工作，定期调整充实特邀监督员队伍，规范特邀监督员工作，加强与聘请单位的联系和沟通，推进特邀监督工作。1999 年起，县政协每年召开特邀监督员座谈会和工作会议，把特邀监督员工作纳入政协工作的总体部署，使特邀监督员监督工作成为政协履行民主监督的一个重要组成部分。1999 年 8 月，十届县政协第十五次主席会议审议通过《政协崇明委员会关于特邀监督员工作的简则（试行）》。2004 年 7 月 22 日，十一届县政协第六次常委会会议审议通过《政协崇明委员会特邀监督员工作简则》，进一步规范特邀监督员工作。2007 年起，县政协特邀监督员工作划归中共崇明县委统战部主管，建立由中共崇明县委统战部牵头、各有关单位参与的特邀监督员联系制度。1990 年—2012 年，县政协委员受聘担任特邀监督员 341 人次。

第一节　特邀监督队伍

1990年，县政协委员首次受聘担任特邀监督员。是年8月，10名政协委员担任县人民法院廉政监督员。1993年起，聘请政协委员担任特邀监督员的面不断拓展。2009年起，有关乡镇聘请政协委员担任政风行风监督员。1990年—2012年，聘请县政协委员担任特邀监督员341人次，其中部、委、局及其他有关单位308人次，乡镇聘请33人次。

1990年—2012年崇明县聘请县政协委员担任特邀监督员情况表

表4-1　　单位：人次

届　别	时　间	聘请单位	监督员名称	人数(次)
八届县政协	1990年—1993年	县人民法院	廉政监督员	10
		县纠风办	明查暗访检查员	10
	合　计			20
九届县政协	1993年—1997年	县人民法院	廉政监督员	7
		县人民检察院	廉政监督员	10
		行风评议领导小组	纠风检查员	5
		县公安局	警风警纪检查员	4
		县教育局	党风廉政监督员	4
		县卫生局	党风廉政监督员	1
		县委宣传部	竞赛活动监督员	6
		县司法局	行风监督员	1
		县水务局	行风监督员	1
		县监察局	党风廉政监督员	7
		市第二中级人民法院	廉政监督员	1
	合　计			47
十届县政协	1998年—2003年	县人民法院	党风廉政监督员	10
		县人民检察院	党风廉政监督员	10
		县公安局	警风警纪监督员	5
		县文明办	规范服务达标检查员	4
		县消保委	消保检查员	1
		县行风办	政风行风监督员	10
		县司法局	政风行风监督员	2
		县民政局	政风行风监督员	4
		县教育局	督导检查员、廉政监督员	5
		县电力公司	行风检查员	2
		县劳动和社会保障局	实施劳动法检查员	2
		县房地局	行风监督员	2

续表 4-1

届 别	时 间	聘请单位	监督员名称	人数(次)
十届县政协	1998年—2003年	县卫生局	党风廉政监督员	5
		县监察局	党风廉政监督员	5
		县环保局	行风监督员	5
		县邮电局	行风监督员	1
		市工商行政管理局崇明分局	行风监督员	3
		县税务局	行风监督员	4
		崇明影剧院	规范服务监督员	1
	合		计	81
十一届县政协	2003年—2006年	县人民法院	党风廉政监督员	11
		县人民检察院	党风廉政监督员	9
		县公安局	警风警纪监督员	2
		县消保委	行风监督员	1
		县电力公司	行风监督员	1
		市食药监局崇明分局	行风监督员	5
		县纪监委	党风廉政监督员	10
		县行风办	政风行风监督员	7
		县旅游局	行风监督员	1
		县房地局	政风行风监督员	1
		县环保局	党风廉政监督员	1
		县卫生局	行风监督员	1
		县委宣传部	竞赛活动监督员	3
		县劳动和社会保障局	行风监督员	2
		县人事局	公务员考试录用监督员	1
		县房地产交易登记中心	行风监督员	1
		县文明办	市民巡访员	6
		县教育局	教育督导检查员	4
		县民政局	行风监督员	1
		县税务局	行风监督员	1
	合		计	69
十二届县政协	2007年—2012年	县发改委	政风行风监督员	3
		县建交委	行风监督员	3
		县农委	政风行风监督员	3
		县科委	政风行风监督员	5
		县建委	政风行风监督员	3
		县公安局	警风警纪监督员	12
		县人民检察院	党风廉政监督员	4
		县人民法院	党风廉政监督员	8
		县教育局	党风廉政监督员	6

续表 4-1

届　别	时　间	聘 请 单 位	监督员名称	人数(次)
十二届县政协	2007年—2012年	县民政局	政风行风监督员	1
		市工商行政管理局崇明分局	行风监督员	1
		县劳动和社会保障局	行风监督员	3
		县环保局	党风廉政监督员	3
		县安监局	行风监督员	3
		县统计局	政风行风监督员	4
		县房管局	政风行风监督员	2
		县旅游局	行风监督员	3
		县文广局	政风行风监督员	7
		县体育局	政风行风监督员	3
		县卫生局	行风监督员	4
		县技监局	行风监督员	1
		县交通港口局	政风行风监督员	3
		新城公司	行风监督员	1
		县文化执法大队	政风行风监督员	2
		崇明森林旅游园区	行风监督员	3
		城桥镇	政风行风监督员	5
		绿华镇	政风行风监督员	2
		三星镇	政风行风监督员	1
		新村乡	政风行风监督员	2
		庙镇	政风行风监督员	2
		新海镇	政风行风监督员	1
		港西镇	政风行风监督员	1
		建设镇	政风行风监督员	4
		竖新镇	政风行风监督员	1
		堡镇	政风行风监督员	3
		港沿镇	政风行风监督员	4
		中兴镇	政风行风监督员	3
		向化镇	政风行风监督员	1
		陈家镇	政风行风监督员	1
		长兴镇	政风行风监督员	1
		横沙乡	政风行风监督员	1
	合　计			124
总　计				341

第二节 特邀监督形式

县政协特邀监督员以兼职的形式，定期或不定期地参与邀请单位的行政监督、司法监督、经济监督等方面的活动，根据政协章程关于政治协商、民主监督、参政议政的规定，对国家宪法、法律和法规的实施，重大方针政策的贯彻执行，国家机关及其工作人员的工作，通过监督提出意见建议。

特邀监督员在工作过程中，采取以下形式进行巡访监督：参加邀请单位召开的巡访监督专题会议，了解情况；建立定期联络制度，通过上门交流和电话联系，反映情况，互通信息；开展明查暗访，提出意见建议；开展政风行风评议活动，向涉及单位领导汇报，或形成书面材料，上报有关部门；参与邀请单位的调查研究活动，对重要工作和群众关心的热点难点问题进行视察监督，提出专题报告等。

县政协特邀监督员在监督工作中根据各个时期中共崇明县委、县政府的工作重点和对政风行风的要求，有的放矢地开展巡访监督，做到三个结合：一是将监督工作与反映社情民意相结合。特邀监督员在开展监督工作时深入了解群众的呼声、意见和愿望，及时反映给县政协办公室，编入《崇明政协》或《社情民意》内部参阅件，呈送有关领导。二是将监督工作与提案工作相结合。特邀监督员将了解到的有关情况通过筛选整理后撰写成提案，推动一些问题得到解决。三是将监督工作与开展专题调研相结合。特约监督员在开展监督工作过程中所接触到的一些比较重要的或带有普遍性的问题，进行深入了解，向县政协办公室反映，由县政协组织有关委组进行专题调研，并写出调研报告送县政府，作为领导决策参考。

1990 年—2012 年，特邀监督员根据受聘单位的需要和工作重点，先后开展纠正行业不正之风的监督、警风警纪监督、制止教育乱收费的监督、医风医德监督、物价监督、执法执纪监督、政务公开监督、政风行风建设监督，在协助有关单位加强廉政建设、推动教育改革、促进医风医德好转、严肃物价纪律、纠正行业不正之风、机关作风建设等方面起到积极作用，得到聘请单位的肯定。

第三节 特邀监督员工作

1999 年 4 月 29 日，县政协召开特邀监督员会议。各有关单位聘请的各类监督员交流开展监督工作的做法和经验，并就如何进一步做好监督工作提出意见建议。县政协副主席周祖安到会并讲话，要求提高对监督员队伍重要意义的认识；要加强监督员的自身建设，增强民主监督意识，坚持原则，消除顾虑，正确处理好监督与本职工作的关系；要学法、知法、懂法，掌握原则和标准；要实事求是，以事实为依据进行监督，既提出问题，又提出解决问题的办法和途径。

1999 年 6 月 14 日，县政协召开部分聘请政协委员担任特邀监督员、纠风员的单位负责人座谈会，共商如何进一步搞好民主监督工作。座谈会由县政协副主席周祖安主持。县人民检察院、县人民法院、县纪监委、县公安局、县文明办等聘请单位交流加强与特邀监督员联系和开展工作的形式及工作打算。县政协主席黄振兴出席会议并讲话。

2000 年 1 月 7 日，县政协召开特邀监督员工作座谈会，总结 1999 年的特邀监督员工作，探讨 2000 年如何进一步做好民主监督工作。聘请单位的负责人和县政协推荐的特邀监督员参加座谈会。县人民法院、县人民检察院、县监察委员会等聘请单位交流特邀监督员开展工作的经验，县政协主席黄振兴出席会议并讲话。

2000 年 5 月 31 日，县政协召开加强民主监督研讨会，县政协主席黄振兴，副主席仇永鸣、黄雄、姚振尧、罗永祥，秘书长刘亚池，部分县政协常委，县各民主党派、工商联正副主委(会长)等参加会议。与会人员从不同侧面交流对政协民主监督工作的性质、任务、地位、作用的理解，以及各自做好民主监督工作的一些做法、体会和经验。黄振兴在讲话中回顾了县政协特邀监督员工作的情况，要求进一步加强学习，提高对政协民主监督职能和特邀监督员工作的认识；要敢于监督，提高民主监督的质量；要拓宽渠道，加大民主监督的力度。

2000年6月22日，县政协召开部分特邀监督员座谈会，交流上半年工作情况，并就“如何把特邀监督员的个体行为上升为政协整体行为”进行研讨。大家结合各自在监督过程中的经验、体会，提出意见、建议。县政协副主席周祖安出席会议并提出五点要求：一是进一步提高对履行政协民主监督职能的重要性的认识；二是特邀监督员在履行民主监督职能时要处理好微观监督与宏观监督、行风监督与党风监督、主体监督与客体监督等三方面的关系；三是把特邀监督员工作与履行政协职能相结合，努力把特邀监督员个体行为上升为政协整体行为；四是把监督工作与反映社情民意、提案工作、开展专题调研相结合；五是进一步增强民主监督意识，加强学习，知法懂法，处理好本职工作与特邀监督员工作之间的关系，努力做好特邀监督员工作。

2001年12月7日，县政协召开部分特邀监督员座谈会。围绕2000年县政协特邀监督员会议上提出的“如何把特邀监督员的个体行为上升为政协民主监督的整体行为”，结合一年来的工作实践，交流情况。县政协副主席周祖安到会讲话，并提出三点要求：一是努力学习江泽民“三个代表”重要思想，树立全心全意为人民服务的责任心。要学习领会中共十五届六中全会精神，并以此检查和监督聘请单位的工作作风。要学习聘请单位的一些业务知识，拓宽做好监督工作的思路。二是正确处理好本职工作与特邀监督员工作的关系，正确处理好聘请单位组织开展活动与特邀监督员积极主动地进行监督的关系，随时随地开展监督工作并提出意见、建议。三是善于不断地探索实践，把监督工作与政协提案、反映社情民意、专题调研等工作结合起来，与履行政协职能结合起来。

2002年1月25日，县政协召开特邀监督员座谈会。会上，县人民法院通报2001年总体工作情况和聘请的特邀监督员工作情况，并与县人民法院特邀监督员进行座谈。与会人员认为，县人民法院过去一年中强化审判工作，加大改革力度，加强队伍建设，注重硬件投入，重视和支持特邀监督工作，取得了可喜成绩，对此表示满意，并建议县人民法院要进一步提高法官整体素质、加大执法力度，强化审判职能，坚持公平司法，加大执行工作力度；要进一步加强对特邀监督工作的领导，发挥特邀监督员的作用。县人民法院院长龚全福主持座谈会，县政协副主席罗永祥参加座谈会。

2002年10月29日，县政协召开特邀监督员座谈会，交流实施监督工作的经验、体会，对如何进一步加强特邀监督员工作提出建议。县政协副主席周祖安出席会议并讲话，对进一步做好特邀监督员工作提出三点要求：一是要不断提高思想认识，进一步履行监督职责；二是要有机结合政协职能，进一步提高监督实效；三是要积极探索有效方法，进一步推进监督工作。

2003年8月27日，县政协召开特邀监督员座谈会。县监委、县人民法院、县人民检察院分别通报本系统开展特邀监督员工作的情况，并对特邀监督员在促进党风、政风、行风的进一步好转，加强民主政治建设等方面所发挥的重要作用给予充分肯定。县政协副主席袁佳平主持会议并对如何进一步做好特邀监督员工作提出意见：要进一步提高认识，不断增强民主监督意识；要进一步明确职责，努力做好特邀监督员工作；要进一步提升素质，在治本上多建言献策。县政协主席范陈杰参加座谈会并讲话。他希望特邀监督员在实际工作中坚持做到既要敢于监督、勇于监督，又要善于监督、准确监督，更要不断提高监督水平，力求监督时效。同时他希望聘请单位一如既往地关心和支持特邀监督员开展工作。

2004年7月22日，十一届县政协第六次常委会会议审议通过《政协崇明县委员会特邀监督员工作简则》，对特邀监督员的组织形式、邀请部门、监督形式等作出明确规定。

2004年12月28日，县政协召开特邀监督员工作会议。会上，县纪(监)委、县人民法院、市食药监局崇明分局、县劳动和社会保障局、县教育局分管领导和特邀监督员代表分别就充分发挥政协特邀监督员作用，大力推进政风行风建设和切实增强民主监督意识，努力做好特邀监督员工作作交流发言。中共崇明县委副书记施建华出席会议并讲话。施建华对相关部门重视特邀监督员工作，推进党风廉政建设所取得的成绩给予肯定，并代表中共崇明县委就加强党风廉政建设，充分发挥政协特邀监督员作用提出四点要求：一是要进一步学习贯彻政协章程，不断提高对履行民主监督职能重要性的认识；二是要进一步贯

2004年12月28日，县政协召开特邀监督员工作会议

彻县委要求精神，不断加强对开展特邀监督员工作的领导；三是要进一步按照政协章程办事，不断提升政协履行民主监督职能的水平；四是要进一步明确政协委员职责，努力发挥特邀监督员在党风廉政建设中的作用。县政协副主席袁佳平主持会议，并在讲话中建议各特邀监督员聘请单位要进一步重视做好特邀监督员工作，切实加强对特邀监督员工作的领导；要继续拓展特邀监督员工作的内容，不断加大特邀监督员工作的力度。同时，要求全体政协特邀监督员认真履行党和人民赋予的工作职责，不断提高对履行民主监督职能重要性的认识，努力增强做好监督工作的使命感，充分发挥党与人民群众之间的桥梁和纽带作用，为推进全县党风廉政建设做出新的贡献。各特邀监督员聘请单位分管领导、政协特邀监督员共60多人参加会议。

2005年12月29日，县政协召开特邀监督员工作座谈会。会上，县纪(监)委、县人民检察院、县公安局、市食药监局崇明分局分管负责人和特邀监督员代表分别围绕充分发挥政协特邀监督员作用，切实增强民主监督意识，大力推进政风行风建设，努力做好特邀监督工作进行座谈交流。县政协副主席袁佳平主持会议，他对一年来的特邀监督员工作给予充分肯定，并希望各聘请单位和全体特邀监督员要充分认识建立和健全特邀监督员制度的重要意义，努力增强做好特邀监督工作的责任感和使命感，不断提高特邀监督工作水平。

2006年12月28日，县政协召开特邀监督员工作座谈会。与会特邀监督员从不同角度交流当好特邀监督员的体会。县政协副主席袁佳平主持会议，并对进一步做好特邀监督员工作提出三点要求：一是认真学习，不断提高对履行民主监督职能重要性的认识。要通过学习，不断提高政策理论水平，增强依法监督意识，提升实际工作能力，增强开展特邀监督员工作的自觉性、主动性。二是履行职责，努力增强做好特邀监督工作的使命感。要在实施监督过程中，注重调查研究，坚持实事求是、喜忧兼报，敢于说真话、讲实情。同时，要统筹兼顾，处理好业务工作与特邀监督员工作的关系，真正做到两不误、两促进。三是加强联系，充分发挥党与人民群众之间的桥梁和纽带作用。要坚持双向互动，加强联系交流，既要把中共崇明县委、县政府和县纪委关于党风廉政建设的各项要求传递到群众中去，使群众了解和知晓党风廉政建设工作的部署安排，增强人民群众的监督意识，又要及时把群众关于加强党风廉政建设的呼声和要求、意见和建议向中共崇明县委、县政府和县纪检监察机关反映，进一步增强党风廉政建设的针对性和实效性，形成党风廉政建设的整体合力。同时，要坚持到基层去，到群众中去，多看、多听、多了解、多思考、多分析，尽可能多地掌握全县各个层面党风政风行风情况，积极、主动、及时地建言献策，提出建议意见，推进全县党风廉政建设工作深入开展。

2007年起，根据中共崇明县委《关于切实做好聘请民主党派成员、县政协委员担任特邀监督员工作》的文件精神，县政协特邀监督员工作划归中共崇明县委统战部主管，县政协协助中共崇明县委统战部开展特邀监督员工作。

2008年，中共崇明县委统战部修订下发《特邀监督员聘请单位和部门工作职责》和《特邀监督员工作职责》，建立由中共崇明县委统战部牵头、各有关单位参与的特邀监督员联系制度。

2009年，中共崇明县委统战部根据中共上海市委统战部对特邀监督工作提出的要求和任务，于当年2月下发《关于做好新一轮特邀监督员聘任工作的通知》，6月17日召开县特邀监督员工作会议，传达市委统战部通知精神，部署下一阶段特邀监督员选聘工作，明确具体任务和要求。

2010年7月，中共崇明县委统战部制定下发《关于进一步加强和完善特邀监督工作的意见》，对特邀监督员选聘和工作职责作出明确规定，特邀监督员工作更趋制度化、规范化和程序化。

卷五　参政议政

参政议政是人民政协履行职能的重要形式。人民政协的参政议政主要是对政治、经济、文化和社会生活中的重要问题以及人民群众普遍关心的热点问题，开展调查研究，通过提出建议案、撰写调研报告和反映社情民意等形式，进行民主协商，提出意见建议。

调查研究是政协履行参政议政职能的基础。1985 年起，县政协每年均选择一些事关全局的重大问题，组织有关专门委员会(组)开展调研活动。随着经济、社会的发展，调研内容不断拓展，调研形式不断创新。2000 年起，县政协组织主席会议成员调研。2001 年起，根据中共崇明县委、县政府中心工作，县政协选择一些重大课题，组成课题组进行调研。2003 年起，围绕中共崇明县委统一部署组织的各次大讨论活动内容进行调研。本卷记述各种调研活动 432 次。

常委会建议案和主席会议建议案是经常委会会议和主席会议审议通过后，以政协名义向中共崇明县委、县政府提出的专题性建议。1990 年—2012 年，经常委会会议和主席会议审议通过的常委会建议案和主席会议建议案共 38 件。

了解和反映社情民意信息是政协的一项经常性工作。1995 年—2012 年，县政协共收集到社情民意信息 300 多条，编纂《社情民意》102 期，反映重大社情民意信息 120 条。

第一章　专 题 调 研

专题调研是就专门或专项问题进行调查研究。县政协的调查研究有主席会议成员调研、委组调研、课题组调研和大讨论活动调研。县各民主党派按照县政协部署，适时组织人员开展专题调研，县政协有时根据需要，邀请民主党派派员参加课题调研。

第一节　主席会议成员调研

主席会议成员调研是由县政协主席、副主席和秘书长参加的集体调研活动。本节辑录主席会议成员调研 218 次。

2000 年 4 月 18 日，县政协主席黄振兴带领主席会议成员到新河镇新梅村调研农村生活垃圾处理情况。主席会议成员听取镇、村负责人的情况汇报，实地察看生活垃圾处理现场，并就进一步做好生活垃圾处理工作提出建议。

2000年6月26日，县政协主席黄振兴带领主席会议成员到裕安镇调研经济小区招商引资工作情况。主席会议成员听取镇政府负责人关于工业生产和经济小区招商引资工作情况汇报，建议在抓转制、练内功、创名牌的基础上，继续努力，实现产值、利润双过半；继续做好经济小区招商引资工作，全力促进经济更快发展。

2000年8月29日，县政协主席黄振兴带领主席会议成员到县水利排灌所调研泵改工作和防渗渠道建设情况。主席会议成员听取该所负责人有关情况的介绍，建议要多方筹集资金，增加对农田水利基础设施建设的投入；要加快泵改工作和防渗渠道建设的进度，扩大泵改和防渗渠道在全县的覆盖面。

2000年11月13日，县政协主席黄振兴带领主席会议成员到县现代农业园区调研。主席会议成员听取园区负责人关于园区建设情况汇报，实地察看园区基础设施建设情况，建议要精心布局，进一步完善园区规划；要增加投入，加快基础设施建设步伐。

2001年5月16日，县政协主席黄振兴带领主席会议成员到上海亚通股份有限公司调研。主席会议成员听取公司负责人的情况介绍，建议要不断总结经验，培养和引进人才，提高员工素质，树立窗口形象；要运用上市公司的资源优势，做好分红配股、吸纳资金等工作，促使企业进一步发展。

2001年10月10日，县政协主席黄振兴带领主席会议成员到县农业委员会调研崇明河蟹养殖情况。主席会议成员听取该委有关负责人关于近年来河蟹养殖基本情况以及“十五”期间发展重点和主要措施的汇报，建议要进一步加强河蟹养殖的宣传，继续鼓励蟹农走出海岛，不断拓展养殖面积；要进一步做好服务工作，帮助蟹农解决生产销售中的困难，为发展崇明经济作出更大的贡献。

2001年11月23日，县政协主席黄振兴带领主席会议成员到崇明工业园区调研。主席会议成员听取园区管委会负责人关于工业园区建设和今后发展思路的介绍，察看工业园区的落户企业，建议要继续加强园区各项基础设施建设，不断优化园区投资环境；要进一步做好招商工作，尤其要引进更多的实体型企业；要进一步拓展发展思路，为崇明经济的发展多作贡献。

2002年3月20日，县政协主席黄振兴带领主席会议成员到县商业总公司调研。主席会议成员听取总公司负责人关于公司近年来改革和发展情况的介绍，建议县商业系统干部职工，要进一步认清形势，统一思想，团结鼓劲，奋发有为，巩固和发展改革成果；要抓住发展机遇，创新和拓展经营思路，加快发展商业经济。

2002年4月10日，县政协副主席周祖安带领主席会议成员到县旅游局调研。主席会议成员听取该局有关负责人介绍近几年崇明旅游事业发展情况和今后发展思路，建议在今后工作中要处理好几个关系：总体规划与区域规划的关系、利用资源与体现特色的关系、自身发展与招商引资的关系、节日旅游与日常旅游的关系、产业开发与强化管理的关系，进一步发展崇明旅游业。

2002年7月11日，县政协副主席周祖安带领主席会议成员到县经济委员会调研。主席会议成员听取该委负责人关于县经委上半年工作情况和招商引资工作情况的介绍，建议要加强宣传，增强招商引资工作的紧迫感；要转变理念，讲究策略，进一步提高招商引资成效；要健全机构，完善职能，进一步强化招商服务。

2002年8月16日，县政协副主席周祖安带领主席会议成员到县依法治县领导小组办公室调研依法治县工作情况。主席会议成员听取该办负责人关于全县依法治县工作情况汇报，建议有关职能部门要进一步加强依法治县的宣传，营造依法治县的氛围；要加强教育培训，进一步提高各级干部依法行政能力和执法水平；要强化行政执法责任监督，全力推进依法治县进程。

2002年8月21日，县政协副主席周祖安带领主席会议成员到县人民检察院调研。主席会议成员听取检察院负责人关于刑事检察、反贪查案和检察队伍建设等情况的介绍，建议要进一步加强预防犯罪工作，进一步增强工作透明度，进一步发挥特邀监督员作用，进一步提高检察工作水平。

2002年10月18日，县政协主席邵礼达带领主席会议成员到县综合治理办公室调研社会治安综合治理工作情况。主席会议成员听取该办负责人关于全县社会治安综合治理工作情况的通报，建议有关职能部门要从实践“三个代表”重要思想的高度，提高对加强社会治安综合治理工作重要性和紧迫性的认识，进一步加强对社会治安综合治理工作的领导；政法部门要进一步加强统筹和协调，形成齐抓共管的合力，保持高压态势，加大打击各类犯罪活动的力度；进一步抓好社会治安综合治理各项措施的落实；进一步健全和完善社会治安综合治理工作机制，使社会治安综合治理工作常态化。

2003年1月9日，县政协主席邵礼达带领主席会议成员到市药监局崇明分局调研。主席会议成员听取该局负责人关于崇明分局组建以来开展药品监督管理工作的情况和2003年药品监督管理工作的总体思路的介绍，建议要加强有关法律法规的宣传，形成依法管理、依法监督的氛围；要不断强化责任意识，进一步加大药品监督管理工作的力度；要切实加强机关建设，进一步提升药品监督管理队伍的整体素质。

2003年4月23日，县政协主席范陈杰带领主席会议成员到上海亚通股份有限公司调研。主席会议成员听取该公司负责人关于公司经营情况和今后发展思路的介绍，察看宝杨路码头、石洞口码头及公司所属乐岛房地产公司开发的龙馨嘉园，建议要不断更新经营理念，主动适应崇明大开发、大开放的需要，充分发挥亚通公司在改善崇明投资环境中的重要作用；要积极探索“港航分离”的改革措施，从实际出发，就改革方案提出合理化建议，推进国有资产管理体制的改革；要不断改善服务，加强与岛内外的联系、沟通，进一步确立崇明对外第一窗口的良好形象；要深入研究，正确判断崇明越江通道工程建设对亚通公司发展的影响，及早确定应对措施。

2003年5月22日，县政协主席范陈杰带领主席会议成员到县建设和管理委员会调研。主席会议成员听取该委负责人关于全县基础设施建设管理以及县重点实事项目进展情况的介绍，实地察看陈海公路中段建设工地、陈海公路东段绿化样板段和利民路延伸段建设工地，建议要认真开展“世博会与上海新一轮发展——加快实现崇明跨越式发展”大讨论活动，研究制定崇明县基础设施建设的发展规划；要抓住贯彻市郊区工作会议精神的契机，研究探索新形势下的多元化投融资体制，加大对基础设施建设的投入力度；要加快企事业单位改革，转换企业经营机制，增强企业活力；要强化行业管理，努力提升管理水平。

2003年7月23日，县政协主席范陈杰带领主席会议成员到县科学技术委员会调研。主席会议成员听取该委负责人关于科技项目申报、科技示范企业和示范村创建、科普宣传等方面工作情况的介绍，建议要进一步加强“科技是第一生产力”的宣传，形成尊重知识、尊重人才的氛围，为引进人才做好牵线搭桥工作；要进一步加强科普工作，提高全民科普意识和技能；要进一步加强科技示范企业和示范村创建，不断扩大创建覆盖面。

2003年8月14日，县政协主席范陈杰带领主席会议成员到县国有(集体)资产管理办公室调研。主席会议成员听取该办负责人关于国(集)资管理工作情况的介绍，建议要认真贯彻落实中共十六大精神，不断完善管理体系，加强队伍建设，进一步做好国有(集体)资产的管理工作。

2003年9月1日，县政协主席范陈杰带领主席会议成员到竖新镇前卫村调研生态农家游情况。主席会议成员听取该村负责人关于发展生态农家游的情况介绍，建议要抓紧研究制订与崇明岛域总体规划相适应的前卫村生态旅游规划，一次规划，分步实施；要拓宽投融资渠道，吸引更多的社会资金，筹建更大的旅游项目；要加强对旅游从业人员的培训，不断提高服务水平；要正确处理发展旅游与保护生态的关系，尤其要保护好沿江滩涂湿地。

2003年9月17日，县政协主席范陈杰带领主席会议成员到县环保局调研。主席会议成员听取该局负责人关于全县环保工作基本情况、主要特点以及2003年的工作重点和下阶段工作打算等情况的介绍，建议要从建设崇明生态岛的高度，切实做好与崇明经济和社会发展以及与老百姓切身利益相关的环境保护工作；要根据生态岛建设的总体要求，进一步细化完善新一轮三年环保行动计划，使行动计划真正落到实处；要大力加强环保知识的宣传，营造全社会重视环保工作的良好氛围；要履行部门职责，在崇明规划和建设过程中，积极提出符合环保要求的规划和建设方案；要切实加强队伍建设和行风建设，既要严格把关，又要热情服务，规范运作，公正执法，树立良好的窗口形象。

2003年9月18日，县政协主席范陈杰带领主席会议成员到县招商服务中心调研。主席会议成员听取该中心负责人关于招商服务工作以及下阶段工作打算的介绍，建议要进一步增强服务意识，提高服务质量，为各大园区和乡镇经济小区提供周到、便捷的服务；要进一步强化协调职能，理顺各相关职能部门的关系，努力形成全社会、各部门全力服务于招商工作的格局；要进一步强化信息功能，注重招商信息的收集、汇总和发布，对有价值的招商信息要主动做好挖掘和跟踪落实工作。

2003 年 10 月 15 日，县政协主席范陈杰带领主席会议成员到县劳动和社会保障局调研。主席会议成员听取该局负责人关于促进就业、强化社会保障和加强劳动监管等方面的情况介绍，建议要积极创造条件，更好地促进岛内就业；要继续加强就业培训，不断提高劳动者职业技能；要大力整顿劳务市场，规范市场秩序和中介行为；要妥善处理严肃执法和发展经济的关系，切实维护职工的合法权益，促进企业健康发展。

2003 年 12 月 4 日，县政协主席范陈杰带领主席会议成员到上海亚通股份有限公司调研。主席会议成员听取该公司负责人关于公司发展情况的介绍，建议要增加对外交通基础设施建设的投入，不断改善对外交通；要不断拓展经营领域，促进企业发展；要不断提高服务水平，树立良好的窗口形象。

2003 年 12 月 5 日，县政协主席范陈杰带领主席会议成员到上海瀛通（集团）公司调研。主席会议成员听取该公司负责人关于公司发展经营情况的介绍，建议要紧紧抓住机遇，不断发展壮大，并且结合企业自身的发展，积极参与崇明大开发，尤其要积极参与崇明城桥新城建设和国有（集体）企业产权制度改革，继续为社会多做贡献。

2003 年 12 月 10 日，县政协主席范陈杰带领主席会议成员到县民政局调研。主席会议成员听取该局负责人关于民政工作情况介绍，建议要从实践“三个代表”重要思想的高度，及时研究新情况、新问题，不断拓展民政工作思路，实现民政工作全覆盖；要加强民政体系建设，强化服务意识，不断提高民政工作水平。

2003 年 12 月 11 日，县政协主席范陈杰带领主席会议成员到县经济委员会调研。主席会议成员听取该委负责人关于县属工业经济运行、县属工业企业转制等情况以及县经委 2004 年工作打算的介绍，建议要继续抓好转制工作，妥善解决改制遗留问题；要切实加大招商引资力度，不断增强经济实力；要继续扩大劳务输出渠道，进一步推动就业工作；要不断适应政府职能转变的要求，为企业提供优质服务。

2004 年 1 月 6 日，县政协主席范陈杰带领主席会议成员到县交通局调研。主席会议成员听取该局负责人关于 2003 年工作情况以及 2004 年工作打算的介绍，建议要进一步转变职能，继续加强交通行业管理；要加强交通安全宣传，增强全民交通安全意识；要积极参与水陆换乘中心和客运交通枢纽的规划、建设工作，做好协调工作，为实现崇明跨越式发展作出新的贡献。

2004 年 3 月 2 日，县政协主席范陈杰带领主席会议成员到县信息化委员会调研。主席会议成员听取该委负责人关于崇明信息化建设情况的介绍，建议要抓紧制定信息化建设规划，引导相关企业有序竞争；要切实加强宣传和培训工作，提高现有信息资源的利用率；要充分挖掘信息资源，加大开发利用力度；要认真总结经验，加快企业信息化和电子商务发展步伐。

2004 年 3 月 31 日，县政协主席范陈杰带领主席会议成员到县农业委员会调研。主席会议成员听取该委有关负责人关于崇明林业建设以及粮食生产情况的介绍，实地察看崇明南部滩涂防护林、明珠湖水源涵养林以及绿利绿色食品有限公司出口蔬菜基地，并就进一步加强林业建设和发展粮食生产提出意见和建议。

2004 年 4 月 7 日，县政协主席范陈杰带领主席会议成员到县房屋土地管理局调研。主席会议成员听取该局负责人关于房屋土地管理工作情况的介绍，建议要坚持依法行政，规范行政行为，妥善解决在房屋土地管理工作中的矛盾和问题；要紧紧围绕生态岛建设的总体目标，正确处理建设用地与保护耕地的关系，结合实际，积极探索具有崇明特色的开发建设工作思路；要切实抓好队伍建设，严格执法，优化服务，充分发挥局机关、下属事业单位以及物业管理公司的作用；要高度重视政协提案的办理工作，加强与政协组织和委员的沟通联系，力求提高提案的解决率。

2004年4月22日，县政协主席范陈杰带领主席会议成员到县商业委员会调研。主席会议成员听取该委负责人关于商委工作情况的汇报，建议要继续抓好企业转制后的国有资产管理，关心分流人员的再就业和生活；要积极参与崇明总体规划和新城规划中商业专项规划的编制工作，为加快实现崇明跨越式发展作出新的贡献。

2004年5月26日，县政协主席范陈杰带领主席会议成员到县人民法院调研。主席会议成员听取法院负责人关于开展审判工作、落实司法便民措施、维护社会稳定以及法官队伍建设等方面的情况介绍，建议要加大执法力度，进一步做好审判工作；要加强法官队伍建设，树立人民法官在群众中的良好形象。

2004年5月31日，县政协主席范陈杰带领主席会议成员到县人民检察院调研。主席会议成员听取检察院负责人关于刑事检察、反贪污贿赂、诉讼监督、职务犯罪预防等方面的情况介绍，认为县人民检察院在刑事检察、贪污贿赂检察、民事行政检察等方面做了大量工作，为维护社会稳定、促进经济和社会健康发展作出了积极的贡献，并就加强检察队伍建设、引进检察人才等提出建议。

2004年6月16日，县政协主席范陈杰带领主席会议成员到县文化广播电视局调研。主席会议成员听取该局负责人关于文广电视局工作和实施县实事工程以及文化体育设施建设等方面的情况介绍，建议政府部门要增加对文化体育事业的投入，进一步加强文化体育设施建设；要强化人才培养，不断推出有影响的文化体育人才。

2004年6月20日，县政协主席范陈杰带领主席会议成员到县财政局调研。主席会议成员听取该局负责人关于上半年县财政收支、下半年县财政工作打算以及开展服务和加强财政监督等方面的情况介绍，建议要进一步做好开源节流工作，一方面争取资金，促进中小企业发展；另一方面要合理使用资金，做好帮困、救济工作。

2004年7月1日，县政协主席范陈杰带领主席会议成员到县民防办公室调研。主席会议成员听取该办负责人关于县民防办基本情况以及近年来所做主要工作的情况介绍，建议要进一步加强防灾、防化学事故救援专业队伍建设和民防平时演练，认真做好抗灾救灾应急预案工作。

2004年7月13日，县政协主席范陈杰带领主席会议成员到县司法局调研。主席会议成员听取该局负责人关于法律宣传、法律服务、法律援助、民事调解、安置帮教等方面的工作情况介绍，建议要针对社会变革中出现的新情况、新矛盾，进一步健全基层调解工作网络，把维稳工作重心下移到基层；要在工作中坚持统筹兼顾、突出重点，对一些具有倾向性、群体性的矛盾，要深入调研、着力化解，使问题尽早解决；要进一步抓好司法队伍建设，努力提高全县司法干部业务素质和工作水平。

2004年7月16日，县政协主席范陈杰带领主席会议成员到县信访办公室调研。主席会议成员听取该办负责人关于上半年信访工作总体情况和下阶段工作打算的介绍，建议要及时做好信访件的汇总、分析工作，掌握各种信息，提供给领导决策参考；要切实做好事关多个单位或部门信访件的协调工作，力争尽早解决；要加强有关法律法规宣传，增强信访人员的法制意识。

2004年7月22日，县政协主席范陈杰带领主席会议成员到县审计局调研。主席会议成员听取该局负责人审计工作情况的介绍，建议要加强审计工作的宣传，形成全社会了解、关心、支持审计工作的良好氛围；要拓展领域，突出重点，改进方法，提高质量，进一步发挥审计在廉政建设和经济发展中的监督服务作用；要根据有关规定认真处理审计中发现的问题，维护审计工作的严肃性。

2004年7月28日，县政协主席范陈杰带领主席会议成员到县交通局调研。主席会议成员听取该局负责人关于开展企业转改制工作、编制交通规划、推进南门广场改造、加强运输市场安全监控、提高行业管理水平等方面的情况介绍，建议要重视交通发展规划的编制工作；要进一步提高交通行业管理水平；要在企业转改制中做好职工的思想疏导工作。

2004年8月12日，县政协主席范陈杰带领主席会议成员到县综合治理办公室调研。主席会议成员听取该办负责人关于县综治办上半年所做的主要工作、当前综合治理工作中存在的突出问题和下阶段主要任务及工作思路的介绍，建议在今后的工作中要充分认识综合治理工作在生态岛建设中的重要作用，以科学发展观为指导，积极做好社会稳定工作；要进一步履行好综治办的职能，抓住当前全县维稳工作的主要矛盾，突出阶段性重点，有效发挥指导协调作用。

2004年8月30日，县政协主席范陈杰带领主席会议成员到县教育局调研。主席会议成员听取该局负责人关于教育系统基本情况、上半年主要工作以及下阶段工作设想的情况介绍，建议要紧紧围绕崇明岛域总体规划，抓紧编制全县的教育规划，合理配置教育资源；要研究制订教育改革的总体方案，稳步推进教育改革；要围绕市委、市政府即将出台的有关政策，研究制订具有可操作性的配套意见，把相关的政策实施好；要做好"事业留人、感情留人、待遇留人"的文章，做好师资力量的引进和培养工作，造就一支政治素质好、敬业精神足、业务能力强的教师队伍；要继续实施名校长、名教师工程，不断优化完善相关政策，发挥其激励、引导作用。

2004年9月7日，县政协主席范陈杰带领主席会议成员到县森林旅游园区调研。主席会议成员听取园区管委会负责人关于积极发展旅游事业、努力强化全方位服务、大力开展招商引资、全力维护社会稳定等方面的情况介绍，实地察看东平国家森林公园（简称森林公园）地区潜流式污水处理站、森林公园内河道整治工程以及景点建设情况，建议要正确定位，将森林公园地区的发展融入崇明岛域规划，尤其要与崇明总体规划相衔接；要继续争取社会支持，努力筹措资金，推进森林公园地区的基础设施建设和景区、景点建设，改善森林公园地区的整体形象；要树立精品意识，在森林公园的景点及项目建设中，变传统的粗犷型为精致型，不断优化林相结构和景点设置，提升公园的旅游品位；要充分发挥森林公园在全县旅游业中的龙头作用，努力促进和带动周边地区以及全县农家游旅游项目的不断发展。

2004年10月9日，县政协主席范陈杰带领主席会议成员到庙镇调研。主席会议成员听取该镇党委、政府负责人关于全镇经济建设、实事工程以及精神文明建设等方面的情况介绍，实地察看万安村村委会办事处建设工程以及该村新开发的农家游旅游项目，建议要坚持以"三个代表"重要思想为指导，树立和落实科学发展观，切实抓好招商引资工作，调整优化三次产业结构，精心做好集镇规划，努力推进经济和各项社会事业协调发展。

2004年10月10日，县政协主席范陈杰带领主席会议成员到县现代农业园区调研。主席会议成员听取园区负责人关于园区基础设施建设、招商引资工作等方面的情况介绍，建议要积极向上争取资金和政策的支持，继续推进园区的基础设施建设；要加大招商引资的力度，引进农副产品深加工企业，通过深加工，提高崇明绿色无公害农副产品的附加值；要在特色种养上多动脑筋、多下功夫，用园区的成功经验带动全县特色种养业的发展。

2004年12月13日，县政协主席范陈杰带领主席会议成员到市税务局崇明分局调研。主席会议成员听取该局负责人关于崇明分局组织税收、规范管理、加快信息化进程、服务地方经济、加强政风行风建设以及队伍建设等方面的情况介绍，建议要继续规范税收征管，做到应收尽收，为崇明经济和社会事业发展提供财力支撑；要继续加强调查研究，更好地适应新形势对税务工作的新要求；要继续抓好队伍建设，树立新时期税务干部的良好形象。

2004年12月28日，县政协主席范陈杰带领主席会议成员到崇明新城开发公司调研。主席会议成员观看崇明城桥新城规划多媒体展示片，听取公司负责人关于新城规划、动迁安置、招商引资、崇明大道建设等方面的情况介绍，实地察看崇明大道施工现场，建议要坚持生态理念，突出生态特色，严格按照规划实施开发；要正确处理加快开发建设与保护群众利益的关系，严格按照政策规定，稳步推进征地和动迁安置工作；要积极筹措资金，抓紧实施重点区域和重点项目的开发建设，促进新城建设的实质性启动。

2004年12月29日，县政协主席范陈杰带领主席会议成员到富盛经济开发区调研。主席会议成员听取开发区管委会负责人关于招商引资、园区建设、拆迁安置、资本运作等方面的情况介绍，实地察看崇明集装箱港区和富源花苑小区，建议要进一步加强开发区的基础设施建设，优化美化环境；要加大招商引资力度，在继续引进注册型企业的同时，要引进更多实体型企业。

2005年1月27日，县政协主席范陈杰带领主席会议成员到县质量技术监督局调研。主席会议成员听取该局负责人关于技监工作的情况介绍，建议要围绕生态岛建设，为崇明经济和社会事业的发展提供更优质的服务；要突出工作重点，扎实开展崇明特色农产品生产质量标准体系建设，选择重点项目逐步实施原产地保护战略；要不断拓展服务范围，切实加强事关民生的质量技术监督工作。

2005 年 2 月 6 日，县政协主席范陈杰带领主席会议成员到县发展计划委员会调研。主席会议成员听取该委负责人关于崇明县 2004 年经济和社会事业发展情况以及 2005 年主要工作设想的情况汇报，建议要善于发现、捕捉和利用信息，借鉴、吸收国内外经济和社会发展的先进经验，拓宽发展思路，寻求发展机会；要积极向上争取，加强沟通联系，努力拓展资金渠道，为崇明生态岛建设提供资金保障；要进一步强化综合协调职能，对一些相关性强、交叉度高的项目，做好协调工作，增强工作合力。

2005 年 3 月 10 日，县政协主席范陈杰带领主席会议成员到市工商行政管理局崇明分局调研。主席会议成员听取该局负责人关于 2004 年主要工作回顾和 2005 年主要工作思路的介绍，建议要坚持从实际出发，努力服务于县委、县政府的中心工作；要坚持依法行政，进一步规范经济秩序；要抓好队伍建设，不断提高工商干部的政治和业务素质；要重视政协提案的办理工作，坚决取缔市场销售野生动物的行为；要充分发挥特邀监督员的作用，自觉接受社会各界的监督。

2005 年 3 月 24 日，县政协主席范陈杰带领主席会议成员到绿华镇调研。主席会议成员听取该镇党委负责人关于绿华镇经济和社会发展总体情况和绿华镇政府、县旅游局负责人关于崇西地区旅游规划和发展情况的介绍，实地察看崇西水闸周边水文化展示区、桃源水乡、西沙湿地公园等景点的开发建设情况，建议绿华镇党委、政府和县旅游局，要坚持以科学发展观为指导，充分利用绿华地区得天独厚的旅游资源优势，不断完善崇西地区旅游规划，为培育崇明生态旅游产业多作贡献。

2005 年 4 月 7 日，县政协主席范陈杰带领主席会议成员到崇明工业园区调研。主席会议成员听取园区管委会负责人关于园区招商引资、形态开发、动拆迁安置、队伍建设等方面的情况介绍，实地察看崇明工业园区拆迁安置房建设、西扩工程建设情况以及上海嘉仕久机械制造有限公司、上海裕佳自动化机械有限公司和上海瑞孚管路系统有限公司等企业，建议要加强队伍建设，不断提高全体员工的整体素质；要继续加大招商引资力度，为壮大县级财力多作贡献；要根据生态岛建设的总体目标，调整园区的功能定位，注重吸引高科技企业落户；要切实维护群众利益，妥善处置园区开发中征地和动拆迁安置中的矛盾。

2005 年 4 月 28 日，县政协主席范陈杰带领主席会议成员到陈家镇调研。主席会议成员听取该镇党委、政府负责人关于陈家镇经济和社会事业发展情况的介绍，实地察看上海崇明特种电磁线厂等企业，建议陈家镇党委、政府要立足当前，面向未来，做好迎接大开发、大发展的各项基础性工作；要正确处理加快建设与维护群众利益的关系，尤其是在推进农村宅基地置换的试点工作中，要倾听群众呼声，正确对待群众的合理要求，确保试点工作稳妥有序地推进。

2005 年 5 月 12 日，县政协主席范陈杰带领主席会议成员到上海亚通股份有限公司调研。主席会议成员听取公司负责人关于公司经营发展以及 2005 年工作总体思路的情况介绍，建议亚通公司要科学合理地编制好公司中长期发展规划；要妥善处理与政府部门以及社会股民的关系，确保社会效益和经济效益的双丰收；要在抓好水上航运的同时，不断拓展经营领域和范围；要继续加强员工队伍建设，不断提高服务水平，打造崇明第一窗口的良好形象。

2005 年 5 月 17 日，县政协主席范陈杰带领主席会议成员到县中华职教社调研。主席会议成员听取县中华职教社和中华职校、中华高中、中华职业进修学校负责人的情况介绍，建议中华职教社要紧密结合崇明生态岛建设的实际，充分发挥自身的社会优势和教学资源优势，继续引领崇明的职业技术教育和民办教育的发展，大力加强职业技术教育和培训，为提高劳动力素质和就业技能发挥更大的作用。

2005 年 6 月 1 日，县政协主席范陈杰带领主席会议成员到向化镇调研。主席会议成员听取该镇党委、政府负责人关于向化镇经济和社会事业发展情况的介绍，实地参观上海鸣冈花卉合作社白菊花生产基地、永冠企业、南江风韵度假村等，建议要积极推进产业结构调整，努力促进地区经济发展，为今后发展积蓄力量；要大力拓展就业渠道，继续健全保障机制，努力促进农民增收；要科学规划，规范运作，创出特色，逐步推进农家游旅游项目的发展。

2005年7月19日，县政协主席范陈杰带领主席会议成员到县人口和计划生育委员会调研。主席会议成员听取该委负责人关于崇明人口和计生工作的情况介绍，建议要科学合理地编制好崇明人口发展规划，为完善崇明生态岛区建设总体规划提供基础依据；要切实加强人口和计生工作法律、法规、政策的宣传，努力营造全社会关心重视人口和计生工作的良好氛围；要认真研究新形势下做好人口和计生工作的新思路、新举措，不断提高工作质量；要大力加强计生干部队伍建设，促进计生干部年轻化、知识化和专业化。

2005年7月20日，县政协主席范陈杰带领主席会议成员到堡镇人民医院调研。主席会议成员听取该院负责人关于医院硬件设施建设和医疗卫生服务情况的介绍，建议要着眼未来，科学合理地制订好医院的发展规划，努力实现医院的可持续发展；要充分利用新华医院的资源优势，抓紧培养一批高水平的医疗专业人才，不断提升医院的整体技术实力。

2005年7月27日，县政协主席范陈杰带领主席会议成员到县安全生产监督局调研。主席会议成员听取该局负责人关于安全生产监督工作的情况介绍，建议要进一步健全工作网络，组建好县、乡镇两级安全生产监督专职队伍；要认真研究长兴、横沙两岛行政区划调整后给崇明安全生产监督工作带来的新情况、新问题，切实采取有效措施，防止各类安全事故的发生；要加强自身建设，不断提高安监队伍的总体素质。

2005年8月11日，县政协主席范陈杰带领主席会议成员到县建设和管理委员会调研。主席会议成员听取该委负责人关于县基础设施建设和实事工程项目进展情况的介绍，建议要认真学习发达地区推进基础设施建设的先进经验，科学规划、科学决策，避免可能出现的偏差和失误；要深入研究征地、动拆迁工作的新情况、新问题，切实维护群众利益，稳步推进相关项目建设；要继续抓好市容环境整治工作，制定落实生活垃圾收集处置的长效机制。

2005年8月23日，县政协主席范陈杰带领主席会议成员到市食品药品监督管理局崇明分局调研。主席会议成员听取该局负责人关于食品、药品监督工作的情况介绍，建议要进一步提高对食品、药品监督工作重要性的认识，广泛宣传有关法律、法规和政策，切实加强自身队伍建设，着力强化对食品、药品生产、流通等各个环节的监督管理。

2005年8月25日，县政协主席范陈杰带领主席会议成员到县房屋土地管理局调研。主席会议成员听取该局负责人关于县房地局工作和崇明配套商品房、中低价住房工程建设以及拆迁安置政策调整情况的介绍，建议要按照土地法的有关规定，通过制订土地利用规划、建立基本农田保护制度、规范用地审批等途径，进一步抓好土地管理工作；要加强指导、培训，不断提高物业管理水平。

2005年8月31日，县政协主席范陈杰带领主席会议成员到上海电视大学崇明分校调研。主席会议成员听取该校负责人关于学校教育教学工作情况的介绍，建议要积极顺应成人教育、终身教育越来越被重视的形势，紧密结合崇明生态岛区建设的实际，不断拓展教育教学领域，合理设置课程专业，强化职业技术教育，为崇明经济和社会事业的发展培养更多适用人才。

2005年11月1日，县政协主席范陈杰带领主席会议成员到富盛经济开发区调研。主席会议成员听取开发区管委会负责人关于开发区招商引资、形态开发等方面的情况介绍，实地视察开发区西扩工程进展情况，建议开发区要按照市委、市政府确定的崇明三岛功能定位，注重引进符合崇明未来发展方向的产业和企业；要根据国家宏观调控的政策背景，妥善把握开发区扩展的推进速度。

2005年12月26日，县政协主席范陈杰带领主席会议成员到县人民检察院调研。主席会议成员听取检察院负责人关于维护社会稳定、刑事检察、反贪查案、预防职务犯罪以及开展先进性教育、创建“学习型”检察院、抓好特邀监督员工作等方面的情况介绍，建议要进一步确立“立检为公，执法为民”意识，努力推进检察工作；要进一步加强法律监督能力建设，提高法律监督水平，不断规范执法行为，促进执法公正；要进一步抓好特邀监督员工作，充分发挥特邀监督员的作用。

2006年2月14日，县政协主席范陈杰带领主席会议成员到上棉35厂调研。主席会议成员听取该厂负责人有关情况的介绍，建议要深入研究属地化管理以后企业发展面临的新情况、新问题，主动加强与各有关部门的沟通联系，进一步理顺工作关系；要充分利用国有企业的人才、技术优势，紧紧抓住纺织市场复苏的机遇，强化内部管理，调整经营策略，争取较好的经济效益。

2006年3月8日，县政协主席范陈杰带领主席会议成员到县公安局调研。主席会议成员实地察看县公安局指挥中心，观看2005年崇明公安工作电视专题片，听取该局负责人有关情况的介绍，建议针对崇明城市化进程加快和长兴、横沙两岛划归崇明，公安工作范围进一步扩大，任务更加繁重的情况，必须要有充分的思想认识，做好相应的预案，不断增强工作的前瞻性和针对性；要积极克服资金困难，加强装备建设，逐步增强日常管理和应急处置能力；要继续抓好队伍建设，建立健全各项规章制度，用严明的纪律规范干警的公务活动和日常行为，充分发挥干警的主观能动性，激励干警自觉主动地维护公安队伍的良好形象；要根据崇明岛域实际，适时进行基层派出所的归并整合，集中警力，提高装备的使用效率；要加大对公安工作的宣传力度，形成全民参与社会治安工作的氛围，关心和支持公安工作。

2006年3月21日，县政协主席范陈杰带领主席会议成员到港西镇调研。主席会议成员听取该镇党委、政府负责人有关情况的介绍，实地察看镇社区卫生服务中心和协西村、协北村村委会办事处改造工程以及港西派出所标准化建设情况，建议要坚持不懈地推进生态环境建设，继续下大力加强片林和港东公路、三双公路两侧的绿化建设和河道泯沟整治，不断改善生态环境；要深入研究大面积植树造林后引发的用地方式、群众保障和造林后续政策完善等问题，形成系统的可操作的对策措施，供县委、县政府决策参考；要按照“生产发展、生活宽裕、乡风文明、村容整洁、管理民主”的要求，牢固树立“生态富民、生态强县”的理念，千方百计促进农民增收，落实各项措施，不断提高社会保障水平和群众生活水平。

2006年4月6日，县政协主席范陈杰带领主席会议成员到现代农业园区调研。主席会议成员听取园区负责人关于园区成立以来开发建设等方面的情况介绍，实地察看农产品加工区的开发建设情况，建议要对园区的功能定位作进一步明确，以解决目前园区发展遇到的困难，争取市、县政策聚焦和项目、资金方面的支持；要继续发扬艰苦奋斗的精神，想方设法筹措资金，加大基础设施建设的投入，努力提升服务水平，吸引更多的实质性项目入驻并早日投产，把园区尽早建成全县乃至全市农业现代化的一大亮点。

2006年5月11日，县政协主席范陈杰带领主席会议成员到县疾病预防控制中心调研。主席会议成员听取该中心负责人关于近年来疾控中心发展以及崇明疾病预防控制工作的情况介绍，并与部分工作人员座谈，建议要进一步抓好队伍建设，通过鼓励中心工作人员参加在职培训、积极引进紧缺人才、努力争取市疾控中心技术支持等，建设一支适应新时期疾病防控工作需要的专业人才队伍；要不断完善疾病防控运作机制，进一步优化重大传染性疾病的预警监测机制，增强应急反应和处置能力，为人民群众生命安全提供有力保障；要抓紧建立覆盖全县的疾病防控工作网络，加强对社区卫生服务中心在疾病预防控制方面的工作指导，使县疾控中心的工作范围延伸到社区、覆盖到全县；要加强硬件设施建设，完善各类设施、设备的配置，使疾控中心的各项硬件设施达到全市平均水平。

2006年5月17日，县政协主席范陈杰带领主席会议成员到崇明工业园区调研。主席会议成员听取园区管委会负责人有关情况的介绍，实地察看上海嘉仕久机械制造有限公司、上海裕佳自动化机械有限公司、上海汇良锻造有限公司等企业的生产经营情况，建议要根据政策和市场的变化，进一步调整工作策略，坚持注重招商质量，注重注册型、落户型并重；要通过各种渠道，积极向上反映崇明招商引资工作的特殊性，努力争取上级对崇明招商引资工作的差别政策；要按照崇明三岛总体规划和功能定位的要求，会同县有关职能部门共同研究园区功能和产业定位，特别是对如何依托崇明工业园区，协调发展崇明本岛第二产业进行深入研究，尽早明确入驻企业的产业导向，吸引更多企业落户园区；要全力争取有关政府职能部门和城桥镇政府的支持和配合，在园区基础设施建设、征地拆迁、劳动力安置等方面形成更强合力，为园区发展营造良好的外部环境。

2006年6月22日，县政协主席范陈杰带领主席会议成员到横沙乡调研。主席会议成员听取该乡党委、政府负责人的情况介绍，并前往增产村听取村党支部书记关于发展村级经济、推进生态村创建等方面的情况介绍，实地察看生态村创建、基础设施建设以及休闲旅游发展等，建议要根据横沙岛为“休闲度假岛”的功能定位，继续保持并不断扩大独特的生态环境优势，大力推进生态建设；要在“农”字上做好文章，积极推进社会主义新农村建设；要进一步加强招商引资工作，加快经济发展。

2006年6月26日，县政协主席范陈杰带领主席会议成员到县国有（集体）资产监督管理委员会调研。主席会议成员听取该委负责人的工作情况介绍，建议要稳步推进企业改制工作，认真做好清产核资、明晰产权的工作，规范有序地实施县物资总公司改制，密切关注上棉35厂的生产经营情况，尽力为企业做好指导和服务工作；要认真做好资产保值增值工作，进一步明确国有资产出资人的定位，研究新形势下国有（集体）资产的经营运作方式，严格防范国有（集体）资产的流失，确保资产保值增值；要严格按照“依法、自愿、有偿”的原则，指导各乡镇做好农村集体土地的流转工作；要深入研究农村集体资产监管的新举措，制订完善相应的规章制度，把转移支付资金的拨付、使用纳入监管范围，确保资金的正常使用，发挥其最大的效益。

2006年6月28日，县政协主席范陈杰带领主席会议成员到堡镇调研。主席会议成员听取该镇党委、政府负责人的情况介绍，建议要继续保持招商引资的良好势头，进一步夯实经济基础；要积极推进社会主义新农村建设，增加农业基础设施建设投入，调整农业产业结构，提高农业生产组织化程度，有效增加农民收入；要完善镇区基础设施，以公共事业为重点，推进重点项目和实事工程建设，使镇区面貌有新的变化。

2006年6月29日，县政协主席范陈杰带领主席会议成员到县人事局调研。主席会议成员听取该局负责人的情况介绍，建议要实施好人才战略，抓好人才开发规划编制、人才引进集聚、专业人才培养与培训、人才政策措施落实和人才服务体系建立等工作；要全面贯彻实施国家公务员法，加强公务员队伍建设，抓好公务员的学习培训、考核管理和作风建设；要稳步推进机构改革工作，重点抓好事业单位分类改革和乡镇机构改革试点工作，逐步建立行为规范、运转协调、工作透明、廉洁高效的管理体制和运行机制。

2006年7月19日，县政协主席范陈杰带领主席会议成员到新村乡调研。主席会议成员听取该乡党委、政府负责人的情况介绍，建议要认真贯彻落实县委九届八次全会精神，充分发挥村党支部的战斗堡垒和村委会的自治作用，切实加强基层民主建设；要按照生态岛建设的要求，积极引导农民调整农业产业结构，促进农业增效、农民增收；要妥善处置在汽车研发基地项目落地过程中出现的各种矛盾，完善工作程序，细化工作措施，实现规范运作，尽早完成项目的腾地工作。同时要不断强化依法行政意识，坚持维护群众利益，严格按照有关规定，认真落实对相关农户的经济补偿。

2006年7月25日，县政协主席范陈杰带领主席会议成员到陈家镇建设发展有限公司调研。主席会议成员听取该公司负责人的情况介绍，建议要以科学发展观指导陈家镇的开发建设，坚持以人为本，正确处理好当前与长远、规划与建设、开发与保护的关系，始终坚持生态理念和精品意识，确保陈家镇开发建设的高起点、高水平；要紧紧围绕把陈家镇建设成上海生态示范城镇的目标，在推进基础设施和其他项目建设的进程中，跳出常规模式的束缚，创新发展思路，提高科技含量，努力把陈家镇建成具有国际先进水平的现代城镇；要在运作过程中，努力协调各方关系，形成开发建设合力，确保陈家镇开发建设有序推进。

2006年8月7日，县政协主席范陈杰带领主席会议成员到城桥镇调研。主席会议成员听取该镇党委、政府负责人的情况介绍，建议要加

2006年8月7日，主席会议成员到城桥镇调研

大招商引资的力度，研究有关政策，引进科技含量高的清洁型企业；要鼓励和支持本镇范围的工程施工企业积极参与新城建设，培育新的经济增长点；要加强城区综合治理，推进平安建设，确保社会稳定；要继续做好城区建设的动拆迁工作，切实落实失地农民的社会保障；要结合实际，认真谋划、部署和推进新农村建设，积极引导农民调整农业产业结构，发展特色蔬菜种植，促进农业增效、农民增收。

2006年8月8日，县政协主席范陈杰带领主席会议成员到县教育局调研。主席会议成员听取该局负责人关于全县教育事业发展的情况介绍，建议要努力培养骨干教师，着力构筑崇明教育人才高地；要培育和发展崇明特色教育，打造崇明教育品牌，以深化"二期课改"为重点，进一步提高教育质量和办学水平；要加快职业教育改革与发展，服务生态岛区建设，积极开展各类成人职业技术培训以及农村富余劳动力和企业下岗人员的培训，为崇明生态岛区建设培养更多的有用人才；要重视学校安全问题，确保食堂卫生、车辆管理等方面的安全，维护良好的教学秩序。

2006年8月21日，县政协主席范陈杰带领主席会议成员到新河镇调研。主席会议成员听取该镇政府负责人的情况介绍，实地察看镇社区文化中心、欣园果业合作社有限公司和瀛旭蔬果合作社有限公司，建议要正视发展中所面临的挑战，妥善处理历史遗留的土地流转权属争议、外来人口管理和社会治安维护等问题；要结合实际，认真部署和推进社会主义新农村建设；要加大招商引资力度，进一步夯实经济基础；要充分发挥富盛经济开发区的辐射和拉动作用；要继续做好重点项目建设的动拆迁工作。

2006年9月7日，县政协主席范陈杰带领主席会议成员到县水务局调研。主席会议成员实地视察城桥污水处理厂工程建设进展情况，听取该局负责人的情况介绍，建议要善于把握重点，加快推进各项重点工作，研究确定亟须解决的重点问题，下大力逐步推进，推动崇明水务工作每年上一个新台阶；要积极服务于新农村建设，大力开展河道整治工作，加快供水集约化建设步伐，做好小水厂归并工作，抓好农村小型水利建设和农用危桥改造工作，提高农田水利基础设施水平；要努力协调各方关系，共同推进崇明水务事业发展，营造天蓝、水净、风清、土洁的生态环境，为崇明经济发展和社会全面进步作出新的贡献。

2006年10月12日，县政协主席范陈杰带领主席会议成员到建设镇调研。主席会议成员听取该镇党委负责人的情况介绍，实地察看上海华润大东船务工程有限公司的现场作业情况，建议要结合本镇实际，深入研究加快新农村建设的途径和举措；要着力发展镇级经济，为各项社会事业发展提供有力的财力支撑；要坚持以生态村创建为抓手，不断改善生态环境面貌。

2006年10月19日，县政协主席范陈杰带领主席会议成员到县卫生局调研。主席会议成员听取该局负责人的情况介绍，建议要加快社区卫生服务中心预防、保健、医疗、康复、健康教育、计划生育指导等"六位一体"综合服务功能的转换，加快全科医生的培养，为群众提供质优、价廉、便捷的医疗卫生服务，切实解决人民群众看病难、药包重的问题；要进一步完善和巩固农村合作医疗制度，加强新型农村合作医疗政策的宣传，做到应保尽保，建立健全农村合作医疗基金筹集、使用、结报等管理制度，方便农民就医，减轻农民就医负担，努力提高保障水平；要深化细化新一轮健康县三年行动计划，结合建设社会主义新农村和现代化生态岛区的实际，按照"条上专业指导、块上综合管理"的原则，加大宣传发动力度，加强相关实事工程建设，强化对外来人口聚集地的公共卫生管理，不断提升全县人民的健康水平。

2006年11月16日，县政协主席范陈杰带领主席会议成员到县文化广播电视局调研。主席会议成员听取该局负责人的情况介绍，建议要突出主题，打造文化品牌，提倡社会文化社会办、群众文化群众办，充分发挥先进文化在社会主义新农村建设中的引导作用、教育作用和激励作用；要围绕中心，服务大局，依托科技进步，积极推进地面数字电视广播家家通和有线电视入户工程；要以全民健身为抓手，建立亲民、利民、便民的体育服务保障体系，促进全民健身与生态岛区建设和健康县建设有机结合，并继续精心组织环崇明岛国际公路自行车赛等重大赛事，打造特色体育品牌，提升崇明对外形象；要整合现有资源，挖掘内部潜力，充分利用现有的文化体育设施、设备，注重人才引进和培养，充实、稳定文体专业人才队伍。

2006年12月14日，县政协主席范陈杰带领主席会议成员到县财政局调研。主席会议成员听取该局负责人的情况介绍，建议要继续做好开源节流、增收节支的各项工作，坚持统筹兼顾、量入为出的原则，确保应收尽收，并合理调整和优化财政支出结构，加强对资金使用的全程监管，使有限的资金发挥最大的效益；要积极向上争取财力支持，按照市委、市政府“举全市之力，支持崇明现代化生态岛区建设”的要求，全面把握建设和发展的需求，合理设置需要争取支持项目，切实加强与市财政部门的沟通联系，为崇明发展争取更多的资金；要稳步推进县、乡镇财政体制改革，认真研究改革差别政策和转移支付办法，进一步明确县级与各乡镇的财权、事权，促进乡镇均衡协调发展。

2006 年 12 月 27 日，县政协主席范陈杰带领主席会议成员到中兴镇调研。主席会议成员听取该镇党委、政府负责人的情况介绍，实地察看广福市场环境整治、胜利村农户白山羊养殖情况，观摩永南村老年健身活动和文艺表演，建议要进一步加强干部队伍建设，继续保持良好的精神状态和务实的工作作风，努力开创新一年各项工作的新局面；要正视目前花菜市场的风险，在扩大规模经营的同时，充分利用现有资源，不断加大产业结构调整的力度，探索种源农业和农产品深加工等新路，大力扶持发展农业合作经济组织，实现农民持续、稳定增收；要认真实施科教兴县战略，积极帮助镇内现有企业加快技术改造和产品的升级换代，以科技为支撑，增加产出，提升效益；要深入研究税收政策调整对招商引资工作带来的新问题，积极宣传独特的区位优势和文化影响，进一步讲究招商策略，改进工作方法，力争招商引资工作取得新的突破。

2007 年 3 月 14 日，县政协主席范陈杰带领主席会议成员到县经济委员会调研。主席会议成员听取该委负责人的情况介绍，建议要不断优化第二产业格局，把加快推进长兴海洋装备产业配套基地建设作为工作的重中之重，力争使基地尽早建成投产，形成崇明经济新增长点，同时根据生态岛区建设的实际，积极扶持符合产业导向的工业企业实施技改扩规，限制和淘汰高污染、高能耗、低效益的企业；要及时调整招商引资策略，把工作重心转移到注重引进实体企业落户上来，同时研究完善招商引资政策，不断规范招商引资秩序；要抓紧编制全县商业专项规划，通过科学、详尽的规划来优化网点布局、调整业态功能、培育商业亮点；要大力加强对外劳务市场监管，加大监管力度，引导、约束各劳务企业规范有序地组织富余劳动力输出务工；要切实维护职工利益，树立以人为本的理念，按照有关政策规定，着力化解各类矛盾，确保社会稳定，共建和谐社会。

2007 年 3 月 21 日，县政协主席范陈杰带领主席会议成员到港西镇调研。主席会议成员听取该镇党委、政府负责人的情况介绍，重点了解静南村宅基地置换试点工作进展情况和新农村建设试点情况，并实地察看双津村新一轮农村改厕工作情况，建议要根据港西镇实际，在东部地区深入挖掘已经建成的生态片林和景观林的经济价值，尽早开发其旅游功能，启动实施农家乐旅游项目；在西部地区加大农业基础设施投入和项目招商力度，积极扶持发展花卉、瓜果种植。要稳步实施和完善农村宅基地置换工作，结合有关政策的调整以及一期置换工作的实际，对二期工程方案作合理调整。同时，要认真做好土地收储、招标出让、资金平衡、群众安置等各项工作，确保试点工作顺利进行。要按照“生产发展、生活宽裕、乡风文明、村容整洁、管理民主”的要求，正确定位政府角色，充分尊重农民群众在新农村建设中的主体作用，广泛听取群众意见，认真做好宣传、引导和发动工作，扎实推进新农村建设。

2007 年 4 月 3 日，县政协主席范陈杰带领主席会议成员到绿华镇调研。主席会议成员听取该镇党委、政府负责人的情况介绍，建议要大力提升果林产业水平，及时调整种植品种，健全为农服务体系，拓展果产品深加工，提高农业产出，增加农民收入；要努力打响西沙旅游品牌，抓紧会同旅游、规划、农委、水务等有关部门，充分整合果林体验、岸线湿地、湖泊水景、农家风情等旅游资源，统筹规划、合理布局、加快建设各旅游景点，扩大西沙旅游的市场知名度；要扎实推进华西村新农村建设试点工作，编制规划，充分调动农民群众参与新农村建设的积极性；要切实加强干部队伍建设，充分发挥镇、村两级党员干部的先锋模范作用，团结带领全镇群众为加快建设现代化生态岛区而共同奋斗。

2007 年 4 月 19 日，县政协主席范陈杰带领主席会议成员到竖新镇调研。主席会议成员听取该镇党委、政府负责人的情况介绍，建议要大力发展现代农业，加大农业项目的招商引资力度，积极引进岛外资金和先进技术，扶持、培育农业特色项目和龙头企业，实现农业增效、农民增收的目标；要强化招商引资，“借鸡生蛋、借船出海”，不断壮大镇级经济实力；要抓好农民教育，充分激发他们参与新农村建设的主动性、积极性和创造性，从根本上解决基层干部群众中存在的“等、靠、要”思想，确保新农村建设各项工作的顺利推进。

2007年4月26日，县政协主席范陈杰带领主席会议成员到县建设和管理委员会调研。主席会议成员听取该委负责人的情况介绍，实地察看危桥改造工程施工现场，建议要正确把握工作重点，稳步推进县政府重点工程和实事项目建设；要切实履行部门职责，积极参与社会主义新农村建设，进一步做好乡村公路建设和危桥改造工作，积极稳妥地启动实施新一轮农村改厕工作，继续完善农村生活垃圾收集处置系统，进一步改善群众的生产、生活条件；要妥善化解各类矛盾，在征地、拆迁工作中，坚持依法办事，坚持政策规定，做好深入细致的宣传解释工作，尽量化解由征地、拆迁引发的各类社会矛盾，保障群众利益；要自觉接受监督，促进行政行为民主化、科学化、规范化，推动党风廉政建设和机关作风建设，不断提高工作质量和成效。

2007年4月28日、5月15日，县政协主席范陈杰带领主席会议成员和县国资委、县环保局、县供销社、县政协办公室、县总工会、县卫生局、县政研室等单位负责人及县新农村建设办公室有关人员赴中兴镇、向化镇调研新农村建设情况。主席会议成员听取中兴镇、向化镇党政主要负责人关于推进新农村建设工作的总体思路以及试点工作的情况介绍，实地察看中兴镇永南村、胜利村和向化镇南江村新农村建设试点情况，并看望中兴镇贫困村潋中村的村干部。就做好新农村建设试点村工作提出建议：要正确处理好政府引导扶持与发挥群众主体作用的关系。坚持“政府主导、农民主体、干部服务、社会参与”的原则，充分发挥农民群众在建设新农村中的主体作用，广泛听取他们对新农村建设的要求愿望，激发他们参与新农村建设的主动性、积极性和创造性。同时，提高农民文化和专业技术水平，培育一代能担当起新农村建设任务的新型农民。要正确处理好发展农村经济与改善村容村貌的关系。要大力发展现代农业、规模农业、特色农业，稳步提高农民收入，为新农村建设创造物质基础。同时要按照“乡风文明、村容整洁”的要求，切实做好环境整治，尤其是抓好新一轮农村改厕和“五棚”整治工作，坚持从实际出发，因地制宜、循序渐进。要正确处理好硬件建设与软件建设的关系。要在加大硬件建设的同时，切实强化软件建设，使完善的硬件设施充分发挥应有的作用。要在新农村建设推进中努力做到“三个结合”。新农村建设要与构建和谐社会相结合，试点工作要与面上整体工作相结合，改进工作作风要与改进工作方法相结合。

2007年5月9日，县政协主席范陈杰带领主席会议成员到县公安局调研。主席会议成员实地视察崇明城桥镇南门路八一路口交通指挥岗、交警大队车宣科窗口及新河、竖新派出所，观摩特警大队队员训练表演，听取该局负责人关于重点地区治安管理、社区警务工作、干警队伍建设等方面情况介绍，建议要积极探索新形势下做好群众工作的新思路、新办法，加强群防群治工作队伍建设，充分发挥其在维护社会治安中的重要作用；要进一步加强和改进治安管理工作，努力从源头上预防，减少案件的发生，并不断提高侦破技能，严厉打击各类刑事犯罪活动，切实维护社会稳定；要进一步加强公安队伍建设，着力打造一支政治坚定、业务精通、作风优良、执法公正的公安队伍，树立人民警察在广大干部群众中的良好形象，积极营造更为有利的公安工作社会环境。

2007年5月9日，县政协主席会议成员到县公安局调研

2007年7月24日，县政协主席范陈杰带领主席会议成员到县招商服务中心调研。主席会议成员听取中心负责人的情况介绍，建议要严格按照县政府对中心职能的调整，继续加大招商工作宣传力度，着力构筑全县统一的招商平台，努

力在优化投资环境、完善招商管理、提高招商质量等方面寻求突破，为崇明招商引资工作健康有序发展作出更大贡献。

2007年7月25日，县政协主席范陈杰带领主席会议成员到县供销合作总社调研。主席会议成员听取总社负责人的情况介绍，建议要加快构建农村现代经营服务网络，在搞活农村商品流通方面发挥主渠道作用；要引领农民发展专业合作组织，在推进农业产业化经营方面发挥骨干作用；要加大改革创新力度，在健全农村社会化服务体系方面发挥主体作用；要深入开展调查研究，切实做好长兴海洋装备基地的商业规划编制工作，及早明确功能定位，提出一整套符合实际、切实可行的商业、服务业发展规划，并抓紧报批和组织实施。

2007年7月26日，县政协主席范陈杰带领主席会议成员到县民政局调研。主席会议成员听取该局负责人关于崇明民政事业发展情况的介绍，建议要继续加大社会救助政策的宣传力度，提高救助政策的透明度和知晓率；要认真做好双拥优抚安置工作，维护社会安定团结；要加强调查研究工作，切实做好整治农村乱埋乱葬工作。

2007年8月2日，县政协主席范陈杰带领主席会议成员到崇明工业园区调研。主席会议成员听取园区管委会负责人的情况介绍，建议要积极调整工作策略，实现招商工作的新突破；要严格入驻标准，确保优质企业入驻园区；要妥善处理动迁安置工作中的各类矛盾，努力维护社会和谐稳定。

2007年8月9日，县政协主席范陈杰带领主席会议成员到县农业委员会调研。主席会议成员听取该委负责人的情况介绍，建议要积极引导、科学调整农业结构，大力发展高效生态型现代农业；要努力提高农产品市场竞争力，做大做强崇明生态农产品品牌；要不断提高农业机械化、科技化水平；要深入研究崇明林业的可持续发展之路，重点研究发展林下经济的模式和做法，努力拓展农民就业和增收渠道。

2007年8月14日，县政协主席范陈杰带领主席会议成员到县房屋土地管理局调研。主席会议成员听取该局负责人的情况介绍，建议要继续坚持实施严格的土地管理制度，采取更有针对性和约束力的措施，全面加强土地管理和调控工作，正确处理加快发展与严格保护的关系，促进崇明经济社会持续健康协调发展；要科学编制好崇明三岛土地利用总体规划，严把土地审批关，合理控制用地规模，坚决遏制低水平重复建设和盲目圈地占地，严格清理闲置用地；要大力推进重点地区开发建设，区分轻重缓急，规范、及时办理重点区域、重点项目的用地送审报批手续，积极争取上级支持，落实用地指标，确保重点地区开发建设有序推进。

2007年8月23日，县政协主席范陈杰带领主席会议成员到堡镇调研。主席会议成员听取该镇党委、政府负责人的情况介绍，实地察看花园村新农村建设试点情况，建议要进一步加强堡镇地区的生态环境建设，重点做好堡镇污水处理厂的规划和建设；要继续推进农业产业结构调整，壮大农民合作经济组织，坚持“一村一品”，发展特色经济、规模经济；要扩大招商参与面，提高招商质量，促进地区经济发展；要做好扩大就业、落实低保等方面工作，保证企业转制顺利进行，切实维护堡镇地区社会稳定；要做好堡镇文化活动中心的规划、选址和建设工作，不断改善堡镇地区群众文化设施环境。

2007年9月11日，县政协主席范陈杰带领主席会议成员到上海亚通股份有限公司调研。主席会议成员听取公司负责人的情况介绍，建议要努力发挥国有控股公司的作用，进一步推进企业又好又快发展；要在提高服务质量的同时，不断拓展服务领域，发展与崇明经济社会相适应的产业、项目；要在适当增加运力的同时，进一步改善乘渡环境，增强船体抗风浪能力，提高渡船乘坐舒适度和安全性。

2007年9月25日，县政协主席范陈杰带领主席会议成员到仁济医院崇明分院调研。主席会议成员听取该院负责人的情况介绍，建议要继续增强服务意识，提高服务水平，坚持做到以人为本、以患者为本，努力构建和谐的医患关系；要加强与有关单位的协调，积极探索有效的调解和处理机制，妥善解决发生的医患矛盾；要积极向有关方面反映和呼吁，推动相关问题的解决，并用发展的观点积极应对，努力保持医、教、研良性循环的发展势头。

2007年9月26日，县政协主席范陈杰带领主席会议成员到陈家镇调研。主席会议成员听取该镇党委、政府负责人的情况介绍,实地察看国际生态社区规划选址用地、新型生态农民社区一期工程配套及二期工程,建议要积极会同有关单位进一步加大基础设施建设、土地收储等前期准备以及国际生态社区等先期开发地区的招商和建设力度,力争在大桥通车时显示形象;要继续增加农业基础设施建设的投入,大力发展特色农产品种养、加工等生态高效农业,提高农业产出,增加农民收入;要切实按照现代化生态岛建设的要求,继续做好工业企业节能减排,减少和控制污染;要认真研究社会主义新农村建设中出现的新情况新问题,落实最低生活保障、医疗保障、水厂改造等具体措施,改善和提高农民生产、生活环境及质量;要正面引导农民更新思想观念,增强离土农民自主创业、自主择业和主动就业意识,创造更多的就业岗位,增加离土农民的工资性收入;要妥善处理和化解在土地流转、动拆迁过程中产生的各种社会矛盾,维护社会稳定。

2007年9月28日,县政协主席范陈杰带领主席会议成员到县总工会调研。主席会议成员听取县总工会负责人的情况介绍,建议要充分认清形势,强化责任,不断增强工会组织的凝聚力;要充分发挥工会优势,高度关注社会热点难点问题,进一步拓展就业渠道,努力造就一批适应崇明生态岛建设的技术能手、技术状元;要充分利用政协工会界别的优势,加强自身工作与政协工作的有机结合,利用政协舞台发挥更大作用。

2007年10月24日,县政协主席范陈杰带领主席会议成员到县安全监督管理局调研。主席会议成员听取该局负责人的情况介绍,建议要依法管理,进一步加大安全监管监察执法力度;要预防为主,抓好安全隐患排查整治工作;要加强宣传,努力提高生产经营单位和从业人员遵守安全生产法律法规的自觉性和自我保护意识;要抓好队伍,不断增强安监工作人员的责任感、使命感,提高监管水平。

2007年10月31日,县政协主席范陈杰带领主席会议成员到县森林旅游园区调研。主席会议成员听取园区管委会负责人的情况介绍,建议要认真做好总体规划和东平国家森林公园以及周边地区开发建设规划的细化、完善工作;要稳步推进森林公园改造和周边地区的功能开发建设,着力提升景点建设和接待服务水平;要切实加大崇明生态旅游宣传营销力度,进一步做强生态旅游品牌,提升崇明生态旅游的知名度。

2007年11月8日,县政协主席范陈杰带领主席会议成员到县科学技术委员会调研。主席会议成员听取该委负责人的情况介绍,建议要结合崇明科技工作面临的新形势、新问题和新挑战,精心谋划崇明科技工作新思路,进一步发挥县科委在科教兴县战略中的重要作用;要聚焦重点,不断开发整合科技资源,努力实现崇明重大科研项目取得突破性进展;要继续积极争取市政府及市科委项目资金倾斜;要加强科技队伍建设,不断提高科技管理人才的综合素质。

2007年11月22日,县政协主席范陈杰带领主席会议成员到横沙乡调研。主席会议成员听取该乡党委负责人的情况介绍,实地察看惠丰村、新永村、东兴村新农村建设情况和横沙乡东滩圈围情况,并召开农村民主政治建设座谈会,建议要加快发展现代农业,高起点、高标准建设社会主义新农村;要以创建全国环境优美乡镇为契机,加快休闲度假岛建设;要围绕就业、就医、就学、求知、求乐、求保障、求平安等民生问题,切实把增加农民收入、提高农民生活水平作为一切工作的落脚点,把新农村建设落到实处,推进横沙乡各项事业又好又快发展。

2007年12月18日,县政协主席范陈杰带领主席会议成员到县人事局调研。主席会议成员听取该局负责人的情况介绍,建议要进一步增强做好人才工作的紧迫感,立足当前,着眼长远,创新思路,使人才工作更好地适应崇明经济社会发展的需要;要研究制定适合崇明特点的人才政策,修改完善《崇明县人才基金管理办法》,促使人才资金尽快投入运转;要促进人才城乡统筹机制的建立和完善,争取更多的“借脑融智”;要进一步改善人才管理,更好地为各类人才提供优质服务。

2007年12月28日,县政协主席范陈杰带领主席会议成员到新村乡调研。主席会议成员听取该乡党委、政府负责人的情况介绍,走访慰问敬老院老人,建议要大力扶持规模养殖业,做大做强白对虾养殖,提高产品附加值和市场竞争力,形成主导产业;要积极争取,用足用好各类倾斜扶持政策;要继续密切关注民生问题，切实解决好百姓就业、就医、就学、求知、求乐、求保障、求平安等热点问题，不断提高群众的生活质量和水平。

2008年2月19日，县政协主席范陈杰带领主席会议成员到县公安局刑侦大队调研。主席会议成员听取县公安局和刑侦大队负责人的情况介绍，察看刑事技术勘查车、警犬技术和刑事技术装备，观看2007年崇明公安刑侦工作回顾和“12·25”抢劫杀人案件侦破短片，建议要牢固树立大局意识、服务意识和创新意识，不断研究新情况、解决新问题，满足人民群众对公安工作的新要求、新期待；要不断加强公安刑侦队伍建设，着力提高队伍的专业素质，努力打造一支“政治强、业务精、作风硬、执法严、特别能战斗”的刑侦队伍，树立新时期人民警察形象；要重点突破，积极开展阶段性专项工作，对各类违法犯罪行为起到强大的震慑作用，确保全县社会治安稳定；要对涉及公安工作的政协相关提案落实到位，取得实效。

2008年2月27日，县政协主席范陈杰带领主席会议成员到县统计局调研。主席会议成员听取该局负责人的情况介绍，建议要加强统计法律法规的宣传，认真按照“五五”统计法制宣传计划，广泛深入地开展统计法制宣传教育活动，让全社会了解统计工作的重要性、规范性和严肃性；要深化完善统计体制改革，正确处理县统计局和国家统计局崇明调查队之间的关系，积极探索新机制，做到资源共享，相得益彰；要加强统计队伍建设，整合统计人力资源，加强统计人员培训，更新和丰富统计业务知识，不断提高统计人员业务素质和工作能力。

2008年2月28日，县政协主席范陈杰带领主席会议成员到绿华镇调研。主席会议成员听取该镇党委、政府负责人的情况介绍，实地察看社会主义新农村试点村华西村建设情况，建议要坚持“一业特强、多业并举”的原则，不断开发柑橘新品种；要坚持高标准、高起点建设社会主义新农村，把华西村建设成全县新农村建设的亮点工程；要认真做好土地收储、资金平衡工作，统一规划开发，加快绿华经济和社会事业发展。

2008年2月28日，主席会议成员到绿华镇调研

2008年3月11日，县政协主席范陈杰带领主席会议成员到崇明新城建设发展有限公司调研。主席会议成员听取新城公司负责人的情况介绍，建议要切实按照功能项目开发的时序规划，抓紧组织实施2008年的七大项目，明确推进的时间节点，加强检查督促，及时完成项目的规划、设计、论证和开工建设，力争早出形象，快出形象，出好形象；要及时研究并推出明年及之后的后续项目，及早进行招商工作，保持城桥新城开发连续发展的格局和势头；要在开发建设中积极传承崇明地方文化特色，复制、布局一些崇明历史文物建筑，特别是演武厅应在城桥新城范围内合适区域重建，使之成为城桥新城的一个新景观；要积极转变征地拆迁工作的机制，调动各方面的积极性，认真、高效、稳妥地做好群众工作，保障城桥新城建设的顺利推进；要加大城桥新城建设成果的宣传力度，让全县人民了解城桥新城开发建设的新成果，从而激励干部群众投身现代化生态岛建设的积极性、主动性和创造性，推动崇明经济社会又好又快发展。

2008年3月13日，县政协主席范陈杰带领主席会议成员到县城市管理监察大队调研。主席会议成员听取县城管大队负责人的情况介绍，建议要进一步理顺各种关系，明确职责分工，严格按照法定程序行使权力、履行职责，保证城市管理法律、法规和各项规章的正确实施，不断提高执法的效率和水平；要认真研究执法中遇到的难点、热点和倾向性问题，及时采取措施加以处置，把各类问题解决在萌芽状态；要加大城管工作宣传力度，教育引导群众自觉遵守城管法规，营造城管工作的良好氛围；要加强队伍建设，提高队伍素质，努力建设一支政治坚定、业务精通、遵纪守法、作风过硬、高素质的城管队伍。

2008年4月6日，县政协主席范陈杰带领主席会议成员到县司法局调研。主席会议成员听取该局负责人的情况通报，建议要加强司法行政工作的宣传，进一步增强做好司法行政工作的信念；要健全人民调解工作网络，创新人民调解工作思路，进一步夯实人民调解工作的基础；要进一步加强司法行政干部队伍建设，不断提高司法行政工作水平。

2008年4月7日，县政协主席会议成员赴县信息化委员会调研。主席会议成员听取该委负责人的情况介绍，建议要高度重视对信息化工作重要性的宣传，努力营造全社会共同关心、支持信息化建设的良好氛围；要充分整合全社会的信息资源，发动各相关部门共同做好信息的采集、汇总、筛选、整合、应用工作；要切实加强工作的主动性、科学性和前瞻性，在信息化基础设施布局、建设等方面提前介入，实现信息化项目的同步推进。

2008年5月14日，县政协主席范陈杰带领主席会议成员到县人民法院调研。主席会议成员听取法院负责人的情况介绍，建议要把维护社会公平正义作为工作的生命线，积极稳妥推进司法体制改革，严格规范执法行为；要在法制宣传教育方面发挥积极作用，弘扬法治精神，重视社会主义法律文化建设，树立依法办事、守法为荣的良好社会风尚；要不断加强队伍建设，加大教育培训力度，树立法官和工作人员严格、公正、文明、清廉的形象，努力造就一支政治坚定、业务精通、作风优良、执法公正的干警队伍。

2008年5月15日，县政协主席范陈杰带领主席会议成员到县卫生局调研。主席会议成员听取该局负责人的情况介绍，建议要进一步加强医卫队伍建设，实施医卫人才发展战略，探索建立基层医卫人员招聘、培养的长效机制；要加强基层医卫单位的基础设施建设，更新必要的医疗设备，方便百姓就近就医；要不断改进医疗服务质量，保证医疗安全，营造良好的医疗卫生工作舆论环境和社会氛围，努力构建和谐的医患关系。

2008年6月5日，县政协主席范陈杰带领主席会议成员到县人民检察院调研。主席会议成员听取检察院负责人的情况介绍，建议要坚持“敢办案、能办案、办好案”，确保法律效果和社会效果的统一，维护社会公平正义；要进一步加强职务犯罪的预防工作，有针对性地宣传有关法律法规，积极提出合理可行的检察建议；要严厉打击严重破坏现代化生态岛建设和严重阻碍新农村建设的犯罪活动，努力创出崇明检察工作的特色和亮点；要进一步加强检察干警队伍建设，按照“严格公正、文明执法”的要求，以“风正、气顺、人和、劲足”为目标，完善内外部监督制约机制，使检察干警队伍建设上一个新的水平。

2008年7月23日，主席会议成员到县审计局调研

2008年7月23日，县政协主席范陈杰带领主席会议成员到县审计局调研。主席会议成员听取该局负责人的情况介绍，建议要进一步突出审计重点，做好对一、二级预算单位和乡镇的审计，特别关注公权力大、公益性强及公众关注度高的部门和资金掌控量大的部门的审计；要进一步深化审计结果运用，逐步探索审计公开的方式方法，督促被审计单位对审计发现问题进行切实整改；要进一步促进内部审计工作，健全内部控制制度，定期开展内部审计工作，强化内部监督制约机制；要进一步加强审计干部队伍建设，打造一支业务精湛、作风优良、廉洁自律的审计干部队伍，维护公正严明、依法办事的良好社会形象。

2008年7月23日，县政协主席范陈杰带领主席会议成员到中国电信上海公司崇明局（简称崇明电信局）调研。主席会议成员听取该局负责人的情况介绍，参观中心机房和企业员工文体活动中心，建议要加强信息市场调研，调整市场策略，不断开发新的客户群；要以人为本，优化信息技术，为客户提供优质服务；要发挥优势，整合资源，深入推进农村通信发展和信息化建设，为社会主义新农村建设提供有力的支撑；要加强管理，明确责任，切实加强网络和信息安全管理，促进网络健康发展。

2008年8月14日，县政协主席范陈杰带领主席会议成员到县文化市场行政执法大队调研。主席会议成员听取执法大队负责人的情况介绍，建议要进一步加大行政执法力度，坚持不懈地整顿和规范文化市场秩序；要加强与相关职能部门协调沟通，形成齐抓共管的良好氛围；要创新思路，探索研究与崇明文化大发展大繁荣相适应的执法方式、方法；要进一步加强执法队伍思想、作风、法制和廉政建设，内练素质，不断提高执法能力。

2008年8月14日，县政协主席范陈杰带领主席会议成员到县环保局调研。主席会议成员听取该局负责人关于全县环保工作情况的介绍，建议要从建设崇明生态岛的高度，切实做好环境保护的相关工作；要加强环保知识的宣传，营造全社会重视环保工作的良好氛围；要切实履行职责，在项目规划和建设过程中，积极提出符合环保要求的意见；要加强队伍建设，改进工作作风，做到严格把关、热情服务、规范运作、公正执法，树立良好的窗口形象。

2008年10月8日，县政协主席范陈杰带领主席会议成员到县交通局调研。主席会议成员听取该局负责人的情况介绍，建议要加强行业管理，努力树立交通企业良好形象；要切实抓好安全监管，努力创建平安交通；要增强服务意识，不断提高服务水平；要强化部门协调，凝聚发展合力。

2008年11月10日，县政协主席范陈杰带领主席会议成员到县教育局调研。主席会议成员听取该局负责人的情况介绍，建议在今后的工作中要正确处理五个关系：一是正确处理好硬件建设和内涵建设的关系；二是正确处理好义务教育和学前教育、高中教育、职业教育、社区教育的关系；三是正确处理好公办教育和民办教育的关系；四是正确处理好全面发展和特色教育、素质教育的关系；五是正确处理好师资队伍建设和留住人才之间的关系。

2008年12月18日，县政协主席范陈杰带领主席会议成员到县建筑工务署调研。主席会议成员听取该署负责人的情况介绍，建议要加强沟通与配合，理顺县建筑工务署、建投公司和拆迁公司三者之间的关系，形成工作合力；要抓住机遇，不断提升建投公司的投融资能力，帮助政府分忧解难；要加强管理，建立健全内部管理制度，增强拒腐防变的能力，防止"工程上马，干部下马"现象的发生；要优化结构，不断提升队伍综合素质，通过自选培训、岗前培训、专家授课等方式，促进干部队伍业务能力和自身素质的提高。

2008年12月25日，县政协主席范陈杰带领主席会议成员到县财政局调研。主席会议成员听取该局负责人的情况介绍，建议要进一步加强调研，认真落实国家应对经济危机出台的各项措施，并及时研究相关政策，把国际金融危机带来的影响降到最低限度；要进一步挖掘增收潜力，确保地方财政收入平稳较快增长，并积极向上争取财力支持；要进一步严格控制财政支出，切实加强支出管理，强化财政为民的观念，财政支出要向民生倾斜；要抓好财政队伍建设，坚持用制度管人，努力建设一支业务精湛、务实敬业、作风优良、廉洁自律的财政人才队伍，为崇明经济和社会发展提供一流服务。

2009年2月12日，县政协主席范陈杰带领主席会议成员到东平镇调研。主席会议成员听取该镇党委、政府负责人的情况介绍，实地察看原农场部分散居户居住点，建议要规划先行，明确新镇未来发展方向；要分步实施，解决住房、交通等民生问题；要形成共识，正确应对当前面临的困难和问题；要认清形势，切实提高乡镇社会管理和公共服务水平。

2009年3月11日，县政协主席范陈杰带领主席会议成员到上海电视大学崇明分校调研。主席会议成员听取分校负责人的情况介绍，建议要分析市场，挖掘潜力，不断拓宽招生渠道，进一步提升学校的社会知晓度和影响力；要抢抓机遇，整合资源，切实推进社区教育学院建设；要坚持积极引进与横向交流并举，建设一支素质优良、精干高效、富有活力，适应电大和社区教育事业发展的教师队伍。

2009年3月12日，县政协主席范陈杰带领主席会议成员到新海镇调研。主席会议成员听取该镇党委、政府负责人的情况介绍，实地察看跃进新村居委会、新海学校和新海医院，建议要抓紧制订经济社会发展规划；要探索解决居民住房问题新途径，因地制宜，因时制宜，根据现有条件，主动拿出具体方案；要切实提高全镇社会管理和公共服务水平。

2009年4月10日，县政协主席范陈杰带领主席会议成员到县经济委员会调研。主席会议成员听取该委负责人的情况介绍，建议要充分认清当前经济形势的严峻性、复杂性，切实增强忧患意识和责任意识，坚定攻坚克难的信心和决心，努力促进崇明经济社会平稳较快发展；要进一步认识崇明中小企业在崇明经济发展中的地位和作用，急企业所急，想企业所想，努力帮助企业解决实际困难；要进一步做好迎世博的各项工作，尤其是窗口服务工作，从根本上改变崇明城乡环境面貌、促进人民群众整体素质的提高。

2009 年 5 月 7 日，县政协主席范陈杰带领主席会议成员到县建设和交通委员会调研。主席会议成员听取该委负责人的情况介绍，实地察看上海长江大桥(陈家镇段)配套工程和堡镇地区市政道路拓宽改造工程建设现场，建议要继续抓好机构改革工作，明确机构职能，理顺工作关系，确保各项工作有序进行；要切实推进基础设施建设，着力抓好国家干线公路配套设施、三岛公路和市政道路、桥梁建设以及新农村建设等重大项目、实事工程的推进工作；要全力做好以迎世博为重点的相关工作；要进一步增强服务意识，不断改进机关作风，提高管理水平，提升行政能力。

2009 年 6 月 10 日，县政协主席范陈杰带领主席会议成员到新河镇调研。主席会议成员听取该镇党委、政府负责人的情况介绍，实地察看街道及周边道路整治及绿化美化建设情况，建议要继续推进农业产业结构调整升级，发展壮大农民合作经济组织，充分发挥其辐射引领作用，带领周边群众共同致富；要按照科学发展观的要求，统筹规划，合理布局，立足长远，高标准、高起点地搞好新农村建设；要坚持以迎世博 600 天活动为契机，结合全国绿化模范县、全国环境优美乡镇创建工作，以“百路千点”“百镇千村”环境整治为切入点，加大镇区环境整治力度，加快农贸市场改造工程，进一步改善镇村生态环境；要把预防和化解社会矛盾纠纷作为工作的重要内容，积极探索处理历史遗留问题的有效途径，及时解决经济社会生活中的热点和难点问题。

2009 年 6 月 16 日，县政协主席范陈杰带领主席会议成员到建设镇调研。主席会议成员听取该镇党委、政府负责人的情况介绍，实地察看水稻机插秧现场和农家乐建设情况，建议要进一步认清面临的经济发展形势，充分发挥自身优势，有效运作现有资产，努力促进较快发展；要扎实推进迎世博各项工作；要结合实际，拓展就业渠道，增加农民收入，提高保障水平，不断取得新农村建设的新成果；要进一步加强调查研究工作，切实处理好土地流转和动迁安置问题。

2009 年 6 月 17 日，县政协主席范陈杰带领主席会议成员到县供销合作总社调研。主席会议成员听取总社负责人的情况介绍，实地察看县生猪定点屠宰中心，建议要进一步积极推进农副产品产加销一体化建设，培育龙头农民专业合作社，做大做强社有企业，努力实现农副产品规模化种植、精细化加工、组织化销售；要积极加强与百联集团沟通合作，尽早使崇明城桥新城区域大型购物中心破土动工，带动新城商业发展，努力营造新城开发氛围；要以迎世博 600 天活动为契机，主动与市华联超市公司协商，争取及早对崇明新老华联超市进行合并整合；要进一步改进工作作风，不断提高为农服务水平。

2009 年 7 月 16 日，县政协主席范陈杰带领主席会议成员到城桥镇调研。主席会议成员听取该镇党委、政府负责人的情况介绍，实地察看城桥镇现代农业生态园区，建议要加快推进产业结构调整步伐，不断扩大镇级经济发展空间；要加强世博宣传，扎实推进迎世博各项工作；要全面推进社会主义新农村建设，使农村面貌有一个较大的改观；要不断提高城镇管理水平，以高效能管理打造城镇新形象。

2009 年 7 月 16 日，县政协主席范陈杰带领主席会议成员到县规划土地管理局调研。主席会议成员听取该局负责人的情况介绍，建议要服从服务于崇明现代化生态岛建设，正确处理规划和土地政策法规的严肃性与结合崇明实际因地制宜执行好政策法规的关系，努力为崇明现代化生态岛建设争取更大的发展空间；要科学合理调整崇明三岛总体规划及重点地区专项规划，及时征求各方意见，做好解释沟通工作，确保各项规划更加科学、合理、完善；要进一步做好机构改革的后续工作，切实按照“三定”方案，深化和完善机构改革和职能配置，搞好事业单位的归并工作，确保各职能科室和事业单位有序高效运转。

2009 年 8 月 24 日，县政协主席范陈杰带领主席会议成员到县农业委员会调研。主席会议成员听取该委负责人的情况介绍，建议要加强园区招商引资工作，积极争取市关于农产品深加工政策扶持和项目支持，引进高端农产品深加工企业入驻园区；要通过集中扶持、内引外联，努力培养一批规模较大、竞争优势明显、辐射带动能力强的农业龙头营销企业，利用其品牌优势，拓展营销市场，打响崇明生态农业、特色农业品牌；要加强农业科技信息队伍建设，完善人才培养、引进机制，及时为农民和农民专业合作社提供便捷有效的信息服务；要增强农民市场竞争意识，提高农村劳动力整体素质，培养一批懂技术、善经营、会管理的骨干农户和农民专业合作社大户；要全面梳理现有农业政策和发展思路，围绕农业结构调整、促进非农就业、特色农产品对接上海市场等方面加强政策研究，确保崇明农业可持续发展。

2009 年 8 月 27 日，县政协主席范陈杰带领主席会议成员到竖新镇调研。主席会议成员听取该镇党委、政府负责人的情况介绍，实地察看大通河竖河段和竖新镇镇区环境整治工程和水稻机插秧长势情况，建议要继续密切关注当前经济发展形势，积极做好促进就业和社会稳定工作，努力保持全镇经济社会平稳较快发展；要加大农业产业结构调整力度，充分利用崇明农业品种资源优势，大力发展优、特、新农产品，重点推广发展高效特色蔬菜，促进农业增效、农民增收；要进一步加强调查研究，切实做好土地流转的基础性工作。

2009 年 9 月 3 日，县政协主席范陈杰带领主席会议成员到县人民法院调研。主席会议成员听取法院负责人的情况介绍，实地察看庙镇法庭，建议要坚持人才引进与在岗培训相结合，进一步提高法院干警整体素质；要坚持加强法制宣传教育与解决当前突出问题相结合，努力促进社会和谐；要坚持“一般审理”与“专门审理”相结合，尽快解决崇明历史遗留问题。

2009 年 9 月 18 日，县政协主席范陈杰带领主席会议成员到三星镇调研。主席会议成员听取该镇党委、政府负责人的情况介绍，实地察看崇明白山羊基地和肉鸽养殖场，建议要加快农业招商步伐，进一步调整优化农业产业结构；要积极参与明珠湖地区旅游基础设施建设，做大做强“农家乐”生态旅游品牌；要进一步完善迎世博工作长效管理机制，提高人民群众整体素质。

2009 年 10 月 26 日，县政协主席范陈杰带领主席会议成员到陈家镇调研。主席会议成员听取该镇党委、政府负责人的情况介绍，实地察看陈家镇建设发展有限公司生态示范办公大楼、东滩大道、揽海路等，建议要全力推进动拆迁工作，确保项目建设工程进度；要注重动迁安置社区管理，不拖“迎世博”测评考核后腿；要切实做好服务工作，积极引导企业“腾笼换鸟”，提升现有企业生产水平和外在形象；要切实转变政府职能，努力建设学习型、创新型、务实型、廉洁型的政府机关，不断提高领导水平和驾驭市场经济的能力。

2009 年 11 月 20 日，县政协副主席王为群带领主席会议成员到县人口与计划生育委员会调研。主席会议成员听取该委负责人的情况介绍，建议要加强宣传教育，努力培育群众良好的生育观念，进一步推进优生优育工作；要总结“全国计划生育优质服务先进单位”创建工作的经验，把创建工作不断引向深入；要完善流动人口计划生育管理工作制度，进一步加强对流入、流出育龄妇女计划生育宣传教育和管理服务工作；要根据崇明人口老龄化的趋势，进一步加强老龄工作。

2010 年 1 月 12 日，县政协主席范陈杰带领主席会议成员到县住房保障和房屋管理局调研。主席会议成员听取该局负责人的情况介绍，建议要突出改善民生，加快推进保障性住房建设；要坚持齐抓共管，努力提升物业管理水平；要加强队伍建设，逐步形成一支具有较高素质的管理和技术人员队伍。

2010 年 2 月 22 日，县政协主席范陈杰带领主席会议成员到中兴镇调研。主席会议成员听取该镇党委、政府负责人的情况介绍，实地察看中兴镇高效农业示范基地、兴牧白山羊专业合作社和神怡农庄，建议要进一步加强高效生态农业示范基地建设，促进农业产业结构调整；要加强对白山羊养殖的指导和服务，做大做强白山羊养殖业；要加快推进“腾笼换鸟”工作，推进闲置土地及厂房设备的置换；要进一步加强社会治安综合治理，促进社会和谐。

2010 年 2 月 23 日，县政协主席范陈杰带领主席会议成员到县妇女联合会调研。主席会议成员听取妇联负责人的情况介绍，建议要加强先进典型事例的宣传，激励广大妇女成才就业；要关爱妇女健康，继续推广妇女健康普查，并采取有力措施提高婚检率；要进一步增强法律意识，依法维护广大妇女的合法权益；要整合资源，合力推进早教指导服务工作。

2010年3月8日，县政协主席范陈杰带领主席会议成员到绿华镇调研。主席会议成员听取该镇党委、政府负责人的情况介绍，实地察看西沙湿地停车场、菜场建设情况和绿华镇社区服务中心，建议要进一步加强农业标准化建设，以标准化建设推进农业结构调整；要发挥优势，整合资源，完善设施，加快发展旅游业；要继续做好迎世博的各项工作，为世博会召开作出应有的努力。

2010年3月17日，县政协主席范陈杰带领主席会议成员到市工商行政管理局崇明分局调研。主席会议成员听取该局负责人的情况介绍，建议要转变服务理念，进一步提高服务质量；要增强行政执法能力，进一步整顿和规范市场秩序；要加强队伍建设，进一步提高队伍整体素质。

2010年5月6日，县政协主席范陈杰带领主席会议成员到庙镇调研。主席会议成员听取该镇党委、政府负责人的情况介绍，实地察看庙镇联益村、上海海升伴依生态园和上海友声衡器有限公司，建议要进一步理清发展思路，完善庙镇经济社会发展规划；要加快产业结构调整步伐，努力实现农业增效、农民收入；要加大招商引资力度，使经济发展上一个新的台阶；要继续做好社会稳定工作，确保一方和谐稳定。

2010年5月7日，县政协主席范陈杰带领主席会议成员到县科学技术委员会调研。主席会议成员听取该委负责人的情况介绍，建议要加大对农业科研经费的投入，特别是要确保崇明种植资源优良品种和特色品种的科研经费；要注重科技成果的推广普及，大力提高科技在三次产业发展中的贡献率，不断提升崇明经济发展的整体水平；要进一步加快信息化建设的步伐，提高广大干部群众的信息化应用水平。

2010年5月11日，主席会议成员到港沿镇调研

2010年5月11日，县政协主席范陈杰带领主席会议成员到港沿镇调研。主席会议成员听取该镇党委、政府负责人的情况介绍，实地察看上海聚银度假庄园、港沿镇花卉示范基地、上海云仕塑料制品有限公司和齐茂粮食专业合作社，建议要加快发展高效生态特色农业，引导扶持农民专业合作社发展，做大做强特色蔬菜品牌；要继续做好招商引资工作，培育新的经济增长点，鼓励企业进一步做精、做强、做大；要努力引进和培育农村实用人才，不断培养农村新生力量。

2010年5月20日，县政协主席范陈杰带领主席会议成员到新华医院崇明分院调研。主席会议成员听取该院负责人的情况介绍，建议要充分认识创建三级医院是大势所需，正确对待和努力克服创建过程中可能遇到的各种困难；要在加快硬件建设的同时，紧紧依托新华医院，抓紧抓实学科建设和人才培养，着力提升软实力，成为名副其实的三级综合性医院；要在注重本单位创建工作的同时，及时了解周边地区升级医院的创建工作情况，学习先进经验，扬长避短，寻求有效发展途径，使创建工作提高到一个新的水平；要以创建工作为契机，着力提高医疗水平，积极提升医技内涵，切实增强医院综合实力，为崇明老百姓提供优质医疗服务。

2010年6月2日，县政协主席范陈杰带领主席会议成员到上海长兴海洋装备产业基地开发有限公司调研。主席会议成员听取公司负责人的情况介绍，建议要加大园区基础设施与功能性项目建设力度，增强园区的配套功能，优化投资环境；要积极调整工作策略，把招商、对接、落地、投资建设“一条龙”服务机制真正落到实处，为入驻企业营造良好发展氛围；要抓紧腾地动拆迁工作，确保项目建设工程进度；要抓好队伍建设，积极引进高层次、高素质、创新型优秀人才。

2010年6月8日，县政协主席范陈杰带领主席会议成员到建设镇调研。主席会议成员听取该镇党委、政府负责人的情况介绍，实地察看阳光之家残疾人康复中心、基层党建工作示范点浜西村、大同幼儿园和名阳生态园，建议要在县“十二五”规划大讨论中，上下联动，条块结合，深入思考乡镇未来发展思路；要发挥地处森林公园周边的优势和前卫村旅游资源辐射效应，努力形成生态旅游新的亮点；要进一步调整农业产业结构，发展特色农产品种植，增加农民收入。

2010年6月9日，县政协主席范陈杰带领主席会议成员到县总工会调研。主席会议成员听取县总工会负责人的情况介绍，实地察看县总工会工人文化宫，建议要积极发挥县总工会在政协舞台上的作用，利用政协平台表达群众的愿望诉求，维护群众的切身利益；要努力构建和谐发展、合作共赢的新型劳动关系，促进企业和职工效益共创、利益共享、共同发展；要着力宣传、培养企业工会组织典型，发挥工会组织在企业中的作用；要继续加强工会干部队伍建设，创新工作方法，增强工作的针对性和实效。

2010年6月10日，县政协主席范陈杰带领主席会议成员到县农业委员会调研。主席会议成员听取该委负责人的情况介绍，实地察看上海凯农崇明农产品展销中心和港沿镇小型沼气工程示范项目基地，建议要注重实际，长远结合，编制好“十二五”农业专项规划；要注重特色，农旅结合，将北部垦区逐步建设成集科研、生产、加工、销售和观光、休闲、旅游为一体的都市型高效生态农业园区；要大力推进特色农产品基地和加工功能区建设，不断拉长农业产业链，提高农产品的附加值；要严格控制农业面源污染，加强绿肥种植管理，科学引导使用化肥、农药，积极推进散养户的畜禽粪便、农作物秸秆等废弃物的资源化利用，推广沼气等清洁能源，推进农村环境的综合整治；要加强廉政建设，强化对关键部位、岗位、环节的监督，着力建设一支风清气正、廉洁从政、依法行政的农业干部队伍。

2010年7月12日，县政协主席范陈杰带领主席会议成员到县水务局调研。主席会议成员听取该局负责人的情况介绍，实地察看城桥自来水厂、堡镇污水处理厂建设工地和老南横引河堡镇段黑臭河道整治工程建设现场，建议要加快推进崇明供水集约化建设，尽早让崇明人喝上更加优质的自来水；要加强水务工程建设，发挥水务工程应有的效能；要完善各种预案措施，切实抓好防汛防台工作；要进一步规范水务行政执法行为，确保全县水务工程安全完整和水环境整洁优美。

2010年7月22日，县政协主席范陈杰带领主席会议成员到新村乡调研。主席会议成员听取该乡党委、政府负责人的情况介绍，实地察看上海冠华不锈钢股份有限公司、上海黄氏鹿业专业合作社，建议要培育、扶植规模企业，推动企业发展壮大；要创新思路，加大招商引资力度，增强乡镇财政实力；要根据新村特殊的地理位置、特有的土质水质，进一步调整农业产业结构，促进农业增效、农民增收。

2010年8月18日，县政协主席范陈杰带领主席会议成员到崇明新城建设发展有限公司调研。主席会议成员听取公司负责人的情况介绍，实地察看新城公园、文化活动中心等项目建设情况，建议要超前谋划工程项目，一旦条件成熟，及时报市相关部门审批；要在实施建设重大项目前广泛听取多方意见，使各重大项目充分发挥其应有的功能；要加强项目节能示范工作，充分显示生态建设效应。

2010年8月23日，县政协主席范陈杰带领主席会议成员到县经济委员会调研。主席会议成员听取该委负责人的情况介绍，建议要把加快长兴海洋装备产业基地建设作为工作重心，提升产业能级，培育后发优势；要大力扶持崇明本岛中小企业发展，限制和淘汰高污染、高能耗、低效益的企业；要切实做好服务工作，充分发挥经委综合协调作用；要及早编制城桥新城商业专项规划，推进商业设施建设，调整业态功能，培育商业亮点；要进一步完善窗口服务行业的规划和建设，改造城区农贸市场，加强农贸市场卫生和秩序管理；要努力维护社会稳定，力争把矛盾化解在基层，共建和谐社会。

2010年9月8日，县政协主席范陈杰带领主席会议成员到县安全生产监督管理局调研。主席会议成员听取该局负责人的情况介绍，实地察看崇南钢结构有限公司、南门油库等单位的安全生产情况，建议要加强安全生产宣传，使各级、各部门安全生产责任意识进一步增强，自我防护能力进一步提高；要强化监管，防微杜渐，预防为先，坚持不懈地抓好安全隐患排查整治工作；要加强监管队伍建设，提高素质和监管水平；要建立完善生产安全事故应急处置预案。

2010年10月14日，县政协主席范陈杰带领主席会议成员到陈家镇建设发展有限公司调研。主席会议成员听取公司负责人的情况介绍，实地察看滨江体育公园社区3号地块的建设情况，建议要以科学发展观为引领，坚持生态理念指导开发建设；要以市场经济为导向，坚持走企业化运作之路；要以高起点、高质量建设为目标，提高公司开发建设的综合能力。

2010年10月25日，县政协主席范陈杰带领主席会议成员到横沙乡调研。主席会议成员听取该乡政府负责人的情况介绍，实地察看横沙北部排涝泵站、永胜村农家乐和丰乐路西侧水域环境综合改造工程，建议要继续做好招商引资工作，为新农村建设夯实经济基础；要进一步调整优化农业结构，实现农业增效、农民增收；要继续加强生态环境建设和保护，形成生态文明的新亮点；要进一步加强精神文明建设，培育海岛新风。

2010 年 10 月 26 日，县政协主席范陈杰带领主席会议成员到富盛经济开发区调研。主席会议成员听取开发区管委会负责人的情况介绍，实地察看富盛经济开发区新办公大楼、上海晶畅针织制衣有限公司、上海盈贡（银工）冷焊机制造有限公司，建议要进一步加大招商引资力度，尤其在引进实体型企业上下功夫；要提升服务水平，凝聚园区向心力，打造优质产业承接区；要加快推进园区形态开发建设的步伐，使园区开发建设上一个新的台阶。

2010 年 11 月 22 日，县政协主席范陈杰带领主席会议成员到县国有（集体）资产管理委员会调研。主席会议成员听取该委负责人的情况介绍，建议要加强国资监管工作重要性的宣传，让更多人关心、理解、支持国资监管工作；要进一步落实和完善相关的国资监管制度，包括国有企业领导人员任期考核、企业法人治理等管理制度，规范国资监管工作；要在编制“十二五”规划时，按照“立足当前、着眼长远”的原则，积极探索国企改革发展的新思路，努力形成一个切合崇明实际、体现转型升级、加速做大做强、引领行业发展的国企改革发展工作方案；要加强培训，提升能力，打造一支规范型、创新型、高效型的国资监管队伍。

2010 年 11 月 23 日，县政协主席范陈杰带领主席会议成员到堡镇调研。主席会议成员听取该镇党委、政府负责人的情况介绍，实地察看财贸村办事处一体化达标建设、大通路改造工程、市民公园和堡镇医院新院在建工程以及堡镇文化活动中心，建议要找准定位，深入思考堡镇未来发展思路；要改进服务，不断加大招商引资力度；要抓住特色，着力推进农业产业结构调整；要发挥世博安保效应，全面加强社会管理。

2010 年 12 月 28 日，县政协主席范陈杰带领主席会议成员到向化镇调研。主席会议成员听取该化镇党委、政府负责人情况介绍，实地察看上海百凤家禽专业合作社、上海崇明百叶水仙花专业合作社、卫星村农家乐以及向化镇文化活动中心、灶文化博物馆等规划和在建工程，建议要深入思考向化镇未来发展思路，加快乡镇产业结构调整和镇区建设，形成特色；要以创建市级卫生镇、文明镇为抓手，全力推进镇区市容环境整治和长效管理，努力改善镇容镇貌；要引导扶持农民专业合作社发展，做大做强向化特色农产品如水仙花、芦花鸡等生产经营规模；要加强规划，努力开发“农家乐”特色乡村旅游。

2011 年 1 月 5 日，县政协主席范陈杰带领主席会议成员到县财政局调研。主席会议成员听取该局负责人的情况介绍，建议要进一步拓展财源，优化支出结构，深化财政体制改革，加强财政资金监管。

2011 年 2 月 25 日，县政协主席施建华带领主席会议成员到县卫生局调研。主席会议成员听取该局负责人的情况介绍，实地察看新华医院崇明分院改扩建工程、新河镇社区卫生服务中心，建议要坚持硬件建设、软件建设“两手抓”，合理配置医疗资源，建立健全绩效评价制度和考核评价体系，调动医务人员的工作积极性；要坚持大众服务、高端服务“两不误”，突出特色，做特做精，高标准创造性地开展工作，始终把医疗水平在全县领跑作为目标；社区卫生服务中心要坚持预防、医疗、保健、康复、健康教育和计划生育技术指导“六位一体”功能的发展方向；要坚持人才引进、人才培养“两促进”，引进必需人才，用足用好现有人才，加快培养后备人才，从而更好地为人民群众提供优质的医疗服务。

2011 年 2 月 28 日，县政协主席施建华带领主席会议成员到新海镇调研。主席会议成员听取该镇党委、政府负责人的情况介绍，实地察看新海镇跃进居委会、新海菜场、新海镇社区事务受理服务中心、新海镇综治工作中心及新海镇社区文化活动中心，建议要积极探索社区建设和管理新方法，进一步提高管控防范和应对能力，维护社会和谐稳定；要努力寻求新海发展新途径，争取花七八年时间把新海镇打造成独具特色乡村小镇；要落实推进文明镇创建工作新举措，努力营造和谐文明人文环境，为全县文明乡镇创建提供成功范例和先进经验。

2011年3月24日,县政协主席会议成员到东平镇调研

2011年3月24日,县政协主席施建华带领主席会议成员到东平镇调研。主席会议成员听取该镇党委、政府负责人的情况介绍,实地察看社区文化活动中心和长江新村居委会,建议要明确发展定位,科学合理制定发展规划;要加强区域统筹协调,不断优化发展布局;要深入推进实事工程建设,不断完善基础设施服务功能,为东平地区广大居民群众日益增长的物质和精神生活需求提供保障。

2011年3月24日,县政协主席施建华带领主席会议成员到崇明工业园区调研。主席会议成员听取园区管委会负责人的情况介绍,实地察看上海运良企业发展有限公司、上海嘉仕久企业发展有限公司,建议要进一步理清发展思路,制订发展规划,明确发展目标,落实发展措施,为加快调整和优化园区产业结构打好基础;要广泛宣传崇明生态岛建设和工业园区发展情况,宣传崇明招商引资政策,引进更多符合生态岛建设要求的优质企业;要抓紧启动总部经济园项目建设,筑巢引凤、吸引人才,为园区企业发展创造条件;要切实做好服务园区企业的各项工作,包括技改扩规,节能降耗指导工作以及高科技、自主品牌、科技进步等企业的申报工作,为企业发展提供优质服务;要开展平安创建活动,不断扩大平安覆盖面,为园区企业营造一个稳定、和谐的生产环境。

2011年4月19日,县政协主席施建华带领主席会议成员到新河镇调研。主席会议成员听取该镇党委、政府负责人的情况介绍,实地察看上海永太汽车零部件厂,建议要想方设法促进农业增效、农民增收;要继续加大违章建筑拆除工作力度,坚决杜绝新的违章建筑;要加强就业服务,积极拓展非农就业渠道;要抓好集体资产管理,确保资产运作良好;要加强社会治安综合治理工作,维护社会稳定。

2011年4月19日,县政协主席施建华带领主席会议成员到县交通运输和港口管理局调研。主席会议成员听取该局负责人的情况介绍,实地察看崇明县公共交通有限公司西门汽车站、南门码头候船室和即将开工建设的崇明水陆换乘中心,建议要进一步加强交通运输安全的日常监管,确保崇明交通安全顺畅运营;要进一步优化公交线路布局和站点设置,方便百姓出行;要积极争取政策扶持,有效化解崇明交通发展中的难题;要不断提高行业管理水平,树立交通航港良好形象;要不断提高交通队伍整体素质,强化服务观念,着力打造行业优质服务软环境。

2011年5月17日,县政协主席施建华带领主席会议成员到港西镇调研。主席会议成员听取该镇党委、政府负责人的情况介绍,实地察看静南别墅区规划建设情况,参观阳刚民间音乐馆和残疾人阳光之家,建议要正确处理好经济发展与生态保护的关系,实现发展与环境的和谐平衡;要更加关注民生,着力解决好农民就业和持续增收问题;要做好宅基地置换工作的后续跟踪服务,把惠民实事办实、好事做好;要进一步加强村级财务管理,建立和完善符合崇明实际的村级财务规范管理模式。

2011年5月26日,县政协主席施建华带领主席会议成员到县民政局调研。主席会议成员听取该局负责人的情况介绍,实地察看建设镇社会事务受理中心、县救助管理站和县民政救助受理中心,建议要进一步加大保障和改善民生工作的力度,使改革和发展成果更多地惠及广大群众;要进一步加强双拥优抚工作,全面落实优抚安置政策,继续争创"双拥模范县";要进一步推进养老事业发展,努力构建具有崇明特色的社会化养老服务体系,坚持高标准、多元化,努力形成"9073"养老服务格局(90%的老年人依托社区分散居家养老,7%的老年人在老年宜居社区、老年公寓集中居家养老,3%的老年人入住养老机构养老);要进一步推进基层民主政治建设,继续抓好村务公开工作;要进一步加强民政社会管理工作,不断提高民政工作整体水平。

2011年6月8日,县政协主席施建华带领主席会议成员到县人口和计划生育委员会调研。主席会

2011年6月8日，主席会议成员到县人口和计生委调研

议成员听取该委负责人的情况介绍，实地察看建设镇幼儿园、城桥镇人口和计划生育综合服务站，建议要开展人口课题调研，研究崇明人口发展战略；要探索早教社会化经营管理模式，充分发挥社会资源优势，提高早教水平；要降低人口出生缺陷率，千方百计提高人口质量；要加强乡镇人口计生干部队伍建设，提升管理服务水平。

2011年6月10日，县政协主席施建华带领主席会议成员到竖新镇调研。主席会议成员听取该镇党委、政府负责人的情况介绍，实地察看上海船厂周边环境整治情况、仙桥村壮禾合作社、耀全机插秧基地，建议要进一步加强经济社会发展的长远谋划；要进一步调整优化经济结构；要进一步加强民生保障工作；要进一步推进平安创建工作。

2011年7月14日，县政协主席施建华带领主席会议成员到陈家镇调研。主席会议成员听取该镇党委、政府负责人的情况介绍，实地察看陈家镇社区文化活动中心、上海崇明特种电磁线厂、览海路滨江体育公园1号、2号地块，建议要克难攻坚，全力做好动拆迁工作；要全力以赴，加快推进安置房建设；要再接再厉，全面完成整治"两违"任务；要千方百计，努力提高社会管理水平；要集中精力，扎实推进文明镇创建工作。

2011年7月14日，县政协主席施建华带领主席会议成员到县环保局调研。主席会议成员听取该局负责人的情况介绍，建议要加强对国家级生态县创建工作的督促检查和查漏补缺，继续推进国家生态县建设；要全面启动"十二五"污染减排工作，进一步强化环境污染治理；要坚持预防为主，积极构建环保主动预防体系，杜绝环境污染风险。

2011年8月8日，县政协主席施建华带领主席会议成员到港沿镇调研。主席会议成员听取该镇党委、政府负责人的情况介绍，实地察看港沿镇社区文化活动中心、上海士峰塑料制品有限公司、上海迎泽蔬果专业合作社以及上海老杜鸭鸭养殖有限公司，建议要按照"十二五"规划蓝图，进一步调整优化农业结构；要进一步加大招商引资力度，努力形成港沿招商特色；要进一步抓好文明镇创建工作，提升群众文明素质；要进一步提高政府行政能力，提高政府依法管理经济和社会事务的水平。

2011年8月8日，县政协主席施建华带领主席会议成员到县供销合作总社调研。主席会议成员听取总社负责人的情况介绍，实地察看向化镇化肥配送中心、陈家镇宝瀛农副产品配送中心和长兴镇凤凰商城，建议要进一步加快全县农副产品产销一体化建设；要加快发展农业生产资料、农村日用消费品的现代经营服务和购销网络；要完善资产经营和企业内部管理，提高市场竞争力。

2011年9月20日，县政协主席施建华带领主席会议成员到三星镇调研。主席会议成员听取该镇党委、政府负责人的情况介绍，实地察看沈镇村蔬菜基地、育德村农家乐、海滨村白山羊养殖场以及瀛星酒厂，建议要瞄准目标发展特色农业，重点发展绿色种养业、观光农业，促进农业增效、农民增收；要加快特色小镇的规划建设，形成具有较高水平，集商业功能和旅游功能于一体的特色商业街；要切实改善民生，努力实现好、落实好、维护好群众切身利益；要加强社会建设，维护社会和谐稳定。

2011年9月20日，县政协主席施建华带领主席会议成员到县绿化市容局调研。主席会议成员听取该局负责人的情况介绍，实地察看城桥镇嘉年花苑生活垃圾分类处理、堡镇餐厨垃圾处理流程及新河镇景观灯光和绿地建设情况，建议要推广城市网格化管理工作，实现网格化管理全覆盖；要努力实现崇明市容环境净化、绿化、美化、亮化；要坚持综合整治与加强管理同步的原则，把城乡环境综合整治作为一项惠民工程落到实处。

2011年10月26日，县政协主席施建华带领主席会议成员到中共崇明县委政法委员会调研。主席会议成员听取该委负责人的情况介绍，建议要进一步做好社会矛盾的化解工作；要进一步畅通群众诉求表达渠道；要突出法治在化解和预防社会矛盾中的重要作用；要强化政法工作队伍建设，努力建设一支政治过硬、作风优良、业务精通的政法队伍。

2011年10月26日，县政协主席施建华带领主席会议成员到城桥镇调研。主席会议成员听取该镇党委、政府负责人的情况介绍，实地察看城桥镇综治中心、江山居委和北垦区现代农业基地，建议要继续调整优化产业结构，确保经济持续、健康、协调发展；要以保障和改善民生为重点，加快社会事业发展；要以创建卫生镇、文明镇为契机，大力提升城乡文明水平；要进一步加强社会治安综合治理，积极预防和化解社会矛盾，努力促进城乡社会和谐。

2011年11月10日，县政协主席施建华带领主席会议成员到绿华镇调研。主席会议成员听取该镇党委、政府负责人的情况介绍，实地察看绿华镇秀荣生态农业合作社、绿华镇生态农场，建议要围绕发展目标，努力推进重点项目建设；要充分发挥优势，努力挖掘发展潜力，不断优化发展环境；要进一步加强保障和改善民生工作，切实维护群众的合法权益，不断提高全镇人民的幸福感。

2011年11月10日，县政协主席施建华带领主席会议成员到县旅游投资发展公司调研。主席会议成员听取公司负责人的情况介绍，实地察看东平国家森林公园2号地块、森林公园商业街，建议要努力抓好项目建设，进一步提高接待服务能力；要进一步完善服务管理，不断提高整体服务水平；要加强市场开发工作，不断拓宽崇明旅游市场。

2011年12月12日，县政协主席施建华带领主席会议成员到中兴镇调研。主席会议成员听取该镇党委、政府负责人的情况介绍，实地察看上海健绿花菜专业合作社、中兴镇生态农业示范园区，建议要努力扩大生态农业发展的规模效应和品牌效益；要突出特色，因地制宜，积极推进景观农业发展；要妥善化解社会矛盾和历史遗留问题，努力促进社会平安和谐。

2011年12月12日，县政协主席会议成员到县住房保障和房屋管理局调研。主席会议成员听取该局负责人的情况介绍，建议要从改善民生、促进和谐的高度，进一步健全住房廉租房、经济适用房、公共租赁房、动迁安置房"四位一体"的住房保障体系；要加强物业管理的指导，促使物业管理企业依法管理、规范管理。

2012年2月6日，县政协主席施建华带领主席会议成员到横沙乡调研。主席会议成员听取该乡党委、政府负责人的情况介绍，实地察看上海打捞局横沙码头基地、东滩围垦大堤，建议要进一步发挥本乡优势，处理好经济发展、环境保护和民生改善的关系。

2012年2月13日，县政协主席施建华带领主席会议成员到县经济委员会调研。主席会议成员听取该委负责人的情况介绍，建议要进一步做好全县企业的调查摸底工作，掌握全县企业相关信息，有针对性地做好服务工作；要突出工作重点，在稳增长、调结构的同时，扶持中小企业发展；要聚焦发展亮点，在吸引资源、借鉴经验的基础上，努力推进上海智慧岛数据产业园建设。

2012年3月13日，县政协主席施建华带领主席会议成员到崇明新城公司调研。主席会议成员听取公司负责人的情况介绍，实地察看在建的绿地集团31号地块商务办公楼施工现场和预售中的绿地新都会样板房，建议要妥善化解征地动迁工作中的矛盾；要努力解决好建设资金紧缺的难题；要扎实推进新城电力设施建设。

2012年3月16日，县政协主席施建华带领主席会议成员到向化镇调研。主席会议成员听取该镇党委、政府负责人的情况介绍，实地察看崇明百叶水仙生产基地、上海永冠企业集团、向化镇社区文化活动中心和灶文化博物馆，建议要进一步优化产业结构，促进经济可持续发展；要进一步加强基础设施建设和生态环境保护；要进一步发挥区位优势，挖掘灶花艺术、水仙文化、农业旅游资源，加大商业开发力度；要结合实际，在产业、文化发展等方面，培育本镇发展特色，努力打造经济强镇和文化名镇。

2012年4月9日，县政协主席施建华带领主席会议成员到中共崇明县委统战部调研。主席会议成员听取统战部负责人的情况介绍，观看崇明统战系统2012年工作巡礼专题片，建议要围绕中心、服务大局，积极探索统战工作新思路、新方法；要进一步加强统战工作，巩固扩大最广泛的爱国统一战线。

2012年4月17日，县政协主席施建华带领主席会议成员到新村乡调研。主席会议成员听取该乡党委负责人的情况介绍，实地察看崇宝养猪场、上海黄氏鹿业专业合作社、上海冠华不锈钢制品股份有限公司，建议要进一步加强生态环境保护，扬长避短，打造生态文明建设新亮点；要进一步促进经济结构转型，引导和扶持优质高效生态农业发展；要进一步做好民生保障工作，全面落实惠民政策，促进社会和谐。

2012年4月23日，县政协主席施建华带领主席会议成员到县行政服务中心调研。主席会议成员听取中心负责人的情况介绍，建议要进一步整合行政资源，健全管理机制，对108个服务窗口忙闲不一的情况要加强整合，避免行政资源的浪费；要进一步创新服务方法、精简办事程序，不断提高行政效能；要进一步加强沟通协调，不断提高服务能力，使县行政服务中心真正成为机关服务的第一窗口、行政服务的第一平台，为崇明经济社会又好又快发展发挥重要作用。

2012年5月10日，县政协主席施建华带领主席会议成员到新海镇调研。主席会议成员听取该镇党委、政府负责人的情况介绍，实地察看跃进居委会、瑞华生态果园、新海镇联动工作站、社区文化活动中心，建议要不断优化产业结构，为特色风貌小镇建设提供坚实的产业支撑；要挖掘本镇文化资源，不断丰富新海镇文化内涵，增强特色风貌小镇的文化底蕴；要聚焦重点，分步实施，积极稳妥地推进特色风貌小镇建设。

2012年5月29日，县政协主席施建华带领主席会议成员到陈家镇建设公司和智慧岛数据产业园投资发展有限公司调研。主席会议成员分别听取陈家镇发展有限公司和智慧岛数据产业园投资发展有限公司负责人的情况介绍。近年来，陈家镇建设公司大力推进市政工程和动迁安置房建设，加快推进自行车公园、东滩水世界等功能性项目实施，积极引进优质教育、医疗和高档酒店项目，为推进陈家镇新市镇建设作出了积极的努力。智慧岛数据产业园投资发展有限公司坚持“招精引强”，提高园区层次能级，认真做好园区公司投融资计划的细化工作，为推进园区开发建设做了大量工作。对此，主席会议成员均给予肯定。建议陈家镇建设公司和智慧岛数据产业园投资发展有限公司：要妥善化解征地动迁工作中的矛盾，做好拆迁扫尾工作；要解决好建设资金紧缺的难题，进一步拓宽融资渠道，保障项目建设所需资金；要进一步加强对外宣传，提升招商竞争力；要大力引进高层次人才，充分发挥其专业优势，使之成为东滩地区发展的“智囊团”。

2012年5月29日，县政协主席施建华带领主席会议成员到上海实业东滩投资开发(集团)有限公司调研。主席会议成员听取上海实业东滩投资开发(集团)有限公司负责人和各项目经理关于基础设施、生态公园、长者社区、农业绿港、湿地公园等项目建设推进情况的介绍。主席会议成员认为，上海实业东滩投资开发(集团)有限公司在研究制定东滩地区开发建设规划和推进项目建设的过程中，融入低碳生态等现代理念，努力展示生态新建筑、新技术、新生活方式，积极把城市和农业生态、自然生态有机融合在一起，对于上海乃至全国城镇“创新驱动、转型发展”具有较强的示范意义。对上海实业东滩投资开发(集团)有限公司所做的工作和取得的成绩，主席会议成员给予肯定，并建议：要把东滩地区的开发进一步融入崇明现代化生态岛建设的整体格局之中；要在项目开发中，充分兼顾经济效益、社会效益和生态效益三者的关系；要根据实际，做好生态旅游产品的开发，进一步拓展东滩旅游的文化内涵。

2012年6月6日，县政协主席施建华带领主席会议成员到县科委调研。主席会议成员听取县科委负责人的情况介绍，实地察看上海奶牛科普馆，对县科委在推进国家可持续发展实验区建设、“智慧城市”建设，促进高新技术成果转化、环境和百姓生活改善，提升公众科学素质等方面所做的工作和取得的成效给予肯定。建议县科委：要进一步加强与科研机构的交流合作，整合各方面的优势资源，加大力度引进转化科研成果；要进一步强化项目推进，加快国家可持续发展实验区建设，努力做好生态科技关键技术集成与示范项目，低碳农业、低碳社区、低碳旅游等生态科技项目等的推进工作；要进一步加强科普和知识产权保护的宣传工作，发挥即将建成的生态科技馆的作用，使之成为具有崇明特色的科普交流平台，努力增强公众知识产权保护意识，营造尊重知识、鼓励创新的良好社会氛围。

2012年6月26日，县政协主席施建华带领主席会议成员到庙镇调研。主席会议成员听取庙镇党委、政府负责人的情况介绍，实地察看联益村翠冠梨生产示范基地、上海食尚生态农业合作社、上海乾天厨房用具有限公司及上海瀛庙果蔬专业合作社，对庙镇各项工作稳步有序推进表示满意。建议庙镇：要进一步创新发展思路，加快推进三次产业融合发展；要结合本镇实际，进一步推进以改善民生为重点的社会建设；要进一步加大新农村建设工作力度，加强道路桥梁修建、河道整治、污水处理、景观绿化等基础项目建设，妥善解决农村污水处理站点运营中的问题。

2012年7月19日，县政协主席施建华带领主席会议成员到县教育局调研。主席会议成员听取县教育局负责人的情况介绍，实地察看东门中学学生食堂和体育场对外开放隔栏工程、实验幼儿园新园、培林学校新校区。对县教育局在教育基础设施建设、教育管理体制创新、示范学校创建、骨干教师培养、未成年人保护等方面所做的工作给予肯定。建议县教育局：要突出重点，进一步提升崇明教育的整体水平；要打造亮点，努力培育具有崇明特色的教育精品；要培育特色，引导和支持学校转变育人视角，促进学生全面均衡发展。

2012年8月1日，县政协主席施建华带领主席会议成员到建设镇调研。主席会议成员听取镇党委、政府负责人的情况介绍，实地察看上海大通自控设备有限公司、建设镇农技中心花卉基地、上海建星蔬菜合作社，对建设镇积极应对当前经济形势的不利影响，攻坚克难，真抓实干，经济建设和社会事业取得较快发展给予肯定。建议建设镇：要进一步发掘人文资源，丰富镇域发展内涵；要充分发挥优势，努力打造具有一定区域影响力的特色风貌小镇；要在养老事业、养老产业发展方面积极探索，为崇明养老服务向产业化、规模化发展作出努力。

2012年8月16日，县政协主席施建华带领主席会议成员到堡镇调研。主席会议成员听取堡镇党委、政府负责人的情况介绍，实地察看上海丰艺果蔬合作社、崇明县第二人民医院、堡镇市民公园，对堡镇重视产业结构调整，加强市政基础设施建设，推进城乡建设和综合管理，落实平安建设各项措施，实现全镇经济社会的协调发展给予肯定。建议堡镇：要统筹盘活镇区存量资产，加快产业发展；要坚持走现代高效生态农业发展之路，打造品牌，逐步做大、做强，形成特色；要做好堡镇老街的保护、开发，使之成为展现堡镇人文底蕴的重要窗口；要注重解决当前社会建设和管理中出现的一些问题，有效化解和消除社会不稳定因素，促进平安建设。

2012年8月27日，县政协主席施建华带领主席会议成员到县建设和交通委员会调研。主席会议成员听取县建交委负责人的情况介绍，实地察看北陈公路，城桥镇三沙洪路、南门西路等工程建设情况，对县建交委在推进重点地区骨干公路建设、农村危桥改造、建筑行业安全指导和监督、完善燃气管网长效管理机制等方面所做的工作和取得的成效给予肯定。建议县建交委：要进一步加强安全生产管理，建立健全突发事件预警机制，防止发生安全责任事故；要积极探索大型公共建筑节能的有效途径，加强节能评估，进一步论证公共建筑节能运行管理的可行性和实效性；要不断规范建设工程招投标管理，保障建筑市场规范、健康、有序发展。

2012年9月17日，县政协主席施建华带领主席会议成员到绿华镇调研。主席会议成员听取绿华镇党委、政府负责人的情况介绍，实地察看在建的蟹文化展示馆、上海西沙一号生态园、华西村新居民点，对绿华镇围绕建设“生态休闲公园、优质品牌果园、和谐幸福家园”目标，做了大量卓有成效的工作予以肯定。建议绿华镇：要充分发挥产业优势，打造绿华水果品牌；要充分发挥区位优势，加快特色风貌小镇建设；要充分发挥党的群众工作优势，切实关心、解决好民生问题，维护群众的合法权益。

2012年10月11日，县政协主席施建华带领主席会议成员到县旅游局调研。主席会议成员听取县旅游局负责人的情况介绍，对县旅游局在推进项目转型升级、提升旅游服务质量和市场推广等方面积极探索、大胆实践，做了大量而又深入细致的工作，形成“十二五”期间崇明旅游事业可持续发展的良好开局给予肯定。建议县旅游局：要进一步拓宽思路，丰富旅游项目内涵，着力引导旅游业从传统粗放型向现代精品型转型升级;要以现代化生态岛建设为契机,积极争取国家、市级层面的政策支持,加快旅游基础设施建设;要以品牌服务为亮点,提升旅游服务品质,努力创造良好和谐的旅游环境,真正实现旅游富民和惠民。

2012年10月16日,县政协主席施建华带领主席会议成员到县农委调研。主席会议成员听取县农委负责人的情况介绍,实地察看新河镇福岛水产合作社扣蟹养殖基地、竖新镇"花优14"水稻高产示范方、港沿镇生猪粪便沼气工程片处理点、耀全粮食专业合作社,对县农委在创建国家生态农业示范区、落实农业扶持政策、发展高效生态农业、"农标对接"和农产品营销、打造崇明生态农产品品牌等方面所做的大量工作和取得的明显成效给予肯定。建议县农委:要加强领导,进一步推进高效生态农业发展;要大力扶持崇明特色农产品开发,打造崇明名优农产品品牌;要大力培育农村经济合作组织,进一步促进崇明农业规模化、标准化。

2012年10月18日,县政协主席施建华带领主席会议成员到港沿镇调研。主席会议成员听取港沿镇党委、政府负责人的情况介绍,实地考察国家科技项目玻璃温室标准化大棚、上海兴盛特种水产合作社、上海新锦佳泥鳅养殖专业合作社等现代化特色农业基地,对港沿镇在发展特色农业、促进产业结构调整、加强社会建设和管理等方面所做的工作给予肯定。建议港沿镇:要加强服务指导,加快发展特色农业;要积极筹划引进商旅结合的产业和项目,引导农户探索商业与旅游业相结合的特色经营模式;要以加强文化建设为契机,提高农民整体素质和生活质量,推进农村和谐社会建设。

2012年11月12日,县政协主席施建华带领主席会议成员到市工商行政管理局崇明分局调研。主席会议成员听取崇明分局负责人的情况介绍,对崇明分局紧紧围绕发展大局,积极发挥职能作用,为崇明经济建设服务所做的大量工作给予肯定。建议崇明分局:要正确处理人性化执法与依法监管的关系,进一步强化工商行政管理职能;要加强部门协调,建立联席会议制度,妥善处置少数群众无证经营问题;要注重在工作中及时收集有价值的市场信息,更好地服务于经济建设,并为县政府开展相关工作提供有益参考。

2012年11月22日,县政协主席施建华带领主席会议成员到港西镇调研。主席会议成员听取港西镇党委、政府负责人的情况介绍,实地察看上海冠军食品有限公司、冠华合作社、港西镇残疾人综合服务中心,对港西镇推进三次产业协调发展、加强以保障民生为重点的社会建设、全力维护社会稳定,使经济社会总体保持平稳健康发展给予肯定。建议港西镇:要精心谋划未来发展思路,做好产业发展规划;要妥善处理发展中的矛盾和问题,最大限度地保护群众正当权益;要建立社会管理长效机制,促进社会和谐;要做好大学生村官的使用和培养工作,使其在基层社会实践中成长成才。

2012年12月12日,县政协主席施建华带领主席会议成员到上海长兴海洋装备产业基地公司调研。主席会议成员听取长兴产业基地公司负责人的情况介绍,实地察看园区公租房建设工地、上海沪东造船阀门公司、沪东船用管件厂,对产业基地前期开发中的各项工作给予肯定。建议长兴海洋装备产业基地公司:要抓住发展机遇,进一步加快基地开发建设;要拓宽工作思路,积极引进符合发展定位的产业项目;要加强与长兴镇的沟通协调,妥善处理好动迁安置工作,促进社会和谐稳定。

2012年12月13日,县政协主席施建华带领主席会议成员到长兴镇调研。主席会议成员听取长兴镇党委、政府负责人的情况介绍,实地察看潘园公路动拆迁工作情况、圆东村及长兴中船二期现场指挥部、绿地一街区动迁安置房,对长兴镇紧紧围绕建设海洋装备岛、水源涵养岛、景观旅游岛的目标,凝心聚力,攻坚克难,做了大量卓有成效的工作给予肯定。建议长兴镇:要进一步加强与落户长兴岛的各大企业的联系,形成推进长兴经济稳定健康发展的合力;要密切关注民生,着力解决好百姓关心关注的热点问题;要妥善解决社会矛盾,全力维护社会稳定。

2012年12月28日,县政协主席施建华带领主席会议成员到县财政局调研。主席会议成员听取县财政局负责人的情况介绍,对县财政局在推进国库集中收付制度改革、完善公共财政管理体系、实施财政信息公开、提高财政预算透明度、加大财政监督力度等方面所做的工作给予肯定,对实现财政收入持续增长表示满意。建议县财政局：要多措并举，壮大财源和优化财政支出结构；要加强监管，使资金使用发挥最大的效益；要积极争取市级财力支持，设立崇明生态岛建设专项基金，完善生态岛建设的投融资机制；要稳步推进县、乡镇财政体制改革，建立财政支出绩效评价机制，为崇明经济和社会发展作出新的贡献。

第二节　专门委员会(组)调研

县政协各专门委员会(组)组织的调研活动，由该委员会(组)主任、副主任(组长、副组长)带队、全体成员或部分成员参加，调研主要围绕专门委员会(组)相关议题或县政协常委会布置的有关议题进行。在调研基础上，撰写调研报告，提出意见建议。本节辑录专门委员会(组)调研活动202次。

1985年6月26日、27日，县政协医卫组组织委员调查城桥镇、堡镇镇饮食、食品卫生情况。委员们建议要进一步加强食品卫生法的学习宣传，增强公民，特别是从业人员的食品卫生意识；要加强检查督促，增加监督检查频次；要加强制度建设，实行常态化管理。

1985年10月28日，县政协科技组组织委员调查绿化工作情况，实地调查老滧港林带、东平林场、绿华公司三星大队橘园等。委员们建议要进一步加强植树造林重要性和必要性的宣传教育，使绿化崇明成为全县干部群众的自觉行动；要将全县绿化规划纳入全县经济社会长远规划和“七五”计划；在新增绿化面积的同时，要加强现有树木的管理。

1985年11月4日，县政协文体新闻组组织委员调查县内唐公墓、寿安寺、学宫等古迹。委员们建议县拨经费，将唐公墓由大同乡迁至县城；寿安寺东边的精神病院迁移别处，门前的两棵古银杏树应加强保护，防止枯死；学宫是县内唯一的市级文物保护单位，应完整地保存、恢复，县政府要采取措施，督促有关单位尽快从学宫内迁出。

1985年12月12日、13日，县政协宗教民族组组织委员调查考察广福寺、寿安寺、大公所天主堂、新河天主堂等。委员们建议进一步加强宗教工作的领导，继续宣传宗教政策，克服“左”的影响；要及时归还宗教团体房产，适当增加宗教活动场所。

1985年12月19日，县政协文体新闻组组织委员调查新河、向化两个乡文体工作。委员们针对调查中发现的问题，建议要提高对农村精神文明建设重要性的认识，加强对文体工作的领导和协调；要加大财政投入力度，加强文化体育基础设施建设和管理；要支持乡镇文艺工厂的发展，将其纳入乡镇工业公司的管理范围；要加强乡村广播线路标准化建设，提高广播喇叭入户率和收听效果；要加强群众性文体活动的组织和指导，丰富群众文化生活。

1985年12月25日，县政协科技组组织委员调查访问城桥乡三江大队养兔专业户薛振德、港西乡八大队养鸭专业户张银狗、合作乡永乐大队养兔专业户徐亚英。委员们建议各级政府要对专业户给予鼓励和支持。

1986年3月3日、4日，县政协工交组组织委员调查拆船工业污染处理情况。委员们听取南门拆船厂等4家拆船企业关于防止污染问题的汇报，实地察看4家拆船企业的生产现场，针对拆船企业在防止污染方面存在的问题，建议近期内不宜再增加新的拆船点，如要扩点，必须按照《中华人民共和国拆船环保条例》的要求，由有关部门审查通过；现有拆船企业应按照整顿的要求，抓紧环保设施的施工建设；落实领导责任制，设立工业卫生室，建立健全工人健康档案；劳动部门要加强对拆船工人劳动防护的检查；对拆解后的钢材、木材、阀门等进行深加工，提高拆船企业经济效益。

1986年10月8日，县政协科技组、农村组联合组织委员调查大新乡乡村工业情况。委员们听取乡政府负责人关于乡村工业发展情况的介绍，实地察看乡办棉纺厂、毛纺厂和椿南村办胶鞋厂等单位，建议要进一步转变观念，不断探索创新；要进一步搞好横向联系，不断扩展业务；要进一步加强经营管理，不断提高效益。

1986年10月17日、18日，县政协教育组组织委员调查职业教育情况。委员们实地考察新业、交华、新村、长兴、竖河、向化等6所职校，听取各校负责人关于办学情况的介绍，对职校的办学方向、专业设置等提出意见建议。

1987年7月2日、8日，县政协农村经济组组织部分委员调查农村专业户发展情况。委员们实地考察从事工业、农业、副业生产的7个专业户，建议各级领导对专业户要给予关心和扶持，帮助他们克服生产经营中的各种困难。

1988年5月，县政协工交财贸委员会组织委员调查崇明村镇建设情况。委员们针对崇明村镇建设存在的居民住宅散乱、基础设施落后、管理机构不全等问题，建议要调整完善村镇建设规划，规划批准确定后，必须维护规划的严肃性；要多方筹措建设资金，加快基础设施建设；要健全集镇一级的管理机构，加强村镇建设管理。

1988年5月11日、13日，县政协农村经济委员会组织委员赴陈家镇、绿华乡调查出口创汇农业和副业生产情况。委员们针对基层反映的生产资料紧缺、资金不足影响创汇农业和副业生产发展，化肥、农药、饲料价格猛涨，出口创汇农业和副业生产效益下降等问题提出意见建议。

1989年3月3日，县政协科技委员会组织委员赴申福电器厂、光辉自动化仪表厂、万里电器总厂等企业实地调查星火计划项目落实情况。委员们对使用世界银行贷款发展高新技术产品，进一步落实星火计划项目提出意见建议。

1989年3月27日—4月1日，县政协工业交通委员会组织委员赴江口、合作、大新、堡镇、五滧、汲浜6乡调查外向型经济发展情况，实地察看华通毛纺织公司、华兴鞋业公司、明珠不锈钢厨房用具厂等中外合资企业，并召开座谈会听取情况介绍。委员们认为，近年来崇明外向型经济虽在发展，但横向比落后于其他郊县，面临老的企业后劲不足、新的投资吸引力不强等问题。委员们建议：要统一认识，切实解决涉外企业资金、能源、原料紧缺等问题；要广交朋友，制订优惠政策吸引外方投资，加快发展外向型经济；要加强有关法律法规的学习和宣传，制止对中外合资企业的各种不合理摊派。

1989年3月30日、31日，县政协市政工交财贸委员会组织部分委员，就乡镇工业生产和发展外向型经济进行调研。委员们先后到大新、堡镇、五滧、汲浜等乡，听取乡工业公司有关情况介绍，实地调查企业生产经营情况，针对乡镇工业和外向型经济发展中存在的问题，建议要统一思想认识，争取各方支持，切实解决资金、原料、能源问题，充分发挥现有外贸企业的生产潜力；要帮助三资企业解决通讯落后和沪崇间交通不畅等问题；要制定有利于外向型经济发展的优惠政策；要严格执行有关法律法规，有效制止对中外合资企业各种不合理摊派。

1989年4月12日，县政协民族宗教组与县政府民族宗教办公室联合调查裕安乡少数民族工作。调研人员听取乡党委负责人的情况介绍，走访壮族同胞家庭，建议在乡村企业治理整顿中，一些文化技术基础较差的职工面临下岗的情况下，对少数民族家庭人员要给以适当照顾；要收集、宣传少数民族群众中的好人好事，发挥他们的积极性。

1989年8月3日，县政协科技委员会组织委员调查创汇农业发展情况。委员们听取县农业局和陈家镇乡负责人关于发展创汇农业的情况介绍，实地察看陈家镇乡益民食品联营厂甜玉米罐头加工生产现场，建议全县上下、各个部门都要重视农业生产，不仅在口头上，而且在行动上支持农业生产，切实帮助企业解决需要解决的问题，促使创汇农业健康发展。

1990年6月19日，县政协教育委员会组织委员调查学校德育教育工作情况。委员们听取县教育局普教股和西门中学负责人介绍德育教育工作情况，对学校德育教育工作提出如下建议：要统一思想、提高认识，加强学生的德育教育；要正确处理德育和智育的关系，德育是基础，智育也不可松；要在德育教育中，牢牢抓住教育学生热爱社会主义祖国这条主线。

1990年9月6日，县政协市政工交委员会组织部分委员对工农联营企业进行调研。委员们实地察看4个工农联营企业，建议要进一步增强发展工农联营企业的信心，振奋精神，争取多方支持；政府部门要进一步加强对联营企业的指导服务，提高联营企业的经营水平；要进一步加强对联营企业的管理，端正发展思路，提高产品竞争力；要进一步重视科技创新，扩大联营企业的规模效应。

1990年9月8日，县政协市政工交委员会组织委员调查工农联营企业生产经营情况。委员们针对一些厂长反映生产经营碰到的困难，建议在指导思想上，要振奋精神，克服畏难情绪；在工作方法上，要以优取胜，狠抓企业管理；发展方向上，要重视科技创新，形成规模生产。

1990年10月22日，县政协教育委员会组织委员前往海桥中学调查德育教育情况。委员们听取学校负责人有关情况介绍，建议要重视学校的德育教育，进一步做好德育教育工作。

1991年8月23日，县政协科技委员会组织委员调查农副业生产情况。委员们实地察看大同乡杂交水稻"寒优湘晴"、竖河乡夏玉米"掖单"和港沿乡创汇农业丝瓜络的种植情况，听取有关单位情况介绍，建议要进一步做好农业新技术推广工作，提高农业产量和效益，增加农民收入。

1991年12月16日、24日，县政协教育委员会组织委员调查职业教育工作情况。委员们实地视察向化、竖河职校和中华职校，听取县教育局职教股负责人关于全县职教工作情况的介绍和向化、竖河职校及中华职校负责人关于学校情况的汇报，就进一步办好职业教育提出意见建议。

1992年4月27日，县政协科技委员会组织委员前往五滧乡良种场调查良种繁育情况。委员们听取该场负责人的情况介绍，实地察看田间作物长势，一起分析场里存在的问题和困难，提出要加强基础设施建设、增添必要的机械设备等意见建议。

1992年6月12日，县政协市政工交委员会组织委员前往港东乡盘东塑料五金厂调查。委员们听取该厂负责人的情况介绍，实地察看生产车间及厂区配套设施，建议该厂要继续努力，以效益为目标，以市场为导向，调整产品结构，积极开发高、新、优产品，争取更快发展和更好效益。

1992年11月20日，县政协教育委员会组织委员调查校办工业情况。委员们听取县教育局校办工业公司负责人的情况介绍，实地察看瀛亚通讯电缆厂、佳丰活塞厂、佳城电塑厂等校办工厂，对校办工业企业生产经营和发展方向提出意见建议。

1992年12月22日，县政协海外联谊委员会组织委员调查"三资"企业情况。委员们听取县外经办负责人关于崇明"三资"企业发展情况的介绍，实地察看廷豪服饰有限公司、江口明珠厨房用具有限公司等"三资"企业，就崇明"三资"企业发展中的问题提出意见建议，并表示要发挥各自优势，努力牵线搭桥，为更多"三资"企业落户崇明作出贡献。

1993年3月4日，县政协科技委员会组织部分委员前往绿华养鸡场调查禽蛋生产情况。委员们听取该场负责人关于养鸡场情况的介绍，认为该场依靠科技进步、发展蛋鸡生产的5条经验值得推广，并对进一步促进全县禽蛋生产提出意见建议。

1993年7月14日，县政协医卫委员会组织委员前往大同、建设、港东、港西等乡调查当地水厂运作和水质保障情况。委员们听取县卫生局、县改水办关于全县改水工作进展情况的介绍，深入有关自来水厂察看现场，对进一步提高水质、确保饮用水安全提出意见建议。

1993年8月28日，县政协教育委员会组织委员前往港西、竖河、向化等职校调查职业教育情况。委员们听取有关职校负责人关于办学情况的介绍，观摩课堂教育现场，实地察看部分教育基地，对进一步发展职业教育提出意见建议。

1994年6月10日，县政协农贸经济委员会组织委员调查"两杂"(杂交玉米、杂交水稻)种子生产情况。委员们听取县种子公司负责人关于崇明"两杂"种子生产情况的介绍，并前往五滧良种繁育场实地察看"两杂"种子繁育情况，建议要进一步加强农业科技创新的领导和组织工作，提高农业科技的覆盖面，增加农业效益和农民收入。

1994年6月14日，县政协科技委员会组织委员调查星火计划项目实施情况。委员们听取县世行办(崇明县世界银行贷款星火项目管理办公室)负责人有关情况汇报，就进一步精心组织实施星火计划项目提出意见建议。

1994年6月24日，县政协农贸经济委员会组织委员调查私营经济发展情况。委员们听取县工商管理部门关于崇明私营经济发展情况的介绍，实地察看上海华风仪表厂、上海昌盛特种水产贸易公司、上海富盛经济开发区等单位，针对私营经济发展中存在的问题提出意见建议。

1994年6月28日，县政协市政工交委员会组织委员调查税制改革后崇明工商企业税负情况。委员们听取有关部门的情况介绍，一起分析1994年1月—4月全县各项税收比1993年同期大幅增长的主要原因，对税制改革后部分企业税负增加较多、难以承受的问题提出意见建议。

1994年10月12日、13日，县政协农贸经济委员会组织委员赴上海市区调查岛外"三产"发展情况。委员们听取竖河天易公司等6个单位负责人的情况介绍，实地察看上海五洲进出口公司，就进一步发展岛外"三产"提出意见建议。

1994年10月27日、28日，县政协文体新闻委员会组织委员调查城桥地区文化娱乐市场经营和管理情况。委员们听取县文化馆、县工人俱乐部、县供销社星星舞厅3个单位负责人关于舞厅、卡拉OK等经营情况的介绍和县文化市场管理部门负责人关于城桥地区文化娱乐活动场所管理情况的汇报，实地察看县文化馆百乐舞厅、县工人俱乐部明珠舞厅、伊甸园、县体育馆体育娱乐总汇舞厅、汉宫夜总会、县供销社星星舞厅等娱乐活动场所，建议有关部门要密切配合，控制开办新的娱乐活动场所，避免国家、集体资金的浪费；文化市场管理部门要加强管理，严格执法，净化文化娱乐市场。

1994年12月7日，县政协法制委员会组织委员调查青少年犯罪情况。委员们听取县人民检察院起诉科、县青保办、城桥中学、县工读学校等单位负责人关于青少年犯罪情况的汇报，在分析青少年犯罪原因的基础上，对预防青少年犯罪提出意见建议。

1994年12月9日，县政协教育委员会组织委员调查职业教育情况。委员们听取竖河、城东职校办学情况汇报，针对职校发展受到资金不足制约、职校毕业生外流现象突出等问题提出意见建议。

1995年7月14日，县政协医卫委员会组织委员调查工业卫生情况。委员们听取县卫生防疫站劳卫科负责人关于崇明工业卫生情况汇报，实地察看新村乡环洲实业公司生产现场，建议各级领导要十分重视抓好工业卫生工作，在注重提高经济效益的同时，不能忽视防尘防毒工作；有关方面要加强对职业病防治的宣传，让企业职工提高认识、掌握知识，自觉落实防护措施；有毒有害作业的企业，保证必要的除尘、通风等设备投入；企业对职工的劳动防护经费专款专用，不能以工资形式发放给职工；对拆船、抛光等重污染行业，严加限制生产转包；工业主管部门在审批"新、改、扩"项目时要督促企业落实"三同时"措施；卫生行政部门要加强对企业的指导、服务和监督，加大卫生执法力度。

1995年9月7日，县政协农贸经济委员会组织委员调查蔬菜基地建设情况。委员们实地调查合兴乡蔬菜园艺场和大新镇前卫村特种蔬菜园艺场，听取县蔬菜办公室和合兴乡政府负责人关于蔬菜基地建设以及生产经营情况的汇报，就进一步加强蔬菜基地建设提出意见建议。

1995年10月31日，县政协教育委员会组织委员前往上海光辉仪器仪表公司调研。委员们听取公司负责人关于重视人才队伍建设，促进企业发展的情况介绍，并就崇明人才开发中要解决的观念与机制两个核心问题提出意见建议。

1996年1月，县政协农贸经济委员会组织委员就开发养鳗及白山羊项目进行调研。委员们听取有关单位情况介绍，建议要正确分析市场信息，抓住机遇，科学决策，确保项目成功；要引进专业人才，解决养鳗技术问题；要认真研究白山羊项目的产品包装、质量问题及白山羊疾病防治和越冬饲料问题；要确保品牌质量和市场信誉，防止外地品质差的山羊冒充崇明白山羊。

1996年1月4日，县政协法制委员会组织委员围绕"打假治劣"进行调研。委员们听取县工商物价局检查中队负责人关于近两年来"打假治劣"工作基本情况的介绍，就进一步加大"打假治劣"工作的宣传力度、开展联合执法行动、切实保护消费者合法权益等方面提出意见建议。

1996年5月28日，县政协文体新闻委员会组织委员到堡镇镇、竖新镇调研全民健身运动情况。委员们深入企业和社区听取有关情况的介绍，实地观看学校广播操表演，建议有关职能部门要加强对全民健身运动的指导，进一步提高全民健身运动的水平。

1996年7月，县政协城桥地区委员小组组织委员就城桥镇社区管理情况进行调研。委员们先后多次召开居委会和公安、工商、环卫、市容、爱卫会等职能部门负责人参加的座谈会，并深入社区听取群众意见，针对社区管理中存在的问题提出意见建议。

1996年9月，县政协教育委员会组织委员调查学生思想道德建设情况。委员们先后调查1所重点高中、4所普通中学、1所师范学校、1所体育学校和上海电大崇明分校。调查采取分散调查为主、集中调查为辅的形式，即以政协委员调查所在单位情况为主，同时对县德育室等有关部门进行集中调查，然后进行汇总分析。委员们针对调查反映的学生思想道德建设中存在的问题提出意见建议。

1996年9月27日，县政协市政工交委员会组织委员调查“三资”企业情况。委员们听取县外经办、县工商物价局外资科和县财税局外税所等单位负责人有关情况的介绍，实地察看廷豪服饰有限公司、江口明珠厨房用具有限公司等企业，建议政府有关部门要进一步重视和支持“三资”企业的发展，发挥各自优势，努力牵线搭桥，为促进崇明经济发展作出贡献。

1996年12月3日，县政协农贸经济委员会组织委员对崇明旅游业发展情况进行调研。委员们听取东平林场负责人关于东平国家森林公园建设和发展规划情况的介绍，就崇明旅游业发展中的招商引资、人才培养、规划实施等提出意见和建议。

1997年5月17日，县政协市政工交委员会组织委员调查崇明水泥厂生产经营情况。委员们在听取该厂负责人有关情况汇报的基础上，进行分析讨论，针对崇明水泥厂生产经营中存在的困难和问题提出意见建议。

1997年6月17日，县政协教育委员会组织部分委员就成人教育情况开展调研。委员们先后听取县教文体委员会成人教育科负责人关于崇明县成人教育情况的汇报和堡镇地区职工业余学校负责人关于堡镇地区成人教育及港东乡政府负责人关于港东乡成人教育情况的介绍，参观堡镇地区职工业余学校和港东乡成人学校，就共同关心的问题进行座谈探讨，并提出意见建议。

1997年7月17日，县政协农贸经济委员会组织委员前往新民镇第三养殖场和竖新镇新征养殖场调研时虾养殖情况。委员们先后听取新民镇第三养殖场、竖新镇新征养殖场负责人关于时虾养殖情况的介绍和县水产办有关人员关于全县时虾养殖情况的通报，并就推广时虾养殖提出意见建议。

1997年8月12日，县政协科技委员会组织委员调查科普工作情况。委员们在听取汇报和实地调查的基础上，针对科普工作中存在的科普网络不健全、科普手段设备落后、科普活动阵地萎缩、科普活动资金不足等问题提出意见建议。

1998年6月13日—15日，县政协医卫委员会组织部分委员就农村合作医疗农工统筹基金实施情况进行调研。委员们先后到三星、庙镇、大新、竖新、港沿、裕安等6个乡镇及所属的13家企业，召开企业法人代表座谈会，并发放调查表征求乡镇领导的意见和建议，针对调研中了解到的关于企业农工统筹基金筹集难等问题，建议要加强领导，层层落实；要大力宣传，提高认识；要明确规费，落实措施；要制定制度，规范收费。

1998年10月16日，县政协教育委员会组织部分委员围绕教育系统人事制度改革进行调研。委员们到利民小学和三烈中学，分别听取学校负责人关于开展全员聘任合同制工作情况汇报和县教育局有关科室负责人关于全县教育系统人事制度改革情况介绍，针对教育系统人事制度改革中存在的问题提出意见建议。

1998年11月16日，县政协科技委员会组织部分委员对私营企业依靠科技进步、促进企业发展情况进行调研。委员们先后前往落户于崇明工业园区的上海新业锅炉有限公司和在江口镇的锦忠电子有限公司，听取两个公司负责人有关情况介绍，实地察看车间生产现场和产品陈列展览室，建议有关部门要按照中央和市、县关于发展非公经济的要求，对私营企业进行梳理分析，列出重点科技项目和重点产业，进行重点扶持；加强对优秀企业、优秀企业家、优秀科技工作者的宣传，推广科技开发、质量管理等方面的先进经验；强化科技培训，提高私营业主整体素质和企业管理水平；加强对私营企业的引导，规范企业经营行为，创造公平竞争环境，促进私营企业发展。

1998 年 12 月 8 日，县政协经济委员会组织部分委员就绿色食品生产的环境条件问题进行专题调研。委员们听取中共崇明县委常委、副县长黄进关于崇明绿色食品园区建设情况通报，以及县绿色食品园区管委会和县环保局等有关方面负责人的情况介绍，就在全县建立若干个绿色环境保护区提出意见建议。

1999 年 1 月 14 日，县政协社会法制委员会组织委员就实施《中华人民共和国行政诉讼法》情况进行调研，听取县人民法院及行政审判庭负责人关于审理行政诉讼案件情况介绍，并就在行政执法、行政诉讼中如何进一步提高各级干部的法律意识和执法素质等问题提出意见建议。

1999 年 3 月，县政协文史资料委员会组织委员调查历史优秀建筑遗存情况。委员们在深入实地调查、了解实际情况的基础上，就加强崇明遗存历史优秀建筑的保护和利用，建议要把古建筑的保护工作列入城乡建设规划，要把古建筑的保护工作与发展旅游事业结合起来。

1999 年 7 月 5 日，县政协经济委员会组织委员调查农村水利建设情况。委员们召开水利技术人员和有关水利单位负责人座谈会，并深入实地考察，针对存在的每年沟河疏浚量跟不上要求、沟河缺乏有效管理、进排水系不配套畅通等问题提出意见建议。

1999 年 8 月 4 日、5 日，县政协医卫委员会组织部分委员就卫生系统人事制度改革进行调研。调研采用召开座谈会和发放调查问卷的形式进行。委员们先后到县中心医院、堡镇人民医院、庙镇人民医院、三星卫生院、江口卫生院、竖河卫生院召开座谈会，了解实行聘用合同制情况，并下发 200 多份调查问卷。委员们针对卫生系统人事制度改革实施中存在的问题提出意见建议。

1999 年 8 月 17 日，县政协文史资料委员会组织部分委员对清代典型民居侯家镇姚家宅的历史演变、建筑特色、规模结构、代表性人士及其事迹等开展调查，以挖掘崇明潜在旅游资源，促进崇明旅游事业的发展。

1999 年 8 月 26 日和 9 月 1 日，县政协社会法制委员会组织部分委员就发展崇明劳务输出分别到县对外经济贸易委员会、县劳动人事局、崇明工业园区、县劳动服务公司、新民镇劳动服务所等单位进行调研。委员们听取被调查单位负责人的情况介绍，针对当前国际、国内劳务输出市场竞争十分激烈，发展劳务输出困难和问题不少的情况，建议政府部门要进一步加强劳务输出工作的指导，规范劳务输出市场秩序，促进劳务输出健康发展。

1999 年 10 月 14 日，县政协教育委员会组织委员到马桥中学、大新镇中心小学调研优化师资队伍结构情况。委员们听取两校负责人关于师资队伍建设情况的介绍，对部分教师进行问卷调查，并进行座谈讨论，针对师资队伍结构存在的问题提出意见建议。

1999 年 11 月 25 日，县政协经济委员会组织部分委员对一些典型企业进行调研，先后听取大新镇瀛春毛纺厂、裕安镇裕生线缆公司、向化镇永冠商业设备有限公司等企业负责人有关情况介绍。委员们针对企业发展中存在的问题提出意见建议。

2000 年 3 月中旬，县政协医卫委员会组织委员调查乡村医疗秩序情况。委员们深入港沿、大新、港西和五滧 4 个乡镇及其所属的 15 个村卫生室，通过召开乡镇政府有关负责人、合作医疗管理站站长及部分乡村医生座谈会和发放各类调查统计表的形式，了解乡村医疗秩序现状、乡村医生队伍建设、乡村医生报酬待遇等情况，针对无证行医活动猖獗、执法人少鞭长莫及，进药途径多渠道、药品质量难保证，村卫生室输液有禁不止、医疗纠纷时有发生等问题提出意见建议。

2000 年 9 月，县政协文史资料委员会组织委员调查清代典型民居姚家宅的房屋产权和宅基地使用权情况，对姚家宅的开发利用提出意见建议。

2000 年 9 月 13 日，县政协社会法制委员会组织部分委员就老年工作情况进行调研。委员们听取县民政局有关负责人关于老年工作情况介绍，对照贯彻实施《中华人民共和国老年人权益保障法》和《上海市老年人保护条例》，分析研究老年工作中存在的问题和困难，对进一步做好老年工作提出意见建议。

2000年10月，县政协科技委员会与县科学技术协会组织有关人员围绕“崇明县科技人员现状与发展对策”联合开展调研，在了解和分析科技人员现状的基础上，对开发利用崇明科技人才资源提出意见建议。

2001年9月5日，县政协社会法制委员会组织委员调查全县违法用地情况，针对违法用地情况和贯彻实施土地管理法中存在的问题提出意见建议。

2002年1月25日，县政协经济委员会组织部分委员就发展崇明绿色家禽饲养情况进行调查。委员们听取绿华镇负责人关于开发绿色食品、发展绿色家禽饲养的情况介绍，实地察看绿华橘园养鸡，建议县乡两级农业部门将发展绿色家禽饲养列入议事日程，要组织课题研究、加大宣传力度，要发挥绿华橘园养鸡的龙头作用、打造崇明绿色家禽品牌。

2002年5月20日，县政协文史资料委员会组织委员就发掘崇明历史文化遗产，开发中南部文化旅游区进行调研。委员们实地察看寿安寺、崇明学宫等，就中南部文化旅游景区开发的范围、主题，开发的近期重点，开发的配套项目等提出意见建议。

2002年7月25日，县政协教文体委员会组织委员就办好崇明体育学校、构筑体育人才高地进行调研。委员们听取县政府有关部门的情况汇报，实地察看崇明体育学校，提出加大投入力度、扩大办学规模、提高训练质量、加强学校管理等意见建议。

2003年4月22日，县政协经济委员会组织委员与县国有资产管理办公室、县环保局等局、镇挂钩部门的负责人到中兴镇调研。听取该镇党委、政府负责人关于中兴镇经济和社会事业发展情况的介绍，共同研究和探讨进一步开展招商引资、调整农业产业结构、增加农民收入、做好扶贫帮困等方面工作，还就加强部门与乡镇的挂钩联系工作提出意见建议。

2003年5月16日，县政协经济委员会组织委员到港沿镇调研，听取该镇党委负责人关于港沿镇经济和社会事业发展情况和今后工作思路的介绍。委员们建议港沿镇要再接再厉，坚持抓好招商引资，积极涵养税源；要切实做好农业产业结构调整和劳动力转移工作，提高农民收入水平；要按照市郊区工作会议精神，围绕“三个集中”的要求，认真构思和谋划港沿镇今后几年经济和社会事业发展的思路。

2003年8月29日，县政协科技委员会组织全体委员就陈海公路中段建设工程进展情况开展调研。委员们听取县建设委员会和陈海公路中段建设指挥部负责人关于陈海公路中段建设工程规模、组织网络、时间节点及进展情况的介绍，围绕加快陈海公路中段建设进度提出意见建议。

2003年10月28日，县政协人口和健康委员会组织委员就“防非”(防治传染性非典型性肺炎)工作情况进行调研。委员们听取政府有关部门负责人的情况汇报，建议要认真总结“防非”工作经验教训，切实加强常态长效管理。

2003年11月20日，县政协社会和法制委员会组织委员到江龙老年公寓就发展崇明养老事业进行调研。委员们听取江龙老年公寓负责人有关情况介绍，针对养老公寓创建中存在的难点问题提出意见建议。

2003年12月25日，县政协经济委员会组织委员到中兴镇调研。委员们听取该镇党委、政府负责人的情况介绍，对中兴镇有关工作提出意见建议。

2003年12月29日，县政协科技委员会组织委员到县信息化委员会调研。委员们听取该委负责人关于崇明信息化建设总体情况以及政府门户网站改版工作进展情况的介绍，就加快推进崇明信息化建设提出意见建议。

2004年2月18日，县政协科技委员会组织委员围绕信息化建设开展调研。委员们听取清华同方电脑公司华东分公司负责人关于该公司概况和参与崇明信息化建设情况的介绍，以及县信息化委员会负责人关于崇明信息化建设进展情况的通报，针对崇明信息化建设推进中存在的困难和问题提出意见建议。

2004年7月，县政协经济委员会组织委员就调整产业结构，实现三次产业融合发展进行调研，建议要引导并加强对产业融合发展的理性认识，加大政府扶持力度；要调整岛内行政区，组建大型企业集团，培育一批中小企业；要建立应用性研究机构，完善商务信息平台和服务系统，发挥中介机构作用。

2004年7月12日，县政协文史资料委员会组织委员以加快前卫村农家游发展为主题开展调研。委员们听取前卫村负责人关于农家游情况的介绍，实地考察农家游经营状况，针对存在问题，建议要抓紧编制发展规划，确保今后开发建设科学有序；要体现农家游特色，调整新增具有特色的旅游景点和游乐项目；要强化生态保护意识，重视环境污染治理；要加大生态农业投入开发力度，不断提高现代农业在农家游收入中的比重；要培养和引进专业人才，提升管理服务水平。

2004年8月，县政协科技委员会组织委员就崇明知识产权工作情况进行调研，针对知识产权工作中存在的企事业单位和个人知识产权意识淡薄、知识产权工作经费投入不足、知识产权工作机构人员编制尚未解决等问题提出意见建议。

2005年1月18日，县政协堡镇地区委员小组组织委员调查未成年人思想道德教育情况。委员们听取堡镇少年之家负责人关于未成年人思想道德教育以及音乐、美术、书画等艺术教育的情况介绍，就改造、扩建堡镇少年之家，进一步提升少年之家服务功能，加强对未成年人的思想道德教育进行讨论，并提出意见建议。

2005年1月19日，县政协科技委员会组织委员围绕推进陈家镇建设开展调研。委员们听取陈家镇政府负责人关于陈家镇城镇规划以及近期重点项目推进情况的介绍，参观陈家镇城镇规划模型，参加上海长江隧桥开工典礼，并就细化、深化陈家镇城镇规划，扎实推进重点项目实施，加快陈家镇城镇建设等提出意见建议。

2005年5月，县政协经济委员会组织委员就生态农业发展情况进行调研。委员们建议要进一步加大扶持力度，强化农业科技推广体系建设；要加强农业科技队伍建设，增强农业科技工作活力；要以农业科技项目为载体，突破农业关键技术瓶颈。

2005年5月27日，县政协科技委员会组织委员赴仁济医院崇明分院调研。委员们听取该院负责人关于崇明中心医院由上海仁济医院托管以来工作情况的介绍，针对存在问题提出意见建议。

2005年9月，县政协教文体委员会组织委员就学前教育情况进行调查，针对崇明学前教育中存在的不足提出建议意见。

2005年10月，县政协科技委员会组织委员就提高科技创新能力推进第二产业发展进行调研，建议要加快产业结构调整，努力培育新兴产业；要加快实施生态岛区建设科技支撑，充分发挥其技术孵化作用；要依托长兴产业基地，大力发展海洋装备产业；要高度重视各类人才的引进和使用，建立和完善用人激励机制；要及时调整招商引资策略，大力引进入驻型企业；要积极引导企业开展技术创新与新产品开发。

2005年10月，县政协教文体委员会组织委员就崇明生态岛区建设中的有关问题进行调研，建议要加强生态教育，提高岛民生态道德素质；要改革生产方式，做强生态产业；要实施生态工程，全面推进生态环境保护和治理；要完善生态文明建设的政策和法律体系。

2005年10月，县政协文史资料委员会组织委员就加强生态文化建设、保护崇明非物质文化遗产情况进行调研，针对崇明非物质文化遗产保护工作中存在的问题，建议要建立健全工作机构、找准工作切入点、加大资金投入力度、建立保护工作激励机制。

2005年10月，县政协社会和法制委员会组织委员围绕推进平安建设、构建社会主义新农村开展调研，建议要强化机制建设，构建快速有效的预防化解体系；要进一步完善"打、防、控"的长效机制，构建严密的治安防控体系；要加强宣传发动，坚持人人参与，切实推进农村平安建设。

2005年10月，县政协人口和健康委员会组织委员就社区卫生服务中心建设情况进行调研，针对崇明社区卫生服务中心建设中存在的管理体制没有完全理顺、镇级财政用于卫生的投入不足、乡村医生基本工资尚未落实、农村卫生人才缺乏等困难和问题提出意见建议。

2005年10月，县政协港澳台侨委员会组织委员就青少年道德建设情况进行调研，建议要加强宣传引导，营造全社会关心、重视和参与青少年思想道德建设的氛围；要坚持以德为首，提高学校德育教育的主动性、针对性和实效性；要创新工作载体，充分发挥共青团和少先队在青少年思想道德建设中的作用；要狠抓阵地建设，为青少年参加道德实践活动提供必要的条件；要实施净化工程，努力创造有利于青少年健康成长的社会环境；要加强协调配合，着力构建学校、家庭和社会“三位一体”的教育网络。

2005 年 10 月，县政协人口和健康委员会组织委员就加强农村公共卫生建设，切实做好疾病预防工作进行调研。委员们听取县疾病预防控制中心负责人有关情况的介绍，针对农村疾病预防工作中存在的问题提出意见建议。

2005 年 10 月，县政协社会和法制委员会组织委员就在构建社会主义和谐社会中如何发挥宗教积极因素进行调研，针对宗教工作中存在的不足提出意见建议。

2005 年 10 月，县政协经济委员会组织委员就“百人千人就业项目”实施情况进行调查，针对实施中存在的困难和问题，建议要加强岗位管理，完善考核奖惩制度；要加强组织领导，保障各项工作顺利开展；要加强政策调整，确保实施项目取得良好成效；要加强教育培训，提高从业人员素质。

2005 年 10 月，县政协经济委员会组织委员就发展现代农业、促进农民增收进行调研，针对崇明现代农业发展中存在的问题，建议要着力在转变政府职能上求突破、着力在优化结构上求突破、着力在培育市场上求突破、着力在为农服务上求突破。

2005 年 10 月，县政协港澳台侨委员会组织委员就加快崇明农村文化建设进行调研，针对崇明农村文化建设中存在的主要问题，建议在资金投入上，要处理好政府带动与社会推动的关系；在设施建设上，要处理好建设与管理的关系；在效益分析上，要处理好讲究档次与实际实用的关系；在内容建设上，要处理好发展现代文化与挖掘地方特色的关系；在活动形式上，要处理好政府搭台与民间唱戏的关系。

2005 年 10 月，县政协文史资料委员会组织委员就重建和开发利用崇明演武厅进行调研，建议演武厅的重建和开发利用，必须充分体现其军事历史研究价值、爱国主义教育价值、人文历史研究价值、明清建筑研究价值、旅游功能开发价值和提升城市品位的现实价值。

2005 年 11 月 2 日，县政协城桥委员小组组织委员到城桥卫生院调研。委员们听取该院负责人关于卫生院工作情况的介绍，就进一步提高医疗服务水平提出意见建议。

2005 年 12 月 22 日，县政协教文体委员会组织委员赴民本中学调研。委员们听取县教育局负责人关于县教育局 2005 年度主要工作和 2006 年度工作思路的汇报，以及民本中学负责人关于学校教育情况的介绍，并实地察看民本中学硬件设施情况，针对调研中发现的问题提出意见建议。

2005 年 12 月 27 日，县政协科技委员会组织委员赴崇明工业园区调研。委员们听取园区负责人关于工业园区发展情况的介绍，对工业园区进一步发展提出意见建议。

2006 年 3 月，县政协经济委员会组织委员就科技兴农，发展生态农业进行调研，针对崇明科技兴农实施中存在的问题，对进一步实施科技兴农战略，加快发展生态农业提出意见建议。

2006 年 3 月 31 日，县政协堡镇委员小组组织委员到民本中学调研。委员们听取该校负责人的情况介绍，实地察看教学区、生活区和运动区，建议要狠抓校风建设，进一步夯实基础教育；要重视德育教育，努力提高学生道德修养；要充分发挥教育在社会发展中的积极作用，为崇明未来发展培养更多有用人才。

2006 年 5 月 12 日，县政协科技委员会组织委员到县疾病预防控制中心调研。委员们听取中心负责人的情况介绍，实地考察中心的硬件配置及工作运转情况，就加大预防控制力度，严防禽流感发生等提出意见建议。

2006 年 8 月 16 日，县政协科技委员会组织委员到县水务局调研。委员们听取上海祥阳水利勘测设计有限公司负责人关于崇明水系分布现状、水系建设规划、环岛引河建设进展以及城桥污水处理厂建设的情况介绍，建议要进一步建立健全河道（泯沟）整治的长效机制，加快推进污水处理设施建设，继续保持崇明水清、土洁、气净的生态优势。

2006 年 9 月，县政协文史资料委员会组织委员围绕促进农村精神文明建设进行调研，针对农村精神文明建设中存在的问题，建议要加强宣传教育，帮助农民树立社会主义荣辱观；要加强软、硬件建设，积极稳妥地推进生态文明村创建工作；要破除不良风俗，努力塑造社会主义新乡风；要发展农村群众文化事业，大力培养现代文明新习惯。

2006年9月，县政协经济委员会组织委员就提高农业组织化程度进行调研，针对崇明在提高农业组织化程度实践中存在的困难和问题，建议要继续调整农业结构、发展地方特色农产品，形成规模化生产、产业化经营；要完善机制，规范运行，搞好服务，促使农民专业合作社不断发展；要制定扶特政策，减免税费负担，支持品牌建设，建立绿色通道，推进农业龙头企业发展壮大；要搞好土地流转，进一步推进土地向规模化集中；要抓好农业"四新"技术引进、推广和农业科技项目攻关，进一步提高科技兴农水平；要加强农业基础设施建设，改善农业生产条件。

2006年9月，县政协科技委员会组织委员就加强农村生态环境保护进行调研，针对农村生态环境保护中存在的问题，建议要用科学发展观引领农村生态环境建设；要全面贯彻以行政一把手负总责的环保责任制；要积极推进"三个集中"，从根本上改变农村生态环境；要改革资金投入机制，加强农业环境基础设施建设；要以生态文明村建设为抓手，提升农村生态文明程度。

2006年9月，县政协教文体委员会组织委员就加强对中小学生进行生态教育进行调研。通过对全县28所小学和32所中学关于学校生态教育的问卷调查以及对277名小学生、244名中学生的随机抽样调查，针对生态教育中存在的发展不平衡、缺少适合的系列教材、生态道德教育资源整合力度不够等问题，建议要进一步提高认识，加强和改进对中小学生生态教育的领导；要构建生态教育课程体系、特色体系和系列活动体系；要加强生态教育基地建设，发挥基地生态教育功能。

2007年1月，县政协文史资料委员会组织委员就打好国家地质公园品牌，全面展示和谐崇明的自然人文风貌进行调研，建议要坚持理性规划、科学开发、和谐构建，使其成为全面展示崇明自然人文风貌的品牌和促进生态岛建设的平台。

2007年5月14日，县政协堡镇委员小组组织委员到堡镇小学调研。委员们听取该校负责人的情况介绍，并考察学校的乒乓球训练基地，观看乒乓球队员的训练和学校管弦乐队的表演，对进一步搞好教学教育工作，彰显堡镇小学特色教育提出建议意见。

2007年8月，县政协竖新委员小组组织委员调查崇明乡村医生队伍建设情况，针对乡村医生队伍存在的学历层次偏低、年龄结构老化、职业道德和诊疗水平有待提高、人员队伍不稳定等问题提出意见建议。

2007年8月16日，县政协竖新镇委员小组组织委员开展调研活动。委员们听取上海瀛春毛纺织有限公司负责人关于企业生产经营情况的介绍，参观该公司产品陈列室，针对公司生产经营中存在的问题提出意见建议。

2007年8月22日，县政协堡镇委员小组组织委员开展调研活动。委员们在听取堡镇人民医院党总支负责人关于医院开展"管理年"活动的情况介绍后，就进一步加强物业管理、完善医疗卫生服务中心功能等提出意见建议。

2007年10月，县政协人口和健康委员会组织委员就加强社区卫生服务绩效评价体系建设，提高社区卫生服务效率进行调研，建议社区卫生服务功能转换后，政府对经费实行收支两条线管理，从源头上保障了职工的正常收入和医院的正常运行，但要防止发生新的"平均主义"现象，亟需建立一套科学合理的绩效评价体系；医疗资源配置要充分体现物尽其用，避免均等化配置造成设备使用效率不高；对编外人员要适度提高工资标准，缓解崇明地区医务人员紧缺的矛盾；完善政府拨款方式，提高社区卫生服务中心工作效率；确立社区卫生服务绩效评价原则，健全社区卫生服务绩效评价体系。

2007年10月，县政协提案委员会组织委员就发展农民专业合作社，促进农业增效农民增收进行调研，针对农民专业合作社发展中存在的问题，建议要建立统一的指导、引导和服务体制，研究明确农业专业合作体系模式，规范农民专业合作社运作，继续强化"一镇一品"的结构调整，不断优化政策扶持机制，注重增强外向的协作互动。

2008年1月，县政协文史资料委员会和城桥镇委员小组组织委员就创建全国环境优美乡镇（简称“创优”）开展调研，针对创优工作中存在的困难和不足，建议要着眼长远，因地制宜，准确把握创优定位；要加强宣传，提高认识，营造全民参与氛围；要多方投入，产业带动，努力寻求解决民生问题的治本之策；要完善机制，加强管理，不断优化创优工作环境。

2008年1月，县政协经济委员会组织委员就促进清洁生产发展开展调研，针对崇明清洁生产发展中存在的工业结构不合理、环境意识不强、政策引导力度不大、技术支撑体系不全等问题，建议要引导企业提高认识，转变经济发展理念；要成立协调清洁生产的专门机构，协调全县相关区域、园区企业清洁生产项目安排和资金、技术扶持等政策的落实；要根据建设崇明现代化生态岛的总体目标和阶段性规划，科学制定清洁生产发展计划；要按照崇明生态岛生态环境保护和建设的要求，制定落实符合生态岛要求的清洁生产地方标准；要建立完善清洁生产激励机制，加大督查监管和执法力度；要不断加强清洁生产技术研究和信息服务。

2008年1月，县政协科技委员会组织委员就培育龙头企业，推进生态农业发展进行调研，对培育龙头企业，发展崇明农产品加工业，推进崇明生态农业发展提出意见建议。

2008年1月，县政协教文体委员会组织委员就崇明旅游业发展中如何打响绿色品牌进行调研，建议要整体提升“农家乐”品牌，推进崇明“农家乐”再上新台阶；要加快建设以自行车运动为主题的体育运动休闲产业集聚区工程；要加快推进东滩沿线大型生态文化旅游产业集聚区、环明珠湖文化会展及原生态休闲娱乐产业集聚区的建设。

2008年1月，县政协港澳台侨委员会组织委员就崇明城镇绿化建设情况进行调研，建议要创建国家园林城镇、提升崇明城镇绿化面貌、科学制定城镇绿地系统规划、有效提升城镇绿化数量品质、广泛开辟绿化建设投资渠道、精心培育绿化养护专业队伍、大力营造爱绿护绿良好氛围。

2008年7月，县政协提案委员会组织委员就以人为本，预防为主，建立健全化解社会矛盾工作机制进行调研，建议化解社会矛盾要坚持以人为本原则，民主法制原则，利益调整中的互利原则，公开、公平、公正、公道原则；要从健全民主科学的决策机制、社会矛盾的预警机制、合力化解的工作机制、群众监督机制、开发建设与群众利益协调机制、群众思想道德建设机制着手预防和化解社会矛盾。

2008年7月，县政协经济委员会组织委员就建立长效增长机制，努力增加农民收入进行调研，在分析农民收入现状、影响农民增收主要原因的基础上，建议要调整优化农业产业结构，提高农业综合经济效益；要有效转移农村劳动力，拓宽农民增收渠道；要加强农民转产转业培训，提高外出农民工的劳动技能；要规范农用土地流转，加快土地向规模经营集中，促进农业劳动力向非农转移；要加大财政对农业资金转移支付力度；要完善社会福利保障机制，构筑农村低收入群体保障体系；要发展农民专业合作社，推进农业产业化经营；要加强农村土地资源管理，提高集体资产经营水平和产出效益，不断壮大村级集体经济实力。

2008年7月，县政协教文体委员会组织委员就发展文化体育事业进行调研，针对崇明文化体育事业发展中存在的矛盾和问题，提出重视发展文化体育事业、增加对文化体育事业投入等意见建议。

2008年7月，县政协社会和法制委员会组织委员就崇明少数民族情况进行调研，提出重视和加强少数民族工作、关心少数民族群众的生产和生活、切实帮助他们解决实际困难等意见建议。

2008年7月，县政协人口和健康委员会组织委员就崇明乡村医生队伍及村级医疗机构情况进行调研，在全面分析乡村医生年龄、职称、学历结构，乡村医生待遇，乡村医生管理模式，村卫生室建设与运行情况的基础上，对加强乡村医生队伍建设、促进村级医疗机构发展提出意见建议。

2008年7月，县政协港澳台侨委员会组织委员就教育民生工作进行调研，针对教育民生工作中存在的问题，建议要进一步完善帮困助学体系、进一步加强农民工子女学校管理、进一步规范学校收费制度。

2008年8月6日，县政协堡镇委员小组组织委员到民一中学调研。委员们听取该校负责人的情况介绍，实地察看学校教学设施，针对民一中学面临的困难，建议要进一步加强对民办教育的重视和扶持力度，在配置师资、添置设备、办学招生等方面给民办学校一定的政策倾斜，为民办教育发展创造宽松的环境。

2008年11月7日，县政协科技委员会组织委员到县水务局调研。委员们听取该局负责人有关情况介绍，针对河道管理中存在的运输船只和河边小市场时常向河道内抛弃垃圾、新的违章建筑仍有发生、河道保洁员的业务素质有待进一步提高等问题，建议要着力完善水源地和供水规划，在争取使东风西沙水源地项目规划取得实质性进展的同时，进一步加快供水集约化建设，努力做好小水厂的归并工作，让崇明百姓喝上放心水、优质水；要抓紧解决东平镇、新海镇供水难问题，加快自来水管网改造工程，切实提高供水效率，确保当地群众生产、生活用水；要以“万河整治行动”为契机，进一步加大对各级河道，尤其是镇村级河道的疏浚整治力度，使全县水环境更加优化；要切实做好河道保洁员的教育培训工作，使河道岸坡的生物更具多样性，增强河水的自净能力。

2008年12月，县政协教文体委员会组织委员就农场政务移交后义务教育布局及发展规划进行调研，建议要合理调整学校布局，为管理的无缝对接创造有利条件；要加快实施学校硬件设施改造，实现全县办学条件全面均衡；要统筹配置教师资源，提高教师队伍整体素质；要深化教育管理，提高教学质量。

2008年12月，县政协社会和法制委员会组织委员就崇明老年活动室创建情况开展调研，针对老年活动室创建中存在的问题，建议要尽快建立县级老年活动中心、加大财政对创建老年活动室的支持力度、制订老年活动室管理制度、鼓励老年人参与老年活动室管理、采取多种运营模式发展老年活动室。

2008年12月，县政协人口和健康委员会组织委员就崇明地区血液透析（简称血透）现状进行调研，针对目前崇明地区血透中存在的血透床位严重不足、医护人员缺口较大、没有专职血透机维修技师、血透场地不符合标准等问题提出意见建议。

2008年12月，县政协港澳台侨委员会组织委员就如何进一步做好海外统战工作进行调研，建议在提高服务水平方面，要进一步增强做好海外统战工作的责任感和使命感，树立全局意识和开拓创新意识，创新工作机制；在具体工作方面，要切实加强对涉台、涉侨团体建设和代表人士培训，加大对华侨华人和“三胞”权益保护力度，努力提高做好海外统战工作的能力和水平。

2008年12月，县政协城桥镇委员小组就城桥镇新农村建设情况进行调研，建议要进一步加大新农村内涵建设力度，提升新农村建设的辐射效应；加强对新农村建设项目的整体统筹和协调，避免基层无所适从、徒劳返工；新农村建设要不断适应新形势的发展变化；加强新农村建设项目在使用、管理上的培训；新农村建设要坚持实事求是原则，尊重农村实际。

2009年4月1日，县政协教文体委员会组织委员到新民中学调研。委员们听取该校负责人关于办学情况的介绍，针对农村学校存在优秀教师和优质生源流失，影响学校办学质量的问题，建议要继续加强城乡教育“结对联动”，充分发挥城市优质教育资源的辐射作用，缩小城乡之间的教学差距；县教育行政部门要在人才引进、培训、职称待遇等方面制订倾斜政策，并尝试建立农村中小学教师、边远地区教师岗位津贴制度，鼓励优秀教师到农村地区任教；要充分发挥教学名师、标兵、能手的教学示范、引领作用，帮助和促进农村教师提高教学水平，并使农村教师和学生都能及时接受最新的信息；要切实执行义务教育阶段小学升初中就近入学政策，规范义务教育阶段公办学校划片招生工作，把好学籍管理关，实现学校间生源质量的总体均衡。

2009年4月14日，县政协人口和健康委员会组织委员到县传染病医院调研。委员们听取该院负责人的情况介绍，建议县政府职能部门要进一步重视县传染病防治机构的建设，加强运营状况的监管，加大财政扶持力度；要进一步落实市卫生局、物价局对于主要传染病住院治疗收费方面的减免规定，减轻传染病病人负担；要进一步增强全体员工增收节支的观念，落实各项增收节支措施；要继续做好现有医务人员的业务培训工作，不断提高医院医疗技术水平。

2009年5月21日，县政协港沿镇委员小组、城桥镇委员小组和庙镇委员小组围绕“创建环境优美镇，构建和谐新农村”主题联合组织委员开展调研活动。委员们听取港沿镇、城桥镇、庙镇政府负责人关于新农村建设情况的介绍，观看电视片《港沿镇城乡结对帮扶工作纪实》，参观港沿镇新农村建设试点村骏马村和大公所天主堂、上海市第二社会福利院，针对村级集体经济发展后劲乏力、农民增收困难、农民参与新农村建设意识薄弱、农村基层人才匮乏、城乡结对帮扶发展不平衡等问题，建议要结合“迎世博600天行动计划”，进一步加大新农村建设宣传力度，营造全民参与良好氛围；要结合镇村实际，因地制宜，推进农业和农村经济结构的战略性调整，大力发展特色农业、绿色农业、生态农业，加快推进农业产业化进程；要充分利用好“三支一扶”（支农、支教、支医，扶贫）大学生、高层次储备人才等现有资源，发挥有技术、懂经营、善管理、致富有方的农村实用人才作用，引领大学生在农业和农村经济发展中学习实用本领，不断培养农村新生力量。

2009年5月25日，县政协科技委员会组织委员就农民专业合作社发展情况进行调研。委员们听取县农业委员会负责人有关情况介绍，建议要加强宣传培训，引导农民专业合作社健康发展、规范发展；要强化管理制度，依法规范农民专业合作社建设；要加强政策扶持，助推农民专业合作社不断发展壮大。

2009年6月，县政协提案委员会组织委员赴东平、新海两镇就民生问题进行调研。委员们深入社区了解情况，走访居民听取意见，就解决两镇的民生问题，建议要加快新镇规划落地、建立政企经常性协调机制、加大补偿性财政倾斜力度、建立新镇工作联席会议制度、实行公房收储置换与廉租房政策、明确近期项目实施计划。

2009年6月，县政协经济委员会组织委员调查民营企业生产经营情况。委员们实地考察上海阳刚电子有限公司、上海特种电磁线厂、上海洪宝不锈钢制品厂等民营企业，就民营企业运行中的困难和问题，建议要主动应对国际金融危机影响，加大政策宣传和落实力度；有关部门要切实帮助企业缓解劳动成本不断提高的压力和解决民营企业融资难问题；民营企业要练好内功，乘势向上，不断拓展发展空间。

2009年6月17日，县政协教文体委员会组织委员到县青少年活动中心调研。委员们听取县教育局有关负责人的情况介绍，建议县青少年活动中心要充分发挥青少年课外教育活动主力军的作用，不断转换管理观念，拓展教学功能，整合教育资源，加强队伍建设，创出自己的品牌特色，帮助青少年更好地成长、成才。

2009年6月22日，县政协社会和法制委员会组织委员就农村民主法制建设情况开展调研。委员们听取县司法局负责人的情况介绍，建议要进一步加强民主法制宣传教育，丰富农村法律宣传教育的形式和手段，增强针对性、有效性；要进一步抓好基层民主法制建设，保障村民的民主选举、民主决策、民主管理、民主监督的权利，引导农民依法参与村民自治活动，提升农村民主法制化水平；要加强普法队伍建设和乡镇司法所规范化建设，加强人民调解员培训工作，化解农村矛盾纠纷。

2009年7月，县政协科技委员会组织委员就加强集约化供水建设，确保人民群众用水安全进行调研，针对崇明本岛供水方面存在的问题，建议县有关部门要科学规划，合理布局；明确目标，分步实施；加大投入，改善民生；强化执法，确保安全。

2009年7月14日，县政协医药卫生界组织委员就食品药品安全工作情况进行调研。委员们听取市食品药品监督管理局崇明分局负责人关于迎世博食品药品安全工作情况的通报，实地察看有关餐饮单位的卫生管理工作，建议要全面提升监管能力，建立现代化的食品药品安全保障体系；要落实好监管措施，确保世博会召开时全县食品药品安全可控；要严格实施食品安全法，强化食品生产经营者的法律意识、责任意识、诚信意识，提高消费者的食品安全维权意识和假冒伪劣食品的识别能力，营造人人关心食品安全、积极参与食品安全建设的社会氛围。

2009年8月，县政协文史资料委员会组织委员就培育农村文化市场，繁荣农村文化事业进行调研，针对崇明农村文化建设面临的困难，就进一步促进农村文化事业发展提出意见建议。

2009年8月，县政协提案委员会组织委员就村级财务管理情况进行调研，针对村级财务管理中存在的问题，建议要加强宣传教育，提高对村级财务规范管理重要性的认识；要健全各项制度，使村级财务管理更规范、更科学；要加强财务专业知识和财经法律法规培训，提高财务人员综合素质；要强化审计监督，加大惩戒力度；要加强民主理财，遏制乱支乱用；要加大财政转移支付力度，促使农村经济健康发展。

2009 年 8 月，县政协经济委员会组织委员就农业面源污染治理情况进行调研。委员们在分析农业面源污染产生原因及其后果的基础上，建议要不断深化经营机制改革、继续调整耕作制度、广泛推广适用技术、切实加强污染治理。

2009 年 8 月，县政协社会和法制委员会组织委员就在建设社会主义新农村过程中大力推进基层民主法治建设开展调研，针对农村基层民主法治建设中存在的问题，建议要创新普法形式，丰富普法内容，提高法制宣传教育的实效性；要正确把握普法教育重点和时机，提高法制宣传教育的针对性；要以创建“民主法治示范村”为抓手，切实提高农村民主法治建设的质量；要加强基层法律培训工作，提高基层普法人员的法律素质；要重视村民自治的民主实践，把换届选举作为民主教育的生动教材。

2009 年 8 月，县政协港澳台侨委员会组织委员就社区卫生服务发展情况进行调研，针对社区卫生服务工作面临的问题和存在的不足，建议要合理配置资源，进一步突出社区卫生服务中心的公益性质；要实行医保预付制度，完善医保费用的管理方式；要加快服务功能转化，努力适应人民群众日益增长的卫生服务需求；要完善奖惩激励机制，进一步激发社区卫生服务中心医务人员的事业心和责任感；要注重人才培养和引进，建立人才科学发展机制。

2009 年 8 月 27 日，县政协港澳台侨委员会组织委员调研。委员们先后参观上海自然美化妆品有限公司、上海宏林金属制品有限公司、上海新业锅炉高科技有限公司等台资侨资企业，听取企业负责人的情况介绍，针对台资侨资企业发展后劲不足、企业规模及带动效应不够明显等问题，建议政府部门要加大对侨资台资企业的支持服务力度，营造更好的投资发展环境；侨资台资企业要加强经营管理，引进先进科学技术和企业管理机制，重视科技人才队伍建设，吸引稀缺专业人才，促进企业长远健康发展。

2009 年 9 月 9 日，县政协文史资料委员会和城桥镇委员小组联合组织委员开展调研。委员们听取城桥镇党委和城桥镇“迎世博 600 天行动计划”指挥部负责人关于落实“迎世博 600 天行动计划”的情况介绍，针对存在的诸如某些区域内盲点、漏点问题没有解决，旧城规划的先天缺失与经济落后的后天缺乏导致公益性基础设施缺位，摊点乱设等现象时有发生的问题，建议要理顺管理机制，进一步整合条块资源；要突破思维定势，进一步创新管理方式；要结合城桥镇“百路千点”“文明窗口”等多种创建活动载体，进一步建立健全工作考核制度；要加大宣传力度，进一步推动“迎世博 600 天行动计划”有序进行；要树立正确的政绩观，多办实事，树立良好形象，提高群众的信任度和满意度。

2009 年 10 月，县政协文史资料委员会组织委员以陈家镇地区为视角就建立调处和化解社会矛盾的体制机制，确保农村和谐稳定进行调研。委员们针对当前调处和化解社会矛盾实践中存在的困难和问题，建议要进一步规范和健全处理矛盾的程序运作机制；要建立健全各级各部门联动排摸预警工作机制；要建立和完善三级调解组织，全力化解社会矛盾的体制机制；要健全并落实化解社会矛盾的工作责任制和考核奖惩制度。

2009 年 12 月，县政协文史资料委员会组织委员就发展有机农业情况进行调研，针对崇明有机农业发展中遇到的困难，建议政府要完善规划，加大扶持力度；企业要加强技术和人才引进，更新经营理念；要广泛宣传崇明生态优势，加大有机农业品牌对外推介力度，吸引有实力的企业落户崇明，带动有机农业快速发展。

2009 年 12 月，县政协科技委员会组织委员就加强农业科技人员队伍建设进行调研，针对崇明农业科技人员队伍建设中存在的专业人员比例偏低、年龄老化等问题，建议要加强农技推广队伍体系建设、要加强农业科技人员的引进和培养、要加强农业技术推广新模式的探索。

2009 年 12 月，县政协教文体委员会组织委员就加强农村文化建设进行调研，针对农村文化建设中的薄弱环节，建议要提高农村文化建设重要性的认识、要加强农村文化队伍建设、要加大农村文化建设投入力度。

2009年12月，县政协人口和健康委员会组织委员就加快农业产业化龙头企业建设进行调研，针对崇明农业产业化龙头企业建设中存在的问题，建议要为企业多渠道筹资给予政策上的支持；要培育壮大一批起点高、规模大的龙头企业，增强龙头企业的带动能力；要加快龙头企业的基地建设，提高标准化生产水平；要把发展龙头企业摆上重要议事日程，加强对农业产业化的组织领导；要加大对国家级绿色食品基地建设的投入力度，多渠道引进岛内外、境内外企业入驻农业园区；要重视市场营销网络体系建设，优化经营的内外环境。

2010年5月，县政协提案委员会组织委员就崇明文化系统专业人才队伍建设进行调研，在分析崇明文化专业人才匮乏原因的基础上，对进一步加强崇明文化人才队伍建设提出意见建议。

2010年5月，县政协经济委员会组织委员就发展崇明现代物流业进行调研，建议要准确定位，加快建立现代物流园区；要加强服务，统筹规划建立物流公用信息平台；要积极引导，加快企业转型，提高物流供应能力；要加大培养、引进物流专业技术人才的力度。

2010年6月，县政协科技委员会组织委员就培育海洋装备配套产业科技创新集群开展调研，建议要明确重点，加强宣传，争取社会各方认同和支持，增强企业开发配套产品的主动性和积极性；要加强与长兴海洋装备基地三大中央企业（中海长兴、中船长兴、振华港机）联系沟通，争取得到更多的技术辐射和产品链接；要进一步引导和支持企业科技研发和新产品开发，增强配套产业集群创新能力；要建立科研单位、大专院校和企业联系通道，促进产学研合作互利；要完善措施，健全机制，把集群推进工作落到实处。

2010年6月，县政协教文体委员会组织委员就体育教育与学校教育相结合（简称体教结合）的工作情况进行调研，针对体教结合工作中的存在问题，建议要进一步加强体教结合工作的宣传、继续完善多种模式的业余训练、加强对学校和体育特长生的扶持和管理、重视教练员队伍建设。

2010年6月22日，县政协社会和法制委员会组织委员赴长兴镇就发挥宗教独特优势，建设崇明和谐社会开展调研。委员们视察长兴镇丰恩堂（基督教）及长兴镇天主堂等宗教活动场所，听取长兴镇政府负责人关于宗教场所建设情况介绍，建议要坚持以人为本，优化服务，进一步提高宗教事务工作水平；要继续加强宗教场所硬件建设，为宗教活动提供较好的环境；要加强宣传教育，增强信教群众法制观念，维护宗教秩序，发挥宗教在构建和谐社会中的积极作用。

2010年7月，县政协社会和法制委员会组织委员就加强外来人员管理和服务进行调研，针对外来人员管理和服务工作中存在的问题和不足，建议要进一步提高外来人员是崇明经济和社会发展中不可或缺重要力量的认识；要完善管理网络，提升管理质量；要加强政府引导监督，强化自我管理；要加强综合教育，减少违法犯罪。

2010年7月，县政协人口和健康委员会组织委员就加大医疗卫生人才引进和培养力度进行调研，建议要进一步加强组织领导，拓宽人才录用渠道；要进一步创新思路，坚持科学合理的人才队伍建设原则；要进一步加大卫生人才建设投入和高级卫生人才引进的力度；要进一步加大对在职人员的培训力度，建立岗位竞争机制；要进一步创新卫生人才工作机制，形成良好的人才成长环境。

2010年8月，县政协港澳台侨委员会组织委员就挖掘崇明文化内涵，提升崇明旅游能级进行调研，建议要统筹规划，政府主导，加强部门联动和协调；要凸显生态文化，加快东滩、西沙湿地与东平国家森林公园生态旅游设施建设；要弘扬民俗文化，完善学宫、金鳌山与寿安寺区域旅游配套设施项目建设；要突出村野文化，提高农家乐旅游景点水平；要传承水文化，推进长兴、横沙以及城桥新城旅游开发；要打造一台宣传崇明的大戏，扩大崇明对外影响力。

2010年8月，县政协科技委员会组织委员就加强信息化应用规划，推进崇明生态岛建设进行调研，建议要加强物联网技术运用的规划，改进生态环境的实时监控与治理；要加强农业信息技术发展的规划，推动高效生态农业的发展；要加强旅游信息化规划，推进生态旅游产业发展；要加强信息化与工业化“两化融合”规划，促进崇明社会发展和经济转型。

2010年8月，县政协教文体委员会组织委员就优化中等教育结构，促进职业教育科学发展进行调研，建议要建立高等教育园区，推动职业教育发展；要优化普职教比例，提升职业教育质量；要合理设置课程专业，培养多样化、多层次的应用型技能人才。

2010年8月10日，县政协教育界别组织委员就编制《崇明县教育事业“十二五”规划纲要》(简称规划纲要)进行调研。委员们在听取县教育局有关负责人介绍规划纲要(讨论稿)编制情况及主要内容后，建议要注重规划编制的衔接性，规划编制要与《国家中长期教育改革和发展规划纲要(2010—2020年)》《上海市教育事业“十二五”规划纲要》相衔接；要注重规划编制的针对性，立足崇明教育现状，确保规划真正成为推动教育事业又好又快发展的行动指南；要注重规划编制的民主性和科学性，广泛听取各方意见，增强透明度和公众参与度，不断提高规划编制工作的科学化水平；要注重规划编制的合理性，从全局的视角来配置好崇明的教育资源，使规划更趋合理。

2010年10月26日，县政协农业界别组织委员到县农业委员会调研。委员们听取该委有关负责人的情况介绍，参观瀛庙果蔬专业合作社、福岛蟹养殖基地、凯农农产品展销中心，建议要结合世博资源，引进生态科技，促进农业进一步向专业化、产业化方向发展；要以品牌为主导，扩大农业生产规模，进一步提高规模效益；要加强监督管理，规范企业运作，进一步推进农产品标准化生产。

2010年11月，县政协文史资料委员会和农工党崇明县委员会组织有关人员就发展农业旅游，实现农业和旅游业互动发展联合开展调研，建议要统一思想，提高认识，高度重视农业旅游在崇明经济发展中的重要作用；要整体规划，合理布局，全方位推进农业旅游项目建设；要改革机制，强化保障，促进农业旅游产业发展得到有效落实。

2010年11月25日，县政协人口和健康委员会、农工党崇明县委组织委员和成员到县交通港口管理局调研。调研人员听取该局负责人的情况介绍，建议交通港口管理局要进一步加强交通基础设施建设，完善水陆大交通一体化网络体系，提升崇明内外交通承载能力；要进一步加快岛内公交线网优化调整，形成公共交通衔接网络体系，扩大公交覆盖面，确保群众出行经济、便捷；要结合崇明生态岛建设，在实施《崇明三岛综合交通规划》过程中，在交通运输网络、枢纽布局、运输装备使用引导、交通辅助设施选配、运输服务模式选择及交通运输碳排放指标规范等方面进行研究探索，逐步构建崇明低碳交通体系。

2010年12月，县政协经济委员会组织委员就促进崇明商品市场优化升级进行调研，针对崇明商贸流通发展中面临的主要问题，建议“十二五”期间发展商贸流通业要突出重点区域，加快推进主题商贸区建设；要集聚各方力量，加快商贸流通基础设施建设；要加大改革力度，提高流通企业竞争能力；要加快创新步伐，提高商贸流通现代化水平；要重视人才培养，为促进流通产业发展提供保障；要各方大力支持，为商贸流通业发展提供宽松环境。

2010年12月，县政协港澳台侨委员会组织委员就加快建设乡镇公共绿地，大力提高乡镇绿化水平进行调研，建议要更新观念，切实加强组织领导；要增加投入，加快建设公共绿地；要精心规划，全面提高绿化水平；要见缝插绿，适当转化林地功能；要专业养护，努力保持绿化成果；要加强宣传，增强居民爱绿护绿意识。

2010年12月，县政协文史资料委员会和民盟崇明县委员会组织有关人员分别走访县科委、县建设交通委、县环保局、县教育局等职能部门，就加强低碳意识教育，树立低碳消费观念，倡导低碳生活方式联合开展调研，建议要统一思想，提高认识水平；要统筹规划，建立协调机制；要强化宣传，营造浓厚氛围；要加大投入，推进生态项目建设；要积极引导，鼓励多方参与。

2010年12月，县政协提案委员会和民进崇明县委员会组织有关人员就发展崇明服务外包业联合开展调研，针对崇明承接服务外包业发展中存在的问题，建议要加快规划选址，建立服务外包产业园区；要实施政策聚焦，推动崇明服务外包业突破性发展；要加快服务外包产业园区基础设施建设；要优化完善学区和社区环境。

2010年12月，县政协港澳台侨委员会组织委员就引进世博会LED照明技术进行调研，建议要加大宣传力度，提高公众认知度；要逐步推广使用，扩大公众受益面；要实施优惠政策，给予使用企业资金补贴。

2010年12月，县政协经济委员会组织委员就促进崇明商品市场优化升级进行调研，针对崇明商贸流通业发展中面临的主要问题，建议要突出重点区域，加快推进主题商贸区建设；要集聚各方力量，加快商贸流通基础设施建设；要加大改革力度，提高流通企业竞争能力；要加快创新步伐，提高商贸流通现代化水平；重视人才培养，为促进流通产业发展提供保障；要各方大力支持，为商贸流通业发展提供宽松环境。

2010年12月，县政协人口和健康委员会组织委员就加快传染病医院发展建设进行调研，建议要加大对县传染病医院扶持力度、归口管理集中收治传染性疾病、建立完善人才引进培养激励机制、加大政府投入资金监管力度。

2011年2月，县政协社会和法制委员会与民革崇明县支部组织有关人员就做好涉法涉诉信访案件处理工作联合开展调研，在分析崇明涉法涉诉信访案件居高不下的主要原因的基础上，建议要坚持依法处理信访问题，做到实事求是、公平公正；要加强政法队伍建设，提高执法办案质量；要提高司法救济公信力，创新纠纷解决机制；要坚持维护与打击并重原则，注重建立责任认定倒追机制；要增强信访处理工作主动性，做好积极排摸和回访工作。

2011年3月，县政协提案委员会和民进崇明县委员会组织有关人员就农作物秸秆菌肥化利用联合开展调研，建议要开辟农作物秸秆菌肥化利用的实验区；要制定农作物秸秆菌肥化利用的相关制度；要建立相应机构，制定农作物秸秆菌肥化利用推进时间表；要加强宣传教育，增强全民废弃物资源化利用的环保意识。

2011年3月18日，县政协科技委员会组织委员到东平镇调研。委员们听取该镇有关负责人的情况介绍，建议要继续争取资金支持，加快镇域基础设施建设；要继续争取人力资源支持，为新镇发展提供智力保障；要继续增加公共服务设施建设的投入，不断增强公共服务的能力。

2011年4月，县政协经济委员会和九三学社崇明县支社组织有关人员就推广低碳种植技术，发展现代生态农业联合开展调研，建议要加强低碳种植重要性的宣传，完善政策，推动低碳种植发展机制的创新；要整合优势资源，积极推进规模化、产业化、标准化种植；要加强科技创新，尽快形成一批适合崇明实际、成熟、易推广应用的低碳农业技术；要积极推广有机农场标准化建设，树立品牌，提高效益。

2011年5月，县政协科技委员会组织委员就发展低碳农业新技术，控制农业面源污染进行调研，建议要加大宣传力度，形成社会共识；要制定优惠政策，形成长效机制；要创建试点园区，发挥示范引领作用。

2011年5月25日，县政协科技科协界别组织委员到县安全生产监督管理局调研。委员们听取该局负责人的情况介绍，建议要明确划分各监管职能部门的权责，扫除监管盲点，将政府监管职责落到实处；要强化重点行业专项治理，探索长效监管模式，确保安全生产长效、稳定、可控；要加强职能部门协作联动，提升安全生产综合监管能力。

2011年6月，县政协教文体委员会组织委员就低碳教育进校园、进课堂进行调研，建议要组建低碳教育协调机构；要通过课程设计和教学方法实施低碳教育；要推行低碳教育综合实践活动；要推进节约型校园建设；要开展师资培训。

2011年7月，县政协社会和法制委员会组织委员就发展崇明养老机构进行调研，对推进全县养老机构健康稳步发展，建议要加大投入，全面落实对养老机构的优惠政策；要分类推进，满足多层次养老服务需求；要规范管理，扶持社会办养老机构；要加强培训，提高从业人员的综合素质。

2011年8月，县政协提案委员会和民进崇明县委员会组织有关人员就构建特色小镇，推进城乡社会发展联合开展调研，建议要坚持“四个结合”的工作原则，即统筹规划和突出重点相结合、因地制宜和适度开发相结合、政府引导和多方支持相结合、统筹城乡发展和改善民生相结合。实施工作中要抓住三个重点，即加快规划选址，构建特色小镇示范点；进行形象设计，培育有个性的小镇；加强基础设施建设，提升小镇生活功能。要落实三条保障措施，即特色小镇规划与各类专项规划相配套，与三岛总体规划相一致；加强组织协调，理顺小镇管理体制；特色小镇建设与文明村镇改造相结合，切实履行为农服务职能。

2011 年 8 月，县政协文史资料委员会组织委员就创新社会管理机制，促进城乡社会和谐进行调研，建议要不断深化城乡综合管理应急联动工作，构建城乡社会综合管理新格局；要不断健全组织和工作制度，构建基层化解矛盾、民主管理新格局；要不断创新工作机制，构建社会突出矛盾化解工作新格局；要不断整合各方资源，构建公众共同参与社会管理的新格局。

2011 年 8 月，县政协经济委员会组织委员就借鉴世博会志愿者工作成功经验，动员社会力量参与社会管理进行调研，针对志愿者工作中存在的问题和不足，建议要加强宣传教育，大力弘扬志愿者精神；要完善志愿者培训，提升服务管理能力；要创新活动形式，扩大志愿服务的覆盖面和影响力；要注重机制建设，推进志愿者工作可持续发展。

2011 年 10 月 18 日，县政协堡镇委员小组组织委员就堡镇人民医院新址周边配套设施建设情况开展调研。委员们听取堡镇人民医院负责人的情况介绍，实地察看堡镇人民医院新址，建议要尽快完善堡镇人民医院新址周边硬件配套服务设施；要尽快理顺堡镇区域内便民服务机制，进一步促进交通、城管、环卫、工商等良好衔接；要加强医院学科和人才队伍建设，吸纳优秀医疗卫生专业人才，加快培养本土高素质的医疗卫生人才，保障人才队伍可持续发展。

2011 年 11 月，县政协教文体委员会组织委员就搭建社区文化平台，推进社区文化建设进行调研，针对崇明社区文化建设中的问题，建议要以配合中心工作为抓手，打造宣传平台；要以展现草根才艺为基点，打造展示平台；要以提供文化信息服务为职能，打造传播平台；要以“非遗”(非物质文化遗产)保护为题材，打造传承平台。

2011 年 11 月，县政协港澳台侨委员会组织委员就加强居民小区组织管理，推进和谐小区建设进行调研，针对崇明居民小区组织管理中存在的问题，建议要加快政府职能转变，努力提升公共服务水平；要创新政府服务方式，不断推进政府购买服务；要创新小区组织管理体制机制，实现行政管理和社区自治管理良性互动。

2011 年 11 月，县政协科技委员会组织委员就加强安全生产管理，促进社会和谐稳定进行调研，针对崇明安全生产管理中存在的问题，建议要增加乡镇层面的安全监管力量；要加大整顿、规范建设市场工作力度；要强化相关部门间的协调，加强对重点领域、重点行业的综合管理。

2011 年 11 月，县政协人口和健康委员会组织委员就建立新型农村合作医疗制度，保障农民基本健康水平进行调研，建议要加强领导，研究新办法，探索新途径，引导农民群众自愿参加合作医疗；要加强宣传，提高农村群众参保积极性；要总结经验，增强合作医疗制度的合理性和科学性；要健全管理监督机制，减少不合理的医疗支出；要搞好县乡合作医疗经办机构建设，提高服务质量和技术水平。

2012 年 8 月，县政协经济委员会组织委员就推进文化产业和旅游产业融合发展进行调研，建议要科学编制规划，打造崇明特色风貌小镇；要着眼“六大要素”(食、住、行、游、购、娱)，构建崇明立体式文旅产业；要加大扶持力度，培育文旅结合新业态；要提升旅游形象，创新文化旅游宣传促销模式；要加强人才建设，提升文旅结合整体水平。

2012 年 8 月，县政协社会事业委员会组织委员就加强崇明非物质文化遗产保护进行调研，针对崇明非物质文化遗产保护工作中存在的困难和问题，建议要加强组织领导，完善保护、传承的工作机制；要注重正确导向，健全宣传教育的引领机制；要加大有效投入，建立强有力的政策支持机制；要重视队伍建设，建立提升团队素养的培养机制；要整合相关资源，建立引导社会广泛参与的推进机制。

2012 年 8 月，县政协建设管理委员会组织委员就加强社区文化建设，丰富群众文化生活进行调研，针对崇明社区文化建设中存在的问题，建议要加强文化队伍建设，提高社区文化队伍综合素质；要加大资金投入，保障社区文化活动正常开展；要健全社区文化活动管理机制，促进社区文化健康发展；要整合公共文化资源配送，满足人民群众文化需求。

2012年8月21日，县政协民革界别与长兴横沙地区委员小组联合组织委员到长兴岛调研，听取长兴镇党委负责人的情况介绍，实地参观上海长兴岛渔港有限公司、青草沙水库、上海振华港机长兴生产基地等，观看描绘长兴渔港建设发展蓝图的《长江第一滩》和长兴岛总体发展规划的电视宣传片。委员们针对长兴镇随着外来务工人员增多，出现诸如基础教育设施短缺、公共卫生医疗资源紧张、文化娱乐设施缺乏以及无证流动摊贩成群、违章建筑大量产生，给社会管理带来挑战等问题和矛盾提出意见和建议。委员们同时表示，要继续关注长兴镇的开发建设情况，充分利用政协这一参政议政平台，把地方的发展要求、群众的愿望呼声反映上去，为长兴加快发展争取各项政策支持；要积极发挥自身的独特优势，广泛宣传各项方针政策，促进社会各界人士增进共识，为推动一方发展贡献一分力量。

2012年12月，县政协经济委员会组织委员就推进崇明林业可持续发展，提升经济社会生态综合效益进行调研，针对崇明林业建设中存在的问题，就崇明林业可持续发展的工作思路、工作举措和保障措施等提出意见建议。

2012年12月，县政协社会事业委员会组织委员就提升离土农民文明素养，促进城镇化质量提高进行调研，针对离土农民文明素养方面存在的问题和原因，建议要提高基本服务质量，为离土农民创造安定温馨的家园；要努力改善社区环境，为离土农民文明素养提升创造良好的外部环境；要大力加强舆论宣传，引导离土农民增强现代城市公民意识；要全面实施"新市民教育工程"，努力提升离土农民劳动、生活技能以及文明素养；要加大居委会建设力度，全面完善社区自治管理。

2012年12月，县政协建设管理委员会组织委员就充分发挥生活污水处理设施作用，切实保障生态环境质量进行调研，建议要注重强化全民环保理念和责任意识；要建立健全规章制度，加强生活污水处理设施的运行监管；要不断改进生活污水处理新工艺；要协调解决运行经费；要转变方式，加强运行管理。

第三节 课题组调研

课题组调研是县政协组织有关人员成立课题组，围绕中共崇明县委、县政府中心工作开展的专项调研，或完成县委布置的某项专题调研。形成的课题组调研报告送县委、县政府参考。本节辑录课题组调研活动8次。

1999年6月，县政协成立课题组，围绕搞好种源提纯复壮，发展崇明特色农副产品开展专题调研。课题组召开部分农业科技人员座谈会，深入县种养场、民营企业瀛生实业公司等单位调研，并专程到上海农学院与有关教授、专家进行探讨，形成调研报告《关于搞好种源提纯复壮，发展崇明特色农副产品的建议》。调研报告提出如下建议：要不断统一思想，切实加强领导；要搞好调查摸底，明确主攻方向；要组织专业队伍，建立推广网络；要建立试验基地，鼓励风险投资；要选择技术依托，提高科技水平；要严格科学管理，营造品牌优势。

2001年5月上旬，县政协成立课题组，围绕发展农副产品加工业开展专题调研。课题组与有关委局人员一起座谈研讨，深入加工企业调查摸底，并专程到上海交通大学农学院与专家教授一起分析研究农副产品加工的方向、途径、技术、市场发展趋势等，形成调研报告《关于对我县特色农副产品生产加工与销售的几点思考》。调研报告提出如下建议：要抓住关键环节，调整产业结构；要组建集团公司，拓展市场份额；要建立信息网络，重视技术研究；要加强种源培养，提升产品品质；要把握"入世"(加入世界贸易组织)时机，增加产品出口；要实施定单农业，带动农户致富；要采取优惠政策，扶持龙头企业发展。

2002年5月中旬，县政协成立课题组，围绕农村医疗机构药品管理情况开展专题调研。课题组成员分成两个小组，深入14个乡镇，分别听取乡镇政府、合作医疗管理站、卫生院负责人以及部分群众的意见，查看乡镇卫生院、合作医疗管理站和村卫生室药品管理情况，形成《关于崇明农村药品管理情况的调研报告》。调研报告提出如下建议：要加强宣传引导，增强农村广大人民群众自觉抵制假冒伪劣药品的意识，增强农村合作医疗管理站工作人员及乡村医生自觉依法管理和使用药品的法制意识；要规范药品管理，尽早停止乡镇合作医疗管理站采购和销售药品，取消现有合作医疗管理站的药库；要制定相关规定，做到药品采购渠道统一、药品管理制度统一、药品保管使用统一；要加大投入力度，落实乡镇合作医疗管理站工作人员和乡村医生的报酬和补贴，完善村卫生室的硬件设施；要严格依法行政，加大对无证、无照游医和药贩的打击力度。

2003 年 4 月下旬—5 月上旬，县政协成立课题组，围绕农村富余劳动力转移情况开展专题调研。课题组分别召开部分乡镇党委书记、乡镇长，县政府有关职能部门分管负责人，县、乡镇劳务公司负责人参加的崇明县农村劳动力转移专题调研座谈会，并向就业人员和希望就业人员发放崇明县农村劳动力转移专题问卷调查表，就加快农村富余劳动力转移开展广泛深入的调查研究，形成专题调研报告《关于加快崇明农村富余劳动力转移的建议》。调研报告提出如下建议：要按照县委、县政府就业工作的总体思路，积极采取措施，继续加大农村富余劳动力对外输出的力度；要针对部分农村富余劳动力年龄偏大的特点，调整农业产业结构，促进农民就地就业；要根据崇明的实际，调整乡镇行政区划，扩大集镇规模，加快工业向园区集中的步伐；要发挥政府职能部门的作用，努力培育健全的劳动力转移中介机构，为农村富余劳动力转移提供全方位服务。

2003 年 9 月，县政协成立课题组，围绕植树造林、保护湿地、推进生态岛建设开展专题调研。课题组听取县农委、科委、环保局、林业站、东滩鸟类自然保护区等部门和单位有关情况的介绍，察看县内部分绿化基地，走访部分乡镇领导和农户，形成《关于植树造林、保护湿地、推进崇明生态岛建设的调研报告》。调研报告提出如下建议：关于植树造林要把握内涵，强化宣传；做好衔接，落实措施；加强领导，有序推进。关于保护湿地要提升规格，统一领导；普及知识，加强管理；制订规划，履行公约（湿地公约，全称为《关于特别是作为水禽栖息地的国际重要湿地公约》）。关于生态岛建设要全民动员，共同参与；生态主导，融合发展；保障有力，打造精品；集思广益，共谋大计。

2004 年 2 月，由县政协办公室牵头，县政研室、县农委、县国（集）资办、县劳动保障局有关人员参与，组成课题组，围绕崇明林业建设情况进行专题调研，形成《关于加快林业建设，促进结构调整，增加农民收入的调研报告》。调研报告提出如下建议：要正确处理总体规划与分步实施、保护农田与发展林业、林业建设与农业结构调整、林业建设与发展二三产业、林业建设与增加农民收入和提高生活质量等五大关系；要认真解决林业建设规划细化、推进林业建设的实施步骤、投资主体和投资收益、相关政策、管理机构和人才培养及服务体系、保障农民利益、土地经营权流转规范化、行政区划调整等八个方面问题。

2004 年 4 月，由县政协办公室牵头，县政研室、县水务局、县环保局有关人员参与，组成课题组，围绕崇明水系建设和湿地保护情况进行专题调研，形成《关于崇明水系建设和东滩湿地保护的调研报告》。调研报告提出如下建议：要加快环岛运河建设、尽早疏通县级大河、改善沟河水质，加强岛域范围水系整治；要坚持有利于河道引排畅通、有利于全岛水资源优化配置、有利于发展观光旅游的原则，抓好湖泊的规划和建设；要积极开展湿地保护宣传教育、呼吁市有关部门加快立法进程、抓紧制定湿地保护规划、完善东滩湿地管理体制，严格湿地保护和管理。

2005 年 8 月中旬—10 月上旬，县政协成立课题组，围绕如何大力推进生态建设，积极实施科教兴县战略，努力实现“生态富民、生态强县”工作目标开展调研。在深入了解情况、广泛听取意见的基础上，形成《大力推进生态建设，积极实施科教兴县战略，努力实现“生态富民、生态强县”目标的调研报告》。调研报告提出如下建议：要明确“生态富民、生态强县”工作的指导思想，坚持以中共十六届五中全会精神为指导，全面贯彻落实科学发展观，努力将崇明生态优势转化为资源优势、经济优势和文化优势，实现崇明经济社会可持续发展。要明确“生态富民、生态强县”工作的基本内涵，“生态富民、生态强县”工作要以保护和建设生态环境为基础、以提高城乡居民收入水平和生活质量为出发点、以生态经济发展为着力点、以建设具有现代化生态岛区特色的生态文化为重要内容。要明确“生态富民、生态强县”工作的工作理念，树立近期目标和远期目标兼顾、保护环境和开发建设并举、积极争取重大产业项目入驻和集中建设政府实事工程并举、政府行政推动和运用政府资源引领市场配置资源功能发挥的工作理念。要明确推进生态建设、实施科教兴县战略与“生态富民、生态强县”工作的结合点，生态建设与“生态富民、生态强县”工作的结合点是将生态基础设施建设、产业与生态的协调发展、政策争取与政策设计纳入“生态富民、生态强县”总体工作统筹思考；实施科教兴县战略与“生态富民、生态强县”工作的结合点是培育科技企业、完善创新基地、实施人才战略、开发再生能源。要明确推进生态建设，实施科教兴县战略与“生态富民、生态强县”工作的目标、任务和路径、抓手，继续抓好净化、绿化、美化工程，为“生态富民、生态强县”夯实环境基础；努力做强生态产业，拓宽非农就业渠道，为“生态富民、生态强县”夯实经济基础；积极实施科教兴县战略，为“生态富民、生态强县”夯实科技和人才基础。要探索创新推进生态建设，实施科教兴县战略，实现“生态富民、生态强县”的工作和保障机制，包括规划机制、政策推进和保障机制、科技创新和服务机制、人才培养引进和使用机制及组织领导机制。

第四节　大讨论活动调研

2001 年、2003 年、2004 年，县政协根据中共崇明县委统一部署，组织开展“崇明大开发，我们怎么办”“世博会与上海新一轮发展——加快实现崇明跨越式发展”“崇明生态岛建设”和“实施科教兴县战略”大讨论活动调研共 4 次。

一、“崇明大开发，我们怎么办”大讨论调研

为了贯彻落实中共崇明县委八届七次全会精神，进一步提高认识、统一思想，调动全县干部群众积极性，迎接新世纪崇明大开发、大发展，中共崇明县委决定在全县开展“崇明大开发，我们怎么办”大讨论活动。县委于 2001 年 2 月发出通知，并召开动员大会。县政协根据县委统一部署，在全体政协委员中开展这一活动。3 月 28 日，县政协印发《关于开展“崇明大开发，政协怎么办”大讨论活动的通知》，明确大讨论活动的指导思想、讨论内容、具体做法、时间部署和具体要求。5 月中旬，县政协秘书处又下发《关于深入开展调查研究，积极参加大讨论活动的通知》。至 10 月底，县政协委员按照要求，选定课题，深入调研。在这次大讨论活动中，秘书处共收到 58 名政协委员、5 名政协之友社社员提交的调研文章 62 篇，民主党派和专门委员会集体调研文章 5 篇。10 月 31 日，县政协召开“崇明大开发，政协怎么办”专题研讨会，11 篇调研文章在会上交流。调研文章重点围绕如何加快农业产业结构调整，推进农业产业化建设；如何加快旅游资源开发，促进崇明旅游事业发展；如何保护生态环境，实现崇明可持续发展；如何加强精神文明建设，提高崇明人的素质；如何加强人才培养和使用，为崇明大开发提供人才保证；如何开展招商引资，增强崇明发展后劲等提出意见建议。

二、“世博会与上海新一轮发展——加快实现崇明跨越式发展”大讨论调研

为了认真贯彻中共十六大精神，全面落实“三个代表”重要思想，紧紧抓住世博会与上海新一轮发展带来的机遇，加快崇明发展，中共崇明县委决定全县开展“世博会与上海新一轮发展——加快实现崇明跨越式发展”大讨论活动。县委于 2003 年 4 月发出关于开展大讨论活动的通知，并召开动员大会。县政协根据县委统一部署，在全体政协委员中开展这一活动。4 月上旬县政协印发《关于在政协委员中开展“世博会与上海新一轮发展——加快实现崇明跨越式发展”大讨论的通知》，4 月 17 日县政协召开动员会议进行具体布置，活动于 7 月上旬结束，历时近 3 个月。县政协各委组和全体委员在活动中开展广泛深入的调查研究，形成 85 篇调研文章，其中党派团体 10 篇，委员个人 75 篇。县政协秘书处对其中质量较高的 43 篇汇编成册。调研文章重点围绕如何塑造新时代崇明精神，如何确立超常规工作理念，如何重视人才培养和使用，如何坚持科教兴县战略，如何高起点编制岛域总体规划，如何振兴崇明工业经济，如何发展崇明旅游事业等提出意见建议。

三、"崇明生态岛建设"大讨论调研

为了认真贯彻落实中共上海市委、市政府对崇明工作的总体要求和中共崇明县委九届三次全会精神，进一步统一思想、形成共识，开拓创新、大胆实践，扎实推进崇明生态岛建设，县委于2004年3月上旬发出通知，并召开动员大会，在全县干部群众中开展生态岛建设大讨论活动。3月25日，县政协印发《关于开展生态岛建设大讨论活动的意见》，明确大讨论活动的总体要求、讨论内容、讨论形式、节点安排、组织领导和工作要求等，对全体政协委员参与大讨论活动作出部署。大讨论活动6月底告一段落，历时3个多月。活动中，县政协各委组组织委员学习《崇明岛域总体规划》《崇明岛林业发展规划纲要》等文件和《生态文明建设理论与实践》等知识丛书。各委组分别选择一个专题开展调查研究，在调查研究基础上，撰写一篇调研报告或研讨文章。每个政协委员也都选择一个专题或一个侧面，结合实际，撰写调研报告或研讨文章。县政协先后多次召开座谈会和研讨交流会，最后形成《以建设现代化生态岛为目标，加快实现崇明社会事业跨越式发展》的调研报告。调研报告在阐述生态岛建设对社会事业发展提出的客观要求、生态岛建设与社会事业发展需把握的重要原则和正确处理的重要关系、生态岛建设与社会事业发展的主要任务和阶段目标的基础上，对生态岛建设与社会事业发展提出如下建议：要高起点编制各项社会事业发展规划；要加大社会事业与生态产业融合力度；要努力形成有效利用岛外资源的机制；要切实提升科技创新发展综合能力；要积极推动生态教育和生态文化的普及；要尝试构筑一流生态疗养基地；要全力打造地域品牌体育；要有序建设现代绿色交通网络。

四、"实施科教兴县战略"大讨论调研

2004年7月6日，中共崇明县委九届四次全会批准《崇明实施科教兴县战略行动纲要》，接着又下发通知、召开动员大会，在全县范围内组织开展实施科教兴县战略大讨论活动。根据县委统一要求，县政协作出部署，组织全体政协委员广泛开展科教兴县大讨论活动。活动自8月上旬开始，10月底结束，历时近3个月。县政协各委组组织委员围绕"科教兴县"这一主题，开展调查研究和研讨活动，提出不少建设性的意见建议。11月10日，县政协召开实施科教兴县战略座谈会，科技界和教育界的10名政协委员在会上发言，分别围绕实施科教兴县战略关键在于政府及其职能部门抓落实；实施科教兴县战略必须明确奋斗目标；实施科教兴县战略必须牢固确立教育优先发展的地位；发展普通教育的同时，加快发展成人教育，培养更多实施科教兴县战略人才；在实施科教兴县战略过程中，要充分认识信息化建设对加快经济和社会事业发展的助推器和倍增器作用；科教兴县战略必须服务于崇明的产业发展等专题提出意见和建议。

第二章　建 议 案

县政协提出的建议案包括常委会建议案和主席会议建议案。常委会建议案和主席会议建议案是县政协围绕县委、县政府中心工作和全县政治、经济、文化、社会建设中的重大问题以及人民群众关心的热点难点问题开展调查研究，在形成调研报告基础上，对其中一些重大问题经常委会会议或主席会议审定后，以政协常委会或主席会议名义向县委、县政府提交的专题性建议。

1990年7月25日，县政协召开八届三次常委会会议，审议通过《整顿流通秩序，发挥供销商业主渠道作用——对我县商业工作的几点建议》，为县政协第一件常委会建议案；1990年12月30日，县政协召开八届五次主席会议，审议通过《关于进一步加强本县中小学德育工作的建议》，为县政协第一件主席会议建议案。本章辑录常委会建议案27件、主席会议建议案11件。常委会建议案和主席会议建议案提交后，受到县委、县政府重视，有的建议案经县委、县政府领导批示下发，有的由县委、县政府办公室书面回复，有的由县委、县政府主管部门办理和答复。

第一节 常委会建议案

一、八届县政协常委会建议案

整顿流通领域秩序，发挥供销商业主渠道作用

——对我县商业工作的几点建议

1990 年 8 月

近年来，由于多方面的原因，经济滑坡，银根收紧，市场疲软，使供销商业发展受到较大影响。三产和个体商业的兴起，流通领域竞争加剧，对供销商业又是一个很大的挑战。面对形势的变化，供销社应变措施还不够，主渠道应有的作用未能充分发挥，致使供销商业面临着严峻的形势。

最近，我们对流通领域的情况进行了调查，并专门召开常委会（扩大）会议，邀请工商、银行、物价、建设、公安、供销社等部门负责人参加，一起分析了我县流通领域的形势和存在问题，研究和探讨可能采取的对策。经过调查、讨论和分析，听取了有关方面的意见，为进一步整顿秩序、搞活流通、活跃市场，现对我县商业工作提出如下建议：

一、要确保供销社商业主渠道的地位

供销社负有全县市场安排的责任。在经营过程中，县供销社不仅要考虑经济效益，而且要考虑社会效益，要保证人民群众基本生活、生产资料的供应及必要的商业服务，有关国计民生的事，即使亏本，也必须努力做好。同时，供销商业又是国家商业税收的主要来源。因此，在社会商业的统一规划和管理中，对供销社要有一定的倾斜政策和保护措施，以巩固其主渠道地位。

二、对三产和个体商业的发展要从宏观上控制

三产和个体商业的发展，对活跃市场，促进社会主义经济发展起了一定作用。但是，在现阶段的社会商业中，供销商业仍是社会主义的主阵地，三产和个体商业只是社会主义商业的补充，只能起拾遗补缺和辅助的功能。因此，对其数量、布局、行业结构要从宏观上适度控制和正确引导。

三、对全县商业要统一规划，合理布局，加强领导，严格管理

县政府要对各类商业现状进行排摸分析，对全县商业网点设置、行业结构调整要有一个统一的规划，并且强化整顿个体经营领导小组职能，加强对个体商业的管理。

目前，对个体商业的登记、布局、物价、税收、卫生等分属不同的部门管辖，管理不严，漏洞较多，影响了个体商业的健康发展。建议整顿个体经营领导小组，对个体商业进行整顿的同时，建立一个由工商、税务、物价、供销、规划等部门参加的协调机构，切实加强对个体商业的领导和管理。在对个体商业进行整顿的过程中，要严厉打击违法经营，迅速取缔无照经营，突击查处假冒伪劣商品，对依法经商、文明经商的个体户要支持、表扬。

四、要深化县供销商业的改革

县供销社要健全和加强管理机构，建立和完善各项制度，调动广大干部、职工的积极性，有效地克服官商作风。要从优化商品结构、搞好商品质量、清理查处假冒伪劣商品、改善服务态度、延长营业时间等方面着手，强化竞争意识，增强竞争能力，树立社会主义主渠道商业的良好信誉。

五、供销社要把积极经营和向外推销本县产品作为自己必须做好的本分工作

供销社要积极组织、介绍和销售本县乡镇企业的产品，努力为乡镇企业服务。利用横向联系面广的优势，多渠道、多形式地把本县产品推向外地市场，为振兴崇明经济多作贡献。

六、要对供销社商业采取一定的优惠政策

崇明地处海岛，交通不便，具有相对的独立性。为了有效地发挥供销商业的主渠道调控作用，建议县

银行积极争取对其适当增加低息贷款，使其逐步增加商品储备，更好地发挥县供销商业蓄水池的作用。

关于进一步推进我县社会治安综合治理工作的建议

1990年10月

在县委、县政府领导下和各级党政部门的共同努力下，我县在社会治安综合治理方面做了大量工作，取得了很大成效，崇明治安情况基本上是好的，社会是稳定的。但是，我们应该清醒地看到，当前在我县社会治安工作中仍有许多不足之处，影响社会稳定的不安定因素还很多，社会治安形势依然严峻。

为了搞好我县的社会治安综合治理工作，我们政协进行了多次研究，组织召开了大型的社会治安综合治理工作研讨会。邀请了县委宣传部、县委政法委员会、县公安局、县人民检察院、县人民法院，县司法局、县总工会、团县委、县妇联，县教育局、县民政局、县文化局、县信访办及城堡两镇等单位的主要领导，一起分析我县的治安形势，探讨搞好综合治理对策和措施。在研究、讨论和分析的基础上，我们又召开座谈会，走访有关部门，多方面听取意见。为了进一步推进我县社会治安综合治理工作，确保我县政治、经济和社会的持续稳定，经第四次常委会议协商通过，现对以下十个方面的问题提出建议：

一、关于进一步统一认识，加强领导的问题

社会稳定是搞好“两个文明”建设和保障人民正常生活的前提。

我们建议县委要求各级党政组织进一步认真学习贯彻党中央提出的稳定压倒一切的指导思想，真正在思想上统一认识，把社会治安综合治理工作摆上重要的工作日程，与经济工作同时研究，同时布置，同时落实，同时检查，同时考核；要定期分析本单位、本部门的治安形势和各种不安定因素，有针对性地、深入细致地做好思想教育工作、疏导工作和矛盾转化工作。

我们建议县政府要求各级政府和行政部门的主要负责人亲自抓治安工作，近期内要对本单位、本系统的综合治理组织、治安组织和调解组织，进行一次全面的检查和整顿，充实力量，健全组织，制定制度，发挥作用。

建议县委、县政府今后下去检查工作时，要把综合治理工作列入检查内容，要不断总结和发扬先进单位的经验；要把治安工作的好坏列入干部的考核内容，改变过去那种治安工作好坏与发生各种刑事案件多少，与本地区、本单位领导的责任关系不大的状况；对治安面貌长期得不到改变，发案比较多的地区和单位，要认真分析原因，提出有效措施，限期改变面貌。对于严重官僚主义和有渎职行为的应予查究。

二、关于青少年的教育问题

当前，青少年犯罪比例不断升高，且向低龄化、团伙化发展，这是一个重大的社会问题，加强对青少年的教育已是刻不容缓。

我们建议县政府，应考虑由学校、家庭、社会三位一体，齐抓共管。

学校要坚持把德育教育放在首位，使孩子们在世界观形成过程中，较好地受到社会主义道德风尚和中华民族优秀传统的熏陶。教育部门应制订切实有力的措施，扭转一些学校重智育轻德育的思想观念和做法。今后衡量一个学校教育质量的高低，应以“德、智、体、美、劳”全面发展为标准，必须把德育教育工作作为一个必不可少的重要内容。各学校要健全“三线一面”的德育教育体制，充分发挥政治课作为德育教育主阵地的作用，并要成立德育教育教研室或研究小组，精心研究如何搞好德育教育的措施和方法。在学生中要大力宣扬和提倡走又红又专道路，并树立典型，广为宣传。

家长对孩子的教育最直接，影响最大。一个和睦、温暖的家庭，是孩子健康成长的良好环境。家长本身的行为规范是教育、影响孩子的无声语言。建议各级妇联组织更加踏实有效地开展创“新风户”和“五好家庭”的活动。鉴于不少家长缺少正确教育孩子的办法，建议成人教育部门和各级妇联利用学校寒暑假或业余时间开办短期的家长培训班，讲授青少年心理学和正确教育孩子的有效办法。教材请教育局编写，家长最好参加孩子所在学校的培训。各单位也可举办家长讲座或召开家长座谈会，请学校教师介绍当前青少年的思想状况或相互交流教育孩子的经验体会。

社会对青少年的不良影响主要来自不健康的影视和出版物。建议文化部门继续做好“扫黄”工作，加强对影视单位和各种书摊、音响的严格管理。还可与学校配合，经常向青少年推荐一些优秀的影视和读物，开展影视评论等活动。

三、关于待业青年问题

由于经济滑坡和学校毕业生的增加，待业青年的队伍越来越大。目前这批人尚处于无人管理的状态，往往也是社会不安定因素之一，切不可小视。

我们向县政府建议，由劳动部门牵头，共青团、居委会配合，成立管理委员会或管理小组，把待业青年组织起来，将他们登记、注册、编组。共青团可以组织他们学习，举办各种健康有益的文化娱乐活动。居委会可以组织他们参加各项社会公益活动，如搞卫生、巡逻、值班等。劳动部门可以组织职业培训，有机会时也可联系组织一些突击性的劳动和小手工活，解决他们部分生活费用。要动员社会力量办学，把待业青年特别是暂时还不宜工作的初中毕业生组织起来，学习高中文化，学习各种职业技术。

劳动部门应千方百计积极为他们创造就业机会。我们建议，今后对待业青年的招工要由共青团、居委会签署表现好坏的意见，择优录取。

四、关于“两劳”释放人员问题

目前，“两劳”释放人员重新犯罪的比例较高，其主要原因是他们自身没有得到彻底改造，身上的恶习还没有彻底根除。但是，我们也不能不看到，社会对他们缺乏关心，也是导致他们重新犯罪的原因之一。

我们向县政府建议，各单位要教育干部、群众用正确的态度对待“两劳”释放人员，多做教育、挽救和感化工作。“两劳”人员释放回来后，派出所要及时找他们谈话，既要进行教育，指出其改造的长期性，又要激发其自新、向上的决心和信心，鼓励他们迈开步子走向新的生活。居委会、村委会以及劳动部门要关心他们，根据有关规定，能安置的要及时安置，要使他们的基本生活得到保证，让他们真正感受到社会在关心他们、期待他们，而没有嫌弃他们。暂时没有工作的“两劳”释放人员中的城镇青少年，可以让他们参加待业青年的各项活动。在劳动中，不要对他们持歧视态度，也同样要贯彻按劳分配的原则。

五、关于外来人口问题

目前，在崇明的外来人口数量不少，且流动性很大。对外来人员情况不明、管理不严，也是我县社会不安定因素之一。

我们向县政府建议，政府有一个副县长分管，并指定一个职能部门主管，有关单位参加，对我县外来民工的情况进行一次全面的调查。鉴于当前我县经济滑坡，企业面临严重困难，农民工被清退，大量在职职工回家待工，大量待业青年无法安排的严峻形势。我们建议，除极少数暂时确实不能离开的外来技术工人外，一般的外来职工应予辞退，企业因此而缺的工人应从本县招收。留下来的外来民工，应报劳动部门备案。公安部门要加强对外来民工的户籍管理。今后，无论集体企业还是私人企业，所雇用的外来民工都要到当地派出所申报临时户口，雇人企业要加强对外来民工的教育和管理。今后要贯彻“谁聘用，谁负责”的原则，外来人员违法乱纪，一定要同时追究雇用单位的责任。

临时来崇的各类小商小贩、手艺人、乞丐等流动人员，人数很多，情况复杂。我们建议县政府有关部门，对所属旅馆加强管理，对住宿人员一定要查看身份证件，发现身份不明的人，要及时向派出所报告。要坚决取缔各类地下旅社，严格管理对外来人口出租私房。要教育群众不要随便留人住宿，杜绝外来人员可能作案的各种漏洞。建议县政府尽快制定出对外来人口的管理规定。

六、关于条块结合问题

根据城堡两镇在治安工作方面碰到的各种矛盾，我们建议县政府进一步重申治安工作中“条块结合，以块为主”的原则。在块上的各系统、各单位，不论其单位大小、级别高低，在治安工作方面都要服从块上政府的统一领导和指挥。条上各系统应该积极做好对本系统各单位的指导工作，主动与块上的工作密切配合。县政法部门要加强对块上治安工作的指导、帮助，解决他们在工作中碰到的实际问题。我们还建议县政府召开“条块结合”会议，明确条、块在社会治安综合治理中各自的职责和任务。

七、关于开展群防群治问题

我县的社会治安要靠全县人民大家来治理，必须打一场群防群治的全民战。我们向县政府建议：

（一）要加强基层各级治保组织和调解组织的建设，要千方百计落实好人员编制和资金来源，建立一套切实可行的规章制度，并名副其实地加以实施。

（二）要充分发挥好现有的专职联防队和警民联防队、巡逻队的作用。各级领导除加强检查督促外，要解决好如夜班费等具体问题。

（三）是否可以考虑建立以基干民兵为主的护村队、护厂队，充分发挥村、厂中党团员的先锋模范作用。

（四）城堡两镇要充分发挥居委会和退休干部、职工的作用，可否考虑成立纠察队、护楼队，加强白天的巡逻值班。

（五）在开展群防群治工作中，要进一步完善治安责任制，严格考核，奖优罚劣。

八、关于进一步深入开展法制宣传教育问题

增强干部、群众的法制观念，逐步做到知法、懂法，提高守法的自觉性，是搞好社会治安综合治理的根本。

我们建议县委提出要求，各单位要经常性、多形式、生动活泼地开展法制宣传教育活动。工、青、妇等群团组织要积极行动，创造性地研究出各种有效的形式，如组织法律知识竞赛、召开案例分析会、举办犯罪案例的模拟开庭审判和辩护等等。对活动开展好的单位，要给予表扬；学得好的个人，应给予奖励。还要充分利用广播电台这个宣传阵地，经常性地进行法制宣传教育。

九、关于加强政法队伍建设问题

政法队伍是社会治安的中坚力量，是无产阶级专政的重要工具。目前，我县的公安队伍还不能适应形势的需要，警力不足的矛盾十分突出。我们建议县政府，尽快落实编制，给予补充必要的力量。对公、检、法、司的人员要加强培训，逐步提高他们的政治素质和业务水平。对新补充的人员，一定要经过严格培训、考核合格后，才可以上岗。政法部门必要的技术设备，急需替换更新和补充，我们建议县政府要拨出资金解决这个问题，为他们提供必要的办案手段，迅速提高破案率。

十、关于加强企事业单位内部保卫工作问题

鉴于当前盗公案件一再发生，且在盗窃案件中所占比例越来越高，我们向县政府建议，县经委、县属工业联社、县供销社、各乡镇及其他有关部门，一定要抓好各企事业单位的内部保卫工作。近期内，要对各单位的物资作好清点，并制订严格的规章制度，落实好保管责任制。要建立合格财务室和仓库。夜间值班力量要加强，不能安排老弱病残的职工应付门面，应安排政治素质好的青壮年职工担当，并且干部要轮流带班。今后，凡企事业单位发生被盗案件，可否作为一个单位的责任事故来处理，职工扣发奖金，领导干部和值班人员除扣发奖金外，还应追究责任。

关于建设海岛特色工程，发展崇明经济的建议

1990 年 10 月

党中央和国务院作出开发开放浦东的重大决策，在国内和国际产生巨大反响。当前，各界人士竞相密切注视浦东的一举一动，都想根据他的动作，调整自己的战略，采取相应的措施，来推动本地区、本单位经济的发展。崇明与浦东邻近，浦东开发，崇明究竟怎么办？这个问题已很严肃、很现实、很紧迫地摆到了全岛人民的面前，需要迅速作出决断，及时采取行动。县政协于 7 月初在全体委员中开展了“浦东开发、崇明怎么办”的献计活动，得到了委员们的积极响应，先后献计 220 多条。与此同时，政协科技委员会、农村经济委员会及时进行了专题研讨，县政协还邀请了本县部分有影响的企业厂长举行了座谈讨论。

综合委员献计内容和听取各方面意见，经第四次常委会议协商通过，对充分利用浦东开发之机，建设海岛特色工程，发展崇明经济，提出如下建议：

一、为浦东开发配套服务，千方百计争取辐射

（一）建议县政府通过各种渠道，争取尽快在浦东建立办事机构，代表崇明全权处理和协调浦东开发区内有关的一切事宜，安排力量从事开发区内各种信息的收集和传递，想方设法为崇明争取浦东开发过程中辐射的配套项目和业务。

（二）建议县政府成立一个层次比较高的顾问机构，抽调经济、科技、社会等各方面的行家组成，并聘请少数特约研究员，专门从事利用浦东开发之际振兴崇明经济的研究，经常地、及时地向县委、县政府提供决策咨询。

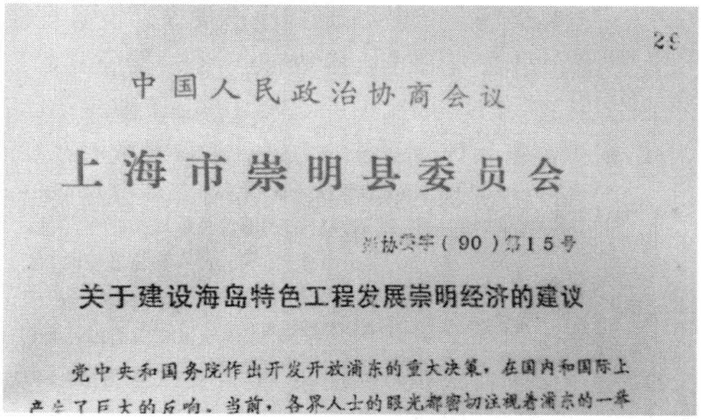
29

中国人民政治协商会议

上海市崇明县委员会

崇协委字（90）第15号

关于建设海岛特色工程发展崇明经济的建议

党中央和国务院作出开发开放浦东的重大决策，在国内和国际上产生了巨大的反响。当前，各界人士的眼光都密切注视着浦东的一举

崇协委〔1990〕第15号文将常委会建议案报县委、县政府

（三）鉴于团结沙的围垦、新的农副产品基地建立，建议县政府在论证的基础上，争取开辟崇明东部与浦东的对江渡航线，并力争在浦东建造一座归崇明所属的码头，以缩短运输距离，密切同浦东的联系。

（四）在浦东开发过程中，特别是开发前期，有大量的土建和市政工程。建议县政府利用我县建筑队伍的优势，委派有关部门积极联系，争取承建各种厂房、办公楼、公路、桥涵、水利等工程。

二、要发挥崇明水土资源优势，建设有海岛特色的农业经济

发展特色经济，其着眼点：一是为本县工业生产提供原材料；二是通过对特色产品的生产和深加工，满足人民生活需要，积极组织出口创汇。为此建议：

（一）发展棉花生产。崇明产的棉花是全国有名的优质棉，棉花纤维长、光泽好，是生产高档棉纺织品的理想原料，市场需求量很大。我县纺织企业较多，所需棉花缺口量大，加上国家对棉花价格又作了调整，可以考虑积极发展棉花生产。建议县政府认真研究，作出规划，做好宣传发动工作，落实种植面积，并组织科研技术人员对棉花种植进行指导，不断提高棉花单位面积产量。

（二）发展蚕桑生产。蚕茧是国内外市场上一种长期的紧俏原料。根据崇明特点和条件，建议县政府在进行农业结构调整时，把蚕桑生产列入计划。经过努力，建立起几个蚕桑生产基地和养蚕专业村，并充分利用海岸内沿、河岸沟沿，宅前屋后的杂边地种桑养蚕，逐步形成市场上有影响的生产规模。同时建议组织专业技术人员，加强对桑树种植和蚕茧生产的研究和指导。在此基础上，逐步发展自己的巢丝、丝织等企业，生产出具有海岛特色的高质量的丝织产品，打入国际市场，开辟一条新的外向型经济渠道。供销商业部门对发展蚕桑生产要给予大力支持和扶植。

（三）发展具有规模生产的农副产品。崇明各方面的条件不比长兴岛差，但长兴的橘子已在上海市场上形成气候，占有一定的比例，并且大量出口加拿大。而我们崇明多数是零敲碎打，规模小，没有影响。建议县政府作出规划，在本县建立较大规模的橘园、葡萄园和金橘园。团结沙围垦后，可以考虑发展几千亩橘园。并建议成立专门机构，加强果树种植的研究和优良品种的选择、培育。

另外，崇明土特产品也颇多，如金瓜、水仙花等，建议县政府组织有关部门进行研究，不断加以开发。

（四）大力发展水产品生产。水面辽阔，水产资源丰富，是崇明的最大特点和优势。建议县政府在继续抓好外海、长江捕捞和搞好淡水、海水养殖基础上，重点研究发展特色水产品，如发展鳗、蟹、鳖的人工养殖等。同时建议组织技术人员，加强对水产养殖技术的研究，并考虑与上海有关科研单位挂钩，通过关键技术的解决，不断提高单位面积产量。

三、要形成规模、技术、信息优势，发展我县工业生产

在当前的形势下，究竟如何发展我县的工业生产？对此，众说纷纭。我们认为，全县各级干部要进一步更新观念，解放思想，加快改革开放的步子。当前，除了产品产业结构调整和合理布局外，必须要形成规模、技术、信息优势，才能在激烈的竞争中立于不败之地。为此建议：

（一）要组建生产集团，形成生产规模。没有规模，就没有实力，没有优势。一个厂，一个企业，根本没有力量，也不可能在全国各地布点，不可能建立起广泛的、有效的销售网点和售后服务网点。因此，必须要组建生产集团，形成生产规模。我县工业生产已有一定基础，有不少行业也已初具规模，问题是各自为政，缺少销售和售后服务的力量。建议县政府在发展工业生产中，在我县胶木电器、家用电器、纺织，机电、阀门等优势行业，组建集团性生产体制，以高质量的、有相当规模的拳头产品，通过有力的推销和优质的售后服务，创出牌子，去争取国内外市场。

（二）要走科技兴工之路，狠抓产品质量。企业的生命在于产品的质量。产品质量的优劣、价格的高低，是竞争中决定胜负的最重要条件。而产品质量的竞争，归根到底又是技术的竞争。所以，崇明要发展工业生产，必须要狠抓产品质量，走科技兴工之路。另外，我们崇明是一个缺少工业原料的地方，工业生产以加工业为主，但目前还处于粗加工阶段，长此下去是没有前途的。我们必须要掌握高精尖技术，向精加工、深加工方向发展。我们建议：一是要在各生产集团内建立研究机构，研究产品质量的提高和生产成本的降低，研究老产品的升级换代和新产品的开发，研究技术改造和生产效率的提高；二是要发挥企业中知识分子的整体作用，给他们提供钻研技术的条件，对作出贡献的要给予奖励；三是要通过全员培训，提高企业职工的群体技术素质，各个环节都要把好技术关；四是要加强科学管理，优化劳动组合；五是要争取同大专院校、科研单位挂钩，利用科技单位的力量，为企业更新产品，提高质量服务。

（三）要建立信息中心，及时掌握国内外的有关信息，提高决策的科学性和准确性。

当前，我们已进入信息社会。信息是企业发展的前提，是领导决策的依据。回顾我县工业生产发展的历程，我们曾吃过小道信息、迟到甚至落后信息或信息不灵的亏，对此，应该吸取教训。要成功地发展我县的工业生产，使我们的企业和产品具有旺盛的生命力，我们就一定要及时掌握国内外信息，并且要有超前的意识，以便科学、准确、及时地决策。建议县政府抽调经济、科技、外语、社会等各方面人才，建立一个具有一定规模的、高效能的信息中心，广泛收集国内外经济、技术、市场等多方面的信息，及时向领导部门和有关单位提供。

另外，建议县委、县政府一方面积极向市直至国务院争取享受海岛政策；另一方面要根据我县的实际情况，制定一些优于其他地区的特殊政策，并且不断加快交通、通讯、电力等基础建设，吸引上海大工业的辐射和外资企业的投资，进一步发展我县的城乡联营企业和中外合资企业。

四、努力发展具有海岛特色的旅游业

发展海岛旅游业，走旅游兴岛之路，这也是一条发展崇明经济的重要渠道，浦东开发，无疑又为兴办海岛旅游业提供了一个极好的机遇。建议县政府尽快把发展我县旅游业列入工作议程，认真研究，作出部署。并建议县政府成立旅游局，对我县旅游景点的设置作出全面规划。

发展海岛旅游业，一定要根据海岛的特点，具有海岛的特色。除修复少数几个古迹外，主要应该利用崇明漫长的海岸线、广阔的水面，例如建立上海最大的水族馆，收集各种大大小小、珍奇稀有的水中动物；建立上海最大的荷花池和金鱼观赏池；建立集养、捕、垂钓、品味于一体的具有原始野趣的度假基地，让人们在这里品尝到极大部分鲜活水产品，使上海流传一句家喻户晓的话：要吃海鲜到崇明；在牛棚港建立涌潮观赏亭，并且通过设置，尽可能长地增加涌潮的日子；在东北角可以建立日出观赏亭等等。另外，在森林公园可以建造度假村、疗养所、夏令营基地、培训中心等。为配合旅游业的发展，崇明应该建造一个设施和服务都要上水平的宾馆。在组织实施过程中，有些项目可以本县自己搞，有些项目可与上海市旅游局、市园林管理局、市总工会等联合搞，有些项目也可请外单位单独搞。少数工程量大、投资多的项目，可通过联系，采用中外合资的形式进行开发。

开发大量新颖的具有海岛特色的旅游项目和建立较大规模的橘园、葡萄园、金橘园，一定能吸引众多的海内外游客来崇观光、度假，并能推动旅馆业、饮食业乃至整个工业的发展。

以上建议，供县政府制订“八五”计划时参考。

关于组建工业企业联合体的建议

1991 年 6 月

中共崇明县委六届五次全委扩大会议上把“发展横向联合，组建企业群体”作为“八五”计划中六项改革之一，这是非常正确的，对发展崇明经济具有很重要的现实意义。

党的十一届三中全会以来，我县工业得到了较快发展，以乡镇工业为例，1980 年，全县乡镇村工业企业有 642 家，固定资产原值 12 351 万元，产值 3.16 亿元，利润 1 160 万元。到 1990 年，企业发展到 1 369 家，固定资产原值 80 008 万元，产值 16.5 亿元，利润 11 827 万元。工业产值占全县工农业总产值的比重由 1980 年的 74%，提高到 1990 年的 87%。工业已成为我县农村经济的主要支柱。

但是，我们也清醒地看到，同市郊兄弟县相比，我县工业发展速度是慢的，工业水平是低的，主要反映在：一是企业规模小。据去年统计，平均每个乡镇企业人数为 105 人，固定资产只有 58 万元。二是生产设备差。目前我县企业中不少设备是大工业淘汰下来的，精度低、耗能大、污染严重。三是职工素质较低。企业职工绝大部分来自农业第一线，生产技术水平不高，不少企业干部又缺乏现代化的管理知识和管理能力。四是“拳头”产品少，在我县工业产品中拿得出、打得响的“拳头”产品不多，能在国内外市场上具有较强竞争能力的产品更少，有些产品虽一时成为热销货，但由于各种原因，终究不能长久立足。五是企业积累微薄。目前，多数企业积累很少，一部分企业甚至负债较重，因此很难形成自我发展的机制。

我县工业发展的前景是希望与困难并存。我们认为，发展工业有多方面的对策措施，而县委提出的组建企业联合体确实是诸多对策措施中十分重要的一条。通过组建联合体，能促进企业组织结构的调整，能推动存量资产的合理流动与优化组合，能加强科研与生产的结合，能加快产品结构的调整，能进一步提高产品在国内外市场上的竞争能力。

这几年来，我县在工业企业联合方面已做了大量工作。如组建了阀门、电镀、胶木电器等企业集团；同市区大工业、外贸公司等办联营企业，到去年年底已发展到 191 家；在一个乡范围内，将有联系的企业进行松散型的组合，如港沿乡去年成立了仪表仪器成套企业集团。这些联合体，在我县工业发展中发挥了很大作用。但不少联合体仍属松散型、半紧密型，甚至是加工型的，规模不大，竞争力不强。

为此，我们对如何发展企业联合体提出如下建议。

一、统一思想，提高对组建企业联合体积极作用的认识

要通过思想发动、实例教育，进一步克服“宁做鸡头，不为凤尾”的小生产观念和厂长怕失“小天地”、乡长怕丢“自留地”的本位主义思想，强化改革意识。要认识到只有组建企业联合体后，才能在生产技术协作上产生组合效应和规模效应，在资金运用上产生放大效应和整体效应，才能增强适应市场变化的应变能力，提高不断发展新产品的技术创新能力，在激烈的竞争中立于不败之地，从而使广大干部，特别是企业干部自觉地积极地为组建企业联合体出谋献策，各显神通。

二、因地制宜，多渠道组建企业联合体

由于我县工业基础薄弱，行业门类众多、布点又很分散，我们建议，组建企业联合体应当与市区大工业联合为主。对县内原有企业已为大工业配套加工零部件，处于一般性协作加工或定点加工，但尚未进入紧密型联合状态的企业，要尽最大努力加强与大工业交往，主动促其往紧密型联合方向发展。对已与大工业紧密联合的企业，但原有设备较差，规模较小，则需要进一步加强联系，力争将大工业的技术改造项目和升级换代产品放到崇明，利用我县土地资源、劳动力资源及星火项目世界银行贷款的金融资源等优势，使原有的工农联营企业上规模、上档次、上效益。对县内同一类产品生产企业较多，而规模均较小，要把这些企业先组织起来，形成一定的规模力量，然后以联合体为单位加入市区大工业已经组建或即将组建的企业集团，成为这些企业集团的紧密型或半紧密型的成员单位。

对县内的联合，我们建议分两个方面进行：一是充分发挥原有优势。我县的家用电器、胶木电器、阀门以及农副土特产品，原来已有相当的生产规模，有较好的产品质量，有一定的销售渠道，应把这些产品的主要生产企业联合起来,组成紧密型的联合体。二是选择一些技术比较密集、销售前景较好,经济效益比较明显的产品,以此产品的生产企业为核心,开展镇乡的协作加工,并逐步将协作加工点转为专业化生产零部件点,把松散型的协作加工变为半紧密型、紧密型的企业联合,达到扩大生产批量、形成规模经济,最后成为企业集团之目的。

三、加强领导,精心组织

组建企业联合体是工业经济发展中一项深层次的改革,难度较大,建议县委、县政府要加强领导,把组建企业联合体作为我县工业经济改革一台"重头戏"抓上手,做到"三个落实":一是组织落实。建议有一名分管县长牵头,由经委、联社、计委、外经办、外贸公司等单位组成一个班子,着重负责组建企业联合体的工作。二是规划落实。要对我县现有行业、产品进行认真梳理,排出我县的主导行业、骨干企业和"龙头"产品,然后根据现有基础和发展趋势,制订好组建企业联合体的发展规划。三是政策落实。一方面,要积极向上争取,要求市委、市政府对海岛继续实行优惠政策,加快崇明工业经济发展,缩短崇明与市郊各县的差距;另一方面,建议县委、县政府对企业联合体也制订一些优惠政策,如对联合企业的承包基数不搞简单的叠加,而应在联合体初创二年期间内适当降低;在财政上缴方面应减去企业原所在乡镇基数,而让联合体单列;有些企业为了使产品上档次、上水平或争取外向创汇,要求引进技术、设备,县里要积极帮助解决所需外汇;对技改后新增效益,要求在三年内大部分甚至全部留在联合体,以利发展;对联合体在资金投放、材料供应、电力输送等方面要给予优惠照顾等。通过这些优惠措施,促进企业联合体能得到健康发展。

组建企业联合体是一项复杂的工程,要求比较高。建议县级有关职能部门要加强指导,根据我县实际情况,分门别类,对条件成熟的要加以重点扶持,先行试点,以取得经验,指导和促进其他企业联合体组建和发展。

关于对乡镇企业劳动人事、分配制度改革的建议

1991 年 6 月

县委在六届五次全会上提出,在"八五"期间,全县将重点搞好六个方面的改革。这既是"八五"计划的重要内容,又是实施"八五"计划的保证措施。我们要为"六项改革"任务的顺利完成献计出力,为"八五"计划的胜利实现添砖加瓦。现就乡镇企业劳动人事、分配制度的改革提出如下建议。

一、对乡镇企业劳动人事安排,建议把重点放在优选经营者上,这是完善乡镇企业承包经营责任制的重要环节

企业实行承包经营责任制,是进一步扩大企业自主权,增强企业活力,提高经济效益,增加财政收入的一个行之有效的经营管理形式,而择优选拔或招聘企业厂长,是完善承包经营责任制至关重要的一招。这几年的实践证明,凡是企业效益不大,或者出现亏损的,其原因除了生产设备落后,产品结构不合理,销售渠道不畅,原材料涨价等因素外,企业厂长素质的好差是诸因素中主要因素。因此,各乡镇要认真贯彻企业法精神,选配企业厂长一定要坚持任人唯贤的用人标准,真正把那些思想品德好、工作责任心强、业务水平高、有开拓进取精神、善于经营管理的同志选拔上来。厂长这是一个实打实的职务,切不能把厂长这个职位作为对一些人的照顾性安排,更要避免为徇私情,让个别不称职的人占了厂长这个位子。

厂长人选确定后,对厂级副职干部和中层干部,宜取"基本稳定,适当调动"的方针。"基本稳定"能安定人心,调动他们的主观能动性;"适当调动"是为了实行优化组合,增强班子的战斗力。我们建议,各乡镇组织部门和工业公司,要主动帮助厂长配好厂级副职干部及中层干部,以利于干部之间互相团结,各尽其职、各显其能,共同为实现厂长任期目标作出努力。

对未被任职的厂长、厂级副职干部及中层干部,也要妥善安置。我们认为,这些同志在乡镇企业创建和发展中作出过贡献的,应该根据其本人特点作好安排。对一些有一定专长的人,可安排他们担任专业技术工作;对一些文化水平低,又没有业务专长的老同志,要在工作、待遇、生活上给予适当照顾,可做些

辅助性的工作，但不虚设领导职务；对一些年纪较轻的人，可送到县、市各类专业学校学习，提高文化和专业知识水平，有利于在今后工作中发挥更大作用。

对企业职工的招收和录用，各乡镇目前做法不一。我们认为，由乡镇主管部门对新职工考核后，根据各企业的情况，向企业推荐。企业厂长根据本企业需要，选择录用对象，最后由主管部门审批，正式录用。这种招收办法，既考虑了乡镇对职工的统筹安排，又照顾了企业的实际需要。我们建议，对新职工应一律实行劳动合同制，明确企业和职工双方的责、权、利，促使职工为企业尽职尽力。

二、对职工报酬分配，建议核定工资额标准必须与企业经济效益紧密挂钩，这是促进企业发展，增强企业活力的重要措施

当前，各乡镇企业对职工的报酬，基本上采用积消比例、二级调控的方法。具体讲是，国家规定计税工资列支标准，在国家规定的标准内支付的人均工资允许税前列支，计入成本；超过标准的，则税后列支。乡工业公司于是根据国家计税工资标准，确定各企业的工资总额指标，实行公司内部调控；企业再按照公司核定的工资总额，进行内部分配。

这种分配形式，使企业工资额度的核定，一般都控制在国家允许税前列支的范围内，效益好的企业接近国家允许税前列支标准；效益差的企业由工业公司控制下浮。从总体看，企业工资总额的核定与企业经济效益有一定联系，但企业经济效益的好坏对职工分配影响却不大，就是亏损企业也确保了一定的分配值。这种分配形式，不能最大限度地调动职工积极性。

目前，乡镇企业负担过重，实现的利润交纳所得税、能源基金、调节税、支农支副资金和各种管理费用后，税后留利已很少，如再要税后列支工资，企业难以承担。我们认为，国家允许税前列支的工资标准要有灵活性，对经济效益好的企业，税前列支的标准要放宽，使企业具有支付上浮工资的能力。

现在乡镇企业的工资总额是按企业平均人数及人均工资标准核定的。这种方法比较适合于生产水平低下、依靠增加劳动力提高企业经济效益的企业，而对逐步走上大生产、依靠技术进步、提高管理水平、增强经营能力来提高经济效益的企业，就显得不合理。从调查的结果看，不少企业可以在不增加劳动力的情况下取得新增效益，但在职工分配上无明显益处，这在一定程度上挫伤了职工的积极性。我们建议，要改革用人均工资标准核定工资总额的办法，要制订以企业效益为基础的分配办法，效益高的多分配，效益低的少分配，把企业效益同职工的利益捆在一起，有利于职工一心一意为企业出力。

在以经济效益作为职工收益分配考核标准的制度下，我们建议要改变现有不少乡镇实行的计奖办法，即对企业考核结果不作为加奖的依据，而只是用以计算未达标时扣奖的依据，这种考核计奖办法缺乏科学性，起不到调动职工积极性的目的。我们认为，要采用“一种指标计奖，综合考核扣分”的办法，拉大经济效益好的企业与经济效益差的企业之间的分配差距，促使企业为完成各项指标而努力拼搏。

对一些脏、累、技术要求高的企业，在制定分配政策时，我们建议要适度放宽标准，或单列照顾分配额，以利于稳定职工队伍，安心本职工作。

三、对企业内部分配，建议要严格考核，坚决兑现，这是调动干部职工积极性的重要手段

对企业内部的分配，必须按照按劳取酬的原则，做到严格考核，合理分配。

要制订以工作实绩为基本内容的厂长工作考核标准，实行完成任期目标的分级计酬办法。通过对厂长实绩考核，以本企业的平均报酬为基数，核定计酬等级。对有突出贡献的厂长要实行重奖政策，并坚决兑现，鼓励他们为企业发展、崇明振兴努力工作。

对厂级副职和中层干部，可参照厂长考核办法，实行定量化的分级考核，计酬标准按一定比例低于厂长。

对职工，应以产品产量、质量和物耗作为考核的重点。一线人员实行计件工资和定额工资制度，二、三线人员实行岗位考核工资制度，根据生产、工作优劣，核定分配档次，不搞分配上平均主义。

关于深化流通体制改革的建议

1991 年 6 月

全县建立一支有组织、强有力的供销队伍，并在全国形成一个有效的销售和信息网络，是发展崇明经济的一大关键。

目前，各乡镇、企业虽都设有供销部门，并配有数量不等的供销人员，但由于各自为政，各干一行，存在着不少弊端。主要表现在：一是分散经营，势单力薄。各单位的供销人员有多有少，但普遍感到力量不足。不少单位供销人员的业务素质、活动能力亦与激烈的市场竞争形势不相适应。近几年来，虽然千方百计作过不少努力，但尚难真正打开局面。二是重赴一地，造成浪费。各行业、各企业，为了推销各自的产品，了解各自行业的市场信息，有时先后几批到同一地区出差，各人干各人的事，造成人力财力的浪费。三是时间短促，了解不深。一般出差时间都不太长，除了根据计划到个别业务单位以外，只能走马观花，不可能深入了解当地的市场信息和社会需求，也难以与有关单位和部门建立密切的联系。四是单项性出击，综合效益低。出差的人对本行业以外的有效市场信息，不注意，不关心，不加以综合利用，往往使我县有关行业错失本可捕获的良机。由此可见，深化流通体制改革已刻不容缓。

为了加快发展我县经济，实现我县"八五"计划和十年规划的奋斗目标，现对改革我县的流通体制，提出如下建议：

一、健全和完善全县供销主渠道

以县供销社、物资局、外贸公司三个部门为主，进一步强化全县性的供和销的主渠道。农副业生产所需物资和农副产品的销售，由县供销社负责；工业原材料的采购和工业产品的销售，由县物资局负责；外贸产品的销售，由县外贸公司负责。为此，三个部门应重新调整内部的组织结构和人员配备，必要时，应进一步充实力量。

二、建立全县供销领导机构

以县供销社、物资局、外贸公司等三个部门的供销负责人为主，由一名副县长分工负责，建立全县性的供销领导机构，具体组织、指挥我县的供销工作，统一安排使用全县现有的供销力量，集中分析市场信息和有计划地指导企业生产适销对路的产品。要办一个供销信息刊物，刊载县内近期所需销售的产品及数量，各企业所要的物资材料，使供销人员和驻外办事处及时了解掌握这些信息，以利于有目的地开展工作。

三、全国主要大城市统一布点，建立崇明县经贸办事处

在全国主要大城市建立崇明县经贸办事处，其主要职能是：开设窗口、采购原材料、推销产品、售后服务、反馈意见、联络感情、收集信息、协助本县企业洽谈业务等。布点可由少到多，根据本县经济发展的实际需要，逐步加以发展，形成全国性的供销网络和信息网络。各办事处要团结和发挥当地振兴家乡经济协会及崇明籍人士的作用，动员他们为振兴家乡经济贡献力量。目前，少数企业已在外省市设的点，可作为办事处的基础，充实力量，扩展业务，先行开展工作。

各驻外办事处，组织上归县供销领导机构领导，业务上接受县供销社、物资局、外贸公司指导。对驻外人员、供销人员要加强管理，注意提高他们思想觉悟和业务素质。

四、发挥销售部门作用

继续发挥各企业、各单位原有销售部门的作用，利用原有的销售渠道和业务关系，积极推销产品。真正做到"几个轮子一起转，上下积极性齐发挥"。

五、建立崇明县产品展销和批发贸易市场

在牛棚港码头建立一个具有相当规模的崇明县产品展销和批发贸易市场，向苏北全面展示本县生产的各种工业产品和农副产品。贸易市场的设计要新颖，产品的陈列和内容的介绍要生动，使之成为崇明的一个参观旅游景点和业务的主要洽谈点。在石洞口，亦建立同样的展销和贸易市场，面向苏南乃至全国。工商、物价、税务、公安等部门要密切配合，并给予大力支持。

六、开设崇明特色产品馆

在东平林场可开设崇明特色产品馆，既增加森林公园游览内容，又利用一切机会作宣传工作，可安排专人进行介绍，尽可能促成业务的成交。

七、调动供销组织、供销人员积极性

制订切实可行的措施，鼓励和调动各级供销组织、全体供销人员、有关协助销售部门以及一切愿意做这项工作的人员的积极性。措施既要注意可行性，又要具有权威性，既要坚决兑现，更要消除一切后顾之忧。对有突出贡献的供销人员要表彰奖励。只有这样，才能调动各行各业、各界人士的积极性，形成一支庞大的专业人员与非专业人员相结合的供销队伍，在发展崇明经济中大显身手。

关于建立和健全农村合作基金会，搞好内部融资活动的建议

1991年6月

县委在六届五次全会上提出，“八五”期间全县将认真搞好“以理顺乡级管理体制、强化村级合作经济组织、建立农村合作基金会为重点，完善和深化农村社区管理体制改革”。本着这一精神，我们政协组织有关人员就建立农村合作基金会进行了专题调查。

通过调查，我们认为：建立和健全农村合作基金会，搞好内部融资活动对发展我县集体经济有着积极的推动作用。

我县农村自从实行联产承包责任制以来，面貌在不断变化，经济在稳步发展。但由于一些主、客观因素，如有些生产队长经常外出做工，原有的生产队会计、仓库保管员等基本上不设专人负责，因而放松了对生产队集体资产和资金的管理，生产队的一些财产损坏散失情况比较严重；有些生产队的集体资金长期被有关单位和私人拖欠不还等，造成了集体财产无人管理、集体资金没有发挥很好作用。县委、县政府鉴于上述情况，于1988年4月组织有关部门在建设乡试点，成立了全县第一个合作基金会，当年又有裕安等6个乡虽未建立合作基金会，但已开展了合作经济内部的融资活动。据统计，至1990年年底，这7个乡共筹集的可融通资金121.69万元，累计投放金额151.97万元。三年来的实践证明，建立农村合作基金会的效果较好。一方面管好了生产队集体资产；另一方面用活了生产队闲置资金，既满足了农牧业生产经营者发展商品经济的资金需要，缓解了乡村企业资金周转的困难，又扶持了穷村改变面貌，同时又为管好用活集体资金拓宽了新途径。

调查中我们发现，目前在农村合作基金会内部融资活动中还存在一些问题。

一是政策不够明确，关系尚未理顺。我县建立农村合作基金会，开展内部融资活动是根据外地的成功经验和上级主管部门的要求搞起来的，但至今没有正式文件加以正名；有关部门对融资的性质还认识不一。由于政策不够明确，关系尚未理顺，影响着农村合作基金会内部融资活动的正常开展。

二是可融资金在减少，沉淀资金在增加。合作基金会和经管办的集资款均属代管资金。虽然几年来把大部分融资收入返还给资金所有者，但由于较多的生产队需要添置农机具，修理仓库打场等，随时要回集资款，至今已有101个生产队要回了28.36万元集资款，既造成了资金稳定性差，又减少了可融资金。另外，从三年中7个乡投放的资金总额来看，极大部分是乡村办企业的临时借款，由于部分企业生产不景气，无力按期还款，有的企业只能在支付资金占用费后搞续借，还有些企业连资金占用费也无力支付，导致沉淀资金不断增加，减少了资金周转次数，影响了资金的融通效益。

为此我们对建立和健全农村合作基金会，进一步搞好内部融资活动提出几点建议。

一、巩固和发展农村合作基金会

农村合作基金会是在农村合作经济经营管理部门指导下建立的、合作性的、对集体资金进行管理融通的服务组织，是农村经济体制改革的产物，是中央和有关部门充分肯定和支持的。建议县委、县政府由

一名领导分管，由县经管办、农行等部门具体负责，在建设乡试点的基础上，力争年内有50%的乡镇建好农村合作基金会，明年全部建好。要做好两个方面工作：一是加强宣传，统一认识。通过宣传农村合作基金会的性质和中央及国家有关部门的政策，统一思想认识，使各乡镇大胆搞，县有关部门支持搞。二是明确政策，理顺关系。根据中央有关文件和中国农业银行有关文件精神，我们建议县委、县政府结合崇明的实际情况制定出有关政策。诸如财税部门不向合作基金会征收任何税金，资金使用单位所交的资金占用费允许列入成本开支等；并协调好农经部门与财税、金融部门的关系，争取财税、金融部门对建立农村合作基金会和开展内部融资活动的支持。合作基金会要主动接受国家金融主管部门的指导。在业务管理上，乡经管办应为乡合作基金会的主管部门。

二、进一步搞好融资活动

鉴于建立农村合作基金会的目的，是为了加强对生产队集体资金和财产的管理，并把集体的闲散资金集中起来，以服务为宗旨，为发展壮大集体经济发挥作用。因此，我们建议合作基金会建立后，重点应放在“管好用活”上。管好，就是要彻底改变生产队集体资产无人管理的散乱状况，确保集体资产不受损失；用活，即对生产队每年收回的各项欠款由合作基金会搞好融资活动，对目前各单位和个人拖欠生产队的集体资金，也应由合作基金会负责管理，搞好以欠转贷，使之纳入融资渠道，让生产队的资金在融资过程中得到增值；再次是紧紧抓住筹集资金的来源，适时利用按规定实行统筹的专项资金、代管资金的时间差，以拓宽融资渠道，积极筹措资金，增强融资实力。

另外，在开展融资活动中，乡合作基金会应在国家宏观控制和金融部门的指导下，严格按照有关规定，控制好资金的投向，防止资金沉淀，确保资金安全，真正起到拾遗补缺和微观调节的作用。

三、建立和健全农村合作基金会的各项制度

在所有权和管理权的关系上，我们建议实行队有乡管、委托信用社放贷的管理制度。即由乡合作基金会负责管理、组织、筹集资金，委托当地信用社代办资金投放业务，由合作基金会按金融部门的规定比例支付给信用社服务手续费，信用社代办的投放业务限在本乡、镇范围内，地区之间不搞平调，在资金放贷过程中，应优先扶持村级经济组织的经营活动。同时要建立贷前调查、贷时审查、贷后检查的“三查”制度和担保手续制度，切实保障资金安全。对农村合作基金会资金的融通、使用、监督也要在实践中建立一整套比较完善的制度。另外，还要建立和健全合作基金会内部管理制度和工作人员的岗位责任制度，充分调动他们工作积极性，通过制度来保证“管好用活”集体资金，使其产生最佳的经济效益，为促进农村经济发展作出贡献。

二、九届县政协常委会建议案

关于加快发展我县个体、私营经济的建议

1993年6月

根据中共中央、国务院关于加快发展第三产业的决定精神和我县人代会上提出的“大力开拓第三产业”的要求，为了抓住当前有利时机，大力发展我县第三产业，本会组织了个体、私营经济方面的专题调查研究，并听取了县政府领导和职能部门意见，经本会第二次常委会审议通过，对加快发展我县个体、私营经济提出建议。

我县现有个体工商户13 843户，从业人员21 133人，注册资金4 497万元，1993年1月—4月营业额(包括产值)1 647万元；私营企业235家，从业职工4 075人，注册资金1 770万元，1 993年1月—4月总产值148万元。

个体、私营经济在繁荣和发展社会主义市场经济中有着重要的地位和作用：弥补了国营、集体商业服务网点的不足，方便了人民群众的生活；为农村富余劳动力转移创造了条件，促进了产业结构的调整；拓展了城镇居民就业门路，减轻了社会负担；繁荣了地区经济，增加了财政收入，去年上缴税收达976万

元。因此，个体、私营经济已成为活跃在我县城乡经济舞台上一支不可忽视的力量，正发挥着国营、集体经济不可替代的补充作用。

党的十一届三中全会以来，我县个体、私营经济虽有很大发展，但规模不大、资本不多、实力不强，在全县经济中所占比例很小，以数量和规模相比较，均落后于市郊各县，也低于全国平均水平。经调查，影响我县个体、私营经济发展主要有以下因素：一是不少个体、私营经济的经营者仍受到“左”的传统观念和社会偏见的制约；二是投资环境比较差，有些方面存在着不平等竞争；三是某些税收政策不太合理，税率偏高；四是收费、摊派多，其中有合理的，但有的属乱收费、乱摊派。

在县委、县政府的领导和重视下，从总体上看，我县个体、私营经济的发展已有长足进展，但对照市农村党委和市农委提出的到“八五”期末，个体经济比重占农村社会总产值5%的目标，差距还很大，亟待加大改革力度，加快发展速度。为此，提出如下建议：

一、进一步解放思想，更新观念，为个体、私营经济发展创造一个良好的环境

发展个体、私营经济，关键是思想观念上的转变。建议在广泛宣传教育的同时，重点抓好各级领导干部的思想政治工作，使干部群众充分认识到个体、私营经济在发展社会主义市场经济中的有益补充作用，不要以“左”的思想去歧视甚至限制个体、私营经济的发展；认识到允许一部分守法经营者先富起来，这是社会主义经济发展的必然，而不是挖社会主义墙脚；认识到不论何种形式和性质的经济，只要符合“三个有利”原则和促进崇明经济发展的都应予以全力支持，从而使“国家、集体、个人一起上”的共识真正到位。建议县政府制定一个发展个体，私营经济的规划，从大市场、大流通着眼，一次规划，分步实施，真正使个体、私营经济发展有一个良好环境。

二、给个体、私营经济发展提供一个平等竞争的机会

不同所有制性质的经济在社会主义市场经济的发展和完善中应享有同等的条件和机会，贯彻公平竞争的原则，这对整个社会经济的发展都是有好处的，因此，个体、私营经济在政策上也应享有国家、集体经济同等的权利。建议各部门、各单位对县政府《关于促进我县私营经济发展的若干政策意见》要认真贯彻，务必落实，吸引、鼓励县内外个体、私营企业主到已确定的私营经济区投资办企业，并为他们做好配套服务工作，帮助他们排忧解难，让个体、私营经济在平等竞争、优势互补中正常发展。

三、税收政策上，采取“放水养鱼、培植税源”的策略，防止税源外流

税收政策，应是各种经济成分公平税负。建议县政府有关职能部门要积极向上反映，争取对个体工商户随经营额带征的所得税税率适当降低，使之与毗邻的海门、启东、太仓、常熟等地区接近，并考虑我县的实际情况，也要低于市郊其他县，达到“放水养鱼、培植税源”的目的。同时，建议县税务部门对个体、私营经济的税收政策文件汇集成册，发给经营者，使征税和纳税双方都了解，以便共同执行，互相监督。

四、整顿收费秩序，清理有关个体、私营经济不合理负担，保护经营者的合法权益

建议县政府重申国务院、市政府的收费标准，有关职能部门对个体、私营经济的不合理负担要作检查、清理，坚决制止乱摊派、乱收费现象。县工商管理部门对个体、私营经济合理收费的各种法规公布于众，并制订个体、私营企业收费、罚款、摊派登记卡，经常性地进行检查监督，保护个体、私营企业主的合法权益。

五、加强教育，强化管理，完善监督机制，使个体、私营经济健康发展

鼓励发展个体、私营经济和加强对他们的教育引导、监督管理，两者是相辅相成的。建议县政府及有关职能部门对个体工商户主和私营企业主及从业人员要加强思想工作，经常性开展形势教育、政策法规教育和职业道德教育，提高他们守法经营、勤劳致富的观念，自觉信守职业道德，维护消费者的合法权益，鼓励他们通过诚实劳动和合法经营先富起来；要完善和强化监督管理机制，对一些人不讲职业道德，以次充好、掺杂使假、短尺少寸、偷税漏税等违法违章行为要坚决查处，对“假集体企业”进行清理，坚决取缔无照经营；要充分重视和发挥工商联、个体劳动者协会、私营企业协会在加强监督管理中的作用，使“个协”“私协”能更好地履行“自我教育、自我管理、自我服务”的职责，让个体、私营经济健康地向前发展。

关于我县乡镇亏损企业出路的建议

1993年9月

近几年来，我县乡镇工业在进一步深化改革、加快企业经营机制的转换、努力调整产品结构等方面作了较大努力，生产和销售稳步增长，综合效益明显上升，但与其他郊县相比，差距继续拉大，而企业亏损又严重地制约和影响着崇明经济的发展。为此，本会就探索我县亏损企业的出路问题，在县工委、县委政研室、县计划统计局、银行、财税等部门的大力配合下，组织了专题调查研究。现经本会第四次常委会议审议通过，对我县乡镇工业亏损企业的出路提出如下建议。

一、亏损企业的基本情况

我县乡(镇)、村两级的亏损企业，仅从工业委员会今年1月—6月份统计资料反映，共有161家，比去年同期减少20家，而亏损额有876.26万元，比去年同期增加57.27万元。根据分析，亏损企业有以下特点：

(一) 企业性质看。乡(镇)级企业亏损户为79家，村级企业亏损户有82家，而乡(镇)级企业亏损额675.7万元，占亏损总额的77.1%；在总亏损户中，联营企业亏损户占23%，但亏损额却占43%，由此可见，亏损的大头在乡(镇)企业，重点在联营企业。

(二) 企业规模看。在161户亏损企业中，其固定资产原值在200万元以上的亏损企业有39家，占总亏损户的18.6%，而亏损额为459.23万元，占亏损企业总额的52.4%，亏损大户集中在生产规模较大的企业。

(三) 行业特点看。纺织、服装行业亏损户为43家，占总亏损户的26.7%；亏损额为354.95万元，占亏损总额的40.5%。纺织、服装行业是亏损的重点。

(四) 地区分布看。亏损企业超过10家的有4个乡(镇)，亏损额在50万元以上的有5个乡(镇)，这些乡(镇)主要集中在我县东部较为发达的地区。

二、企业亏损的主要原因

(一) 方向偏离，造成经济结构失调。

1. 产品结构不合理。不少产品在其起步时期有相对的合理性，也有过较快的发展，由于在发展过程中忽视了技术改造和产品的更新换代，有的甚至几十年一贯制，最终逐渐被市场淘汰而形成亏损，亦有些水平较低的产品大量重复布点，如灯头插座等普通胶木电器企业全县逾百家，低档棉纺、普通胶鞋、印刷等产品和行业不根据市场容量及调整方向，还在盲目发展。

2. 固定资产投资规模超出了流动资金的承受能力。有些企业不顾资金情况，一味追求规模，但又无能力筹措资金，只能把部分流动资金转为固定资金，于是流动资金进一步紧缺，而把已经形成的生产能力放空，造成亏损。

3. 企业缺乏“转、并、扩”的意识，难以形成规模效益。我县不少企业规模小而追求“全”，各自为政，在市场经济中经不起风浪，出现亏损。

(二) 乡镇企业灵活的经营机制不断退化。

主要表现在：

1. 企业冗员过多，大部分企业的富余人员超过20%，有家毛巾厂200多台织机，职工竟然达1 600余人。

2. 承包内容不全，缺少资产增值和新产品开发等几个影响企业发展后劲的重要指标，对经营者缺乏必要的制约，包盈不包亏，导致有些厂长在生产经营中搞拼设备等“短期行为”和掠夺性经营。

3. 部分企业的劳动优化组合逐渐演变成“亲化”组合。

4. “抽血”摊派过多，使企业严重缺乏扩大再生产能力和自我发展能力。不少企业的生产设备得不到改造，甚至缺乏必要的维修。

（三）素质差，管理水平低。

企业的主要经营者素质低，缺乏经济管理知识和竞争意识，忽视人才的使用和技术的开发，只图用“异化了的攻关手段”去求得企业的生存；企业以人为管理代替行为管理，致使企业经营不善、质量下降、浪费严重，影响企业效益。

三、亏损企业出路的建议

（一）政府把解决亏损企业出路问题列入重要的经济工作议事日程。

要研究对策措施，实行分类指导；要做好思想工作，教育乡镇干部破除“关闭企业是领导无能，拍卖工厂是败家行为”的陈旧观念，明了解决亏损企业对发展本地经济建设的重要性和迫切性，制定好切实可行的扭亏增盈措施；对确实无力扭亏的企业，再也不可靠财政和银行“输血”维持下去，必须坚决实行“关、停、并、转、卖”，通过市场机制作用，实现市场经济对社会资源的优化配置。

（二）加强调研分析，实行区别对待。

对亏损企业一个一个地进行分析，因厂制宜，区别对待。如果某个产品适销对路，有望使整个企业扭亏的，则主要依靠自身的力量，在短期内加强企业管理，提高技术含量，扩大生产规模，努力占领市场。银行要给予专项贷款，实行专款专用，使企业逐步复苏。

（三）制定有关政策，逐步使所有制结构多元化。

对乡镇亏损企业松绑放权，走集有民营、风险抵押承包、租赁、股份合作制的道路，逐步使所有制结构多元化，对亏损企业，可通过公开招标形式，将集体企业投资决策、生产经营、人事用工、工资分配完全交给承包者，由承包者依照市场运行机制进行经营管理，并且签订好合同，集体企业的所有投资，承租者必须在三至四年内全部回收上缴；生产流动资金由承租者自行筹措；承租者在经营期间，还须根据企业大小比例，交纳风险抵押金，完不成任务的由承租者承担亏损补偿。

（四）成立崇明县集体资产评估机构。

对濒临破产的企业和产值在300万元以下的亏损企业（包括发展前景不佳的微利企业）进行拍卖。评估机构对企业资产进行实事求是的评估，然后定出拍卖价格。要允许集体和私人都可以购买，并对债务偿还、人员分流等都明确职责，订好协议，经公证处公证后生效。拍卖后的企业，如有好的产品需要较大的投入，建议银行支持贷款。

（五）提高企业总体素质，强化企业管理。

要切实加强对经营者的教育培训，坚决调换那些管理不善、生财无路的经营者。并建议县工委会同其他有关部门对企业厂长经理组织定期轮训。企业的技术改造和新产品开发应有明确的计划和目标，并列入考核内容，使之规范化。凡是库存产品积压严重的企业，应明确目标，限期压库，年终考核。经核准，允许企业对长期积压的产品作较大幅度的削价处理，造成的亏损予以挂账（或作为认账利润）处理，并免缴有关税收。

（六）对亏损企业中的联营企业要具体分析。

经分析确有扭亏增盈前途的，要进一步加强联系，拓宽生产经营渠道，使其逐步好转起来。有些联营企业已濒临解体状态，则好合好散，平稳脱钩，做好资产分割和人员分流，另找门路，创办新的企业。

我县亏损企业的情况具有一定的代表性，如若处理不好，很有可能引起连锁反应。为此，建议县有关职能部门以及乡、村领导对乡镇企业多加指导，不断总结经验，扎实工作，促使我县乡镇企业不断朝着良性循环的方向发展。

关于加快发展我县职业教育，为崇明经济建设培养有用人才的建议

1993年12月

我县在20世纪80年代初，创办了市郊第一所中等职业技术学校，经过10多年的努力，职教事业取得了较大的发展，培养了一批有用人才，在崇明经济建设中发挥了较好的作用。但是，职教事业与经济建

设迫切需要大量人才还不适应。为此，本会以教育委员会为主体，组织调查研究，并听取有关单位意见，现经第五次常委会审议通过，对如何加快发展我县职业教育，为崇明经济建设培养更多有用人才提出如下建议。

一、职教事业取得了较大成绩

10 多年来，在县委、县政府的领导下，在教育等有关部门的重视和支持下，我县的职教事业得到了较大发展，至今已初步形成了以县办职教为主体，民办职业班为补充，长短结合，初中级并举的办学体制。现在，全县有中等专业技术学校 4 所，中等职业技术学校 4 所，职业教育班 37 个，共计学生 4 738 人。

职教专业设置日趋完善，从我县经济建设需要出发，先后开设了机械、电工、冷作、医士、养殖、服装、家电、汽修、财会、食品加工，宾馆服务、美工装潢等 20 多个专业。职教质量逐年提高，在市级组织的竞技、比武活动中，多次获奖。去年 5 月，在市组织的第四届职业技术学校“未来建设者技术、技能比武”中，获得 6 个团体名次和 5 个个人名次。竖河职校在今年职教系统制图竞赛中，获得团体第一名。职校学生毕业后，经过一两年的实际锻炼，多数已成为本单位的技术骨干和生产能手，有的还进入上一级学校。去年，新业职校机械专业有 74 名学生考入上海技术师范，今年全县有 20 名职校毕业生考入大专。

二、职教工作面临的困难和问题

（一）部分干部对职业教育的重要性认识不足，轻视职业教育，轻视人才培养的现象还存在。县里还没有制订发展职业教育的中、长期规划以及为实施这一规划的有力措施、激励机制和约束机制。

（二）职校普遍资金紧缺，教室、宿舍紧张，实习、实验条件较差，教学实习设备设施陈旧和不足，现有实验室、实习场地不符合标准的较多。

（三）职校师资力量薄弱，职校专业教师普遍不足。据县办 4 所职校调查，按规定编制，尚缺教师 120 多人，学历达标率只有 87.3%。实习指导教师也缺乏，以服装缝纫专业为例，现有服装专业班 10 个，至少需要专业实习指导教师 20 名，而现在只有几名合同工和临时工充任。

（四）缺乏统筹和协调，职校毕业生大量外流。县里对职校缺乏总体上的统筹安排，致使“先培训，后就业”和“持证上岗”等有关规定在多数企业得不到有效贯彻。特别是近几年，现有用工制度造成企业不太欢迎职校毕业生，使大量职校毕业生流向在崇市属国营农场。据 1990 年—1992 年的统计，职校和中专毕业生共 1 572 人，有 830 人流向国营农场，占 52.8%；有 143 人自找出路到市区，占 9.1%；只有 585 人留在本县乡镇工作，占 37.2%。

三、发展我县职教事业的几点建议

（一）加强对职业技术教育重要性的宣传和教育。政府部门要加强对职业技术教育的宣传，使各级干部从战略高度充分认识发展职业技术教育对发展我县经济的重要作用，提高人才培养意识，重视职业教育事业，并让全社会都来关心支持职教事业。

（二）深化职业技术教育管理体制改革。县政府要对全县职业技术教育的发展和改革进行总体规划，制定切实可行的近期和中长期规划，并对职教工作建立有力的统筹协调制度，加强普、职、成三教的沟通和合作，形成本县职业技术培训网络。行政和业务主管部门，要把办学权放给学校，使学校真正成为面向社会独立办学的实体。业务主管部门在对职业技术教育加强宏观管理的前提下，要下放管理权限，更多依靠行业进行管理，逐步实现政府统筹，行业管理，学校自己办学的管理体制。

（三）多渠道筹措职业技术教育经费。县财政用于职业技术教育的经费要专项列入预算，特别要加强对县办职校的资金投入。此外，要拓宽思路多形式多渠道集资办学，可通过产教结合、企校结合的形式，集资办学。各类职校都应发挥各自的优势，积极开展技术开发、咨询服务活动，兴办校办企业来增加创收。县政府主管部门要大力扶持校办企业，帮助学校发展既能与专业结合又能与市场接轨的生产项目。学校应充分利用校办企业，与相应的行业、企业建立教育、生产、经营、服务、科研的联合体，实行“产教结合”。校办工业公司指定若干个企业作为职校的实习工厂，根据教学需要，也可在条件许可情况下，联系几个县乡企业，作为职校的实习基地，政策上可适当优惠，最终形成政府拨款、社会参与、企业投入、学费补偿以及校办产业自筹多渠道的投资格局。

（四）加强职业技术教育师资队伍建设。县教育部门要挑选适合从事职教工作的普通中学教师或高校毕业生经过职业教育进修后到职业技术学校任教。要打破人才的部门所有制，支持和帮助职业技术学校从有关单位的技术、管理人员和能工巧匠中选调、选聘专职或兼职技师。要通过委托培养、脱产进修、在岗培训、到工厂和农村实践锻炼等形式，对职校教师和管理干部进行培训，提高教师的教学水平和管理能力。

（五）改革招生和毕业生分配制度。县主管部门要改变以往对招生实行单一指令性计划的状况，扩大市场调节的因素，增加委培生和自费生的招生比例，并且逐步实行文化考试与能力测试相结合的招生录取方式。职校还可设立多种类型的培训班，时间半年至二年不等，比较系统地教授有关专业知识。各乡镇应分期分批组织在职企业干部、职工及富余人员进行业务培训，从根本上提高企业素质。县劳动人事部门要健全和完善“先培训，后就业”和“持证上岗”等有关用人用工政策及规定，并加强检查督促，今后未经职业技术教育和培训的人员不得进入人才、劳务市场，乡镇企事业招收人员首先要从专业对口或相近的各类职业技术学校毕业生中择优录用，职校学历应作为工资定级的重要组成部分，以提高企事业职工的整体素质和职校毕业生的就业率。

关于优化环境，理顺关系，促进我县三资企业发展的建议

1994 年 7 月

近年来，随着改革开放的不断深入，我县三资企业有了较大的发展，特别是 1993 年，全县共批准三资企业 65 家，超过了前 7 年批准数的总和。总投资额 9 013 万美元，协议吸收外资 4 056 万美元，平均投资额达 139 万美元，比前几年批准的三资企业的平均投资额增加 40 万美元。我县三资企业发展虽然取得了可喜的成绩，但与兄弟郊县及其他先进地区相比较，无论在数量上、规模上，还是在技术含量上、经济效益上都存在着很大差距。今年以来，我县三资企业的批准数和吸收外资数量呈明显下降，1 月—5 月共批准 26 个项目，与去年同比减少 46%，协议吸收外资 416 万美元，同比减少 43,6%。立项数也明显下降，1 月—5 月共立项 24 个，其中 5 月份立项只有 1 个。三资企业发展与兄弟郊县和周边江浙发达地区的差距还在拉大，究其原因，除了交通、能源等基础设施薄弱以外，我县投资软环境也有着明显的差距。

一、投资软环境现状分析

（一）政府管理职能跟不上外向型经济发展的需要。

我县工业委员会外经办履行政府外经委的职能，对上还没有得到市有关部门的充分理解，横向缺乏协调各有关部门工作的能力，加之工委外经办的编制偏紧，进行实质性工作的只有 3—4 人，所以对下配套服务感到乏力。县外贸公司归口工委工贸公司以后，与城市大外贸的联系尚未畅通，市各专业出口公司来崇者明显减少，这些都在一定程度上影响了三资企业的发展。

（二）招商时热，落户后冷，配套服务差。

有些单位招商时千好万好，甚至脱离实际承诺过多，外商落户后又缺乏热情和积极配合，致使部分外商产生上当受骗的感觉。外方经理普遍反映，崇明交通不便，硬环境差，是完全可以理解的，但是许多办得到的事情却没有办好，这是不应该的。码头等对外窗口为外商和三资企业的服务意识不强，人员和车辆过江难，非正常停电过多，政府和地方配套服务不够，效率低、办事难，收费名目繁多。例如港沿镇欧亚机械成套设备有限公司外方经理说：“经常无故拉电，不仅影响生产，甚至损坏设备，出了问题向谁告。”有的外商反映，由于经常停电，一个星期也没有洗上澡。新河镇新华拆船公司外方经理反映：“征地拆迁中，群众工作难做，来要钱、要工作，实际进展缓慢。有关部门收费名目繁多，还经常来找岔子。本地施工单位工期一拖再拖，影响建设进度，被搞得精疲力竭，差一点落荒而逃。”有些外商本来是来探探路，先搞些小项目，以后视情况逐步引进些新项目，但由于对崇明失望而搁浅。

（三）项目论证不充分，上马仓促。

不少单位项目论证不充分，在对外商还缺乏了解，对生产设备和工艺又不熟悉的情况下，就饥不择食、仓促上马，导致设备进价过高、生产工艺落后、外方资金到位率低，甚至上当受骗。据统计，1993 年以前批准的 119 家三资企业中资金到位率不超过 50%，大新乡 9 个领照三资企业中 4 个因外方资金分文不到而前功尽弃。堡镇东洋染整公司，外方以设备折价投资 150 万美元，设备进场后，经有关专家评估，原来是一套价值只有 50 万美元的二手设备，其生产工艺也比较落后。不少企业原材料进口和产品出口控制在外方手中，外方进口原料抬价，产品出厂压价，使企业效益降低，加上其他种种原因使不少企业连年亏损，造成我县三资企业成功率低、效益较差。

二、优化投资软环境的建议

（一）进一步统一思想、提高认识。

县委、县政府要充分利用各种形式开展宣传教育，不仅使各级领导干部，而且要使全县人民、各行各业都要认识到：发展三资企业是振兴崇明经济的需要，而发展三资企业在于不断地改善投资环境。在加强宣传，统一思想，提高认识的基础上，一方面致力于交通能源等基础设施建设；另一方面必须在改善软环境上狠下功夫。我县制定的外商投资优惠政策，增强了对外商投资的吸引力，但这决不能代替一切，全县各行各业都要为外商来崇投资提供全方位、多形式的配套服务，并且要从提高自身素质做起，逐步树立起崇明的良好形象，只有这样才会万商云集、万业兴旺。

（二）充分运用"以外引外""联手招商"的方式加大招商力度投资软环境。

所谓"以外引外"，就是充分利用现有成功三资企业的外商，来宣传崇明，牵线搭桥，用滚雪球的方法引进外资；所谓"联手招商"，就是利用城市大外贸和城市大工业的海外关系，与他们携起手来联合招商，尽可能形成"中中外"模式的三资企业。运用"以外引外""联手招商"方式发展三资企业其成功率较高，经济效益也较好。为此，我们不仅要努力改善投资环境，而且要从四套班子做起，与他们建立起长期稳定的热线联系，协助解决投资者的困难，增强他们对崇投资的热情。

（三）进一步理顺关系，强化职能，形成一个强有力的协调服务机构。

建议由一名工业委员会副主任兼外经办主任，并进一步充实外经办的力量(可以挂外经委牌子，两块牌子，一套班子)。外经办不仅是我县三资企业的统一归口管理部门，而且是县政府组织对外招商的具体工作部门，设立"三资企业服务中心"(可以是半官方的)归口外经办，为外商及三资企业提供有偿配套服务。县外贸公司要充分发挥城市大外贸与崇明之间的桥梁和纽带作用，帮助发展本县出口产品和三资企业，经常性地组织市各专业出口公司和城市有关大工业企业来崇活动。

（四）正确处理三资企业的数量与质量的关系。

当前尤其要在注重质量的前提下力求数量的增长。兴办三资企业心要热、头脑要冷，切忌急于求成仓促上马，在操作中尽可能做到知己知彼知情，提倡务实精神，做好科学分析，对外承诺不能离谱，不断提高谈判水平。主管部门要严格把关，并做好项目的跟踪工作，尽量避免不必要的经济损失，提高三资企业的成功率和经济效益，改善我县涉外经济的形象。

（五）注重提高涉外经济人员的素质。

当前首先要提高各级领导、涉外经济工作人员和经营者的素质，切实加强我县涉外经济人员的教育培训工作。一要对乡村各级领导和有关人员进行培训，提高他们的服务意识；二要对专业人员进行培训，提高他们的业务素质；三要对三资企业的中方经理进行培训，对有关人员进行定期考核，以提高他们的整体素质。

（六）各级领导重视。

县委、县政府领导(包括四套班子领导)要定期走访外商和城市大外贸，适时召开座谈会，邀请有影响的外商参加，听取他们的意见和建议，解决他们存在的实际问题，联络感情，增进友谊，共同为发展我县三资企业献计出力。县有关部门和当地政府领导也要经常深入三资企业了解情况，解决问题，特别是一些管理执法部门领导要把履行自己的职能作为上门服务的机会，主动、热情、周到，服务好、管理好。要简化审批手续，提高办事效率。基层政府领导要加强对本地区干部群众的教育，大家都要支持三资企业的健康发展。

（七）各行各业都要热心支持三资企业。

供电部门和各种服务窗口要优先支持三资企业。加强用电管理，杜绝擅自停电，并减少非正常停电，临时停电要事先通知三资企业。车站、码头等对外窗口都要为三资企业提供优先优质服务。建议申崇码头设立境外人员专窗，保证优先上船上车，轮船公司向三资企业发放过江车辆专用登船证，保证优先上船。

关于进一步发展我县岛外第三产业的建议

1994 年 12 月

本会就进一步发展我县岛外三产这一专题，组织部分委员进行了调查视察，并分别召开不同层次的座谈会，听取有关方面的意见，在分析问题、找出原因的基础上，特提出几点建议。

一、我县岛外三产发展概况

县委、县政府根据我县的实际情况，把开拓岛外三产作为发展我县第三产业的重点来抓。1993 年提出了每个乡镇在岛外至少新增一个三产窗口的要求，1994 年又提出了创办岛外公司或窗口 100 家的任务，使我县岛外三产呈现出良好的发展势头。1993 年末，全县岛外三产企业总数达到 166 家，实现营业收入 5.5 亿元，利税 1 822 万元。到今年 9 月底，岛外三产企业总数猛增到 256 家，1 月—9 月实现营业收入 6.93 亿元，利税 2 017 万元，与去年同期相比有了明显增长。岛外三产已涉及 20 多个行业，正逐渐从商业、物资供销等传统行业向房地产、仓储、旅游、咨询等新兴行业拓展。从地区上看，不仅在上海，而且在北京、四川等地，甚至在国外建立了有一定规模的三产企业。我县对岛外三产的管理和指导也得到了加强，并且涌现了一批精于岛外三产经营的骨干。通过全县上下的共同努力，今后岛外三产将会有更大的发展。

二、当前发展岛外三产存在的困难与问题

由于我县岛外三产的发展还刚刚起步，因此还存在着诸多的困难与问题，主要表现在：一是部分领导对发展岛外三产的重要性缺乏足够的认识，存在着任务观念、"小打小闹"观念和消极等待观念，没有真正把发展岛外三产摆上应有的位置。二是资金上缺乏投入，大多数企业处于"空麻袋背米"状况，不少乡镇连发展岛外三产的启动资金都没有，县内金融机构又不予贷款，资金严重缺乏。三是县内如何发展岛外三产缺乏具体的规划和设想，发展重点不够突出，各部门为发展岛外三产配套服务不够。我县县、乡两级三产管理机构建立已一年有余，在对我县岛外三产的管理、指导、协调与服务等方面起到了一定作用，但随着岛外三产的不断发展，由于县级管理部门职责不明，缺乏权威性，难以形成规范化管理，在乡镇一级管理上矛盾更为突出。四是由于大多数企业刚刚开办，缺乏经验，管理工作欠规范，监督制约机制还不够健全，甚至有的单位把岛外三产作为岛内母体企业的"小金库"，一些挂靠企业又缺乏必要的制约措施，造成了一定的经济损失。五是各乡镇之间发展还不够平衡，差距很大。如三星、绿华、合作、竖新等乡镇发展较快，但也有的乡镇发展缓慢，差距越拉越大。六是部分乡镇岛外三产企业的承包合同职、权、利不明确，应得报酬不能及时兑现，影响了经营者的积极性。由于上述种种原因，制约了我县岛外三产的发展。从目前情况看，我县的岛外三产企业虽然已有 256 家，但年营业收入在 1 000 万元以上的只有 18 家，仅占总数的 10.3%；利税总额在 100 万元以上的只有 5 家，仅占总数的 2.9%，平均每户的年利税额仅有 15 万元；注册资金 100 万元以上的也只有 17 家，占总数的 18%。大部分企业规模小、档次低、效益差。

三、发展我县岛外三产的几点建议

（一）加强宣传，形成共识，创造发展岛外三产的良好氛围。各级干部要进一步认识到，崇明是上海的远郊，作为一个海岛，目前还处在大开发前期的准备阶段，发展岛外三产，不仅具备诸多有利条件，而且有利于带动岛内三产的发展,促进其他产业的进步,对发展我县经济具有十分重要的意义。我们必须破除“小打小闹”、消极等待的观念,确立敢想敢干、有所作为的思想,在县委、县政府的统一领导和组织下,拓宽思路、突出重点、加大力度、扎扎实实地工作,真正把发展岛外三产放在重要议事日程上。

(二)切实制订规划,明确发展重点。县三产领导小组在调查研究的基础上,应对岛外三产的发展作出具体规划,明确县乡两级各自发展的重点,特别要充分利用我县政策优势,重点发展水上交通运输、仓储、房地产等行业。

(三)积极与城市大三产联手,组建大型骨干企业。今后我县岛外三产的发展目标应以上规模、上档次、上效益为主要内涵,以此实现第二次飞跃。对县内各大公司和乡镇及经济委局的岛外三产应以能否建成“千万收入”“百万利税”的企业数为主要考核指标,各乡镇应在岛外至少建成一个“千万收入”或“百万利税”的三产企业。采用特事特办的方针,积极鼓励我县岛外三产与城市三产联手,供销、物资、交通等部门及综合经济开发公司应采用“注册于崇明,经营于岛外”的方式,分别与城市大三产联营,组建成注册资金在千万元以上的大型岛外三产企业。这样,以县乡两级岛外三产的骨干企业带动全县岛外三产的发展。

(四)加强领导,理顺关系,完善服务。县乡两级都要有领导挂帅,专人负责,切实做到人员、职能、服务三个到位;要进一步明确两级三产管理机构的职责,完善统计网络,抓好基础工作,各有关部门要在审批、协调、信息、咨询等方面提供配套服务,加强指导、监督和检查,定期交流经验。

(五)加大三产的投入力度。凡是比较效益高,发展前景好的项目,应在资金和配套服务方面给予倾斜,岛内金融机构应尽可能通过一事一办的方法向岛外三产提供临时贷款。

(六)强化激励机制,调动各方面的积极性。对岛外三产企业可以实行经营承包责任制或风险抵押承包,做到责、权、利相结合,其分配政策应适当放宽,以利于稳定岛外三产的队伍。分配政策要严格兑现,母体企业和主管单位不能把岛外三产视作“小金库”,不搞“吃、拿、要”,以保持岛外三产企业的自我积累和自我发展能力。

抓好菜园子,丰富“菜篮子”,更好地为城市居民服务

——关于加强我县蔬菜基地建设的几点建议

1995年11月

县政协根据年初制订的活动计划,从9月中旬开始,着手就加强我县蔬菜基地建设,进行了专题调查和视察活动。本会农贸经济委员会组织部分委员深入到合兴乡蔬菜园艺场和大新镇前卫村特种蔬菜园艺场,进行了实地调查。第十六次常委会议也专门听取了合兴乡党委和县蔬菜办关于蔬菜基地建设,以及生产、经营情况的汇报,并就如何进一步加强我县蔬菜基地建设,在肯定成绩的基础上,针对目前面临的困难和问题,提出了意见和建议。

一、我县蔬菜基地建设的基本情况

近两年来,在市委、市政府的关心和支持下,我县的蔬菜生产发展较快,全县现有市级常年菜地7 590亩,已建成6个高标准的蔬菜园艺场。其中1994年5月市菜办批给我县大新镇前卫村、绿华镇、合兴乡、中兴镇以及城桥镇、堡镇镇市级常年菜地4 040亩,县级新增菜地100亩。1995年又新增向化镇、合兴乡、新村乡新洲村市级常年菜地3 550亩。市政府先后共投入我县蔬菜生产建设资金3 361万元,其中无息贷款580万元,各类设施投资2 781万元。6个蔬菜园艺场共建水泥道路1.8万平方米,简易道路16万平方米,搭建钢管大棚2 260多套,遮阳网9万平方米。自筹资金添置各类大小汽车50多辆。

各有关乡镇切实加强领导,动员群众,转变观念,克服困难,采取边规划、边建设、边生产的办法,当年为城市居民提供了10多个品种的蔬菜,总产量为2.3万吨,总产值941.4万元,平均亩产值为2 300元。今年1月—8月,我县共上市各类蔬菜3.2万吨,总产值为1 826万元,平均亩产值为2 400元。其中,合

兴乡蔬菜园艺场销售的“台湾芝麻条茄”,到8月底产值已超100万元,乡政府投入的80多万元资金已全部收回。

这些成绩的取得,来自广大干部群众艰苦创业,苦干实干的拼搏精神,建立于依靠科学技术,引进名特优蔬菜品种,依赖于生产经营的科学管理。但是,从各个蔬菜基地的情况看,目前还面临着许多困难和问题,诸如:蔬菜生产的管理系统不完善,基地生产资金有一定缺口,蔬菜基地之间发展不平衡,特色尚未真正形成,技术人员严重缺乏,服务网络不健全,在蔬菜生产、加工、销售等方面还存在许多问题亟待解决。

二、加强我县蔬菜基地建设的几点建议

(一)切实加强领导,完善管理体制。搞好蔬菜基地建设,抓好菜园子,可以解决“菜篮子”问题,既有社会效益,又有经济效益,可谓是一举两得。建议县政府积极向市政府及市有关部门争取更多的市级菜地计划,不断扩大我县蔬菜基地规模。同时还应在城堡两镇附近建立有一定规模的县级蔬菜基地,保障城堡两镇居民的蔬菜供应。对于市县下拨的蔬菜基地建设专项资金及因占用蔬菜用地征收的菜地建设资金,县政府有关部门应加强监督检查,保证专款专用。在蔬菜生产管理体制方面,鉴于目前县蔬菜办公室工作人员均为兼职,且无活动经费,建议县政府加强和充实县蔬菜办公室的力量,并按照市有关方面的要求,定编定员,以进一步发挥职能部门作用,抓好全县的蔬菜生产。有关乡镇应相应建立工作班子,切实加强对蔬菜生产的领导和指导,把蔬菜生产列入重要的议事日程。

(二)依靠科学技术,开发名特优品种。合兴乡蔬菜园艺场种植的“台湾芝麻条茄”获得较好的经济效益,这一点足以说明依靠科技开发名特优品种的优越性。为此建议:一要依托大专院校、科研单位,走科技兴农之路。建立县级蔬菜研究中心,投入一定的技术力量,与有关单位联合研究开发名特优新品种。既要注意选育、培植本地的优良品种,又要适当引进、推广国内外名特优品种。县政府要适当增加科研攻关经费的投入。二要狠抓蔬菜栽培科技队伍建设,注重引进和培养这方面的专业人才,并对蔬菜基地管理人员及从事蔬菜生产的第一线人员进行技术培训。三要不断健全服务网络,保证蔬菜生产的健康发展。

(三)适应市场需求,注重蔬菜加工。在抓好蔬菜生产的同时,应注重搞好蔬菜的加工,逐渐从粗加工发展到精加工、深加工,不断提高经济效益。建议县政府对外招商引资,采用联办、独资等多种形式,筹建蔬菜加工龙头企业,形成产、加、销一条龙。

(四)建立营销体系,不断拓展市场。在保证蔬菜主渠道销售的同时,要切实抓好流通,拓展市场。在市区拟建立办事机构,搞好蔬菜的营销管理。合兴乡与上海有关单位搞直销这一形式值得一试,可以高于批发价,低于市场价直销有关单位,对双方均有利。同时,又要立足本县,为居民服务。建议县政府在城堡两镇利用原来的国有菜场,建立蔬菜批发市场,以减少流通环节,平抑菜价,使居民得到更多的实惠。

(五)注意环境保护,保持水土洁净优势。无公害蔬菜生产,既要注意在蔬菜生产过程中,严格控制农药的使用量,更要注重在蔬菜基地四周杜绝办有污染的工厂,真正使我县的蔬菜特色更特,优势更优。

关于我县开展全民健身活动的建议

1996年6月

实施全民健身计划,是社会发展新时期一项国民体质建设的系统工程,对增强民族体质水平,提高人力资源素质,稳定社会,充实生活,促进经济发展有着相当大的影响。最近,县政协组织文体新闻委员会在县教文体委员会的积极配合下,就开展全民健身活动,进行了一系列调查、视察和考察活动,除了听取政府部门汇报和实地调查视察外,还赴青浦和太仓等地进行考察。现根据国务院颁发的《全民健身计划纲要》和《上海市全民健身实施计划》的要求,结合我县的实际情况,提出以下建议。

一、我县开展全民健身活动的基本情况

国务院《全民健身计划纲要》和《上海市全民健身实施计划》颁布以来，崇明的全民健身活动在县委、县政府的领导下，在主管部门的积极努力下迅速启动，先后召开了体育工作会议，组织了体育宣传周活动，推出了全民健身“一、二、一启动工程”实施方案。全民健身活动以学校和基层为主体，条块相结合，在全县上下共同努力下，正逐步深入到学校、企业和家庭，出现良好的发展势头。1995 年我县被国家体委授予全民健身宣传活动先进集体。

（一）学校体育蓬勃开展。学校体育是国民体育的基础，也是全民健身活动的重点。两年来，我县狠抓了学校体育达标活动，使全县学校体锻标准实施面达到 100%，及格率达到 88.6%，良好率达到 31%，优秀率达到 8.1%，“三率”均有新的提高。1996 年崇明获上海市青少年运动会团体总分第一名，金牌总数第二名。利农小学乒乓球队在市青少年运动会乒乓球项目比赛中囊括少年组男女团体冠军和个人赛冠亚军。

（二）社区体育有所发展。在主管部门的具体指导下，各乡镇积极开展各项体育活动。1995 年全县有 5 个乡镇举办了运动会。竖新镇和堡镇镇均做到月月有竞赛活动，体育竞赛项目近 40 个。城桥镇通过举办“全民健身教职工运动会”等，认真抓好全民健身活动，全年有 25 万人次参加各种健身锻炼。堡镇镇拥有健身活动场地 20 多个，健身项目 18 个，1 500 多人经常参加健身锻炼。近年来，老年人参加健身活动的项目不断增加，参加活动的人数不断扩大。目前全县的体育人口为 36%。

（三）指导网络正在形成。目前已初步形成了县乡镇两级政府管理，县体育辅导站、乡镇辅导站和居委、村委辅导点的三级指导网络。据统计，全县有各种体育辅导站 82 个，通过培训，16 名乡镇局的体育干部达到了二级社会体育指导员标准，12 名体育科和体育场馆业务骨干达到了一级社会体育指导员标准，还帮助培训了基层骨干 70 多人，促进了全县健身活动的开展。

二、开展全民健身活动所面临的几个问题

（一）部分领导干部对开展全民健身活动、提高全民健身的意识较为淡薄，对推广和实施全民健身计划的重要意义认识不足，在一定程度上影响了活动的开展。

（二）经费缺乏，场地、器材不足。据了解，目前乡镇体育经费一般维持在每年人均 0.20 元—0.40 元左右，这与市要求达到人均 1 元的标准相差甚远，有些乡镇经费不落实，活动无法搞。县乡两级体育设施建设停滞不前，乡镇文化站目前体育场地不足，设施简陋，50%的乡镇达不到一场（篮球场）、两室（乒乓室、棋牌室）的要求，有些乡镇还将原有的体育场地移作他用。

（三）机构不够健全。县教文体委员会体育科编制少、人手紧，应付多、抓实少。部分乡镇的体育运动委员会也名存实亡，体育专职干部尚未配全，有些乡镇实行经费“断奶”后，主管人员去搞创收，无人组织体育活动。

三、开展全民健身活动的几点建议

（一）制订实施计划，落实具体措施。建议县政府及早出台《崇明县全民健身实施计划》，并纳入经济和社会发展的总体规划，有计划、有步骤地组织和指导我县全民健身活动的开展。各乡镇、各部门和各系统也要制定相应的计划，使健身活动更加健康地向前发展。

（二）加大宣传力度，形成更大声势。结合《崇明县全民健身实施计划》的施行，要充分利用广播、电视等各种宣传渠道大张旗鼓地进行宣传。一要增强领导干部的体育意识，提高对开展全民健身活动重要意义的认识；二要提高全县人民的健身意识，增强群众参与健身活动的自觉性；三要使广大群众认识到开展全民健身活动，提高市民的综合素质是适应上海这个大都市的地位、形象的需要；四要使我县的全民健身实施计划家喻户晓、人人皆知。

（三）切实加强领导，健全管理体系。崇明县全民健身领导小组业已建立，各乡镇也要相应建立领导小组，明确职责，领导和指导体育活动的开展。鉴于体育的地位和作用，建议建立“崇明县体育指导中心”，适当增加人员编制。各乡镇要调整充实乡镇体育运动委员会，配备好体育专职干部，并建立乡镇体育指导站。有条件的企业要做到领导分管,工会主抓,落实到人,真正形成覆盖面广、包容量大、纵横相通的群众体育组织网络和新型管理体系。

(四)突出健身重点,抓好示范工程。按照《全民健身计划纲要》和《上海市全民健身实施计划》,应将青少年、儿童列为开展全民健身活动的重点,并把有一定基础的城桥、堡镇两镇作为重点地区,还要抓好争创市级一流的健身示范工程,培养一批示范学校和示范村(居委会),利用典型引路,影响和带动全民健身活动的开展。

(五)发展体育场地,面向社会开放。体育场地的设施布局应纳入城镇总体规划,与居民住宅小区及教育文化、卫生等设施布局协调配套。体育场地设施建设应与国民经济增长速度和社会事业发展速度保持一致,政府要适当增加体育场地建设资金的投入,保证落实国家关于城市公共设施用地定额和学校场地设施定额的规定。结合旧城改造,在居民住宅小区建设中应有政府出资,有计划地开辟群众锻炼园地。城堡两镇要千方百计创造条件,充分利用现有体育场地,尽可能地改造体育设施,为群众多开辟体育活动的场所,满足群众对体育活动的需求。政府要创造条件,在近年内为堡镇地区规划建造游泳池。其他乡镇应尽快完善配套"一场""两室"体育设施。工厂、机关、学校等单位内部的体育场地、设施也要逐步向社会开放,真正使社区体育活起来。

(六)制定优惠政策,扶持健身活动。全民健身活动是造福于子孙后代的社会公益事业,功在当代,利在千秋。建议县政府要在往年财政支持的基础上,逐年有所增加,对本县体育产业中涉及的营业税、所得税、房产税、地产税以及地方实收的增值税等,实行列收列支,由财政返还,对于返还的税收必须用于体育设施建设。各乡镇应按照上海市体育先进乡镇标准要求,达到人均体育经费1元的标准,落实好体育经费。要积极争取社会各界对全民健身活动的支持,采取多种方式筹集资金,捐献给全民健身事业,所捐经费必须专款专用。在适当的时候筹集"全民健身活动基金",以促进全民健身活动的开展。

(七)结合机关特点,抓好机关人员健身活动。县、乡镇机关应全面恢复广播操制度,坚持每天做一次,并使经常做的人数达60%以上。还要利用业余时间适当开展乒乓球、棋类、桥牌、拳操等项目的比赛活动。县体育主管部门除了组织一年一次的广播操比赛外,还应组织县、乡镇机关干部开展多种体育活动和体育比赛。使机关健身活动走在全民健身活动的前列,起到示范表率作用。

三、十届县政协常委会建议案

关于搞好种源提纯复壮,发展崇明特色农副产品的建议

1999年7月

众所周知,我县有不少特色农副产品,例如青背白肚的长江口绒螯蟹、肉质鲜美的白山羊、自然成丝的黄金瓜,还有红梗芋艿、白扁豆、大红袍赤豆等等。这些产品因具有独特的风味而成为特色,是我县潜在的资源优势,发展这些特色产品,已成为我县实现农业产业化振兴崇明经济的重要途径。但是,由于种种原因,不少特色农副产品的优良种性正在逐步退化,闻名于世的长江口绒螯蟹,由于其他水系蟹种的混杂而发生变异,崇明金瓜越种越大,正在失去原有的特色。我县得天独厚的资源优势正在流失,特色经济的发展已经受到一定的影响。因此,注重特色产品的提纯复壮,加强特色产品的选优推广已成为我们的当务之急。为此,县政协组织专门力量,就如何搞好种源提纯复壮,发展崇明特色农副产品这一课题进行专题调研,通过召开部分农业科技人员座谈会,深入县种羊场、民营企业瀛生实业公司等单位进行调研,并专程到上海农学院与有关教授、专家进行深入探讨,对"提纯复壮"的重要性有了进一步的认识。提纯复壮是按照良种的标准和选种的要求,严格选择,加强培育,在保持品种特色的前提下,不断提高整个品种品质的一种繁育手段,这对于保持和发展原品种的优良种性,增加品种优良个体的数量,不断提高品种质量,有极为重要的意义。

一、种源提纯复壮的基本情况

我县提纯复壮工作，在县委、县政府的正确领导下，已经取得了一定的成绩。例如，崇明的金瓜在1987年—1991年五年中，先后从9个农家品种中筛选出了3个个体大小适中、产量较高、品质较好的品种；1994年—1997年期间从8个农家品种中选育出了粗大、光亮、品质好的大红袍赤豆“崇袍6号”；近三年来，在市有关部门的支持下(拨款15万元)，开展了白山羊的提纯复壮工作，在选优的基础上引进了波尔羊、萨能羊进行杂交改良，在基本保持原有风味的前提下，其生长性能提高36%。但我们也应看到在我县特色农副产品的种源提纯复壮、选优推广方面还存在不少问题：一是提纯复壮和品种改良还未引起社会的普遍重视，并没有真正成为一种长期的自觉行为；二是缺乏严格的科学操作方法和有序的组织工作，力量比较分散，主攻方向还不够突出；三是缺乏必要的经费支持和试验基地，有些课题往往是小打小闹，难以形成气候，一些科技成果也未能及时转化为现实的生产力；四是技术攻关力量相对薄弱，相应的科研机制缺乏活力。

二、种源提纯复壮的建议

(一) 不断统一思想，切实加强领导。

搞好特色农副产品种源提纯复壮、选优推广工作，是发展我县特色经济、致富农民、实干兴县的一项重要措施，而且这是一个动态的循序渐进的长期过程，这就要求社会各方面要不断统一思想，特别是各级领导更要给予高度重视，并努力使之成为一种长期的自觉行为。更由于特色农副产品的提纯复壮、品种改良和选优推广周期长、见效慢，又具有一定的风险性，加上我县农村经济相对薄弱，农户又比较分散，这就更需要我们各级政府切实加强对这项工作的领导，要精心制定规划，明确主攻方向，投入必要资金，切实加大支持力度，集中力量，重点突破，只有这样，才能使我县特色农副产品的种源提纯复壮和选优推广工作取得更大进展，有利于促进我县农业产业化。

(二) 搞好调查摸底，明确主攻方向。

如前所述，我县特色农副产品品种较多。如果什么都好，什么都要，那显然是不切实际的。因此，要在原有工作的基础上，进一步组织力量做好我县特色农副产品的资源调查和品质测定，并结合市场销售前景等要素进行综合评估，在此基础上按照轻重缓急、有先有后的原则，制定发展计划。当前首先要选择最具特色、最有前途的产品作为我们的工作重点，集中必要的人力、财力和物力，采取政府扶持和民间开发相结合的方式，充分调动社会各方面的积极性，实现重点突破。

(三) 组织专业队伍，建立推广网络。

目前我县农副业方面技术力量主要分布在农业技术推广中心、蔬菜技术推广站、畜牧兽医站和水产技术推广站。这些技术人员既要搞行政执法，又要搞试验和示范推广，还要搞创收，力量比较分散，难以形成拳头，专业人员也很难潜下心来搞好科研工作。因此建议在农委系统组织专业队伍，进行试验推广，从相关行业中选用技术骨干，建立专门的课题组，明确主攻方向，落实具体任务，集中精力专门从事特色农副产品的提纯复壮、品种改良和选优推广工作。要注意把试验推广和行政执法分开，要以县级农科部门、试验基地和乡镇农科站为主体，形成推广网络，建立必要的选优推广制度。鉴于特色农副产品的提纯复壮、品种改良和选优推广是一项具有巨大社会效益的工作，而又具有周期较长、见效较慢，有一定风险性的特点，政府必须给予资金上的支持。一是按课题拨足试验经费，二是按推广实际需要支付推广费用，三是确保科技人员的待遇。在此基础上，试行有偿选优推广的规范运作，在确保社会效益的前提下，激励科技人员的积极性，稳定和扩大专业队伍，待条件成熟后可以建立县级研究试验机构，真正把科技开发的重点和科技力量的安排逐步转移到发展崇明特色农副产品上来。

(四) 建立试验基地，鼓励风险投资。

建立现代化的试验推广基地，是做好特色农副产品种源提纯复壮、品种改良和选优推广的首要条件。建议县政府应确定一定规模的土地，并投入必要的配套资金，尽快形成若干个县级试验推广基地。目前，除了县良种场以外，可以考虑在北六滧至北八滧之间建立起第二良种场和长江口绒螯蟹试验推广基地。

试验研究和基地建设应互为一体，除了进行试验研究还可实行全县统一供种，有偿提供特色产品的原种或杂交种以及相配套的技术资料，并要认真做好跟踪调查工作，以利于优良种性得到不断改良和发展，促进特色农副产品种源的选优推广。要积极鼓励和引导社会资金，按照风险投资的运作方式向试验基地或科研项目进行投资，以逐步形成我县特色农副产品开发投资体系多元化的格局。

（五）选择技术依托，提高科技水平。

鉴于我县技术力量相对薄弱，而科学技术的发展日新月异，提纯复壮的理论和方法也注入了更科学更先进的内容。因此，我们必须把科研力量雄厚的高等院校、科研单位作为我们的技术依托，实现县院(所)联手合作。一要舍得花钱，二要善于配合，重在吸收和运用他们的新成果新方法，有效缩短提纯复壮的进程，不断提高我们的科技水平，加速发展我县特色农副产品。

（六）严格科学管理，营造品牌优势。

随着我国社会主义市场经济的形成，任何产品的品牌优势已逐渐成为产品生产与发展的生命线。因此，我县特色农副产品的提纯复壮、品种改良和选优推广都应立足于营造产品的品牌优势。要严格科学管理，除了建立必要的选优推广制度以外，要切实加强对农户的技术指导，提供全程配套服务，完善有关农副企业和农户的生产管理制度，严格技术操作规程，还要建立跟踪制度和资料库，建立质量标准体系，并规范市场销售。把科学管理贯彻于技术开发、产品生产和市场销售的全过程，在优良种性得到不断提高和发展的同时，营造我县特色产品的品牌优势，发展我县特色农副产品。

关于加强长效管理，巩固国家卫生县城创建成果的建议

2000 年 6 月

为了巩固我县国家卫生县城的创建成果，搞好长效管理，县政协组建专题调查组就“加强卫生县城的长效管理”进行了专题调研。专题调查组先后 4 次召开由 20 多个有关部门和单位负责人参加的座谈会，还分别到江苏省启东市、昆山市和本市奉贤县等地进行考察调研。现就我县加强卫生县城长效管理，提出几点意见和建议。

一、现状和问题

我县“创建国家卫生县城”的工作，从 1998 年 5 月开始启动，至 1999 年年底，经市考评，初步通过了“国家卫生县城”的验收。近两年来，在县委、县政府的重视和领导下，县创建国家卫生县城领导小组办公室积极推行“条块结合，条包块管，以块为主”的创建模式，各部门、各单位和广大干部群众，克服了创建基础差、投入资金少等困难，团结协作，奋力拼搏，做了大量工作，取得了一定成绩。现在，创建区域内的“六乱”现象基本制止，城区基础设施日益完善，市容环境综合管理初步形成经常化、制度化。市容净化、绿化、美化上了一个新台阶，居民卫生意识和文明素质不断提高。居民的生活质量和崇明的投资环境得到了改善，创建国家卫生县城取得了阶段性的成效。

但是，从进一步改善我县投资环境和实施可持续发展战略的要求出发，从实现崇明 21 世纪大开发大开放的宏伟目标的要求出发，从创建国家卫生县城的更高标准和县城建设的实际情况以及广大群众对生活质量要求不断提高的情况来看，县城的市容环境和管理方面，还存在着不少问题和差距。

（一）县城规划滞后。从目前情况看，崇明县城的总体规划至今尚未以法规的形式确定下来，市政建设还存在随意性和种种不确定性。就旧城改造而言，其规划起点较低，缺乏超前意识和海岛特色，公建配套不完善，建管脱节。

（二）资金投入不足。在创建过程中，政府虽然在财政并不宽裕的情况下，投入了一定资金，市政环卫基础设施得到了一定程度的改善，但离创建要求尚有很大缺口，致使很多硬件设施不能配套。例如创建中必须要搞好的污水和垃圾的无害化处理，目前因限于财力，只能处于自然处理状态。

（三）管理体制不顺。目前，市容环境管理由创建办负责，但是创建办是临时性机构，要他去承担县城长效管理的职责，在管理和协调方面难以真正到位。创建办所属的城管监察队，不是一级法人单位，无

执法权和处罚权，执法主体不明确，城市管理和执法就缺少应有的力度。

（四）运行机制不活。管理队伍和作业队伍缺乏竞争机制，大多是“铁饭碗”和“大锅饭”，没有危机感。在综合执法过程中，职能交叉，界定不清，所谓“七八只大盖帽，管不了一只破草帽”。运作机制机关化、行政化。夜间、双休日，职能部门管理不到位，协同性差，执法管理在时间上按部就班，无证摊贩开展游击战，打时间差，导致管理紊乱。

（五）市民意识不强。与创建国家卫生县城的要求相衡量，部分市民的卫生意识和参与意识不强，文明素质和卫生习惯还有待提高，具体表现在违章搭建、乱倒垃圾、损坏公共设施等诸多方面。

二、意见和建议

加强长效管理是创建国家卫生县城的重要内容，这对改善我县的投资环境、提高居民的生活质量和实现可持续发展具有重要意义。为了将长效管理真正落到实处，特提出以下六个方面的意见和建议。

（一）切实加强领导，把长效管理工作摆上重要议事日程。

1. 县委、县政府高度重视，把创建国家卫生县城作为一项关系人民群众生活质量的民心工程和崇明对外开放的形象工程来抓，取得了阶段性成果。建议县政府继续重视创建工作，加强长效管理，把创建工作和长效管理作为优化投资环境、增强经济实力、促进“两个文明”建设的重要战略选择予以认真对待，摆上重要议事日程。县政府在每年为民办实事的项目中，要有创建国家卫生县城方面的内容。

2. 继续实施“一把手”工程，无论是主管部门还是参加单位，都应明确重点，形成合力，层层落实责任制，使卫生县城创建工作和长效管理始终保持生机和活力。

（二）加大宣传力度，不断增强群众的参与意识。

1. 宣传教育要经常化、制度化，不仅要使创建工作和长效管理家喻户晓，人人皆知，而且要使保护环境的文明意识成为群众的自觉行动。因此，建议县政府要大张旗鼓地开展宣传发动工作。要充分发挥县“两台一报”新闻媒体的舆论导向和舆论监督作用，做到定期、不定期地播放有关创建的公益广告，报道有关市容环境的情况；设立“市容环境大家讲”专栏和热线电话，请市民通过新闻媒体对市容环境提出意见和建议。

2. 户外广告中要按一定比例设立公益性广告，用来刊登关于创建国家卫生县城的“七不规范”“市民守则”等内容，创造良好的宣传教育、文明道德的文化氛围。

3. 中小学校要加强对学生市容环境方面的教育，并通过学生向家长作宣传，以一个学生带动一个家庭、教育一个家庭的方法把宣传教育渗透到全社会。

（三）理顺管理体制，将长效管理的各项职责落到实处。

1. 结合县级机构改革，建议成立市容环境卫生管理职能部门，赋予制定有关规定、组织协调和指导监督等职能，具体指导和管理全县城镇的市容环境卫生，并与“创建国家卫生县城领导小组办公室”合署办公，使创建工作与长效管理有机结合。

2. 按照“精简、统一、效能”的要求，建立市容环境卫生综合执法队伍，全面、独立地行使市容市貌综合执法职能，从体制上保障城建、城管综合执法工作的顺利开展。综合执法队的权限扩大到承担简易程序和一般程序的执法任务。执法范围主要包括市容、环卫、环保、市政设施、房地、绿化及占路、设摊、堆物、广告、违法违章建筑等市容市貌管理的所有领域。

3. 环卫作业部门应归口新成立的市容环境卫生职能部门管理。要不断开拓思路，允许以多种方式发展环卫事业。鼓励社会资金投资经营环卫行业，以缓解政府对环卫投资不足的困难。同时引进竞争机制，形成多家经营的竞争局面，打破独家“垄断”，提高服务质量和水平，促进环卫事业的良性发展。

（四）坚持依法行政，积极稳妥地推进综合执法工作。

1. 根据综合执法队的职责和任务，将有关专业管理部门承担的部分执法任务与权限通过有关法律程序划交或授权给综合执法队，使其有职有权、依法行政。

2. 严肃法纪，严格执法。综合执法队应积极稳妥地推进综合执法工作，要根据职责范围，严格按执法程序执法和亮证执法。对各种违章违规行为，不管涉及哪个单位、个人，一律按章处罚处理，敢于碰硬，不徇私情。要加强对执法人员的职业道德教育和业务培训，严禁以权代法，徇私执法，同时设立投诉监督电话。真正形成执法必严，执法必廉，违法必究，相互监督的机制。

3. 堵疏结合，标本兼治。对影响市容但群众需要的夜排档、早饭摊、快餐车以及其他摊档，视情况要确定其经营的地块和时间，让其合法经营。

（五）强化规划意识，不断加大投入力度，加快基础设施建设。

1. 规划是城市管理的基础和发展方向。建议在编制和审定城桥镇总体规划时，要结合崇明生态县的建设，把创建国家卫生县城和国家文明城市的目标和任务列入其中。规划一经确定，必须依法保证其严肃性，做到规划到位，分步实施，不得随意变动。

2. 对目前建管中存在的问题和矛盾，要在今后的规划和建设时，设法弥补。如城市和小区的公用配套设施必须有一定的规定和标准，并且要充分注意其科学和合理的布局，要考虑各类摊贩的合理安排和车辆的合理停放等等。

3. 建议县政府设立城市管理专项资金，由县财政每年按照一定比例划拨，并确保经费到位。

（六）依法建章立制，进一步健全和落实有效的管理机制。

1. 依法治理、依法办事，先决条件必须要有法可依、有章可循。建议县政府要针对创建过程中制订的17个岗位责任制，11个地方性管理办法，2个地方性规定，及时进行健全、完善、调整、充实。结合执法管理中的情况及时出台新的办法、规定和有关政策。

2. 继续推行单位主要负责人例会制，层层订立目标责任制等创建管理制度。推行定期考评奖惩机制，并纳入单位评优和干部考核、奖惩的内容。

3. 强化监督。建立社会监督网络，包括接受特邀监督员、社会舆论、新闻媒体、投诉电话等监督，并加强不定期的明查暗访，使各部门的职责处于社会有效的监督之下。

关于深化村务公开工作，推进农村基层民主建设的建议

2001年7月

村务公开工作是贯彻《中华人民共和国村民委员会组织法》（以下简称村民委员会组织法）的基础，是推行村民自治的重要举措，是开展农村基层民主政治建设的重要内容。为了深入贯彻落实党中央、国务院的有关精神和村民委员会组织法的有关规定，深化我县村务公开工作，推进我县农村基层民主建设，县政协常委会就我县村务公开工作的实施情况进行了调研。

一、基本概况和工作成效

1991年，根据民政部《关于在全国农村开展村民自治示范活动的通知》要求，我县在民政局组织下推行包括村务公开在内的村民自治示范活动。1997年，根据市委、市政府召开的上海市加强廉政勤政建设，推进政务公开工作会议精神，村务公开作为政务公开的一个重要方面由县纪监委负责组织，在市农口系统先进党支部和创建“五好”党支部的村民委员会中进行村务公开的试点。1998年，根据中共中央办公厅、国务院办公厅《关于在农村普遍实行村务公开和民主管理制度的通知》精神，在县委组织部、县民政局的牵头下，我县全面推广村务公开制度。几年来，在县委、县政府的重视下，在县委组织部、县纪委、县民政局、县审计局、县集体资产管理办公室等单位的具体指导下，全县村务公开工作顺利展开，基层民主建设得以进一步加强，主要成效表现在以下几个方面：

（一）县、镇（乡）党政领导重视，村干部民主意识增强。为了加强我县基层民主政治建设，县委、县政府专门建立了村务公开工作联席会议制度，加强对村务公开工作的领导。各镇（乡）按照县委、县政府的要求，把村务公开工作列入了重要议事日程，并先后成立了由党政领导任组长，组织、纪检、民政等有关部门负责人组成的领导小组。广大村干部对村务公开的观念和态度有了较大转变，已由“要我公开”逐步转变为“我要公开”，群众观念和自觉接受群众监督的民主意识也得到了增强。

（二）公开的内容趋于全面，公开的形式趋于规范。在总结前阶段村务公开工作经验的基础上，县村务公开工作联席会议5家成员单位于2001年2月联合发出了《关于崇明县完善村务公开制度实施办法（试行）的通知》，对村务公开的内容、时间、形式、程序、保障措施作了具体规定，要求公开的内容从原来的8项增加到20项，基本上涵盖了村委会的主要工作。各乡镇结合各自特点，以不同形式作了落实，如港沿镇、港西镇、建设镇等统一印制规范表格发至各村。堡镇、向化等镇帮助各村统一制作规范的村务公开栏，要求按实际情况填写后予以公开。

（三）干部廉政建设得到加强，农村干群关系得到改善。村务公开能较好地解决群众普遍关心的热点、难点问题，“给了群众一个明白，还了干部一个清白”，融洽了干群关系。如以前群众较为关注的干部收入、五项费用的缴纳及招待费、电费等支出情况、村民建房等意见和矛盾大为减少。调查中，大部分村干部认为，村务公开，民主监督，一方面使群众对村干部增加了了解，民主决策使村干部“许多工作好做了”；另一方面，对村干部具有约束力，有力地促进了干部廉政建设，特别是财务公开和定期公布账目后，村干部在如何用钱上更要“三思而后行”，擅自报销支出和请客招待情况大大减少。

二、主要问题和存在原因

经过多年来的共同努力，我县村务公开工作取得了不少的成绩和进展，但在部分乡镇中不同程度地存在着一些不足和问题，主要有：

（一）对村务公开重要性的认识尚未到位。首先，部分镇（乡）领导和机关干部认为经济工作是硬任务，村务公开是软任务，因此对村务公开工作只停留在一般号召和开会布置上，缺少深入的思考和通盘的部署以及强有力的督查指导。其次，部分村干部认为“村务公开是一种形式，应付得过去就可以了”的想法在一定程度上依然存在，因而造成公开的内容不全面或者表面化。再次，村民委员会是村民自我管理、自我教育、自我服务的群众性自治组织，其自治主体是广大农民。但目前我县绝大部分农村居民作为村民自治主体的意识还不强，对村务公开漠不关心或极少关心的大有人在。

（二）对村务公开的监督尚未到位。除县、镇（乡）两级的督促、检查外，对村务公开的监督主要通过两种形式：一是村务监督小组的监督，二是村民代表会议的监督。但据调查了解，在部分村这两种监督机制发挥的作用还不尽理想，一些村在村民代表和监督小组成员的推选上还没有完全按照村民委员会组织法的规定认真操作，多数由村干部指定，故村民代表和村务监督小组中“老好人多”“替干部讲话的人多”，部分村民代表和监督小组成员缺乏群众委托监督的责任感，出现“不敢监、不会监、不愿监”的情况。

（三）村务公开的规范运作尚未到位。村务公开的目的是推进农村基层民主建设，实现以民主决策、民主管理、民主监督为主要形式的村民自治。这就要求村务公开是过程的公开，而不是“生米煮成熟饭”后的结果公开，尤其是在目前我县大部分村的经济状况仍十分薄弱的情况下，诸如村级经济发展的决策、村干部如何带领村民共同致富、社会公益事业等重大事项，应在村民广泛参与、充分发挥民间才智的基础上决定。然而从走访及调查情况看，我县大部分村的村务公开的运作尚停留在结果公开上，而且主要是财务统计数据的公开，而未深入到民主决策、民主管理、民主监督的较深层次。另外，在公开的形式上，不少村仍将村务公开栏设置在不便村民查看的村委会办公室、会议室，甚至设置在党支部书记家里。这样的公开地点无法达到预期的公开效果。

经分析研究，存在上述问题的主要原因有：一是中国社会数千年封建思想的影响，民主基础较为薄弱，法制观念较为淡薄，尤其是崇明地处海岛，交通不便，经济发展较为缓慢，村民和村干部中的小农意识还相当浓厚，适应不了基层民主政治建设的需要；二是在计划经济向市场经济转型的过程中，一部分镇（乡）村干部对村民委员会性质、职能的认识还不足，习惯于计划经济时代的村务管理模式和办法；三是教育、宣传工作还不够深入，村民对村务公开的实质意义、具体作用和操作程序了解还不深；四是民主决策、民主管理、民主监督的基本前提是民主选举，但目前我县村委会的“海选”还未全面推开，村民代表、村务监督小组的推选在操作上也呈现出较多的随意性，监督作用也因此而被削弱。

三、几点思考和对策建议

发扬社会主义民主，健全社会主义法制是我们党在新时期的一项重要方针，而深化村务公开工作，推进农村基层民主建设，是加强社会主义民主政治建设，维护安定团结的政治局面的必然需要。同时，深化村务公开工作，对充分发挥民智，调动民力，以及反腐倡廉等都具有积极的意义。为此，针对在调研中发现的主要问题，提出如下建议：

（一）深化宣传教育，夯实工作基础。群众民主意识的提高是村务公开工作的基石，而群众民主意识的提高，又是一个潜移默化的过程，也是一项复杂的系统工程。在这个过程中，一方面，应当充分利用广播、电视、报刊等舆论工具和组织村民自治知识培训等有效方法，积极引导群众民主意识的健康发展，特别是应当让他们充分了解自己的权利以及权利行使的方式，使他们真正成为村民自治的主体。另一方面，应加强对各级党政干部，特别是镇（乡）干部和村干部的宣传教育。尤其要通过“三个代表”重要思想学教活动，坚持从“讲政治”和实践“三个代表”重要思想的高度引导和教育镇（乡）干部和村干部重视村务公开工作，牢固树立宗旨意识，增强群众观念，彻底剔除官本位思想，自觉接受群众监督，积极推进民主决策、民主管理。

（二）加强组织建设，发挥骨干作用。村民代表是村务公开、民主管理的骨干和民主决策的主体，村务监督小组是日常村务监督的实施者。加强这两支队伍的建设，进一步提高他们的综合素质，对村务公开工作的质量有着直接的影响。因此，一要认真选好。有必要在推广村委会“海选”的同时，制定较为规范的推选村民代表和村务监督小组的操作制度，力求选出热爱集体，公道正派，坚持原则，敢说真话，能真正体现群众意志的村民代表和村务监督小组。二要强化培训。镇（乡）或村级党的组织应定期组织他们学习党的方针政策和村务公开工作的基本知识，加强思想道德和民主法制教育，增强依法治村和村民自治意识，充分发挥他们在村务公开工作中的骨干作用。

（三）强化过程公开，注重民主决策。村民委员会组织法规定：“村民委员会是村民自我管理，自我教育，自我服务的群众性自治组织，实行民主选举、民主决策、民主管理、民主监督。”作为村务公开，其目的就是推动民主决策、民主管理、民主监督，只有过程公开，才可能实现这一目的。因此，县、乡两级在指导村务公开工作时应把村委会决策、管理过程的公开置于重要位置加以认真研究，制定、完善有关的议事规则，要求村委会结合各村的实际情况，对村务管理的重大事项及村民关注的热点、难点问题，在广泛征求群众意见的基础上，提交村民代表会议审议，实行民主决策和管理。

（四）丰富公开形式，帮助后者居上。由于村级经济发展不平衡，因此，必须从实际出发，选择具体的公开形式。县有关部门及镇（乡）政府应推荐一些花钱少，但有实效的室外公开形式，方便村民查看和监督。对一些贫困村，镇（乡）政府应更多关心，适当资助，帮助后者居上，或者也可将公开内容装订成册，让村民定点查阅，同样也能起到公开的作用，也可以将公开的地点延伸到村民小组，以进一步扩大查看、监督的范围。

（五）开展达标活动，推动村民自治。村务公开从性质而言，主要是对村民委员会的工作实施民主监督，是村民自治的重要方面，深化村务公开的目的也是为了实现以民主选举、民主决策、民主管理、民主监督为主要内容的村民自治。自1991年以来，我县已在有关部门的组织下，逐渐展开了村民自治示范、达标活动。但由于种种原因，这项工作的进展还比较缓慢。因此，建议在服从全县工作大局的前提下，统筹考虑，修订、完善达标标准，明确阶段目标，分步实施，在有条件的村以村民自治达标的形式，逐步推行村民自治制度，使我县的村务公开工作不断深化。

（六）探索工作新路，推进民主建设。村务公开工作在我县已开展了四年多，积累了较多的经验，深化村务公开工作有了一定的基础。因此，可以探索一些工作的新方法、新路子。如学习浙江省玉环县的经验，在县、镇（乡）的具体指导下，选择村级经济基础较好，村民民主意识较强的村，探索性地开展村民听证会的试点工作，通过通报情况、提案质询、释疑论证、纠正存在问题等途径，让广大党员、村民与村“两委”进行双向沟通；也可由镇（乡）党委指导村党支部组织村民代表对村委会秉公办事、勤政尽责、廉洁自律、发展集体经济、带领村民共同致富等工作情况进行民主评议，从而起到进一步增强以村党支部为核心的村级组织的凝聚力和战斗力，提高村民整体素质，激发村民自治的自觉性，推进农村基层民主政治建设的作用。

加大招商引资力度，加快崇明经济发展

2002 年 7 月

为了进一步推进我县招商引资工作，加快崇明经济发展，县政协常委会专门成立“招商引资”课题组，对招商引资工作进行了调查研究。现将调研情况综述如下。

一、基本情况

近几年来，在县委、县政府高度重视和各乡镇委局的共同努力下，我县的招商引资工作取得了一定成效。据统计，1998 年—2002 年 6 月底，全县累计引进注册企业 3 567 户，注册资金总额 88.72 亿元，实现税金 13.37 亿元。纵观近年来全县招商引资工作，主要呈现以下五个特点：

（一）各级领导高度重视。县委、县政府坚持把招商引资工作放到重要议事日程，作为调整优化经济结构、加快崇明经济发展的头等大事来抓。多年来，坚持做到凡召开经济工作方面的会议，必提招商引资工作的要求；乡镇工作分片汇报，必听招商引资工作的情况；年度经济工作考核，必考招商引资工作的实绩。县委、县政府主要领导不但重视招商引资工作，而且还亲自参与招商引资，使一批重要项目落户崇明。各乡镇党委、政府也十分重视招商引资工作，抓宣传、抓载体、抓队伍、抓服务，有效地促进了全县招商引资工作的开展。

（二）招商政策日臻完善。随着招商引资工作的逐步展开，县委、县政府为促进招商引资工作，先后出台了一系列文件。1995 年出台了《关于推进富盛经济开发区建设的若干政策意见》，1996 年出台了《关于进一步加快我县经济发展的若干政策意见》，1997 年出台了《关于进一步加快崇明工业园区建设的若干意见》，1998 年出台了《关于进一步促进经济发展的若干财政自费优惠办法》，2001 年出台了《关于进一步加强招商工作的意见》，今年又出台了《崇明县“海岛发展专项资金”扶持办法》等。所有这些政策性文件，为我县招商引资工作的深入开展发挥了重要作用。

（三）投资环境逐步改观。其一，市委、市政府领导十分重视崇明的开发和建设，在市第八次党代会上提出了“制定崇明岛总体开发规划，加快建设越江通道工程，积极做好崇明开发工作”的要求；6 月份，市政协又举行了“崇明岛发展定位”论坛。崇明岛的开发建设，得到了各级领导、各路专家和学者的普遍关注，崇明将成为继浦东开发以后上海的又一投资热点和开发热土。其二，多年制约崇明经济发展的交通瓶颈正在不断改善，车客运输实行 24 小时通航。其三，崇明工业园区、富盛经济开发区、现代农业园区等各期工程顺利推进，目前均已初具规模。其四，通过简化注册手续、完善奖励政策，强化政府服务功能等一系列措施，为进一步做好招商引资工作创造了良好的环境。

（四）工作力度不断加大。县、镇（乡）两级相继建立健全了招商引资领导小组。1994 年建立了崇明县外商投资开发区，即现在的崇明工业园区，嗣后，建立了上海富盛私营经济开发区，去年和今年又相继建立了现代农业园区和森林旅游园区。1999 年 8 月开始，各镇（乡）也先后建立了经济小区。今年上半年县政府又成立了招商服务中心。全县加强了招商引资队伍建设，招商引资的网络基本建成，招商引资的载体日趋成熟，联合招商的态势初步形成。

（五）招商引资渐入佳境。据统计，全县 2000 年共引进内资企业 935 家，注册资金 14.47 亿元，实现税金 2.42 亿元；2001 年引进 736 家，注册资金 22.26 亿元，实现税金 3.21 亿元；2002 年上半年引进 362 家，注册资金 9.39 亿元，实现税金 2.36 亿元，招商引资工作呈现了良好的发展势头。尤其是全县入驻企业的规模日益扩大，华源集团、上海船厂、庆安药业、汇谷生物技术等一些有发展潜力的实体企业纷纷落户崇明，有效地提升了我县招商引资的档次和引进项目的科技含量。园区、经济小区对财政贡献率日益增大，在很大程度上缓解了县、镇（乡）两级财政的困难。

二、存在问题

由于各方面的原因,我县的招商引资工作还存在着一些不尽如人意的地方。主要表现在以下五个方面:

(一) 招商引资意识不强。少数单位、个别领导同志对招商引资工作的重要性认识不够,没有把招商引资工作作为头等大事来抓。有的同志过分强调我县招商引资工作中的不利条件,没有看到崇明经济发展的自身优势,“等开发、等政策、等定位”的心理状态尚未改变。在少数委办局中还存在着“招商引资是县领导、园区、乡镇的事,与我无关”的错误思想,参与招商引资的积极性不高。全县招商引资对外的宣传力度不大,特别是缺少对市内外、国内外进行有效宣传的平台,有专题、有特色、有声势的招商活动依然较少。

(二) 招商政策细化不够。目前,我县还缺乏对崇明工业园区、富盛经济开发区和各镇(乡)经济小区有效的管理制度。有关优惠政策尚不统一,产业导向尚不明确,土地出让价格标准尚不规范,“一业特强”等特殊优惠政策,对外来投资者购房、子女就学、车辆购置等具体优惠办法尚未作出明确规定。

(三) 实体企业落户不多。由于崇明的地理位置特殊和交通瓶颈问题尚未彻底解决等客观因素,使崇明招商引资工作的难度较大。至今为止,引进的企业总量仍然不多,且在引进的企业中多数为注册企业,实体企业只有 316 户,仅占引进企业总数 3 715 户的 8.5%。

(四) 招商服务水平不高。县级“一门式”审批、“一条龙”服务的证照办理服务机构尚未真正建立,个别前置审批部门工作作风不实,不时出现“小鬼”作梗,基层领导和招商服务人员常常叫苦不迭。县招商服务中心的工作职能、机构性质有待进一步明确,人员编制、招商经费等有待进一步落实。

(五) 招商人员业务不精。全县虽有一支 200 多人的招商人员队伍,但谙熟招商业务的人员不多。政府职能部门对招商人员的培训不够,招商人员的整体素质依然不高。

三、措施建议

为了进一步加大我县招商引资的工作力度,不断提高招商引资工作质量和水平,促进崇明经济的可持续发展,县政协常委会提出如下五点建议。

(一) 转变理念,讲究策略,进一步提高招商引资实效。首先,在招商引资理念上建议逐步实现六个方面的转移。一是在招商引资目标上,逐步从市内、国内招商引资向市内外、国内外招商引资并举转移;二是在招商引资项目规模上,逐步从中小型项目向大中型项目转移;三是在招商引资领域上,逐步从第二产业为主向一、二、三产业并重转移;四是在招商引资工作导向上,逐步从依靠优惠政策向依靠功能优势、生态环境优势和人文环境优势转移;五是在招商引资定位上,逐步从被动分散型招商向主动集中型招商转移;六是在招商引资类型上,逐步从引进注册型企业为主向引进注册型、实体型企业并重转移。其次,在招商引资策略上,招商引资范围要坚持求广,打破招商引资的地域、行业、所有制等界限;招商引资项目要坚持求特,立足崇明实际,凸显生态环境优势,抓住崇明产业特点,发挥行业优势,搞好一、二、三产业联动招商,在旅游招商上尽快实现零的突破;招商引资规模要坚持求大,寻找大财团、大客户,开拓大市场。要坚持做到带着项目,带着诚信,带着崇明的特色和优势去开展多种形式的招商引资活动。坚持每年举行 1—2 次有一定规模的招商洽谈会,可以在北京、上海等地举行,也可以邀请国内外客商来崇参加有崇明特色的经贸洽谈会,还可以走出国门,参加市有关部门的综合招商会和自办专题招商会等多种形式,宣传、推介崇明。再次,要突出四大园区,抓好乡镇经济小区,建立以企业为主体,政府为支撑,多种形式的招商引资网络,及时收集、处理、发布有关信息。同时,可以通过同乡会、联谊会等多种渠道,联络岛外台胞、侨胞和一切事业有成的崇明人,共同为崇明经济和社会发展献计献策、牵线搭桥。

(二) 编制规划,细化政策,进一步创造良好的招商引资条件。崇明大开发的脚步声越来越近,人气渐旺,商机增多,不少有识之士和知名企业独具慧眼,先期登陆崇明。为此建议,一要尽早确定崇明的总体规划和崇明的区域功能定位,特别是对已经明确的和崇明自己能够确定的区域功能定位,要明确一个,做细、做好一个。二要明确产业导向,重点培育高科技含量、高附加值的环保绿色产业,积极发展电子信息、生物医药、生态旅游等行业，战略性调整传统工业，努力形成新兴工业支柱产业。三要对投资者的优惠政策做到全县统一，不宜采取一事一议的办法。对引资和引税区别对待，引资入驻的实体企业应有更多的优惠。对引资、引税成功者，要明确标准，实行奖励。各委办局和社会各界引进的项目放到园区、开发区、经济小区的，园区、开发区、经济小区可在返税收益中按规定提取一部分资金奖励项目引进者，并在年终予以兑现，以此充分调动委办局以及社会各界人士共同参与招商引资工作的积极性。五要尽快出台"一业特强"等特殊优惠政策和外来投资者购房、子女就学、车辆购置等具体优惠办法。六要提高税收政策、服务内容和收费标准的透明度。要坚持讲究诚信，对外承诺必须清楚明白，不因为领导的变动而改变原定的优惠政策。七要加强对重点规划区的控制和管理，建立土地储备制。

（三）健全机构，强化职能，进一步提高招商工作服务水平。首先，必须健全机构，强化职能。对县招商服务中心要进一步明确其工作职能、机构性质，落实人员编制、招商经费等，使其有职有责有权，并就其功能、宗旨、运作模式、组织框架、管理方式等进行系统策划，制订招商工作规范、工作制度和内部管理等制度，由县招商中心代表县政府全面负责全县的招商引资工作，更好地承担起全县招商引资的协调和服务工作。建议在招商引资返税收益中提取一定比例，组建崇明招商基金，增强招商引资部门的工作实力。其次，必须不断提高服务质量。要切实落实"限时办结"制度，抓紧建立县级"一门式"审批、"一条龙"服务的证照办理服务机构，设立综合服务大厅。积极推进行政审批制度改革，简化办事程序，减少审批环节，对建设项目实行牵头协调审批、合并审批和并联审批制度，加快审批周期，降低商务成本，真正做到为外来投资者提供方便、快捷、最优质的服务，从而真正树立起廉洁、高效、服务优质的政府形象。再次，必须进一步营造诚信招商的氛围。县级各部门都应懂得诚信要比优惠政策更为重要。要确立"一切服从经济发展，一切为了经济发展"的思想，上下一致，齐心协力，全局为重，排除干扰，抛开本位主义和部门利益，为招商引资工作创造更宽松、更和谐的诚信环境。防止发生招商入驻时"这也优惠，那也优惠"，真正入驻兑现政策时，"这也不行，那也不行"的情况，不要给投资者留下崇明不讲信用的印象。

（四）集聚人才，注重培训，进一步加强招商引资队伍建设。招商引资工作是一项政策性、业务性很强的工作，需要一支业务精、素质高、乐于奉献的专业队伍。建议县委、县政府要抓好相关的人才培养，加强全县的招商队伍建设。一要建立健全用人机制，多渠道引进高素质的招商人员，建立精干、高效的招商队伍，鼓励各类人才到招商第一线去大显身手。二要健全激励机制，鼓励招商引资，号召全民参与、全社会招商，要关心支持招商人员的工作，使他们健康成长。三要加强对招商人员的培训和培养，不能用外行人员去招商。建议对从事招商引资的人员进行税收、工商、职业道德、公关、WTO、相关经济法规等方面知识的培训，使招商人员比较全面地掌握招商引资管理方面的专业知识，从而不断提高招商人员的业务素质。

（五）加强领导，落实措施，进一步营造招商引资良好氛围。招商引资作为一种"借鸡生蛋、借船出海"的经济模式，能有效地促进地区经济的发展。为此，一要加大宣传力度。在全县范围内，进一步提高干部群众对搞好招商引资工作重要性的认识，进一步增强各级干部做好招商引资工作的紧迫感和责任感，要站在实践"三个代表"重要思想的高度，认真做好招商引资工作。要教育全县人民以大局为重，关心、支持、参与招商引资工作，牢固树立招商引资是促进地方经济发展永恒主题的思想，通过多种途径，广泛宣传，在全县范围内真正形成"人人都是投资环境，个个参与招商引资"的良好局面。二要构筑宣传平台。多层次、多方面地做好招商引资的宣传工作，尽快编制公布内容详尽的《崇明县情》《崇明投资指南》和《招商工作手册》。建立崇明县招商项目库，凡已经明确的项目，要逐项形成完整的可行性研究材料。要完善和充实崇明政府网站关于招商引资方面的内容，利用网站宣传我县的发展优势、优惠政策和服务规范，让海内外客商能通过多种渠道了解崇明，熟悉崇明，从而来崇投资和发展。三要落实相关措施。要完善和充实招商中心、园区、开发区、各经济小区及相关单位和部门的考核机制。县委、县政府不但要向崇明工业园区、富盛经济开发区和各乡镇下达招商引资指标及考核奖励标准，还应向委办局下达招商引资指标及考核奖励标准，鼓励各委办局积极参与招商引资。要建立和健全招商人员岗位责任制，制定和完善招商人员奖励办法,经济待遇要与招商实绩紧密挂钩,从而充分调动招商人员的工作积极性。要通过定期召开招商引资座谈会,经验交流会,互通情况,典型引路,从而进一步推动全县招商引资工作朝着健康有序的方向发展。

四、十一届县政协常委会建议案

坚持实施科教兴县战略,加快实现崇明跨越式发展

2003 年 10 月

当今世界,科技和教育在社会经济生活中的地位及其对社会经济生活的影响与日俱增。以发展科技、教育为主要手段,推动社会经济的全面发展,已经成为人们的共识。今年年初,市委、市政府强调提出要大力实施科教兴市战略,"走通华山天险一条路"。县委九届一次会议和二次会议的报告也分别就实施科教兴县战略,加快实现崇明跨越式发展提出了总体要求。根据县委的要求,县政协专门成立了科教兴县调研课题组,就实施科教兴县战略问题进行了一系列调查研究。现将调研情况及对策建议综述如下。

一、实施科教兴县战略所取得的成效

1995 年 9 月,县委、县政府根据党中央、国务院发布的《关于加速科技进步的决定》,结合崇明经济和社会发展实际,明确提出了实施科教兴县战略的目标。在县委、县政府的正确领导下,在全社会的积极参与下,经过全县上下的共同努力,科教兴县战略在我县得到进一步落实,有力地促进了崇明经济和社会事业的全面发展。

(一)科技事业取得一定进步。近几年来,全县上下坚持"依靠科技,面向经济"的方针,积极鼓励科技创新,大力推广新技术,组织科技攻关,促进科技成果转化,强化科普工作,致力提高全民科学文化素质,科技事业取得了一定发展。1998 年以来,先后编制申报各类科技项目 206 项,其中被列为国家级星火项目 2 项,市级星火项目 37 项,被批准为上海市高新技术成果转化项目 15 个,专利申请总量 123 件。2001 年我县被评为全国科技先进县,2002 年又被批准建立全国科普示范县。

(二)教育事业取得较大成绩。全县教育系统坚持深化教育改革,不断完善教育管理体制、学校管理体制、办学体制和人事制度改革,全面实施校长三年任期目标责任制,大力推进素质教育;基础教育、职业教育、成人教育同步发展,教育质量稳步提高,2002 年高考本科、专科上线率达 66.7%,2003 年提高至 72.6%;不断调整学校布局,积极推进校舍达标工程建设,至 2002 年年底,撤并村校 83 所,投入资金 1.12 亿元,扩建校舍 6.66 万平方米,完成达标项目 26 个,办学条件得到较大改善;注重师德教育和业务培训,不断提高教师素质,小学和初中教师的学历达标率已分别上升为 95.7%和 94.2%;全面实施聘任合同制,促进教育人才合理流动,师资队伍建设得到逐步加强。

(三)科学技术在经济领域得到大力推广和普遍应用。在农业生产方面,坚持依靠科技兴农,着力解决制约农业生产的瓶颈问题。积极开展绿证培训、农科人员继续教育培训、实用技术培训、农业标准化培训,将农业成熟技术更广泛地推广、应用于生产领域。生态蟹苗繁育技术逐步成熟,花菜制种、白山羊群养及疫病防治等技术都取得较大突破,有效地提高了农业生产水平和农产品品质。崇明特色种养业初具规模,初步打响了崇明农业绿色无公害的品牌。在工业生产方面,改造传统行业,提升工业产业档次,电子信息、生物医药和农副产品深加工等新兴产业,"瀛春""永冠""裕生""环洲"等一批拥有自主知识产权、享誉海内外的重点产品逐步形成。企业技术等级和产品档次得到提升,民营科技企业队伍不断发展壮大。

(四)人才队伍建设得到逐步重视。根据"人才是第一资源"的思想及崇明未来发展的需要,着手编制人才发展规划。同时,逐步建立完善人才市场,通过举办人才交流洽谈会、与有关高校建立对口联系、争取上级倾斜政策等途径,加强人才的引进和培养,使全县人才总量有所增加,人才结构有所改善。2002 年年底,全县共有各类人才 2.69 万人,其中具有大专以上学历的 1.25 万人,中级以上职称的 0.95 万人,

与1997年相比，分别增长了77%、40%和115%。

二、实施科教兴县战略存在的问题

近年来，我县在实施科教兴县战略方面取得了有目共睹的成绩，但也存在着不可忽视的问题。

（一）在科技工作方面。“科学技术是第一生产力”的思想还未在全县范围内真正形成，对科技工作的重视还没有达到应有程度，全民科技素质和科教兴县意识还比较薄弱，县、乡镇、企业等各个层面的科技队伍及网络建设还不够健全。县知识产权局有名无实，只有机构，没有编制和经费，工作难以正常开展。由于财政原因，科技和科普的投入没有达到上级规定的标准，与科技发展的需求差距较大。根据《中华人民共和国科学技术进步法》的规定，地方科技发展资金的年增长幅度应高于本地区财政收入的增长，但我县的科技发展资金多年来一直维持在200万元/年，没有按比例按年增长；按市政府规定，区、县人均科普经费最低为1元，而我县从去年起才由原来的0.1元调整为0.5元，虽比以往有较大幅度的增长，但仍远远低于全市最低标准。同时，由于崇明无高校和科研院所，缺乏高层次的科技研发专业人才，科技创新缺乏主体和能力。

（二）在教育事业方面。由于县级财力的拮据，我县办学条件的改善还跟不上社会发展和群众对优质教育的需求。以教育公用经费为例，1994年—2001年，我县生均公用经费标准一直维持在小学80元/人、中学94元/人，7年内没有任何增长。如果考虑物价因素，那么实际上每年都在下降。2002年，该标准增加至小学100元/人、中学110元/人，但在全市仍属最低水平。与最高的静安区相比，分别只占其24.7%和19.6%；与排名倒数第二的奉贤区相比，也只占其83.3%和55%。2003年，其他区县在2002年基础上都作了不同幅度的提高，同样属于市郊的南汇区分别增加了66.7%和86.6%，而我县仍维持2002年水平。在校舍改造得以较大力度推进的同时，现代化教育教学所需的设施设备严重欠缺，且城镇与农村、学校与学校之间的发展很不平衡。据测算，如按规定的最低标准进行配备，资金缺口约在1.5亿元左右。此外，虽然在基础教育方面取得了较好成绩，但职业技术教育、成人教育的发展相对落后，素质教育运行机制尚未真正形成，全民教育、终身教育机制不够健全。由于交通、待遇等方面的原因，优秀教师外流现象较为严重，从2000年至今，平均每年流失骨干教师约60人。教师队伍尤其是中学教师缺乏新鲜力量补充，近年来虽在引进外地教师上有所突破，但引进人员大多是应届大学毕业生，相对缺乏教育教学经验，师资队伍结构性矛盾比较突出。

（三）在科技与经济的结合方面。由于缺乏原创性科技成果，科技对经济领域的贡献只停留在简单的推广和应用上。对农业生产的科技指导只偏重于产中技术环节，产前信息、产后深加工和市场渠道开拓的服务相对滞后。对绿色农业、源头农业、生态农业、农产品加工保鲜等方面的研究开发力度不足，农业生产科技含量总体不高。工业生产方面，对传统行业的改造进展缓慢，新兴产业规模不大。企业对新技术、新产品研发能力差，产品科技含量低，具有较高科技含量的规模企业、知名企业和知名品牌依然较少。

（四）在人才队伍建设方面。近年来，我县的人才队伍建设虽然取得了一定成绩，但与其他发达地区相比，与加快实现崇明跨越式发展的形势要求还存在较大差距。一是人才总量严重不足。2001年年底，我县具有大专以上学历、中级以上专业技术职称的人才总量仅1.69万人，只占人口总数的2.6%，低于全市平均水平6.4个百分点，更远远低于发达区县。二是人才结构性矛盾突出。现有的专业人才有三分之二集中于教育界和医疗卫生界，其他领域尤其是经济第一线的专业技术人才严重缺乏。以县林业站为例，全站32名职工中，具有大专以上学历的仅10人，占31.3%；具有中级以上专业技术职称的仅5人，占15.6%，其中只有2人具有林业方面的中级职称，仅占6.2%；没有一个具有林业方面高级职称的专业人才。作为指导全县林业生产的专业部门，这样的人才结构和层次显然不能适应崇明大规模植树造林的形势需要。三是人才合理流动机制尚不完善。由于岛上生活条件艰苦，物质待遇较差，因此，对岛外优秀人才的吸引力严重不足，面临着人才引不进、留不住的困境。同时，虽然崇明每年有2 000多名学生考入大学，但学成之后也大都不愿回崇工作。

三、坚持实施科教兴县战略，加快实现崇明跨越式发展的主要建议

在上海新一轮城市规划中，市委、市政府把崇明确定为上海21世纪可持续发展的重要战略空间。在不远的将来，崇明将建成"现代化综合型生态城市和上海最优美的海上花园"。这样的发展定位，决定了崇明的发展不是传统意义上的发展，崇明的产业发展也完全不同于其他区县"二、三、一"或"三、二、一"的产业发展模式，而是大力发展与生态岛功能相一致的绿色产业，实现三次产业的融合渗透发展。因此，崇明的科教兴县，就是兴生态之县、建生态之岛。在这样的发展方向和要求下，大力实施科教兴县战略，已成为实现崇明跨越式发展的必由之路和主要动力。为此建议：

（一）进一步正确认识科教兴县的内涵和牢固确立实施科教兴县战略的指导思想。建议全县各级党政组织和各级干部应对科教兴县的内涵有一个全面正确的认识。科教兴县的内涵应该是：全面确立"科学技术是第一生产力"的思想，坚持教育为本，把科技和教育摆在经济、社会发展的重要位置，加快建设适应先进生产力发展要求的科技创新体系和现代教育体系，依托高素质的人力资源和知识经济的发展，增强科技成果向现实生产力转化的能力，把经济建设转移到依靠科技进步和提高劳动力素质的轨道上来，实现经济增长方式的根本转变。科教兴县的核心是创新，关键是人才，目标是加快崇明生态岛建设，全面提高崇明经济和社会事业发展的综合实力和全岛人民的科技文化整体素质。与此同时，建议全县上下应进一步确立实施科教兴县战略的指导思想。要坚持以十六大精神为指导，深入贯彻、努力实践"三个代表"重要思想，以经济建设为中心，牢固树立"科学技术是第一生产力""人才是第一资源"的观念，紧紧围绕建设生态岛的总体目标，进一步解放思想，转变观念，深化体制改革，加大投入力度，努力形成科技、教育与经济紧密结合、相互促进、共同发展的新格局，为崇明经济和社会事业的跨越式发展提供科技支撑和人才保证。

（二）进一步明确实施科教兴县战略的主要目标。建议全县各级党政组织要继续依靠科技进步，进一步强化科技与经济的密切结合，提高经济运行的质量和水平。要不断深化科技体制创新，在大力引进和推广高新技术的同时，增强原创能力，促进科技成果向现实生产力的转化。要重点培育、扶持生物医药、信息技术、环保产业、绿色农产品深加工等无污染、低能耗、科技含量高的重点行业和符合生态岛建设要求的绿色产业，促进我县经济增长方式由粗放型向集约型转变。要继续建立和完善素质教育运行机制，促进教育的均衡化、优质化、现代化，建立完善的基础教育体系。在巩固基础教育的同时，进一步加强职业教育和成人教育，尽快形成终身教育体系和学习型社会，培养造就一批高素质的建设人才，为崇明经济、社会事业的跨越式和可持续发展提供人力和智力支撑。

（三）进一步落实全面实施科教兴县战略的工作措施。

1. 不断提高全社会对实施科教兴县战略重要性和必要性的认识。要大力加强科教兴县的宣传教育，使全县干部群众充分认识科教兴县战略在加快实现崇明跨越式发展中的重要地位和作用，走出"科教兴县只是科技、教育部门的事"的思想误区。在全社会逐步形成讲科学、爱科学、学科学、用科学的良好风尚，营造重视科技、重视教育、尊重知识、尊重人才的社会氛围。树立"科教兴县，人人有责"的思想，把各乡镇、部门、系统、产业、行业以及企业的发展战略"聚焦"和"集成"到科教兴县上来，集聚更多的人才资源、智力资源及财力资源，形成全社会各行各业共同参与实施科教兴县战略的强大合力，加快实现崇明经济和社会事业的跨越式发展。

2. 抓紧制定崇明实施科教兴县战略的若干决定和阶段性行动计划。科教兴县战略是事关崇明跨越式发展的重大战略，组织实施科教兴县战略是涵盖全县各部门、各乡镇、各行业的系统工程，需要引起各级党政组织的高度重视，切实加强领导。为此，建议县委、县政府要抓紧制定《全面实施科教兴县战略，加快实现崇明跨越式发展的若干决定》和三年一轮的行动计划，明确实施科教兴县战略的指导思想、总体目标、攻克重点、阶段努力方向以及不同产业、不同层面的具体要求，并有计划、有步骤地组织实施。

3. 继续加快体制、机制的完善和创新。要创新科技和教育事业的投入机制，改变以往由政府包揽科技和教育事业投入的格局。要继续增加政府对科技和教育事业的投入，确保其增幅与县级财政收入的增

长同步。同时，要充分发挥政府投入的引导作用，鼓励和发动社会资金投入到科技和教育领域，进一步形成多元化的科技投资机制和社会力量投资办学机制。要完善科技创新机制，充分发挥县科委、科协及各专业科研部门的作用，引导企业不断加大科研投入，形成以企业为主体的技术创新群体，促进更多具有自主知识产权的关键技术的出现，从而不断提高企业科技含量，提升产品档次，增强市场竞争能力。要完善创新激励机制，对重大科研成果和有发展前景的科技企业，给予金融、税收等方面的政策扶持。

4. 切实强化科技与经济的密切结合。要加大高新技术的引进、研发和推广力度，促进科技成果向现实生产力的转化，推动我县经济增长方式由粗放型向集约型转变。要继续依靠科技兴农，加快农业产业结构调整，大范围、大面积推广先进适用的农业技术，大力发展低成本、高附加值的有机农业和特色种养业，加速推进农业产业化步伐。要加大科教兴林的力度，尽早制定并实施科教兴林计划，加速林业科技创新，强化林业科技支撑，加强林业标准建设，重视林业科学管理，全面提升林业建设的科技含量。要促进工业产业结构的优化升级，大力扶持重点产业和行业，加快建设高新技术园区，推广清洁生产，重点培育无污染、低能耗、科技含量高的行业。要充分认识信息化推动工业化发展的巨大作用，加速推进政府上网、企业上网，加强资源信息库建设和信息网络等基础设施建设，促进电子政务、电子商务的发展，提高现代信息技术在各行各业的应用水平，不断加快崇明信息化建设步伐。

5. 大力推进素质教育和终身教育。要坚持把教育作为先导性、全局性、战略性的知识产业和关键的基础设施进行建设，切实把教育放在优先发展的战略地位，为不断提升海岛综合竞争力提供高素质的人力资源。要继续巩固基础教育，加大教育投入，优化学校结构布局，改善办学条件，加快现代化教育教学所必需的设施设备配置，加快推进教育信息化建设，缩小与本市其他区在教育教学设施设备方面的差距。深化教育教学改革，全面推进以德育为核心、培养创新精神和实践能力为重点的素质教育，努力创建一批市、县级素质教育实验学校、示范学校。探索新型的学生综合素质评价体系，构建教育质量保障制度，促进教育质量稳步提高。整合职业教育资源，形成以竖河职校为主的职业教育集团，根据形势需要调整职校专业设置，积极发展职业技术教育。构建以电大为龙头，以乡镇成人学校和社会力量办学为基础的成人教育格局，大力发展成人教育，不断提高全民科学文化素质和劳动力职业技能。加快学习型社区建设，构筑家庭、学校和社会相互衔接的终身教育体系。要加强师资队伍建设，加大教师继续教育和培训力度，重视教师专业化发展，拓宽教师来源渠道，增强教师整体素质，切实提高教师待遇，建设一支适应现代化教育需要的教师队伍。要积极创造条件，引进国际高等教育项目，全面提升崇明教育的档次，增强人才培养和科技研发的自身能力。

6. 大力引进培养各类急需人才。要围绕我县加快建设生态岛，努力实现跨越式发展的总体目标，全面推进实施人才战略，紧紧抓住人才培养、人才吸引、人才使用及人才环境的营造等关键环节，建立数量充足、结构合理、整体素质高、后续源头充裕、充满生机和活力的党政人才、企业经营管理人才和专业技术人才队伍，为加快实现崇明跨越式发展提供有力的人才保证。要进一步确立人才发展的战略步骤和战略目标，抓紧建立开放适用的社会化人才教育培养体系，区别不同类型、不同层次人才的特点，实施对各类人才不同目标和重点的培养，实现现有人才队伍知识和技能的更新。要根据崇明的现实需要，明确引进重点，拓宽引进渠道，完善人才柔性流动机制，积极引进实现跨越式发展所急需的人才。可以选聘有关高校和科研院所的专家担任专业顾问，并组建由岛内外专家组成的专家咨询委员会，为我县有关重大决策的出台和实施提供专业意见。此外，要充分发挥岛内外崇明籍成功人士的作用，鼓励、引导他们为家乡的建设和发展献计出力。要建立竞争择优的人才选拔机制，变传统的“伯乐相马”为“赛场赛马”，促进优秀人才脱颖而出。要逐步完善考核激励机制和人才发展保障机制，努力创造条件，进一步改善工作条件和物质待遇，真正做到事业留人、感情留人和待遇留人。

进一步推进群众性生态岛建设教育实践活动

2005 年 7 月

为了进一步推进群众性生态岛建设教育实践活动的深入开展，县政协常委会于 6 月下旬先后组织 7 个专门委员会，用 7 天时间深入 14 个乡镇开展“保护环境百里行”巡视活动。委员们听取各乡镇开展群众性生态岛建设教育实践活动的情况介绍，并实地巡视生态岛建设教育实践活动和生态村创建工作的开展情况。现将我县开展生态岛建设教育实践活动的主要成效和进一步开展教育实践活动的措施建议综述如下。

一、我县生态岛建设教育实践活动所取得的主要成效

近年来，在县委、县政府高度重视和各乡镇委局的共同努力下，崇明生态岛建设有序推进，岛容岛貌、镇容镇貌、村容村貌有了较大改观。全县森林覆盖率不断提高，河道中漂浮物明显减少，居民住宅区宅前、屋后的生活垃圾乱倒现象基本绝迹，生态岛建设的各项长效管理机制逐步形成，生态村的创建活动普遍开展，崇明生态岛建设工作已经初见成效。纵观生态岛建设，尤其是生态岛建设教育实践活动的情况，主要呈现以下三个特点：

（一）各级领导高度重视，组织体系基本形成。县委、县政府坚持把生态岛建设放到全县工作的重要议事日程，作为头等大事来抓。年初，专门召开深入开展群众性生态岛建设教育实践活动暨生态村创建活动动员大会，下发了《关于开展群众性生态岛建设教育实践活动和生态村创建活动的实施意见》。县、乡镇相继成立了由党政主要负责同志组成的领导小组和由有关部门负责人参加的群众性生态岛建设教育实践活动工作协调小组及督查小组，各村也相应建立了工作机构，具体负责生态岛建设教育实践活动，形成了从上到下的组织体系，做到加强领导，明确职责，建立机制，协调推进，为生态岛建设教育实践活动的开展提供了组织保证。

（二）县镇（乡）村上下联动，宣传发动广泛深入。按照县委关于开展群众性生态岛建设教育实践活动和生态村创建活动的要求，县、乡镇两级党政组织，相继建立了宣传教育平台和动手实践平台。利用媒体广泛宣传生态知识，创作文艺节目进行巡回演出，制作建设生态岛、创建生态村的公益广告宣传牌。县委宣传部印发了《人人动手，建设生态家园》的宣传手册，制定了《崇明县生态村标准（试行）》。各乡镇组织村干部和村民代表参加见证生态崇明巡礼活动。全县范围广泛开展了每季一次的环境洁净日活动，提高了人民群众对于建设生态岛和开展生态岛建设教育实践活动的知晓率，增强了人民群众的生态意识，营造了共同参与建设生态岛的良好氛围。

（三）生态建设重点突出，创建工作成效初显。在开展群众性生态岛建设教育实践活动和生态村创建活动中，县、乡镇两级党政组织目标明确，重点突出，措施有力，成效初显。各乡镇坚持集中财力，加快生态村重点创建单位的道路建设，着力开展河道整治，切实抓好居民住宅区垃圾收集和处置工作。加大资金投入力度，建设标准化垃圾中转站，配备垃圾运输专用车，全县范围消灭了乡镇级垃圾填埋场。与此同时，各乡镇还配备了河道保洁员、垃圾收集员、废旧农药瓶（袋）回收员等，并做到明确标准，明确任务，明确职责，明确报酬，有效地促进了生态岛建设教育实践活动的开展。此外，还量化了生态村创建工作的考核指标，落实了生态村建设的责任主体。结合第一批保持共产党员先进性教育活动的开展，县级 56 个部门加强了与 21 个生态村重点创建单位的挂钩联系。根据部门的各自优势，给予人力、物力、财力和相关项目的支持，有力地促进了生态村重点创建单位创建工作的顺利开展。

二、进一步推进群众性生态岛建设教育实践活动的措施建议

为了进一步推进群众性生态岛建设教育实践活动，不断增强广大人民群众的生态意识，把崇明建设成为生态优化、环境优美、经济发达、人民富裕的现代化生态岛区，县政协常委会经过审议，提出如下八点建议：

（一）正确处理好长期目标与近期目标的关系。生态岛建设是一项系统性、历史性、创造性的工程。

生态立岛，科教兴县，把崇明建设成现代化综合性的生态岛，是县委建设生态岛的总体指导思想，也是全县人民群众长期的奋斗目标。实现这一目标，需要一代甚至几代人的共同努力。因而需要我们正确处理好长期目标和近期目标的关系，立足长远，着眼当前，扎实推进生态岛建设。但是，在巡视活动中，不少乡镇领导反映，生态岛建设和生态村创建的总体目标已经明确，但阶段性目标不够清晰。为此建议，在生态岛建设中，要按照崇明三岛发展的总体规划，认真研究制定生态岛建设的阶段性奋斗目标。在目标阶段上，既要有20—30年的中、长期建设目标，又要有5—10年的近期建设目标；在目标层次上，既要有全岛的总体目标，又要有重点区域的建设目标；在目标内容上，既要有定性的概念目标，又要有定量的具体目标。在创建生态村的目标上，也应根据崇明实际和村级经济状况，确定3年、5年乃至10年的工作目标。要让全县人民在生态岛建设教育实践活动中，受到一次形势和任务的教育，前景和目标的教育，不断地坚定建设现代化生态岛的信心和决心，引领全县人民共同参与建设生态岛的伟大实践。

（二）正确处理好教育引导与行政推动的关系。通过崇明生态岛建设大讨论活动，全县各级干部群众对生态岛建设问题已经形成了共识。但从巡视的情况来看，人民群众自觉参与创建活动的意识还不强，缺少应有的主人翁精神。为此建议，全县各级党政组织要把提高人民群众的文明素质作为生态岛建设的重中之重来抓，进一步抓好宣传教育工作，把思想教育工作贯穿于生态岛建设的全过程。要通过各种群众喜闻乐见的宣传形式，更广泛、更深入地开展教育活动。要通过拍摄生态宣传教育片，创作、演出短小精干的文艺节目，悬挂张贴生态岛建设生态村创建的宣传标语、印发生态岛生态村建设的宣传资料、制作村级生态岛建设的宣传画廊、开辟“生态岛建设”专题广播节目等多种形式，不断加大宣传力度，使全县人民进一步确立“要建生态岛，先做生态人”的思想观念。在经常性的教育中，让人民群众更好地了解生态知识，培育生态理念，养成良好的行为习惯，不断提高打造生态家园的自觉性。在抓好宣传教育的同时，还要坚持行政推动。要坚持城乡结合。城镇和乡村都是生态岛建设教育实践活动的主战场，要通过各种行政手段，组织城镇社区和农村居民共同参与生态岛建设教育实践活动，共同为建设崇明生态岛和构建和谐社会作贡献。要坚持教管结合。建立健全行之有效的管理制度和符合崇明农村实际的创建生态村的村规民约。要坚持堵疏结合。坚决革除有悖于生态岛建设的各种不良行为和传统陋习，拆除那些既影响新农村形象，又属于违章建筑的各种散乱建筑物，还其整洁的村容村貌和宅容宅貌。同时，要给予正确引导，提出符合崇明农村实际的疏导措施。要坚持奖罚结合。在创建活动中，做到该奖励的奖励，该处罚的处罚，该制约的制约，该曝光的曝光。

（三）正确处理好培养典型与以点带面的关系。今年年初，全县确定了21个村为生态村重点创建单位，这是县委采取的一种树立典型、推动全局的工作方法，力求在点上取得经验后，指导面上的工作。当前，生态村重点创建单位的创建工作已经初见成效，但非重点创建单位成效不够明显，离县委提出的有90%的村开展创建活动的要求距离甚大。在巡视活动中发现，不少村组范围，柴草乱堆、粪水乱流、垃圾乱倒、污水乱排、畜禽乱放的现象依然存在。为此建议，各乡镇不仅要抓好生态村重点创建单位的创建工作，而且还要兼顾面上生态村的创建工作，真正做到以点带面，推动全面。同时，各乡镇要紧密结合本地实际，充分发挥自身优势，努力形成自己的创建特色，使创建生态村的工作不断得到拓展和延伸。在工作策略上，可采取先易后难的方法，先从突出问题抓起，让人民群众看到生态岛建设的成果，引导人民群众自觉参与到生态岛建设教育实践活动和生态村创建中来。

（四）正确处理好专项整治与长效管理的关系。今年上半年，各乡镇根据县委的要求，成立了河道保洁、植树护绿、道路清扫、垃圾收集处置等专业队伍，广泛开展了保护环境专项整治活动。尤其是全县224个村都建立了垃圾收集处置系统，对农药瓶（袋）、废电池、废旧农用塑料薄膜等全面进行了回收处理。应该说生态岛建设教育实践活动专项整治工作取得了一定成效。但如何加强长效管理，彻底根除农村不文明现象，改变人民群众的生活陋习，是摆在各级党政组织面前的一项长期而艰巨的重要任务。为此建议，一方面要树立长期作战的思想，继续抓好专项整治工作，每年突出一个整治重点，持之以恒，一抓到底，坚决防止“抓一个，放一个”，防止半途而废，防止出现“回潮”现象，一步一步地推进崇明生态岛建设和生态村创建工作。另一方面，要坚持从上到下建立一套行之有效的长效管理机制，用制度予以约束。在长效管理方面，要坚持在组织形式、制度机制、政策聚集、资金投入以及硬件建设和管理上狠下功夫，让人民群众养成一种良好的行为习惯，向千百年来的生活陋习宣战，自觉维护好环境，保护好生态。

（五）正确处理好干部带头与群众参与的关系。从巡视活动乡镇介绍的情况来看，各级干部都能紧紧围绕县委提出的工作要求认真组织实施，并积极带头投入教育实践活动。但也应当看到，人民群众参与生态岛建设教育实践活动和突击整治活动的积极性还不高，讲究卫生、保护环境、优化生态的良好行为习惯还未真正形成。县委提出深入开展群众性生态岛建设教育实践活动，其中的“群众性”就是要体现全员发动、全民动手的要求。各级干部积极带头非常重要，但不能形成“干部在做、群众在看”的局面。为此建议，要正确处理好干部积极带头与群众广泛参与的关系，把人民群众的参与度作为重要的工作目标，并在工作考核上适当增加群众参与植树种绿、整治环境、美化家园等方面的考核指标。做到让广大人民群众变局外人为参与者，变“要我做”为“我要做”，变“要我为生态岛建设作贡献”为“我要为生态岛建设作贡献”，从现在做起，从自身做起，从小事做起，使群众性生态岛建设教育实践活动和生态村创建活动转化为每个岛民的自觉行动。

（六）正确处理好活动主题与活动载体的关系。在崇明建设生态岛活动过程中，县委专门下发文件，明确了活动的主题、形式、内容和载体，要求在去年开展生态岛建设大讨论的基础上，深入开展群众性生态岛建设教育实践活动和生态村创建活动。从前阶段的活动情况来看，各乡镇活动主题比较明确，但是围绕活动主题运用的活动载体较为单调，严格来说，还没有形成一种浓烈的创建氛围。为此建议，要通过不断创新活动载体来推进主题活动的开展。作为县级层面，要认真总结各乡镇开展群众性生态岛建设教育实践活动的经验，同时要制订相应的考核标准和具体内容。各乡镇要集中一定财力，为开展群众性生态岛建设教育实践活动和生态村创建活动树立一批形象工程。要丰富“环境洁净日”的具体内涵，把解决突出问题作为着力点，把解决群众切身利益作为切入口。要精心组织“清洁我们的共同家园”活动，认真开展创建“星级文明家庭”“生态经济家庭”“卫生清洁家庭”等评比活动，继续推进“家家绿工程”。要创设活动载体，把生态村建设与景观路线建设结合起来，在统一规划的前提下，形成各自的创建特色。

（七）正确处理好生态村建设与村级经济发展和农民增收的关系。实践证明，生态村创建工作，必须有一定的财力支撑。从巡视的情况来看，全县 21 个生态村重点创建单位均为经济条件相对较好的村，但是在创建过程中也碰到了不少困难。另据有关部门提供的资料表明，2004 年在全县 224 个村中，有 111 个村当年收益赤字。即使一些村当年有收益，但实力也不强。由于村级经济薄弱，财力不足，因此面上生态村的创建工作将是举步维艰。为此建议，必须高度重视和大力支持村级经济的发展，通过招商引资等各种措施，增强村级集体经济组织的自我发展能力，增强村级“造血”功能，从源头上增加村级财力。与此同时，必须继续加大财政转移支付力度，进一步争取市里的支持，以体现“举全市之力建设生态岛”的要求。生态村创建工作和农民的增收要放到同一层面去考虑。要进一步研究农民增收的方式、途径、载体和政策。要切实解决生态岛建设和生态村创建中的产业支撑问题，加大农业基础设施投入力度，改善农业生产条件，支持、扶持、发展农副业龙头企业，使之形成产业，形成优势，形成特色。要进一步建立农民长期增收的保障机制，增加农民的经营性收入、非农就业收入、保障性收入以及财产权益性收入，实现营造生态和农民致富的双赢目标。

（八）正确处理好加强领导指导与加强督促检查的关系。加强领导指导，加强督促检查，既是县委提出的要求，也是生态岛建设成功的保证。但是，在巡视活动中发现，目前在创建活动的指导、督查工作上还存在一些值得注意的问题。主要反映在：农村不少地方使用除草剂灭芦，破坏了自然生态及景观；废品收购点混乱，影响周围环境；秸秆焚烧现象普遍，破坏生态环境；乡镇村植树造林缺少规划和具体标准，出现盲目种植。为此建议，在加强领导的同时，进一步抓好创建指导工作。要制定科学的考核标准，细化完善考核指标。要科学制定乡镇村两级绿化规划，科学整治沟河水系，科学进行垃圾分类处理，妥善处置生产、生活污水和生产、建筑垃圾。要做好秸秆还田工作，杜绝秸秆焚烧现象。同时，要加大政府投入力度，使秸秆通过加工变成畜禽饲料、生产原料，农用肥料，真正实现变废为宝。为了进一步推进生态岛建设和生态村创建工作，还要加强经常性的督促检查工作，总结经验，推广典型，发现问题，解决问题。要进一步加强各类监督，包括人大的法律和工作监督、政协的民主监督、群众的社会监督、媒体的舆论监督，使群众性生态岛教育实践活动深入持久地开展下去。

推进崇明城乡一体化，建设社会主义新农村

2006 年 1 月

党的十六届五中全会指出，要按照建设社会主义新农村的要求，积极推进城乡统筹发展，加大各级政府对农业和农村增加投入的力度，扩大公共财政覆盖农村的范围，强化政府对农村的公共服务，建立以工促农，以城带乡的长效机制。市委八届八次全会也指出，要按照规划布局合理、经济实力增强、人居环境良好、人文素质提高、民主法制加强的要求，加大城市支持农村、工业反哺农业的力度，逐步消除城乡二元结构，加快推进"三个集中"，加快农村城镇化、农业现代化和城乡一体化进程，努力建设与现代化国际大都市相适应的社会主义新郊区。作为上海大都市偏远的郊区农村，崇明在长期二元体制下，始终落后于上海整体发展步伐。如何使这一块占上海五分之一面积，保持着良好生态环境的土地跨越城市与农村的鸿沟，加快解决"三农"问题，实现与上海大都市以及县域范围内城镇与农村的一体化发展，不仅是崇明三岛 70 万人民的共同愿望，也是上海建设社会主义新郊区的战略需要和建设崇明现代化生态岛区的内在要求，更是落实科学发展观的具体体现。为此，县政协常委会从建设现代化生态岛区的战略目标出发，就如何破解崇明城乡二元结构，加快城乡一体化进程开展了调研。现将调研情况综述如下。

一、困难与问题

改革开放以来，在市委、市政府的领导下，崇明经济社会取得了长足发展，但与上海其他地区相比，由于地理、区位原因，发展速度明显滞缓，差距呈进一步拉大的趋势。根据国家统计局制定的农村全面小康监测标准，崇明经济发展、社会发展、人口素质等多项指标尚未达到全面小康标准，是全市唯一不是"全面小康"的地区。现阶段，崇明正处于生态岛区建设的准备和启动阶段，能否坚持城乡一体化发展要求，形成科学、全面、可持续的发展格局，具有极端的紧迫性。同时，崇明城乡一体化进程也面临着诸多迫切需要解决的现实问题。

（一）农业生产力水平较低，城乡收入差距明显。崇明农业还处于传统农业阶段，农业劳动力素质较低，科技人才紧缺，科研水平落后，形成现代生态农业的关键技术还有待突破。农业企业规模小，科技含量低，作为加快农业科技进步，提高农业生产力水平的主体地位和主体作用明显薄弱。2005 年，崇明第一产业增加值为 16.0 亿元，占全县 GDP 总量的 16.7%。而崇明农村从业人员有 29.8 万人，约占全县劳动力总数的 50%，直接从事第一产业的有 12.7 万人，占农村劳动力总人数的 42.6%，农业劳动力比重较城市化标准存在明显的距离。农业劳动生产率偏低，农民收入增长缓慢，就城乡居民收入比较，崇明农村住户人均收入低于全市平均水平 2 000 元左右。而纯农户人均收入仅为 2 000 元左右，还处于"温饱"和"总体小康"水平之间。农村低保户数按 2005 年年收入 2 340 元为标准，达到 16 109 户，占全县农户总数的 7.02%。

（二）二、三产业体量不大，资金支撑能力薄弱。因生态环境保护的需要，崇明始终维持着较高的第二产业准入标准，因交通等原因，企业运营成本也相应较高，由此造成二、三产业体量不大，新的增长点尚等待时机。近年来，通过招商引资，县、乡镇财力虽每年有所增长，但积聚速度难以突破，无力支撑城乡一体化进程的资金需求。

（三）城镇体系发育缓慢，失地农民就业困难。到目前为止，崇明城镇化水平只有约 25%，仅为全市平均水平的二分之一。除城桥镇及堡镇、新河镇、庙镇三个主要城镇外，其余各类集镇 20 余个，集中人口多则 2 000—3 000 人，少则 1 000 人左右，绝大多数人口散居在全县 2 600 个规划农村居民点和实际存在的上万个自然居民点中。城镇和集镇主要沿交通主干道两侧带状分布，规模小、分布散、缺乏必要的纵

深，经济结构单一，基础设施落后，向周边扩展的能力不强，接受城市辐射，集聚生产要素的能力极差，对城镇经济社会繁荣的支撑力和对城镇产业及城市化的带动力十分有限，因而也无力承载越来越多的富余劳动力。据2005年7月统计，城镇失业、无业人员约8 500人，生态林种植等生态岛建设项目中土地被征用或流转的农民中急需就业的为17 000余人。

（四）城乡保障水平失衡，农民后顾之忧犹存。农村社会保障水平与城乡一体化要求也有相当大的差距，主要表现在农村社会养老、医疗保险水平低。社会养老保险以农保为主，医疗保险以农村合作医疗为主，虽然2005年农民参保率达到100%，但人均交费低，医疗费报销额远低于其他郊区。农民"因病致贫"的现象还十分突出，部分农民"小病拖着变大病，大病则拖着等死"。由于这种以户籍制度分割的城乡社会保障二元体制在保障水平上存在明显差距，使农民更加依赖土地的供给与保障功能。在土地流转过程中，农民的身份性质得不到改变而成为城镇中的农民群体，无法成为真正意义上的城镇居民而享受同等的社会保障，仍处于相对弱势的地位。农民的这一后顾之忧势必阻碍城乡一体化进程，甚至影响社会的稳定。另外，在教育、卫生、文化等各项社会事业方面，农村远远落后于城市和郊区的发展水平。由于社会资源分享的明显落差，从而使农民生活质量相对偏低。

（五）农民思想观念陈旧，生态文明素质亟待提高。崇明不少农民还存在着"靠天吃饭"的思想。在生产方式上，习惯于"面朝黄土背朝天""日出而作，日落而息"的传统农耕文化，缺少调整产业结构，利用自身特长和科技知识发展特色经济的思考与实践。在富余劳动力择业观念上过度依赖政府，不少有就业愿望者技术工种无法干，苦累脏险工作不愿干。在生活方式上，"只顾小家不顾大家"的小农意识和生活陋习还普遍存在，生态文明意识缺乏，随意损害环境的行为时有发生，尚难适应城市化的生活方式，与生态崇明相适应的具有较高生态文明素质的现代人要求还有相当距离。

二、模式与抓手

（一）模式要素。

传统意义上的城乡一体化是在市区工业化达到较高水平的基础上，通过市区产业（主要是第二产业）、城市基础设施等经济、社会资源向郊区转移、延伸，由市区带动郊区（主要是县城和中心镇）的发展，产生新的城镇，实现各种城市关系向农村的渗透。简言之，是一个工业化带动城市化，城市化带动一体化的过程。而崇明工业基础十分薄弱，交通不便，人才缺乏，接受产业转移的机会和能力均远逊于其他郊区。城镇还不具城市架构，难以发挥支撑城乡一体化的功能。此外，崇明三岛功能定位为生态岛区，生态农业在产业发展中具有特殊重要的地位。据此，崇明要实现城乡一体化，必须突破传统城乡一体化模式及推进方式，跳过工业化阶段，倾力探索直接构筑第四代城市形态即寓城于乡，城乡一体，可持续发展的生态型城市模式。根据上述特点，崇明城乡一体化的模式应具备以下要素：

1. 以森林和湿地为依托，天蓝地绿、草青花香的自然生态涵养空间。面积广大的各类湿地是崇明最为重要、最为宝贵的自然资源，高覆盖率的森林是市委、市政府对崇明的指标性要求。这两者将构成崇明生态城市的自然基础。

2. 以城市智力、技术为支撑，与城市经济协调、融合、互动发展的农村产业体系。将根据生态岛区的要求，发展自身特色产业，形成都市型生态农业与生态旅游产业、生物产业、海洋产业、岸线产业、知识产业等融合发展的产业体系。

3. 以生态城镇为主体，相对集中、设施完善、功能发达的特色农村社区。若干城乡一体的风格各异、特色鲜明的生态城镇是现代化生态岛区的标志和亮点，成为联结崇明农村和上海大都市的纽带，特色生态产业和人口相对集中的承载主体。

4. 以生态道德为基础，文化素质、就业能力普遍提高的新型农村居民。人的全面发展是城乡一体化的根本，也是生态崇明的基础性要件。也只有农民文化水平、就业能力、生态素质的普遍提高，才能够与城市居民真正平等地共享各种经济、社会资源，从真正意义上消除城乡差异。

5. 以平等共享为原则，广覆盖、高水准的社会保障机制。从体制上突破城乡二元结构，使农民作为国家公民在医疗、劳动等社会保障方面享受与城市居民同样的“国民待遇”是社会发展的必然，也是现代化生态岛区人与社会和谐的必要体现。

（二）主要抓手。

以城乡一体化作为统筹城乡发展，解决“三农”问题的根本途径，应超越“农业增效，农民增收”的简单概念，把农业的可持续发展、农民的全面发展、农村的社会进步作为终极目标统筹思考。根据这一目标和上述要素以及目前经济、社会各方面的落后状况，在推进崇明城乡一体化进程中，须相应落实以下各方面作为主要抓手：

1. 坚持生态保护和资源循环利用，推动城乡自然、社会和谐发展。要坚持把生态环境保护与建设作为城乡建设的重要组成部分，将生态要求作为各项建设的普遍标准，逐步形成富有特色的生态城镇、生态村落、生态园区；在产业导向上，强调自然资源的保护与循环利用，以高效能的公共基础设施，确保各类污染得到及时处置，实现城乡人与自然、社会与自然的和谐共存。

2. 坚持规划先导，集中力量大力推进“三个集中”。城乡一体化的实现是一个漫长的过程。同时，又是前无古人的艰苦实践，要坚持在“看清楚、想明白”的原则下，切实修编符合崇明长远发展目标的总体规划、区域规划、专业规划。目前，“三个集中”是按照生态城市模式推进城乡一体化的一项基础性工作，在财力还十分有限的情况下，必须坚持以规划为准绳，集中有限资源，实施重点突破。

3. 坚持科教兴农，实现城乡经济一体化发展。农村产业的主体是农业，农业如何融入经济快速、稳定发展的大格局，从而实现城乡在经济上的一体化发展，是实现城乡一体化的关键。要按照县委提出的“生态富民、生态强县”的战略要求，发展与生态崇明相匹配的生态农业，必须坚定地实施科教兴农战略，加大对农业科技的研究、应用与推广，使农业走向信息化、标准化、装备化、市场化，从而大大提高农业劳动生产率，实现农业与其他产业的同步发展。

4. 坚持深化改革，加大对崇明城乡一体化建设的政策扶持。“跨越长江”必然是上海21世纪的发展战略，现代化生态岛区建设也正体现了这一战略要求。但崇明还是比较落后的郊县农村，要完成这一长期、复杂、艰巨的系统工程，必将遇到重重困难，且仅靠崇明一己之力将难以克服。市委、市政府提出“举全市之力”建设生态崇明，应通过具体、有效的政策措施，将支持、扶持的机制真正落到实处。

5. 坚持以人为本，尊重农民权益，促进农民全面发展。人是社会的基本要素，70万崇明城乡居民是建设现代化生态岛区的主体。因此，在推进城乡一体化过程中，必须坚持以人为本，尊重农民的合法权益，同时把教育农民作为一个重要抓手，促进农民在生态道德、行为方式、就业能力等各方面的全面发展。

三、对策与建议

胡锦涛总书记指出：“统筹城乡发展，就是要充分发挥城市对农村的帮助作用和农村对城市的促进作用，实现城乡一体化。”崇明作为上海目前欠发达、唯一未达到全面小康水平的地区，从上海21世纪发展战略的高度，以生态城市为目标推进城乡一体化，市、县两级政府是共同的责任主体，必须创新发展理念，整合各种资源，加快促进城乡之间的空间融合、经济融合和社会资源的共享，促进城乡居民的全面发展，切实改变经济、社会、分配和城市空间布局的二元结构现状，从而实现城乡一体化发展和建设社会主义新农村的宏伟目标。为此建议：

（一）及早完成城乡一体化的基础性工作。

1. 抓紧修编特色生态城镇体系规划。按照三岛功能定位和总体规划，及早编制崇明三岛风格各异、生态特色和功能特征鲜明的城镇体系规划，形成清晰的空间结构和区域功能分配，为正确处理各种发展关系，厘清产业发展方向，科学安排基础设施投入，减少重复建设等提供依据。从而因地制宜，扬长避短，集中资源，重新构筑城镇基础设施和特色产业体系，形成品牌式城镇，使城镇群体布局更加合理、方向更加明确、发展更加有序。

2. 抓紧修编城乡居住体系规划。按照“体系有梯度、布局成组团、城镇成规模、发展有重点”的原则，加快编制城镇、农村居住体系规划，以利于及时调整规模小、分布散、占地多、环境差的自然村落。鼓励农民居住向城镇和新型农村社区集中以及土地向规模经营集中，提高农民市民化程度，并为重点发展项目作好土地储备。

3. 抓紧编制城乡一体化阶段性实施计划。按照现代化生态岛区建设和城乡一体化的总体目标，编制城乡一体化的阶段性实施计划，明确各阶段的分解目标、具体任务和各级政府的工作定位，方便区域的集中开发建设，切实有效地推进区域开发和产业结构调整、基础设施建设等各项相关工作。

4. 根据规划功能及时调整镇村区划。按照崇明三岛总体规划及各区域功能定位，及时调整县域行政区划。一是根据区域功能调整乡、镇、村区划，合理撤并、组合同一功能区内乡镇和行政村，方便区域的集中开发建设，避免只从节流开源的角度出发，简单地将现有乡镇合二为一的做法，导致今后开发中产生新的矛盾。同时，县政府按照"界面政府"的要求，协调各方利益，使乡镇行政管理趋于专业化，提高行政效率。二是对崇明新城、陈家镇新镇以及规划中新市镇范围及缓冲区域内实施撤村建社区工作，加速这些重点区域的城镇化和农民市民化。三是积极争取改变崇明目前"五方辖制"的局面，将市农工商集团在崇各分公司整建制划归崇明，以便统一规划、统一开发。

（二）加快形成三岛联动的产业体系，促进城乡经济一体化发展。

1. 大力实施科教兴农战略，提高农业产业化水平。在科教兴县战略年度实施方案中，应每年落实1—2个生态农业战略性重点攻关项目，并一经鉴定通过及试点示范，迅速向生产转移，尽可能地形成规模效益。同时，切实安排科技兴农的实施项目，按照高起点、高标准、高效益的原则，进行科技成果的筛选、引进、试验、示范，明确实施主体，以产业化方式组织、指导农民将优良品种、先进栽培技术运用到实际生产中，提高科学技术的普及率和应用率，及时把先进适用的科技成果转化为现实生产力。

2. 大力调整农业产业结构，提高农业与相关产业的融合度。充分发挥科学技术的推介作用和市场的导向作用，调整农业产业结构，促进农业向内部分支，农产品加工业以及生态观光旅游业，物流、信息、质量认证等现代服务业、清洁型第二产业等相关产业的延伸与渗透。通过产业间的融合，实现农业资源的循环与充分利用，提高农产品附加值和农业劳动生产率，增强农业的整体素质、整体效益和竞争能力，从而形成三次产业协调、融合、互动发展的城乡经济一体化格局。

3. 大力发展城镇特色产业，提高城镇就业承载能力。根据县城及中心城镇的规划功能，逐步形成诸如岸线工业城、光电子工业城、海洋生物工业城、休闲娱乐城等特色产业及相关服务业体系，支撑城镇的运转及良性发育，完善城镇功能，切实提高城镇就业承载能力，解决农民就业难。应积极争取市委、市政府加大对崇明产业发展的支持，优先考虑将对区域经济有巨大带动作用的重大产业项目布局到崇明，使崇明直接参与到上海的新一轮发展中，尽快形成崇明的支柱产业，增强崇明自身经济发展的"造血功能"。

（三）深化完善政策扶持机制，形成全市支持崇明大格局。

1. 争取"试验区"政策，加速崇明"三个集中"。通过"三个集中"转移农业人口，提高农业劳动生产率和农村产业经济水平是破解"三农"难题的有效途径，也是崇明生态岛区建设准备和启动阶段的重要抓手。在崇明新城、陈家镇新镇及林业建设重点区域，全县各有关单位和乡镇在县委、县政府的统一领导下，开展了一系列"三个集中"的试点工作，取得了宝贵的经验，对所遇到的困难也形成了一定的破解思路。应积极建议市委、市政府加大对崇明"三个集中"试点工作的支持，给予崇明"三个集中"试验区政策，帮助崇明大胆探索实施"三个集中"的更为有效、更为快速的新途径、新方法，及早形成生态岛区的总体架构，为现代化生态岛建设作好充分准备。

2. 争取特殊财税政策，确保城乡一体化建设资金。由于崇明产业发展水平较低，在崇市级及岛外企业总量少，导致地方税收总量也较小。因此，市委、市政府对崇明财政转移支付的实际总量距预期效果相距甚大。应积极建议市委、市政府根据财税体制改革的实际情况，继续加大对崇明政策倾斜度。一是将经营地或注册地在崇明，使用崇明地方资源的金融、电信以及农工商集团在崇分公司、上实集团、长兴岛海洋装备制造等行业和企业的地方税收纳入崇明委托征管范围；二是鉴于生态环境保护需要，相当一部分行业发展受到限制，招商引资难度大的情况，建立相应的补偿机制予以平衡；三是增加对崇明林业建设与养护等生态基础工程的专项扶持并形成长效机制。

3. 争取差别政策，提高崇明农民生活保障水平。由于财政收入的差距，崇明政府对农村合作医疗的补助与其他郊区也存在着明显的差距。建议积极争取市级财政对崇明实行差别政策，适度提高崇明合作医疗的补助标准，并按总体不低于或接近其他郊区平均水平的标准，增加崇明农工统筹金的下拨额度，让崇明农民看得起病。此外，还应积极争取市级财政对因造林等生态环境建设基础工程所需土地全部被使用的失地农民的社会保障实行特别扶持政策，帮助崇明解决补助资金缺口，使失地农民除按土地流转政策得到补贴外，能统一纳入“小城镇保险”范围，以解决他们的后顾之忧。

4. 争取全方位扶持政策，统筹崇明社会事业发展。积极争取相关委局及市区按照统筹城乡发展和城市支持农村的要求，建立对崇明的对口帮困扶持机制，统筹提高崇明教育、医疗、文化、交通等社会事业发展水平，真正体现“举全市之力，建设崇明生态岛区”的要求。一是适度突破“三级政府、三级管理”的模式，支持崇明县级主要道路、中心镇骨干道路的投入，完善这一城乡一体化最基本的基础设施；二是充分考虑政府投资的社会事业项目落户崇明，提高崇明城乡居民生活质量。与此同时，县委、县政府也应按照以人为本、立足生态、协调发展的原则加快社会事业的跨越式发展。建议近阶段，一要引入政府配置存量及富余资源为主体的多元投资体制，构建以成人教育、职业培训为代表的社会公共教育结构，形成国民教育和终身教育新格局，保障农民的受教育权；二要通过资源配置的适宜性和配置结构的合理化，全面提升堡镇人民医院、庙镇人民医院这两所区域重点医院以及各乡镇卫生院的软、硬件水平，使农民拥有相对充分的医疗保障；三要降低门槛，提高有线电视入村入户率，丰富农民文化生活。

（四）深化完善就业促进机制，确保农民收入增长。

1. 倡导生态基础工程就业。在今后相当长的一段时间内，崇明将开展较大规模的生态基础工程建设，在改善崇明生态功能的同时，也为加快城乡劳动力转移提供了可能。建议通过前期政策准备，对生态基础工程实施企业作出量化要求，倡导、鼓励吸纳失地农民和本县富余劳动力就业。对政府投资兴建的生态环境保护基础设施工程，应优先使用本县富余劳动力。

2. 强化农村劳动力就业培训。利用现有教育资源，统一协调管理，综合发展社会公共教育，让更多的农民接受职业培训。在争取市级财政支持的同时，县级财政也应根据自身财力，挤出资金专项用于农民职业和技能培训，进一步扎实推进“阳光工程”。同时，按照生态基础工程及其他企业用工要求制定培训计划，选择培训内容，开设培训工种，实行培训与就业挂钩的“订单培训”，提高农民参加培训的积极性。

3. 实行企业用工补助。针对岛内企业特别是中小企业较多使用无社会保障要求的外地民工以降低劳动力成本，增强产品价格竞争力，而劳动力市场仍是需方市场，职工处于弱势地位的实际，建议在严格执行法律法规，加大劳动保障、社会保障监察力度的前提下，进一步完善农民就业援助制度或调整招商引资优惠政策设计，提高对各类企业使用本县富余劳动力的社会保障专项补助水平，降低企业劳动力成本，并对使用失地农民达一定数量的企业给予特别奖励，有效调动企业使用失地农民和农村富余劳动力的积极性，增加失地农民和农村富余劳动力的非农就业机会。

4. 激励农村富余劳动力自主创业。探索失地农民和农村富余劳动力自主创业激励机制，建立用承包地和宅基地置换等低成本用地形式的自主创业园区，拓宽失地农民和城乡居民自行创办企业的融资渠道，并配套相应的风险基金，帮助创业农民融资及分解投资风险。尤其应激励面向现代农业的各类农民自发组织的农村经济合作组织，强化政策、科技、市场的指导和扶持，加快传统农业向现代农业转变。

5. 增加农民财产性收入。农民是土地的法定所有者，土地是农民的根本保障。在城乡一体化进程中，农民把最重要的资源和生产资料交给了社会，为社会进步作出了贡献，应当成为社会进步成果的分享者。建议在“三个集中”实施过程中，转变以往征地和土地流转的常规方式，在房地产开发等经营性项目中，允许、鼓励农民自愿以土地入股等形式主动参与，并建立行之有效的运营和监管机制，让农民作为投资主体参与土地二级市场增值的利益分配，切实增加农民收入，调动农民支持“三个集中”的积极性。

关于加快发展崇明现代农业的建议案

2006 年 10 月

加快农业和农村经济发展是社会主义新农村建设的中心任务。中共上海市委《关于推进社会主义新郊区、新农村建设的决议》要求，以远郊农业地区为重点，按照“高效、生态、设施、精准、标准”的现代农业发展要求，推进崇明生态岛等地区的农业板块建设，形成富有特色的都市农业基地。近年来，县委、县政府高度重视发展现代农业，并取得了令人欣喜的成果。但也应当看到，崇明农业相对还比较落后，距上海实现“两个率先”的目标和建设现代化国际性生态岛区的要求还有相当大距离。因此，努力发展现代农业应是当前和今后一段时期崇明经济工作的重点之一。为此，县政协常委会就加快发展我县现代农业开展了专题调研，并提出如下建议案。

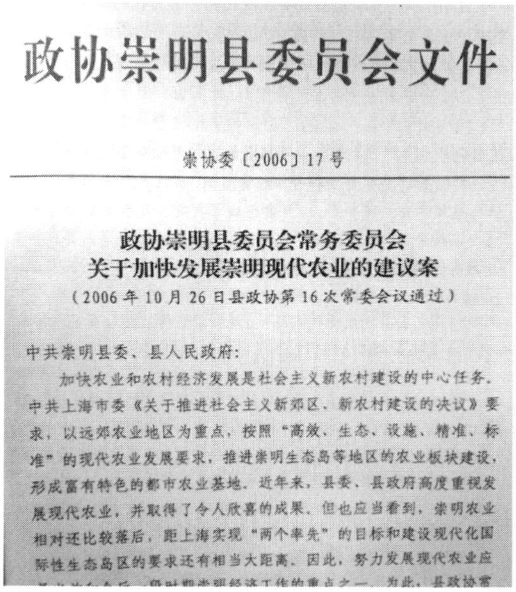

政协崇明县委员会文件

崇协委〔2006〕17 号

政协崇明县委员会常务委员会
关于加快发展崇明现代农业的建议案
（2006 年 10 月 26 日县政协第 16 次常委会议通过）

中共崇明县委、县人民政府：

加快农业和农村经济发展是社会主义新农村建设的中心任务。中共上海市委《关于推进社会主义新郊区、新农村建设的决议》要求，以远郊农业地区为重点，按照“高效、生态、设施、精准、标准”的现代农业发展要求，推进崇明生态岛等地区的农业板块建设，形成富有特色的都市农业基地。近年来，县委、县政府高度重视发展现代农业，并取得了令人欣喜的成果。但也应当看到，崇明农业相对还比较落后，距上海实现“两个率先”的目标和建设现代化国际性生态岛区的要求还有相当大距离。因此，努力发展现代农业应

崇协委〔2006〕17 号文将常委会建议案报县委、县政府

一、正确认识发展崇明现代农业所面临的现实问题

近年来，我县农业围绕建设现代化生态岛区的总体目标，按照建设社会主义新农村的要求，积极发挥崇明独特的环境和资源优势，努力推进现代农业的发展。农业产业化进程逐步加快，形成了 100 万亩河蟹(含岛外养蟹)、16 万亩“寒优湘晴”优质大米、10 万亩无公害花椰菜、5 万亩优质柑橘等一批具有一定规模的绿色产业基地，并作为崇明农业的主导产业向纵深发展，产生了一定数量的龙头企业和合作经济组织。特色农产品的规模化生产和区域化布局逐步扩大，开发形成了具有一定市场影响力的数十个品牌产品。与此同时，在县委、县政府的重视下，县、乡镇两级努力探索科技推广、服务实施的新机制，取得了一定成效，为提高农业产值，增加农民收入发挥了积极作用。

但是，就崇明农业整体而言，现代农业的规模和发展水平均还十分有限。具体表现为以下几个方面：

（一）产业结构调整缺乏深度，产业发展思路尚未真正明确。近年来，崇明农业产业结构的调整主要还是以短期效益的功利目的为驱动的农产品品种结构调整，而以现代农业理念对农业内部结构、区域布局和规模进行的产业结构调整尚处于自发和摸索阶段。把现代农业作为现代化生态岛区建设中重要的大产业并与其他产业融合，从而大幅提高农业附加值和比较效益的可持续发展的具体思路尚未真正形成，突破方向依然不明，指标体系、发展模式、运行途径、工作抓手也不十分明确。

（二）农业科技基础相对薄弱，支撑作用尚未充分显现。崇明农业科研力量主要集中于县级农技单位，主要从事农技推广和防病防疫工作。由于体制、机制方面的原因，这些单位的人员结构性矛盾和知识滞后性矛盾十分突出，高层次人才紧缺，研究力量严重不足。同时，乡镇、村两级农技推广、服务队伍日渐萎缩，使工作无法深入到村，其他农技推广和服务资源分散，整合能力和综合优势得不到充分发挥，使科技推广、服务工作出现了“人散、线断、网破”的尴尬局面，难以适应生态岛区建设新形势下现代农业发展的需要。同时，作为科技创新主体的农业企业，研发能力也严重不足，新产品开发少、科技含量低、市场竞争力弱、经济效益差，导致科技对我县农业的支撑作用无法充分显现出来。

（三）龙头企业、合作经济组织发展滞缓，规模化、组织化程度尚未明显提高。近年来，我县投入了大量的人力、财力、物力引进并扶持了一批如“华源”“绿利”等有发展潜力的农业龙头企业，但因投入后约束、监管机制不完善及企业经营管理者素质等方面的原因，部分龙头企业不但没有发挥出其组织化生产的效应，反而带来了不少经济和社会问题。另有部分龙头企业处于勉强维持的状况，带动作用不明显。

同时，我县现有50家农民专业合作组织仍处于起步阶段，虽然发挥了一定作用，但总体规模不大，运作不够规范，经营能力偏弱，联系、带动的农民数量还不多，难以组织起更大规模的生产。另外，由于多方面原因，农村土地主要掌握在家庭联产承包的农户手中，生产规模小，产品档次和效益低。大部分农户对土地流转的积极性不高，使土地难以集中进行规模经营，而且阻碍了基于规模化生产才能取得实际效益的设施、科技的投入。

（四）特色种源保护形势严峻，品牌效应尚未有效发挥。崇明特色农业种源是崇明现代农业赖以发展的重要资源基础，但由于对种源保护的认识不足，保护工作的体制、机制不完善，使我县种质资源规模小、分布散的状况未能得到实质性改变。而且白山羊、水仙等名、特、优品种自然特性正在退化、异化现象十分严重，作为具有崇明特色的现代农业的品牌效应逐渐退化乃至消失。即使像花椰菜、红梗芋艿等虽已形成生产规模，但也由农民自行选种、留种，导致种质资源中一些好的基因丢失。

（五）农业基础设施投入不足，农业产业链延伸尚未深入。农业基础设施既包括农业生产所必需的物质条件和社会条件，又涵盖产前、产中、产后全过程。就目前而言，我县较为注重对农业初级产品产前和产中水利、道路、农资供应等物质条件的改善，而对产后深加工、流通、废弃物利用等产后环节及农业综合教育、科研、推广等社会方面的基础设施投入还显得明显不足，使得农业产业链向符合现代农业生态化、信息化方向深层次延伸的力度相对较弱。

（六）农民整体素质偏低，现代农民队伍尚未培育形成。我县目前从事家庭联产承包的农村劳动力大多是50岁以上的农民，习惯于分散的、落后的传统农耕方式，所掌握的现代农业科技和文化知识较少，且接受、掌握农业技术的意识和能力都不强。同时，其中不少人员安于现状，缺乏远见，甚至较为极端地注重眼前局部利益的得失，成为以土地流转集中为基础的现代农业生态化、规模化、组织化、产业化发展的不利因素。因此，通过直接的培训教育和间接的潜移默化，尽快培育形成现代农民队伍也是崇明发展现代农业迫切需要解决的现实问题。

二、着力解决发展崇明现代农业的几个问题

现代农业是以现代工业和科学技术为基础，重视加强农业基础设施建设，根据市场需求，采用现代科学技术，运用现代工业设备，推行现代管理理念和方法的农业综合体系。现代农业内涵丰富，形式多样，不仅包括农业产前、产中、产后整个过程，而且模糊了三次产业的界线，向生态农业、设施农业、种源农业、休闲农业、观光农业、农产品加工业及都市型产业等方向渗透、扩展，与第二、第三产业融合发展。在这庞大的综合体系中，崇明农业应选择什么样的突破方向和发展模式？崇明是上海大都市郊区，是上海21世纪发展的重要战略空间，因此，崇明农业必然是依托上海，服务上海，功能、布局、结构与上海发展战略相一致的都市型农业。与此同时，根据崇明三岛功能定位，崇明农业在注重经济和社会功能的同时，必须进一步强调其生态功能，必须依据“整体、协调、循环、再生”的原则和物种共生、物质循环、能量多层次利用的生态学原理，以现代科技为支撑，运用系统工程方法，发展组织化、规模化、优质高效可持续发展的生态农业。根据上述两点，崇明农业的发展取向应为都市型生态农业。为此，建议现阶段应重点着力解决以下四个方面关键问题。

（一）坚定都市型生态农业发展方向，规划、完善崇明现代农业发展目标和产业布局。

1. 落实三岛功能定位，坚定不移地发展都市型生态农业。根据崇明三岛功能定位，以海洋装备产业为主体的第二产业将集中布局在长兴岛，而面积达1 300平方公里的崇明本岛，第二产业的发展将受到相当程度的限制，第三产业和其他高端产业的引进在实质性开发前也不可能达到较快发展的速度。因而崇明岛域规划提出的“绿色食品岛”概念，正视了崇明是农业大县，农业人口占总人口多数的现实，作为当前和未来较长一段时期崇明发展的重点进程和目标。因此，现阶段全县上下应统一思想，脚踏实地，把发展本岛现代农业作为经济工作的重点之一，放到突出位置。

2. 深化、细化、完善农业规划，进一步明确发展目标、产业布局和工作措施。在岛域总体规划落地后，相关部门即着手配套了至2020年的农业中远期规划。同时，“十一五”规划也明确了今后五年我县农业的发展目标。但这些都还是较宏观的规划，应在认真实施的过程中，及时总结经验教训，进一步深化、细化、完善农业规划，按照都市型生态农业的发展取向，研究、落实具体目标、产业布局和工作措施。在产业布局规划中，应重视在崇国有农场在岛域总体规划中的战略地位，注重发挥其土地成片、规模集中、易于调配的优势，使农场地区更好地按照三岛功能定位进行统一规划，使之与县域现代农业发展相协调；应重视乡镇农业的传统特色和发展优势，明确各乡镇不同的产业布局和突破重点，努力促进各乡镇特色产业片区的形成。

3. 调整农业内部结构，努力形成融合互动的产业布局。应按照都市型生态农业的发展方向，认真研究、合理调整农业内部农、林、牧、副、渔及农产品加工、农业科技研发等相关产业的结构比率，大力促进农业产业链的外向延伸。以发展现代农业作为实现市委、市政府要求的三次产业融合发展的突破口，认真研究相关产业的发展背景，充分利用崇明生态品牌优势，积极拓展现代农业内涵。可按照产业融合发展的思路，与相关产业，尤其是旅游业共同制订彼此依存发展的融合型专项规划。促进农业向加工、休闲、观光、会展、教育、科研等边缘产业的渗透，努力形成融合互动的产业布局，从而提高农业的附加值和比较效益，使我县农业业态发生根本性的转变。

（二）不断优化政策体系，切实提高农业规模化、组织化水平。

1. 努力争取农业项目招商引资新突破，有效利用岛外资金共同建设产业基地。首先，必须正视、解决崇明现代农业园区存在的诸多问题。崇明现代农业园区是市级现代农业园区，面积达 33 平方公里，园区内水、空气、土壤均达到国家一级标准，基础设施也逐步配套完善。但由于土地权属等问题，园区成立六年来始终未能得到实质性发展，直接影响了崇明现代农业的形成与壮大。建议县政府对此应引起充分重视，积极运用资源调配的行政权，用一揽子方法彻底解决园区的发展瓶颈。积极协调、解决华源集团占地问题，使园区能够统一管理，统一经营，使园区招商引资功能充分调动出来，集聚龙头企业的效应充分显现出来，对现代农业的示范、带动作用充分发挥出来。其次，必须充分调动乡镇的积极性，督促乡镇像二、三产业招商引资那样重视农业招商引资，让引入的农业实体企业把农户组织、带动起来。再次，鉴于农业投入风险大、周期长的特点，研究制订比引入工业企业更为优惠的税收、基础设施配套、管理服务等政策，直至对明显带动农户增收的龙头企业实施投入阶段全额退税乃至资金奖励的政策。

2. 实施平等竞争的产业政策，培育农业龙头企业新亮点。应坚持把发展现代农业放在重要战略地位，为崇明特色农产品、其他规模化农产品及农产品加工业向区域化布局、专业化经营、产业化发展制订、实施更加积极的适用于包括引进企业在内的所有农业企业和组织的土地使用、税收、融资等产业政策，支持崇明现代农业的突破性发展。尤其在资金扶持方面，应统一标准，根据所带动的农户数量、品牌与标准认证、经营规模等情况，通过以奖代补的方式予以平等扶持，营造平等竞争的公平环境。

3. 指导扶持合作经济组织发展壮大，加快形成乡镇特色产业片区。在坚持“民办、民管、民受益”原则的同时，乡镇政府应根据本区域产业特色和产业规模，有所侧重地加大对农村中介合作经济组织的指导与扶持，切实解决其运行中的困难和问题，充分发挥其组织效应，把分散的农户集中起来，加速形成乡镇特色产业片区并向规模化经营发展。县政府和相关部门应加大资金的扶持力度，建立农村合作经济组织创业风险基金或贷款担保基金，并制定完善的、统一的使用标准，一方面刺激其发展欲望，另一方面帮助克服资金流动困难。对已经申报注册，具有较大影响力，运作比较规范的合作经济组织，则通过项目倾斜、政策性奖励等措施进行重点扶持。

4. 建立行之有效的监管机制，确保农业企业健康快速成长。对部分市场前景广阔、科技含量高，确需特殊扶持的龙头企业，应认真总结前几年支持、扶助方式成败的经验教训，在给予项目、设备、资金扶持时，应对其具体项目实施的可行性、市场前景、资金后续投入保障、经营管理能力等方面进行严格的审定、把关，并以财产质押、参与专项扶持资金使用管理等形式建立必要的约束、监管机制。坚决杜绝部分人在缺乏后续资金保障和经营管理能力的情况下，利用项目扶持政策，使用集体土地、政府资金，资产和利润归自己所有，风险和不良后果由政府承担的“烂尾工程”现象，确保龙头企业健康、快速成长。

5. 完善土地流转机制,促进土地向规模经营集中。在前段时期植树造林过程中,我县积极探索、实施土地流转的政策,积累了较为丰富的实践经验。应在此基础上,根据崇明的特色和现代农业发展的实际需要,不断加以深化、完善。一方面,可以结合社会保障制度改革,为离土农民及时提供小城镇保险或其他城乡一体的社会保障形式,解决他们的后顾之忧,提高他们流转土地的积极性。另一方面,可以通过参股、合作、用工等形式,使一部分农民离土不离农,就地开展农业生产,既可分享股权等财产性收益,又可获得工资性收入。对一部分老弱病残、丧失劳动能力以及长期在岛外或县内城镇就业的特殊农民群体,则把土地流转作为获得特殊优惠的社会保障和社会服务的前置条件,鼓励这部分农民自愿流出土地。

(三) 研究、创新农业废弃物资源化、能源化综合利用方式,实现岛内农业生产内部循环。

1. 充分认识农业废弃物资源化、能源化综合利用的重要意义。生态农业所要求的是循环型的大农业,其本质并不仅仅在于减少和控制化肥、农药的使用来减少农业面源污染,更主要在于运用生态学原理实现物质的多层次循环利用,并为农业产业链的延伸提供更大可能和更大空间,使现代农业的经济、社会和生态功能同时得以发挥。中共上海市委在《关于推进社会主义新郊区、新农村建设的决议》中也要求推进循环农业发展,加强对农作物秸秆和畜禽粪便等农业废弃物的综合利用。崇明的功能定位是现代化国际性生态岛区,对各类废弃物简单的物理、化学处理方式显然与之不符。因此,必须把农业废弃物资源化、能源化综合利用尽早提上重要议事日程。

2. 研究创新农业废弃物的综合利用方式。根据先行地区的经验,农业废弃物转化利用的主要方式是沼气技术。但这属于较初级的利用方式,是产业发展和群众生活在一定水平之下的利用方式。崇明建设现代化生态岛区需要更高层次利用方式。为此,建议从更宽泛的生物质能转化利用的层次进行研究、创新、开发农作物秸秆发电,生物质气化、液化燃料、有机肥等转化利用方式,并以此为中心环节,将组织化的种植业、规模化的养殖业及林业、农产品深加工业连接起来,实现岛内农业资源、能源相互交换的循环体系。

3. 列入争取市级财政支持项目。农业废弃物资源化、能源化综合利用项目技术要求高,投资数额巨大,并且同时具有社会主义新农村建设、生态岛区建设以及涉及上海率先实现农业现代化三重基础设施建设的重大意义。其部分关键技术国内已有多家企业应用,相关设备国内也有生产,技术难关攻克难度不会很大,完全可以作为大产业项目争取市委、市政府及相关部门在资金、关键技术攻关等方面全方位的支持。如争取支持成为可能,崇明现阶段应首先做好应用规模、规划布局和运行机制的研究。

(四) 努力增强科技基础和攻关能力,不断提高农业科技贡献率。

1. 改革现行体制,健全农业科技推广服务网络。应针对现行县、乡镇农业科技推广、服务中的矛盾,加大体制改革和机构改革的力度,进一步健全农业技术推广与服务网络。对其中应由政府承担的推广、服务职能,应切实按照“服务政府”的要求,落实并充分保障技术人员编制和所需资金。同时,积极创造有利条件,采取基础理论和针对性工作并重的方式,开展农技推广、服务人员的专业培训,着力提高他们的专业素质和专业能力;对半服务半经营项目,则通过市场化运作加以解决,使政府的推广、服务功能与企业化经营功能分开。同时,进一步完善运作机制,积极培育、引进农业科技研创人才,并实行科技成果评定、奖励政策,调动科研人员积极性,从而形成数量充足、技能素质较高的农业科技推广、服务和研创队伍。另外,要认真总结“科技入户”工程的经验,积极探索农技服务的新途径。

2. 依托科技合作和创新基地,开展农业关键技术攻关。现代农业需要科学技术的支撑,但崇明目前农业科技人才尤其是高层次研究领域人才缺乏,科研基础较为薄弱。为此,一方面要依托大专院校和科研单位开展技术合作,根据崇明的种质资源特点和农业发展需要,以提高农产品产量和质量为目标,集中人力、物力、财力,有针对性地对关键技术开展课题攻关,力求取得突破性成果。另一方面,要加强与市科委的合作,切实推进前卫村科技创新基地建设,务必使其真正发挥效能。同时,充分利用农业企业利益驱动机制,以企业为主体,根据市场需求和技术能力,组成生产与研发的联合体,进行农产品和应用技术的开发与成果转化。

3. 强化农业科技培训，优化农民科技素质。提高农民科技文化素质，是现代农业发展的基础要件，也是农民适应农业产业化进程，实现非补贴性、可持续增收的基本需要。为此，应根据现代农业的要求，以乡镇为主体，加大农业科技培训的力度，通过各种途径，广泛开展农业技术培训。农业和教育、科技、文化、新闻等部门应密切配合，充分运用广播、电视、报刊、音像制品、培训班、科技展览等多种形式，广泛宣传、普及农业科学技术，培养种养能手和技术骨干，从而培育形成适应和推动现代农业发展的现代农民群体。

五、十二届县政协常委会建议案

关于加强崇明农村和谐文化建设的建议案

2007 年 7 月

建设和谐的社会主义新农村，实现“生产发展、生活宽裕、乡风文明、村容整洁、管理民主”的基本目标，必须以崇尚和谐、追求和谐的文化精神、文化理念为构建农村和谐社会提供强有力的思想保证、精神动力和智力支持。为此，县政协常委会根据崇明建设社会主义新农村的总体要求，结合农村实际，就加强我县农村和谐文化建设开展了专题调研，现就调研中涉及的五个方面的主要问题，提出如下建议案。

一、充分认识加强农村和谐文化建设的重要性，不断增强建设农村和谐文化的自觉性

在社会变革和进步中，农村和农民相对其他社会和群体而言，处于弱势和落后的地位，其根本原因在于旧的农耕文化历史沉积的负面因素影响。当前在新农村建设中，不少干部群众只注重村级经济、村容村貌等物质条件和生活环境的改变，而普遍忽视文化对经济社会发展和人的进步的根本性作用，忽视以和谐为思想内核和价值取向，融思想观念、理想信仰、社会风尚、行为规范、制度体制于一体的文化形态对建设和谐农村的巨大内动力。为此，建议应充分认识加强农村和谐文化建设的重要性，不断增强建设农村和谐文化的自觉性。

（一）加强农村和谐文化建设，是全面建设小康社会的内在要求。全面建设小康社会的关键和难点在农村，没有农村社会的和谐发展，小康社会仍然是低水平的、不全面的。而当前与农村经济社会发展相比，农村文化的建设与发展更为滞后。这不仅制约着农村发展、农业增效和农民增收，也制约着全面建设小康社会的实现。因此，加强农村和谐文化建设，以和谐的文化精神、文化理念为灵魂，塑造新型农民群体，转变农村发展模式，激发农村发展活力是全面建设小康社会的内在要求。

（二）加强农村和谐文化建设，是构建社会主义和谐社会的重要内容。和谐的社会主义新农村是社会主义和谐社会的重要组成部分。建设和谐的农村文化，可以更好地倡导和谐精神，培育和谐理念，坚持和实行互助、合作、团结、稳定、有序的社会准则，建立和巩固与中华民族传统美德相承接的社会主义思想道德体系，从而为构建社会主义和谐社会提供强大的道德支撑和精神文化基础；建设和谐的农村文化，可以更好地引导和谐理念与和谐发展的思维成为农村社会的共识，营造昂扬向上的精神状态和文化氛围；建设和谐的农村文化，可以更好地有助于形成诚信友爱、融洽和睦的人际关系和崇尚和谐、维护和谐的社会风尚，有助于维护良好的社会秩序，促进社会的和谐发展。

（三）加强农村和谐文化建设，是建设社会主义新农村，提高农村文明程度和农民素质的有效途径。农民是新农村建设的主体，建设社会主义新农村，最核心的内容在于培育新型农民。只有形成具有较高文化素养的新型农民群体，才能确保农村经济社会的可持续发展。因此，进一步加大农村和谐文化建设的力度，为培育新型农民提供先进文化的滋养，是努力培养农民思想道德、民主法制、科学技术、参与市场竞争和自主创业等一系列文化意识和素质，改变思想封闭、安贫乐道、求稳怕变、缺乏竞争和冒险精神的小农文化传统，树立创新发展的时代精神，使其跟上飞速发展的社会变革和进步的有效途径。

二、切实加强宣传教育，建立和巩固建设农村和谐文化的思想基础

当前各级组织解决“三农”问题的着力点主要放在农村经济发展、农村环境建设、农民的社会保障、非农就业等物质条件和经济利益方面，这是毋庸置疑的。但是，我们必须看到，各级组织对和谐文化建设还不够重视，存在“一手硬、一手软”的现象，在实际工作中较少从“人的全面发展”出发，深入地研究、落实农民思想道德、文明素养等教育工作。部分农民群众逐渐被一些低俗、落后、不和谐的价值观念和思维方式所同化，使社会主义核心价值体系在农民群体中未能得到完全认同，未能真正做到尚荣、明辱、知耻，农村和谐文化的思想根基还未奠定。为此，建议切实抓好以下三个方面工作。

（一）坚持以社会主义核心价值体系引领农村和谐文化建设。要积极引导农村社会和农民群体将建设有中国特色社会主义的共同理想与建设崇明现代化生态岛的宏伟目标和伟大实践紧密联系起来，强化对社会主义新农村和崇明现代化生态岛建设目标的认同感、归属感，紧紧跟上和谐发展、科学发展、创新发展的时代步伐；要努力引导农民群众将团结统一、爱好和平、勤劳勇敢、自强不息的伟大民族精神与热爱崇明，努力建设崇明现代化生态岛的精神结合起来，识大体，顾大局，团结一致，发奋图强，保持昂扬向上的精神状态；要继续引导农民群众理性认识当前崇明农村经济社会发展中面临的机遇和挑战，树立改革创新为核心的时代精神，进一步解放思想、开拓创新，敢想、敢试、敢闯、敢干；要大力培养农村创新型领导和实用人才，带领农民进行创新实践；要进一步弘扬以艰苦奋斗为核心的垦拓精神，崇尚绿色文明，追求创新卓越，努力开创崇明现代化生态岛建设新局面。

（二）树立社会主义荣辱观，强化社会主义思想道德建设。要积极发扬党的宣传工作优良传统，紧密结合农民生产、生活的实际，以主题宣讲、教育电影、案例解说专题片等农民喜闻乐见、更易接受的宣传形式，切实加强对农民群众社会主义荣辱观教育，帮助农民群众确立科学的世界观、人生观、价值观。要充分利用各种载体，把人与自然和谐相处、环境卫生、文明生活、善待相邻等良好文化理念、文明习惯的培养作为当前正在开展的一系列如生态文明村创建、农村改厕、沟河整治、星级文明户评比等工作的重点和评判的重要指标之一，充分发挥这些工作载体的作用。尤其是在当前全县开展“科学发展，共建和谐”主题宣传实践活动中，更应把确立社会主义荣辱观作为重要目标和重要的工作抓手，使以“八荣八耻”为主要内容的社会主义荣辱观成为农民普遍的价值追求和自觉的道德操守。

（三）坚持正确的舆论导向，营造积极健康的思想舆论氛围。县各大媒体应切实发挥宣传工作主渠道和群众教育主阵地的作用，承担起社会主义文化建设的重大责任，坚持以正面引导为主，以专栏、评论等方式，积极宣传能引起社会共鸣的典型人物及感人事例，启迪思想，陶冶情操。同时，要以专题讨论等形式，引导人们形成文化批判的意识，帮助人们分析判断这些社会丑恶现象所源自的文化劣根性，从而提高群众的文化自省能力，夯实共同价值观的社会基础。

三、切实加强农村民主法制建设，努力营造和谐稳定的社会环境

不少农民对民主政治缺乏基本的认同，认为是“要我民主”，而不是“我要民主”，不能完全主动、自觉、有意识地参与民主自治管理，干群地位倒置，不是农民主动选择并监督干部，而是干部把农民拉到民主的形式中来。法制宣传实效不明显，部分农民并未真正确立权利义务关系、程序意识等基本法制理念，反而片面理解部门法律的部分条文，甚至滋长了极端利己倾向，不能正确认识和处理当前与长远，国家、集体与个人，全局与局部利益的关系。同时，部分单位在土地流转、建设动迁等工作中，追求自身经济利益，损害了社会的公平正义，导致群众心态失衡，使部分社会矛盾激化，并呈恶性循环之势，社会诚信体系也受到严重挑战。个别部门执法不严，畏难情绪较重，许多违法行为得不到及时惩戒而成为既成事实，降低了群众对法律法规规范力、强制力的权威感，造成个别违法行为蔓延。为此，建议切实抓好以下四个方面工作。

（一）加强村级民主政治建设。把培育广泛参与、和而不同的民主政治意识放在村级民主政治建设的突出位置，改进工作方法，着力解决农民最关心、最直接、最现实的利益问题，让农民真正认知社会主义民主的优越性，从而勇于主动表达民主意愿，主动参与民主自治活动。同时，要进一步加强村级组织建设，努力提高村级干部的民主管理和服务农民的意识和能力，把党的方针政策以及县委、县政府关于社会主义新农村和现代化生态岛建设的决策部署转化为农民群众的共同愿望和自觉行动，使村级民主政治建设沿着正确的方向不断推进。

（二）加强农村普法教育。要不断探索新途径、新方法，使农村普法教育取得实实在在的效果，帮助农民真正树立法制意识。县法制宣传部门要强化“送法下乡”工作，结合农民的生产生活实际，开展有针对性的法律宣传活动，使农民正确认识和处理当前与长远利益，国家、集体利益与个人利益，全局利益与局部利益的关系，自愿选择合法、合理的利益诉求理性表达的途径。同时，应切实强化行政执法工作，彻底改变在具体工作中存在的较多原则性不强、透明度不高、执行标准不一的现象，真正做到有法必依，执法必严，违法必究，维护法律法规的权威性、严肃性，以法律法规的强制力强化群众的法制意识，从而培养、弘扬和维护社会正气。

（三）健全乡规民约体系。乡规民约是成文法律外部分社会价值观念和行为规范固化后的具体表现形式，以社会谴责对违犯者产生内在强制力。在我县村级民主政治建设中，已形成了一些乡规民约并发挥了一定的作用。应进一步加强引导，发动包括非农住户在内的所有农村居民，在普遍认同、广泛参与的基础上，制定形成有针对性的乡规民约，健全良好的社会思想道德的约束机制和人文环境的培育机制，大力提倡、积极引导诚信友爱、崇尚科学、反对迷信等社会风尚，推动农村诚信体系以及和谐的邻里、村落、乡镇文化的形成。

（四）完善农村法律服务体系。要立足于为当地新农村建设服务，以乡镇司法所和法律服务机构为基础，充分发挥法律服务体系作用，积极为土地承包经营、土地流转和建设动迁补偿安置等热点、难点问题及时提供法律咨询、法律援助、人民调解、公证等全方位的服务。同时，要注重充分利用各种法律服务资源，在农村民主自治管理中，帮助村民委员会建章立制、依法治理，为提高农村社会的民主化、法治化管理水平服务。

四、不断加大文化事业投入，抓紧构建农村公共文化服务体系

我县农村文化事业的建设与发展相对滞后。一是政府对农村文化建设投资过少。据调研统计，2007年度全县绝大多数乡镇文化经费预算占各乡镇总预算的比例在0.5%—0.9%之间，且主要用于文化站人员工资支出，文化经费预算实际占比不到0.1%。二是文化设施建设滞后，全县人均文化设施面积只有0.068—0.102平方米。三是乡镇文化站运转乏力，绝大多数乡镇文化站基础设施落后，人员老化，专业人才匮乏，16个乡镇文化站中40岁以下的人员仅有3人，文化类专业人才仅有9人，且难以得到及时补充。四是文化活动的载体还相当缺乏，乡镇尤其是村级文化活动形式较为单一，内涵缺乏。五是公共文化产品的供给还无法满足农民日益增长的需要，难以演化为农民新的文化活动形式，迷信、赌博等低俗的思想和活动方式乘虚而入。为此，建议切实抓好以下四个方面工作。

（一）加大财政投入力度，加快农村基层文化网络设施建设。县、乡镇两级年度财政预算应切实落实相关规定，确保相应比例的专项资金用于农村文化事业的投入，并建立稳定的增长机制。同时，以财政资金为主体，设立包括农村在内的“崇明文化发展专项基金”，建立文化专项活动保障机制。对关系到农民实际利益的有线电视、活动苑地等农村基层文化网络设施应尽早确定县、乡镇出资比例或补贴标准，尽快使各项建设落实到位，更好地为农民提供优质公共文化服务。

（二）挖掘、传承崇明优秀传统文化，着力发展特色农村文化。要结合旅游资源的开发，积极挖掘、开发包括非物质文化在内的优秀传统特色民间文化形式和产品，在东平国家森林公园等旅游景点进行定点定时演出，在丰富崇明旅游内涵的同时，通过门票分成等方式，解决崇明传统特色民间文化保护、发展的经费短缺问题，提高其知名度，拓展其更大的发展空间。

（三）加快人才队伍建设，创作更多农村题材文化作品。根据文化事业的特殊性，制定完善激励政策，积极引进、培养、使用文学艺术等方面专业人才，并根据人才特点，制订崇明农村题材文艺作品创作计划，加大资助力度，确保真实反映崇明农村生活、农民喜闻乐见的文化作品不断推陈出新。同时，应将各乡镇文化站全部划入全额拨款事业单位，确保专业人员工资福利待遇，并根据农村文化人才匮乏的实际，不拘一格，以“文体协管员”等灵活的方式，招录、培养一批农村文化专业人员，指导、帮助农村文化活动的开展，缓解农村文化专业人才青黄不接的尴尬局面，从而创作更多具有崇明乡土和海岛特色的农村题材文化作品。

（四）加大资源整合力度，动员社会力量发展农村文化。要充分利用教育系统在各乡镇的文化资源，在研究周全的操作方法基础上，实现学校图书馆、文体设施向社会开放，使各类文化资源得以充分利用。要引导企业特别是一些大企业将文化团队的培养作为企业文化内涵发展的一个方面，将农村文化融入企业文化，在活跃相关乡镇甚至更广大农村文化氛围的同时，宣传企业品牌，提升企业形象，实现企业与农村经济效益和社会效益双赢。要通过民办公助、政策扶持等形式，支持农村群众性文艺团体的发展，鼓励农村民间文化艺人和爱好者开展崇明特色文化作品的创作、巡演，创新崇明乡土文化内涵，丰富农民的文化活动形式。特别是要针对农村文化的缺失特性，发挥文化传播手段的多样性，扩大文化传播的覆盖面。要积极开展具有农村特色、农民需要、广泛参与的文化活动，丰富农村文化生活。

五、坚持把农村和谐文化建设放到更加突出的位置，共同推进农村和谐文化建设

据调查反映，全县上下对如何系统加强农村和谐文化建设还缺乏足够的认识，保障和促进文化建设的政策性规定较少，还未建立起具有前瞻性、系统性、稳定性、长效性的工作机制，没有明确统筹协调的工作部门。县、乡镇两级在相关工作的策划和推进过程中较少把具体工作同文化建设结合起来，同农民思想观念的改造结合起来，甚至不少人还仅仅把文化建设理解为文化硬件设施建设。村级干部对文化建设更是缺乏认识，重经济建设轻文化建设，而较少注重对农村和谐文化建设的理性思考和有针对性的工作措施。为此，建议切实抓好以下三个方面工作。

（一）正确认识农村和谐文化建设的系统性、长期性，将农村和谐文化建设纳入新农村建设总体规划。应按照“始终代表中国先进文化前进方向”的要求，把农村和谐文化建设作为长期的、艰巨的系统工程，坚持列入重要议事日程，统筹规划，不断循序推进。要把农村和谐文化建设作为完善新农村建设规划的突出内容予以深化研究，根据崇明实际情况，将与现代化生态岛相适应的农村和谐文化总体目标和工作任务纳入其规划体系，并科学分解，明确短期、中期和长期目标及相应的工作措施，保持相关工作的持续性，使崇明农村和谐文化建设的各项工作不断推进。

（二）明确部门工作职责，建立共同推进农村和谐文化建设的协调、考核和监督机制。应明确县委宣传部或县文明办为统筹协调农村和谐文化建设的主管部门或总协调单位，从而更好地把握农村文化建设的方向，落实各项具体目标、任务和措施。同时，明确各相关部门、单位的工作职责，确保新农村建设各项重要举措兼容并蓄农村和谐文化建设的内涵。要将各部门、各单位落实农村和谐文化建设相关目标、任务、要求的情况列入年度考核内容。由主管部门或总协调单位根据县委的总体部署，加强专项考核和监督。各乡镇党委负责对村级和谐文化建设情况的考核与监督，从而建立起共同推进农村和谐文化建设的工作机制。

（三）发挥党员、团员和各级干部的模范带头作用。切实加强农村基层党、团员和各级干部对先进文化理念的学习和培训，自觉地遵从社会主义核心价值观，自觉地约束、规范自己的行为，真正为群众作出表率。广大党、团员和各级干部要带头倡导和谐文化理念，带头传播和谐文化思想，带头发扬和谐文化精神，带头参加和谐文化建设，从而真正成为构建农村和谐文化的中坚力量，更好地担负起建设农村和谐文化的历史使命。

关于加快发展高效生态农业的建议案

2008年9月3日

近年来，县委、县政府认真贯彻落实科学发展观，紧紧围绕现代化生态岛建设的总目标，把加快发展高效生态农业作为当前和今后一段时期的重要工作来抓，坚持大力推进农业基础设施建设，积极调整农业产业结构，着力创新农业科技推广应用服务机制，稳步推进农村土地流转，有效促进农业经营模式转变，初步形成了主导产业和产业特色，促进了农业增效和农民增收。但是，崇明发展高效生态农业还存在着较多制约因素。主要表现为农村土地承包经营权流转难度较大，规模经营、集约经营受到限制；农业科技自主创新能力不强，技术推广服务体系建设有待进一步加强；现代农业龙头企业发育缓慢，农业综合生产能力和市场竞争力相对薄弱；农业高端人才严重缺乏，农村劳动力结构性矛盾十分突出。为此，县政协组织开展了“加快发展高效生态农业”委员巡视活动，专题调研了我县16个乡镇发展高效生态农业的基本情况，并专程考察了光明集团长江总公司、跃进总公司，走访了上海交大农生学院、上海农科院等单位的专家、教授，就崇明发展高效生态农业问题进行了探究，在此基础上，提出如下建议案。

一、不断加大农民承包土地依法流转的力度，为发展高效生态农业提供土地保障

适度规模是发展高效生态农业的重要条件。因此，要积极稳妥地推进土地使用权的流转，按照“依法、自愿、有偿”的原则，积极探索创新土地承包经营权流转制度的有效途径，为扩大经营规模、提高集约程度、优化资源配置创造条件。一是落实社会保障。可以结合社会保障制度改革，按照小范围先试点突破的原则，积极探索“土地换保障”的政策制度，为离土农民及时提供小城镇保险或其他城乡一体的社会保障形式，解决其后顾之忧，从而提高他们流转土地的积极性。二是采取多种形式流转土地。可以通过组建专业合作社、家庭农场、大户承包以及通过参股、合作、用工等多种形式，使一部分农民离土不离农，就地参加农业生产，既可分享股权等财产性收益，又可获得工资性收入。对一部分老弱病残、丧失劳动能力以及长期在岛外或县内城镇就业的特殊农民群体，则把土地流转作为获得特殊优惠的社会保障和社会服务的前置条件，鼓励这部分农民自愿流出土地。三是创造土地流转条件。积极培育土地承包经营权流转市场，搭建土地流转市场的服务平台，协调做好土地流转工作，有效促进土地向专业农民集中，提高农业经营的专业化、规模化水平。四是建立土地承包纠纷仲裁组织。在条件许可时，分别建立县级土地承包纠纷仲裁委员会、镇级土地承包纠纷调解委员会和村级土地承包纠纷调解小组，保障农村土地承包纠纷得到有效的处理，保证土地流转工作顺利进行。

二、不断加大农业基础设施建设的力度，为发展高效生态农业提供设施保障

改善农业基础设施是农村生产力发展的重要基础。农业基础设施建设滞后，既制约了农业结构的调整，也严重影响着农业投资效益的提高和农民生活条件的改善。因此，要根据调整农业产业结构的需要，进一步加大投入力度，不断改善农业基础设施建设，逐步提高农业生产条件。一是继续抓好农业基础设施建设。按照建设现代化生态岛和高效生态农业的要求，把我县的生态环境建设与农业基础设施建设结合起来，既要抓好设施粮田、设施菜田、生产道路建设、机口改造，又要切实推进生态环境建设，特别是加快农业面源污染治理及清洁能源和生物农药、化肥的推广。二是着力提升农业装备水平。要积极发展农机大户和农机专业合作社等服务组织，大力推广各种适合高效生态农业发展需要的新型农机具，实现生产手段机械化、设备装备科技化、机具配置和作业标准化，不断提高全县农机综合作业水平。尤其要提高以实现水稻生产机械化为主的农业装备水平，逐步扩大水稻机械化育播秧面积和机械直播水稻面积，着力推进水稻生产基本作业全程机械化。三是加快建设农产品流通市场。建立1—2个大型农产品流通批发市场或配送中心，确保大宗和特色农产品集中批发和销售。同时，通过市场带动农业标准化、品牌化、规模化经营。四是高度重视农业信息化建设。加快崇明农业信息平台和网络建设，提高农业信息化应用水平，为农民群众提供及时、准确的产前、产中、产后全过程的信息服务。

三、不断加大农业企业招商引资的力度，为发展高效生态农业提供人才、资金保障

农业招商引资，是推进农业结构战略性调整，培育壮大农业特色优势产业的重要途径，也是提升农业科技含量，增强农产品市场竞争力的重要手段，更是创新农业生产经营组织形式的重要措施。通过农业招商引资，不但能增加农业效益，而且能带动国内外先进技术、生产方式、管理模式、经营理念和优秀人才等嫁接到传统农业中，整体提升产业档次，大力促进产业发展。一是加大农业企业招商引资力度。要把吸引集团型高新农业企业作为主攻方向，加大工作力度，以良好生态、特色品牌、优惠政策、优质服务吸引实体企业入驻，形成一批符合现代农业发展要求的生产基地、加工企业和营销组织。二是进一步加强与光明集团的合作。利用光明集团的资金、技术、管理、营销和品牌优势，落实具体抓手，建立生产基地，拓展营销市场，联合开发项目，带动周边乡镇高效生态农业的发展，打响崇明生态农业、特色农业的品牌。三是发挥农业园区示范作用。从体制、机制上重新激活现代农业园区，大力开展园区招商引资工作，重点发展具有一定科技含量的农产品深加工企业，享受与旅游园区相同的优惠政策，切实加强内部管理，有效发挥其集聚、示范功能。四是重视发展农业产业基地。要做好“腾笼换鸟”的前期工作，以崇明本岛北部有关乡镇垦区为重点，加紧农业土地用地的收储，为农业龙头企业及时建立产业基地，缩短投入周期作好充分准备，积极创造崇明农业大规模经营的条件。五是鼓励社会各方发展高效生态农业。要鼓励和引导民间资本和社会力量投资高效生态农业，综合运用税收、补助、参股、贴息、担保等手段，为社会力量投资建设高效生态农业创造良好环境。

四、不断加大农业科技开发、应用力度，为发展高效生态农业提供科技保障

发展高效生态农业，必须加强与市农业科研部门、高等农业院校的合作，积极推动农业科技创新和体制创新，集成和加快农业科技成果转化应用，大幅度提高农业的科技含量和科技贡献率，促进农业集约生产、清洁生产、安全生产和可持续发展。一是建立农业高新技术示范基地。按照崇明现代农业应是高端农业的要求，适时适地建立一个高层次、软硬设施俱全的现代农业综合性示范基地。应重点研究、总结推广效果明显、前景良好且技术成熟的高效生态农业模式。包括要进一步研究和推行能实现农作物周年生产、多季收获、高产优质、安全高效的设施栽培模式；要依据动植物生态共生圈、食物链和循环经济原理把种植业和养殖业在空间和时间上进行优化组合的立体种养模式；以创意产业的思维整合各类社会文化资源为农业生产服务，使第一产业的农业具有第三产业性质，从而提高农业效益的休闲农业模式；把具有产业关联度的种植业、养殖业和加工业通过农业产业化经营的方式，紧密结合成有序的产业链，使农产品得到循环利用，多次增值，不断提高农产品效用和附加值的种养加一体化模式等，使高新技术示范基地充分发挥示范效应。二是大力促进绿色农业发展。通过调整种植结构、测土配方施肥等措施减少化肥的使用量，并充分利用土地和植被的净化能力，减少化肥流失量。科学合理地使用农药，积极推广使用低毒、低残留的高效农药，推广使用生物农药，全面开展病虫害的综合防治，逐步降低农药施用次数和强度，减轻农药污染，促进绿色蔬菜、水稻、果树的生产和发展，有条件的地方要积极探索有机农业发展途径，使崇明真正成为绿色食品岛和世博会农产品的供应基地。三是大力发展循环农业。要围绕高产、高效、低耗、生态和安全，推广种养结合的生产模式，积极引导科学使用化肥、农药等。要大力推广秸秆还田技术，积极探索新的利用途径，提高秸秆综合利用率，避免随意焚烧造成大气污染。四是确保农产品质量安全。要加快绿色农产品和基地论证，并对相关费用由政府作适当补贴。要努力规范农产品生产经营行为，强化农产品包装和标识管理，建立健全农产品质量安全可追溯制度，逐步做到对农产品从田头到市场的全程监控，并严格制定实施市场准入制度，保障农产品质量安全。对生产经营达到一定规模、市场影响力较强的农业加工企业，引导、帮助其建立独立的检测机构，确保产品质量安全。五是充分发挥科技人才作用。要实施人才兴农战略，逐步建立和完善农业人才培养、吸引、评价、使用和激励机制，建立农业科技人员、科技项目承包和绩效考核机制，充分调动农业科技人员的积极性和创造性，形成尊重劳动、尊重知识、尊重人才、尊重创造的良好社会环境，为发展高效生态农业提供强大的人才保障和广泛的智力支持。

五、不断加大农业经营体制改革力度，为发展高效生态农业提供机制保障

社会生产力的发展和农业的市场化早已提出了对农业资源进行有效整合和集约配置的要求，但农民以一家一户为经营单位的生产结构却不利于农业的市场化，不仅资金投入能力弱，抵御市场风险的能力差，而且还会受到规模有限的制约。因此，一是大力发展农村合作经济组织。要认真总结成功经验，支持和保护在生产、流通、销售、加工等领域中建立专业合作社、农产品行业协会等形式的合作经济组织。同时，要切实加强管理，使合作组织真正能为农民引进新技术、新品种，开展技术培训和提供销售服务等一系列产前、产中、产后的服务工作，有效提升农业产业化水平。二是积极探索建立利益联结机制。要不断研究和总结生产经营过程中可实行的利益联结形式，鼓励龙头企业通过股份制、合同或协议、“订单农业”、最低保护价收购、利润返还等多种形式与农民结成利益共同体，让农民放心种植农产品，不必担心农产品销售。同时，要不断规范产销双方的经营行为，形成双方利益共享和风险共担的经营机制。三是大力培育和扶持农业龙头企业。农业产业化经营的关键是要有一批发展前景好、带动能力强、辐射面广的龙头企业。要在产业政策、信贷资金规模、财政贴息、减免税收等方面制定一些优惠政策，并帮助和支持企业与生产基地、农户建立比较紧密的联合，引导扶持企业与科研单位联合攻关，创办科研实体，实行技术创新，提高企业的技术含量，推动企业有序发展。

六、不断加大政策扶持力度，为发展高效生态农业提供政策保障

政策保障是农业发展的前提和根本。在加快发展高效生态农业的过程中，需进一步加强政策引导、鼓励和扶持工作。一是整合完善支农惠农政策。在进一步加大财政支农惠农投入力度的同时，要对现代农业中的一体化深加工项目、农业高科技研发项目拨付专项资金，确保其科技开发和项目孵化。同时，要坚持以发展规划和项目计划为依据，以提高支农惠农资金的使用绩效为目的，通过规划引导、部门协调、统筹安排，优化配置各部门、各渠道安排的支农惠农资金，逐步形成项目安排科学、投向重点突出、使用规范高效的支农惠农资金管理运行机制。二是积极探索建立农业生态效益补偿机制。要充分重视农业作为生态系统（基本农田、水源保护区、生态林、公益林等）所具备的生态屏障功能和服务功能的间接价值和对全市生态建设所作的重要贡献，积极反映和扩大宣传，争取市级有关部门及兄弟区的重视、理解和支持。并根据生态岛建设的特殊性，在进一步争取市加大对崇明转移支付力度的同时，建立有效的农业生态效益补偿机制，进一步提高崇明农村和广大农民发展高效生态农业的积极性，确保崇明农业的可持续发展。三是建立有效防范自然和市场两种风险的农业风险保障体系。不仅要加强农田水利等基础设施建设，而且要建立完善自然灾害应急预警机制、重大动物疫情和植物病虫害防范机制、政策性农业保险制度等一系列制度，切实提高农业防灾减灾的能力。

关于进一步加强崇明迎世博各项工作的建议案

2009 年 12 月

今年以来，在县委、县政府的领导下，全县各级党政组织认真按照市委、市政府和市迎世博 600 天行动领导小组的工作要求，坚持以“百日测评”为动力，以“百路千点”为突破，以“百镇千村”为抓手，切实开展迎世博各项工作，呈现了城乡环境明显改观，各项建设投入力度明显加大，市政设施配套工程明显完善，城市管理手段明显创新，行业窗口服务形象明显提升，公共秩序明显加强，群众文明素质明显提高的崭新气象。但是，与市委、市政府，县委、县政府迎世博工作各项要求相比，崇明迎世博工作还存在着一定差距。主要表现为全民参与迎世博程度依然不够，宣传动员广度有待进一步拓展；环境卫生顽疾和盲点依然不少，综合整治工作有待进一步推进；窗口服务总体测评得分依然较低，行业管理和服务水平有待进一步提高；迎世博工作日常管理存在缺位，长效管理机制有待进一步完善。11 月中旬至 12 月上旬，县政协组织开展了迎世博工作委员巡察暨 2009 年年终委员视察活动，对全县 18 个乡镇迎世博工作进行了全面巡察，并就进一步做好迎世博各项工作提出了意见和建议。在此基础上，县政协常委会进行了认真研究，现提出如下建议案。

一、不断拓展宣传动员广度，进一步引导更多群众参与迎世博各项工作

在巡、视察活动中，委员们发现，虽然各单位都很重视迎世博的社会动员工作，在营造迎世博氛围方面下了很大力气，花了很大功夫，但是与世博知识全民知晓，迎世博工作全民参与的要求还存在一定差距。为此建议：一是进一步加强宣传教育工作。要不断丰富宣传形式和内容，突破常规思路，通过创新工作方法、方式，多渠道、多途径地宣传崇明迎世博工作。可通过发放世博宣传手册、赠送迎世博宣传光碟、开展迎世博成果图片展等形式，让崇明广大群众能切身感受到迎世博工作取得的成果，全力支持、参与到迎世博工作中来。充分利用崇明广播、电视、《崇明报》等各类大众媒体，广泛发动群众积极参与迎世博的各项活动，激发人民群众的主人翁精神和东道主意识，努力营造一个“个个知晓世博知识，人人参与迎世博活动”的良好氛围。二是继续积极做好上海世博会志愿者的招募工作。要认真学习借鉴上海世博会组委会工作经验，招募一大批志愿者一起参与迎世博工作，通过志愿者宣传世博知识、参加整治环境卫生和维护公共秩序等模范行动，引导更多的群众参与世博、奉献世博。三是充分发挥窗口宣传的示范作用。委员们在活动中发现，许多单位的宣传方式还局限在马路边拉横幅、写标语等传统手段，效果不是很明显。建议在各乡镇政府所在地街道、重点路段和工程项目等人流量较大的地方设置宣传版画、板报，向人民群众广泛宣传迎世博工作情况，特别是要切实抓好对外营业接待、公众服务场所的迎世博宣传工作，反映窗口服务的宗旨、目标和任务，播报、张贴体现世博主题和理念的相关内容，进一步扩大宣传效果。四是努力提升人民群众整体素质。在巡、视察活动中，委员们切身感受到各乡镇在硬件建设方面取得了明显进步，同时也看到了在软件管理方面的相对不足。因此，要通过开展迎世博各项活动，并结合重大节日、重要事件，组织开展主题宣传活动，努力提高崇明城乡居民素质。要积极探索道德教育和法制教育相结合的方法，加强基本素质培育及基本礼仪培训，特别是对于外来务工、务农人员，要加强对其管理和教育引导，灌输文明礼仪、法制观念、安全生产等理念，不断提高新崇明人的整体素质，使世博期间来崇的各方人士能充分感受到崇明人民的热情、文明、高素质，为崇明的良好形象加分。

二、继续加大环境整治力度，进一步促进崇明城乡面貌不断改观

迎世博工作开展以来，我县各乡镇把大力整治环境卫生的工作放到了重要位置，使全县城乡的环境面貌得到了一定的改观。但应当看到，崇明环境卫生整体状况离世博会的各项指标要求，特别是与先进兄弟区相比还有一定差距。为此建议：一是大力整治影响乡镇集镇环境的顽症。委员们在巡、视察活动中发现，在一些乡镇集镇乱设摊、乱停车、跨门经营、违章搭建等现象依然存在，特别是在非检查时段依然比较严重。因此，县有关部门和乡镇政府要坚持条块结合，采取扎实措施，一方面要从严执法，不断加大整治力度，另一方面要抓紧民生基础设施建设，做到堵疏结合，从根本上治理各种顽症。二是切实解决集镇、集贸市场和菜场周边环境问题。要继续抓好乡镇集镇的环境整治工作，做到持之以恒，决不松懈，使乡镇集镇始终保持整洁状态。要针对长江隧桥开通后大量游客涌入崇明菜市场和崇明菜价飞涨的情况，抓紧研究制定建立崇明农产品专卖市场，错开游客和崇明百姓的购买高峰，平抑菜价，造福百姓。同时，针对隧桥开通后愈演愈烈的“马路菜场”，应加以合理引导，通过菜场的新建、扩建等措施，规范农副产品交易，保障道路畅通和路面整洁卫生。三是及早规划建设机动车停车场地。随着长江隧桥的通车，大量岛外车辆的涌入，使崇明原本就少的停车场不堪重负，近期违章停车现象急剧增多。因此，县交通部门、旅游部门和各乡镇、各旅游景区要认真研究、统一规划全县新建停车场事宜，在旅游景区、购物场所、城镇中心等客流量较大的地方统一划出停车区域，做好标识牌，不断满足当前以及世博会召开期间崇明不断增大的客流量需要。四是加强迎世博工作财力配套研究。各乡镇要认真研究财力配套措施，在当前地方财力有限的情况下，应将各类项目按轻重缓急排序，优先保障迎世博工作和民生工程的资金投入，确保迎世博工作不受财力的影响。

三、努力优化窗口服务环境，进一步有效提高行业管理和服务水平

在历次迎世博百日测评中，崇明的窗口服务文明指数得分都不尽如人意，不仅拉低了崇明测评总分和排名，也反映了崇明世博服务、接待的整体水平有待进一步提高。为此建议：一是进一步统一窗口服务人员的着装和标识。活动中委员们发现，少数乡镇社区事务受理中心等窗口单位工作人员还没有统一着装，略显凌乱。建议县、乡镇两级服务窗口人员要统一着装，佩挂工作胸卡。规范着装和标识不仅可以有效提升窗口工作人员形象，也能充分展现窗口工作人员良好的精神面貌。二是进一步加大行业管理力度。世博会的召开对崇明各行各业的发展都将带来良好机遇，大量的游客来崇，新闻媒体的广泛报道，零售业的快速增长都可以预见。因此，要切实加强行业管理，尤其要对环境卫生、道路交通、食品药品质量、旅游住宿和其他涉及公共安全的行业加大整治和督查力度，使世博期间来崇游客都能吃得安心、住得顺心、玩得开心。三是进一步强化对窗口工作人员的培训。随着上海世博会的日益临近，对服务窗口工作人员的强化培训迫在眉睫。要在传统的业务、技能培训之外，增加世博会相关知识、文明礼仪、外语的培训，使窗口工作人员能够进一步规范用语、微笑服务、举止得体，以一流的服务迎接八方来客。四是进一步营造服务窗口的迎世博氛围。服务窗口是崇明对外交流的一面镜子。因此，要切实抓好营业厅对外接待、公众服务场所环境布置、板报宣传、标语张贴等，营造窗口单位良好的宣传氛围，使广大群众能切身感受到崇明浓郁的迎世博气氛。

四、切实加大旅游开发力度，进一步促进崇明旅游业的整体提升

随着上海长江隧桥的通车和世博会的日益临近，我县来自岛外乃至国外的游客总量还将进一步放大。因此，要牢牢抓住当前旅游业面临的历史性机遇，加快调整我县旅游产业结构，进一步加大投入力度，逐步提高崇明旅游业的能级和层次。为此建议：一是继续抓好崇明旅游基础设施建设。长江隧桥通车以来，激增的客流量暴露出我县在接待方面的严重不足，旅游基础设施建设滞后问题凸显。建议由县旅游主管部门会同各旅游单位、各乡镇统筹规划，抓紧解决我县各旅游景点就餐难、住宿难、如厕难等问题，使崇明旅游接待能力能够适应新形势、新要求。同时，建议在规划用地时，重点考虑饭店、旅馆、公厕、集市、菜场等公共服务设施的建设用地，使来崇游客能吃得好、住得好、玩得好。二是继续加大崇明旅游项目开发建设的力度。要充分学习借鉴国内外先进经验，紧紧抓住隧桥开通和迎世博的契机，设计开发符合市场需求和崇明实际情况的新的旅游项目，不断增强崇明旅游的吸引力，使更多游客能常来崇明，保持对崇明的旅游热情。三是继续加强崇明旅游特色农产品认证工作。委员们在巡、视察活动中发现，我县拥有的特色农产品无论数量还是质量在全市范围内都堪称上乘，但是囿于传统观念，我县特色农产品经过认证的还不多。建议要进一步加大对我县特色农产品的认证工作，由政府出面给予资金支持，对一些优质特色农产品如芦稷、蜜橘、白山羊等尽早进行绿色、有机农产品认证，提高崇明农产品的信誉度和美誉度。四是继续做好崇明旅游宣传工作。建议积极利用各类新闻媒体，如电视、报纸、网络等，全方位、多角度地向外界介绍崇明的风土人情、特色产品、旅游景点和食宿交通，不断扩大崇明旅游业的知名度。同时建议有关乡镇要抓紧培训熟悉本地情况、口才较好的导游，向广大游客介绍本地的基本情况、重点项目、特色产品、民风民俗、建设成果等，增强游客对崇明的良好印象、游玩兴致乃至投资兴趣。五是继续扩大崇明服务型经济比重。长江隧桥通车后崇明迎来了旅游业发展的新高潮，随着世博会的召开这种高潮还将持续升温。因此，要紧抓目前交通便利的机遇，加大第三产业和第一产业融合发展的力度，扩大服务型经济的比重，如农家乐要进一步提升档次，做大规模，提高管理和服务水平。要不断丰富扩大崇明旅游业的内涵，打响生态农业游这一品牌，促进第三产业有效带动第一产业的发展。

五、坚持完善长效管理机制，进一步巩固和扩大迎世博工作各项成果

委员们在巡、视察活动中一致认为，全县各乡镇党委、政府在迎世博工作中思路清晰，重点突出，措施有力，成效明显，辖区内的公共秩序、窗口服务、市容市貌、卫生情况等方面比以往有了较大改观，整体面貌一新，令人印象深刻。但是，委员们也同时反映，在非检查时段，部分乡镇、部分地区仍然存在不良现象回潮、日常管理缺位的问题。为此建议：一是切实落实责任分工。要将迎世博各项工作进一步细化、分解，具体落实到每个责任单位、责任人，并签订责任书，明确和落实工作责任，使迎世博工作每个环节都能得到有力执行，每个区域都能得到有效管理。二是坚持实行问责制度。责任政府建设是当今世界各国政府着力追求的方向，建立健全行政问责制度，是其重要内容之一。建议建立由各方人士组成的问责小组，围绕迎世博工作的执行情况和落实效果，对迎世博工作执行不力、不到位的责任单位或责任人进行问责，督促相关责任单位、责任人有效改进工作中出现的问题。三是认真总结迎世博工作成功经验。在迎世博工作中，县迎世博领导小组下属各指挥部以及各乡镇要认真及时总结成功经验、成功做法，使点上经验面上推广，成熟做法形成制度，努力做到在实践中不断总结，在完善中不断提高。四是进一步建立和巩固长效管理机制。要认真研究城乡长效管理的机制，充分发挥迎世博环境建设和综合管理工作的后续效应，使崇明在迎世博过程中形成的环境整治、窗口服务、公共秩序等方面的成功做法固态化、常态化，不断巩固和扩大迎世博工作的各项成果。

关于编制县“十二五”规划的建议案

2010年12月

编制“十二五”规划是今年县委、县政府的一项重要工作。编制好“十二五”规划，对崇明未来五年经济和社会事业的发展以及民生改善等具有十分重要的意义。为此，县政协常委会在年初就将“聚焦‘十二五’，谋划新发展”作为今年县政协参政议政的重中之重工作来抓。先后通过召开政协常委会议，党派团体、政协专门委员会专题调研，举行专题议政会以及政协专门委员会和县党政部门对口协商等形式，为县“十二五”规划编制广泛开展建言献策活动。最近，县政协常委会对县政协各层面提出的建议意见进行了认真研究。现就编制县“十二五”规划，提出如下建议。

一、加强宣传教育，坚持生态立岛方向不动摇

坚持生态立岛是崇明实现自身发展需求的现实举措，也是谋求崇明未来跨越式发展的必由之路。多年的现代化生态岛建设实践证明，生态立岛、生态强县、生态富民成效显著。“十二五”时期，必须继续注重教育、强化宣传，统一思想、形成共识，认真实施《崇明生态岛建设纲要（2010—2020年）》，坚持生态立岛方向不动摇。要坚持把培育生态文明理念作为提高全民素质的一项重要内容，切实加强全民生态文明宣传教育，大力普及生态知识，不断增强生态意识，扩大宣传教育覆盖面，实现生态文明宣传教育“五进”——进机关、进企业、进学校、进农村、进社区，使生态文明理念入耳、入脑、入心。通过媒体、网络、送书下乡、群众性主题文化活动等多种宣传方式和宣传活动，营造生态文明建设的浓厚氛围，使生态文明建设成为全社会的自觉行动，坚定全县广大干部群众生态立岛的信心和决心，走出一条有特色的现代化生态岛发展之路。

二、加快产业结构调整优化，夯实生态岛建设经济基础

“十二五”时期，是崇明推进现代化生态岛建设的关键时期，也是深化改革开放、加快转变经济发展方式的攻坚时期。加快转变经济发展方式是上海“十二五”发展的主线，其主攻方向是经济结构战略性调整。崇明要在经济结构调整中加快注入一批符合生态岛发展方向的新兴战略产业，促进三次产业融合发展，不断增强生态岛发展的内生动力。

（一）大力发展现代高效生态农业。充分利用崇明农业大县的优势，加快发展现代高效生态农业。根据中央和市支持现代农业发展的有关政策，紧密结合崇明实际，坚持以绿色消费需求为导向，以提高市场竞争力为核心，以提高农业经济和生态效益为目标，通过技术、资本、设施、人才的集聚，以及标准化生产、集约化经营、品牌化销售、市场化运作的有机融合，拓展崇明农业的发展领域，实现生态与高效的统一。要加快启动崇明岛北部高效生态农业实验区建设，大力发展高产出、高效益、有特色、无污染的现代产业。要将特色农产品深加工业列入第二产业规划范畴，作为规划的重要项目来抓，通过特色农产品深加工业发展带动崇明农业的发展升级。

（二）着力促进崇明本岛工业企业集聚发展。加速优质企业向崇明工业园区和富盛经济开发区集聚，着力改变崇明本岛工业企业分散的状况，健全和完善园区投资强度和产出指标的监督制约机制，提高园区土地使用效益，加大园区商务成本洼地形象宣传，建立和完善品牌推广机制，深化产学研合作机制，大力扶持生态工业技术创新，有效增强园区实力，促进“一体两翼”的壮大。崇明工业园区继续推进高科技汽车零部件产业，同时，努力引进总部经济、黄金珠宝创意以及服务外包等产业的高科技、低能耗、无污染企业入驻。富盛经济开发区重点打造优质产业承接区。一是承接海洋装备配套产业，大力发展以船舶制造配套产业为核心的生产性服务业，包括船舶物流、钢板切割配送等；二是承接浦东和上海其他区因第一轮大规模开发而需要调整的产业，选择性地承接符合生态岛定位的产业。要充分利用上海长江隧桥通车后陈家镇明显的区位优势，力争“十二五”期间规划启动陈家镇绿色产业园区建设，积极引进绿色发展取向的现代企业，不断促进陈家镇地区的产业发展，使之真正成为服务长三角联动发展的桥头堡，避免“岛桥”经济的危局。

（三）全面提升旅游产业能级。加强崇明旅游业整体规划，加大旅游设施投入，制定和实施整体营销战略，确立旅游形象宣传口号，完善营销推广机制，充分发挥县旅游局在营销中的筹划、组织、协调等职能作用。要建立旅游企业（旅游社团）营销激励机制，大力开展旅游节庆会展，依托如央视、旅游卫视等强势媒体加以宣传，邀请文化界、影视界名人策划文化包装高调宣传，利用崇明旅游网、崇明生活网等进行形象宣传，构建网络宣传平台。积极发展农业旅游，全面改造、美化农业旅游环境，分步实施以农业观光为主的旅游景点建设，合理布局、加快改善相关旅游服务设施，尤其是在规划北部现代农业园区发展时，充分注重旅游要素的融合。统筹规划，构建完备的旅游产业链。开发名店名吃系列产品，打造崇明特色餐饮平台；加快星级酒店等项目建设，吸引高端客流；优化崇明旅游发展格局，明确区域功能定位，重点建设明珠湖度假旅游区、森林公园大众休闲旅游区；不断改善大众游客出行状况，规范交通运营市场；提高崇明特色农产品开发档次，积极培育旅游纪念品市场。完善旅游业管理体制和工作机制，建立旅游项目立项征求意见制度，理顺景区（点）的管理机制。加强旅游人才队伍建设，优化旅游发展环境。

（四）努力打造现代商贸业。突出重点区域，加快推进主题商贸区建设。依托陈家镇重大功能性和基础性项目以及明珠湖等生态旅游区的开发建设，加快建设面向全市、服务长三角的低碳郊外商业商务区、大型食用农副产品批发交易中心、绿色食品加工贸易物流区和旅游休闲商业区，完善交通枢纽商业服务配套区建设。以连锁经营为切入点，推动我县流通业经营规模化和集约化，倡导和推广专卖、仓储式经营。鼓励和支持流通企业流通方式变革和技术创新，发展现代经营业态，加快流通现代化建设。

（五）积极培育服务外包业。服务外包业具有附加值高、绿色效应好、受地域限制少、项目上马快、人才结构要求不高、全球服务领域不断拓宽，增长态势迅猛等特点，是一项符合现代化生态岛发展取向和崇明实际的产业，应抓住当前服务外包产业向二线城市转移的机遇，及时研究规划布局发展，通过先承接呼叫中心、单据处理等低端业务，到逐步承接技术含量较高的业务，使崇明逐步走上一条可持续发展的生态产业模式。

（六）大力扶持养老产业。随着上海市老龄化趋势越来越明显，全市的老年人越来越多，养老产业的前景光明。充分利用崇明"长寿之乡"的品牌效应、优良的生态环境、恬静的城乡风光，大力扶持养老产业的发展，吸引更多的老年人来崇养老。

三、推进资源节约和环境保护，提高生态文明水平

"十二五"时期，要以贯彻落实《崇明生态岛建设纲要（2010—2020年）》为抓手，强化资源节约利用，大力推进生态建设和环境保护，处理好人口、经济、社会、资源和环境在可持续发展中的关系。在协调推进三岛联动发展的基础上，把崇明本岛的生态保护、恢复和重建放在优先突出位置，为未来的发展留足自然生态环境涵养空间。

（一）加强土地规划管理。学习借鉴重庆等省市土地资源集约利用的成功经验，通过加强重点地区开发建设、提高老年人保障水平等方式鼓励有条件的农民离开土地，使农村土地得到更好的集约利用。

（二）加快建设乡镇公共绿地。制定乡镇公共绿地建设考核指标，聘请有专业资质的设计和施工单位，高标准、高质量改造、建设公共绿地。通过对闲置土地绿化或位于镇区周边林地改造的方式，增加镇区的公共绿地面积。按照以县级财力为主，乡镇适当作补贴的原则，在每年财政预算中列入一定比例的资金，专门用于公共绿地建设和养护。

（三）研究规划生态林业发展。从公益、市场需求、经济价值等方面综合考虑，在不断扩大生态公益林规模的同时，促进生态林业的可持续发展。

（四）鼓励使用低碳交通工具。利用崇明广播、电视、《崇明报》、政府网站等大众媒体，广泛宣传普及低碳知识，提高广大干部群众的低碳意识。结合国家目前正大力促进电动车产业的发展，以及上海世博会大量电动游览车的使用案例，在陈家镇先行试点，制定优惠政策，鼓励公交车和公务车辆选择使用电动车。同时，在主要公交站点和公共场所提供廉价或免费的自行车停放、租借服务。

（五）积极争取市级环境补偿政策。邀请业内专家按照国际通行法则对崇明的环境效益进行合理评估，并核算为实际价值，积极向市里争取相关补贴政策。

四、注重以人为本的社会建设，提升城乡管理水平

“十二五”时期，要承接世博效应，学习借鉴城乡建设和管理新理念，理顺体制、创新机制，按照“民生优先、共建共享、统筹兼顾、城乡一体”的原则，加快现代化城乡建设，加强城乡长效管理，不断提升城乡品质，切实保障民生改善和崇明经济社会发展。

（一）积极探索生态富民途径。要结合崇明实际情况，认真研究生态富民课题，提出切实可行的目标，采取有效的工作举措，不断推动生态富民工程的实施。同时，要继续把缩小与上海其他郊区农民收入差距作为生态岛建设的主要目标，在“十二五”规划中应予以具体体现。

（二）稳步提高社会养老保障水平。目前，我县社会养老保障水平和上海其他市郊相比，还有一定差距。应在“十二五”规划中将“实现较高水平的社会养老保障”目标予以具体化，做到定性、定量、定比例。

（三）继续推进廉租房、公租房建设。加大廉租房、公租房供应力度，合理测算建筑面积和建设范围，为低收入家庭和各类来崇人才切实提供居住保障，使其能安居乐业，更好地为崇明经济社会发展贡献智慧和力量。

（四）不断完善志愿服务体系。开展志愿者服务，能够广泛动员社会资源，有效弥补政府服务和市场服务的不足，为政府分忧，为百姓解难。在“十二五”期间，要巩固世博志愿服务工作成果，广泛普及志愿理念，弘扬志愿精神，壮大志愿者队伍，完善志愿服务体系，探索建立志愿服务社会化运行模式，促进社会和谐文明。

（五）坚持开展反邪教工作。反邪教工作是一项长期、艰巨的任务。在“十二五”期间，加强精神文明建设除了反封建、反迷信之外，反邪教也是应有之义，对邪教必须始终保持高度警惕。要坚持加强宣传教育，严厉打击各种邪教组织和邪教的各种宣传和破坏活动，确保我县社会和谐稳定。

五、促进社会事业发展，不断完善公共服务体系

“十二五”时期，要以公益性、均衡化、功能性为目标，继续加大改善民生的力度，加快发展社会事业，优化公共资源配置，提供优质公共产品，探索创新服务机制，统筹规划实事项目，形成公共服务新格局，让人民群众共享现代化生态岛建设新成果。

（一）加快医疗队伍建设与学科建设。高度重视和切实加强崇明医疗队伍和学科建设，继续推出各项优惠措施，吸引岛外高水平的医学专家和医生来崇工作，充实崇明医疗队伍，提高崇明医学学科建设水平。

（二）研究建立高等教育园区。在陈家镇划地筹建高等教育园区，吸引不同类型的高等院校进驻办学，促进高素质人才培养集聚，构筑智力高地。

（三）优化普职教比例。合理定位、调整、优化我县高中阶段的普职比例，使我县高中录取控制线不低于市最低控制线，提升高考竞争力。充分利用上海发展中等职业教育的新政策，开展中等职业学校与上海有关高职院校中高职贯通培养，拓宽中职学生就读高职的通道。

（四）培养多样化、多层次的应用型技能人才。切实提高技能型人才培养的针对性与适应性，大力培养从事先进制造业、现代服务业、涉农专业、环境艺术专业等技能人才，以适应我县经济结构优化和发展方式转变，满足人民群众和生态岛建设发展对各级各类教育需求。

（五）建立终身教育体系。制定明确目标和具体措施，加大对终身教育事业的投入力度，对照其他区在社区教育方面的投入，提高崇明社区教育人均经费标准，推进社区教育、职业教育和成人教育资源共享，从各方面保证学习型社会建设。

（六）重视民族、宗教工作。在“十二五”规划中加入对民族、宗教工作的章节，继续尊重、关心少数民族，合理规划宗教场所布局，完成慎修庵、崇主堂的搬迁工作，切实维护崇明少数民族和宗教人士的合法权益。

六、统筹兼顾全县区域协调发展,努力推进新农村建设

“十二五”时期,要以产业发展为支撑,深化完善三岛总体规划,围绕城乡统筹发展要求,优化城镇空间布局,协调推进重点城镇、一般集镇和新农村建设,构建具有崇明生态岛鲜明特点的城镇体系和生产发展、生活宽裕、乡风文明、村容整洁、管理民主的社会主义新农村。

(一)认真实施“三岛联动”发展战略。把《崇明三岛总体规划》的顺利实施作为“十二五”规划的重要背景,从“崇明现代化生态岛建设是继洋山深水港和上海世博会之后上海又一重要发展战略”的定位出发,从总体规划的长期性和全局性出发,坚持实施“三岛联动”的发展战略,充分体现“十二五”期间总体规划实施的关键性作用,使崇明三岛联动发展各显特色、相得益彰。

(二)统筹各新市镇协调发展。按照镇域、县域、市域以及长三角经济社会融合发展的思路编制城镇规划,在突出陈家镇、崇明新城、长兴镇等重点城镇建设的同时,统筹兼顾堡镇、新河、庙镇、东平等基础较好的新市镇的发展,拓宽融资渠道,建立多元化的投资机制,加强小城镇基础设施建设,密切乡镇产业发展之间的交流与互动,努力提高区域产业综合竞争力和创新能力,形成各乡镇协同发展、齐头并进的局面。

(三)有序推进旧城区改造。进一步完善管理体制和工作机制,专门成立县旧区改造领导小组、拆迁指挥部和动迁工作组,撤销由新城公司负责旧区改造的工作体制。从土地评估、土地分级着手,对土地增值、土地市场进行测算,详细分析旧区改造项目的成本效益,遵循可持续发展的整体性原则和效益原则,统筹安排改造的重点、先后顺序、工程规模和方式,可以实行和其他重点地区打包开发的形式,合理平衡投资方的成本和利润水平。同时,积极争取市级层面政策的大力支持,以降低改造成本。

(四)进一步提升城镇文化内涵。从全县的角度,整体规划、科学布局各乡镇城镇建筑风格,避免单调、重复的设计,在各乡镇主要道路和路口树立体现崇明生态岛风情的雕塑,使各乡镇硬件设施各具特色又相互协调,增加崇明生态岛建设的人文气息,丰富生态岛建设的内涵。

(五)推进农村公路改造工程。针对崇明部分农村公路过窄、老化的问题,采取切实措施进行拓宽和修整,使之方便群众出行并能适应崇明对外开放的需求。

七、推进基础设施建设,增强城乡服务保障能力

“十二五”时期,要坚持基础设施先行,建管并举,进一步提升崇明内外交通承载能力,完善水陆大交通一体化网络体系,健全信息基础设施,促进信息技术共享,提升信息化应用效能,积极构建设施完善、功能齐全、保障有力的现代基础设施体系。

(一)继续推进崇明交通基础设施建设。加快三岛交通网络建设,提高崇明公路建设等级。尤其是在陈海公路东段岔道口设置立交桥,使之升级为快速通道,从而缓解沪崇苏大通道的交通压力,并减少各类交通事故的发生。着眼长远,积极向中央和市争取前瞻性项目落户崇明,如沪崇通道西线工程和轨道交通,使崇明对外交通联系更为快速便捷。

(二)扩大“村村通”公交的覆盖面。加强调研,切实了解人民群众的需求,调整优化现有公交线路,使覆盖面进一步延伸,在更好地方便群众出行的同时,提高崇明公交运营的效能和效益。

(三)加强信息技术的应用。推广物联网技术运用,改进生态环境的实时监控与治理,大力推动我县的生态环境建设。加强信息技术在农业、旅游业中的运用,在农产品种养、加工、销售等环节中广泛应用3G、4G等手段,积极构建生态旅游信息系统,通过遥感技术,地理信息系统技术等高科技手段,及时监测我县生态旅游资源变化情况。加强信息化与工业化“两化融合”,加大企业技术改造中信息技术的深度应用,大力支持低碳化发展;发展壮大信息服务业,打造多媒体家庭应用平台;推进各大工业园区及其他重点企业工业技术的信息化改造,以信息化带动工业化,逐步形成信息技术推进工业发展的集群效应。

六、十三届县政协常委会建议案

关于加强崇明文化建设的建议案

2012年10月

今年以来，全县各级组织认真贯彻落实党的十七届六中全会作出的《中共中央关于深化文化体制改革，推动社会主义文化大发展大繁荣若干重大问题的决定》，坚持把促进我县群众文化素质的整体提高、文化事业的有序推进和文化产业的加快发展作为崇明现代化生态岛建设的重要内容，在发展繁荣崇明文化方面取得了显著成绩。为了进一步加强崇明文化建设，县政协按照年初总体安排，通过开展主席会议成员专题调研、召开协商通报会、发动各党派团体和县政协各专门委员会开展调研活动等形式，就加强崇明文化建设进行广泛、深入调研，形成了11份专题调研报告，提出了不少颇有见地的建议意见。县政协召开常委会议，对其中一些主要意见进行了认真研究，现提出如下建议。

一、推进社会主义核心价值体系建设，不断增强干部群众文化自觉和文化自信

（一）强化精神引擎，增强文化引领力。建议把建设特色鲜明、影响广泛的文化崇明摆上更加重要的位置，坚持社会主义先进文化前进方向，以社会主义先进文化引领社会发展、弘扬社会正气、培育文明风尚，共建全县人民的美好精神家园；切实加强精神文明建设，坚持把群众性创建活动作为精神文明建设的重要载体，不断深化各种形式的文明创建活动，努力使崇明岛成为催生精神文明的沃土；深入推进社会主义核心价值体系建设，把社会主义核心价值体系渗透到精神文化产品创作中，融入日常工作生活中，使社会主义核心价值体系转化为社会群体意识，不断增强群众共同的文化自觉和文化自信。

（二）深化依法治县和普法工作，促进法治文化建设。建议进一步加强各部门特别是乡镇部门及村居领导干部和工作人员依法治县的思想理念教育，牢固树立依法行政、依法办事的思想意识，真正把法治精神融入到各项工作之中；将依法治县工作与干部任免紧密挂钩，纳入县级机关绩效考核和乡镇领导班子考核。乡镇政府将该项工作作为村居工作考核的重要内容，并加强奖惩力度；在法治文化传播的深度、力度和创新上下工夫，挖掘群众关心的法律热点问题和我县典型案例，增强干部群众学法、尊法、守法、用法的意识，进而形成全社会普遍关注法治文化建设的良好氛围。

（三）弘扬现代孝文化，提升社会道德风尚。建议按照“取其精华、去其糟粕”的原则，努力弘扬敬老崇孝的孝文化观念，加强孝文化的宣传。充分发挥新闻媒体的宣传和监督作用，并加强执法工作，促进敬老崇孝的民风形成。县精神文明建设委员会办公室应牵头县妇联、县老龄委员会等部门，积极宣传《中华人民共和国老年人权益保障法》，加强执法。同时，策划开展评选“五好家庭”“贤惠媳妇”“孝男”“孝女”等活动。县宣传部门要加强孝文化的宣传，多报道敬老崇孝的人物事迹，也对虐待老人的案例进行曝光。县教育局要制定小学生孝德教育课程，每学期开设孝文化课程或讲座，每年评出若干“孝星”，树立敬老崇孝的典型。

二、加强社区文化建设，丰富活跃群众文化生活

（一）优化社区文化活动中心管理，活跃群众文化生活。建议逐步完善以政府为主导，以公共财政为支撑，以体制机制改革为动力，以群众自主和社会参与为依靠的乡镇社区文化活动中心管理模式，使全县社区文化活动中心功能更完备，保障更有力，运行更有效，群众更满意；切实保障群众的基本公共文化需求，社区文化活动中心要为残障人士、低收入群体、外来务工者等特殊群体享受公共文化服务创造条件；鼓励乡镇自主创新，开发本地区群众需求的、喜爱的公共文化活动新项目；要建立乡镇间文艺、体育团队交流的机制。

（二）创新人才培养引进方式，培育群众文化队伍。建议重点引进县、乡镇两级文化创意、活动策划、艺术编导、文化产业等方面的高端人才和音乐、美术、文学创作等紧缺人才，尽快解决人才断层、青黄不接问题；扶持建立新的文化工作室，创新丰富我县文化活动形式；根据基层文化队伍的实际情况，通过培训班学习、管理岗位挂职、蹲点村居体验等培养形式，帮助专业人才提高思想素质、服务意识、管理能力、指导水平；成立民间文化协会，加强对民间文艺队伍的管理、指导和帮助，提升其内涵品质与艺术性，为民间文艺队伍提供交流、切磋的平台，促进相互成长，不断打造精品。

（三）整合公共文化资源配送，满足群众文化需求。建议进一步完善文化资源配送机制，充分利用“东方系列”基层公共文化配送系统，实施主流文化的有效配送；结合“三下乡”及其他文化配送活动，强化“百姓点、政府供”的配送模式，开设“百姓剧场”配送演出，进行“百姓艺术课堂”配送开课等，供基层群众自由选择；开展各种延伸服务，结合现有“农村图书室”，推进相关设施和图书的配送工作；在工业园区等职工相对集中的区域，为企业员工提供电子阅览、图书借阅等基本文化服务，努力做到兼顾各类服务群体，实现公共文化服务的全覆盖；整合原有特色品牌，以“天天演”和送戏下乡等活动为载体，在县、乡镇两级层面开展系列文化活动，打造更具特色的群众文艺活动品牌。

三、保护传承“非遗”文化，努力打造民间文艺品牌

（一）强化组织领导，健全政策引领支持的工作机制。建议进一步健全组织机构，由县政府牵头成立县“非遗”联席会议制度，形成“非遗”保护传承推进机制，统筹协调全县“非遗”工作；构建“非遗”管理网络，建立县“非遗”专家委员会，完善县“非遗”保护中心，并在各乡镇建立相应机构、配备专业人员；加强规划研究，制定《崇明县非物质文化保护传承发展规划》《崇明县非物质文化遗产保护实施意见》等。

（二）注重队伍建设，健全提升团队素养的培养机制。建议进一步完善人才的引进、培养、使用、激励等机制，制定相应发展规划；建立项目工作室、成立展示基地、加强与高校合作、搞好项目课题研究等各种方式来培养“非遗”保护人才；加强项目代表传承人、县镇两级专业人员、生产性保护创意人员等人才的引进、培养，以保障工作的正常开展；支持、扶助“非遗”名录项目传承基地认真开展活动，充分发挥其示范、辐射、引领作用。

（三）整合相关资源，健全社会广泛参与的推进机制。建议将“非遗”保护、传承与崇明文化风貌小镇、旅游景区建设相结合，建立中国非物质文化遗产上海（崇明）传承展示中心，集聚崇明“非遗”内容、上海“非遗”项目、全国“非遗”精品，把该中心打造成中国具影响力的“非遗”传承、展示中心之一；将“非遗”保护、传承与学校教育相结合，通过编写地方教材，使“非遗”进课堂，引导学生欣赏民间艺术，将“非遗”保护植根于学生心田；通过政策性引导，积极促进企业、大学与项目传承人合作，进行创意开发，把“非遗”及其资源转化为文化产品。

四、丰富旅游文化内涵，大力促进文旅产业融合发展

（一）科学编制规划，打造特色风貌小镇。建议组织有关专家、学者和专业人员编制《崇明文化旅游总体发展规划》，对崇明旅游与文化融合发展进行系统思考。以特色风貌小镇建设为载体，推进本县人文景观旅游资源开发，深入挖掘各乡镇独特的人文历史文化内涵，打造文化遗产展示园。全县景区的升级改造应注重人文景观旅游资源的开发，在景观规划建设方面充分考虑崇明本土历史文化元素。

（二）着眼“六大要素”，培育文旅结合新业态。建议将旅游的食、住、行、游、购、娱六大要素进行有机结合。整合崇明现有的星级宾馆、小吃、夜排档，建设风味美食一条街，打造崇明的美食文化；利用岸线优势，引进游船，使游客泊舟于江边品味崇明美食；以有机农产品为依托，多类别地展示崇明特色小吃；建设崇明特色民居、茅草房园区，开发自由种植园，使居民体验与土地亲密接触之风情；开辟游览园，重现自行车、手推车、牛马车穿行于乡陌之景。结合节庆活动，开展丰富多彩的娱乐活动，如以网游为背景的实景真人游戏；重塑崇明沙船穿行河网之景、展现一米单车骑游之乐，结合垂钓、捕捞等活动，使游客亲历乡村之趣。

（三）提升旅游形象，创新文化旅游促销模式。建议进一步打造完善的文化旅游节庆活动体系，将崇明森林旅游节和文化艺术节合并，举办大型户外“崇明旅游文化节”，力争把旅游文化节打造成为国内经典的节庆品牌；整合现有旅游企业的营销资源，加强与国内知名旅行社和旅游集团的合作，借助文化产品宣传旅游品牌；深入挖掘我县特有的文化资源，并邀请全国一流的制作团队和名人名家，创作演绎一批有影响力的作品;结合最新的旅游宣传方式,精心制作一批宣传崇明旅游的微电影,投放到各大门户网站。

五、引导企业文化建设,着力提升企业创新活力

(一)加强教育引导,高度重视企业文化建设的重要地位。建议加强对企业经营者的教育和引领,提升企业家管理水平和综合素养;积极引导企业经营者把企业文化建设列入企业发展重要战略,根据企业中长期发展需要,设计好企业文化的核心内容,把企业核心价值观作为企业文化建设的核心部分,在注重企业形象等表层企业文化建设的同时,更加注重培育企业精神内涵等深层企业文化的建设,激励奋发向上的群体意识,增强员工的向心力和团队精神;充分发挥各级工会组织的作用,引导本县企业学习借鉴在崇央企和国有企业文化建设的先进理念和做法,充分调动职工在企业文化建设中的积极性,发挥主人翁的作用。将企业文化建设和党建相结合,通过履行社会责任发挥对企业文化的正面导向作用,有助于优秀企业文化的形成。

(二)加强政策扶持,提供企业文化发展有力保障。建议认真落实《崇明县2012—2016年重点地区、重点领域人才发展实施计划》等人才优惠政策,引导专业人才向企业合理流动。调整相关政策,鼓励企业引进高层次管理人才和企业文化师;在落实有关政策更加积极地扶持企业技术改造等技术创新、产品创新的同时,注重引导企业在经营管理中的管理创新、营销创新,使创新成为企业的精神和企业的风尚;通过广播、电视及举办研讨会等形式,加大企业文化建设宣传力度,重点扶持具有典型意义的企业文化创建与发展,充分发挥其样板作用。

(三)依托基层商会,引导民营企业特色文化建设。建议结合崇明特点,把引导民营企业特色文化建设作为工商联和基层商会的工作重点,成立企业文化专家督导团队,组织本土企业文化建设成功的企业家和经验丰富的专业人才,协助破解会员企业文化建设瓶颈难题;积极组织各企业间文化发展思路的学习交流活动,并提炼总结其智慧成果,将此作为商会日常会务及研讨活动的重点;对已形成优质企业文化的企业,应积极支持其重点打造。面临资金、人才等困难时,应及时与当地党委、政府沟通,为其争取最大限度的保护与扶持;对企业文化建设滞后,品牌认知度低,发展陷入困境的企业,应及时引导、牵线搭桥,争取并购入行业龙头企业,依托强势品牌及优秀企业文化的导入获得转机。

第二节 主席会议建议案

一、八届县政协主席会议建议案

关于进一步加强本县中小学德育工作的建议

1990年12月

学校的教育任务是培养人、教育人。社会主义学校的宗旨在于造就一代高素质的社会主义建设者。"百年大计,教育为本"。中小学生是我国社会主义事业的接班人,他们的政治思想、道德品质和科学文化素质好差,不仅关系到当前社会文明程度,而且也关系到老一辈无产阶级革命家开创的事业是否后继有人,关系到国家和民族的前途命运。因此,加强中小学德育工作,实在是一项至关重要、必不可少的任务。

本会1990年对德育工作进行了调查,听取了县教育局的情况介绍。教育文化委员会先后对西门中学、海桥中学、堡镇小学等学校进行了德育专题视察,召开了部分教育界知名人士和学校校长座谈会,对当前我县中小学德育工作现状作了认真的分析。我们感到,自1990年年初县委召开学校思想政治工作会议之后,各乡、镇和学校都能认真贯彻市、县学校思想政治工作会议精神,普遍建立了德育工作领导小组,采取了许多措施,从而加强和改进了中小学德育工作。有不少乡、镇还建立了"三结合"的教育委员会,制订了计划、开展了活动,收到了良好效果。但是,我们也看到,一些学校忽视德育教育,片面追求升学率现象还存在;社会上某些不良风气对学校德育工作也有一定的冲击和影响;目前学校开展德育工作还存在许多困难和问题。加强中小学的德育工作这是全社会的一件大事,光靠学校、教育部门是无法解决的，必须由政府出面，号召全社会共同来抓，才能奏效。为此，对进一步加强我县中小学德育工作提出如下建议：

一、动员全社会高度重视和关心学校的德育工作

建议县政府利用会议、文件、广播等形式，大力宣传加强德育工作的重要性，使大家真正认识到，这是一件关系到学校能否坚持社会主义办学方向、能否把青少年培养成社会主义事业可靠接班人的大事。要求社会各界真心诚意关心和支持学校开展德育工作，对德育工作中遇到的一些困难和问题能及时给予帮助解决。各学校党政领导必须进一步端正办学思想，使“五育并举、德育为首”的办学方向得到认真贯彻，克服片面追求升学率的错误倾向，使学生德、智、体、美、劳全面发展。

二、县、乡（镇）两级政府及有关职能部门要进一步加强对中小学德育工作的领导

县、乡（镇）、学校思想政治工作领导小组要切实发挥领导作用，定期（县至少半年一次，乡、镇至少每季一次，学校每季一至二次）开会研究、部署学校德育工作。县政府督导室要每年组织一次德育专题督导检查，建议邀请县人大代表、政协委员、民主党派和无党派人士一起参加。

三、切实抓好德育工作队伍的建设

加强德育工作队伍的建设是加强和改进中小学德育工作的关键。建议县教育部门采取上下结合、有分有合等多种形式，有计划、有系统地组织教师学习社会主义理论、党的方针政策和时事形势，不断提高教师的政治理论水平和思想认识水平。同时对教师进行师德教育、为人师表教育，鼓励教师争当合格的人类灵魂工程师。建议县、乡（镇）领导以及教育、宣传部门领导要建立同学校、教师的联系制度，定期给教师作形势报告，进行讲乡情、看国情教育，不断提高教师的思想认识水平。

四、认真总结、推广本县先进的德育工作经验，提高德育工作水平

目前，我县中小学正着手进行的以爱国主义教育为中心的思想品德教育活动和建设“三线一面”的德育课程结构、“三位一体”德育网络的改革尝试，要认真搞好。建议县有关领导部门和教育局德育教研室要加强对德育改革的指导，注意总结和推广本县的先进经验，不定期召开德育工作研讨会，探讨社会主义德育理论，交流德育工作经验。县教育奖励基金会每二至三年对德育工作先进单位和优秀德育工作者进行奖励。

五、县、乡（镇）政府要大力组织社会各界对中小学德育工作齐抓共管

建议以乡（镇）为单位积极发展社区教育，把学校、家庭、社会各方面的力量组织起来，共同努力，优化育人的社会环境。县、乡（镇）政府及宣传、公安、文化等部门要积极配合教育部门进一步采取有力措施，制止社会恶少对学校教育的干扰；清除和抵制黄色书刊、淫秽影视和赌博等社会不良风气对青少年的侵害，确保本县图书和音像市场的净化；各电影院要精选有利于学生身心健康的影片，星期天优惠为学生放映早场电影；学校要经常不断地对学生开展理想教育、社会主义和爱国主义教育以及行为规范教育，从培养社会主义事业的建设者和接班人这个高度对学生进行教育。

六、各级政府和社会各界要大力帮助学校开发当地的德育资源、建设好各种校外教育和社会实践基地

要作出计划，尽力支持学校建立好劳动基地、军训基地和校外活动基地，为学校聘请好校外教育辅导员，并积极配合学校组织好各种思想品德教育活动、劳动技术教育和社会实践活动。当务之急的是，首先要把城、堡两地学生学农、学工、学军基地尽快建立起来。

关于进一步加强外来人员管理的建议

1991年7月

近年来，我县外来人员不断增加。据统计，目前在崇明有相对稳定工作的外来民工和小商小贩，约有3万人。这里不包括流动性大的穿乡走户的手艺人、临时商贩和乞讨人员。

我们并不否认，外来人员对崇明的经济建设是出了一定力的，但必须看到，外来人员违法犯罪的案件在逐年增多，已成为我县社会不安定的因素之一。公安部门反映，外来人员中的违法犯罪人数占全部犯罪人数的比例，1988 年为 21.2%，1989 年为 23%，1990 年为 29.9%。今年上半年已达到 27.9%。在重大、特大案件中，外来人员中的犯罪人数所占的比例 1988 年为 29.5%，1989 年为 23%，1990 年为 33.5%，今年上半年已高达 37.1%，呈逐年上升趋势。

最近，安徽、江苏、浙江等地严重受灾，势必有更多的外来人员涌到崇明，有的投亲靠友，有的找工谋生，有的盲流乞讨。针对这一新的情况，如果我们不迅速地采取有力措施，强化对外来人员的管理，必然会干扰我县正常的社会秩序。混在外来人员中的少数不法之徒会乘机犯罪作案，诱发各种不安定因素，将会严重影响我县“两个文明”建设的顺利进行和人民群众正常、安定的生活。对此，应该引起我们的高度重视。

7 月 24 日，县政协邀请县委政法委员会、县公安局、县人民检察院、县人民法院、县司法局、县民政局、县劳动局、县信访办、城桥镇、堡镇镇、江口乡、港西乡等 12 个单位和部门的负责人就加强外来人员管理问题进行座谈讨论，后又听取有关职能部门意见。经第十次主席会议协商，对加强外来人员管理提出如下建议：

一、各级领导重视，摆上工作日程

加强外来人员的管理是维护社会安定、促进经济建设的一个重要内容。建议县委、县政府把加强对外来人员的管理列入工作日程，进行研究，作出部署。县政府要有一名副县长直接分管这项工作。各单位都要根据县委、县政府的部署，联系本单位、本地区的实际，制定切实可行的管理措施，组织专门力量加以落实。要广泛宣传，全民发动，使广大干部群众认识到加强对外来人员管理的重要性，在搞好自我防范的基础上，积极配合各级治安组织，做好治安保卫工作。

二、强化管理机构，健全治保组织

加强外来人员的管理是项长期的面广量大的工作。我们建议县公安局、县民政局、县劳动局、县工商局等职能部门，都要指派一名负责人分管这项工作，并根据各自的职能和管辖范围，制定好各项管理措施。县政府分管领导要定期召开这些职能部门的会议，检查工作，分析情况，搞好协调。对工作中出现的问题，要及时研究解决，充分发挥各职能部门的作用。

要切实加强各级治保力量。各乡镇的专职联防队应按县政府 1999 年相关文件规定配备，并解决必要的经费和装备等实际问题。各村、厂未建立护村队、护厂队的要迅速建立起来，并制定好制度，落实责任制。商店和居民楼都要组织人员轮流值班，制止和打击一切犯罪分子的破坏活动。

三、增强防范意识，切实落实各项防范措施

各单位要对干部群众开展内保和自保的宣传教育，增强防范意识。各企事业单位要加强值班制度，领导干部要轮流带班。商店和仓库要设置各种安全装置。居民住宅区要组织护楼队值班巡逻，由各居民委员会负责安排，每幢楼房由房管局统一安装安全门，所需经费由居民自负，晚上由联防队组织巡逻。对仓库、商店附近和车站、码头等公共场所要重点检查，特别在遇有恶劣天气时，要增加巡逻次数。对旅馆、空关房屋和城乡接合部要加强管理，夜里安排突击检查。各村由村民委员会组织护村队进行值班和夜间巡逻。

城堡两镇要实行“条块结合，以块为主”的治安方针，各系统、各条线都要服从当地政府的统一领导和指挥，并积极做好配合工作。对其他地区，实行“以块为主”的治安责任制，问题发生在哪个地区，就由那个地区负责。对雇用外来民工的单位，实行“谁聘用，谁负责”的原则，外来民工违法犯罪，一定要同时追究雇用单位领导的责任。各企事业单位若发生被盗案件，除严肃处理值班人员外，一定要同时追究该单位领导的责任。

四、严格治安责任制，坚持文明管理和依法办案

外来人员由于各种原因来到崇明谋生，他们中绝大多数是好的，违法作案的犯罪分子是极少数。因此，我们对外来人员一定要做好思想教育工作，坚持文明管理，特别是对于灾区涌来的灾民，要给予同情和支持,在可能的情况下,给予一定的帮助。同时要做好宣传和劝说工作,希望他们相信党中央和当地政府的安排,尽早回去开展生产自救,重建家园。对暂时不愿回去的人员,要向他们讲明上海地区和崇明的有关政策和法律规定,要求他们遵纪守法,共同维护崇明的社会治安。

公安部门要对所有外来人员进行登记,随时掌握外来人数,了解他们来崇的目的和动向,并及时向县委、县政府汇报。外来人员离崇时,要给予注销。

劳动局要对外来的民工进行登记,进行法制宣传,加强平时管理,并向雇用单位讲清楚应负的教育和管理责任。各单位未经劳动部门批准不得擅自雇用外来民工。

工商局要对外来的小商小贩认真管理起来,对有执照的合法经营者,要给予支持,对无证经营者要予以取缔,对违法经营者要给予批评和必要的经济处罚。

民政局要掌握盲流和乞讨人员的情况,并及时收容遣送,发现有越轨行为的,要进行教育,加以制止,有违法犯罪行为的,移交公安机关处理。对投亲靠友的外来人员,本地的亲友要到派出所、居民委员会或村民委员会登记,并向来崇亲友讲清本地的政策规定,希望能遵纪守法,如发现有不轨的异常行为,要及时向派出所报告。

对外地人员与本地人员之间、外地人员之间一般的民事纠纷,要采取教育疏导的方针,耐心细致地做好思想工作,防止矛盾激化。对外地人员中一般的小偷小摸行为,要坚持教育为主的原则,严禁捆绑吊打。

对混迹于外来人员中的极少数违法犯罪分子,公安部门要给予坚决打击,并采取措施,防止内外勾结,犯罪作案。各派出所要对当地有劣迹的不良分子严加控制,做好教育和管理工作。

对外来人员可能带进来的疾病,卫生防疫部门要加强检查,发现问题,及时采取有力措施加以控制,绝不能让其扩散。

关于加快发展崇明旅游事业的建议案

1991 年 7 月

县政协就发展我县旅游事业这一议题,先后视察了东平森林公园,听取了有关单位和部门的汇报,邀请县政府领导通报了发展崇明旅游事业的规划情况,召开主席(扩大)会议,进行了专题讨论。大家一致认为:崇明发展旅游事业具有得天独厚的优势和条件,面临着千载难逢的良好机遇。我县旅游事业的发展起步较早,并取得了一定的成效。目前,应抓住有利时机,从我县实际情况出发,抓紧规划,突出重点,加大投入,以加快东平森林公园旅游景点的建设为契机,带动其他各旅游景点的发展,经过一段时间的努力,旅游业会在崇明崛起。

一、优势和机遇

崇明旅游业的发展,具有得天独厚的区位和资源优势:崇明位居长江入海咽喉,南依国际大都市上海,北枕苏北广阔腹地,地理位置十分优越;崇明有许多驰名中外的名、特、优、稀产品,可以提供崇明特色的食、购物品;崇明水土洁净,空气新鲜,环境优美,具有良好的自然环境、生态环境和高雅别致的海岛风光。尤其是崇明中部的东平森林公园,占地面积 5 000 多亩,是华东地区最大的平原人造森林,通过 30 多年的建设,已绿树成荫,是广大中外游客难得的休憩度假场所。

崇明旅游业不仅有优势,也有机遇。一是上海“一个龙头,三个中心”地位的确定和浦东开发开放;二是崇明经济发展战略地位的确定,其开发开放和越江工程逐渐摆上位置;三是每周五天工作制的实施,城市人民生活水平的提高和旅游消费水准的上升等,都为崇明旅游业的发展提供了千载难逢的历史机遇。但是上海其他郊县旅游业的迅速崛起也给我们带来了挑战。因此,我们必须面对现实,脚踏实地,在抓紧全面规划的同时,集中力量把东平森林公园旅游景点建设搞上去,迎接 21 世纪崇明大开发的到来。

二、困难和问题

崇明发展旅游业有优势,有机遇,但也存在着诸多困难和问题。一是缺少切实可行的高起点的旅游发展总体规划,虽然东平森林公园搞过 5 次方案,但至今尚未批准确定,影响了旅游景点健康有序发展和整体优势的发挥；二是对旅游业的投入较少，且投资分散，以东平森林公园为例，历年来累计投入只有1 100万元，平均年投资100余万元，难以形成气候，市有关部门领导和广大游客认为，东平森林公园不是三年大变样，而是多年一个样；三是旅游景点配套设施差，服务不完善，吃、住、行、游、购、娱等六个方面存在不少问题；四是对外交通不便也一定程度影响了旅游事业的发展。

三、建议

（一）正确定位，突出重点。旅游业作为一个朝阳产业、绿色产业，正越来越受到世界各国和地区的重视。崇明发展旅游事业不仅有独特优势和难得机遇，而且旅游业发展必将有力地推动交通、商业及其他相关产业的迅速发展。因此，旅游业应作为我县的一个支柱产业来加以规划和发展。鉴于旅游业的发展资金投入大，建设周期长，我们必须坚持“全面规划，重点突破，以点带面，逐步推进”的方针。在总体规划方面应正确定位，发挥优势，体现休闲度假为特色，并加大对外宣传的力度；具体操作上要选准突破口，集中财力、物力加快东平森林公园旅游景点的建设，切实做到一年一个样，三年大变样，以此带动其他景点发展，经过若干年的努力，逐步完成旅游业的产业化进程。

（二）加强领导，理顺关系。旅游业的发展应列入县政府的重要议事日程。建议县政府召集有关部门负责人、邀请专家召开专题研讨会，确定功能定位和总体规划。成立旅游开发管理办公室，其主要职能是制订总体规划，加强行业管理，完善配套服务。东平森林公园旅游景点建设应列为我县重点建设工程项目，由县政府领导牵头成立领导小组，其主要职责是邀请高手编制景点建设规划，招揽旅游人才，筹集资金加快基础设施及重点建设，完善配套服务，建成后可取名为“东平森林乐园”(暂定)，为县管经营性项目，行业归口县旅游开发管理办公室。东平森林公园的景点建设应积极争取市有关方面的支持，列为市级乃至国家级旅游度假区。

（三）统一规划，分步实施。在专题研讨的基础上，尽快邀请市有关部门和专家编制我县旅游业总体发展规划，明确总体发展思路。总体规划起点要高，突出整体开发，宜粗不宜细。景点建设规划应由主管部门或景点单位抓紧编制，在总体发展规划的前提下，做到可操作性要强，且应按照“量力而行”的原则，分清“轻重缓急”，逐步推进。鉴于东平森林公园基础较好，当前应先集中力量编制好该景点的建设规划，并尽快组织实施，以免在无规划条件下破坏景点的整体优势。

（四）筹集资金，加大投入。县内资金的投入不宜分散，今后两三年内应集中投放在东平森林公园。筹资形式可以为合资和独资，按区域分布可以分为按规划成片投资或分片投资。按照“谁投资，谁所有，谁得益”的原则，确定不同筹资对象，包括财政拨款投入、内利税大户集资、城市大企业和市有关部门投资、外商投资等。按照特事特办的原则，采取变通的办法，制定一套类似于外商投资开发区的优惠政策，吸收各类资金。凡是来东平森林公园投资的，可以免缴投资方向税、能交基金和建筑管理费，在我县原有优惠政策的基础上，适当延长增值税、所得税的免交期限等等。银行在可行性论证的基础上，增加贷款，支持旅游业的开发。

（五）抓住当前，打好基础。鉴于旅游景点的基础设施资金投入量大，见效慢，因此先集中力量解决东平森林公园的配套设施。可以分两方面，第一，尽快完善人工浴场、游泳池、少儿夏令营等已有景点的配套设施；第二，重点解决吃和住，搞好吃、住、行、游、购、娱等六要素的配套，以适应岛外游客二日游之需要。从现在开始，以东平森林公园为主体，招聘和培养一批上水平的旅游人才，没有一流的人才就没有一流的旅游景点，也没有一流的游客。

二、九届县政协主席会议建议案

进一步发展崇明米酒生产的建议案

1997年5月

县政协就如何进一步发展崇明米酒生产，先后采取召开座谈会、走访等形式，开展了一系列调查研究活动。在听取有关职能部门意见的基础上，从探究崇明米酒生产的历史和现状，分析目前所面临的困难和问题出发，提出关于进一步发展崇明米酒生产的几点意见和建议。

一、崇明米酒生产的历史和现状

崇明米酒分为老白酒和清甜型米酒两大类型。其中老白酒在民间酿造已有千年的历史。据史料记载，崇明私营酿造业也有百余年历史，业主多采用前店后作坊的经营方式。1956年，全县兴办大华、新中、东明、崇西、新新等5个公私合营酒厂。1962年采用水箱定位淋饭，1974年改装为自动榨，1975年采用菌种接种酒药，1980年产量超过万吨。1983年试制成“八二曲”酿酒，出酒率比原来提高10%左右，曾荣获国家商业部1984年科技成果三等奖。1987年东明酿造厂开始研制“清甜型”米酒，该产品在1993年被评为上海市“名牌产品”，1995年又获上海市科技博览会金奖，并被认定为上海市新优产品。

目前，崇明众多的米酒生产厂家，除了东明、大陆、新光三厂生产清甜型米酒外，其余都生产崇明老白酒。目前全县年生产老白酒近4 000吨、清甜型米酒800吨左右。崇明米酒的销售80%在本岛，其余销往上海市区及苏北、江南一带。我们从上海市酿酒专业协会获悉，崇明米酒基本符合国家关于高度酒向低度酒转变、蒸馏酒向酿造酒转变、普通酒向优质酒转变的营养酒发展方向，市场前景看好。

二、崇明米酒生产销售所面临的困难和问题

崇明米酒以精白粳米、糯米为原料，以小曲发酵酿制而成的、营养价值较高、酒度较低的新产品，更由于其“清”“甜”而风味独特，四季皆宜，可适应不同层次消费者需求，极有可能开发成有别于白酒、黄酒、果酒的“酒类精品”。目前，崇明周边一些地区纷纷开发米酒生产，如浙江宁波、江苏启东、上海浦东等地发展较快，并将产品打入上海市场。崇明米酒发展缓慢，在生产和销售过程中尚存在着较多的困难和问题。

(一) 各自为政，难成气候。对于发展崇明米酒生产，有些同志的思想不解放，生产厂家顾及眼前利益的多，立足长远规划、全局利益的少；各自为政，单兵作战，品种繁杂，价格不一；不能一致对外，甚至互相削价竞争，不仅无法扩大生产规模，而且难以形成品牌效应，严重影响了米酒生产的发展。

(二) 设备落后，资金匮乏。目前我县米酒生产设备普遍落后，从酿制、提炼、灌装到包装，有些设备还停留在作坊式阶段，加上企业本身规模小，技术力量薄弱，因此远不能适应形势发展的需要。由于相互间的削价和赊销竞争，致使资金回笼缓慢，有些网店还需垫一批产品，所以企业流动资金越来越困难。目前酒厂利润微薄，只能维持生机，发展步履艰难。

(三) 营销策略欠佳，市场狭隘。企业对崇明米酒在酒类市场中缺少正确定位，没有稳定的系列产品推向市场，加上品牌效应、广告效应、包装效应的意识不强，企业销售人员的整体素质不高，因而市场拓展缓慢，难以形成“米酒热”。

三、关于发展米酒生产的意见和建议

最近，经国家计委批准，全国第一个国家级绿色食品开发园区“上海市崇明绿色食品园区”正式建立。这对崇明经济发展具有十分重要的意义，我们要以此为契机，从我县实际出发，以市场为导向，按照“正确定位，先联后扩，重点突破，稳步推进”的原则，尽快发展米酒生产，使之成为我县绿色食品园区的一个拳头产品，成为实现农业产业化的一个重要项目。为此，提出如下建议：

(一) 正确定位，精心策划，进一步明确崇明米酒的发展方向和目标。目前，我国酒类市场充满着激烈的竞争和风险，也存在着发展机遇和高效益的前景。因此，崇明米酒能否在我国酒类市场中找准自己的位置，已成为我县米酒生产能否突破并取得成功的首要前提。我们认为，崇明米酒可分为两大类推向市场，一是大众化的老白酒，以“营养”“口味”为特点，以价格优势来占领市场；二是中档为主、中高档并存的清甜型米酒，以“清”“香”“营养”为特点，用精致的包装进入宾馆、饭店和小康家庭。如果崇明米酒正确定位，经过精心运作，其生产和发展三年跨大步、五年成气候的目标是完全可以达到的。

(二) 组建公司，统一布点，实现优化组合。目前县供销社借鉴其他地区的先进经验，制定了组建崇明老白酒有限公司(简称老白酒公司)的方案。为了使该方案顺利实施，我们建议：一是从上到下统一思想认识，抓紧组织实施；二是老白酒公司要实行四个统一，即统一管理、统一标准、统一品牌、统一价格。

要集中生产，互相配套，实现优化组合，以利于发展；三是县政府有关职能部门应在组建老白酒公司的同时，对全县现有的酒厂加以整顿，强化管理，防止假冒伪劣产品进入市场。

（三）扩限并举，狠抓投入，形成规模，抢占市场。在组建老白酒公司的基础上，应以大陆酿造厂或东明酿造厂为重点，采用先进技术，增加有效投入，扩大生产规模，使之成为全县米酒生产的龙头企业。其他各相关酒厂，根据实际需要，有限有扩，适时调整，互相配套成龙。与此同时，老白酒公司应聚集各类人才，成立研究中心，设立销售公司，推出系列产品，加强市场调研，制定好营销策略，在争创名优产品的基础上，尽快做好崇明米酒绿色食品标志的申报工作。请名流设计包装，请高手策划广告，立足上海，面向华东，辐射全国，建立销售网络，形成销售市场。

（四）抓住龙头，组建集团，形成集聚效应。在米酒市场不断扩展的同时，把握时机，以老白酒公司为主体，以重点改扩企业为龙头，吸收全县的有关企业组建米酒集团公司。组建集团公司应遵循两条原则：一是以产品为中心，以资产为纽带，打破条块利益，实行资产重组，切掉各自为政的后路；二是实行一级法人，做到四个统一，形成集聚效应。

（五）加强领导，政策扶持，进一步发展米酒生产。县政府应有一名领导挂帅，协调各有关方面，为我县米酒生产的发展编制好发展规划，提供全方位的配套服务工作。建议从“科技发展基金”和“工业基金”中拿出部分资金，扶持米酒系列产品的开发，确保技术攻关和改造资金的落实。县政府要对老白酒公司给予享受绿色食品园区或崇明工业园区的优惠政策。税务部门要参照浙江绍兴黄酒集团的黄酒纳税办法，实行“裸酒”征税，扶持米酒生产。

三、十届县政协主席会议建议案

关于我县农村垃圾收集处置的几点建议

2001年7月

水净、土净、空气净是我县的一大优势，但由于多种因素，近年来我们的生活环境面临着严峻挑战，其中突出的一个现象是生活垃圾和有毒有害的废弃物随处可见。长此以往，势必严重污染水源和空气，影响农村生活环境，给人们身体健康带来直接的危害，并且影响到经济和社会的发展。市长徐匡迪在市人代会所作的《关于上海市国民经济和社会发展第十个五年计划纲要（草案）的报告》中提出：“要着力保护好崇明的生态环境，为大规模开发作好准备。”县委、县政府高度重视保护崇明生态环境问题，县委、县政府主要领导多次提出：要保护好生态环境，把崇明建成国家级生态示范区，体现发展靠环境，致富靠生态，促进崇明的大开发大开放，并分别担任了崇明县创建国家级生态示范区建设领导小组的组长和副组长，制订了《崇明“十五”生态环境保护行动计划》，决定实施建设农村生活垃圾收集处置系统。

为了保护好崇明生态环境，早日把崇明建设成国家级生态示范区，我们就农村垃圾收集处置问题进行了调查研究，在与有关委局一起讨论研究的基础上，深入到部分乡、镇、村，与有关人员和村干部一起座谈讨论，了解情况，分析问题，听取意见，研究对策措施，还到嘉定区学习先进经验。现将情况综合如下：

一、现状

调查材料显示，我县农村（包括小集镇）生活垃圾的年产出量为19.68万吨，占全县生活垃圾总量的73％，比20年前有大幅度的增加。分析研究垃圾量增长的主要原因：一是农村消费水平不断提高，消费速度大大加快，废弃的塑料、电池、灯管、薄膜、农药瓶等非传统垃圾量增加；二是农村生活燃料结构变化，秸秆已不再是农家的主要燃料而变成了垃圾；三是农肥使用以化肥为主，青草等沤肥已很少使用，废弃为垃圾。同时，由于农村饮用水全部用上了自来水，农民不再重视沟河水系的清洁卫生，往往把各种垃圾和杂草等乱倒在河边沟头，既造成水源污染，又阻塞了水道畅通。为了有效地改变这一情况，优化投资环境，造福子孙后代，县委、县政府把农村生活垃圾管理工作放到了重要议事日程，提出了从2000年起，花3年时间，建成我县农村生活垃圾的收集处置系统，通过加大投入，建立队伍，形成机制，使农村地区生活垃圾收集处置覆盖率达到95%以上，从而根本改变农村脏、乱、差现状。在去年94个行政村试点的基础上，决定今年将余下的361个村生活垃圾收集处置系统提前全面建成，并决定在港东地区投资938万元，建设一个垃圾中转站，在北堡港投资1.1亿元，建一个垃圾填埋场。这些有力的措施，充分说明了县委、县政府对收集处置农村生活垃圾问题的高度重视。

二、存在问题

我县建设农村生活垃圾收集处置系统，去年第一批94个村，实施一年来运转正常，成效显著，这些村的环境卫生面貌有了较大改观，群众拍手称好，认为这是政府为农村老百姓办的一件好事。在调查研究中，我们确实感到，我县建设农村垃圾收集处置系统符合崇明实际情况，是与创建生态示范区工作相结合的一项实事工程，是为保护崇明"一方净土"作出的有益探索。这一系统工程建成后，将使崇明更好地保持"土净、水清、空气新"的环境优势。同时，实行农村垃圾分类收集处置，减少了有毒有害垃圾的污染源，有机垃圾就地填埋则减少了垃圾运输量和费用，并且为农村废沟浜、废鱼塘的平复还田节省了人力和财力。但是，我们认为还存在如下一些问题：

（一）垃圾分拣问题。现在每个农户发给2只垃圾桶，要求把有机和无机垃圾分装入桶，保洁员把有机垃圾运到村填埋场填埋，把无机垃圾集中到乡镇垃圾房后装车运走。但目前有较多农户尚未做到，有的保洁员为图方便，也不分有机、无机，混杂填埋了事。

（二）经费来源问题。第一批实施的94个村，垃圾分类收集处置费用大多由村积累支付，少数村向农户收取小额保洁费(有的每户每月收2元，有的每人每月0.5元)，主要用于支付保洁员工资。少数村由于经费短缺，垃圾收集处置工作在运作了几个月后已停了下来，这些村的群众对此很有意见。

（三）垃圾填埋场问题。各村的有机垃圾填埋场，大多选择本村范围内远离居民点的废沟浜、废鱼塘，但在定期复土和喷药杀虫等方面尚有欠缺。

（四）回收利用问题。现在无机垃圾普遍采取集中装运到填埋场后全部填埋的办法，未进行分拣回收，对垃圾资源综合利用还未引起足够的重视。

（五）生产垃圾问题。对农村生活垃圾以外的其他生产垃圾，如秸秆、杂草、农用薄膜，农药瓶、化肥袋，等等，尚未制定相应的收集处置措施。

（六）制定有关实施办法问题。对于建设农村生活垃圾收集处置系统尚未制定有关实施办法给予法律上的支持，如保洁费的收取等。

三、几点思考和建议

为了进一步搞好农村生活垃圾及固体废弃物的收集处置工作，我们提出如下几点意见、建议，供领导参考。

（一）加大宣传力度，增强农村干部群众的环保意识。要通过各种宣传途径，运用多种宣传形式，在农村开展增强保护生态环境意识的宣传教育活动。宣传保护农村生态环境，建设国家级生态示范区的重要意义；宣传保护生态环境的重要内容以及有关法律法规；宣传建设农村生活垃圾收集处置系统对保护生态环境和对农民的好处。宣传工作要力求生动活泼，要以典型事例来教育农民，认清破坏农村生态环境对村民的巨大危害性，使农民自觉地参与环境保护，营造一个人人参与保护环境的良好氛围。

（二）制定实施办法，确保规范运作。实施办法包括收费标准、检查考核办法及执法条例。我们在调研中认识到，保洁费收取标准直接牵涉到农民切身利益，现在堡镇每人每月收取0.5元(试点村尚未实行)，新河镇每户每月收取2元，这些做法都是可行的，但是否制定一个全县统一的收费标准，并且规定对年老病残等困难户少收或免收，这样能巩固成果。

（三）建设好保洁员队伍，落实保洁员责任制。保洁员人数由各乡镇和村视实际情况而定，但一定要选择热心这项工作，经济又较为困难者。上岗前要对他们进行一次培训，并根据实际工作量明确其报酬。

（四）选择好垃圾堆埋场，保持清洁卫生。动员村干部义务劳动，先把各村原有的露天垃圾堆放点全部清理干净。选定的村垃圾堆埋点一定要做到定期覆盖泥土和喷洒杀虫农药，以免蚊蝇滋生。

(五) 做好生活垃圾分拣工作，充分利用资源。要逐步从垃圾的焚烧、填埋转向生化处理和回收利用。现在发给每个农户 2 只桶，要求把有机和无机垃圾分别入桶，但开始时恐怕还做不到，这就要求保洁员在运输填埋过程中再进行一次分拣，并允许其把能回收的卖掉，收入归其个人所得，以提高其积极性。

(六) 建立责任制，加强长效管理。把这项工作纳入对乡镇村干部的考核系统，要建立起村委干部责任制和生产队长责任制，使村干部切实负起责任。要把此项工作与创建卫生村、镇相结合，与河道整治、道路整治相结合，与市县开展的重大卫生整治活动相结合，做到统筹安排，确保工作质量。

(七) 加强回收，变废为"宝"。废旧物资回收工作在我县历史上有过业绩，1950 年起县供销合作社开始收购废旧物资，1984 年全县共设专业收购门市部 29 个，兼收单位 200 余个，有专业人员 249 名，全年收购的各类废金属就有 14 000 余吨，还有破布、废纸、碎玻璃等 4 500 多吨。建议政府有关部门，根据当前的实际情况，逐步建立各类废旧物品的回收网点，加强资源综合利用，这样既能变废为宝，又能净化环境。对农药瓶、农用薄膜等废弃物，出售的商业部门在售货的同时要开展回收工作。总之，要千方百计想办法，在源头上减少垃圾量，特别是减少有毒有害的垃圾。

(八) 多用有机肥，减少生产垃圾。结合我县建设生态农业、生产绿色农副产品，鼓励农民使用有机肥料，减少化肥使用量。把青草、秸秆、瓜藤等农田下脚料从垃圾中分离出来，用青草沤肥，秸秆、瓜藤等粉碎还田，禁止在大田焚烧，以免污染空气。这样既能使垃圾减量，又可减轻农本，更能改善土壤结构。农村群众一致认为，县委、县政府决定建设农村生活垃圾收集处置系统是一项非常正确的决策。我们要抓好落实并持之以恒地长期抓下去，使崇明岛的天更蓝、水更清、空气更新鲜、环境更美好。

四、十一届县政协主席会议建议案

关于推进我县林业建设的建议案

2004 年 8 月

去冬今春以来，在县委、县政府的领导下，全县各级组织切实加强对林业建设的组织领导，积极探索多元化投资林业建设的机制和模式，着力规范和强化对植树造林的项目管理和质量管理，使我县林业建设得到大力推进。据了解，全县新增林地面积达 5 万多亩，森林覆盖率可望超过 20%。然而，我县林业建设尚处于初始阶段，2004 年的植树造林还带有一定的探索性。因此，在林业建设推进过程中还存在着一些突出矛盾和值得探究的问题。为此，县政协主席会议成员开展专题调查研究，对目前我县林业建设的情况进行了认真的分析与思考。现提出如下建议案。

一、矛盾和问题

通过调查研究，主席会议认为，我县林业建设虽然得到了大力推进，取得了重大进展，但在政策、规划、技术和管理层面还存在着一些矛盾和问题。

(一) 政策层面。

1. 大面积植树造林与保护基本农田之间的矛盾。根据市政府下达给我县的林业建设任务和《崇明岛林业发展规划(纲要)》，到 2020 年全县森林覆盖率将达到 55%。按此目标，我县的林业建设就不可回避地遇到了要占用基本农田的问题。今年上半年，国务院专门下发了保护基本农田的紧急通知，禁止占用基本农田进行植树造林。同时，由于国家取消了农业税、并采取鼓励粮食生产等政策，粮食价格大幅上扬，农村土地流转的难度越来越大。如果继续推进植树造林，林业建设用地问题将难以得到保证。

2. 经济林扶持政策与农户栽种动机之间的矛盾。为了鼓励农民发展经济林，市县两级政府出台了对经济林实行每亩每年补贴 300 元，且连续补贴 3 年的扶持政策，在很大程度上激发了农户种植经济林的积极性，有助于经济林的发展。但也有不少农户因受利益驱动，种植了柑橘等果树，并上报列入经济林面积，而其最终目的只是为了获得政策补贴。因此，相当一部分(尤其是向化片)果树苗木插种在其他作物中，难以寻觅，使经济林扶持政策的效应没有得到应有发挥。

3. 对已建成林地进行功能开发的政策限制与继续扩展林地所需的后续资金短缺之间的矛盾。林业建设投资规模大，投入周期长，产出效益慢，尤其是生态林建设更是如此。同时，由于土地流转费用、养护支出的不断上升，林业建设的资金压力越来越大，企业的投资收益难以保证。但是，由于缺乏相应的政策配套，目前对已建成的林地难以进行旅游、房地产等项目的功能开发，在很大程度上影响了企业参与林业建设的积极性，而且极有可能引发土地流转双方的矛盾。

（二）规划层面。

1. 规划落地滞后，造林分散，影响总体效果。在今年的植树造林过程中，除县重点林业项目外，有部分造林任务分别落实到各乡镇。由于去年出台的《崇明岛林业发展规划（纲要）》没有及时细化和落地，加上由于流转土地不集中，使有的乡镇出现了“流出哪里种哪里，流出多少种多少”的情况，因而难以建成片林，形成规模。同时，还存在着只求完成造林指标、不求确保造林效果的问题。

2. 林相设计缺少主题，造林质量不高。把崇明建设成为现代化生态岛的目标定位，要求我们必须做好确保造林质量这篇文章。但是，目前形成的林地大多未对林相结构作精心设计，重造林面积，轻景观塑造。所谓的片林仅是大小不等的苗圃而已，设计无主题，没有真正形成自然景观效果。

（三）技术和管理层面。

1. 实种经验缺乏，部分树种适应性较差。崇明岛属河口冲击沙岛，土质、地下水位、气候等栽培条件具有相对独特性。由于时间紧迫、准备仓促，对选用树种，尤其是外来树种缺少应有的适应性试验。部分树木栽种后，不能适应我县的自然条件，有的甚至出现大量死亡，尤其是立地条件差的地块，苗木死亡率更高。

2. 养护管理不力，抗灾害能力薄弱。苗木栽种后的养护管理是确保造林成活率的关键。根据现行有关规定，造林单位必须在造林一年后经严格的质量验收，方能进行最终财务结算。但是，少数施工单位进行的养护只是为了通过一年后的验收。因此，养护工作并不到位，长势不甚理想，不少地方出现僵苗现象。此外，一些地块的树木经不起大风、暴雨的袭击，病虫害防治和火灾防御能力较弱。

二、对策与建议

根据当前我县植树造林工作中存在的矛盾和问题，我们提出以下八个方面的对策和建议。

（一）充分认识林业建设对建设生态岛的重要意义，坚持运用科学发展观指导林业建设。

胡锦涛总书记在崇明视察时指出：“崇明建设生态岛，要按照岛域总体规划，认认真真地做下去，只要认准了方向，就不要动摇。”林业建设是生态岛建设的题中之义，也是生态岛建设最重要的基础工程。因此，植树造林，发展林业，建设生态岛必须坚定不移。各级组织应坚持以科学发展观为指导，积极稳妥地推进林业建设。一要科学做好崇明林业的功能定位，并对森林的区域布局、林相结构、林业建设的实施步骤等进行科学规划；二要注重在林业建设中生态效益与经济效益、社会效益的结合，全面贯彻“三个代表”重要思想，在改善环境，提高生态岛品位的同时，加快发展崇明经济，努力提高人民生活水平；三要以现代科技和现代管理为支撑，强化科学种植、科学养护、科学管理，提高林业建设总体水平；四要把增加森林覆盖率的要求融合到相关产业发展之中，按照市场经济规律，努力创造林业建设的新模式。

（二）积极争取基本农田调整政策，确保全岛森林覆盖率目标实现。

崇明现有的耕地基本上都属于基本农田。如果植树造林不占用基本农田，就不可能实现森林覆盖率55%的总体目标。为此，应根据胡锦涛总书记在崇视察讲话精神，从上海21世纪战略发展的高度和崇明建设生态岛的实际出发，努力通过各种途径，积极争取崇明林业建设用地的特殊政策，分阶段核拨崇明林业建设用地指标，以确保全岛森林覆盖率目标的实现。

（三）尽早做好今冬明春林业建设规划，以利各乡镇妥善安排。

根据目前各乡镇及有关单位对如何规划今冬明春植树造林工作普遍心中无底的情况，应及时统筹规划，提出指导性意见。为此建议，今冬明春的植树造林工作，一要做好重点区域林业建设规划，先行开展重点城镇及周边地区、四大主题公园、明珠湖、森林公园等重点地区林业总体规划及详细规划的设计工作，为今后加快林业建设打好基础；二要重点抓好通道林和沿海防护林建设，如陈海公路中段通道林、北横引河两侧水源涵养林等，可优先考虑结合工程项目同时推进；三要积极推进已确定项目的实施工作，特别是在建的38个项目应及时总结经验，不断优化方案，切实解决困难，使之得到有效推进；四要围绕农村环境整治，积极开展绿化、美化家园活动，鼓励农民在宅前屋后、零星土地上栽种树木，挖掘土地潜力，增加林地面积。

（四）抓紧进行建成林地的功能开发，缓解投资企业资金不足的矛盾。

由于林业建设周期长，回报慢，再加上土地流转价格一涨再涨，林业建设负担日趋沉重。长此以往，林业建设资金将难以确保，并可能挫伤各方参与林业建设的积极性。为此，应积极争取上级政策支持，抓紧进行已建成林地的旅游项目建设和苗木经营，并积极争取宅基地置换试点工作，以利加快林业建设资金周转，缓解资金不足的矛盾，发挥生态林在产业发展中的作用。

（五）有效化解土地流转矛盾，维护农民利益，保证林地面积。

通过农民承包土地流转取得林业用地，是目前条件下推进林业建设的必然选择，同时又是引起土地承包经营权流转纠纷的直接原因。因此，必须继续要求乡镇政府和县级有关部门切实贯彻县政府《关于妥善解决当前农村土地承包经营权流转纠纷若干意见》的要求，加强协调，尽力化解矛盾。同时，应尽快落实农村养老保险、小城镇保险、最低生活保障等政策，尤其要积极探索离土农民土地换保障的办法，从根本上解决由于土地流转而引发的纠纷。

（六）及时完善配套政策，确保经济林建设真正落到实处。

针对当前经济林种植中出现的问题，应及时完善相应的政策措施，做到既要明确经济林种植的标准，又要对林间插种其他作物作适当限制。要加强对农户的宣传教育，杜绝种植经济林徒有虚名的现象。对已经发生此类情况的地区，应加强督促，强化管理。同时，要加强技术指导，不断提高农民的种植水平，增加种植效益。对既无种植技术，又无种植积极性，且无意按标准种植和养护的，要及时进行调整，做到既保证政策落到实处，又保证政策取得实效。

（七）高度重视林业技术研究和火灾防范，保证林业建设长远发展。

根据当前崇明大规模植树造林的实际，应切实加强林业技术研究和灾害防范工作。一要继续加大病虫害防治和森林防火的宣传力度，强化防治病虫害和森林防火的意识，对病虫害的侵袭和森林火灾作好充分的思想准备；二要在规划、设计、施工中辟出病虫害防治和森林防火通道，配置必要的技术装备，以提高病虫害防治和森林防火能力；三要坚持引进技术人才，发挥林业技术部门的作用。建立林业科研基地，充分利用农林院校、农林科研部门及社会林业研究力量，广泛开展林业规划、林相结构、管理养护、病虫害防治等诸方面的研究，为崇明林业建设提供技术支撑。

（八）优先使用存量苗木，促进岛内资源充分利用。

目前，崇明岛内为加速林业发展，已储备了一定数量且已有一个适应过程的苗木。选用这些苗木，有利于防止外来物种及病虫害的侵入，有利于提高林木的成活率，有利于加快林业建设资金的周转。因此，应积极引导林业建设单位优先选用存量苗木，使岛内的苗木资源得到充分利用。

关于编制崇明商业专项规划的建议案

2005 年 9 月

目前，崇明三岛总体规划已经市委、市政府批准，相关专业规划也在抓紧编制，而商业专项规划不在县委、县政府规划编制工作的计划之列。对此，相关业界人士认为，崇明商业如何适应生态岛区建设的要求，如何与三岛总体规划相衔接，是一个值得研究的课题。为此，县政协主席会议开展了专题调研，现提出如下建议。

一、编制商业专项规划的必要性

城以市兴、市以城在，商业依赖城市的发展，城市的发展要以商业为条件。崇明以生态城市为模式的未来发展中，商业同样具有不可忽视的作用。因此，编制商业专项规划，使之与三岛总体规划相配套，其必要性日渐凸显。

（一）编制商业专项规划是崇明商业发展现状的需要。近年来，我县城乡特别是城区商业的发展，对繁荣市场、满足消费需求发挥了重要作用。但是，在我县商业网点建设中，也存在着布局不够合理、业态功能雷同、专业街培育滞后等现象，导致同业竞争过度、商业无序发展，既造成社会资源的浪费，又不利于崇明形象的提升，需要通过规划手段实现资源有机整合。同时，以崇明越江通道工程开工为标志，崇明生态岛区建设正在紧锣密鼓地启动，经济和社会的发展面临着新的大好前景，商业也不例外。今后一段时间内，随着崇明开发开放的不断深入以及产业水平的不断提高，各种商业企业也将不断涌入，也必须通过规划手段引导其合理布局，使资源得到有效配置，实现业态有序发展。

（二）编制商业专项规划是崇明三岛联动发展功能定位的需要。根据市委、市政府的有关批复，崇明三岛在未来发展中须体现出森林花园岛、生态人居岛、休闲度假岛、绿色食品岛、海洋装备岛、科技研创岛等六个方面的功能定位，并在崇南片区建设人口集聚的田园式新城和新市镇区、崇东片区建设生态居住区也是一重要功能。这些田园式新城和新市镇区、生态居住区将构成崇明一个新兴的城镇带。长兴岛作为海洋装备岛，将建成一批生产能力为国际之最的船舶、港机等制造基地，相关配套产业也将突飞猛进，人口也将急剧增长，建设新市镇也将是大势所趋。上述功能定位必将带来崇明县域内行政区、功能区结构以及人口数量、结构与素质的巨大变化，也必将导致县域内的商业结构的巨大变化。而商业活动是现代城市的主要功能，通过商业的发展可以促进城市功能的完善和升级，对城市经济社会的发展及群众生活质量的提高有着重要作用。因此，新兴城镇带的建设必须考虑其商业布局，并与“三个集中”同步实施，从而适应企业和居民大幅提升的购买力，以避免以往各地开发中经常出现的商业设施不配套而出现的尴尬局面。

（三）编制商业专项规划是实现产业协调融合发展的需要。将三次产业融合为绿色产业是市委、市政府对崇明产业发展提出的目标和要求。商业既是一种产业形态，同时也是产业协调、融合的重要介体，重视商业规划是优化资源配置的必然结果。在崇明近阶段产业发展中，商业与房地产业、旅游业、现代农业的关系更为密切。就房地产业而言，商业与土地投标地租及房地产价值有着密不可分的关系，对商业规划的不同态度和作出的不同选择，将产生不同的结果。如被誉为“上海新地标”的上海新天地，其开发商瑞安集团引入了“昨天、明天，相会在今天”的商业规划新理念，取得了巨大成功；就旅游业而言，根据崇明产业发展取向，旅游业将成为一大支柱产业，而商业兴旺是旅游业兴旺的重要指标项。此外，根据崇明三岛联动发展功能定位，崇明还将积极引入诸如世博会体验区、主题博物园、大型户外运动基地、国际邮轮停泊港等大型旅游娱乐项目，其商业配套也必不可少。但目前，“有钱无处花”仍是大量外来游客的一大缺憾，也成为我县旅游业收入扩张的一大瓶颈。这一现象，也恰好表明旅游规划未能及时与商业规划配套所产生的不利结果；就生态农业而言，目前我县花菜等特色农产品种植已初具规模，同时，现代农业包括农产品加工业将成为崇明今后产业发展的重点，但崇明本地流通渠道还未能真正与之相衔接配套。作为功能定位中的“绿色食品岛”，物流市场应是其题中之义，现代农业及农产品深加工业的各类产品只有通过商业渠道与市场连接，才能形成强大的生命力。

二、编制商业专项规划的原则

商业专项规划的编制应遵循以下原则：

（一）规划布局上的全局性。布局上的全局性是商业规划的首要原则，在考虑商业布局时，既要考虑崇明原有的商业营销氛围和现有网点布局，也应当考虑未来产业，尤其是旅游业以及各类人口的导入和流向；既要看到崇明目前商业网点的空白区域，也要了解、研究周边地区尤其上海中心城区商业网点的强大辐射力对崇明商业的影响；既要注重与生态岛区相匹配的投资形象，也要克服功利主义倾向，注重人民群众的实际需要。

(二)规划定位上的准确性。要过细研究在崇明生态岛区建设前提下商业业态、网点规模等的变化,力求准确定位,对现有商业的体制结构、业态实施战略战术进行调整,避免过高定位或过低定位;要过细研究崇明未来发展各个阶段的市场需求和发展态势,进行适时定位,及时满足崇明产业进步和功能扩展的需要,避免过早定位和滞后定位。

(三)规划理念上的先进性。先进的规划理念,可以有效指导商业的布局和建设,推动商业品位的提升、高水平的发展,真正适应时代和实际的需要。因此,商业专项规划的编制要按照科学发展观要求,确立先进的规划理念,充分体现现代化综合性生态岛区的特色。要在规划编制中,实行开放式、市场化运作,引入规划方案征集、招投标等竞争机制,积极借鉴和学习国外和其他地区先进的规划理念。

(四)规划功能上的实用性。商业规划功能应当同商业规划布局、定位相一致、相适应。要从消费者的需求和企业的效益出发,合理配置中心区商业、居住区商业、旅游区商业和农村地区商业等不同功能,合理配置商厦、卖场以及物流市场等各类商业网点。

三、编制商业专项规划的若干建议

根据《崇明三岛总体规划》的布局设想,崇明新型产业和居住人口将向崇南分区集聚、生态农业将向崇北分区集聚。按照我县城镇建设轴向布点、带状发展的布局形态和完善商贸服务业的规划要求,到2010年,基本构建以下五大商业:一是大力发展繁荣繁华的岛域中心区商业,以增强综合性生态城市的魅力;二是大力发展周到便捷的现代商业,以增强综合性生态城市的吸纳力;三是大力发展便民利民的镇(社)区商业,以增强岛域居住的吸引力;四是大力发展特色食品加工商业,以增强岛域商业的竞争力;五是大力发展具有岛域优势的特色商业,以增强岛域的辐射力。为实现以上设想,商业专项规划的编制工作应及时提上议事日程并抓紧实施。

(一)编制崇明三岛商业规划。可以预见,根据崇明三岛总体规划,在三岛联动发展中,将以城镇体系和经济区域重新划分出以下商业区:新城商业区、新市镇商业区、一般集镇商业区、居住商业区、旅游商业区、越江通道交通枢纽商业区、海洋装备产业基地商业区。应注重未来建设中这些商业区的重置,认真研究、编制崇明三岛商业规划,引导形成新城商业繁荣、新市镇商业兴旺、集镇和产业基地商业活跃、居住(社区)商业方便、旅游商业和越江通道商业区各具特色的商业经济格局,呈现一个梯度辐射、层次分明、布局合理、功能互补、体现特色的城乡商业形态体系。

(二)抓紧编制崇明新城商业规划。崇明新城是上海市城市总体规划中确定的11个新城之一。新城的规划建设,不仅是实现上海现代化郊区发展格局的战略步骤,也是新世纪崇明发展的战略重点。因此,高水准的崇明新城规划,必须有高标准的新城商业规划相配套。新城的建设离不开商业的繁荣,商业的繁荣需要科学、合理的商业布局予以保证。只有科学的商业规划,才能避免城市布局的不合理和重复建设,使城市的形象和功能得到最大发挥,从某种程度上说,新城是否建设好,与商业布局关系密切。当前新城开发已拉开序幕,道路等框架建设已实质启动。因此,应尽快高起点编制新城商业规划。在规划编制中要借鉴国内外城镇建设的成功范例,做到"四个结合",即商业零售业与发展现代服务业相结合;商业建设与新城"田园水城"特色、风格相结合;商业建设与为全县服务的体育、会展、医疗和教科中心相结合;商业建设与公共交通,特别是未来轨道交通相结合,最终形成一个可持续发展的、人与自然和谐的现代化生态型城市。

(三)注重加强陈家镇商业规划的前期介入。根据陈家镇城镇总体规划、产业基础和交通设施条件以及地区发展定位,加强对陈家镇商业发展的分类指导和综合协调势在必行。从目前陈家镇的发展态势看,主要是加强商业规划的前期介入,为越江通道开工建设,为崇明大开发作好准备。

(四)适时编制重点区域商业规划。堡镇、凤凰、新河、庙镇、绿华五个中心城镇是岛域第二层面的人口集中居住区,担负着区域性的商业服务功能,森林公园、绿华明珠湖两个旅游景区是生态旅游岛的重点区域,按照生态岛建设的要求,在梯度布局商业设施的规划构思中,要有利于提高农村城市化水平,有利于发展农村经济，有利于改善农民生产生活条件。

五、十二届县政协主席会议建议案

关于积极组织我县城乡劳动力向长兴海洋装备基地转移的建议案

2007 年 11 月

随着经济体制改革的逐步深入，我县城乡出现了一批数量不小的富余劳动力。虽然我县各级政府在促进就业方面已做了大量工作，且取得了一定成绩，但拓宽城乡富余劳动力转移渠道、促进城乡居民广泛就业，仍是放在各级政府面前的一项重要任务。对此，三岛联动规划的实施、长兴海洋装备基地的建立，及其不断扩大的用工规模和用工需求，为我县城乡富余劳动力转移提供了良好的契机。因此，如何组织我县城乡劳动力向长兴海洋装备基地有序转移是一个值得认真思考和研究的课题。为此，民盟崇明县委组成课题组，先后赴教育局、劳动保障局、长兴乡、振华港机、中海长兴、江南造船、竖河职校等单位开展调研，形成了专题调研报告。县政协召开主席会议，根据调研情况提出如下建议案。

一、切实做好向长兴海洋装备基地转移劳动力的必要性

据县劳动保障局统计，目前我县非就业人员总量为 74 186 人，占全县适龄劳动力总数的 16.6%。其中，农村富余劳动力 50 132 人，占 68%；非农业户籍人员 24 054 人(其中征地劳动力 6 736 人)，占 32%。城乡劳动力转移的任务还十分艰巨，而长兴海洋装备基地的确立和建设进度的不断加快，为我县城乡劳动力转移提供了广阔的空间。长兴海洋装备企业主要涉及 4 家：江南造船(集团)有限责任公司、上海振华港机长兴配套件制造有限公司、上海振华长兴精密铸造有限公司、中海长兴国际船务工程有限公司。据预测，这些海洋装备企业近年的用工需求为 2007 年 3 000 人、2008 年 1 800 人、2009 年 2 300 人左右。再加之随着长兴海洋装备配套产业基地的规划实施，也将会产生大量的用工需求。如果能将我县城乡劳动力向长兴海洋装备基地实施有序的转移，将对我县统筹城乡发展、缓解就业压力、增加城乡居民收入、实现三岛联动格局、促进和谐发展产生重要的作用。

二、导致难以向长兴海洋装备基地转移劳动力的制约因素

调查显示，长兴岛企业发展迅猛，劳动岗位缺额多、需求量大，而现有员工中绝大部分是外地劳务工，崇明人鲜见踪影。就长兴岛企业而言，使用外地民工有许多诸如培训成本高、跳槽频繁、管理不便等弊端，迫切希望崇明人加盟。导致崇明城乡劳动力难以向长兴海洋装备企业转移，主要有以下几个制约因素。

(一) 组织培训不到位。据调查，长兴海洋装备基地工作岗位主要集中在机械制造和船舶制造方面，例如电焊工、油漆工、冷作工、起重工、铸造工、钣金工、机电安装、维修电工等等，就业对象以青壮年为主。但是从崇明城乡劳动力存量上看，持有上述岗位证书者很少，而且年龄偏大，女性人员偏多。据县劳动保障局统计，在 74 186 人非就业人员中 30—50 岁的男性人员 18 470 人，30—46 岁的女性人员为 21 307 人。在增量培训上也存在着专业设置不对口、数量少、动手能力差等现象。

(二) 主动服务不到位。因为宣传工作不够到位，崇明百姓对长兴岛的功能定位和未来发展方向了解不够，城乡富余劳动力对长兴海洋装备产业基地用工需求知之不多，再加上我县劳务市场的功能不够健全、运作不够流畅，即使有向往的合适岗位也往往坐失良机。对就业前景不明了，对职业培训政策不清晰，又导致人们参与培训的热情不高。

(三) 政策落实不到位。崇明城乡劳动力赴长兴就业，吃、住、行费用高，家庭照顾不到，加上岗位危险性大，所以崇明人少有问津。对培训单位来说，培养长兴海洋装备企业所需员工周期长，费用高，因而积极性不高。究其原因，政策落实不到位，奖励措施有缺陷。

(四) 思想意识不到位。因长期囿于岛屿环境，崇明人有恋土情结，“故土难离”“在家千般好，出门难上难”的观念难以消除，加上崇明人普遍存在着“小富即安、不富也安”的心理，常常得过且过。据县劳动保障局提供数据显示，目前在全县未就业的劳动力中，有近五分之一的人无就业愿望，在有就业愿望的58 852人中，愿出岛就业的只有17 938人，更不愿到长兴工作，这是制约崇明城乡劳动力向长兴海洋装备基地转移的又一个重要原因。另外，海洋产业一部分工种确实属于高危险的工种，导致一些崇明人不愿意从事也是一个原因。

三、组织我县城乡劳动力向长兴海洋装备基地转移的对策建议

根据以上情况及分析，我们就深化职业教育，积极组织我县城乡劳动力向长兴海洋装备基地转移提出以下建议。

（一）发展职业教育，夯实就业基础。

充分利用本岛职业和成人教育资源，为长兴海洋装备岛定向培养中级专业技术人才以及较高级技术和服务管理人才。

1. 明确培训目标，做好培训动员。循着把富余劳动力培养成有文化、懂技能、讲文明、守法纪的新型劳动者这一目标，中等职教和成人教育要在对培训对象和海洋装备岛企业及配套产业基地双向调研的基础上，以定向的形式，对富余劳动力进行强化培训；要广泛宣传政府经费补贴培训的有关政策，营造学知识、学技能的良好氛围，使富余劳动力积极主动地参与职业技能培训，从而改善他们的技能结构，适应用工需求。

2. 建好培训基地，精选培训内容。县、乡镇两级政府建设培训基地要加大对基地建设的政策扶持力度，要依托长兴职校与竖河职校已有资源，积极向市教委争取建设经费，增加学校实验设备等硬件投入，改善办学条件，健全培训网络。要打造一支理念先进、业务优良的教师队伍，把培养引进适合海洋装备业的师资放在优先地位，并努力将专业教师塑造成上得了讲台、进得了车间的理论和实践能力兼具的“双师”。要选准培训内容，将课程设置的重点放在就业率高、创业机会多的方面，如现在长兴装备基地急需的数控、机电、船体建造与修理等专业，以及长兴配套产业基地所需的港口机械、海洋装备、船舶制造等核心配套产品制造业，仓储物流、旅游、商业、饮食、宾馆等现代服务业，真正做到使受训者学有所长、学有所用。

3. 改变培训模式，优化培训方法。在培训模式上，贴近企业需要，开展校企合作办学，为企业“量身订制”紧缺人才，实行定向培养。加强与长兴企业的联系，有计划、分层次地组织实施相关产业人员的培训，如实行用工单位“下单”、培训单位“接单”、政府部门“买单”，劳动部门一起参与培训，提供考核、颁证一条龙服务，尽力实现送工上门。也可以考虑在长兴设置相应的培训机构，加强长兴职校专业建设，单独设置职教部，支持学校和江南造船培训中心或竖河职校联合办学，实现劳动力就地转移等。在培训方法上，要加强分类指导，根据受训人的年龄和文化层次，采取高、中、低不同要求和长、中、短不同培训期的培训方法，结合受训对象的实际，充分发挥教育培训资源的功能。

（二）加强就业服务，疏通供需渠道。

县政府要建立长兴海洋装备基地劳动力转移统筹协调机制，组成“联合委员会”，加强县政府相关职能部门、长兴海洋装备及配套产业基地、县职业和成人教育院校等单位之间的沟通联系。由县劳动保障局等部门牵头，组织我县职业和成人教育院校定期与长兴岛有关企业的人力资源部门交流沟通，洽谈培训事项。县劳动保障局以及教育局等部门，要加强对长兴海洋装备岛企业发展人才需求的调查研究，并形成定期调研的工作惯例，随时掌握下阶段各企业所需劳动力方向和规模，为有关职业院校和培训机构调整专业和培训项目、实现产销对路提供决策依据，为专业技能人才培养提供便利。劳动监察部门要加大工作力度，规范企业用工行为，维护劳动者合法权益，解决赴长兴劳动者的后顾之忧。

本县公共就业服务机构要切实提高职业介绍、指导的水平，要真正深入社区，尽量扩大知情面，做好有针对性的、专业化的职业指导服务，帮助求职者了解就业形势，转变就业观念；要与海洋装备企业和培训学校加强联系和沟通，改背对背为面对面，随时互通信息；要借助媒体或通过其他渠道定期向社会发布用工信息，扩大视听，帮助岛上居民少走冤枉路，减少无效劳动，增加求职机会；要在平时注意积累的基础上建立适合海洋装备建设需要的人才信息档案库，将符合需求的劳动者及时推荐给用工单位，为海洋装备岛企业和三岛百姓提供便捷服务。

（三）重视政策导向，实行就业援助。

为推进富余劳动力向海洋装备岛转移，除了要严格执行县劳动保障局制订的《关于进一步完善本县就业保障工作有关政策的意见》外，应该在充分挖掘就业岗位的同时，进一步制订切实可行的政策，落实就业保障工作责任制，加大政策推动的力度。

1. 为鼓励本县的职业培训单位与用工单位加强合作，通过定向培训向长兴海洋装备基地输送技能人才，凡考核合格率和就业率达到一定标准（以办理用工手续并缴纳社会保险费为准），建议每上岗 1 人，县财政在市政府补贴的基础上，再给予培训单位一定数量的奖励。

2. 为鼓励以海洋装备岛为主的企业多招用本县劳动力，并保障工人合法权益。凡吸纳本县劳动力就业并及时办理用工手续，按规定缴纳镇保的，其镇保与综合保险的差额部分由县财政补贴。

（四）加大宣传力度，转变就业观念。

加强宣传，形成良好氛围。要通过报纸、电台等媒体以及张贴、发放宣传品等途径，大力开展对长兴海洋装备岛产业功能定位、发展规划和美好前景的宣传。可以由县电视台拍摄一些反映长兴海洋装备基地产业发展的专题片，重点介绍产业发展过程中技术工人的待遇以及短缺等情况，让更多人了解长兴产业发展方向和用工需求，了解政府和有关部门对本县城乡劳动力向海洋装备岛流动的鼓励和支持政策。并挖掘劳动力转移中的典型事例，多作正面引导，在看到、得到实惠中坚定人们服务长兴海洋装备岛的信念。同时，积极举办我县机电类职业的青工技能大赛，率先推荐其中优秀者至相关企业就业。

加强引导，转变就业观念。要对下岗人员、农村富余劳动力和职校生进行爱我家乡、吃苦耐劳、珍惜岗位、勤劳致富等教育，让更多人逐渐消除不思进取、安于现状的意识和怕苦畏难、这山望着那山高等不良习气；鼓励有就业意愿者抓住机遇，到长兴求业、创业，努力为海洋装备岛的发展作贡献。

关于崇明农村改革发展若干问题的建议案

2009 年 10 月

中共十七届三中全会作出的《关于推进农村改革发展若干重大问题的决定》，是指导农村改革和发展的纲领性文件。认真贯彻这一决定，对于推进崇明农村改革和发展，具有十分重要的意义。崇明作为上海郊区最大的农业县，农村改革和发展的任务尤为繁重。近年来，县委、县政府坚持把促进农业增效、农民增收、农村发展作为现代化生态岛建设的重要内容，着力破解“三农”问题，通过转变传统耕作方式、提高农业科技含量、发展专业合作社、培育农业龙头企业等促进高效生态农业发展；通过加快富余劳动力非农就业、扩大农村社会保障覆盖面、提高保障水平等促进农民增收；通过向农村文化、教育、医疗卫生事业倾斜，加大农村基础设施建设和公共服务事业投入力度等促进农村社会发展，“三农”工作取得了显著成绩。

但是，我们也应当看到，由于崇明“三农”问题仍是全县经济社会发展中的重大问题。在我县，农业人口仍占全县总人口的大多数，农业在三次产业中的比重仍占有相当比例，城镇化建设步伐依然缓慢，城乡基本公共服务均等化仍需进一步推进，农民收入和生活水平仍需进一步提高，农村社会矛盾多发态势依然严峻，农村民主法制建设和民主管理水平仍需进一步提升。如何认真贯彻中共十七届四中全会精神，进一步推进农村改革和发展，今年 8 月，县政协组织各民主党派、工商联、人民团体以及县政协各专门委员会深入基层开展调查研究，并召开了“推进农村改革和发展”专题议政会，在此基础上，县政协主席会议成员又组织开展了进一步调研，并形成如下建议。

一、切实加大培育扶持力度，努力促进农民专业合作社健康发展

一要理顺管理体制，加强统筹协调。要充分发挥县、乡镇两级政府的统筹协调和组织保障作用，确立县农委对农民专业合作社发展负总责的地位，赋予规划、协调、推进、服务等职能，深入研究，及时解决发展中遇到的困难和问题。充分发挥农村合作经济组织联合会的监管、扶持作用，完善财政扶持、法律援助、信贷帮助、保障支撑等配套措施。二要重视政策导向，进行正确引导。要严格把好合作社审验关，提高准入门槛，避免贪多冒进，确保合作社基本质量。要积极探索土地承包经营权流转的有效途径，建立和完善土地流转市场服务平台，规范激励机制，为农民合作社发展提供用地保障。要认真执行有关税收减免优惠政策，积极争取市、县级示范合作社的扶持和补贴。要集中资金加强核心基地建设，切实把各项支农惠农政策落到实处。三要注重内涵管理，健全市场运行机制。要指导、督促各合作社建立健全财务管理、项目责任、利益分配等制度，建立完善经营管理、生产监管和技术服务体系以及利益分配和风险规避机制。四要优化产业结构，实施品牌战略。鼓励农业科技人员到农民专业合作社任职、兼职，帮助合作社提高种、养业科技含量。要引导农户摒弃传统生产销售模式，按照统一质量标准和技术规范打造农产品优质品牌，努力扩大市场知名度和影响力。五要加强社社合作，实现强强联合。鼓励、引导县域内功能相近、业务相同的合作社走集团化、规模化发展之路，组建带动农户更多、地区跨度更大、管理结构更紧凑的合作联社，抱团闯市场，集体抗风险，从而不断提高合作社的经济效益。

二、不断优化农村金融服务，大力支持农村经济社会发展

一要切实加大与银行业的合作力度，争取更多的信贷支持。要积极开展银政合作，加大与金融机构尤其是县域内金融机构上级银行的沟通力度，广泛宣传崇明发展前景和面临机遇，增强银行对崇明未来发展的信心，进一步扩大信贷规模。要通过土地出让金转化等方式增加各融资窗口的资本金，降低其资产负债率，提高各窗口的融资能力。要抓紧引进重大农业项目，提升农业经济发展的层级和水平，采取银团贷款方式，引进更高层面、更大规模的资金支持。二要实行各项优惠，提高金融机构和民间力量创办新型金融机构的积极性。按一定比例向村镇银行和小额贷款公司进行财政贴息，增加金融机构的利息收入。在政策许可范围内对成立三年内的机构进行税收返还。鼓励财政局等政府部门在村镇银行开立存款账户，为村镇银行提供稳定的资金来源。同时，建立村镇银行、小额贷款公司、县财政局、县农委、县经委等共同参与的联席会议制度，就政策信息、扶持企业等情况定期沟通，避免盲目经营。三要稳步扩大贷款担保专项基金和范围，建立贷款担保风险补偿机制。充分整合县财政局、县经委已有的支农贷款担保基金和中小企业担保基金，实行专项管理，充分发挥其担保作用。要进一步扩大贷款担保的对口金融机构，多渠道提供中小企业和“三农”贷款的信贷来源。

三、继续加大农村基础设施和环境建设力度，逐步改善农民生产生活条件

一要不断加大对农村道路、桥梁改造建设的投入力度。要深入排摸农村危桥、破损道路的情况，根据不同地区、不同等级的通行需要，逐步提高建设标准，适当加宽已有村级道路。要逐步增加“村村通”公交的班次密度，扩大“村村通”覆盖面，构建城乡一体公交系统，降低群众出行成本。二要不断加大乡镇集镇建设力度。要在合理预测、科学规划的基础上，加快薄弱集镇建设，对行政办公、教育卫生文化场所、商业网点、休闲娱乐设施等进行总体规划布局，逐步建设完善，加快形成新城、陈家镇重点城镇以及其他集镇的城镇体系。三要不断加大村庄规划、改造和建设力度。结合重点地区开发建设、“三个集中”实施以及农村土地资源整合，认真总结陈家镇、港西镇农村宅基地置换的成功经验，严格实行村民居住点集中规划，加快自然村落归并，促进农民建房、居住集中。同时，从严查处各类违法、违章搭建行为，进一步规范农村建房。四要不断加大农村生态环境建设力度。加大沟河水系整治力度，大力推进乡村绿化和环境美化，逐步推行生产、生活垃圾分类收集和集中处置，加快建设乡镇区域污水处理厂，倡导健康文明的生态理念和生活方式，引导群众改变焚烧秸秆、乱倒垃圾、堵塞沟河等陋习和随意行为。

四、积极创新工作理念，高度重视农村文化建设

一要切实加强组织领导和综合协调，努力提高农村文化建设的针对性。要进一步明确农村文化建设的内涵指标，切实转变农村文化就是“娱乐休闲文化”的狭隘理解，充分调动文广、教育等职能部门参与农村文化建设的积极性，进一步提高镇村干部对农村文化建设重要性的认识，并把农村文化建设纳入镇村干部培训、考核内容。二要坚持上下联动，努力提高农村文化建设的有效性。坚持自上而下和自下而上相结合，加强文化科技卫生“三下乡”活动之前的调研，全面掌握基层群众的真实需求，使下乡时所送之物补群众急需。在把“正统”的文艺“送下去”的同时，把民间“草根”文艺“捧上台”，充分调动农民参与文化建设的积极性。三要重视人才和典型培养，处理好均等发展和示范引领的关系。高度重视乡村文化管理员队伍建设，积极挖掘、扶持文化活动积极分子和先进镇村。要坚持均衡发展原则，县、乡镇两级每年投入一定资金，用于农村文化事业软硬件改善。对基础较好的乡镇、村进行重点扶持，实现以点带面、示范引领。四要精心设计工作载体，有效推进工作开展。每年有计划地安排县级农民运动会、农民文化节等专题文化活动，各乡镇、村结合自身基础和特点，细分内容，自选项目，开展活动。要主动开展送戏下乡、送书下乡、图片宣传展示等活动，以主流文化提升传统文化，摒弃封建、愚昧、落后的低级文化。

五、着力改善农村医疗保障环境，充分满足群众健康保健需求

一要进一步突出社区卫生服务中心的公益性质。坚持合理配置和充分利用现有资源，进一步发挥社区卫生服务中心在公共卫生服务和基本医疗服务中的“网底”作用，正确处理社会效益和经济效益的关系，确保公共卫生服务优先满足群众基本医疗卫生需求。二要推行医保预付制度，完善医保费用的管理方式。对全县医保预付费用总额进行合理分配、调整和统筹平衡，确保医保预付费用全部下达社区卫生服务中心并有效使用。同时，要明确各社区卫生服务中心提供基本医疗服务的金额、数量、质量、群众满意度及责任分担机制，严格进行考核、评议和监督。三要加快服务功能转化，努力适应群众需求。在做好日常医疗诊治工作的同时，各社区卫生服务中心要组织专业力量，认真做好疾控预防排摸工作，建立疾病样本管理系统和社区群众健康数据模型，加快更新康复医疗设施设备，切实强化计划生育技术指导工作，全面发挥“六位一体”的整体功能。四要高度重视人才培养，努力提升社区医生队伍整体素质。充分发挥市县优质专业医疗资源的辐射、带动作用，通过选派人员参加临床进修、学历培训等形式，培养高素质的专业人才。同时，积极创造条件，吸引具有更高学历、更高专业技能的医学人才进入社区卫生服务中心工作。

六、切实做好农村信访工作，努力维护农村社会稳定

一要坚持把做好信访工作作为民有所呼、我有所应的重要抓手，作为掌握社会动态、促进社会和谐的重要渠道。认真落实领导干部包案制、分级负责制、信访督查机制和考评机制，严格执行领导责任追究制度，把信访工作各项措施真正落到实处。二要切实加强信访法律法规的宣传教育，增强干部群众知法、守法意识。引导群众依法信访、依法维权，文明上访、理智上访。同时，教育群众转变“信访万能”的错误观念，引导群众运用法律手段解决问题，约束各级干部严格按照《信访条例》规定办理信访事项。三要拓展开门办信访的广度和深度，维护公开、公平、公正的信访调处法则。坚持依法、依政策办事，对各类信访案件不想当然、拍脑袋，更不漠然置之，尽力把问题解决在基层，把矛盾化解在萌发状态，从源头上避免矛盾升级。四要充分发挥村级信访接待站的联动作用，健全村级信访代理制。成立以司法调解为突破口，以提供法律援助、信访代理为主要工作内容，以村级综合工作站，村级法律援助联络点等为载体的农村信访工作站，有效解决信访工作人手不够，力量不足的问题。

七、大力推进基层民主法治建设，有效提高农村管理水平

一要突出普法工作的重点内容。把普法工作与村民生活、生产实际紧密结合，重点抓好选举法、村委会组织法、婚姻法、继承法、土地承包法、治安管理处罚法、土地法、信访条例等农村民主政治、民事经济、农业生产、社会稳定、基本国策等方面的法律法规宣传教育。二要切实提高法制宣传的实效性。以外出务工人员、来崇务工人员以及镇村干部为重点，通过举办培训班、专题讲座、村民夜校、集市咨询、知识竞赛、电视广播专栏等多种形式，切实增强普法教育的针对性，不断提高基层干部群众的法律素质，帮助树立依法办事理念、权利义务统一观念和依法维权意识。三要以创建“民主法治示范村”为抓手，加强农村民主法治建设。严格实施创建标准，切实提高创建质量。坚持既重形式，又重内容；既重硬件，又重软件，并以群众法律意识和民主意识有无提高、权利救济能力有无增强为考核标准。四要积极推进民主实践。认真总结村两委班子换届公推直选的经验，客观分析存在问题并切实加以改进，培养群众宽容、理性的现代民主精神，促进民主、平等、公正观念和当家做主意识在基层群众中普遍形成，不断将村民自治推向深入。

八、规范健全村级财务管理制度，积极推进村级组织“阳光理财”

一要健全完善各项制度。从密切党群干群关系、维护农村社会稳定、保障村民合法权益的高度，充分认识规范村级财务管理的重要性。进一步健全财务审批、民主监督、财务公开等各项制度，严格按照规定的会计核算和账务处理要求，规范管理资产登记、收支往来票据和科目账户设置，严格实行财务审计，使村级财务管理更规范、更科学。二要切实加强业务培训和审计监督。组织开展农村财务人员和村民理财小组成员集中轮训，强化对财经法规的认识，提高其财务管理、账务处理、审核监管的能力和水平。按照财务管理要求，对账务进行定期审计，杜绝乱支乱用、白条报支。对虚报冒领、白条抵数、坐收坐支等违规行为实施惩戒。三要切实推进民主理财，从严遏制乱支乱用。要选择作风踏实、具有一定业务能力、在群众中具有较高威信的村民代表组成民主理财小组，经常听取群众意见，解答群众提问，查阅财务基础资料，定期开展理财监管活动，真实、完整地做好民主理财记录。四要多管齐下集聚财力。抓紧对全县村级集体债务进行彻底清查，按照“公开、公平、公正”的原则，对村集体企业、闲置房产、林地等资源实行拍卖、转让、合作经营或租赁经营，筹集资金清偿积欠债务。坚持村级财务预算“量入为出”原则，决不为营造“政绩”或“哗众取宠”而搞负债经营。逐年加大财政转移支付力度，为村级基础设施建设提供财力支撑。

关于发展崇明服务外包业的建议案

2010 年 12 月

服务外包为生产性服务业的一种重要业态，是指企业为了专注于核心业务的发展，以信息技术为依托，以合同方式转移给企业外部专业服务商来完成原本由企业内部完成的工作，从而达到降低成本、提高效率、提升企业核心竞争力的一种服务模式。随着经济全球化发展以及全球产业结构调整的日趋深入，服务外包作为一个正在迅猛发展且潜力巨大的新兴领域，已被许多发展中国家提升到战略高度。在崇明生态岛建设进程中，发展服务外包业，不失为一个明智而有效的举措。为此，县十二届政协主席会议在相关民主党派和县政协专门委员会调研的基础上，提出如下建议。

一、认真分析研究服务外包业的特点，切实将其列入“十二五”期间崇明产业发展的重点之一

服务外包业具有以下主要特点：一是附加值高。制造业来料加工的增加值约占总产值的 2%—3%，而服务外包的增加值在 90%以上。从我国现状来看，服务外包的经济贡献是来料加工的 20 倍以上。二是绿色效应好。服务外包的主要投入是人力和资金，无需太多物质资源投入，因此几乎不会产生污染。三是受地域限制少。服务外包最终成果大多是由网络传输的无形产品，无地理位置限制。四是上马快。如以呼叫中心、票据处理为代表的低端服务外包属于劳动密集型业务，只要具备人力、土地以及畅通的信息通讯设施就可以较快地发展。五是全球外包领域不断拓宽，增长态势迅猛。2010 年全球服务外包市场将达 20 万亿美元规模。全球离岸外包市场最大承接者印度，2007 年服务外包总产值达 397 亿美元，被称为走出了一条发展中国家经济发展的成功道路。服务外包业上述五个方面的特点，都符合崇明现代化生态岛建设的发展定位。因此，在崇明目前生态岛建设需要产业支撑的情况下，探索发展服务外包业不失为一个十分重要的明智选择。为此，建议在“十二五”规划编制中予以认真研究，并作为今后崇明产业发展的重点之一。

二、充分认识发展服务外包业对建设现代化生态岛的重要意义，不断提高发展服务外包产业的积极性和自觉性

当前，“中国服务”快速发展，吸纳就业人员增长迅速。2006 年，中国服务外包产业收入总额达 118 多亿美元。据预测，2010 年中国服务外包产业总收入将达 262 亿美元。上海自 2006 年被商务部确定为“中国服务外包产业基地城市”以来，服务外包每年以近 40%的速度增长，成为上海现代服务业中增长极快的新业态。2008 年上海服务外包合同总金额 12.7 亿美元，服务外包合同执行金额 9.0 亿美元，占全国的19.24%，其中离岸服务居全国基地城市之首。成为上海现代服务业中增长极快的新业态。此外，中国服务外包示范基地苏州工业园区以占苏州市4%左右的土地、人口和7%的工业用电量，创造了全市15%左右的GDP，初步走出了一条高产出、低能耗、无污染的新型工业化发展之路。服务外包业作为国家积极培育的现代服务业，同时也符合《崇明生态岛建设纲要(2010—2020年)》构建“新型生态产业格局”的要求。《崇明生态岛建设纲要(2010—2020年)》提出“构筑现代服务业体系，扩大服务业经济规模。至2010年，全县第三产业增加值占GDP比重达到45%；至2020年，达到60%以上。”而2009年崇明第三产业增加值占GDP比重仅为34.4%。同时，基于生态岛构建的特殊性，崇明县人均GDP增加值长期以来处于全市各区县最低水平。生态岛建设如何实现生态环境保护与经济社会发展的共赢，正成为崇明实现实质性突破的紧迫问题。为此，建议要充分认识服务外包业对崇明生态岛建设的重要意义，抓住当前服务外包产业迅猛发展的机遇，积极发展崇明的服务外包业。

三、坚持扬长避短，着力探寻崇明服务外包业的发展模式

崇明承接服务外包具有巨大优势：一是便捷的交通。上海长江隧桥工程的建成通车，使崇明交通运输有了突破性的改善。崇启大桥的建设，使长江隧桥的作用通过崇启高速继续得到延伸，成为上海联系北方地区的重要交通走廊。二是适宜居住的生态环境。这不仅是吸引外商投资和发展服务外包产业的一个重要优势，而且也是适合各类人才生活所必需的条件之一。三是具有竞争优势的商务成本。崇明房产价格及租金在长三角区域中较低，与上海其他地区优势更明显。生活成本低于国内一线城市，有利于吸引大型服务外包项目入户。但是，崇明发展服务外包产业也存在一些突出问题：一是缺乏足够认识和重视。目前崇明干部群众对服务外包业所知甚少，甚至为空白，更谈不上发展规划和政策措施。二是服务业发展整体滞后。在面临更大竞争的情况下，现有的产业政策还不足为服务外包产业发展提供有效支撑。三是人口结构性矛盾突出，适用人才缺口还相当大，导致产业发展和人才集聚的恶性循环。为此，建议认真分析目前崇明发展服务外包的优势和劣势，积极探寻适合崇明特点的发展模式，为逐步实现科技研创岛的目标打下基础。

四、积极有效地实施政策聚焦，全力打造高成长性的崇明外包服务产业

在目前还缺少服务外包业发展的产业基础的情况下，建议要有效实施政策聚焦，努力引进服务外包企业，不断优化其发展环境，推动崇明服务外包业突破性发展。一是将服务外包业作为各园区产业发展的重点，在基础设施配套等方面予以充分考虑，并及时跟上。尤其是陈家镇都市工业园区应确立为服务外包产业园，园区定位、基础设施配套要以此为标准，从而促进技术、人力、政策资源的高度集中，实现服务外包产业的集聚发展。二是除国家统一的政策外，制订促进外包产业发展的扶持政策，在地方财税补贴、办公楼租赁、园区建设、企业认定、培训费用补贴等方面给予支持。三是建立服务外包行政服务绿色通道。设立服务外包项目审批一站式窗口。四是培育本地服务外包发包市场。引导政府部门、国有企业制定非核心业务发包计划，可以先从呼叫中心、工资发放等较为成熟的业务开始，推动形成本地服务外包的发包市场。五是切实搞好教育和社区配套。在教育方面，根据服务外包业发展的需要，建立相应的人才培训基地和二次教育机构。在社区配套方面，根据服务外包从业人员文化程度较高和相对年轻的特点，完善居住、娱乐、文化、商业、体育等城市功能附属设施。

关于加快推进崇明社会建设的建议案

2011年11月

今年以来，全县各级组织认真贯彻落实县委、县政府《关于进一步加强社会建设的实施意见》，全面推进社会建设各项工作，尤其在发展社会事业、保障人民生活、加强社会管理、维护社会稳定等方面取得了明显成绩。为了进一步加强社会建设，今年下半年以来，县政协通过开展主席会议集体调研、召开协商通报会、发动各党派团体和县政协各专门委员会组织开展调研活动，形成了10多件专题调研报告，提出了不少颇有见地的建议意见。县政协召开主席会议，对其中的一些主要意见进行了认真研究，现提出如下建议。

一、高度重视教育文化体育事业发展

教育文化体育是重要的社会公益事业，关系着人民群众的切身利益，是社会文明进步的重要体现。随着经济社会的发展，我县人民群众对教育文化体育的要求越来越高。为此，建议县委、县政府，一是大力推进终身教育。充分发挥崇明电大、社区学院等培训机构的积极作用，为有志学习、深造的群众搭建平台，在满足群众学习需求的同时，不断提高其就业技能，增强就业竞争力。二是切实加强社区文化建设，大力培养文艺队伍，经常组织村居社区演出，满足群众的文化生活需求。三是积极开展各类社区体育活动。结合崇明国际自行车赛、本土传统体育运动等活动，因地制宜地组织喜闻乐见、参与性强的群众体育活动，进一步提高全民体质。

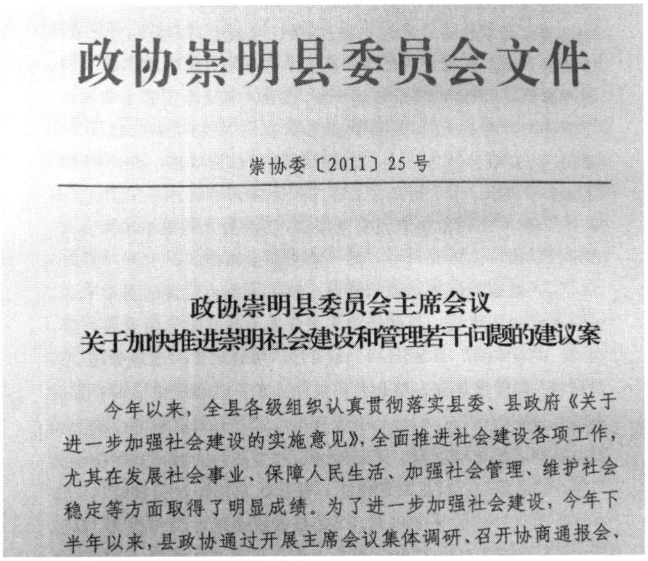
政协崇明县委员会文件

崇协委〔2011〕25号

政协崇明县委员会主席会议
关于加快推进崇明社会建设和管理若干问题的建议案

今年以来，全县各级组织认真贯彻落实县委、县政府《关于进一步加强社会建设的实施意见》，全面推进社会建设各项工作，尤其在发展社会事业、保障人民生活、加强社会管理、维护社会稳定等方面取得了明显成绩。为了进一步加强社会建设，今年下半年以来，县政协通过开展主席会议集体调研、召开协商通报会、

崇协委〔2011〕25号文将主席会议建议案报县委

二、继续加强社区组织建设

社区是社会建设的基础平台。大力推进社区建设，是新形势下加强基层政权建设的重要内容。为此，建议县委、县政府，一是实行“两级政府、三级管理、四级网络”的管理体制。结合崇明实际，在乡镇和居委会两个层面推进社区建设工作，推动社会管理重心向基层社区转移。大力推进农村社区建设和管理，建立健全以村党组织为核心，村委会为主体，社会组织、社区群团组织、驻社区单位和村民群众广泛参与的新型农村社区管理体制。二是整合社会建设工作机构。建议整合县社会建设工作领导小组办公室、社会工作党委、地区办与社会管理和综合治理办公室的力量，共同组织推进我县社会建设工作，避免产生职能交叉、责任不清的情况。三是大力培育社区社会组织。各乡镇应把培育群众性社区社会组织作为社区建设的重点之一，通过社区社会组织与政府的互动，组织社区群众的文化、教育、体育等活动和慈善、养老等服务，配合政府开展人口、计生、公共卫生等社会管理和服务工作，化解社会矛盾、解决社会问题，构建和谐社区。四是加快推进政府购买服务工作。认真研究制定政府购买服务规划、实施办法和经费管理办法，通过政府招标，向有关社会组织购买服务，明确政府购买服务的领域、项目，统筹安排和管理资金，逐步建立政府购买服务的准入和退出机制，不断加强对政府购买服务的监察评估。五是大力加强社区志愿者工作。不断加强志愿者培训，提高培训的针对性，通过实行基础训练和特殊训练相结合，努力实现志愿服务科学化、规范化和专业化；建立志愿者工作长效机制，及时总结世博志愿者工作经验，将行之有效的工作机制和管理模式固化下来；建立一个统筹管理全县志愿者工作的专门机构，下设各个志愿者工作站统筹协调各志愿者服务队，形成“条块结合、纵向到底、横向到边”的组织网络。

三、不断健全完善社会保障体系

社会保障体系建设是坚持“以人为本，执政为民”的重要体现，是建设和谐社会的重要方面。为此，建议县委、县政府，一是积极扶持养老产业发展。制定科学的养老产业发展规划，建议县、乡镇两级政府将养老产业发展纳入地区国民经济和社会发展的总体规划和现代化综合性生态岛建设总体布局之中；加强政府主导，加大投入力度，集聚财力兴建县级社会福利中心，新建（改、扩建）乡镇敬老院，建设一批上档次、上规模、上水平的公办养老服务机构；要积极探索养老服务机构公办民营的新路子，加快公办养老服务机构内部管理方式、用人用工和分配三项制度改革，建立与市场经济体制相适应的运行机制。二是着力提高农村合作医疗管理水平。不断健全管理监督机制，由县合管办定期对基金的运行情况进行审计，确保其运行规范、透明；加大合作医疗经办机构建设，规范定点医院管理，完善管理制度，减少不合理的医疗支出，并呼吁在市级层面上建立全市信息化统一管理与结报平台。三是进一步加强社会救助工作，加大对弱势群体的关心和帮助。对处于城乡最低生活保障线、农村孤寡老人、残疾人、少数民族贫困户、因病返贫家庭等一批低收入群体开展经常性的社会救助；支持发展慈善事业，培育和发展公益性的民间组织，倡导开展群众之间经常性的互助互济和社会互助活动。同时，切实加强对刑释人员、精神病患者、问题青少年等特殊群体的关心和帮助。

四、切实加强外来人员的管理服务

加强我县外来人员管理和服务工作是加强城乡管理和社会发展的需要。为此，建议县委、县政府，一是在长兴镇、城桥镇、陈家镇等重点乡镇以及振华港机、大东船厂等重点地区成立外来人员服务管理工作领导小组，下设办公室，以便加强对来崇人员服务管理工作的组织领导。二是县、乡镇两级政府应将来崇人员的管理与服务列入经济社会发展规划，公平、合理地向来崇人员分配公共资源。如建立社保体系、优化用工环境、改善居住条件、强化社区管理、完善义务教育等，保障来崇人员合法权益。三是要在“条块结合、以块为主，属地化管理”的基础上，健全和完善部门分工明确、条块协调联动、多方齐抓共管的来崇人员管理服务工作机制。四是通过保障来崇人员管理服务工作经费和改善工作生活条件、适当提高重点地区各类协管员福利待遇、投资筹建统一网络信息平台等措施来加大政府服务力度。

五、不断强化计划生育工作

人口和计划生育工作是我国的一项基本国策，做好人口计划生育工作是实现优生优育，提高全民素质的需要。为此，建议县委、县政府，一是加强人口计划生育队伍建设。认真贯彻落实国家和市有关文件精神，逐年增加乡镇人口计划生育专职人员，力争到“十二五”末配足专职人口计生干部，并确保人口计划生育工作队伍的相对稳定。二是加强对人口计划生育队伍的管理。要将人口计划生育队伍建设工作纳入人口计划生育目标管理责任制。三是加大财政支持力度。加大公共财政对人口计划生育队伍建设的投入力度，确保必要的经费落实到位。

六、着力做好信访工作

信访工作是党和政府联系群众、体察民情的重要通道。做好信访工作对于构建和谐社会，维护社会稳定具有全局性的意义。为此，建议县委、县政府，一是通过加强群众工作化解信访矛盾。坚持思想上尊重群众、感情上贴近群众、工作上依靠群众，进一步密切与群众的联系，把为群众解决实际问题作为信访工作的落脚点和出发点，着力在重沟通、讲道理、做好事、办实事上下功夫，不断提高信访工作的实效。二是进一步推进司法公平正义，努力提高司法公信力。坚持司法公开原则，促进司法公正，最大限度地保障人民群众对司法的知情权、参与权、表达权和监督权，切实增进人民群众对司法工作的了解和支持，以公开促进公正，以公正树立公信。同时，对已生效的判决、裁定，要坚决维护其权威，不因当事人的无理取闹而随意改变，保障司法的公信力。三是主动关心群众，将信访矛盾化解在萌芽状态。建议各级干部要深入基层，主动联系群众，倾听群众呼声，帮助群众解决现实困难，把矛盾化解在基层、消灭在萌芽状态，从源头上预防和减少信访问题。四是加快推进“网上信访”建设。建立网上信访接待大厅，通过网络媒体实现与信访人的“网络见面”，实现传统信访与网上信访优势互补。

第三章 调 研 报 告

1985 年起，县政协每年组织若干次各种形式的调研活动，在调研的基础上撰写调研报告，送县委、县政府及有关部门参考。至 2012 年，共撰写调研报告 300 多篇。

第一节 调研报告选录

本节选录调研报告 27 篇。其中，县政协秘书处 2 篇，县政协专题调研课题组 2 篇，县政协专委会

(组)16 篇，县各民主党派、工商联 7 篇。按类别分：经济建设方面 6 篇，社会事业方面 10 篇，社会管理方面 4 篇，生态环境方面 4 篇，其他方面 3 篇。

一、经济建设方面调研报告选录

关于我县外向型经济现状的调查报告

县政协市政工交财贸委员会

1989 年 4 月

在当前治理整顿中，如何确保重点，优先发展外向型经济，是一个应该重视的问题。为此，县政协市政工交财贸委员会邀请县政府协作办、外经办和经委的领导，从 3 月 27 日至 4 月 1 日，到江口、合作、大新、堡镇、五滧、汲浜 6 个乡及其所属的中外合资企业华通毛纺织公司、华兴鞋业公司、明珠不锈钢厨房用具厂及外贸重点企业合作金属丝网厂、堡镇毛巾厂、汲浜绣衣厂等单位，通过现场视察、座谈对话，进行调查研究。

一、外向型经济发展现状

从对 6 个乡及其所属涉外生产企业的调查来看，今年虽然面临资金、能源、原材料紧缺和技术上的一些困难，但外向型经济发展形势还是比较好，具体表现在如下几个方面：

(一) 6 个乡的外贸产品拨交额增长较大。1988 年总计为 7 653 万元，1989 年计划为 1.04 亿元，预计增长 35.6%。

(二) 华通、华兴、明珠 3 个合资企业从今年开始发挥效益。去年这 3 个合资企业出口产值只有 10 多万元，今年预计可达 5 000 万元以上。

(三) 老厂挖潜，尚能增加出口产值。合作金属丝网厂去年出口产值为 1 371 万元(17 万卷)，今年产量可达 22 万至 26 万卷，出口产值以 20 万卷产量计，即可达 1 500 万元；汲浜绣衣厂去年出口产值为 634 万元，今年预计为 750 万元。

(四) 乡、村和企业干部都在千方百计，为筹集资金、解决能源原材料、攻克技术难关、打开产品销路而奋力拼搏，优先发展外向型经济。如堡镇乡今年以来已向外地拆借到资金 300 万元(其中向上海海关借 10 万元、静安区财政局借 100 万元、市牛奶公司和市政设计院各 50 万元、二军大 60 万元、本县新渔乡六滧大队 25 万元)，近日准备再向上海德大信托投资公司借 2 000 万元、去北京借 1 000 万元，已基本上落实，能源和原材料今年也已基本解决。大新乡抓住华通毛纺织公司这个重点，主攻技术和管理，已经见效，今年该厂增加产值 3 000 万元。汲浜乡发挥绣衣厂的优势，一个厂变成了二个厂，今年还要再搞中日合资的专门车间，使产品直接外销。

二、外向型经济发展中存在的问题

我县外向型经济近年来虽在发展，但发展速度缓慢，未能和全县的工业发展速度同步增长。纵向比，虽有发展，但横向与其他兄弟郊县相比，增长速度远远落后于郊县的平均增长率 42%，为郊县末位，外贸解交额的绝对值也从原为郊县第三位下降到第六位。值得注意的是，仍有继续滑坡的可能。分析其原因，认为老的外贸产品优势正在不断丧失，而已经形成生产能力的外向型企业还没有得到充分发挥，外向型工业后劲不足，加上我县投资环境较差，对外商前来投资的吸引力较弱等等。具体情况是：

(一) 老的产品丧失优势。以胶木电器为例，我县向称胶木之乡，产量曾占到全国的三分之一以上，且大量出口，现因高亏让利，导致整个胶木电器行业的萎缩。去年胶木电器出口额减少 1 000 多万元，今年 1、2 月份比去年同期下降 30%多；其他如轻工产品中的吊扇、电吹风及羊毛衫等也在萎缩。

(二) 已经形成生产能力的外向型企业，由于销路、技术、资金、原料及能源等多种原因，没有能够充分发挥效益。如华通、华兴、明珠这 3 个中外合资企业总投资为 3 020 万元，按设计能力，总产值应达到 1.33 亿元，但今年全部投产后，总产值却只有 4 900 万元，只有设计能力的 36.8%。

（三）投资环境差，外向型工业后劲不足，产品结构不理想，出口产品档次太低，生产设备太陈旧等等都影响着我县外向型经济的发展。大家分析认为：崇明外贸工业起步早，当时很多外贸出口的农、副、工业产品，是靠计划经济，市外贸部门带有指令性，重点支持扶植起来的，所以发展较快。近几年来，发展外向型经济是以市场经济为主，要靠优越的投资环境来吸引。相比之下，崇明客观上基础差、交通不便，竞争能力不如其他郊县，中外合资企业、“三来一补”项目谈的多，成功的却很少，到目前为止，全县中外合资企业投产的只有4家，其中申和织蓆厂规模又很小，“三来一补”项目也只有6个。相比起来，其他兄弟郊县地靠市区，又无长江之隔，“三资企业”发展速度很快，其中松江、上海两县尤为突出，已有“三资企业”各33家。川沙县依靠“三胞”优势，已经在海外投资办了3个工厂。从主观上找原因，有的部门和单位没有把发展外向型经济作为重点优先考虑。调查中发现：即使已经办起来的几个中外合资企业，由于具体问题未解决好，效益也不高，对外商的影响亦不好，影响了崇明的声誉。如五滧的华兴厂，合同上明确规定，生产用流动资金由我方负责解决，现在却不能落实；华通毛纺厂锅炉用煤没有解决，前些日子一度用稻草、玉米秆烧锅炉，他们到处买煤，但无一个单位保证供应，外商对此感到不可理解。合资企业还反映，有些单位领导对待中外合资厂像对待乡办厂一样，乱摊派各种费用，同时工厂招工等人事安排上的私人关系，乡干部及稍有点小权的人来厂里吃喝拿，乡里开会要合资厂长和乡办厂长一样每会必到等等，稍不如意，就乱卡合资企业，这些情况，应予重视。

（四）对“三资企业”“三来一补”项目的优惠税收上市里已“一刀切”，而我县也基本上没有其他优惠措施；对外贸企业的一些优惠政策，个别单位也不落实。

三、进一步发展外向型经济的建议

在当前治理整顿中，能否把“三资企业”“三来一补”项目和出口产品企业放在优先的地位，是事关崇明外向型经济健康发展的重要问题。我们认为，目前正处于关键时期，如不加以重视，就会降速滑坡；抓一抓就有可能上去，为此，提出如下五点建议：

（一）统一认识，各方支持，帮助外贸企业解决资金不足，原料、能源供应困难等问题，充分发挥现有外贸企业潜力，使其吃饱开足、生蛋孵鸡，为今后发展增强实力。县政府应组织一个强有力的工作组，主管县长与工作组成员一起，一个单位一个单位过堂，确保重点。

（二）成立一个“三资企业”特供组织，由县计委负责，保证其电力、燃煤、原辅材料供应，价格可以随行就市。

（三）要帮助“三资企业”解决通信落后问题（五滧乡的华兴厂现在还用摇把电话），并保证沪崇间交通畅通（主要是购买船票及确保车客轮渡汽车优先上船）。

（四）要在发展外向型经济上舍得化力量，从长计议，进行规划，发挥崇明优势。要广交朋友，多方接触，建立一些必要的物资供应关系，制定优先发展外向型经济的优惠政策，并切实实行。

（五）要严格执行有关法律法规，切实有效地制止对中外合资企业的各种不合理摊派。

关于建立我县“两杂”亲本种子繁殖基地的调查报告

县政协农贸经济委员会

1994年6月

1994年6月10日，县政协农贸经济委员会对如何发展“高优高”农业，促进我县农业生产的发展，建立杂交玉米、杂交水稻（简称“两杂”）亲本繁殖基地进行了调查。委员们认为，要进一步发展我县“两杂”生产，必须逐步建立亲本繁殖基地，走自力更生道路。

一、“两杂”种子生产的现状

在县政府和县农业主管部门的领导下，在种子部门的努力下，全县在推广“两杂”方面取得显著成绩。1979年起，崇明是全市率先实现玉米品种杂交化的县，并实现全县统一供种。据县种子部门统计，自1975年以来，全县杂交玉米累计推广面积达250余万亩，制种面积达5万余亩，先后共繁殖亲本自交系9

个，配制杂交种10个，生产杂交种子430余万公斤，玉米产量和杂交化前相比，单产增长了25%。

杂交水稻的推广虽然起步较晚，但发展较快。1990年—1993年，全县累计推广面积达22.8万亩，1993年全县改造推广“寒优湘晴”“寒优1027”面积超过10万亩，占全县单季稻面积的四分之一，共计增产粮食638万公斤，新增产值561万元。

利用杂交优势，提高作物产量，是一条已被生产实践所证明了的成功经验。但在目前情况下，由于杂交种只能利用一年，种子部门必须年年制种才能满足生产需要。目前，我县制种生产（配制杂交种）所用的亲本，除玉米本县有少量繁殖外，水稻亲本（不育系）都从县外调入，自己还没有建立起亲本繁殖基地。

二、“两杂”种子生产中存在的主要问题

（一）没有建立亲本繁殖基地，在海南也无崇明的南繁基地，因此不利于“两杂”面积的进一步扩大及种子质量和产量的提高。现有的制种基地也不稳定，基础设施不配套，缺少必要的仓库、场地、耕作机械和种子烘干设备等配套设施。

（二）杂交种子自给率不高。近几年来，杂交玉米自给率只占20%，杂交水稻也不足50%，极大部分生产用种需从外省和其他郊县调入，“两杂”亲本种子几乎全部从外地调入，往往造成品种不对路，亲本种子纯度不达标，质量不保证，价格不稳定，再加上运输费用大，增加了农民的负担，制约了“两杂”的推广和农户收入的提高。

（三）繁殖种子成本高，比较效益低。据五滧良种场反映，杂交水稻制种田，每亩成本（包括机耕、人工、农药、种子、肥料等）1992年为406元，1993年为446元，1994年预计超过520元，而每亩产出只在525—660元左右，制种田和常规种差不多，甚至还要低一些，农户无积极性。尽管县财政每年都安排一定事业费用于种子生产，但离种子生产要求还有相当距离。

三、设想和建议

我县在“两杂”种子推广方面已取得显著成绩，但是要使全县“两杂”推广保持稳定发展，必须走自力更生道路，建立起自己的种子生产繁殖基地，首先要建立起“两杂”亲本繁殖基地。据县种子部门估算，全县共需“两杂”亲本繁殖基地约200亩左右。杂交种的制种基地，根据目前状况和县财政承受能力，以自力更生为主，采取“两条腿走路”的方针，即采取在本县自制和在外省建立基地（调种）相结合的办法来解决生产用种。为此，提出如下四点设想和建议：

（一）建立杂交玉米亲本繁殖田80—100亩，其中母本自交系60—70亩，父本繁殖田25—30亩，建立两个隔离区，宜选择隔离条件好、生产水平高、交通便利，又有一定种子繁殖经验的单位和农户承担。

（二）建立杂交粳稻亲本繁殖田80—100亩，其中，母本不育系繁殖田80—90亩，父本恢复系及保持系繁殖田10—15亩，建立三个隔离区，宜选择有一定技术力量和种子繁殖及栽培经验的单位和种子专业户承担。

（三）建立海南繁殖基地5—10亩，其目的在于利用海南天然大温室的优势，用于“两杂”亲本提纯复壮、“两杂”种子田间纯度种植鉴定以及新品种加代繁殖等。

（四）增加对良种事业费的投入。“两杂”种子在繁殖和制种过程中，用工多，成本高，风险也大。上述三个亲本繁殖基地的建立估计需要增加投入50—60万元，要求县政府、县财政部门予以扶持解决。

“科技兴农，种子是基础”，县政府和各级领导要重视和支持良种繁殖基地的建设，增加对种子的投入，以促进农业稳定发展。

加强特色农副产品种质资源保护，促进崇明生态农业特色农业发展

崇明县工商业联合会

2006年9月

党的十六届五中全会明确提出了建设社会主义新农村的重大历史任务，并科学阐明了建设社会主义新农村的内涵，即“生产发展、生活宽裕、乡风文明、村容整洁、管理民主”。20字中，排在首位的是“生产

发展”。崇明作为上海唯一的农业大县，在农业生产发展上大有文章可做，特别是加大对具有地方特色的农副产品种质资源的保护力度，并利用其特殊的品质优势，大力发展特色农业，应该作为新农村建设中发展农业生产的一项战略任务摆上重要议事日程。为此，县工商联以“加强特色农副产品种质资源保护，促进崇明生态农业、特色农业发展”为课题，进行深入调研，现将情况综述如下。

一、我县特色农副产品种质资源保护现状

所谓种质资源，是指携带优质遗传物质（种质）的材料，又称遗传资源或基因资源，俗称品种资源。从物种分类角度区分，可分为植物种质资源和动物种质资源。各具特色的种质资源，都是适应各地区不同的地理、气候等自然条件，在长期的种植（或养殖）历史中优胜劣汰而逐渐形成的产物。特色种质资源是维护生物多样性，培育优良品种，发展生物科学，推动农业可持续发展的物质基础，更是培育特色农副产品、提高地区农业竞争力的重要物质承载。

崇明是一个传统的农业县，千百年的种养实践中，崇明人民根据独特的岛域生产环境以及地理、地质、气候条件精心培育并形成了一大批叫得响、打得出的特色农副产品。粮食蔬菜类，有小金黄玉米、金瓜、香酥芋等；花卉瓜果类，有水仙花、甜芦粟、薄皮甜瓜等；畜禽水产类，有白山羊、沙乌头猪、中华绒螯蟹等等。可以这么说，老天爷和老祖宗给我们留下了一大笔特色农副产品种质资源财富，这也是崇明发展现代农业、特色农业的宝贵财富。

近年来，有关职能部门对保护种质资源的工作力度不断加大，我县培育特色农产品的工作取得了一定的成绩，中华绒螯蟹、崇明白山羊、崇明水仙花等品牌越叫越响，产业越做越大，形成了一定的规模，取得了一定的效益。但是，特色农副产品种质资源保护方面存在的问题也十分突出，必须引起全县上下的高度重视。

（一）数量锐减。由于生产方式、生产规模、市场导向、保护意识、自然条件变化等多方面复杂因素的影响，许多独具特色的农副产品已消失于日常生产和生活中，只保留在人们的记忆和回味里。例如，上世纪七八十年代全县大规模引进饲养白洛克鸡，导致本地品种芦花鸡的消失。又如，以往消夏瓜果小麦瓜、十轮瓜、牛角瓜等也已难觅踪影。

（二）品质退化。由于纯自然繁殖、外来物种介入、市场化运作等因素的影响，有些特色农副产品虽然没有销声匿迹，但其品质却已严重退化。以金瓜为例，崇明金瓜素以个小皮黄、口感脆嫩著称，但由于分散种植、自然杂交等原因，目前崇明金瓜普遍个大皮白、丝粗而软，口感与过去相比逊色不少。又如白山羊，为克服个体小、生长慢的不足，前几年我县大量引进波尔山羊与本地白山羊杂交，产出的第二代羊确实生长迅速、个体增大，但已失去纯种崇明白山羊的特有品质。由于山羊繁殖率较高，几年下来，纯种崇明白山羊的亲本已很难寻觅。

（三）种养分散。在崇明县域范围内，特色农副产品尽管还有一定种养面积，但十分分散，难以形成规模效应。即使岛内外人士喜爱的金瓜、白山羊、白扁豆、香酥芋、甜芦粟等也是分散于千家万户的自留地中，没有形成规模经济，产生规模效益，没有形成资源优势和品牌优势。

二、我县特色农副产品种质资源保护不力的原因分析

导致我县特色农副产品种质资源数量锐减、品质退化的原因，除了纯自然育种、市场淘汰、种养分散等原因外，还有以下三个重要因素：

（一）片面的利益驱动导致保护工作重视不够。现实趋利心理使企业和农户只重视产量和直接经济效益，而对保护崇明特有农副产品种质资源并形成特色品牌，促进农业产业发展，进而取得更大经济效益和社会效益缺乏长远认识，直接导致忽视对特色农副产品种质的选育和保护。本地白山羊与波尔山羊的杂交导致崇明纯种白山羊基因的严重缺失，辽蟹、瓯蟹的大量冲击导致中华绒螯蟹品质混乱就是其直接后果。

（二）缺失的机制体制导致保护工作措施不力。特色农副产品种质资源的保护涉及农业、科技、工商、技监等多个部门，但各部门协调联动的机制尚未形成。保护工作需要一定的资金投入，但持续、稳定的投入机制尚未建立，有些项目今年有专项投入，明年很有可能就被取消，工作的连贯性、持续性难以维持。政府职能部门与农业企业、农户在保护工作中所承担的角色区分不清，应由政府职能部门与农业科研机构承担的职能尚未完全分解和落实。

（三）低端的科研水平导致保护工作成效不大。目前我县对特色农副产品种质资源的保护仅停留在低级保护阶段，建立专业机构、建设保护基地、配备专业人员等工作还没有落到实处。因此，运用高科技手段，对种质资源进行基因研究，锁定保护目标等工作难以正常开展。即使对白山羊、中华绒螯蟹、水仙花等拳头产品，也还没有建立相关的基因谱，因而既不能准确描述这些产品的基因特征，也不能正确判断其变化状况，极有可能为今后的保护工作留下后患。

三、加强特色农副产品种质资源保护的对策建议

从中央到地方，各级党政组织对保护种质资源重要性的认识已经达到了相当的高度。《中共中央、国务院关于推进社会主义新农村建设的若干意见》明确指出，要“加强种质资源和知识产权保护”。种子法也就种质资源保护作出了明确规定，农业部还专门出台了《农作物种质资源管理办法》。为认真落实上级有关规定和要求，结合崇明农业发展实际，对我县特色农副产品种质资源的保护工作提出以下六个方面的对策建议。

（一）不断提高对种质资源保护工作重要性的认识。要充分认识种质资源是发展崇明生态农业、特色农业的重要基础，是社会主义新农村建设中促进生产发展的一项重要工作，对加快地方经济发展，提高地方知名度也有着不可忽视的重要作用。要充分认识种质资源一旦灭失，便不可再生，永远无法弥补。要充分认识崇明特色农副产品种质资源保护所面临的严峻形势，不断提高对保护工作重要性的认识，切实加大保护和提纯复壮的力度。

（二）抓紧编制崇明特色农副产品种质资源保护规划。种质资源的保护是一项长期工作，对科技支撑的依赖性强，其经济效益和社会效益的产出往往具有一定的滞后性。因此，保护工作的关键在于政府和直接职能部门。县农业部门应认真做好调查摸底工作，列出崇明亟须保护的农副产品种质资源目录。在此基础上，根据轻重缓急，及早编制保护工作规划，并落实相应的保护和利用措施，使保护工作重点突出、方向明确，从而保证保护和利用工作取得预期的成效。

（三）切实加大对保护工作的资金和科技投入。要建立种质资源保护持续、稳定的资金投入机制，为纯种种质的亲本收购、遴选繁育、提纯复壮等提供必需的经费保障。与此同时，切实加大对种质资源保护的科技投入。当前，应以建立崇明白山羊、崇明水仙等市场前景看好的特色农副产品基因谱作为重点，为确定产品标准及后续开发、利用的研究奠定基础。要完善政府的保障措施，通过引进专业人才、选送现有人员进修培训等途径，切实解决专业科技人员不足的问题。

（四）努力强化宣传、教育和引导工作。崇明特色农副产品在周边市场已享有一定的知名度，要充分利用这种优势，强化品牌意识，不断强化宣传、教育和引导工作。一方面，要在全社会形成重视特色农副产品种质资源保护的氛围，调动专业部门、农业企业和农户参与保护工作的积极性；另一方面，要帮助农业企业和农户树立特色意识、精品意识，引导他们在农业产业结构调整过程中，主动选用特色农副产品种质资源。

（五）大力推广特色农副产品的应用与种养。保护特色农副产品种质资源的目的并不只是为了维护生物多样性，更重要的是投入生产，依靠其特色品质提高农业产出，增加农民收入。因此，在实施保护，对种质资源进行提纯复壮的同时，要及时把适应市场需求、具备市场竞争力的拳头产品推广应用到实际生产中。在此过程中，要严格把好种源关，坚决杜绝单纯为追求近期经济效益而随意破坏、假冒种质资源的现象，实行政府职能部门统一供种，企业和农户分散生产的模式，以确保原种的纯正。

（六）加快实施特色农副产品原产地保护战略。特色农副产品原产地独特的资源条件和地理环境，具有不可替代的自然垄断性，是保证特色农副产品质量的前提。目前，国家正在不断完善特色农副产品原产地保护方面的法律、法规，各地在特色农副产品区域划定、原产地命名、品牌标注等方面的意识不断增强。同属上海的南汇区，已将南汇水蜜桃成功注册为上海首个获国家原产地域产品保护的农产品。我县近来也在申请对崇明中华绒螯蟹、崇明水仙等农副产品实施地理标志知识产权保护，但值得申报的产品还有不少，要继续加快申报工作，以提高崇明特色农副产品的知名度和信誉，保证其质量和特色，防止假冒伪劣产品的冲击。

规范村级财务管理，促进农村和谐发展

县政协提案委员会

2009 年 8 月

村级财务管理事关农民群众的切身利益，事关新农村建设的全面推进，事关农村改革、发展和稳定的大局。制度化、规范化、科学化的村级财务管理，对加强农村基层组织建设，推动农村管理民主有着深远的意义。为此，县政协提案委员会就本县村级财务的管理问题作专题调研。现综述如下。

一、本县村级财务管理的基本情况

2006 年，根据中纪委、农业部等联合下发《关于进一步规范农村财务管理工作的通知》要求，上海开始村级财务规范化试点工作，我县有 17 个村被列为上海市首批村级财务规范管理试点村之一。2008 年，作为新农村建设的一部分，本县 269 个行政村全面推行村级财务规范化建设。据了解，这项工作走在了全市前列。

（一）全面实行了村级财务委托代理记账制。全县 16 个乡镇全部建立村级代理记账中心，除陈家镇瀛东村、长兴乡先锋村外，所有村的财务皆纳入乡镇委托代理记账范围。

（二）全面实施了村级财务网络化监管。县财政拨专款为各乡镇村级代理记账中心配置财务管理软件和硬件。全县设立 3 个县级监控点、17 个乡镇级监控点和 48 个记账点，全县村级财务全部纳入财务网络监管系统。

（三）全面制定了村级财务规范化制度。由县有关部门统一下发了 24 项财务管理制度目录，各乡镇再结合实际加以完善落实。如堡镇、港沿镇、竖新镇等在 24 项管理制度的基础上，将财务人员的岗位职责也以制度的形式加以明确。另外，各村都选举产生了民主理财小组，对村级经济活动进行全过程的民主监督。一些村干部原先认为村级财务规范管理“程序繁琐”，且难免有“不被信任”之感，但实际运作下来效果良好，他们反而放下了包袱。

规范化的村级财务管理，有效维护了农民群众的民主权利和物质利益，促进了农村基层管理民主和党风廉政建设。村级原本没有财务预算制度，有“用到哪里是哪里”的现象。通过“阳光理财”，村干部每使用一笔资金，均会考虑是否在年初预算范围之内，由此自觉规范、约束对资金的使用权，使得村各项开支有明显缩减。由村民选出的民主理财小组，按照财务制度有关规定，对村经济活动行使监督权利，使村级财务变得公开透明。如堡镇花园村，取消白条入账，规定现金库存权限为 2 000 元，杜绝“坐收坐支”，一张发票正式入账需经手人、证明人、审核人三方签字，民主理财小组集体审核盖章后，方可正式入账。该村 2008 年支出基本与年初预算持平，年终尚有节余。“还百姓一个明白，还干部一个清白”，规范化的财务管理，令村干部公仆意识增强，干群关系明显改善。

二、村级财务管理中存在的问题

（一）部分村财务规章制度执行不力。由于监督约束机制不够完善，部分村干部与财会人员素质不高，未能真正落实到位。如财务公开制度，各村都设有财务公开栏，每月定期向村民公开各项财务收支情况。但在实际公开的过程中，也存在内容含混、笼统，只做表面功夫的现象。如部分村级招待费使用过多，入账时，有的放在“管理费”账户核算。原始凭证审核中白条抵库现象仍时有发生，据了解，一些未纳入监管的村白条满天飞，会计一年换几个，这些都不利于村级财务管理的规范化建设。另外，受群众关注的税费尾欠，部分村无往来明细，导致账目不清。

（二）部分村利用账外账逃避监督。目前全县各村均建立了资产租赁、固定资产、债权债务、经济合

同等台账。特别是针对近几年新农村建设和扶贫帮困中形成的无法入账的固定资产，都归入了固定资产账外台账，有效防止了固定资产的流失。如堡镇瀛南村账内固定资产只有12万元，而经盘点的账外固定资产达500多万元，但也有一些村利用多设账本，甚至利用农民专业合作社的账本而逃避监督。

（三）部分村理财小组监督力度疲弱。民主理财小组对村级财务活动行使监督权利，从程序上有效杜绝了手续不齐全凭证的列支和舞弊行为的发生。但因经济原因，在具体实施过程中，一些理财小组成员由于年龄偏大，业务水平偏低，且本身的工作受制于村干部，故民主监督意识不强，没有真正做到“事前参与、事中监督、事后检查”，而是随意动用手中的图章，使原本有效的监督流于形式。少数村的理财小组公章甚至就在行政负责人手里，严格的民主理财程序最终有名无实，形同虚设。

（四）部分村财务运转困难。目前全县各村集体资金的主要来源为财政转移支付和专项补贴两项。由于种种原因，一些村历年欠账较多，加上近年大量基础设施的不断投入，一些村在项目投入建设中不顾及“量入为出”，故出现“旧账不消化、新欠无力偿”的局面，制约着农村经济的发展。如中兴镇12个村目前共欠账1 400多万元，平均每个村有100多万元的债务，个别村有入不敷出现象。另外，我县各村与市级各部门“结对共建”以来，各结对单位的帮扶力度不均，最多的行政村可获得数百万元的帮扶资金，最少的村只有寥寥数千元，致使全县各村的财务现状极不平衡，某种程度上不利于农村的和谐稳定。

三、加强村级财务规范管理工作的建议

（一）加强宣传教育，提高对财务规范管理重要性的认识。镇村干部要端正思想，摆正关系，搞好财务管理。要把加强财务管理放在密切党群干群关系、维护农村社会稳定、保障村民合法权益的高度来认识，积极探索在市场经济条件下加强农村财务管理的新途径、新办法，着力解决制度不健全、民主理财观念不强的问题。

（二）健全各项制度，规范财务管理。为使村级财务管理更规范、更科学，必须严格按照有关规定的会计核算和账务处理要求，在资产、收支往来票据，科目账户设置，财务审计与民主理财等方面做到规范管理。要按照有关部门下发的24项财务制度，严格执行落实。同时，进一步健全票据管理、财务审批、民主监督、财务公开等各项制度，从源头上夯实财务管理框架。

（三）加强财务培训，提高人员素质。制度是保障，培训为关键。要认真组织农村财务人员进行集中轮训，提高他们财务管理水平与账务处理能力，增强他们财经法规意识。乡镇主管部门要针对当地实际情况，对所辖村的财务人员开展集中业务培训，帮助他们尽快掌握业务所需基本知识，提高他们的业务水平和理财素质。

（四）强化审计监督，加大惩戒力度。审计监督是规范财务管理必不可少的重要措施。部分乡镇的村级财务管理不规范，原因之一是缺乏强有力的审计监督。要按照财务管理要求，切实建立起审计监督制度，对账务进行定期审计，杜绝乱支乱用、白条报支等情况发生。对虚报冒领、白条抵数、坐收坐支、违规操作等违反财务管理的行为按有关规定实施惩戒。

（五）加强民主理财，遏制乱支乱用。民主理财是有效监管村级财务开支的有力手段。建议要选作风踏实、有一定业务能力、在百姓中具有较高威信的村民代表担任民主理财小组成员。理财小组应在每一财务事项发生时，积极参与，提出意见和建议；在财务事项进行过程中，要切实履行职责，仔细监督财务事项的每一个环节和步骤；在财务事项完成后，认真进行检查，查阅财务会计凭证、账目、报表等财务会计基础资料，听取群众的意见，解答群众提出的问题。民主理财小组应根据经济业务量多少每月至少开展一次理财活动。重要财务事项应随时发生随时理财。审核结束后，民主理财小组组长要将活动内容记录在《民主理财记录簿》上，并由理财小组全体成员在记录上签章。

（六）加大转移支付力度，促使农村经济健康发展。村级债务问题是农村财务管理中一件棘手的事情。不少村存在农户应收款历年欠账，村干部无力催还，致使这笔债不了了之，积年成“疾”而添更多债务的现象，干群间矛盾也由此扩大。建议各村对村集体债务进行彻底清查，并根据其形成原因进行分类处置；盘活现有集体存量资产和资源，村集体现有的企业、基地、闲置房产、集体所有林地等资源，按照“公开、公平、公正”的原则，采取拍卖、转让、合作经营、租赁经营等，以筹集资金清偿债务。在年初制定财务预算时，一是按照“量入为出”的原则，决不可为营造“政绩”或“哗众取宠”搞负债经营。按照村一级目前的情况，应该也有条件实施“零负债”。另外，目前各村可使用资金的主要来源为县级财政转移支付，每年约30万元。村干部普遍反映，此项资金可维持一般的管理运转，但涉及百姓切身利益的村级实事项目建设，如铺路、建桥、改厕等，便显捉襟见肘。因此，应逐年加大财政转移支付力度，促使农村经济健康发展。

大力发展有机农业，做强生态农业品牌

县政协文史资料委员会

2009年12月

崇明现代化生态岛建设的定位为生态农业发展提供了广阔的空间，作为生态农业的主要组成部分，大力发展有机农业，是提升崇明生态农业形象，显示崇明农业发展整体实力，助推崇明现代化生态岛建设的一项重要工程。县政协文史资料委员会就“大力发展有机农业，做强生态农业品牌”课题进行了专题调研。现将调研情况综述如下。

一、崇明有机农业发展现状

（一）有机大米生产基地已初步形成。崇明有机农业从本世纪初开始起步，初步形成以生产有机大米为主的有机农业生产基地，主要代表品牌有瀛丰五斗、北湖、自然之子，这三大品牌渐被上海高端市场接受，崇明已经成为华东地区有机大米的最大产地。目前种植面积14 000多亩，其中瀛丰五斗种植面积3 000多亩，北湖种植面积7 000多亩，自然之子种植面积4 000多亩。预计至2010年，北湖有机农业示范基地有机水稻种植面积将发展到万亩。

（二）有机农副产品发展正在起步。崇明本岛除了三家有机大米生产基地外，其正有机葡萄、明珠湖有机鱼（鳙鱼）也相继通过有机品牌认证，另外一批企业也正在着手有机认证的前期工作，崇明有机农业发展势头良好。

（三）有机农业质量监控体系基本建立。本县经过前几年的努力，农副产品质量监控体系基本建立且运作正常，严格控制水土及周边环境，严格检测各项指标，不定期进行“飞行检测”，使有机农副产品质量得到有效控制。

二、崇明有机农业发展遇到的瓶颈

（一）有机农业品牌少，品种单一，还未形成规模。目前我县有机农业品牌主要集中在有机大米这一单一品种上，而有机大米在市场上有影响的仅瀛丰五斗、北湖、自然之子三个品牌。除了有机大米的三个品牌外，其他有机农业品种如有机水果、有机鱼类等刚刚起步，有机蔬菜等还处于空白状态。

（二）有机农业发展投入大、成本高，企业难以承受。有机农业产品前提是禁止使用各种农药、化肥，靠绿肥和施有机肥催生作物生长。以有机大米为例，当年稻谷收割后的农田靠种植苜蓿、蚕豆、红花草、箭舌、豌豆、田菁等作为绿肥，稻谷生长过程中依靠人力除草，靠太阳能杀虫灯诱杀虫害，通过放养鸭子吃虫害，投入大量人力、物力、财力，而有机稻谷产量相比常规稻谷低很多，再加上有机肥补贴的下降，使成本不断提高，企业负担不断加重。目前本岛三家生产有机大米的企业，每斤稻谷成本最低的在3—3.5元，最高的达5元左右。

（三）发展有机农业缺乏专业技术和管理指导。有机农业不同于常规农业，技术和管理要求都非常高，而且要求农技人员具有较强责任心。目前生产企业除依托市、县农技部门提供技术支持外，普遍缺乏技术人才和管理人才。技术指导上没有实现全覆盖，生产企业也缺乏专业人才队伍。

（四）开拓销售市场任重而道远。有机农业在国内还刚刚起步，还未形成规模，有机农产品市场开拓任务艰巨。目前有机大米销路尚可，但并不热销，销售的对象主要是单位团购和收入较高的高端人群，主要原因是受成本控制销售价格过高，普通超市难见有机大米踪影，而进入大型超市的费用又偏高。

三、加快崇明有机农业发展的意见建议

（一）政府要完善规划，加大扶持力度。建议政府制定完善发展有机农业的规划，整合土地资源，有计划有步骤地分片、分类发展大米、水果、蔬菜等有机食品的生产基地、加工基地，把有机农产品销售列入农超对接的重点内容，建立专业销售机构，保障销售渠道畅通。政府部门要扶植、支持有机食品发展。在种源供应（包括绿肥）、农技指导、科学管理、市场营销等诸多方面给予资金、技术等支持。同时，要加强日常指导，把有机农业企业扶上马，送一程。

（二）企业要加强技术和人才引进，更新经营理念。有机农业企业要练好内功，加强培训，努力引进技术和管理人才，以科技为引导，提高管理水平，降低管理成本，把发展有机农业生产作为己任，共同做大做强崇明有机品牌。要积极引进外地科技人才、管理人才，通过技术入股、定期服务、承包经营等多种形式实行"户口不迁，身份保留，来去自由"，以感情和事业留住人才。同时，每年适当对内部人员进行培养与调整，采取"内部培训，外出学习，请人进来"等多种方式进行人才的培养和开发。在培育和提升企业核心竞争能力的过程中，树立全新的经营理念。有机农业企业应实行业务外包战略，实现真正的分散承担风险，增强企业抗风险能力。在强调生产规模的同时，更强调服务、管理、营销等理念。

（三）广泛宣传崇明生态优势，加大有机农业品牌的对外推介力度，吸引有实力的企业落户崇明，带动有机农业快速发展。政府要抓住长江隧桥开通后崇明空前未有的"人气"，广泛宣传崇明的生态优势，加大有机农业品牌的对外推介力度。在崇明现代农业园区内设立有机农副产品加工区，进一步改善投资环境，完善配套政策，加大招商力度，积极引进集科研、管理、信息、技术推广为一体的具有相当投资竞争力的现代农产品加工企业落入园区。

立足当前，着眼长远，加快发展我县现代物流业

县政协经济委员会

2010 年 5 月

现代物流业作为生产性服务业的重要组成部分，对经济发展的支撑和推动尤为显著，被经济学家誉为"第三利润源"。发展现代物流业，对于进一步改善我县经济结构，降低社会成本，优化资源配置，提高经济运行质量，提升综合实力有着积极的推动作用。上海隧桥通车为我县发展现代物流业提供了大好机遇。为此，县政协经济委员会开展了专题调研。现将调研情况综述如下。

一、我县发展现代物流业的重要意义和优势条件

（一）我县发展现代物流业的重要意义。建设现代物流产业的实质在于产业主辅分离。所谓主辅分离，就是指从制造业中分离运输、安装、服务业务，发展服务业，提高企业利润，增加地方税收。我县 2008 年实现增加值 137.7 亿元，如果按 60％作为物耗，那么全县的物流需求将达 79 亿元。由此可见，崇明发展现代物流业的前景相当可观。

1. 有利于实现社会化大生产的专业化分工。产品的供应方和需求方以外的第三方所进行的物流，其优化资源配置、节约成本、减少产品原料积压等作用显著，已成为国际物流业发展主流。现代物流提供仓储、运输、装卸、包装、流通加工、保管、中转、信息咨询等全过程物流服务，使制造业专心搞生产，流通业专心搞流通，服务业专心搞服务，各自实现利润的最大化。

2. 有利于减轻企业税负，增加地方税收收入。长期以来，制造业的包装、运输、安装、服务等费用直接算作产品销售收入计算缴纳增值税，税率 17％，而且没有抵扣项目，实现主辅分离后，这部分业务收入改缴营业税，平均税赋不到 5％。在税收分成体制上，增值税 75％上交中央，7.5％上交市财政，地方留成只有 17.5％，改缴营业税后，地方留成 100％。我县 2008 年实现增加值达 137.7 亿元，营销等服务费用按 40％算，则主辅分离后能减轻企业税收负担 6.61 亿元，增加地方财政留成 1.12 亿元。

3. 有利于做大现代服务业，带动制造业转型升级。从制造业中分离出来的包装、运输、安装、服务业务，以及融合网络信息业、资金结算业、咨询业、账款回收业等发展起来的现代物流产业，能够带动制造业

围绕现代物流业更好地进行转型升级，提高就业率，促进社会稳定。发展现代物流业反过来又为制造业提供采购、销售、收款等快速服务，促进制造业的快速发展。同时，又给制造业提供了许多生产机会，如网络设施、包装设备、安装设备、承揽外埠第三方物流业务等等，实现相互投资、相互融合、相互促进、相互发展。

（二）我县发展现代物流业的优势条件。崇明背靠长三角腹地，坐拥长三角交通枢纽，毗邻上海和江苏，是两地直线距离最短的连接地。随着崇明与上海的隧桥越江通道的开通，紧随其后的崇海大桥、崇启大桥的建成，崇明成了连接上海与江苏的重要枢纽，南连上海浦东和洋山港，北接通启高速与苏中、苏北相连，是承接国内外资本和产业梯度转移的重要节点，是发展现代物流业的理想地区之一。同时，崇明三岛岸线绵长、淡水资源丰富，其中可建20万—30万吨级深水港区的岸线达30多公里，水域航道可与100多个国家和地区的2 000多个港口通航。岛内土地资源丰富、地势平坦，且用地相对集中，加上岛内河网密布，十分有利于现代物流产业的规划与布局，投资少而见效最快、交通流向最合理。除了明显的区位优势以外，崇明还具有一定的产业基础。崇明按照市政府所定的生态县建设的产业导向，启动了农业大县向农业强县的转型：以设置六大农业基地布局农产品空间，以六大农产品板块规划农业产业框架，申办国际农产品保税区以“境内关外”方式进行农产品的国际运作，从而构建高效生态农业体系。作为工业重心的长兴岛，逐步形成了以先进海洋船舶制造业和大型港口机械制造业为核心的海洋装备岛。其中，现代船舶制造业基地是上海重点培育的六大产业基地之一。目前，振华港机、中船、中海等大型企业已相继在长兴岛建设生产基地。

二、现阶段我县发展现代物流业的不足之处

（一）物流业尚未形成具有前瞻性的中长期专项规划和政策指引。制定中长期物流业专项规划有利于我县物流业实现经济效益高质量的增长。由于我县长期以来受陆路交通的限制，物流服务业发展与我县经济建设发展的规划难以匹配，很难将发展现代物流业定位在我县经济发展的重要战略位置，直接导致在我县经济社会发展规划中尚未形成物流业可量化考核的近期目标和中远期目标。

（二）现有物流企业规模小，标准化程度低。目前注册我县的物流企业达100多家，但能够提供综合物流服务功能的或者说真正意义上的现代物流企业基本没有。大部分物流企业规模偏小，设施结构不尽合理，主营业务较单一，多式联运技术运用不普及，没有一个企业能够提供多功能、一体化的现代化物流服务。物流企业的物流标准化程度低，不同运输方式的装备和物流器具之间的标准不一致，影响各种物流功能和要素之间的有效衔接与协调发展。现代化物流集散和储运设施不足，尚无有效连接不同运输方式的大型综合货运枢纽和服务于区域经济的各种物流基地。

（三）企业物流服务理念不强。大部分生产、制造企业还停留在自己承担物流活动的水平，第三方物流企业还未能在崇明现有的工商业中形成战略伙伴关系。一些物流企业开始采用信息手段，但是缺乏以EDI、互联网等网络技术为支撑的物流及公共物流信息交换平台。

（四）现代物流专业人才严重不足。物流企业缺乏先进物流理念，从事专业物流设计、规划，运用信息技术提升物流服务功能的人才支撑严重不足。

三、加快发展我县现代物流业的对策建议

（一）准确定位，加快建立现代物流园区。根据我县的区位优势和经济发展水平，建议抓紧时间在我县建立现代物流园区，发展现代物流业。总体目标定位：立足长三角，面向国内外，充分发挥交通便捷和长兴海洋装备岛发展的优势，以科学发展观来引领、规划、推进我县现代物流业的发展。利用崇明的区位和隧桥通车后的陆路运输便捷及三岛的岸线、港口优势，以现代交通通讯网络平台为支撑系统，培育组建和招商引进嫁接具有国际竞争能力的大型现代物流企业为主体，以物流技术和装备现代化为手段，努力构造一个布局合理、符合市场经济规律并与国际运行规则接轨，主动接受长三角辐射的涉及生产、流通和消费过程的快捷准时、经济合理、用户满意的社会化、专业化、规模化的现代物流园区，把现代物流业建设成为带动我县全局的基础产业、对外开放和产业扩张的先行产业、地方财税增长的支柱产业，争取把崇明建设成为上海国际航运中心北翼的区域性现代物流中心。

（二）加强服务，科学规划现代物流园区。建议政府尽快研究出台促进我县物流业加快统一发展的政策，包括物流业鼓励和控制发展措施、供应链转型发展措施、物流业整合发展措施、资金扶持措施等。科学确定物流基地的区域和范围，对物流基地的选址进行论证，确定具体范围，合理设置与基地建设配套的道路宽幅、桥梁负荷等基础设施，进而制定与物流园区和基地相配套的基础设施建设方案。对物流园区的选址，尽可能紧邻大桥和港口等，真正体现物流项目作为沪、苏企业、长兴海洋装备业、崇明生态农业配套的生产服务业，最大限度地降低物流成本。物流园区和基地的建设由政府部门牵头，企业参与。对基础性、公益性设施，政府应增加投入，经营性设施应按照市场经济规律，扩大投融资渠道，可以是政府投资，统一管理，企业入驻，自身运营；也可以实行股份制经营，由政府部门牵头，企业参与，多方投资，共建园区。同时，要统筹规划建立物流公用信息平台，实现物流资源的共享，使每个单位都能在物流的各个环节上找到最合适的位置，以最低的成本迅速建立自己的物流网络。

（三）积极引导，加快企业行业转型，提高物流供应能力。积极引导和整合物流资源，鼓励高水准的物流企业向规划布局内的现代物流园区与基地集中。支持传统运输业开展专业物流服务，引导和扶持我县工商企业将物流从核心生产业务中剥离出来，发展仓储整理、零配件和产成品配送等物流服务的外包，对物流业务实施集中管理，进行物流一体化运作；鼓励传统运输、仓储、代理企业与工商企业结盟，发展为物流供应商，实现优势互补；鼓励物流企业之间加强联合，注重加强各种运输方式的衔接，加快综合运输体系建设，大力发展多式联运，提高物流服务的附加值；引进一批国内外大型知名现代物流企业落户，如马士基、UPS、FEDEX、宅急送等，鼓励其在崇明开展仓储分拨、零担快运、综合物流、企业自我需求和物流方案设计、第三方物流、第四方物流等业务；鼓励引导已具有相当规模的大企业集团公司利用庞大的销售和品牌优势，在规划的物流园区内组建仓储配送型物流中心，包括连锁企业配送中心、社区配送中心、为生产制造业服务的配送中心和为农村农民生产生活服务的连锁配送等；鼓励多种形式的连锁经营、社会化专业化配送、大型批发采购分销网络等现代商业组织按照各自不同的业务在今后的物流基地设立企业，开展物流业务。

（四）努力引进，加快物流人才的教育培训。现代物流业与信息技术发展和现代物流技术的创新相伴而行。从国外发展经验来看，国外物流的教育和培训非常发达，形成了比较合理的物流人才的教育培训系统。我国在物流方面的教育培训还非常落后，物流人才短缺是物流业发展的巨大障碍。建议组织、人事部门应加大培养、引进物流专业技术人才的工作力度，不断完善符合我县实际的培养、引进人才政策。及时修订好培养物流专业技术人才的规划，加强与高等院校、科研院所合作，培养物流人才。通过与国内外物流企业的合资、合作，使本地企业“边干边学”，引进先进的物流技术和管理经验，吸引物流管理人才，提高管理水平。要加大宣传力度，鼓励多层次、多方面的物流教育与培训，通过举办物流培训班、物流研讨会等各种形式，培养一批熟练掌握运用现代物流知识的专业队伍，以适应发展崇明现代物流业的迫切需要。

二、社会事业方面调研报告选录

当前教育工作中的几个问题——对部分乡教育情况的调查报告

县政协秘书处

1985 年 10 月

“尊师重教”是社会主义精神文明建设的一个重要内容。县政协组织 10 名常委和委员，组成教育考察小组，从 1985 年 9 月 17 日开始，先后调查访问向化中学、港西初中、东风初中、阜康初中、向化中心小学、协兴小学、双津小学等 12 所中小学校，召开 3 次教师座谈会和 2 次退休教师座谈会，察看学校校舍和各种教学设施等，现将有关情况报告如下。

一、贯彻《上海市普及义务教育条例》，亟待制定规划。根据条例要求，崇明实施普及初中教育，每年大约需增加100多个班级。向化阜康中学每年要增加4个班级，三年共需增加12个班级。随之带来校舍、师资及教学设施等一系列问题。建议县政府及早组织有关部门进行研究，制定切实可行的规划，创造条件，分期逐步实施。

二、教育管理体制亟待明确。根据中央和市的有关文件规定，小学初中应由乡镇政府管理。但乡镇政府则认为县政府未开过会又未发过文，如何管理不明确。有关中学感到由于管理体制不明确，有些问题得不到解决。建议县政府和教育行政部门明确小学和初中管理范围、机构设置等问题，并注意做好衔接工作。

三、校舍破旧，设备甚差，亟待改善。目前尚有不少乡村中小学校的校舍、设备条件很差，还有一定数量的危房因无力翻建而封闭。建议多渠道解决资金问题。县教育局要向市教育局反映本县实际情况，力争市里对崇明的支持；县财政对教育投资应尽可能多安排一些；各乡镇财政给予应有的支持；有关部门要积极帮助办好校办工厂，校办工业公司应积极为各校创造办厂条件。

四、师资紧缺，亟待增加。全县教师缺口较大，仅港西乡小学教师缺编达30人。建议县教育局采取积极措施，大力培养新师资；县政府责成县劳动人事部门认真研究，逐步解决顶替工问题，并根据实际情况核定代课教师指标。

五、职业学校亟待进一步加强领导。举办职业技术学校是符合办学方向的新事物，既是中等教育结构改革的内容，又是各乡镇发展经济，进行智力投资，培养熟练技术工人和初级技术人才的重要阵地。但在专业设置、师资、教材、设备上还存在着一系列问题和困难。建议县政府进一步加强对职业学校的领导。县、乡镇各级领导及有关部门都要支持和关心职业学校。县教育局要切实帮助解决一些实际问题。

六、退休教师工作亟待重视。总的讲大部分退休教师生活安定，但也存在一些问题，县教育工会要指定专人负责和关心退休教师工作，并落实到各乡镇中心中小学校的工会，帮助解决一些实际问题，并定期召开座谈会、学习会，开展多种形式活动。

关于崇明职业教育情况的调查

县政协教育委员会

1995年1月

去年2月，县教科文委就县政协《关于加快我县职业教育发展，为崇明经济建设培养有用人才的建议》，提出十条措施意见。为考察了解1994年我县职业教育的发展情况，我委重点调查了竖河、城东2所职校，现将有关情况报告如下。

一、职业技术教育有新的发展

去年由于全国教育工作会议的召开和中共中央关于《中国教育改革和发展纲要》的发表，极大地鼓舞了我县职教系统的领导和教职工办好职业教育的信心和决心。全县秋季招生2 546人(其中4所职校招1 077人，中学附设一年制职业班1 569人)，比1993年同期增10%，在校生为4 752人(中学附设职业班2 119人)。4所职校以改革办学模式、拓宽办学路子为突破口，取得可喜的成效。具体体现在以下五个方面：

(一) 实行了校长负责制，加强了教育内部体制改革，实行二级聘任，即职校中层干部由校长聘任，教职工由各部门中层干部聘任，充分调动了广大教职工的积极性，也培养和锻炼了一批中、青年骨干教师。

(二) 根据崇明经济建设和社会发展需要，各职校进一步端正了办学指导思想，调整了专业设置，如城东职校新开设了水电专业，竖河、新业2所职校开设了汽驾专业。

(三) 联合办学之路有了新的突破。一是职校与企业联办、接受企业单位委培、代培，如竖河职校船舶钳工专业是为崇明东联船舶工程公司培养初、中级技术人才，新业职校与市公交公司、新民乡前进村一起举办新业分校，目前已经挂牌；二是职校成立联合办学委员会，去年竖河、新业两所职校聘请企事业单位的厂长、经理和社会著名人士分别成立了联合办学委员会和联合办学董事会;三是与高校、中专联合办学,拓宽职校办学路子,如竖河、向化职校分别与市商业学校、市农业学校联办中专班,共享教育资源,进行优势互补。

(四)普、职、成三教加强了沟通和合作。城东职校与建设中学挂钩,探索建设中学初职班如何与职校中职班衔接问题,并正在探索与乡成人学校进一步加强合作,为乡镇企业培养更多的有用人才。去年各乡镇成人学校的一年制职业班学生数达1 569人,比1993年1 166人增26%。

(五)办学水平、教育质量有了进一步提高。各职校积极贯彻德育纲要,以爱国主义教育为主线,以为民服务培养共产主义理想为宗旨,以乐业、敬业、勤业教育为抓手,以职业道德教育为载体,进一步加强职校德育工作,新业职校的办学水平在原有B级基础上申报A级,目前已接受市职教评估,竖河职校为创办全国重点职校而积极做好各项准备工作。由于各职校对教育管理常抓不懈,有效地提高了教育质量。1994年7月全县有68名职高生考入上海有关高校继续深造,700多名职校毕业生参加劳动部门的等级考试,获得了技术等级和职业资格2张证书,被用人单位一抢而光。

二、问题和建议

随着上海城市功能的定位和崇明21世纪大开发目标的确定,崇明的职业教育发展也和市区一样,正面临着新的机遇和挑战。

(一)职教发展受到资金的制约。10多年来,由于市、县财政拨款和学校自筹资金,使我县4所职校已初具规模。但近年来,由于崇明经济较困难,县财政多年没有专项职教经费投入,职校校舍和实验实习设备缺乏,部分新专业也缺少必需的设备经费。建议县政府增加对职校的经费投入,进一步发展我县的职教事业。

(二)职校毕业生外流现象较为突出。发展职业教育不仅是教育部门的事,也与企业发展有密切的联系。但目前部分县、乡镇企业的领导对之认识不足,具体表现在职校毕业生分配去向上。市属国营农场企业都很欢迎我县职校毕业生,而不少县、乡镇企业由于经济不景气,因此,一方面感到现有职工素质低,企业兴旺人才是关键;另一方面又不去用我县花了很大人力、物力、财力,培养出来的具有一定政治文化技术素质的中、初级劳动技术人才,使其外流。去年700多名职校毕业生,就有三分之二外流至上海和国营农场就业,这对我县经济的发展不能不说是一大损失。建议县政府有关部门加强调研,采取切实措施,合理使用我县自己培养的中、初级劳动技术人才。

(三)对中央提出的"先培训、后就业"和持证上岗的用工用人制度在实施中缺乏措施,这在一定程度上给我县职业技术教育的发展带来影响。建议县政府有关部门制定有关用工用人制度,并由劳动人事部门强化检查督促,以此推动职业技术教育的发展。

(四)县政府要向县属企业、经济生产部门进一步宣传职教在开发崇明、建设崇明、发展崇明中的地位和作用。建议县级层面建立职业技术教育协调委员会,一起商讨发展崇明经济过程中所需职业技术人才培训等问题,如培养高、中、初级技术人才规划,加强县政府对职教发展的宏观指导,克服部分同志的"职教是教育部门一方的事"的片面认识,加强政府对职业技术教育的领导,加强企业参与,形成政府、部门、企业和社会各界共同重视发展职业技术教育的新局面,积极为崇明21世纪大开发,为崇明经济建设大发展做好人才培养的准备工作。

关于我县工业卫生状况的调查

县政协医卫委员会

1995年8月

7月中旬,我委对全县工业卫生情况进行了一次专题调查。委员们听取县卫生防疫站劳卫科负责人关于本县工业卫生的情况通报,实地调查新村乡环洲实业公司生产现场以及几种不同的劳防措施。通过调查,大家认为由于有关部门的努力,近年来我县工业卫生工作取得了一定的成绩,但也存在一些亟待解决的问题和需要改进的方面，应引起政府有关部门重视。

一、基本情况与现状

据县卫生防疫站劳动卫生职业病档案资料统计：我县现有各种类型的企业 1 247 家，在职职工 20 余万人，有毒有害作业的企业 587 家，占总数的 47.1%。有毒有害工种主要分布在铸造、锻造、热处理、玩具、塑料加工、电镀、抛光、橡胶、皮鞋、油漆、蓄电池、有色冶炼、拆船、日光灯等 20 多个行业。主要有毒有害因素包括铅、苯、二甲苯、甲苯、铬、氧化氮、氰化物、铸工尘、矽尘、煤尘、水泥尘、滑石尘、噪音、高温等。其中从事粉尘作业的企业有 183 家，占企业总数的 14.6%，接触粉尘职工 16 000 人，占职工总数的 8%；从事毒物作业的企业 320 家，占企业总数的 25.6%，接触毒物职工 7 580 人，占职工总数的 3.8%。由此可见，我县各类企业中具有有毒有害作业的企业数及接触人数的比例都是比较高的。工业卫生方面的主要问题是尘气污染，引起职业病的主要原因是粉尘吸入和接触铅、苯、汞等有毒元素。

几年来，县政府认真贯彻《中华人民共和国尘肺防治条例》和《上海市尘肺防治实施暂行办法》，较为重视改造资金的投入，部分工厂的防毒防害设施得到了改造，如新村环洲实业公司引进了一些较为先进的生产工艺，生产过程中产生的粉尘通过专用通道被排吸到车间外，使生产车间内的粉尘浓度明显降低。通过改造，全县企业的粉尘浓度合格率由 1987 年的 19.5%提高到 1994 年的 66%。县卫生防疫站加强了劳动卫生的宣传教育和监督执法的力度，还定期组织职工参加体检，发现病人及时治疗，1980 年至今全县收有 6 例新发病例。

二、存在问题及原因

调查显示，我县各类企业中，乡镇村、集体企业占 84.5%，从事粉尘、毒物作业的 503 家乡镇、村集体企业规模较小，内部各种规章制度不够健全，当前工业卫生方面存在的问题，较多地出现在这些企业中，主要表现在：

（一）部分企业领导对有关工业卫生、职业病防治方面的法规还没有在思想上引起重视，因而贯彻不力。一些企业领导重视效益，忽视对职工的健康保护。企业内部没有技术改造规划，落后的生产方式得不到改造，工人们长时间在有损健康的环境中劳动。

（二）部分企业有进行技术改造的愿望，但因生产规模小，经济效益低，只能维持生存，缺乏进行技术更新、改造的资金。有的企业内部没有完善的规章制度，对防尘防毒设施缺乏经常性维护与管理，设备的损坏或停用现象较严重，粉尘浓度高于规定标准。

（三）企业加工车间中的操作工人，大多数是外地来崇民工或就近雇用的民工，他们劳动防护意识淡薄，唯一目的是多挣钱，有的甚至把劳防用品经费充作工资收入，国家规定的劳动防护措施无从落实。

（四）某些行业（如拆船、抛光等）的生产转包现象严重，有关管理部门进行现场卫生监督时，常难以找到企业法人，对管理与执法带来困难。

（五）部分企业新建、改造、扩建项目时，未能按要求及时办理“三同时”手续，这在一定程度上也影响了防尘防毒等措施的落实。

（六）按规定，企业粉尘浓度等指标超过标准时，要交纳超标费，但由于一些企业经济效益差，应缴的超标费不能按时按要求缴纳。

三、几点意见和建议

防尘防毒已成为我县工业卫生工作中迫切需要解决的问题，特别是经卫生行政部门监测，今年在个别行业中，发现有慢性中毒现象，这是一种信号，为我们敲响了警钟，必须予以高度重视。为此建议：

（一）重视抓好工业卫生工作。县政府要在宏观上加强督促与协调。企业领导在注重提高经济效益的同时，不能忽视防尘防毒工作，要增强卫生法规意识，切实贯彻执行有关职业病防治的法律法规。

（二）加强职业病防治工作的宣传。通过广播、电视等多种形式开展对职工防治职业病的知识宣传和科技普及工作。县卫生防疫站要把防治职业病的录像或文字图片等资料送到企业进行宣传，让企业职工了解情况，掌握知识，提高认识，引起重视，自觉落实好劳动防护措施。

（三）确保必要的资金投入。有毒有害作业的企业，必须保证必要的设备投入（如除尘、通风设备等），对投入使用的设备要加强维护，保持正常运转。对新办企业及转产改造企业的规划、论证、设计，应充分考虑劳动防护，并在经费核算中专项列支。落实劳动防护措施。企业对职工的劳动防护经费专款专用，不能将劳防经费以工资形式发放给职工。

（四）工业主管部门对所管辖的企业，在审批“新、改、扩”项目的过程中要及时督促企业落实“三同时”措施，在制定生产责任书时应列入有关劳动防护方面的条款，对没有劳动防护设施的企业不准其投产，并将劳防设施的投入、使用及设备的完好率作为对企业考核的内容之一。

（五）政府部门对新办企业、新兴产业的引入、岛外企业的迁入要明确企业对工业卫生、环境污染方面的连带责任，对可能带来严重污染的企业要限制。拆船、抛光等环境污染较严重的行业，生产转包的做法也要加以限制。

（六）县卫生行政部门要加强对企业的指导、服务和监督，加大卫生执法力度，保证有关法律法规得到落实。医疗卫生单位在职防工作中要贯彻“防治并重，以防为主”的方针。

（七）工业、劳动、卫生等县政府职能部门要加强协调，互通情况，共同把关，以减少尘毒危害，降低职业病的发病率，使我县工业卫生工作跃上一个新台阶。

关于崇明县科普工作情况的调查报告

县政协科学技术委员会

1997 年 8 月

科学技术是第一生产力，加强科学技术普及工作，向广大人民群众传播科学知识、科学方法和科学思想，是社会主义“两个文明”建设的重要任务，是实施科教兴县战略、实现经济建设转移到依靠科技进步和提高劳动者素质的轨道的重要途径。近年来，我县的科普工作有了长足的发展，但由于一些客观因素的制约，使科普事业发展受到一定程度的影响。现将调查情况报告如下。

一、科普工作的基本情况

（一）科普工作的管理机构。

我县的科普工作，是在县委、县政府领导下，由县科委牵头，县科协负责。县科委主管制定计划、部署工作、督促检查、实行政策引导。县科协作为科普工作一支生力军，具体负责日常科普工作的组织实施。各乡镇均设有科普协会，负责本地区科普工作的开展。

（二）科普工作的网络体系。

我县的科普工作网络除县宣传部门和宣传机构（如广播电视台、图书馆、文化馆、少科站等）外，中心网络仅限在县科协。近年来，县科协在推进崇明科技进步中不断壮大，现已拥有会员 7 000 多人，一个以县科协为枢纽，县级学会、乡镇科协为后盾，科技工作者、农民技术人员、科技示范户为骨干，专业研究会、学组、科普文明村为基础，多学科、多层次、群众化的科普网络逐步形成。科协已成为我县科技、经济和社会活动中的一支重要的社会科普力量。

（三）科普工作的主要形式与成效。

近年来，县科协等部门，充分发挥科普主力军的作用，贯彻落实中共中央、国务院《关于加强科学技术普及工作的若干意见》和市、县科技大会的精神，面向社会，广泛开展形式多样、内容丰富、各具特色、生动活泼的科普宣传教育活动。

1. 围绕发展崇明经济，广泛开展学术交流活动。近年来，县科协系统所属学会和基层科协，努力适应社会主义市场经济发展的新形势，根据我县实际情况，坚持不懈地开展学术交流活动，在为经济建设服务、促进学术观点转化等方面发挥了一定作用。1993 年以来，县级学会和基层科协共举办各种学术交流会、研讨会、科技讲座、专题报告会等 920 期（次），有 23.6 万人次参加，围绕经济建设和学科发展研讨、撰写论文 320 篇，评选优秀科技论文 106 篇，其中一等奖 8 篇，二等奖 48 篇，三等奖 50 篇。这些优秀论文均在国家、省、市级专业刊物上发表，其中有些论文学术水平较高，获得国内外学术界的赞誉。

2. 农村科普工作重点突出，特色鲜明。据不完全统计，1993 年以来各乡镇科协共举办科普早市 1 190场次，举办各类实用技术培训班 870 期，累计培训 3.04 万人次，举办各类科普讲座、科普报告会 475 期(次)，布置科普画廊、黑板报 4 270 期(块)，放映科教电影、录像 2 840 场(次)，编印科普资料 16.7 万份(期)，发展科普志愿者 100 多人。农村科普工作在继续保持"科普早市"特色的基础上，近两年，以开展农村党员、基层干部实用技术培训为重点，推动全县的科普工作。从 1995 年开始，县科协与县委组织部密切配合，在合兴、合作两个乡镇试点的基础上，1996 年在全县推开，到 1996 年年底已培训农村党员、基层干部 19 034 人，占应培训总数的 65.4%。这一工作的开展，使我县党员和基层干部的科技素质有了普遍的提高，在带领群众科技致富中起到了重要作用。1996 年 11 月召开的全国农村党员基层干部实用技术培训工作会议上，我县的农村党员培训工作得到了中组部、中国科协的赞扬和肯定。科普早市是我县科普工作的一大特色活动。多年来，通过科普早市，科技人员以播放内容贴近农业生产和群众生活的科技知识录像、出售各种新型农药、维修农机具、开展现场技术咨询等形式向广大农民传播技术知识，有力地促进了农副业生产。

3. 青少年科普工作取得新进展。科普工作的重点对象之一是青少年。多年来，县科协不断加大对青少年普及科技知识的力度，在有关学会和乡镇科协积极配合下，取得了一定成效。县青少年科技辅导员协会重点扶持建设中学实施农村小星火计划，帮助大公中学开展农业新技术推广。1996 年，建设中学被评为全国小星火计划先进集体，建设镇中心小学被评为上海市科技绿色学校。竖新镇、大新镇科协分别通过"少儿科普系列活动"和举办"小学生科技节"等形式，以科技小能人、科技小制作、化肥知识竞赛以及船模、航模比赛等一系列活动，激发青少年对科学技术的热爱。

4. 大型主题性科普活动不断向纵深发展。两年一届的科技节活动是继"科普之夏"之后，面向全社会的大型主题科普宣传活动。在科技节活动中，通过一系列融知识性、趣味性于一体，各具特色的活动，向广大群众传播科学知识、科学方法和科学思想，使科技走进千家万户，促进了全县人民科学文化素质的提高。据不完全统计，1993 年、1995 年两次科技节全县共举办科普早市 91 场(次)，有近千名科技人员参加，展出科技宣传版面 715 期，发放各种科普资料 5 万余份，受教育面达 15.4 万人次。在 1995 年科技节中，为体现"人类进入了信息时代"这一主题，县科协专门举办了计算机技术演示等活动，并先后组织 500 多位科技人员参观了上海高新技术实验室和科技博览会，拓宽了科技人员的视野。由于精心组织，效果明显，县科协获得"'95 上海科技节优秀组织奖"。

5. 科技培训常抓不懈。充分发挥县科协人才荟萃、学科齐全的优势，积极开展科技培训是科普工作的又一特色。1993 年来，共开办各类培训班 870 班(期)，培训 8 万余人次。根据崇明经济发展对紧缺人才的需求，先后开设了"计算机信息管理"大专班、"国际商务"大专班、计算机应用操作等培训班。科协的业余技术进修学校，克服培训设施不完善的困难，面向基层，送教下乡，为上海环洲实业总公司开设机械冷加工技术培训班，培训了 85 名企业技术工人。县水利学会注重科技人员再教育，为水利专业人员开设了 5 门水利专业课，经考试合格，27 名学员均取得了劳动人事部门颁发的《上海市专业技术人员继续教育证书》。县计算机学会举办计算机应用能力考核初级和中级培训班以及办公自动化班共 31 期，先后为我县培训了 1 600 多名计算机操作人员。

二、崇明科普工作存在的主要问题

虽然在市县各级领导和社会各界的支持关心下，我县近年来的科普工作取得了一定的进展，但在社会主义市场经济不断完善发展的新形势下，从我县"两个文明"建设的要求和迎接崇明 21 世纪大开发的目标来看，还有较大差距。主要表现在以下几个方面：

(一) 科普网络尚不健全与完善。

我县的科普网络体系尚欠完整，表现在乡镇科技助理兼职过多，很难抽出较多的精力组织开展科普活动，县各委局原有的科技科(股)，现已荡然无存，作为科普中坚力量的县级学会，也出现了科技人员老化、科普队伍青黄不接的断层现象，在乡镇第一线直接从事科技推广的科技人员少而不稳。另外，社区一些科普力量各自单兵作战，自成体系。

（二）科普手段难以适应时代需要。

科学技术的进步，先进传播手段日趋完善，人们接收科技信息的渠道和形式发生了根本性的变化。原有的一些传统的科普手段和少得可怜的设施，如县科协仅有一台1988年购置的M7摄像机，现已远远满足不了现代科普工作的需要。

（三）科普活动阵地日益萎缩。

县科技馆原址因恢复学宫需要搬迁，现在县科技馆的工作人员因无活动场所而与县科协挤在一间教室里办公。一些大规模、高层次的科普展览、科技讲座、科技培训等科普教育活动受到了限制。基层科普活动室等也是凤毛麟角。全县25个乡镇中，有科技活动室的只有2个乡镇。

（四）科普活动经费捉襟见肘。

近两年来，县财政在十分困难的情况下，仍逐步加大科普方面的投入。我县的人均科普活动经费由1996年的0.027元增加至1997年的0.05元。但与上海其他区县相比，仍有很大差距，这也不可避免地影响了大型科普活动的开展，使一些先进适用的科技新成果难以示范推广。基层的一些科普活动也长期得不到支持帮助。

（五）科普工作尚未被社会充分认识。

随着“科学技术是第一生产力”思想的不断深入人心，人们的科技意识得到了提高。但仍有为数不少的人，包括一些领导干部，科技意识比较淡薄，把科普工作当作“软任务”，缺乏对科普工作的重视和支持。因而，一些原先较有活力的学会解散了，有些学会，尤其是工业口的学会工作难以开展。社会公益性的科普工作因得不到社会的应有支持而受到影响。

三、加强我县科普工作的几点建议

（一）提高对科普工作的认识。

全县各级党政部门要认真贯彻《中共中央、国务院关于加强科学技术普及工作的若干意见》，深刻认识科普工作的重要意义，增强抓好科普工作的责任感和使命感，把科普工作作为一项长期的战略任务常抓不懈，为真正把经济建设转移到依靠科技进步和提高劳动者素质的轨道提供重要的保证。

（二）健全完善科普工作管理体制。

1. 建立科普工作联席会议制度。在县委、县政府的领导下，建立由县领导挂帅，县科委牵头，县科协负责，有关部委办局和社会团体参加的县科普工作联席会议制度，统筹协调和组织全县的科普工作。县科委主管制定计划、部署工作、督促检查、实行政策引导。

2. 发挥科技组织作用。继续发挥科协及科技团体在科普工作中的主力军作用，巩固、健全现有的乡镇科普协会和县级学会，使科普工作进一步深入社区，渗透到乡、镇、村的千家万户。

3. 加强科普工作考核。要把科普工作列入对各乡、镇、委、局的考核范围。每年对各级科普专职领导干部进行认真考核。

（三）加大对科普工作的投入并拓宽投资渠道。

1. 增加投入。县政府要进一步加大对科普工作的投入，在目前人均科普经费0.05元的基础上，有较明显的递增。

2. 鼓励社会办科普事业。要鼓励全社会举办科普公益事业，积极争取企业、社会团体和其他方面对科普事业的捐赠。各级政府对捐赠者要给予表彰、颁发荣誉证书及授予荣誉称号。

3. 建立科普基金。创建崇明科普工作基金，重点用于对青少年科普工作的支持和对在科普工作中作出特殊成绩等方面的奖励。

（四）落实科普设施重点工程的规划实施。

针对我县缺少科普活动场所（现在的县科技馆只是一个空架子）的实际情况，建议县政府把兴建崇明科技活动中心列入规划，并予以优先考虑。完善科普设备，为发展我县科普事业创造良好的工作条件。

（五）稳定和建设一支精干的科普工作者队伍。

要采取积极、有效的措施，建设一支精干的科普志愿者队伍，要使科技工作者从事科普工作的劳动成果得到应有的重视承认，关心科普工作者的工作、生活、进修、奖励、职称评定等。对在科普工作中作出特殊贡献的科普工作者，要给予表彰和奖励，并通过宣传媒介进行大力宣传。

（六）发挥社会科普力量作用，形成科普合力。

要充分利用大众传播媒介，加大科普宣传力度，形成科普网络与传播媒介互助互补的格局。要充分发挥工、青、妇等群众团体的作用，形成全社会共同支持科普工作的新局面。

加强农村文化建设，促进乡风和谐文明

民进崇明县委员会

2006年9月

解决好农业、农村和农民问题，其核心是解决好农民问题。加强农村文化建设，满足广大农民多层次多方面的精神文化需求，提高农民文化素质，树立农村社会文明新风，从而为农村生产力发展、农民生活质量提高奠定人文基础，是建设社会主义新农村的内在要求和构建社会主义和谐社会的重要内容。崇明是上海农业人口比率最高的郊区，加强农村文化建设，丰富农民精神生活，意义更为突出。我们就崇明乡镇文化建设展开调研，根据调查结果提出以下观点和建议。

一、继续加强政府投资和政策扶持，不断改善农村文化设施，丰富农村文化生活

调查显示，近年来，由于县、乡镇党委和政府的重视，县、乡镇、村三级的文化公共设施得到改善；县、乡镇组织的文化活动规模有所扩大、影响日渐增大。县级和几个乡镇图书馆，实现了与上海图书馆的联网。有线电视已经贯通14个乡镇，无线广播覆盖率达100%，无线电视信号覆盖率达90%，新河镇文化中心等一批乡镇文化中心建设也取得明显成效，吸引了不少城乡居民。与此同时，县文化部门组织的文化下乡“百千万”工程正在有序推进，非物质文化遗产保护得到重视。一些乡镇自身的文化活动仍然比较活跃，被评为全国民乐之乡的新河镇，铜管乐、笛子、琵琶等民乐培训和演出等活动十分活跃。近年来成功举办的全国和国际公路自行车赛，途径不少农村地区，其声名远播海内外的同时，也丰富、影响着农村的文化生活。但调查也显示：崇明人均的公共文化设施的占有率远低于全市平均水平，且公共文化设施基本集中于县城和中心镇区，农民真正拥有的公共文化资源严重匮乏。文化事业活动虽然规模在扩大，但其影响侧重于对上、对外宣传方面，农民从中得到的真正文化资源甚少，83%的村民没有觉得村中有文化设施（包括健身点），87%以上的村民去年一年“没有参加过县、乡镇、村组织的文化活动”。

我县农村公共文化设施不足以及农民文化精神资源匮乏，与我县经济、文化、地理状况等密切相关。而政府的职能就是努力保证公共产品的优质化，努力促进公共产品分配的均衡化。在生态岛区建设初期相对注重“规模文化建筑”“规模文化活动”的同时，应与新农村建设相结合，注重提高与普及相结合，注重“百姓”意识，使文化设施和文化活动侧重于惠及广大农民。为此建议：

（一）加强对乡镇、村的文化投入和资源调配。积极配置、改善乡镇、村级社区中心的文化设施，增加村级健身点。其次，由政府出面，协调跨单位的资源互用。如将闲置的农村小学改造为村文化活动基地，充分发挥农村中小学在开展农村文化活动方面的作用。提倡中小学图书室、电子阅览室定时就近向农民开放，把中小学校建成农村的宣传、文化、信息中心。

（二）加强对乡镇、村文化活动室的管理。村文化活动室可“一室多用”，其管理人员可以由各乡镇协调，按各类“协管员”待遇给予固定报酬，并对其进行培训，保证设施设备的利用质量以及文化健身活动的应有效果。

（三）加强乡镇、村文化资源的联动共享。如部分文化设施设备可跨社区配置使用，加强各乡镇之间，村与村之间文化形式的交流、联动共享等。

二、调整乡村文化建设策略,丰富优化农村民间文化,激发乡村文化的内在活力

调查显示,县级层面去年下乡文艺演出110场次,放映电影3 268场次,送书1.2万册。为配合县开展的"百千万"工程,乡镇文化馆也自排节日演出186场次,观众12万人次。目前,全县乡镇有文体队伍50支,人数近千人。但调查也显示:83%的农民对市、县文化部门文化下乡活动不满意或很不满意,对村级文化活动的满意度也不足25%。主要原因,除了资金投入等因素外,还与"乡村文化建设"的思路和策略有关。在相当长的一段时间内,一提农村文化建设,很多人都说"要送戏下乡、送书下乡"。其实,面对广袤的农村,轰轰烈烈的"送",总显得杯水车薪,"送戏""送书"作为一种城市文化对农村文化的援助是完全必要的,但从长远来讲,一味地依靠"送"是无法满足广大农民日常文化生活需求的。更值得注意的是,这些说法背后蕴涵着居高临下的观念,总以为农村是文化的荒漠,需要城市文化播种。但其实应该充分认识到,农村有着独特的文化,具有亲民性,生命力都很强。因此,应该树立农村优秀民俗文化也是文化建设有机组成部分的观念,变单一的"送下乡"为"送下乡"和"捧上台"相结合的方式,最大限度地提高农民参与文化建设的积极性。所谓"捧上台"就是搭建平台,让民间艺人、民间习俗、民间文化走进主流舞台,扩大其自身的文化影响力。在群众性的活动和表演中,实现民俗文化自身的传承、更新与优化。部分乡镇已形成相关工作构想。如新河镇计划将散落在乡村中的铜管乐队、民乐队组织起来,建立沙龙,建立"文联",并为其提供场地,组织联合活动。再如,崇明本岛东部的一些乡镇,积极挖掘崇明扁担戏的文化价值,组织扁担戏传人到上海以及外省市演出,组织学生去学习崇明扁担戏。为了把这些处于萌芽状态的思路和措施固定下来,并成为我县文化建设的新机制,建议县、乡镇政府和有关部门主动加强组织协调,丰富优化农村自身的民俗、民间活动,激发乡村文化的内在活力。

(一)设立崇明民间文化建设奖。奖励对普及、优化崇明民间文化有贡献的领导、组织及民间艺人。

(二)举办崇明民间文化节,挖掘崇明优秀的民间文艺、文化资源。

(三)坚持和生态旅游相结合,优化富有特色的乡村活动,让游人在参与崇明特色乡间活动的过程中,传承、优化崇明农村特色文化。

三、将"生态文化"建设纳入"生态崇明"建设大框架之中,总体协调经济与文化、城市与乡村间的关系

调查发现,经过近年来的大讨论宣传教育实践活动,全县群众能基本了解崇明三岛的发展定位,也基本认同生态岛区建设的基本理念,但对生态岛建设和文化建设之间的关系还缺乏准确、清晰的认识。在部分乡镇发展规划中,虽然已经有乡镇将乡村的文化建设纳入总体蓝图中,但不少乡镇还缺乏这样的系统整合意识。由于理念的偏差和规划的缺损,在乡镇的市政建设中已经出现一些问题:如将具有民俗特色或者具有历史内涵的建筑肆意拆迁改造;再如为了追求经济效益,将茶馆、电影院等文化设施挪做家具店、发廊等经营场所等等。为此建议,政府部门应从建设社会主义新农村出发,从政策上明确农村文化建设是生态岛区建设的必要组成部分;同时,要着力完善各项评价指标,将农村文化建设作为树立乡村文明新风的重要抓手,保证经济和文化、城镇与乡村统筹、和谐发展。

加强乡镇卫生服务中心管理,努力提高卫生服务水平

农工党崇明县委员会

2006年9月

最近,农工党崇明县委围绕加强乡镇卫生服务中心管理,组织了一次本岛区域内的专题调研,针对现状和问题提出几点意见和建议。

一、本县乡镇社区卫生服务中心现状

(一)基本情况。近几年来,在县、乡镇两级政府的重视、关心和支持下,我县乡镇卫生医疗机构的综合改革已经启动。截至2005年年底,我县14所乡镇卫生院均已完成了设施改建,"翻牌"成为"社区卫生服务中心"(以下简称"中心")。"中心"现共有在编职工1 017人,其中卫技人员824人。从人员结构来

看，医生有520人，护士146人，医护人员大专学历以上289人，占总数的35%；取得全科医师资格的为170名，占医师总数的37%；中级以上职称204人，占总数20%。“中心”核定床位总数1 078张。大多数“中心”另有老年护理病床，床位20—60张不等，且处于满员状态。

（二）财务状况。截至2005年年底，14个“中心”外欠药款高达1 902.8万元；部分“中心”负债运转，总亏损额为240.2万元。各“中心”职工年平均收入明显低于同乡镇教师的平均水平。有些“中心”一度出现工资“打折”的尴尬局面，有些“中心”不能正常兑现“海岛补贴”等政策性支出。

（三）业务概况。目前全县各“中心”主要仍以医院模式实施管理，“重医疗，轻防保”。从“中心”主任到普通职工，仍然注重于多收病人、多作各种检查、多创收等生存大计。部分医疗基础较好的医院，继续从事普外科、泌尿科的一些手术。同时“中心”依然采取坐等患者上门的传统医疗方式。随着“中心”功能定位的逐步改变，许多“中心”已经成立社区卫生服务团队（以下简称“团队”），主要从事辖区内的各类访视工作。

二、我县各“中心”普遍存在的问题

（一）注重医疗创收，忽视卫生服务。各“中心”的收入主要来自医疗方面，政府下拨的预防经费只占一小部分。以新村乡为例，该“中心”去年一年所需职工工资支出、正常业务支出合计约110万元，而政府所拨经费仅为20万元。因此，临床医疗和老年护理病床就必然作为“中心”的管理重点，由此带来老百姓所普遍反映的“看病贵”问题。通过120份调查问卷汇总，有38%的病家反映医疗费用偏高，经济上负担较重，有14%的病家认为医疗费用已超出了负担能力，两者合计超过52%。

（二）医技不高，服务态度一般。“中心”医务人员大多学历较低，职称不高，专科疾病方面的诊治能力较低。调查中，社区居民认为“中心”医务人员诊治能力较高的仅有32%，认为能力较差的高达46%，认为符合全科医生要求的只占6%，有23%的病家认为与合格的全科医生有很大差距。在服务态度方面，大多数病家认为“中心”医务人员对熟人比较热情，对陌生人比较冷漠，比例为49%，满意率明显低于县级医院。

（三）岗位意识淡漠，内部管理松弛。调查中，许多居民反映“中心”医务人员擅自离岗、早退等现象严重。一些医务人员上班闲聊、做私事，部分值班人员晚上饮酒甚至参与打扑克、搓麻将等娱乐活动。一些辅助检查项目如B超、X线摄片、心电图等不能保证每个工作日正常开展，药房中一些常用药短缺现象时有发生。

（四）医疗设备陈旧，维修资金不足。“中心”设备陈旧、档次低、易发故障等问题比较普遍，已经难以满足农村常见病、多发病等基本医疗诊断的需要。调查中，有超过59%的社区居民认为“中心”医疗设备陈旧落后，部分项目无法做，一些诊断结果不可信。

（五）全科“团队”人手短缺，额定工作量大，服务内涵不足。目前试点运行的全科“团队”总人数占“中心”医务人员的比例较小。以中兴镇为例，该“中心”成立4个“团队”，每个“团队”由8—9人组成，负责全镇10类人群的访视工作，服务对象接近1万人次，由于缺少专用车辆，主要靠自行车出行，现阶段尚不可能真正为社区居民提供医疗、康复、护理等综合卫生服务。

（六）乡村医生队伍萎缩，缺乏有效管理机制。全县乡村医生503人中，男性287人，平均年龄53.8岁；女性216人，平均年龄49.5岁。中专以上学历的仅有81人，获得执业医师资格证书的只有38人。实行乡（镇）村卫生一体化管理后，乡村医生的业务管理从属于“中心”，但由于他们的报酬不稳定，养老保险未落实，一些乡村医生就从事超范围的医疗业务，有些甚至通过私自进药来增加收入。

三、几点建议

（一）加大对“中心”的财政投入力度，从根本上改变“中心”重医轻防的卫生服务模式。目前，县级财政下拨人均20元的预防保健经费外，乡镇财政所拨款项微乎其微。财政拨款不能增加的情况下，以医养防的局面就不可能改变。加大财政投入力度，是破局的关键举措。建议选择有代表性的1—2个“中心”，按照“收支两条线”原则进行试点。由县、乡镇两级财政按一定比例下拨。如果财力上暂时无法做到，也可通过科学测算，逐步增加拨款数额，使“中心”工作重心逐步转向社区公益服务。

（二）建立行之有效的监管考核机制。为了确保“中心”职能的有效转变，必须建立一套科学合理且便于操作的检查、督促、考核制度。一方面，政府财政的拨款数额不但要与社区居民人数有关，同时也应与“中心”所做公益卫生服务的质与量相联系，与各条线考核成绩、社区居民满意程度等挂钩。“中心”内部医护人员的收入分配，也应摒弃原有的按照门诊工作量、辅助检查数量等创利指标核算的做法，而是应根据其个人医技能力、工作总量、服务评价等指标来确定。

（三）全面提高医务人员业务素质，加快专业人才引进和培养。要按照卫生主管部门要求，加紧实施全科医师培训计划，要鼓励“中心”医务人员通过参加自学考试、进修学习、短期培训和继续教育等，提高自身业务素质，以适应岗位职能转变的需要。同时，应广泛引进大专以上文化程度的专业技术人才，将之充实到各“中心”的医务人员队伍中，从整体上提高“中心”人员的学历、职称层次。

（四）提高管理能力，规范行业作风，提高群众满意率。“六位一体”的职能转变，对“中心”领导者的管理素养提出了新要求，因此有必要对领导者进行管理能力方面的培训。要加强服务行业规范教育，特别是对一线医务人员，更要灌输人性化卫生服务理念，把“呵护家乡父老生命，建设社会主义新海岛”作为全体医务人员的共同使命，以一种全新的工作方式、工作态度来提高社区群众的满意率。

（五）逐步增加“团队”人员比重，改善工作条件，提高服务层次。为了切实履行政府赋予的公益性卫生服务职责，应逐渐将临床医疗等部门的骨干人员更多地充实到“团队”中去，并针对部分乡镇区域面积广、人口数量多、工作总量大的情况，配备必要的机动车辆，通过改善工作条件，逐步充实“六位一体”的工作内涵，提高卫生服务层次。

（六）加强乡村医生管理，提高乡村医生待遇，发展后备乡村医生队伍。按照农村卫生服务需要，实施社区卫生标准化建设，争取用2—3年时间，完成全县村卫生室改造任务。要改善村卫生室硬件环境，增添必要的医疗仪器，保证小病不出社区。要提高乡村医生待遇，将其纳入社会保障体系，并将乡村医生的人事安排、业务指导、工资发放，划归“中心”统一管理。同时，要加强乡村医生的业务培训，提高其在新形势下的业务能力。还应从农村高中毕业生中选拔部分优秀青年，通过卫生学校的全日制业务培训，取得执业资格后，逐步充实到这支队伍中去，以改变目前乡村医生青黄不接、后继乏人的局面。

加强农业科技人员队伍建设，促进高效生态农业发展
——关于我县农业科技人员情况的调研报告

县政协科技委员会

2009年12月

未来三年，崇明将正式启动和实施《崇明县高效生态农业三年行动计划（2009—2011年）》，加快崇明高效生态农业建设。计划采取结构调整行动、产业行动、现代农业基地建设行动、质量与标准行动、战略联盟行动、产业化行动等六大行动，全面增强农业经济综合竞争力，做强区域农业特色，实现农业经济发展与新农村建设、生态环境保护、资源利用的有机统一。到2011年，初步形成以中部优质大米、西部白山羊、东部特色蔬菜和中北部地区特色水产养殖、全县林果花为主的五大支柱产业区域特色；建成无公害稻米标准化生产基地30万亩；无公害农产品、绿色食品、有机食品认证面积达到主要作物种植面积60%；全县农业综合机械化水平达到80%以上；三分之一农民获得农业“绿色证书”，初步构建起适应市场经济发展的高效生态农业体系。

然而，高效生态农业的发展，必须要依靠科技进步来推进技术创新，提高资源利用率、劳动生产率和投入产出率。因此，农业科技人员队伍建设及作用的发挥是实现高效生态农业的关键之一。为此，县政协科技委员会围绕“加强农业科技人员队伍建设，发展高效生态农业”的主题，对全县农业科技人才队伍建设情况进行了调研。现将调研情况报告如下。

一、我县农业科技人员队伍现状

我县农业科技人员在推进农业的发展、改革和创新以及在农业科技成果推广应用中发挥了重要作用。经过多年的实践和发展，初步形成了以农技推广中心、农机管理检查站、林业站、动物疫病预防控制中心、水产技术推广站、农业良种繁育推广中心、蔬菜站等7家县级农业科技机构为龙头，以16个乡镇农业技术服务中心为主力的县和乡镇两级服务体系。

在农业科技人员组成上，经2008年农业科技推广体系改革后，全县总编制人数为517人，实际在编人数为468人。在镇级农技中心在编的171人中，从事大农业人数为63人，蔬菜为18人，畜牧为32人，水产为19人，林业为26人，其他为13人。在县级各农技中心中，科技人员的岗位设置基本合理。

二、当前农业科技人员队伍建设中存在的几个主要问题

（一）专业人员比例偏低，人员结构不合理。据统计，在我县乡镇一级农技中心中，大专学历的有25人，占15%；高中及中专学历的有105人，占61%；初中及以下的有41人，占24%；没有大学本科及以上学历的科技人员。高级技术职称的有1人，占1%；中级技术职称的有36人，占21%；初级技术职称的有60人，占35%；工人74人，占43%。在县级各服务中心中，同样也存在着专业人员比例偏低等现象，其中，县农技中心80名农业科技人员中真正从事农业科技推广工作的只有40人，占50%。县、乡镇两级科技人员中，专业技术人员比例偏低，直接造成两个比较突出的问题：一是大多数农技人员对优质高效农业作物生产技术的掌握程度不够深入，对新型特种经济作物的相关技术了解甚少，很难满足当前农业种植多元化、技术需求多元化、服务对象多元化的需求；二是随着我县生态农业的发展，目前科技人员结构已不适应现有生态农业技术需要，在今后一段时间，我县在农业植保、作物栽培、蔬菜、畜牧兽医以及农产品精深加工、农业信息技术应用、农产品现代营销等方面的科技人员将明显缺乏。

（二）各乡镇农业服务站普遍存在“在岗不在编”的现象。在2008年县农技推广体系改革后，全县16个乡镇共有67人在岗不在编，这些人员主要从事农业、畜牧业等岗位。以中兴镇为例，中兴镇现有在岗不在编人员6人，在园艺场、农资经营部等单位工作。因人多编制少，在1996—1997年乡镇人事改革时未能进入编制。其中一名高级农艺师，多年来致力于崇明花菜新品种的培育工作，先后培育了崇花1号、2号、3号三个花菜新品种，2006年获得了上海农业科技创新人的称号，2008年获得上海科技进步三等奖，为崇明农业的发展作出了较大贡献。这样优秀的农业科技人员却不在编。在岗不在编，一方面导致农业科技人员福利待遇难以保障，人心不稳，科技人员工作积极性不能充分发挥，甚至出现部分科技人员不安心工作，频繁上访现象；另一方面，也造成农业科技人员队伍不稳定。大部分的高学历、高素质的新型农技人员选择另谋出路，极大地影响了农业科技人员队伍建设。另外，在编不在岗也造成了乡镇农技干部易岗混岗现象较严重，农业科技干部较多忙于日常性行政工作，而没有时间和精力从事科技工作。

（三）年龄老化，人才队伍建设有断层的危险。全县乡镇农业服务站在编人员年龄情况统计如下：30岁以下1人，30—40岁8人，41—50岁42人，50岁以上120人。70%以上的年龄在50岁以上，40岁以下人员仅有9人。预计今后三年内，将有35人退休，其中男性31人，女性4人。大农业岗位退休9人，林业5人，农机4人，畜牧7人。由于年龄老化，相当一部分农业科技人员知识陈旧，观念老化，掌握不了新技术、新成果，尤其缺乏市场营销、农业信息技术应用等方面的知识。此外，为农科技服务内容少，缺乏针对性、指导性和适应性，仅限于动植物种养、农资销售等常规的单纯生产环节上的服务，而在技术、信息、管理等方面的服务无法满足农民的需求，影响了农业服务中心功能的充分发挥。个别乡镇农业科技队伍老龄化问题严重，如绿华镇农业技术服务中心，在编的7人年龄已全部超过56周岁，都即将退休，农技队伍出现青黄不接、后继乏人的现象。

（四）农技推广体系不健全。自我县镇村机构合并以来，县、乡镇两级农技推广机构的管理区域成倍扩大，县农技中心40名从事农业推广工作的科技人员要指导全县40万亩水稻、30万亩的油菜和麦子生产，人均指导服务面积1.75万亩。再加上农户分散承包经营土地，工作面广量大，特别是农作物栽培的关键季节和防病治虫时，县、乡镇两级科技人员更加难以应付。同时，由于村级农技推广网络尚未健全，有些村的农技工作由一人兼任，使各项农技推广工作难以及时入村入户，出现了县、乡镇农技推广力不从心，村级农技推广服务断线的现象。

三、加强农业科技人才队伍建设的建议

（一）加强和规范农技推广队伍体系建设。要进一步充实调整乡镇级农业技术服务中心专业技术人员，理顺编制人员，做到在编在岗、专业对口、学以致用。建议县农业部门在这次乡镇农业科技人员统一管理的过程中，加强调研，分析情况，正本清源，将非农技人员清理出编制，将有实绩的一线农技人员充实到队伍中。同时，要对本县现有的农业科技人员逐个按照专业属性和职称高低，实行定岗、定责、定权益的“三定”制度，确保为农服务部门必要的人员、经费、技术推广和服务经费的到位。要鼓励农业技术和服务部门实行企业化经营和社会化服务，真正让农业科技人员用其所长、尽其所能。

（二）加强农业科技人员的引进和培养。一要完善人才培养机制。重视与市农科院和农业院校的合作，加强对现有农业科技人员的培训，逐步建立以老带新的培养机制，跨范围、跨领域的交流合作机制，选送年轻科技人员进院校深造的培训机制，大力培养和引进熟悉农产品精深加工、农作物育种、农产品国际营销方面的专业人才。二要招聘一些熟悉农村、热爱农村、扎根农村、热心农技工作的大中专技术人员到农业科技推广队伍中来，进一步优化年龄结构、文化结构、技术结构，推进农技推广体系人才队伍建设，保障农技工作的全面开展。要在招聘大学生村官的同时，招聘更多的大学生补充农业科技人员队伍。三要大力引进县外农业科技人才。牢牢坚持“以人为本”的思想，全力营造一个有利于人才引进的良好环境，鼓励县外科技人才参与我县新农村建设。

（三）加强农业技术推广新模式的探索。一是进一步完善健全现有县、乡镇两级农技推广网络，正确处理好乡镇农技中心与所在乡镇、服务对象和单位创收经营的关系，切实提高为农服务水平，大力推进现代农业建设。二是县农业部门要加大力度，在理顺农技推广队伍体系的基础上，创新机制，科学管理，培育一支遍布农村、适应农民需求的新型农技推广队伍，使农技推广工作形成县、乡镇、村三级网络体系，全面推行科技推广人员直接到户、良种良法直接到田、技术要领直接到人的科技成果推广新模式，促进农技推广工作的深入开展，为全县广大农民的生产经营提供技术服务。

总之，当前的农业科技人员队伍和农技推广体系已很难满足我县高效生态农业的发展，其改革和发展势在必行。通过农业科技人员队伍建设的加强、农业科技推广体系的改革、高效生态农业六大行动计划的实施，崇明农业必将进入一个新的发展阶段。

搭建社区文化平台，推进社区文化建设

县政协教文体委员会

2011 年 11 月

近年来，我县在推进新农村建设的过程中，加大了社区文化建设的力度，使城乡的社会建设有了较大发展。最近，县政协教文体委员会就如何进一步发挥社区文化中心在社会文化建设中的作用进行了调研，现将调研情况报告如下。

一、我县社区文化建设的现状及存在的问题

据统计，截至 2010 年年底，全县共有社区文化活动中心 18 家（至 2011 年年底达标的有 15 家），乡镇图书馆 18 家，信息苑 15 家，农家书屋 269 家。现有的 269 个数码放映点遍布城乡广大地区，207 个社区文艺团队活跃在各个居民小区。城乡群众反映，与过去相比，现在的文化生活形式更加多样，内容更加丰富。

我县社区文化建设中还存在一些值得注意的问题。如社区文化中心的活动较少，对群众的吸引力不大；乡镇图书馆藏书品种、数量少，平均在 2 万册左右，读者选择面较窄；农家书屋藏书量平均在 1 500 册左右，适应群众需求的读物不足；信息苑以上网游戏居多，应有的作用没有发挥；数码放映点大多放映时间不固定；文艺团队缺少编创的辅导人员，原创的、观赏性强的节目比较少。

二、搭建社区文化平台，推进社区文化建设的几点建议

（一）以配合中心工作为抓手，打造宣传平台。近几年，县委、县政府及其职能部门关心文化团队的发展，加大了对文化团队的帮扶力度。据统计，全县现有文化团队、体育健身团队400余个。这些团队活跃在乡村街道层面，一定程度上满足了群众欣赏文化活动和参与文化活动的需求。调研中，我们了解到很多团队没有演出的舞台和活动的场地，花费大量时间和精力排练好的文艺节目只能在周边地区进行一两场的演出，造成资源浪费，长此下去也会影响团队的积极性。

在生态岛建设进程中，政府及其职能部门应当引导社区文化中心围绕党委、政府的中心工作，组织文艺团队开展主题宣传演出活动。如围绕生态岛建设，环境优美乡镇、卫生乡镇、文明乡镇的创建，新农村建设等重大工作，组织文艺团队排练文艺节目，进行主题宣传演出。同时，社区文化中心活动室应当对文艺团队免费开放，为他们提供排练场地。文化中心要积极组织文艺创作人员，编创有关宣传节目，编印文艺宣传材料，在乡镇、村居社区演出，扩大宣传效果，满足群众的文化生活需求。县级有关部门可联手文化单位举办大型主题演出，通过汇演促进艺术交流，提高演出质量，扩大演出影响。

（二）以展现草根才艺为基点，打造展示平台。社区文化中应努力为群众搭建展示才艺的平台，满足不同层次、不同年龄居民的需求。比如，针对青少年开展卡拉OK演唱比赛、乒乓球比赛等活动；针对女青年开展美容美体展示、呼啦圈比赛等活动；针对企业职工举行篮球、拔河比赛等活动。在重大节庆日，举办具有一定规模的歌咏比赛、健身舞大赛、交谊舞比赛、农民象棋邀请赛，等等。通过这些活动的开展，让男女老少都能在社区文化活动中找到适合自己的项目，为大家提供了展现自我、相互交流的机会，增强社区群体之间的凝聚力。

（三）以提供文化信息服务为职能，打造传播平台。要努力把乡镇文化站点打造成传播各种科学文化信息的基地。为群众及时提供有关种植、养殖的科技知识，帮助群众解决生产、生活中的难题。要努力提高农家书屋图书管理员的整体素质，使之能够更好地为群众提供图书阅读服务。县级文化主管部门应建立书籍轮换交流的平台，在全县的农家书屋中开展定期的图书杂志交换工作，发动县级部门开展对农家书屋的捐书赠书活动，为农家书屋订报刊活动，真正让农家书屋成为群众继续学习的课堂。此外，村（居）委的信息苑要健全管理使用的机制，使之成为百姓求得最新知识的来源地，而不是电脑游戏的活动场地；数码影视的放映室，应该及时向群众公布放映的片目名称和日期，让观众心中有数。除了播放群众喜闻乐见的影视片外，还应该有计划地引进文化部文化共享工程提供的文化科学讲座片，定期在社区放映。

（四）以"非遗"保护为题材，打造传承平台。近年来，我县已经先后有瀛洲古调琵琶、牡丹亭、灶花、布袋木偶戏、天气谚语、崇明山歌等多项非物质文化遗产列入国家级、市级的保护名录。这是有着崇明文化深厚底蕴、承载着崇明历史的宝贵财富。社区文化中心应主动承担崇明非物质文化遗产的收集、挖掘、传播、整理、保护、传承的职能。条件成熟时，可以建立陈列室，弘扬和宣传崇明的优秀传统文化；可定期组织开展一些培训辅导讲座，传承"非遗"技艺；可通过挖掘本地区的人文历史，制成画册、图片进行陈列展览，如庙镇编制《风雨千年话庙镇》画册和《今日庙镇》摄影集等作品，为扩大该镇的文化影响力起到了积极的推动作用。

总之，社区文化活动中心承载着社区文化建设的重任，有关部门应当积极推进社区文化中心"四个平台"建设，让社区文化中心成为强化社会管理的一个有效渠道和载体。

建立新型农村合作医疗制度，保障农民基本健康水平

县政协人口和健康委员会

2011年11月

在县委、县政府的统一部署下，当前我县已经初步确立了大病统筹、医疗救助和农村医疗卫生服务的新型农村合作医疗体系。为深入了解新型农村合作医疗制度的运行情况，近期，县政协人口和健康委员

会开展了专题调研。现将调研情况报告如下。

一、新型农村合作医疗工作现状与成效

我县现有常住人口689 493人，其中农业户300 974户，农业户口426 310人，社区卫生服务中心16个(东平、新海除外)，村卫生室223个。截至今年4月底，全县参加合作医疗人口332 794人，参合率达99.71%。调研中发现，我县新型农村合作医疗工作在以下几个方面取得了明显成效。

(一) 合作医疗机构建设加强。县成立了合作医疗管理委员会，各乡镇也建立了合作医疗领导机构和经办机构。县、乡镇人员编制部分得到落实。县合管办现有工作人员8名，为县事业单位编制；乡镇合管办共有工作人员80名，其中，有正式编制的50名，社会聘用人员26名，借用人员4名。

(二) 合作医疗定点医疗机构的监管力度明显加大。县合管办每年与各定点医疗机构签订服务协议书，并与县卫生局制定《崇明县农村合作医疗定点医疗机构管理暂行办法》《关于进一步规范崇明县合作医疗就医结报行为的通知》等一系列文件，加强对各定点医疗机构的监管，对本县村卫生室和社区卫生服务中心医疗费用支出实行总量控制和相关指标量化管理，督促各社区卫生服务中心积极开展便民服务。

(三) 大病减贫二次补助制度逐步建立完善。2009年，我县对参合的低保户和低收入家庭，在获得住院或门诊大病补偿、社会医疗救助后，其一次性自负医疗费用超出1万元以上的，再按可报销部分50%予以补助，补偿封顶额为5万元。2010年起，大幅提高对低保户及低收入家庭二次补偿的覆盖面。

(四) 合作医疗基金实行县级统筹、二级管理的模式，使用效能显著提高。2009年起，我县基金实行全县统筹、二级管理的模式(长兴、横沙除外)，并建立乡镇定额使用制度和风险共担制度，年终资金结余的，转入下一年度继续使用，且不影响下一年度额度；年终资金超出定额部分的，由县、乡镇两级财政按比例分担。县及各乡镇实行了银行专户储存，专款专用，管用分开，封闭运行。

(五) 稳定资金筹集机制和征缴方式已经建立。按照沪府办〔2008〕55号文件要求，我县建立、健全个人缴费、企业和集体扶持、政府资助相结合的多渠道筹资机制。个人缴费按上年度本县农村居民人均可支配收入的2%缴纳。政府投入按个人缴费以一定比例逐年增加。在资金征缴方式上，个人缴费部分由村委会统一收取，各级政府的扶持资金直接由县财政部门按使用情况定期申请下拨。

(六) 新农合信息化建设和政府实事项目稳步推进。崇明县合作医疗实时结报网络信息系统，2008年列入县政府实事项目和新农村建设项目，总投资为649.8万元。目前，全县所有村卫生室和社区卫生服务中心都实施了实时结报。二级医院的实时结报建设工作也正在建设之中，预计，今年一季度二级医院可以实施网上实时结报。

二、新型合作医疗面临的问题

(一) 宣传引导不足，农民参保积极性有待提高。新型农村合作医疗的宣传还不够深入，农民对政策的理解不透彻，普遍存在期望值过高现象。对运行过程中的具体问题，由于部分工作人员解释不全、处理不当，使农民对政策产生怀疑。

(二) 全县筹资水平偏低，保障水平有待进一步提高。与其他区相比，我县合作医疗保障水平还有较大差距。政府对新农合的财政支持十分有限，补偿标准与市要求的“到2010年二、三级医疗机构补偿比例门诊和住院分别达到60%和50%”还有一定的差距。

(三) 部分合作医疗经办机构建设滞后。县合管办现有工作人员8人，按参合人数计算，人均服务对象为42 000人。合作医疗覆盖面广，工作量大，监督管理工作困难较大。部分乡镇级机构建设滞后，编制不足。各乡镇合管办普遍存在工作人员偏少，年龄结构偏大等现象。乡镇合作医疗经办机构部分无编制人员且待遇偏低，工作积极性受到一定的影响。

(四) 信息化程度有待进一步提高。目前，县内基本实行实时结报，但县外三级医院尚未开通，参合农民县外就医都是先自己垫付医药费，再回来报销，对于部分经济困难的群众来说，经济压力较大。对县级监管层面来说也有一定难度，基本上无法监管。

三、加强新型合作医疗工作的建议

(一) 进一步加强领导,提高认识。各级政府和村组干部都要切实负起责任,加大领导力度,努力研究新的办法,探索新的途径,引导农民群众自愿参加合作医疗。

(二) 进一步加强宣传,提高农村群众参保积极性。要加大对参保办法、参保人员权利和义务的宣传力度,使群众切实感受到制度的意义,提高群众自觉参保意识。

(三) 总结经验,增强制度的合理性和科学性。加大政府财政扶持的力度,努力争取市财政在原有基础上进一步加大对崇明的扶持力度,有关部门应进行科学测算,合理确定基金收支方案,最大限度地让农民群众得到实惠。

(四) 健全管理监督机制,取信于民。合管办要切实履行职责,定期对基金的运行情况进行审计,确保其运行规范、透明。要加强医疗服务,规范定点医院管理,合理诊治,减少不合理的医疗支出。

(五) 加强合作医疗经办机构建设。努力改善医院环境条件,完善管理制度,改善服务质量和技术。确定县、乡镇合作医疗经办机构编制数和职数。建议在市级层面上建立全市信息化统一管理,统一结报平台。

加强基层文化队伍建设,促进文化事业繁荣发展

民盟崇明县委员会

2011 年 11 月

党的十七届六中全会指出,培养造就一支德才兼备、锐意创新、结构合理、规模宏大的文化人才队伍,对于推动科学发展、促进社会和谐、繁荣文化事业具有重要意义。近年来,全县文化队伍为促进崇明城乡经济社会发展、满足人民群众日益增长的精神文化需求作出了积极的贡献。基层文化队伍建设是基层文化发展中的一项基础性、战略性任务,是基层文化事业繁荣和发展的重要基础和关键所在。为全面了解我县基层文化队伍建设的基本情况和发展需求,研究把握加强基层文化队伍建设的对策,民盟崇明县委组成课题组,赴有关委办局、乡镇和村居进行深入调研,并提出相关意见建议。

一、我县基层文化队伍建设基本情况

(一) 初步形成县、乡镇、村居三级文化工作管理体制。目前,县级文广影视系统主要单位包括县文化馆、县广播电视台、县图书馆、县博物馆、崇明影剧院等 9 个单位。全县 18 个乡镇落实了文化工作分管领导,7 个乡镇配备了文化干事,18 个乡镇文化站都配备了站长。全县 341 个村居中有文化工作分管领导的 326 个。村居没有设置专职文化工作管理人员,由后备干部、大学生村官、村居委员兼任的有 270 个。

(二) 初步形成县、乡镇、村居三级文化队伍网络。县级层面文化队伍情况:总人数为 205 人。从学历方面看,大专及以上学历 154 人,占总人数的 75%,包括研究生 1 人,占 0.7%,本科生 65 人占 42.2%,大专生 88 人,占 57.1%;高中及以下人员 51 人,占总人数的 25%。从专业方面看,专业技术人员 140 人,占总人数的 68%,包括高级职称 6 人,占 4.3%,中级职称 58 人,占 41.4%,初级职称 76 人,占 54.3%,非专业技人员 65 人,占总人数的 32%。乡镇层面文化队伍情况:18 个乡镇文广站共有职工总人数 159 人。其中,文化专业技术人员 47 人,占总人数的 29.6%;非专业技术人员 112 人,占总人数的 70.4%。47 名文化专业技术人员中,从学历方面看,本科 10 人,占 21.3%;大专 11 人,占 23.4%;高中及以下 26 人,占 55.3%。从职称方面看,中级职称 10 人,占 21.3%;初级职称 18 人,占 38.3%。从年龄方面看,50 岁以上 22 人,占 46.8%;40—49 岁 10 人,占 21.3%;30—39 岁 5 人,占 11.6%;30 岁以下 10 人,占 21.3%。县业余文化团队情况:目前,全县村居、机关企事业单位、社会团体等文艺队伍共 393 支,队伍人数 6 025 人,活动内容丰富、各具特色,有海派秧歌、崇明山歌、牡丹亭、扁担戏、健身舞蹈、江南丝竹、腰鼓、舞龙舞狮等。

(三) 初步形成一支文化志愿者队伍。据统计,全县志愿者队伍主要有 9 类,共有 2 249 人。其中,文

艺辅导类有 271 人，文艺创作类有 675 人，非物质文化遗产继承人 111 人，图书服务类有 254 人，电影放映类有 204 人，文化市场巡视类有 59 人，文物普查类有 68 人，文化知识普及类有 317 人，农村信息化服务共享工程类有 269 人，其他类有 21 人。

二、基层文化队伍建设存在问题

（一）管理人员不够到位。这一情况主要存在于乡镇、村居。全县 18 个乡镇都落实了文化工作分管领导，但有的由政府领导分管，有的由党委领导分管；设置文化干事的乡镇只有 7 个。全县 341 个村居中，有 15 个没有设置分管领导，全都没有设置专职的文化工作管理人员，有 71 个村居连兼职的文化工作管理人员也没有设置。

（二）组成结构不尽合理。在专业结构上，由于历史的原因，在县、乡镇两级文化队伍中非专业人员占有较高的比例，乡镇文广站的文化专业技术人员与非专业技术人员的比例更是严重失衡，文化干事缺少，出现“干活的少，吃饭的多”的情况，难以发挥应有的作用。在年龄结构上，业务骨干趋于老龄化，并出现断层现象，专业技术人员的知识储备缺乏，观念更新滞后，不能很好地适应和满足现代文化事业的发展需求。一些乡镇因为缺乏年轻有为的专业技术人员，直接导致配套的各种硬件设施、器材闲置，既无人指导使用、也无人维护管理，难以为丰富基层群众文化生活真正发挥积极作用。

（三）专业人才数量不足。在县级文化队伍中，专业技术人员占总人数的 68%；在乡镇级文化队伍中，专业技术人员只占总人数的 29.6%。其中，高学历、高职称的文化专业技术人员更是严重不足。高层次的文化领军人才、高技能的复合型人才以及文化产业经营管理类人才更是严重缺乏。几乎没有在全市甚至全国叫得响的文化名人名家。这些人才的缺乏，直接影响了我县文化发展的品质，制约着对下面两级文化队伍的指导、培训和服务。

（四）保障机制不够健全。业余文化队伍虽然团队数量多，参与人数多、活动灵活，但是发展情况参差不齐。许多业余文化队伍由于缺少政策、资金的长效保障，缺失专业的指导和管理，出现人员松散、活动不正常、演出质量不高等情况。

（五）志愿队伍作用有限。从县文化馆统计的文化志愿者人数总量和从事专业来看，队伍庞大，涉及面广，但实际发挥的作用不大。究其原因主要有以下三方面：一是存在形式主义现象，为完成统计而统计，实属仅挂名不干事的；二是出生草根，有心有力从事文化服务却难以发挥应有的作用，主要是没有相应的政策保障、财力支撑和激励评价机制；三是文化志愿者作用的发挥受制于自身的思想素质以及服务意识与水平。

三、加强基层文化队伍建设的建议

（一）加大文化事业经费投入力度，提高保障水平。健全公共财政对基层文化事业的投入机制，逐年适度提高文化事业支出在县、乡镇两级财政支出中的比重，文化事业建设费的安排使用应向基层文化建设项目倾斜；设立文化人才发展基金，为高端文化人才的引进、培养、奖励提供财政支持；研究建立政府、社会、个人等多渠道的文化事业投入机制，进一步拓宽基层文化事业单位的筹资渠道；鼓励社会力量对文化事业进行公益性捐赠，尤其要鼓励民营企业担当社会责任，支持乡镇、村居发展文化事业。对在文化事业上作出重大贡献的非公企业，在税收政策上予以优惠。

（二）深化人事制度改革，保持队伍稳定。推进基层文化单位人事制度改革，建设一支稳定的基层文化队伍。建议通过设立文化协管员等举措，充实配备基层工作力量，奠定基层文化工作的常态化、规范化和制度化的基础。社区文化活动中心需要专业的人才进行管理和运作，要通过增加专业编制，杜绝占编不在岗现象，促进基层文化队伍结构进一步优化。建立专业职称评定与晋升体系、设立文化协管员等举措，提高他们的待遇，解除他们的后顾之忧，更好地吸引人才、留住人才、发展人才。这样，才能构建专业化的管理团队，培育好、发展好社区文化团队活动。

（三）加快文化人才引进速度，打造文化精品。勇于突破政策瓶颈，加大高端人才、紧缺人才的引进力度。为全县文化的繁荣发展提供人才支撑。建议有计划地重点引进文化创意、文化活动策划、文化艺术编导、文化产业经营等方面的高端专业人才，引进音乐、美术、文学创作等紧缺专业人才，尽快解决人才断层、青黄不接问题。积极探索成立文化名家工作室，发挥高端人才的引领示范作用，努力打造文化精品，扩大崇明文化在全市乃至全国的影响力。

（四）加强文化人才培养，增强带动能力。根据基层文化队伍的实际情况，制定基层文化人才队伍培训计划，有计划、有步骤、有重点地开展培训，不断更新知识结构、提高专业水平。还可以创新文化人才培养模式，形成参加培训班学习、管理岗位挂职、蹲点村居体验等培养机制，帮助专业人才提高思想素质、服务意识、管理能力、指导水平。

（五）成立民间文化协会，促进文化团队发展。通过成立民间文化协会，加强对民间文艺队伍的管理、指导和帮助，保证其活动的正规化和常态化，提升其内涵品质与艺术性，同时也为这些民间文艺队伍提供交流、切磋的平台，促进相互成长，不断打造精品。

（六）建立文化人才资源库，充分发挥志愿者作用。持续发展和繁荣基层文化，队伍是基础，人才是关键。文化事业发展源于老百姓，服务于老百姓，每一位社会成员都是文化事业的参与者、建设者和发展者。崇明岛有不少文化专业人才、文艺特长人才，需要将这些资源收集、整理并归档建库，切实发挥他们的文化服务、推广、指导、帮助的作用。如各中小幼学校图书管理、文学创作与主持、文艺、体育、美术、书法、摄影摄像等有文化专长或特长的教师，可作为文化志愿者、社会义工等方式进入文化人才资源库。

（七）壮大本土文化传承创新队伍，打造崇明特色文化。崇明本土的传统文化是崇明文化事业繁荣发展的根基。各乡镇在着力打造“一镇一品”文化特色的过程中，也涌现出不少成熟甚至是精品的民间文艺。这些文化也需要有传承人、推广人和不断的改进创新者。文化的积淀和发展不是一蹴而就的，需要长期的耳濡目染，需要兴趣爱好的培养以及创造和提供潜心学习的环境。因此，建议把这些成熟的、经典的具有本土特色的文化艺术开发成课程，带进课堂，走进学生，增强文化的影响力、辐射力和可持续的发展力。

三、社会管理方面调研报告选录

关于我县违法用地情况的调查报告

县政协社会法制委员会

2001 年 9 月

土地不但是十分宝贵的资源，也是宝贵的资产。土地管理特别是耕地保护事关国计民生大局，江泽民总书记多次指出：“保护耕地是事关社会主义建设全局的大事”“保护耕地就是保护我们的生命线”。为此，我委组织部分委员对我县自 1986 年 6 月《中华人民共和国土地管理法》（以下简称土地管理法）颁布以来的实施情况进行了专题调研，现将有关情况汇总如下。

一、贯彻实施土地管理法基本情况

我县自土地管理法颁布以来，县委、县政府十分重视，坚决贯彻执行，广泛开展宣传教育，坚持依法行政，在防止新的非法占用土地案发生和纠正原存在的违法占用土地案方面做了大量工作。1990 年下半年，成立县清理违章建房领导小组，对 1983 年 10 月 7 日后的违法建房进行了清理整顿，共清理农村个人违法建房 21.3 万户，还耕面积 60 万平方米（占应拆除面积的 76.4%）；1991 年 10 月，在全县清理预制场（厂）共 66 个，占用土地 27.8 万平方米（折合 417.29 亩），清理后经审批并办理用地手续的共 13 个；1992 年起，为了保护耕地，节约用地，严格控制农民建房用地，实施农村宅基地有偿办法。1999 年后，在清理各类建设用地中，有近百家乡镇企事业单位补办了手续，解决了合法用地问题；在处理农村个人建房方面，严格执法，还配合法院实施强制执行（共 127 件），取得良好的社会效果。今年上半年，国家国土资源部通过卫星遥感发现我县堡镇一起非法占用土地案（通富路），县土管部门迅速进行纠正，补办有关用地手续。在查处过去非法占用土地案的同时，县房地局对近年来新出现的一些非法占用土地案（木材堆场等)加大了查处力度。总的看来,我县对贯彻执行土地管理法是严肃认真的,采取的措施是有力的,取得的成效是较好的。

二、全县违反土地管理法用地情况

(一)集体违法占用土地情况。土地管理法颁布至1999年年底,全县发生并已经查实的集体违法占用土地案件共计117件,占用土地面积共计215.3万平方米(折合3 229.44亩)。其中:乡镇建设农民街非法占用土地案10件,占用面积共6.1万平方米;乡镇建设示范小区非法占用土地案9件,占用面积共11.5万平方米;公路建设非法占用土地案16件,占用面积共155.1万平方米;其他违法使用土地案(如市政方面、圈地等)82件,占用面积共42.7万平方米。

(二)农村个人建房非法占用土地情况。土地管理法颁布至1999年年底,全县农村个人建房非法占用土地案已经查实的有218件,非法占用土地面积共计1.67万平方米(折合25亩)。其中:村民个人建房非法占用土地案130件,占用面积共7 007.3平方米;非法占用土地建棚舍案35件,占用面积共1 225平方米;非法占用土地建围墙案38件,建造长度共1 725米;应拆未拆案5件,非法占用面积275.54平方米;其他非法用地案10件(如建造坟墓、堆场等),非法占用面积共6 430.79平方米。

三、存在的问题和困难

(一)法制观念淡薄。在贯彻实施土地管理法中,宣传教育尚欠力度,有些基层干部和群众对土地管理的法律、法规不甚清楚,用地的法制观念比较淡薄,往往从个人利益或局部利益出发,造成违法用地的既成事实,致使土地管理工作较为被动。

(二)执法监察体制不适应。目前土地管理方式已由分级限额审批制度改为用途管理制度,土地管理的决策权集中于中央和省市级。这就必须有垂直管理的土地监察检查体制予以保证,否则"用途管理制度"很难落到实处。而当前的土地监察体制属块块管理,很难有效遏制各种违法用地行为。我县负责土地监察检查的单位是房地局的房屋土地监察检查队,属副科级事业单位,在查处副处级机关违法用地、批地行为时,在关系上有些不顺当。

(三)法律法规不配套。由于我国现有土地管理方面的法律法规不配套,缺少定义明确、可操作性强的条文,因此在土地管理行政执法上出现一些困难,如对于耕地与非耕地的界定、取土的标准、农村建房与建非居住房(辅房、各类棚舍等)的关系等,都缺乏明确的依据,致使在执法上产生困难,甚至导致行政诉讼中执法方的败诉。同时,由于在行政执法中缺乏强制手段为后盾,执法中有些权力行使也较困难。

(四)行政执法人员素质有待提高。土地监察检查人员不但要熟悉土地管理的法律法规,更要忠于职守,坚持原则,秉公执法,要不怕得罪人,但目前执法人员队伍的素质离此要求还不够。

四、几点建议

(一)加强土地管理法的宣传教育。要运用多种形式宣传土地管理法,使广大干部群众都能了解土地管理法的主要精神和基本内容,进一步增强土地管理的法制观念,明白"保护耕地就是保护我们生命线"的重要意义,防止违法用地行为的发生。

(二)建立土地管理行政执法监察机制和约束机制。要严格执行行政执法责任制,不断推进行政执法由"无责任行政"向"有责任行政"转变,扭转执法工作失之于宽、失之于软的状况。

(三)加强土地管理执法队伍建设。要加强执法人员的思想教育和业务培训,全面提高土地管理行政执法人员的政治、业务素质。完善土地管理行政执法监察目标责任制和考核制度,形成层层抓落实的局面。

(四)要建立动态巡查制度。土地管理部门要建立健全动态的巡查制度,增强办案的预见性和有效性。要开展调查研究,注重分析带有普遍性、倾向性、规律性的问题,积极从源头上抓好预防各类违法用地行为的发生,并努力探索,走出一条"预防为主,事前防范与事后查处相结合"的土地执法监察新路。

(五)加强协调,形成合力。土地管理行政执法部门要加强与司法部门的协调配合,做到优势互补,共同努力做好全县土地管理工作。

切实加强“百千万人就业项目”从业人员的管理

九三学社崇明县支社

2008年1月

2003年以来，本县先后推出10个“万人就业项目”、5个“千百人就业项目”，为本县部分下岗失业人员、农村富余劳动力创造了就业机会，为部分困难人员在实现就业中走出贫困、获得可持续生活保障作出了积极努力。为进一步规范本县“百千万人就业项目”的运行机制，确保项目的可持续发展，九三学社崇明支社进行了专题调研，现将调研情况综述如下。

一、本县实施“百千万人就业项目”的现状

到目前为止，我县共推出“万人就业项目”10个，其中社会管理类6个，公共服务类4个。4 480名就业困难人员实现了就业，其中失业人员510人、协保人员180人、农村富余劳动力3 164人、“双困”人员482人。“万人就业项目”实行全日制工作，从业人员每月可获得800元工资收入，并参加小城镇养老保险，解决了4 000多个家庭的生活困难，成为个人和社会双赢的项目。

2005年以来，市政府又相继开发了“千百人就业项目”，进一步扩大政府购买岗位的力度，并确定“以区县为主、以服务为主、以就业困难为主”的三大原则。根据上级要求，结合本县实际，我县开发和启动了“农村垃圾收集”等5个项目，7 740名困难人员上岗，其中失业人员515人、协保人员61人，农村富余劳动力7 151人。“千百人就业项目”实行非全日制用工制度，每月工资为420元，并由乡镇为从业人员按户籍性质缴纳小城镇养老保险或农村养老保险，解决了部分弱势群体的就业和基本生活保障问题，也使我县的环境面貌发生了很大的变化，群众对该政府实事项目反响良好。

二、“百千万人就业项目”实施中存在的问题

“百千万人就业项目”实施以来，各主管委办局及乡镇为项目的实施做了大量工作，但由于没有统一的管理体制和运行模式，项目实施过程中也出现不少问题，主要表现在以下几个方面：

（一）组织体系不健全。“万人就业项目”由项目的主管委局组织实施，并成立综合服务社进行日常业务指导和管理，但各项目的从业人员分散在各乡镇工作，有的项目受乡镇对应条线管理，有的项目由乡镇提供办公场所，自行进行内部管理，难以形成条块结合联动，工作效率和成效不高。“千百人就业项目”由各乡镇组织实施，虽然各乡镇成立了综合服务社，但各项目仍按各自条线分设4个法定代表人进行注册登记，日常业务工作也由各条线分管，而综合服务社无法人主体资格，无专职管理人员，办公场所和办公经费无保障，不能形成长效管理机制。

（二）日常管理不到位，缺少对从业人员的长效管理。由于各乡镇没有统一的管理体制和机构，导致日常管理层次多，多头管理现象严重。“万人就业项目”就业人员工作指标任务基本由项目主管委局确定，但由于人员数量大、分散范围广，导致管理工作不到位。而乡镇由于组织隶属关系原因，管理仅流于形式，容易产生“散、乱”现象。“千百人就业项目”管理职责虽在乡镇，但无专项管理经费，只能采取镇综合服务社人员兼职管理，村干部直接管理的办法进行尝试。由于综合服务社忙于应付日常项目管理和工资发放等，村干部自身工作任务也很繁重，长效管理难以到位。此外，招退工手续过于原则，不利于形成能进能出的管理制度。“百千万人就业项目”从业人员享受政府就业补贴，但按相关就业补贴政策，就业不满半年的人员不予补贴，导致对不能胜任工作，甚至只拿工资不出力的人员无法在半年内进行及时调整，容易形成新形势下的“大锅饭”。

（三）考核机制不完善，队伍素质不高。部分从业人员将此就业机会当作是理应享受的一种政策补贴，而不珍惜自己的岗位，逐渐滋生了坐拿工资的惰性思想，甚至出现了出钱请代工的现象，影响了工作任务的完成和其他人员的情绪，队伍整体素质难以提高。此外，虽然项目实施中均制定了从业人员岗位职责，但由于各项目独立运作，工作时间、工作地点、工作量不尽相同，即使相同工种，工作强度、进度也有高低快慢之别，而基本报酬则一律相同，无法体现按劳分配的原则。即使个别项目实施考核后，报酬略有提升，也因项目之间缺少了解，反而引起从业人员之间相互攀比，影响工作积极性。

三、对策建议

（一）建立组织网络，理顺管理体制，落实工作职责。一是建立条块结合的组织管理网络。除少数确需由委办局为管理主体的项目外，其余全部纳入乡镇管理。各乡镇成立“百千万人就业项目”综合服务社，明确专人进行日常业务管理和资金管理。同时，充分发挥村级基层组织的作用，成立村级考核小组，切实加强对从业人员的日常考核和督促工作。二是制定严格的劳动纪律，实行分组劳动和集中劳动相结合的制度。在从业人员缺乏工作自觉性的情况下，实行非全日制用工，依照集中劳动为主、分散工作为辅的原则，每周集中工作1—2天，并安排专人督促，对无故缺工的予以记录和告诫，从而保证工作时间和工作质量。

（二）健全长效管理机制，规范日常运作。一是及时调整项目设置及岗位职责。针对某些项目超负荷工作，而某些项目工作量不足、人浮于事的现状，根据实际需要和岗位工作量，在从业人员总数不变的前提下，适当调整人员配比，以发挥人员的最大效用。二是建立灵活的招退工制度。对于不服从管理、工作责任心不强、出钱雇工、消极怠工人员加强教育，增加从业人员的责任心和压力感，落实考核制度，实行末位淘汰制，对于生活困难但就业后无法正常工作的人员通过其他救助途径帮困。三是定期发放工资。为了切实维护从业人员合法权益，建议每月确定固定的时间发放工资，使从业人员安心工作。

（三）完善考核机制，加强队伍建设。一是建立一套科学合理且便于操作的工作检查、督促、考核制度。建议县财政除每年对各项目划拨正常资金外，增加一定数量的资金，用于从业人员的考核奖励，真正做到奖罚分明，对考核优秀人员给予适当经济奖励，对工作不负责、屡教不改的从业人员予以辞退，改变做好做坏一个样的现状。同时，建立合理的考核机制，每半年由各项目相关负责和管理人员对所有的从业人员进行考评，对连续两年考评不合格者予以辞退，以加强从业人员工作责任心、自觉性，改变不合理的工作状态，提高工作质量和效率。二是加强从业人员的思想教育、就业观教育和技能教育，培养从业人员的爱岗敬业精神。大部分“百千万就业项目”从业人员文化程度低又没有参加过正式工作，就业观念普遍陈旧，对就业形势缺乏了解，也没有经过系统的职业技能培训。各项目的主管部门应针对本组织人员的实际情况，定期开展业务培训和指导，逐步规范其行为和意识，帮助他们树立正确的职业观念，珍惜岗位，热爱岗位。

崇明县涉法涉诉信访案件的调研与思考

民革崇明县支部　县政协社会和法制委员会

2011年2月

制定法律的根本目的是保障公民的权利，因而，法律应当具有最高的权威。但是，近年来全县范围涉法涉诉信访案件居高不下，已成为当前党政部门和司法机关不得不高度重视的一个难题。最近，民革崇明县支部与县政协社会和法制委员会针对涉法涉诉信访这一情况进行了调研。现综述如下。

据不完全统计，2009年我县共接待涉法涉诉信访案件1 092件，占当年全县接待总量的26%；2010年1 195件，占当年全县接待总量的25.5%。县信访办2010年梳理出来的21个老访户，其中涉法涉诉占8个，占总数的38%。

一、涉法涉诉信访案件的特点

通过分析，我们发现涉法涉诉信访案件总体上呈现出以下特点：

（一）主体广泛，极易集群。涉法涉诉信访的主体不仅有工人、农民等传统习惯上的信访群体，还包含城镇拆迁户、私营企业主等带有时代特色的群体；既有残疾人员、丧失劳动能力者等弱势群体，也有军转干部、复退军人等特殊群体。这些具有相同或相近利害关系的社会成员往往极易产生共鸣，从而进行有目的、有组织的沟通和串联，产生集访、群访事件。

（二）问题复杂，解决困难。从基本种类看，既有家庭争吵、邻里纠纷等简单矛盾，也有社会管理、经济利益、体制改革等相互交织的复合性矛盾；从反映内容看，涉及城镇规划、社会保障、劳资纠纷、土地权属、合同纠纷等各方面，且均与群众的自身利益息息相关。有的案件证据瑕疵多，很难进行纠错，增加了处理难度，还有的案件不是法律能彻底解决的问题，涉及国家政策或历史遗留等众多复杂原因。

（三）行为过激，闹访严重。从行为激烈程度看，信访人违反国家信访条例的行为时有发生，他们往往选择全国、市、县"两会"或重大节庆等敏感时期，或喊冤叫屈，或静坐、围堵、冲击党政机关，或拦截车辆、堵塞交通，或威胁、侮辱、殴打工作人员，有的甚至扬言自残、自杀，给党委、政府施压。

二、我县涉法涉诉信访案件居高不下的主要原因

（一）制度方面的原因。我国刑事诉讼法、民事诉讼法、行政诉讼法三大程序法规定的再审对申诉次数未加限制，当事人的权利义务即使由终审判决确定下来，但仍处于不确定状态，随时都可能因一方当事人的申诉而被再次审判所调整，客观上形成了上访不止的局面。

（二）执法方面的原因。部分执法办案人员政治思想素质低，原则性不强，或者责任心不强，业务素质低，造成执法过错或过失以及办理案件有瑕疵。

（三）访民自身的原因。受传统观念影响，百姓有冤往往想去政府伸冤，找"青天大老爷"，加上很多信访人由于经济能力有限，对一些涉法案件，如通过司法途径，则难以支付高昂的律师费和诉讼费，或本身也不愿意支付如此高的费用。

同时，社会上舆论监督的误导，主要是报纸和电视报道案例，特别是在拆迁案例中对被拆迁群众不加分析的同情，给政府和司法机关增大了压力，为当事人提供了不正当要求的温床。

三、做好涉法涉诉信访案件的几点建议

（一）坚持依法处理信访问题，做到实事求是，公平公正。涉法涉诉信访问题归根到底是个法律问题，是司法、执法活动中各种矛盾的集中体现。因此，对涉法涉诉信访难题的处理必须依法进行，必须依法律、按政策、按程序办理，不要随便突破政策法律的界限，即使有市、县领导的批示，变通处理也应以不引发更多的攀比为原则。涉法涉诉信访问题必须通过法定组织，按照法定程序进行审查处理，不以纪要、批示、文件等形式处理。应认真按照中央政法委下发的《涉法涉诉信访案件终结办法》和《关于进一步加强和改进涉法涉诉信访工作的意见》的规定，规范涉法涉诉信访的处理。

（二）加强政法队伍建设，提高执法办案质量。这是从源头上预防和杜绝涉法涉诉信访问题产生的举措，是解决涉法涉诉信访问题的根本。一方面，我县要加大执法培训，强化执法管理。突出抓好一线执法办案人员的轮训工作，提高一线人员执法办案能力。另一方面，县政法条线各单位要细化执法标准，严格执法程序，强化监督水平，加大案件评查和执法巡视力度，确保执法办案中的问题能及时发现和纠正，提高执法办案质量。同时，应大力推进警务公开、审判公开、检务公开等"阳光执法"活动，提高执法公信力。全县信访接待部门要规范接访行为，严格责任追究。

（三）提高司法救济公信力，创新纠纷解决机制。这样做的目的是为了消除涉法涉诉信访"问题化"的直接诱因。首先，要提高我县司法救济的公信力，让全县人民群众认可这一公民权利救济的重要途径。如在即将建立的县信访联合接待大厅专设一个"司法救济"窗口，让涉法涉诉信访案件通过这个窗口来实现问题的解决。其次，要创新我县纠纷解决机制，拓展当事人的程序选择空间，对涉法涉诉信访疏而不堵。充分结合我县实际情况，创新纠纷解决机制，拓展并完善具有便捷、成本低，符合当事人自主、自律、平等协商精神的等非诉讼型调解机制，如当前正在推广的信访代理制度，就是一个较好的探索，但还需要进一步完善。

（四）坚持维护与打击并重原则，注重建立责任认定倒追机制。建立和完善解决涉法涉诉信访问题系列制度，如建立完善涉法涉诉信访工作领导小组例会和联席会议制度、涉法涉诉信访隐患报送制度、重大疑难涉法涉诉信访案协调处理制度以及督查督办、责任追究制度等，强化乡镇和县职能部门的协同配合，努力形成"职责明确、责任落实、纵向到底、横向到边"的全县处理涉法涉诉信访工作格局。对信访群众合理合法的诉求，按照政策和法律法规规定，限期解决，该重审的重审，该纠正的纠正，该道歉的道歉，该赔偿的赔偿；对依法不足以提起再审或立案的“瑕疵案”，着重进行法外处理，做到以情以理服人，消除矛盾；对政策和法律法规规定不够明确的诉求，按最有利于群众的法律政策予以解决。同时，要建立涉法涉诉信访责任一追到底机制，彻底铲除因执行不当滋生涉法涉诉信访矛盾的土壤。对无理取闹、无理缠访、信访终结后上访和煽动及闹事上访者，按照相关法律法规规定，依法坚决予以打击，决不姑息，制止各种违法上访和无理缠访行为的发生。

（五）增强信访处理工作的主动性，做好积极排摸和回访工作。有些基层单位对受理的涉法涉诉信访不够重视，更多的精力用于上级交办的涉法涉诉信访而不是手头的信访案件，“上级交办的总是优于自己手头的”，最终形成只有到中央级别的涉法涉诉信访案件才能很快予以解决的情况，导致更多的人直接进京上访。真正将涉法涉诉信访案件的罢访息诉落实在基层，积极回访才是根本之道。对重复上访案件要由立案庭实行规范的申诉听证，公开案件复查过程，增强法院审查再审申请的透明度。对已经穷尽司法救济手段并已作终结处理的涉法涉诉上访案件，由承办部门作出终结意见书，报送党委、人大、政府及相关部门作统一答复的依据。对每一起结案的涉法涉诉信访案件采取定期回访制度，责成专人进行跟踪回访，了解当事人对案件处理满意程度及结案后的思想动态，耐心做好说服解释和巩固工作，力争使当事人心悦诚服，实现“案结事了、息诉罢访”目标，切忌回访会平添麻烦、造成新的信访矛盾的心态，信访矛盾除非本身已经存在，否则绝不可能因为回访而产生，与其消极等待其产生，不如积极消除于萌芽状态。在回访和处理过程中，可以考虑由社区组织当事人的亲属进行相应的思想说服工作。对一些问题复杂、一时难以解决的涉法涉诉案件，实行“个案约访”制度，为当事人精心准备听证会，让上访人在会上充分陈述案情和要求，请参会的法律专家、人大代表、上访人生活圈中的德高望重者从不同角度发表看法，在对上访人做耐心细致的思想疏导的同时，向当事人阐明案件所涉及的相关法律规定，使当事人在公开、透明、宽松的氛围中感受到自身的尊严和自主意识，心服口服地接受裁判结果。

加强居民小区组织管理，推进和谐小区建设

县政协港澳台侨委员会

2011 年 11 月

加强社会管理，维护社会稳定，是构建社会主义和谐社会的必然要求。如何适应崇明生态岛建设要求，进一步创新社会管理体制机制，提高社会组织管理服务水平，是当前面临的一项紧迫任务。最近，县政协港澳台侨委员会对居民小区组织管理问题进行了调研，现将调研情况汇报如下。

一、我县居民小区组织管理基本情况及面临的主要问题

当前我县改革发展已进入关键时期，经济体制、社会结构、利益格局发生了深刻变化，社会矛盾相对凸显。虽然我县的社会建设、社会管理有所创新，不断加强，但从总体上讲，还不能满足人民群众的期望和实际需求，社区管理的体制、机制与经济社会发展的现实需要还有很大差距。主要反映在：

（一）小区组织管理和公共服务的功能有待进一步强化。小区管理力量相对薄弱，财政投入不足；政府购买服务项目不多且缺乏有效载体，服务水平有待进一步提高；小区服务中介组织发育程度低，数量较少且服务项目单一；小区服务志愿者队伍建设缓慢，志愿服务活动尚未形成良好互动机制。

（二）小区建设和管理存在较多薄弱环节。政府与社区居委会的关系尚未理顺，绝大部分社区实行社区居委会、社区工作站两块牌子一套班子，议行不分，社区居委会负担过重的问题尚未得到根本扭转，影响了社区居委会自治功能的发挥。

（三）社区民主自治的机制尚不健全。有些制度流于形式、运行不畅，尚未达到预期效果。社区居委会与小区物业管理企业、业主委员会之间关系尚未理顺，还缺乏有效的相互衔接、相互协调、相互监督机制。小区居民参与社区民主自治的热情不高，尤其是小区居民中的在职人员参与率更低。小区服务网络不够健全，社会化、专业化程度不够高，不能很好地满足社区居民的实际需要。

二、加强居民小区组织管理，推进小区和谐建设的几点建议

加强小区组织管理，实现社会管理创新，是一个不断推进和完善的过程。应针对薄弱环节，突出重点，逐步推进，努力形成党委领导、政府负责、社区协同、小区居民公众参与的小区管理格局。

（一）加快转变政府职能，提升公共服务水平。转变政府职能是加强社会管理、实现社会管理创新的重要前提。要加快推进政府职能的进一步转变，依法规范行政行为，改进提供公共服务方式，建立完善公共服务体系，不断强化社会管理和公共服务职能。

（二）创新政府服务方式，推进政府购买服务。实践表明，政府通过向非营利性社会组织购买服务，能够降低政府的行政成本，提高社会公共服务质量和水平，同时为社会创造更多的就业机会。建议进一步加快推进政府购买服务工作，在认真总结经验的基础上，通过政府招标，向非营利性社会组织购买服务。要研究制定我县政府购买服务规划、实施办法和经费管理办法，明确政府购买服务的领域、项目，统筹资金的安排和管理。建立购买政府服务的准入和退出机制，加强对政府购买服务的监察评估。项目实施主管部门要制定服务质量的具体标准和要求，明确购买服务的准入条件，确保项目实施效果。建立完善以项目实施主管部门为主，形成主管部门监督、财政监督、审计监督、社会监督相结合的监督机制，对达不到服务质量标准和要求的社会组织予以清退，保障政府购买服务工作健康有序发展。

（三）创新小区组织管理体制机制，实现行政管理和社区自治管理良性互动。创新居民小区管理是加强社会管理、实现社会管理创新的重要基础。应努力创新小区治理模式，形成政府调控机制与社会协调机制互联、政府行政功能与社区自治功能互补、政府管理力量与社会协同力量互动的社区治理体制和运行机制。

一要建立社区多元治理机制。社区居委会与社区工作站要分开，实行议行分设。加快社区社会组织的培育发展，对具有公益性质、服务社区居民的政务类、服务类组织简化登记手续，指导社会组织按照各自章程，自主开展活动。发展社区各类志愿服务组织，引导社区居民参与社区公益性活动，注重发挥社区社会组织在扩大参与、提供服务、反映诉求等方面的积极作用。将业主委员会工作纳入社区居委会工作范畴，强化社区居委会对业主委员会工作的指导、监督。明确驻区单位参与社区建设、管理的权利和义务，建立相关制度，强化落实措施。充分发挥社区党支部在社区建设和管理中的核心作用，理顺和规范社区组织体系各类主体之间的关系，逐步形成社区党组织为核心、社区自治组织为基础、小区居民广泛参与的社区治理结构。

二要完善社区居民自治机制。培育小区居民自治意识，健全小区居民自治规章，进一步完善小区居民代表大会制度，规范民主决策程序，提高民主决策水平。建议对小区物业管理实行以行业主管部门管理为主，行业主管部门与社区居委会双重管理的体制，建立由社区党组织牵头，社区居委会、物业管理企业、业主委员会负责人参加的协调会议制度，必要时邀请物业管理行业主管部门参加，协调处理物业管理过程中遇到的问题和矛盾。逐步建立完善小区自治工作制度，推进小区自治工作的制度化、规范化。

三要健全民意表达和监督评价机制。积极推广民情信箱、民情热线、民情联络员、居民接待日、民情恳谈会等行之有效的做法，建立民意反馈制度，畅通民意诉求表达渠道。进一步深化小区事务公开制度，保障小区居民的知情权、参与权、监督权。推进社区网站建设，充分发挥社区网站在畅通社情民意、推行社区事务公开、接受居民监督等方面的作用。要建立健全民主监督制度，组织小区居民对社区工作进行评议，研究制定评议标准，创新评议方法，逐步建立完善评议监督体系。

四要创新社区工作者队伍管理机制。完善以培养、选拔、使用、激励为主要内容的政策措施，拓宽选人视野，优化人员结构，不断提高队伍的整体素质，推进社区工作者队伍职业化、专业化进程。建立健全教育培训制度，利用我县教育资源，组织社区工作者进行轮训，不断提高社区工作者的理论素养和工作水平。

四、生态环境方面调研报告选录

关于对本县拆船工业污染情况的调查报告

县政协工交财贸组

1986 年 3 月

在讨论“七五”计划时，不少委员对发展拆船业担心将会造成严重污染，影响本县土净水洁的优势。针对这一情况，本组于 3 月 3 日、4 日组织委员对拆船企业防止污染问题进行专题调查，县环保办公室、县防疫站、拆船公司及 4 个拆船厂的有关人员参加调查。

3 日上午，由各厂汇报防止污染的情况及下一步打算，下午及 4 日上午实地参观考察 4 个拆船厂，4 日下午进行讨论。

参加调查的人员认为，各拆船厂领导对污染问题思想上比较重视，各厂都有一位副厂长分管，并由技术安全股统抓环保工作，包工队及现场设有安全环保员。东联厂最近还将配备一名大学生当专业人员，制定有关环保和处理污油、污物的规定，他们还提出了“不让一滴油进入长江”的口号。建厂时间较长的南门拆船厂，积累了不少处理污油、污物的经验和行之有效的措施。如对压舱水尽可能排放在公海中，拆解程序从高层到低层，船舷拆解时将船中工业垃圾和生活垃圾倒在舱内，然后用车辆装走，有的用来填沟，有的用来做路基。玻璃纤维有的深埋，有的捆好堆放在棚内。同时，该厂还聘请专业清油队伍进行挖油、揩舱，将污油集中到集油池。南门、东联、新河拆船厂都购买了油水分离器，正在基建，即将安装投入使用。有的厂做到防范为主。如东联拆船厂用芦柴、稻草扎成柴牛作为拦油坝，南门拆船厂用帆布、软木作为拦油坝等等。

从几个厂环保措施及实际效果看，发展不平衡。东联拆船厂管理较好，措施有力，拆解场地秩序井然。南门拆船厂经验较多，技术设备条件较好。浜汲拆船厂管理混乱，玻璃纤维乱倒在堤岸上，环保措施不落实，海滩上污油及工业垃圾残迹较多。

拆船工业是一项新兴工业，国家对拆船工业的污染防治十分重视，将颁布《中华人民共和国拆船工业环保条例》，拆船总公司也将对全国所有拆船厂进行整顿，并由省市环保局检查验收，防治污染达到要求的才发给生产许可证。

参加调查的人员一致认为，只要加强领导，思想重视，认真对待，措施有力，拆船业造成的污染是可以防止的，本县土净水洁的优势也是可以保持的。座谈中参加调查的人员就本县拆船工业存在的问题，提出如下建议：

一、为了巩固现有的拆船厂，近期内不宜再增加新的拆船点。今后如要扩点，必须按照《中华人民共和国拆船工业环保条例》和整顿拆船厂的要求，工厂的总体规划应通过有关部门审查，生产和环保设施的施工应同步进行。

二、各厂应按整顿拆船厂的要求，集中精力抓紧环保设施的施工和建设。如油水分离器土建安装及投入使用，建议县环保办公室下达时间要求，能在 1—2 个月内竣工使用；水质监测制度和设施应尽快建立，未建立前由县环保监察站代测，由厂方付给必要的费用。县环保办公室应加强对拆船厂附近水域的监测工作，积累必要的数据，以便更好地帮助各厂抓好环保工作。新河和浜汲拆船厂要学习东联、南门厂，因地制宜搞好拦油坝，既可使油污控制在一定范围内便于处理，又可防止跑油、漏油事故的发生。各厂根据需要建立集油池，由县环保办公室与各厂研究确定集油池的数量和容量，限期建好。

三、目前拆船厂皆系露天作业，易燃、易爆、有毒，所以防护十分重要，各厂要有领导分工具体抓。要建立厂卫生室，健全工人健康档案。南门拆船厂从实践中认识到劳动防护的重要，如铅吸收（症状严重即铅中毒），开始厂里未引起重视，经检查铅吸收患者竟高达 44%，厂领导重视后，切实采取措施，并形成一套制度，铅吸收患者逐年下降，从 44%下降到 19%，后又下降到 10%，1985 年年底降到了 2.4%。其他厂虽然吸取了南门厂的经验教训，也采取了一些措施，但有的厂因尚未发现铅中毒情况，存在麻痹大意的思想。若不重视，随着时间的推移，将会带来严重恶果。因此，劳动部门应抓紧对拆船工人劳动防护的检查，促使各厂注意改进。

四、拆船厂的经济效益不高。当前只搞单纯的拆船业务，拆解后的各种材料大部分向外调运，拆解费每吨45元，其利甚微。要取得较好的经济效益，应在拆船的基础上，逐步发展钢材、木材、阀门等深加工，并及时将拆下的仪表仪器、机械设备等对口销售出去。船上其他废旧物资，可进行综合加工，化废为宝。如玻璃纤维可加工成人造大理石等。鉴于各厂领导精力有限，对外各种信息不够灵通，又没有一支强有力的推销队伍，建议县拆船公司要统筹这方面的业务。

五、江口炼油厂运输力量不足，致使大量废油积压在各拆船厂，这既增加了各厂不安全因素，又易造成污染。由于不能及时清送，有的厂只好将油卖给外地炼油厂，而江口炼油厂则任务不足，吃不饱。建议江口乡帮助炼油厂增加运输船只和增添贮油容器。

关于植树造林、保护湿地，推进崇明生态岛建设的调研报告

县政协专题调研课题组

2003年10月

最近，县政协根据韩正市长在崇明调研时的讲话精神和县委、县政府的工作要求，专门成立“植树造林、保护湿地，推进崇明生态岛建设”课题组，先后听取县农委、科委、环保局、林业站、东滩鸟类自然保护区等部门和单位的情况介绍，察看本县部分绿化基地，并走访部分乡镇领导和农户，还查阅了有关资料，对本县植树绿化、保护湿地，推进崇明生态岛建设有了一定的认识。现将调研情况报告如下。

一、植树绿化、保护湿地，生态岛建设有了良好的开端

崇明岛东西长约80公里，南北宽13—18公里不等，总面积1 200平方公里，近几年来经过全县各乡镇委局和岛上各单位的共同努力，植树造林取得了可喜的成绩。至2003年5月，崇明岛森林面积达177.2平方公里（合26.58万亩），森林覆盖率为14.76%。其中：沿海防护林31.33平方公里（合4.7万亩），水源涵养林1.33平方公里（合0.2万亩），通道防护林0.8平方公里（合0.12万亩），生态片林36.33平方公里（合5.45万亩），经济林60.34平方公里（合9.05万亩），四旁树木覆盖面积47.07平方公里（合7.06万亩）。在崇明岛森林资源面积中，崇明县的森林覆盖率为16.80%；部队农场的森林覆盖率为15.91%；农工商集团的森林覆盖率为14.02%；但上海上实公司，江苏省所属启隆乡、海永乡的森林覆盖率均在6%以下。

崇明东滩是上海主要滨海湿地，包括北八滧、东旺沙和团结沙三部分，面积326平方公里。崇明东滩是陆地、淡水和海洋三大生态系统的交汇区，对湿地多样性的保护，特别是对迁徙鸟类和长江洄游鱼类的保护具有十分重要的意义。2002年1月，国际湿地公约秘书处已正式将崇明东滩列为国际重要湿地。上海市于1998年建立了崇明东滩鸟类自然保护区，近年来，开展了大量的科研、保护等多方面工作。县政府也组织各乡镇政府及水务、公安、林政、渔政等有关部门开展宣传教育、执法监督等多方面工作，对崇明东滩生物多样性资源的保护起到了重要的作用。

崇明生态县建设也取得了显著的成绩。1996年被国家环保总局批准为全国首批生态示范区建设试点之后，即以创建国家级生态示范区为抓手，全面推进生态绿化工程、生态海塘安全工程、河道整治工程、绿色食品工程、生态村建设工程、生态旅游工程、畜禽污染治理工程、清洁能源工程、“一控双达标”工程和自然保护工程。经过五年的艰苦努力，2001年10月经国家环保总局考核验收，崇明县被正式命名为国家级生态示范区。森林被人们称为“地球之肺”，湿地又被称为“地球之肾”，崇明在推进生态岛的建设中，强化了植树绿化和保护湿地的功能，通过“健肺”和“补肾”，达到“强身”之目的，使崇明岛更显勃勃生机。

二、植树绿化、保护湿地，生态岛建设任重而道远

在上海新一轮的城市规划中，崇明被明确定位为上海21世纪可持续发展的重要空间。上海可持续

发展的实现、循环经济的实施、"四个中心"的建设都需要崇明成为生态岛。今年7月，市委副书记、市长韩正等领导来崇明调研时再次明确了崇明建设生态岛的功能定位，并且一再强调植树绿化和保护湿地是崇明创造世界亮点、建设生态岛屿的基础。中共中央、国务院最近又作出了《关于加快林业发展的决定》，市委、市政府批准实施"三年环保行动计划"，对崇明加快植树绿化、保护湿地的步伐，全力推进生态岛建设指明了方向。

今年9月，县委、县政府出台《崇明岛林业发展规划》(纲要)，根据崇明自然、生态环境状况，明确以"湿地生态保护与森林生态建设"为理念，以森林生态功能优化为原则，以大型生态片林为主体，规范建设"一环、两区、三带、四园"为一体的城乡森林生态网络体系(一环指环岛防护林带；两区指崇东上实森林生态区、崇西明珠湖森林生态区；三带指环岛运河、沪崇苏高速公路以及陈海公路、环城镇防护林带；四园指规划崇中分区的春夏秋冬四大主题森林公园)的奋斗目标。其阶段目标为：至2007年，森林面积达396平方公里(合59.4万亩)，森林覆盖率达到33%；2010年，森林面积540平方公里，森林覆盖率达到45%；至2020年，全岛森林面积达660平方公里(合99万亩)，森林覆盖率达到55%。以这样的目标来审视我县目前的林业建设，存在的主要问题是森林覆盖率偏低，布局尚不合理，人工森林群落结构不够完善，物种多样性低，"生态、经济和社会效益相统一、生态效益优先"的原则并未充分体现。林业建设时间紧、任务重、问题新、困难多，需要全力以赴去研究解决。

湿地与森林、海洋并列为地球上最重要的三大生态系统。崇明东滩是上海市管辖范围内发育最完善、规模最大的河口型潮汐滩涂湿地。但在保护方面存在着许多问题，诸如：过度围垦湿地资源，湿地生物多样性受到严重侵害；过度捕捞生物资源，威胁候鸟生存的"食粮"；缺乏统一的职能和执法机构，东滩鸟类自然保护区、渔政、水利、环保、农林等部门多头管理；缺乏湿地的保护规划等。

崇明生态岛建设是一个复杂的大系统，在开发建设过程中，还会受到多方面因素的制约。自然地理条件方面，寒潮、热带风暴、雷暴雨等生态灾害时有发生，生态环境也有恶化趋势，病虫害和有害生物入侵，水利建设欠账较多，海水倒灌、沟河不畅、水体恶性循环，且目前全岛还没有城镇污水处理厂，水质已出现下降趋势，如不能有效地加以综合治理，崇明岛域的环境优势将会逐渐削弱。经济条件方面，崇明属"发达的城市、富裕的郊区中的贫困的岛屿"，经济结构有待优化，综合实力有待做强。对照国家环保总局制定的《生态县、生态市、生态省建设指标(试行)》，崇明的差距还比较大，2002年人均国内生产总值为9 766元，为生态县指标标准值的30%。社会条件方面，崇明现有的城市化水平为19.2%，比生态县标准值(50%)低30.8个百分点，低于全国的平均水平(35%)15.8个百分点。同时，人们的生态理念和生态素养还很薄弱。因而，要建成经济发达、社会文明、生态和谐的可持续发展的生态型岛屿，还仅仅只是开始。

三、植树绿化、保护湿地，推进生态岛建设的建议

(一) 关于植树造林。崇明要建设生态岛，在2020年建成现代化综合型生态城市和上海最优美的海上花园，当前最迫切的一项重要工作就是有序、适度、协调地推进植树造林工作，确保崇明岛林业发展规划的实施。为此建议：

一是把握内涵，强化宣传。要充分认识崇明植树造林面临的形势和任务，提高对加快植树造林重要性的认识。要通过各种有效途径，向广大干部群众宣传崇明建设生态岛的战略目标，宣传崇明植树造林面临的大好机遇，宣传植树造林是崇明生态岛建设的基础工程，是提高竞争力、改善投资环境的重要举措，使全岛上下以世界眼光和世纪尺度，实施好林业发展规划，充分体现生态岛建设的内涵，在全岛范围内形成人人关心生态岛建设、个个参与植树造林的良好氛围。

二是做好衔接，落实措施。围绕崇明林业发展规划，动员全岛力量(包括市属在崇单位和江苏在岛上的两个乡)落实植树造林的各项工作。根据崇明岛林业发展规划要求，按照先易后难，先非耕地后耕地，先规划后实施，先试点后推广的原则，重点建设沿江防护林、水源涵养林、道路防护林和生态片林。要认真细致地做好林业规划和地区植树绿化的衔接工作，落实好2004年植树造林任务；加快土地使用权流转，落实造林用地，认真处理好推进林业建设和保护农民利益的关系，在土地使用权流转的同时，确保农民利益不受损害；扩大农民的林业就业，千方百计增加农民收入；落实林业扶持政策，依靠政策推动，加大多元化投入力度，加快林业发展；广泛宣传发动，动员全社会力量参与植树造林；加强林业技术队伍建设，注意生物多样性和地区适应性，坚持科学造林，加强科技创新、病虫害防治、森林防火等方面的队伍建设和机制创新，同时实施依法治林，加强林政执法。

三是加强领导，有序推进。要强化植树造林的组织领导，完善各种奖惩机制和保障监督措施，因势利导，化解矛盾，确保植树造林有序推进、健康发展。全岛各相关部门和单位要建立健全植树造林的领导体系，把植树造林摆上重要议事日程，紧紧抓住这项重点工作不放，精心组织，周密部署，措施有力，工作创新，力求种得上、稳得住、化得开，保质保量打胜这场攻坚战。

（二）关于湿地保护。崇明岛遍布湿地，其中东滩湿地保护更是受到各界的关注，必须制定和落实保护湿地的各项措施，上下齐心共同保护好东滩湿地。为此建议：

一是提升规格，统一领导。提升崇明东滩鸟类自然保护区的规格，加强对湿地资源的保护力度，是崇明生态建设的需要。崇明东滩湿地是一种重要的资源，是崇明最为独特的亮点，其湿地功能明显，科研价值巨大，具有良好的生态效益、经济效益和社会效益。由于东滩的特殊地位，建议适时考虑提升自然保护区的规格，早日建成国家级自然保护区。如在行政关系上由县政府直接领导，则更有利于加强对湿地资源的保护力度。

二是普及知识，加强管理。要提高广大干部群众的环境价值观和全球意识，强化湿地的保护和管理。要通过各种形式宣传、普及湿地和生物多样性保护的重要性，提高公众参与湿地保护的自觉性。政府部门要加强湿地开发的环境管理，制定湿地保护的法规，严禁在保护区进行放牧、渔猎、圈围、促淤活动；严禁在核心区和缓冲区内从事一切开发活动，对湿地资源和野生动植物资源进行更为有效的保护；凡以湿地为对象进行的社会经济开发，均应开展环境影响评价，严禁开发对区域生态具有重要影响的湿地项目。

三是制定规划，履行公约。有关部门要尽快落实东滩湿地保护规划的制定工作，邀请市级相关单位参与规划编制，从长远利益出发，在全面分析湿地的生态系统结构和功能以及自然演变规律的基础上，注重科学性和针对性，制定合理的利用保护规划；积极履行《湿地公约》、候鸟保护等有关协定的国际义务，加强国际、国内的合作，做好湿地和生物多样性监测工作，开展湿地科学研究，恢复与再生湿地资源，确保“地球之肾”功能的正常发挥。

（三）关于推进生态岛建设。生态岛建设要高起点创建生态文明的新模式，全面推进生态化，即社会生态化、经济生态化和环境生态化，努力实现人与自然和谐发展的新目标，这是我们的出发点，也是我们的归宿。建成生态岛是崇明岛的奋斗目标，作为面向 21 世纪的生态型岛屿，崇明岛要以生态产业为主线，通过产业生态工程，加快跨越式发展。为此建议：

一是全民动员，共同参与。要大力宣传生态岛建设是全县人民的共同任务，是贯彻落实“三个代表”重要思想的实际行动，是实现可持续发展、跨越式发展的最佳选择。要在全岛人民中形成一种强烈的意识，从而转化为自觉的行动。要使各行各业围绕共同的目标，形成合力、快速推进、避免折腾、协调发展。同时，要充分发挥各级领导的作用，制定达标要求，落实承包责任，全面开展生态家园、生态田园、生态村落、生态城镇等活动，把生态建设深入到每个角落，形成人人参与生态岛建设的浓厚氛围。

二是生态主导，融合发展。要运用生态学原理，突出生态岛建设是一个复合生态大系统，除了植树造林、保护湿地外，还要做好经济社会等方方面面的工作，才能充分发挥其整体功能。因而，要采取专题研究、全面启动、协调推进、持续发展的策略。要正确认识 GDP 的增长与生态建设和环境保护的关系，坚持建设、治理、保护并举。要以绿色产业为依托，全面调整产业结构和空间布局，实现一、二、三产业的融合发展。加快建设以保护生态环境、充分合理利用自然资源、实现可持续发展为主题的现代化生态农业，重点发展林业经济、有机农业、绿色农业，结合农田基本建设，把水系整治好。努力调整工业发展的结构布局，坚持发展无污染工业，关闭和整治污染企业，尽快向农产品加工、生命技术和生态化产业、知识产业、软件科学产业转移,努力开发新能源。全力塑造新城建设中的生态建筑和生态环境,形成生态城市的亮点。充分利用和营造生态优势,加速第三产业的发展,拓展教育、文化、卫生、环保、交通、贸易、旅游、体育等产业规模,充分发挥科技第一生产力的作用。同时,还必须切实保护文化历史遗存,全面推出生态岛的品牌。

三是保障有力,打造精品。要坚持规划先行,政策配套、组织健全、保障有力的原则,根据总体规划所确定的规模和空间布局,编制各类专项规划。切实做好土地利用的合理调整和流转,明示相关法规和政策。要健全各级组织机构,多方筹措建设过程中的多种保障,尽快达到国家环保总局所制定的生态县标准,并且还要创新发展,做到率先一步、高一层次。努力实现生产发展、生活富裕、生态良好的小康目标,进而建成生态环境秀美、人口资源优化、生产配置合理、城乡功能协调、经济持续高效、社会健康文明的,与世界级大城市相适应的生态岛。

四是集思广益,共谋大计。要采用多种形式,组织各界人士参与有关的调研以及论坛、论证等学术研讨活动,集思广益,共谋生态岛建设大计。

关于崇明水系建设和东滩湿地保护的调研报告

县政协专题调研课题组

2004年4月

崇明岛域水系建设和东滩湿地保护在生态岛建设中具有十分重要的作用。从水系建设方面来看,加强崇明水利建设,可以有效地实施南引北排,西引东排,改善水质,确保工农业生产用水和人民群众的生活用水,进一步营造良好的投资环境。尤其是抓好岛域内的湖泊建设,有利于调蓄淡水量、维持流域水量平衡,有利于调节水域周边小气候,有利于改善崇明水质,同时也有利于发展海岛休闲生态旅游业。从东滩湿地保护方面来看,东滩湿地不仅为迁徙鸟类、洄游鱼类以及各种底栖动物和水生植物提供赖以生存的重要栖息环境,也为保持生物多样性,提供丰富的动植物产品和优质的水资源,加快发展地方经济提供广阔的空间。同时,在保护岸线、储备土地资源、维护国土生态安全等方面都具有极其重要的作用。因此,水系建设和湿地保护,对提升上海在国际上的地位,推动崇明生态旅游业和其他产业的发展,吸引海内外投资者来岛投资,促进崇明岛的可持续发展都具有重要意义。

一、当前崇明水系建设和东滩湿地保护中存在的主要问题

(一)在水系建设方面。

1. 河道坍失严重。崇明土质以沙壤为主,土质松软,粘性差,受地表径流影响,水土流失严重,河岸易被冲刷而坍失,特别是一些通航河道,由于受船行波冲刷的影响,坍失严重,加上丰水期水闸引水携带大量泥沙,加快了河道淤浅。据测算,崇明县骨干河道年淤积厚度约100毫米,年淤积量在76万立方米。根据2001年《崇明县水资源报告》,现有部分市、县级骨干河道底高程已达1.5—2.0米,部分通航河道断面呈中间窄深的航运槽区和两边高程在2.0—2.5米的宽浅水域,与原设计规划断面比较,淤浅严重,形成了“一雨就满,一排就干”的状况。2002年经对32条市、县级河道实测,总淤积量为1 100万立方米,也就是说崇明岛减少了1 100万立方米的蓄水量。

2. 水质总体下降。根据2001年河道普查报告,参与评价的县级河道总长364.7公里,其中Ⅰ级水质河段4.7公里,占1.3%;Ⅱ级水质河段54.2公里,占14.9%;Ⅲ级水质河段161.4公里,占44.2%;Ⅳ级水质河段144.4公里,占39.6%。地面水以国家标准GB3838－38中规定的Ⅰ级、Ⅱ级、Ⅲ级为合格,用这个标准来衡量,崇明受污染的骨干河道占所评价河道的39.6%,污染比例较大。表明崇明河道水质已受到一定程度污染,Ⅰ级水质河道已不复存在,少数河道水质为Ⅱ级,大多数河道水质处Ⅲ—Ⅳ级之间,全岛河流污染率40%,且有逐年增大的趋势。

3. 湖泊缺少总体规划。湖泊建设作为水系建设的重要组成部分,在岛域范围还缺少一个总体规划。明珠湖命名多年,但尚未加大投入,加快建设,形成亮点。北湖建设正在推进,但功能定位有待进一步明

确。具有 6 000 多亩水域面积的合龙湖还没有得到有效保护利用和开发建设。另外，管理体制不顺。这些湖泊既有在崇国营农场管辖，也有上实公司管辖。在县域范围内，既有县水务局管辖，又有县农委管辖。由于管辖范围的制约，对岛域范围湖泊的总体规划带来了难度。

（二）在湿地保护方面。

1. 过度围垦湿地资源改变了水鸟栖息地的生存空间。目前，对长江河口湿地生物资源的威胁莫过于对湿地的围垦，而且围垦的速度越来越快。自上世纪 80 年代以来，崇明东滩先后经历了 5 次围垦，共围得土地近 15 万亩。东滩湿地的围垦导致水鸟栖息地结构发生变化，使原有的白头鹤和小天鹅适宜的栖息地逐渐丧失，小天鹅的数量已从 90 年代的 3 000—3 500 只降低至 2000 年的 51 只，白枕鹤已不再出现，雁鸭类越冬数量一直呈下降的趋势。据来自有关方面的信息，2010 年前市有关部门还将在崇明东滩继续围垦土地。这意味着仅存的小部分的潮上滩以及高潮滩，乃至低潮滩都将被列入被围垦区域。而湿地的潮上滩和高潮滩是生物多样性最集中、资源量最丰富的滩段，尤其是高潮滩，构成食物链的主宰，是生物进行物质循环和能量流转的地区。如果承载生物多样性的潮上滩和高潮滩缺失，势必导致生物多样性丧失殆尽，同时也会导致湿地其他功能的丧失。

2. 过度捕捞和生物资源的超量利用。每年长江口汇集数千艘船只捕捞鳗苗，接着又捕捞蟹苗，既干扰雁鸭类的越冬和破坏鳗苗、蟹苗的资源，又油污水域。部分农民和渔民还拥上滩涂挖掘底栖动物“蟛蜞”、贝类、螺类和捕捞鱼虾，影响行鹬类的食源；东滩湿地附近农民甚至在滩涂上大批放牧牛群，啃食和践踏海三棱藨草，与雁鸭类争食食源。数以百计的猎鸟者，散布于各个滩涂捕猎鸟类，特别是行鹬和雁鸭两大类经济鸟类。有时连国家列入重点珍稀鸟类，如小天鹅、鸳鸯、鹰隼、小杓鹬和小青脚鹬等也遭到捕猎。

3. 外来物种（互花米草等）生态入侵的负面影响逐步显现。崇明东滩自然保护区的植被群落，尤其是海三棱藨草，其块茎是小天鹅、白头鹤的主要食物，种子是野鸭的饲料，对该地区生物多样性的维持起着非常关键的作用。但近年来，有关部门在自然保护区核心区内的东旺沙等地为滩涂促淤引进种植了数千亩互花米草，互花米草的扩张性繁殖，将会逐步取代芦苇和海三棱藨草，破坏近海生物的栖息环境，进而破坏食物链的结构，威胁鸟类的生存环境和地域生态安全。

4. 缺少湿地建设和保护的总体规划。目前，尚未制定关于保护东滩湿地的总体规划，从而导致对湿地资源的利用缺乏科学的指导，对湿地资源的保护缺乏科学的认识。因此，当务之急是要制定具有针对性的、切实可行的东滩湿地保护规划。

5. 多部门多头管理导致区域管理权属不明确。目前，长江河口湿地资源按各功能归口在市政府各职能部门分散管理，缺乏有协调功能的综合管理部门。如市林业局负责组织、协调湿地保护和有关国际公约的履约工作及鸟类保护，水产渔政部门管理水产资源，水务部门管理水资源，农业部门负责指导滩涂、湿地的开发利用工作，环保部门负责监督检查湿地环境保护工作。此外，湿地保护与合理利用工作还与发展计划、对外经贸合作、教育、科技、公安、财政、建设、交通等部门有着密切的联系。区域内，还有大片土地分属上实集团、农工商集团经营。由于行业条块分割，各管理部门往往因在湿地保护、利用和管理方面的目标不同，利益不同，各自为政，各行其是，矛盾较为突出，影响了湿地的科学管理。

二、加快水系建设、加强东滩湿地保护的对策建议

（一）加强岛域范围水系整治。

1. 加快水系建设。要根据崇明水系改造总体规划，加快环岛运河建设。目前，要在已经建设好环岛运河北段一期工程的基础上，抓紧上马二、三期工程，争取在 2004 年 5 月底之前竣工。要加大市、县级大河和镇级横河、村级泯沟的疏浚力度。在此基础上，在未来几年内，要做好包括环岛运河南段疏拓和崇西水闸在内的全岛 27 座水闸的外移、翻修、新建等工程，真正发挥环岛运河、29 条竖河、27 座水闸在崇明岛水系运行中的作用。

2. 确保水系畅通。目前,崇明还有9条县级大河的北首不能同环岛运河相连,成为断头河。在北沿,多座水闸已不能充分发挥排水作用。为确保岛内人民的生产生活用水,在未来的几年内,应通过尽早疏通断头河、移建水闸和建设市、县级大河河坡防坍工程等措施,逐步减少各级河道的淤积量,保障我县水系畅通。

3. 改善沟河水质。每年的11月至来年的4月是长江的枯水期,咸水倒灌比较严重,岛内淡水资源短缺,严重影响了居民的生产生活。近年来,崇明长江北支咸水上溯到新村乡,南部已达鸽龙港。在较长时段内,一些水闸不能开启,引起水质恶化。因此,在水系规划建设中,一定要把河道的疏浚、湖泊的开挖、长江水的引进和岛域内水体的调动,同改善岛域内的居民生产生活用水有机结合起来,使崇明岛水质得到明显改善。

(二) 抓好湖泊规划和建设。

1. 规划湖泊的主要原则。在总体规划湖泊时,要坚持三个原则:

(1) 要有利于河道引排畅通。崇明独特的地理位置和独立的河网水系,决定了崇明的生产生活用水主要来源于长江淡水。因此,在实际工作中,一定要遵循南引北排、西引东排的原则,确保引进优质长江水源,排出岛内劣质水体。在湖泊规划建设中,必须处理好这一问题。

(2) 要有利于全岛水资源优化配置。要维持全岛水域流量总体平衡,调蓄淡水量,提高区域防汛抗灾能力,更好地实行水资源的优化配置。要根据崇明岛域总体规划和崇明岛域水系规划,科学合理布局崇明岛湖泊,从而使湖泊真正发挥其应有作用。

(3) 要有利于发展休闲娱乐、旅游观光。根据崇明岛域总体规划,到2020年,崇明将基本建成与国际大都市相适应的"海上花园"。根据这一定位,生态湖泊将成为具有崇明特色的生态休闲游的亮点。必须结合大型自然、人工生态湖泊的建设和开发,大力建设滨湖观光、休闲旅游等旅游项目以及建设休闲疗养基地、国际会议、论坛中心等旅游设施。

2. 湖泊的总体规划布局。拟在崇明岛域范围内重点开发建设五大湖泊:

(1) 东旺湖。位于崇明东部,与东滩湿地规划相一致,结合东滩国际湿地公园的建设,规划辟建一个生态景观人工湖泊。其主要功能,一是更好利用东滩湿地环境优势,通过大型生态湖泊的建设,为东滩鸟类提供广阔的水域空间,大力发展生态旅游;二是结合大型生态湖泊的建设,在每年11月至来年4月的咸水包围期,把东旺湖作为东旺地区的淡水源基地。

(2) 北湖。位于长江北支,规划辟建黄瓜沙边滩人工湖。其主要功能,一是作为天然调蓄水量的大水库;二是作为生态海上旅游的好去处,可建造崇明最大的水上游乐园;三是作为咸水产品的良种繁殖基地。

(3) 老滧湖。位于城桥新城的中心。其主要功能,一是辟为优质的淡水源基地,为新城区居民提供优质的生活用水;二是结合城桥新城的开发,借景拓湖,开湖造景,形成新城水上主要旅游风景线。

(4) 明珠湖。位于崇明西南部,作为绿华阳光生态示范区的主要部分。其主要功能是提供休闲游。通过退塘还湖、生态涵养林建设,改善明珠湖周边水环境,建设成为一流的水上乐园。

(5) 合龙湖。位于崇明中北部,规划辟建6 000亩左右生态湖泊。其主要功能是通过大型水域的开发建设,配备滨湖观光、休闲旅游等设施,大力发展休闲生态旅游,并且有效调节中北部地区的水资源优化配置。

3. 湖泊规划与建设应注意的问题。湖泊的规划与建设应注意"五个结合":

(1) 与休闲旅游相结合。湖泊的规划与建设应充分体现"以人为本"的思想,以水造景把水景融入自然景观之中,营造江南水乡特色的岛屿式风景区,以"水"为特色设置水上游乐园,让游客接近自然,享受自然。

(2) 与周边水系规划相结合。湖泊的规划建设应与原有水系规划相配套,要湖河相通,使湖河水体有序流动,保护良好的水质,以调蓄水量,实现区域水量总体平衡。

（3）与生态林建设相结合。湖泊的规划建设应与生态林建设有机结合，生态涵养林的建设有利于涵养水源，防止水土流失，营造风景优美的自然景观。

（4）与水系整治相结合。湖泊的规划建设要考虑生态体系的保护，优化水质，保护水源地尤为重要。湖泊周围应禁止工厂企业的污染、禽畜污染及生活污染。要坚持做到建设和治理相结合，以实现水资源地可持续利用。

（5）与新城区开发相结合。按照城桥新城总体规划，结合新城建设启动，抓紧疏拓老滧河，做到借景拓湖，拓湖造景，为崇明城桥新城建设乃至生态岛建设开好局，起好步。

4. 有序推进湖泊建设。要根据崇明岛域总体规划、崇明水系总体规划和城桥新城建设规划，积极、稳妥地推进湖泊建设。目前，结合城桥新城开发建设，拟先建设位于城桥新城中心的老滧湖，结合林业建设和休闲旅游形态等开发，重点建设明珠湖和北湖。同时，对近年内未能列入开发建设范围的湖泊，必须切实加强保护工作。

（三）严格湿地保护和管理。

1. 积极开展湿地保护宣传教育。要针对公众湿地保护意识薄弱的情况，开展多种形式的宣传教育活动，强化湿地保护重要意义的科普知识宣传；要利用互联网、电视、广播和报刊等大众媒体，坚持做长期不懈的教育宣传工作；要组织发动青少年参与宣传教育活动，培养他们热爱自然、保护湿地、珍惜生命的生态意识。要针对崇明实际，有重点地做好爱鸟护鸟等宣传教育工作。

2. 积极呼吁市有关部门加快立法进程。建议市政府将湿地保护纳入城市发展和生态建设的总体规划，在切实保护湿地资源的前提下，合理地开发利用资源；要将湿地保护区的建设和管理资金纳入财政预算，保证管理和执法工作的开展。同时，对已列入国际重要湿地名录的保护区要切实加强分类指导和管理工作，以专门的法规保障已列入国际重要湿地名录的保护区的保护和管理。

3. 抓紧制定湿地保护规划。崇明作为构筑上海世界级城市的重要生态空间，将建成最优美的海上花园，湿地将是崇明岛最主要的生态亮点。湿地的保护不能离开可持续利用，而可持续利用又必须以保护为基础。这就需要对湿地资源的开发利用制定科学的规划，建立湿地生态环境影响评价制度，实现在统一规划指导下的湿地资源保护与合理利用的分类管理。有关部门应尽快落实东滩湿地保护规划的制定工作。湿地保护规划应注重科学性和针对性，从长远利益出发，在全面分析湿地的生态系统结构和功能以及自然演替规律的基础上，制定合理的保护规划，特别是为了保证崇明生态岛建设，应严格控制滩涂围垦。

4. 逐步建立完善东滩湿地管理体制。一是争取提升自然保护区级别。崇明东滩滩涂辽阔，拥有丰富的底栖动物和植被资源，是候鸟迁徙途中的集散地，也是水禽的越冬地。1998 年 11 月 17 日，上海市人民政府批准建立崇明东滩鸟类自然保护区，保护区总面积 326 平方公里。由于江滩的特殊地位，应当进一步加强保护力度，严禁在保护区进行放牧、圈围、促淤等活动，严禁在核心区和缓冲区内从事一切活动。因此，要考虑提升自然保护区的级别，早日建成国家级的自然保护区，对湿地资源和野生动植物资源进行更为有效的保护。二是完善东滩湿地保护的统一管理体制。湿地资源保护和管理涉及多个职能部门和行业，关系多方的利益。因此，应进一步完善协调管理机制，建议将崇明东滩国际重要湿地领导小组办公室设在崇明县政府，从而更好地协调保护区周边地区开发、资源统一管理、自然环境保护三者之间的关系，有效地加大对湿地保护和管理的力度，使崇明东滩湿地真正成为崇明生态岛建设的一大亮点。

发挥生活污水处理设施作用，保障生态环境质量

县政协建设管理委员会

2012 年 12 月

随着现代化生态岛建设步伐的加快，我县正逐步形成"县、乡镇、村户"三级污水处理网络和相对有效

的“产权移交、使用单位管理、责任部门监管”的管理机制。为使已经建成的三级污水处理设施充分发挥作用，县政协建设管理委员会开展了专题调研，现就有关情况综述如下。

一、基本概况

为推进我县国家级生态县的创建工作，自2007年开始，绿华镇、新村乡、三星镇、庙镇、港西镇、建设镇、竖新镇、港沿镇、向化镇、中兴镇、横沙乡等11个乡镇陆续实施集镇污水处理站建设，负责各乡镇居住聚集点周边生活污水的收集处理。为此，出于污水处理规模增长以及污水收集系统完善考虑，设计污水处理规模130—800 m^3/d不等，2011年实际处理量达3 649 m^3/d，污水处理率达80%以上，基本满足需求，出水水质达标。

2009年起，我县实施农村散户生活污水处理设施建设，2009—2012年累计建成17 893户农村散户生活污水处理设施。其中，绿华镇936户，新村乡635户，庙镇2 175户，三星镇1 153户，港西镇254户，建设镇2 498户，新河镇1 179户，竖新镇2 992户，堡镇1 712户，港沿镇1 456户，向化镇203户，中兴镇204户，陈家镇748户，长兴镇532户，横沙乡1 216户，并以每年增加5 000户的速度持续推进。

二、存在问题

我县三级污水处理网络虽已基本实现，但运行情况却良莠不齐，集镇及农村散户生活污水处理运行管理中还存在以下几个问题：

（一）运行管理成本较高。据了解，全县生活污水处理设施有11种处理运行模式，且运行及维护费用高低不一。生活污水处理设施建成后所需水费、电费、污染处理费常常依赖政府财政拨款才得以运行。仅电费一项，以农村散户生活污水处理泵站中最经济的运行模式为例，平均每座每年电费约6 000元左右，而每座处理泵站使用寿命为6—8年，以当初投资建设的折旧率计算，每年折旧约3万元，而每个村至少有3座处理泵站，即每年花费至少不低于10.8万元，由乡镇、村按各自承担能力分比例给付。由于实际运营管理费用与乡镇所能承担的能力相距甚远，基于短期成本考虑，生活污水处理设施（特别是农村散户）的使用率并不高，个别处理系统群众戏称“开关”处理系统，即只在特殊情况时开一下，平时因节省电费而关闭，导致生活污水得不到及时有效的处理，生活污水溢出处理系统的情况时有发生。

（二）运行监管办法不多。有些乡镇、村能够按照规程严格操作，派专人负责巡查，并配以一套严密的管理运行检查机制。但也有个别乡镇、村利用2012年以前建成使用的生活污水设施未安装在线监控设备，主管部门无法对其进行有效监管而弃之不用。主管部门通过人工监管的方式对全县已经建成使用的237个农村散户污水处理系统进行监管显得力不从心，而目前除在线监控外没有其他有效的监控办法。因此，只有当水务部门进行定期巡查和监测时才能略微遏制这种不正常运行现象。

（三）队伍素质参差不齐。集镇生活污水处理站的管理人员大多无专业化管理技术能力，有部分生活污水处理站的现场操作人员仅是开、闭开关。各生活污水处理站大多没有建立对管理人员进行考核激励的管理制度，缺乏规范化的管理体系，设施管理较为混乱。由于设施设备长期缺乏专业化维护，致使生活污水处理率达不到设计要求，部分处理站甚至出现超标排放现象，还有部分处理站设备无法正常运转，因无专业维修人员，也得不到及时修复。

三、对策建议

为更好地完成我县现代化生态岛建设任务，努力实现美丽崇明的蓝图，特提出如下建议：

（一）强化全民环保理念和责任意识。一要进一步加强环境保护的宣传教育。要通过组织贴近群众生活的各种宣传教育活动，进一步提高全民环保理念。二要加强对各级领导干部的教育培训和考核。要把普及环境科学知识及其法律知识，实施可持续发展战略，提高环境与发展综合决策能力的内容纳入干部培训计划和工作考核之中。三要采取多种手段提高广大人民群众的责任意识，特别是要提高领导干部的责任意识，在短期经济利益与长期环保利益发生冲突时，要以环保利益为重，不因短期经济利益而影响整体生态岛建设。

（二）加强生活污水处理设施的运行监管。一要建立设备管理制度，建立健全设备维护保养、安全检查、交接班制度以及岗位安全责任制、台账登记等制度，并严格按照规章制度操作。二要建立人员培训制度，使工作人员对设备原理、安全性能、操作规范、维护保养等有比较深入的了解，并及时进行专业知识更新培训，掌握新设备的结构性能、异常情况的紧急处理等方面的知识和操作技能。三要对2009—2011年建造的未安装在线监测设备的污水处理站，主管部门要及时协调，尽快落实项目，安装监测设备，对污水处理情况进行实时监测。四要落实巡检抽检制度，对站点设施、收集系统、管理制度、安全生产等采用监测、定期巡检和不定期抽检的方式，督促集镇、农村生活污水处理设备的正常运行，充分发挥生活污水处理设备的效能。

（三）不断改进处理工艺。一要鼓励科研单位加大研发力度，从11种建设模式中精选2—3种价廉质优的工艺进行建设。二要大力引进并推广高效、简易、低耗的污水处理工艺，如推广经专业科技单位验证为符合运行效率高、运转费用低、使用寿命长等特点的人工湿地工艺。三要与国内有关企业签订污水处理设施易耗品科技协助协议，争取符合产业政策、具有自主知识产权、适应我县实际的专业科技企业的技术支持，通过政府购买的方式，获得成本低、能耗低、无污染、效果好的新工艺易耗品。四要逐步替换或改装原先使用的高消耗产品。鉴于污水处理工艺的不断改进，对已经安装建成的污水处理站或设施设备，应鼓励科研单位加大研发力度，逐步替换或改装原先使用的高消耗产品，不断降低运行管护成本。

（四）协调解决运行经费。一要完善污水处理收费标准体系建设，或给予运营公司向服务对象收取污水处理服务费用的权力，使运营公司获得合理利益；或结合各乡镇实际情况实行差别化收取，初期给予一定的财政补贴，后逐年增加费用收取，最终达到收支平衡；或因地而异，对财政能力好的乡镇，将污水处理设施作为一种可收费物品，实行市场化价格机制收取服务费用，并划拨其中一部分费用作为财政能力薄弱乡镇的运行经费补贴；或县、乡镇二级财政实施全额补贴。二要由主管部门牵头，积极协调各方，争取市政府及市级有关部门的支持，同时变更用电属性，将工业用电收费标准变为农业用电收费标准，降低设备运行成本。

（五）加强运行管理。一要提供良好的政策环境。政府部门要制定运行污水处理项目的优惠政策，鼓励社会资本或有较好资质的公司进入污水处理项目的社会化、市场化运行。二要将小项目打包招标。根据集镇和农村散户生活污水处理网络的特点，对集镇污水处理集中设施和农村散户污水处理设施进行小项目打包招标，将其整合成为一个或多个较可观的大项目，转包给具备污水处理运行资质的专业化公司，对各乡镇的污水处理设施实现统一运营管理。三要建立专业的设备维修检修队伍。请具有专业资质的公司提供设备维护检修支持，对设施确定最佳运行方案，对工作人员进行专业技术操作指导，对设备进行定期检修维护，保持设备的高效运行。

五、其他方面调研报告选录

关于我县人才工程建设情况的调查

县政协秘书处

2002年1月

经济的竞争，关键是人才的竞争。崇明大开发、大发展的关键是需要一批高素质的各类人才。因此，抓紧培养和吸引一大批人才，充分发挥他们的作用，对加快崇明改革开放和经济发展具有十分重要的意义。最近，县政协围绕我县人才工程建设状况进行调研。现将调研情况报告如下。

一、人才队伍的现状

近年来，我县在人才工程建设，培养、吸引人才和充分发挥人才作用等方面做了大量工作，也取得了一定的成绩。据县劳动人事局统计，截至2000年年底，全县共有各类人才5.08万人。其中专业技术人才和管理人才2.51万人，技术工人2.57万人。其结构情况如下：

（一）分布情况。专业技术和管理人才中，国有和集体企事业单位1.25万人，国家行政机关3 000

人，乡镇(村)办企事业单位和中外合资企业 5 700 人，私营企业和外商独资企业 3 900 人，分别占总数的 49.8%、12.0%、22.6%和 15.6%。

(二) 学历情况。专业技术和管理人才中，大专以上 9 648 人，中专 9 375 人，高中 2 301 人，初中3 800 人，分别占总数的 38.4%、37.3%、9.2%和 15.1%。

(三) 职称情况。专业技术和管理人才中，高级职称 476 人，中级职称 5 928 人，初级及未评聘人员为 1.87 万人，分别占总数的 1.9%、23.6%和 74.5%。

(四) 年龄情况。专业技术和管理人才中，35 岁以下 7 500 人，35—49 岁 8 449 人，50—54 岁 6 001 人，55 岁以上 3 174 人，分别占总数的 29.8%、33.7%、23.9%和 12.6%。

(五) 技术工人分布与职称情况。技术工人在企业单位的 2.17 万人，在事业单位的 4 000 人。其中高级工和技师 290 人，中级工 5 010 人，初级工 2.04 万人，分别占总数的 1.1%、19.5%和 79.4%。

二、人才工程建设所面临的主要问题

从我县社会经济发展的全局和迎接崇明大开发的形势来看，由于经济与科技发展水平对崇明引进岛外人才的制约，用人的思想观念与发展市场经济的要求不相适应，以及吸引人才的机制不活、力度不够等原因，人才工程建设方面还存在一些问题，主要表现在以下五个方面。

(一) 人才总量不足。目前，我县共有人口 65 万人，各类人才总数约占全县人口总数的 7.8%。其中专业技术人才和管理人才约占全县人口总数的 3.9%；大专以上文化程度约占全县人口总数的 1.5%；中、高级技术职称的专业技术人才占全县人口总数的比例不到 1%。由于部分人才外流，全县专业技术人才和管理人才的总量更显不足。这种局面无法适应崇明大开发、大发展的形势需要。

(二) 人才结构不佳。突出表现为“三多三少”：一是低层次的人才较多，高层次的人才较少。全县专业技术人才学历在大专以上的还不足 34%。技术工人队伍中高级工和技师太少，中级工相对也偏少。二是教卫系统专业技术人才和管理人才较多，经济系统技术人才、管理人才、经营人才相对较少。全县资产扩张型人才、外向型人才、创新型人才和产品营销人才等尤为紧缺。三是传统产业领域的人才较多，新兴产业领域的人才较少。

(三) 人才布局不均。就我县专业技术和管理人才的产业分布来看，第一产业为 1 367 人，占 5.4%；第二产业为 7 236 人，占 28.8%；第三产业为 16 521 人，占 65.8%。就我县专业技术人才专业结构分布来看，工程类 1 919 人，占 10.2%；农业类 299 人，占 1.6%；科研类 16 人，占 0.1%；卫生类 2 925 人，占 15.6%；教育类 6 169 人，占 32.9%；经济类 1 912 人，占 10.1%；会计类 2 823 人，占 15.1%；统计类 764 人，占 4.1%；其他类 1 942 人，占 10.3%。由此可见，事业单位人才相对较多，其中教育和卫生两个系统拥有的专业技术人才就占了总数的 56%，经济第一线人才相对较少，乡镇企业和“三资”企业，每百名职工中拥有的专业技术人才分别为 5 人和 4.5 人。就我县某些科研、技术推广等事业单位专业技术人才情况来看，一方面人员臃肿需要分流，而另一方面人才依然大量缺乏。如农业系统从事农业技术推广、试验的事业单位中，其专业技术人员数占职工总数的 55%，其中农业技术推广中心的专业技术人员只占职工总数的 50%。全县信息技术、生物工程等科技含量较高的专业人才奇缺。作为一个以农业为主的县，从事第一产业的人才太少。发展崇明旅游业已作为我县一个新的经济增长点，却还没有这方面的专业技术人才。

(四) 人才继续教育力度不大。在培养专业技术人才和管理人才方面，我县虽然有县科技培训中心、电大崇明分校、县委党校以及一些行业的继续教育培训机构和少数社会力量办学单位，但目前的培训力度、培训内容与当今科技发展和社会经济发展的要求有一定的差距。表现在：办学单位数量少，办学层次低，师资力量薄弱，知识更新速度跟不上国内外科技发展的速度。在培养技术工人方面，我县虽然有 4 所职校和其他一些培训基地，但培训技术工人的层次相对较低，培训内容与社会需求还不相适应，按照今后崇明大开发对技术工人的要求存在较大差距。

(五) 人才引进机制不活。崇明地处海岛，交通不便，经济发展滞后，经济待遇较低。随着人才市场的不断完善，引进人才难度较大。目前，我县引进的人才大部分集中在教育和卫生两个系统。2001 年从偏远外省市，从外系统、外区县共引进 200 多名人才。但由于机制和地处海岛等方面的原因，在外招聘缺乏吸引力，有些是靠“宣传”引来的，有些人才也言明，干几年后还是要走的。因此，有些人一到崇明就想走，或到了崇明不久又千方百计调走的情况。县教育局在去年招聘过程中，就有 20 多名人员没有等到手续批下来就已离开崇明。

三、加快人才工程建设的对策

人才是一个国家、一个地区发展最重要的资源。当今世界，争夺人才的竞争异常激烈，谁拥有了高素质的人才队伍，谁就能在发展中领先并能在未来的竞争中取胜。因此，必须把开发、培养、引进和使用好各类人才作为事关崇明未来的大事来抓。

（一）加大人才工作宣传力度。要加大对人才工作的宣传力度，利用广播、电视、报纸等新闻媒体宣传实施人才工程的重要意义，宣传人才在各条战线上取得的成绩和对国民经济发展所作的贡献及所起的作用，增强全社会的人才意识，努力营造尊重知识、尊重人才的良好环境。各级领导要提高对人才工作重要性的认识，牢固树立人才资源是第一资源的观念。坚持以求贤若渴的胸襟，唯才是举的气度吸引人才，切实把人才开发、培养和引进工作摆上重要议事日程。要像抓经济工作一样抓人才工程建设，要像抓招商引资一样抓招贤引智工作，并切实抓出成效。要充分调动和发挥人才的智慧和才能，充分实现人才的自身价值，促进崇明经济的快速发展。

（二）认真修订完善人才工程规划。要坚持以邓小平理论、“三个代表”重要思想为指导，贯彻人才资源开发要为国民经济和社会发展服务并与之相适应的原则，按照崇明县国民经济和社会发展第十个五年计划的要求，以及迎接崇明大开发、大发展新形势的需要，认真进行人才需求总量的预测。根据本县现有人才的总量、结构、行业分布等状况，切实制定我县人才工程规划，针对专业技术人才开发的重点、难点问题，提出有关调控政策。不断稳定发展人才数量，调整人才队伍结构，提高人才整体素质，促进人事制度改革，实现人才资源的优化配置，建立一支精干、高效、廉洁的公务员队伍，培养一支适应现代化建设需要的专业技术人员队伍，造就一支以企业管理人员为主的善经营、会管理的管理人员队伍，为崇明的大开发、大发展服务。

（三）不断提高人才队伍的整体素质。对各类人才要做到在政治上信任，工作上放手，待遇上从优，生活上关心。一是要抓好专业技术人才骨干队伍建设。政府财政要拨出专项基金，用于高层次人才的培训教育。要从第一线上选拔优秀的、具有发展前途的技术骨干、管理骨干、经营骨干、国家公务员选送到国内外名牌院校、名牌企业学习、研修，培养造就一批具有国际水平的优秀人才。要经常地、分期分批地将中青年拔尖人才选送到大学、科研机构深造研修，必要时选送到国外研修。同时，要有计划地组织企业经理（厂长）和具有一定经验、有培养前途的优秀经营管理人员到国外大公司、大企业或商务基地学习先进经验，提高经营管理水平。二是要加强本县人才培训基地建设，抓好各类专业技术人才的继续教育工作。要逐步形成以政府办学为主，社会各界共同参与的多元化办学机制，鼓励社会力量办学单位参与人才培养工程，政府对有关办学单位要加强硬件和软件投入。要改革人才培训模式，在巩固现有成人教育的基础上，走与高等院校联合办学的路子。并通过各种途径提高现有师资队伍的质量，使他们的知识水平与当今科技发展相适应。要充分利用各学会、协会和社会力量办学机构以及县科技培训中心等培训基地，举办各种类型的专业技术人才培训班。同时，组织专业技术人员开展学术交流、学术研讨等活动，以及采取请进来、走出去等多种教育形式对专业技术人员进行继续教育。三是要利用本县所有的技能培训基地，对企事业单位人员加强专业技术培训和职业技能培训，全面提高员工素质。对乡土人才进行现代农业科技、经营管理知识等培训，并逐步建立农村人才资源开发网络。各单位要鼓励和支持职工参加函授、自考、电大等学习。

（四）积极引进各类人才。要坚持培养人才与引进人才并举的方针，从事业发展的长远利益出发，积极引进人才，以提高用人单位在市场经济中的抗风浪能力，提高企业的生存能力和经济效益。要建立人才引进绿色通道。在引进人才方面应研究制定切实可行的招聘办法，放宽政策，简化手续，缩短办理时间。事业单位在编制许可条件下，尽可能多地引进一些紧缺人才，教育、卫生、农业、科研等一些人才需求量较大的部门要尽量多引进一些大学本科以上的人才。引进“永久牌”的人才非常重要，开发“候鸟型”的人才也十分必要。各用人单位要为人才发挥作用提供良好的工作、生活环境，做到以政策留人，以事业留人，以环境留人，以感情留人，使他们感到在崇明工作能充分发挥作用，施展才华，实现其人生价值。

（五）建立和健全人才开发利用机制。解决人才问题，归根结底是解决机制问题。有了好的机制，人才才会不断涌现出来，人才的积极性、创造性才能最大限度地激发出来，并为经济发展和社会进步发挥最大的效能。一是建立健全引导机制。要鼓励各类人才到经济建设第一线建功立业。鼓励行政事业单位的人才到经济一线任职或自办、领办示范服务基地。对在第一线作出贡献的人才，要让他们在政治上有地位，经济上合法富起来。二是建立健全激励机制。要制定鼓励各类人才成长的激励机制，完善对作出贡献的人才的重奖政策，激励和扶持各类人才脱颖而出。三是建立健全分配机制。要坚持效率优先、兼顾公平的原则，把按劳分配与按生产要素分配结合起来，切实把人才的贡献、业绩与其收入挂起钩来。四是建立健全服务机制。要不断完善人才市场在人才信息、人才交流、人事代理、人才培训、人事档案管理、人才素质测评等方面的社会化服务功能，为人才的成长进一步提供高质量的服务。

提升离土农民文明素养，提高城镇化质量

县政协社会事业委员会

2012 年 12 月

近几年，随着重点地区开发进程的加快，我县农村城镇化正快速推进。截至目前为止，我县因为拆迁征地及土地流转进入城镇居住的农民有 6 万人左右（仅以已落实小城镇保障计算，实际要超过这个数字），约占全县户籍人口 10%左右。这些新的城镇居民能不能尽快适应城镇生活，提高文明素养，关系到我县今后城镇化进程的质量和水平，也很大程度上关系到我县生态岛建设的成效。因此，如何提高他们的文明素养，让他们尽快融入新生活、适应新环境，是当前和今后一阶段我县社会建设的重要课题。为此，县政协社会事业委员会开展了专项调研，并提出相应建议。

一、离土农民文明素养存在的问题和原因

（一）农民固有的思想、习惯和素养一时难以适应城镇化生活。一是思想观念上，农民长期固守一亩三分地，对外交往少，劳动技能缺乏，喜欢安于现状，缺少创业精神。习惯于等、靠、要，在蝇头小利面前守、争、抢，难以协调。如缺乏公共空间意识，抢占空地、楼道，违章搭建、毁绿种菜或堆物。二是生活习惯上，由于总体生活水平不高，农民对生活品质的要求也不高，家庭卫生习惯、审美水平都较差，脏乱差是一些农村家庭环境的共同特点。农村公共生活和服务设施很少，农民还没有养成维护公共利益的自觉性，随意抛扔杂物、践踏草地、公共场所大声喧哗、违反道路交通规则等现象时有发生。三是公共责任意识不强，拒交物业管理费的现象较为普遍，小区志愿者招聘也困难重重。

（二）参与城镇文化活动的习惯尚未养成。离土农民最主要的交流活动是打麻将等赌博游戏，或游走闲聊，尚未形成广泛参与文化体育活动的习惯。即使参与，选择面也比较小，形式比较单一。

（三）管理和引导机制还没有及时完善。一是居民管理机制多种形式并存。有已经撤村建立居委会的，也有村居并存的，还有未撤村也没纳入居委会管理的，县、乡镇两级相关统筹协调机构也没有建立起来。二是各地管理能力参差不齐，部分基层管理者面对过渡期各种混乱和矛盾，有畏难情绪，管理和服务不够精细，不能适应新的工作要求。三是宣传教育的力度尚需提高。市民教育、文化体育和志愿者等活动的参与度不够高，覆盖面不够广，考评跟不上，工作成效难以明显体现。

二、提升我县离土农民文明素养的意见建议

离土农民是一个特殊时期产生的特殊群体，建议在政策制定、经费拨付、队伍支撑等方面给予特殊的倾斜，并围绕“保基本、抓管理、重引导”的基本思路，抓好以下几方面工作：

（一）提升基本服务质量，为离土农民创造安定温馨的家园。“仓廪实而知礼节”，群众文明素养的提升需要必要的物质基础。为此，一是做好基本生活保障工作。加快重点地区产业引进和培育，创造就业机会，做好就业服务，促进离土农民就业。建立过渡期物业管理费县、乡镇两级财政补贴制度，补贴协议要签到户，帮助居民提高责任意识。二是完善居民生活关护体系。县民政部门要研究建立离土农民生活关护的标准体系，从社区文体、卫生、养老、帮困、法律等方面全方位完善服务内容，明确服务要求，加强考评，促进安置小区整体提升服务水平。组织机关、企业、院校、部队、社区党员干部定期为社区居民开展义务服务，使居民得到实惠，体验新生活的幸福感。三是建立精神文化服务体系。乡镇政府要会同开发部门和文化部门，研究建立符合离土农民需要的精神文化服务体系。文化、教育机构要进社区，教育、文化、体育活动要常态化，必要的场地、器材、资金、人员要落实到位。要提高人文关怀的深度，积极帮助离土农民尽快构建新的社会关系网络，从而对小区产生归属感。

（二）改善社区环境，为离土农民文明素养提升创造良好的外部条件。一是完善生活设施。有关乡镇要会同开发商加大投入，在小区停车库、电瓶车充电、晾衣架、休息椅凳、散步小道等细节方面做好后续建设工作，进一步完善小区技防设施，保障小区安全。二是完善教育、文化、体育、休闲设施的建设。居民小区要充分利用现有公共空间，创造条件使居民有地方、有条件开展教育、文化、体育活动。对于场地紧缺的小区，政府或开发商有必要投入资金新建一部分公共设施。三是创造优美洁净、富有文化气息的环境。在政府补贴物业管理费的前提下，住房保障和房屋管理部门要加强对物业管理的监督和考评。确保小区环境整洁、美观。对于已经遭破坏的绿地和设施，要及时补充和修正。要注意小区文化元素的布置，营造文化氛围，提高小区文化品质。四是建立由居民代表参与的安置小区建设监督委员会，加强对开发过程的监管，保证建筑和设施符合农民的实际需求，保证建筑质量。

（三）大力加强舆论宣传，引导离土农民增强现代城市公民意识。一是大力宣扬我县生态岛建设的规划愿景，激发居民对未来美好生活的向往。电视台、报纸要常态化播放和刊登崇明及重点开发城镇的规划愿景，要定时播放和刊登国内、国外生态建设的成果。县和乡镇规划馆要定时对市民开放，居委会要轮流组织居民参观规划展示馆和崇明开发建设的成果展览。让居民感觉到高品质的生活并非遥远。二是不断强化离土农民的主人翁意识。建立楼道宣讲员制度，通过宣讲员亲切、直观、清楚的宣讲，让居民懂得小区是大家共有的家园，要用自己的钱，出自己的力，管理好自己的家园。三是积极挖掘宣扬身边的先进典型。通过报纸、小区宣传栏、宣讲员宣讲等载体客观宣传居民身边的文明形象典型，让居民有看得见的榜样，带动大家共同提升自身素质。

（四）全面实施“新市民教育工程”，努力提升离土农民劳动、生活技能以及文明素养。建立“新市民教育工程”管理组织，做好工程规划，落实推进措施，做好绩效评价。一是在重点开发城镇适当加大社区教育投入，优先让社区教育普及到每个居民。二是更广泛地建立“新市民学校”“新市民夜校”，将社区教学点、社区阅览室办到居民家门口。三是继续实施政府补贴的劳动力免费技能培训，积极开发符合市场需求的课程，提高培训的实用性。四是广泛开展市民素养教育。推广陈家镇社区学校的经验，积极开发家政实用技能和文化素养的课程，提升市民高品质生活的意识和能力。五是广泛培训楼道宣讲员，通过宣讲员大力宣讲文明理念。

（五）加大居委会建设力度，全面完善社区自治管理。一是完善居民自治管理机制。要创造条件，制定特殊政策，尽快撤去已经全部拆迁的村级建制，建立相应的居委会，暂时不能建立居委会的要建立临时居民自治管理组织。尚未引进物业公司和尚未建立业主委员会的要尽快建立起来。借鉴兄弟区经验，建立乡镇社区办和居民区社工站制度，整合和充实社区管理力量。建立居委与公安、城管等部门的结对联动制度，定时开展小区环境整治等工作。二是提升居委会自治管理能力。推进居委会尽快从村级行政管理向为居民服务的转型，实现管理方式和管理职能转变。提高居委会管理的责任心，加强对居民的调查研究，随时掌握居民动态，加强居民动员。利用“三支一扶”和大学生村官政策，充实居委会新鲜力量，提升居委会干部素质。有效发挥党组织的带头作用，抓好小区、楼道党组织建设，优先提高党员素质，提高党组织的凝聚力，使党员成为社区文明建设的带头人。三是引导居民自我管理。居委会要全面完善居务公开制度，切实实施县民政局制定的《居民听证会、协调会、评议会制度试行办法》，引导居民参与小区管理。加强志愿者队伍建设，不断扩大志愿者队伍。建立小区老年协会、义务巡防队、环境监察队、交通执勤队等居民自治组织，定期组织活动，在活动中提升居民自我管理能力。

实现老有所养，促进社会和谐

民建崇明县支部

2012 年 12 月

当前，老龄化浪潮正改变着各国的人口结构，影响着经济社会发展的未来走势。在此背景下，党的十八大提出要“老有所养”“积极应对人口老龄化，大力发展老龄服务事业和产业”。因此，如何应对老龄化问题，已成为全社会关注的焦点，当然也是我县人民群众关注的热点之一。为推动我县养老事业发展，促进和谐崇明的构建，民建崇明县支部对我县养老事业发展情况进行了专题调研。

一、我县养老事业发展的现状

截至 2012 年 11 月底，我县 60 周岁以上人口有 19.58 万人，占总人口的 28.6%。根据联合国教科文组织规定，一个国家或地区 60 岁以上的人口占总人口 10%或以上，或 65 岁以上人口占总人口 7%或以上，那么，该国家或地区就进入了老龄化社会。这表明我县已进入老龄化社会，属典型的“未富先老”县。面对人口老龄化这一现实，县委、县政府高度重视，着力推进养老事业的发展，取得了一定成效，主要表现在：

（一）领导重视，健全机构。近年来，县委、县政府不断加大老龄工作力度，一是加强工作机构建设，调整充实了老龄委组成单位。二是形成了党委、行政主要领导亲自挂帅、分管领导具体协调、民政部门牵头抓总、相关部门和街道齐抓共管的养老事业管理网络。先后建造了 22 所公办敬老院，共有 3 127 张床位，民办老年公寓也得到长足发展，先后设立分布各村居的老年活动室。三是开展关爱老人爱心活动。春节、重阳节等节日，各级领导分别登门慰问老干部、老劳模、老党员、特困老人及百岁老人。及时发放每人每月 300 元百岁以上老人长寿保健费。

（二）营造氛围，切实维权。一是采取集中宣传、印发资料、宣讲座谈等形式，积极开展“普法下乡”“普法进社区”活动。设立老年人法律援助工作站，为老年人提供免费法律咨询、法律援助。二是注重敬老主题教育活动。通过“长寿岛”创建活动，弘扬孝文化，大力营造“敬老、爱老、尊老”的社会氛围。

（三）完善体系，实施保障。不断健全以基本养老、基本医疗、最低生活保障制度为主要内容的城乡养老保障体系，基本实现“老有所养、老有所依、老有所为、老有所学、老有所乐”。城镇职工基本养老保险事业取得较大进展，全县参保人员 37.63 万人，参加农村社会养老保险 33.6 万人，占农业总人口的 86.97%；农村低保户有 5 882 户，每人每月平均补贴 124 元；城镇低保户 235 户，每人每月平均补贴 452 元；全县农村五保供养对象 1 587 人，集中供养五保老人 374 人。

（四）六位一体，强化服务。近年来，我县有关部门针对老年人实际，开展生活照料、医疗保健、法律维权、文化教育、体育健身、志愿服务等六大系列服务。通过设立老年助餐点和老年日托所、推进居家养老服务等加强对老年人的生活照料；通过建立老年人协会、开办老年学校、建设老年人活动场所和设施，组织引导老年人参与各类文化、体育、娱乐活动，丰富老龄人群精神文化生活，为其参与社会发展、发挥作用搭建平台，营造了“敬老爱老”“老有所为”的社会氛围；通过社区志愿者设岗定责，为老年人提供邻里互助、谈心交流、精神慰藉等服务。

二、我县养老工作中存在的困难与问题

由于历史原因，养老事业发展历史欠账较多，我县养老事业的发展目前还处在起步阶段，与我县老年人不断增长的新需求、新期待相比，工作还有一定的提升空间。

（一）宣传力度不够，养老社会氛围不浓。由于宣传力度不够，没有形成养老事业发展的良好氛围，部分干部群众对我县人口老龄化现状和发展情况知之甚少，对养老工作重要性、迫切性认识不足，很多人误以为“养老”就是进敬老院，认为把老人送敬老院就是不孝顺。有的把老龄事业当作是花钱的事情而烦恼，没有从拉动社会需求、扩大社会就业、促进社会和谐的高度来认识。社会参与积极性不够，参与率不高，有关部门之间还缺乏有效配合，没有真正形成合力。

（二）养老服务体系建设还有较大提升空间。我县养老事业的长远规划与老龄化进程不匹配，养老服务体系不健全。一是公办养老机构数量少，床位严重不足，供需矛盾突出。二是养老机构入住门槛高，数量少，不能满足老龄人群增长的需求，或设施陈旧没有高中低档之分，不适应部分老年人的特殊需要。三是社区医院养老资源闲置较多，主要是由于实施“收支两条线”，社区医院对住院床位向养老开放没有积极性，目前是“只出不进”。四是对养老事业发展的规划起点较低，养老机构政府投入不够，设施简陋、功能单一，难以提供照料护理、医疗康复、精神慰藉等多方面服务。五是居家养老服务支撑体系不健全，社区养老、医疗服务机构建设还不适应居家养老的需要，居家养老护理机构和人员、社区志愿者队伍严重匮乏。

（三）养老服务内容单一，专业服务水平亟待提高。我县敬老院基本上是“集中供养”，主要解决老人的温饱住宿，而医疗保健、康复护理、精神慰藉、法律援助等方面的服务还没有及时跟上。绝大部分服务人员没有经过系统的专业培训，基本上没有专业技术职称，专业水平较低，服务质量不够高。专门的社会工作者和管理人员缺乏，养老服务机构发展后劲不足。

（四）养老事业政策扶持和功能建设有待加强。我县大多数公办养老机构均处于微利或不盈利状态。主要原因是公办敬老院除建院时由政府投入外，日常运作实行收支自理。由于收入少，敬老院开支只能省了又省，老人的居住条件、饮食条件相对较差，敬老院的养老功能建设有待加强。此外，作为在养老事业中占基础地位的居家养老的服务功能建设还不适应养老需要。当前，社区居家养老中存在三个突出问题：一是功能单一，只着重于文娱活动，而涉及生活、健康、康复、咨询等方面的活动较少；二是规模过小，老年人购物困难，适合老年人的生活用品难以购买；三是社区专业工作人员缺乏，“居家养老”模式涉及面不够广，只能照顾到年纪较大的、困难的老人，仅限于基本的家政服务，提供专业老年护理服务的能力十分有限，社区中的志愿服务者普遍不足，还没有形成志愿者组织。

（五）特殊群体的养老需要“补缺口”。依靠社会保障生活以及子女下岗失业的特困家庭的老人住不起养老机构，留在家里靠子女赡养，一定程度上影响了子女再就业。无退休金收入的老人，只能依靠子女的补贴，老人生活质量较差。

三、关于养老事业发展的对策与建议

发展养老事业，不仅是应对人口老龄化的重要举措，而且关系国计民生。养老事业涉及面广，是一项保民生、促发展的基础性工作，在当前和今后一个时期内，都应予以高度重视和支持。为此，提出如下建议：

（一）广泛宣传，大力营造敬老爱老助老的良好社会氛围。一是结合和谐崇明构建和“长寿岛”建设，在全县上下广泛开展系统、深入的养老宣传教育活动，使社会各界对其重要性和必要性有充分的认识，并形成共识，进一步提升为老服务的社会荣誉感和责任感，努力营造社会关心支持、个人积极参与的良好氛围。二是做好向居家老人的宣传教育，逐步改变老年人传统的生活观念和消极的消费理念，增进老年人对社会的认同感和信任感，消除顾虑和偏见，鼓励更多的老年人主动融入社区大家庭，乐于接受服务。三是社会、学校、家庭三方要加强对青少年尊老爱老教育，教育他们从身边做起，从家庭做起，学校、共青团组织要鼓励、动员、组织青少年参加一些援助困难老人的活动。四是要支持并推动社会志愿者义务为老年人服务，帮助老年人解决生活困难，进而在全县逐步形成尊老爱老的良好社会风气。

（二）切实加强组织领导。有关部门要高度重视，把发展养老事业及养老服务体系建设作为提升城乡群众幸福指数的重要环节，作为发展第三产业的重要内容。一是以满足区域内老年人养老服务需求为目标，科学制定养老服务体系建设方案，纳入对乡镇领导班子目标考核范围。二是加强对养老事业发展的业务指导，培育建立养老服务行业协会，强化行业规范与行业监管。三是建立健全社会化养老服务评估、评审制度，对养老服务机构的财政专项资金的落实和使用、养老服务机构及服务组织的服务技能和服务质量、入住公办养老机构对象的资格审核以及政府补助的对象等方面开展评估、评审。四是逐步建立符合养老事业发展需要的公共财政投入增长机制，不断加大政府财政支持力度。五是加强养老服务人员职业技能培训与鉴定，逐步建立一支专业化养老服务人才队伍。六是积极探索医养结合的新路子，不断拓展社区养老卫生服务范围。七是按照国家有关规定将养老机构建设纳入城乡公共设施建设规划，统一规划、同步实施，并优先安排养老机构设施建设用地计划指标。

（三）加大对养老事业发展的政策扶持力度。一是加大对公办养老院的投入。要逐步加大对养老服务体系建设资金投入力度，建立逐年增加财政投入的保障机制和福利彩票公益金投入机制，将养老服务体系建设所需经费列入县、乡镇两级财政预算，逐年加大敬老院的建设力度，增加养老床位，并对每张床位给予一次性补贴，对老年人在住的床位要每年给予运营补贴。二是给予乡镇、街道、村居居家养老服务中心（站）建设补贴。凡具备日间照料、就餐、送餐等功能的乡镇、街道、村居居家养老服务中心（站），分别一次性给予一定数量的建设补贴。同时，每年应给予一定的运营补贴。三是抓好养老护理人员的培训工作。对社会办养老服务机构和居家养老服务组织的从业人员参加养老护理员职业资格培训的，对其培训费给予半额补助。四是加大社区养老服务公益性岗位的开发力度，为每个居家养老服务中心（站）配备1至2名养老服务协理员，所需人员通过政府购买服务、招聘下岗失业人员或由专业养老服务机构派出，积极鼓励和引导大中专毕业生、零就业家庭人员、享受城乡低保待遇人员及其他就业困难人员到养老服务机构就业，并享受有关社会保险补贴、岗位补贴等再就业扶持优惠政策。五是根据各乡镇老年人口数量，按照一定标准，安排老龄事业发展经费，纳入财政预算，并建立正常的经费投入机制。六是建立并逐步完善政府购买养老服务机制，县、乡镇两级每年要安排专项资金，为低保家庭中生活无法自理的老年人以定额补贴的形式购买养老服务。

（四）优化居家养老服务，积极推进居家养老服务体系建设。目前，我国养老模式与实际需求不匹配，中国的传统文化决定了单纯以进入养老院的养老方式无法满足现实的养老需求，中国的主流养老模式应为社区居家养老为主要发展方向。因此，要大力发展居家养老，夯实养老事业发展的基础。一是推进乡镇、街道、村居居家养老服务网点建设。按照统一名称、统一标准、统一标识的要求，在乡镇、街道、村居建设具备对辖区内老年人提供日间照料和居家养老支持功能的综合性居家养老服务中心（站），逐步完善生活照料、家政服务、康复护理、医疗保健、老年教育等养老服务项目。新建住宅小区要按照国家住房和城乡建设部发布的《城市居住区规划设计规范》，配套建设社区养老服务用房。现有小区或老小区要通过新建、改扩建，整合闲置资源，建立居家养老服务站。二是优化居家养老服务功能。充分发挥社区的积极作用，建立社区服务网络，把信息化手段逐步融入社区养老服务业中，推广“老年人应急热线”“老年服务热线”，建立老年人分类台账、服务需求台账；要完善社区卫生、文体等各类设施，利用闲置资产建立社区老年文化娱乐活动室、图书阅览室、健身室、医务室、临终关怀中心等服务机构，方便老人就近活动，接受服务；加强老年护理队伍建设，组建养老服务志愿者队伍。三是建立居家养老补贴制度，引导下岗失业人员、社会组织、中介机构等创办居家养老服务公司，为居住在社区的老人提供生活照料、康复护理等服务，将社区互助与提供有偿服务结合起来。

（五）加强队伍建设，提高为老服务水平。一是开展专业化培训，在我县工程技术管理学校设置养老护理专业，培养面向老年人的家政、护理康复等服务专业人才。劳动和社会保障部门要将养老护理确定为一个技术工种，加强老年护理、营养、心理等方面的专业知识学习和职业技能培训，逐步设立分类齐全、系统完善的养老服务业技术标准。二是把推动养老服务社会化与推动下岗失业人员尤其是“4050”人员的再就业工程结合起来，把养老护理员纳入公益性岗位范畴，由政府购买服务，按规定缴纳“两保”。三是建立志愿者队伍，发展社区为老服务志愿者队伍，鼓励学生、机关干部、社区党员、低龄健康老人等有志于老龄事业的人加入到志愿者队伍中来。广泛开展志愿者与老年人长期结队服务、企业助养贫困老人等活动，努力解决空巢、高龄、失能等老年群体在养老方面的困难。

（六）整合资源，推进养老事业加快发展。一是出台政策，将社区医院中闲置较多的住院床位利用起来，将其中的一部分作为养老床位对外开放，起到增量和资源共享的有效作用，避免资源闲置浪费。二是适度调整公共医疗卫生资源，每个乡镇有一个村居中心卫生室设在敬老院，为敬老院老人提供医疗保障。

第二节　调研报告存目

本节辑录1985年—2012年县政协调研报告存目314条，其中六届县政协7条，七届县政协16条，八届县政协8条，九届县政协30条，十届县政协29条，十一届县政协87条，十二届县政协117条，十三届县政协20条。按撰写作者分，县政协秘书处44条，专门委员会（组）131条，民主党派、工商联及有关人民团体83条，课题组8条，政协委员48条。

1985年—2012年崇明县政协调研报告存目情况表

表5－1

届别	年　月	调　研　报　告　题　目	作　者
六届县政协	1985.3	关于对县精神病医院病房情况的调查报告	秘书处
	1985.7	关于城、堡两镇饮食、食品卫生情况的调查	医卫组
	1985.10	当前教育工作中的几个问题——对部分乡教育工作情况的调查报告	秘书处
	1985.12	发挥优势，发展科学养鱼——江口等三个乡副业场的调查	秘书处
	1986.3	关于对本县拆船企业污染情况的调研报告	工交财贸组
	1986.4	崇明县鸟类保护工作情况的调查	江一帆
	1986.10	大新乡乡村工业情况的调查	科技组
七届县政协	1987.9	关于本县工交企业生产情况的调查报告	秘书处
	1987.10	关于副食品生产的调查报告	秘书处
	1987.12	关于发展金丝瓜生产的调查报告	秘书处
	1988.5	关于村镇建设的调查报告	市政工交财贸委员会
	1988.5	关于发展出口创汇农业和副业生产的调查	秘书处
	1988.7	关于教育系统政协委员职称情况的调查	秘书处
	1988.10	关于大新乡养貂场的调查报告	秘书处
	1988.11	关于城镇蔬菜、副食品生产及供应情况的调查报告	秘书处
	1988.11	关于大新乡春风织布厂的调查报告	秘书处
	1988.12	关于港西乡农贸公司的调查报告	秘书处
	1989.4	关于我县外向型经济现状的调查报告	市政工交财贸委员会
	1989.12	关于对县乡企业治理整顿的几点建议——县乡工业治理整顿调查报告之一	秘书处
	1989.12	万里电器总厂改革经营机制闯出新路子——县乡工业治理整顿调查报告之二	秘书处
	1989.12	找市场挖潜力，春风织布厂有高招——县乡工业治理整顿调查报告之三	秘书处
	1989.12	关于城桥乡乡村工业的调查	秘书处
	1989.12	关于城桥乡农村精神文明建设情况的调查	秘书处

续表 5-1

届别	年　月	调研报告题目	作　者
八届县政协	1990.9	关于我县工农联营企业的调查	市政工交委员会
	1990.10	关于学校德育教育工作情况的调查	教育文化委员会
	1991.7	关于外来人口管理情况的调查报告	秘书处
	1991.8	关于我县农副业生产情况的调查	科技委员会
	1991.12	关于我县职业教育情况的调查	教育文化委员会
	1992.11	关于我县校办工业情况的调查	教育文化委员会
	1992.12	关于我县"三资"企业情况的调查	海外联谊委员会
	1993.3	依靠科技进步　发展蛋鸡生产——绿华养鸡场科技兴场的调查	科技委员会
九届县政协	1993.7	关于本县农村水厂现状与水质情况的调查	医卫委员会
	1993.8	我县职业教育现状的调查	教育委员会
	1994.6	关于今年以来我县税收增加情况的调查	市政工交委员会
	1994.6	关于建立我县"两杂"亲本种子繁殖基地的调查报告	农贸经济委员会
	1994.6	关于我县利用世行贷款实施星火计划情况的调查	科技委员会
	1994.7	关于上半年经济工作的综合调查报告	秘书处
	1994.7	关于县属工业生产情况的调查报告	秘书处
	1994.7	关于我县商业工作情况的调查报告	秘书处
	1994.7	关于城桥镇镇办工业生产情况的调查报告	秘书处
	1994.7	关于乡村工业发展情况的调查报告	秘书处
	1994.7	关于特色农业生产情况的调查报告	秘书处
	1994.7	关于我县私营经济的调查报告	农贸经济委员会
	1994.11	关于我县岛外三产发展情况的调查	农贸经济委员会
	1994.11	关于城桥地区娱乐市场的调查报告	文体新闻委员会
	1994.12	关于我县青少年犯罪情况的调查	法制委员会
	1995.1	关于崇明职业教育情况的调查	教育委员会
	1995.5	关于崇明旅游业发展情况调查	秘书处
	1995.8	关于我县工业卫生状况的调查	医卫委员会
	1995.9	关于我县蔬菜基地建设情况的调查	农贸经济委员会
	1995.11	关于上海光辉仪器仪表公司发挥人才优势的调查	科技委员会
	1996.1	关于开发养鳗及白山羊项目的调查报告	农贸经济委员会
	1996.7	关于加强城桥镇社区管理的调查报告	城桥地区委员小组
	1996.10	关于我县"三资"企业的调查报告	市政工交委员会
	1996.10	关于我县学生思想道德教育的调查	教育委员会
	1996.10	关于东平森林公园景点建设的调查报告	秘书处
	1997.5	进一步发展崇明米酒生产的几点建议	秘书处

续表 5－1

届别	年 月	调 研 报 告 题 目	作 者
九届县政协	1997.6	崇明水泥厂生产经营状况的调查	市政工交委员会
	1997.7	关于我县成人教育状况的调查	教育委员会
	1997.8	关于崇明县科普工作情况的调查报告	科技委员会
	1997.12	关于我县农村集镇、农民居住地环境卫生状况的调查	秘书处
十届县政协	1998.5	关于我县农村用电管理情况的调查	秘书处
	1998.7	关于本县农村合作医疗农工统筹基金筹集情况的调查	医卫委员会
	1998.12	关于建立绿色环境保护区的调研报告	经济委员会
	1999.3	关于我县历史遗存的古代建筑、传统民居和近代优秀建筑情况的调查	文史资料委员会
	1999.3	关于发展我县私营经济的几点思考	县工商联
	1999.7	关于搞好种源提纯复壮，发展崇明特色农副产品的建议	课题组
	1999.7	疏管并重，坚持质量，重在管理，规范运作——关于我县河道疏浚与管理情况的调研报告	经济委员会
	1999.8	开发旅游资源，发展旅游景点——关于民居姚家宅的调研报告	文史资料委员会
	1999.10	关于进一步加强农业科技成果推广工作，努力实现崇明农业三年奋斗目标的调查	秘书处
	1999.10	关于发展我县劳务输出的调研报告	社会法制委员会
	1999.10	崇明县师资队伍情况的调查报告	教育委员会
	2000.4	关于我县乡村医疗秩序情况的调查报告	医卫委员会
	2000.10	关于我县农副产品加工业的调查	秘书处
	2000.10	关于姚家宅产权情况的调查报告	文史资料委员会
	2000.11	崇明县科技人员现状分析与发展对策	科技委员会
	2000.11	关于调整农业结构，促进我县农业产业化进程的思考	秘书处
	2001.6	关于对我县特色农副产品生产加工与销售的几点思考	课题组
	2001.8	关于我县农村生活垃圾收集处置的几点建议	秘书处
	2001.9	关于我县违法用地情况的调查报告	社会法制委员会
	2001.10	关于我县村务公开工作的调查和思考	秘书处
	2002.1	关于我县人才工程建设情况的调查	秘书处
	2002.2	发展绿色家禽饲养业大有可为——对绿华镇橘园养鸡的调查	经济委员会
	2002.4	努力推进精神文明建设，为迎接崇明大开发营造良好的环境	杨文广
	2002.4	正确认识崇明优势，努力提高农业竞争力	施和平
	2002.4	努力实施人才战略，构筑崇明人才高地	施汉范
	2002.5	关于保护、开发我县中南部文化旅游区的建议	文史资料委员会
	2002.6	关于崇明农村药品管理情况的调研报告	课题组
	2002.8	办好崇明体育学校，构筑体育人才高地——高起点、高标准办好崇明县体育学校的调查报告	教文体委员会
	2003.1	加强师资队伍建设，迎接崇明开发开放	倪翠莲

续表 5-1

届别	年　月	调　研　报　告　题　目	作　者
十一届县政协	2003.5	关于加快崇明农村富余劳动力转移的建议	课题组
	2003.7	高起点构筑崇明现代商业，努力实现商业跨越式发展	黄全生
	2003.7	加快崇明农业产业化建设的几点思考	吴忠华
	2003.10	关于坚持依法行政，规范农村土地流转工作的建议	陈子龙
	2003.10	抓住机遇，实现崇明旅游业的跨越式发展	徐　洪
	2003.10	关于植树造林、保护湿地、推进崇明生态岛建设的调研报告	课题组
	2003.11	认真总结“防非”工作，加强常态长效管理	人口和健康委员会
	2003.11	切实提高科技含量，大力推行清洁生产	汤学锋
	2003.11	依靠科技进步，推动崇明经济跨越式发展	钱锦良
	2003.11	以信息化建设推动崇明跨越式发展	陆祖国
	2003.11	做好植保植检工作，加快崇明林业建设	吴德平
	2003.11	加强水环境保护，　加快生态岛建设	汤学锋
	2004.2	以全新的思想观念、科学的思维方式、一流的工作态度、良好的全民素质，加快实现崇明跨越式发展	秘书处
	2004.2	促进科技进步，加快实现崇明跨越式发展	石炳良
	2004.2	加快实施“三个集中”，促进崇明城市化建设	陆　飞
	2004.2	以信息化建设推动崇明跨越式发展	陆祖国
	2004.2	学习贯彻十六大精神，加快实现跨越式发展	张诗履
	2004.2	关于进一步加快崇明开发的若干思考	施汉良
	2004.2	始终保持与时俱进的精神状态，切实提供高层次的医疗卫生服务	张耀范
	2004.2	奋力架设水上通道，加快发展崇明经济	张正飞
	2004.2	从教师做起，从学生抓起，培育崇明海岛精神	陈　飞
	2004.2	解放思想、振奋精神、与时俱进，加快实现崇明跨越式发展	王卫东
	2004.2	加快经济林建设，实现农村可持续发展	郭志超
	2004.2	关于加强岛域湿地保护的建议	顾国章
	2004.2	发挥科技人员在产业融合发展中的作用	吴　勇
	2004.2	注重产业融合，推进崇明农业可持续发展	赵　杰
	2004.2	对我县三次产业融合发展的思考	龚学德
	2004.2	整合崇明旅游资源，凸现崇明生态旅游优势	徐　洪
	2004.2	精心打造海岛特色商业和服务业，实现三次产业融合发展	黄全生
	2004.2	充分发挥招商引资在崇明产业融合发展中的作用	陆忠敬
	2004.2	发展农产品深加工，推进农业与其他产业融合发展	朱忠南
	2004.2	关于加快林业建设，促进结构调整，增加农民收入的调研报告	课题组
	2004.3	关于实施农村低保工作的存在问题及对策建议	秘书处

续表 5－1

届别	年 月	调 研 报 告 题 目	作 者
十一届县政协	2004.4	关于崇明水系建设和东滩湿地保护的调研报告	课题组
	2004.4	研究环岛水域自然环境，协调崇明岛域生态开发	张诗履
	2004.5	贯彻落实科学发展观，加快崇明生态岛建设	汤学锋
	2004.6	生态岛建设的支撑体系及其构建	施惠聪
	2004.7	加快前卫村农家游发展的若干建议	文史资料委员会
	2004.7	积极调整产业结构，实现三次产业融合发展	经济委员会
	2004.7	以建设现代化生态岛为目标，加快实现崇明社会事业跨越式发展	秘书处
	2004.8	关于崇明知识产权工作情况的调研报告	科技委员会
	2004.10	实施科教兴县战略，走新型工业发展之路	刘益昌
	2004.10	关于工业园区建设的几点思考	陆忠敬
	2004.11	关于加快发展崇明养蟹业的思考	沈 竑
	2005.1	关于 2005 年产业经济发展的调研报告	秘书处
	2005.2	调整崇明城乡二元结构，加快城乡一体化进程的调研报告	秘书处
	2005.2	树立生态健康理念，促进生态健康发展	农工党崇明县委
	2005.2	生态岛建设和崇明民营企业发展	县工商联
	2005.4	进一步加强农村生活垃圾收集处置工作	民盟崇明县委
	2005.8	崇明城桥新城建设的思考和建议	民盟崇明县委
	2005.8	对编制崇明"十一五"规划之管见	施汉良
	2005.8	关于崇明湿地与生态岛建设若干问题的探讨	张诗履
	2005.8	加快崇明特色蔬菜产业发展的思考	陈 忠
	2005.8	关于发展崇明林业经济的几点思考	袁永达
	2005.8	加强我县农村合作医疗工作的几点建议	施汉范
	2005.8	均衡医疗资源配置，加快堡镇医院改造	张耀范
	2005.8	崇明生态岛区建设与构建和谐社会	王愫怡
	2005.9	关于加快发展我县学前教育的几点建议	教文体委员会
	2005.9	关于崇明农业科技实现新突破的思考	顾富家
	2005.10	大力推进生态建设，积极实施科教兴县战略，努力实现"生态富民、生态强县"目标的调研报告	课题组
	2005.10	发挥宗教积极因素，为构建社会主义和谐社会服务	社会和法制委员会
	2005.10	崇明生态岛区建设中的若干关系及其对策建议	民进崇明县委
	2005.10	关于本县实施"百人千人就业项目"的几点建议	经济委员会
	2005.10	提高科技创新能力，推进第二产业发展	科技委员会
	2005.10	关于崇明生态岛区建设的若干思考	教文体委员会
	2005.10	努力推进平安建设，积极构建和谐稳定的社会主义新农村	社会和法制委员会

续表 5－1

届别	年　月	调　研　报　告　题　目	作　者
十一届县政协	2005.10	关于进一步加强社区卫生服务中心建设的建议	人口和健康委员会
	2005.10	以人为本，注重实效，全面加强青少年思想道德建设	港澳台侨委员会
	2005.10	加快发展现代农业，大力促进农民增收	经济委员会
	2005.10	充分认识农村文化建设的重要意义，大力加快崇明农村文化建设	港澳台侨委员会
	2005.10	关于重建和开发利用演武厅的建议	文史资料委员会
	2005.10	关于加快崇明旅游业发展的思考和建议	民盟崇明县委
	2005.10	关于创建与完善康复养老院的建议	九三学社崇明县支社
	2005.10	注重科技创新，促进崇明中小企业发展	县工商联
	2005.10	加强生态文化建设，努力保护我县非物质文化遗产	文史资料委员会
	2006.1	重视人口老龄化问题，努力营造敬老崇孝的崇明民风	农工党崇明县委
	2006.3	坚持科技兴农，争创生态农业新优势	经济委员会
	2006.9	加快发展崇明成职教育，努力提高农村劳动力素质	民盟崇明县委
	2006.9	加强农村文化建设，促进乡风和谐文明	民进崇明县委
	2006.9	加强乡镇卫生服务中心管理，努力提高卫生服务水平	农工党崇明县委
	2006.9	促进非农就业工作，提高农民生活水平	九三学社崇明县支社
	2006.9	加强特色农副产品种质资源保护，促进崇明生态农业特色农业发展	县工商联
	2006.9	树立社会主义荣辱观，促进农村精神文明建设	文史资料委员会
	2006.9	提高农业生产组织化程度，推进崇明新农村建设	经济委员会
	2006.9	加强农村生态环境保护，推进崇明社会主义新农村建设	科技委员会
	2006.9	关于我县中小学生态教育的现状与建议	教文体委员会
	2006.10	大力加强农村公共卫生建设，切实做好疾病预防控制工作	人口和健康委员会
十二届县政协	2007.2	打好国家地质公园品牌，全面展示和谐崇明的自然人文风貌	文史资料委员会
	2007.7	创造国际标准多功能赛场，做大做强崇明自行车赛事	武文泽
	2007.8	贯彻落实科学发展观，促进崇明林业可持续发展	民建崇明县支部
	2007.8	崇明县乡村医生队伍的现状和建设思考	竖新镇委员小组
	2007.10	加强社区卫生服务绩效评价体系建设，提高社区卫生服务效率	人口和健康委员会
	2007.10	发展农民专业合作社，促进农业增效农民增收	提案委员会
	2007.10	关于新农村建设中推进农村基层民主政治建设的实践与思考	杨德生
	2007.10	坚持科技创新，加快我县中小企业发展	县工商联
	2008.1	切实加强"百千万人就业项目"从业人员的管理	九三学社崇明县支社
	2008.1	深化职业教育，积极组织城乡劳动力向长兴海洋装备基地转移	民盟崇明县委
	2008.1	加大环境保护和生态建设力度，积极推进国家级生态县建设	民盟崇明县委
	2008.1	加强生态文明建设，加快建成国家级生态县	民进崇明县委
	2008.1	依托传统文化，发展生态文化，促进生态文明	农工党崇明县委

续表 5-1

届别	年　月	调　研　报　告　题　目	作　者
十二届县政协	2008.1	努力创建全国环境优美乡镇，扎实奠定国家级生态县基础	文史资料委员会、城桥镇委员小组
	2008.1	加大引导督查力度，促进清洁生产发展	经济委员会
	2008.1	培育农业龙头企业，推进生态农业发展	科技委员会
	2008.1	发展旅游产业，打响绿色品牌	教文体委员会
	2008.1	以城市雕塑提升崇明生态人文环境和旅游资源品位	秘书处
	2008.1	关于我县创建国家园林城镇的思考与建议	港澳台侨委员会
	2008.1	加快芦笋综合开发，促进芦笋产业健康发展	秘书处
	2008.1	关于我县历史文化遗存保护利用的建议	秘书处
	2008.4	崇明生态环境质量现状及保护对策	九三学社崇明县支社
	2008.4	加快推进生态城镇建设，充分展示崇明生态特色	民建崇明县委
	2008.6	坚持以人为本，倡导和培养健康文明环保的生活方式	县工商联
	2008.7	以人为本，预防为主，建立健全化解社会矛盾工作机制	提案委员会
	2008.7	关注少数民族困难群体，促进我县民族关系和谐	社会和法制委员会
	2008.7	坚持教育优先发展，办好人民满意的教育	港澳台侨委员会
	2008.7	加大劳动保障监察力度，切实保护劳动者权益	民盟崇明县委
	2008.7	积极发挥政府主导作用，加快发展崇明老龄事业	农工党崇明县委、县工商联
	2008.7	建立农村综合保险制度，增强农民抗御风险能力	九三学社崇明县支社
	2008.7	继续改善办学条件，促进义务教育均衡发展	民建崇明县支部
	2008.7	建立长效增长机制，努力增加农民收入	经济委员会
	2008.7	加快发展崇明文化体育事业，不断满足群众日益增长的精神文化需求	教文体委员会
	2008.8	我县乡村医生队伍及村级医疗机构现状分析与发展策略	人口和健康委员会
	2008.12	对我县民营企业发展中存在问题的调查及若干建议	县工商联
	2008.12	农场政务移交后义务教育布局及发展规划的调研	教文体委员会
	2008.12	崇明县老年活动室创建的现状与建议	社会和法制委员会
	2008.12	对崇明地区血透现状的调查和思考	人口和健康委员会
	2008.12	抓住机遇，切实做好崇明海外统战工作	港澳台侨委员会
	2008.12	关于城桥镇新农村建设情况的调研报告	城桥镇委员小组
	2008.12	大力发展高效生态农业，加快现代化生态岛建设	秘书处
	2009.2	切实加强居委会建设，努力构建和谐社区	民盟崇明县委
	2009.2	不断推进崇明北部地区农业产业发展，充分吸纳农村富余劳动力就近就业	民进崇明县委
	2009.3	以科学发展观为指导，加快现代农业园区建设	农工党崇明县委

续表 5-1

届别	年　月	调　研　报　告　题　目	作　者
十二届县政协	2009.4	继续深化改革，不断推进社区卫生服务事业发展	九三学社崇明县支社
	2009.5	加强疾病控制工作，保障人民身体健康	民建崇明县支部
	2009.6	着力解决农场新镇民生问题，促进崇明社会和谐发展	提案委员会
	2009.6	关于崇明县民营企业发展情况的调查	经济委员会
	2009.7	加强集约化供水建设，确保人民群众用水安全	科技委员会
	2009.8	培育农村文化市场，繁荣农村文化事业	文史资料委员会
	2009.8	加大培育扶持力度，促进我县农民专业合作社健康发展	民盟崇明县委
	2009.8	积极探索工作载体，提高农村文化建设的有效性	民进崇明县委
	2009.8	优化农村金融服务，支持农村改革发展	农工党崇明县委
	2009.8	重视培养社区医生，提高农村医疗水平	九三学社崇明县支社
	2009.8	做好农村信访工作，保障农村改革发展	民建崇明县支部
	2009.8	加快县级工业优化升级，促进崇明农村改革发展	县工商联
	2009.8	规范村级财务管理，促进农村和谐发展	提案委员会
	2009.8	崇明粮油作物生产上农业面源污染治理现状和对策措施	经济委员会
	2009.8	大力推进农村基层民主法治建设，建设社会主义新农村	社会和法制委员会
	2009.8	推进社区卫生服务改革，优化农村医疗保障环境	港澳台侨委员会
	2009.10	建立调处和化解社会矛盾的体制机制，确保农村和谐稳定——以陈家镇地区为视角的调研分析	文史资料委员会
	2009.12	我县民营企业发展现状调查及对策建议	县工商联
	2009.12	加强农业科技人员队伍建设，促进高效生态农业发展——关于我县农业科技人员情况的调研报告	科技委员会
	2009.12	关于加强农村文化建设的几点建议	教文体委员会
	2009.12	大力发展有机农业，做强生态农业品牌	文史资料委员会
	2009.12	加快农业产业化龙头企业建设，推进农业产业化进程	人口和健康委员会
	2010.2	找准问题，明确对策，推进我县精神文明建设	民盟崇明县委
	2010.2	提升旅游景点品质，适应社会发展需求	民进崇明县委
	2010.2	加快农村土地流转，发展农业规模经营	农工党崇明县委
	2010.3	崇明农民专业合作社发展的现状与建议	九三学社崇明县支社
	2010.4	着力资源整合，促进崇明义务教育公平	民建崇明县支部
	2010.5	发挥社区教育功能，推进学习型社会建设	县青联
	2010.5	破解文化专业人才匮乏“瓶颈”	提案委员会
	2010.5	立足当前，着眼长远，加快发展我县现代物流业	经济委员会
	2010.6	关于培育海洋装备配套产业，科技创新集群的思考	科技委员会
	2010.6	我县“体教结合”工作的现状与发展对策	教文体委员会

续表 5－1

届别	年　月	调研报告题目	作　者
十二届县政协	2010.6	充分发挥宗教独特优势，积极参与崇明和谐社会建设	社会和法制委员会
	2010.7	加强外来人员的管理和服务，促进崇明经济发展社会和谐	社会和法制委员会
	2010.7	进一步加大医疗卫生人才引进和培养力度，为崇明百姓提供更为优质的医疗卫生服务	人口和健康委员会
	2010.8	挖掘崇明文化内涵，提升崇明旅游能级	港澳台侨委员会
	2010.8	加强信息化应用规划，推进崇明生态岛建设	科技委员会
	2010.8	优化中等教育结构，促进职业教育科学发展	教文体委员会
	2010.9	关于加快我县旧区改造的若干建议	民盟崇明县委
	2010.11	发展农业旅游，实现农业和旅游业互动发展	农工党崇明县委、文史资料委员会
	2010.11	统筹兼顾，促进我县新市镇的协调发展	九三学社崇明县支社
	2010.12	崇明旅游业现状调查及发展对策	民建崇明县支部
	2010.12	控制畜禽养殖污染，促进崇明低碳发展	民革崇明县支部、县青联
	2010.12	抓紧编制商贸流通业发展规划，促进崇明商品市场优化升级	经济委员会
	2010.12	坚持公共医疗卫生的公益性质，加快我县传染病医院的发展	人口和健康委员会
	2010.12	加快建设乡镇公共绿地，大力提高乡镇绿化水平	港澳台侨委员会
	2010.12	关于我县引进世博会 LED 照明技术的建议	港澳台侨委员会
	2010.12	关于不断推进崇明本岛工业园区建设的若干思考和建议	县工商联
	2010.12	关于崇明服务外包业发展的若干建议	民进崇明县委、提案委员会
	2010.12	构建崇明低碳交通体系，服务现代化生态岛建设	农工党崇明县委、人口和健康委员会
	2010.12	加强低碳意识教育，树立低碳消费观念，倡导低碳生活方式	民盟崇明县委、文史资料委员会
	2011.2	崇明县涉法涉诉信访案件的调研与思考	民革崇明县支部、社会和法制委员会
	2011.3	关于农作物秸秆菌肥化利用的调查与建议	民进崇明县委、提案委员会
	2011.4	积极推广低碳种植技术，加快发展现代生态农业	九三学社崇明县支社、经济委员会
	2011.5	关于推动我县低碳小区建设的建议	民建崇明县支部
	2011.5	提高现代服务业比重，促进经济结构转型	县工商联
	2011.5	发展低碳农业新技术，控制农业面源污染	科技委员会

续表 5-1

届别	年　月	调 研 报 告 题 目	作　者
十二届县政协	2011.6	关于低碳教育进校园、进课堂的建议	教文体委员会
	2011.7	发挥长寿之乡优势，为崇明养老机构注入活力	社会和法制委员会
	2011.8	关于加强来崇人员管理和服务的若干思考	民盟崇明县委
	2011.8	积极构建特色小镇，推进城乡社会发展	民进崇明县委、提案委员会
	2011.8	加强我县人口计划生育干部队伍建设，提升崇明人口计划生育工作水平	农工党崇明县委
	2011.8	强化"网上信访"建设，完善民意表达处置体系	民建崇明县支部
	2011.8	创新社会管理机制，促进城乡社会和谐	文史资料委员会
	2011.8	借鉴世博志愿者成功经验，动员社会力量参与社会管理	经济委员会
	2011.11	搭建社区文化平台，推进社区文化建设	教文体委员会
	2011.11	加强居民小区组织管理，推进和谐小区建设	港澳台侨委员会
	2011.11	加强安全生产管理，促进社会和谐稳定	科技委员会
	2011.11	建立新型农村合作医疗制度，保障农民基本健康水平	人口和健康委员会
	2011.11	优化就业政策，强化就业服务	九三学社崇明县支社
	2011.11	推进出生缺陷干预工程，提高崇明出生人口素质	县青联
	2011.11	加强基层文化队伍建设，促进文化事业繁荣发展	民盟崇明县委
	2011.12	扶持养老产业发展，完善养老服务体系	县工商联
十三届县政协	2012.8	弘扬现代孝文化，推进崇明老龄事业发展	农工党崇明县委
	2012.8	进一步深化依法治县和普法工作，有效促进社会主义法治文化建设	九三学社崇明县支社
	2012.8	传承沙洲文化精髓，打造民间文艺品牌	民建崇明县支部
	2012.8	加强社区文化活动中心管理，丰富活跃乡镇群众文化生活	民进崇明县委
	2012.8	关于加强崇明非物质文化遗产保护的建议	社会事业委员会
	2012.8	引导民企文化建设，不断提升创新活力	县工商联
	2012.8	加强社区文化建设，丰富群众文化生活	建设管理委员会
	2012.8	创设堡镇文化互动园区，积极探索转型发展之路	民革崇明县支部
	2012.8	关于推进文化产业和旅游产业融合发展的思考	经济委员会
	2012.12	实现老有所养，促进社会和谐	民建崇明县支部
	2012.12	完善居家养老服务体系，应对社会老龄化趋势	民盟崇明县委
	2012.12	崇启大桥开通对崇明经济发展的影响及对策	民进崇明县委
	2012.12	提高对职业技术教育认同度，规范产业技术工人职称待遇	农工党崇明县委
	2012.12	强化引导服务，提升民营科技企业创新能力	九三学社崇明县支社
	2012.12	多方参与，群策群力，缓解民营企业融资难题	县工商联
	2012.12	推进林业可持续发展，提升经济社会生态综合效益	经济委员会
	2012.12	提升离土农民文明素养，提高城镇化质量	社会事业委员会

续表 5-1

届别	年　月	调　研　报　告　题　目	作　者
十三届县政协	2012.12	发挥生活污水处理设施作用，保障生态环境质量	建设管理委员会
	2012.12	打造沙洲文化品牌，淬炼崇明文化精神	县青联
	2012.12	关于崇明三岛联动战略实践的思考	民革崇明县支部

第四章　社情民意

1995 年 3 月 14 日，全国政协主席李瑞环在全国政协八届三次会议闭幕会上指出，认真开展反映社情民意的工作，对于提高委员自身素质，增强参政议政能力，对于活跃政协工作，履行政协职能，对于帮助执政党和政府全面地掌握实际情况，推进决策民主化和科学化，都有非常重要的作用和意义。崇明县政协从第九届委员会起，开展反映社情民意工作，并把这项工作作为经常性的工作列入议事日程。1995 年 8 月 8 日，县政协下发关于在政协委员中开展反映社情民意工作的通知。1998 年 7 月 22 日，县政协十届三次常委会会议审议通过《政协崇明县委员会关于加强反映社情民意工作的意见》。2012 年 5 月 28 日，县政协十三届三次常委会会议审议通过《政协崇明县委员会关于反映社情民意信息工作规则》。经过 17 年探索实践，反映社情民意信息工作逐步走上规范化、制度化轨道。

第一节　社情民意信息收集

一、信息员队伍建设

县政协建立一支由政协委员、政协之友社社员参加的社情民意信息员队伍，各民主党派、工商联均确定 1 人为信息员，各乡镇委局党委分管统战和政协工作的委员也是信息员，组成社情民意信息收集网络。1995 年起，县政协印制登记表，由信息员填写，并规定信息员的职责和任务。收集社情民意工作由县政协秘书处负责。1998 年起，每届县政协换届后，就及时调整信息员队伍，重新填写登记表，明确信息员须知，信息员工作逐步规范。1999 年起，定期召开信息员工作交流会议，并对信息员工作进行考核。2003 年起，收集社情民意工作由县政协办公室调研信息科负责。2012 年起，收集社情民意工作由县政协提案委员会负责。

2012 年 10 月 30 日，县政协召开社情民意信息员工作会议

二、收集内容

社情民意信息内容主要包括以下几个方面：
一是政协各组成单位和政协委员反映的全县政治、经济、文化、社会和生态文明建设中出现的新情况、新问题，以及提出的意见建议；二是各民主党派、人民团体和各界人士在政协各种会议上以及其他场所发表的真知灼见；三是重要的社会政治动态、群众思想动态和一些敏感性问题；四是一个时期人民群众关注的民生问题、热点问题，特别是普遍性的情绪变化，以及对重大事件、突发事件的反响和有识之士的警示性、

批评性意见；五是事关崇明党风廉政建设、精神文明建设、民主法制建设以及维护社会稳定等方面的意见和建议；六是中共崇明县委、县政府领导需要了解的存在于下层、散佚于民间，其他渠道不易掌握的社会信息；七是对开展政协工作具有重要意义的新情况、新经验。

三、收集渠道

县政协运用各种形式，疏通各种渠道，了解社情民意。县政协召开的全体会议、常委会会议和其他会议，县政协各专门委员会、地区委员小组开展的活动，专题议政会、座谈会、委员活动日，走访委员以及委员来稿、来信、来访等，都是了解社情民意信息的重要渠道。2000 年起，县政协还通过定期向委员寄发社情民意征询表，开通语音信箱，建立电子邮件信箱等方式收集信息。1995 年—2012 年，县政协共收集到各类社情民意信息 300 多条。

第二节　社情民意信息整理和报送

一、信息整理

在通过各种形式、各种渠道广泛收集社情民意信息的基础上，县政协对收集到的大量分散的社情民意信息，进行集中汇总，归纳整理，综合分析，全面筛选，使之成为有情况、有分析、有建议，对领导决策具有参考价值的信息。1998 年起，县政协实行社情民意信息整理工作部门负责制，规定各次例会及其他有关会议所反映的意见和建议、委员热线电话反映的意见和建议、政协领导与委员之间约见时所反映的情况以及政协领导走访委员时收集的信息，由政协秘书处负责整理；各专门委员会搜集的有关委员和各界人士的意见、建议，由该专门委员会整理；地区委员小组的意见、建议，由该小组负责整理；政协委员及其所联系的群众的反映，由本人以书面或口头形式向所在委组领导或直接向政协秘书处反映后，由有关委组和政协秘书处负责整理。

二、信息报送

社情民意信息汇总、整理、分析、筛选后，由县政协秘书处（办公室）编发内部参阅资料《社情民意》。《社情民意》经秘书长审核、主席签发后，报送中共崇明县委、县人大常委会、县政府有关领导，并视情况抄送有关部门负责人。对参考价值大的社情民意还可通过深入调查后，上升为提案或建议案。

1996 年 1 月 13 日，县政协第 1 期《社情民意》印发，首期《社情民意》反映社情民意信息 4 条。1999 年起，《社情民意》采用一事一报的形式，同时加强对信息的综合分析，注意反映各方面的意见，并提出针对性的对策建议；对一段时间内反映的同类信息，则采用汇总形式编报。至 2012 年，《社情民意》共编发 102 期，反映重大社情民意信息共 120 条。

2007 年 7 月起，县政协办公室编发《社情民意》的同时，还编发《领导参阅》。《领导参阅》采取一事一议形式，与《社情民意》区别在于其反映的社情民意更具宏观性、前瞻性，参阅对象为中共崇明县委书记、副书记、常委，县政府县长、副县长，当年编发 6 期，至 2012 年共编发 36 期。

第三节　社情民意信息选录

本节辑录社情民意信息 110 条。其中经济建设方面 8 条，社会事业方面 20 条，城建方面 28 条，社会管理方面 35 条，生态环境方面 6 条，其他方面 13 条。

一、经济建设方面社情民意信息

1996 年 1 月 13 日，部分县政协委员反映，崇明特种水产养殖正在加快发展，尤其是养鳗，农委、前卫村等单位都在投资建造养鳗场。但据《人民日报》1995年12月13日报道，一度在福建蜂拥而起的养鳗业，正面临大幅度滑坡，半年前18元一尾还不肯出手的鳗苗，如今卖7元都无人问津，就福清市下半年以来鳗农因鳗价大跌直接损失超过6亿元。从去年8月1日起，国家又大幅度降低鳗品出口退税，仅此一项每吨鳗品至少少赚1万元，福建省持续火爆了数年的养鳗业全面亮起红灯。委员们指出，在福建等地养鳗业滑坡的时候，崇明县上马发展，也许是个机遇，不过养鳗业虽然效益高，但毕竟投资大、风险也大，因此建议县政府及有关部门要了解和掌握信息，既要积极又要稳妥，决策要慎重。

1996年8月19日，部分经济界的县政协委员反映，目前一些乡镇企业的财会人员素质低、业务能力差，企业财务管理混乱，财务监督不力，少数企业厂长怎么说，财会人员就怎么做，对厂长违反财务制度的行为不但不抵制，甚至还为其开方便之门。委员们建议：有关部门要重视和加强财会人员的培训，提高财会人员的政策水平和业务水平；对企业财会人员要进行考核，考核合格者发给上岗证书，未取得上岗证书者不得任用；企业财会人员应由乡镇经营管理部门或企业主管部门委派，企业经营者不得私自更换；企业财会人员任职应实行回避制度，企业经营者的亲属不能在本企业担任财会工作。

1998年9月7日，城桥镇、堡镇地区的县政协委员反映，1994年房改时，在《已出租公有住房买卖合同》中明确规定：甲方(房产管理部门)一次性从售房款中按每平方米建筑面积532元的10%计算，缴付房屋维修基金；乙方(购房方)首期从售房款中按每平方米建筑面积632元的2.5%计算，缴付房屋维修基金。现已4年多时间过去了，这笔基金情况如何？群众要求有关部门公布账目，说明使用情况，以取信于民。

2001年12月24日，上海老杜鸭鸭养殖有限公司杜俊德写信给县政协，反映当前在发展农副产品深加工方面面临的资金投入难、税收政策紧、电费标准高等三大问题。建议：县政府应对具有一定规模的养殖大户、农副产品深加工企业给予一定的贴息贷款指标；县政府及职能部门在税收政策上应适当倾斜，帮助种植、养殖业大户和农副产品加工企业逐步做大蛋糕；在全市实施用电同价的情况下，应让农副产品加工企业用电作为农业用电来考虑，享受农业用电的收费标准。

2005年6月30日，部分县政协委员反映，崇明村级管理部门财务状况堪忧。一是净资产规模偏小。至2004年年底，全县224个村级管理部门的总资产为3.68亿元，总负债为2.14亿元，净资产为1.54亿元。二是当年收益盈亏各半。2004年，当年有收益的村为113个，占总村数的50.4%。其中集体收益在5万元以下的59个，5万—10万元的24个，超过10万元的30个。当年收益赤字的村为111个，占总村数的49.5%。村级管理部门未分配收益为−2 829万元，平均每村赤字12.63万元。三是村级财务负债较多。据对8个乡镇135个村的调查，村欠农户220.06万元，村干部常被讨债困扰；村欠队2 276.88万元，很可能成为下一阶段农户上访的导火索。村级财务管理状况也不尽人意，主要反映在以下几个方面：一是决策机制不够健全。财务收支决策理应由村民代表会议对全年收支预算进行审议后，由村委会组织实施。但是，目前大部分村没有收支预算，即使有预算，由于村级财务理财监督小组形同虚设，没有形成事前、事后监督，使村级管理部门有限的资金变成无限支出。二是管理体制不够完善。村级财务收支，特别是财政转移支付资金，按照有关政策，应有乡镇经营管理部门加以监督控制，但是部分乡镇仍由财政部门管理，使转移支付资金成为乡镇有关部门的优先使用资金。长此以往，将对党的基层组织建设、基层政权建设以及农村社会稳定带来一定的影响。为此建议：一要引导发展村级经济，从源头上帮助村级管理部门增加财源；二要全面清理村级债务，由乡镇经营管理部门组织各村认真清理村级管理部门债权债务上的问题，及早化解可能存在的村队矛盾、干群矛盾；三要切实加强村级财务管理，强化村级收支预决算制度，完善村级财务公开内容，加大村级收支的监管力度，从源头上防止资金的无限支出；四要强化转移支付力度，在原有每年3 500万元的基础上，县、乡镇应逐步增加对村级转移支付的额度，尤其是尽快帮助解决村欠农户的问题，确保村级组织正常、健康运转。

2010年6月28日，县政协工商联界别的委员反映，上海长江隧桥建成通车后，陈家镇作为崇明本岛对外交通的桥头堡，区位优势凸显。县委、县政府十分重视陈家镇地区的开发工作，不断加大建设力度。

但在开发建设过程中，陈家镇地区的许多企业面临着动拆迁问题而处于全部或部分停工停产状态。为此，在年初的《县政协十二届五次会议关于对〈政府工作报告〉的意见建议书》中，县政协提出要尽快妥善解决陈家镇工业企业拆迁安置问题。县政府向市有关部门争取到设立陈家镇都市工业园区作为被拆迁企业的置换区域。但作为置换区域的陈家镇都市工业园区建设至今尚未启动。建议：要将陈家镇都市工业园区建设放到陈家镇建设的重要议事日程上来，尽快设置工业园区筹建机构，及时启动陈家镇都市工业园区建设的各项工作。各有关单位和部门应积极配合，加大对园区建设的财力、物力、人力支持，加快审批速度，简化办理流程。陈家镇相关企业也应竭力配合园区建设工作，共同努力促使都市工业园区早日建成投入使用。

2012 年 11 月 28 日，部分县政协委员反映，上海长江隧桥及崇启大桥相继建成通车后，越来越多的岛外游客选择到崇明度假。然而，崇明旅游热尚未真正形成，旅游收入在经济总收入中的占比并不高，旅游产业发展与人民生活整体水平提高的关系并不密切。委员们向县政府及相关职能部门提出建议：一要完善优惠政策。县内居民参观游览收费景点可推行“崇明惠民游园一卡通”优惠政策，即凡是崇明县居民，都可凭本人身份证至指定地点申请办理“一卡通”，凭借此卡本人在一年内可不限次数地游玩崇明各个景点，按现在崇明人民的实际收入水平，“一卡通”以 100 元/张/人为宜。对岛外游客可推行“套票”制，即将全县多个较为著名的景点门票都串联起来形成套票统一对外售卖，套票价格可在原有单独景点门票总价的基础上给予 5—8 折优惠，并规定套票自出售之日起三天内有效，从而吸引更多的岛外游客留在崇明。对 60 周岁以上老人和中小学生可以实行门票半价优惠，对 70 周岁以上老人及残障人士可免收费景点门票。二要开设旅游专线。崇明岛东西狭长，南北扁平，较为出名的旅游景点多集中在东西两端，到崇明自助游的游客如没有自备车就显得相当不便。因此开设一条旅游专线，穿梭于崇明各个景点和陈家镇、城桥镇、堡镇等几个人口比较密集的乡镇，游客可凭“一卡通”“套票”和景点门票等免费搭乘。车辆行驶过程中，可播放录像，介绍各个景区。三要发展特色贸易、特色小吃和特色娱乐。每个景点都要有自己的特色，有区别于其他景点的特色贸易、特色小吃或特色娱乐。可采取政府扶持，集中管理的模式，在景点周边以景点的特色优势，如西沙湿地的芦苇、明珠湖的水面、森林公园的树木等为主题，建设特色贸易街、特色小吃巷或特色娱乐场，以进一步提高旅游的附加值。

2012 年 12 月 12 日，部分县政协委员反映，在崇明现代化生态岛建设过程中，市政府专门成立协调小组，市各有关部门也对崇明给予很大的支持和帮助。目前，崇明森林覆盖率为 20.99%，至 2015 年将提升到 24%，生态保护地面积比例达 68.7%，自然湿地保有率为 43%，各项指标均远超全市平均水平，为全市生态环境建设作出了积极贡献。与此同时，生态岛建设也相对抑制了崇明第二产业的发展，致使崇明的经济条件远远落后于其他兄弟区，无法很好地满足于生态环境建设和保护等工作的开展。为此，委员们呼吁，要尽快建立和完善市级生态补偿机制。市政府发布的《崇明生态岛建设纲要》中明确指出，要“统筹平衡市级层面对崇明生态岛的政策资金支持，在深化生态补偿机制的基础上，探索设立崇明生态岛建设的专项资金，形成稳定的财政支持机制，重点支持生态保护、环境建设项目和工作措施”，要以此为依据，抓紧建立市级专项生态补偿基金，改变传统的财政转移支付方式，开展生态系统服务价值评估，科学量化生态补偿标准，变资金支持为生态补偿，使崇明生态岛建设具有长期稳定的财力保障，从而鼓励崇明干部群众以更大的热情和更足的干劲，坚定不移地投入到现代化生态岛建设中去。

二、社会事业方面社情民意信息

1996 年 1 月 13 日，堡镇地区县政协委员反映，该地区全民健身运动自发兴起，每天早晨及黄昏都有很多人以打拳、击剑、跳舞等多种方式锻炼身体。但苦于缺乏活动场所。建议：堡镇体育场应对群众开放，以解决目前群众健身无活动场地的问题，同时结合发展规划，在堡镇地区建一个公园，使堡镇地区居民有一个休闲活动的场地。

1996 年 3 月 13 日，参加县政协九届四次会议的部分委员在讨论崇明县“九五”计划时认为，县政府在“八五”期间重视卫生工作，新建了堡镇医院传染病房和中心医院病房大楼，中心医院候诊大厅也正在建造，对此感到满意。同时反映：“九五”规划将县精神病防治院迁建至县中心医院西边的江边大道，感到不适宜、不协调、不妥当，使中心医院今后扩建无余地。为此建议，县政府要重新确定县精神病防治医院的建址，并在选址时，广泛听取各界人士和有关方面的意见。

1996 年 3 月 14 日，参加县政协九届四次会议的部分政协委员在讨论崇明“九五”计划时认为，少年宫是少儿校外教育的重要阵地，建造少年宫是一项“希望工程”“民心工程”。为了适应崇明 21 世纪的大开发和培养跨世纪接班人的需要，建议县政府应将建造少年宫列入“九五”计划。

1998 年 8 月 20 日，部分县政协委员反映，县城内公共厕所太少，带来很多不便。人民路从东到西没有一所公厕，西门南村、北村两个居住小区内无公厕，新崇西路在西门北村边上有 1 所公厕，但不是全天开放。人民路新崇西路以西地段设摊很多，农民卖西瓜及水果摊主在小区围墙边随地小便现象很普遍。南门路拓宽改造后，在路南新建大楼前的小吃摊很多，因无公厕，行人喝酒吃饭后就转入新楼后面的南门街上随地大小便。八一路商业街南北总长 2 000 多米，虽有 4 所公厕，布局也算合理，但开放时间短，如南端码头新建的高级公厕开放时间为早 6 点至晚 8 点，行人很感不便。建议有关部门应根据“对城区内原有公厕拆一建一”的原则，在旧城改造中重视公厕建设。

1998 年 9 月 7 日，堡镇地区县政协委员反映，1995 年 10 月 1 日起施行的市政府 12 号令《上海市生活用水二次供水卫生管理办法》规定：“每季度对水箱清洗、消毒一次，并建立档案”“清洗、消毒人员取得健康合格证的，方可上岗”“卫生防疫机构每半年应当对二次供水的水质检测一次”，但 1998 年已经过去 8 个多月，堡镇地区公房水箱未见清洗过，去年虽然清洗过，但清洗的质量如何，也无人监督。建议县政府责成有关职能部门严格执行《上海市生活用水二次供水卫生管理办法》，确保生活用水符合卫生标准。水箱清洗时，县卫生防疫部门应派员检测，以保证清洗质量。

1999 年 5 月 26 日，部分县政协委员反映，近年来，县委、县政府在财力相当困难的情况下，拨出资金建设健身活动场地，使群众受益不浅。但发展不平衡，有些布局不够合理，如东门地区江山、玉环、东门等 3 个新村，居民有 5 000 多人，其中老年人有 600 多人，却没有一个活动室和活动场地。东门新村内虽有一个较大的广场，却因缺少管理和一定的设施，杂草丛生，部分树木枯死，草坪被毁。建议投入一些资金，把广场建成健身活动场地，并在东门地区建造老年活动室，为老人们营造一个老有所乐的环境。

2001 年 3 月 26 日，部分县政协委员反映，1 月以来，全县患甲肝传染病的人数呈逐月上升趋势，现在县传染病医院求医人数已超过 100 人。这次发病的特点是大年龄患者多，青少年患者少；城镇患病人数多，农村地区少。为防止甲肝蔓延，提出四点建议：一是加大预防传染病内部宣传力度；二是加强对个体饮食摊点及小饭店的食品卫生检查，对从业人员进行体检；三是对婚丧喜庆办酒席要加强卫生指导，确保饮食安全，并控制大操大办；四是对疫区发病点应严格消毒。

2005 年 10 月 9 日，县政协人口和健康委员会委员反映，全县医疗卫生资源配置不合理，医疗卫生事业发展不平衡。中心医院和各乡镇卫生院改造全面完成后，全县三级医疗网络中，以硬件条件而言，出现了“两头好、中间差”的状况，堡镇医院和庙镇医院的硬件水平日显落后，与其所处的地位不相称。特别是堡镇医院作为崇明东部地区最大的医院，服务对象覆盖新河镇以东直至陈家镇范围内的 30 万人口，约占全县总人口的一半，2004 年门诊病人和住院病人数略少于中心医院。越江通道建成后，长兴、横沙两岛的群众也将是堡镇医院的服务对象。但近年来，财政用于堡镇医院的建设资金较少，仅靠医院自身有限的投入，已无法满足人民群众日益增长的医疗需求，面临的困难十分突出。主要表现在三个方面：一是硬件设施落后。建于 1982 年的门诊大楼，设计功能已不适应目前的医疗需要，就诊环境很差。二是医疗设备陈旧。拥有的 30 多件大型精密仪器，大多是十年前购置，由于无力更新，只能“超龄服役”。三是专业人才匮乏。近十年来，堡镇医院从各类医学院校招收的毕业生不足 10 人。由于工作条件差、报酬待遇低，有的工作不久就跳槽离开，很难建立一支稳定的专业技术队伍。人员年龄老化、专业学科失衡的问题，也在很大程度上影响了医院的持续发展。建议县政府抓紧制定堡镇医院总体改造方案，尽可能实施易地新建，打造一个全新的堡镇医院。

2007年7月23日，部分县政协委员反映，随着崇明建设步伐的加快，外地到崇明务工经商者有明显增长趋势。2006年年底，全县外来人口总数已有11.1万人，并且绝大部分是农民工，其子女大多随父母来到崇明。但是，民工子女的学前教育和预防接种等方面还存在比较突出的问题，必须引起更多的关注和重视。一是关于民工子女的学前教育问题。由于外地民工对子女的学前教育重视程度不够以及幼儿园收费标准偏高等原因，大部分学龄前民工子女的学前教育缺失，这一方面使孩子们失去了接受教育的机会，另一方面，这些孩子常年跟随父母流落田边、街头、工地、企业，频频发生溺水、误食有毒食物、车祸等意外事件。二是关于民工子女的卫生保健问题。由于外地民工大多缺乏卫生知识和保健意识，很少有家长主动为孩子预防接种。同时，由于外地人口居无定所，给卫生保健工作带来许多不便，很难实现系统的全程接种。预防接种工作的不到位，导致传染病的发病率难以控制。为此建议：一要做好外地在崇明的人口信息采集工作。县人口办公室和计划生育委员会要及时做好外地民工育龄妇女和16周岁以下儿童的登记工作，建立健全全县流动人口信息库，创建集居住、就业、计划生育、疾病预防控制等管理功能于一体的流动人口综合信息平台，为各项工作有序开展打下基础。二要扩大民工子女学前教育覆盖面。县教育局要对民工子女的学前教育做好宣传工作，研究制定相关优惠政策，鼓励各幼儿园积极吸纳外地民工子女入园，让外地民工的孩子也能接受良好的学前教育。三要加强民工子女预防接种工作。县卫生局要强化对预防接种重要性的宣传，通过印发宣传资料、举办集中讲座等形式，把计划免疫的观念灌输到每个外地务工者家庭中。同时，建立健全民工子女保健卡、转证制度，定期开展适龄流动儿童的查漏补种工作，督促其接受全程预防接种，并享受与本地儿童同等的免疫预防待遇，从源头上降低传染病的发生率。

2007年10月8日，在县政协召开的部分教师委员座谈会上，委员们就崇明目前教育工作中存在的一些问题和加快推进崇明教育事业发展提出如下建议：一是基础教育方面，要改善城乡教师资源配置、增加学校硬件设施维护投入、关注“留守孩子”。二是职业教育方面，要加强职业学校专业教师队伍建设、积极组建职教集团、优化职业学校招生政策、努力提高职业教育社会地位。三是特殊教育方面，增加对培林学校的经费补助，实现寄宿学校的智障学生伙食费、交通费全免，并能形成长效机制，让全县的智障孩子都能受到更好的教育。四是校外教育方面，县政府及教育主管部门要加大对校外教育的投入力度，尽快改善校外教育机构的办学条件，为全县广大青少年提供更好的校外教育平台。结合堡镇社区文化活动中心建设，改善堡镇少年之家办学条件。

2009年3月12日，部分县政协之友社社员反映，崇明县各级党政组织高度重视“迎世博600天”行动计划的实施，切实加强环境卫生整治工作，城区环境面貌得到一定改善。但是，在城区不少地方还存在与“迎世博”环境整治要求格格不入的地方，如八一路、总工会大楼及中心医院周边等地区，自行车、助动车停放横七竖八、杂乱无章、很不规范；八一路、新崇南路路口西侧，一群自称为少数民族的小商贩，擅自在人行道上设地摊，几乎占据了大半条人行道，来往人群通行不便；位于西门路(人民路以南)路东的一长列商铺，走廊下非机动车停放无序，物品堆放混乱，店铺上方悬挂的一排原为红色的灯笼更是脏秽不堪，成了“黑灯笼”；城区内沿街的商家占道经营和跨门营业现象仍比较普遍，各种商品、货物占据人行道，致使人流拥挤，车流不畅；位于新崇南路等重要市口的几家餐馆，将土鸡等活禽置于人行道上，黑羽乱飞，粪便横流，卫生状况堪忧，且影响市容；城区内部分广告箱箱体陈旧破损，店牌招贴歪斜撕裂，与周边整洁美观的环境显得格格不入；位于江山新村(城桥镇东门村13、14队)的一段南北向断头泯沟，河水又黑又臭，一到夏天，便成为蚊蝇滋生地，严重影响周边居民生活质量。鉴于以上情况，社员们提出如下建议：一是城区市政道路和街路要规范设置非机动车停放线，尤其要加强八一路、总工会大楼及中心医院周边等地区的长效管理。二是采用疏堵结合的方式，切实加强对乱设摊者的教育，同时合理设置摊点，并对不得摆摊设点的地段，始终保持高压严管态势，杜绝乱设摊现象的发生。三是坚决制止商家跨门营业行为。城管人员要上门对跨门营业商家进行规劝，并采用步巡和车巡相结合的方式不间断地巡察，发现违章行为，及时制止。四是进一步加强餐饮行业的食品卫生安全管理，整顿、规范活杀土鸡等经营项目，对路边饲养土鸡予以叫停，切实改善餐馆周边环境。五是对城区内广告灯箱和店牌招贴进行一次全面清理，拆除或修整那些破损陈旧、灯光不亮、存在安全隐患的广告灯箱，维修、更换破旧不堪的店牌招贴及装潢装饰，并形成长效管理机制。六是大力整治居民小区周边环境。填埋江山新村的断头泯沟，种上树木花草，形成绿化带。

2010 年 3 月 4 日，县政协妇联界别委员反映，婚前检查是中国实现优生优育、保证出生人口质量和提高民族素质的一项重要手段。2003 年以前，由于采取强制婚检制度，因此，崇明县婚检率一直保持在较高点位，2002 年曾达到 92%。自从 2003 年国家实行自愿免费婚检后，尽管县民政局、卫生局和计生委等有关部门通力合作，但全县婚检率一直处于较低水平，2008 年为 2.95%，2009 年为 3.70%(上海市婚检率达到 37%)。崇明婚检率过低导致的后果之一就是出生缺陷发生率居高不下，引发一系列公共卫生和社会问题。参照上海市其他区的做法，结合崇明实际，委员们提出三点建议：一是加大婚前检查宣传力度。由县政府牵头，县民政局、卫生局、计生委等部门联合开展形式多样、行之有效的宣传教育活动，积极引导广大未婚青年树立科学、文明、健康的婚育观念，增强社会责任意识，使他们自觉自愿地到医疗卫生机构接受婚前检查。二是实施免费“一门式”婚检。县卫生管理部门要将婚前检查纳入公共卫生服务体系，规范婚检项目，创新婚检机构服务模式，实施免费“一门式”婚检，提高婚检服务质量，即由县政府牵头，协调县民政局、卫生局、计生委等部门建立一个集婚姻登记、优生优育知识咨询、婚检于一体的专门场所，对前来登记的人群实行“一门式”服务。三是如果近期暂不具备实施免费“一门式”婚检服务的条件，则可以借鉴金山区的婚检服务方式。即：在民政局婚姻登记处专门辟出“家庭婚姻健康咨询室”，由民政局提供办公室，计生委出资装修，卫生局聘请 2 名退休妇科医生提供咨询服务。当未婚夫妇前往登记时，婚姻登记处及时作引导，指导未婚夫妇前往咨询室作相关情况的咨询。

2011 年 10 月 31 日，部分县政协委员反映，长兴岛发展功能定位为海洋装备岛。目前岛上中船、中海、振华港机等大型企业已落户多年，并有不少配套企业相继落户，使长兴岛常住人口急剧增长。目前长兴岛本地户籍人口 4.3 万人，外省籍常住人口约 10 万余人，人口大量涌入使长兴岛学前教育资源严重不足的矛盾愈加突出。长兴岛现有 3 所公办幼儿园和 14 个无证办园点，共有在园幼儿 2 380 多名。其中，3 所公办幼儿园在园幼儿 1 180 人，占总数的 49.6%，3 所公办幼儿园共 33 个班级，平均班额为 36 人，已超市规定的中大班 30 人、小班 25 人的标准；14 个无证办园点在园幼儿 1 200 人，占总数的 50.4%。根据长兴岛总体规划和控制性详细规划，到 2020 年，将新建 13 所幼儿园。近三年计划在凤凰镇新建 4 所幼儿园。其中，2 所用地规划等已落实，将于近期开工，2012 年投入使用。但是，长兴岛幼儿园建设也遇到一些困难：一是规划与用地矛盾突出，部分区域控制性详规还在编制之中，尚未报市有关部门批准；部分区域控制性详规虽报市有关部门批准，但因情况变化需调整。控制性详规的不确定性给新建学校规划带来困难，也影响教育资源适时适地配建；二是新校址在控制性详规中虽已落地，但由于所在地块暂不开发，市政配套设施尚未建成，从而无法推进；三是由于所在地块规划建设的商品房暂不建设，学校无法以公建配套的方式予以落实。四是近期需建成的 4 所幼儿园中 3 所由政府投资建造，估算投资 9 600 万元，县镇两级财政安排都有较大困难。因上述原因，公办学前教育资源近期配置到位几无可能。为此，建议县政府：一要制定特殊政策扶持社会办园。长兴岛是个相对封闭的开发区，教育资源的配置应根据实际需求制订特殊的政策。对无证办园点要调整工作思路，投入一定资金，帮助他们改善办园条件，使其达到基本的规范要求。在此基础上，加强监管，保证这些社会办园点正常运作。二要加快长兴幼儿园建设进度。对“十二五”规划中要建造的幼儿园，凡控制性规划已批准的尽可能加快园点建设项目的审批进度，并根据财政状况优先安排建设；控制性规划还未批准的，应千方百计积极争取市有关部门支持，加快审批进度，一旦批准立即启动园点建设项目的审批程序。三要积极争取市级层面的支持。加强与上海市长兴岛开发办公室的联系和沟通，积极主动争取在教育规划与用地方面的支持，及时将新建学校校址在控制性规划中落实。同时，积极向市教委等部门乃至市委、市政府反映，从长兴海洋装备产业基地是国家级战略的高度，对长兴学前教育以及义务制教育资源的配置在财力、政策等各个方面给予特殊的扶持。

2012年5月9日，部分县政协之友社社员反映，位于城桥镇八一路的崇明县文化馆，内部各种设施比较完善，其中的百乐舞厅是城桥地区居民娱乐活动的好去处。现因城镇建设发展的需要，文化馆不日就要搬迁至城桥新城，原有馆舍，包括百乐舞厅等设施都要另作他用。百乐舞厅周边有西门北村、西门南村、北门一村、北门二村等老年住户比较集中的居民小区。由于老年人行动不便，不宜远行，百乐舞厅一直是附近老年人首选的跳舞场所。而位于城桥新城的新文化馆既路远，又没有专设舞厅。因此建议保留百乐舞厅。

2012年5月11日，部分县政协委员反映，近年来，随着人口出生高峰的到来，负责0—3岁婴幼儿早教事业的县指导中心和36个早教指导站面临工作经费不足、师资力量欠缺以及县早教中心园舍偏小、设施设备落后等困难和问题。建议：一要加强协调，制定落实专项经费长效投入机制。县政府统一协调财政、教育等部门和各乡镇，制订县、乡镇两级财政对0—3岁早教专项经费投入机制，采取政府购买服务的方式，按照每人、每次30元，即每人、每年120元（《上海市学前教育新三年行动计划》规定98%以上上海市常住0—3岁婴幼儿家长及看护人员每年接受4次免费科学育儿指导）的标准列入每年县、乡镇两级财政的预算，由县早教中心统一管理，并根据各乡镇指导站的实际指导情况统一下拨。二要突出重点，确保0—3岁早教县级大型活动经费。县早教中心每两年举办一次大型亲子“嘉年华”活动。此项活动已得到社会各界的认可和广大家长的欢迎，规模也在不断扩大。此项活动约需经费18万元，但目前县财政下拨经费仅为3万元。要增加大型活动资金的投入，确保活动顺利开展，真正发挥其宣传、交流、提升的作用。

2012年6月18日，县政协教育界别委员反映，在崇明因父母进城务工等原因形成的留守儿童，已是一个数量不小的特殊群体。据不完全统计，截至2012年1月，全县中小学义务教育阶段学生总人数为34 134人，其中留守儿童人数为3 976人，占全县学生总人数的11.6%。其中父母一方在外打工的留守儿童人数为2 458人，父母双方在外打工的人数为1 518人。留守儿童普遍存在行为偏差、学习消极、内心封闭等问题。如果这个特殊的群体以这样的状态成长，必然会增加社会潜在的不稳定因素。主要表现在以下几个方面：由于隔代监护或亲戚朋友监护的留守儿童大多因祖辈年事已高、兼顾农活、家里孩子多等各种原因而得不到很好的生活照顾；由于父母指导子女监督学习责任的缺位，导致留守儿童普遍缺乏学习自觉性，甚至对学习产生消极感，有厌学逃学等现象；由于亲情缺失，留守儿童缺少情感和心理关怀，缺少倾诉和寻求帮助的对象，导致留守儿童出现内心封闭、情感冷漠、行为孤僻等个性特征，不同程度地存在性格缺陷和心理障碍；由于家庭教育的缺失、道德约束的缺乏，一些留守儿童没有养成良好的生活习惯和道德品行，容易受到诱惑和不良影响而偏离正常成长轨迹，导致留守儿童违法违纪案件呈上升趋势；由于临时监护人年老体弱防范防护能力弱，留守儿童对一些危险事物又缺乏理性判断，安全保护意识不强，导致留守儿童患病不能及时医治和受到意外伤害的事件屡有发生。根据上述情况，委员们提出如下建议：一是设立留守儿童工作组。各乡镇根据实际情况，在各村、居委设立专门的留守儿童工作组。明确具体工作人员及其任务和职责，鼓励青年志愿者与留守儿童结成对子，并定期为留守儿童进行学业辅导，可给予志愿者一定的物质补偿，以提高其开展学习辅导的积极性。二是鼓励和引导民间组织参与留守儿童的服务工作。通过开展代理家长、爱心妈妈、结对帮扶等多种活动，给予留守儿童生活服务。鼓励企业和民间组织设立“关爱留守儿童专项基金”，将基金切实用于全县范围内品学兼优和生活困难留守儿童的救助和关爱。建立“爱的家园”工作室，充分利用青少年事务社工等有利条件开展一些儿童喜闻乐见并有益于他们身心健康的活动，使留守儿童在双休日及寒暑假有地方可去，有东西可学，同时保证留守儿童的人身安全。三是发挥学校的教育管理作用。学校应将留守儿童的教育和管理纳入常规性工作。设立心理咨询室，定期对学生进行心理健康辅导和心理咨询服务，增强学生的心理调适能力。开通亲情电话等活动，加强孩子与父母的沟通联系。四是加大校园周边整治力度。要结合崇明实际，加大对校园周边地区的整治力度，净化留守儿童的成长环境。针对校园周边严重危害留守儿童身心健康的突出问题，组织相关部门联合行动，全力开展整治活动。

2012年9月3日，县政协经济委员会委员反映，当前，崇明农村烟杂店销售中存在的问题比较突出，具体表现在：一是食品卫生状况堪忧。农村烟杂店售卖的日用品中，部分油、盐、酱、醋、酒、饮料类及卤制品、面制品、点心、糖果、果冻等散装商品无固定包装和清晰的生产日期。店家不重视店面的清洁卫生，货架积满灰尘，更没有穿戴清洁衣、帽、手套等卫生习惯。二是商品进货渠道不正规。由于农村家庭收入水平不高，消费群体对商品的要求是“价廉”更胜于“物美”。农村烟杂店就往往会通过一些不正规的进货渠道购入价廉质次的商品进行售卖。三是违法经营常有发生。一些农村烟杂店违法销售假冒伪劣商品，而农民消费者的维权意识普遍较差，不会想到向烟杂店索要发票或收据等凭证，同时农村地区人情较重，常常碍于情面，即使发生问题，也不去正当维权，这在一定程度上使违法经营长期得以存在。四是职能部门监管乏力。食品监管的基层站点人员配备较少，又缺乏必要的检测设备，经营规模不大的烟杂店遍布三岛各地，面广量大，不可避免出现监管盲点。建议：一要扩大创建“放心店”的覆盖面。鼓励有一定规模的食品企业、超市“下乡”，到条件具备的村试点经营连锁便民店、“乡村超市”，争取在“十二五”期间全县每个村都能建一家放心便民店、放心小卖部或放心小超市。二要加大监督管理力度。监管执法资源尽量向农村倾斜，适当增加监管执法队伍力量，强化业务知识培训，提高监管执法人员综合素质和业务技能。在加强监管软、硬件建设的同时，完善农村食品安全责任追究制，并通过公开举报电话，表彰奖励等形式，有效强化社会监督。县政府相关职能部门要协作分工，形成合力，严格查处生产、加工、流通、储存、销售等各个环节中的违法行为，对从事制作、运输、销售食品的相关人员，要进行健康体检。三要加强宣传教育。县政府相关职能部门要不遗余力地宣传相关法律、法规，加强食品卫生安全教育。一方面要教育消费者，增强健康卫生意识，提高识假辨假能力；另一方面要教育经营者合法经营，提高职业道德素质，从而在消费源头上杜绝烟杂店售卖价低质次食品的现象。

2012 年 11 月 8 日，部分县政协委员反映，南海争端和钓鱼岛事件的发生，掀起了中华儿女爱国主义热潮。然而，也有一些青年不能“理性爱国”，有些极端行为造成负面影响。委员们认为，爱国主义教育必须从娃娃抓起，建议从以下几方面着手：一是加深对课本知识的理解。知之深，才能爱之切，对于伟大祖国无比热爱的深厚感情，是基于对历史传承、民族文化、国家发展的深刻理解。因此，要进一步加深对课本上爱国主义思想教育内容的理解，把对于祖国的热爱之情融于血液中。二是组织爱国主义教育活动。结合“七一”（中国共产党成立纪念日）、“八一”（中国人民解放军建军节）、“十一”（中华人民共和国国庆节）等重大节日，组织学生参加红色之旅、征文比赛、文艺演出等各种形式的爱国主义教育活动，培养中小学生的爱国主义情怀。三是做好网络舆论的正向引导。如今的中小学生从小就喜欢上网，对各种网络信息极为敏感。通过网络舆论的正向引导，帮助他们树立正确的爱国主义观念，用理智的情感、正确的行为来热爱祖国、保卫国家。

2012 年 11 月 9 日，部分县政协委员反映，金鳌山公园是崇明的名胜古迹，风景宝地，占地面积 1.2 公顷，与寿安寺比邻而居；寿安寺则是崇明四大古刹之一，始建于宋朝淳祐年间，距今已有 700 多年历史。两者都是崇明为数不多的具有深厚历史底蕴的旅游景点之一，无论是寿安古寺的平川古刹之风华，还是金鳌山公园的江南园林之秀丽，都给予人美的感受，而且前寺后园，相辅相成，可谓浑然天成。但由于公园与寺庙分属两个不同的管理主体，一道围墙将两者割裂开来，顿使园林失灵性，寺庙缺神韵，同时也造成一地两游的尴尬境地，给游客带来极大不便。委员们建议，在保持金鳌山公园权属不变的前提下，将公园的管理权限划归寿安寺，由寿安寺负责公园的日常维护、保洁管理等工作。同时，政府财政也要对一体化管理后的公园管理维护费用缺额予以保障。

2012 年 11 月 19 日，部分县政协委员反映，近年来，崇明公共娱乐健身场所虽逐年增多，环境不断改善，但还存在以下问题：一是公共娱乐健身场所比较匮乏。位于北门路的体育场是崇明县唯一一个大众化体育场，每逢清晨或傍晚锻炼的高峰时段，篮球场和操场跑道上人满为患，散步、跳舞、打球的，可谓人山人海；正规的舞厅仅有北门路的一个体育馆舞厅，因场地不大、设施单调而不能很好地满足公众的娱乐需求。至于对公众开放的足球场、网球场、羽毛球场、乒乓房等更是凤毛麟角。二是场所规划不够科学合理。现有南门的公共娱乐健身场主要集中在老城区，城桥新城地区还没有一个能真正供人强身健体、休闲娱乐的场所。为此，提出如下建议：一是在城桥新城建设一个综合体育运动中心。随着行政中心的逐渐东移，城桥新城必将取代旧城区成为新的人口集聚区。在新城区内建造一个具有一定规模的，集休闲、健身、娱乐、竞技于一体的综合体育运动中心是必要的。其中可设体育运动场、训练馆、全民健身广场等，以满足不同人群的需要。二是继续鼓励学校向公众开放体育场馆。要制定更加完善的实施方案，引导更多的学校开放体育场地，满足广大人民群众强身健体的需求。三是充分利用闲置资源开辟公共运动场地。要科学规划，合理布局，加大投入，充分利用小区广场、公共绿地等场所建设公共运动场地，添置必要的健身器材，并安排专人做好日常维护管理工作。

三、城乡建设方面社情民意信息

1998年9月7日，堡镇地区政协委员反映，堡镇中路是堡镇镇的交通主干道，但堡镇医院两侧、堡镇小学北侧、堡兴路星地超市两旁的饮食店、杂货店大都向外扩张，有的在人行道上设摊，有的在人行道上摆桌，还有的搭起棚屋。群众要求整治这类侵占人行道的不良行为，以确保交通顺畅、行人安全。

1999年5月26日，城桥镇西门地区部分群众反映，政府对县城人民西路的改造和环境美化深得人心，但美中不足的是在西引路西侧又搭起了违章建筑，一排小房子在绿化地带拔地而起。这一方面破坏了人民西路的整体景观，看上去很不协调，小房子后面脏物遍地、杂草丛生，无人清理；另一方面，也影响了当前的拆违工作。据说这些小房子是用来搞商业的。群众认为，那里已有星地超市、永冠超市，还有星星点点小商店，前不久，永凤花园旁边又建造了社区服务中心，所以没有理由再办商业，这是用方便居民的借口来搞“合法”的违章建筑。希望有关部门领导重视，采取整治措施。

2003年10月15日，在县政协召开的社情民意座谈会上，县政协委员呼吁要切实加强交通安全知识的宣传教育，不断增强全民交通意识，有效减少道路交通事故的发生。从县公安局交巡警大队提供的一组数字显示，2003年1—9月，全县共发生各类道路交通事故635起，其中重大交通事故49起，造成50人死亡，684人受伤，车物损失达189万元。尤其是7—9月，重大道路交通事故连续不断，死亡28人，受伤156人，车物直接损失98.52万元，与2002年同比分别上升58.81%、64.72%和57.82%。道路交通事故频发的主要原因有三个：一是人为因素。一些行人交通安全意识薄弱，乱穿马路；有的驾龄一年以内的新驾驶员临场处置经验不足，容易发生交通事故；部分车辆驾驶员置安全不顾，驾驶超载车、超速车等。二是车辆因素。车辆严重老化、机件严重失灵，是道路交通事故的最大隐患，尤其是违章从事客运的非客运车辆更为令人担忧。三是道路因素。近年来，政府不断加大对道路交通建设的投资力度，相继建成陈海公路西段和东段等道路交通网络，道路状况得到改善，但道路建设仍跟不上发展的需要。县政协委员提出三点建议：一要加强领导，严格管理，努力营造交通安全氛围。各级领导要把加强道路交通安全工作，预防和减少道路交通事故，作为政府实现执政为民的一个重要工作目标和“民心工程”来抓落实。相关职能部门要进一步提高认识，增强交通安全管理工作的紧迫感和责任感，加强配合协调，严格管理，坚持做到警钟长鸣、常抓不懈。同时，要责成相关部门制定交通安全教育规划，努力营造加强交通安全工作的氛围。二要举一反三，强化教育，不断增强交通安全意识。要加强对学生的教育，针对学龄前儿童和青少年学生的不同年龄层次和接受能力，经常性地对儿童、青少年开展交通安全知识教育，使交通安全知识进入课堂；要加强对成年人的教育，通过广播、电视等大众媒体向广大人民群众宣传交通安全知识和有关法律法规，使广大人民群众养成自觉遵守交通规则的习惯；要经常向广大驾驶员通报重大交通事故的情况，分析原因、吸取教训，不断增强安全意识，自觉遵守交通法规，确保开好安全车。三要齐抓共管，形成合力，加大整治力度。公安交警部门要组织一线民警进一步加大对无牌无证车辆、报废车辆的打击取缔力度，发现一辆依法暂扣一辆。要把好车辆检测关，发现隐患及时督促整改到位。同时，要加强对驾驶员的管理，切实抓好对车辆的“一日三查”，以便发现故障及时排除，不影响安全行车。公路巡逻交警及道路管理部门要加大对各类道路及街道路障的排查整治力度，对各类违章现象及时发现，及时取缔，保障道路安全通行无障碍。要对全县的道路进行长效监控，尤其是对正在维修的路段，必须作出明确的警示标志和安装警示指示灯，不能留下丝毫隐患。

2004 年 6 月 3 日，部分县政协委员反映，位于城桥镇侯家镇的长侯路本是一条僻静的乡级道路，路况较好，路旁有居民点及学校、幼儿园等，是该地区学生和群众出行的必经之路。但近半个月来，上海崇明市政工程有限公司和亚通股份有限公司在该路北侧开设了砂石搅拌站，另有一个老板则经过该路将泥土运至大东船务公司。由于野蛮运输，致使路面下沉，尘土飞扬，噪声不断，且陈海公路到长侯路口和南横引河南侧居民小区旁边的下水道总管被压断。长侯路旁中心小学及一所幼儿园共有学生 600 多人，80%以上的学生由家长接送，每天上学、放学时间人流相当集中，而运输车辆超载、超速情况十分严重，存在着很大的事故隐患。对此，侯家镇地区群众意见很大。建议县政府有关职能部门关注此事。

2004 年 10 月 14 日，部分县政协委员反映，崇明中学周边交通安全形势令人担忧。新建成的崇明中学校舍位于陈海公路与港东公路交会处，师生共有 2 500 多人。除寄宿学生之外，每天有近 1 500 名师生进出校园，使该区域的交通流量激增，给该区域原本不容乐观的交通安全形势带来了更大的压力。崇明中学设有东西校门各一处，东大门位于陈海公路与港东公路交汇口，西大门面向东引北路。东大门是学校的主要进出口。校门前方的道路由于建成时间较长，没有分设机动车、非机动车和人行道，也没有相应的隔离设施，整条道路人车混行。该路段分别有四路车辆经过：既有由港东公路向陈海公路堡镇方向的车辆，也有由陈海公路转向港东公路的车辆；既有由港东公路向鼓浪屿路方向的车辆，也有由鼓浪屿路向港东公路方向的车辆。其中，港东公路、鼓浪屿路之间的南北向车辆最令人担忧。按照机动车靠右行驶的规定，由港东公路向鼓浪屿路方向的车辆只能在整个路面的西侧（最靠近学校东大门）行驶。在校门前，车辆与进出校园的师生形成交汇，极易发生交通事故。学校的西大门面向东引北路。该道路位于明珠花苑住宅区，目前由于入住居民不多，该路段的人流、车流量较小，交通安全问题尚不明显。但一般师生由西大门进校园，都是从育麟桥路桥镇方向右行后左拐进入东引北路。这样，就不可避免地与育麟桥路上东西向直行的滚滚车流发生交汇。由于此处既无红绿灯设置，又无交警或交通协管员现场指挥，需转向的进校师生与直向车辆发生碰撞的可能很大，交通安全形势同样不容乐观。此外，由于学校实行上夜课制度，不少师生经常在晚上 10:00 左右才离校。而从学校东大门至鼓浪屿路、育麟桥路、陈海公路十字路口的路段没有路灯，也存在安全隐患。为确保该区域交通安全，建议：一要结合正在进行的鼓浪屿路拓宽工程，将拓宽工程向北延伸至崇明中学校门前（该延伸段总长约 200 米）。然后，在拓宽后的路段设置机动车、非机动车和人行道隔离栏。二要在东引北路与育麟桥路的交汇处，增设必要的警示标志。三要安排交警值勤，现场指挥交通。尤其是在每天早、中、晚时段和周末放学、上学高峰时段，要增派警力或交通协管员，维护交通秩序。四要在学校东大门往南至鼓浪屿路、育麟桥路、陈海公路十字路口的路段安装路灯。

2006 年 10 月 9 日，部分县政协委员反映，北宝、北石专线车在运营过程中，存在一些不正常现象：一是专线车不专，中途随意拉客，有与公交车争客之嫌。二是为了让车辆满负荷运营，有时在上一航班轮渡下客人数较少的情况下，有意在码头等下一航班旅客、不及时发车，导致乘客在车上等候时间较长。三是有随意缩减班次或不按时发车（老北站北宝线）或不定发车时间（民晏路北石线）。四是中途并车，北石线车辆行至彭浦新村时，经常因车上乘客较少将其合并到另一辆北石线车，再驶往终点站。委员们建议：一是明确线路走向、停靠站点和班次及首末班车时间，并公布在车厢内和市区的始发点。二是北宝、北石专线车的主管部门应加强对司售人员的教育和管理，不能放任司售人员为多做营业额而再发生让乘客并车、随意停车拉客以及让乘客长时间在车上等候等侵害乘客利益的现象。三是讲究诚信，准时发车，尤其是在市区起点站应按时发车，不应随便减少班次。

2007 年 2 月 25 日，崇明部分民主党派基层支部成员和相关政协委员反映，鼓浪屿路北段拓建工程已近尾声。从目前施工情况来看，该路崇明中学校门口段因设置隔离带导致道口过于狭窄。而崇明中学有数千师生，如道口过窄，上、下学高峰时，可能出现拥堵现象。建议：崇明中学校门前隔离带设置应留出足够宽度的道口（拟以校门宽度为准）；保留校门口两侧铺设的减速带；增划校门口两侧的人行道横线；

保留原先设置的红绿灯；完善其他必要的设施、设备。

2009年2月3日，部分县政协委员反映，农场政务虽已移交东平、新海两镇，但很多应有的惠民政策及措施还没有覆盖，如医院、学校、道路、桥梁以及居民用水等，尤其是两镇区域内的公共交通十分不便，原八个市属国营农场从东到西几十公里间没有一条完整的公交线路，合并为两个社区后的几年中，公交仍然“各自为政”。当前，崇明农村地区已基本实现公交“村村通”，而两镇却还没有实现“场场通”，职工上下班和群众办事十分不便，行政成本增加，如参加镇上会议、去镇上办事，相关人员只能自备车辆或乘坐“黑车”前往。委员们建议，解决公交“场场通”应尽快列入议事日程，县有关部门应尽早开展调查研究，抓紧制定合理便捷的公交路线及班次方案，为东平、新海两镇群众解决“乘车难”问题。

2009年5月20日，部分县政协委员反映，目前，城桥镇、堡镇、新河镇等地共有2 000多辆人力三轮车，其中尤以城桥地区居多，达到1 600多辆。这些人力三轮车在短途载客营运中发挥了重要作用，还在一定程度上解决了一部分人的就业问题。但是，人力三轮车营运管理方面还存在着不少问题，主要表现为：一是无序争抢客源。城区主要车站和南门码头周边地区，常有十多辆甚至几十辆人力三轮车在候客，一旦有人下车或码头放客，人力三轮车便会一拥而上，争抢客源，形成人群、人力三轮车、机动车辆混战的局面，影响崇明的窗口形象。二是交通安全意识薄弱。人力三轮车工人往往无视交通规则，闯红灯、随意变道、侵占机动车道的现象比较普遍，并经常与过往机动车辆、自行车、行人发生碰擦，交通安全隐患较多。三是收费不规范。因缺少有效的监督机构，即使同样距离，人力三轮车工人收费标准不一，尤其是在搭载岛外人员时，经常发生宰客现象，影响恶劣。四是环境卫生意识差。一些人力三轮车工人无视文明礼仪规范，随地吐痰、便溺的现象屡见不鲜，个别三轮车候客点成了全天候开放的露天“公厕”。鉴于以上情况，提出以下建议：一要明确人力三轮车主管部门的管理职责，尽快出台和完善相关的管理规定，使人力三轮车市场有章可循。二要加强对人力三轮车工人的教育培训。要以实施“迎世博600天”行动计划为契机，深入开展“讲文明、改陋习、树新风”活动，分批举办人力三轮车工人交通法规、文明礼仪专题培训班，教育引导他们增强文明意识、卫生意识、环保意识。三要充分发挥交通协管员作用。要在城内主要车站和南门码头等人群密集区域增设交通协管员，对人力三轮车工人违反交通规则的行为及时进行劝阻制止。四要加大监督力度。要在人力三轮车的显著部位印上行业监督投诉电话，接受社会各界的监督，纠正、改进服务过程中存在的不足和问题。同时，运用新闻媒体进行舆论监督，对三轮车工人光膀裸背、随地便溺、乱闯红灯等不文明行为进行曝光并予以处罚。

2009年9月28日，县政协民盟界别委员反映，近年来，城桥地区道路交通网络不断完善，城区居民出行条件得到改善。但由于西门路中段(利民路至湄洲路，长约1.5公里)仍是农田，其通行能力大大降低，整体投资效能也未能发挥。随着明珠小学的开办、金珠花园居民小区住户的相继入住，西门路全线贯通的重要性愈加突出。原有的一条连接利民路与湄洲路的只有3.5米宽的“羊肠小道”，超负荷地成为明珠小学及崇明中学部分师生，利民村、泯东村、金珠花园小区居民以及港东、港西镇进城人员进出的重要通道。这几股人流正好交叉相对通行(早上上学往东，上班往西；下午则相反)，再加上沿路一带居民的正常出行，导致这条小路在人流出行的高峰时段难堪重负，道路交通安全隐患丛生。委员们建议：一要尽早落实建设计划。该道路建设早有规划，但没有将项目纳入2009年的基础设施建设计划。因此，要求尽快将该项目列入2010年建设计划，并积极筹措资金，保证项目尽早开工。二要抓紧做好征地拆迁工作。县有关部门与镇、村协同做好宣传动员工作，尽快将征地拆迁等工作落到实处。三要尽快开工建设。在完成建设项目计划和征地拆迁工作的基础上，抓紧启动项目招投标，选择有资质的企业，确保施工质量和工程进度。四要科学设置出入道口。应在沿途留出足够合理的出入道口，方便沿途居民通行。

2009年11月19日，部分县政协委员和县政协之友社社员反映，自上海长江隧桥通车以来，崇明与上海市区之间的同城效应很快显现，但也有一些问题值得思考：一是申崇公交线崇明始发站设置不妥。目前陈家镇申崇公交临时交通枢纽配套设施严重不足，周边环境也比较荒僻，商店、公厕、饭店等服务设施短缺，无法应付巨大的客流，也不具备辐射全县各乡镇交通线路的条件。二是南门地区乘客来往上海市区的交通不便。南门作为县政府所在地，是全县政治、经济、文化、教育中心，也是主要人口聚集地，与上海市区来往密切，有着较大的客流交通需求。目前，南门地区出行前往市区的乘客主要还是靠水上交通工具，一旦遇到天气原因改走长江隧桥，则要面临中转带来的候车、购票难等问题。三是换乘带来全程时间的延长。目前因为换乘原因，导致许多乘客必须在陈家镇中转，增加了候车时间，也无形中增加了乘客的全程乘车时间。为此，提出如下建议：一是调整申崇公交始发站。鉴于南门在全县交通系统的中心地位，建议将目前申崇线始发站从陈家镇改至南门。这样，可以有效缓解南门地区乃至整个崇明岛中西部地区乘车难的状况，使崇明更多的百姓能享受到隧桥开通带来的实惠。二是重新设计申崇公交线路。目前，申崇公交线路均为“陈家镇—上海市区”一站式经营，中途不停站。若将始发站设在南门，沿途将经过崇明岛中东部乡镇。如果在人口聚集的少数乡镇，如新河、堡镇等设站停靠，可方便中东部地区居民不换乘公交即可直达市区。三是实施驾驶员轮换制。按目前每小时行驶60—70公里计算，从南门开到市区不会超过2小时。若遇到堵车或高峰期车次频繁等情况，考虑到驾驶安全，可效仿火车驾驶模式，设陈家镇为中继站，在此实行驾驶员轮换，避免驾驶员疲劳驾驶，保证行车安全。四是调整申崇线路车票价格。可将全程票价定为20元，虽比目前的换乘优惠价格增加1元，但免去了乘客中转候车的麻烦。

2011年3月29日，部分县政协委员反映，随着上海长江隧桥的通车和崇明县公交设施的不断升级，崇明公交出行日益便捷，选择公交出行的居民骤然增多。同时，广大居民也接受了使用交通卡乘坐公交的习惯，然而，崇明交通卡的相关服务设施、网点建设却不能满足需求。一是交通卡服务网点少。有购卡、充值、退卡等多项服务的网点只设立在南门地区，且仅南门客运码头一处。二是服务功能不全。除南门地区外，堡镇部分银行只提供充值，且必须持有该行银行卡才能进行充值操作，并不提供现金充值服务。三是服务点标识不清。多数居民并不知道什么地方提供购卡、充值、移资、退卡等服务。委员们建议：一是合理增设服务网点。以客运集聚中心为基点，在南门、堡镇、陈家镇、长兴镇、横沙乡相关公交客运集聚中心适量、合理地增设集购卡、充值、移资、退卡等功能为一体的服务网点。二是扩展服务功能及区域。可以考虑在西门汽车站、八一路南门汽车站、堡镇码头申崇三线区间车站、堡镇老车站、陈家镇申崇线车站等客流量较大的车站以及位于颇具人气的商业中心内的相关银行、便利店等地点增设充值点，同步升级以现金形式充值的设施，以点带面扩展服务功能及区域，切实便利居民出行。三是进一步规范服务点的交通卡服务标识，明确标示出购卡、充值、移资、退卡功能。

2011年8月22日，部分县政协委员反映，目前，由于上海长江隧桥不允许危险品运输，水路运输便是危险品运输进岛的唯一方式。但由于吴淞至长兴、吴淞至新河的危险品运输不符合国家危险品管理相关法规和规范，即客运码头不能从事危险品运输，且危险品码头与客运码头的安全距离不应小于400米，以确保乘客的安全。市交通港口局已就崇明、长兴两岛危险品滚装运输提出了具体调整方案：8月底前停止新河码头客运业务，9月底完成石洞口码头设施改造，9月底前将石洞口高速客运航线调整至宝杨路码头，10月底前先行实施石洞口码头客车滚装和危险品滚装运输错时作业。这意味着，最终石洞口码头被改造成危险品专用码头，取消客运功能。事实上，随着上海长江隧桥的贯通，虽在一定程度上缓解了崇明居民的“出行难”问题，但“出行贵”问题依然无法得到有效解决。由于崇明的地理位置是特殊的狭长地形，而上海长江隧桥的登陆点又在崇明东部，受时间、成本等诸多因素影响，崇明本岛(特别是中、西部地区)仍有大量旅客和车辆优先选择水上交通出行，尤其是对于在上海宝山地区购房的崇明人来说，水上客运仍是他们当前及今后一个时期内进出崇明岛的主要方式之一。鉴于当前危险品运输量少且有下降的趋势，委员们认为，不应将石洞口码头改造成危险品专用码头，并强烈呼吁保留石洞口码头车客渡主通道功能。为此，提出如下建议：一是在石洞口码头经过改造具备危险品运输功能后，开通石洞口码头至长兴公共货运码头和崇明新河码头两条危险品运输航线。二是在确保安全的前提下，近期实施错时运输方式。拟采取白天进行车客渡运输，待车客渡航班作业结束后，夜间进行危险品运输。三是选址新建危险品专用码头。由市交通港口局牵头协调相关部门和单位，帮助崇明在沿长江南岸一侧选择合适位置建设危险品专用码头，彻底解决崇明、长兴两岛的危险品运输安全问题。

2012年3月19日，部分县政协委员反映，横沙岛公共交通亟待改善。目前，横沙岛居民出岛的主要方式是：乘坐客轮公司高速客轮至吴淞码头；摆渡至长兴岛后，再到交通枢纽站换乘公交车；自驾车辆；乘坐非法营运的“黑车”。自驾毕竟是少数，高速客轮抗风能力又较差，6级以上风就停航，换乘也诸多不便，因此现在相当一部分横沙居民在外出时不得不选择“黑车”。现在从事往返“横沙—吴淞”之间非法营运的小客车有60多辆。这些车辆多数车况差、无保险，且超载现象十分严重，一旦发生交通事故，后果将不堪设想。今年1月以来，就已经发生多起涉及非法营运车辆的交通事故，所幸没有人员伤亡。同时，横沙岛晚上8点至次日早上6点没有航班进出，即使有人夜间突发急病，也无法及时出岛求医。委员们提出如下建议：一是设在长兴岛的公交申崇五线始发站通过摆渡方式，将其直接延伸至横沙岛新民镇，并根据客流情况调整班次，方便居民进出横沙岛，减少和消除居民因乘坐“黑车”而带来的交通安全隐患。二是双休日、节假日等客流较多的时候，适量增开长兴与横沙两岛之间的客轮航班。三是晚上8点至次日早上6点之间，开设1—2个夜间航班。

2012年5月8日，部分县政协委员反映，崇明老街有着丰富的文化内涵，尤其是城桥镇的川心街、大塘街、东河沿路，堡镇的正大街、向阳街，新河镇的东大街等还保留了很多建筑精巧、造型别致的房屋以及相关道路，其对于研究崇明风俗演变及文化发展等有着一定的历史价值和现实意义。然而，这些老街存在较多的消防隐患：老街房屋的电器线路多为外露式，经过长时间日晒雨淋，已经陈旧老化，火灾隐患凸显；老街的房屋结构比较传统，逃生通道比较狭窄，一旦发生火灾，居民逃生困难，也不利于抢险车辆通行，增加消防救火的难度；老街建筑一般为年代较久的砖木结构，一旦发生火灾，很容易形成“火烧连营”的局面；老街住户多为独居老人或外地到崇人员，防灾自救的意识较为薄弱，自救能力较差。建议公安消防部门：一要经常开展消防安全宣传。定期邀请老街居民参加各类消防安全知识讲座，上门发放抗灾自救宣传资料，传授消防设施使用方法等，切实提高老街住户防灾自救的能力。二要适当增加老街消防设施。要在老街区域内增加消防栓、灭火器等救灾设施，对一些陈旧的设施及时加以更新改造，使其更好地发挥作用。三要定期检查老街消防安全情况。要加强检查，消除隐患，尤其是对电器线路等易燃火源进行认真排摸，并监督好老街消防设施的摆放及使用情况。

2012年6月19日，部分县政协委员反映，城市道路规划建设中，盲道是一种必不可少的公益设施。在城区主要道路两旁及公共建筑，如政府机关、车站、商场、公园及旅游景点等的入口、电梯、洗手间等位置设置盲道，体现全社会对盲人这一弱势群体的人文关怀，是城市文明的标志之一。然而，盲道常常被忽视，有的变成了停车位，有的被非法占道设摊，有的被变电箱、电线柱等阻挡……盲道形同虚设，盲道供盲人行走专用的概念在人们的观念中显得比较淡薄。对于盲人而言，盲道就是他们的眼睛。为了进一步体现社会对于盲人这一弱势群体的关心和关爱，委员们建议县政府有关职能部门：一要认真排摸。对全县（包括长兴、横沙两岛）范围内的所有盲道设施进行一次专项调查，内容可涉及盲道是否被占压、盲道设置是否合理、盲道是否有所破损等情况。二要集中整改。根据排摸情况，集中进行整改。对于机动车、非机动车停车占用盲道的，由交警部门及时拖走车辆，并给予违章者一定数量的罚款；对于商贩占用盲道进行设摊经营的，由城管执法大队进行相关处理；对于变电箱、电线杆等障碍物阻挡盲道的，由电力公司负责迁移、拆除，如确实无法迁移、拆除的，则由建设交通委重新铺设盲道；对于盲道有所损毁的，也应由建设交通委统一进行修缮。三要实行长效管理。充分利用城市网格化管理等高新技术手段，对盲道设施使用情况进行监督管理，并充分利用广播、电视、报纸等新闻媒体的宣传作用，对占压、损毁盲道等不文明行为进行曝光。同时，通过新闻媒体及路面街头的宣传广告牌等载体，做好关心、关爱盲人等弱势群体的宣传工作，进一步提升崇明的社会文明尺度。

2012年7月24日，部分县政协委员反映，近年来，崇明农村电动自行车所引发的交通安全隐患日益凸显。崇明交警大队统计数据显示，2009年—2011年，全县发生的与电动自行车有关的交通事故共117起，造成35人死亡、117人受伤。仅2012年，崇明县发生的就有10起，造成7人死亡、3人受伤，三项指数分别占全县交通事故的41.62%、31.83%和50.02%。与电动自行车有关的交通事故频发的主要原因：产品不符标准，上海地区销售的部分品牌电动自行车未安装由脚蹬、链轮曲柄、链条和飞轮组成的人力驱动系统，无法实现人力骑行；车速设计超标，电动自行车最高车速应不大于20公里/小时，上海地区销售的部分品牌电动自行车最高车速超过30公里/小时，即使设计了限速装置，也可轻易移除；部分驾驶者的行车习惯还停留在自行车时代，并未随车速提高而增强行车安全的意识，闯红灯、逆向行驶、占用机动车道、随意横穿马路、超速行驶等现象屡见不鲜，特别是老年人和未成年人由于反应迟钝及辨别能力差，容易发生事故；目前对电动自行车监管机制是公安交警部门负责处理电动自行车事故，质监部门只负责生产环节，工商部门仅在流通环节对商家是否有违法经营行为进行管理，对电动自行车的法律监管缺少针对性、可行性，无明确的责任主体对其管理监督负责，特别是对车速快、车身重而大、制动系统不灵敏的外地牌照和无牌的超标车缺乏监管依据，导致对电动自行车违法监管缺少行之有效的处罚措施。建议：一要加强农村道路交通安全的宣传。要运用各种形式和渠道宣传交通安全的重要性和电动自行自行车驾驶要求，普及安全出行知识，增强行车人员安全意识。二要统一电动自行车的生产标准。质监部门对电动自行车的速度、车重、环保等方面提出切实可行的标准，将电动自行车的生产纳入统一管理，杜绝不合格产品流入市场。工商部门依法加强电动自行车销售企业的日常监管，对违规生产、销售不合格产品的企业，要依法责令整改并严格处罚、公开曝光。公安部门要加强电动自行车通行秩序管理，严格查处电动自行车交通违法行为。三要修订《上海市非机动车管理办法》，将电动自行车注册登记、定期检验、源头控制超标等管理纳入修订范围。同时，设立既有超标电动自行车的退出机制，设定一个淘汰过渡期，通过以旧换新等方式鼓励消费者逐步淘汰既有超标车，以逐步改变现在超标电动自行车泛滥的现象。

2012年8月31日，部分县政协之友社社员反映，今年6月1日起每天19:00后的申崇线分别在堡镇（红领巾路东面申崇线下客站）及南门（桥镇站）增设了下客停靠站点，这一举措受到群众的好评和欢迎。为响应低碳社会、绿色出行的倡议，避免造成群众“绕路折回”浪费成本以及滋生不法“黑车”市场，建议申崇三线（及申崇三线区间）、申崇六线（及申崇六线B线）上海返回崇明的每个公交班次都能在堡镇和南门的上述站点停靠下客，取消19:00以后的时限。

2012年9月3日，堡镇地区县政协委员反映，县第二人民医院（原堡镇医院）已搬迁至新址，其医疗设施、医疗环境等各方面较原堡镇医院都有较大提高，但医院新址周边公共交通还不完善，患者就医、亲属探病仍很不方便。一是乘车难。虽经多方努力，自5月15日起开通了起点、终点均为县第二人民医院的环镇公交1711路，在一定程度上缓解了该院病人及其家属乘车难的矛盾，但由于该路公交车行车班次少、间隔时间长，大家仍感不便。二是停车难。医院内部停车场只提供给医院职工及到院就医的病人使用，其他探病到访的车辆，只能自己寻找停车场地。虽然堡镇交警及当地政府已经在向阳路、长岛路划出了一定数量的停车位，但仍然不能满足社会车辆停车的需求。大量电瓶车、自行车也因没有固定停放点而乱停乱放，致使医院周边的社会车辆停放呈现无序状态，群众对此意见较大。为此建议：一要适当增加1711路公交车行车班次，缩短乘客候车时间。同时，根据客流情况，随时调整班次，最大限度地利用已有资源为乘客提供方便。二要增建1711路公交车车站候车亭，完善相关设施。使候车者少受风吹雨淋日晒之苦。三要针对现在非堡镇地区的居民到县第二人民医院不得不转车而带来诸多不便的现状，在县第二人民医院附近设立客流量较大的南堡线、堡陈线等线路的新的站点，并对其在堡镇镇区的站点进行重新布局。四要在长岛路西侧绿化带内建造一个简易的免费停车场，解决到院就诊、探视等外来车辆的停放。同时，要加强对医院及其周边车辆停放的服务与管理，确保各类车辆都能有序、规范停放。

2012年9月3日，部分县政协委员反映，近年来，随着农民收入水平的提高和生活条件的改善，农村建房日益增多。但农村建房中的安全管理也存在着不少问题：一是建房户、承包人、施工人员安全意识不强，承包人普遍没有从业资格，施工人员普遍没有从事建筑施工的专业技能。二是施工设备落后、施工人员缺乏安全装备，建筑材料乱堆乱放、电线私拉乱接，安全隐患突出。三是为了节约建房成本，一些农户使用质量低劣、价格便宜的建筑材料。四是一些施工人员文化程度低，既未经过专业培训，更不懂专业施工作业知识，施工技术不过关，施工质量不达标。五是有关部门未能落实国务院《村庄和集镇规划建设管理条例》的规定，对农民建房缺乏监督、指导和管理。六是权益没有保障。农民建房大多不签订书面合同，房屋出现安全问题，房主合法权益很难保障；农民工缺乏安全防护意识和自我防护技能，加之较差的施工条件，经常发生伤人、致残等安全事故。农村建房中的问题，应当引起有关部门的高度重视。为此提出如下建议：一是提高农民建房安全意识。要充分利用新闻媒体以及会议、图片、印发资料等多种形式，加强农民建房的安全意识教育和安全知识培训，利用安全事故案例开展警示教育，增强农民建房的安全意识。二是统一农村建房标准。要结合农村实际，对农民自建住宅实行规划许可、施工许可、施工图设计文件审查、质量安全监督、工程监理、竣工验收备案等制度，有关职能部门应免费提供"一份图纸、一份合同、一份告知书"等服务。三是建立监督防范体制。要把农民建房的安全监管纳入有关部门目标责任制内容，成立专门建设管理服务机构，对建房质量安全实施综合监管。四是严格农村建筑市场管理。重视农村工匠的业务培训，提高他们的劳动技能和操作水平。加强农村建材市场监管，将不合格建筑材料逐出农村建材市场。五是推行建筑强制保险，建房户或承包人为建筑工人投保意外险，以确保事故发生后能得到及时有效的经济赔偿。六是修改完善《上海市农村村民住房建设管理办法》，制定有关农民建房安全的规定，做到有章可循、依法管理。

2012年10月16日，部分县政协委员反映，城桥新城建设在不断推进，会议中心、行政服务中心、规划展示馆、文化馆、图书馆等相继启用。但是，如何才能快速便捷地到达城桥新城，不要说大多数岛外人员不知道，就是很多崇明本地人也不十分清楚。为此，委员们建议在陈海公路与鼓浪屿路、鼓浪屿路与育麟桥路、鼓浪屿路与花鸟路、鼓浪屿路与一江山路、鼓浪屿路与鳌山路等一些交通干道的路口设置中英文的城桥新城指示标志。

2012年10月17日，部分县政协委员反映，近年来，南门地区"黑车"(未经所在地道路运输管理部门许可，不具运营资格、以赢利为目的的车辆)现象日趋猖獗，严重扰乱正常的客运市场秩序，损害合法经营户的利益，对崇明道路运输行业的健康发展造成了不良影响。委员们指出，由于"黑车"运营时间相对集中在上下班高峰，主要等候在人流量较大的公共场所附近(如中心医院、电影院等)及人气较为集聚的居民小区(如金珠、明珠花园等)周边地区搭载乘客，这使原本就比较拥挤的道路变得更为堵塞，影响群众的正常出行；大部分"黑车"由于使用年限较长、由报废车辆改装、不进行定期维护和性能检测等原因，车况较差，车辆本身发生事故的概率比较高，加之多数"黑车"驾驶员素质不高，技术不专业，且大多为了躲避监管而在深夜加班加点挣"外快"，所以更容易因疲劳驾驶而发生交通事故；"黑车"无法参加承运人责任险，因此无法给予乘客基本的安全保障，一旦发生交通事故或产生利益纠纷，多数因为"黑车"车主承担不起相应的赔偿而使乘客的正当权益受到损害。为此建议：一要联合开展专项整治。由公安交警部门牵头，联合客运管理、路政等部门集中开展专项整治活动。有关部门要公布举报电话，建立举报奖励制度，对积极提供线索、协助查处"黑车"案件的群众给予一定精神和物质奖励。二要加强"黑车"危害性的宣传。有关部门要通过多种形式和渠道，宣传"黑车"的危害性及"黑车"专项整治的重要性，教育广大人民群众拒绝"黑车"、抵制"黑车"、举报"黑车"。三要调整公共交通运营时间。要适当延长公交车辆的运营时间，鼓励出租车夜间营运，以弥补崇明城区晚间公共交通运营能力的严重不足，彻底打压"黑车"生存的空间。四要建立长效管理机制。要积极探索整治"黑车"的有效管理措施，建立有关部门定期联合执法，行业定期检查，公共交通服务延伸，广大人民群众积极参与打击"黑车"运营的长效工作机制，巩固专项整治成果。

2012年11月7日，民盟崇明县委反映，随着崇明县城城区不断扩大，环城公交相应而生，给城区内的很多居民出行带来了方便，但还有更多的居民仍享受不到这种便利，三轮车依然是他们不可或缺的主要交通工具。究其原因：环城公交线路设置不够合理，城区地域范围广、居民小区分散，现有的环城公交线路覆盖面不广，诸如怡祥居等多数居民小区的居民都无法直接乘坐环城公交；公交班次间隔时间过长，乘客一般需要等上20分钟甚至更长的时间才能上车，如果是电瓶公交车，中途还要进行充电，路上花费的时间就更长，所以绝大部分人宁愿选择价格较贵的其他交通工具，如三轮车、出租车等，这也使得环城公交的乘客寥寥无几，整个车厢空空荡荡，造成浪费。为此建议：一要更换小型巴士，适当增加班次，这样既可以减少运营成本，又能进一步方便群众出行。二要调整公交线路。根据区域范围、客流量等因素，将环城公交分成 1、2、3 路等不同线路，尽量使环城公交覆盖至城区的每个居民小区及学校、医院、菜场、超市等公共场所。

2012 年 11 月 13 日，部分县政协委员反映，城桥镇玉环路上，早饭摊点占道经营、影响交通现象由来已久，尤其是环城公交城桥 1 路开通后，情况更为严重。每天上午 6:30—9:30，安全防护栏内的很长一段人行道都被占据了，致使行人无法正常通行而只能走下面的非机动车道，更不时有汽车、电动车、自行车或行人停下来买早点，场面十分混乱，交通安全隐患凸显。为此，委员们建议相关职能部门要加强道路管理，切实整顿玉环路上早饭摊点占道经营的行为，还道于民，确保交通安全。

2012 年 11 月 28 日，部分县政协委员反映，上海长江隧桥及崇启大桥的建成通车，极大地方便了人们进出崇明岛。但是，崇启大桥开通后，很多外地车辆错过进入崇明的匝道口，行至崇启大桥向化收费口才发现原来已经走错了路。究其原因，是由于路牌标识不清而造成的。从浦东开往崇明的车辆，在经过长江隧桥即将进入崇明本岛下匝道口处(陈海公路收费站前)时，会看到一个“陈海公路”的指示标识，而很多外地车辆驾驶员不知道“陈海公路”就位于崇明岛，所以他们会继续选择一路向前。可见，用一条并不出名的公路来指引外地车辆进入崇明，是很不合适的。鉴于此，建议有关职能部门：一要更改路牌标识。把进入崇明下匝道口处的路牌标识“陈海公路”更改为“崇明岛”或“崇明南门”“崇明堡镇”等指向性更明确的名称。二要增加广告宣传牌。在进入崇明下匝道前 1 000 米处，设置一个内容为“欢迎来崇明长寿岛”的广告宣传牌，在提示外来驾驶员进入崇明的同时更可以进一步扩大崇明的知名度。

2012 年 12 月 11 日，部分县政协委员反映，6 月 1 日起，从上海开往崇明堡镇的申崇三线(区间)、申崇六线(B 线)公交车，在每天晚上 7 点以后可以在大通路(靠近堡镇中路东侧)的临时下客站点停靠下客，这件利民的实事好事实施近半年来，大通路临时下客站点区域的交通安全隐患也开始凸显出来，主要表现为：晚上 7 点以后，交警和交通协管员都已下班回家，该路段的交通处于无人监管的盲区，使各类“黑车”有了可乘之机。“黑车”司机为了更方便载客便肆无忌惮地直接将申崇公交车的停车位及其前后车道全部占据，使原本并不宽畅的二车道变成更为狭窄的单车道，这不仅让申崇公交车无法正常停靠站点下客，更使得这一路段的交通受阻受堵，导致相对方向车辆发生碰撞的可能性增加。鉴于此，建议有关职能部门：一要结合专项整治活动，对非法载客的“黑车”进行严厉打击，即使不能从根本上予以取缔，也必须将“黑车”纳入监控范围，确保其遵守交通秩序。二要在申崇线公交车下客站点区域，用黄色实线等标识明确告知各类车辆禁止停靠，解决因车辆乱停乱靠而造成的交通拥堵，确保公交车及其他车辆的行车安全。三要根据申崇公交车的行车班次，在 5—10 月晚上 7—9 点及 11 月至次年 4 月的晚上 7—8 点半这一时间段，增派交警或交通协管员进行执勤，或吸纳一些志愿者加入到加强交通安全管理队伍中来，维护交通安全。

2012 年 12 月 13 日，民盟崇明县委反映，堡镇水闸及其周边经常有载着泥沙和石子等建筑材料的土方车来来往往。由于堡镇水闸及其周边弯道较多，路上就经常撒满因土方车车速过快而飞出的大量泥沙或石子，这不但使行人和其他车辆通行困难，而且快速飞出的泥沙，尤其是石子更可能对过往的行人和其他车辆造成危害，存在着较大的安全隐患。为此建议：一要对土方车核实登记。土方车大多挂的是外地牌照，且车尾污迹斑斑，牌照模糊不清。因此，要组织专人对每辆土方车的实际情况一一加以核实并登记，全面了解每辆土方车的车主及工作单位、车载吨位数等信息，实行人车合一，落实相关责任。二要加强监督管理。在堡镇水闸周边安装电子警察等监控设备，监管土方车的车速状况；安排交警设岗检查，一旦发现有超速超载的车辆通过则对其进行处罚，并责令司机将沿途撒落的泥沙或石子等打扫干净后方可再次上路。三要规定通行时间。严格限制土方车通行的时间，上下班高峰时期不能予以通行，深夜也不适宜作业。

2012 年 12 月 18 日，部分县政协委员反映，随着城桥新城建设的不断推进，天赐景城、海岛新城、绿岛阳光、达安御庭、绿地新都苑、金鳌山公寓等新建小区的入住居民逐年增多。然而，这些居民现在都面临着同样一个问题，就是“买菜难”。新城地区至今没有一个标准化菜场，周边居民不得不每天转一大圈去老城区的庆城菜场、桥镇菜场、北门菜场等地购买，年纪大的或身体不好的居民尤其觉得不便。同时，小区周边的马路菜场也应运而生，虽然在一定程度上缓解了周边居民“买菜难”问题，但在环境和卫生等方面存在着较多隐患。为此建议：一要将新城地区建立标准化菜场尽快提上政府议事日程，加快新城地区的生活配套设施规划与建设。二要在现阶段标准化菜场还没有建设完成的情况下，选择一个合适的地点，设置一个临时的简易菜场，暂时解决新城居民“买菜难”问题。三要加快百联崇明购物中心等项目的建设进程，满足新城周边居民购物、餐饮、娱乐、休闲等方面的需要。

四、社会管理方面社情民意信息

1996年1月13日，部分县政协委员反映，近来崇明车祸频发，特别是1995年11月3日发生在陈海公路上的卡车与公交车相撞事故，死伤多人，原因是司机酒后开车所致。据了解，驾驶员酒后驾车情况颇为常见。建议：有关部门应对此高度重视，加强教育，并采取有力措施，以减少驾驶员酒后开车现象的发生，保障人民生命安全。

1996年8月19日，部分县政协委员反映，现在农村养犬的户数较多，而且外来犬有不断增多的趋势，但防疫的却很少，被犬咬伤的事故屡有发生，群众意见较多。其主要原因是有关犬管部门只开会、收费，而轻管理。另外，每头收取70元的犬管费，群众认为收费太高。建议有关部门加强犬管工作，坚决取缔无证养犬，要组织力量对没有登记、防疫的无证犬坚决捕杀，以保障广大人民群众的生活安宁和生命安全。

1998年4月27日，部分县政协之友社社员反映，1997年下半年，县政府要求解决西门南村违章搭建问题，既发文又开会，层层宣传发动，声势比较大，可一阵风以后，逐渐销声匿迹。大部分违章建筑没有拆除，已拆除的又重新违章。希望有关部门总结经验教训，善始善终做好整治违章搭建工作。

2000年2月24日，部分县政协委员反映，从1998年下半年以来，以传销“288”为幌子的非法集资诈骗活动在崇明展开，所谓的传销“288”，并非传销实物，而是以288元为1股，每个参加者集10股即2 880元为一个单位就可参与所谓的分红。参加者在参加的当时，可获得一笔利息，以后每三个月拿一次分红，一年以后，除收回全部本金外，还能获得100多元的利息。而且，如参加者介绍其他人入股，每介绍一份，亦可获得数十元奖励。因为利息丰厚，且分红、奖金均按约兑现，因此参加者渐众。此后在崇明又出现另一种以“233”为代号的集资活动，其活动方式与前者相同，最近还传闻又有新的类似活动进行。此类活动无疑是违法欺诈行为。建议县政府有关部门予以重视，在深入调查、掌握情况的基础上予以处理。

2001年6月27日，部分县政协委员反映，在瀛洲公园东侧一间无门牌号的带披小平房内，有一号称“张仙人”者在此借房居住已十七八年，私设所谓“观音堂”，供一尊30多厘米高的瓷质观音，供以香烛，引人抽签问卜，骗取钱财，每次抽3支签收费20元，抽到“上上”签则收80元。并与中心医院附近的算命瞎子联手骗钱，由其将人引到该处，做什么“消灾”大法。为净化社会环境，要求有关方面对这一封建迷信骗钱窝点予以取缔。

2002年7月29日，部分县政协委员反映，20世纪90年代初期，县有关部门和乡镇根据市政府办公厅《关于制止私建骨灰坟墓问题的通知》精神，对全县农村乱埋乱葬现象进行过重点整治，并取得明显成效。然而，因疏于长效管理，近年来乱埋乱葬现象又死灰复燃。委员们认为，农村中乱埋乱葬的现象将会导致一系列较为严重的后果：一是侵占农村耕地，浪费土地资源；二是在农田中埋葬后立墓碑或植树等留下的标记影响机械化耕作；三是在他人宅前屋后埋葬，引发邻里纠纷，影响社会稳定；四是在墓地上建冥屋、立墓碑等，有碍观瞻，有损崇明整体形象和投资环境。建议县有关部门和乡镇应引起高度重视，加大宣传力度，并按照殡葬管理有关规定，采取有效措施，切实加强管理，在适当时候，对农村中乱埋乱葬现象进行一次全面整治。

2003年9月22日，堡镇地区的县政协委员反映，“非典”过后，堡镇中路上夜排档的人数不降反升，并带来多种隐患。首先是交通隐患。每天傍晚六点不到，那些摊主就已倾巢而出，一辆三轮车满载桌椅、液化气瓶、橱具、水桶以及食品，摇摇欲坠地行驶于本已狭窄的马路之上，一旦倾覆，引发的后果恐怕不仅仅是阻塞交通而已。而这些摊主所占的摊位又以人行道居多，这就逼迫来往的行人不得不挤入机动车道，与车流同行，一不小心就会酿成惨剧。其次是卫生隐患。由于缺乏流动的净水，摊主们通常只以几桶水来解决从食用至洗涮的所有问题。没有消毒器具，桌椅油腻不堪，“厨师”们在尘土飞扬之中展示“手艺”……这样的环境不仅极易滋生各种肠道疾病，更为其他流行病的蔓延提供了有利的场所。委员们建议：一要在堡镇地区规划一个合适的场所来经营夜排档，绝不能占据人行道，更不能缺少必要的卫生设施；二要对夜排档加以严格监督和管理，所有经营者必须具备工商营业执照和卫生许可证，相关部门要经常进行督促检查；三要加强安保工作，杜绝打架滋事的发生。

2004年8月13日，崇明工业园区有关单位和业主反映，近年来，园区内盗窃行为频繁发生，给园区和企业的发展乃至崇明的投资环境蒙上了阴影。建议：要对崇明工业园区实行封闭式管理，由规定的路口进出园区；要增加园区治安力量，如有条件，可在园区单独建立治安联防队，适当增加警察和联防队员；要加大盗窃案件的破案力度，对偷盗者予以震慑和警示；要加强废品收购点的管理，不定时地进行巡查，要求收购点发现可疑物品，特别是可疑的工业用品，应及时向公安机关报告；园区企业要增强自身防范意识，人防与技防并重，加强夜间的值班巡查，配备好必要的技防设备，有效防范偷盗行为。

2005年3月23日，部分县政协委员反映，近两年来，城桥镇八一路步行街疏于管理，各种车辆在任何时段均可任意通行，小商小贩随意设摊，行人随地吐痰、乱扔垃圾等不文明现象时有发生，卫生状况每况愈下。委员们认为，步行街管理不善的主要原因，一是规划配套先天不足。步行街两侧大部分单位及商店车辆无其他进出通道，外来车辆（包括自行车）也无泊车点；二是创建办撤销后，有关职能部门和镇对步行街管理分工尚存异议，职责不清；三是车辆驾驶员及行人规则意识淡薄，对各种违规现象习以为常。建议：一要建立健全管理规范。根据有关法律法规制定步行街管理规范，明确管理内容、具体要求和条块管理职责。对步行街上的经营单位和出租房屋产权人也应明确相应责任，做到各司其职，各负其责。二要加强通行车辆管理。在步行街入口处设置醒目的车辆禁行标志，并安装录像机或派员监控、管理。同时，设置路障，在规定时段禁止外部车辆通行。对步行街上单位车辆，则按不同情况分别处理。三要运用各种形式进行有关法律法规宣传教育，提高驾驶员、行人和步行街上从业人员的文明意识和规则意识，共同维护步行街的良好形象。对乱设摊、乱扔垃圾、随地吐痰等违反环境卫生条例和其他有关法律法规的行为加大行政处罚力度。对公务车辆和公务人员违反规定的，应通报其所在单位和上级主管部门。四要完善整体布局，合理配置步行街的商业、餐饮、娱乐等经营项目，增设必要的行人休闲设施，为人们营造良好的休闲、娱乐、购物环境。对步行街上的各类广告也应加强规划与管理，形成与步行街相适宜的风格，提高步行街的文化品位。

2005年4月14日，部分县政协之友社社员反映，最近一段时间，崇明城镇居民住宅区，特别是城桥地区住宅区内，盗窃案件频繁发生，造成群众恐慌心理，严重影响社会稳定。建议：一要加大宣传力度，增强防盗意识。公安部门可统一印制防盗宣传手册，介绍做好防盗工作的有关注意事项，由居委会发放至每家每户。此外，还可在小区宣传栏内张贴有关宣传资料，设置宣传标语，提醒群众增强防范意识。要研究切实可行的技术防范措施，在群众中鼓励和推广使用简易、有效的防盗装置。二要实行封闭管理，改善防范条件。崇明城镇居民住宅区建成时间不一，除了近期建成的居民住宅区外，不少居民住宅区如城桥地区的西门南村、西门北村、北门新村等，由于当时规划、建设的标准较低以及部分群众贪图方便，至今未能实行封闭式管理。因此，要尽快对这些住宅区实行封闭式管理。建设经费可由物业公司、业主分担，县财政视财力许可作适当补贴。三要加强值班巡逻，打击犯罪行为。在封闭围墙建成后，要发动社会力量，加强日常（尤其是晚间）出入口门卫值班、小区内巡逻和重点地区的守候伏击。

2006年3月7日，部分县政协之友社社员反映，最近一段时期，封建迷信活动在崇明呈现抬头趋势，县城多处地方出现封建迷信广告，并有不少“神汉”“巫婆”从事封建迷信活动。封建迷信广告主要出现在县博物馆周边。东门路改造工程完成后，鳌山路、东门路口原商业建筑已被全部拆除，在原址上建成了一片公共绿地。绿地上设置一块醒目标牌，上面是现代化生态岛区建设的宣传标语，标语周边的石块上，有人却用黑、红油漆大笔书写诸如“问仙、算命、配婚姻”等封建迷信广告语，在人行道边的水泥台阶上，也排满了“陈仙人算命”“山北海南派，排八字配婚姻……”等一长串广告。在博物馆正门前的广场上，也有人在电线杆上书写下“看邪、问仙、算命”的广告，并标有指路箭头。“神汉”“巫婆”活动主要集中在县中心医院门口。建议有关部门：一要加大宣传教育力度，运用各种有效形式，揭露“神汉”“巫婆”的种种骗人把戏，在全社会营造崇尚科学、破除迷信的良好氛围；二要采取有效措施予以查处取缔，并加强长效管理。

2006 年 10 月 9 日，部分县政协委员反映，随着市政府“平改坡”实事工程的不断推进，崇明受益的小区不断增多，小区环境卫生通过整治也有了明显改观，但有些小区的卫生和安全管理仍不尽如人意。主要表现在：垃圾箱和垃圾桶肮脏不堪，其周边污物满地，臭气熏天，处于无人管理或管理不及时状态；小区内车辆乱停乱放现象十分普遍，不少草坪损坏后无人修复；小区内自行车、电瓶车、助动车失窃现象经常发生。委员们建议：一要建立健全管理规范。根据《上海市住宅物业管理规定》，明确管理内容、具体要求和管理职责，使物业管理企业真正负起管理责任。二要加强小区车辆管理。各小区对车辆要实施有效管理，划定停车线，明确车辆停放位置，对乱停放的车辆要及时制止，有条件的小区要专门划出停车场地，确保居民出行安全。三要加强对业主的教育。对业主有乱扔垃圾、随地吐痰等违反环境卫生条例和其他有关法律法规的行为要利用有效形式进行广泛的宣传教育，提高业主的文明素质，共同维护小区的良好形象。四要增加小区保安巡逻次数，做到人防、技防相结合。

2007 年 6 月 13 日，县政协召开部分外地在崇明工作的青年座谈会。座谈会上，与会人员对县委、县政府坚持树立“人才是第一资源”的观念，不断完善事业留人、感情留人、待遇留人政策，积极构筑崇明人才战略高地，注重发挥外地到崇明青年的作用表示满意。同时反映，目前他们在生活、工作中也碰到具有共性的问题，希望县委、县政府及其有关部门重视，并加以解决，使他们安居乐业，扎根崇明。一是住宿问题。目前大多数单位不提供宿舍，导致大部分外地青年到崇明后即面临着找房、租房的问题。建议县机管局对原来分配给各部门的宿舍作一次全面清理，部门与部门之间作适当平衡。对已经退休人员和外借给非本机关部门人员居住的宿舍统一清理出来，提供给县府大门内工作的外地公务员居住。二是交通问题。离家较远的外地青年回去探亲时需要坐火车两三天，一般都买卧铺票，而交通补贴时只报销硬座票价。另外，过节尤其春节探亲时，车票非常难买，常常花较长时间排队，还是买不到。建议从实际情况出发，按照他们实际购买的卧铺票价报销。同时，各部门应主动关心，通过县机管局统一登记、统一购买的方法，帮助解决“买票难”的问题。三是个人问题。不少外地青年到崇明之前因忙于学习或者工作，没有或很少考虑个人问题，到崇明后考虑成家立业时发现，由于年龄偏大、交际渠道不多等原因，个人问题已成为很棘手的问题。建议团县委以及外地青年所在的单位，主动关心他们的个人问题，帮助他们解决后顾之忧。四是工作问题。引进人才后，用人单位应该把人才放在恰当的位置上，让人才发挥出最大作用，单位要用人所长，在提拔选用干部时，少一些地方保护主义，给外地人才同样公开、平等的竞争机会。

2008 年 3 月 24 日，部分县政协委员反映，去年 12 月，上棉 35 厂歇业，所有职工下岗待业。尽管县委、县政府和有关部门事先作了周密的研究和充分的准备，并对全体职工做了大量疏导工作，但还是发生了部分职工集体上访等群体性事件，对崇明特别是堡镇地区的和谐稳定造成一定影响。据了解，上棉 35 厂下岗职工共 2 200 余人。到目前为止，只有少数人找到新的工作岗位，其余绝大部分仍无明确的就业方向，且年龄偏大，文化程度不高，专业技能较为单一。同时，他们大都上有老，下有小，是家庭的顶梁柱，负担着物质和精神的双重压力，特别是其中 100 多个零就业家庭，经济状况更加困难。建议县政府及有关部门：一要开设社区再就业咨询服务网站，设立就业信息栏，为下岗职工提供再就业信息服务。二要开展各类职业技能培训，帮助下岗职工掌握相关的复合技能，改变专业技能单一的状况，使其能够适应新的职业岗位。三要完善和落实企业吸纳下岗职工以及下岗职工自主创业的引导和扶持政策，帮助他们就近就业、自主创业。四要对100多个零就业家庭上门做好服务，在劳动求业“百、千、万”项目中优先考虑，力争至少有一人能尽快找到新的工作岗位。五要宣传崇明的发展前景和建设重点，增加对长兴海洋装备产业基地、县级工业园区等企业的报道，使下岗职工能在市场中发现就业机会。

2008年7月30日，堡镇地区的县政协委员反映，堡镇通富路和堡兴路是围绕南堡菜场的两条镇级道路，是堡镇百姓平时买菜以及向阳新村居民出入的必经之路。随着城市化进程的加快，堡镇人口总量不断增加，通富路和堡兴路如今显得十分狭窄，再加上南堡菜场面积有限，摊位不多，长期以来许多菜贩和菜农便将这两条道路当作“路边菜场”使用，给道路交通带来安全隐患。建议县政府有关职能部门和镇政府成立调查组，对堡镇的通富路和堡兴路进行实地考察，全面清查道路两旁的违章建筑，做到底数清、情况明，并根据实际情况，制定一个切实可行的整改计划。要组织力量对占道的违章建筑进行拆除，可采取先难后易的办法，先集中整治一批“钉子户”，确保不留尾巴，真正还道于民。同时，要对路边菜场进行有效管理。要严格规范工作程序，严厉查处各类违规违纪事件，一旦发现有个人或单位纵容非法占道、违章搭建的，应严肃处理。要建立健全长效管理机制，并将责任落实到人，定期与不定期检查相结合，发现违章占地、占道行为立即制止并拆除。要加强宣传教育，通过印发宣传资料等形式广泛宣传相关的法律法规，增强周边群众及菜贩、菜农自觉守法的意识。

2008年8月25日，部分县政协委员反映，崇明县城中心区域的新崇南路，是一条集商贸、餐饮、宾馆、民居为一体的混合型商业街。县级重要会议、重要接待活动大多安排在位于该路段的锦绣宾馆。但该路段路幅不宽，交通承载能力有限，虽经确定为单向行车道，但由于缺乏日常监管，车辆逆向行驶、违章停车现象普遍存在，机动车、非机动车、行人混行于该路段上，经常险象环生；沿路商店为招徕顾客，广告、音乐整天播放，喧嚣之声充斥于耳；不少商店占道经营，包装物、废弃物随地乱扔，严重影响环境卫生；小餐馆、饮食店通宵经营，晚间食客高声喧哗，时有醉酒滋事、随地便溺现象发生；有不少游走于色情与娱乐业边缘的发廊和洗脚房，沿路招客现象较为普遍，进进出出及租住在附近民居中的社会闲散人员鱼龙混杂，给周边群众带来严重的心理阴影，也严重影响了社会风气。鉴于以上情况，提出如下建议：一要抓紧制定长远规划，明确功能定位，将新崇南路建成与八一路齐名的标志性路段。二要切实加强交通整治。公安交警部门要加强交通管理，禁止机动车辆逆向行驶，加大对违规停车以及个别单位擅自占用公共区域划定车位停车现象的查处力度，还道于民，以保障行人的出行安全。三要严格规范经营行为。工商和城管部门要采取措施，严格控制晚间商铺、娱乐场所的音响分贝，保证附近居民能正常休息；禁止沿街各商店占道经营，保障全路段的宽敞、安全；限定餐饮店铺的经营时间，责成业主对顾客进行文明用餐教育，杜绝食客扰民。同时，对路边娱乐场所经营行为进行逐一排查，对干扰周边居民正常生活的，要加以正面教育，凡是属于非法进行色情活动的，要予以坚决取缔。四要重视做好租赁房屋管理。人口管理部门要会同公安部门和当地居委会加强外来人员租房管理，对来历不明者要进行排摸清查，对扰乱小区正常秩序者进行批评教育，加强对周边小区的治安管理，为社区居民创造平安环境。五要加强日常保洁工作。环卫部门要认真落实门前“三包”责任制，定期进行环境卫生抽查，对拒不接受教育、处罚和落实整改措施的单位及个人，要通过强制手段责令其整改。同时，要认真治理新崇南路宠物店及居民的养犬行为，消除犬类对行人造成的潜在威胁和对环境卫生造成的影响。

2009年2月2日，部分县政协委员反映，南门广场以西大堤及其周边地块脏乱差情况十分严重。大堤路段既没有安装路灯，更没有景观可谈，堤旁外外地人的废品棚舍和养猪场依然存在，乱堆乱放乱丢现象不堪入目，堤下稍远处仍有乱埋乱葬情况发生，隐约可见墓碑歪立林中；扰民情况常有发生，除南门广场西侧(原煤场)地块准备开发外，以西地块(别墅小区以西)约近七千平方米的土地竟被移作废旧建筑材料出租场地，居民在早上五六点熟睡之际，被叮叮当当的敲击声吵醒；出租场所又在红线内绿化带上搭起不少违章建筑。委员们建议：一要彻底整治县城范围脏乱差现象。抓紧拆除违章建筑，清理垃圾杂物，杜绝乱埋乱葬，搬迁出租场所，还社区居民一个整洁安静的生活环境。二要加快项目开发建设。南门广场以西(原煤场)地块已闲置多年，应及早启动开发建设项目，使该地区成为县城新的亮点。三要整体规划建设南门广场西段大堤的景观休闲场所。在堤岸上，可以设计新建部分凉亭小品、矮椅绿庭，使社区居民有一个漫游小憩之处；可以增设庭园绿化，提升景观效应，吸引游客驻足。同时，可铺设南门路两旁人行道（目前人车混行），新建通达堤岸的道路，形成环状回转的人行道，减轻南门广场时常人满为患的压力。

2009年6月5日，部分县政协委员反映，近来大量来自江苏、浙江、安徽及部分本地的无证小船在沿江各河汊、港闸安营扎寨。据交通运输和港口管理部门实地调查统计，2009年5月长江禁捕期间此类船只有718艘，而在捕捞期则多达千余艘。众多无证小船主要为三类，居家船、渔船和打捞废铁废油、打井、电焊等零杂船只。这些无证船舶设备简陋，驾驶人员未受过专业知识培训与安全技能操作培训考核，船员安全意识薄弱，船只滞留区域秩序混乱，信息闭塞，在遭遇台风、雷暴、潮位突涨及火警等灾害性突发事件时，很难有效实施有组织的安全撤离，存在十分严重的安全隐患；有些无证船舶名为打捞废铁废油，实为在修、造船等企业周围实施偷盗；也有一些渔船在禁捕期沿岸停靠后，发生船民上岸偷盗或酗酒斗殴等事件，黑恶势力性质的江匪渔霸悄然形成，严重影响社会治安和稳定；不少渔船未经许可，经常在内河、沿江采用电捕、药捕等方式实施捕捞作业，严重影响崇明内河及长江渔业资源和其他野生资源的保护；此类船舶聚集在港闸外口和河汊滩地及内河中，对内河引水和排水造成妨碍，影响岛内河网水质的改善；居家船上船员随意向水体和附近陆地排泄油污、倾倒生活垃圾和其他废弃物品，或堆放各类杂物，搭建违章棚舍，对周围环境卫生和环境面貌造成严重影响。针对上述情况，提出如下建议：一要充分认识全面整治的重要性。如果听任无证船舶无序发展和各类问题长期累积，将会引发崇明新的社会问题，影响崇明现代化生态岛建设。二要及早将水域环境治理列入“迎世博600天”行动计划。要像注重陆域环境面貌一样重视水域环境面貌的整治，从而整体改善崇明形象。三要确保形成整治合力。鉴于目前各相关部门管理和执法的现状，应由县委、县政府明确牵头部门，建立专项治理联席会议制度，研究并组织实施统一的工作方案，并充分发挥各乡镇综治部门作用，形成各部门、各乡镇的合力，使专项治理工作取得实效。四要坚持堵疏结合，分类管理。各部门应按照统一的工作部署和各自职责，对无证船舶进行全面的调查登记，根据有关法律法规的规定和当前实际情况，采用堵疏结合、分类处理的办法，将一部分有条件的船舶依照法律程序办理相关证照，一部分实施人性化劝返，一部分则实施就地拆解，逐步解决、消化这一问题。

2009年6月24日，县政协民进界别委员反映，学校周边环境整治一直是老师和家长们的关注焦点，也是教育、公安、工商等部门的工作重点。经过多方面的共同努力，曾经困扰家长和学校的“网吧开在校门口、小商小贩满街吼”等问题已经基本得到解决。但是，个别学校周边的一些“小”问题也同样不容忽视。西门小学的操场北边是沿着北门路经营的近20家大大小小的餐馆或商店，这些商家的房屋与学校操场之间的间距不到1米，中间只用一排稀稀拉拉的法国冬青树作为隔离，安全隐患不少。商家房屋后的电表箱，从东到西一字排开，共有10多只，这些电表箱离地面一般都只有1—1.5米，除了极个别箱门是关闭的（也没上锁），其他的都是箱门大开，里面的闸刀、熔丝盒、插座、电表等零件一览无余，触手可及，个别电表箱的箱体陈旧破损，不排除有漏电的可能性；在法国冬青树与商铺之间的杂草丛中，10多个窨井四围污秽不堪，好几个盖子半开半掩；操场北边的那圈法国冬青树是保护小朋友远离电表箱、窨井这些危险物品的唯一屏障，但有些店家为了进出方便，把自家电表箱前的冬青树锯掉。以上问题，仅靠西门小学现有的两块警示牌提醒远远不够，还需要有关部门引起足够的重视，并采取行之有效的整改措施。为此，提出以下建议：关闭并锁牢电表箱；检查并盖牢窨井盖；修补并加设防护栏。

2009年8月28日，部分县政协之友社社员反映，地处县城人民路和三沙洪路交汇处的三沙洪菜场及周边市容环境、市场管理、社会治安等方面存在较多问题，直接影响着崇明城区形象和“迎世博”活动的有序推进。一是市容环境脏乱不堪。菜场西大门内的公共厕所设施简陋，未设遮挡大门，群众如厕有失文明，且保洁不力，臭气冲天；蔬菜批发市场门外东北角及其路边垃圾房旁、人民路路旁的垃圾房等地经常存在就地便溺现象；摊主商贩卫生意识差，随地乱扔垃圾、倾倒污水现象普遍，特别是在夏天，蚊蝇孳生，菜场周边环境卫生状况更加恶化。二是食品安全令人担忧。菜场周边不少食杂摊店、小饭店和流动摊贩无证销售熟食、“三无”食品，销售假冒伪劣商品较为普遍。菜场及周边环境脏乱，摊主卫生、经营食品安全意识淡薄，食品安全难以保障。三是交通秩序杂乱无章。每天早市高峰期，马路摊贩占路经营，汽车、摩托车、电瓶车、自行车等车辆在路边无序停放，造成交通堵塞，秩序混乱。另外，该区域路段又是西部建材市场装载砂石等运输车辆的必经之路，重载车辆穿行于人车之间，险象环生。四是治安问题不容忽视。菜场内及周边人流量大，外来人员密集，鱼龙混杂，扒窃现象时有发生。常有肢残者，自称失学者，测字、算命、看相者各显“神通”，招摇撞骗。更有人占地赌博，与撬边者一唱一和，诱骗群众钱财。五是市场监管缺乏力度。菜场上买卖青蛙、蛇、鸟类等野生动物的现象常有发生。假烟、假药、黄色碟片堂而皇之地摆摊销售。针灸、治风湿等无证行医者也有一席之地。摊主、商贩制假售劣、短斤缺两等违法经营行为司空见惯。市场协管人员对此无能为力。为此提出如下建议：一是组织实地调查，制定整治方案。县政府有关职能部门和城桥镇政府要联合组成调查组，对三沙洪菜场及周边环境进行实地调查，针对存在问题，共同研究制定一个切实可行的综合整治计划。二是形成条块合力，开展综合整治。县政府有关职能部门和城桥镇政府要密切配合，通力协作，形成条块合力，迅速、有力地开展联合整治工作。同时，要对菜场周边进行有效管理，使之井然有序。三是坚持长效管理，解决突出问题。建立健全长效管理机制，并将责任落实到人，采取定期与不定期检查相结合的办法，加强市场周边市容环境秩序管理，切实解决市容管理中的突出问题，创造整洁、有序的经营环境。四是加强宣传教育，增强群众法制意识。通过印发宣传资料等形式广泛宣传相关的法律法规，增强周边群众及商贩、菜农自觉守法、制止违法的意识。

2009年11月23日，部分县政协委员和县政协之友社社员反映，地处利民路南双港桥北与三双公路交汇处的南双港桥段马路市场，商品繁多，人气极旺，早市晚市尤其兴隆，很大程度上方便了周边群众的生活，但也存在较多问题：一是市容环境脏乱不堪。因无公共卫生设施和排水去污系统，摊主商贩就地便溺、随意倾倒污水、乱扔垃圾等不文明现象随时发生，附近居民苦不堪言，一到夏天更是蚊飞蝇聚，臭气冲天。二是交通秩序杂乱无章。利民路是一条双向四车道马路，马路摊位以机动车道与非机动车道的白色分割线为界，交易一旦进行，车辆势必停放在中间的两条车道上，由此造成交通堵塞，秩序混乱。该区域路段的三双公路上常有运输砂石建材的车辆经过，重载车辆穿行于人车混杂之间，险象环生，道路安全令人担忧。三是社会治安存在隐患。由于马路市场及周边人流量大，外来人员密集，又缺乏相应的管理，难免发生街头扒窃现象，也影响到周边农村住宅区的治安。为此提出如下建议：一是加强宣传教育。要以“迎世博”为契机，加强宣传教育，增强全民生态理念、环境意识和法制观念，自觉地参与创建环境优美乡镇的活动。同时，要通过印发宣传资料等形式广泛宣传相关的法律法规，提高外地人员的主人翁意识，提高周边群众及商贩、菜农自觉守法的意识，共同参与创建文明市场。二是加强对非法侵占现象的整治工作。县政府有关职能部门和城桥镇政府要联合组成整治组，加强市容车辆巡查，完善定点监控，对南双港桥段马路市场及周边环境进行实地调查，共同研究制定一个切实可行的综合整治计划。三是建立行之有效的长效管理机制。县政府有关职能部门和城桥镇政府要密切配合，通力协作，整合资源，长效管理，并将责任落实到人，采取定期与不定期检查相结合的办法，加强市场周边市容环境秩序管理，切实解决问题，创造整洁、有序的经营环境，防止路边设摊“游击战”现象的发生。

2010年5月12日，部分县政协之友社社员反映，县委、县政府历来十分重视八一路的环境整治和市场管理工作，尤其是在“迎世博600天行动”中，切实加大了综合整治力度，取得了有目共睹的成效。但是，还有一些不尽如人意的地方需加以改进，如行人随地扔杂物现象时有发生、居民不文明遛狗行为较为普遍、商贩乱设摊回潮情况较为突出、电子显示屏信息没有及时更新等。为此提出如下建议：一是进一步加强日常保洁工作。针对八一路人流量不断增多、垃圾清运量随之加大的现状，要适当增加环卫工人，增加清扫保洁频率，并积极提升环卫作业机械化水平，不断强化清扫保洁工作，确保八一路环境整洁卫生。同时，要加强监督管理工作，每天由专人进行巡回督查，在保证环卫工人工作到位的同时，引导、督促行人爱护环境，讲究卫生。二是进一步加大宣传教育力度。各有关部门要采取布展、宣讲等各种方式，宣传环境整治的重要性，并向社区、学校和乡村延伸，提高宣传教育的针对性和实效性，扩大宣传教育的覆盖面和影响力。要与新闻媒体进行合作，在宣传先进典型的同时，对各类不文明的行为进行曝光，切实增强居民的卫生意识、环保意识和文明素养。三是进一步完善长效管理机制。要结合工作实际，认真总结和探索一套既能抓当前、又能管长远的长效机制。要制定切实可行的奖惩制度，对跨门经营、乱设摊、乱扔杂物、放任宠物随地便溺等行为进行处罚。四是及时调整、修改、撤换电子显示屏的显示内容，保证信息发布的及时性、准确性，充分发挥电子显示屏的宣传作用。

2012年5月11日，部分县政协委员反映刑释解教人员再就业困难。委员们指出，刑释解教人员长期没有工作，缺乏收入来源，造成生活困难，可能使其再次违法犯罪，影响社会和谐稳定。因此，建议政府应当尽快整合资源，动员社会力量，建立刑释解教人员再就业援助机制。一要建立专门的援助机构。政府可以借助民间社团组织成立相应的刑释解教人员再就业援助中心，专门为刑释解教人员介绍工作，扶持他们实现再就业。二要建立刑释解教人员跟踪制度。可由公安机关或专门的援助机构、公益组织建立定期联系制度，跟踪了解刑释解教人员的工作、生活情况。尤其是在其再就业后，还需要联系用人单位，了解其就业期间的各项表现。同时，可安排心理医生开展相关心理辅导援助。三要设立专项资金。政府对录用刑释解教人员的企业单位给予一定的资金奖励，在政策上奖励企业招录刑释解教人员。四是树立刑释解教人员再就业的典型，重点宣传自主创业、自力更生的刑释解教人员。同时，鼓励自主创业的刑释解教人员创办企业，吸纳其他刑释解教人员。

2012年5月11日，部分县政协委员反映，上海市城镇居民低保金标准为每月每人570元，一户三口之家如都享受低保，全家每月可以领取1 710元。而上海市城镇职工最低工资为每月1 450元，两者之间的差额为260元。如三口之家中有一人可外出就业，虽然可以通过补差，保证家庭每月收入达到1 710元，但这容易产生以下三种影响：一是导致供养懒汉。低保家庭成员宁愿坐享"吃低保"，也不愿意就业谋生，导致政府就业及社会救助工作的压力加大；二是增加财政负担。居民低保的支出目前占政府财政支出的部分较大，在很大程度上影响了政府财政资金分配；三是影响社会稳定。不少家庭采取假离婚等方式申请居民低保，造成家庭不和睦和社会不稳定。为此，建议市政府调整城镇职工最低工资和城镇居民低保金之间的差额：一是逐步提高城镇职工最低工资标准。建议提高至1 700元至2 000元之间。二是放缓城镇居民低保金增长速度。实行以家庭为单位按申请人数享受金额。三是严格低保享受条件。例如，对3次以上(含3次)拒绝推荐就业的，或因个人主观原因导致不稳定就业满一年的，取消其享受低保的资格。

2012年6月18日，部分县政协委员反映，1994年市政府发布了第62号令《上海市住宅建设征用集体所有土地农业人口安置办法》，按照"谁用地，谁负责安置"的原则，征地农业人口由征地单位采取接收安置或直接养老的办法进行安排。2003年，随着《上海市小城镇社会保险办法》的实施，市政府下发了《上海市被征用农民集体所有土地农业人员就业和社会保障管理办法》，按照落实社会保障与土地处置、户籍转性整体联动的原则，将被征地农业户口人员从直接安置就业转变为一次性落实社会保障，以市场化就业的办法进行安置。但随着2011年7月1日起《中华人民共和国社会保险法》(以下简称社会保险法)的实施，《上海市被征用农民集体所有土地农业人员就业和社会保障管理办法》与社会保险法所规定的被征地农民所适用的社会保障不相一致。按社会保险法规定，被征地农民应纳入相应的社会保险制度，被征地农民到用人单位就业的，应参加城镇职工社会保险，未就业的可参加城镇居民社会养老保险和城镇居民基本医疗保险，上海市目前老年居民养老金400元/月。为切实保障征地农民的利益，提出如下建议：一是为适应社会保险法的相关规定，参照上海市郊区用人单位从业人员从镇保转入城保的过渡办法，尽快将征地农民从小城镇社会保险体系转入城镇职工社会保险体系，而不是转入城镇居民社会养老保险体系。二是针对上海市城镇职工社会保险制度目前无一次性缴费的途径，尽快研究修改目前上海市城镇职工社会保险办法，制定按月缴费、续缴和一次性缴费等多种类的参保政策，以适应不同类型人员参保需求，确保征地农民纳入本市的城镇职工保障体系。

2012年6月19日，县政协青联界别委员反映，青少年事务社会工作是指以社会工作的价值观念和专业伦理为准则，以促进青少年健康成长为目标，开展调查摸底、个案帮扶、心理辅导、困难救助、就业指导等活动。截至2012年3月底，全县16—25周岁的社区青少年有3 234人。根据《上海市青少年事务社会工作者考核办法》“社工按照1∶150的比例，负责所属区域内150名左右社区青少年的服务工作”的要求，崇明青少年事务社工现有22人，其中城桥镇3人，港沿镇、堡镇、陈家镇各2人，三星镇、新村乡、绿华镇三个乡镇由1名社工兼任，其他乡镇各1人。随着青少年事务社工专业化工作模式的不断推进，政府在管理青少年事务社工方面不断创造经验、探索模式，管理能力得到有力提升，但同时也遇到一些困难和问题，如专业人才流失严重、社会对社工认知度低、社工缺乏归属感、社工在开展工作时没有专项的工作经费等。鉴于上述问题，委员们建议县政府相关职能部门：一要建立完善社会工作管理体制。学习借鉴香港社工的先进经验和成功模式，设置社会工作管理的专门机构，不断完善和细化社工及社工机构管理的规章制度，将多头管理、交叉管理的社工队伍进行重新整合，统一归口，明确职责，有序管理。同时，要进一步加大政府财政投入力度，为社工开展工作提供必要的活动资金保障。二要建立完善相关的政策措施和激励机制。县政府相关职能部门要对优秀社工进行择优推荐，研究社工上升渠道，以此激励社工岗位竞争，努力提高服务质量。同时，有关部门要确保每个乡镇配备至少一名青少年事务社工并建立相应的薪酬评价体系，在稳定社工队伍的同时，引进、吸纳更多相关专业的年轻人，进一步充实社工队伍。三要大力宣传社工的工作职能。通过社工工作成果展、社工进社区、社工知识普及讲座、优秀社工专栏访谈等群众喜闻乐见、参与性强的形式，多方面、多角度地宣传社工的工作职能，加大相关职能部门对社工的认识和关注，提升社工的社会影响力，营造全社会尊重社工人才的浓厚氛围。

2012年8月15日，部分县政协之友社社员反映，新崇北路(天丰菜场周围路段)每日清晨地摊菜场扰民，不仅给周边居民、交通行驶、环卫保洁带来诸多不便，也有损城桥镇文明形象。建议：一要加强天丰菜场内部管理。菜场内部通风设施应予以升级，解决摊主因天气热不通风等原因导致摊位外铺；针对长、短期不同摊位设置合理的收费标准，给予天丰菜场固定摊位、自产自销的农产品摊位、流动性较大的临时摊位相对公平的市场环境。二要完善长效管理机制。城管部门划定专人轮守管理区域，定期或不定期地对占道经营行为进行整治，并对流动摊位进行规范化管理。

2012年8月31日，部分县政协之友社社员反映，前几年，堡镇政府及物业管理部门为方便居民自行车停放，利用街道、居民小区内的部分公共空间建造了美观实用的自行车棚，成为堡镇一道亮丽的风景线。但是近几年来，那些公共自行车棚陆续被私人占用，“加个围栏加把锁”就变成了私人房屋，或住人、或堆放杂物，更有甚者作冰库等用途，堡兴路、向阳二村等地的公共自行车棚基本全被占用。建议有关部门加大查处力度，将被私人占用的公共自行车棚归还于民。此外，乡镇与有关职能部门要加强合作，建立综合整治网络，并健全相关制度，从监督、举报、规劝、拆除等各个环节入手，从根本上解决侵占公共空间的行为。

2012年9月20日，部分县政协委员反映，新修订的《上海市计划生育奖励与补助若干规定》(以下简称若干规定)，将独生子女父母奖励费标准从原来的每人每月25元上调至30元，且支付办法不变，即有用人单位的，由用人单位支付；无用人单位的，由其户籍所在地的镇(乡)政府、街道办事处支付。2011年6月1日起正式颁布实施以来，若干规定在进一步落实计划生育基本国策，提高人口素质，优化人口结构与分布等方面发挥了积极作用。但在贯彻中也遇到一些困难，主要表现在以下两个方面：一是用人单位拒绝支付奖励费。有些用人单位把独生子女父母奖励费发放视作额外的负担，认为福利不是工资，工资必须足额按时发放，而福利是否发放应由用人单位自主决定，属于可发可不发的费用，一般不予发放。还有些用人单位则认为，独生子女父母奖励费应由政府部门承担，自己没有支付奖励费的义务，因此也不愿意发放奖励费。二是缺乏有效的监督管理机制。虽然若干规定明确指出，如果用人单位拒绝支付奖励费的，员工可以通过劳动仲裁、法院起诉等途径寻求帮助，但这无疑将员工置于用人单位的对立面，如果员工想继续留在原单位工作，则势必会处在一个相当尴尬的境地。建议：一要修订完善若干规定中关于独生子女父母奖励费发放的相关条文，更加体现若干规定的公平、公正原则，更好地为促进上海人口与经济社会协调发展服务。政府在出台政策之前应预先进行风险评估或做好地区试点，在可行性较高的条件下再逐步推广普及。二要强化保障措施。认真做好宣传协调工作，督促尚未落实的用人单位履行支付义务，确保各级人口计生部门在落实独生子女父母奖励费过程中所需的人力、物力、财力。

2012年10月15日，民进崇明县委反映，桥镇菜场周边，特别是中津桥路与西小港路路口100米左右的范围内，每天下午4点左右，就占满贩卖蔬菜、鸡鸭、鱼蟹的“流动摊贩”。商贩叫卖声、汽车喇叭声、行人呼喊声混杂一起，不绝于耳，街面污水横流、垃圾成堆，夏天的时候更是散发着阵阵异味，蚊蝇满天飞，严重影响了这一区域的市容环境和正常的道路通行。为此提出如下建议：一是桥镇菜场产权所属单位、经营承包单位和监督管理单位应明确分工，落实责任，措施到位，共同抓好桥镇菜场的治理整顿工作。要严格按照“无市场外溢、无店外店、无乱扔乱拉乱挂、各类车辆无乱停乱放”的要求，继续做好桥镇菜场的相关整改工作。菜场周边的摊点应尽量入场规范经营，杜绝无证无照占道经营的现象。同时，派遣专人就各类车辆的停放进行管理，引导居民至指定地点有序停放，保障中津桥路的安全畅通。二是县有关职能部门要将宣传教育贯穿于城市管理工作之中，努力做好思想疏导工作。通过开展形式多样的宣传活动，宣传创建“文明乡镇”“国家级生态县”等活动的意义、内容和要求，使创建工作深入人心，增强流动摊贩服从城市管理的自觉性，杜绝经营活动中的不文明现象。帮助居民养成良好的消费习惯，不在无证摊点购买物品，不违规停放车辆，主动配合相关部门做好菜场周边地区的整治和管理工作。三是县有关职能部门要疏堵并举，管理与服务相结合，在适当延长桥镇菜场经营时间的同时，可在不影响交通安全和市容环境卫生整洁的前提下，开辟出一个特定区域专门安置“流动摊贩”，并安排专人进行管理。

2012年11月1日，民进崇明县委反映，南门观光大堤是崇明主要的旅游景点之一，也是城区居民休闲、散步、锻炼的一个好去处。然而，如此风景优美之地，却总是发生一些诸如随地便溺、车辆肆意穿梭等不和谐、不文明的行为，让美好的心情大打折扣。为此，建议相关职能部门，要切实加强对南门景观大堤的管理，委派专人进行巡视，一旦发现随地便溺等不文明行为，予以教育处罚。同时，要在大堤周边设置公共厕所的指示牌和必要的警告标识，杜绝随地便溺等不文明行为的发生，保持大堤整洁、安静、优美的环境和良好的公共秩序。

2012年11月2日，部分县政协委员认为，推行自行车免费租赁服务有利于生态环境保护、有利于解决交通拥堵、方便群众外出办事，当前在城桥镇推行自行车免费租赁服务的条件已经成熟，希望把在城桥镇率先试行自行车免费租赁服务纳入2013年或者2014年的县政府实事项目中，争取在2013年或2014年“9·22”世界无车日那天开始实行。同时建议：要明确一个职能部门进行统筹、协调，并尽快拿出总体方案。要学习借鉴国内和市内有些地区已推行自行车免费租赁服务的先进经验和成功方法，制定详细的实施细则。同时，广泛听取群众意见建议，使免费租赁服务点选址科学、布局合理。在确保县财政资金投入的同时，要积极向上争取，为建造环保停车棚、定制标有特殊标志的自行车提供必要的资金保障。

2012年12月10日，部分县政协委员反映，《中华人民共和国广告法》明确规定：“广告应当真实、合法，符合社会主义精神文明建设的要求”“广告不得含有虚假的内容，不得欺骗和误导消费者”，但还是会经常看到这样或那样的不良广告：报纸上，经常半版或整版刊登营养保健品的推销广告，甚至还有鼓吹彻底治愈高血压等疾病的药品或药械的广告；电视上，经常有现身说法者，告诉你某某化妆品、某某防脱生发产品或某某减肥药的效果如何富有奇效；广播里，经常会专题介绍某某保健品能够治疗或者预防脂肪肝、风湿病，甚至是癌症等疾病；手机上，也经常会收到各种带蛊惑性的短信。言过其实、夸大其词的广告，从一定程度上反映了浮夸、急功近利的社会风气，使一些消费者上当受骗，经济蒙受损失不谈，更可能对身体健康造成危害。为此，委员们建议相关职能部门要加大整治力度，完善监管机制，切实把好广告发布的审查关，引导督促有关媒体增强社会责任意识，多方面共同维护广告的真实性，培育诚信精神，使每个消费者都能放心消费、愉悦消费。

2012年12月11日，部分县政协委员反映，崇明县城市化进程不断加快，不少农业用地被征用，失地农民被安置在居民小区。在那些失地农民聚集的居民小区内，经常出现不和谐、不协调的现象，如楼道堆物、毁绿种菜、拒交物业管理费、小区环境脏乱等等。委员们建议相关职能部门：一要加强教育，积极引导。出现在失地农民中的一些有悖于现代居民的言行，有的固然是习性使然，但也有一些深层次的原因需要探究。比如，由于体制、机制和养老保障等配套措施的相对滞后，使失地农民的生存、发展问题未能得到及时的解释或解决，从而使不少失地农民产生不满。因此，要通过多种渠道，加强对失地农民的宣传教育，增强他们现代文明意识，引导他们实现由农民向市民的转变。同时，对失地农民也应多加关注，多加引导，运用各种形式，丰富、充实他们的精神文化生活。二要加强培训，助推上岗。要对失地农民进行职业技能培训，增强他们再就业的意识，提高他们再就业的能力。三要追加补偿，多加关爱。土地是农民赖以生存的根本，是农民最可靠的生活保障，农民离开土地，其权益是否得到有效保障，很大程度要看征收补偿政策是否落实到位。补偿标准过低，是引发各类土地征收纠纷的矛盾之源。政府要以人为本，认真落实有关政策，切实维护失地农民的权益。

2012 年 12 月 14 日，民盟崇明县委反映，户外公益广告存在发布时间短、内容少等问题，在崇明创建文明县城中的积极作用还没有充分发挥。建议：有关职能部门要对户外公益广告制定统一的设置标准，并对现有的户外公益广告进行整顿和规范。一要限定播放时间。各类户外广告牌要安排发布一定数量的公益广告，户外电子显示屏也应在上下班高峰及中午、晚上的黄金时段插播公益广告，每天播放时间应不低于一定的比例。二要丰富广告内容。公益广告内容，既可以是单位开展文明创建的相关内容或是与单位有所关联的公益广告，也可以是其他的各类公益广告，但在内容和形式上要有所创意，能够吸引人们的眼球。三要建立奖惩机制。可以由政府相关部门组织检查，对播放公益广告工作重视并宣传到位的单位予以表彰和奖励，对该项工作不重视的单位，则对其教育督促，引导他们把公益广告工作做实、做好。

五、生态环境方面社情民意信息

1998 年 4 月 27 日，部分县政协之友社社成员反映：县政府围墙北侧有一个土坑，长 40 余米，宽 10 米左右，深 1 米以上。这里本来是要建居民住宅楼的，因与后面新建的居民楼间距太近，居民有意见而停工。现在坑中污物浮萍满地，土坑北侧土堆上杂草丛生。夏季就要到了，这里将是蚊蝇繁殖场所，严重影响周边环境和住户生活，希望有关部门采取措施，进行整治。

1998 年 8 月 20 日，部分县政协委员反映，施翘河垃圾堆场蚊蝇乱飞，环境太脏。因为是露天堆场社会保险法处理方式是用泥土覆盖，没有拦围设施，一有大雨，雨水把垃圾冲入水中，污染水源，影响周围群众的生活。要求加强消灭蚊蝇措施，并建筑土堤，将垃圾堆场围住。又反映，县煤气管理所下属钢瓶检测站，在清洗液化气钢瓶时，有较多的废气外溢，污染周边环境。在钢瓶检测站四周的单位和居民意见较大，要求加以整治，杜绝废气外溢，净化环境。

2002 年 8 月 5 日，部分县政协委员和县政协之友社社员反映，在县城和其他乡镇集贸市场周围，发现有人混迹于摊贩中，将青蛙、蟾蜍等野生动物放在蛇皮袋内，偷偷向过往行人兜售，发现有执法人员前来驱赶或经过时，他们便立即转移隐匿。在县内不少餐厅、酒家也经常发现将野生动物作为菜肴，迎合顾客，其货源多数来自违法捕猎。更有少数人受经济利益驱使，冬春季节在农村竹园、旧房、坏墙内挖蛇，夏秋季节在田间沟边捕捉青蛙、蟾蜍等野生动物。保护野生动物对维持崇明生态平衡起着重要作用，是保护崇明生态环境的重要组成部分。因此，建议有关部门进一步引起高度重视，继续加大保护野生动物力度，切实保护好崇明良好的生态环境。

2007 年 7 月 3 日，部分县政协委员反映，位于县体育场、扬子中学周边的一条臭水浜，其环境卫生的脏乱程度令人难以置信，与生态岛建设的要求以及城桥镇“国家卫生城镇”的荣誉严重不符，称之为崇明城区内的“龙须沟”也毫不为过。该河道现呈“F”形，长约 800 米。该河道原属城区水系的一部分，跨越现东门路经原育才河接东门小闸河后直通长江。当时，河道内每天潮涨潮落，清水盈盈，水草萋萋，是孩童嬉戏玩耍的好地方，也是人们休闲垂钓的好去处。如今，河床内已很难看到水面，满目皆是簇拥而生、异常繁茂的水花生，垃圾成堆、蚊蝇成群，污水囤积、恶臭袭人，成了名副其实的城区环境卫生死角。周边单位和群众迫切希望政府有关部门对该河道进行彻底整治，并建立长效管理机制。

2011年5月12日，部分县政协委员反映，横沙岛上3.3万居民平时使用的是深井水。长期饮用水质过硬的深井水对人体健康不利，容易引发肾结石等疾病。为此，委员们呼吁，要把改善横沙乡地区居民饮用水水质作为一项民生工程、民心工程尽早予以落实，并提出两条建议：一是就近取水。青草沙水库已经基本建成，且就在横沙岛附近，县政府应积极与长兴岛开发建设管理委员会协商，就近将青草沙水库的原水引入横沙岛。二是就地取水。如果青草沙水库原水引入横沙岛的方案不可行，则建议在横沙岛上就地寻找合适的取水口，取用相对清洁的长江水作为原水，并高标准、高起点建造好水厂，确保横沙岛居民用水安全。

2012年12月13日，部分县政协委员反映，崇明东滩自然保护区在长江泥沙的淤积作用下，形成了大片淡水到微咸水的沼泽地、潮沟和潮间带滩涂。区内有众多的农田、鱼塘、蟹塘和芦苇塘，沼生植被繁茂，底栖动物丰富，是亚太地区春秋季节候鸟迁徙的停歇地和驿站，也是候鸟的重要越冬地，更是目前世界上为数不多的野生鸟类集居、栖息地之一。东滩自然保护区对于生物多样性及湿地环境的保护具有国家战略意义。然而，人们在东滩自然保护区观赏群鸟飞舞、天鹅游弋的同时，周边一些餐馆、酒店内，野味菜肴的大餐也在悄悄上演。食客们无视鸟类生命价值，无视生态环境平衡，为了贪图美食享受，把各类野生鸟类搬上了酒桌。长此以往，东滩自然保护区的鸟类生存状况堪忧。为此建议：一要加大执法力度。要建立和健全监管机制，专职监管人员实施24小时巡逻值班，在偷猎者捕鸟的主要区域，要设点监察，重点巡护，并在沿海地带加强巡逻，密切关注过往船只。一旦发现有人偷盗、捕杀野生鸟类的，要依法打击。同时，强化对当地农贸市场、餐馆、酒店的检查，发现宰杀行为要严厉处罚。二要加强宣传教育，利用镇村的广播、黑板报、宣传栏等渠道，宣传保护野生鸟类的重要意义和有关法律法规，提高人民群众的生态保护意识和守法自觉性，逐步形成全社会爱鸟、护鸟的社会风尚。三要发动群众共同参与保护野生鸟类，通过物质奖励与精神奖励相结合的方式，鼓励群众及时举报捕杀野生鸟类的违法行为。

六、其他方面社情民意信息

1996年1月13日，部分农村县政协委员反映，近年来鼠害及蜗牛危害农作物的情况呈逐年加剧趋势，农作物在抽叶成长期被蜗牛成片侵害，严重影响作物生长；老鼠更是与民争粮，据估算，崇明老鼠数目已比人口多出数倍。建议政府应对此予以重视，加大宣传力度，发动群众打一场灭鼠、灭蜗牛的歼灭战，并请有关部门提供价廉质优的灭鼠、灭蜗牛药物。

1996年1月13日，部分县政协委员反映，由于崇明供、用电矛盾一直存在，特别在夏季更为突出，停电频繁，常常不预先通知。突然停电，影响企业正常生产和居民正常生活，企业经营者和群众对此意见很大。建议：在用电紧张季节，可以按地区安排停电日，但停电一定要做到提前通知有关地区及单位，并公告群众，使之事先有准备。

1996年8月19日，部分县政协农民界委员反映：1996年春季崇明县灭鼠工作由于各级领导重视，政府支持，措施有力，组织健全，取得明显效果，全县共消灭老鼠97万只，挽回粮食损失485万公斤，价值970万元。广大农民普遍认为，这次灭鼠工作是县、乡镇政府为农民办的一件实事，做的一件好事。建议县、乡镇政府要再接再厉，搞好1996年秋季的农田灭鼠工作，以巩固春季灭鼠所取得的成果。又据一些委员反映，现在居民新村里面的老鼠活动猖獗，鼠害威胁严重，建议有关部门应采取切实措施，及早搞好居民新村的灭鼠工作。

1998年4月27日，部分县政协之友社社员反映：崇明现有干河32条，横河730余条，泯沟1.6万余条，河网化已经形成。但近几年，河沟淤浅严重，影响排蓄能力，影响农业生产。建议加大疏浚力度，利用农闲季节发动全县干部群众，疏浚横河、泯沟。并组织力量，深入现场做好验收核实工作。又反映，崇明岛现有江海堤岸总长210余公里，原设计堤顶高8米，面宽5米，多年来不断沉实，实际堤顶高已不足7.5米。由于目前气象变化较大，长江中上游水位在抬高，预计1998年汛期潮位会超过历史最高水位，11级台风会产生风浪爬高水位 1.8 米左右，目前堤高，特别是堤外无芦苇地段将难以抗拒，万一决堤，后果不堪设想。建议做好堤岸加固工作，堤外无芦苇地段的堤顶要加高到 8.5 米，以增强抗洪能力，确保人民生命财产安全。

2004 年 6 月 1 日，部分县政协委员反映，20 世纪 80 年代及 90 年代中期，全县 20 多个乡镇为鼓励农民进城进镇经商，按照县政府的要求，专门辟地建造“农民街”。“农民街”房屋多为各乡镇政府统一规划，统一设计，由进镇农民自行建造，用地属乡镇集体用地，未按农民建房用地办理有关的规划、用地许可等手续，之后也一直没有明确说法，导致“农民街”房屋的土地、房屋的使用权、所有权的合法性问题始终悬而未决，进镇农民也因此无法行使对其财产的处分权。当前，崇明正面临建设生态岛的新形势，崇明开发建设的氛围逐步形成，城镇房价随之大幅上扬。因此，“农民街”房屋的权属矛盾日益凸现，进镇农民要求办理有效的房屋权证的呼声也越来越强烈。为此，建议县政府有关职能部门要加强调查研究，针对“农民街”的实际情况制定相关的指导性政策，妥善解决“农民街”的遗留问题。

2006 年 10 月 9 日，部分县政协委员反映，随着崇明生态岛区建设的不断推进，到崇明考察旅游的人数不断增加。2006 年“十一”黄金周期间崇明接待游客 7.3 万人，进出三岛旅客总人数 53.5 万人，进出车辆 4.25 万辆。其中有一定数量的高档轿车驶入崇明岛。但崇明岛上没有高标号汽油加油服务网点，给高档车主的出行带来了诸多不便。针对这一情况，委员们建议县政府主管能源的职能部门与相关企业单位协商，在南门、堡镇等重点地区增设高标号汽油(97＃、98＃)加油服务网点。

2009 年 3 月 9 日，部分县政协委员反映，全市除崇明县外，其他 18 个行政区(包括原来隶属宝山的长兴、横沙两乡)，都早在四五年前已实行居民用电分时制，而由于种种原因，唯独崇明本岛尚未实行。实行居民用电分时制，是一件利国利民的好事，既可以错开用电高峰，缓解用电压力，使电力资源得到充分利用，又可以让老百姓得到晚间用电半价收费的实惠。近年来，县政协委员先后多次以提案形式提出意见和建议，2008 年县政协第 16 号提案，提出了《关于崇明本岛也应实行居民用电分时制的建议》。县发展改革委在办理该提案过程中，多次与电力部门沟通协调，并通过不同层次、不同渠道向市政府、市电力公司积极争取资金，并制定了全县分时电表安装实施计划，从而使该提案得到了有效落实。根据实施计划，2008 年 8 月 1 日起率先受理城桥镇和堡镇地区居民安装分时电表的申请，9 月 1 日开始实施改造工程。但该项工程的实施工作不尽如人意，主要表现在分时电表安装计划周期过长，工程进展太慢。根据崇明电力公司所作的“城堡两镇居民分时电表安装时间表”，安装工程要到 2009 年年底才能结束，而全县的安装任务则要到 2010 年乃至更长时间才能完成。为把这件群众看得见、摸得着的好事、实事尽快落到实处，委员们提出如下建议：一是电力部门要重新制定安装时间计划，抓紧实施。加快城桥镇、堡镇两地的安装进程，并争取在 2010 年年底前完成全县的安装任务。县政府及其职能部门应加强协调，切实帮助有关部门和单位解决实际困难，加快工程进度。二是积极向市有关部门反映情况，争取市财政支持，千方百计筹措资金，满足工程需求。三是按照有关规定，分时电表安装费每只 360 元，其中用户承担 100 元，政府和电力部门承担 260 元。如果筹措资金确有困难，可以考虑让用户先垫付另外的 260 元，然后用三年时间分批归还。

2009 年 7 月 20 日，县政协农业界别委员反映，崇明森林覆盖面积较大，森林防火成为一个突出的问题。近年来，在各级党委、政府的重视下，崇明森林防火组织机构基本形成，基础设施建设有所推进，森林消防队伍建设逐步加强，县、乡镇防火应急预案已经制定，防火巡查执法工作正在有序实施，森林防火工作取得一定进展。至今，未发生过重大森林火警事件。但是，崇明森林防火的形势不容乐观，工作中还存在着不少薄弱环节。一是林木密度越来越高。在前一时期大规模植树造林过程中，各乡镇和相关单位均采用了造林与苗木种植相结合的方式，使林木种植密度非常高。而且那些林木经多年生长后，现都已根深叶茂，密度越来越高。同时，崇明林木中的 60％为冬季落叶树，常绿树也多为油脂类树种，极易燃烧。尤其是在天干物燥的秋冬季节，一点火星就足以燎原。二是防火设施不到位。由于植树造林时的规划存在缺陷，致使全县多数林地都没有林间道路和相应的水系设施，一旦发生火灾，消防车辆无法顺利进入，即使进入也无法获得救火水源。虽然去年有关部门已对600公顷左右的林地实施基础设施改造工程，但全县仍有近7 000多公顷的林地处于消防盲区，道路、水系等基础设施建设相当滞后。三是群众防火意识缺失。一些农户在林地周边任意焚烧秸秆，一些森林养护人员在树林底下随意焚烧枯枝落叶，还有一些农户在林间祭祖时任意焚烧纸钱冥币。委员们提出三点建议：一要提高思想认识，重视森林防火工作。各级干部要进一步增强对森林防火工作重要性、紧迫性的认识，增强责任意识，做到组织领导到位、工作措施到位、责任落实到位，真正做到主要领导亲自抓，分管领导具体抓，责任人员全力抓的工作机制。同时，根据崇明森林防火的实际情况，明确重点地区、重点时段的防火工作部署，有针对性地采取相应措施，切实把森林防火工作抓细抓实。二要加大资金投入，及时补充森林防火设施设备。进一步争取市、县财政支持，将森林防火设施设备列入财政预算，并积极探索和建立森林防火多层次、多元化、多主体的社会化投入机制，从而保证森林防火工作有稳定的资金来源。一是根据林地面积，补充配备若干消防泵，改变目前全县只有一台供消防演习使用的消防泵的窘况；二是在重点景观林区安装森林防火监视设施，完善森林防火的监控体系，做好安全预警工作；三是继续大力推进林地的基础设施改造工作，加快进行林间道路及水系工程建设，为森林防火提供便利的交通和取水条件。三要加强宣传教育，提高人民群众的森林防火意识。利用广播、电视、报刊等宣传媒体，广泛宣传森林防火工作的新形势、新特点及森林防火的有关法律、法规，尤其是在秋冬季节及元宵、清明时节等火灾高发时期，更要大力宣传森林大火的灾害性和森林防火的重要性，使森林防火工作的方针、政策、法规家喻户晓，森林防火的安全意识深入人心，形成人人重视森林防火的良好氛围。

2010年1月29日，县政协少数民族界别委员反映，目前，崇明县共有32个少数民族，户籍人口1 200余人，外来流动人口1 000余人。这一群体中有穆斯林清真饮食习惯的有回、维吾尔、塔吉克等民族，近600余人(含外来流动人口)。但是，至今全县除外地人员开设的30余家清真拉面馆外，尚无一家正规的清真饭店，是全市唯一没有设立清真供应网点的地区。穆斯林群众在崇明就餐难的问题由来已久，且随着上海长江隧桥的开通和上海世博会的举办，问题必将更加突出。根据上海市民族和宗教事务委员会的相关数据，2010年上海世博会共有57个伊斯兰教国家承诺参展，7 000万人次的参观者中境外参观者达350万人次，其中有10%即35万人次为穆斯林信众，加之国内的穆斯林信众，预计有清真饮食习惯的达52万人次。世博会期间将有较大数量的穆斯林信众到崇明参观游览。因此，在崇明设立清真饮食网点已刻不容缓。为此提出两点建议：一是有选择地改造配置清真餐馆。在陈家镇、城桥镇地区，分别挑选1至2家具有一定规模和档次的清真拉面馆，由政府投资改建成餐馆，全面提升其硬件档次，并对其经营者和从业人员统一进行培训，提高他们的烹饪技艺、接待能力和服务水平。二是在超市设立清真专柜。崇明的超市已遍及各个乡镇，要充分利用好这一资源，与相关超市商议，在游客较集中的几个乡镇超市里设立清真专柜，缓解清真餐馆不足造成的穆斯林就餐难问题。

2011年8月17日，部分县政协委员反映，8月13日，受雷暴雨天气影响，崇明城桥镇体育路段地区(东至东门路，西至八一路)遭受强降水袭击，由于道路排水系统不畅，导致体育路段积水深至膝关节处。严重影响行人和车辆的正常出行，积水还倒灌进入沿街商铺及居民家中，给商铺商品和居民财产造成较大损失，影响了沿街商铺的正常经营和居民的正常生活。老城区出现积涝现象主要有三方面原因：一是老城改造后的马路、小区地势较高，尚未改造的其他居民小区成为低洼地带。二是老城区排水管道老化、排水设施不完善。三是附近河道未及时疏浚，无法将城区道路上的积水直接排入河道。委员们建议：一要坚持规划先行，兼顾未改造地区居民生活环境的改善，在改造和新建上一视同仁。二要加快老城区排水系统建设，解决历史欠账。在摸清管网建设现状的基础上，实施排水设施改扩建工程，增建排水泵站，改造一批主干排水管道，形成畅通的排水管网。

2012年11月15日，部分县政协委员反映，近期，县电力公司开始免费为全县用户更换灵敏度较高的分时电表，让所有用户都能享受到分时用电的优惠，这本是一件利民惠民的实事，但申请手续十分繁琐，电力公司要求用户带好身份证、户口簿和电费账单到公司指定的营业网点办理申请手续，但又没有具体告知应该去哪个营业网点，且要求带齐所有材料缺一不可，导致很多用户需要去好几个营业网点或者一个营业网点去好几次才能真正将申请手续办好，给广大用户，尤其是农村地区的农户带来极大不便。很多用户因感到麻烦而放弃申请。为此建议相关部门，要从便民利民的高度出发，以人为本，简化分时电表的申请手续，在电力公司电脑系统中一并处理，让全县广大用户实实在在享受到政府的惠民政策。

2012 年 11 月 21 日，部分县政协委员反映，位于城内北门路的体育场，因其场地设施好、交通便捷等优点，吸引很多男男女女、老老少少在清晨或是黄昏时分前去锻炼。但是，都碰到这样一个问题，就是随身物品无处安放。现在很多人都会把衣物放置在体育场周边的围墙上，这就使得大家在锻炼的同时不得不时刻关心自己的衣物是否被别人错拿或顺手牵羊牵走了。为此建议，在体育场南入口和北入口等地，参照超市储物柜的样子，增设一些储物设施，供前来锻炼的居民免费存放随身物品，切实解决他们的后顾之忧。

2012 年 12 月 24 日，部分县政协委员反映，位于中兴镇广福支路、农业银行与农商银行斜对面的教工大楼，共有四层，建于 1986 年，迄今已有 26 年房龄。1997 年公房转私房后，教工大楼的房屋维修教育局不管，房管局不管，小区物业也不管，因年久失修，存在较大安全隐患。主要表现在：一是大楼是平顶房，至今没有平改坡，四楼的房间渗水、漏雨现象严重，尤其是台风季节，外面下大雨，屋内下小雨。二是楼道等公共场所的窗户玻璃等损毁严重，冬天，寒风长驱直入；雨天，雨水溅落进来。三是外墙墙体老化严重，不但能够清晰地看到墙壁上的裂缝，更有较大的混凝土块经常掉落在地面之上。委员们建议相关职能部门，尽快沟通协商，明确一个主管部门，切实落实教工大楼的维修事宜，做好今后的维修保养工作，还居民一个安全、舒适的居住环境。

卷六 学 习

崇明县政协于1956年成立后，十分重视组织政协委员学习，将其作为提高委员思想政治觉悟和水平、正确理解和掌握中共各个时期方针政策和国家的法律法规、积极参政议政和团结合作的一项基础性工作。每届县政协均成立学习组织，根据不同时期的形势和任务，确定学习内容，提出学习要求，指导委员学习。在学习形式上，采取报告会、研讨会、座谈会等多种方式，并以大会辅导、小组讨论，个人自学相结合，不断创新学习形式，丰富学习内容，提高学习效果。

第一章 学 习 组 织

崇明县政协根据职能和分工情况，建立学习组织，指导政协委员和政协机关工作人员学习。同时，针对不同时期对学习方面的不同要求，及时调整学习组织，确定学习重点，使政协委员的学习活动丰富多彩。

第一节 学习委员会

1956年7月，一届县政协设立学习委员会，由15人组成，县政协副主席咸文和任主任，副主席徐鼎铨、樊伯平任副主任。学习委员会负责制订学习计划，指导和组织政协委员学习。二届、三届、四届县政协均设立学习委员会。五届、六届、七届县政协组织和指导政协委员学习的职能由相关专门委员会履行。八届、九届、十届县政协也均设立学习委员会。十一届县政协起，不再设立学习委员会，学习计划和学习活动经主席会议商议后，由县政协办公室作具体安排。

学习委员会的主要职能和任务是组织政协委员和各界人士学习马列主义、毛泽东思想、邓小平理论和“三个代表”重要思想，学习党和政府有关重要会议和文件精神；提出并制订学习计划、方案，并予以实施；组织政治、经济、科技、文化等方面的各类报告会、讲座以及政治理论、方针政策的研讨会、学习座谈会，组织开展学习交流和学习活动，督促和指导专门委员会、地区委员小组和政协机关工作人员学习，提高政协委员和政协机关工作人员的思想政治水平和整体素质。

第二节 学习中心组

1998年，县政协成立学习中心组，由县政协党组书记、党组成员、非中共政协副主席组成。学习中心组组长由政协党组书记或主持工作的政协副主席担任。此后，每届县政协均设立学习中心组。1999年起，政协学习中心组成员为政协党组成员、非中共人士的县政协副主席、县政协秘书长和副秘书长等。以后又扩大到县政协办公室正副主任、政协专委会正副主任。县政协学习中心组的学习活动还不定期地举行学习中心组扩大会，邀请县政协各委(组)主任(组长)，县各民主党派、工商联负责人参加学习活动。每年年初，学习中心组制订学习计划，包括学习内容、时间安排、学习形式等。

学习中心组职责和任务是加强对政协委员和委组学习的指导、辅导。学习中心组的学习先行一步，然后带动委组和政协委员学习。

第二章 学 习 内 容

县政协根据各个时期的政治经济形势和政协工作重点，组织和安排相应的学习内容，使广大政协委员及时了解掌握中国特色社会主义理论体系、党和国家各个历史时期重大方针政策、党的统一战线和人民政协理论、中共上海市委和崇明县委重大决策部署等。同时，结合政协委员的不同情况，引导学习相关科学知识和专业知识，提高参政议政水平。

第一节 学习中共中央会议和文件精神

一、学习中共八大文献

1956年11月6日，县政协制定《关于学习中国共产党第八次全国代表大会重要文献的意见》，提出四点意见：一是学习的要求。了解和认识中共七大以来十一年里，我国在政治、经济、文化等各个方面发生的根本变化；了解和认识我国过渡时期总任务的三大改造——农业、手工业和资本主义工商业的社会主义改造和改变生产资料私有制为社会主义公有制是极其复杂而又光荣的历史任务；了解和认识我国发展国民经济的第一个五年计划的执行已经取得巨大的成就；了解和认识我国人民民主专政是我国社会主义建设和彻底完成社会主义改造的根本任务；了解和认识目前国际形势的基本特点和总的趋势。二是学习的方法。委员可在所属单位(工作系统)学习或自学；就近委员组成互学小组，并适当吸收会外进步人士参加，交流学习体会心得；本会召集小型座谈会，巩固学习心得；县工商联制订计划，组织工商界人士学习。三是学习的文件。毛泽东开幕词，刘少奇政治报告，周恩来关于国民经济第二个五年计划建议的报告，政治报告决议，中共中央统战部部长李维汉“关于进一步加强党的统一战线工作”的发言。四是学习的时间。1956年11月初至1957年1月底。文件下发后，县各民主党派、人民团体和全体政协委员、各界人士热烈响应，采取读书会、座谈会、讨论会以及自学等多种形式，开展学习活动。

二、学习社会主义建设总路线

1958年6月3日，县政协下发《关于学习社会主义建设总路线的意见》(以下简称意见)，对学习“鼓足干劲，力争上游，多快好省地建设社会主义”的总路线提出要求：通过学习，明确社会主义建设总路线的主要精神和基本点，联系实际，解放思想，破除迷信，克服困难，依靠群众，投身社会主义建设，为尽快地将中国建设成一个具有现代工业、现代农业和现代科学文化的社会主义国家而贡献力量。意见下发后，县政协委员积极响应，以自学为主，并参加所在单位的学习，加深对社会主义建设总路线的理解，提高思想认识。

三、学习中共十三大精神

1987年10月，中共十三大召开。县政协及时布置学习十三大精神，要求全体政协委员认真学习，加深对社会主义初级阶段理论的认识，并下发关于学习中共十三大精神的文件。10月29日，县政协、中共崇明县委统战部联合组织城桥地区政协常委、县政协之友社理事、县各民主党派和人民团体负责人座谈会，畅谈收看、收听中共中央总书记赵紫阳在十三大所作报告的体会。大家一致认为，中共十三大是一次深入改革开放的大会，是团结奋进的大会；中共十三大明确中国仍处于社会主义初级阶段，主要任务是发展社会生产力，这是从中国实际出发作出的科学论断，对建设中国特色的社会主义具有极其重要意义。

四、学习中共十三届五中全会精神

1989 年 11 月 10 日，县政协、中共崇明县委统战部联合组织学习中共十三届五中全会公报。参加学习会的有县政协、中共崇明县委统战部领导以及县工商联负责人等。11 月 22 日、23 日，县政协常委会召开扩大会议，传达贯彻中共十三届五中全会精神，并进行讨论。与会人士一致拥护《中共中央关于进一步治理整顿和深化改革的决定》和《中国共产党十三届五中全会关于同意邓小平辞去中共中央军事委员会主席职务的决定》，高度评价邓小平对党和国家建立的卓著功勋，表示要按照中共中央的决定，不断深化改革，牢固树立国民经济持续稳定协调发展的指导思想，推进崇明的改革开放和经济社会发展。

五、学习中共十四大精神

1992 年 10 月，中共十四大召开。县政协党组、中共崇明县委统战部联合召开会议，学习讨论中共中央总书记江泽民在十四大所作的报告。大家一致认为，中共十四大总结了十一届三中全会以来改革开放的实践经验，是继往开来、团结奋进的一次重要会议，对于加快改革开放和现代化建设步伐，夺取中国特色社会主义事业的更大胜利，保证党和国家的长治久安具有重大而深远的意义。县政协学习委员会研究部署学习中共十四大精神的计划。县政协下发关于学习中共十四大文件的意见，对学习的主要内容、学习重点、时间安排、学习方法提出要求。10 月 29 日，县政协组织政协常委、县各民主党派负责人、各界代表人士共 40 多人，参加县委召开的传达贯彻中共十四大精神会议。会后，县政协分别召开会议，听取政协委员和各界人士学习贯彻中共十四大精神的心得和感想，引导大家统一思想，振奋精神，履行政协职能，进一步做好各项工作。

六、学习中共十四届五中全会精神

1995 年 9 月，中共十四届五中全会召开。10 月 10 日，县政协发出通知，要求全体政协委员深入学习中共十四届五中全会精神，围绕“两个文明”建设，为崇明县“九五”计划和 2010 年远景目标的制定和实施积极献计献策，建言出力。各委组、地区（系统）委员小组要把学习中共十四届五中全会文件作为政协工作的一项重要任务来抓，列入活动内容，组织学习与交流。委员们要坚持自学为主，坚持理论联系实际，通过认真学习，加深理解这次全会的现实意义和深远的历史影响，进一步认清形势，明确任务，增进共识，增强合力，坚定信心，振奋精神，以高度的历史责任感和时代紧迫感，以主人翁的态度，充分发挥人民政协的优势，积极开展政治协商、民主监督和参政议政，团结各方面人士，为发展崇明经济共同努力奋斗。

七、学习中共十五大精神

1997 年 9 月，中共十五大召开。当天，县政协组织全体机关工作人员收看开幕式；19 日上午，组织收看新一届中央政治局常委会见中外记者的实况转播。22 日上午，学习讨论中共中央总书记江泽民在十五大的报告《高举邓小平理论伟大旗帜，把建设有中国特色社会主义事业全面推向二十一世纪》。县政协各专门委员会和地区委员小组分别组织委员学习讨论中共十五大精神。委员们在学习讨论中，一致认为中共十五大是在我国改革开放和社会主义现代化建设发展的关键时刻召开的，是在世纪之交，承前启后，继往开来，保证全党实践邓小平理论，坚定不移地沿着中共十一届三中全会以来路线胜利前进的大会。县政协下发学习贯彻中共十五大精神的文件，要求认真学习贯彻十五大精神，进一步解放思想，更新观念，实事求是，立足本职，尽心尽力做好工作，为崇明“两个文明”建设多作贡献。

八、学习中共十五届六中全会精神

2001年9月，中共十五届六中全会召开。当年10月，县政协多层次组织学习十五届六中全会精神，重点学习《中共中央关于加强和改进党的作风建设的决定》。通过学习，大家认为，"决定"以"三个代表"重要思想为指导，在全面总结党的作风建设的历史经验的基础上，提出了加强和改进党的作风建设的指导思想、重要任务、总体思路和主要措施，是全面加强党的作风建设的纲领性文件。大家表示，要把学习六中全会精神同学习江泽民"七一"讲话、"三个代表"重要思想紧密结合起来，同加强政协工作紧密结合起来，切实履行政协职能，增强群众观点，深入群众，深入实际，体察民情，了解民意，集中民智，反映民声，为崇明的经济发展和社会进步作出应有的贡献。

九、学习中共十六大精神

2002年11月，中共十六大召开。11月8日，县政协组织全体机关工作人员收看开幕式。11日，县政协党组召开扩大会议，学习中共中央总书记江泽民在十六大上的报告《全面建设小康社会，开创中国特色社会主义事业新局面》和《关于〈中国共产党章程(修正案)〉的决议》以及《关于中共中央纪律检查委员会工作报告的决议》等精神。大家在讨论中认为，这次大会的主题是高举邓小平理论伟大旗帜，全面贯彻"三个代表"重要思想，继往开来，与时俱进，全面建设小康社会，加快推进社会主义现代化，为开创中国特色社会主义事业新局面而奋斗，江泽民在报告中对中共十三届四中全会以来经验的总结完全符合实际。崇明13年来经济建设和各项社会事业取得长足的发展，人民生活水平得到很大提高，也印证了报告中的科学总结。县政协下发关于学习中共十六大精神的文件，要求按照中共中央和中共上海市委的要求，加强中共十六大精神的学习和宣传，认真学习领会十六大精神，以奋发有为的精神状态，切实做好迎接崇明开发开放的各项准备工作。

十、学习中共十六届四中全会精神

2004年9月16日，中共十六届四中全会召开，会议审议通过《中共中央关于加强党的执政能力建设的决定》。11月4日，县政协就学习贯彻中共十六届四中全会精神发出通知，要求政协各专门委员会、地区委员小组以及全体政协委员，要充分认识中共十六届四中全会的重大意义，深刻理解加强中国共产党执政能力建设的重要性和迫切性；要认真学习贯彻中共十六届四中全会精神，切实加强对学习中共十六届四中全会精神的组织领导；要用邓小平理论和"三个代表"重要思想指导政协工作，提高对新时期开展人民政协工作方针、原则和要求的认识，充分发挥人民政协在构建社会主义和谐社会中的积极作用，进一步加强自身建设，履行好政协职能。

十一、学习中共十七大精神

2007年10月，中共十七大召开。10月30日，县政协十二届五次会议通过《关于学习贯彻中国共产党第十七次全国代表大会精神的决议》。决议表示衷心拥护中共十七大和十七届一中全会选举产生的新一届中共中央领导集体，号召县各民主党派、县政协各专门委员会、全体政协委员和各界人士深入学习中共十七大精神，高举中国特色社会主义伟大旗帜，更加紧密地团结在以胡锦涛为总书记的党中央周围，以邓小平理论和"三个代表"重要思想为指导，深入贯彻落实科学发展观，在中共崇明县委的领导下，以更加振奋的精神、更加饱满的热情、更加扎实的工作，求实创新，开拓奋进，为促进崇明经济、政治、文化、社会发展，夺取全面建设小康社会新胜利而努力奋斗。

十二、学习中共十八大精神

2012年11月，中共十八大召开。11月26日，十三届县政协召开第七次常委(扩大)会议，传达学习中共十八大精神，并审议通过《关于学习贯彻中国共产党第十八次全国代表大会精神的决议》。12月7日，县政协与中共崇明县委统战部联合举办学习贯彻中共十八大精神专题报告会，邀请上海市学习贯彻十八大精神宣讲团成员作专题报告，全体县政协委员、县各民主党派支部委员以上成员、无党派代表人士、县工商联执委以上成员以及民族、宗教、港澳台侨界人士和县政协之友社理事以上成员等参加报告会。同时，县政协通过中心组学习、常委会专题学习、委组联组学习以及召开学习交流会、印发学习材料等多种形式，学习中共十八大精神。

第二节　学习人民政协理论和相关文件

一、学习《中国人民政治协商会议章程》

1982年12月11日，全国政协五届五次会议通过新修订的《中国人民政治协商会议章程》。县政协根据市政协《关于贯彻执行全国政协常委会决议，组织委员讨论修改政协章程修改草案的意见》精神，于8月25日至27日相继召开常委会扩大会议和全体委员会议，对政协章程修改草案进行学习讨论，委员们一致赞同修改草案。新修订的《中国人民政治协商会议章程》发布后，县政协组织各工作组和全体委员进行学习，进一步明确人民政协的性质、职能和任务，在实践中以政协章程来指导和规范政协工作。

二、学习《中国人民政治协商会议章程(修正案)》

2004年3月，中国人民政治协商会议第十届全国委员会第二次会议审议通过《中国人民政治协商会议章程(修正案)》。县政协根据中共中央办公厅下发的《关于学习贯彻〈中国人民政治协商会议章程〉的通知》，政协全国委员会下发的《关于进一步学习贯彻〈中国人民政治协商会议章程〉的通知》精神，进行安排部署，组织全体委员学习。要求大家充分认识学习贯彻政协章程的重要意义，不断增强学习贯彻政协章程的自觉性和主动性；深刻领会政协章程的精神实质，全面准确地领会和把握人民政协政治协商、民主监督、参政议政的主要职能；认真贯彻政协章程，全面推进政协工作，围绕团结民主两大主题和政协的三大职能，切实推进政协制度化、规范化、程序化建设，不断提高履行政协职能的能力和水平，为推进崇明社会主义物质文明、政治文明、精神文明建设作出新的贡献。

三、学习《中共中央关于进一步加强中国共产党领导的多党合作和政治协商制度建设的意见》

2005年2月18日，中共中央下发《关于进一步加强中国共产党领导的多党合作和政治协商制度建设的意见》(以下简称《意见》)，这是我国政治生活中的一件大事。《意见》坚持以邓小平理论和“三个代表”重要思想为指导，贯彻中共十六大和十六届三中、四中全会精神，体现了科学执政、民主执政、依法执政的要求，在认真总结历史经验的基础上，对中国共产党领导的多党合作和政治协商的原则、内容、方式和程序等作了科学规范，是指导新世纪新阶段我国多党合作和政治协商的纲领性文件。县政协作出部署，要求各专门委员会、地区委员小组认真组织委员学习，贯彻《意见》精神，把委员们的思想统一到文件精神上来，努力坚持好、完善好、落实好中国共产党领导的多党合作和政治协商制度。

四、学习《中共中央关于加强人民政协工作的意见》

2006年2月8日，中共中央下发《关于加强人民政协工作的意见》(以下简称《意见》)。崇明县政协认真学习贯彻《意见》精神，深刻理解和把握《意见》的基本内容，组织、推动和指导各界别、各工作委员会、各地区委员小组进行学习，将全体政协委员和社会各界人士的思想统一到《意见》精神上来、贯彻到实际工作中去。3月31日，县政协召开十一届十四次常委会会议，专题学习《意见》精神，研究部署进一步学习贯彻措施。民盟、民进、农工党崇明县委，九三学社崇明县支社，县工商联等相继召开会议，组织成员学习《意见》精神，并撰写文章，交流学习心得。通过学习，使广大政协委员和各界人士深刻理解和全面把握《意见》的精神实质，进一步正确认识人民政协所处的历史地位，不断加强人民政协的自身建设，切实履行政协职能。

第三节 学习毛泽东思想

一、学习毛泽东哲学著作

1957年，县政协组织委员重点学习毛泽东《关于正确处理人民内部矛盾的问题》的讲话。

1959年，县政协组织委员重点学习毛泽东《矛盾论》《实践论》等著作，邀请崇明师范学校戴希和作学习《矛盾论》《实践论》辅导讲座，并组织委员座谈交流学习体会。

1960年，县政协组织委员重点学习毛泽东《改造我们的学习》。

1965年，县政协组织委员重点学习毛泽东《人的正确思想是从哪里来的》等著作。

二、学习《毛泽东选集》

1960年4月，县政协在城桥地区成立由文教、医务、工商等界别委员参加的毛泽东著作学习小组，后又在堡镇、庙镇、新河和陈家镇设立由县政协委员参加的毛泽东著作学习小组。学习小组定期组织委员系统学习《毛泽东选集》第一至第四卷的有关文章。1960年—1966年，重点学习《新民主主义论》《注意工作方法》《湖南农民运动考察报告》《为人民服务》《纪念白求恩》《愚公移山》《在延安文艺座谈会上的讲话》等著作，还不定期地邀请县内文教界有关人士作学习毛泽东著作辅导报告，并交流学习体会。

第四节 学习邓小平理论

一、学习《邓小平文选》

1981年6月，县政协五届一次会议召开后，县政协将学习邓小平重要讲话和重要著作作为全体政协委员和政协机关工作人员的主要学习内容。1983年7月1日，《邓小平文选(1975—1982)》公开发行，县政协要求全体政协委员通读全书、理解书中“解放思想，实事求是”精神实质，同时还分批组织委员听取学习《邓小平文选》录音辅导报告。

1989年8月，《邓小平文选(1938—1965)》公开发行。1993年11月，《邓小平文选》第三卷公开发行。县政协先后组织政协委员学习，采取举行辅导报告会、组织座谈交流和撰写学习心得等多种形式，推动学习深入开展。通过学习，委员们一致认为《邓小平文选》内容博大精深，表达准确鲜明，语言深入浅出，学后明白了“发展才是硬道理”“要抓住时机，发展自己，关键是发展经济”等重要理论观点，坚定了走中国特色社会主义道路的信心和决心。

二、学习邓小平南方谈话

1992年1月18日—2月21日，邓小平前往南方视察，在武昌、深圳、珠海、上海等地发表重要谈话，即“南方谈话”。邓小平“南方谈话”发表后，县政协组织报告会、讨论会和学习心得交流会等，指导和引导政协委员重点学习关于解放和发展生产力、改革开放胆子再大一点、判断姓“资”姓“社”的标准、加快经济发展必须依靠科技和教育、坚持两手抓两手都要硬等论述。

三、学习《邓小平新时期统一战线理论学习纲要》

1999年，《邓小平新时期统一战线理论学习纲要》出版后，县政协组织政协委员和县政协机关工作人员学习，深入理解邓小平新时期统一战线理论，并在学习中，结合崇明政协和统战工作实际，开展讨论，提高做好新时期政协工作和统战工作的自觉性。

第五节　学习“三个代表”重要思想和《江泽民文选》

一、学习“三个代表”重要思想

2003年6月，中共中央下发《关于在全党兴起学习贯彻“三个代表”重要思想新高潮的通知》。7月1日，中共中央总书记胡锦涛在“三个代表”重要思想理论研讨会上就兴起学习贯彻“三个代表”重要思想新高潮作重要讲话。县政协认真贯彻中共中央通知和胡锦涛讲话精神，按照中共崇明县委的总体要求，专题下发文件，对开展“三个代表”重要思想学习活动作出部署，要求全体政协委员在坚持自学的同时，以委组为单位，紧密联系加快实现崇明跨越式发展和崇明政协工作的实际，分层次、多形式地开展学习活动，深入学习，县政协还多次组织学习“三个代表”重要思想心得交流会，畅谈学习体会，提高学习效果。

2003年12月24日，县政协召开学习贯彻“三个代表”重要思想，推进政协工作座谈会。座谈会主要议题是认真学习“三个代表”重要思想，把握团结民主两大主题，紧紧围绕县委、县政府的中心工作，充分发挥政协专门委员会的基础作用，切实履行政协三大职能和委组工作职责，与时俱进，开拓创新，不断开创政协委组工作的新局面。会上，各专门委员会主任或副主任、地区委员小组组长或副组长作交流发言。

二、学习《江泽民文选》

2006年8月，中共中央文献编辑委员会编辑的《江泽民文选》第一卷、第二卷、第三卷由人民出版社出版。2006年8月15日，中共崇明县政协党组发出《关于认真学习〈江泽民文选〉的通知》。要求全体政协委员充分认识学习《江泽民文选》的重大意义，发扬理论联系实际的学风，认真学习《江泽民文选》，深刻领会《江泽民文选》的精神实质，不断增强学习和践行“三个代表”重要思想的坚定性和自觉性，要以“三个代表”重要思想为指导，不断开创崇明政协工作的新局面，为构建和谐崇明、建设社会主义新农村和现代化生态岛区作出新的贡献。

第六节　学习科学发展观

2009年3月11日，县政协党组按照中共崇明县委《关于在全县党员中开展深入学习实践科学发展观活动的实施意见》，召开深入学习实践科学发展观活动动员会议。县政协党组书记、县政协主席、深入学习实践科学发展观活动领导小组组长范陈杰作动员讲话。范陈杰在讲话中指出，开展学习实践活动，是用马克思主义中国化最新成果武装全党的重大举措，是提高党组织领导水平和执政能力的迫切需要，是科学把握经济社会发展规律、加快推进崇明生态岛建设的必然要求，是推进政协工作向前发展的强大动力。县政协机关全体党员，尤其是党员领导干部要深刻认识开展学习实践科学发展观活动的重要意义，进一步增强开展学习实践科学发展观活动的主动性和自觉性。范陈杰要求，学习实践活动必须着力解决政协工作中影响科学发展观落实的突出问题。根据初步查找，这些突出问题主要包括：认识上还不够到位，能力上还不够适应，作风上还不够扎实，制度上还不够完善。为此，在学习实践活动中必须逐一进行整改。范陈杰强调，学习实践活动必须同加强政协机关建设结合起来，要重点围绕建设学习型、服务型、创新型、和谐型“四型”机关进行学习讨论。一是要深刻理解和全面把握科学发展观的科学内涵、精神实质和根本要求，提高对党的方针政策和崇明现代化生态岛建设大局的认识和把握能力，把科学发展观转化为做好机关工作的实际能力。二是切实解决机关思想建设、组织建设、作风建设等方面存在的突出问题，坚持求真务实、真抓实干，切实转变工作作风，努力提高服务水平和工作效率。三是弘扬改革创新精神，积极探索机关工作的特点和规律，推进制度创新和工作创新，建立推动“四型”机关建设的长效机制，保证机关工作协调统一、规范有序、精干高效。四是牢固树立大局意识、统战意识，尊重服务对象，加强内部团结，形成工作合力，努力营造宽松和谐、生动活泼的工作氛围，扎实推进各项工作上台阶、上水平，确保学习实践活动取得实效。

按照县政协的统一部署，县政协机关工作人员和全体政协委员积极参加学习实践科学发展观活动。整个活动分学习调研阶段、分析检查阶段、整改落实阶段三个阶段。学习的内容主要有《毛泽东邓小平江泽民论科学发展》《科学发展观重要论述摘编》和中共十七大、十七届三中全会、中共中央纪委三次全会、全国政协十一届二次会议精神以及九届市委和市政协会议精神等，党员领导干部还学习《深入学习实践科学发展观活动领导干部学习文件选编》和中共中央印发的《向中央政治局通报中央政治局常委参加深入学习实践科学发展观活动专题民主生活会情况的报告》等。学习中，采取集中培训与个人自学相结合，辅导讲座与座谈交流相结合，系统学习与专题学习相结合，学习思考与调查研究相结合等多种形式，紧密联系实际，查找存在问题，边学边改，有力地促进了政协工作。

第三章 学习形式

崇明县政协的学习形式有中心组学习、常委会学习、主席会议学习、全体委员学习以及各委（组）组织学习活动等。

第一节 中心组学习

1998年9月，县政协成立学习中心组。中心组学习一般每月安排一次，本节辑录中心组学习活动10次。

1998年9月2日，县政协学习中心组组织学习活动。学习中共中央总书记江泽民、中共上海市委书记黄菊关于深入学习邓小平理论的讲话，并围绕“学习邓小平理论是当前一项重大而紧迫的任务，邓小平理论对统战政协工作的重大指导意义，如何把学习邓小平理论提高到一个新水平”三个重点谈各自的体会。

1999年10月26日，县政协学习中心组组织学习活动，学习中共十五届四中全会精神。学习中，大家就充分认识和推进国有企业改革的重大意义，如何把握和理解国有企业改革，如何有效贯彻落实中央提出的八个方面举措等畅谈自己的认识。

2000年6月27日，县政协学习中心组组织学习活动，听取中共崇明县委常委、宣传部部长施建华作关于学习“三个代表”重要思想的辅导报告。施建华围绕“三个代表”重要思想提出的历史背景、如何学习贯彻“三个代表”重要思想、怎样代表先进生产力的发展要求等三个方面，作了深入浅出的辅导，使与会者对“三个代表”重要思想及其精神实质有了更深入了解。

2002年6月5日，县政协学习中心组成员及政协机关干部集体学习中共中央总书记江泽民在中央党校省部级干部进修班毕业典礼上的重要讲话，传达贯彻上海市第八次党代会的会议精神，并进行讨论。与会人员一致表示，要以江泽民重要讲话精神指导和推动政协工作，坚持基本政治制度，履行政协政治协商、民主监督、参政议政职能，更好地实现新世纪的奋斗目标。

2005年3月10日，县政协学习中心组组织专题学习会，传达学习中共中央《关于进一步加强中国共产党领导的多党合作和政治协商制度建设的意见》，深刻领会其精神实质及重要意义，并交流学习体会。

2005年9月29日，县政协学习中心组召开贯彻市政协工作会议精神学习会。会上，中共崇明县委统战部、县各民主党派、工商联负责人作交流发言。与会人员认为要认真贯彻落实市政协工作会议精神，把县各民主党派、工商联、人民团体和全体委员的思想和行动统一到会议精神上来，要自觉坚持中国共产党的正确领导，始终保持正确的政治方向，要不断提高履行职能的水平和实效，努力促进政协工作规范化、制度化、程序化。

2006年9月13日，县政协学习中心组举行学习《江泽民文选》交流会。会上，民盟崇明县委、民进崇明县委、农工党崇明县委、九三学社崇明支社、中共崇明县委统战部、县政协机关有关人员交流学习体会。与会人员认为，《江泽民文选》的出版发行，为进一步坚持以"三个代表"重要思想为指导，全面贯彻落实科学发展观，提供了最有力的思想武器。大家表示，要把学习《江泽民文选》同学习马克思列宁主义、毛泽东思想和邓小平理论结合起来，同学习中共十六大和十六届三中、四中、五中全会精神结合起来，努力开创崇明政协工作的新局面。

2007年3月29日，县政协学习中心组召开学习(扩大)会议。县政协主席范陈杰传达十届全国人大五次会议、全国政协十届五次会议精神和中共中央总书记胡锦涛在十届全国人大五次会议、全国政协十届五次会议党员负责人会上的讲话精神。全国人大代表、副县长、民进崇明县委主委褚以琳和县政协副主席、农工党崇明县委主委施俭分别传达十届全国人大五次会议和全国政协十届五次会议精神。县政协、中共崇明县委统战部领导，县各民主党派主委、副主委、秘书长，县工商联会长、副会长、秘书长，县政协各专门委员会主任、副主任，各地区委员小组组长、副组长，县政协办公室主任、副主任和专委会办公室主任等参加会议。

2007年6月11日，县政协学习中心组召开学习(扩大)会议。中共上海市第九次代表大会代表、中共崇明县委常委、县政协副主席、县委统战部部长王为群结合自己参加会议的亲身经历和感受传达市第九次党代会精神，并代表县政协就学习贯彻市第九次党代会精神，努力开创崇明政协工作新局面提出意见。会上，部分委员交流学习市第九次党代会精神的体会。县政协、中共崇明县委统战部领导，县级各民主党派主委、副主委、秘书长，县工商联会长、副会长、秘书长，县政协机关领导班子成员参加会议。

2009年3月26日，县政协学习中心组召开学习(扩大)会议。县政协主席范陈杰传达全国政协十一届二次会议精神，并就学习贯彻这次会议精神，认真做好县政协当前工作提出意见。县政协领导，县级各民主党派、工商联负责人，县政协机关领导班子成员参加会议。

第二节　常委会学习

常委会学习是由常委会组成人员参加的学习活动，视学习内容，有时扩大参加对象。本节辑录常委会学习23次。

1956年7月4日，县政协召开常委会会议，听取中共崇明县委宣传部负责人作当前国内外形势与和平解放台湾的报告，听取中共崇明县委统战部负责人作人民民主统一战线的报告。参加会议人员认为，要进一步认清当前的形势和任务，认清爱国统一战线的作用，认真履行人民政协的职责，做好政协工作，发挥人民政协的作用。

1957年5月23日，县政协召开常委会会议，学习中共中央有关文件精神，并就"大鸣大放"，帮助中共整风进行讨论，提高思想认识。

1959年8月26日，县政协召开常委会会议，听取中共崇明县委书记张惠和传达中共八届八中全会精神，并开展讨论。参加会议人员表示坚决拥护中共中央的路线、方针、政策，在社会主义建设中发挥人民政协应有的作用。

1962年4月16日，县政协召开常委会会议，听取中共崇明县委书记、县政协主席张惠和作国内经济形势、正确处理红与专、正确看待当前暂时困难等问题的报告，并进行讨论。参加会议人员表示，要进一步认清当前的经济形势，以积极进取的精神，正确对待面临的暂时困难，努力克服暂时困难，在社会主义建设中发挥人民政协的作用。

1981年7月30日，县政协召开常委会会议，组织全体组成人员学习中共十一届六中全会公报，学习中共中央《关于建国以来党的若干历史问题的决议》，学习中共中央主席胡耀邦在庆祝中国共产党成立

60 周年大会上的讲话，并组织讨论。

1983 年 6 月 10 日，县政协召开常委会会议，传达和学习中共中央总书记胡耀邦在全国政协、全国人大预备会上的讲话和全国政协主席邓颖超在全国政协六届一次会议上的开幕词，并进行讨论。

1985 年 1 月 24 日，县政协召开常委会会议，学习中共中央 1985 年 1 号文件《中共中央、国务院关于进一步活跃农村经济的十项政策》，并组织讨论。

1986 年 10 月 6 日，县政协召开常委会会议，学习中共中央十二届六中全会决议和《人民日报》社论，并组织讨论。

1987 年 2 月 9 日，县政协召开常委会会议，组织与会人员学习中共中央有关文件精神，并组织讨论，提高思想认识。与会人员表示，坚决拥护中共中央关于反对资产阶级自由化的决定，坚定社会主义方向不动摇，在思想上和行动上同中共中央保持高度一致。

1987 年 12 月 24 日，县政协召开常委会会议，交流学习中共十三大文件的体会。6 名常委发言，畅谈学习体会。

1989 年 6 月 8 日，县政协召开常委会会议，传达学习中共中央和中共上海市委有关当前形势的文件精神和李鹏、杨尚昆、姚依林、乔石的讲话，以及江泽民在市委委员学习会上的讲话，并进行讨论。与会人员表示，坚决拥护中共中央的决定，在思想上行动上保持同中共中央高度一致。

1991 年 12 月 19 日，县政协召开常委会会议，传达学习中共十三届八中全会和中共上海市委五届十二次全会精神，以及中共中央总书记江泽民在中共十三届八中全会和中共上海市委书记吴邦国在中共上海市委五届十二次全会上的讲话，并组织讨论。

1998 年 4 月 23 日，县政协召开常委会会议，传达和学习全国政协九届一次会议精神和全国政协主席李瑞环在全国政协九届一次会议闭幕式上的讲话，并组织讨论。

1999 年 9 月 28 日，县政协召开常委会会议，组织与会人员学习中共中央总书记江泽民在庆祝人民政协成立 50 周年大会上的讲话，并组织讨论，交流学习体会。

2001 年 3 月 31 日，县政协召开常委会扩大会议，县政协常委会全体成员，县级各民主党派主委、副主委、秘书长，县工商联会长、驻会副会长、秘书长，中共崇明县委统战部部长、副部长以及县政协学习中心组成员、县政协机关有关人员参加会议。会议传达学习全国政协十届四次会议精神。各民主党派、县工商联负责人发言，交流学习贯彻《中共中央关于加强人民政协工作的意见》体会。

2002 年 7 月 23 日，县政协召开常委会会议，传达学习上海市政协主席王力平在学习中共中央总书记江泽民“5・31”重要讲话(指在中央党校省部级干部进修班毕业典礼上的讲话)交流会上的发言，并组织讨论。

2004 年 3 月 23 日，县政协召开常委会会议，传达学习全国政协十届二次会议精神和政协章程修正案，并组织讨论。

2005 年 3 月 24 日，县政协召开常委会会议，传达学习全国政协十届三次会议精神，并组织讨论。

2007 年 10 月 30 日，县政协召开常委会会议，传达学习中共十七大精神和中共崇明县委书记孙雷在全县党员负责干部会议上关于学习贯彻中共十七大的讲话精神，并组织讨论，谈学习体会。

2008 年 5 月 23 日，县政协召开常委会会议，传达学习中共上海市委书记俞正声在市政协培训班上的讲话精神，并组织讨论。

2009 年 2 月 25 日，县政协召开常委会会议，传达学习上海市市长韩正在崇明调研时的讲话精神，并组织讨论。

2010 年 11 月 15 日，县政协召开常委会会议，学习中共十七届五中全会和中共上海市委九届十三次全会精神，并组织讨论。

2012 年 11 月 26 日，县政协召开常委会会议，学习中共十八大精神，并组织讨论。

第三节　主席会议学习

1986年起，县政协主席会议组织成员开展学习活动，学习的重点是中共中央、中共上海市委、市政府有关会议精神，市政协有关会议精神，中共崇明县委、县政府有关会议精神。参加学习的成员有主席、副主席、秘书长等。本节辑录主席会议学习34次。

1986年5月6日，县政协召开主席（扩大）会议，传达学习全国政协六届四次和市政协六届五次会议精神。

1986年9月28日，县政协召开主席会议，传达学习市政协召开的区县政协负责人会议精神。

1986年11月1日，县政协举行主席会议（扩大）学习会，学习中共中央有关文件。

1988年4月1日，县政协召开主席会议，传达学习中共上海市委副书记、市长朱镕基在市农村工作会议上的讲话。

1988年8月5日，县政协召开主席会议，集体学习中共中央和中共上海市委有关为政清廉的文件。

1988年10月11日，县政协召开主席会议，学习讨论中共十三届三中全会精神。

1989年1月17日，县政协召开主席会议，学习中共中央廉政建设文件精神和中央领导同志有关廉政的讲话精神。

1989年2月21日，县政协召开主席会议，传达学习上海市农村工作会议精神，学习中共上海市委书记江泽民，市委副书记、市长朱镕基，副市长倪鸿福等讲话精神。

1989年6月7日，县政协召开主席（扩大）会议，学习中共中央领导重要讲话和中共上海市委书记江泽民5月31日在市委委员学习会上的讲话精神，并传达市政协召开的区县政协主席会议精神。

1989年6月30日，县政协召开主席（扩大）会议，传达学习中共十三届四中全会文件和邓小平重要讲话精神。

1989年11月17日，县政协召开主席会议，传达学习中共十三届五中全会精神。

1990年7月18日，县政协召开主席会议，传达学习中共中央召开的全国统战工作会议精神。

1993年2月1日，县政协召开主席会议，学习讨论中共崇明县委书记徐木泉在县四套班子成员会议上的讲话。

1993年6月9日，县政协召开主席会议，传达学习市政协常委会扩大会议精神。

1993年7月12日，县政协召开主席会议，学习讨论中共中央关于加强宏观调控，做好当前经济工作的文件精神，学习中共上海市委书记吴邦国视察崇明时的讲话。

1993年9月11日，县政协召开主席会议。学习中共中央有关文件，对中央在新形势下开展反腐败斗争的思路和对策交流学习体会。

1993年11月10日，县政协召开主席会议，交流学习《邓小平文选》第五卷的体会，讨论在政协委员中开展学习《邓小平文选》的有关事宜。

1994年9月29日，县政协召开主席会议，学习中共十四届四中全会公报。

1995年7月3日，县政协召开主席会议，学习中共上海市委关于加强政协工作的通知。

1996年6月21日，县政协召开主席会议，传达学习中共上海市委统战工作会议和市农村工作会议精神。

1997年1月17日，县政协召开主席会议，学习中共十四届六中全会精神，并联系各自思想实际和工作实际，交流学习体会。

1999年5月18日，县政协召开主席会议，学习中共中央领导同志重要讲话精神。讨论中，大家表示坚决支持中国政府严正声明，强烈谴责美国为首的北约轰炸中国驻南斯拉夫使馆的暴行。

1999年8月10日，县政协召开主席会议，学习中共中央总书记江泽民有关处理和解决邪教“法轮功”问题的讲话精神，并听取县文化体育委员会关于取缔邪教“法轮功”情况的通报。

2000年6月13日，县政协召开主席会议，学习中共中央总书记江泽民关于“三个代表”重要思想的重要讲话和中共上海市委书记黄菊在市委常委学习会上关于把“三个代表”重要思想贯彻到党的全部工作中去的讲话精神。

2000年7月7日，县政协召开主席会议，学习《邓小平新时期统一战线理论学习纲要》有关章节。

2000年9月5日，县政协召开主席会议，学习《邓小平新时期统一战线理论学习纲要》有关章节。

2000年10月10日，县政协召开主席会议，学习《邓小平新时期统一战线理论学习纲要》有关章节。

2003年9月3日，县政协召开主席会议成员专题学习会，观看中央纪委、中央组织部联合摄制的党风廉政建设专题宣传教育片。

2004年11月4日，县政协召开主席会议。学习中共十六届四中全会精神，并组织讨论。

2005年8月31日，县政协召开主席会议，传达学习中共上海市委领导在市委召开的政协工作会议上的重要讲话以及中共上海市委关于加强政协工作的意见。

2006年8月31日，县政协召开主席会议，讨论县政协贯彻中共中央关于学习《江泽民文选》决定的总体安排。

2007年8月1日，县政协召开主席会议，学习中共中央总书记胡锦涛《坚定不移走中国特色社会主义伟大道路，为夺取全面建设小康社会新胜利而奋斗》的讲话，并组织讨论。

2009年9月29日，县政协召开主席会议，组织与会人员学习中共中央总书记胡锦涛在庆祝人民政协成立60周年大会上的讲话、中共上海市委书记俞振声在庆祝人民政协成立60周年暨上海市政协工作会议上的讲话精神。

2010年8月2日，县政协召开主席会议，传达学习中共上海市委九届十二次全会精神，并组织讨论。

第四节 全体委员学习

全体委员学习主要形式有报告会、座谈会、委员活动日学习和新委员学习等。本节辑录报告会59次、座谈会41次、委员活动日学习和新委员学习20次。

一、报告会

1957年6月20日，县政协分别在城桥镇和堡镇举行报告会，由副主席徐鼎铨、樊伯平向全体政协委员和统战口的人大代表传达毛泽东主席在第十一次最高国务会议上的讲话精神。

1959年8月26日，县政协召开部分政协委员和人大代表座谈会，听取中共崇明县委书记张惠和关于学习中共八届八中全会的报告。

1959年11月17日，县政协举办时政报告会，听取市政协副主席陈望道、常委廖世承首都观礼感的录音报告。县政协委员42人出席报告会。

1959年12月1日，县政协举办时政报告会，听取中共上海市委统战部领导关于访苏观感和全国群英会代表、上海机床厂朱大仙关于群英会的录音报告。县政协委员103人出席报告会。

1960年5月3日，县政协组织工商、文教、医务界政协委员和部分社会人士，听取上海建襄民办小学教师吴佩芳《鸡毛飞上天》的录音报告。

1960年6月6日，县政协举办时政报告会，听取上海市警备区司令部联络部部长朱皓群关于《美帝在和平烟幕下进行备战活动》的录音报告。城桥地区政协委员、人大代表出席并邀请参加县宗教会议的天主教、佛教界人士共60人参加报告会。

1960年6月26日，县政协举办“关于教育改革问题”讲座，听取上海市教育卫生部部长杨西光的录音报告。县政协委员、人大代表32人出席讲座，桥镇小学、实验小学、崇明中学、崇明师范等校教师也应邀听取录音报告。

1960年10月8日，县政协举办时政报告会，听取市政协邀请的上海市农委宣传部部长高原《贯彻以农业为基础的方针》的录音报告。县政协委员、县政治学校学员和各界民主人士共60人参加报告会。

1960年10月31日，县政协举办时政报告会，听取市政协邀请的中国登山队副队长许竞《攀登珠穆朗玛峰》的录音报告。县政协委员、县政治学校学员和各界民主人士共60人参加报告会。

1960年11月5日，县政协举办时政报告会，听取市政协邀请的参加抗美援朝战争的空军战士韩德新《抗美援朝战斗生活》的录音报告。县政协委员、县政治学校学员40多人参加报告会。

1960年11月28日，县政协举办时政报告会，听取市政协邀请的中共上钢一厂党委书记陈林《艰苦奋斗，为钢而战》的录音报告。县政协委员、县各界民主人士36人参加报告会。

1960年12月8日，县政协举办时政报告会，邀请新民公社谢西大队党支部书记陈庆章所作的《艰苦奋斗，为粮而战》报告。县政协委员、工商界人士50人参加报告会。

1960年12月28日，县政协举办时政报告会，听取市政协邀请的上海市副市长金仲华《出国见闻》的录音报告。县政协委员、县各界人士和工商业者50人参加报告会。

1961年1月13日，县政协举办时政报告会，听取市政协邀请的宋亚英的《为祖国建设发光发热》、田丽娟的《当好党的通讯兵》录音报告。县政协委员和工商界人士共58人参加报告会。

1961年3月15日，县政协举办时政报告会，听取中共崇明县委统战部副部长陈启刚所作的《学习毛主席著作，改造世界观》报告。县政协委员、参加县工商联二届执行委员会扩大会议上的代表以及社会民主人士共132人出席报告会。

1961年4月13日，县政协举办时政报告会，听取市政协邀请的市人大代表、烈士家属韩慧如《秦鸿钧烈士战斗的一生》的录音报告。县政协委员和工商界人士43人参加报告会。

1961年4月20日，县政协举办时政报告会，听取市政协邀请的杨树浦发电厂吴关荣《王孝和烈士生前事迹》的录音报告。县政协委员和各界人士38人参加报告会。

1961年9月16日，县政协举办时政报告会，听取中共崇明县委统战部副部长陈启刚所作的《关于国际形势问题》报告。县政协委员和人民代表84人出席报告会。

1962年1月10日，县政协与县工商联联合举行时政讲座，听取上海市工商联副主任魏如《关于访问江西革命根据地》的录音报告。县政协委员和工商界人士35人参加报告会。

1962年1月17日，县政协举行时政讲座，听取上海市政协常委程孝刚《关于访问山东省》的录音报告。县政协委员和各界人士48人参加报告会。

1962年3月18日，县政协举办时政报告会，听取市政协组织的上海青年京剧团《关于香港演出》的录音报告。县政协委员、人大代表和社会人士50人出席报告会。

1962年3月22日，县政协举办时政报告会，听取市政协副秘书长刘良模《慰问中国人民解放军归来》的录音报告。县政协委员、人大代表20人出席报告会。

1962年9月9日，县政协举办时政报告会，听取中共崇明县委统战部副部长陈启刚所作的当前形势报告。参加报告会的有城桥地区政协委员、人大代表，堡镇、庙镇等五大市镇上负责工商界业余学习的骨干分子，以及城桥镇工商界业余学习的学员共80人。

1962年10月30日，县政协举办时政报告会，听取市政协组织的上海评弹团《在香港演出》的录音报告。县政协委员、人大代表41人出席报告会。

1962年10月31日，县政协举办时政报告会，由县商业局负责人谈关于发放布票的问题，并对发放布票的原因和供应办法作了说明，要求各界人士做好宣传工作，要看到在经济形势一天天好起来的情况下国家还存在暂时的困难，号召群众增产节约、勤俭持家。县政协委员、人大代表32人出席报告会。

1963年12月7日，县政协举行学习心得报告会，出席80人，有19人在会上发言。县政协秘书长陈启刚就当前反修斗争形势作报告。会议向各学习小组布置学习内容，要求学习和讨论评苏共中央公开信的各篇文章。

1964年3月16日，县政协召开学习委员会扩大会议，传达市政协学习工作会议上刘述周的报告精神。

1984年7月17日，县政协举行报告会。会上，中共崇明县委书记曹昌桢谈学习全国政协主席邓颖超在全国政协六届二次会议上讲话的体会，对县政协在改革开放中如何发挥作用、政协委员如何加强自我教育提出建议；县长田长春就我国为什么要实行对外开放政策；什么是对外开放政策，其实质是什么，内容有哪些；我国为什么要利用外资及利用外资的重点有哪些方面等内容作报告。县政协委员、部分侨眷、在崇明的民主党派成员等共140人出席报告会。

1985年11月22日，县政协举办报告会，听取中共崇明县委书记姚明宝作当前国际、国内形势的报告。

1988年7月8日，县政协举办报告会，听取中共崇明县委书记姚明宝作访日观感报告。

1988年9月10日，县政协教育工作委员会、民进崇明支部、县教育局联合举办报告会，听取上海市育才中学名誉校长段力佩作关于教育改革的报告。

1988年9月22日，县政协举办报告会，听取中共崇明县委书记姚明宝作关于《深化改革，共渡难关》的报告。

1991年11月12日，县政协海外联谊委员会和民族宗教委员会联合组织报告会，听取中共崇明县委宣传部副部长施建华作《关于国际形势和苏联局势》的报告。

1992年7月11日，县政协举行学习中共中央2号文件报告会，邀请上海国际问题研究所综合研究室主任郭隆隆教授作关于邓小平南方谈话重要意义的辅导报告。县政协委员、政协之友社理事、民主党派成员、乡镇局党委宣传委员及统战系统各部门机关干部200人出席报告会。

1993年8月27日，县政协举行报告会，邀请上海社科院吴绍中教授作关于社会主义市场经济理论和实践的辅导报告。县政协委员、民主党派支委以上负责人、政协之友社正副理事长、乡镇局党委宣传委员共100人出席报告会。

1994年1月14日，县政协举行报告会，邀请中共崇明县委党校副校长何家邦作学习《邓小平文选》第三卷辅导报告。县政协委员、统战系统全体干部、政协之友社部分社员及乡镇局党委宣传委员100人出席报告会。

1996年4月24日，县政协举办报告会，邀请上海市台湾事务办公室副主任陈祥元作台湾问题专题报告。

1996年11月1日，县政协举行“怎样当好政协委员学习研讨活动”表彰会暨香港回归与香港基本法报告会。县政协领导、政协委员、政协之友社社员和民主党派县委委员共100多人参加报告会。会上，对获得“怎样当好政协委员学习研讨活动”一、二、三等奖的委员颁发证书和奖品，并听取上海法学院教授赵炳霖作香港回归与香港基本法的报告。

1996年12月4日，县政协举办学习中共十四届六中全会精神辅导报告会。会上，中共崇明县委宣传部副部长徐耀明就精神文明建设的战略地位、正确估量精神文明建设的形势、社会主义精神文明建设的指导思想和奋斗目标、加强思想道德建设、加强和改善党对精神文明建设的领导、十四届六中全会决议的特点等作辅导报告。县政协领导、县政协委员，专门委员会主任、副主任，地区委员小组组长、副组长，政协之友社副理事长，民主党派主委、副主委共80人参加报告会。

1997年5月27日，县政协举办学习新修订的刑法专题报告会，请上海市申江律师事务所主任黄亚忠从九个方面向与会人员作新刑法知识讲解。

2000年4月5日，县政协举行台湾情况专题报告会，邀请市台办常务副主任郭戈作台情报告。郭戈从台湾的选举情况、两岸关系走向、台湾选举后的政治局势、对台工作方针等方面作了详细介绍。县政协主席黄振兴主持报告会，县四套班子领导、各乡镇委局领导班子成员、县政协委员、县政协之友社部分社员、各民主党派县委委员等共500多人参加报告会。

2001年12月13日，县政协海外联谊委员会举行台情通报会，由中共崇明县委台湾工作办公室主任秦志超介绍台湾当前形势、解决台湾问题的国内外因素和关于解决台湾问题的原则立场及政策底线。县政协副主席周祖安出席会议并讲话。县留学生家属理事会和县侨界代表人士应邀参加通报会。

2004年4月16日，县政协召开生态岛建设专题报告会，邀请华东师范大学资源与环境学院陆健健教授作关于生态岛建设方面的专题辅导报告。县政协委员、政协之友社社员160人参加报告会。

2005年7月29日，县政协组织委员参加中共崇明县委举行的加强中国共产党领导的多党合作和政治协商制度建设辅导报告会。报告会邀请中共上海市委统战部副局级巡视员徐力作辅导报告。

2006年2月28日，县政协组织委员参加中共崇明县委举行的专题报告会，听取市政协主席蒋以任作国家基本政治制度和人民政协理论专题报告。蒋以任的报告从历史和现实的角度，坚持理论和实践相结合，对中国共产党领导的多党合作和政治协商这一基本制度以及人民政协的筹备、产生、发展；人民政协的性质、地位、作用；人民政协的主题、工作方位、主要职能；人民政协工作的新思想、新理论、新规范以及面临的新形势、新任务、新要求作了系统阐述，对进一步推动崇明政协事业不断向前发展具有重要的指导意义。

2006年5月12日，县政协、中共崇明县委统战部联合举行"中日关系现状与展望"专题形势报告会，邀请同济大学国际文化交流学院院长蔡建国作报告。县政协和中共崇明县委统战部领导、县政协委员、各乡镇委局党委宣传委员，县侨联委员、县留学生联谊会理事、县政协之友社社员等150人参加报告会。

2007年3月29日，县政协、中共崇明县委统战部联合举行报告会，邀请中共上海市委党校卢肖文副教授作关于构建社会主义和谐社会专题报告。县政协和中共崇明县委统战部领导、在崇明的市政协委员、县政协委员、县各民主党派支部主委以上干部、县工商联负责人、县政协之友社理事等100多人参加报告会。

2007年5月16日，县政协、中共崇明县委统战部联合举行报告会，邀请华东政法大学教授张驰作学习《中华人民共和国物权法》专题报告。报告中，张驰教授介绍物权法的立法背景、立法目的及立法过程，讲解物权法的基本内容和最新规定，使与会人员对物权法的现实意义、基本原则、基本原理、基本内涵有了更为全面、清晰、深刻的理解。县政协和中共崇明县委统战部领导、县各民主党派、工商联、侨联等界别政协委员及县政协之友社社员100人出席报告会。

2008年2月27日，县政协、中共崇明县委统战部联合举行"坚定不移发展社会主义民主政治"专题报告会，邀请中共上海市委党校陈尤文教授作报告。陈尤文教授在理论和实践的结合上回顾总结中国社会主义民主政治建设与政治体制改革的发展历程，阐述坚定不移发展民主政治的重要性和必要性，全面解读中共十七大报告中提出的坚定不移发展社会主义民主政治的六项主要内容以及发展社会主义民主政治的宏观、微观路径，使与会人员对坚定不移发展社会主义民主政治有了更深入更全面更清楚的认识。县政协和中共崇明县委统战部领导、县各民主党派、工商联、侨联等界别政协委员及县政协之友社社员150人出席报告会。

2008年6月3日，县政协、中共崇明县委统战部联合举行台海形势报告会

2008年4月22日，县政协、中共崇明县委统战部联合举行报告会，邀请上海社会主义学院副院长张颖作《中国的政党制度》解读专题报告。县政协和中共崇明县委统战部领导、县政协委员，县各民主党派、工商联、侨联等负责人及县政协之友社社员300人出席报告会。

2008年6月3日，县政协、中共崇明县委统战部联合举行台海形势报告会，邀请上海台湾研究所副所长李雷鸣作专题报告。李雷鸣在报告中对台湾地区大选和新领导人上台后台湾局势和两岸关系发展前景，分别从目前台湾岛内的新变化、新特点，两岸关系的新契机、新局面等方面作详细阐述，使与会人员更为清晰地了解台湾的时局变化，在充分认识对台工作的复杂性和艰巨性的同时，进一步坚定实现两岸和平统一的信心和决心。县政协和中共崇明县委统战部领导、县政协委员，县各民主党派、工商联、侨联等负责人及县政协之友社社员共300人出席报告会。

2008年7月22日，县政协人口和健康委员会与县疾病预防控制中心联合举行"艾滋病防治形势"专题报告会，邀请上海市疾病预防控制中心宁镇教授作报告。通过这次专题报告，使与会人员进一步了解目前国内外艾滋病防治形势，也从一定程度上提高从事艾滋病防治工作人员的业务水平。

2009年9月8日，县政协、中共崇明县委统战部联合举行纪念人民政协成立60周年专题报告会，邀请上海市社会主义学院副院长张颖教授作报告。张颖在报告中系统回顾人民政协成立的背景、过程和在不同阶段发挥的重要作用，并结合多年从事人民政协与多党合作制度研究的成果，从理论与实践相结合的高度，对人民政协成立60年来的伟大成就和宝贵经验、人民政协制度的有关问题进行全面、深刻的讲解和阐述，使与会人员对人民政协和中国共产党领导的多党合作和政治协商制度的重要地位和历史作用有了更加准确深刻的理解和把握。县政协和中共崇明县委统战部领导、县政协委员、县各民主党派支部委员以上成员、县工商联执委以上成员、党外代表人士、县政协之友社部分社员以及各乡镇委局负责统战工作的党委委员出席会议。

2010年8月31日，县政协、中共崇明县委统战部联合举办"当前国际形势展望与我国对外战略"专题报告会，邀请上海国际问题研究院院长杨洁勉作报告。杨洁勉在报告中结合当今世界发展趋势，围绕中美关系发展历程，详细讲解国际力量发展的相对均衡性和中国"坚持韬光养晦，积极有所作为"的对外战略策略，使与会人员进一步了解国际形势的深刻变化和中国对外应对措施。县政协和中共崇明县委统战部领导、县政协委员、县各民主党派支部委员以上成员、县工商联执委以上成员、党外代表人士、县侨联委员、县政协之友社部分社员共180人出席会议。

2011年3月23日，县政协、中共崇明县委统战部联合举行学习贯彻中共十七届五中全会精神专题报告会，邀请中共上海市委党校陈勇鸣教授作《创新、转型、提升、富民——中共十七届五中全会精神解读》的报告。陈勇鸣在报告中结合国内外发展趋势，围绕中国经济发展历程，"十二五"期间中国经济社会建设的主基调和主要内容，以及世界经济政治格局的变化，日本大地震对中国和世界经济的重要影响等方面，详细讲解中国在"十二五"期间经济社会的主要规划以及加快经济方式转变、拉动内需、推进城乡一体化发展、增加国民收入等内容。县政协和中共崇明县委统战部领导、县政协委员、县各民主党派支部委员以上成员、县工商联执委以上成员、党外代表人士、县侨联委员、县政协之友社部分社员共100人出席会议。

2011年3月23日，县政协、中共崇明县委统战部联合举行学习中共十七届五中全会精神报告会

2011年6月27日，县政协、中共崇明县委统战部联合举行纪念中国共产党成立90周年专题报告会，邀请华东政法大学政治学院与公共管理学院院长张明军教授作《90年来中国共产党对民主政治的追求》专题报告。报告重点阐述了中国共产党光辉历史和丰功伟绩，民主政治制度建设的曲折和艰难，坚持中国共产党领导的多党合作和政治协商制度等内容。县政协和中共崇明县委统战部领导、县政

协委员，县各民主党派、工商联、党外代表人士，县侨联委员、侨界代表人士，县政协之友社理事以上成员共 200 人参加报告会。

2011 年 9 月 19 日，县政协、中共崇明县委统战部联合举办辛亥革命 100 周年专题报告会，邀请中国第二历史档案馆副馆长马振犊作题为《辛亥革命百年启示》报告。马振犊在报告中将辛亥革命主要历程划分为孙中山及其反清革命志士起义、辛亥武昌起义的爆发、上海与南京的光复、中华民国临时政府的成立四个阶段，并结合大量历史资料深刻阐述辛亥革命爆发的背景、沪宁光复的意义及辛亥革命成败的百年启示等，使大家对辛亥革命有了更清晰的了解。中共崇明县委副书记、县政协主席施建华出席会议。县政协和中共崇明县委统战部领导、县政协委员、县各民主党派、工商联成员，党外代表人士、县侨联委员、侨界代表人士、县政协之友社部分社员以及各乡镇委局党委负责统战工作的委员共 180 人出席会议。

2012 年 7 月 18 日，县政协、中共崇明县委统战部联合举办文化改革发展专题报告会，邀请上海社会科学院文化产业中心秘书长巫志南作《文化改革发展的思路与方法》报告。巫志南在报告中结合国内外文化体制特点，围绕我国文化体制改革发展历程及当今世界文化发展趋势，以加强我国文化建设、建设社会主义文化强国为出发点和落脚点，从文化与发展的角度深刻分析和充分认识中共十七届六中全会的时代意义，生动解读社会主义核心价值体系建设的内涵，全方位探索我国建设公共文化服务体系、加快文化产业发展、创新文化体制机制的路径和方法，使与会人员对中共十七大六中全会与文化建设内涵有了更加全面、更加深刻、更加系统的认识和理解。县政协主席施建华出席会议。县政协领导、政协委员、县各民主党派支部委员以上成员、县工商联执委以上成员、党外代表人士、县政协之友社部分社员共 180 人出席会议。

2012 年 7 月 18 日，县政协、中共崇明县委统战部联合举行文化改革发展的思路与方法专题报告会

2012 年 12 月 7 日，县政协、中共崇明县委统战部联合举办学习贯彻中共十八大精神专题报告会，邀请上海市学习贯彻十八大精神宣讲团成员、上海市政协副秘书长徐海鹰作《学习贯彻中共十八大精神》专题报告。徐海鹰在报告中介绍了中共十八大概况，十八大报告的主要内容，并从十八大报告的主题、主线、科学发展观和党的建设等方面进行深入解读，使与会者对十八大精神内涵有了更加全面更加深刻更加系统的理解。县政协和中共崇明县委统战部领导、县政协委员、县各民主党派支部委员以上成员、县工商联执委以上成员、党外代表人士、县政协之友社部分社员以及民族、宗教、港澳台侨界代表共 150 人出席会议。

二、座谈会

1958 年 5 月 9 日，县政协召集工商界代表人士，就印度总理尼赫鲁 4 月 27 日关于西藏问题的讲话和《人民日报》编辑部文章《西藏的革命和尼赫鲁的哲学》，进行座谈讨论。

1958 年 7 月 24 日，县工商联召集工商界部分委员和人大代表座谈会，就进一步认清美帝国主义侵略本性不会改变和世界爱好和平力量日益强大进行座谈讨论。

1958 年 9 月 9 日，县政协召开城桥地区部分政协委员、人大代表和社会耆老参加的座谈会，就台湾形势和台风后夺取秋熟丰收等问题进行座谈。

1958 年 9 月 27 日，县政协召开城桥地区政协委员座谈会，学习座谈中华人民共和国外交部部长陈毅关于抗议和痛斥美帝国主义霸占我国台湾和其他沿海岛屿，不断进行军事挑衅，造成紧张局势的声明。

1959年4月1日，县政协召开城桥地区部分政协委员、人大代表、社会耆老参加的座谈会，学习座谈新华社关于《西藏叛乱事件公报》，与会人士一致拥护中央采取的措施。

1959年4月29日，县政协召开城桥地区部分政协委员参加的座谈会，座谈学习4月18日召开的全国人民代表大会主要精神。

1959年5月8日—11日，县政协组织天主教神甫和修女座谈会，学习中央有关西藏问题的文件精神。

1960年5月23日，县政协召开城桥地区政协委员和人大代表座谈会，就美国间谍飞机侵犯苏联领空、破坏四国首脑会议等重大国际问题进行座谈。

1962年1月24日，县政协组织城桥地区政协常委、委员，学习中共中央关于美国政府迫害美国共产党的声明和《人民日报》社论，就当前反对美帝、与美帝斗争问题进行座谈。

1962年9月29日，县政协组织部分县政协常委和委员16人就右派分子改造工作进行座谈。

1962年10月5日—7日，县政协副主席徐鼎铨、施桂馨，秘书长陈启刚分别在城桥、新河、堡镇地区组织县政协委员和人大代表38人进行座谈，学习中共八届十中全会公报。

1981年9月29日，县政协召开少数民族政协委员座谈会，交流学习中共十二届六中全会决议体会。

1981年10月8日，县政协召集部分委员座谈学习全国人大常委会委员长叶剑英关于对台政策的谈话。与会委员在发言中深感党中央的宽阔胸怀，深盼台湾当局能以国家民族利益为重，响应中国共产党的倡议，早日举行对等谈判，使祖国早日统一，使分离在海峡两岸的亲人早日团聚。

1982年7月15日，县政协召开部分委员座谈会，学习《中华人民共和国宪法修改草案》，交流学习体会。

1982年8月6日，县政协召开部分委员座谈会，座谈学习全国人大常委会副委员长廖承志致蒋经国的信。委员们一致认为，廖承志致蒋经国信，是继1981年全国人大常委会委员长叶剑英提出和平解决台湾回归祖国的九点建议后，又一具有重大政治意义的行动。

1984年8月22日，县政协召开各工作组组长座谈会，学习《全国政协工作组组长联席会议纪要》，并围绕政协开展经济咨询服务展开讨论。

1985年8月21日，县政协召开工作组组长会议，传达中共上海市委书记芮杏文在市政协六届四次会议上的讲话精神和市政协秘书长范征夫在区县政协工作经验交流会上所作的《按系统工程学的观点，发挥政协综合人才库的作用》的报告，还分别介绍在区县政协工作经验交流会上静安、南市、宝山等区县开展政协工作的经验。

1987年7月30日，县政协部分委员和有关人士学习中共上海市委《关于印发江泽民同志在全市负责干部会议上的讲话》文件精神，围绕反对官僚主义的问题进行座谈讨论。大家感到，官僚主义不反不行，各级干部要加强调查研究，切实转变思想和工作作风。

1987年9月29日，县政协和中共崇明县委统战部联合召开民主党派、人民团体及各界人士座谈会，就当前形势、“一国两制”等方面进行座谈。县政协主席张彪主持会议，中共崇明县委书记姚明宝，县委副书记、县长田长春等出席座谈会并讲话。

1987年10月29日，县政协召开学习中共十三大精神座谈会，副主席宋斌主持会议，各界人士30人出席座谈。大家在发言中指出，中共十三大阐明了社会主义初级阶段理论，提出了党在社会主义初级阶段的基本路线，即以经济建设为中心，坚持四项基本原则，坚持改革开放，是一次具有历史意义的重要会议，将带领全国人民继续努力，为把我国建设成为富强、民主、文明的社会主义现代化国家而奋斗。

1987年12月24日，县政协召开政协常委和委组负责人会议，交流学习中共十三大文件精神的体会。

1988年8月23日，县政协和中共崇明县委统战部联合召开各界人士座谈会，贯彻县委扩大会议精神，讨论全县经济形势，交流为崇明经济发展知情出力的体会。

1988年10月20日，中共崇明县委召开党外人士会议，由县委副书记、县长田长春，县委副书记陆瑾和县委常委、组织部部长黄振兴分别传达中共十三届三中全会精神，县委书记姚明宝作讲话。22日，县政协组织党外人士座谈讨论会，学习中共十三届三中全会文件精神。

1989年5月20日，县政协召开座谈会，部分政协委员和政协机关工作人员参加会议。会议收看中共中央、国务院召开的首都党政军干部大会录像，学习李鹏、杨尚昆等中央领导讲话精神，并进行座谈讨论。与会人员表示坚决拥护中共中央、国务院重大决策和中央领导同志的重要讲话精神。

1989年7月10日，县政协与中共崇明县委统战部联合召开会议，向民主党派成员和非中共党员政协委员传达中共十三届四中全会文件及邓小平讲话精神，并组织座谈讨论。

1989年8月29日，县政协召开部分委员座谈会，交流学习中共十三届四中全会文件精神的体会。

1989年11月10日，县政协与中共崇明县委统战部联合召开会议，组织非中共党员政协副主席、县各民主党派支委以上成员和县工商联负责人学习中共十三届五中全会精神，并进行座谈讨论。

1991年10月24日，县政协召开部分委员参加的座谈会，交流学习江泽民“七一”讲话体会。

1994年8月24日，县政协召开学习政协章程座谈会，学习委员会成员、部分政协常委、县各民主党派和人民团体中的政协委员参加座谈。会上，与会委员交流学习政协章程的体会。

1995年2月11日，县政协与中共崇明县委统战部联合召开学习江泽民《为促进祖国统一大业的完成而继续奋斗》重要讲话座谈会。与会人员在座谈中一致认为，江泽民提出的和平统一八项主张，符合海峡两岸人民的共同心愿，对促进祖国统一大业具有重要和深远的意义。

1995年2月24日，县政协召开新委员座谈会。会上，秘书长刘亚池向新委员介绍人民政协的历史、性质、任务、地位、作用、职能和崇明政协的情况。新委员在发言中表示要认真学习政协知识，了解政协工作，当好政协委员。

1998年11月26日，县政协召开学习中共十五届三中全会精神座谈会。县政协副主席仇永鸣主持座谈会，并在讲话中提出三点要求：一是要认真学习三中全会精神，充分认识《中共中央关于农业和农村工作若干重大问题的决定》的重大意义；二是要结合自己的思想认识，把思想统一到党中央的“决定”精神和江泽民提出的“三个不动摇”上来；三是要把学习“决定”精神与更好地履行政协职能结合起来，为崇明农业发展积极献计出力。

2000年9月29日，县政协召开纪念江泽民在庆祝人民政协成立50周年大会上重要讲话发表一周年座谈会，县政协委员中的中共党员参加座谈。与会人员围绕中共中央总书记江泽民的讲话精神，联系县政协所开展的活动和个人的思想工作实际，交谈学习心得并就进一步发挥党员的先锋模范作用提出建议。

2001年5月18日，县政协召开党派团体负责人座谈会，学习全国政协主席李瑞环在全国政协九届四次会议闭幕会上的讲话，交流各党派团体近期工作情况和下阶段工作安排。

2003年8月7日，县政协召开学习贯彻《中共崇明县委关于进一步加强政协工作的若干意见》座谈会。与会委员结合县政协工作和自身本职工作，交流学习文件精神的体会，还就如何加强政协工作、提高政协委员自身素质、加强和改善党对政协工作的领导和支持政协工作等方面提出意见建议。

2003年8月14日，县政协召开县各民主党派、工商联负责人座谈会，学习贯彻《中共崇明县委关于进一步加强政协工作的若干意见》精神。与会人员分别结合民主党派、工商联实际，就学习贯彻文件精神，发挥优势，共同致力于加快实现崇明跨越式发展畅谈体会。

2003年8月20日，县政协召开座谈会，邀请部分乡镇委局党政负责人就学习贯彻《中共崇明县委关于进一步加强政协工作的若干意见》精神进行座谈。与会人员分别联系本单位实际，就学习文件精神，重视和支持政协开展工作等方面作交流发言，并对进一步做好政协工作提出意见建议。

2007年11月15日，县政协港澳台侨委员会和县政协台联、侨联界别联合召开学习贯彻中共十七大精神座谈会。会上，传达中共十七大会议召开的背景、重要意义，中共十七大报告的主要框架、主要内容和报告中多个首次提出的新观点、新论述。与会人员结合各自工作实际，围绕贯彻落实中共十七大精神，就改善民生、加快民主政治建设、推进社会主义新农村文化建设、做好对台工作等方面畅谈各自的学习体会。

2011 年 9 月 21 日，县政协召开学习贯彻《中共中央关于加强人民政协工作的意见》座谈会。会上，县各民主党派、县工商联、县政协部分专门委员会负责人发言，畅谈学习体会，并就进一步加强人民政协工作提出意见建议。

三、委员活动日学习和新委员学习

1987 年 10 月 15 日，县政协组织第一次委员活动日活动，分别由中共崇明县委副书记陆瑾作访日观感报告，上海远东冰箱厂负责人介绍赴意大利考察的所见所闻，中共崇明县委统战部负责人介绍当前台湾形势和中共对台方针政策，县政协副主席宋斌介绍中共崇明县委、县政府关于副食品生产和供应问题的会议纪要精神以及县政协三季度工作回顾和四季度工作打算。县政协主席张彪、副主席徐正林分别主持上午和下午的活动。

1990 年 3 月 28 日，县政协举行县八届政协新委员学习会。学习会内容：辅导学习政协章程；县政协副主席宋斌介绍政协情况，对新委员提出要求和希望，谈当好政协委员、搞好政协工作的设想。

1990 年 9 月 11 日，县政协组织委员活动日活动。分别召开新河片、向化片、城北片、庙镇片 4 个地区委员座谈会，传达全国统战工作会议精神，并就如何当好政协委员进行讨论。参加各片会议的委员共 78 人，县政协副主席徐正林、黄和招、施兆发，秘书长顾建新参加活动。

1993 年 3 月 26 日，县政协举办县九届政协新委员学习班。八届县政协副主席徐正林就人民政协的历史、性质、作用、任务和主要职责作了较为详细的介绍，要求新委员树立光荣感和责任感，认真履行政协职能，为开发、振兴崇明经济积极参政议政。

1994 年 7 月 13 日，县政协组织委员活动日活动。中共崇明县委常委、县纪委书记邵礼达通报崇明县贯彻中纪委三次全会精神，深入开展反腐败斗争，落实三项重点工作的情况；县人民法院有关负责人通报崇明县经济审判工作情况。县政协委员、民主党派县委委员、县政协之友社部分社员等共 96 人参加。副主席黄振兴主持活动，副主席施兆发、罗永祥，秘书长刘亚池等参加活动。

1996 年 5 月—7 月，县政协开展“怎样当好政协委员学习研讨活动”。活动分为三个阶段，第一阶段为宣传发动阶段，第二阶段为学习研讨阶段，第三阶段为交流总结阶段。要求全体政协委员积极参与活动，进一步提高自身素质，不断增强为“两个文明”建设献计献策的责任感、使命感。

1998 年 3 月 18 日，县政协举行十届县政协新委员学习会。学习会由九届县政协主席陆瑾主持。九届县政协副主席黄振兴向新委员介绍人民政协的历史、性质、任务、作用和主要职责，并就如何当好一名合格政协委员提出希望和要求；县政协秘书长刘亚池就提案工作作专题辅导；九届县政协委员龚安良、张诗履、张启贤结合实际谈做好政协工作的体会。

1998 年 5 月 22 日，县政协举行委员活动日活动，邀请上海国际问题研究所所长陈佩尧教授作《中国的国际环境和中美关系》报告。副主席仇永鸣主持活动，副主席黄雄、姚振尧、罗永祥及全体委员和部分政协之友社社员共 120 多人参加活动。

1998 年 10 月 26 日，县政协组织委员活动日活动，传达贯彻中共崇明县委、县政府召开的经济工作会议精神。县政协副主席仇永鸣主持活动。副主席黄雄传达中共崇明县委书记盛亚飞和县长顾国林在县经济工作会议上的讲话精神。仇永鸣在讲话中向委员们提出要求。副主席周祖安、秘书长刘亚池及部分政协委员、民主党派县委委员、部分政协之友社社员共 100 多人参加活动。

1998 年 12 月 25 日，县政协举行委员活动日活动，由中共崇明县委党校副校长顾鹏炎作学习中共十五届三中全会精神的辅导报告。县政协副主席仇永鸣主持活动，县政协委员及部分政协之友社社员共 70 人参加活动。活动中，县政协主席黄振兴传达中共上海市委召开的政协工作座谈会精神，通报县政协

1999年工作的总体思路，并就县政协十届二次会议期间的提案工作提出要求。

1999年5月31日，县政协组织委员活动日活动，全体县政协委员和部分政协之友社社员参观解放崇明岛登陆纪念碑和崇明烈士馆。在纪念碑前，中共崇明县委宣传部副部长、县政协常委卫岳介绍纪念碑的创意和筹建过程。在崇明烈士馆，副主席仇永鸣、黄雄代表政协崇明县委员会向烈士敬献花圈，参加活动的全体人员参观烈士生平事迹陈列。县政协副主席周祖安主持活动，主席黄振兴讲话。

1999年10月27日，县政协举行委员活动日活动，由中共崇明县委宣传部副部长、县政协常委卫岳作认真学习和实践邓小平理论的辅导报告。县政协副主席仇永鸣主持活动，他要求全体县政协委员、县政协之友社社员继续认真学习邓小平理论，弄懂精神实质，共同履行好政协政治协商、民主监督、参政议政职能。县政协主席黄振兴，副主席黄雄，秘书长刘亚池与县政协委员及部分县政协之友社社员共60多人参加活动。

2002年4月19日，县政协组织委员活动日活动，邀请中共上海市委党校冯金华教授作WTO知识专题报告。县政协副主席周祖安、黄雄、罗永祥，秘书长、办公室主任陈汉刚与全体县政协委员、县政协之友社社员参加活动。

2003年2月28日。县政协举行十一届县政协新委员学习会。会上，十届县政协主席邵礼达向新委员作题为《深入贯彻十六大精神，努力做好新时期政协工作》的报告。县政协协党组书记范陈杰主持学习会，并向新委员提出希望：要加强学习，树立强烈的政治责任感和历史使命感；要积极参加政协活动，及时准确反映社情民意，认真负责写好提案；要为崇明改革开放多做实事、多做好事；要解放思想，开拓创新，在本职岗位上建功立业，努力贡献自己的聪明才智。

2003年7月7日，县政协组织委员活动日活动，邀请上海市农委助理巡视员顾吾浩作《关于上海市郊“三个集中”基本思路和相关政策措施》的专题报告。县政协主席范陈杰主持活动。县政协副主席罗永祥、王菁、吴复安，秘书长陈汉刚及县政协委员、县政协之友社社员90多人参加活动。

2004年8月5日，县政协组织委员活动日活动，听取上海社科院副院长沈国明、全国政协四局局长原东平关于学习贯彻宪法和政协章程的专题辅导录音报告，县政协副主席袁佳平传达中共中央总书记胡锦涛在崇明视察时的讲话精神，前卫村党总支书记徐卫国介绍胡锦涛在前卫村视察的情况。县政协主席范陈杰到会并讲话。县政协委员、县政协之友社社员共90多人参加活动。

2005年6月13日，县政协组织委员活动日活动。邀请上海市台湾研究所常务副所长严安林教授作当前台海形势报告。县政协副主席、中共崇明县委统战部长袁佳平主持活动，县政协主席范陈杰，副主席罗永祥、王菁、吴复安，秘书长陈汉刚，部分县政协委员、县政协之友社社员参加活动。县各民主党派、工商联负责人，县侨联、县留联会、县台联等团体负责人也听取报告。

2006年7月28日，县政协结合宣传崇明三岛功能定位组织委员活动日活动。县政协副主席、中共崇明县委统战部长袁佳平主持活动。在活动中，袁佳平总结前阶段县政协开展崇明三岛功能定位宣传实践活动的情况，并就深入开展崇明三岛功能定位宣传实践活动提出要求。县政协主席范陈杰，副主席罗永祥、吴复安，秘书长陈汉刚和县政协委员100多人参加活动。县政协之友社名誉理事长、名誉副理事长，理事长、副理事长，理事以及部分社员应邀参加活动。

2007年1月25日，县政协举办新委员培训班

2007年1月25日，县政协举办十二届县政协新委员培训班。培训班上，县政协主席范陈杰作《坚持和完善国家基本政治制度，推进人民政协事业不断向前发展》的专题报告，县政协副主

席罗永祥就提案工作作辅导。县政协副主席袁佳平主持培训班。

2011年12月27日，县政协、中共崇明县委统战部联合举行十三届县政协新委员培训会议，邀请市政协副秘书长徐海鹰和市政协提案委员会副主任朱钢分别就人民政协基本理论和政协提案基本知识作专题辅导报告。中共崇明县委常委、县政协副主席、中共崇明县委统战部部长王为群主持培训会议。

2012年3月21日，县政协组织全体政协委员参加中共崇明县委举办的国际形势报告会，听取市有关部门负责人作国际形势报告。

第五节 委组学习

委组学习主要是由专门委员会(组)、地区委员小组组织的学习活动，由本委(组)委员参加，有时也开展联组学习活动。每年年初，各委组制订学习计划，按学习计划和县政协安排的学习内容组织委员学习。本节辑录档案资料中记录的各委组主要学习情况。

1980年—2012年崇明县政协专门委员会(组)和地区委员小组学习情况表

表6-1

年	月	日	学习内容
1980	8	19	县政协科技组召开全体委员会议，交流学习中共十一届六中全会决议的体会
	8	24	县政协工商组召开全体委员会议，交流学习中共十一届六中全会决议的体会
	9	18	县政协工商组组织委员学习五届全国人大三次会议与全国政协五届三次会议文件精神
1985	8		县政协农村组召开会议，传达学习县政策研究室《关于完善土地承包办法的意见(征求意见稿)》，与会委员充分肯定农村土地承包的优越性，对征求意见稿提出了修改意见
1987	12	24	县政协各委组全年重点学习中共十三大文件精神
1988	8	27	县政协科技委员会召开全体委员会议，学习中共崇明县委全会精神，座谈讨论为实现全县全年净增五个亿的目标而发挥科技优势
1989	6	27	县政协海外联谊委员会召开会议，传达学习邓小平6月9日接见首都戒严部队军以上干部时的重要讲话以及李鹏、姚依林讲话精神
	10	19	县政协学习委员会召开会议，学习江泽民在庆祝中华人民共和国成立40周年大会上的讲话
1990	9	11—13	县政协分片召开地区委员座谈会，传达学习全国统战工作会议精神，并就如何当好政协委员进行讨论
1991	10	7	县政协学习委员会召开会议，讨论关于学习贯彻江泽民“七一”讲话的安排意见
1992	4	27	县政协科技工作委员会召开会议，学习市长黄菊在崇明视察时的讲话精神
	4	28	县政协文史资料委员会召开会议，学习市长黄菊在崇明视察时的讲话精神
1993	4	23	县政协教育委员会组织委员参加县教育局举办的《中国教育发展和改革纲要》讲习班。委员们听取中共崇明县委书记徐木泉关于《崇明的过去、现在和将来》和市教育局局长袁采关于《上海教育发展思路》的报告
1994	8	13	县政协堡镇地区委员小组组织学习活动，学习新修订的政协章程和全国政协副秘书长卢之超关于认真学习新修订的政协章程的讲话精神
	8	22	县政协堡镇地区委员小组组织学习活动，学习新修订的政协章程
	9	27	县政协鳌山地区委员小组组织学习活动，学习新修订的政协章程
	11	15	县政协堡镇地区委员小组组织委员学习中共十四届四中全会文件精神

续表 6-1

年	月	日	学习内容
1995	2	17	县政协堡镇地区委员小组组织学习活动，学习中共中央总书记江泽民《为促进祖国统一大业的完成而继续奋斗》重要讲话
	3	27	县政协海外联谊委员会组织学习活动，学习中共中央总书记江泽民《为促进祖国统一大业的完成而继续奋斗》重要讲话
	5	19	县政协堡镇地区委员小组组织委员学习、讨论《全国政协关于政治协商、民主监督、参政议政的规定》
	6	16	县政协民族宗教委员会组织学习活动，学习《全国政协关于政治协商、民主监督、参政议政的规定》和《政协崇明县委员会关于深入开展向孔繁森同志学习活动的通知》
	6	30	县政协鳌山地区委员小组组织学习活动，学习领导干部的楷模孔繁森的先进事迹，学习、讨论《全国政协关于政治协商、民主监督、参政议政的规定》和全国政协主席李瑞环在政协八届十三次常委会议上《关于人民政协履行职能的若干问题》的讲话精神
	7	25	县政协海外联谊委员会组织学习活动，学习《全国政协关于政治协商、民主监督、参政议政的规定》《中共上海市委关于进一步加强党对政协工作领导的通知》和孔繁森先进事迹
	7	27	县政协医卫委员会组织学习活动，学习《全国政协关于政治协商、民主监督、参政议政的规定》《中共上海市委关于进一步加强党对政协工作领导的通知》和孔繁森先进事迹
	8	22	县政协堡镇地区委员小组组织学习活动，学习《全国政协关于政治协商、民主监督、参政议政的规定》《中共上海市委关于进一步加强党对政协工作领导的通知》和孔繁森先进事迹
	11	15	县政协堡镇地区委员小组组织学习活动，学习中共十四届五中全会文件，全国政协主席李瑞环在政协八届三次会议闭幕会上的讲话
1996	1	10	县政协教育委员会组织委员学习中共十四届五中全会文件
	1	12	县政协海外联谊委员会组织委员学习中共十四届五中全会文件
	3	27	县政协堡镇地区委员小组组织学习活动，学习全国政协八届四次会议上常委会工作报告和闭幕式上全国政协主席李瑞环讲话
	3	29	县政协城桥地区委员小组组织学习活动，学习全国政协八届四次会议上常委会工作报告和全国政协主席李瑞环在闭幕式上的讲话
	6	10	县政协庙镇地区委员小组组织学习活动，学习中共中央总书记江泽民关于领导干部要“讲学习、讲政治、讲正气”的讲话精神
	6	19	政协堡镇地区委员小组开展怎样当好政协委员的学习研讨活动，小组全体成员分别交流前阶段的学习体会并对下阶段学习作出计划
	6	28	政协城桥地区委员小组开展学习交流活动，学习关于怎样当好一名政协委员的学习资料，交流学习体会
	7	9	县政协海外联谊委员会开展学习交流活动，交流怎样当好一名政协委员的体会
	7	11	县政协科技委员会开展学习交流活动，在前阶段学习的基础上交流“怎样当好一名政协委员”的体会
	7	16	县政协市政工交委员会开展学习交流活动。委员们结合实际，立足本职，就当好一名合格的政协委员作交流
	7	19	县政协农贸经济委员会组织委员结合自身思想和工作实际，就怎样当好政协委员进行座谈交流
	7	24	县政协医卫委员会开展学习交流活动，委员们联系思想和工作实际，就怎样当好政协委员交流体会

续表 6－1

年	月	日	学 习 内 容
1996	7	30	县政协教育委员会组织委员联系思想和工作实际，就怎样当好政协委员交流体会
	8	7	县政协城桥地区委员小组开展当好政协委员的学习研讨活动，交流学习心得体会
	8	8	县政协鳌山地区委员小组开展怎样当好政协委员的学习交流活动，委员们畅谈心得体会
	8	8	县政协民族宗教委员会开展学习交流活动，委员们联系思想和工作实际，就怎样当好政协委员作交流
	10	21	县政协庙镇地区委员小组组织学习活动，学习中共十四届六中全会精神
	11	27	县政协城桥地区委员小组组织学习活动，学习中共十四届六中全会精神
	12	10	县政协海外联谊委员会组织学习活动，学习中共十四届六中全会精神
	12	12	县政协堡镇地区委员小组组织学习活动，学习中共十四届六中全会精神
	12	24	县政协医卫委员会组织学习活动，学习中共十四届六中全会精神
1997	3	17	县政协堡镇地区委员小组组织学习活动，学习讨论全国政协主席李瑞环在全国政协八届五次会议闭幕会上讲话和副主席叶选平作的常务委员会工作报告
	3	25	县政协城桥地区委员小组组织学习活动，学习邓小平关于人民政协的理论文章
	4	4	县政协召开专门委员会主任、地区（系统）委员小组组长会议，学习全国政协秘书长朱训的文章《新时期人民政协工作的指南——学习邓小平同志关于人民政协的理论》
	5	20	县政协海外联谊委员会组织学习活动，学习香港基本法和邓小平关于“一国两制”讲话精神，并交流学习体会
	5	29	县政协城桥镇地区委员小组组织学习活动，学习全国政协秘书长朱训的文章《新时期人民政协工作的指南》
	7	8	县政协鳌山地区委员小组组织学习活动，学习中共中央总书记江泽民在香港特别行政区庆典会上的讲话
	9	12	县政协堡镇地区委员小组组织学习活动，学习《充满生机和活力的五年——八届全国政协概述》和《上海政协工作跃上新台阶》，并结合九届县政协五年来的工作进行座谈讨论
	9	27	县政协文体新闻委员会组织委员学习中共十五大精神
	9	30	县政协医卫委员会组织委员学习中共十五大精神
	10	5	县政协民族宗教委员会组织委员学习中共十五大精神
	12	5	县政协科技委员会举行学习中共十五大文件体会交流活动
	12	9	县政协海外联谊委员会举行中共十五大文件学习体会交流活动
	12	11	县政协堡镇地区委员小组组织委员回顾总结小组设立以来的工作，交流学习中共十五大文件的体会
	12	12	县政协城桥地区委员小组组织委员回顾总结小组设立以来的工作，交流学习中共十五大文件的体会
	12	12	县政协文体新闻委员会举行学习中共十五大文件体会交流活动，委员们还回顾总结本届委员会五年来的工作
	12	18	县政协鳌山地区委员小组组织委员回顾总结小组设立以来的工作，交流学习中共十五大文件体会

续表 6-1

年	月	日	学　　习　　内　　容
1998	5	21	县政协医卫委员会组织委员学习《中国人民政治协商会议章程》《全国政协关于政治协商民主监督参政议政的规定》、全国政协主席李瑞环的有关重要讲话和县政协 1998 年工作要点
	5	22	县政协城北地区委员小组组织委员学习李瑞环在全国政协九届一次会议闭幕会上的讲话精神和县政协地区委员小组简则等文件，交流学习体会
	6	3	县政协经济委员会组织委员学习政协章程和县政协专委会工作简则等文件
	6	5	县政协海外联谊委员会组织委员学习政协章程和县政协专委会工作简则等文件
	6	9	县政协社会法制委员会和教育委员会分别组织委员学习政协章程和县政协专委会工作简则等文件
	6	12	县政协文史资料委员会组织委员学习政协章程和县政协专委会工作简则等文件
	7	7	县政协文体委员会组织委员学习政协章程、全国政协主席李瑞环的有关重要讲话精神以及县政协专委会工作简则等
	8	21	县政协新河地区委员小组组织委员学习市政协副主席王生洪《深入学习邓小平统一战线理论，把人民政协事业推向新世纪》的讲话及县政协地区（系统）委员小组简则，并交流学习体会
	8	26	县政协城桥镇委员小组组织委员学习《支部生活》关于学习中共十五大报告的体会文章，并结合各自实际，畅谈学习中共十五大报告以及学习邓小平理论的体会
	8	31	县政协向化地区委员小组组织委员学习市政协副主席王生洪在区县政协主席学习研讨会上的讲话精神和县政协制订的地区（系统）委员小组工作简则
	11	26	县政协文体委员会组织委员学习中共上海市委召开的上海市政协工作座谈会精神，学习市委书记黄菊在座谈会上的讲话和市委副书记、市政协主席王力平关于贯彻落实会议精神的要求，还学习中央有关领导关于文化、体育工作的讲话
	12	24	县政协堡镇镇地区委员小组举行学习活动，学习中共上海市委书记黄菊和市委副书记、市政协主席王力平在市委召开的政协工作座谈会上的讲话精神
1999	1	8	县政协教育委员会举行学习邓小平理论交流会，与会委员分别选择自己在学习邓小平理论中体会最深的一个方面作交流发言
	3	26	县政协新河地区委员小组组织委员学习全国政协主席李瑞环在全国政协九届二次会议闭幕会上的讲话
	3	30	县政协堡镇镇委员小组组织委员学习全国政协主席李瑞环在全国政协九届二次会议闭幕会上的讲话，并结合实际交流各自的认识和体会
	3	31	县政协医卫、海外联谊、教育、文史资料、社会法制委员会及城桥、庙镇、新河、堡镇、向化地区委员小组等委、组分别组织委员学习全国政协主席李瑞环在全国政协九届二次会议闭幕会上的讲话
	4	20	县政协海外联谊、教育、文史资料、社会法制委员会及城桥镇、庙镇地区委员小组等分别组织委员学习全国政协主席李瑞环在全国政协九届二次会议闭幕会上的讲话
	6	9	县政协新河地区委员小组组织委员学习中共中央关于处理和解决邪教“法轮功”问题的文件精神
	6	9	县政协堡镇镇委员小组组织委员学习人民政协性质、地位等基本知识，并交流学习体会
	7	7	县政协文体委员会组织委员学习邓小平南方谈话精神，并就崇明县改革开放二十年来文化体育事业的发展和如何在邓小平理论指导下进一步发展崇明社会文体工作进行讨论
	7	31	县政协经济委员会组织委员学习中共中央处理和解决邪教“法轮功”问题的文件精神和人民日报评论员文章，传达县政协委组主任组长会议精神

续表 6－1

年	月	日	学　　习　　内　　容
1999	8	5	县政协提案委员会组织委员学习《人民日报》关于处理邪教“法轮功”问题的评论员文章，并进行讨论，并学习市政协副主席陈正兴在市政协提案工作会议上的讲话
	9	22	县政协堡镇镇、城桥镇委员小组分别举行学习座谈活动，学习中共中央总书记江泽民在庆祝人民政协成立 50 周年大会上的重要讲话，学习《人民政协报》编辑部的文章《回顾人民政协五十年》，畅谈崇明政协在促进全县经济发展、维护社会稳定方面所作出的贡献。委员们还交流参加政协活动的体会
	9	28	县政协堡镇镇、城桥镇委员小组组织委员学习中共中央总书记江泽民在庆祝人民政协成立 50 周年大会上的重要讲话和《人民政协报》编辑部文章《回顾人民政协五十年》
	11	19	县政协医卫委员会组织委员学习中共中央总书记江泽民在人民政协成立 50 周年大会上的讲话精神，并进行讨论
	11	25	县政协城桥镇委员小组，城北地区委员小组和新河地区委员小组分别组织委员学习中共中央总书记江泽民在人民政协成立 50 周年大会上的讲话，并对 1999 年小组工作进行总结
	12	15	县政协教育委员会举行学习邓小平理论交流会，与会人员结合各自的思想和工作实际，交流学习体会
	12	21	县政协堡镇镇委员小组组织委员学习市政协主席王力平纪念人民政协成立 50 周年的文章
	12	23	县政协提案委员会组织委员学习中共中央总书记江泽民在庆祝人民政协成立 50 周年大会上的讲话并交流学习体会
	12	23	县政协科技委员会组织委员学习中共中央总书记江泽民在庆祝人民政协成立 50 周年大会上的讲话并交流学习体会
	12	24	县政协庙镇地区委员小组组织委员学习中共中央总书记江泽民在庆祝人民政协成立 50 周年大会上的重要讲话，并交流学习体会
2000	3	10	县政协医卫委员会组织委员学习中共中央总书记江泽民在庆祝人民政协成立 50 周年大会上的重要讲话
	3	16	县政协堡镇镇委员小组组织委员学习中共中央总书记江泽民在庆祝人民政协成立 50 周年大会上的讲话，学习全国政协主席李瑞环在全国政协九届三次会议闭幕会上的讲话，并交流学习体会
	3	31	县政协海外联谊委员会组织委员学习全国政协主席李瑞环在全国政协九届三次会议闭幕会上的讲话。会议还传达全国政协九届三次会议精神
	3	22	县政协新河地区委员小组组织委员学习中共中央总书记江泽民在庆祝人民政协成立 50 周年大会上的讲话，学习全国政协主席李瑞环在全国政协九届三次会议闭幕会上的讲话，并交流学习体会
	4	3	县政协经济、社会法制、文史资料委员会及向化、城北、庙镇地区委员小组分别组织委员集中学习中共中央总书记江泽民在人民政协成立 50 周年大会上的重要讲话和全国政协主席李瑞环在全国政协九届三次会议闭幕会上的讲话，并结合实际展开讨论，交流学习体会
	4	26	县政协文体委员会组织委员集中学习、传达全国政协九届三次会议精神和学习全国政协主席李瑞环在全国政协九届三次会议闭幕会上的讲话，并进行讨论
	5	17	县政协城桥镇委员小组组织委员学习全国政协主席李瑞环在全国政协九届三次会议闭幕会上的讲话，并进行讨论
	6	28	县政协堡镇镇委员小组组织委员学习中共中央总书记江泽民“三个代表”重要思想，并交流学习体会
	7	18	县政协社会法制委员会组织委员学习江泽民“三个代表”重要思想，并交流学习体会

续表 6-1

年	月	日	学习内容
2000	7	24	县政协提案委员会组织全体委员开展学习活动，学习江泽民“三个代表”重要思想，并传达中共上海市委书记黄菊在崇明调研时的讲话
	7	25	县政协海外联谊委员会组织委员学习江泽民“三个代表”重要思想，并传达中共上海市委书记黄菊在崇明调研时的讲话
	9	15	县政协医卫委员会组织全体委员交流学习中共中央总书记江泽民在庆祝人民政协成立50周年大会上重要讲话的心得体会
2001	1	18	县政协法制委员会和城桥镇委员小组分别组织委员学习中共中央总书记江泽民在全国统战工作会议上的讲话
	4	5	县政协教育委员会组织委员学习全国政协主席李瑞环在全国政协九届四次会议闭幕会上的讲话，并结合各自的思想实际进行座谈讨论
	4	6	县政协竖新镇委员小组组织委员学习李瑞环在全国政协九届四次会议闭幕会上的讲话
	4	19	县政协医卫委员会组织委员学习全国政协主席李瑞环在全国政协九届四次会议闭幕会上的讲话
	4	29	县政协社会法制委员会组织委员学习全国政协主席李瑞环在全国政协九届四次会议闭幕会上的讲话
	4	25—28	县政协城桥镇、庙镇、三星镇委员小组分别组织委员学习全国政协主席李瑞环在全国政协九届四次会议闭幕会上的讲话，学习县政协关于开展“崇明大开发，政协怎么办”讨论活动的通知
	5	14	县政协文体委员会组织委员学习全国政协主席李瑞环在全国政协九届四次会议闭幕会上的讲话和上海市政协主席王力平在市政协学习邓小平理论研讨会上的讲话以及县政协关于开展“崇明大开发，政协怎么办”讨论活动的通知，并展开讨论
	5	15	县政协海外联谊委员会组织委员学习全国政协主席李瑞环在全国政协九届四次会议闭幕会上的讲话，并就如何积极参与“崇明大开发，政协怎么办”讨论活动进行商议
	5	30	县政协文史资料委员会组织委员学习李瑞环在全国政协九届四次会议闭幕会上的讲话和县政协关于开展“崇明大开发，政协怎么办”讨论活动的通知。委员们结合学习主题进行讨论
2002	3	19	县政协城桥镇委员小组组织委员学习全国政协主席李瑞环、副主席叶选平在全国政协九届五次会议上的重要讲话
	3	20	县政协堡镇委员小组组织委员学习上海市政协主席王力平在市政协九届五次会议闭幕会上的讲话，并结合各自的思想实际进行座谈讨论
	4	9	县政协教文体委员会组织委员学习上海市政协主席王力平在市政协九届五次会议闭幕会上的讲话
	4	11	县政协三星镇委员小组组织委员学习市政协主席王力平在市政协九届五次会议闭幕会上的讲话和《上海市政协关于加强反映社情民意工作的若干意见(试行)》
	4	18	县政协人口和健康委员会组织委员学习全国政协主席李瑞环在全国政协九届五次会议闭幕会上的讲话、上海市政协主席王力平在市政协九届五次会议闭幕会上的讲话
	5	29	县政协文史资料委员会组织委员学习全国政协主席李瑞环在全国政协九届五次会议闭幕会上的讲话
	6	4	县政协港澳台侨委员会组织委员学习全国政协主席李瑞环在全国政协九届五次会议闭幕会上的讲话，传达学习中共上海市第八次代表会议精神，学习国务院副总理钱其琛关于加强侨务工作的讲话

续表 6－1

年	月	日	学习内容
2002	11	8	县政协提案委员会组织委员学习中共中央总书记江泽民在中共十六大上所作报告的要点，交流学习的初步体会
2003	9	3	县政协城桥镇委员小组组织委员学习《中共崇明县委关于进一步加强政协工作的若干意见》，学习中共崇明县政协党组《关于认真学习胡锦涛同志重要讲话，兴起学习贯彻"三个代表"重要思想新高潮的通知》，传达上海市市长韩正在崇明调研时的讲话精神
	9	17	县政协堡镇委员小组组织委员学习《中共崇明县委关于进一步加强政协工作的若干意见》和县政协《关于学习贯彻县委文件，推动当前政协工作的意见》，传达上海市市长韩正在崇明调研时的讲话精神
2004	3	26	县政协庙镇地区委员小组组织委员学习《政协章程(修正案)》，并进行讨论
	3	31	县政协港澳台侨委员会组织委员学习《政协章程(修正案)》，学习全国政协十届二次会议精神，学习中共中央总书记胡锦涛在全国侨联联组会议上的讲话精神和全国政协主席贾庆林在全国统战部长会议上的讲话精神，学习县政协关于开展生态岛建设大讨论活动的文件
	3	31	县政协人口和健康委员会组织委员学习《政协章程(修正案)》，学习县政协委组主任会议精神和县政协关于开展生态岛建设大讨论活动的通知精神
	4	9	县政协经济委员会组织委员学习《政协章程(修正案)》和县政协关于开展生态岛建设大讨论活动的通知精神
	4	13	县政协城桥镇委员小组组织委员学习《政协章程(修正案)》和县政协关于开展生态岛建设大讨论活动的通知精神
	4	15	县政协文史资料委员会组织委员学习《政协章程(修正案)》，学习县政协关于开展生态岛建设大讨论活动的通知精神
	4	19	县政协堡镇委员小组组织委员学习《政协章程(修正案)》及县政协关于开展生态岛建设大讨论活动的通知精神
	4	27	县政协提案委员会组织委员学习《政协章程(修正案)》，听取县政协专门委员会办公室关于县政协十一届二次会议以来提案办理工作情况通报，并进行讨论
	4	28	县政协社会和法制委员会组织委员学习《政协章程(修正案)》及县政协关于开展生态岛建设大讨论活动的通知精神
	4	28	县政协科技委员会组织委员学习《政协章程(修正案)》及县政协关于开展生态岛建设大讨论活动的通知精神
	10	10	县政协社会和法制委员会组织全体委员学习，传达上海市市长韩正在崇明调研时的讲话精神并展开讨论
	12	22	县政协庙镇地区委员小组组织委员学习中共十六届四中全会精神，并交流学习体会
2005	4	7	县政协教文体委员会组织委员学习全国政协十届三次会议精神，并进行讨论
	4	8	县政协人口和健康委员会组织委员学习中共中央《关于进一步加强中国共产党领导的多党合作和政治协商制度建设的意见》、全国政协十届三次会议精神和县政协《关于积极参与群众性生态岛建设教育实践活动的实施意见》
	4	13	县政协港澳台侨委员会组织委员学习中共中央《关于进一步加强中国共产党领导的多党合作和政治协商制度建设的意见》、全国政协十届三次会议精神，听取市侨联副主席俞位恩所作的做好新时期侨务工作专题报告
	4	14	县政协庙镇委员小组组织委员学习中共中央《关于进一步加强中国共产党领导的多党合作和政治协商制度建设的意见》、全国政协十届三次会议精神和县政协《关于积极参与群众性生态岛建设教育实践活动的实施意见》，并就如何推进生态示范村创建工作进行讨论

续表 6-1

年	月	日	学习内容
2005	4	19	县政协经济委员会组织委员学习《中共中央关于进一步加强中国共产党领导的多党合作和政治协商制度建设的意见》、全国政协十届三次会议精神
	6	3	县政协社会和法制委员会组织委员学习《中共中央关于进一步加强中国共产党领导的多党合作和政治协商制度建设的意见》
	10	26	县政协港澳台侨委员会组织委员学习中共十六届五中全会、市政协工作会议以及《中共上海市委关于加强政协工作的意见》精神
2006	7	18	县政协经济委员会召开会议，传达中共崇明县委九届八次全会精神和上海市市长韩正在崇明考察时的讲话精神
	7	26	县政协港澳台侨委员会组织委员开展学习活动，传达中共崇明县委九届八次全会和上海市市长韩正在崇明调研时的讲话精神
	8	8	县政协堡镇委员小组召开会议，传达中共崇明县委九届八次全会精神和上海市市长韩正在崇明调研时的讲话精神，学习《政协崇明县委员会关于专门委员会年度工作考核办法》和《政协崇明县委员会关于政协委员年度工作考核办法》
	11	2	县政协城桥镇委员小组组织委员学习中共十六届六中全会精神，观看《崇明三岛联动》宣传片
	11	6	县政协庙镇委员小组组织委员学习中共中央总书记胡锦涛在学习《江泽民文选》报告会上的重要讲话和中共十六届六中全会精神
2007	4	17	县政协庙镇委员小组组织委员学习全国政协主席贾庆林《运用科学理论指导和推动新世纪新阶段人民政协工作》的署名文章以及全国政协十届五次会议精神
	4	18	县政协社会和法制委员会组织委员学习全国政协十届五次会议精神。县政协主席范陈杰参加活动并向委员们传达中共上海市委书记习近平到崇明视察工作时的讲话精神
	4	19	县政协科技委员会组织委员学习全国政协十届五次会议精神、《政协崇明县委员会各专门委员会、地区委员小组主要任务和工作职责》《政协崇明县委员会关于进一步发挥委员主体作用的意见》
	4	26	县政协港澳台侨委员会组织委员集体学习，听取关于中共对台政策历史演变的讲座。委员们还学习全国政协十届五次会议精神，并进行讨论
	4	27	县政协经济委员会组织委员学习全国政协十届五次会议精神，并进行讨论
	4	27	县政协人口和健康委员会组织委员学习全国政协主席贾庆林《运用科学理论指导和推动新世纪新阶段人民政协工作》的讲话，并进行讨论
	8	16	县政协竖新镇委员小组组织委员学习中共中央总书记胡锦涛“6·26”重要讲话精神和中共上海市委书记习近平到崇明调研时的重要讲话精神
	8	22	县政协堡镇委员小组组织委员学习中共中央总书记胡锦涛“6·26”重要讲话精神和中共上海市委书记习近平到崇明调研时的重要讲话精神
	11	13	县政协经济委员会组织委员学习中共中央总书记胡锦涛在中共十七大所作的报告
	11	23	县政协社会和法制委员会组织委员学习中共十七大精神，交流学习体会
	12	14	县政协文史资料委员会组织委员学习中共中央总书记胡锦涛在中共十七大所作的报告，并交流学习体会
2008	3	24	县政协社会和法制委员会组织委员学习全国政协十一届一次会议精神，观看县公安局“突破2007”宣传专题片
	3	25	县政协提案委员会组织委员学习全国政协十一届一次会议精神，并进行讨论

续表 6－1

年	月	日	学 习 内 容
2008	3	25	县政协港澳台侨委员会组织委员学习全国政协十一届一次会议精神，并就台湾“大选”之后的两岸形势展开讨论
	3	31	县政协经济委员会组织委员学习全国政协十一届一次会议精神
	4	10	县政协竖新镇委员小组组织委员学习全国政协十一届一次会议精神
	4	10	县政协教文体委员会组织委员学习全国政协十一届一次会议精神
	4	10	县政协庙镇委员小组、城桥镇委员小组、港沿镇委员小组联合组织学习活动，组织委员学习全国政协十一届一次会议精神
	4	10	县政协陈家镇委员小组和文史资料委员会联合组织学习活动，组织委员学习全国政协十一届一次会议精神，观看陈家镇总体规划专题片
	4	17	县政协堡镇委员小组组织委员学习全国政协十一届一次会议精神
2009	3	17	县政协文史资料委员会组织委员学习全国政协十一届二次会议精神，传达县政协 2009 年度委组主任组长会议精神
	3	19	县政协庙镇委员小组组织委员学习全国政协十一届二次会议精神，传达县政协 2009 年度委组主任组长会议精神
	3	24	县政协社会和法制委员会组织委员学习全国政协十一届二次会议精神
	3	25	县政协人口和健康委员会组织委员学习中共中央总书记胡锦涛在全国“两会”党员负责人会议上的重要讲话和全国政协主席贾庆林在全国政协闭幕会上的讲话精神
	4	10	县政协科技委员会组织委员学习全国政协十一届二次会议精神
	4	22	县政协港澳台侨委员会组织委员学习全国政协十一届二次会议精神
2010	3	24	县政协社会和法制委员会组织委员学习全国政协十一届三次会议精神
	5	27	县政协港澳台侨委员会组织委员学习《崇明生态岛建设纲要(2010—2020)》主要内容，听取县侨联“了解世博，参与世博，奉献世博，共享世博”系列主题活动情况介绍
2011	4	1	县政协人口和健康委员会组织委员学习全国政协十一届四次会议精神
	4	6	县政协社会和法制委员会组织委员学习全国政协十一届四次会议精神
2012	3	26	县政协经济委员会组织委员学习全国政协十一届五次会议精神
	3	28	县政协社会事业委员会组织委员学习全国政协十一届五次会议精神
	3	29	县政协建设管理委员会组织委员学习全国政协十一届五次会议精神
	10	15	县政协提案委员会组织委员学习中共中央办公厅、国务院办公厅印发的《关于进一步加强人民政协提案办理工作的意见》

卷七　文史资料　宣传工作　会讯简报

崇明县政协成立后，特别是1981年恢复县政协工作后，利用政协联系面广的有利条件和优势，开展文史资料的收集和整理工作。1987年4月，县政协成立文史资料工作组，1990年4月成立文史资料委员会，负责文史资料工作。崇明县政协文史资料的征集坚持实事求是原则，坚持当事人和知情人亲历、亲见、亲闻“三亲”，把好“政治、史实、文字”关，加强联系，广征博采，以文会友，扩大社会影响。

县政协的宣传工作主要是新闻宣传、人民政协章程宣传以及政协知识的宣传。在各个时期，根据崇明实际和县政协工作重点，采取多种形式和方法，丰富宣传内容，扩大宣传面，增强宣传效果，团结和激励各界人士为崇明县各项工作的开展多做贡献。

1984年—2012年，县政协编印会讯、简报共9种。这些刊物，反映政协主要工作状况，加强与委员的交流，促进政协各项工作的开展。

第一章　文史资料

1982年4月，县政协五届二次会议根据人民政协的职能，提出开展文史资料的征集、整理工作。会议决议指出，要积极贯彻全国第三次文史资料工作会议精神，依靠各方面力量抓紧抢救史料，开展征集史料工作。1983年3月，县政协五届三次会议决议要求继续开展文史资料的征集工作。1984年4月，六届一次会议要求加强文史资料的收集整理工作，对地方史料、人物史料等开展资料收集，并在年内将五届委员的诗稿整理汇编付印。1987年4月，七届县政协设立文史资料组，负责文史资料征集工作。1990年4月至2012年2月，八届县政协至十二届县政协均设立文史资料委员会；2012年2月，十三届县政协设文史资料研究科，文史资料委员会和文史资料研究科负责文史资料的征集、整理、编纂和出版。文史资料工作成为政协工作的一个重要组成部分。

第一节　文史资料征集

1985年，县政协委员江一帆将其制成的崇明县各种鸟类标本130余件交给国家，由县少科站保存。

1988 年 6 月 2 日，县政协召开文史工作会议。会议研究文史资料的收集内容及整理、编写、经费、出版、发行等工作，决定由 6 人组成的编委会，开展对各类文史资料的整理和编辑。

1988 年 10 月 26 日，县政协文史资料工作组在三星乡文化站召开座谈会，邀请三星乡部分文化界人士座谈，提供文史资料线索，征集文史资料。

1989 年 6 月 14 日，县政协文史资料组召开工作会议，研究部署文史资料征集整理工作。

1990 年 5 月 8 日，县政协文史资料委员会召开工作会议，决定制订文史工作三年规划。

1996 年 10 月 15 日，县政协文史资料委员会与县党史办、县编史办开展对口交流活动。传达市政协文史工作会议精神，介绍县政协文史工作情况。县党史办、县编史办分别交流编史工作情况。

1997 年 5 月 29 日，县政协文史资料委员会与民族宗教委员会联合召开讨论会，围绕编写崇明县佛教史进行讨论，征集佛教史的有关资料。

1999 年 4 月 1 日，县政协秘书处召开“我与祖国，我与人民政协”征文活动座谈会，讨论开展征文活动的有关事项。

2001 年 7 月 17 日，县政协文史资料委员会与文化部门开展对口联系活动，与文化界人士座谈讨论文史资料征集工作。

2002 年 5 月 29 日，县政协文史资料委员会召开会议，讨论编辑出版《崇明楹联》等事宜。

2003 年 9 月 17 日，县政协文史资料委员会召开有关人士座谈会，讨论文史资料收集工作。

2005 年 10 月，县政协文史资料委员会与县档案局(馆)联合召开会议，征集编写清末崇明籍外交家李凤苞的资料。

2008 年 3 月 7 日，县政协文史资料委员会召开文史工作座谈会。县政协文史资料委员会部分成员及社会各界部分文史爱好者和工作者等参加座谈会。与会人员围绕如何做好政协文史资料的收集整理和开发利用工作提出许多建设性的意见建议。

2009 年 11 月 12 日，县政协文史资料委员会与县档案局开展对口联系活动，围绕档案资料的挖掘利用，征集和编写有关文史资料，进行座谈讨论并提出意见建议。

2011 年 3 月 22 日，县政协文史资料委员会与县档案局开展对口联系活动，听取有关部门关于《崇明县志(1985—2004)》编纂情况的介绍，并就开发地方志资源，发挥地方志“存世、资政、教化”作用等方面提出意见建议。

第二节　文史资料编印

本节辑录 1964 年—2011 年，县政协编印的 20 种文史资料简况。

一、《崇明县志(草稿)》

1964 年，县政协组织人员编撰《崇明县志(草稿)》。16 开本，手写本，约 3 万字。内列文章资料七章。存目如下：

(一)《崇明县志》引言

(二) 古迹：寿安寺、金鳌山

(三) 人物：沈廷扬、李凤苞、钱肃乐、唐一岑、赵廷健

(四) 写述崇明水利志的几点说明

(五) 有崇以来初次兴筑海塘始末记

(六) 崇明文献

(七) 崇明县沿革概略

二、《崇明政协史初稿》

1985 年，县政协组织人员编撰《崇明政协史初稿》。16 开本，铅印本，约 4 万字。内容分列四章：第一章，概述；第二章，各界人民代表会议及其常务委员会；第三章，政协的性质、任务；第四章，新时期人民政协的性质、任务。附件有大事记，历届政协委员名额，历届政协主席、副主席、秘书长、常委名单。

三、《政协委员诗篇》

1985 年，县政协组织人员编印《政协委员诗篇(1980—1985)(征求意见稿)》。1985 年 12 月，在征求意见稿的基础上编印《政协委员诗篇》。16 开本，油印本，约 1 万字。卷首有县政协文史组所撰前言。内容分列“学习新宪法，歌颂十二大”诗选 28 首；“迎春茶话会诗选”20 首；“政协五届会议诗选”25 首；“政协六届会议诗选”20 首；“杂咏”13 首。

四、《心声诗集》

1986 年，县政协组织人员编印《心声诗集》。16 开本，铅印本，约 1.2 万字。卷首有县政协文史组所撰前言。内容分列“学习新宪法，歌颂十二大”诗选 16 首；“迎春茶话会”诗选 17 首；“政协五届会议”诗选 20 首；“政协六届会议”诗选 12 首；“杂咏”21 首。

五、《崇沙竹枝词》

1987 年，县政协组织人员复印保存记载崇明岛风俗民情的文化资料《崇沙竹枝词》。卷首有撰录者朱曜之自叙及瀛洲竹枝词述则，卷末有附记。正文收录“瀛洲竹枝词”100 首、“师山竹枝词”100 首，共 200 首，约 7 000 字，54 页，系手抄本，成书于清同治十三年(1874 年)春。

《崇沙竹枝词》原名《瀛洲师山竹枝词》，由天都古樗道人编，古吴显扬居士录。古樗道人于清乾隆十五年(1750 年)起采集崇明风俗编写竹枝词，于清乾隆十七年(1752 年)完稿。撰录者古吴显扬居士即朱曜之，苏州人士(祖籍安徽歙县)，清康熙三十一年(1692 年)生。年轻时十分钦慕崇明岛为瀛洲仙境，长大后经商，于清康熙六十一年(1722 年)春，在浏河邂逅崇明富商施上之而结伴到崇明。在崇明，朱曜之经过实地考察，“观于俗，耕者让畔，肩者让道，男女别于路；徵于风，服饰尚朴，饮食尚俭，宴客必事丰。居有宅，周宅凿沟而鱼，沟有桥，晨驾而昏撤，编篱围绕；男耕女织，犬吠鸡鸣，宛入桃源之境，悬拟海上瀛洲。”由此，对崇明产生了强烈好感而定居下来。30 年后，朱曜之成了崇明人，“今也崇为我家”，将崇明竹枝词撰录成篇，并传世。主要竹枝词有《岁朝》《贺岁》《劳作》《村居》《重阳》《除夕》等。

六、《崇明文史资料》第一辑

1987 年，县政协组织人员编纂《崇明文史资料》第一辑。手写本，16 开本，共 100 页，收录文章和资料共 9 篇，约 2 万字。主要资料有《崇明岛简介》《唐一岑墓碑记》《瞿犊、王进烈士传》《王清穆先生传》《江浜夜哭》《庙镇茶干小史》《解放前崇明木业概况》《解放前崇明汽车运输业兴衰》《崇明最早的女校——尚志女校》等。

七、《崇明文史资料》第二辑

1988 年 1 月，县政协组织人员编纂印发《崇明文史资料》第二辑。油印本，16 开本，193 页，收录文章和资料共 32 篇，约 12 万字。主要资料有《中共领导崇明武装斗争史略》《中共大椿支部》《中国民主同盟崇明县小组》《瞿犊传》《回忆一九四〇年崇明抗日自卫总队和特务中队北撤经过》《我们的“昭和面包”》

《崇明县城沦陷记——悼念三位抗日无名英雄》《崇明三次光复和一九四九年解放》《我送项英同志的爱人李友兰去苏北解放区》《我为地下党运送巨款》《陈干青先生传略》《二黄女士合传》《王涛传略》《徐焕升》《国民党空军将领龚颖澄》《营救国民党空军起义人员刘善本家属的经过》《"中统"崇明县室和施民在"县室"的活动》《抓壮丁》《烧杀吟并序》等。

八、《崇明岛简介》

1988年，县政协组织人员编印《崇明岛简介》。铅印本，16开本，约5万字。卷首有编例。正文内容包括：一、自然概况；二、岛的形成；三、沙洲涨坍；四、城池变迁；五、县境沿革；六、沙洲争端；七、围垦；八、交通；九、邮电；十、教育；十一、文化；十二、医疗卫生；十三、体育；十四、农业；十五、渔业；十六、林业与副业；十七、工业；十八、城乡建设；十九、主要福利机构；二十、民族；二十一、宗教；二十二、城镇；二十三、乡；二十四、农场；二十五、名胜古迹；二十六、著名特产；二十七、资源概况；二十八、光荣的崇明人民。

九、《崇明文史》第一辑

1989年5月，县政协、县编史修志办公室编印《崇明文史》第一辑。铅印本，16开本，约6万字，收录《抗倭英烈唐一岑》《沈廷扬事略》《清代崇明人民的反抗斗争》《沈之秀领导的反官盐暴动》《记崇明第二次光复》《毛泽东谈崇明农民的痛苦及反抗》《刘士祥对西沙农民暴动的回忆》《中共江苏省委致崇明县委信》《中共崇明县委工作综合报告》《崇明第一个共产党员陆铁强》《崇明第一任县委书记俞甫才》《俞保元烈士传略》《我县早期农民演讲家——黄廷相》《陈鹏烈士传略》《回忆迎接崇明解放的工作》《堡镇解放的一段史实》《崇明县城和平解放亲历记》《崇明解放的前后》等32篇文章。

十、《戴希和诗稿》

1989年6月，县政协组织人员编印《戴希和诗稿》。油印本，16开本，撰录戴希和旧体诗101首，包括《笛声》《郊行》《江头春色》等，共3万字。县长田长春题书名，县人大常委会副主任徐鼎铨作《无尽的怀念》——代序，县政协文史组撰后记。

十一、《现代航海家陈干青》

1990年9月，县政协文史资料委员会编印出版《现代航海家陈干青》。铅印本，32开本，8万字。卷首有图片7幅，陈干青手迹2帧。正文列10章。卷末附录陆云翔等撰写的纪念文章8篇。

本节附录陈干青简介：

现代航海家陈干青，崇明县建设镇人，1891年出生。1914年毕业于国立吴淞商船学校，1915年进入航海界，任商船三副。1925年34岁时任肇兴轮船公司总船长。之后，历任上海商船驾驶员联合会会长、上海航业公会执委、上海保险公会执委、交通部上海航政局船舶碰撞纠纷处理委员会委员、中国引水委员会委员、中国航业合作社理事、中国船舶联合保险委员会委员、招商局船舶失事责任审查委员会委员、第十三届国际劳工大会中国资方代表等，并为解决海难船员遗属困难而创办中国海上意外保险公司，为方便家乡交通而创办崇明轮船公司等，是中国第一个执行海损共同理算和船舶估价、船货检验师业务的专家。陈干青从小受到中国传统文化和民族道德教育，并受西方先进科学技术影响，为人方正，作风朴实，毕生致力于挽回祖国航海、航运和保险业等权利，积极提携后进，努力培养中国航海人才，为振兴民族航海事业作出不懈努力。在上海沦陷时期，严辞拒绝汪伪南京政权要他出任伪交通部航政官员的聘任，在家闭门读书写作，表现了崇高的民族气节。1953年，陈干青病逝于上海，享年62岁。

十二、《崇明楹联选》

2004年1月，县政协组织人员编印《崇明楹联选》，小16开本，铅印本，约3万字。卷首有照片9幅。崇明县政协文史资料委员会作序。正文收录名胜古迹类楹联20联、寺庙庵观类楹联29联、题赠自书类楹联140联、悼念挽联类别7联、楹联拾趣类文章8篇。卷末有编者撰后记。

楹联又称对联或对子,对仗工整,平仄协调,是一字一音的中华语言独特的艺术形式,也是中国传统文化之一。崇明楹联历史悠久,在广大民间,传承着逢年过节贴对联的民俗,每逢婚丧寿诞、庆功贺业、亲友交谊、个人铭志等,人们喜欢用对联这一形式来表达心志和情感。许多文人学士则运用对联咏物抒怀、增智益趣,既激励才华,又催人奋进。对联与书法与建筑艺术相结合,使名胜古迹、市井馆场、家堂廊庙、农舍庭院、居室书斋增辉添彩,别具神韵。如县城朝阳门内原"苏松镇兵署大堂"联:"外捍百岛,内障三吴";原"县衙门牌坊"联:"长江锁钥,瀛海岩疆"。又如佛教名刹寿安寺门联:"如来无量寿,净土万年安"(1989年5月27日中国佛教协会会长赵朴初题);县城朝阳门内原慈善济寺大殿楹联:"松声竹声钟磬声声声自应,山色水色烟霞色色色皆空"。再如崇明《盛氏家谱》封面联:"孝父母,敬伯叔,一家咸庆;序昭穆,正伦常,阖族同兴",阐述人世间的伦理道德;《崇明报》上的对联:"一江春水泻千里孕东海明珠,八方瑞气落九霄育瀛洲人杰",赞颂崇明的得天独厚优势。

十三、《李凤苞——清末崇明籍外交官》

2005年12月,县政协文史资料委员会和县档案局(馆)联合编印《李凤苞——清末崇明籍外交官》,16开本,铅印本,约16万字。卷首有图片34帧,姜鸣(中国近代海军史研究者)作序,收录"海内外学者论文"16篇、"相关资料"11篇、"活动纪实"5篇,卷末有编者后记。

本节附录李凤苞简介:

李凤苞,字丹崖,号海客,清道光十四年(1834年)生,崇明县城桥镇人。李凤苞生性聪明,自幼受教儒学,人县学为增生,后援例充贡生。时当西风东渐,李凤苞除广泛吸收中国传统经史、音韵、兵法、历算、金石、医药等知识外,还与前来传教、经商的外国人接触,学习钻研西方的数学、地理、物理知识以及英语、德语等。清同治元年(1862年),江苏省绘制全省舆图,李凤苞用"准望法"绘成崇明县图,为众多制图者中之佼佼者,遂受命主持江苏省舆图局事务。其间,受江苏巡抚丁日昌赏识,资助捐官为道员,协助办理江南制造局、吴淞炮台工程局事务。后由丁日昌推荐给两江总督、大学士曾国藩,曾国藩派李凤苞驻上海舆地局,参加绘制"地球全图",得以与各国人员交流切磋,加深了对外国语言文化以及自然科学、机械、理化的了解,逐渐成为一个"究心洋务,才识精明,志趣远大"的有抱负有作为人才。清光绪元年(1875年),由直隶总督李鸿章上疏朝廷,任命李凤苞以道员身份带领陆军留学生7人赴德国学习航海驾驶技术。1877年,朝廷加李凤苞三品衔,带领海军留学生38名赴英国深造。1878年,朝廷加李凤苞二品顶戴,任命为署理德国钦差大臣,专办采购战舰军火,包括购买铁甲舰"定远号""镇远号"和"济远号"。清光绪七年(1881年),兼任奥地利、意大利、荷兰三国钦差大臣。光绪十年(1884年),代理法兰西钦差大臣。清光绪十一年(1885年)五月,奉调回国,当年十月被人参劾革职,当年十二月回到崇明。清光绪十三年(1887年)六月十七日,李凤苞病逝于家乡,享年54岁。一生著作颇丰,存世专著、译作有49种,如:《崇明图》《地球全图》(又名《天下全图》)《使德日记》《广韵考正》《营垒图说》(译作)《攻守炮法》《行海要术》《文藻斋诗文集》《崇明晷度更漏表》等。

十四、《崇明政协五十年》

2006年2月,县政协组织人员编印《崇明政协五十年》,约20万字,卷首有图照100幅,县政协主席范陈杰作"代序",卷末有编者撰编后记。正文列"政协简史"文章2篇,"文件选编"文件27篇,"建言献策"文章8篇,"理论研讨"文章3篇,"抚今忆昔"文章9篇,"信息资料"13篇以及"1956年3月—2006年3月县政协大事记"。

十五、《沈廷扬——明代崇明籍著名海运人物》

2007年7月,县政协文史资料委员会、县政协港澳台侨委员会、县档案局联合编辑出版《沈廷扬——明代崇明籍著名海运人物》。卷首有图像11幅,县政协主席范陈杰作序,卷末有编者撰后记。全书由纪念诗文、奏疏及诗摘、史料拾零和世系及生平大事年表等四部分组成,约10万字。

本节附录沈廷扬简介:

沈廷扬，字季明，号五梅，小字百五，明万历二十一年(1593年)生，崇明南沙(长沙)人。沈廷扬家境富有，有沙田千亩、沙船多艘，从小受到良好的传统教育，为人慷慨有志气，崇尚侠义。16岁，由秀才入太学。明崇祯十二年(1639年)，捐得武英殿中书舍人官衔。是年冬，山东多警，运道时梗，沈廷扬因生海滨，习水道，上疏力陈海运，极言其便，并造船两艘试航，由淮安出海，抵天津，仅半个月，获得成功，加授户部郎中。由此通过海运，往登州运输军饷，抗击清军，加授光禄少卿。清军攻陷京师，明福王命沈廷扬以海舟防江，兼理饷务，馈江北诸军。南京失守，沈廷扬走还乡里，后航海至舟山，明唐王授沈廷扬兵部右侍郎，总督水师。鲁王授官亦如之。清顺治四年(1647年)，沈廷扬督舟师300艘北上，抵达家乡崇明，进入长江，与清军血战四昼夜。至福山，不料夜半遭遇飓风，舟胶于沙，与手下兵士600人同为清兵所俘。解至南京，誓死不降，慷慨就义于淮清桥，享年53岁。

《沈廷扬——明代崇明籍著名海运人物》封面

十六、《百年涛声——崇明籍航海精英传记》

2010年12月，县政协组织人员编辑出版《百年涛声——崇明籍航海精英传记》，16开本，30万字，吴长荣著，河南人民出版社出版发行。卷首有崇明籍船长照片33帧，县政协主席范陈杰序一、上海市航海学会秘书长桑史良序二。卷内收录崇明籍船长传记28篇、港台航运业崇明籍船长简历43人、崇明籍船长名录278人，卷末有作者吴长荣撰于2010年12月的后记《有感于崇明的航海文化》。

十七、《清瀛洲诗钞选注》

2008年12月，县政协文史资料委员会、县档案馆联合组织人员编辑出版《清瀛洲诗钞选注》，16开本，约8万字。卷首有图片13幅，县政协主席范陈杰撰写序言。卷内分列：第一篇“东瀛蕞尔种偏多，七分棉花三分谷”，收录古诗和格律诗34篇；第二篇“庭畔有风时掠燕，池塘无雨亦鸣蛙”，收录古诗和格律诗64篇；第三篇“几枝冷艳清如水，一路人家静在云”，收录古诗和格律诗43篇；第四篇“诗情惯逐风光换，谐趣偏从月旦生”，收录古诗和格律诗24篇；第五篇“渡口树浓飞雨湿，海门风急怒涛奔”，收录古诗和格律诗29篇；第六篇“花知日暖频添色，柳识风和渐展青”，收录古诗和格律诗71篇；第七篇“杜鹃不管离人恨，啼了千声又万声”，收录古诗和格律诗75篇；第八篇“旅夜怀人灯一盏，客窗伤逝泪千行”，收录古诗和格律诗39篇。卷末有编者后记。

十八、《崇明文史资料选编——瀛洲纵横》

2011年12月，县政协组织人员编辑出版《崇明文史资料选编——瀛洲纵横》，16开本，约10万字，文汇出版社出版。卷首有县政协主席施建华撰写序言。卷内分列：第一篇“千年沧桑录”，收录文章12篇；第二篇“革命斗争史”，收录文章11篇；第三篇“著名人物谱”，收录文章23篇；第四篇“沙洲文化志”，收录文章和资料24篇。

《崇明文史资料选编——瀛洲纵横》封面

十九、《崇明文史资料选编——崇明竹枝词注译》

2011年12月，县政协组织人员编辑出版《崇明文史资料选编——崇明竹枝词注译》，16开本，约10万字，文汇出版社出版。卷首有图片4幅、县政协主席施建华撰写序言。卷内分列：元清部分，收录19位作者的竹枝词227首；民国部分，收录19位作者的竹枝词128首；崇明竹枝词存目，收录张庆孙、施鸾坡、王兆熊三位竹枝词作者的简介。卷末有编者的出版说明。

竹枝词是由民歌演变过来的一种诗体，崇明竹枝词大都由文人吸收和融会竹枝词歌谣的精华而创作出有浓郁民歌色彩和地方特色的诗歌。从元代开始，崇明史籍就有竹枝词的记载，历明清，至民国，作者相承，作品繁茂，汇为大观，成为崇明文化园地上一枝奇葩。内容上，崇明竹枝词记载了各时期政治、经济、文化、社会风俗等多方面的真实情况，储存了大量珍贵史料；语言上，方言入词，清新活泼，富有浓郁的乡土气息。

二十、《崇明文史资料选编——崇明岛之歌》

2011年12月，县政协编辑出版《崇明文史资料选编——崇明岛之歌》，16开本，约10万字，金谷著，文汇出版社出版。县政协主席施建华作序。卷内分列上篇“海岛芦笛”诗歌82首；下篇“江滩夜笛”散文25篇。

第三节 艺文交流

1983年4月上旬至中旬，县政协支持协助崇明籍画家、教授施南池师生画展在崇明展出。

1984年12月，县政协会同县教育局、县总工会联合举办归侨、画家姚泳伯画展。展出金鱼作品120多幅和菊花等作品数十幅。

1985年5月中旬至下旬，县政协会同县文化局、县总工会联合举办刘侃生画展，展出国画120余幅。刘侃生，崇明县城桥镇人，自幼酷爱绘画，为画坛大师张大千入室弟子。

1986年9月，县政协会同县教育局、县美协、县文化局举办茅雨亭、宋化石先生画展。茅雨亭，号松筠，崇明县大新乡人。早年在苏州美专、上海艺术大学求学，后毕业于上海新华艺术专科学校西画系。毕业后执教于浙江海宁中学、崇明民本中学、崇明师范学校、北堡中学等。曾编绘铅笔画数册，由上海万叶书店出版，为中小学图画教材。宋化石，崇明县向化乡人。中国民主同盟盟员。自幼喜爱书画。1934年毕业于上海新华艺术专科学校国画系，擅长山水，兼擅花卉，并喜书法。师承名画家汪声远、黄宾虹、汪亚尘和名书法家朱天梵等，先后在上海、无锡、崇明等地中小学校任美术教师、校长等职。

2004年9月20日—10月8日，县政协主办、县文广局协办“庆祝中华人民共和国和人民政协成立55周年、上海和崇明解放55周年——崇明县各界人士书画作品展”。共展出作品80余幅。崇明籍书画名家黄丕谟、潘锡柔、丁观加、郁志桐、黄阿忠、刘小晴等选送作品参展。县政协主席范陈杰出席开幕式并讲话。

2004 年 12 月 14 日，县政协文史资料委员会、县档案局、县旅游局联合召开李凤苞诞辰 170 周年学术座谈会。与会人员交流各自对李凤苞学术研究的成果，对推进崇明名人文史的研究工作提出建设性意见，并建议在《李凤苞年谱》等资料修订的基础上，形成李凤苞研究文集。县政协副主席罗永祥出席会议并讲话。

2004 年 12 月 14 日，县政协文史资料委员会与有关部门联合召开纪念李凤苞诞辰 170 周年学术座谈会

2007 年 6 月 22 日，县政协港澳台侨委员会与县台办、县文广局、台湾中华亚细亚艺文协会联合举办的《宝岛风情・海峡两岸艺术家作品展》在县图书馆开幕。县政协主席范陈杰，中共崇明县委常委、县政协副主席、县委统战部部长王为群以及两岸著名艺术家和书画爱好者 200 余人参加开幕式。副县长褚以琳致欢迎辞。上海市台办交流交往处处长纪昌荣、台湾亚细亚艺文协会会长王德亮、崇明籍艺术家潘锡柔分别致词。参加本次作品展的艺术家有 70 多位，分别来自台湾、香港、舟山、崇明以及在江苏、浙江的部分崇明籍艺术家。参展作品 100 余幅，展示了祖国宝岛的秀美风光、壮丽河山，反映了纯朴的民俗民风、人文景观。

2007 年 9 月 28 日，由县政协主办，县文广局、县政协教文体委员会和上海中瀛企业（集团）公司协办的“和谐崇明”崇明县各界人士摄影作品展在县图书馆开幕。县政协主席范陈杰，中共崇明县委常委、宣传部部长邹明，县人大常委会副主任殷惠生，县政府副县长李志宏，县政协副主席施俭、王菁等参加开幕式，并为摄影展开幕剪彩。王菁代表县政协致辞。

2008 年 4 月 28 日，县政协、中共崇明县委统战部联合主办纪念中共中央发布“五一口号”60 周年崇明县各界人士书画作品展。这次书画展与上海市八个民主党派联合主办的响应中共中央“五一口号”发布 60 周年暨政治交接学习教育活动图片巡展、中共崇明县委统战部主办的改革开放 30 周年统一战线成果图片展同时在县图书馆展出。中共崇明县委常委、县政协副主席、县委统战部部长王为群主持开幕式。中共崇明县委副书记施建华，县人大常委会副主任顾钱菊，副县长、民进崇明县委主委褚以琳，县政协副主席袁佳平，县政协副主席、民盟崇明县委主委王菁，县政协副主席、农工党崇明县委主委施俭，县政协常委、九三学社崇明支社主委施亚周等出席开幕式。王菁代表县各民主党派、无党派人士发言。

2009 年 4 月 14 日，县政协文史资料委员会和上海市对外文化交流协会、上海高家庄农业发展有限公司联合举办庆祝中华人民共和国成立 60 华诞上海百草画院书画展暨百草画院崇明高家庄创作基地成立仪式在县图书馆举行。中共崇明县委常委、县政协副主席、县委统战部部长王为群，副县长朱建江，上海百草画院名誉院长黎鲁、汪观清、院长曹有成出席仪式。

2009 年 9 月 30 日，县政协、中共崇明县委统战部联合主办庆祝新中国和人民政协成立 60 周年国画作品展在县图书馆开幕。中共崇明县委副书记施建华，中共崇明县委常委、县政协副主席、县委统战部部长王为群，县人大常委会副主任殷惠生，副县长王菁，县政协副主席褚以琳、袁佳平出席开幕式，并为作品展开幕剪彩。

2009 年 10 月 30 日，县政协主办的“上海长江隧桥开通，中国当代著名书法家作品展”在县图书馆开幕。中共崇明县委常委、县政协副主席、中共崇明县委统战部部长王为群主持开幕式，中共崇明县委副书记施建华出席开幕式并致辞。县政协主席范陈杰，县人大常委会副主任张荣，副县长王菁，县政协副主席褚以琳、袁佳平，上海书法家协会副主席王伟平、戴小京，江西省书法家协会副主席崔廷瑶，《新民晚报》《东方城乡报》等 10 家媒体记者以及部分县政协委员出席开幕式。

2010年1月15日，由县政协主办，县文广影视局、县政协文史资料委员会、县政协港澳台侨委员会承办的“庆佳节，迎世博，萧纯园张志严书画展”在县图书馆开幕。萧纯园是上海交通大学教授、中国书画研究会副会长，张志严是中国书画家协会常务理事、上海百草画院画师，本次画展展出两位艺术家作品150多幅。县政协主席范陈杰、副主席褚以琳，上海艺术研究所所长、上海市剧协副主席李祥春等出席开幕式。

2011年5月20日，县政协文史资料委员会、上海文艺出版社和上海作家协会联创部联合主办的长篇小说《书远堂六年记》作品讨论会在崇明中国作家生活创作基地举行。会议由县政协副主席褚以琳主持。中共崇明县委副书记、县政协主席施建华，中共崇明县委常委、县委宣传部部长林杰，副县长王菁出席讨论会。应邀前来参加讨论会的有中国作家协会副主席陈建功、叶辛，上海作家协会副主席赵丽宏以及王纪人、臧建民、郑宗培、张振兴、张惠英、朱大建、杨扬、季振邦、张立行等作家、评论家、语言学家。县人大常委会、县政府有关部门负责人应邀参加。会上，施建华致欢迎辞，王菁讲话。《书远堂六年记》作者沈飞龙是崇明籍作家。小说以崇明岛一个历史悠久的老宅为背景，通过对众多人物在1960年—1966年不同命运的描写，展示小主人公成长发展的历程，引发人们对中国学校教育“唯分数”怪圈的深刻反省。

2011年5月20日，《书远堂六年记》作品讨论会在崇明举行

2011年9月28日，县政协举办纪念辛亥革命100周年台湾、崇明两岛书画作品展在县图书馆举行开幕式。中共崇明县委副书记、县政协主席施建华致开幕辞。中共崇明县委常委、县政协副主席、县委统战部部长王为群，台湾艺术家代表团团长郑耀辉，市台办交流交往处处长郑凯，县人大常委会副主任顾钱菊，副县长李志宏，县政协副主席褚以琳、袁佳平出席开幕式并剪彩。

2012年5月28日，县政协举办“‘上海九硕’沪上名家书画作品邀请展”，共展出30多位上海书画家和10多位崇明书画家的诗词，山水、花鸟画作品近80幅。邀请展在新崇大酒店举行开幕式，县政协主席施建华致开幕辞。上海市文联专职副主席迟志刚，市文广集团原总裁叶志康，中共崇明县委常委、宣传部部长郝炳权，县人大常委会副主任邢建良，副县长王菁，县政协副主席沈卫国等出席开幕式。

第二章　宣传工作

崇明县政协的宣传工作主要包括新闻宣传、政协章程和政协知识宣传。

第一节　新闻宣传

20世纪80年代，县政协的重要活动、政协委员的先进事迹在崇明县广播站新闻节目中播出。根据县政协各阶段的重要工作和政协委员的履职情况，县广播站不定期设置政协专题节目，每次专题节目播出时间10分钟左右。

1990年6月，县政协成立《联合时报》崇明特约通讯站，由县政协、中共崇明县委统战部、中共崇明县委宣传部等单位的17人组成，县政协秘书长任站长。通讯员每3—5年调整一次。通讯站每年推选文章在《联合时报》发表，2007年—2012年有140多篇文章被《联合时报》录用。

1991年起，县政协召开全体会议和其他重要会议以及活动情况，在崇明电视台播出，崇明电视台还不定期播出政协专题节目。

1994年起，每次县政协召开全体会议前，《崇明报》刊登专刊，介绍县政协一年来的履职情况和工作成绩，并设“委员风采”栏目，每期报道3—4名政协委员履职事迹，至2012年共报道政协委员先进事迹80人次。

2000年起，县政协每年召开全体会议前，召集宣传部门和新闻单位负责人会议，通报会议指导思想、主要议程和日程安排，提出宣传报道的要求。新闻单位根据县政协提供的日程安排和工作要求，制订相应的新闻报道计划。

2004年起，中共崇明县委宣传部每季度召开“四办”（县委办公室、县人大常委会办公室、县政府办公室、县政协办公室）主任新闻通气会。邀请新闻单位通报前阶段新闻宣传情况，“四办”主任各自通报四套班子（县委、县人大常委会、县政府、县政协）近期工作安排，提出新闻宣传的任务和要求。

2005年3月，县政协网站开通。同年12月，县政协网站与人民政府网崇明县政府门户网等多家网站链接。网站设置组织机构、政协要闻、重要文件、领导讲话、学习园地、调查研究、委员专区、图片新闻等栏目，内容每月更新一次。2008年11月，网站升级改版，新增提案工作、文史资料、主席信箱3个栏目，到2012年，网站总文字处理量达140万，可查阅文章700篇，网站点击次数达6万多人次。

2007年起，县政协建立宣传工作责任制度，明确1名副主席分管宣传工作，秘书长、办公室主任负责总体规划，办公室1名副主任负责具体落实工作，秘书科、调研信访科共同参与政协宣传工作。

2008年4月，在纪念中共中央“五一口号”发表60周年之际，《崇明报》出专刊宣传，刊登稿件6篇；崇明广播电台播出纪念活动新闻4次。

2008年7月21日，县政协召开宣传工作座谈会，中共崇明县委宣传部、县广播电视局、县信息委等有关方面负责人和新闻单位负责人参加会议，共同研究和探讨加强和改进政协宣传工作。县政协主席范陈杰出席会议并讲话。范陈杰要求县政协要积极主动地配合中共崇明县委宣传部门，把政协新闻宣传纳入中共崇明县委宣传工作全局，统一部署和安排，主动加强与各新闻媒体的沟通联系，做好服务配合工作，形成支持政协工作、宣传政协工作的良好氛围。要创新政协宣传的形式，努力寻找与群众的连结点，瞄准社会关键点，掌握大众的兴奋点，运用新闻、通讯、评论、特写等多种体裁和形式，宣传政协工作，使政协的新闻宣传更加生动，更加贴切。

2009年9月，在纪念人民政协成立60周年之际，县政协与中共崇明县委宣传部、崇明报社、崇明广播电视台联合召开新闻宣传工作会议，共同策划宣传方案，在近两个月的系列纪念活动中，《崇明报》刊专版2次、刊登文章10篇，崇明电视台播出纪念活动新闻稿件6篇。

2010年起，县政协每年年初召开宣传工作会议或座谈会，制订年度宣传工作计划，并提出要求。

第二节 政协章程和政协知识宣传

1956年，政协崇明县委员会成立后，每届县政协都把学习宣传《中国人民政治协商会议章程》和政协基本知识作为一项重要工作，组织政协委员认真学习，明确人民政协的性质、职能、组织原则及政协委员的义务和权利等，并向各界人士大力宣传，扩大人民政协的影响。

1960年7月27日，县政协成立“各界人士政治学校”，校长咸文和，副校长徐鼎铨、陈企刚。7月30日，“各界人士政治学校”第一期开学，学员主要是工商界人士。咸文和作动员报告，徐鼎铨作教学方案报告。学习内容主要是《中国人民政治协商会议章程》和政协委员的职责等。

1990年9月，县政协编印《崇明政协工作手册》，64开本、铅印袖珍本，约4万字。内容包括《中国人民政治协商会议章程》、有关文件11篇、有关规章制度8篇、政协崇明县委员会组织机构6篇、统战工作机构简介5篇、民主党派及有关人民团体简介8篇、有关资料5篇。

1990年9月13日，县政协举办统战知识和政协基本知识讲座，全体政协委员和各民主党派人士等听取讲座。

1991 年 3 月，县政协组织政协委员参加《人民政协报》举办的 999 杯全国政协知识大奖赛。

1994 年 8 月 24 日，县政协举办学习政协章程讲座。

1996 年 5 月，县政协为配合开展“当好政协委员学习研讨活动”，组织人员编写政协基本知识宣传材料八讲。从 5 月 4 日至 6 月 29 日，在崇明县广播电视台专题节目中播出。第一讲，人民政协的创立；第二讲，人民政协的发展；第三讲，政协的性质和特点；第四讲，人民政协的地位和作用；第五讲，人民政协的重要职能；第六讲，履行政协职能的重要形式和重要原则；第七讲，全党重视政协工作；第八讲，围绕中心，履行职能，努力为我县“两个文明”建设作贡献。节目开播时县政协主席陆瑾发表电视讲话。

2004 年 8 月 5 日，县政协举办学习宣传政协章程专题报告会，听取学习政协章程辅导录音报告。

2006 年 2 月，中共中央下发《关于加强人民政协工作的意见》，县政协在组织政协委员学习的同时，利用广播、报纸、电视、网络等进行广泛宣传，宣传“意见”的主要精神，宣传人民政协的性质、地位和作用，宣传崇明政协的各项工作及政协委员的履职情况，努力营造全社会关心国家大事、支持政协工作的良好氛围，不断推动崇明政协工作向前发展。

2009 年 9 月 4 日，县政协、中共崇明县委统战部联合举办崇明县各界人士庆祝人民政协成立 60 周年党的统一战线和人民政协知识讲座，并进行纪念人民政协成立 60 周年知识竞赛。

第三章　会讯　简报

崇明县政协自 1984 年 6 月编印《崇明县政协简讯》起，至 2012 年，先后编印各种会讯、简报（包括《调研报告集》和《领导参阅》）共 9 种。这些刊物及时正确地纪录和反映了县政协各个阶段的主要工作状况、工作成绩、工作经验，在宣传党的政策、宣传崇明的改革开放、团结广大政协委员和各界人士等方面发挥积极作用。

第一节　政 协 会 讯

一、《崇明县政协简讯》

1984 年 6 月 7 日，县政协编发《崇明县政协简讯》，其宗旨是更好地传达贯彻党和政府有关统战工作的方针政策和上级政协对工作的指导意见，及时报道本会主席会议、常委会的重大活动与对各项工作的部署，交流各工作组的情况和经验，介绍委员和各界人士在“两个文明”建设与和平统一祖国活动中作出的贡献以及对本会工作的意见建议等。1984 年—2001 年，共编印 311 期。

《崇明政协》封面

二、《崇明政协》

2001 年 10 月起，《崇明县政协简讯》改版为《崇明政协》。至 2005 年 12 月，共编印 91 期。

2006 年 1 月，《崇明政协》改版为月刊，每年编印 12 期。每期分列“专题报道”“政协要闻”“政协文件”“委组工作”“提案工作”“政协之友”“文史研究”“信息之窗”等栏目，报道崇明政协重要活动、政协履职情况，展示政协委员风采和政协工作成绩。《崇明政协》除向县党政机关、乡镇和政协委员发送外，还寄送上海市各区县政协和市外的政协联谊会成员单位。至 2012 年 12 月，共编印 84 期。

三、《知政信息》

1995 年 5 月 28 日，县政协秘书处编印《知政信息》(试刊号)。编发宗旨是使委员更多了解县委、县政府就“两个文明”建设提出的各个阶段的中心工作、目标、任务和各项措施，了解县委、县政府领导的近期讲话精神以及委局动态。帮助政协委员知情知政，为崇明“两个文明”建设作出贡献。

《知政信息》设置栏目有领导讲话、经济工作、纪检工作、委局动态、县政要情、政策信息、实事工程、环境整治、生态示范区建设、交通运输、人口普查、重点工程、乡镇动态等。1995 年—2005 年，编印《知政信息》共 245 期。2006 年起，“知政信息”作为栏目，纳入《崇明政协》。

四、《县政协秘书处通报》

1998 年 6 月起，县政协秘书处编印《县政协秘书处通报》，主要选录领导讲话、重要会议和重点工作情况等。至 2001 年，共编印《县政协秘书处通报》13 期。

五、《县政协办公室通报》

2001 年 1 月起，县政协办公室编印《县政协办公室通报》，主要选录领导讲话、重要会议和重点工作情况等。至 2005 年，共编印 92 期。

六、《调查与研究》

2001 年起，县政协办公室编印《调查与研究》，选载调研报告和专题研讨文章。至 2005 年，共编印 42 期。

七、《调研报告集》

2004 年起，县政协办公室编印《调研报告集》。

2004 年 2 月，县政协办公室编印《政协崇明县第十一届委员会调研报告集》，16 开本，约 11 万字。卷首有彩图 6 幅。正文分列：调查研究，收录文章 4 篇；建言献策，收录文章 9 篇；理论研讨，收录文章 7 篇，共收录文章 20 篇。卷后附录政协崇明县第十一届委员会大事记(2003 年 3 月至 12 月)。

2005 年 2 月，县政协办公室编印《政协崇明县第十一届委员会调研报告集》，16 开本，约 9 万字。卷首有彩图 19 幅，县政协主席范陈杰序文。正文分列：调查研究，收录文章 4 篇；建言献策，收录文章 9 篇；理论研讨，收录文章 7 篇，共收录文章 20 篇。卷后附录政协崇明县第十一届委员会大事记(2003 年 3 月至 2004 年 12 月)。

2006 年 1 月，县政协办公室编印《政协崇明县第十一届委员会调研报告集》，16 开本，约 10 万字。卷首有彩图 30 幅。正文分列：调查研究，收录文章 4 篇；建言献策，收录文章 20 篇；理论研讨，收录文章 3 篇，共收录文章 27 篇。

2007 年 2 月，县政协办公室编印《政协崇明县第十一届委员会调研报告集》，16 开本，约 7 万字。卷首有彩图 28 幅。正文收录文章 26 篇。

2008 年 12 月，县政协办公室编印《政协崇明县第十二届委员会调研报告集》，16 开本，约 11 万字。卷首有图片 44 幅。正文分列：建议案 1 篇，建言献策 31 篇，理论研究 5 篇，共收录文章 37 篇。

2009 年 12 月，县政协办公室编印《政协崇明县第十二届委员会调研报告集》，16 开本，约 8 万字。正文分列：建议案、建言献策、理论研究三部分，共收录文章 34 篇。

2010 年 12 月，县政协办公室编印《政协崇明县第十二届委员会调研报告集》，16 开本，约 7 万字。正文分列：建议案、建言献策、理论研究三部分，共收录文章28篇。

2011年12月，县政协办公室编印《政协崇明县第十二届委员会调研报告集》，16开本，约6万字。卷首有彩图86幅。正文分列：建议案、建言献策、理论研究三部分，共收录文章21篇。

2013年1月，县政协办公室编印《政协崇明县第十三届委员会调研报告集》，16开本，约11万字。卷首有彩图36幅，县政协主席施建华序文。正文分列：建议案，收录文章1篇；建言献策，收录文章21篇；理论研究，收录文章3篇，共收录文章25篇。

2004年—2013年，共编印《调研报告集》9册。

八、《领导参阅》

2007年7月起，县政协办公室编印《领导参阅》，主要选录重要调研文章和重大建议，供领导参阅。至2012年，共编印46期。

第二节 会议简报

崇明县政协编印的会议简报主要记述每次全体会议报到情况，大会和主席团会议情况，委员和列席人员审议和讨论情况等。会议简报由大会秘书处编印。从1981年6月县政协五届一次会议至2012年1月十三届一次会议，编印会议简报共306期（一届至四届历次全体会议简报资料缺）。

卷八　团结联谊

团结和民主是人民政协的两大主题，崇明县政协通过多种途径，采取多种形式，开展团结联谊工作，团结一切可以团结的力量，调动一切可以调动的积极因素，为全县政治安定、经济发展、社会和谐献计出力。本卷主要记述各界人士联谊、党派团结合作、“三胞”团结联谊、地区政协交流、社会服务以及县政协之友社情况。

第一章　各界人士联谊

崇明县政协通过开展节庆活动、纪念活动、联系走访慰问活动等多种联谊形式，与各界人士交流思想，联络感情，形成共识，增强团结。

第一节　节庆联谊活动

崇明县政协在春节、中秋、国庆等节庆日或单独举办庆祝活动，或组织政协委员参加由中共崇明县委、县政府主办的节庆活动，开展团结联谊工作。

一、迎春联谊活动

1981年1月28日，县政协举行各界人士迎春座谈会，政协委员和各界人士130多人出席。县政协副主席徐鼎铨主持会议，中共崇明县委副书记朱耀熙参加会议并讲话。

1982年1月17日，县政协举行各界人士迎春座谈会，政协委员和各界人士120多人出席。县政协副主席顾青主持会议，中共崇明县委副书记朱耀熙参加会议并讲话。

1985年2月11日，县政协举行各界人士迎春茶话会，政协委员和各界人士90多人出席。县政协副主席顾青主持茶话会，主席施群讲话。

1987年1月23日，县政协举行各界人士迎春茶话会，政协委员和各界人士50多人出席。县政协副主席宋斌主持会议，中共崇明县委副书记陆瑾参加会议并讲话。

1988年2月13日，县政协、中共崇明县委统战部联合举行各界人士新春茶话会，中共崇明县委副书记陆瑾，县委常委、宣传部部长黄志才，县人大常委会副主任范存诚及政协委员、民主党派负责人和各界人士60多人出席。县政协主席张彪致词，陆瑾代表中共崇明县委讲话。

1989年1月30日，县政协、中共崇明县委统战部联合举行各界人士迎春茶话会，中共崇明县委书记姚明宝，县委常委、宣传部部长黄志才，县人大常委会副主任徐鼎铨、黄克俊，县政协主席张彪，副主席宋斌、徐正林、昝泰昌、罗永祥、施兆发、黄和招，秘书长薛以霆及县政协委员，各民主党派、工商界、民族宗教界和无党派知名人士，侨胞侨眷，台胞台属代表等共200多人出席。张彪主持茶话会，姚明宝讲话。

1990年1月17日，县政协、中共崇明县委统战部联合举行各界人士迎春茶话会，中共崇明县委书记姚明宝，县委副书记、县长田长春，县委副书记陆瑾，县委常委、组织部部长黄振兴，县人大常委会副主任徐鼎铨、范存诚，县政协主席张彪，副主席宋斌、黄和招、徐正林、昝泰昌、罗永祥，秘书长薛以霆等与60多名各界人士出席。张彪主持茶话会。

1991年2月6日，县政协举行各界人士迎春联欢会，县四套班子领导和全县各系统代表以及民主党派、少数民族、宗教界人士100多人出席。县政协副主席徐正林主持联欢会，中共崇明县委副书记、县政协主席陆瑾致词，中共崇明县委书记姚明宝、县人大常委会主任陈继明、副县长仇永鸣等讲话。

1992年1月23日，县政协举行各界人士迎春茶话会，县四套班子领导和各界人士100多人出席。县政协副主席徐正林主持茶话会，中共崇明县委副书记沈兰全，县人大常委会主任陈继明，中共崇明县委副书记、县长田长春，中共崇明县委副书记、县政协主席陆瑾及各民主党派负责人讲话。

1993年1月18日，县政协举行各界人士迎春茶话会，中共崇明县委书记徐木泉，中共崇明县委副书记、县长曹树民和各界人士60多人出席。县政协副主席徐正林主持茶话会，中共崇明县委副书记、县政协主席陆瑾讲话。

1994年2月3日，县政协举行各界人士迎春茶话会，中共崇明县委书记徐木泉，中共崇明县委副书记、县长曹树民等县四套班子领导与各界人士120多人出席。县政协副主席黄振兴主持茶话会，中共崇明县委副书记、县政协主席陆瑾讲话。

1995年1月18日，县政协举行各界人士迎春座谈会，中共崇明县委书记、县人大常委会主任施兴忠，中共崇明县委副书记、县长曹树民等县四套班子领导与各界人士100多人出席。县政协副主席黄振兴主持茶话会，中共崇明县委副书记、县政协主席陆瑾讲话。

1998年1月24日，县政协举行各界人士迎春茶话会，中共崇明县委书记、县人大常委会主任施兴忠，中共崇明县委副书记、代县长顾国林等县四套班子成员与各界人士120多人出席。县政协副主席黄振兴主持茶话会，中共崇明县委副书记、县政协主席陆瑾讲话。

1999年2月12日，县政协举行各界人士迎春座谈会，中共崇明县委书记、县人大常委会主任施兴忠，中共崇明县委副书记、县长顾国林等县四套班子成员与各界人士150多人出席。县政协副主席黄雄主持茶话会，县政协主席陆瑾讲话。

2001年1月18日，县政协、中共崇明县委统战部联合举行各界人士迎春茶话会，县政协委员和各界代表人士100多人出席。县政协副主席黄雄主持茶话会，县政协副主席、中共崇明县委统战部部长周祖安讲话。

2002年2月8日，县政协、中共崇明县委统战部联合举行各界人士迎春茶话会，县政协委员和各界代表人士80多人出席。中共崇明县委书记盛亚飞出席会议讲话。

2003年1月29日，县政协、中共崇明县委统战部联合举行各界人士迎春茶话会，中共崇明县委书记、县长龚德庆，县人大常委会主任陆瑾，中共崇明县委副书记孙雷，县政协党组书记范陈杰，县政协主席邵礼达，县政协副主席、县委统战部部长周祖安，副主席黄雄、罗永祥和县政协委员及各界代表人士80多人出席。邵礼达主持茶话会，龚德庆讲话。

2004年1月18日，县政协、中共崇明县委统战部联合举行各界人士迎春茶话会，县政协委员和各界代表人士300多人出席。县政协主席范陈杰主持茶话会。中共崇明县委书记龚德庆致辞，代表中共崇明县委、县人大常委会、县政府、县政协向各界人士表示新春祝贺，并希望各界人士在新的一年里继续努力，为崇明经济和社会发展作出新的贡献。

2005年2月2日，县政协、中共崇明县委统战部联合举行各界人士春节团拜会，中共崇明县委书记龚德庆，县人大常委会主任陆瑾，中共崇明县委副书记、县长孙雷，中共崇明县委副书记周卫杰、施建华、郝立宽，中共崇明县委常委、副县长黄铁军，中共崇明县委常委、武装部长熊集能，县政协主席范陈杰，县政协副主席袁佳平、罗永祥、王菁、吴复安，各乡镇局、部委办、公司(园区)党政负责人，各党派团体部分成员，无党派代表人士、党外知识分子代表，县政协委员，县政协之友社名誉正副理事长、正副理事长、理事等近300多人出席。范陈杰主持团拜会，龚德庆致新年贺辞。

2004年1月18日，县政协、县委统战部联合举行崇明县各界人士迎春茶话会

2006年1月25日，县政协、中共崇明县委统战部联合举行各界人士春节团拜会，中共崇明县委书记龚德庆，中共崇明县委副书记、县长孙雷，县人大常委会主任陆瑾，中共崇明县委副书记周卫杰、郝立宽，县政协主席范陈杰等同各界代表人士400多人出席。范陈杰主持团拜会，龚德庆致新年贺辞。

2006年12月30日，县政协举行各界人士迎新年联欢会，县政协主席范陈杰，副主席袁佳平、罗永祥、王菁、吴复安，秘书长陈汉刚与政协委员和各界人士300多人出席。范陈杰致新年贺辞。

2007年12月27日，县政协、中共崇明县委统战部联合举办各界人士“共同迈向2008”迎新年专场文艺演出，县政协主席范陈杰致辞。县四套班子领导孙雷、周卫杰、张准民、王为群、黄铁军、顾钱菊、褚以琳、杜松全、李志宏、袁佳平、施俭、王菁、周新卫等，以及在崇明的市政协委员，县政协委员，县政协之友社社员；全县各乡、镇、局，部、委、办，公司、园区(开发区)党政主要负责人，各民主党派、人民团体负责人，驻崇部队官兵，在崇中央部属企业、市属单位负责人，离退休干部、社区居民代表等1 300多人出席。

2008年12月26日，县政协、中共崇明县委统战部联合举行各界人士新年茶话会，中共崇明县委书记彭沉雷，县人大常委会主任周卫杰，县政协主席范陈杰，中共崇明县委常委王为群、傅爱林，县人大常委会副主任殷惠生、黄铁军、龚全福、顾钱菊，县政府副县长杜松全、李志宏，县政协副主席袁佳平、施俭、王菁、周新卫等县四套班子领导，以及在崇明的市政协委员，县政协委员，县政协之友社社员，各乡、镇、局、部委、办、公司、园区(开发区)党政主要负责人，各民主党派、人民团体负责人，驻崇部队官兵，在崇中央部属企业、市属单位负责人等共300多人出席。范陈杰致新年贺词。

2010年12月30日，县政协、县委统战部联合举行各界人士迎新年专场文艺演出

2009年12月29日，县政协举办各界人士迎新年专场文艺演出，中共崇明县委书记彭沉雷，中共崇明县委副书记、县长赵奇，县人大常委会主任周卫杰，县政协主席范陈杰，中共崇明县委副书记施建华等县四套班子领导，各乡、镇、局、部、委、办、公司、园区(开发区)党政主要负责人，各民主党派、工商联、人民团体负责人，驻崇部队官兵，在崇市属企事业单位的党政负责人，县政协委员，县政协之友社社员，各界代表人士以及城桥地区社区干部和居民代表共1 000多人观看演出。范陈杰发表新年致辞。

2010年12月30日，县政协、中共崇明县委统战部联合举办各界人士迎新年专场文艺演出，中共崇明县委书记彭沉雷，中共崇明县委副书记、县长赵奇，县人大常委会主任周卫杰，县政协主席范陈杰，中共崇明县委副书记施建华等县四套班子领导，在崇明的市政协委员，县政协委员，县政协之友社社员，各乡镇局、部委办、公司、园区（开发区）党政主要负责人，驻崇部队官兵，在崇市属单位党政负责人，各民主党派、人民团体负责人，县政协、县委统战部全体机关干部以及城桥地区社区干部和居民代表共1 000多人观看演出。范陈杰致新年贺辞。

2011年12月30日，县政协、中共崇明县委统战部联合举行各界人士迎新年电影招待会，中共崇明县委书记彭沉雷，中共崇明县委副书记、县长赵奇，县人大常委会主任周卫杰，县政协主席施建华，中共崇明县委常委、县政协副主席、县委统战部部长王为群，县人大常委会副主任殷惠生，副县长王菁，县政协副主席袁佳平以及在崇明的市政协委员、县政协委员、各党派团体负责人、乡镇委局党政负责人、企事业单位负责人、驻军部队官兵、城桥地区居民代表等共1 000多人出席。施建华致新年贺辞。

2012年12月31日，县政协、中共崇明县委统战部联合举办各界人士迎新年电影招待会，中共崇明县委副书记、县长赵奇，县人大常委会主任周卫杰，县政协主席施建华，中共崇明县委常委、副县长马乐声，中共崇明县委常委、县政协副主席、县委统战部部长王为群，中共崇明县委常委、县委宣传部部长郝炳权，中共崇明县委常委、县人武部部长侯永文，县人大常委会副主任陈锡昌、顾钱菊，副县长冯志勇、薛红，县政协副主席沈卫国、周新卫、顾德昌出席招待会，施建华致新年贺辞。在崇明的市政协委员，全体县政协委员，县各党派团体负责人，各乡镇局、部委办、公司、园区（开发区）党政主要负责人，驻崇部队官兵，在崇市属机关、企事业单位党政主要负责人，县政协之友社社员，县政协、县委统战部机关干部，城桥地区居民代表等共1 000多人出席。

二、国庆、中秋节联谊活动

1986年9月16日，县政协、中共崇明县委统战部联合举行中秋茶话会，中共崇明县委副书记陆瑾、副县长赵友德和崇明籍台湾同胞、海外侨胞、台属、侨眷50多人出席。县政协副主席宋斌主持茶话会。

1987年10月4日，县政协举行各界人士庆国庆迎中秋茶话会，各界代表人士50多人出席。县政协主席张彪主持茶话会。

1988年9月22日，县政协、中共崇明县委统战部联合举行中秋茶话会，中共崇明县委书记姚明宝，中共崇明县委副书记陆瑾，中共崇明县委常委、宣传部部长黄志才，县人大常委会副主任范存诚、徐鼎铨，副县长胡伯坤，县政协主席张彪，县政协副主席徐正林、昝泰昌、罗永祥、施兆发，县政协常委、政协之友社理事，民主党派支部成员，台联、侨联、工商联、民族宗教等团体负责人以及各界代表人士共130多人出席。县政协副主席宋斌主持茶话会。

1989年9月12日，县政协、中共崇明县委统战部联合举行庆中秋迎国庆各界人士茶话会，中共崇明县委书记姚明宝，中共崇明县委副书记陆瑾，县人大常委会副主任范存诚、徐鼎铨、黄克俊，副县长周祖安，县政协主席张彪，县政协副主席黄和招、徐正林、昝泰昌、施兆发、罗永祥等与县政协委员、各民主党派负责人、侨眷、台属、宗教民族、工商企业、知识分子等各界人士共120多人出席。县政协副主席、中共崇明县委统战部部长宋斌主持茶话会。姚明宝讲话。

1990年9月28日，县政协、中共崇明县委统战部联合举行迎国庆迎中秋联欢会，县四套班子领导、正处级以上调研员及县委办、人大办、政府办、政协办主任和群团组织负责人、统战系统各部门负责人等各界人士近百人出席。县政协副主席徐正林主持联欢会。中共崇明县委副书记、县政协主席陆瑾致词。县人大常委会主任陈继明、县长田长春等讲话。

1991年9月20日，县政协举行各界人士中秋联欢会，中共崇明县委书记姚明宝，中共崇明县委副书记沈兰全，中共崇明县委副书记、县政协主席陆瑾，县人大常委会副主任昝泰昌、陈源珍，副县长周祖安，县政协副主席徐正林、黄和招、施兆发、姚振尧和各界人士及在崇明参加长江口北部六县（市）政协联谊会的南通市等五市（县）政协领导共120多人出席。徐正林主持联欢会。

1992年9月9日，县政协、中共崇明县委统战部联合举行各界人士中秋联欢会。中共崇明县委书记沈兰全，中共崇明县委副书记、副县长施兴忠，中共崇明县委副书记、县政协主席陆瑾，县人大常委会副主任濮耀明、昝泰昌，县政协副主席黄和招、姚振尧等同各界代表人士70多人出席。县政协副主席徐正林主持联欢会，陆瑾致词，沈兰全、施兴忠、濮耀明等讲话。

1994年9月9日，中共崇明县委、县人大常委会、县政府、县政协联合举行各界人士迎中秋暨纪念人民政协成立40周年座谈会，县四套班子领导，驻崇明部队领导，民主党派、工商联负责人，部分县政协委员及各界人士代表90多人出席。中共崇明县委副书记施兴忠主持座谈会。中共崇明县委副书记、县长曹树民讲话，经济界、文化界、卫生界、教育界及民主党派代表发言。

1995年9月8日，县政协举行各界人士中秋茶话会，县四套班子领导及县政协常委、民主党派县委委员、县政协历届正副主席和社会各界人士80多人出席。县政协副主席黄振兴主持茶话会。中共崇明县委书记施兴忠讲话。民盟崇明县委主委徐鼎铨、农工党崇明县委主委施兆发、县政协之友社副理事长顾青等发言。

1996年9月25日，县政协、中共崇明县委统战部联合举行各界人士中秋茶话会，中共崇明县委副书记、县政协主席陆瑾，中共崇明县委副书记顾勇，县人大常委会副主任黄志才，副县长黄雄，县政协副主席姚振尧等县四套班子领导和各界代表人士800多人出席。县政协副主席、中共崇明县委统战部部长黄振兴主持茶话会，陆瑾讲话。

1997年9月15日，县政协举行各界人士中秋电影招待会，县政协副主席黄振兴，仇永鸣、施兆发、姚振尧、罗永祥，秘书长刘亚池及各界人士80多人出席。中共崇明县委副书记、县政协主席陆瑾出席招待会并讲话。

1998年9月30日，县政协、中共崇明县委统战部联合举行各界人士庆国庆迎中秋联欢会，中共崇明县委书记盛亚飞，县政协主席黄振兴，中共崇明县委常委、副县长黄进，县人大常委会副主任陈源珍，县政协副主席、县委统战部部长周祖安，县政协副主席黄雄、姚振尧，县政协秘书长刘亚池及各界代表人士共100多人出席。黄振兴主持会议，盛亚飞讲话。

2000年9月7日，县政协举行中秋茶话会，县政协主席黄振兴，县政协副主席、中共崇明县委统战部部长周祖安，副主席仇永鸣、黄雄、姚振尧、罗永祥及各界人士共40多人出席。仇永鸣主持茶话会，黄振兴讲话。

2002年9月19日，县政协举行各界人士迎国庆迎中秋电影招待会，县四套班子领导及各界代表人士共1 000多人出席。县政协副主席、中共崇明县委统战部部长周祖安主持招待会。中共崇明县委副书记、县政协主席邵礼达讲话。

2003年9月10日，县政协、中共崇明县委统战部联合举行各界人士迎中秋电影招待会，中共崇明县委副书记郝立宽，县人大常委会副主任周世民，县政协主席范陈杰，县政协副主席罗永祥、王菁、吴复安和部分县政协委员，各民主党派、工商联、人民团体负责人，在崇明的历届县政协主席、副主席以及各界代表人士200多人出席。范陈杰致辞。

2005年9月15日，县政协、中共崇明县委统战部在前卫村联合举行各界人士迎中秋联谊活动，中共崇明县委书记龚德庆，中共崇明县委副书记、县长孙雷，县政协主席范陈杰，县人大常委会副主任施俭，县政协副主席、县委统战部部长袁佳平，县政协副主席、县工商业联合会会长吴复安和部分县政协委员、各乡镇委局党委宣传(统战)委员、县级各民主党派、工商联、人民团体负责人、无党派代表人士、历届县政协主席、副主席、部分县政协之友社理事、县政协及县委统战部机关干部、前卫村村民代表近500人出席。

2006年9月27日，县政协、中共崇明县委统战部联合举行各界人士庆国庆迎中秋联欢会，中共崇明县委书记孙雷，中共崇明县委副书记、县长赵奇，中共崇明县委副书记周卫杰、施建华，县政协主席范陈杰，中共崇明县委常委、副县长黄铁军，中共崇明县委常委邹明、王为群、熊集能，县人大常委会副主任周世民、殷惠生、陆兆飞，副县长陆鸣、褚以琳、马乐声，县政协副主席、县委统战部部长袁佳平，县政协副主

2006年9月27日，县政协、县委统战部联合举行迎国庆迎中秋联欢会

席罗永祥、王菁、吴复安以及各乡、镇、局、部、委、办、公司、园区党政主要负责人，在崇明的各市属单位党政主要负责人，县级各民主党派正副主委、委员，县工商联正副会长，各人民团体主要负责人，无党派代表人士，各界代表人士和县政协全体委员，县政协之友社全体社员400多人出席。范陈杰在联欢会上讲话。

2007年9月24日，县政协、中共崇明县委统战部联合举行"和谐崇明"各界人士迎中秋迎国庆联欢会，中共崇明县委书记孙雷，中共崇明县委副书记、县长赵奇，县政协主席范陈杰，中共崇明县委常委、县委宣传部部长邹明，中共崇明县委常委、县公安局局长张准民，中共崇明县委常委、县纪委书记朱正标，中共崇明县委常委、县政协副主席、县委统战部部长王为群，中共崇明县委常委、县委组织部部长宋宝儒，中共崇明县委常委、县人武部部长熊集能，县人大常委会副主任殷惠生、黄铁军、龚全福，副县长褚以琳，县政协副主席袁佳平、王菁、周新卫以及各乡、镇、局、部、委、办、公司、园区（开发区）党政主要负责人，在崇市属各部门、各单位的党政主要负责人，县级各民主党派正副主委，工商联正副会长，各人民团体主要负责人，无党派代表人士，县政协委员，县政协之友社名誉正副理事长、正副理事长、理事以及县政协、县委统战部全体机关干部500多人出席。范陈杰在联欢会上讲话。

2008年9月11日，县政协、中共崇明县委统战部在高家庄园联合举行各界人士中秋游园活动，县人大常委会主任周卫杰，县政协主席范陈杰，中共崇明县委常委、县委宣传部部长邹明，中共崇明县委常委、县政协副主席、县委统战部部长王为群，县人大常委会副主任顾钱菊，副县长褚以琳，县政协副主席袁佳平、施俭、王菁、周新卫，在崇市政协委员，县政协委员，县级各民主党派支委以上成员，县工商联执委以上成员，县归国华侨联合会委员，无党派代表人士，县台胞台属联谊会、县少数民族联合会理事以上成员，宗教界代表人士，县政协之友社名誉正副理事长、正副理事长、理事，各乡、镇、局、部、委、办，各人民团体、公司、园区（开发区）党政主要负责人以及在崇市属单位党政主要负责人，港西镇机关干部和部分村民代表等300多人出席。

2010年9月20日，县政协、中共崇明县委统战部在崇明影剧院联合举办各界人士迎中秋专场文艺演出，中共崇明县委书记彭沉雷，中共崇明县委副书记、县长赵奇，县人大常委会主任周卫杰，县政协主席范陈杰等县四套班子领导，县各乡、镇、局、部、委、办、公司、园区（开发区）党政主要负责人，各民主党派、人民团体负责人，驻崇部队官兵，在崇市属单位党政负责人，县政协委员，县政协之友社社员，县政协和县委统战部全体机关干部以及城桥地区社区干部和居民代表共1 000多人观看演出。范陈杰致辞。

2011年9月9日，县政协、中共崇明县委统战部在崇明影剧院联合举办各界人士迎中秋专场文艺演出，县人大常委会主任周卫杰，中共崇明县委副书记、县政协主席施建华，中共崇明县委常委、县政协副主席、县委统战部部长王为群，中共崇明县委常委、宣传部部长林杰，县人大常委会副主任张荣、邢建良，副县长王菁，县政协副主席褚以琳、袁佳平、施俭、周新卫，县各乡、镇、局、部、委、办、公司、园区党政主要负责人，各民主党派、人民团体负责人，驻崇部队官兵，在崇市属单位党政负责人，县政协委员，县政协之友社社员，县政协、中共崇明县委统战部全体机关干部以及城桥地区社区干部和居民代表与各界人士共1 000多人出席。施建华致辞。

2012年9月27日，县政协、中共崇明县委统战部在崇明影剧院联合举办各界人士迎中秋庆国庆专场文艺演出，中共崇明县委副书记、县长赵奇，县政协主席施建华，中共崇明县委常委、副县长马乐声，中共崇明县委常委、县政协副主席、县委统战部部长王为群，中共崇明县委常委、县政法委书记梅云平，县人大常委会副主任邢建良，副县长王智华，县政协副主席周新卫，各乡、镇、局、部、委、办、公司、园区（开发区）党政主要负责人，各民主党派、人民团体负责人，驻崇部队官兵，在崇市属机关、企事业单位党政主要负责人，县政协委员，县政协之友社社员，县政协、中共崇明县委统战部全体机关干部以及城桥地区居民代表共 1 000 多人出席。施建华致辞。

三、教师节联谊活动

1994 年 9 月 8 日，县政协、中共崇明县委统战部联合举行庆祝教师节座谈会。政协委员、民主党派和侨界、台界中的教师代表 26 人出席。座谈会由秘书长刘亚池主持。与会人员畅谈崇明教育事业取得的成绩，抒发从事教育工作、当好人民教师的自豪感和责任感，表示继续努力，为发展教育事业作出新的贡献。县政协副主席黄振兴参加座谈会并讲话。

1996 年 9 月 10 日，县政协举行庆祝教师节茶话会。茶话会由秘书长刘亚池主持。茶话会上，教育系统的 20 名政协委员先后发言，畅谈从事教育工作的体会。委员们认为，党和国家十分重视教育工作，把教育事业放在优先发展的位置，教师的地位和待遇提高。作为一名人民教师、政协委员，要尽心尽力做好工作，为培养人才作出贡献。副主席姚振尧参加会议并讲话。

1997 年 9 月 10 日，县政协举行庆祝教师节座谈会。座谈会由副主席仇永鸣主持。中共崇明县委副书记、县政协主席陆瑾，副主席黄振兴、姚振尧，秘书长刘亚池参加座谈会。会上，教育系统的 22 名政协委员畅谈多年从事教育工作的体会，陆瑾讲话。

1998 年 9 月 9 日，县政协举行庆祝教师节座谈会。座谈会由副主席姚振尧主持，副主席仇永鸣、秘书长刘亚池及教育系统的 20 名政协委员出席座谈会。会前，与会人员参观崇明中学并听取崇明中学有关情况介绍。座谈会上，大家表示，一定不负党和政府的重托，兢兢业业，任劳任怨，教书育人，为发展崇明教育事业作出贡献。仇永鸣在会上讲话。

2003 年 9 月 9 日，县政协主席范陈杰、副主席王菁前往民本中学慰问教育界政协委员，并同该校领导班子成员、教师代表进行座谈。范陈杰在讲话中代表县政协在教师节来临之前，通过学校领导班子向全校教师表示节日的祝贺，希望大家再接再厉，努力创造一流的教学质量，为国家培养更多的现代化建设所需要的人才。

2004 年 9 月 9 日，在教师节来临之际，县政协主席范陈杰前往三乐中学和崇西中学看望慰问教育界的部分政协委员，并同学校领导班子成员进行座谈。范陈杰在讲话中代表县政协向所在学校的政协委员，并通过学校领导班子向全校教师表示节日祝贺。他感谢学校领导对政协工作的重视和对政协委员参加政协活动的支持，希望学校中的政协委员要珍惜荣誉，牢记责任，为崇明教育事业发展继续献计献策，贡献力量。

2005 年 9 月 7 日，县政协主席范陈杰、副主席罗永祥走访慰问教育界部分政协委员。范陈杰等听取委员所在单位领导有关情况介绍，并详细了解政协委员的工作、学习和生活，还征询委员们对搞好政协工作的意见和建议，希望教育界的政协委员立足本职，为发展崇明教育事业作出新的贡献。

2006 年 9 月 7 日，县政协召开庆祝教师节座谈会，30 多名教育系统县政协委员参加。副主席王菁主持座谈会。会上，委员们围绕改善学校设施、提高教师待遇、稳定教师队伍、推进教育改革等方面进行座谈，并对县政协关心教育事业、关怀教育工作者表示感谢。主席范陈杰出席座谈会并讲话。

2007 年 9 月 10 日，县政协召开教师节委员座谈会，教育系统 27 名县政协委员相聚一起，共庆教师节。副主席王菁主持座谈会。会上，委员们畅谈学习胡锦涛在全国优秀教师代表座谈会上的重要讲话精神的体会。

2009 年 9 月 7 日，县政协召开教育界别委员座谈会，庆祝教师节。座谈会上，县教育局负责人通报教育工作情况。县政协副主席袁佳平代表县政协向辛勤工作在教育岗位上的政协委员和全县广大教育工作者致以节日的祝贺和诚挚的问候。

2010年9月8日，县政协主席范陈杰、副主席褚以琳、秘书长陈汉刚走访教育界的6名县政协委员，向他们祝贺教师节，并表示关怀和慰问。

2012年9月5日，县政协召开庆祝教师节委员座谈会，县政协主席施建华、副主席顾德昌出席座谈会。与会委员在听取县教育局负责人通报近几年崇明教育改革和发展情况后，就如何履行委员职责进行交流发言，并就进一步推进崇明教育改革和发展提出意见建议。施建华在座谈会上讲话。

四、其他联谊活动

1997年6月16日，县政协、中共崇明县委统战部联合举行迎香港回归座谈会。县政协副主席罗永祥、秘书长刘亚池，中共崇明县委统战部有关方面负责人，县政协全体常委，各民主党派、工商联负责人，各界人士和政协委员50多人出席座谈会。与会人士热烈发言，畅谈香港回归的重大意义和内心喜悦。县政协副主席、县委统战部部长黄振兴主持会议，中共崇明县委副书记、县政协主席陆瑾出席会议并讲话。

1997年10月10日，县政协举行重阳节座谈会，20多名政协之友社社员参加座谈会。县政协副主席黄振兴主持会议，并向老政协委员和县政协之友社社员致节日祝贺。县政协秘书长刘亚池传达中共十五大会议精神。座谈会后，与会人员参观崇明工业园区。

1999年10月15日，县政协举行重阳节座谈会，活动由政协之友社理事长宋斌主持，30多名政协之友社社员参加座谈会。会上学习传达中共十五届四中全会精神。县政协副主席仇永鸣参加活动，并与政协之友社社员进行无主题座谈。

1999年12月15日，县政协海外联谊委员会全体委员与侨台界人士欢聚一堂，举行庆澳门回归联欢会。县政协副主席罗永祥，中共崇明县委统战部有关方面负责人出席。与会人员表演小品戏曲、诗歌朗诵、舞蹈等节目，讴歌邓小平"一国两制"伟大构想所取得的巨大成果，表达政协委员庆祝澳门回归的喜悦心情和盼望祖国早日实现完全统一的强烈愿望。委员们表示，在即将来临的新世纪，要进一步发挥政协海外联谊委员会优势，继续为实现祖国统一大业尽心出力，为祖国的繁荣昌盛作出新的贡献。

2002年10月14日，县政协举行重阳节座谈会，县政协之友社40多名社员参加座谈会。县政协副主席周祖安出席会议并讲话。她在讲话中对政协之友社社员深入群众，了解情况，围绕治理环境污染、查处违章建筑、加强物业管理、搞好信访工作和社区建设等方面提出50多条社情民意表示赞扬，并希望大家继续发挥余热，一如既往地关心和支持中共崇明县委、县政府、县政协的工作，继续为崇明的建设和发展献计出力。

2003年9月23日，县政协举行重阳节座谈会，县政协之友社40多名社员参加座谈会。县政协主席范陈杰向社员们通报县政协十一届一次会议以来政协工作情况和全县经济发展以及岛域规划等有关情况，希望各位社员积极参加政协组织的相关活动，及时反映社情民意和提出意见建议，为加快实现崇明跨越式发展献计献策，并祝愿政协之友社社员健康长寿。

2006年3月5日，县政协召开庆祝"三八"妇女节座谈会，30多名政协女委员参加。县政协主席范陈杰出席会议并讲话，勉励女委员在各自的岗位上，团结广大妇女群众，为促进崇明经济和社会发展作出更大的贡献。

2006年5月11日，县政协开展"护士节"慰问活动。县政协主席范陈杰，副主席袁佳平、罗永祥、王菁、吴复安前往仁济医院崇明分院，与医院护士代表进行座谈，听取护士代表交流关于立足本职、爱岗敬业，无私奉献、做好护理工作的体会，并与护士代表合影留念，还敬献花篮，赠送慰问品。

2007年3月5日，县政协召开庆祝"三八"国际妇女节委员座谈会，12名来自民主党派、工商联、总工会、妇联、共青团界别的女委员参加座谈。县政协主席范陈杰出席会议并讲话，他向政协女委员致以节日的祝贺，对政协女委员在崇明现代化生态岛建设中所作出的贡献给予充分肯定，并希望女委员继续围绕妇女维权、就业、健康、社会保障、扶贫救济等方面建言献策，作出贡献。

2008年3月3日，县政协召开庆“三八”国际妇女节女委员座谈会。县政协主席范陈杰主持座谈会。县政协副主席王为群、袁佳平、王菁参加座谈会。座谈会上，县妇联主席通报2008年县妇联工作要点，与会女委员结合自己的工作和生活，就如何更好地在崇明经济社会发展中发挥作用交流心得、畅谈体会。

2009年3月5日，县政协召开庆祝“三八”国际妇女节座谈会，中共崇明县委常委、县政协副主席、县委统战部部长王为群，县政协副主席王菁，县政协妇女界别委员和其他界别女委员30多人参加座谈会。王为群主持会议。座谈会上，县妇联主席通报近年来重点开展的妇女健康普查、农村妇女土地补偿金情况调研和赠送羔羊帮助农村贫困妇女走上致富之路等工作情况。委员们对县妇联近年来开展的重点工作表示充分肯定，并根据县政协关于贯彻落实崇明县迎世博600天行动计划实施意见的决议精神和县妇联开展的迎世博600天“世博在我心中，文明贵在行动”主题开展讨论。县政协主席范陈杰出席会议并讲话。

2009年4月30日，县政协召开工会界别委员座谈会，庆祝“五一”国际劳动节。会上，县总工会负责人通报县总工会2008年工作。委员们围绕充分发挥工会组织在构建和谐社会中的作用、关心和保护劳动者权益、推动劳动关系和谐等方面进行讨论。县政协主席范陈杰出席会议并讲话。

2010年3月5日，县政协、县妇联联合举行庆祝“三八”国际妇女节100周年联谊会。县政协主席范陈杰，中共崇明县委常委、县政协副主席、县委统战部部长王为群，副县长王菁，县政协副主席褚以琳、施俭、周新卫出席联欢会。同日，县政协主席范陈杰、中共崇明县委副书记施建华、县政协副主席褚以琳等分别赴庙镇庙西村和县水产技术推广站，走访慰问崇明县优秀妇女代表俞小琴、朱家美、杨锦英，向她们送上鲜花和慰问品。

2011年3月4日，县政协召开庆祝“三八”国际妇女节座谈会，县政协部分女委员和县政协、县妇联机关女干部30多人出席。县政协副主席袁佳平主持会议。县政协主席施建华，中共崇明县委常委、县政协副主席、县委统战部部长王为群，县政协副主席褚以琳等参加座谈会。座谈会上，县妇联负责人通报2010年县妇联开展的重点工作和2011年工作要点，施建华讲话。

2011年4月29日，县政协召开工会界别委员（扩大）座谈会，共庆“五一”国际劳动节。县政协工会界别委员和部分乡镇、委局、公司工会主席和县总工会中层以上干部40多人参加座谈会。会上，县总工会负责人通报县总工会工作情况。与会人员结合自身工作实际，围绕发挥工会界别优势，关注民生，反映民意，促进工会工作，推进崇明社会管理和建设进行座谈。县政协副主席袁佳平出席会议并讲话。

2011年5月3日，县政协共青团、青联界别召开庆祝“五四”青年节座谈会，县政协副主席袁佳平、秘书长陈汉刚、共青团和青联界别政协委员及部分团员青年代表30多人出席。会上，团县委书记向与会人员通报团县委工作情况。共青团、青联界别委员和青年代表结合自身工作岗位实际，就团员青年如何依托党团组织和政协界别，加强调研，关注民生，掌握群众民生诉求，服务生态岛建设，积极推进崇明经济社会发展交流心得，畅谈体会。袁佳平在会上讲话。座谈会前，与会人员参观上海王波果园农业专业合作社。

2012年3月6日，县政协召开庆祝“三八”国际妇女节座谈会，妇女界别委员和其他界别女委员30多人参加座谈会。县妇联负责人通报全县妇女儿童工作情况。与会人员就在新形势下更好地履行职能、发挥作用进行讨论。县政协主席施建华出席会议并讲话。

2012年4月28日，县政协召开工会界别委员（扩大）座谈会，庆祝“五一”国际劳动节。县政协工会界别委员和部分职工代表30多人参加座谈会。座谈会上，县总工会负责人通报2012年第一季度主要工作以及下阶段工作安排。与会人员结合自身工作实际，围绕维护职工权益、规范职工收入分配以及企业在发展过程中存在的困难与问题进行座谈。县政协主席施建华出席会议并讲话。

2012年5月3日，县政协召开共青团、青联界别委员（扩大）座谈会，庆祝“五四”青年节。县政协主席施建华、副主席沈卫国、秘书长陈汉刚，共青团、青联界别委员以及基层团干部、创业青年、大学生村官、青年社工代表等40多人参加。与会人员首先视察位于城桥地区的青少年维权帮扶中心，然后在县政协会议室召开座谈会。团县委书记通报2012年第一季度重点工作情况以及下一阶段的工作打算。与会人员结合自身工作实际，就团员青年如何依托党团组织和政协界别，立足本职、关注民生、服务生态岛建设交流体会。还就增强共青团组织与基层青年联系，转变部分农村青壮年就业观念，加大结对帮扶力度，关注农村留守儿童、贫困青少年和儿童教育以及社工自身发展等进行探讨。施建华在会上讲话。

第二节 纪念活动

1985年9月2日，县政协召开纪念抗日战争和世界反法西斯战争胜利40周年座谈会，当年参加抗日战争的中共地下党干部、原国民党军政人员、地方知名人士共25人出席。与会人员回顾中华民族受侵略、受欺凌的历史，深感国家独立、民族尊严的可贵，声讨日本侵略者的滔天罪行，期盼中华振兴、国家富强。大家表示，要在中国共产党的领导下，立足本职、爱岗敬业，为建设社会主义现代化强国而努力奋斗。

1987年7月7日，县政协和中共崇明县委统战部联合召开纪念“七七”卢沟桥事变50周年座谈会，部分政协委员和有关人士共30多人出席。与会人员联系实际，控诉日本侵略者的滔天罪行，表示不忘这段历史，在中国共产党的领导下，团结奋斗，为把祖国建设得更加繁荣富强而作出应有的贡献。

1991年6月25日，中共崇明县政协党组召开纪念中国共产党成立70周年座谈会。党组书记陆瑾，党组成员徐正林、顾建新以及政协委员中的中共党员出席，县政协副主席姚振尧和县各民主党派负责人也应邀参加。与会人员共叙中共70年的光辉历程、共话新中国的建设成就，表示在中国共产党的领导下，为建设强大的社会主义祖国作出应有的努力。陆瑾主持会议并讲话。

1993年12月24日，县政协、中共崇明县委统战部联合召开纪念毛泽东诞辰100周年座谈会。县政协常委会部分成员、县各民主党派和工商联负责人、无党派代表人士和县政协之友社部分社员40多人出席。县政协副主席黄振兴主持会议。与会人员联系亲身经历，缅怀毛泽东的光辉一生，歌颂毛泽东的丰功伟绩，表示要认真学习毛泽东思想，为建设中国特色社会主义而努力奋斗。

1995年7月21日，县政协举行纪念抗日战争胜利50周年座谈会，各民主党派负责人、部分政协委员和县政协之友社社员40多人出席。座谈会由县政协副主席黄振兴主持。会上，民盟崇明县委副主委、崇明中学教师余光耀介绍抗日战争爆发的原因、过程以及取得最后胜利的经验、教训和体会。参加抗日战争的老同志控诉日军烧杀抢掠的滔天罪行，回忆与日本侵略军进行殊死搏斗的壮烈情景，歌颂中国共产党领导全国人民抗战的伟大功勋。中共崇明县委副书记、县政协主席陆瑾参加会议并讲话。她希望大家继承和发扬中国共产党的优良传统，坚持和完善中国共产党领导的多党合作和政治协商制度，巩固和扩大爱国统一战线，为崇明的改革开放和经济建设献计献策，出智出力，多作贡献。

1999年9月21日，县政协召开庆祝中华人民共和国成立50周年、人民政协成立50周年座谈会，中共崇明县委书记盛亚飞，县政协主席黄振兴，县人大常委会副主任黄志才，县政协副主席仇永鸣、黄雄、姚振尧、罗永祥，县政协常委，政协各委组正副主任(组长)，政协之友社正副理事长和各界代表人士50多人出席。仇永鸣主持会议。民盟、民进、农工党、侨联等党派、团体的负责人和部分政协委员、政协之友社社员在会上发言。黄振兴在座谈会上回顾人民政协50年的辉煌历程，要求全体政协委员进一步加强学习，提高政协委员的整体素质，调动一切积极因素，为促进经济社会发展多作贡献。盛亚飞在讲话中指出，崇明县政协自1956年3月召开一届一次会议以来，在各个历史时期都发挥了重要作用。他希望县政协要继续坚持以团结、民主为主题，进一步发挥政协在维护社会稳定中的团结协调作用，努力为改革、发展献计出力，为推进祖国统一大业多做工作。

2001年6月28日，县政协举行庆祝中国共产党成立80周年座谈会，各界人士30多人出席。县政协主席黄振兴主持会议并讲话。民进崇明县委主委罗永祥、民盟崇明县委主委施之录、农工党崇明县委主委施兆发、县工商联党组书记顾学高、县政协之友社理事长宋斌等在会上发言。黄振兴在讲话中要求政协委员做到与中共崇明县委在思想上同心、目标上同向、工作上同步，认真履行政治协商、民主监督、参政议政的职能，珍惜政协的荣誉，保持旺盛的生机和活力，为崇明大开发作出积极的贡献。

2004年9月28日，县政协举办庆祝中华人民共和国成立55周年和人民政协成立55周年“政协之声”专场文艺演出。县政协主席范陈杰致辞。中共崇明县委副书记、县长孙雷，县人大常委会主任陆瑾，中共崇明县委副书记郝立宽，中共崇明县委常委、宣传部部长邹明，县政协副主席袁佳平、罗永祥、王菁、吴复安，秘书长陈汉刚和全体政协委员、政协之友社社员以及社会各界人士1 000多人出席。

2006年3月2日，县政协举行庆祝崇明县政协成立50周年座谈会。县政协主席、副主席、秘书长、常委，历届县政协主席、副主席、秘书长，中共崇明县委统战部部长、副部长，各乡、镇、委、局党委分管统战工作的委员，各民主党派县委主委、副主委，县工商联会长、副会长，有关人民团体负责人，县政协专门委员会主任、副主任和各地区委员小组组长、副组长，县政协之友社名誉理事长、名誉副理事长、理事长、副理事长、理事，县政协历届委员代表共100多人参加座谈会。县政协副主席袁佳平主持座谈会。县政协主席范陈杰回顾总结县政协成立50年来的经验和体会，就新形势下开创崇明政协工作新局面提出意见。中共崇明县委副书记周卫杰出席座谈会并讲话。他代表中共崇明县委向崇明政协成立50周年表示热烈祝贺，对历届县政协工作给予充分肯定，就进一步做好政协工作提出要求。

2008年4月30日，县政协、中共崇明县委统战部联合举行纪念中共中央发布“五一口号”60周年座谈会，县各民主党派、工商联和无党派人士以及政协委员等50多人参加。中共崇明县委常委、县政协副主席、县委统战部部长王为群主持会议。会上，民主党派人士纷纷发言，回顾各民主党派的发展历程，表示要在中共领导下，高举中国特色社会主义旗帜，坚持走中国特色社会主义道路，继续加强自身建设，积极履行参政党职能，努力谱写多党合作新篇章。中共崇明县委书记彭沉雷、县政协主席范陈杰出席会议并讲话。

2008年12月24日，县政协举行各界人士纪念改革开放30周年座谈会，副主席袁佳平、周新卫，秘书长陈汉刚以及各行各业部分当届和历届政协委员30多人参加。与会人员结合自己的亲历、亲见、亲闻，分别从不同角度、不同层面，以翔实具体的数据对比，生动典型的事例介绍，畅谈30年来崇明县在经济、政治、文化、社会等方面所发生的巨大变化和体会。一致表示，30年的辉煌成就来之不易，一定要倍加珍惜，倍加努力工作，关注和投身改革开放伟大事业，用实际行动为崇明美好明天努力奋斗。县政协主席范陈杰主持座谈会并讲话。

2009年9月8日，县政协、中共崇明县委统战部联合举行庆祝人民政协成立60周年专题报告会，邀请上海市社会主义学院副院长张颖作专题报告。中共崇明县委常委、县政协副主席、县委统战部部长王为群主持报告会，县人大常委会副主任顾钱菊，县政协副主席周新卫、秘书长陈汉刚及各乡、镇、委、局党委负责统战工作的委员，县政协委员，各民主党派支部以上成员，县工商联执委以上成员，党外代表人士，县政协之友社社员等出席报告会。

2009年9月16日，县政协、中共崇明县委统战部联合举行庆祝人民政协成立60周年座谈会，县各民主党派、工商联和无党派人士以及政协委员等50多人参加。座谈会上，中共崇明县委书记彭沉雷、县政协主席范陈杰分别讲话。彭沉雷在讲话中回顾了人民政协成立60年来的光辉历程、发挥的重要作用、作出的重大贡献以及崇明县政协所取得的可喜成绩，并代表中共崇明县委提出要求。

2009年9月21日，县政协、中共崇明县委统战部联合举行庆祝人民政协成立60周年招待会，县四套班子领导，县各民主党派、工商联、人民团体负责人，驻崇明部队官兵，乡、镇、委、局党政负责人，在崇明的市属单位党政领导，县政协委员、县政协之友社社员、各界人士，县级机关干部和城桥镇居民代表1 000多人出席。县政协主席范陈杰致辞。

2011年6月27日，县政协、中共崇明县委统战部联合举行纪念中国共产党成立90周年专题报告会。县政协副主席袁佳平主持报告会，副主席施俭、周新卫，秘书长陈汉刚，县政协委员，县各民主党派、工商联负责人，侨界代表人士，县政协之友社理事以上成员及县政协、县委统战部全体机关干部近300人参加报告会。报告会邀请华东政法大学政治学与公共管理学院院长张明军作“90年来中国共产党对民主政治的追求”专题报告。

2011年9月30日，县政协、中共崇明县委统战部联合组织各界人士纪念辛亥革命100周年知识竞赛活动。县各民主党派、工商联、县政协各专门委员会共13支代表队参赛。县政协副主席袁佳平、施俭、周新卫，秘书长陈汉刚观摩决赛活动。比赛结果，民进崇明县委代表队获得一等奖，民盟崇明县委、县政协人口和健康委员会两支代表队获得二等奖，农工党崇明县委、民建崇明县支部、县政协港澳台侨委员会三支代表队获得三等奖。

2011年10月8日，县政协举行崇明县各界人士纪念辛亥革命100周年座谈会

2011年10月8日，县政协举行崇明县各界人士纪念辛亥革命100周年座谈会。中共崇明县委副书记、县政协主席施建华主持会议。中共崇明县委书记彭沉雷，中共崇明县委常委、县政协副主席、县委统战部部长王为群，县委常委、副县长张国坤，县人大常委会副主任任殷惠生、顾钱菊，副县长王菁，县政协副主席褚以琳、袁佳平、施俭、周新卫以及县政协常委，各民主党派、工商联、人民团体负责人，各乡、镇、委、局党委分管统战工作的委员、县政协和中共崇明县委统战部机关科以上干部共100人出席会议。座谈会上，彭沉雷讲话，县各民主党派、工商联、无党派代表人士、侨界、台界代表先后发言。大家从不同的角度，缅怀辛亥革命的历史功绩和以孙中山为代表的民主革命先驱者致力振兴中华的伟大革命精神，表达了在中国共产党领导下，坚持走中国特色社会主义道路，坚持和完善中国共产党领导的多党合作和政治协商制度，积极履行职能，努力实现中华民族伟大复兴的信心和决心。

第三节　走访慰问活动

1985年2月12日—14日，县政协主席施群、副主席顾青等分别探望慰问部分历届县政协委员和已故县政协委员亲属，从及部分社会知名人士，表达对他们的关心。

1987年1月16日，县政协召开部分离、退休老干部座谈会。副主席宋斌主持会议并讲话。他向老干部们慰问和致敬，并鼓励他们发挥余热，为振兴崇明经济多做牵线搭桥的联系工作。到会老干部纷纷表示要为促进崇明经济发展继续出力。

1987年1月26日，中共崇明县委书记姚明宝、副书记陆瑾到县政协慰问政协委员和机关工作人员。姚明宝充分肯定县政协在过去一年里所做的工作和取得的成绩，勉励大家在新的一年里继续贯彻改革开放方针，使各项工作更上一层楼。县政协副主席宋斌代表大家感谢中共崇明县委领导的关心，表示要做好1987年工作，不辜负县委领导的关怀。

1988年7月8日，县政协副主席宋斌、秘书长薛以霆等走访慰问县政协原主席施群、原副主席顾青等。

1988年8月9日，县政协副主席宋斌、黄和招等慰问城桥镇和堡镇的环卫工人。

1990年7月21日，县政协主席陆瑾慰问南门和堡镇地区环卫工人。

1990年7月31日，县政协主席陆瑾，副主席徐正林、黄和招，秘书长顾建新前往富民农场慰问部队官兵。

1991年1月15日—18日，县政协副主席徐正林、黄和招、施兆发，秘书长顾建新前往堡镇镇、江口乡、鳌山乡、城桥镇，分片召开政协委员迎新座谈会，交流学习、工作情况，征求对县政协1991年工作的意见。

1991年2月8日，县政协主席陆瑾，副主席徐正林、黄和招、姚振尧，秘书长顾建新参加中共崇明县委、县人大常委会、县政府、县政协在县招待所召开的军政座谈会，慰问驻崇部队官兵，共贺新春佳节。

1991年2月9日，县政协副主席徐正林、黄和招，秘书长顾建新等走访慰问历届县政协主席、副主席和部分县政协委员。

1995年7月17日，县政协主席陆瑾、副主席黄振兴等看望慰问城桥镇福利院老人和工作人员，赠送防暑饮料。

1998年1月14日，县政协副主席罗永祥与县民政局、县总工会负责人一起，前往合兴乡、裕安乡慰问困难职工、烈属、复员退伍军人。

1998年7月3日，县政协主席黄振兴带领有关部门负责人，慰问南门地区企业下岗特困职工和自主择业人员，鼓励他们与企业共渡难关、顾全大局、自强不息、艰苦创业，并送上慰问金。

1998年7月16日，县政协主席黄振兴，副主席仇永鸣、黄雄等前往新民镇、裕安镇、港沿镇，慰问奋战在高温第一线的工人和农民。

2002年2月5日，县政协副主席周祖安看望市劳动模范、县农业技术推广中心研究员陆锡康，慰问中兴镇两户特困户。

2003年5月12日，县政协主席范陈杰，副主席袁佳平、罗永祥、王菁、吴复安，秘书长陈汉刚等前往县中心医院，慰问在抗"非典"第一线的医务工作者，并向他们表示国际护士节的祝贺。

2003年5月14日，县政协副主席袁佳平慰问向化镇北港村和六滧村两户残疾特困家庭。袁佳平详细询问两户家庭的困难情况，并建议县有关部门和当地政府尽力帮助残疾家庭克服困难，渡过难关。

2003年6月3日，县政协主席范陈杰前往中兴镇，分别看望慰问永南村和中兴村两户困难家庭。希望他们振作精神，自强自立，并建议县有关部门和当地政府给予关心和帮助。

2003年7月29日，县政协主席范陈杰前往东平国家森林公园慰问在高温下坚持工作的干部职工，感谢他们为发展崇明旅游事业所作出的努力，并希望他们做好防暑降温工作，确保工作正常有序地进行。

2004年1月7日，县政协主席范陈杰前往崇明水泥厂、中兴镇和陈家镇，慰问困难职工、困难群众、老党员、老劳模，祝他们过一个安定、愉快、祥和的春节，并送上慰问金和慰问品。

2004年5月12日，县政协主席范陈杰、副主席袁佳平走访慰问南门地区医药卫生界的4名女政协委员并拜访委员所在单位领导，希望各单位领导继续关心和支持政协委员参与政协活动，为推进崇明"两个文明"建设作出新贡献。

2005年2月3日，县政协主席范陈杰到中兴镇永南村走访慰问困难群众和困难党员，并赴中兴镇贫困村滧中村，与村干部和部分村民座谈。

2005年2月4日，县政协副主席袁佳平走访慰问堡镇漾西村困难户。

2006年10月6日，县政协主席范陈杰、副主席罗永祥走访慰问上海永新艺术团、崇明沪剧团、县文化馆演职人员。

2007年5月10日，县政协主席范陈杰、副主席施俭前往堡镇人民医院，慰问获崇明县"新长征突击手"荣誉称号的护士班。

2007年5月22日，县政协组织"爱心零距离"募捐活动，为新民中学一位患尿毒症的学生捐款1万余元。

2007年8月20日，县政协提案工作委员会全体成员为已被上海东海学院录取的堡镇中学一名应届高中毕业生捐助助学款11 000元。该学生幼年父母双亡，长年靠政府和社会救助维持生活和完成学业，提案工作委员会承诺捐助其大学毕业为止。

2008年1月10日,县政协主席范陈杰等走访慰问县政协离休干部顾青。

2008年10月29日,县政协主席范陈杰等走访慰问县政协委员、赴四川省志愿医务工作者、堡镇医院护士长苏琴。

2009年5月12日,县政协主席范陈杰、副主席袁佳平前往县中心医院、堡镇人民医院、长江医院慰问部分护士,表示国际护士节的祝贺。

2009年7月30日,县政协主席范陈杰、副主席王为群等慰问驻崇部队官兵,庆祝"八一"建军节。

2009年9月9日,县政协主席范陈杰走访慰问竖河职校模范教师薛芳。

2010年1月12日,县政协主席范陈杰等走访慰问新海镇红星、新海居委会干部及贫困家庭。

2010年5月11日、22日,县政协主席范陈杰、副主席褚以琳等前往城桥镇社区卫生服务中心、三星镇社区卫生服务中心、堡镇社区卫生服务中心慰问护士,并向县"十佳护士"代表沈霞、宋佳英赠送鲜花。

2011年1月12日,县政协主席范陈杰等走访慰问新海镇红星、新海居委会干部及两户贫困家庭。

2012年1月11日,县政协主席施建华等前往向化镇、中兴镇走访慰问病退军人施济良、百岁老人张凤仙、贫困学生沈燕等。

2012年1月13日,县政协副主席沈卫国等走访慰问全国劳动模范吴柳森、陈连法。

2012年1月21日,县政协主席施建华等前往崇明电信局、县邮政局、县房屋维修应急中心慰问职工。

2012年3月9日,县政协主席施建华等走访慰问上海市巾帼文明岗,崇明税务分局第十六税务所女干部及县优秀妇女代表俞小琴、丁美红。

2012年5月7日,县政协副主席施俭走访建设镇残疾人综合服务中心,并看望慰问残疾人。

2012年7月17日,县政协主席施建华、副主席沈卫国、秘书长陈汉刚前往新河镇走访慰问贫困户。

2012年7月24日,县政协主席施建华等前往长兴岛,走访慰问建筑工人。

2012年9月7日,县政协副主席顾德昌走访慰问优秀教师宋春艳和教师陶希明,向他们表示教师节的祝贺。

第二章　党派团结合作

1985年1月,中国民主同盟崇明小组恢复活动,以后陆续成立中国民主促进会崇明县小组、中国农工民主党崇明县支部等民主党派地方组织。至2012年,崇明县有6个民主党派组织:中国民主同盟上海市崇明县委员会、中国民主促进会上海市崇明县委员会、中国农工民主党上海市崇明县委员会、中国国民党革命委员会崇明县支部委员会、中国民主建国会上海市崇明县支部委员会、九三学社上海市崇明县支社。民主党派成员516人。

1956年2月,成立崇明县工商业联合会。

崇明县政协加强与民主党派、工商联和无党派人士的团结合作,注重发挥民主党派、工商联和无党派人士在人民政协中的作用。各民主党派组织和工商联在中国共产党的领导下,贯彻与中国共产党长期共存、互相监督、肝胆相照、荣辱与共的方针,积极参与协商崇明经济和社会发展的重大问题,开展海外联谊活动,为促进经济和社会发展、推动祖国和平统一大业作贡献。

第一节　民主党派组织

一、中国民主同盟上海市崇明县委员会

1946年2月,旅沪崇明籍人士徐一诚、王乐明、朱禹城等参加中国民主同盟(简称民盟)。当年8月,成立民盟崇明小组,有盟员6人。至1949年,有盟员29人。全国解放后,民盟崇明小组解散。1984年1

月起，民盟上海市委陆续审查批准恢复徐鼎铨、宋俊等7人的盟籍。1984年10月，批准恢复民盟崇明小组。1985年1月，民盟崇明小组正式恢复活动，有盟员10人。1987年5月12日，成立民盟崇明县支部，有盟员19人，徐鼎铨任主任委员(简称主委)，设上沙和下沙2个小组。1990年7月9日，召开民盟崇明县第一次盟员大会，选举产生民盟崇明县委员会(简称民盟崇明县委)，徐鼎铨任主委，有盟员49人，下设4个支部、3个直属小组。1997年1月8日，民盟崇明县委召开第二次盟员大会，选举产生民盟崇明县第二届委员会，施之录任主委，有盟员76人，下设4个支部。2001年9月18日，民盟崇明县委召开第三次盟员大会，选举产生民盟崇明县第三届委员会，王菁任主委，有盟员85人，下设7个支部。2006年10月20日，民盟崇明县委召开第四次盟员大会，选举产生民盟崇明县第四届委员会，王菁任主委，有盟员103人，下设6个支部。2011年5月24日，民盟崇明县委召开第五次盟员大会，选举产生民盟崇明县第五届委员会，王菁任主委，有盟员118人，下设8个支部。至2012年，有盟员128人。

1987年4月，县政协七届一次会议起，民盟崇明县委为县政协参加单位。

至2012年，盟员被选为市人大代表4人次，市政协委员1人，县人大代表8人次，县政协委员45人次。担任县人大常委会副主任2人，县人大常委会委员4人，副县长2人，县政协副主席3人，县政协常委15人次。

1985年1月至2012年6月，民盟崇明县委共向县政协提出集体提案55件、个人提案410件，其中被县政协评为优秀提案的集体提案11件、个人提案16件。

民盟崇明县委每年开展课题调研，撰写的调研报告报送民盟上海市委、中共崇明县委统战部，或在参政议政有关会议上作交流发言，或作为集体提案提交县政协，供有关部门参考，有很多意见得到相关部门的肯定和采纳。

民盟崇明县委还多层次、多方位开展参政议政活动，反映社情民意。2008年—2012年，民盟盟员反映社情民意信息238条。组织盟员参加一系列的大讨论活动，在“世博会与上海新一轮发展——加快实现崇明跨越式发展大讨论”活动中，民盟崇明县委组织人员，撰写“第二产业是实现崇明跨越式发展的支撑点”的文章。在政协召开的有关专题研讨会上，作“三次产业必须融合发展”的专题发言。

二、中国民主促进会上海市崇明县委员会

1986年8月，中国民主促进会(简称民进)崇明县小组成立，赵远柔任组长，刘伟国任副组长，有会员6人。1987年12月，成立民进崇明县支部，赵远柔任主委，有会员19人，下设4个小组。1992年12月，召开民进崇明县第一次会员大会，选举产生中国民主促进会上海市崇明县委员会(简称民进崇明县委)，罗永祥任主委，有会员54人，下设7个支部和1个小组。1996年11月，民进崇明县委召开第二次会员大会，选举产生民进崇明县第二届委员会，罗永祥任主委。2001年9月，民进崇明县委召开第三次会员大会，选举产生民进崇明县第三届委员会，罗永祥任主委。2006年10月，民进崇明县委召开第四次会员大会，选举产生民进崇明县第四届委员会，褚以琳任主委。2011年6月，民进崇明县委召开第五次会员大会，选举产生民进崇明县第五届委员会，褚以琳任主委。2012年6月，民进崇明县委有会员158人，下设9个支部。

1987年4月，县政协七届一次会议起，民进崇明县委为县政协参加单位。

1992年—2010年，民进会员当选全国人大代表1人、市人大代表2人、市政协常委1人、县人大代表4人次、县政协委员48人次。担任县人大常委会副主任1人、副县长1人、县政协副主席2人次、县政协常委8人次。

1992年—2012年6月，民进界别向县政协提出集体提案34件、委员个人提案628件，其中优秀提案和最佳提案45件。

民进崇明县委重视调查研究，2003年—2012年，每年组织人员深入基层调研，撰写调研报告或提交建议等。民进崇明县委还积极参与政协的民主监督。1992年—2010年，定期参加中共崇明县委召开的

“季度座谈会”及协商会。会员中有50多人次参与政风行风检查评议、物价监督、卫生检查、市容环境监察等工作。成立信息员工作小组，动员会员积极反映社情民意，2002年被民进上海市委评为信息工作先进单位，2006年信息工作又获民进上海市委嘉奖，被评为宣传报道先进单位，至2009年，连续4年被评为宣传报道先进单位。

三、中国农工民主党上海市崇明县委员会

20世纪80年代，崇明县有中国农工民主党（简称农工党）党员3人。1989年6月9日，成立农工民主党崇明县支部，施兆发任主委，有党员12人。1993年12月1日，农工民主党崇明县支部召开党员大会，成立农工民主党上海市崇明县委员会（简称农工党崇明县委），施兆发任主委，有党员48人，下设4个小组。1996年12月25日，农工党崇明县委召开党员大会，选举产生农工民主党崇明县第二届委员会，施兆发任主委，有党员61人，下设4个支部。2001年9月20日，农工党崇明县委召开党员大会，选举产生农工党崇明县第三届委员会，施俭任主委，有党员78人，下设5个支部。2006年10月24日，农工党崇明县委召开党员大会，选举产生农工民主党崇明县第四届员委会，施俭任主委，有党员83人，下设5个支部。2011年5月20日，农工党崇明县委召开党员大会，选举产生农工民主党崇明县第五届员委会，施俭任主委，有党员99人，下设5个支部。

1990年4月，县政协八届一次会议起，农工党崇明县委为县政协参加单位。

1989年—2012年，农工党员中担任县人大常委会副主任1人、县政协副主席2人次。

农工党崇明县委发动党员中的人大代表和政协委员积极撰写代表书面意见和政协提案，1989年—2010年，农工党崇明县委向县政协提出集体提案31件、个人提案212件。被评为优秀提案的集体提案7件、个人提案8件。自1989年农工党崇明支部成立以来，每年开展课题调研。2008年—2012年撰写调研报告共29篇。

四、中国民主建国会上海市崇明县支部

2003年，崇明县有中国民主建国会（简称民建）会员4人，组织关系挂靠民建宝山区委罗店支部。2006年7月，民建崇明县支部筹备工作组成立。同年12月14日，中国民主建国会上海市崇明县支部委员会（简称民建崇明县支部）成立，吴忠华任主委。2012年，有会员42人，下设4个小组。

2011年1月，县政协十二届六次会议起，民建崇明县支部为县政协参加单位。

至2012年，民建会员中担任县政协常委1人。

2007年—2012年，民建崇明县支部共提出提案48件，撰写调研报告11篇。2012年，民建崇明县支部被民建上海市委授予“参政议政工作先进组织”称号。

五、九三学社上海市崇明县支社

2005年8月24日，九三学社上海市崇明县支社（简称九三学社崇明县支社）成立，施亚周任主委，有社员24人。2010年5月，九三学社崇明县支社举行第二次社员大会，选举产生第二届支社委员会，施菊萍任主委，有社员61人，下设3个小组。

2006年1月，县政协十一届四次会议起，九三学社崇明县支社为县政协参加单位。

至2012年，九三学社崇明县支社社员中担任市人大代表1人、县政协常委4人次、县政协委员6人次。

2005年—2012年，九三学社崇明县支社撰写提案55件，在县政协专题议政大会上发言11人次。

六、中国国民党革命委员会上海市崇明县支部

1995年起，中国国民党革命委员会（简称民革）上海市委员会开始在崇明发展党员，2009年6月18

日，民革崇明学习小组成立。2010年5月31日，成立中国国民党革命委员会上海市崇明县支部委员会(简称民革崇明县支部)，顾德昌任主委。2012年，民革崇明县支部有党员28人。

2011年1月，县政协十二届六次会议起，民革崇明县支部为县政协参加单位。

至2012年，民革党员中担任县政协副主席1人、县政协常委1人。

2010年—2012年，民革崇明县支部撰写调研报告6篇。

第二节 崇明县工商业联合会(商会)

崇明县商会始建于清末。1922年2月，崇明县成立商事公断处。1928年10月，堡镇成立商团。1938年，县商会组建木业、酒业等18个同业公会。中华人民共和国成立后，商会、同业公会全部解散。

1949年6月，崇明县人民政府设工商局(科)。全县各区、镇工商界在当地人民政府和县工商局(科)领导下，在接收、整理旧商会的基础上，城桥镇等9个大集镇于1950年1月分别成立镇工商业联合会筹备会。同年下半年，成立镇工商业联合会。1952年11月5日，召开崇明县工商界代表会议，会议决定成立崇明县工商业联合会筹备会，选举产生执委会和常务委员会。1953年年初，先后在城桥区等5个区成立分会筹备会，共有私营工商业户4 694个，均是会员。1956年2月26日，召开崇明县工商业第一届会员代表大会，成立崇明县工商业联合会(简称县工商联)。“文化大革命”期间，县工商联停止活动。1984年11月21日，召开崇明县工商业联合会第四届会员代表大会，恢复县工商联工作和会务。

1956年—2011年，县工商联(商会)共召开10次会员代表大会，并选举产生各届执行委员会及领导成员。1999年9月，中共崇明县委设立中共崇明县工商业联合会党组，进一步加强中国共产党对工商联的领导。

1950年1月—1954年7月，崇明县第一届至第六届各界人民代表会议，有一定数量的工商界人士当选代表。1956年3月县政协成立后，设立工商界界别。1990年4月八届县政协起，县工商联成为县政协参加单位。

1954年—2012年，全县工商界人士中，经推荐、选举担任市人大代表2人、县人大代表21人次；协商推荐担任市政协委员2人、县政协委员49人次，其中4人为县政协常委；协商推荐、选举担任市工商联执委6人次，其中2人为常委、1人为市商会副会长；担任县人大常委会副主任1人、副县长1人、县政协副主席7人次。

1990年4月—2012年，县工商联在县政协会议参政议政、献计献策，提出建议或提案376件，集体提案17件，大会发言13人次，其中10件提案被县政协评为优秀提案。

第三节 团结合作

一、贯彻执行多党合作制度

县政协通过多种形式宣传贯彻《中共中央关于坚持和完善中国共产党领导的多党合作和政治协商制度的意见》。1990年2月13日，七届县政协第十八次常委会会议组织与会人员学习《中共中央关于坚持和完善中国共产党领导的多党合作和政治协商制度的意见》，审议通过《崇明县政协关于贯彻〈中共中央关于坚持和完善中国共产党领导的多党合作和政治协商制度的意见〉的实施意见》，就加强与各民主党派团结和合作提出具体措施。2004年3月10日，县政协学习中心组组织成员学习《中共中央关于进一步加强中国共产党领导的多党合作和政治协商制度的意见》。2004年7月22日，十一届县政协第六次常委会会议审议通过《崇明县政协关于进一步发挥民主党派、工商联在人民政协中的作用的意见》，对支持民主党派参与政治协商、民主监督、参政议政提出具体措施。2004年7月29日，县政协举办全体政协委员、各民主党派支部负责人以上干部参加的“加强中国共产党领导的多党合作和政治协商制度建设”报告会，听取中共上海市委统战部徐力作专题辅导报告。2006 年 2 月 7 日，中共崇明县委下发《关于加强政协工作的意见》，要求进一步重视民主党派在政协工作中的作用，保证民主党派以本党名义通过政协发表意见和主张。2008 年 4 月 22 日，县政协、中共崇明县委统战部联合举办全体政协委员、各民主党派成员参加的《中国政党制度白皮书》解读报告会，听取上海社会主义学院副院长张颖作辅导报告。

二、秘书长联席会议

1994 年 6 月 28 日，县政协首次召开各民主党派、工商联、侨联秘书长联席会议。会议协商决定建立秘书长联席会议制度，旨在增强相互了解、增进团结联谊。秘书长联席会议主要内容是学习市县有关文件精神、交流工作情况、沟通有关信息等。秘书长联席会议由县政协秘书长或副秘书长召集，每季度召开一次，至 2003 年，共召开 30 次。2004 年起，改为每半年召开一次，至 2012 年，共召开 18 次。

三、发挥民主党派人士作用

县政协通过邀请民主党派人士参加有关会议、参与社会调研等形式，支持民主党派发挥政治协商、民主监督、参政议政作用。

1989 年起，县政协召开的常委会(扩大)会议，民主党派负责人或支部负责人以上人员应邀列席，参与有关会议议题的协商讨论，并提出意见建议。1993 年起，县政协定期召开民主党派、有关人民团体负责人座谈会，通报政协工作情况，听取对进一步发挥政协职能作用的意见建议。1995 年起，县政协召开专项工作情况通报会时，邀请民主党派负责人或支部负责人以上人员参加，听取政府及其职能部门有关情况的通报，为民主党派知情明政、履行职能搭建平台、提供信息。2000 年起，县政协及其工作委员会进一步加强与民主党派的合作与联系，在支持民主党派组织人员联系崇明经济建设和社会发展实际开展调查研究、提出意见建议的同时，对生态环境保护、科教兴县、“三农”工作、文化建设、社会管理、生态岛建设等重大课题进行联合调研，在形成共识的基础上，撰写专题调研报告，或提交建议案，供中共崇明县委、县政府决策参考。

第三章　“三胞”团结联谊

崇明县政协重视“三胞”(港澳同胞、台湾同胞、海外侨胞)在祖国统一大业和民族振兴中的作用，组建“三胞”界别，成立“三胞”工作机构，组织“三胞”政协委员开展活动，履行各自职责职能，为实现祖国和平统一和促进崇明经济社会发展献计出力。

第一节　“三胞”界别和“三胞”工作机构

一、“三胞”界别

“文化大革命”结束后，特别是中共十一届三中全会后，不少“三胞”回到祖国大陆，或探亲，或定居，或投资参与家乡建设。随着崇明县归国华侨联合会(简称县侨联)、崇明县台胞台属联谊会(简称县台联)的先后成立，县政协及时吸收其为人民政协组成单位。1981 年 6 月，县政协五届一次会议起，归国华侨为县政协组成单位，安排政协委员 2 人。1987 年 4 月，县政协七届一次会议，归国华侨界别政协委员有 3 人。1990 年 4 月，县政协八届一次会议，归国华侨界别改称县侨联界别，安排政协委员 4 人。1993 年 4 月，县政协九届一次会议，侨联界别委员增至 8 人；吸收县台联为县政协组成单位，安排政协委员 7 人。1998 年 3 月，县政协十届一次会议和 2003 年 3 月县政协十一届一次会议，县侨联和县台联界别政协委员都为 7 人和 4 人。2007 年 2 月，县政协十二届一次会议，县侨联和县台联界别政协委员分别为 8 人和 5 人。2012 年 1 月，县政协十三届一次会议，县侨联和县台联界别政协委员分别为 9 人和 5 人。

二、“三胞”工作机构

1984年10月25日，县政协六届三次常委会（扩大）会议决定，设立侨务对台组。1987年4月16日，县政协七届一次常委会会议决定，改设侨务对台组为海外联谊委员会。2002年1月22日，根据《崇明县县级机构改革总体方案》，县政协十届十八次常委会会议决定，设港澳台侨委员会。2012年1月，县政协港澳台侨工作纳入县政协建设管理委员会。

第二节　发挥“三胞”委员作用

1992年5月4日，县政协海外联谊委员会召开全体委员会议，听取县政府关于对外经济发展情况的通报。与会人员肯定县政府及其职能部门在发展对外经济方面所做的工作，并就进一步发展对外经济提出意见建议。

1995年3月27日，县政协海外联谊委员会召开全体成员会议，学习江泽民《为促进祖国统一大业完成而继续奋斗》重要讲话。与会人员联系实际，畅谈学习体会，表示要认真履行政协委员职责，继续为祖国和平统一作出应有贡献。7月25日，县政协海外联谊委员会与崇明经济技术开发区管委会开展对口联系活动，听取开发区管委会负责人有关情况介绍。委员们对开发区管委会的工作给予充分肯定，并对开发区的基础设施建设、形态布局、招商引资、实体型企业落户等提出意见建议。

1996年10月10日，县政协海外联谊委员会组织委员视察绿华镇2个外资企业，听取企业负责人介绍有关生产经营情况。委员们对企业快速发展表示高兴，并对政府部门如何加强对外资企业的服务工作等提出意见建议。

1998年9月11日，县政协海外联谊委员会组织全体成员视察上海富盛经济开发区，听取开发区管委会负责人情况介绍后，就进一步完善开发区基础设施和规划布局、加强对落户企业的服务等提出意见建议。

2001年12月13日，县政协海外联谊委员会召开全体成员会议，听取县台办负责人关于台湾情况的通报。与会人员认为，台联和侨联具有界别优势，表示要为实现祖国统一大业多作贡献。

2004年6月18日，县政协港澳台侨联谊委员会召开“崇明生态岛建设大讨论”交流会，12名委员发言，为促进崇明生态岛建设建言献策。

2008年5月13日，县政协召开台联、侨联界别委员座谈会，与会人员在听取县政协领导关于近阶段政协工作情况和下阶段政协工作安排的通报后，围绕政协工作中如何充分发挥台联、侨联界别委员作用发表意见、提出建议。

2008年11月7日，县政协港澳台侨委员会与仁济医院崇明分院签约，组织全县老归侨进行健康体检。

2009年2月2日，县政协港澳台侨委员会与县人事局、县侨办、县台办联合举办“相聚崇明、共谋发展”——崇明县港澳台侨和留学人员代表人士研讨会。中共崇明县委副书记施建华，县委常委、县政协副主席、县委统战部部长王为群，副县长李志宏出席研讨会。施建华向与人员介绍近年来崇明经济社会发展情况和发展前景，希望大家大力宣传家乡的优势，主动做好牵线搭桥工作，为提高崇明在海内外的知名度、促进崇明经济社会发展多作贡献。与会30多名港澳台侨和留学人员代表人士结合自己学习和创业经历，发表对参加崇明现代化生态岛建设的感想。

2011年8月24日，县政协港澳台侨委员会召开提案促办会议，听取有关单位办理台联、侨联界别委员提案情况的通报，与会人员对进一步做好提案办理落实工作提出意见建议。

第三节　接待“三胞”人士

县政协热情接待回家乡观光、探亲和经商的崇明籍港澳同胞、台湾同胞和海外侨胞。1985 年 10 月，县政协组织海外侨胞探亲人员及家属参观正在建设中的上海宝山钢铁总厂。1986 年起，每年召开回崇明探亲的港澳台同胞和海外侨胞座谈会。1988 年—2012 年，县政协先后接待社会上有地位、经济上有实力、技术上有专长的海外侨胞 100 多人次，接待港澳台同胞、上海市政协港澳台侨委员会委员和台湾崇明同乡会成员共 35 批次、500 多人次。

第四章　地区政协交流

崇明县政协成立以来，特别是 1981 年县政协恢复工作后，通过“请进来、走出去”等方式，开展交流协作活动，加强与市内外各级政协的沟通联系。1984 年—2012 年，县政协共接待上海市区县政协和外省市政协考察交流团(组)280 余次，组团到上海市区县和外省市学习考察 150 余次。

崇明县政协还派员参加或承办上海市郊县政协工作例会、长江口北部六县(市)政协联谊会、沪浙十一县(市)政协工作联谊会、沪浙十县(市、区)政协工作研讨会、长江三角洲十二县(市、区)政协工作研讨会等活动，广交朋友，沟通信息，互相学习，促进工作。

第一节　接待到访考察

一、接待上海市区县政协考察交流团(组)

1985 年起，上海市区县政协组团到崇明参观考察。2005 年起，崇明县规划建设生态岛，各区政协到崇明参观考察的人员增多。本节辑录接待上海市区县政协组团到崇明参观考察 62 次。

1985 年—2012 年崇明县政协接待上海市区县政协考察交流团(组)情况表

表 8-1

时　间	到访单位	带队领导	考察内容	接待领导
1985 年 11 月 28 日	虹口区政协	副主席姜其昌	参观农村发展变化	副主席顾青
1986 年 5 月 27 日—29 日	青浦县政协	副主席孙李奇	交流侨务工作经验	副主席顾青
1987 年 9 月 21 日	吴淞区政协	副主席丁东伦	考察科技工作	副主席宋斌 秘书长薛以霆
1987 年 11 月 13 日—15 日	南汇县政协	主席管仁欣	考察教育基金筹集及贯彻义务教育法	主席张彪 副主席宋斌、昝泰昌
1988 年 1 月 15 日—16 日	宝山县政协	副主席朱权	考察对台工作	副主席徐正林、罗永祥
1988 年 10 月 24 日—26 日	川沙县政协	副主席姚金梧	考察妇女工作	秘书长薛以霆
1989 年 9 月 25 日—27 日	金山县政协	副主席史淑霞	考察海外联谊工作	副主席宋斌、黄和招 秘书长薛以霆
1989 年 10 月 19 日—21 日	虹口区政协	副主席徐国杰	考察知识分子工作	副主席宋斌 秘书长薛以霆
1989 年 11 月 8 日—9 日	青浦县政协	副主席孙李奇	考察供销系统改革开放工作	副主席宋斌 秘书长薛以霆

续表 8-1

时　　间	到访单位	带队领导	考察内容	接待领导
1989 年 11 月 9 日	川沙县政协	副主席丁国华	考察海外联谊工作	副主席宋斌、黄和招 秘书长薛以霆
1990 年 11 月 5 日	川沙县政协	副主席洪家淳	考察对台工作	副主席黄和招 秘书长顾建新
1991 年 5 月 28 日—29 日	上海县政协	副主席李若清	考察宗教工作	副主席姚振尧
1991 年 10 月 12 日	嘉定县政协	会长惠印林	交流政协之友社活动	副主席徐正林、黄和招、施兆发 秘书长顾建新
1991 年 12 月 10 日—13 日	南汇县政协	副主席方厚贤	考察医疗卫生工作	副主席徐正林、施兆发 秘书长顾建新
1994 年 6 月 4 日—5 日	闸北区政协	副主席郭祖禄	交流政协工作	主席陆瑾 副主席黄振兴、仇永鸣、姚振尧 秘书长刘亚池
1994 年 11 月 8 日—9 日	杨浦区政协	理事长王伯昌	考察政协之友社工作	副主席黄振兴、仇永鸣 秘书长刘亚池
1996 年 8 月 9 日—10 日	奉贤县政协	副主席周兆熊	考察机关建设和社情民意工作	副主席黄振兴、仇永鸣 秘书长刘亚池
1997 年 4 月 17 日—18 日	青浦县政协	副主席宋秀英	考察“三胞”联谊工作	副主席黄振兴 秘书长刘亚池
1998 年 6 月 22 日—23 日	虹口区政协	副主席吴慧娟	考察海外联谊工作	主席黄振兴
1998 年 10 月 29 日—30 日	青浦县政协	副主席宋秀英 秘书长张菊林	考察政协之友社工作	副主席仇永鸣、宋斌、黄雄 秘书长刘亚池
2000 年 3 月 26 日—27 日	奉贤县政协	主席姜金余 秘书长杨林才	考察政协委组工作	主席黄振兴 副主席仇永鸣 秘书长刘亚池
2001 年 4 月 13 日—14 日	虹口区政协	副主席汪云山	考察医药卫生委员会工作	副主席黄雄
2001 年 12 月 6 日—7 日	闵行区政协	副主席吴文丽	考察提案工作	副主席黄雄
2002 年 1 月 24 日—25 日	静安区政协	主席王韵兰	考察政协工作	副主席周祖安、黄雄 秘书长陈汉刚
2002 年 6 月 20 日	杨浦区政协	主席孙登龙	考察崇明经济发展情况	副主席黄雄、周祖安 秘书长陈汉刚
2004 年 5 月 27 日	卢湾区政协	主席翁蕴珍	考察崇明岛域总体规划编制情况	主席范陈杰 副主席袁佳平 秘书长陈汉刚
2004 年 6 月 23 日—24 日	徐汇区政协	副主席苏玉芳	考察崇明生态岛建设	主席范陈杰 副主席罗永祥 秘书长陈汉刚
2004 年 7 月 8 日—9 日	徐汇区政协	主席张旗 副主席邹德礼	考察崇明生态岛建设	主席范陈杰 副主席袁佳平、罗永祥、王菁、吴复安 秘书长陈汉刚

续表 8－1

时　　间	到访单位	带队领导	考察内容	接待领导
2004 年 8 月 5 日—6 日	浦东新区政协	副主席陈炳辉	考察社情民意工作	主席范陈杰 副主席罗永祥
2004 年 8 月 18 日—19 日	青浦区政协	主席周德海 副主席宋秀英	考察提案工作	主席范陈杰 副主席罗永祥
2004 年 11 月 3 日—4 日	虹口区政协	主席葛文卿	考察崇明岛域总体规划情况	主席范陈杰 秘书长陈汉刚
2004 年 11 月 26 日—27 日	闵行区政协	秘书长胡剑雄	考察政协秘书处工作	秘书长陈汉刚
2005 年 6 月 13 日—14 日	闸北区政协	主席张丽丽	考察党派、团体工作	主席范陈杰 副主席袁佳平、罗永祥、王菁、吴复安 秘书长陈汉刚
2005 年 6 月 16 日—17 日	奉贤区政协	副主席许璇黎	考察提案工作	主席范陈杰 副主席罗永祥 秘书长陈汉刚
2005 年 8 月 26 日—27 日	普陀区政协	副主席夏斯德、叶红	考察生态环境	主席范陈杰 副主席袁佳平、王菁 秘书长陈汉刚
2005 年 10 月 21 日—22 日	奉贤区政协	副主席朱全忠	考察民族宗教工作	副主席袁佳平、王菁、吴复安 秘书长陈汉刚
2006 年 9 月 7 日—8 日	浦东新区政协	委主任郑德厚	考察崇明生态岛建设	副主席罗永祥
2006 年 10 月 17 日—18 日	金山区政协	秘书长蔡又新	考察提案工作等	主席范陈杰
2007 年 3 月 15 日—16 日	徐汇区政协	主席李俊民	考察政协工作	主席范陈杰 副主席袁佳平
2007 年 4 月 28 日—29 日	浦东新区政协	主席林泉璋	考察专委会工作	主席范陈杰 副主席袁佳平 秘书长陈汉刚
2007 年 7 月 17 日—18 日	金山区政协	副主席吴新超	考察政协工作	主席范陈杰 副主席袁佳平 秘书长陈汉刚
2007 年 8 月 30 日—31 日	宝山区政协	理事长杜正英	考察老委员工作	副主席袁佳平
2007 年 8 月 30 日—31 日	南汇区政协	副秘书长吴伟宗	考察政协机关工作	秘书长陈汉刚
2008 年 4 月 23 日—24 日	嘉定区政协	秘书长陶维平	考察政协机关工作	秘书长陈汉刚
2008 年 5 月 5 日—6 日	宝山区政协	主席康大华	在崇明召开党派团体负责人座谈会	主席范陈杰
2008 年 9 月 17 日	青浦区政协	理事长周德海	考察政协之友社工作	副主席袁佳平 理事长邵礼达 副理事长黄振兴
2008 年 10 月 16 日	南汇区政协	主席戴群华	考察政协工作	主席范陈杰 副主席袁佳平 秘书长陈汉刚

续表 8-1

时间	到访单位	带队领导	考察内容	接待领导
2008 年 11 月 30 日—12 月 1 日	奉贤区政协	主席韦源	考察政协工作	主席范陈杰 副主席王为群、袁佳平、施俭、王菁、周新卫
2008 年 12 月 20 日—21 日	松江区政协	秘书长张泰昌	考察政协秘书处工作	副主席袁佳平 秘书长陈汉刚
2009 年 10 月 12 日—13 日	静安区政协	主席刘晓明	考察政协工作	主席范陈杰 副主席袁佳平
2009 年 11 月 13 日	嘉定区政协	主席周关东	考察政协工作	主席范陈杰
2009 年 12 月 3 日	长宁区政协	主席陈建兴	考察政协工作	主席范陈杰
2009 年 12 月 20 日	浦东新区政协	副主席戴群华	考察政协工作	主席范陈杰
2010 年 3 月 10 日	奉贤区政协	政协之友社副理事长姜金余	考察政协之友社工作	副理事长黄振兴
2010 年 8 月 11 日—12 日	静安区政协	主席刘晓明	考察政协工作	主席范陈杰
2010 年 10 月 16 日	虹口区政协	主席许虎清 副主席吴根明	考察政协工作	主席范陈杰 副主席袁佳平
2010 年 10 月 16 日	闸北区政协	秘书长金伟	考察政协工作	副主席袁佳平 秘书长陈汉刚
2011 年 3 月 31 日	浦东新区政协	副主席张兆田	考察政协工作	副主席袁佳平 秘书长陈汉刚
2011 年 11 月 17 日	浦东新区政协	副主席方柏华	在崇明召开社区工作总结会议	副主席褚以琳
2012 年 4 月 18 日	奉贤区政协	副主席程云华	考察政协工作	主席施建华 秘书长陈汉刚
2012 年 5 月 10 日	普陀区政协	主席钱城乡	考察政协工作	主席施建华 副主席沈卫国 秘书长陈汉刚
2012 年 7 月 17 日	宝山区政协	政协之友社理事长康大华	考察政协之友社工作	理事长范陈杰 副理事长罗永祥

二、接待外省市政协考察交流团(组)

1986 年起,崇明县政协接待外省市政协组团到崇明参观考察。2005 年起,崇明县规划建设生态岛,外省市政协组团到崇明参观考察的人员逐渐增多。2008 年起,上海市筹备世博会和举办世博会期间,到崇明参观考察的人员大量增多,崇明县政协接待的外省市政协参观考察团组也相应增多。本节辑录接待外省市政协组团到崇明参观考察 220 次。

1986年—2012年崇明县政协接待外省市政协考察交流团(组)情况表

表8-2

时　间	到访单位	带队领导	考察内容	接待领导
1986年10月28日—29日	浙江省嵊泗县政协	副主席	考察政协工作	副主席宋斌
1988年2月5日	江苏省如东县政协	副主席	考察政协工作	副主席宋斌
1988年8月9日	福建省泉州市政协	副主席	考察政协工作	副主席宋斌 秘书长薛以霆
1988年11月22日	黑龙江省伊春市政协	主席张鼎忠	交流政协工作	主席张彪 副主席宋斌 秘书长薛以霆
1988年11月28日—30日	江苏省启东县政协	副主席倪国豪	交流政协工作	主席张彪 副主席宋斌
1989年11月6日—9日	浙江省萧山市政协	副主席孙统墀	考察滩涂围垦等	副主席宋斌、罗永祥 秘书长薛以霆
1990年6月11日—13日	浙江省岱山县政协	副主席张月琴、鲍豫仁	考察乡镇企业及农业	副主席徐正林、黄和招 秘书长顾建新
1990年11月14日—15日	江苏省启东市政协	副主席董美英	交流政协工作	副主席徐正林
1991年5月15日—17日	江苏省如皋县政协	主席明道奎	考察乡镇企业	主席陆瑾 副主席徐正林 秘书长顾建新
1991年5月30日—31日	江西省安远县政协	副主席钟松柏	考察合作医疗	副主席施兆发 秘书长顾建新
1991年8月20日—25日	湖北省大冶县政协	副主席陈新华	考察水产养殖业	副主席徐正林
1991年10月18日—20日	辽宁省东沟县政协	副主席冷恒业	考察城镇建设和环保工作	副主席施兆发
1991年12月23日—25日	江苏省南通市政协	副主席徐希权	考察政协工作	副主席徐正林 秘书长顾建新
1992年5月15日—17日	江苏省溧水县政协	副主席沈璋大、袁修钦	交流政协工作	副主席徐正林 秘书长顾建新
1992年6月14日	江苏省丹阳市政协	副主席韦敖林	考察初级卫生保健工作	副主席徐正林 秘书长顾建新
1992年6月22日—24日	江苏省如皋市政协	副主席袁泉	考察政协工作	副主席徐正林 秘书长顾建新
1992年7月6日—7日	河南省新野县政协	副主席鲁古桑	交流政协工作	副主席徐正林 秘书长顾建新
1992年7月14日	江苏省溧水县政协	副主席沈璋大、袁修钦	考察政协工作	副主席徐正林 秘书长顾建新
1992年10月26日—29日	浙江省政协	副主席厉德馨	考察政协工作	副主席徐振林、黄和招 秘书长顾建新
1992年10月26日	江苏省如皋市政协	秘书长	考察乡镇企业	副主席徐振林、黄和招 秘书长顾建新

续表 8-2

时　　间	到访单位	带队领导	考察内容	接待领导
1993年1月8日—9日	江苏省海门县政协	副主席安焕林	交流政协工作	副主席徐正林、姚振尧 秘书长顾建新
1993年3月22日—24日	江苏省海安县政协	副主席	交流政协工作	副主席徐正林、姚振尧 秘书长顾建新
1993年9月21日	江苏省启东市政协	主席、副主席	开展联谊活动	主席陆瑾 副主席黄振兴 秘书长顾建新
1993年10月11日—12日	江苏省启东市政协	副主席龚津生	交流政协工作	副主席仇永鸣、姚振尧
1993年11月4日—5日	江苏省宜兴市政协	副主席谢成志	考察群众体育工作	副主席黄振兴 秘书长顾建新
1993年12月14日	江苏省启东市政协	副主席诸美根	交流政协工作	副主席黄振兴 秘书长顾建新
1993年12月16日—18日	江苏省如皋市政协	主席石秀峰 秘书长史有生	交流如何履行政协职能	副主席黄振兴、仇永鸣 秘书长顾建新
1994年4月6日—8日	江苏省南通市政协	副主席殷若男	交流政协委员学习情况	副主席黄振兴、仇永鸣 秘书长刘亚池
1994年5月17日—18日	江苏省启东市政协	副主席李彭年	交流政协为经济工作服务	副主席黄振兴、仇永鸣
1994年5月30日	江苏省铜山县政协	主席宋应家	考察政协工作	主席陆瑾 副主席黄振兴、仇永鸣
1994年12月4日—5日	浙江省萧山市政协	副主席巫凌霄	考察乡镇企业和生态农业	副主席黄振兴 秘书长刘亚池
1995年6月21日—22日	江苏省邗江县政协	副主席杨聿明	考察政协工作	副主席黄振兴 秘书长刘亚池
1995年6月22日—23日	江苏省镇江市政协	主席黄选能	考察政协工作	副主席黄振兴 秘书长刘亚池
1995年10月8日—9日	江苏省江都市政协	主席施秉寿 副主席朱永明	考察政协工作	副主席黄振兴、仇永鸣、姚振尧 秘书长刘亚池
1996年4月18日—19日	湖北省潜江市政协	副主席程家弼	考察政协工作	副主席姚振尧 秘书长刘亚池
1996年8月6日	福建省政协	副主席刘金妹	考察政协工作	副主席仇永鸣 秘书长刘亚池
1996年11月2日	宁夏回族自治区政协	副主席强鄂	考察政协工作	副主席黄振兴 秘书长刘亚池
1996年12月13日—14日	江苏省启东市政协	副主席龚津生	交流政协工作	副主席黄振兴 秘书长刘亚池
1997年4月15日—16日	浙江省桐乡市政协	主席许彩英	交流政协工作	主席陆瑾 副主席黄振兴 秘书长刘亚池

续表 8-2

时　　间	到访单位	带队领导	考察内容	接待领导
1997年6月4日	山东省政协	副主席李殿魁	交流政协工作	主席陆瑾 副主席黄振兴 秘书长刘亚池
1997年10月22日—23日	浙江省平湖市政协	副主席卢德俊、阮立强	考察群众文化工作	副主席黄振兴 秘书长刘亚池
1998年11月16日—17日	新疆维吾尔自治区政协	副主席毛德华	考察农业生态示范区建设	副主席黄雄
1998年11月20日	浙江省宁波市镇海区政协	副主席傅积泰	考察政协工作	主席黄振兴 秘书长刘亚池
1998年12月17日—18日	浙江省嘉善县政协	副主席屠森观	交流提案工作	副主席黄雄
1999年5月5日—6日	江苏省如皋市政协	主席魏国平 副主席于永芳	考察生态农业	主席黄振兴 副主席仇永鸣、周祖安、黄雄
1999年5月28日—29日	浙江省宁波市镇海区政协	副主席郑信才	考察政协工作	主席黄振兴 秘书长刘亚池
1999年6月29日	江苏省海门市政协	副主席施伟穆、朱仁平 秘书长徐忠贤	考察工业园区	主席黄振兴 副主席仇永鸣、罗永祥 秘书长刘亚池
1999年9月24日	浙江省宁波市镇海区政协	副主席傅积泰	考察蔬菜产销工作	主席黄振兴 秘书长刘亚池
1999年10月22日—23日	浙江省桐乡市政协	副主席徐八斤	考察养蟹、蔬菜生产情况	主席黄振兴 秘书长刘亚池
1999年11月7日—8日	浙江省金华县政协	副主席黄方豪	考察金华引入的草莓、毛芋种植情况	主席黄振兴 秘书长刘亚池
2000年5月24日—25日	浙江省海盐县政协	副主席张国华	考察滩涂养殖业	主席黄振兴 副主席黄雄 秘书长刘亚池
2000年9月16日—17日	山东省苍山县政协	主席李桂兰	考察蔬菜生产	主席黄振兴 副主席黄雄
2000年10月17日—18日	江苏省如东县政协	主席顾和章 副主席屈群	考察旅游业发展情况	副主席仇永鸣
2000年11月10日—11日	浙江省嘉善县政协	副主席周瑞明	考察中小学生减负工作	主席黄振兴 副主席姚振尧 秘书长刘亚池
2000年11月30日—12月1日	浙江省宁波市北仑区政协	副主席张昌华	交流委组活动开展情况	主席黄振兴 副主席周祖安 秘书长刘亚池
2001年7月8日—9日	江西省婺源县政协	主席戴玉英 秘书长叶淦庭	考察政协工作	副主席黄雄、罗永祥 秘书长刘亚池

续表 8-2

时　间	到访单位	带队领导	考察内容	接待领导
2001 年 9 月 19 日—20 日	浙江省平湖市政协	主席宋补根	考察政协工作	主席黄振兴 副主席黄雄 秘书长刘亚池
2001 年 11 月 4 日—5 日	浙江省金华市金东区政协	主席楼碧文 副主席黄方豪、冯福兴	考察金华毛芋引种情况	主席黄振兴 副主席黄雄
2001 年 11 月 8 日—9 日	浙江省海盐县政协	副主席沈永喜	考察旅游业发展情况	副主席黄雄
2001 年 11 月 23 日—24 日	江苏省句容市政协	副主席陆才林	考察海外联络工作	副主席周祖安
2001 年 11 月 24 日	河南省政协	委主任葛纪谦	考察文史资料工作	主席黄振兴 秘书长陈汉刚
2001 年 12 月 10 日—11 日	浙江省桐乡市政协	副主席张鑫权	交流开展海外联谊工作情况	副主席周祖安
2002 年 5 月 15 日—16 日	江苏省通州市政协	副主席项恩明、陶国良	考察农业科技人才队伍建设	副主席黄雄、罗永祥
2002 年 5 月 28 日	浙江省金华市婺城区政协	主席吴振华	考察旅游工作	副主席周祖安、黄雄 秘书长陈汉刚
2003 年 7 月 17 日—18 日	江苏省启东市政协	原主席董美英	考察政协之友社工作	副主席袁佳平、罗永祥、吴复安 秘书长陈汉刚 副理事长黄振兴、黄雄
2003 年 9 月 23 日—24 日	江苏省如东县政协	副主席童玉林	考察政协工作	主席范陈杰 副主席罗永祥、吴复安 秘书长陈汉刚
2003 年 10 月 10 日	辽宁省大连市长海县政协	主席刘福章 副主席王纯锡	考察经济发展情况	主席范陈杰 副主席袁佳平 秘书长陈汉刚
2003 年 10 月 26 日	河北省政协	主席赵金铎 副主席陈秀芳	考察电子政务建设情况	主席范陈杰 副主席袁佳平 秘书长陈汉刚
2003 年 10 月 27 日—28 日	江苏省苏州市政协	副主席盛家振	考察港澳台侨工作	主席范陈杰 副主席袁佳平 秘书长陈汉刚
2003 年 12 月 2 日—3 日	浙江省嘉善县政协	主席吴金林	考察政协工作	主席范陈杰 副主席罗永祥 秘书长陈汉刚
2004 年 4 月 23 日	江苏省南通市政协	副主席施景钤	考察提案工作	主席范陈杰 副主席罗永祥
2004 年 4 月 27 日—28 日	内蒙古自治区包头市政协	主席李玉然	考察东滩鸟类自然保护区	主席范陈杰 副主席罗永祥 秘书长陈汉刚

续表 8-2

时　　间	到访单位	带队领导	考察内容	接待领导
2004年5月15日—16日	江苏省如东县政协	主席翁士豪	考察财政税收情况	主席范陈杰 副主席袁佳平 秘书长陈汉刚
2004年6月15日—16日	贵州省贵阳市政协	副主席杜云峰	交流文史资料工作	副主席罗永祥
2004年10月5日—6日	安徽省淮北市政协	主席郭云修	考察生态建设	副主席袁佳平 秘书长陈汉刚
2004年10月11日—12日	浙江省宁波市镇海区政协	副主席汪卫国	考察崇明岛域总体规划情况	主席范陈杰 副主席袁佳平 秘书长陈汉刚
2004年10月13日	江苏省启东市政协	主席周嘉生 副主席张建芳	交流政协工作经验和做法	主席范陈杰 副主席袁佳平 秘书长陈汉刚
2004年10月18日—19日	江苏省东台市政协	副主席王诗成	考察绿色食品生产	主席范陈杰 副主席袁佳平
2004年11月18日	浙江省玉环县政协	副主席张海舟	交流政协工作	副主席袁佳平
2005年5月25日—26日	江苏省苏州市政协	副主席赵文娟	考察生态农业建设规划	主席范陈杰 副主席袁佳平、王菁 秘书长陈汉刚
2005年7月21日—22日	江苏省南京市玄武区政协	副主席张发	考察招商引资工作	副主席罗永祥 秘书长陈汉刚
2005年8月16日	江苏省泗洪县政协	副主席肖大松	考察中华绒螯蟹产、加、销情况	副主席袁佳平
2005年9月6日	辽宁省大连市西岗区政协	副主席范连刚	考察招商引资工作	副主席吴复安
2005年9月23日	江苏省南通市崇川区政协	主席仇鸣德 副主席郭张达、张逸明	考察城建工作	副主席吴复安 秘书长陈汉刚
2005年10月6日	吉林省政协	主席常万海	考察生态岛规划	主席范陈杰 秘书长陈汉刚
2005年10月16日	安徽省政协	原副主席季家宏	考察老委员联谊活动情况	理事长邵礼达
2006年3月21日—22日	浙江省仙居县政协	副主席石爱萍	考察"农家乐"休闲旅游	副主席吴复安 秘书长陈汉刚
2006年3月7日—8日	浙江省嘉善县政协	秘书长金雪根	考察政协专题议政活动	秘书长陈汉刚
2006年4月12日—13日	山东省莱芜市莱城区政协	主席王华 副主席亓效华	考察招商引资工作	副主席袁佳平、吴复安 秘书长陈汉刚
2006年4月25日	江苏省太仓市政协	副主席嵇永宁 秘书长杨炎	考察政协工作	副主席袁佳平、吴复安 秘书长陈汉刚

续表 8-2

时　间	到访单位	带队领导	考察内容	接待领导
2006 年 5 月 25 日	江苏省启东市政协	秘书长顾瑞新	交流政协机关工作	秘书长陈汉刚
2006 年 6 月 8 日—9 日	浙江省嵊泗县政协	委主任王善成	考察政协提案工作	副主席罗永祥
2006 年 6 月 20 日	湖北省政协	副巡视员刘立刚	考察生态建设	副主席罗永祥 秘书长陈汉刚
2006 年 6 月 12 日—13 日	江苏省海门市政协	主席高顺昌 副主席施彦敏	考察崇明县 “十一五”规划情况	主席范陈杰 副主席袁佳平、罗永祥 秘书长陈汉刚
2006 年 8 月 23 日—24 日	浙江省杭州市萧山区政协	主席沈奔新	考察生态岛建设	主席范陈杰 副主席袁佳平、罗永祥、王菁、吴复安 秘书长陈汉刚
2006 年 8 月 29 日—30 日	江苏省苏州市政协	副主席钱海鑫	考察生态岛建设	副主席袁佳平
2006 年 10 月 3 日—4 日	吉林省延边朝鲜族自治州政协	主席黄铄	考察生态岛建设	主席范陈杰 副主席袁佳平、王菁 秘书长陈汉刚
2006 年 10 月 25 日	江苏省太仓市政协	主席金世明	考察政协工作	主席范陈杰 副主席袁佳平
2006 年 10 月 31 日—11 月 1 日	江苏省启东市政协	副主席周嘉生	考察政协工作	副主席罗永祥
2006 年 11 月 15 日—16 日	内蒙古自治区政协	副理事长袁明铎	考察政协之友社工作	主席范陈杰 副理事长仇永鸣
2006 年 12 月 14 日—15 日	浙江省绍兴市政协	副主席齐宽明	考察政协工作	副主席罗永祥
2007 年 3 月 5 日	江苏省江阴市政协	主席黄满忠	考察政协工作	主席范陈杰 副主席王为群、袁佳平 秘书长陈汉刚
2007 年 3 月 20 日—21 日	江苏省常州市政协	副主席杨玉生	考察政协工作	副主席袁佳平
2007 年 3 月 28 日—29 日	浙江省嘉善县政协	副主席方明远	考察民主党派工作	副主席袁佳平
2007 年 6 月 20 日—21 日	江苏省句容市政协	副主席纪玉	考察政协工作	主席范陈杰 副主席王为群、王菁 秘书长陈汉刚
2007 年 7 月 13 日	天津市政协	副主席周绍熹	考察中心镇建设	主席范陈杰
2007 年 9 月 6 日—7 日	浙江省海宁市政协	主席张炜芬	考察政协工作	副主席袁佳平
2007 年 10 月 20 日	贵州省政协	副主席唐世礼	考察生态建设	副主席袁佳平
2007 年 11 月 15 日—16 日	浙江省杭州市余杭区政协	副主席黄莉	考察政协工作	副主席王菁
2007 年 11 月 19 日—20 日	江苏省苏州市吴中区政协	原主席蔡福泉	考察生态岛建设	副主席袁佳平
2008 年 4 月 29 日	江苏省常熟市政协	秘书长笪伟中	考察政协机关工作	秘书长陈汉刚
2008 年 5 月 5 日—6 日	浙江省海盐县政协	副主席朱锡君	考察政协工作	副主席袁佳平

续表 8-2

时　　间	到访单位	带队领导	考察内容	接待领导
2008 年 5 月 6 日	江苏省通州市政协	原主席张秀兰	考察政协联谊工作	主席范陈杰
2008 年 5 月 12 日—13 日	江苏省南通市政协	原副主席陆国甫	考察政协工作	副主席袁佳平
2008 年 5 月 30 日—31 日	浙江省嘉善县政协	副主席高洪明	考察政协工作	副主席袁佳平
2008 年 8 月 5 日—6 日	江苏省启东市政协	主席张建飞	考察政协工作	主席范陈杰 副主席王为群、袁佳平、施俭、王菁、周新卫
2008 年 8 月 26 日—27 日	江苏省南通市政协	副主席刘璠	考察政协工作	副主席袁佳平
2008 年 8 月 28 日—29 日	江苏省扬中市政协	主席戴正春	考察政协工作	副主席袁佳平
2008 年 9 月 16 日	天津市政协	委主任孙振清	考察政协经济工作	副主席袁佳平
2008 年 10 月 13 日	山西省政协	委主任杨文宪	考察农业	副主席袁佳平
2008 年 11 月 12 日	云南省昆明市政协	主席田云翔	考察政协工作	主席范陈杰 副主席袁佳平
2009 年 4 月 3 日	江苏省南通市和启东市政协	副主席徐守铭、蔡建平	考察政协工作	主席范陈杰 副主席王为群、袁佳平、周新卫
2009 年 4 月 15 日	江苏省苏州市和太仓市政协	副主席陈振刚、高志强	考察政协工作	副主席袁佳平
2009 年 4 月 23 日—25 日	江苏省常熟市政协	副主席	考察政协工作	副主席袁佳平
2009 年 5 月 23 日	广西壮族自治区北海市政协	副主席韩江初	考察政协工作	副主席袁佳平
2009 年 7 月 9 日—10 日	浙江省德清县政协	副主席王水加	考察政协工作	副主席袁佳平
2009 年 7 月 30 日	山东省济宁市政协	主席赵树国	考察政协工作	主席范陈杰 秘书长陈汉刚
2009 年 8 月 24 日—25 日	江苏省南通市通州区政协	主席曹建平	考察政协工作	主席范陈杰
2009 年 10 月 29 日	天津市宁河县政协	主席孙会元	考察政协工作	主席范陈杰 副主席袁佳平
2009 年 11 月 11 日—12 日	安徽省芜湖市政协	主席方成	考察政协工作	副主席褚以琳
2009 年 11 月 22 日	江苏省宜兴市政协	副主席钮颂坚	考察政协工作	副主席袁佳平 秘书长陈汉刚
2009 年 11 月 26 日	江西省政协	副主席朱张才	考察政协工作	副主席袁佳平
2009 年 11 月 26 日—27 日	浙江省嘉善县政协	副主席方明远、高洪明	考察政协工作	副主席袁佳平
2009 年 12 月 1 日—2 日	浙江省湖州市政协	副主席傅阿五	考察政协机关工作	副主席袁佳平
2009 年 12 月 9 日—10 日	浙江省桐乡市政协	副主席陈英	考察政协工作	副主席袁佳平
2009 年 12 月 9 日—10 日	浙江省平湖市政协	副主席王华根	考察政协工作	副理事长黄振兴
2009 年 12 月 10 日	吉林省政协	副秘书长王立平	考察政协工作	副主席褚以琳 秘书长陈汉刚

续表 8－2

时　　间	到访单位	带队领导	考察内容	接待领导
2009 年 12 月 17 日	云南省政协	副主席管国忠	考察政协工作	主席范陈杰 副主席袁佳平
2009 年 12 月 19 日—20 日	江苏省南通市政协	秘书长朱进	考察政协工作	副主席袁佳平
2009 年 12 月 19 日—20 日	江苏省启东市政协	副主席袁裕丽 秘书长唐海兵	考察政协机关工作	副主席袁佳平
2009 年 12 月 26 日	江西省政协	副主席朱张才	考察政协工作	副主席袁佳平
2009 年 12 月 26 日	宁夏回族自治区政协	副秘书长魏锋	考察政协工作	副主席袁佳平
2009 年 12 月 26 日—27 日	浙江省嘉善县政协	副主席方明远、高洪明	考察政协工作	副主席袁佳平
2010 年 3 月 7 日	江西省政协	委主任陈双溪	考察崇明生态岛建设	主席范陈杰 秘书长陈汉刚
2010 年 3 月 10 日	江苏省溧阳市政协	主席崔国伟	考察生态建设	秘书长陈汉刚
2010 年 3 月 21 日—22 日	浙江省桐乡市政协	副主席池晓明	考察政协工作	主席范陈杰
2010 年 3 月 31 日	江苏省南通市政协	副主席张永凯	考察政协工作	副主席袁佳平
2010 年 4 月 22 日	河北省政协	副主席高喜同	考察政协工作	副主席褚以琳、施俭
2010 年 4 月 24 日	北京市政协	副主席沈宝昌	考察港澳台工作	主席范陈杰
2010 年 5 月 9 日	内蒙古自治区政协	办公厅副主任尹立峰	考察崇明生态岛建设	秘书长陈汉刚
2010 年 5 月 29 日	河南省政协	委主任肖贵彬	考察文史资料工作	副主席袁佳平
2010 年 6 月 1 日—2 日	浙江省湖州市政协	副主席施荣耀	考察政协工作	主席范陈杰 副主席袁佳平 秘书长陈汉刚
2010 年 6 月 11 日—12 日	浙江省嘉善县政协	主席吴金林	考察政协工作	副主席袁佳平 秘书长陈汉刚
2010 年 6 月 21 日—22 日	浙江省嵊泗县政协	原副主席谢成官	考察生态岛建设	副主席袁佳平
2010 年 6 月 23 日	江苏省吴江市政协	副主席陈正严	考察政协工作	副主席袁佳平 秘书长陈汉刚
2010 年 6 月 24 日—25 日	浙江省舟山市普陀区政协	副主席陶开明	考察政协工作	秘书长陈汉刚
2010 年 7 月 6 日	江苏省南京市鼓楼区政协	主席、副主席	考察政协工作	主席范陈杰 副主席袁佳平、施俭
2010 年 7 月 7 日	贵州省政协	委主任陈海若	考察政协港澳台侨工作	副主席褚以琳
2010 年 7 月 17 日	吉林省政协	副主席林炎志	考察政协工作	副主席袁佳平
2010 年 7 月 16 日—17 日	江苏省昆山市政协	副主席周雪荣	考察政协工作	主席范陈杰 副主席褚以琳
2010 年 8 月 11 日	河南省政协	副主席王平	考察生态建设	副主席袁佳平
2010 年 8 月 27 日	河南省政协	副主席袁祖亮	考察政协工作	副主席周新卫

续表 8-2

时　　间	到访单位	带队领导	考察内容	接待领导
2010 年 9 月 2 日	山东省政协	委主任孙庆传	考察提案工作	副主席褚以琳
2010 年 9 月 2 日	浙江省嘉善县政协	副主席高洪明	考察政协工作	秘书长陈汉刚
2010 年 9 月 4 日	河南省政协	副主席王全书	考察政协工作	秘书长陈汉刚
2010 年 9 月 4 日	天津市政协	副主席	考察政协工作	主席范陈杰
2010 年 9 月 8 日	云南省政协	副主席王学智	考察生态建设	主席范陈杰
2010 年 9 月 12 日	北京市政协	原副主席黄以云	考察老委员工作	理事长邵礼达
2010 年 9 月 25 日—26 日	浙江省嘉善县政协	原主席蒋连甫	考察老委员工作	副主席袁佳平 副理事长黄振兴
2010 年 9 月 27 日	安徽省宣城市政协	主席孙铭和	考察政协工作	主席范陈杰 副主席周新卫
2010 年 10 月 14 日	浙江省武义县政协	副主席李德臻	考察政协工作	副主席袁佳平
2010 年 10 月 16 日	天津市红桥区政协	主席黄禄衡	考察政协工作	副主席袁佳平 秘书长陈汉刚
2010 年 10 月 16 日	江西省九江县政协	主席吴杨柳	考察政协工作	副主席施俭
2010 年 10 月 16 日	陕西省政协	主席马中平	考察政协工作	主席范陈杰
2010 年 10 月 17 日	福建省政协	委主任程润江	考察文史资料工作	副主席袁佳平
2010 年 10 月 18 日	青海省政协	副主席陈资全	考察政协工作	主席范陈杰
2010 年 10 月 18 日	云南省政协	委主任潘光宪	考察民族和宗教工作	副主席袁佳平
2010 年 10 月 27 日	河南省政协	副主席李英杰	考察政协工作	秘书长陈汉刚
2010 年 10 月 27 日	黑龙江省佳木斯市政协	主席高景峰	考察政协工作	主席范陈杰
2010 年 11 月 4 日	江苏省政协	副秘书长唐立鸣	考察政协工作	秘书长陈汉刚
2010 年 11 月 27 日—28 日	福建省政协	副主席南帆	考察政协工作	副主席袁佳平
2011 年 2 月 24 日—26 日	安徽省亳州市谯城区政协	副主席陈竞	考察政协工作	副主席袁佳平 秘书长陈汉刚
2011 年 3 月 2 日—3 日	重庆市政协	委主任李自治	考察文史工作	副主席褚以琳
2011 年 5 月 21 日	重庆市政协	委主任郝成竹	送三峡移民连心树活动	主席施建华
2011 年 5 月 21 日	浙江省武义县政协	原主席钟明祥	考察政协工作	副主席袁佳平
2011 年 5 月 25 日	河南省政协	副主席李英杰	考察政协工作	主席施建华 副主席袁佳平
2011 年 5 月 26 日	山西省忻州市政协	主席张明成	考察政协工作	主席施建华 副主席袁佳平
2011 年 5 月 26 日	江苏省苏州市金阊区政协	主席平龙根	考察政协工作	主席施建华 副主席袁佳平
2011 年 6 月 8 日	福建省政协	副主席郑兰荪	考察政协工作	主席施建华 副主席袁佳平

续表 8 - 2

时　　间	到访单位	带队领导	考察内容	接待领导
2011 年 6 月 8 日—9 日	浙江省湖州市政协	副主席魏秀生	考察政协工作	副主席袁佳平 秘书长陈汉刚
2011 年 6 月 10 日—11 日	江苏省启东市政协	副秘书长陈樊	考察政协医卫界工作	秘书长陈汉刚
2011 年 6 月 23 日	浙江省台州市政协	副主席邱力生、齐碧君	考察政协工作	副主席褚以琳
2011 年 9 月 1 日—2 日	浙江省嵊泗县政协	主席周振海	考察政协工作	主席施建华 副主席袁佳平、施俭
2011 年 9 月 13 日—14 日	新疆维吾尔自治区政协	办公厅主任关锋	考察政协工作	副主席袁佳平
2011 年 9 月 21 日—22 日	浙江省嘉善县政协	副主席吴建平、张来	考察政协工作	副主席袁佳平
2011 年 10 月 18 日	新疆维吾尔自治区巴州政协	副主席井建新	考察政协工作	副主席褚以琳 秘书长陈汉刚
2011 年 10 月 12 日	江苏省南通市政协	副主席徐守铭	考察政协工作	主席施建华 副主席袁佳平
2011 年 10 月 24 日	浙江省嘉兴市政协	主席刘冬生	考察政协工作，并在崇明召开常委会会议	主席施建华 副主席袁佳平
2011 年 10 月 29 日	华东六省一市政协	上海市政协副主席周汉民	考察生态岛建设，并在崇明召开政协工作座谈会	主席施建华 副主席袁佳平
2011 年 12 月 6 日—7 日	江苏省南通市政协	原主席曹能新	考察政协工作	理事长范陈杰
2011 年 12 月 14 日—15 日	江苏省无锡市政协	主席贡培兴	考察政协工作	主席施建华
2011 年 12 月 15 日	新疆维吾尔自治区政协	委主任罗建基	考察经济工作	主席施建华
2012 年 2 月 22 日	江苏省南通市政协	原主席曹能新	考察政协工作并在崇明召开政协书画会年会	副主席沈卫国
2012 年 2 月 29 日	海南省政协	副主席张海国	考察崇明生态岛建设	主席施建华
2012 年 3 月 10 日—11 日	浙江省宁波市政协	秘书长王必恒	考察政协工作	副主席施俭、周新卫 秘书长陈汉刚
2012 年 4 月 11 日	广西壮族自治区桂林市永福县政协	副主席黄泽治	考察崇明生态岛建设	主席施建华 秘书长陈汉刚
2012 年 4 月 12 日	河南省政协	办公厅主任王克俊	考察崇明生态岛建设	副主席周新卫
2012 年 4 月 16 日	江苏省苏州市吴中区政协	原副主席褚小平	考察崇明生态岛建设	主席施建华 副主席王为群、袁佳平
2012 年 4 月 19 日	安徽省宿州市政协	副主席何平	考察政协工作	主席施建华 副主席袁佳平 秘书长陈汉刚
2012 年 5 月 14 日—15 日	浙江省杭州市萧山区政协	副主席蒋金梁	考察政协工作	主席施建华 副主席周新卫

续表 8－2

时　　间	到访单位	带队领导	考察内容	接待领导
2012年5月21日	天津市北辰区政协	副主席姜渭湖	考察政协工作	主席施建华 秘书长陈汉刚
2012年5月23日	江西省政协	委主任陈金乐	考察港澳台侨工作	主席施建华 副主席沈卫国 秘书长陈汉刚
2012年7月3日	湖北省武汉市汉阳区政协	副主席李德禄	考察政协工作	副主席王为群、袁佳平、施俭
2012年7月8日	浙江省海宁县政协	办公室主任徐建国	考察政协办公室工作	秘书长陈汉刚
2012年7月13日	江苏省南通市政协	副主席陆玉明	考察政协工作	副主席周新卫
2012年8月15日—16日	天津市北辰区政协	主席张金锁	考察政协工作	主席施建华 副主席顾德昌 秘书长陈汉刚
2012年8月25日	江苏省淮安市政协	原主席陈从良	考察政协工作	秘书长陈汉刚
2012年9月17日	吉林省政协	原副主席郑龙喆	考察政协工作	主席施建华 秘书长陈汉刚
2012年10月17日	江苏省南通市政协	副主席陆玉明	考察政协工作	副主席袁佳平
2012年11月1日	浙江省新昌县政协	副主席袁振华	考察政协工作	副主席沈卫国、袁佳平
2012年11月15日	黑龙江省政协	委主任潘春良	考察政协教科文体工作	主席施建华 秘书长陈汉刚
2012年12月9日	四川省都江堰市政协	主席高润川	考察政协工作	主席施建华 秘书长陈汉刚

第二节　外出学习考察

一、赴上海市区县学习考察

1984年起，崇明县政协组团到上海市其他区县学习考察。本节辑录崇明县政协主席、副主席、秘书长带队赴上海市区县学习考察44次。

1984年—2012年崇明县政协组团赴上海地区学习考察情况表

表8－3

时　　间	带队领导	参加人员	考察地点	考察内容
1984年10月24日	副主席黄冠球	教育工作组委员	上海静安区第一中心小学	考察教育改革情况
1986年3月6日—7日	副主席唐丽光	教育工作组委员	宝山县	考察中小学教学改革情况和参观宝山钢铁厂
1986年5月22日—24日	副主席黄和招	侨务对台工作组委员和县侨联委员	金山石化总厂和苏州市	考察侨务工作

续表 8-3

时　　间	带队领导	参加人员	考察地点	考察内容
1988 年 6 月 9 日—10 日	副主席宋斌	政协之友社社员	长宁、卢湾、徐汇区	考察政协之友社工作
1988 年 6 月 13 日—16 日	主席张彪	部分常委会成员	嘉定、青浦、松江、上海县	考察政协工作
1988 年 11 月 28 日—29 日	副主席罗永祥	宗教民族工作委员会委员	南汇、上海县	考察宗教民族工作
1989 年 2 月 27 日—28 日	副主席施兆发	医卫妇幼工作委员会委员	南汇、奉贤县	考察公费医疗管理经验
1989 年 10 月 21 日	副主席宋斌、昝泰昌、黄和招、罗永祥	部分县政协委员和县政协之友社社员	宝山区	参观考察长兴岛
1990 年 4 月 23 日—25 日	副主席黄和招	民族宗教委员会委员	松江、青浦县	考察民族宗教工作
1990 年 8 月 7 日—9 日	副主席施兆发	科技委员会部分委员	嘉定县	考察科技兴农等
1991 年 8 月 20 日	副主席姚振尧	文化界别部分委员	南汇县	参观考察专业文化和群众文化工作
1991 年 12 月 25 日—26 日	副主席徐正林	市政工交委员会部分委员	浦东开发区	考察浦东开发情况
1992 年 6 月 30 日	副主席姚振尧	医卫体委员会和教育文化委员会部分委员	宝山区	考察办好少体校的经验
1992 年 7 月 1 日	副主席姚振尧	医卫体委员会和教育文化委员会部分委员	嘉定县	考察办好少体校的经验
1993 年 8 月 5 日—6 日	主席陆瑾	主席会议部分成员	闵行区、嘉定区	考察经济工作
1993 年 10 月 27 日—28 日	秘书长顾建新	政协秘书处人员	南汇县	学习考察机关工作
1994 年 10 月 12 日—13 日	副主席仇永鸣	农贸经济委员会部分委员	上海市区	考察发展岛外“三产”工作
1995 年 4 月 26 日	副主席姚振尧	文体新闻委员会部分委员	金山县	参观考察乡镇文化体育设施建设
1996 年 5 月 15 日—17 日	副主席罗永祥	海外联谊委员会部分委员	松江县、南市区	学习开展海外联谊活动的经验
1996 年 5 月 31 日—6 月 1 日	副主席仇永鸣	文体新闻委员会部分委员	青浦区	考察开展全民健身运动的经验
2000 年 4 月 24 日—27 日	副主席黄雄	县政协课题调研组成员	奉贤县	考察卫生县城长效管理经验
2000 年 10 月 17 日—18 日	副主席周祖安 秘书长刘亚池	海外联谊委员会部分委员	松江区	考察“三胞”联谊工作
2002 年 6 月 28 日—29 日	副主席罗永祥	县政协机关全体机关干部	上海市	参观上海科技馆、黄兴绿地公园
2006 年 9 月 18 日—20 日	主席范陈杰 副主席罗永祥	各民主党派、工商联负责人以及县政协“加快发展崇明现代农业”课题组部分成员	上海市金山区、嘉定区，浙江省杭州市萧山区	考察新农村建设

续表 8-3

时　　间	带队领导	参加人员	考察地点	考察内容
2007 年 9 月 17 日—19 日	主席范陈杰 副主席袁佳平	专门委员会主任、地区委员小组组长	黄浦区、金山区、杨浦区	考察专门委员会工作经验
2008 年 3 月 27 日—28 日	主席范陈杰 副主席袁佳平、施俭	常委会部分成员	闵行区、奉贤区	考察加强常委会自身建设工作
2008 年 7 月 9 日—10 日	主席范陈杰 副主席王为群、袁佳平	中共、特邀界别部分委员	静安区、卢湾区	考察发挥中共党员委员作用的经验
2008 年 7 月 17 日	主席范陈杰	加快发展高效生态农业课题组成员	上海交大农业和生物学院	学习调研发展高效生态农业
2008 年 7 月 17 日	主席范陈杰	加快发展高效生态农业课题组成员	上海农科院	学习调研发展高效生态农业
2008 年 10 月 16 日—17 日	主席范陈杰 副主席施俭	医药卫生界别部分委员	长宁区、松江区	考察医院信息化管理、公共卫生服务改革
2008 年 10 月 16 日—17 日	副主席袁佳平、王菁	民盟界别部分委员	普陀区、松江区	考察居委会建设
2009 年 4 月 16 日—17 日	主席范陈杰 副主席王为群、施俭、王菁 秘书长陈汉刚	县政协常委和民盟县委部分委员	南汇区	考察农业发展及农民专业合作社建设
2009 年 5 月 11 日	主席范陈杰	县政协党组成员、机关党员干部	宝山区	学习实践科学发展观活动经验
2009 年 5 月 18 日	主席范陈杰 副主席袁佳平、王菁、周新卫 秘书长陈汉刚	部分县政协委员	上海世博会展示中心	学习世博会发展历史、上海世博会申办过程及世博园区建设进展
2009 年 6 月 11 日—12 日	副主席袁佳平	科协科技界别部分委员	浦东新区	考察发展高新技术产业
2009 年 11 月 3 日	副主席周新卫	农业界别部分委员	金山区	学习考察发展现代生态农业
2009 年 12 月 18 日	副主席褚以琳	文化艺术、体育、新闻界别部分委员	虹口区	考察群众体育工作
2010 年 4 月 13 日	主席范陈杰	常委会部分成员	金山区	学习考察加强常委会自身建设
2010 年 6 月 3 日	副主席袁佳平	民盟界别部分委员	闸北区	考察旧城改造和保障性住房建设
2010 年 7 月 14 日	主席范陈杰 副主席褚以琳	县政协部分委员	徐汇区、卢湾区	有关课题调研
2010 年 10 月 21 日	副主席褚以琳	文体新闻界别部分委员	青浦区	学习考察文体工作
2011 年 6 月 29 日	副主席施俭	医药卫生界别部分委员	闵行区	学习考察医疗改革经验
2011 年 7 月 28 日	副主席袁佳平	乡镇委员小组部分委员	浦东新区	考察政协委员进社区工作
2011 年 9 月 14 日	副主席褚以琳	文化艺术、新闻、体育界别部分委员	普陀区	学习考察文化工作

二、赴外省市学习考察

1984年起，崇明县政协根据工作需要，组团到外省市学习考察。本节辑录崇明县政协主席、副主席、秘书长带队赴外省市学习考察110次。

1984年—2012年崇明县政协组团赴外省市学习考察情况表

表8-4

时　　间	带队领导	参加人员	考察地点	考察内容
1984年5月3日—11日	副主席顾青	归侨、侨眷委员和部分台属	浙江省宁波市、杭州市	考察对台工作和侨务工作
1986年5月22日—28日	副主席黄冠球	宗教民族组委员和部分宗教界人士	江苏省南通市、启东县	考察宗教工作
1986年8月13日—19日	副主席宋斌	部分县政协委员	江苏省如东、大丰、盐城县	考察政协工作
1987年5月8日—13日	主席张彪	部分县政协委员	浙江省杭州、萧山、温州、宁波市	考察乡镇工业和北仑港区
1987年7月21日—26日	副主席施兆发、昝泰昌	部分县政协常委、委员	山东省青岛市	考察崂山县四方区新兴农工商公司等
1987年6月20日—26日	秘书长薛以霆	委(组)主任(组长)	四川省成都市	参加第三届全国"屈原杯"龙舟赛开幕式、考察温江县文化体育广播设施等
1987年11月13日—18日	副主席施兆发	医卫妇幼委员会部分委员	江苏省苏州市、无锡市	考察医院工作
1989年4月26日—29日	副主席罗永祥	文史资料委员会部分委员	江苏省宜兴市、太仓县	考察文史资料工作
1989年5月8日—9日	副主席施兆发	医卫妇幼委员会部分委员	江苏省南通市	考察卫生改革情况
1989年12月8日—15日	副主席黄和招	海外联谊委员会部分委员	浙江省宁波市	考察海外联谊工作
1990年9月14日—19日	副主席黄和招 秘书长顾建新	农村经济委员会部分委员	浙江省萧山市	考察发展乡镇企业经验
1991年10月29日—11月3日	副主席姚振尧 秘书长顾建新	农村经济委员会部分委员	江苏省扬州市	考察乡村两级工业企业
1992年5月18日—20日	副主席姚振尧	文史资料委员会部分委员	浙江省绍兴市	考察文史资料工作等
1992年5月25日—26日	副主席罗永祥	提案委员会部分委员	江苏省吴江市	考察提案工作
1992年6月16日—21日	秘书长顾建新	科技工作委员会部分委员	浙江省舟山市	考察依靠科技兴市山的经验
1992年12月22日—30日	秘书长顾建新	农村经济委员会部分委员	浙江省诸暨、永嘉等县	考察发展私营企业和个体工商业

续表 8-4

时　　间	带队领导	参加人员	考察地点	考察内容
1993年2月25日	副主席施兆发	医卫体委员会部分委员	福建省三明市	考察医务系统改革情况
1993年5月25日—28日	副主席罗永祥	法制委员会部分委员	江苏省南通市、海门县	考察开展法制宣传活动经验
1993年5月28日	副主席黄振兴	主席会议部分成员	江苏省如皋市	参加协和实业有限公司开业典礼
1993年7月15日	副主席仇永鸣	市政工交委员会部分委员	浙江省温州市	学习考察发展私营、个体经济
1993年8月6日	主席陆瑾	主席会议部分成员	江苏省太仓市	考察经济工作
1993年10月20日—21日	主席陆瑾	主席会议部分成员	江苏省海门县、启东市	考察经济工作
1993年11月22日	副主席黄振兴	委(组)主任(组长)	江苏省启东市	考察政协工作
1993年11月20日—29日	副主席仇永鸣	文体新闻委员会部分委员	山东省烟台市	考察精神文明建设
1994年6月20日—27日	副主席黄振兴	委(组)主任(组长)	浙江省萧山、宁波、舟山市	考察围绕经济建设中心搞好政协工作
1995年6月12日—18日	副主席罗永祥	法制委员会部分委员	江苏省铜山县	考察法制建设工作
1995年8月28日—31日	副主席黄振兴	委(组)主任(组长)	江苏省启东、海门市	考察开展反映社情民意工作
1995年12月12日—13日	副主席姚振尧	科技委员会部分委员	江苏省海门市	考察科技工作
1995年12月12日—16日	副主席黄振兴	委(组)主任(组长)	浙江省东阳、义乌市	考察经济工作
1996年5月31日—6月1日	副主席仇永鸣	文体新闻委员会部分委员	江苏省太仓市	考察开展全民健身运动经验
1996年10月14日—15日	副主席罗永祥 秘书长刘亚池	教育委员会部分委员	江苏省南通市	考察教育工作
1997年5月15日—20日	副主席罗永祥	法制委员会部分委员	浙江省温州市	考察基层调解工作
1997年7月18日—19日	副主席黄振兴	县政协机关工作人员	江苏省启东市	考察政协机关工作
1997年11月18日—21日	副主席仇永鸣 秘书长刘亚池	委(组)主任(组长)	浙江省余杭、平湖市	考察如何开展委组活动
1998年12月17日—19日	主席黄振兴 秘书长刘亚池	委(组)主任(组长)	江苏省启东市、海安县	考察政协工作
1998年12月3日—5日	副主席黄雄	医卫委员会部分委员	江苏省海安、盐都县，如皋市	考察农村合作医疗工作
1998年11月21日	副主席黄雄	科技委员会部分委员	浙江省义乌、杭州市	考察发展私营经济经验
1998年10月29日—30日	副主席姚振尧	教育委员会部分委员	江苏省镇江、宜兴市	考察学校素质教育经验
1999年4月13日—14日	主席黄振兴 副主席黄雄	部分政协委员	山东省苍山县	考察蔬菜生产销售工作

续表 8-4

时 间	带队领导	参加人员	考察地点	考察内容
1999年5月19日—22日	副主席黄雄	提案委员会部分委员	江苏省无锡、南京市	考察提案工作
1999年5月19日—22日	副主席罗永祥	文史资料委员会部分委员	安徽省歙县	考察徽派古民居建筑保护工作
1999年6月1日—4日	副主席周祖安 秘书长刘亚池	海外联谊委员会部分委员	浙江省奉化市	考察开展“三胞”联谊工作
1999年6月15日—17日	主席黄振兴	部分政协常委和委员	浙江省宁波市	考察发展私营经济
1999年7月20日—23日	主席黄振兴	部分政协委员	浙江省桐乡、海宁、金华市	考察调整优化农业产业结构经验
1999年8月20日—23日	副主席罗永祥	文体委员会部分委员	江苏省扬州、泰兴市	考察发展社会体育、文化产业
1999年9月12日—16日	副主席仇永鸣	社会法制委员会部分委员	江苏省邗江县，江宁、扬中市	考察社会治安综合治理工作
1999年10月21日—25日	副主席黄雄	科技委员会课题组部分成员	山东省青岛市	考察科技兴农工作
2000年3月9日—11日	主席黄振兴 秘书长刘亚池	经济委员会部分委员	江苏省如皋、海门市	考察养羊先进经验
2000年4月10日—11日	主席黄振兴 副主席黄雄 秘书长刘亚池	县政协课题组成员	江苏省启东市	考察卫生县城长效管理工作
2000年4月24日—27日	副主席黄雄	县政协课题组成员	江苏省昆山市	考察卫生县城长效管理工作
2000年6月5日—8日	副主席黄雄	医卫委员会部分委员	江苏省淮安、徐州市	考察无偿献血工作
2000年10月31日—11月3日	副主席罗永祥	文史资料委员会部分委员	江西省婺源、玉山县	考察开发古民居旅游资源
2000年11月9日—11日	副主席黄雄	提案委员会部分委员	浙江省嘉善县、萧山市	考察提案工作
2000年11月23日—26日	副主席姚振尧 秘书长刘亚池	教育委员会部分委员	浙江省温州市	考察学校素质教育工作
2000年12月15日—17日	主席黄振兴	部分常委	浙江省金华县	考察政协工作
2001年4月10日—11日	主席黄振兴	部分常委和委员	浙江省慈溪市	考察农副产品加工企业
2001年4月25日—26日	主席黄振兴	部分常委和委员	浙江省德清县	考察农业产业结构调整、土地流转等工作
2001年5月24日—26日	副主席周祖安	“村务公开”课题调研组成员	浙江省玉环县	考察村民自治工作
2001年6月6日—9日	主席黄振兴 副主席黄雄、罗永祥	社会法制委员会部分委员	浙江省嵊州市、新昌县	考察法制工作服务经济建设经验
2001年8月17日—18日	主席黄振兴 秘书长刘亚池	委(组)主任(组长)	浙江省桐乡市	考察开展委组活动工作经验

续表 8-4

时　　间	带队领导	参加人员	考察地点	考察内容
2001 年 12 月 11 日—15 日	副主席罗永祥	医卫委员会部分委员	浙江省诸暨市、永嘉县	考察医疗卫生体制改革经验
2001 年 12 月 19 日—22 日	副主席罗永祥	教育委员会部分委员	浙江省杭州、宁波市	考察中小学校和职业学校体制改革经验
2002 年 1 月 23 日—26 日	主席黄振兴	部分常委和委员	浙江省宁波、平湖市	考察外向型经济
2002 年 4 月 21 日—28 日	副主席罗永祥	招商引资专题调研组成员	广东省南海、广州、中山、珠海市	考察对外经贸和招商引资经验
2002 年 7 月 25 日	副主席黄雄、罗永祥	委(组)主任(组长)	浙江省平湖市、德清县	考察开展委组工作的经验
2002 年 10 月 18 日—21 日	副主席罗永祥	人口和健康委员会部分委员	浙江省奉化、宁波、舟山市	考察卫生系统机构改革的先进经验
2002 年 10 月 19 日—24 日	副主席黄雄	专题调研组部分成员	四川省成都、乐山市，重庆市	考察开展政协工作经验
2002 年 11 月 7 日—9 日	副主席黄雄	教文体委员会部分委员	江苏省苏州市	考察多元化办学的先进经验
2002 年 11 月 27 日—30 日	副主席罗永祥	港澳台侨委员会部分委员	江苏省江都、扬州、镇江市	学习考察港澳台侨工作
2002 年 12 月 21 日—26 日	副主席罗永祥	社会和法制委员会部分委员	福建省厦门、漳州市	考察外来人口管理和文化市场管理经验
2003 年 11 月 1 日—5 日	副主席罗永祥	堡镇委员小组部分委员	海南省三亚市	考察发展旅游业
2003 年 11 月 6 日—9 日	副主席王菁	科技委员会部分委员	福建省厦门市	考察政协专委会工作和科技工作
2003 年 11 月 9 日—13 日	副主席吴复安	人口和健康委员会部分委员	海南省海口市	考察抗击“非典”后如何抓常态长效管理工作
2004 年 2 月 26 日—3 月 1 日	副主席王菁	教文体委员会部分委员	福建省厦门、三明市	考察发展特色教育工作
2004 年 6 月 3 日—10 日	副主席罗永祥	经济委员会部分委员	云南省大理市	考察生态建设工作
2004 年 6 月 3 日—8 日	副主席吴复安	经济委员会部分委员	广西省北海市	考察经济发展工作
2004 年 10 月 14 日—18 日	副主席罗永祥	人口和健康委员会部分委员	辽宁省大连市、山东省青岛市	考察医保工作
2004 年 11 月 26 日—30 日	副主席王菁	城桥委员小组部分委员	贵州省贵阳市	考察农村职业教育
2005 年 4 月 18 日	副主席王菁	教育工作组部分委员	江苏省苏州、无锡市	考察发展职业技术教育和推进中等教育结构改革
2005 年 5 月 4 日—11 日	副主席王菁	科协科技组部分委员	江苏省无锡市、无锡县、宜兴市	考察科技工作
2005 年 4 月 20 日—25 日	副主席罗永祥	社会和法制委员会部分委员	贵州省贵阳市	考察政协工作与社区工作相结合经验

续表 8－4

时　　间	带队领导	参加人员	考察地点	考察内容
2005年5月13日—17日	副主席王菁	教文体委员会部分委员	辽宁省大连市	考察学校生态环境教育工作
2005年8月24日—28日	副主席吴复安	经济委员会部分委员	内蒙古自治区包头市	考察经济发展与生态环境建设工作
2005年9月9日—12日	副主席吴复安	经济委员会部分委员	黑龙江省哈尔滨市	考察招商引资工作
2005年9月17日—21日	主席范陈杰	委(组)主任(组长)	四川省成都市	考察发展“农家乐”旅游
2005年10月16日—20日	副主席吴复安	人口和健康委员会部分委员	陕西省西安市	考察社区卫生服务工作
2006年3月22日—26日	副主席罗永祥	提案委员会和文史资料委员会部分委员	湖南省衡山县	考察提案工作和民间特色文化保护工作
2006年5月29日—6月3日	主席范陈杰	常委会部分成员	甘肃省兰州市、青海省西宁市	考察政协工作
2006年9月15日—17日	副主席袁佳平	委(组)主任(组长)	江苏省常熟、太仓市	学习考察委组工作经验
2006年10月16日—21日	副主席吴复安	人口和健康委员会部分委员	贵州省	考察社会环境治理工作
2007年6月28日—7月4日	副主席袁佳平	科技委员会部分委员	内蒙古自治区包头市、山西省太原市	考察生态建设和环境保护工作
2007年10月7日—9日	副主席周新卫	经济委员会部分委员	广西壮族自治区北海市	考察发展生态休闲旅游业、海洋产业
2007年10月15日—21日	主席范陈杰	常委会部分成员	北京市密云县、延庆县、大兴区，天津市宁河县、蓟县	考察加强政协自身建设
2008年3月19日	主席范陈杰	部分县政协常委和委员	江苏省启东市	考察文史资料工作
2008年9月21日—22日	主席范陈杰 副主席王为群、王菁	教育界别部分委员	江苏省启东市	考察中小学课程改革和创新人才培养经验
2008年10月20日—22日	主席范陈杰 副主席王为群、袁佳平、王菁、周新卫	常委会部分成员	浙江省海宁市、杭州市余杭区	考察加强政协常委会自身建设经验
2009年4月16日—22日	副主席袁佳平	提案委员会、社会法制委员会部分委员	广西壮族自治区	考察提案和法制工作
2009年5月8日—12日	副主席施俭	人口和健康委员会部分委员	湖北省武汉市、重庆市	考察医疗卫生工作
2009年6月26日—7月1日	副主席周新卫	经济委员会部分委员	湖南省张家界市	考察经济、旅游工作
2009年6月26日—7月5日	副主席袁佳平	科技委员会部分委员	新疆维吾尔自治区	考察科技工作
2009年12月18日—20日	副主席袁佳平	提案委员会部分委员	浙江省湖州市	考察提案工作
2010年4月10日—15日	副主席袁佳平	社会和法制委员会部分委员	重庆市、湖北省武汉市	考察社会和法制工作

续表 8－4

时　　间	带队领导	参加人员	考察地点	考察内容
2010年4月11日—13日	主席范陈杰	常委会组成人员	浙江省舟山市	考察加强常委会自身建设
2010年7月1日	主席范陈杰 副主席王为群、袁佳平	中共界别、特邀界别部分委员	浙江省嘉兴南湖	进行革命传统教育
2010年9月12日—14日	主席范陈杰	主席会议部分成员	重庆市	考察政协工作
2011年4月15日—20日	副主席袁佳平	社会法制委员会、文史资料委员会部分委员	青海省	考察法制工作和文史资料工作
2011年4月23日—26日	主席施建华	常委会部分成员	陕西省延安市	进行革命传统教育
2011年8月2日—6日	副主席褚以琳	民进界别部分委员	辽宁省	考察参政议政工作
2012年4月24日—27日	主席施建华	常委会组成人员	河南省	考察政协工作
2012年6月14日—18日	副主席沈卫国	委(组)主任(组长)	福建省	考察政协委组工作
2012年7月3日—6日	秘书长陈汉刚	中共、特邀界别部分委员	江西省井冈山	开展革命传统教育
2012年8月11日—14日	副主席周新卫	经济委员会部分委员	内蒙古自治区呼和浩特市、鄂尔多斯市	考察经济工作
2012年8月15日—17日	副主席沈卫国	提案委员会部分委员	浙江省新昌县、天台县	考察提案办理工作
2012年10月21日—25日	主席施建华	主席会议部分成员	湖北省武汉市汉阳区	考察政协工作，参加全国17城区政协工作研讨会
2012年11月13日—15日	秘书长陈汉刚	政协机关党支部成员和部分党员	浙江省兰溪市、金华市、武义县	学习考察政协机关工作
2012年11月22日—24日	副主席沈卫国	社会事业委员会部分委员	浙江省杭州市、舟山市	考察文化创意园区建设
2012年11月22日—25日	副主席顾德昌	建设事业委员会部分委员	福建省福州市	考察城建工作
2012年11月29日—12月1日	副主席周新卫	经济委员会部分委员	江苏省溧阳市	考察经济工作

第三节　政协工作研讨(联谊)会

1989年起，崇明县政协参加或承办上海市郊县政协工作例会。1991年，崇明县政协倡议成立长江口北部六县(市)政协联谊会。1993年起，崇明县政协参加沪浙十一县(市)政协工作联谊会。1995年起，崇明县政协参加长江三角洲十三县(市、区)政协工作研讨会。2008年起，崇明县政协参加苏浙沪十五县(市、区)政协工作研讨会。至2012年，共参加或承办上述各类会议90余次。

一、上海市郊县政协工作例会

1989年，崇明县政协首次参加上海市郊县政协工作例会，至1995年，共参加或承办上海市郊县政协工作例会17次。1995年后没有举行上海市郊县政协工作例会。

1989年3月9日，县政协副主席宋斌出席在南汇县召开的上海市郊县政协工作例会。

1989年7月12日—13日，上海市郊县政协工作例会在崇明县召开。上海、嘉定、川沙、南汇、奉贤、松江、青浦、金山、崇明9个郊县和宝山区政协的主席、副主席、秘书长共40人到会。会议由崇明县政协主席张彪主持。中共崇明县委副书记、县长田长春致词，对各兄弟县政协领导到崇明表示热烈欢迎；县委副书记陆瑾恳切希望各县政协领导对崇明工作多提宝贵意见，并自始至终参加会议。崇明县政协副主席宋斌汇报加强组织政协委员学习的做法和下半年工作的打算，各县政协和宝山区政协就传达学习贯彻中共十三届四中全会精神和在"两个文明"建设中如何更好地发挥政协职能作用作了交流。上海市政协区县联络委员会副主任任国章在会议开始时对会议中心议题作了说明，会议结束时对下阶段郊县政协活动安排提出意见。

1989年9月7日，县政协副主席宋斌出席在奉贤县召开的上海市郊县政协工作例会。

1990年1月9日—10日，县政协主席张彪、副主席宋斌、秘书长薛以霆出席在宝山区召开的上海市郊县政协工作例会。会议交流1990年政协工作计划。

1990年5月15日—16日，县政协副主席徐正林、秘书长顾建新出席在青浦县召开的上海市郊县政协工作例会。

1990年9月20日—21日，县政协副主席徐正林出席在松江县举行的上海市郊县政协工作例会，会议交流换届后的政协工作。

1991年1月4日—5日，县政协副主席黄和招、秘书长顾建新出席在金山县召开的上海市郊县政协工作例会。会议交流开展委组活动的经验。

1991年3月12日—13日，县政协副主席徐正林、黄和招，秘书长顾建新出席在川沙县召开的上海市郊县政协工作例会。

1991年6月12日—13日，县政协副主席姚振尧、秘书长顾建新等出席在川沙县召开的上海市郊县政协工作例会。

1991年9月25日，县政协副主席徐正林、黄和招，秘书长顾建新出席在奉贤县召开的上海市郊县政协工作例会。

1991年11月7日—8日，县政协副主席黄和招、秘书长顾建新等出席在嘉定县召开的上海市郊县政协工作例会。

1992年1月17日—18日，县政协副主席徐正林、秘书长顾建新等出席在上海县召开的上海市郊县政协工作例会。

1992年5月20日—21日，县政协副主席徐正林、秘书长顾建新等出席在宝山区召开的上海市郊县政协工作例会。

1992年9月22日—23日，上海市郊县政协工作例会在崇明县召开。郊县(区)政协主席、副主席、秘书长共45人到会。上海市政协、市农委派人参加会议。中共崇明县委书记沈兰全、县人大常委会主任陈继明、副县长施兴忠出席会议。崇明县政协主席陆瑾主持例会。沈兰全代表中共崇明县委、县人大常委会、县政府、县政协对各区县政协领导到崇明参加例会表示热烈欢迎，希望兄弟区县政协在崇明深化改革、加快发展中继续给予大力支持。会上，崇明县政协副主席徐正林作《认真做好提案工作，努力为经济建设服务》的交流发言。各郊县(区)政协领导先后发言，交流搞好提案工作的经验。会议还就如何进一步做好提案工作进行深入探讨，提出建议和意见。

1993年10月19日—20日，上海市郊县政协工作例会在南汇县召开。县政协副主席黄振兴出席会议。例会的主题是如何发挥政协专门委员会作用和如何更好地履行民主监督的职能。

1994 年 10 月 21—22 日，上海市郊县政协工作例会在崇明县东平国家森林公园召开，上海市政协区县联络委员会主任吴敏华主持会议。会上，上海市政协秘书长马松山传达华东六省一市第三次政协工作交流会暨提案工作座谈会精神，各郊县政协交流工作情况。与会人员参观大新乡前卫村。崇明县政协主席陆瑾，副主席黄振兴、罗永祥，秘书长刘亚池参加会议。中共崇明县委副书记、县长曹树民会见出席会议人员。

1995 年 3 月 27 日—28 日，上海市郊县政协工作例会在松江县召开。县政协副主席黄振兴出席会议。会上，各郊县政协交流 1995 年政协工作要点，上海市政协区县联络委员会主任吴敏华布置工作，上海市政协秘书长马松山传达中共中央和上海市委领导有关讲话精神。

二、长江口北部七县(市)政协联谊会

1991 年 9 月，崇明县政协倡议成立长江口北部六县(市)政协联谊会，1991 年 11 月，增加江苏省海安县政协为联谊会成员，成为长江口北部七县(市)政协联谊会。至 1994 年，崇明县政协参加或承办联谊会 8 次。1994 年后联谊会停止活动。

1991 年 9 月 21 日—22 日，由崇明县政协倡议成立的长江口北部六县(市)政协联谊会第一次会议在崇明县召开。江苏省南通县、启东市、如皋市、海门县、如东县、上海市崇明县政协主席或副主席等共 22 人出席会议，南通市政协副主席濮九康、秘书长刘志鹏也应邀参加。崇明县政协副主席徐正林主持召开联谊会会议，崇明县政协主席陆瑾致欢迎词。中共崇明县委副书记沈兰全到会并讲话。上海市政协办公厅发来贺电。与会人员就联谊会的有关事项进行讨论，并交流各县(市)政协工作情况。会议期间，安排参观南门轮船公司、堡镇港务站、大新华通毛纺织有限公司、裕申酒厂、江口轧钢厂等。

1991 年 11 月 18 日—20 日，长江口北部七县(市)政协联谊会(增加海安县政协)第一次会议在江苏省南通县召开，崇明县政协副主席徐正林、黄和招出席会议。

1992 年 4 月 2 日—4 日，长江口北部七县(市)政协联谊会第二次会议在如皋市召开。会议围绕政协工作如何为经济建设服务进行交流和研讨。崇明县政协副主席徐正林、秘书长顾建新出席会议。徐正林在会上介绍崇明县政协以经济建设为中心开展工作的体会和崇明开发的前景。

1992 年 12 月 17 日—19 日，长江口北部七县(市)政协联谊会第三次会议在海安县召开。崇明县政协副主席徐正林、秘书长顾建新出席会议，徐正林在会上发言，介绍一年来崇明县政协工作情况和明年工作初步设想。

1993 年 4 月 27 日—29 日，长江口北部七县(市)政协联谊会第四次会议在通州市(1993 年 2 月，南通县改名通州市)召开。崇明县政协副主席黄振兴、原副主席徐正林、秘书长顾建新出席会议。会议主题是交流政协如何为经济建设服务的经验。黄振兴在会上介绍崇明县政协为经济建设服务所做的一些工作和崇明开发的前景。会议期间，与会人员还参观通州开发区、兴东机场等。

1993 年 11 月 25 日—26 日，长江口北部七县(市)政协联谊会第五次会议在海门县召开。崇明县政协副主席黄振兴、秘书长顾建新出席会议。黄振兴在会上就年初制订的工作计划落实情况作交流发言。会议期间，与会人员参观海门叠石桥绣品市场、三星羊毛衫厂、海门经济技术开发区等。

1994 年 5 月 9 日—11 日，长江口北部七县(市)政协联谊会第六次会议在如东县召开。崇明县政协副主席黄振兴、秘书长刘亚池出席会议。会议主题是探讨政协工作如何围绕经济建设这一中心做到尽职到位等有关问题，交流 1994 年度政协工作打算。会议期间，与会人员参观如东盐场、如东啤酒厂、南通集成水产品有限公司、南通正大畜禽水产品有限公司、南通大东有限公司等。

1994 年 11 月 1 日—3 日，长江口北部七县(市)政协联谊会第七次会议在启东市召开。崇明县政协副主席黄振兴、秘书长刘亚池出席会议。会议交流各县(市)政协工作为经济建设服务的经验。

三、沪浙十一县(市)政协工作联谊会

1993年,沪浙十一县(市)政协工作联谊会成立,至1998年崇明县政协参加会议共12次。

1993年6月11日—12日,沪浙十一县(市)政协工作联谊会第一次会议在上海市松江县召开。参加单位为上海市金山、松江、奉贤、南汇、青浦、崇明6个县和浙江省海盐、嘉善2个县及平湖、桐乡、海宁3个市政协。崇明县政协副主席黄振兴、秘书长顾建新出席会议。会议主题是各县(市)新一届政协就如何“选好角度,找准位置,发挥作用,确定工作思路”进行交流。黄振兴在会上作题为《围绕中心,履行职能,搞好政协工作,促进经济发展》的发言。

1993年9月16日—17日,沪浙十一县(市)政协工作联谊会第二次会议在浙江省海宁县召开。崇明县政协副主席黄振兴、秘书长顾建新出席会议。会议议题是“如何更好地发挥工作委员会的作用”。顾建新在会上作《认真搞好工作委员会活动,充分发挥政协群体功能作用》的交流发言。

1994年6月6日—7日,沪浙十一县(市)政协工作联谊会第三次会议在上海市奉贤县举行。崇明县政协副主席黄振兴出席会议,并在会上作题为《浅谈政协工作“到位”》的交流发言。

1994年10月20日—21日,沪浙十一县(市)政协工作联谊会第四次会议在浙江省桐乡市召开。崇明县政协副主席仇永鸣出席会议。会议围绕“发挥政协优势和特点,努力为经济建设服务”这一议题进行交流和探讨。仇永鸣作题为《发挥政协优势,服务经济建设》的发言。

1995年5月17日—18日,沪浙十一县(市)政协工作联谊会第五次会议在上海市金山县召开。崇明县政协副主席黄振兴、秘书长刘亚池出席会议。会议交流和探讨关于政协机关制度化建设问题。会议期间,与会人员参观申甬车客渡码头、上海金山石化地区市容和朱行镇欢兴村。

1995年11月9日—10日,沪浙十一县(市)政协工作联谊会第六次会议在浙江省平湖市召开。崇明县政协副主席黄振兴、秘书长刘亚池出席会议。会议探讨政协机构改革等问题,并交流政协工作。会议期间,与会人员参观乍浦港、嘉兴电厂和乍浦经济开发区。

1996年5月20日—21日,沪浙十一县(市)政协工作联谊会第七次会议在上海市青浦县召开。崇明县政协副主席仇永鸣、秘书长刘亚池出席会议。会议交流政协开展视察活动的做法和体会。

1996年11月26日—27日,沪浙十一县(市)政协工作联谊会第八次会议在浙江省嘉善县举行。崇明县政协副主席姚振尧、秘书长刘亚池出席会议。会议围绕政协工作如何为经济建设服务进行交流和探讨。

1997年4月28日—29日,沪浙十一县(市)政协工作联谊会第九次会议在上海市南汇县召开。崇明县政协副主席黄振兴、秘书长刘亚池出席会议。会议就政协如何发挥民主监督职能作用进行研讨交流。黄振兴作题为《政协委员的组成结构必须适应新时期人民政协工作的需要》的发言,并提交书面交流材料《崇明县政协开展民主监督的做法和体会》。

1997年11月6日—7日,沪浙十一县(市)政协工作联谊会第十次会议在浙江省海盐县召开。崇明县政协副主席黄振兴出席会议。会议就如何搞好政协提案工作,在“两个文明”建设中发挥作用进行研讨。

1998年5月27日—29日,沪浙十一县(市)政协工作用联谊会第十一次会议在崇明县召开。会议主题是交流1998年政协工作思路,探讨新形势下如何进一步做好政协工作,充分发挥人民政协在社会主义建设中的作用等。中共崇明县委书记施兴忠出席开幕会并讲话,他首先代表县四套班子领导对这次会议在崇明县召开表示热烈欢迎,对兄弟县(市)政协领导莅临崇明传经送宝表示衷心感谢,并祝会议取得丰硕成果。接着,他向客人们介绍了崇明历史、地理和经济、社会发展等情况。会议期间,崇明县人大常委会主任陆瑾,中共崇明县委副书记、县长顾国林,县委副书记顾勇等会见客人。上海市政协副秘书长梁国扬代表市政协到会祝贺并讲话。崇明县政协主席黄振兴主持会议,副主席仇永鸣、黄雄、姚振尧、罗永祥参加会议。会议期间,与会人员参观上海市崇明工业园区、东平国家森林公园、县博物馆、金鳌山、寿安寺等。

1998年9月22日—23日，沪浙十一县（市）政协工作联谊会第十二次会议在浙江省海宁市举行。崇明政协副主席仇永鸣出席会议。会议就如何推进人民政协政治协商、民主监督、参政议政的规范化、制度化建设进行交流和探讨。

四、沪浙十县（市、区）政协工作研讨会

1999年起，崇明县政协参加沪浙十县（市、区）政协工作研讨会，至2007年，共参加15次。

1999年4月13日—14日，在沪浙十一县（市）政协工作联谊会的基础上成立的沪浙十县（市、区）政协工作研讨会第十三次会议在上海市青浦县召开（减少上海市金山区政协）。参加单位为上海市松江、奉贤、南汇3个区及青浦、崇明2个县政协，浙江省海盐、嘉善2个县及平湖、桐乡、海宁3个市政协。会议围绕各县（市、区）政协1999年工作思路进行研讨。崇明县政协副主席周祖安出席会议并介绍崇明县政协1999年工作思路和主要工作安排。

1999年11月11日—12日，沪浙十县（市、区）政协工作研讨会第十四次会议在浙江省桐乡市举行。会议就如何进一步加强政协的调查研究工作进行研讨。崇明县政协副主席黄雄出席会议，并作题为《深入调查研究，积极参政议政》的发言。

2000年4月27日—28日，沪浙十县（市、区）政协研讨会第十五次会议在上海市松江区召开。会议议题是交流政协做好反映社情民意工作的经验和体会。县政协副主席黄雄出席会议。

2000年12月19日—20日，沪浙十县（市、区）政协工作研讨会第十六次会议在浙江省嘉善县举行。会议主题是如何进一步加强政协提案工作。崇明县政协副主席黄雄出席会议，在会上介绍崇明县政协提案工作情况。

2001年11月13日—14日，沪浙十县（市、区）政协工作研讨会第十八次会议在上海市奉贤区举行。会议围绕“加强政协机关建设”这一主题进行研讨。崇明县政协副主席黄雄出席会议，并作题为《加强机关建设，提升服务水平》的交流发言。

2002年4月28日—29日，沪浙十县（市、区）政协工作研讨会第十九次会议在浙江省平湖市举行。会议交流做好政协调研工作、积极参政议政的做法和体会。崇明县政协秘书长陈汉刚出席会议。

2002年10月21日—22日，沪浙十县（市、区）政协工作研讨会第二十次会议在上海市南汇区举行。会议围绕政协换届准备工作这一主题，交流做好政协换届准备工作的做法和体会。崇明县政协副主席周祖安出席研讨会并作交流发言。

2003年7月10日—11日，沪浙十县（市、区）政协工作研讨会第二十二次会议在浙江省嘉善县举行。会议围绕加强政协民主监督的主题进行交流。崇明县政协副主席罗永祥出席会议，并作题为《关于加强政协民主监督的实践与探索》的发言。

2004年5月27日—28日，沪浙十县（市、区）政协工作研讨会第二十三次会议在浙江省平湖市举行。会议围绕如何加强政协调查研究工作的主题进行交流。崇明县政协副主席罗永祥出席会议，并作题为《深入开展调查研究，切实履行政协职能》的发言。

2005年5月24日—25日，沪浙十县（市、区）政协工作研讨会第二十五次会议在浙江省海宁市举行。会议以充分发挥政协专门委员会的基础作用为主题，进行研讨交流。崇明县政协副主席吴复安参加会议，并作交流发言。会议期间，与会人员参观盐官景区。

2005年11月9日—10日，沪浙十县（市、区）政协工作研讨会第二十六次会议在崇明县举行。中共崇明县委副书记施建华到会致欢迎辞，上海市政协办公厅副主任朱志诚出席会议并讲话。会议以“充分发挥政协优势，努力构建社会主义和谐社会”为主题，结合各自的工作情况进行研讨交流。会议期间，与会人员还参观东平国家森林公园、前卫生态村、崇明博物馆和规划展示馆。

2006年5月18日—19日，沪浙十县（市、区）政协工作研讨会第二十七次会议在浙江省海盐县举行。与会人员围绕提高提案质量、提案办理质量和提案工作服务质量交流各自的工作经验和体会。崇明县政

协副主席罗永祥出席会议。

2006年10月23日—25日，沪浙十县（市、区）政协工作研讨会第二十八次会议在上海市奉贤区举行。会议交流贯彻落实《中共中央关于加强人民政协工作的意见》的体会。崇明县政协副主席吴复安出席会议。

2007年6月20日—21日，沪浙十县（市、区）政协工作研讨会第二十九次会议在上海市南汇区举行。崇明县政协副主席袁佳平出席会议。

2007年10月11日—12日，沪浙十县（市、区）政协工作研讨会第三十次会议在浙江省嘉善县举行。会议就充分认识发挥界别作用的重要意义，牢固树立突出界别地位的工作意识，不断完善规范界别工作的各项制度，精心组织形式多样的界别活动，努力把人民政协的界别优势充分发挥出来进行研讨。县政协副主席袁佳平出席会议，并作题为《认真开展界别工作，切实履行政协职能》的交流发言。

五、长江三角洲十二县（市、区）政协工作研讨会

1995年起，崇明县政协参加长江三角洲十二县（市、区）政协工作研讨会，至2012年，共参加32次。

1995年6月27日—28日，长江三角洲十二县（市、区）政协工作研讨会第一次会议在江苏省如东县召开。参加单位为上海市嘉定区、奉贤县、崇明县，江苏省如东县、如皋县、启东市、昆山市、海门市、通州市、海安县，浙江省余杭市、德清县。出席对象是十二县（市、区）政协主席或副主席、秘书长。崇明县政协副主席黄振兴、秘书长刘亚池出席会议。会议围绕学习贯彻《政协全国委员会关于政治协商、民主监督、参政议政的规定》进行交流和探讨。

1995年11月15日—17日，长江三角洲十二县（市、区）政协工作研讨会第二次会议在浙江省余杭市召开。会议讨论政协工作如何以中共十四届五中全会精神为指导，更好地为经济建设服务。崇明县政协副主席黄振兴出席会议，并作题为《新形势下政协工作为经济建设服务的两点思考》的发言。会议期间，还开展经济协作活动。

1996年5月21日—23日，长江三角洲十二县（市、区）政协工作研讨会第三次会议在江苏省如皋市召开。会议就履行人民政协的主要职能，了解和反映社情民意，更好地为“两个文明”建设服务进行交流和研讨。崇明县政协副主席黄振兴出席会议。

1996年10月29日—31日，长江三角洲十二县（市、区）政协工作研讨会第四次会议在上海市奉贤县召开。会议就新形势下如何充分发挥提案工作在履行政协职能方面的作用进行交流和研讨。崇明县政协副主席黄振兴出席会议。

1997年5月7日—9日，长江三角洲十二县（市、区）政协工作研讨会第五次会议在江苏省启东市召开。会议就政协如何围绕社会主义精神文明建设履行职能、参政议政进行交流研讨。南通市政协主席黄冰、中共启东市委书记黄利金等领导到会祝贺。启东市市长向与会人员介绍启东市经济和社会发展情况。崇明县政协副主席施兆发出席会议。

1997年11月27日—29日，长江三角洲十二县（市、区）政协工作研讨会第六次会议在江苏省昆山市召开。会议围绕新形势下政协工作如何促进经济建设进行研讨。崇明县政协副主席黄振兴、秘书长刘亚池出席会议。会议期间，与会人员还参观古镇周庄。

1998年5月19日—20日，长江三角洲十二县（市、区）政协工作研讨会第七次会议在江苏省海门市召开。会议围绕如何在新形势下开创政协工作新局面进行研讨。崇明县政协主席黄振兴出席会议，并在会上介绍新一届县政协的工作思路和1998年的主要任务。会议期间，与会人员还参观三星绣品城、天马纺织品有限公司等单位。

1998年11月19日—20日，长江三角洲十二县（市、区）政协工作研讨会第八次会议在崇明县召开。会议就进一步加强履行政协民主监督职能进行研讨。崇明县政协副主席仇永鸣主持研讨会，并作题为《加强政协民主监督的探索》的交流发言。与会各县、市、区政协领导在会上交流履行民主监督职能的经

1998年11月19日—20日，长江三角洲十二县(市、区)政协工作研讨会第八次会议在崇明召开

验和体会。会议期间，中共崇明县委书记盛亚飞，副书记、县长顾国林会见与会人员。崇明县政协副主席周祖安、黄雄、姚振尧，秘书长刘亚池出席会议。

1999年11月4日—5日，长江三角洲十二县(市、区)政协工作研讨会第十次会议在上海市嘉定区召开。会议交流政协专门委员会工作经验，探讨世纪之交县(市、区)政协专委会的工作特点和任务。崇明县政协副主席仇永鸣出席会议，并在会上发言。

2000年5月17日—19日，长江三角洲十二县(市、区)政协工作研讨会第十一次会议在江苏省海安县召开。会议主要内容是：以邓小平理论为指导，从理论与实践相结合的角度，研究和探讨在新形势下如何进一步开创文史资料工作新局面，充分发挥文史资料“存史、资政、团结、育人”的作用，更好地为推进改革开放和社会主义现代化建设事业服务。崇明县政协副主席仇永鸣出席会议，并在会上作交流发言。

2000年10月11日—13日，长江三角洲十二县(市、区)政协工作研讨会第十二次会议在浙江省德清县召开。会议围绕如何加强政协规范化制度化建设及如何提高政协工作活力两个主题进行研讨交流。崇明县政协副主席周祖安出席会议。

2001年10月24日—26日，长江三角洲十二县(市、区)政协研讨会第十四次会议在江苏省如东县举行。会议围绕如何以江泽民“七一”讲话精神指导政协工作及如何充分发挥政协委员主体作用两个专题进行研讨。崇明县政协副主席黄雄出席会议，并作题为“加强联系，创造条件，努力发挥政协委员主体作用”的交流发言。

2002年4月26日—28日，长江三角洲十二县(市、区)政协工作研讨会第十五次在江苏省昆山市召开。研讨会以总结本届政协五年来较为成功的或行之有效的经验和做法为主题展开交流。崇明县政协副主席周祖安参加会议，并作题为《切实履行政协职能，充分发挥政协作用》的发言。

2002年10月31日—11月2日，长江三角洲十二县(市、区)政协工作研讨会第十六次会议在江苏省如皋市召开。会议交流政协换届工作的做法和经验，并同意江苏省东台市政协为研讨会成员单位。崇明县政协副主席周祖安出席会议，并作题为《认真搞好换届工作，充分发挥政协作用》的发言。会议期间，与会人员还参观定慧寺、水绘园和中国盆景园等。

2003年7月16日—17日，长江三角洲十三县(市、区，新增江苏省东台市)政协工作研讨会第十八次会议在上海市奉贤区召开。会议就如何以“三个代表”重要思想为指导，开创政协工作新局面进行研讨交流。崇明县政协副主席吴复安出席会议，并作题为《学习贯彻“三个代表”重要思想，切实做好新时期的政协工作》的发言。与会人员还参观上海化工区、上海海湾旅游区和上海申隆生态园。

2004年5月20日—21日，长江三角洲十三县(市、区)政协工作研讨会第十九次会议在崇明县召开。会议由崇明县政协主席范陈杰主持。上海市政协办公厅副主任朱志诚到会，并代表市政协对会议召开表示祝贺。中共崇明县委副书记施建华代表中共崇明县委和县人民政府致欢迎辞，还向与会人员介绍崇明经济和社会事业的发展情况。会上，各县(市、区)政协领导围绕如何充分发挥委员主体作用，切实履行政协职能进行研讨，并交流各自的工作方法和经验。与会人员还参观东平国家森林公园、根宝足球基地和前卫生态村。

2004年11月10日—11日，长江三角洲十三县(市、区)政协工作研讨会第二十次会议在江苏省海门市召开，各县(市、区)政协以进一步履行民主监督职能为主题分别作交流发言。崇明县政协副主席吴复安出席会议，并作题为《政协民主监督工作的实践与思考》的发言。会议期间，与会人员参观慧聚药业公司、南通泰格动力机械有限公司、海门国家农业综合现代化示范区和中南集团总部。

2005 年 4 月 13 日—14 日，长江三角洲十三县(市、区)政协工作研讨会第二十一次会议在上海市嘉定区召开。各县(市、区)政协以贯彻中共十六大和十六届三中、四中全会精神，把政协建设成团结、民主的大舞台为主题分别作交流发言。崇明县政协副主席罗永祥出席会议，并作题为《弘扬团结和民主两大主题，积极推进社会主义政治文明建设》的发言。会议期间，与会人员参观 F1 赛车场、国际汽车城核心区和安亭新镇。

2004 年 5 月 20 日—21 日，长江三角洲十三县(市、区)政协工作研讨会第十九次会议在崇明召开

2005 年 10 月 20 日—21 日，长江三角洲十三县(市、区)政协工作研讨会第二十二次会议在江苏省海安县召开。会议以“发挥人民政协独特优势，为构建社会主义和谐社会积极履行职能”为主题进行研讨。崇明县政协副主席罗永祥出席会议，并作题为《充分发挥人民政协优势，努力构建社会主义和谐社会》的发言。会议期间，与会人员还参观海安工业园区和海安开发区。

2006 年 5 月 24 日—25 日，长江三角洲十三县(市、区)政协工作研讨会第二十三次会议在浙江省德清县召开。会上，各县(市、区)政协交流怎样做好政协工作、发挥政协作用的体会。与会人员还考察莫干山和下渚湖原始湿地。崇明县政协副主席吴复安出席会议。

2006 年 11 月 14 日—15 日，长江三角洲十三县(市、区)政协工作研讨会第二十四次会议在江苏省东台市召开。会议就新形势下贯彻落实《中共中央关于加强人民政协工作的意见》，进一步做好人民政协工作，促进地方经济、政治、文化、社会发展的工作方法和工作经验进行交流，并就如何进一步搞好人民政协政治协商、民主监督、参政议政进行深入研讨。崇明县政协副主席吴复安出席会议。

2007 年 5 月 28 日—29 日，长江三角洲十三县(市、区)政协工作研讨会第二十五次会议在江苏省如东县举行。会议就如何加强和改进政协提案工作展开专题研讨。崇明县政协副主席袁佳平出席会议。

2007 年 10 月 11 日—12 日，长江三角洲十三县(市、区)政协工作研讨会第二十六次会议在浙江省杭州市余杭区举行。会议就坚持以建设社会主义核心价值体系为中心，紧紧把握文史工作的研究方向，积极探索文史工作新路子，充分发挥文史工作在社会主义文化建设中的独特作用，为建设社会主义文化和构建社会主义和谐社会服务等方面进行研讨。崇明县政协副主席施俭、秘书长陈汉刚出席会议。施俭就如何充分发挥政协文史工作在社会主义文化建设中的独特作用作交流发言。

2008 年 5 月 19 日—20 日，长江三角洲十三县(市、区)政协工作研讨会第二十七次会议在江苏省如皋县召开。会议主题为交流和探讨政协调研工作。崇明县政协副主席袁佳平出席会议。

2008 年 10 月 20 日—21 日，长江三角洲十三县(市、区)政协工作研讨会第二十八次会议在浙江省平湖市召开，崇明县政协副主席周新卫出席会议。

2009 年 5 月 15 日—16 日，长江三角洲十三县(市、区)政协工作研讨会第二十九次会议在江苏省启东市召开，崇明县政协副主席周新卫出席会议。

2009 年 10 月 22 日—23 日，长江三角洲十三县(市、区)政协工作研讨会第三十次会议在上海市奉贤区召开。会议主题为交流和探讨如何发挥民主党派和无党派人士在政协组织中的作用。崇明县政协副主席袁佳平出席会议。

2010 年 4 月 15 日—16 日，长江三角洲十三县(市、区)政协工作研讨会第三十一次会议在江苏省通州市召开。会议就加强政协界别工作进行交流和探讨。崇明县政协副主席袁佳平出席会议。

2010年11月18日—19日，长江三角洲十三县(市、区)政协工作研讨会第三十二次会议在崇明县召开。会议围绕“发挥政协独特优势，为地方国民经济和社会发展‘十二五’规划献计献策”进行研讨。崇明县政协主席范陈杰主持会议，并作题为《集聚各方智慧力量，共绘崇明发展蓝图》主题发言。中共崇明县委常委、县政协副主席、县委统战部部长王为群出席会议并致辞。

2011年4月27日—28日，长江三角洲十三县(市、区)政协工作研讨会第三十三次会议在江苏省海门市召开。崇明县政协副主席袁佳平出席会议。

2011年9月15日—16日，长江三角洲十三县(市、区)政协工作研讨会第三十四次会议在上海市嘉定区召开。崇明县政协副主席褚以琳出席会议。

2012年4月24日—25日，长江三角洲十三县(市、区)政协工作研讨会第三十五次会议在江苏省海安县召开。崇明县政协副主席顾德昌出席会议。

六、苏浙沪十五县(市、区)政协工作研讨会

2008年起，崇明县政协参加沪浙十五县(市、区)政协工作研讨会，至2011年，共参加10次。

2008年5月15日—16日，在原沪浙十县(市、区)政协工作研讨会基础上扩大的苏浙沪十五县(市、区)政协工作研讨会第一次会议在上海市松江区召开。江苏省江阴市、太仓市、昆山市、吴江市、常熟市，浙江省海盐县、嘉善县、平湖市、桐乡市、海宁市，上海市松江区、奉贤区、青浦区、浦东新区、崇明县的政协主席或副主席、秘书长等出席。会议以政协如何发挥协调关系、汇聚力量的作用为主题进行研讨。崇明县政协副主席袁佳平出席会议。

2008年10月20日—21日，苏浙沪十五县(市、区)政协工作研讨会第二次会议在浙江省平湖市召开。崇明县政协副主席袁佳平出席会议。

2009年4月21日—22日，苏浙沪十五县(市、区)政协工作研讨会第三次会议在上海市青浦区召开。崇明县政协副主席施俭出席会议。

2009年11月4日—5日，苏浙沪十五县(市、区)政协工作研讨会第四次会议在浙江省海宁市召开。崇明县政协副主席施俭出席会议。

2010年4月22日—23日，苏浙沪十五县(市、区)政协工作研讨会在崇明县召开。会议围绕如何做好政协宣传工作，不断扩大政协社会影响进行研讨。中共崇明县委常委、副县长张国坤出席会议并致辞，崇明县政协主席范陈杰主持会议。

2010年9月13日—14日，县政协副主席周新卫出席苏浙沪十五县(市、区)政协工作研讨会

2010年9月13日—14日，苏浙沪十五县(市、区)政协工作研讨会在江苏省太仓市召开。崇明县政协副主席周新卫出席会议。

2010年11月18日—19日，苏浙沪十五县(市、区)政协工作研讨会在浙江省海盐市召开。崇明县政协副主席施俭出席会议。

2011年5月12—13日，苏浙沪十五县(市、区)政协工作研讨会在上海市奉贤区召开。崇明县政协副主席袁佳平出席会议。会议围绕如何发挥委员主体作用，提高政协履职实效进行研讨。

2011年9月15日—16日，苏浙沪十五县(市、区)政协工作研讨会在江苏省昆山市召开。崇明县政协副主席袁佳平出席会议。

2011年11月15日，苏浙沪十五县(市、区)政协工作研讨会在浙江省桐乡市召开。崇明县政协副主席施俭出席会议。

第五章 社会服务

崇明县政协汇集了全县经济、科技、教育、医卫等社会领域各方面的人才，其中有一大部分是非中共专业人士，具有人才荟萃、智力密集的特点和优势。县政协依据自身特点和优势，充分发挥政协委员的作用，组织开展各类咨询服务活动，促进崇明经济社会发展。1985 年起，组织科技咨询服务。1987 年起组织医疗咨询服务及其他咨询服务。本章辑录各类咨询服务 56 次。

第一节 科技咨询服务

本节辑录科技咨询服务 25 次。

1985 年 9 月 20 日，县政协组织科技组部分委员和有关科技人员 8 人，到大同乡工业公司开展咨询服务。在听取该乡摩托车厂和电讯器材厂的情况介绍后，对这两个企业存在的计量设施不全、技术力量不足、科学管理不够等问题提出建议。

1985 年 11 月 8 日，县政协组织科技组部分熟悉电器生产的委员 5 人，应汲浜电器厂邀请，赴该厂帮助解决电热取暖器生产中的技术问题，提出 12 条改进建议，并帮助对该产品进行质量测试、修改产品使用说明书等。

1986 年 4 月 25 日，县政协组织科技组熟悉电子、机械业务的委员 4 人，到堡镇毛巾厂帮助修复专用生产设备。

1987 年 6 月 25 日，县政协科技工作委员会组织委员 6 人，到庙镇乡桥鼻港外口和绿华乡西南角、新村乡北侧江岸险段考察防汛工作，提出护堤保坍技术方面的意见和建议。

1987 年 7 月 18 日，县政协科技工作委员会组织委员 2 人，应崇明制药厂请求，帮助抢修空气调节器，避免该厂生产受到严重影响。

1987 年 9 月 13 日，县政协科技工作委员会组织委员 4 人，到堡镇毛巾厂进行科技咨询服务，为该厂解决漂染中的色差问题。

1987 年 9 月 18 日，县政协科技工作委员会委员组织 5 人，应县良种场邀请，到该场织蔗厂实地考察蔺草染色剂的功能和在生产中的应用，并将染色剂样品带回进行定量定性分析测试，掌握其成份及结构，为提高其功能作用作深入探讨研究。

1987 年 9 月 21 日，县政协组织科技工作委员会委员 9 人，应海军农场邀请，赴该场开展科技咨询服务活动。委员们就进一步发展农场农副业生产提出建议意见，并分别介绍自己在畜禽饲养、水产养殖、食用菌种植、果树栽培等方面的先进技术和实践经验。

1987 年 10 月 30 日，县政协组织科技工作委员会委员 5 人，应远东被单厂邀请，到该厂进行科技咨询服务活动，研究解决被单染色中的色差问题。同日，科技工作委员会 3 名委员到堡镇毛巾厂进行科技咨询，对自己设计的漂染自控设备进行试车，结果试车成功，达到要求。

1988 年 3 月 22 日，县政协副主席宋斌等到江苏启东等地开展横向经济联系，洽购皮棉、生猪等，为崇明解决工业原材料和副食品供应问题。

1988 年 7 月 21 日，县政协副主席宋斌受县政府委托，会同县电力公司负责人，前往江苏省南通市求援煤炭供应，解决崇明电厂缺少发电用煤的燃眉之急。

1988 年 9 月 8 日，县政协组织科技工作委员会委员 5 人，应港西乡工业公司邀请，到该公司的申港漂染厂、港西色织厂开展科技咨询服务，就企业生产经营问题提出建议。

1989 年 4 月 8 日，为解决汲浜乡与新加坡外商合资兴办玩具厂厂房问题，县政协牵头，与县供销社等有关方面负责人一起到该乡协商洽谈租用汲浜供销社收花站房屋事宜，经双方诚恳洽谈，圆满解决问题。

1989年4月22日，县政协组织科技工作委员会部分委员到合作乡金属丝网厂开展技术咨询服务活动，为该厂解决金属丝网生产中降低用锌量的技术问题。

1989年7月10日，县政协组织科技工作委员会部分委员到裕安乡工业公司开展技术咨询服务活动，为该公司解决所属企业有关生产难题。

1992年5月5日，县政协科技委员会和县科委联合邀请市社科院、同济大学有关专家及县计委、建设局、环保局、农业局、畜牧局、水利局等部门有关人员聚会大新乡前卫村，对该村制定的《前卫村科技示范村实施计划》进行研讨。与会人士提出完善实施计划的意见和建议。

1994年6月10日，县政协农贸经济委员会组织部分委员到县种子公司、五滧乡良种繁育场调研“两杂”(杂交玉米、杂交水稻)亲本种子繁育情况，对搞好良种繁育工作提出意见和建议。

1995年5月10日，县政协农贸经济委员会组织部分委员与县农委有关科技人员到大新镇前卫村联合开展蘑菇栽培技术咨询服务活动。

1995年9月7日，县政协农贸经济委员会组织委员到合兴乡蔬菜基地进行技术咨询，对进一步建设好蔬菜基地提出意见和建议。

1996年5月18日，由县政协海外联谊委员牵线搭桥促成的中日合作企业“上海宏林金属制品公司”成立。该公司由日本正丰电子开关工业株式会社与县侨联合作建办，生产、销售微型开关、电子电器及相关金属配套件。为将外资引进崇明，海外联谊委员利用海外关系，主动联系外方，向外方介绍崇明投资环境，多次陪同外方人员实地考察，帮助办妥有关手续，终于达成项目合作。

1997年7月17日，县政协农贸经济委员会组织委员到新民镇第三养殖场和竖新镇新征养殖场考察对虾养殖情况，对发展对虾养殖业提出意见和建议。

1998年7月6日，县政协科技委员会组织委员到新民镇永丰村上海永凤工贸有限公司开展咨询服务活动，为该厂开发新产品、提高产品科技含量和质量提出意见和建议。

1999年12月8日，县政协科技委员会和县工商联联合开展咨询服务活动，在听取部分私营企业情况介绍后，委员们就私营企业如何走科技发展之路提出建议和意见。

2003年5月31日，县政协经济委员会组织委员围绕加快崇明经济发展献计献策。委员们就科技创新、招商引资、调整产业结构、推进农业产业化进程等提出建议和意见。

2010年3月23日，县政协和中共崇明县委统战部联合举办理财知识专题讲座，中国金融在线副总裁、证券之星总经理洪榕主讲，120余人听取讲座。

第二节　医疗咨询服务

本节辑录医疗咨询服务24次。

1987年7月26日，县政协组织医务界委员16人，为中国人民解放军驻崇明部队官兵、军队离退休干部及其家属提供义务体检和医疗咨询服务70多人次。

1987年9月25日，县政协与县政协之友社联合组织政协委员中有中高级职称的医务人员和政协之友社社员中资深医生共15人，到向化乡卫生院开展医疗咨询服务活动，义务诊疗患者和提供咨询服务共160多人次。

1987年10月28日，县政协与县政协之友社联合组织有中高级职称医务人员和资深医生18人到三星乡卫生院开展医疗咨询服务活动，为158人进行诊治，为16人作胃镜检查，为24人做B超。

1989年5月23日，县政协医卫妇幼工作委员会与县妇联联合组织有中高级职称的医务人员12人到陈家镇乡、裕安乡进行医疗咨询服务活动，为妇女儿童提供医疗咨询服务270多人次。

1990年7月26日，县政协组织中心医院内科、外科、骨科、妇科等医务界专家9人，为中国人民解放军上海警备区守备营、海军农场、富民农场部分官兵及其家属126人次进行健康检查和健康咨询。

1991年9月8日，县政协医卫体委员会组织医务界部分委员6人，在县中心医院为城桥地区离、退休老教师38人进行健康和医疗咨询服务。

1992年5月25日，县政协医卫体委员会组织县中心医院、县精神病医院的儿科医生和精神病防治医生5人，到实验小学对150多名学生进行健康咨询及智商测验服务。

1995年5月10日，县政协医卫委员会与农工党崇明县委联合组织医务界人士15人，到三星镇卫生院开展多学科医疗保健义务咨询、诊治活动。为142人提供医疗咨询和诊治。

1996年6月4日，县政协医卫委员会与农工党崇明县委联合组织内科、外科、妇产科、中医科的主任、副主任医师及资深主治医师10人，到建设镇卫生院开展医疗保健义务咨询、诊治活动。共为80多人次患有各类慢性、疑难病症的人员提供咨询、诊治服务。

1997年7月8日，县政协医卫委员会与农工党崇明县委联合组织医务界人士8人，到新河镇卫生院开展义务医疗咨询服务活动，共接待医疗咨询服务77人次。

1998年8月6日，县政协医卫委员会与农工党崇明县委联合组织医务界人士9人，到中兴镇卫生院开展义务医疗咨询服务活动。先后接待48名病员的咨询与诊治，并与中兴镇卫生院的医务人员一起，会诊5名疑难病症患者。

1999年5月21日，县政协医卫委员会组织部分内科、外科、妇科、小儿科和中医伤科主任、副主任医师及主治医师10人，到三星镇卫生院开展医疗咨询服务活动。共诊疗患者59人，会诊住院病人11人。

2000年5月12日，县政协医卫委员会与农工党崇明县委联合组织医务界人士12人，到裕安卫生院开展义务医疗咨询服务活动，为65名患者诊断病情和提供医疗咨询，并会诊住院病人8人。

2001年5月21日，县政协医卫委员会与农工党崇明县委联合组织委员、农工党成员10人，到大新卫生院开展义务医疗咨询服务活动。开设西医内科、西医外科、中医外科、妇产科、小儿科等专科，为75人提供医疗咨询服务，并会诊住院病人2人。

2002年5月21日，县政协人口和健康委员会和农工党崇明县委组织县政协委员和农工党成员中的医务人员10人，到堡镇卫生院五滧分院，为68名患者提供义务医疗咨询服务。

2003年9月4日，县政协人口和健康委员会和农工党崇明县委组织委员和农工党成员中的医疗专家12人，到竖新镇卫生院开展医疗咨询服务活动。为120多人次的群众提供医疗咨询和义务诊治服务。

2004年6月16日，县政协人口和健康委员会和农工党崇明县委组织委员和农工党成员中的医疗专家8人，到中兴镇卫生院开展医疗咨询服务活动。共提供医疗咨询和义务诊治服务72人次。

2005年6月9日，县政协人口和健康委员会和农工党崇明县委组织委员和农工民主党成员中的医疗专家7人，到绿华镇卫生院开展医疗咨询服务活动。共提供医疗咨询和义务诊治服务38人次。

2006年6月10日，县政协人口和健康委员会联合农工党崇明县委、九三学社崇明支社，组成有内科、外科、妇科、皮肤科、儿科、中医科等13名医疗专家参加的医疗咨询服务队，到新村乡卫生院开展医疗咨询服务活动。专家们细心诊疗，耐心讲解，共为112人次提供义务医疗咨询服务。

2007年6月15日，县政协人口和健康委员会和九三学社崇明支社、县卫生局联合举行“乳腺癌防治知识”专题讲座，请上海交通大学医学院附属仁济医院教授主讲。部分政协委员和城桥镇妇女代表共100多人听取讲座。

2008年7月22日，县政协人口和健康委员会和县疾病控制中心联合举行“艾滋病防治”专题报告会，请上海市疾病控制中心教授主讲。部分政协委员和全县各医疗单位艾滋病防治专业人员60多人听取讲座。

2009年7月16日，县政协人口和健康委员会组织医药卫生界别委员10人，到长兴岛开展义务医疗咨询服务活动。委员们在长兴乡社区卫生服务中心，为100多人次群众提供内科、外科、妇科、儿科、中医科等专科的医疗保健咨询和义诊服务。

2010年7月9日，县政协人口和健康委员会组织新华医院崇明分院、堡镇医院、庙镇医院的政协委员9人，到横沙乡开展义务医疗咨询服务活动，提供义务医疗咨询和诊治服务45人次。

2012年7月31日，县政协社会事业委员会和农工党崇明县委联合组织县政协医药卫生界别委员、农工党成员共16人，到东平镇社区开展义务诊疗和咨询服务活动。活动中，专家们为社区群众提供医疗保健、用药管理、夏季防病、中老年养生等多方面的咨询服务，为社区居民义诊100多人次。

第三节　其他咨询服务

本节辑录其他咨询服务7次。

1987年8月17日，为鼓励社会力量和个人自愿捐资助学，县政协向中共崇明县委报告，建议成立崇明县教育奖励基金会。经中共崇明县委办公室批复同意后，县政协多次召开教育奖励基金筹集会议。同年9月8日，成立崇明县教育奖励基金会。县教育奖励基金会设立群英奖、育才奖和雏鹰奖等奖项，奖励优秀教师和优秀学生，为发展崇明教育事业发挥了积极作用。

1988年9月3日，县政协教育委员会与民盟民本中学小组向民本中学校方建议，联合举办1期高复班，部分政协委员和民盟有关盟员参加教学工作。

1989年6月10日，县政协牵头，联系县建设局、水利局负责人和公路、桥涵方面专家前往向化六滧港渔业村，与向化乡、新渔乡负责人一起协商解决向化镇到六滧港公路修建中的具体问题。经现场察看、座谈商讨，确定了建设方案，并落实了建设资金。

1991年7月2日，县政协教育委员会与民盟崇明县委商议，筹办民盟业余学校，利用暑假，举办中学生英语班、数学班。

1995年6月16日，县政协教育委员会与县招生办公室就1995年崇明县中招、高招工作形势、任务、改革措施、有关政策、招生名额、填报志愿等情况联合开展咨询服务活动。

2001年3月3日，县政协教育委员会与民盟崇明县委商议，设立全国书画(业余)等级考核报名站，方便崇明地区考生。

2001年6月10日，县政协教育委员会与民进崇明县委、民盟崇明县委联合举办“助您一臂之力——中招义务咨询”活动。

第六章　政协之友社

1987年2月14日，中共崇明县政协党组、中共崇明县委统战部向中共崇明县委请示，筹建崇明县政协之友社。政协之友社为县政协领导的爱国统一战线性质的社会团体，参加对象主要是担任过历届县政协常委会成员和委组正副主任、组长，同时根据需要吸收少数社会知名人士参加。同年3月5日，中共崇明县委批复同意成立崇明县政协之友社，其领导机构是理事会。3月30日，七届县政协第二十六次主席会议讨论通过县政协之友社第一届理事会组成人员名单。4月16日，县政协之友社第一届理事会第一次会议召开，县政协之友社成立。

县政协之友社成立后，在县政协的领导下，理事会遵照《崇明县政协之友社章程》的规定，并结合各个时期的工作要求，密切与社员的联系，组织社员开展各种活动，团结社员共同为崇明经济社会发展献计出力、作出贡献。

第一节　社员大会

一、政协之友社第一届社员大会

一届一次社员大会　1987年10月4日，县政协之友社召开一届一次社员大会，出席大会社员46人。会议由县政协主席张彪主持。会议审议通过《崇明县政协之友社章程》、宣布崇明县政协之友社理事会组成人员名单。张彪担任理事长，宋斌、施群、刘蔚、唐丽光（女）、龚镜澄担任副理事长。会上，六届县政协主席施群受七届县政协委托致词，政协之友社副理事长宋斌作崇明县政协之友社工作报告，副理事长刘蔚作政协之友社年底前工作打算的发言，县人大常委会、中共崇明县委统战部、县侨联的代表分别向大会致贺词。中共崇明县委书记姚明宝等应邀出席大会。姚明宝在讲话中代表中共崇明县委祝贺县政协之友第一次社员大会召开，希望全体社员重视政治学习，提高思想认识，密切联系群众，反映社情民意，发挥各自特长，继续为崇明的经济社会发展献计献策，多作贡献。

一届二次社员大会 1988年5月5日—6日，县政协之友社召开一届二次社员大会，出席45人。县政协副主席、副理事长宋斌主持会议，副理事长刘蔚向大会作理事会工作报告，县政协主席、理事长张彪传达市政协七届一次会议精神。

二、政协之友社第二届社员大会

二届一次社员大会 1990年5月23日，县政协之友社召开二届一次社员大会，出席50人。会议由政协之友社第一届理事会常务副理事长宋斌主持。会议听取和审议第一届理事会副理事长刘蔚向大会所作的第一届理事会工作报告，修改并通过《崇明县政协之友社章程》，选举产生第二届理事会组成人员。选举徐正林为理事长，宋斌、施群、刘蔚、唐丽光（女）、龚镜澄为副理事长。会议还听取常务副理事长宋斌传达中共上海市委副书记黄菊关于开发开放浦东的专题报告和副理事长唐丽光传达上海市政协之友社工作情况介绍。县政协副主席徐正林出席会议并讲话，他代表县政协党组、县政协常委会对大会的召开表示热烈祝贺，他在讲话中高度评价政协之友社的老同志发挥余热，在宣传党的方针政策、推动崇明“两个文明”建设中作出的贡献，希望大家继续努力，为崇明经济发展、社会稳定、党风和社会风气根本好转作出新的贡献。

二届二次社员大会 1991年5月18日，县政协之友社召开二届二次社员大会，出席48人。县政协副主席、政协之友社理事长徐正林主持会议，副理事长宋斌作理事会1990年工作情况和1991年工作打算的报告。

二届三次社员大会 1992年5月18日，县政协之友社召开二届三次社员大会，出席46人。县政协副主席、政协之友社理事长徐正林主持会议，副理事长宋斌作理事会工作报告。

二届四次社员大会 1993年4月15日，县政协之友社召开二届四次社员大会，出席47人。理事长徐正林主持会议，副理事长宋斌代表理事会作理事会报告。县政协副主席黄振兴应邀参加会议，并在会上通报县十一届人大一次会议和县政协九届一次会议精神。

三、政协之友社第三届社员大会

三届一次社员大会 1993年10月8日，县政协之友社召开三届一次社员大会，出席56人。会议由政协之友社第二届理事会副理事长施群主持。会议听取和审议第二届理事会副理事长刘蔚向大会所作的第二届理事会工作报告，修改并通过《崇明县政协之友社章程》，选举产生第三届理事会组成人员。选举黄振兴为理事长，宋斌、施群、刘蔚、唐丽光（女）、沈杰、顾青为副理事长。第二届理事会理事长徐正林致词祝贺。中共崇明县委副书记、县政协主席陆瑾到会讲话，她希望新一届理事会充分调动各位社员参政议政的积极性，为振兴崇明作出新的贡献。

三届二次社员大会 1994年10月7日，县政协之友社召开三届二次社员大会，出席48人。县政协副主席、政协之友社理事长黄振兴主持会议并讲话，会议还传达中共上海市委书记吴邦国、市长黄菊视察崇明时的讲话精神。

三届三次社员大会 1996年3月15日，县政协之友社召开三届三次社员大会，出席52人。会议由副理事长宋斌主持，县政协副主席、政协之友社理事长黄振兴传达县十一届人大四次会议和县政协九届四次会议精神。会后，与会社员参观新落成的上海天鹤大酒店大楼。

三届四次社员大会 1997年3月7日，县政协之友社召开三届四次社员大会，出席46人。会议由副理事长宋斌主持，县政协副主席、理事长黄振兴传达上海市市长徐匡迪在市十届人大五次会议上所作的政府工作报告主要精神和县十一届五次会议、县政协九届五次会议精神。

四、政协之友社第四届社员大会

四届一次社员大会 1998年6月2日，县政协之友社召开四届一次社员大会，出席58人。会议由第三届理事会副理事长施群主持。会议听取和审议第三届理事会副理事长宋斌代表第三届理事会所作的工作报告，副理事长沈杰传达市政协之友社四届一次社员大会精神，县政协副秘书长陆松平作"关于修改崇明县政协之友社章程的说明"的发言。会议审议通过《县政协之友社第三届理事会作工作报告》和《崇明县政协之友社章程(修正案)》，选举产生县政协之友社第四届理事会组成人员。陈继明、施群为名誉理事长，刘蔚、蔡宗锷、昝泰昌为名誉副理事长。选举宋斌为理事长，仇永鸣、唐丽光(女)、沈杰、顾青、黄冠球、黄茂生为副理事长。县政协副主席仇永鸣出席大会并讲话，他在讲话中充分肯定县政协之友社历年工作所取得的成绩，希望继续深入学习，增进共识，加强团结，增进友谊，量力而行，开展活动，为崇明改革开放、"两个文明"建设献计出力。

四届二次社员大会 1999年3月5日，县政协之友社召开四届二次社员大会，出席49人。会议由副理事长仇永鸣主持，理事长宋斌代表理事会作工作报告。县政协主席黄振兴参加会议，并传达市领导在市政协会议上的讲话精神、通报县政协十届二次会议情况和县政协1999年工作思路。

四届三次社员大会 2000年3月15日，县政协之友社召开四届三次社员大会，出席46人。副理事长仇永鸣主持会议，理事长宋斌作理事会工作报告。县政协主席黄振兴参加会议并讲话。

四届四次社员大会 2001年3月15日，县政协之友社召开四届四次社员大会，出席50人。副理事长仇永鸣主持会议，理事长宋斌作理事会工作报告。县政协主席黄振兴参加会议并讲话。

四届五次社员大会 2002年3月8日，县政协之友社召开四届五次社员大会，出席46人，理事长宋斌主持会议，并作理事会工作报告。县政协主席黄振兴参加会议并讲话。

五、政协之友社第五届社员大会

五届一次社员大会 2003年4月15日，县政协之友社召开五届一次社员大会，出席65人。会议由第四届理事会副理事长仇永鸣主持。县政协主席范陈杰，副主席袁佳平、罗永祥、王菁，秘书长陈汉刚，县十届政协副主席周祖安等应邀出席会议。会议听取和审议第四届理事会理事长宋斌所作的工作报告，审议通过《崇明县政协之友社章程(修正案)》，选举产生县政协之友社第五届理事会组成人员。陈继明、施群、宋斌为名誉理事长，昝泰昌、顾青、黄冠球、沈杰为名誉副理事长。选举邵礼达为理事长，黄振兴、仇永鸣、唐丽光(女)、黄茂生、施兆发、姚振尧、黄雄为副理事长。理事长邵礼达在讲话中表示：县政协之友社将组织社员力所能及地办些实事，开展宽松适度、形式多样、丰富多彩的联谊活动。在县政协的领导下，加强学习，增进共识，积极反映社情民意，帮助中共崇明县委、县政府做好理顺情绪、化解矛盾的工作，充分发挥社员的余热。县政协主席范陈杰向社员们通报县政协近期工作和中共崇明县委组织的"世博会与上海新一轮发展——加快实现崇明跨越式发展"大讨论活动的有关情况以及县政协的具体部署，希望县政协之友社按照《崇明县政协之友社章程》的规定，认真开展工作，为崇明经济建设和社会事业的发展继续作出积极贡献。

五届二次社员大会 2004年2月13日，县政协之友社召开五届二次社员大会，出席52人。副理事长黄振兴主持会议，理事长邵礼达作理事会工作报告。县政协主席范陈杰出席会议并讲话。

五届三次社员大会 2005年2月25日，县政协之友社召开五届三次社员大会，出席54人。副理事长黄振兴主持会议，理事长邵礼达作理事会工作报告。县政协主席范陈杰参加会议并讲话。会议增补周祖安为县政协之友社第五届理事会副理事长。

五届四次社员大会 2006 年 3 月 20 日，县政协之友社召开第五届四次社员大会，出席 55 人。副理事长黄振兴主持会议，理事长邵礼达作理事会工作报告。县政协主席范陈杰参加会议并讲话。

六、政协之友社第六届社员大会

六届一次社员大会 2007 年 4 月 16 日，县政协之友社召开六届一次社员大会，出席 66 人。会议由第五届理事会副理事长黄振兴主持。县政协主席范陈杰，副主席王为群、袁佳平、施俭、王菁、周新卫，秘书长陈汉刚应邀出席会议。会议听取和审议第五届理事会理事长邵礼达所作的工作报告，选举产生县政协之友社第六届理事会组成人员。陈继明、施群、宋斌为名誉理事长，昝泰昌、顾青、黄冠球、沈杰为名誉副理事长。选举邵礼达为理事长，黄振兴、周祖安（女）、仇永鸣、黄雄、唐丽光（女）、黄茂生、施兆发、姚振尧、罗永祥为副理事长。理事长邵礼达在讲话中表示：新一届理事会要在历届理事会工作的基础上，认真总结成功经验，继承发扬光荣传统，与时俱进，开拓创新，团结和依靠全体社员共同把县政协之友的工作不断推向前进。范陈杰向大会成功召开表示热烈祝贺，对县政协之友社几年来的工作予以充分肯定，对政协之友社老同志一如既往地关心和支持县政协工作表示衷心感谢，并祝愿新一届理事会再接再厉，为县政协工作的发展和崇明县现代化生态岛建设作出新的贡献。

2007 年 4 月 16 日，县政协之友社召开六届一次社员大会

六届二次社员大会 2008 年 3 月 20 日，县政协之友社召开六届二次会议，出席 56 人。副理事长黄振兴主持会议，理事长邵礼达作理事会工作报告，县政协主席范陈杰应出席会议并讲话。

六届三次社员大会 2009 年 3 月 16 日，县政协之友社召开六届三次社员大会，出席 61 人。副理事长黄振兴主持会议，理事长邵礼达作理事会工作报告，县政协主席范陈杰应出席会议并讲话。会议审议通过《崇明县政协之友社章程（修正案）》。

六届四次社员大会 2010 年 3 月 15 日，县政协之友社召开六届四次社员大会，出席 59 人。副理事长黄振兴主持会议，理事长邵礼达作理事会工作报告，县政协主席范陈杰应出席会议并讲话。

六届五次社员大会 2011 年 3 月 22 日，县政协之友社召开六届五次社员大会，出席 63 人。副理事长黄振兴主持会议，理事长邵礼达作理事会工作报告，县委副书记、县政协主席施建华出席并讲话。

2012 年 3 月 15 日，县政协之友社召开七届一次社员大会

七、政协之友社第七届社员大会

七届一次社员大会 2012 年 3 月 15 日，县政协之友社召开七届一次社员大会，出席 68 人。会议由第六届理事会副理事长周祖安主持。县政协主席施建华，副主席王为群、沈卫国、施俭、周新卫、顾德昌，副巡视员袁佳平，秘书长陈汉刚等应邀出席会议。会议听取和审议第六届理事会理事长邵礼达作的第六届理事会工作报告，审议通过《崇明县政协之友社章程（修正案）》，选举产生第七届理事会组成人员。陈继明、陆瑾

(女)、施群、宋斌为荣誉理事长,顾青、黄冠球、沈杰、昝泰昌为荣誉副理事长;黄振兴、邵礼达为名誉理事长,仇永鸣、黄雄、唐丽光(女)、黄茂生、施兆发、姚振尧为名誉副理事长。选举范陈杰为理事长,周祖安(女)、罗永祥为副理事长。理事长范陈杰在讲话中表示:理事会将遵照县政协的工作要求,切实履行职责,把既定的各项活动组织好、实施好、开展好,不断开创政协之友社工作的新局面。县政协主席施建华代表县政协对上一届县政协之友社理事会的工作予以充分肯定,对新一届政协之友社理事会表示热烈祝贺,希望新一届政协之友社继续加强社员学习,不断提高社员整体素质,认真组织形式多样、适合社员特点的联谊活动,发挥自身优势,积极建言献策,服务于崇明现代化生态岛建设,努力作出新的贡献。

第二节　理 事 会

崇明县政协之友社理事会是县政协之友社的领导机构,理事会组成人员由县政协主席会议提出建议人选,经全体社员大会选举产生。1987 年 4 月成立第一届理事会,至 2012 年 3 月,历经 7 届。

一、第一届理事会组成人员(1987 年 4 月—1990 年 5 月)

理事长:张　彪
副理事长:宋　斌　施　群　刘　蔚　唐丽光(女)　龚镜澄
干事:顾思三(兼)　张明欢
理事:(按姓氏笔画为序)
王树桂　朱耀熙　纪匹夫　陈　惠　陆　和(女)　沈文范　张旦华
施广政　施文德　施昌烈　施桂馨　徐　方　顾　青　顾思三　黄茂生
黄炎治　黄冠球　崔公烈

二、第二届理事会组成人员(1990 年 5 月—1993 年 10 月)

理事长:徐正林
副理事长:宋　斌　施　群　刘　蔚　唐丽光(女)　龚镜澄(1993 年 4 月 15 日不再担任)　沈　杰(1993 年 4 月 15 日增补)　顾　青(1993 年 4 月 15 日增补)
理事:(按姓氏笔画为序)
王树桂　纪匹夫　陈　惠　陆　和(女)　沈　杰　沈文范　沈国柱
张旦华　施广政　施昌烈　施桂馨　徐　方　顾　青　顾思三　黄茂生
黄炎治　黄冠球　崔公烈　蔡宗锷
干事:顾思三(兼)　蔡宗锷

三、第三届理事会组成人员(1993 年 10 月—1998 年 6 月)

理事长:黄振兴
副理事长:宋　斌　施　群　刘　蔚　唐丽光(女)　沈　杰　顾　青
总干事:姚志一
理事:(按姓氏笔画为序)
王树桂　纪匹夫　陈　惠　陆　和(女)　沈文范　沈国柱　张旦华
施广政　施桂馨　顾思三　徐　方　黄茂生　黄炎治　黄冠球　龚镜澄
崔公烈　蔡宗锷

四、第四届理事会组成人员(1998 年 6 月—2003 年 4 月)

名誉理事长:陈继明　施　群

名誉副理事长：刘　蔚　蔡宗锷　昝泰昌
理事长：宋　斌
副理事长：仇永鸣　唐丽光（女）　沈　杰　顾　青　黄冠球　黄茂生
总干事：陆松平
副总干事：李洪庆　方秋心
理事：（按姓氏笔画为序）
王树桂　方秋心　李洪庆　杨德威　励允鸣　肖昌华　吴鉴铭　张旦华
张鼎权　陆　和（女）　陈礼初　施秀琴（女）　顾思三　钱志福　徐　方
黄永洲

五、第五届理事会组成人员（2003 年 4 月—2007 年 4 月）

名誉理事长：陈继明　施　群　宋　斌
名誉副理事长：昝泰昌　顾　青　黄冠球　沈　杰
理事长：邵礼达
副理事长：黄振兴　仇永鸣　唐丽光（女）　黄茂生　施兆发　姚振尧
黄　雄
总干事：陆松平
副总干事：施汉良　姚志一　龚安良
理事：（按姓氏笔画为序）
方秋心　李洪庆　杨德威　吴鉴铭　张鼎权　陈礼初　金碧玉（女）
施汉良　施秀琴（女）　倪翠莲（女）　高振威　黄永洲

六、第六届理事会组成人员（2007 年 4 月—2012 年 3 月）

名誉理事长：陈继明　施　群　宋　斌
名誉副理事长：昝泰昌　顾　青　黄冠球　沈　杰
理事长：邵礼达
副理事长：黄振兴　周祖安（女）　仇永鸣　黄　雄　唐丽光（女）
黄茂生　施兆发　姚振尧　罗永祥
总干事：沈士忠
理事：（按姓氏笔画为序）
刘亚池（女）　杨德威　吴鉴铭　陈礼初　张鼎权　施汉良　施秀琴（女）　倪翠莲（女）　高振威
黄永洲　龚学德

七、第七届理事会组成人员（2012 年 3 月—）

荣誉理事长：陈继明　陆　瑾（女）　施　群　宋　斌
荣誉副理事长：顾　青　黄冠球　沈　杰　昝泰昌
名誉理事长：黄振兴　邵礼达
名誉副理事长：仇永鸣　黄　雄　唐丽光（女）　黄茂生　施兆发　姚振尧
名誉理事：杨德威　吴鉴铭　张鼎权　陈礼初　施汉良　施秀琴（女）
倪翠莲（女）　黄永洲　高振威
理事长：范陈杰
副理事长：周祖安（女）　罗永祥

总干事：王　莉（女）
理事：（按姓氏笔画为序）
刘亚池（女）　张诗履　周洪生　施之录　施亚周　顾学高　顾建新　龚学德

第三节　主 要 活 动

一、学习活动

崇明县政协之友社重视社员时事政治的学习。1987 年 4 月成立起，每年按照各个时期的形势、任务，制订学习计划，安排学习内容，组织全体社员或理事会成员参加专题学习会、辅导报告会、情况通报会等各种学习活动。以下记述部分学习活动情况。

1989 年 6 月 15 日，县政协之友社召开社员会议，传达中央军委主席邓小平 6 月 9 日接见军以上干部时的讲话精神，学习中央有关当前形势的文件，并进行讨论。6 位社员先后发言，畅谈学习体会。

1989 年 8 月 25 日，县政协之友社组织社员学习中共十三届四中全会精神，与会社员在发言中表示在思想上和行动上要与党中央保持一致。

1995 年 11 月 1 日，县政协之友社召开部分社员学习会，学习中共十四届五中全会精神。会上，县政协副主席黄振兴向与会社员传达中共崇明县委有关会议精神、通报崇明县“九五”计划及 2010 年远景规划的编制情况。

1997 年 5 月 15 日，县政协之友社组织社员学习讨论中共崇明县委书记施兴忠在县委中心组学习会上的讲话精神。

2001 年 7 月 16 日，县政协之友社举行“崇明大开发，政协怎么办”专题研讨会。社员们围绕生态保护、科教兴县及人才培养等提出意见和建议。

2002 年 4 月 16 日，县政协之友社组织部分社员学习《发挥“老委员”作用，健全“政协之友”组织》一文，并参观考察县渔政站。

2002 年 6 月 17 日，县政协之友社组织社员学习活动，传达市第八次党代会主要精神和中共上海市委书记黄菊在会上作的题为《奋发有为，与时俱进，把上海改革开放和现代化建设提高到新水平》的报告及中共崇明县委书记盛亚飞在中共崇明县委全委扩大会议上的讲话精神。

2002 年 9 月 16 日，县政协之友社组织社员学习活动，传达县政协十届六次会议概况、十届县政协主席邵礼达和中共崇明县委副书记周卫杰的讲话精神。社员们表示要在新一届县政协的领导下，积极参政议政，建言献策，努力做好政协之友社的工作，为崇明的“两个文明”建设作出新的贡献。

2002 年 11 月 15 日，县政协之友社组织社员学习中共十六大精神，座谈中社员们表示要继续关心崇明“两个文明”建设，在崇明开发开放中继续献计出力。

2003 年 1 月 15 日，县政协之友社组织社员学习活动，传达中共上海市委八届二次会议精神。

2003 年 5 月 16 日，县政协之友社组织社员按照“世博会与上海新一轮发展——加快实现崇明跨越式发展”大讨论活动的要求，围绕县政协提出的四个方面专题内容进行交流。社员们围绕塑造崇明人的精神风貌、进一步发展崇明工业经济、大力发展旅游事业等方面提出意见和建议。县政协主席范陈杰参加交流活动。

2003 年 7 月 15 日，县政协之友社召开情况通报会，邀请县发展计划委员会负责人通报崇明岛域总体规划编制背景等有关情况。与会社员认为，崇明岛域总体规划符合上海新一轮发展要求和崇明发展实际，表示要在崇明经济新一轮发展中，积极招商引资，献计出力，发挥作用。

2003 年 12 月 15 日，县政协之友社组织学习交流活动，县政协副主席袁佳平向社员们通报县政协 2003 年主要工作以及 2004 年工作设想。社员们对县政协一年来的工作表示肯定，对做好明年工作提出建议意见。社员们还就 2004 年县政协之友社活动进行讨论。

2003年11月17日，县政协之友社召开社员学习交流会，社员们座谈交流学习中共十六届三中全会精神和“三个代表”重要思想的体会，并围绕如何进一步搞好2004年政协之友工作提出意见和建议。县政协副主席袁佳平参加活动并讲话。

2004年4月15日，县政协之友社组织社员学习活动，听取县台办负责人关于台湾“3.20”选举事件及两岸关系发展趋势等情况的通报。

2004年5月18日，县政协之友社组织社员学习交流活动，听取国内及崇明近期经济形势的专题报告，并围绕崇明生态岛建设进行座谈讨论。

2004年6月15日，县政协之友社召开情况通报会，听取县发展计划委员会负责人关于崇明生态岛建设有关情况的通报。

2004年7月15日，县政协之友社召开情况通报会，传达中共上海市委领导到崇明调研时的讲话精神和中共崇明县委九届四次会议精神。

2004年11月15日，县政协之友社举行专题学习活动，组织社员观看《胡锦涛总书记视察崇明岛纪行》电视专题片，听取县规划局关于崇明岛域总体规划以及陈家镇规划情况的通报。

2005年1月14日，县政协之友社举行学习活动，县政协主席范陈杰通报县政协2004年主要工作以及2005年工作设想，并希望社员们对做好政协工作多提意见建议。

2005年3月15日，县政协之友社举行学习活动，传达县“两会”精神和通报县政协2005年工作要点。会后，组织社员参观崇明规划展示馆、观看崇明新城规划多媒体展示片。

2005年11月15日，县政协之友社组织学习活动，传达中共上海市委副书记、市长韩正到崇明调研时的讲话精神。会后，组织社员参观明珠湖、西沙湿地、崇西水闸及河口沙洲水文化展示馆等新开发的旅游景点。

2005年12月19日，县政协之友社组织学习活动，通报中共崇明县委九届七次全会精神。县政协主席范陈杰向社员们通报县政协2005年度主要工作及2006年度工作设想，并就近阶段全县重点工作情况作介绍。

2006年9月18日，县政协之友社召开崇明新农村建设情况通报会，听取县政研室负责人关于崇明县社会主义新农村建设情况通报。社员们认为，中共上海市委、市政府十分重视社会主义新农村建设，十分关注崇明生态岛区建设，作为崇明人民必须牢牢把握当前难得的机遇，紧紧围绕中共上海市委、中共崇明县委提出的建设社会主义新农村的目标，解放思想，转变观念，突出重点，破解难题，切实推进崇明新农村建设和生态岛区建设。会上，县政协党组成员、副主席袁佳平代表县政协党组，就加强县政协党组建设和领导班子建设征求各位社员的意见，社员们就进一步加强政协民主监督等提出建议。

2006年12月15日，县政协之友社邀请中共崇明县委党校教员作学习贯彻中共十六届六中全会精神专题报告。报告从党的十六届六中全会召开的历史背景、构建社会主义和谐社会的重要意义、目标任务、基本原则和重大举措等方面解读六中全会精神。社员们认为，构建社会主义和谐社会是一个新的时代课题，一定要充分发挥中国共产党的领导核心作用，团结一切可以团结的力量，调动一切积极因素，汇聚促进社会和谐的强大合力，确保和谐社会建设的各项任务落到实处。大家表示要发挥自身余热，为构建和谐崇明献计出力。

2007年1月15日，县政协之友社组织学习活动，对中共崇明县委《全面贯彻落实科学发展观，努力开创崇明现代化生态岛区建设新局面(征求意见稿)》进行讨论。社员们认为，征求意见稿思路清晰，措施有力，指标切实，重点突出，与三岛总体规划和“十一五”规划紧密结合，明确了崇明工作的主要方向和具体任务，是促进未来五年发展的指导性文件，并表示要在中共崇明县委的正确领导下，积极参与，作出应有贡献。

2007年11月15日，县政协之友社组织社员学习中共十七大文件精神。

2007年12月17日，县政协之友社组织学习活动，由县政协主席范陈杰通报县政协2007年度工作情况。

2008年4月15日，县政协之友社组织社员学习十二届县政协第八次常委会(扩大)会议精神，学习座谈县政协主席范陈杰在会议上的讲话。

2008年12月15日，县政协之友社组织社员学习活动，听取县政协主席范陈杰关于县政协工作的情况通报。

2009年2月16日，县政协之友社组织社员学习活动，学习《中共崇明县委关于崇明县2000—2011年经济和社会发展若干领域行动纲要》和十二届县政协第十四次常委会会议精神。

2010年8月17日，县政协之友社组织社员学习活动，听取县政协副主席袁佳平关于县政协上半年主要工作情况和下半年工作打算的通报。

2011年2月13日，县政协之友社组织社员学习活动，听取县政协副主席袁佳平关于县政协十二届六次会议情况通报。

2011年6月15日，县政协之友社组织社员学习十二届县政协第三十次常委会(扩大)会议精神，并围绕崇明社会建设与管理进行座谈讨论，提出意见建议。

2011年12月14日，县政协之友社组织社员学习活动，听取中共崇明县委副书记、县政协主席施建华关于十二届县政协第三十三次常委会会议情况通报。

2012年4月18日，县政协之友社举行社员学习会，听取县文广影视局负责人关于崇明文化建设目标和任务的介绍。

2012年8月3日，县政协之友社举行社员学习会，听取县政协主席施建华作县政协2012年上半年工作总结和下半年工作安排的情况通报，传达县十五届人大常委会第五次(扩大)会议精神。

2012年11月21日，县政协之友社举行社员学习会，传达中共十八大会议精神。讨论中，社员们表示，要深刻理解中共十八大对中国特色社会主义“五位一体”的总体布局，积极宣传和落实全面建成小康社会和深化改革的宏伟蓝图，促进崇明生态岛建设。

二、议政献策

县政协之友社社员大都具有知识层次较高、阅历丰富、社会联系面广的优势，理事会重视发挥社员的作用，积极为社员参政议政创造条件。每年，县政协召开全体会议，县政协之友社理事会成员应邀出席，参加会议的社员讨论各项报告时，踊跃发表意见建议。在县政协开展委员学习日活动和各类视察活动时，也邀请部分社员参加，对有关方面工作提出意见建议。在县政协开展“崇明大开发，政协怎么办”大讨论中，理事会组织社员“看看、听听、议议”——看看崇明发展规划的落实情况，听听各方面的情况通报，议议崇明大开发、大发展的意见建议。

理事会组织社员调查研究、参观考察，深入社会各个层面，倾听干部和群众呼声，将收集到的各种信息加工提炼后，向县政协反映。2000年—2012年，县政协之友社社员围绕治理环境污染、查处违章建筑、加强物业管理、强化信访工作、搞好社区文化建设等方面的问题，有180多人次提出350多条社情民意，反映给县政协秘书处(办公室)。

三、参观考察

县政协之友社重视组织社员参观考察活动，开拓他们的眼界，增长他们的知识，并将他们在参观考察活动中提出的意见建议向县政协反映。以下简要记述部分考察活动情况。

1987年6月9日—10日，县政协之友社组织部分理事会成员，前往上海市长宁、卢湾、徐汇等区，学习考察开展政协之友社工作的经验。县政协副主席宋斌参加活动。

1989年4月11日，县政协之友社组织全体社员参观新渔乡六滧港渔民新村。县政协主席、政协之友社理事长张彪，县政协副主席、政协之友社副理事长宋斌参加活动。

1989年11月15日，县政协之友社组织部分社员到绿华乡了解农业生产情况。县政协主席、政协之友社理事长张彪参加活动。

1989年12月25日，县政协之友社组织部分社员前往大公所天主堂参观圣诞节瞻礼活动。

1990年6月15日，县政协之友社组织部分社员参观堡镇集贸市场、崇明电厂、堡镇港务站等。

1990年10月21日，县政协之友社组织部分社员参观牛棚港和青龙港。

1990年10月25日，县政协之友社组织部分社员参观石洞口轮渡站。

1994年12月22日，县政协之友社组织部分社员参观新村乡新洲村村办企业和居民点。

1996年4月23日，县政协之友社组织部分社员前往裕安镇，参观顺裕电工线材有限公司、裕生电磁线厂、裕安包装印刷总厂、裕安电工器材厂和东旺沙等。县政协副主席、政协之友社理事长黄振兴参加活动。

2000年1月18日，县政协之友社组织部分社员参观崇明博物馆，了解博物馆组建情况和现状。

2002年5月16日，县政协之友社组织部分社员围绕体育项目开展参观活动，听取县文化广播电视管理局有关方面负责人关于近年来崇明体育工作情况通报，参观堡镇小学乒乓球训练基地、竖新镇前卫村全民健身苑点。社员们对县文广局重视体育工作并取得的可喜成绩，给予充分肯定，并希望继续努力，争取更大成绩。

2002年10月22日，县政协之友社组织部分社员赴绿华镇参观考察。县政协主席黄振兴参加活动。

2002年12月17日，政协之友社组织部分社员参观崇明中学，听取县教育局关于崇明教育工作情况通报和崇明中学有关情况的介绍。社员们充分肯定全县教育工作特别是崇明中学在教育改革等方面所取得的成绩，希望再接再厉，更上一层楼。

2003年6月17日，县政协之友社组织部分社员参观陈家镇瀛东村生态农家游，瀛东村党支部负责人向社员们介绍该村艰苦创业史以及如何抓住崇明开发、开放的有利时机，充分发挥自身优势，积极调整产业结构，改善投资环境，发展生态旅游业的情况。

2003年10月15日，县政协之友社组织部分社员赴竖新镇前卫村参观考察生态农家游项目。社员们实地参观瀛洲古村、动物村、湿地公园等，对近年来前卫村发展生态农家游所取得的成绩给予充分肯定。

2004年9月16日，县政协之友社组织全体社员赴上海一日游。社员们乘坐磁悬浮列车，参观浦东国际机场，还游玩城隍庙、观摩市政协主办的庆祝中华人民共和国成立55周年、人民政协成立55周年书画摄影展。社员们对改革开放以来上海发生的巨大变化给予高度评价，纷纷表示要发挥余热，为全面建设小康社会，实现中华民族的伟大复兴继续贡献力量。

2005年4月19日，县政协之友社组织全体社员赴青浦一日游，社员们游览大观园和朱家角古镇。

2006年4月20日，县政协之友社组织部分社员参观洋山港。

2006年4月26日—29日，县政协主席范陈杰带领政协之友社部分社员前往江苏省启东市、如东市、海门市，交流做好老委员工作的经验。

2007年5月15日，县政协之友社组织部分社员前往松江区，考察城镇建设。

2008年5月16日，县政协之友社组织部分社员前往奉贤区，开展“一日游”活动。

2008年6月16日，县政协之友社组织全体社员到东平国家森林公园参观游园。

2008年11月14日下午，县政协之友社组织部分社员到绿华镇参观考察。

2009年4月21日，县政协之友社组织全体社员参观崇明东滩湿地公园。

2009年6月15日，县政协之友社组织部分社员参观大公所天主堂、堡镇乃昌助老乐园。

2009年6月18日—19日，县政协主席范陈杰带领政协之友社部分社员前往江苏省南通市考察政协之友社工作。

2009年11月13日，县政协之友社理事长邵礼达带领部分社员到长兴镇参观。

2010年5月14日，县政协之友社理事长邵礼达带领部分社员到横沙乡参观。

2010年6月4日—5日，县政协副主席袁佳平带领县政协之友社正、副理事长前往奉贤区，考察政协之友社工作。

2010年7月15日，县政协之友社理事长邵礼达带领部分社员参观明珠湖、无为寺。

2010年11月17日，县政协之友社理组织全体社员参观江南三民文化村。

2011年4月14日，县政协组织政协之友社部分社员前往宝山区，考察政协之友社工作。

2011年10月14日，县政协组织县政协之友社部分社员前往嘉定区，学习考察政协之友社工作。

2011年11月16日，县政协之友社组织部分社员到陈家镇参观考察。

2012年5月4日，县政协之友社理事长范陈杰带领部分社员前往浦东新区，考察政协之友社工作。

2012年5月23日，县政协之友社理事长范陈杰带领理事会成员，到横沙乡调研养老事业情况。实地走访横沙乡敬老院、横沙乡农林公司，为促进崇明养老事业发展积累参政议政素材。

2012年6月20日，县政协之友社理事长范陈杰带领县政协之友社部分社员，前往江苏省启东市，参观考察政协之友社工作。

2012年9月10日，县政协之友社理事长范陈杰带领部分社员前往松江区参观辰山植物园。

2012年10月23日—25日，县政协之友社理事长范陈杰带领部分社员前往江苏省南通市、句容市，参观句容茅山、新四军纪念馆和南通狼山、南通博物馆等。

2012年12月20日，县政协之友社理事长范陈杰带领部分社员前往向化镇，参观灶文化博物馆的“灶神传说、灶具荟萃、灶花集锦、灶台美食”四大版块和崇明水仙花种植基地“施家花厢”。

四、节庆活动

县政协之友社成立至2012年，每年组织社员参加县政协举办的迎春联欢活动、庆国庆迎中秋活动、重阳节敬老活动以及其他节庆活动，理事会也适时举办相关纪念活动。择要简述以下几次活动：

1991年2月1日，县政协之友社召开迎春座谈会。会上，县政协副主席、政协之友社理事长徐正林通报政协一年来的工作情况和1991年的工作打算。县政协副主席黄和招、施兆发、姚振尧参加会议。

2001年6月18日，县政协之友社召开纪念中国共产党成立80周年座谈会。会上，社员们联系亲身经历，回顾中国共产党成立以来走过的光辉历程，热情歌颂中国共产党80年来的丰功伟绩，并纷纷表示继续为崇明开发建言献计，发挥余热。县政协主席黄振兴参加座谈会并讲话。

2005年9月13日，县政协之友社组织迎中秋文艺活动，社员们饶有兴趣地参加猜谜、下象棋、玩扑克等活动。

2007年4月16日，县政协之友社召开政协之友社成立20周年座谈会，县政协副主席袁佳平出席并讲话。袁佳平在讲话中指出，县政协之友社成立20年来，团结全体社员和各界代表人士，为崇明经济建设、政治建设、文化建设、社会建设继续发挥余热，作出了可贵贡献，希望再接再厉，发扬优良传统，作出更大成绩。

2012年7月23日，县政协之友社举行庆祝政协之友社成立25周年座谈会。中共崇明县委书记彭沉雷发贺信，县政协主席施建华出席会议并讲话。中共崇明县委常委、县政协副主席、县委统战部部长王为群，副主席周新卫、顾德昌，秘书长陈汉刚等出席座谈会。

五、敬老联谊

县政协之友社成立后，理事会弘扬中华民族传统美德，尊老敬长，关心老人。对七十岁以上的社员走访慰问，对年事已高身体较差、平日不便出门以及有病住院的社员看望探视，邀请医务工作者为社员医疗咨询或开办保健讲座等。以下，择要简述16次敬老联谊活动。

1996年10月17日，县政协之友社组织“九九”重阳节庆祝活动。社员们参观黄丕模版画展，游览瀛洲公园。县政协副主席罗永祥参加活动。

2002年10月14日，县政协之友社开展“九九”重阳敬老活动，社员们参观“水墨状态——2002中国画名家邀请画展”。县政协主席邵礼达参加活动并讲话。他代表县政协向全体政协之友社社员致以节日的祝贺，并希望全体社员继续为崇明的建设和发展献计出力。

2003年8月15日，县政协之友社组织医务界人士，为老年社员开展医疗咨询服务，向他们介绍老年人各种常见病的预防和保健知识。

2003年10月25日，县政协之友社邀请复旦大学医学院教授戴稼禾作抗血栓防衰老专题讲座。戴教授详细介绍预防和治疗血栓病的有关知识，受到政协之友社社员的欢迎。

2004年3月18日，县政协之友社组织老年心理知识讲座，有关人员向社员们作老年心理知识辅导报告。

2004年8月16日，县政协之友社组织医务界人士开展医疗咨询活动，为社员们解答关于常见老年病的预防和治疗问题。

2004年10月20日，县政协之友社组织“九九”重阳敬老活动。社员们参观明珠湖涵养林、绿华镇桃源水乡和崇西水闸。县政协主席范陈杰参加活动，并向社员们通报崇明岛域总体规划情况和政协近期工作情况。他希望社员们继续发挥余热，一如既往地关心和支持政协工作，多提宝贵意见和建议。

2005年8月15日，县政协之友社邀请部分医疗专家在县政协三楼会议室开展医疗咨询活动。专家们认真解答社员们的提问，并详细介绍高血压、冠心病、高血脂以及呼吸系统常见病、多发病、疑难病的预防、诊断和治疗等方面知识，受到社员们的欢迎。

2005年10月11日，县政协之友社组织重阳敬老活动。社员们前往前卫村进行生态游园活动。县政协副主席袁佳平参加活动，并向社员们致以节日的问候，希望社员们继续关心和支持政协工作，为搞好政协工作多提建议。

2007年10月17日，县政协之友社组织重阳节文娱活动。理事长邵礼达向社员们致以节日祝贺。社员们兴致勃勃地参加猜谜、套圈、滚球等活动。

2007年10月6日，县政协之友社组织社员开展重阳节联欢活动。

2009年7月15日，县政协之友社组织开展医疗保健咨询活动，邀请医生和保健专家为社员诊疗服务。

2009年10月21日，县政协之友社理事长邵礼达带领部分社员到东平镇参加重阳节庆祝活动。

2010年10月15日，县政协之友社组织重阳节敬老活动。

2011年7月15日，县政协之友社理组织医务人员就老年人常见病、多发病的预防为社员开展医疗咨询。

2011年9月23日，县政协之友社举办重阳节敬老联欢活动。

2012年10月22日，县政协之友社召开重阳节座谈会。中共崇明县委常委、县政协副主席、县委统战部部长王为群出席会议并讲话。

卷九　制度建设

建立健全各项规章制度，是政协组织强化自身建设，充分发挥政协政治协商、参政议政、民主监督职能作用的需要。县政协按照政协章程和全国政协、市政协的有关规定，结合崇明政协工作实际，先后制定委员会会议制度、常务委员会工作规则、主席会议工作规则、专门(工作)委员会工作规则、地区委员小组工作规则、提案工作条例、会议(活动)若干规定、委员年度工作考核办法、机关工作人员岗位责任制、机关党风廉政责任制等一系列规章制度，并随着形势和任务的发展变化对一些规章制度进行适当修订，使政协工作逐步走上制度化、规范化、程序化轨道，有力促进政协工作开展。

第一章　制 度 制 定

1956 年 7 月，县政协制定《政协崇明县委员会办公会议制度》，至 2012 年 12 月，历届县政协制定的重要规章制度共有 40 项，其中中共崇明县政协党组(以下简称县政协党组)会议讨论通过的 5 项、主席会议讨论通过的 15 项、常务委员会会议审议通过的 16 项、秘书处制定的 4 项，其中制定规则和规定 20 项、条例和办法 10 项、其他制度 10 项。

第一节　规则和规定制定

1956 年 7 月 4 日，县政协一届二次常委会(扩大)会议审议通过县政协成立后的第一项制度——《政协崇明县委员会办公会议制度》，规定主席办公会议、秘书处办公会议、各工作组组长联席会议和学习委员会会议职责、日期、对象、内容等。

1987 年 6 月 13 日，县政协七届三次主席会议讨论通过《政协崇明县委员会主席办公日制度》，规定除政协主席和常务副主席外，兼职副主席每周一天到会办公，阅读文件和协助主席处理事务。

1990 年 7 月 18 日，县政协八届三次主席会议讨论通过《政协崇明县委员会会议制度》和《政协崇明县委员会主席会议议事规则》，委员会会议制度分别对全体会议、常委会会议、主席会议、秘书长办公会议的职责、对象、议程等作出规定。主席会议议事规则明确主席会议成员组成、主席会议召开和任务等。

1990 年 7 月 25 日，县政协八届三次常委会(扩大)会议审议通过《政协崇明县委员会常务委员会工作简则》《政协崇明县委员会工作委员会工作简则》《政协崇明县委员会委员视察简则》。

1995 年 10 月 8 日，县政协九届二十六次主席会议讨论通过《政协崇明县委员会主席会议工作规则》，除规定主席会议组成成员及其任务外，还规定会议召开日期、议程确定、列席对象等内容。

1995 年 10 月 17 日，县政协九届十七次常委会会议审议通过《政协崇明县委员会专门委员会工作简则》。

1999 年 3 月 23 日，县政协十届十四次主席会议讨论通过《政协崇明县委员会有关会议（活动）的若干规定》，分别对全体会议，常委会会议，主席会议，委员活动日，秘书长会议，县政协与各民主党派、工商联、侨联秘书长联席会议，中心组学习会等各类会议（活动）的对象、内容等作出规定。

1999 年 8 月 19 日，县政协十届十五次主席会议讨论通过《政协崇明县委员会关于特邀监督员的工作简则（试行）》，明确特邀监督员的性质、任务、组织等。

1999 年 12 月 29 日，县政协党组会议讨论通过《中共崇明县政协党组工作简则》。

2000 年 6 月 27 日，县政协十届十一次常委会会议审议通过《政协崇明县委员会关于政治协商、民主监督、参政议政的规定》，明确政治协商、民主监督、参政议政的目的，政治协商、民主监督、参政议政各自的主要内容和形式等。

2002 年 1 月 22 日，县政协十届十八次常委会会议审议通过《政协崇明县委员会专门委员会办公室、各专门委员会及乡镇或地区委员小组主要任务和工作职责（试行）》。

2003 年 3 月 26 日，县政协党组会议讨论通过《中共崇明县政协党组工作规则》，规定党组的主要任务、工作原则、议事制度，以及党组开展调查研究和加强自身建设。

2003 年 4 月 29 日，县政协十一届三次主席会议讨论通过《政协崇明县委员会各专门委员会、乡镇或地区委员小组主要任务和工作职责》。

2004 年 7 月 22 日，县政协十一届六次常委会会议审议通过《政协崇明县委员会特邀监督员工作简则》。

2009 年 7 月 21 日，县政协十二届十六次常委会（扩大）会议审议通过《政协崇明县委员会关于政协委员参加会议活动、履行职责的规定》。

2012 年 5 月 28 日，县政协十三届三次常委会（扩大）会议审议通过《政协崇明县委员会关于反映社情民意信息工作规则》，对社情民意信息的内容、社情民意信息的收集和反映、社情民意信息的处理和反馈等作出规定。

2012 年 5 月 30 日，县政协十三届七次主席会议讨论通过《政协崇明县委员会乡镇或地区委员小组工作规则》，对乡镇或地区委员小组的建立、工作职责等作出规定。

第二节　条例和办法制定

1990 年 7 月 25 日，县政协八届三次常委会（扩大）会议审议通过《政协崇明县委员会提案工作条例》。

1995 年 10 月 17 日，县政协九届十七次常委会会议审议通过《政协崇明县委员会常务委员会工作条例》。

1999 年 1 月 21 日，县政协十届十二次主席会议讨论通过《政协崇明县委员会提案审查办法》。

1999 年 3 月 23 日，县政协十届十四次主席会议讨论制定《政协崇明县委员会关于先进专门委员会和先进地区委员小组评选办法（试行）》《政协崇明县委员会关于优秀政协委员评选办法（试行）》《政协崇明县委员会关于提案办理先进单位和先进个人评选办法（试行）》《政协崇明县委员会关于优秀提案评选办法（试行）》。

2006 年 7 月 12 日，县政协十一届十五次常委会（扩大）会议审议通过《政协崇明县委员会关于专门委员会年度工作考核办法（试行）》《政协崇明县委员会关于政协委员年度工作考核办法（试行）》。

2009 年 10 月 27 日，县政协十二届十八次常委会（扩大）会议审议通过《政协崇明县委员会关于专门委员会与县党政部门对口协商联系的实施办法》。

第三节　其他制度制定

1988年1月5日，第七届县政协制定《政协崇明县委员会机关工作人员责任制》。

1998年7月10日，县政协秘书处制定政协机关干部考勤、请假制度。

1998年7月22日，县政协十届三次常委会会议审议通过《政协崇明县委员会关于加强与委员联系的制度》。

1999年7月15日，县政协秘书处制定岗位责任制。

1999年8月20日，县政协秘书处制定关于政协委员会及秘书处的发文规定。

2000年4月10日，县政协秘书处制定财务工作制度。

2000年5月9日，县政协党组会议讨论通过《崇明县政协中心组学习制度》和《崇明县政协机关党风廉政建设责任制》。

2000年5月9日，县政协十届二十七次主席会议讨论通过《崇明县政协领导与委员之间的约谈制度》《崇明县政协与民主党派、工商联负责人工作座谈会制度》。

第二章　制 度 修 订

1995年—2012年，历届县政协共修订制度13项(次)，其中修订规则和规定7项(次)，修订条例和办法6项(次)。

第一节　规则和规定修订

2003年3月31日，县政协十一届一次常委会会议对1995年10月17日县政协九届十七次常委会会议审议通过的《政协崇明县委员会常务委员会工作条例》作修订，并把工作条例改为工作规则，审议通过修订后的《政协崇明县委员会常务委员会工作规则》。

2003年7月7日，县政协十一届二次常委会会议对1990年7月25日县政协八届三次常委会(扩大)会议审议通过的《政协崇明县委员会视察简则》作修订，并审议通过修订内容。

2003年7月7日，县政协十一届二次常委会会议对1995年10月17日县政协九届十七次常委会会议审议通过的《政协崇明县委员会专门委员会工作简则》作修订，并审议通过修订内容。

2007年2月16日，县政协十二届一次主席会议对1995年10月8日县政协九届二十六次主席会议讨论通过的《政协崇明县委员会主席会议工作规则》作修订，并讨论通过修订内容。

2007年3月1日，县政协十二届一次常委会(扩大)会议对2003年3月31日县政协十一届一次常委会会议修订通过的《政协崇明县委员会常务委员会工作规则》作修订，并讨论通过修订内容。

2012年1月17日，县政协十三届一次主席会议对2007年2月16日县政协十二届一次主席会议修订通过的《政协崇明县委员会主席会议工作规则》作修订，并讨论通过修订内容。

2012年2月9日，县政协十三届一次常委会会议对2007年3月1日县政协十二届一次常委会(扩大)会议修订通过的《政协崇明县委员会常务委员会工作规则》作修订，并讨论通过修订内容。

第二节　条例和办法修订

1995年10月17日，县政协九届十七次常委会会议对1990年7月25日县政协八届三次常委会(扩大）会议审议通过的《政协崇明县委员会提案工作条例》作修订，并审议通过修订内容。

1999 年 1 月 29 日，县政协十届五次常委会会议对 1995 年 10 月 17 日县政协九届十七次常委会议审议通过的《政协崇明县委员会提案工作条例》作修订，并审议通过修订内容。

2003 年 7 月 7 日，县政协十一届二次常委会会议对 1999 年 1 月 29 日县政协十届五次常委会会议修订通过的《政协崇明县委员会提案工作条例》作修订，并审议通过修订内容。

2009 年 12 月 28 日，县政协十二届十九次常委会（扩大）会议对 2003 年 7 月 7 日县政协十一届二次常委会会议修订通过的《政协崇明县委员会提案工作条例》作修订，并审议通过修订内容。

2012 年 3 月 22 日，县政协十三届二次常委会会议对 2009 年 10 月 27 日县政协十二届十八次常委会（扩大）会议审议通过的《政协崇明县委员会关于专门委员会与县党政部门对口协商联系的实施办法》作修订，并审议通过修订内容。

2012 年 3 月 22 日，县政协十三届二次常委会会议对 2003 年 7 月 7 日县政协十一届二次常委会会议修订通过的《政协崇明县委员会专门委员会工作简则》作修订，名称改为《政协崇明县委员会专门委员会工作规则》，并审议通过修订内容。

第三章　制度选录

本章选录制度共 25 项，其中规则、规定 11 项，条例、办法 8 项，其他制度 6 项。选录主要原则是：内容大致相同的几项制度，选录其中内容相对全面完整、距离入志下限时间较近的 1 项制度；已作修订的选录修订后的制度，多次修订的选录最后 1 次修订的制度。

第一节　规则和规定选录

中共政协崇明县委员会党组工作规则

（2003 年 3 月 26 日中共政协崇明县委员会党组会议讨论通过）

第一章　总　则

第一条　为规范县政协党组工作，根据《中国共产党章程》和中共上海市委及中共崇明县委的有关规定，制定本规则。

第二条　县政协党组在县委直接领导下工作，党组成员由县委研究决定。

第二章　主要任务

第三条　县政协党组负责在县政协工作中实施党的路线、方针、政策；讨论和决定县政协工作的重大问题；团结各界人士，围绕中心，服务大局，有效履行政协职能；认真贯彻县委工作要求，及时完成县委提出的工作任务；加强县政协机关党的建设，指导政协机关党支部开展工作。

第四条　县政协党组必须坚持以马列主义、毛泽东思想、邓小平理论和“三个代表”重要思想为指导，坚持党的解放思想，实事求是，与时俱进，开拓创新的思想路线，在县政协工作中发挥政治核心作用。

（一）宣传和执行党的路线、方针、政策，中共中央和市、县委的决议，对政协工作中的重要问题及时请示、报告，主动为县委加强对政协工作的领导当好参谋。

（二）认真研究政协工作的重大问题，积极探索和把握政协工作的规律，不断研究新情况、新问题，提出政协工作的指导性意见，通过县政协主席会议和常委会会议等形式，进一步形成共识，并落实到政治协商、民主监督、参政议政的各项工作中去。

（三）坚持“长期共存、互相监督、肝胆相照、荣辱与共”的方针，密切同党外同志的团结合作，发挥党外同志的作用，与党外同志多交朋友，在共同理想的基础上，巩固和发展中国共产党领导的多党合作和政治协商制度。

（四）发挥政协委员中中共党员的先锋模范作用，加强学习，牢记宗旨，增强政治责任感和历史使命感，自觉争做理论学习的表率，履行职能的表率，发扬民主的表率，团结合作的表率。

（五）加强县政协机关的思想建设、组织建设、作风建设、业务建设，不断提高机关工作人员的政治素质、工作效率和服务水平。

第三章　工作原则

第五条　县政协党组必须遵循以下工作原则：

（一）坚持以马列主义、毛泽东思想、邓小平理论和“三个代表”重要思想为指导，全面贯彻执行党的基本路线和基本方针，在思想上、政治上、行动上同党中央保持高度一致。

（二）坚持解放思想、实事求是，结合县政协工作实际，坚决贯彻贯彻中央和市、县委的指示、决定，创造性地开展各项工作。

（三）坚持全心全意为人民服务的宗旨，牢记“两个务必”的要求，自觉实践“三个代表”重要思想，做到谦虚谨慎，求真务实，艰苦奋斗，勤勉工作。

（四）坚持民主集中制，实行集体领导和个人分工负责相结合的制度。凡属县政协党组职责范围的重大事项，应遵循“集体领导、民主集中、个别酝酿、会议决定”的原则，由党组集体讨论，并作出决定。

（五）坚持以宪法和法律为准绳，认真履行党章规定，切实遵守政协章程。

第六条　县政协党组及其成员，必须严格遵守党员个人服从组织，少数服从多数，下级服从上级，全党服从中央的基本原则。

第四章　议事制度

第七条　县政协党组会议一般每月召开一次，也可根据需要适时召开。

第八条　县政协党组会议议题范围：

（一）传达贯彻中央、市、县委的决定、指示及全国和市、县的重要会议精神；

（二）研究提出县政协年度工作计划，确定工作重点，并检查、总结执行情况；

（三）分析多党合作中的思想反映和重要情况，及时协调和正确处理政协同各民主党派、人民团体及各界人士的关系；

（四）审议提交县政协全体会议、常委会会议和主席会议讨论的有关文件；

（五）听取县政协机关党支部、政协办公室、专委会办公室的工作汇报，审议和决定提交主席会议、常委会会议讨论的有关事项；

（六）审议县政协委员、常委的人事安排；

（七）讨论县政协机关机构的设置、调整；

（八）审定县政协副科级干部的任免；

（九）审定县政协报县委的重要报告和请示；

（十）讨论其他需县政协党组决定的事项。

第九条　县政协党组会议由党组书记召集并主持。

第十条　县政协党组会议出席人员为：县政协党组成员。列席人员为：不是党组成员的县政协党员副秘书长。根据工作需要，党组会议主持人可确定其他有关人员列席党组会议。

第十一条　县政协党组会议必须有半数以上党组成员到会方能举行。党组会议需要表决时，赞成者超过应到会党组成员的半数为通过。

第十二条 县政协党组会议议题由县政协秘书长统筹安排，报党组书记确定。党组会议的召开时间、议题，一般应在会议召开前2天通知到党组成员及列席人员，会议有关材料一般应同时送达。

第十三条 县政协党组会议设专人记录，议定事项以“党组会议纪要”的形式，送县政协机关党支部、政协办公室。县政协秘书长负责对执行情况进行检查。

第十四条 参加县政协党组会议的人员，必须严守保密规定，增强纪律观念。

第五章 调查研究

第十五条 县政协党组经常性地开展调查研究，调研课题由党组成员根据工作需要自行确定。

第十六条 县政协党组及党组成员要围绕贯彻落实党的方针、政策中亟待解决的重点问题，我县经济和社会事业发展中的难点问题，各界人士普遍关心的热点问题，新世纪、新阶段政协工作中需要改进和加强的重要问题，深入开展调查研究，做到努力把握全局，有效指导工作。

第十七条 县政协党组及党组成员的调研活动，要力求实效，不搞形式主义。外出时，要做到轻车简从，减少陪同，简化接待。

第六章 自身建设

第十八条 县政协党组成员要认真学习马列主义、毛泽东思想、邓小平理论和“三个代表”重要思想，学习党的基本路线、基本方针、基本纲领，联系政协工作实际，全面领会精神实质，不断提高思想理论水平。

坚持和健全学习制度，学习和掌握人民政协和统一战线的理论，学习和了解经济、科技、金融、法律和历史等方面的知识。通过加强学习，增强工作的原则性、系统性、前瞻性和创造性。

第十九条 县政协党组成员要胸怀共产主义远大理想，大力发扬艰苦奋斗、求真务实、与时俱进、开拓创新的精神，以高昂旺盛的工作热情、积极探索的工作态度、脚踏实地的工作作风，推动新世纪新阶段的政协工作。

第二十条 坚持定期召开县政协党组民主生活会，发扬理论联系实际、批评与自我批评、密切联系群众的优良传统，重视抓好学风、思想作风、工作作风和领导作风建设。

第二十一条 县政协党组成员要坚持与党内外同志的谈心制度，听取意见，沟通思想，释疑解惑，形成合力。

第二十二条 县政协党组成员必须严格遵守中央和市、县委有关党风廉政建设的规定和制度，以身作则，艰苦奋斗，勤政为民，廉洁自律。

政协崇明县委员会常务委员会工作规则

（2012年2月9日县政协十三届一次常委会会议第三次修订通过）

为了进一步加强政协崇明县委员会常务委员会（以下简称常务委员会）的工作，根据《中国人民政治协商会议章程》和《中共中央关于加强人民政协工作的意见》的规定，参照《政协上海市委员会常务委员会工作规则》，制定本规则。

第一章 总 则

第一条 常务委员会在中共崇明县委领导下，以邓小平理论和“三个代表”重要思想为指导，深入贯彻落实科学发展观，以中华人民共和国宪法和法律为准则，高举爱国主义和社会主义旗帜，坚持中国共产党领导的多党合作和政治协商制度，突出团结、民主两大主题，进一步巩固和发展爱国统一战线，积极履行政治协商、民主监督、参政议政职能，发挥协调关系、汇聚力量、建言献策、服务大局的作用，为构建社会主义和谐社会，加快推进崇明现代化生态岛建设贡献力量。

第二条 常务委员会由政协崇明县委员会主席、副主席、秘书长和常务委员组成。主席主持常务委员会的日常工作，副主席、秘书长协助主席工作。

第三条 常务委员会的职权：

（一）召集并主持政协崇明县委员会全体会议。每届第一次全体会议由会议主席团主持，审议提交全体会议的文件；

（二）全体会议闭会期间，处理县政协工作，部署安排县政协重要会议和活动，组织落实《中国人民政治协商会议章程》规定的任务和中共崇明县委提出的任务；

（三）贯彻执行政协崇明县委员会全体会议的决议；

（四）全体会议闭会期间，审议通过向中共崇明县委、县人大常委会、县人民政府提出的全体会议建议案和协商意见；

（五）协商确定本届县政协参加单位、委员名额和人选的变更及下届县政协参加单位、委员名额和人选名单；协商确定下届县政协第一次全体会议主席团、秘书长、提案审查委员会成员建议名单；

（六）根据秘书长的提议，任免本届政协副秘书长；

（七）根据主席会议建议，协商决定政协崇明县委员会工作机构的设置和变动，并根据主席会议提名，任免办公室、研究室主任、副主任，专门委员会主任、专职副主任。

（八）协商讨论其他应由常务委员会决定的事项。

第四条 常务委员会组成人员应认真学习马克思列宁主义、毛泽东思想、邓小平理论、“三个代表”重要思想，深入贯彻落实科学发展观，认真学习中共中央关于统一战线和人民政协的重要文件和论述及其他重要方针、政策，时事政治以及与履职相关的专业知识，不断提高自身的政治素质和履职能力。

第五条 常务委员会组成人员要自觉遵守国家宪法和法律法规，认真执行《中国人民政治协商会议章程》和政协崇明县委员会及常务委员会的规定、决议，积极参加常务委员会的活动和政协组织的其他活动。

县政协常务委员会委员一年内无故缺席常委会会议超过二分之一的，县政协以适当方式予以提醒；二年内无故缺席所有常委会会议的，经主席会议、常委会会议研究同意，按规定程序予以调整。

第六条 常务委员会组成人员要立足大局，加强与各界人士的联系，经常听取群众的意见，及时反映社情民意，积极主动地做好下情上达、上情下达、协调关系、化解矛盾的工作，促进团结稳定。

第二章 常务委员会会议

第七条 常务委员会会议一般两个月举行一次，必要时可临时举行。

第八条 常务委员会会议的议程由主席会议拟定。县政协办公室于会前一周将会议的有关事项通知常务委员会组成人员。临时举行的会议，可以临时通知。

第九条 常务委员会会议由主席主持，也可由主席委托的副主席主持。

第十条 常务委员会会议的主要任务：

（一）协商决定常务委员会工作中的重要问题；

（二）协商讨论中共崇明县委、县人大常委会、县人民政府提出的有关全县大政方针、重要事务，本县经济建设、政治建设、文化建设、社会建设和生态文明建设以及事关群众切身利益的重要问题；

（三）审议提交政协崇明县委员会全体会议的文件；

（四）协商决定政协崇明县委员会年度工作计划；

（五）审议通过以常务委员会名义向中共崇明县委、县人大常委会、县人民政府提出的建议案、协商意见、调研报告和其他意见、建议。

第十一条 常务委员会举行会议时，不是县政协常委的副秘书长和县政协办公室、研究室主任和副主任,专门委员会主任和专职副主任列席会议。

第十二条 常务委员会举行会议时,视会议内容和需要,可邀请县有关党政部门负责人、在崇市政协委员、各地区委员小组组长和各民主党派、政协之友社负责人及有关人士参加。

第十三条 常务委员会会议必须有全体组成人员的过半数出席方能举行。会议应发扬社会主义民主,对议题进行充分协商讨论,全面反映各方面的意见和建议;应注意发挥各民主党派、无党派人士、人民团体和各族各界人士的作用,切实保障常务委员会组成人员的民主权利;需由常务委员会会议作出决定的事项,按民主集中制原则,须经全体组成人员半数以上通过方能生效。

第十四条 常务委员会会议讨论的有关重要问题,应形成会议纪要。

第十五条 常务委员会会议的保密范围是:常务委员会会议听取和审议涉及本县大政方针、群众切身利益的重大问题中尚未公开的内容及其他涉及机密的内容,注有秘级的文件和材料。

第十六条 常务委员会组成人员因病或其他特殊原因不能出席会议时,须事先向政协办公室请假。常委出席、缺席会议情况将以适当方式予以通报。

第十七条 根据需要,可举行专题座谈会,就有关专题进行协商座谈,提出建议和意见。专题座谈会由有关常务委员会组成人员和其他有关人员参加。

第三章 文　件

第十八条 常务委员会作出的决定,提出的建议、意见和批评,须经主席、主席委托的副主席或秘书长签发,以政协崇明县委员会或以其办公室文件的形式送达有关部门或有关方面。

第十九条 常务委员会会议应作新闻报道;常务委员专题座谈会,必要时作新闻报道,并由办公室编发会议简报或会议纪要。

第四章 附　则

第二十条 本规则经常务委员会会议通过后实行,其解释权和修改权属常务委员会。

政协崇明县委员会主席会议工作规则

(2012年1月17日县政协十三届一次主席会议修订通过)

为了进一步加强政协崇明县委员会主席会议(以下简称主席会议)的工作,根据《中国人民政治协商会议章程》和《中共中央关于加强人民政协工作的意见》的规定,制定本规则。

第一条 主席会议在中共崇明县委和县政协党组的领导下,以邓小平理论和"三个代表"重要思想为指导,深入贯彻落实科学发展观,坚持中国共产党领导的多党合作和政治协商制度,围绕团结、民主两大主题,认真履行政治协商、民主监督、参政议政职能,巩固和发展最广泛的爱国统一战线,调动一切积极因素,为构建社会主义和谐社会,加快推进崇明现代化生态岛建设贡献力量。

第二条 主席会议成员由主席、副主席、秘书长组成,处理常务委员会日常工作。主席主持常务委员会的工作,副主席、秘书长协助主席工作。

第三条 主席会议一般每月举行一次,必要时可临时召集。

第四条 主席会议由主席主持,也可由主席委托的副主席主持。

第五条 主席会议组成人员要认真按照《中国人民政治协商会议章程》和政协崇明县委员会、常务委员会、主席会议的规定、决议,切实履行职责,积极参加政协崇明县委员会、常务委员会、主席会议举行的会议和活动,加强同各界别人士的联系,广交朋友,及时反映人民群众的意见和愿望。

第六条 主席会议的日期和议程由主席提出,也可由主席委托的副主席或秘书长提出报主席决定。

第七条 主席会议须在全体组成人员过半数出席时方能举行。

第八条 主席会议协商讨论，应发扬民主。讨论决定问题必须坚持少数服从多数的原则；对少数人的不同意见，应予研究。

第九条 主席会议的主要任务：

（一）学习《中华人民共和国宪法》，学习《中国人民政治协商会议章程》和有关规定，学习邓小平理论、“三个代表”重要思想、科学发展观以及构建社会主义和谐社会等一系列重要论述，学习党的方针、政策，学习时事政治、现代科技、法律法规、经济管理等与履职相关的专业知识，不断提高自身的政治素质和履职能力；

（二）审议本届政协崇明县委员会增补或者变更参加单位、委员名额和人选，提请常务委员会协商决定。审议下届政协崇明县委员会的参加单位、委员名额和人选及界别设置，提请常务委员会协商决定。受常务委员会的委托，主持下一届政协第一次全体会议预备会议；

（三）在常务委员会会议闭会期间，部署安排县政协协商监督、专题议政、调研视察等重要工作和活动；

（四）协商讨论中共崇明县委、县人大常委会、县人民政府将要出台的大政方针、重要事务和事关人民群众切身利益的重要问题，并提出建议案和协商意见书；

（五）协商讨论以政协崇明县委员会或常务委员会名义向中共崇明县委、县人民政府提交的重要建议案、调研报告和其他重要意见、建议；

（六）拟订常务委员会会议的议程、日程，协商决定提交常务委员会会议决定的事项和文件；

（七）协商研究政协崇明县委员会及其常务委员会的工作报告、工作计划和重要活动方案；

（八）根据中共崇明县委的提名，协商讨论本届政协副秘书长，办公室主任、副主任，研究室主任、副主任，专门委员会主任、专职副主任的任免事项，提请常务委员会协商决定；

（九）协商决定专门委员会和地区委员小组委员人选和专门委员会副主任，地区委员小组组长、副组长的任免事项；

（十）审议专门委员会和地区委员小组的年度工作计划和工作总结；

（十一）执行常务委员会会议的决议；

（十二）处理常务委员会的其他重要工作。

第十条 主席会议可视情况通知与议程相关的其他人员列席。

第十一条 主席会议可视情况邀请中共崇明县委、县人大常委会、县人民政府领导及所属有关部门负责人列席。

第十二条 本规则经主席会议通过后实行，其解释权和修改权属主席会议。

政协崇明县委员会专门委员会工作规则

（2012年3月22日县政协十三届二次常委会会议修订通过）

第一章 总 则

第一条 为加强专门委员会工作的制度化、规范化、程序化建设，充分发挥专门委员会在履行政治协商、民主监督、参政议政职能中的基础作用，根据《中共中央关于加强人民政协工作的意见》和《中国人民政治协商会议章程》，参照《政协全国委员会专门委员会工作通则》和《政协上海市委员会专门委员会工作条例》，结合县政协工作实际，特制定本规则。

第二条 政协崇明县委员会各专门委员会（以下简称专门委员会）是在县政协常务委员会和主席会议领导下，组织特定界别政协委员开展活动的工作机构，是县政协组织委员履行政治协商、民主监督、参政议政职能的重要组织形式。

第三条 专门委员会工作以邓小平理论和“三个代表”重要思想为指导，深入贯彻落实科学发展观，坚持中国共产党领导的多党合作和政治协商制度，弘扬团结、民主两大主题，遵循“围绕中心，服务大局，协调关系，汇聚力量”的原则，执行县政协全体会议和常务委员会的决议，以及主席会议提出的各项任务，切实履行人民政协职能。

第二章 组 织

第四条 专门委员会的设置和变动，由县政协常务委员会决定。

第五条 县政协委员以界别为基础，根据自愿、协商、统筹安排的原则参加专门委员会。

第六条 专门委员会设主任一人，副主任若干人。主任和专职副主任的任免由主席会议提名，提请常务委员会决定，副主任的任免由主席会议决定。

提案委员会主任、副主任和成员的任免，按《政协崇明县委员会提案工作条例》的规定办理。

第七条 专门委员会可按界别分设若干委员活动小组。委员活动小组的设置和变动由主席会议决定。

委员活动小组设组长一人，副组长若干人。组长、副组长的任免由主席会议决定。

第八条 专门委员会的日常工作由主任主持，副主任协助主任开展工作。提案委员会由专职副主任主持日常工作。

专门委员会工作由一名主席会议成员分管，其他主席会议成员分工联系相关专门委员会。

第九条 专门委员会应加强与县政协办公室和研究室的联系和协作。县政协办公室负责联系、协调专门委员会工作，为专门委员会开展活动创造条件，搞好服务。县政协研究室应积极配合专门委员会开展专题调研工作。

第三章 工作任务

第十条 专门委员会应根据《中国人民政治协商会议章程》的规定，组织委员学习马克思列宁主义、毛泽东思想、邓小平理论和“三个代表”重要思想以及科学发展观，学习党的方针、政策和国家及地方的法律、法规，学习统一战线和人民政协理论，学习履职相关知识。围绕本县经济建设、政治建设、文化建设、社会建设和生态文明建设，构建社会主义和谐社会，组织委员履行政治协商、民主监督、参政议政职能，并开展对台湾同胞、港澳同胞和海外侨胞的联谊工作。

第十一条 专门委员会应加强与政协委员和社会各界人士的联系，多形式、多渠道汇集各种信息，积极反映社情民意，供中共崇明县委、县人民政府和有关部门参考。

第十二条 专门委员会可以通过调查研究、专题研讨、视察参观以及恳谈会、报告会、学习会、讲座等各种形式开展活动。组织调查研究和视察活动，应注意选择人民群众关心、党政部门重视、政协有条件做的课题，并注意及时将调研和视察成果转化为提案。

第四章 工作制度

第十三条 专门委员会应根据县政协全体会议和常务委员会会议的决议精神以及县政协年度工作要点制订工作计划，并组织实施。年终时专门委员会总结本年度工作，以书面形式送县政协办公室。

第十四条 专门委员会应主动与中共崇明县委、县人大常委会、县人民政府各有关部门及民主党派、人民团体加强联系，沟通情况。

第十五条 专门委员会应就本县贯彻落实重大方针政策和法律法规，重要规划、政策措施和工作安排，政协提案办理工作及其他需要协商的重要问题，与县党政职能部门定期开展对口联系、专项视察活动。

第十六条 专门委员会应由主任或指定一名副主任负责提案工作，积极提出提案，反映社情民意，并协助促办相关提案。

第十七条 专门委员会对政协委员和各界人士的意见、建议,可以提案、委员意见建议、调研报告等形式送县政协办公室转有关部门研究处理,县政协办公室应将有关部门的反馈意见及时转告有关专门委员会。

第十八条 以专门委员会名义形成的书面材料,须经专门委员会会议或主任会议集体讨论,主任或主任委托的副主任审定签发,送县政协办公室,由县政协办公室送中共崇明县委、县人民政府或有关部门。

第十九条 专门委员会主任会议每半年召开一次,由主席、分管副主席或秘书长主持,互通信息、交流经验、研究工作、布置任务。

第二十条 专门委员会开展各项活动的资料由县政协办公室存档保存。

第五章 附 则

第二十一条 本规则经县政协常务委员会会议通过后实施。

政协崇明县委员会乡镇或地区委员小组工作规则

(2012 年 5 月 30 日县政协十三届七次主席会议讨论通过)

第一条 根据《中共中央关于加强人民政协工作的意见》和《中国人民政治协商会议章程》的精神,结合本县实际,制定本规则。

第二条 县政协乡镇或地区委员小组是在政协常务委员会和主席会议领导下,组织相关乡镇的县政协委员开展学习、加强联系、组织活动的一种组织形式,是政协工作的重要基础。

第三条 凡有 5 名以上县政协委员的乡镇可以组建乡镇委员小组。一个乡镇不足 5 名县政协委员的,可与邻近乡镇合并建立地区委员小组。

第四条 乡镇或地区委员小组设组长一名,副组长一至二名。乡镇或地区委员小组,副组长由主席会议任命。

第五条 县政协办公室负责联系、协调乡镇或地区委员小组开展工作。

第六条 乡镇或地区委员小组的工作职责为:

(一)组织委员学习马克思列宁主义、毛泽东思想、邓小平理论和"三个代表"、科学发展观等重要战略思想,学习党的方针、政策和有关法律、法规,学习统一战线和人民政协理论,学习履职相关知识。

(二)根据县政协的总体安排,加强与当地党委、政府的联系,围绕本乡镇或本地区经济建设、政治建设、文化建设、社会建设和生态文明建设,构建社会主义和谐社会,组织委员开展小型调查、视察、参观活动,履行政治协商、民主监督、参政议政职能。

(三)加强与本乡镇或本地区政协委员和社会各界人士的联系,多形式、多渠道汇集各种信息,积极反映社情民意信息,原则上每年反映社情民意信息不少于四条。

(四)积极配合县政协开展的由全体政协委员参加的重要活动,为本乡镇或本地区的县政协委员参加活动提供必要的帮助。

(五)配合政协有关专门委员会及党委、政府有关部门开展专题调查、专项检查工作。

(六)完成主席会议交办的其他任务。

第七条 根据县政协全体会议和常务委员会会议的决议精神以及县政协年度工作要点制订工作计划,并组织实施。年终时总结本年度工作,以书面形式送县政协办公室。乡镇或地区委员小组活动原则上每季度开展一次。

第八条 以乡镇或地区委员小组名义形成的调研报告、社情民意信息等书面材料,须经乡镇或地区委员小组组长、副组长集体讨论后，送县政协办公室，由县政协办公室视情送县委、县政府或有关部门、乡镇，供工作参考。

第九条　本规则经县政协主席会议通过后实施。

政协崇明县委员会关于反映社情民意信息工作规则

（2012 年 5 月 28 日县政协十三届三次常委会（扩大）会议审议通过）

第一章　总　　则

第一条　为了发挥反映社情民意信息工作在人民政协履行职能中的重要作用，根据《中国人民政治协商会议章程》《中国人民政治协商会议全国委员会反映社情民意信息工作条例》《中国人民政治协商会议全国委员会关于加强和改进反映社情民意信息工作的意见》精神，参照《政协上海市委员会反映社情民意信息工作条例》，结合县政协工作实际，制定本规则。

第二条　反映社情民意信息，是人民政协组织政协委员、参加政协的各民主党派、人民团体和各族各界人士，围绕党和国家大政方针，本县经济建设、政治建设、文化建设、社会建设和生态文明建设的重要问题和人民群众普遍关心的热点问题，以及统一战线和人民政协工作中的有关问题，通过政协组织内部信息刊物向党政领导及有关部门反映情况和问题，提出意见和建议，协助党和政府汇集分析社会舆情，进行民主科学决策的一项经常性、基础性工作，是人民政协履行民主监督、参政议政职能的重要形式。

第三条　反映社情民意信息工作应以邓小平理论和“三个代表”重要思想为指导，深入贯彻落实科学发展观，围绕中心，服务大局，解放思想，实事求是，为推进经济社会持续协调发展，促进中国特色社会主义民主政治建设，构建社会主义和谐社会服务。

第四条　反映社情民意信息工作要坚持团结和民主两大主题，尊重政协委员，参加政协的各民主党派、人民团体和各界别、政协各专门委员会和乡镇或地区委员小组的积极性，发挥政协包容各界、联系广泛、人才聚集的特点和优势，广泛收集和反映社会不同阶层、不同界别的愿望和诉求，扩大社会各界人士有序政治参与，在协助党和政府完善社会舆情汇集和分析机制中发挥独特作用。

第五条　反映社情民意信息应遵循突出重点、真实准确、注重质量、体现特色、讲究实效的原则。

第二章　社情民意信息内容

第六条　社情民意信息的主要内容：

（一）对本市和本县经济建设、政治建设、文化建设、社会建设，以及生态文明建设等各方面重要问题的意见建议；

（二）社会各界别具有代表性的意见以及需要引起关注的少数特殊群体的合理诉求；

（三）经济社会发展过程中具有倾向性、警示性的现象和问题；

（四）对重要时事、重大突发事件的实情分析和对策建议；

（五）统一战线和人民政协工作中的有关问题。

第七条　下列事项不作为收集和反映社情民意信息的内容：

（一）国家明令禁止的；

（二）已进入刑事、民事、行政诉讼或者行政复议、仲裁程序尚未结案的，以及审理结案后对刑事处罚、行政处罚有异议的具体案件；

（三）为本人或者亲属解决非群体性个人问题的；

（四）在公共媒体上已发表的观点论文；

（五）宣传推介具体作品、产品或明显有商业广告性质的；

（六）其他不宜作为社情民意信息的。

第三章　社情民意信息的收集和反映

第八条　县政协各界别、各民主党派、有关人民团体是政协收集和反映社情民意信息的重要单位。要加强与各民主党派和有关人民团体的联络与协作，充分发挥党派团体组织及其成员在反映社情民意信息工作中的作用。县政协根据工作需要，可在县政协各界别、各民主党派、有关人民团体中聘请反映社情民意信息联络员。

第九条　反映社情民意信息是县政协各专门委员会和地区委员小组的工作任务。各专门委员会和地区委员小组要将履行政协职能的各项活动与反映社情民意信息紧密结合。主动策划，统筹协调，在组织会议、委员视察、专题调研、界别活动、提案等工作中，收集、整理政协委员和社会各界人士反映的重要情况和意见建议，形成社情民意信息。

第十条　反映社情民意信息是政协委员履行职责的重要方式。政协委员要密切联系群众，特别是本界别群众，了解民情，体察民意，集中民智，广泛收集、积极表达和反映各种意见和主张。县政协建立特邀信息员制度，聘请若干名县政协委员及政协之友社社员为特邀信息员。

第十一条　充分运用互联网等现代信息技术，推进反映社情民意信息工作的开展。县政协机关与政协委员、各民主党派、有关人民团体建立统一的信息汇集网络系统，以保证社情民意信息传递安全、畅通、快捷。

第十二条　尊重和保障政协委员、参加政协的各民主党派、人民团体以及各族各界人士依照国家宪法、法律法规和政协章程反映社情民意信息的民主权利。

第四章　社情民意信息的处理和反馈

第十三条　县政协提案委员会负责社情民意信息的汇总整理和分类处置。对重要的社情民意信息，应及时提交主席或主席委托的副主席审阅后，以县政协办公室主办的《社情民意》内部参阅件报送县委、县政府或市政协办公厅。对部分可以由有关部门直接处理的社情民意信息，转送有关部门或以其他形式报送。

第十四条　加强社情民意信息的综合分析，定期对社情民意信息进行专题梳理和综合评估，提出分析综述报告。

第十五条　建立健全反映社情民意信息的跟踪和反馈机制，促进政协社情民意信息进入党政领导机关决策的信息收集、受理和反馈程序。对县委、县政府领导批示的重要社情民意信息进行跟踪了解。定期通报和反馈社情民意信息的采用情况、处理意见和党政领导有关批示及落实情况。

第十六条　县政协制定反映社情民意信息工作激励和评比指标体系，评选和表彰反映社情民意信息工作先进单位和先进个人。

第五章　组织领导和队伍建设

第十七条　县政协常务委员会和主席会议应把反映社情民意信息工作列入重要议事日程，经常研究、部署和检查。

第十八条　重视反映社情民意信息工作队伍建设，加强从事反映社情民意信息工作人员的政治和业务培训，为开展反映社情民意信息工作创造条件。社情民意信息员应努力提升自身政治素质和业务能力，不断提高工作水平和效率。

第十九条　加强对反映社情民意信息工作的宣传，对取得明显实效并适宜公开报道的社情民意信息及解决情况，可通过市、县有关媒体进行宣传。

第六章 附 则

第二十条 本规则从常务委员会会议审议通过之日起施行。

政协崇明县委员会委员视察简则

（2003年7月7日县政协十一届二次常委会会议修订通过）

为充分发挥县政协委员在履行政治协商、民主监督、参政议政职能中的主体作用，根据《中国人民政治协商会议章程》第八条的规定，结合本县政协工作实际，特制定本简则。

第一条 组织委员视察是人民政协发挥政治协商、民主监督、参政议政职能作用，为全面建设小康社会，开创社会主义现代化建设新局面服务的重要途径；是政协委员深入实际，联系群众，了解社情，反映民意，知情出力，加强民主监督的有效方式。

第二条 视察活动应紧紧围绕党政工作大局和中心任务，紧扣全体会议和常委会会议提出的重要课题，密切联系人民群众普遍关心的热点、难点问题展开。

第三条 政协委员应通过视察，深入了解党的方针、政策和国家法律、法规贯彻执行的具体情况，研究在改革、发展、稳定中出现的新情况、新问题，积极提出加快实现崇明经济和社会事业跨越式发展的建议、意见。

第四条 视察形式：

（一）县政协委员集中视察。县政协统一组织委员集中视察，一般一年1—2次，视察计划由县政协办公室拟定，提请主席会议审议通过。

（二）各专门委员会和乡镇或地区委员小组专题视察。各专门委员会和乡镇或地区委员小组可根据各自的工作特点和需要，组织专题视察。视察计划由各专门委员会和地区委员小组拟定，报县政协办公室备案。

（三）委员自由选题视察。县政协委员可自由结合，事先提出视察的目的和要求，由县政协办公室联系，持县政协办公室介绍信到基层视察。

第五条 委员视察应遵循《中国人民政治协商会议章程》的规定，严守国家机密，维护安定团结。在视察中，不得直接处理问题，不得涉及个人和亲友的私事，不宜对重大敏感问题轻易表态。

第六条 委员在视察期间应注意廉洁自律。如需在所视察单位用餐，应坚持从简原则。

第七条 在视察结束后，应形成视察报告、专门委员会专题调研报告、提案或其他书面意见和建议，由县政协办公室送县委、县政府或有关部门研究处理。

政协崇明县委员会特邀监督员工作简则

（2004年7月22日县政协十一届六次常委会会议审议通过）

第一章 总 则

第一条 根据中共十六大精神和《中共中央关于坚持和完善中国共产党领导的多党合作和政治协商制度的意见》《政协全国委员会关于政治协商、民主监督、参政议政的规定》，制定本简则。

第二条 受本县政法部门、行政执法、管理部门及公用事业等部门和单位邀请，由县政协推荐在上述部门担任监督任务的政协委员，统称为县政协特邀监督员。

第三条 特邀监督员工作是社会主义民主监督的一项实践活动，是加强人民政协民主监督职能的重要组织活动形式，也是党和政府加强同人民群众联系的有效渠道。

第四条　特邀监督员工作必须坚持中国共产党的领导，坚持党的路线、方针、政策，认真履行政协职能，在依法治县，建设社会主义法治国家和推进社会主义民主政治建设中发挥积极作用。

第二章　特邀监督员

第五条　县政协特邀监督员以兼职的形式，定期或不定期地参与邀请部门和单位的行政监督、司法监督、经济监督等方面的活动，根据《政协全国委员会关于政治协商、民主监督、参政议政的规定》，对宪法和有关法律法规在本县的实施，重大方针政策的贯彻执行，国家机关及其工作人员的工作，通过建议和批评进行监督。

第六条　特邀监督员要认真学习马列主义、毛泽东思想、邓小平理论和“三个代表”重要思想，学习党的路线、方针、政策，学习宪法和其他法律法规，不断增强民主监督的责任感和参政议政的能力。

第七条　特邀监督员在履行监督职责时，要坚持实事求是的思想路线，深入实际，联系群众，敢于监督，善于监督。客观、准确、全面地反映社情民意，努力促进社会主义物质文明、政治文明和精神文明建设。

第八条　根据邀请部门和单位赋予的监督职责，特邀监督员应当享有与做好监督员工作相应的知情权、调查权以及直接向所邀请单位负责人反映情况的权利，对所转递、提供的举报线索和申诉案件有参与调查和了解查处结果的权利。

第九条　特邀监督员应有带头遵守和履行家法律、法规、政协章程以及有关保密规定，切实履行邀请部门和单位有关规定的义务。

第十条　特邀监督员要把监督工作同政协专门委员会的工作结合起来，同提案工作结合起来，通过特邀监督员工作更好地履行政治协商、民主监督、参政议政的职能。

第十一条　特邀监督员不得在监督工作中公报私情、谋取私利。

第十二条　一位县政协委员一般担任一至两个部门和单位的特邀监督员，不宜兼任过多。

第十三条　回避在直系亲属担任主要领导职务的部门和单位担任特邀监督员。

第十四条　特邀监督员任期由邀请部门和单位规定。如遇政协换届，由县政协主动与邀请部门和单位共同商定。

第三章　邀请部门

第十五条　邀请县政协委员担任特邀监督员，需由县政法部门、行政执法、管理部门及公用事业等部门和单位事先与县政协协商，须以邀请部门正式公函为准，公函内容包括：特邀监督员工作的性质、内容、方式、聘任条件、聘任期限、聘任人数等。

第十六条　特邀监督员参与各项监督检查活动，一般由邀请部门和单位组织。组织临时性或规模较大的监督检查活动，邀请部门和单位可与县政协另行商定。

第十七条　邀请部门对特邀监督员工作，要努力做到制度化、规范化，积极认真开展工作；要经常向特邀监督员通报情况，组织学习和培训，为更好地搞好监督创造条件；要定期或不定期地与县政协沟通特邀监督员工作情况，以不断改进和加强监督工作。

第十八条　邀请部门要及时反馈特邀监督员意见、建议的处理结果。对特邀监督员反映的情况不应泄露，保证安全，如出现对特邀监督员打击报复的行为必须严肃处理。

第十九条　邀请部门和单位举行特邀监督员活动，应同时通知县政协。

第四章　组　　织

第二十条　特邀监督员工作由县政协一位副主席分管，专门委员会办公室负责日常工作。其主要职责：在征求政协委员本人和有关专门委员会意见后向主席会议提出建议人选，并向有关部门推荐；调动、组织和保护特邀监督员的积极性；加强与特邀监督员、邀请部门的联系；筹划特邀监督员工作会议和活动；调查研究、总结经验；处理有关事务；探索和拓展工作，进一步提高特邀监督员工作质量。

第二十一条 县政协各专门委员会要支持、协助特邀监督员做好监督工作，邀请特邀监督员参加有关的参政议政活动，使特邀监督员了解有关专题调研的情况，进一步提高监督水平。

第二十二条 县政协要为特邀监督员工作创造条件，积极反映特邀监督员的意见、建议，并以提案和社情民意等形式报送有关部门研究处理。

第二十三条 县政协一般每年召开一次特邀监督员全体会议，交流工作、总结经验，并对成绩突出的特邀监督员予以表彰。

第五章 附 则

第二十四条 本简则经政协崇明县委员会常务委员会会议审议通过后实施。由县政协办公室负责解释。

政协崇明县委员会有关会议(活动)的若干规定

(1999 年 3 月 23 日县政协十届十四次主席会议讨论通过)

为了坚持和完善中国共产党领导的多党合作和政治协商制度，推进人民政协政治协商、民主监督、参政议政的规范化、制度化进程，使之成为党团结各界的重要渠道，根据《中国人民政治协商会议章程》的有关精神，特制定本规定。

一、全体会议

(一) 全体会议由全体政协委员组成，通常每年举行一次，如遇重要情况可增加举行。列席会议的范围和人员由常务委员会确定。

(二) 会议的主要内容：1. 选举县政协主席、副主席、秘书长和常务委员；2. 听取和审议常务委员会工作报告、提案工作报告；3. 讨论县政协重大工作方针、任务并作出决议；4. 参与本县大政方针的讨论，提出意见和建议。

(三) 会议由常务委员会召集并主持(每届第一次全体会议由主席团主持)。秘书处一般提前 10 天，将会议通知和主要文件送达全体委员。

二、常委会会议

(一) 常委会会议由主席、副主席、秘书长和常务委员组成，通常每季度举行一次。一般安排在每季度最后一个月的下旬，列席会议的范围和人员，根据会议议题由主席会议确定。

(二) 会议的主要内容：1. 协商决定每届委员会的参加单位、委员名额和人选(或增补委员)及召开全体会议的有关事宜；2. 听取和讨论县党政部门领导关于本县政治、经济、文化、社会生活中的重要问题和重大改革情况的报告；3. 审定县政协年度工作要点和重要活动安排；4. 听取县政协各专门委员会工作报告和视察工作汇报；5. 审议通过提交县委、县政府的重要建议案；6. 根据秘书长提议任免县政协副秘书长；7. 决定县政协工作机构的设置和变动，并任免其负责人；8. 视察参观有关单位。

(三) 常委会会议由主席主持，如主席因故不能出席，可由主席委托的副主席主持。秘书处一般提前 3 天将会议通知、议程和主要文件，送达主席、副主席、秘书长和全体常委。

三、主席会议

(一) 主席会议由主席、副主席和秘书长组成，通常每月举行一次，一般安排每月第一周的星期二上午，副秘书长列席会议，视情况可邀请专门委员会负责人列席。

(二) 主席会议的主要内容：1. 学习贯彻中央、市委和本县重要文件和会议精神；2. 研究部署县政协工作；3. 研究并向常务委员会提出县政协工作机构的设置、变动和专委会等人事任免的建议；4. 听取专门委员会工作情况汇报，审议建议案、调研报告；5. 讨论和决定召开常委会会议的有关事宜。

（三）主席会议由主席主持，如主席因故不能出席，可由主席委托的副主席主持。秘书处一般提前2天，将会议通知、议程和主要文件送达主席、副主席和秘书长。

四、党组会议

（一）党组会议通常每月召开一次。一般安排在每月第四周的周四上午。如遇重要情况可随时召开。

（二）党组会议由中共崇明县政协党组成员参加，并视议题可邀请有关人员参加。

（三）党组会议的主要内容：1. 传达贯彻中央、市委和县委的决议、决定和有关会议精神、工作指示；2. 讨论县政协工作的规划、计划及部署，提出年度工作计划及年度工作总结；3. 讨论需提请主席会议、常委会议和全体会议审议的议程；4. 讨论决定县政协机关副科级干部的任免，审议、呈报县政协正科级以上干部的任免意见；5. 按规定召开民主生活会；6. 其他需党组会议讨论决定的事项。

五、委员学习活动日

（一）委员学习活动日的出席范围：全体政协委员、政协之友社城桥镇地区的社员。

（二）委员学习活动日每季度举行一次。具体日期由秘书处安排，并提前一周通知出席人员。

（三）委员学习活动日的主要内容：1. 中央和市县重要会议精神的传达；2. 本县重要工作的通报；3. 专题报告及讲座。

（四）委员学习活动日由秘书处负责计划、安排，一般由副主席主持。

六、秘书长会议

（一）秘书长会议由正副秘书长组成，通常每月召开一次，一般安排在每月第四周的星期二。

（二）秘书长会议的主要内容：1. 讨论决定秘书长职责范围内需要讨论决定的问题；2. 审议需要提请主席会议审定的文件；3. 讨论提请主席会议审定的工作部署和重要活动安排；4. 检查县政协重要会务活动的准备工作情况。

七、县政协与各民主党派、工商联、侨联秘书长联席会议

（一）县政协与本县各民主党派、工商联、侨联秘书长联席会议由县政协与各民主党派、工商联、侨联的秘书长组成，通常每季度举行一次.视情况可扩大列席范围。

（二）会议的主要内容：1. 通报县政协的有关情况；2. 协调县政协重要会议和活动中涉及到各民主党派、工商联、侨联的有关事项；3. 交流调查研究、参政议政、社情民意的有关信息；4. 讨论研究近期工作中带有共性的问题。

（三）会议由县政协秘书长主持，也可由秘书长委托的副秘书长主持。

八、中心组学习会

（一）中心组学习会的出席范围：主席、副主席、秘书长、副秘书长，视情况邀请县政协之友社理事长、副理事长，各民主党派、工商联的主要负责人和专委会主任参加。

（二）学习的主要内容：联系改革开放、社会主义现代化建设和政协工作的实际，学习马列主义、毛泽东思想、邓小平理论和中央、市委文件，中央、市委、县委领导的重要讲话。

（三）中心组学习会每2个月举行一次，一般安排在双月第一个星期二下午。

（四）中心组学习会主要采取专题讨论的方法，必要时可邀请专家、学者讲课。

（五）中心组学习会由县政协党组书记或党组成员主持，学习计划由秘书长负责，会务和资料准备由秘书处承担。

政协崇明县委员会关于政协委员参加会议活动、履行职责的规定

（2009年7月21日县政协十二届十六次常委会（扩大）会议审议通过）

为充分发挥县政协委员的主体作用，不断增强委员履职的责任感和使命感，根据《中国人民政治协商

会议章程》,结合县政协工作实际,特制定本规定。

第一条　县政协全体会议、常委会会议是履行政治协商、民主监督、参政议政职能的主要形式。全体县政协委员、常委会组成人员,必须按照通知要求按时出席,并在会议期间,切实履行职责,积极发表意见、提出建议。

第二条　县政协以及各专门委员会组织的各类会议及活动,是县政协发挥人才荟萃优势,为县委、县政府提供意见和建议,促进决策科学化、民主化的有效形式,也是委员履行职责的重要途径。每位委员应认真参加县政协组织的学习报告会、委员培训会、专题议政会、委员视察、考察活动和专门委员会组织的学习、专项视察、专题调研活动,积极参加县委、县政府及有关部门组织的、通过县政协安排委员参加的有关会议以及调研视察活动,被邀请的委员应切实履行职责,提出意见和建议。

第三条　撰写提案、反映社情民意是县政协委员履行职责的重要形式。每位委员应围绕我县经济、政治、文化和社会建设方面的重大问题,人民群众普遍关心的热点、难点问题,每年提交具有一定质量的提案;每位委员应保持与社会各界人士特别是本界别群众的密切联系,深入了解民情,认真倾听民意,积极反映所代表党派、团体和界别群众意见,并及时撰写、提交社情民意。

第四条　县政协提倡全体政协委员积极支持、配合党委和政府做好协调关系、理顺情绪、化解矛盾、促进和谐的工作。

第五条　县政协委员因特殊原因不能出席全体会议,应及时办理请假手续。需全程请假的,原则上应提前 3 天以上向县政协办公室书面请假,并经县政协领导批准;会议期间请假的,应以书面或口头形式,提前 1 天向大会秘书处请假,并经县政协领导批准。

第六条　县政协委员无故全程缺席全体会议 1 次的,县政协以适当方式予以提醒,并书面通知委员推荐单位;一届内无故连续 2 次全程缺席全体会议的,经县政协主席会议、常委会会议研究同意,建议县委统战部与委员推荐单位协商予以调整。

第七条　县政协委员 1 年内无故缺席县政协及其专门委员会组织的由委员参加的各类会议或活动(全体会议除外)超过二分之一的,县政协以适当方式予以提醒,并书面通知委员推荐单位;1 年内无故缺席上述所有会议或活动的,经主席会议、常委会会议研究同意,建议县委统战部与委员推荐单位协商予以调整。

第八条　县政协委员 2 年内未提交任何书面形式提案或社情民意的,县政协以适当方式予以提醒,并书面通知委员推荐单位;3 年内未提交任何书面形式提案或社情民意的,经县政协主席会议、常委会会议研究同意,建议县委统战部与委员推荐单位协商予以调整。

第九条　县政协常委会委员 1 年内无故缺席常委会会议超过二分之一的,县政协以适当方式予以提醒;2 年内无故缺席所有常委会会议的,经主席会议、常委会会议研究同意,按规定程序,由县委统战部报请中共崇明县委研究同意后予以调整。

第十条　县政协常委会委员和委员参加专门委员会组织的各类会议、活动以及提出提案、反映社情民意信息等情况,由县政协专门委员会办公室负责统计、汇总后每年向常委会组成人员和全体委员通报。

第十一条　本规定自 2009 年 8 月 1 日起施行。

第十二条　本规定的解释权和修改权属于政协崇明县委员会常务委员会。

政协崇明县委员会关于政协协商、民主监督、参政议政的规定

(2000 年 6 月 27 日县政协十届十一次常委会会议审议通过)

第一条　中国人民政治协商会议是中国人民爱国统一战线的组织,是中国共产党领导的多党合作和政治协商的重要机构,是我国政治生活中发扬社会主义民主的重要形式。它的主要职能是政治协商、民主监督、参政议政。为推进履行政协职能的规范化、制度化,进一步发挥各民主党派、无党派人士、人民团

体和各族各界人士在本县政治生活中的作用，根据《中国人民政治协商会议章程》《政协全国委员会关于政治协商民主监督参政议政的规定》和中共上海市委〔1995〕168 号、中共崇明县委〔1995〕19 号文件精神，结合本县具体情况和县政协工作实际，制定本规定。

第二条 政治协商、民主监督、参政议政的目的是：加强在中共崇明县委领导下的团结合作，发挥政协组织和政协委员的作用，调动各方面的积极性，充分发扬社会主义民主，同心同德，群策群力，维护安定团结的政治局面，促进崇明的社会主义物质文明和精神文明建设。

第三条 政治协商是对本县的大政方针以及政治、经济、文化和社会生活等方面的重要问题在决策之前和就决策执行过程中的有关问题进行协商。

第四条 政治协商的主要内容：

（一）本县在社会主义物质文明和精神文明建设、民主法制建设和改革开放中的重要方针政策及重要部署；

（二）县政府工作报告、财政预算、经济与社会发展计划；

（三）群众生活中的重大问题；

（四）有关爱国统一战线的重要问题和政协内部的重要事务。

第五条 政治协商的主要形式：

（一）政协崇明县委员会全体会议、常务委员会会议、主席会议、各专门委员会会议；

（二）根据需要召开的常务委员会专题座谈会、委员协商座谈会和委员视察情况通报会；

（三）应邀参加县人大及其常务委员会和县人民政府的有关会议。

第六条 民主监督是对宪法与法律法规在本县的实施，本县重大方针政策的贯彻执行，本县政府机关及其工作人员的工作，通过提出意见和建议进行监督。

第七条 民主监督的主要内容：

（一）宪法与法律法规在本县的实施情况；

（二）本县重要方针政策和有关群众生活的重要措施贯彻执行情况；

（三）本县国民经济、社会发展计划和财政预算执行情况；

（四）本县政府机关及其工作人员履行职责、遵守法纪、为政清廉等方面的情况；

（五）本县有关部门对重要提案的办理情况。

第八条 民主监督的主要形式：

（一）政协崇明县委员会全体会议、常务委员会会议、主席会议及通过上述会议向中共崇明县委、县人民政府提出的建议案；

（二）政协崇明县委员会各专门委员会会议及提出的建议或有关报告；

（三）委员视察、政协提案或以其他形式提出的意见和建议；

（四）邀请县人民政府及有关部门负责人就委员关心的问题到政协通报情况；

（五）应邀参加中共崇明县委、县人民政府及有关部门组织的调查和检查活动；

（六）应邀向有关部门推荐委员担任特邀监督员，开展经常性的民主监督活动。

第九条 参政议政是政治协商、民主监督的拓展和延伸。参政议政的内容与形式除本规定第四、五、七、八条规定的以外，还包括选择关系本县发展和政协有条件做的课题，组织调查研究，主动向中共崇明县委、县人民政府及有关部门提出意见和建议；密切联系各界别人士，积极反映社情民意，使政协成为中共崇明县委团结本县各界的重要渠道。

第十条 政协崇明县委员会主席会议根据中共崇明县委、县人民政府及有关部门提出的议题，决定协商的形式和参加范围。

第十一条 政协崇明县委员会进行政治协商可视情邀请中共崇明县委、县人民政府及有关部门的负责人参加。

第十二条 以政协崇明县委员会常务委员会、主席会议名义提出的建议案，或以各专门委员会名义提出的意见和建议，均由政协崇明县委员会秘书处以正式文件形式送达有关方面或部门。

第十三条 政协委员的民主权利应受到尊重和保护。在政协的会议上，政协委员应充分发表意见。

第十四条 政协崇明县委员会要通过委员活动日、形势报告会、情况通报会、参观座谈、印发学习资料、编印《知政信息》等多种形式，帮助委员了解情况，为委员参政议政创造良好条件。

第十五条 政协委员要努力学习邓小平理论和中共中央有关人民政协的重要指示，学习有关方针政策、法律法规和时事政治，增强责任感和使命感，积极参加政协各项活动，认真履行委员职责，不断提高参政议政水平。

第十六条 政协崇明县委员会机关必须加强自身建设，改进工作作风，提高工作水平和工作效率，为政协委员履行职责提供有效服务。

第十七条 本规定经政协崇明县委员会常务委员会会议通过后实施。

第二节 条例和办法选录

政协崇明县委员会提案工作条例

（2009年12月28日县政协十二届十九次常委会(扩大)会议修订通过）

第一章 总 则

第一条 为发挥政协提案在履行政治协商、民主监督和参政议政职能中的重要作用，根据《中国人民政治协商会议章程》《中国人民政治协商会议全国委员会提案工作条例》《中国人民政治协商会议上海市委员会提案工作条例》和有关规定，结合本县政协工作实际，制定本条例。

第二条 县政协提案是县政协委员，参加县政协的党派、人民团体和其他界别，政协专门委员会（以下统称提案者）向县政协全体会议或者常务委员会提出的、经提案审查委员会或提案委员会审查立案后，交承办单位办理的书面意见和建议。

提案是履行政协政治协商、民主监督、参政议政职能的一个重要方式，是坚持和完善中国共产党领导的多党合作和政治协商制度的一种重要载体，是协助中国共产党和国家机关实现决策民主化、科学化的一条重要渠道。

第三条 提案工作是县政协的一项全局性工作，县政协委员，参加县政协的党派、人民团体和其他界别，县政协专门委员会应当密切合作，共同参与提案工作，把提案工作作为履行职能的重要方式。

第四条 提案工作以马克思列宁主义、毛泽东思想、邓小平理论和“三个代表”重要思想为指导，坚持社会主义初级阶段的基本路线和基本纲领，全面贯彻科学发展观，遵循“长期共存、互相监督、肝胆相照、荣辱与共”的方针，充分发扬民主，广开言路，调动一切积极因素，为建设中国特色社会主义，促进崇明经济、政治、文化和社会建设的协调发展，构建社会主义和谐社会，加快推进现代化生态岛建设服务。

第五条 提案工作要坚持围绕中心、服务大局、提高质量、讲求实效的方针，切实加强制度化、规范化、程序化建设，努力提高提案质量、办理质量和服务质量。

第六条 县政协全体会议听取和审议常务委员会关于提案工作情况的报告。

第七条 县政协常委会会议、主席会议应组织加强提案工作的理论研究和工作研究，积极推进县政协提案工作的制度化、规范化、程序化建设。

第二章 提案审查委员会和提案委员会

第八条 每届县政协第一次会议成立提案审查委员会，由主任、副主任和委员若干人组成，成员从本届县政协委员中产生，由大会预备会议决定。提案审查委员会负责第一次会议期间提案的审查工作，并向全体会议报告审查情况。

第九条 每届县政协第一次会议闭幕后，经常委会会议审议通过，成立提案委员会，列入县政协专门委员会序列，在常务委员会和主席会议领导下，负责提案工作。提案委员会由主任、副主任和委员若干人组成。提案委员会组成人员的任命和调整，依据《政协崇明县委员会专门委员会工作条例》的有关规定办理。

第十条 提案委员会的职责：

（一）制定县政协提案工作年度工作计划；

（二）依照本条例的规定组织征集提案；

（三）对以提案形式提出的意见和建议进行审查立案，协商确定承办单位；

（四）通过开展培训、进行指导、提供服务，为提案者提高提案质量创造条件；

（五）促进承办单位提案办理工作，协助、推进承办单位提高提案办理的质量；

（六）向县政协常委会会议和主席会议报告提案工作；

（七）对提案进行综合分析，经县政协主席会议审定后，向中共崇明县委、县人民政府及有关部门反映重要的意见和建议；

（八）组织提案工作的宣传报道；

（九）加强与政协委员、各党派团体和其他界别、县政协其他专门委员会的联系与协作；

（十）加强与中共崇明县委办公室、县人大常委会办公室、县人民政府办公室以及各承办单位的联系；

（十一）推荐优秀提案，报主席会议审定；

（十二）接受上海市政协提案委员会的工作指导；加强与本市各区、县政协提案委员会的联系，互通情况，交流经验。

第十一条 提案委员会全体会议一般每季度举行一次，必要时可以临时召集；提案委员会主任会议根据工作需要举行。

第十二条 以提案委员会名义形成的文件，须经提案委员会全体会议或主任会议讨论通过，并经县政协办公室复核，由提案委员会主任或主任委托的副主任审定签发。

第十三条 县政协办公室指定专人具体负责提案委员会日常工作。在全体会议期间，大会秘书处设提案组负责提案事务工作。

第三章 提案的提出

第十四条 提案者与提案提出方式：

（一）县政协委员可以个人名义或联名方式提出提案；

（二）参加县政协的党派、人民团体和其他界别，可以本党派、人民团体和界别的名义或联名方式提出提案；

（三）县政协专门委员会，可以本专门委员会的名义或联名方式提出提案；

（四）在崇全国政协委员、上海市政协委员，可以个人名义或联名方式提交有关涉及本县工作的提案。

第十五条 提案的基本要求：

（一）提案应围绕党和国家以及上海市的大政方针在本县的贯彻落实，本县经济、政治、文化和社会建设中的重要问题和人民群众普遍关心的问题等建言献策。

（二）提案应坚持严肃性、科学性和可行性，实事求是，有情况、有分析、有具体的建议。

（三）提案须使用县政协统一印制的提案纸或同样式电子表格，做到案由明确，简明扼要，一事一案。

委员联名提出的提案，发起人作为第一提案者，签名列于首位；以党派、人民团体和其他界别以及政协专门委员会名义提出的提案，由主要负责人或召集人签名。党派、人民团体提案应加盖公章。

第十六条 提案者应强化责任意识，以增强提案实效为目标，深入调研，科学分析，反复论证，努力提高提案质量。

第十七条 提案可以在县政协全体会议期间提出，也可以在闭会期间提出。

第四章 提案的审查和处理

第十八条 提案委员会或提案审查委员会应本着尊重和维护提案者的民主权利、保证提案质量的原则，对以提案形式收到的意见和建议进行审查，凡符合本条例第三章规定的，予以立案，并通知提案者。

经审查立案的提案，按照分类整理、归口管理的原则确定承办单位。凡涉及两个或两个以上承办单位办理的，应确定主办单位和会同办理单位或者分别办理单位。

第十九条 经审查，有下列情形之一的，不予立案：

（一）涉及党和国家秘密的；

（二）国家明令禁止的；

（三）中共党员反映党内有关组织、人事安排等方面意见的；

（四）党派成员反映本组织内部问题的；

（五）进入诉讼或仲裁程序以及已作出司法判决、裁定的；

（六）属于学术研讨的；

（七）要求为本人或者他人解决非群体性个人问题的；

（八）宣传、推介具体作品、产品的；

（九）指名举报的；

（十）内容没有具体建议的；

（十一）内容不属于本县工作范围的；

（十二）其他不宜作为提案处理的。

对不立案件，经向提案者说明并征求意见后，由提案委员会根据不同情况作适当处理。

第二十条 内容涉及县政协自身工作的意见和建议，不予立案，由提案委员会转交县政协办公室或专门委员会办公室处理并答复提出人。

第二十一条 对涉及全局问题的重要提案，提案委员会可提请主席会议或常委会会议审议通过后，以县政协建议案形式向中共崇明县委、县人民政府提出。

第五章 提案的促办

第二十二条 提案由中共崇明县委、县人大常委会、县人民政府有关部门、县人民法院、县人民检察院、有关人民团体和相关乡镇人民政府等，根据法律、法规、政策和有关规定办理提案，并书面答复提案者。

提案办理、征求意见、书面答复、复查、反馈等程序按中共崇明县委、县人民政府有关规定执行。

第二十三条 提案者可以通过提案委员会或县政协办公室向承办单位了解提案办理情况，参与提案的办理和跟踪。

第二十四条 县政协可以通过由提案委员会或提案委员会与相关界别、其他专门委员会、提案者、承办单位相结合的协商座谈、实地考察、专题调研、走访等方式，推动提案办理工作。如提案者对办理结果不满意，提案委员会应加强协调，建议承办单位重新研究，作进一步答复。

提案委员会对提案中当年尚未解决的重要问题，应进行跟踪，了解进展情况。应重视承办单位对承诺列入计划拟解决问题的督查落实，并及时向提案者反馈。

第二十五条　对反映党和政府亟待解决，人民群众普遍要求改进，对推动工作有重要作用并具有较强可行性的提案，提案委员会可以选作重要提案，经主席会议审议后，由县政协主席、副主席或商请中共崇明县委、县人民政府领导重点促进办理，并以点带面，推动提案办理工作。

第二十六条　对于党派、人民团体和其他界别、县政协专门委员会提案和其他重点提案，提案委员会可有选择地报送主席或副主席阅批后，转报中共崇明县委、县人民政府有关领导。

第二十七条　县政协通过提案委员会组织相关提案者就承办单位办理工作的组织领导、办理程序、书面答复、复查落实、总结反馈等情况进行民主测评，形成民主测评意见书。

民主测评意见通报被测评单位，并抄送中共崇明县委办公室、县人民政府办公室。

第二十八条　县政协常委会会议每年听取有关提案办理和落实情况的通报，并认真讨论，提出进一步提高提案办理质量的协商意见。

第二十九条　县政协专门委员会应从县政协全局工作高度，把提案工作作为本职工作的重要组成部分，由主任或指定一名副主任负责，加强综合协调，将提案工作与调研、视察、反映社情民意等工作有机结合，充分运用提案资源和成果，形成履行职能的整体合力。

第三十条　县政协各专门委员会应发挥专业优势，结合各自工作，每年选择若干提案进行促进办理或协助主席、副主席促办重点提案。

第六章　优秀提案评选表彰

第三十一条　优秀提案每年评选一次。优秀提案每次评选一般不超过当年提案数的10%。

第三十二条　优秀提案应具有以下条件：

（一）提案选题应当紧紧围绕崇明现代化生态岛建设、构建社会主义和谐社会的重要问题、重要事务以及人民群众普遍关心的重大问题，具有较强的现实性、针对性、综合性或前瞻性。

（二）提案反映情况明晰，分析问题科学，对策建议可行。

（三）提案经办理落实，已产生或将会产生明显的社会效益或经济效益；或对党和政府决策有重要参考价值。

第三十三条　优秀提案按如下程序评选产生：

（一）由县政协办公室根据优秀提案评选条件，提出优秀提案的推荐名单和推荐理由。

（二）提案委员会全体会议讨论通过。

（三）报请县政协主席会议审定。

第三十四条　以县政协名义对优秀提案进行表彰。

第七章　附　　则

第三十五条　本条例经县政协常委会会议审议通过后实行。

第三十六条　《政协崇明县委员会优秀提案评选办法》自本条例实行之日起废止。

第三十七条　本条例由县政协提案委员会负责解释。

政协崇明县委员会关于专门委员会与县党政职能部门对口联系的实施办法

（2012年3月22日县政协十三届二次常委会会议修订通过）

为了进一步加强县政协专门委员会与县党政部门的对口联系，保障和推进县政协专门委员会更好地履行职能、发挥作用，根据《中共中央关于加强人民政协工作的意见》《中共崇明县委关于加强政协工作的意见》《中共崇明县委关于进一步加强人民政协政治协商工作的若干规定》精神，结合县政协工作实际，特制定本实施办法。

第一条 对口联系的主要内容：

（一）贯彻落实党的路线、方针、政策以及国家和地方法律、法规的情况，贯彻执行市委、市政府和县委、县政府重要决策的情况；

（二）涉及全县的重要工作安排，有关本县经济建设、政治建设、文化建设、社会建设和生态文明建设的重要规划，事关人民群众切身利益的重要政策、措施及机制、体制改革的重要方案；

（三）本县年度实事项目和重点工程推进和建设情况；

（四）县政协提案、社情民意的办理情况；

（五）其他需要协商的重要问题。

第二条 对口联系的主要形式：

（一）召开联席会议。县有关党政部门与县政协对口专门委员会召开联席会议，互通信息，交流意见，协商有关问题；

（二）加强工作联系。县有关党政部门就重要规划、方案，有关政策、措施的制定，重大问题的研究讨论，向县政协对口专门委员会征询意见。县政协专门委员会的相关工作安排，向县有关党政部门通报；

（三）组织各类活动。县政协专门委员会通过组织委员视察、调研、座谈等活动，以调研报告、协商建议、提案、反映社情民意等形式，向县有关党政部门提出意见和建议；

（四）开展专题研讨。研讨内容可由县有关党政部门提出，也可由县政协专门委员会提出，双方本着民主、务实的原则，就共同关心的问题开展专题协商，增进共识；

（五）加强信息交流。县政协专门委员会可与县有关党政部门建立资料交流制度，以书面或网络形式交换工作信息，如重要文件、工作简报、情况通报等。

第三条 县政协专门委员会对口联系部门：

（一）县政协提案委员会对口中共崇明县委办公室、县人大常委会办公室、县人民政府办公室、提案承办单位；

（二）县政协经济委员会对口县政研室、县发展改革委、县经委（商委）、县农委、县科委（信息委）、县国资委、县财政局、县审计局、县统计局、县旅游局、工商崇明分局、技监崇明分局、税务崇明分局等；

（三）县政协社会事业委员会对口县委宣传部（县文明办）、县人口计生委、县档案局、县教育局、县卫生局、县文广影视局、县体育局、县旅游局、县交通港口局、食药监崇明分局等；

（四）县政协建设管理委员会对口县人民法院、县人民检察院、县纪委（县监察局）、县委组织部（县社会工作党委）、县委宣传部（县文明办）、县委统战部（县民宗办、县台办、县侨办）、县委政法委（县综治办）、县信访办、县法制办、县地区办、县民防办、县建设交通委、县人口计生委、县公安局、县司法局、县人力资源社会保障局、县民政局、县环保局、县规划土地局、县住房保障房屋管理局、县绿化市容局、县水务局、县安全生产监管局、食药监崇明分局等。

第四条 对口联系的组织方法：

（一）县政协各专门委员会和中共崇明县委、县人民政府有关职能部门各自确定分管领导与具体工作人员，负责对口联系工作；

（二）县政协各专门委员会对对口联系的有关工作应提前安排，经双方协商、达成共识后实施；

（三）县政协办公室及时汇总各专门委员会对口联系工作情况，并适时向县委办公室、县政府办公室通报。

第五条 本实施办法经县政协常务委员会会议审议通过后施行。

第六条 本实施办法的解释权和修改权属于政协崇明县委员会常务委员会。

政协崇明县委员会关于先进专门委员会和先进乡镇或地区委员小组评选办法(试行)

(1999年3月23日县政协十届十四次主席会议讨论通过)

为充分发挥政协崇明县委员会(以下简称县政协)专门委员会的基础作用,充分发挥县政协地区委员小组组织学习、加强联系的作用,更好地履行政协主要职能,根据《政协崇明县委员会专门委员会工作简则》和《政协崇明县委员会乡镇或地区委员小组简则》,制定本办法。

一、先进专门委员会和先进乡镇或地区委员小组评选对象及评选数额

评选对象为本届县政协各专门委员会和乡镇或地区委员小组。先进专门委员会和先进乡镇或地区委员小组本届评选2次。每次评选先进专门委员会的数额不超过3个,先进乡镇或地区委员小组的数额不超过2个。

二、先进专门委员会评选条件

(一)切实制定年度工作计划,组织学习活动富有特色,在开展学习交流的基础上,积极向县政协秘书处推荐质量较高的体会文章。

(二)善于发挥专门委员会的优势和特点,围绕县委、县政府的中心工作,选择群众关心的热点,社会关注的难点,开展专题调研或视察、考察活动,并至少有一篇质量较高的调研或视察、考察报告。

(三)有针对性地开展与县委、县政府对口部门的联系活动,提出的意见和建议有一定的参考价值,并根据各自的特点,组织开展各种有益的社会服务活动。

(四)动员专门委员会组成人员,密切联系群众,倾听群众意见,广泛收集和反映社情民意,并就我县"两个文明"建设,群众普遍关注的问题,以及爱国统一战线内部关系问题等提出质量较高的集体提案。

(五)专门委员会工作方法有创新,成绩突出的。

三、先进乡镇或地区委员小组评选条件

(一)切实制定年度活动计划,组织学习活动富有特色,在开展学习交流的基础上,积极向县政协秘书处推荐质量较高的体会文章。

(二)根据本小组特点,组织委员开展调查、视察或咨询活动,围绕崇明经济发展和社会进步组织委员提出提案。

(三)动员本乡镇或本地区委员加强与群众的联系,倾听群众意见,广泛收集和反映社情民意。

(四)开展乡镇或地区委员小组活动有创新,成绩突出的。

四、先进专门委员会和先进乡镇或地区委员小组评选程序

(一)按照先进专门委员会和先进乡镇或地区委员小组的评选条件。由县政协秘书处根据各专门委员会和乡镇或地区委员小组的工作实绩,提出先进专门委员会和先进乡镇或地区委员小组的推荐名单和推荐理由。

(二)经专门委员会主任、乡镇或地区委员小组组长会议评议。

(三)报请县政协主席会议审定。

五、先进专门委员会和先进乡镇或地区委员小组表彰名义

以县政协名义对先进专门委员会和先进乡镇或地区委员小组进行表彰。

政协崇明县委员会关于优秀政协委员评选办法(试行)

(1999年3月23日县政协十届十四次主席会议讨论通过)

为充分发挥政协崇明县委员会(以下简称县政协)委员的主体作用,更好地履行政协主要职能,根据《中国人民政治协商会议章程》,制定本办法。

一、优秀政协委员评选对象和评选数额

评选对象为本届县政协委员。优秀政协委员本届评选2次。评选数额占本届委员总数的10%左右。

二、优秀政协委员评选条件

（一）坚持自学为主，积极参加本单位和县政协组织的学习活动，并能联系实际，撰写有一定质量的学习体会文章。

（二）紧紧围绕党和政府的中心工作，进行深入细致的调查研究，积极撰写提案，为崇明的“两个文明”建设献计建言。

（三）联系本界别群众，倾听群众的呼声，体察群众的情绪，反映群众的愿望，积极反映社情民意。

（四）热爱政协工作，积极参加政协组织的活动，做到不无故缺席。

（五）立足本职，埋头苦干，岗位成绩显著。

三、优秀政协委员评选程序

（一）根据优秀政协委员评选条件，由县政协各专门委员会、地区委员小组提出建议名单，由县政协秘书处提出优秀政协委员推荐名单和推荐理由。

（二）听取被推荐优秀政协委员所在单位领导的意见。

（三）报请县政协主席会议审定。

四、优秀政协委员表彰名义

以县政协名义对优秀政协委员进行表彰。

政协崇明县委员会关于提案办理先进单位和先进个人评选办法(试行)

（1999年3月23日县政协十届十四次主席会议讨论通过）

为提高提案办理质量，更好地发挥政协崇明县委员会(以下简称县政协)提案在履行政协政治协商、民主监督、参政议政职能中的作用，根据《政协崇明县委员会提案工作条例》，制定本办法。

一、提案办理先进单位和先进个人评选对象和评选数额

评选对象为本届县政协提案承办单位和个人。提案办理先进单位和先进个人本届评选2次。提案办理先进单位每次评选不超过5个，提案办理先进个人每次评选不超过10名。

二、提案办理先进单位评选条件

（一）领导重视，亲自批办提案，经常听取办理工作汇报，检查办理工作进度，解决办理工作中的问题。及时总结经验教训，不断改进本单位的工作。

（二）对以党派团体和县政协专门委员会名义提出的集体提案，承办单位的领导能亲自走访提出提案的党派团体或县政协专门委员会负责人。

（三）专人负责，严格遵循提案办理规范，有较健全的提案办理工作制度。

（四）工作扎实，凡有条件解决的，能及时解决；凡列入计划解决的，能拟定方案，创造条件，逐步解决，年底前进行检查并报县政协秘书处；对确实不能解决的，能实事求是地向提案者解释。

（五）提案办结后，有自查，有总结，并及时报县政协秘书处。

（六）提案办理工作方法有创新，并取得良好效果。

（七）提案者对提案办理情况表示满意。

三、提案办理先进个人评选条件

（一）办理提案认真负责，注重提案办理质量。

（二）严格遵循提案办理规范，有完整档案资料。

（三）所办提案涉及其他单位的，能积极协商配合。

（四）能耐心细致地向提案者解释提案办理情况，诚恳地征询提案者意见。

(五) 提案办理工作方法有创新,并取得良好效果。

(六) 提案者对提案办理情况表示满意。

四、提案办理先进单位和先进个人评选程序

(一) 根据提案办理先进单位和先进个人评选条件,由县政协秘书处在听取有关提案和承办单位的意见的基础上,提出提案办理先进单位和先进个人的推荐名单和推荐理由。

(二) 提案委员会全体会议讨论通过。

(三) 报请县政协主席会议审定。

五、提案办理先进单位和先进个人表彰名义

以县政协名义对提案办理先进单位和先进个人进行表彰。

本办法由县政协提案委员会负责解释。

政协崇明县委员会关于优秀提案评选办法(试行)

(1999 年 3 月 23 日县政协十届十四次主席会议讨论通过)

为提高政协崇明县委员会(以下简称县政协)提案质量,更好地发挥提案在履行政协政治协商、民主监督、参政议政职能中的作用,根据《政协崇明县委员会提案工作条例》,制定本办法。

一、优秀提案评选对象和评选数额

评选对象为本届县政协委员,本县各民主党派、参加县政协的人民团体和县政协各专门委员会所提出的提案。优秀提案本届评选 2 次。优秀提案每次评选不超过提案数的 5%。

二、优秀提案评选条件

(一) 提案内容能围绕党和国家大政方针在本县的贯彻落实、爱国统一战线内部关系、本县的重要事务以及人民群众关心的重大问题。

(二) 提案要有情况、有分析、有具体建议,并具有政治上的严肃性,分析问题的科学性,建议措施的可行性或前瞻性。

(三) 提案经办理落实,产生或将会产生明显社会效益或经济效益;或对重大决策有重要参考价值。

三、优秀提案评选程序

(一) 由县政协秘书处根据优秀提案评选条件,在听取各民主党派、人民团体、县政协各专门委员会和政协委员意见的基础上,提出优秀提案的推荐名单和推荐理由。

(二) 提案委员会全体会议讨论通过。

(三) 报请县政协主席会议审定。

四、优秀提案表彰名义

以县政协名义对优秀提案进行表彰。

本办法由县政协提案委员会负责解释。

政协崇明县委员会关于专门委员会年度工作考核办法(试行)

(2006 年 7 月 12 日县政协十一届十五次常委会(扩大)会议审议通过)

根据政协章程的有关规定,按照《政协崇明县委员会专门委员会工作简则》精神,为进一步推进政协专门委员会工作的制度化、规范化、程序化建设,调动各专门委员会和政协委员履行职能的积极性,制定本考核办法。

一、考核对象

县政协各专门委员会。

二、考核项目及分值

(一) 理论学习(20 分)。

县政协各专门委员会应根据政协章程的规定,按照县政协提出的学习工作的总体要求,认真组织委员学习马克思列宁主义、毛泽东思想、邓小平理论、“三个代表”重要思想和科学发展观,学习党的方针、政策和国家的法律、法规,学习政协章程,学习统一战线和人民政协理论,学习现代科学知识,帮助委员不断提高政治理论水平和参政议政能力。定期组织学习活动,得基本分 12 分。向县政协办公室提交学习研讨文章 2 篇,得基本分 8 分。每增加 1 篇学习研讨文章加 2 分,每减少 1 篇扣 4 分。

(二) 组织工作(25 分)。

1. 认真制定年度工作计划,切实搞好年度工作总结,并以书面形式报县政协专门委员会办公室,得基本分 5 分。

2. 按照年度工作计划组织开展视察、调研、考察、对口联系等活动不少于 4 次,得基本分 10 分。每减少 1 次扣 2 分。

3. 切实组织委员参加本专门委员会的有关会议和活动,委员年平均参与率达到 80%的,得 10 分。委员平均参与率每降低 10 个百分点,扣 2 分。

(三) 提案工作(20 分)。

1. 提案件数达到本专门委员会委员人均 1 件,专门委员会集体提案 1 件,得基本分 10 分。以人均 1 件为基线,提案总数每增加 2 件加 1 分,减少 2 件扣 1 分,集体提案每增加 1 件加 2 分。被县政协评为优秀提案的,每 1 件加 3 分。

2. 委员提案参与率达 80%,得基本分 10 分。每增加 5 个百分点加 1 分,降低 5 个百分点扣 1 分。

3. 加大提案督办工作力度,提高提案工作质量。提案按时办结率达到 100%,提案委员会得基本分 5 分。每降低 5 个百分点扣 1 分;提案办理满意率达到 90%,得基本分 15 分。每提高 5 个百分点加 1 分,降低 5 个百分点扣 1 分。

(四) 调研考察(20 分)。

完成县政协常委会会议、主席会议布置或本专门委员会自行组织的调研课题 1 个,并形成有情况分析、有建议措施的调研报告,得基本分 20 分。每增加 1 个调研课题并形成调研报告加 8 分。调研报告得到县委、县政府领导批示,且加以肯定的,每 1 件加 5 分。组织委员外出学习考察,形成考察报告,每 1 篇加 5 分。

(五) 信息工作(15 分)。

1. 向县政协报送社情民意 5 件,得基本分 10 分。每减少 1 件扣 2 分。社情民意得到县委、县政府领导批示的每 1 件加 2 分。

2. 向县政协上报并被采用工作信息 5 条,得基本分 5 分。每减少 1 条扣 1 分。

三、考核办法

县政协建立由县政协秘书长、办公室主任牵头,县政协专门委员会办公室主任和各专门委员会主任共同参与的考核小组,在各专门委员会年度工作总结和自评的基础上,提出考核意见报主席会议审定。

四、考核奖励

本考核办法基本分值为 100 分,按照各专门委员会的考核得分设一等、二等、三等 3 个等级。每个等级的具体数额,由主席会议研究确定。年度考核结果以县政协办公室名义予以通报,并给予一定的精神和物质奖励,同时作为评选先进专门委员会的重要依据。

五、地区委员小组的年度工作考核参照本办法

六、本考核办法由县政协办公室负责解释。

政协崇明县委员会关于政协委员年度工作考核办法(试行)

(2006年7月12日县政协十一届十五次常委会(扩大)会议审议通过)

根据政协章程的有关规定,按照《政协崇明县委员会关于进一步发挥委员主体作用的意见》精神,为进一步调动政协委员履行职能的积极性,制定本考核办法。

一、考核对象

县政协全体委员。

二、考核项目及分值

(一)政治学习(20分)。

县政协委员必须积极参加县政协及各委组开展的各项学习活动,认真学习马克思列宁主义、毛泽东思想、邓小平理论、“三个代表”重要思想和科学发展观,学习党的方针、政策和国家的法律、法规,学习政协章程,学习统一战线和人民政协理论,学习现代科学知识,提高政治理论水平和参政议政的本领。委员坚持参加委组学习和县政协委员学习日活动的,得基本分12分,每请假1次,扣1分,无故缺席1次扣2分;每年向县政协办公室或专门委员会提交学习研讨文章1篇,得基本分8分,每增加1篇加5分。

(二)履行职能(30分)。

1. 撰写提案。委员提出1件提案得基本分10分。每增加1件加2分。被县政协评为优秀提案的每1件加3分。

2. 反映社情民意。向县政协报送1件社情民意,得基本分10分,每增加1件加2分。社情民意得到县委、县政府领导批示加以肯定的,每1件加3分。

3. 遵章守纪。遵守并履行政协章程的规定以及县政协全体会议、常委会议的决议、决定,具有很强的中心意识、协商意识、创新意识和参政议政的责任感和事业心,正确行使权利,切实履行义务,严格遵守党纪国法。其中,遵章守纪优秀的得10分,一般的得8分,有违法违纪和违反政协章程规定行为的不得分。如违反政协章程的,将依据政协章程规定,由县政协常务委员会依据情节轻重,给予警告处分或撤销其委员资格。

(三)参加活动(30分)。

1. 积极参加县政协全体会议,认真听取报告,踊跃参与讨论,积极参政议政,得基本分10分。请假1次,扣1分,无故缺席1次,扣2分。

2. 积极参加县政协和本委组开展的调研视察活动,得基本分10分。请假1次,扣1分,无故缺席1次,扣2分。直接起草调研视察报告的加3分,参与调研视察报告起草工作的加2分。

3. 积极参加县政协及本委组开展的相关活动,得基本分10分。请假1次,扣1分,无故缺席1次,扣2分。

4. 积极参加县政协组织的学习交流会、大会发言、专题议政会、情况通报会等各类会议,按照通知要求准时参加的,每参加1次加1分。如在会上主动发表见解,积极献计献策的,每次另加2分。

(四)发挥作用(20分)。

1. 认真履行委员职责,充分发挥自身优势,在推进崇明生态岛区建设中建功立业。其中,取得成绩显著的,得10分;良好的,得8分;一般的,得6分。

2. 注意发挥委员联系群众的桥梁纽带作用,协助县委、县政府做好统一思想、化解矛盾、协调关系、凝聚人心的工作。其中,作用发挥显著的,得10分;良好的,得8分;一般的,得6分。

3. 立足本职,善于创新,积极争当本职工作模范,获县级先进加5分,获市级先进加10分,获全国先进加15分。

4. 热情资助政协开展活动的,视情加5—15分。

三、考核管理

县政协办公室和专门委员会办公室建立县政协委员履职档案，将每位政协委员履行职能、建功立业的情况纳入履职档案，实行动态管理，并对县政协委员参加政协会议和活动的情况建立考勤、考绩制度。政协委员参加县政协组织的会议、活动和反映社情民意的情况，由县政协办公室负责考勤、考绩登记。政协委员参加委组及界别组织的会议、活动和提出提案的情况，由县政协专门委员会办公室负责考勤、考绩登记。

四、考核办法

县政协建立由县政协秘书长、办公室主任牵头，县政协专门委员会办公室主任和各专门委员会主任共同参与的考核小组，在汇总考勤、考绩情况的基础上，提出考核意见报主席会议审定。

五、考核奖励

本考核办法基本分值为100分，按照委员的考核得分设优秀、称职、基本称职、不称职4个等级。其中优秀等级占委员总数的10%。其他等级比例，由主席会议研究确定。年度考核结果以县政协办公室名义予以通报，并将考核结果抄送有关单位和部门。对获优秀等级的给予一定的精神和物质奖励，同时作为评选优秀政协委员的重要依据。

六、本考核办法由县政协办公室负责解释。

第三节 其他制度选录

政协崇明县委员会关于加强与委员联系的制度

（1998年7月22日县政协十届三次常委会会议审议通过）

为进一步加强与委员的联系，充分发挥政协委员的主体作用，推进政协工作的规范化、制度化建设，特制定本制度。

第一条 县政协常务委员会组成人员，按照分工联系的界别，应经常保持与委员的联系，沟通思想，加深了解，增进共识。

第二条 县政协机关干部应按照分工，与所联系界别的委员保持经常联系，为委员履行政协职能切实做好服务工作。

第三条 与委员联系的主要内容

1. 及时搜集委员对本县“两个文明”建设等大政方针在贯彻、实施中的意见建议；

2. 听取委员对县政协工作的批评、建议；

3. 及时搜集委员反映的社情民意；

4. 了解委员的思想、工作、学习、生活等方面的情况，并积极帮助委员排忧解难；

5. 及时了解委员参加县政协会议及委组活动的情况，掌握委员未参加活动的原因；

6. 了解政协参加单位和政协委员执行政协章程和全国政协关于政治协商民主监督参政议政规定的情况。

第四条 与委员联系的主要形式

1. 利用参加政协的各种会议和委员联系；

2. 在组织委员视察考察和专题调研等活动中和委员进行联系；

3. 不定期地走访委员；

4. 建立政协领导与委员的双向约见制度。主席会议成员可不定期约请委员交谈，政协委员也可以电话或口头等形式，向主席会议成员提出约见的要求，主席会议成员应及时安排时间与委员见面，就一些共同关心的问题交换意见。

第五条 县政协秘书处要为政协领导联系委员做好服务工作，对委员提出的问题和要求应及时处理。

第六条 县政协机关干部与委员联系的情况在年度末写出书面总结，列入年度考评内容。

第七条 本办法经县政协常委会会议通过后实施。

政协崇明县委员会领导与委员之间的约谈制度

（2000 年 5 月 9 日县政协十届二十七次主席会议讨论通过）

根据《政协崇明县委员会关于加强与委员联系的制度》第四条第四款之规定，为进一步加强与委员的联系，反映委员的意愿，制定本制度。

一、约谈的内容

1. 交流思想，增进了解；

2. 围绕本县改革开放、经济建设和精神文明建设、民主法制建设的重大问题，交谈对党和政府重大决策的意见和反映；

3. 对县政协常委会工作、统一战线等方面重要问题提出意见和建议；

4. 反映人民群众关心的突出问题。

二、约谈的方式

1. 主席、副主席、秘书长可不定期地约请委员交谈，也可约请个别委员谈心；

2. 委员可以电话或来信形式向县政协领导提出约谈的要求；

3. 约谈地点由双方商定。

三、有关约谈的联络、服务工作，由县政协秘书处承办（电话：59621069、59623404、59622342）。

四、在约谈中，委员提出的意见建议和批评，将以政协《社情民意》刊物转送县党政领导和党政有关部门研处，凡涉及本会的意见建议和批评，一般在三个月内给予反馈。

政协崇明县委员会与民主党派、工商联负责人工作座谈会制度

（2000 年 5 月 9 日县政协十届二十七次主席会议讨论通过）

人民政协是中国人民爱国统一战线的组织，是中国共产党领导的多党合作和政治协商的重要机构，是我国政治生活中发扬社会主义民主的重要形式。为进一步加强县政协与我县各民主党派、工商联的联系，使县政协真正成为我县各党派团体、各界代表人士团结合作、参政议政的重要场所，进一步发挥民主党派、工商联在履行政协职能和在本县政治生活中的作用，特制定本制度。

一、参加人员

1. 县政协主席、副主席，秘书长、副秘书长；

2. 民盟、民进、农工党崇明县委主委、副主委，县工商联会长、副会长。

二、召开时间

拟每年召开两次，一般在 5 月、11 月，遇有特殊情况可提前或延后。

三、会议内容

1. 交流各自工作情况，互通信息，加深了解，加强联系；

2. 就履行政治协商、民主监督、参政议政和加强自身建设等有关问题进行研讨，增进共识；

3. 研究关于反映社情民意工作等有关问题；

4. 听取对县政协工作的意见、建议；

5. 就如何开创县政协工作新局面等重要问题进行探讨；

6. 需要共同研讨的有关问题。

工作座谈会由县政协主席或副主席主持。县政协秘书处负责做好工作座谈会的准备工作，并将每次座谈会需要讨论研究的中心议题及有关材料提前送交与会人员，以便事先做好参加座谈会的准备。

政协崇明县委员会中心组学习制度

（2000年5月9日县政协党组会议讨论通过）

加强学习是人民政协的光荣传统，也是新形势下必须始终强调的一项重要任务，而坚持中心组学习制度是加强理论学习的重要保证。以政协中心组学习来带动、推动政协学习工作的深入开展，巩固"三讲"教育的成果，不断提高理论素养和工作水平。根据县政协党组"三讲"教育整改意见，特制定县政协中心组学习制度。

一、中心组学习组成人员

中心组学习由县政协主席、副主席、秘书长、副秘书长组成。视情况邀请县政协之友社理事长、副理事长，各民主党派、工商联的主要负责人和专委会主任参加。

二、学习的主要内容

1. 马列主义、毛泽东思想、邓小平理论的有关篇目；
2. 中央和市、县领导重要讲话和重要文件；
3. 统一战线和人民政协理论以及相关的业务知识；
4. 经济、金融、科技、法规、历史等方面有关知识。

三、学习时间

中心组学习会每季举行一次，一般安排在每季末第一周星期二。

四、学习方法

中心组学习按三个环节进行：自学、讲座辅导、交流研讨。

自学：中心组成员利用业余时间按规定的学习内容学习有关篇目，并结合思想工作实际撰写学习体会。讲座辅导：由秘书处确定并联系有关专业人员作讲座辅导。交流研讨：集中围绕一个专题进行学习交流。

中心组学习会由县政协党组书记或党组成员主持，学习计划由秘书长负责制订，会务和资料准备由秘书处承担。

五、学习要求

1. 学习要坚持理论联系实际的学风，善于把握科学体系和精神实质，掌握马克思主义的立场、观点和方法，分析现实矛盾，解决实际问题，创造性地推动实践发展；
2. 认真做好阅读笔记，并按学习专题撰写学习体会文章；
3. 认真听取讲座，积极参与研讨交流发言，力求观点鲜明，有独特见解。

崇明县政协机关党风廉政建设责任制

（2000年5月9日县政协党组会议讨论通过）

根据崇明县政协党组"三讲"教育整改意见的精神，按照《崇明县贯彻落实党风廉政建设责任制的实施细则》的总体要求，为了模范地遵守国家法律法规，自觉执行廉洁自律的各项规定，特制定县政协机关党风廉政建设责任制。

一、贯彻落实中共中央、国务院《关于实行党风廉政建设责任制的规定》，要在县政协党组的统一领导下，坚持集体领导与个人分工负责相结合，坚持一级抓一级，逐级负责的原则。

二、县政协党组书记对政协机关的党风廉政建设负全面领导责任，秘书长对秘书处工作人员负直接领导责任。

三、县政协党组成员必须严格遵守党中央和市委、县委有关廉政规定和制度，以身作则，艰苦朴素，勤政为民，廉洁自律。

四、县政协党组坚持每年两次的民主生活会制度，发扬理论联系实际、批评与自我批评、密切联系群众的优良传统，重视思想作风和工作作风建设。

五、县政协党组要加强与党外同志的联系，通过谈心、走访等形式，听取意见，沟通思想，形成合力。

六、县政协党组要切实加强对政协机关建设的指导，在每半年听取一次秘书处工作汇报时，要关心政协机关落实党风廉政建设责任制方面的情况，及时研究需要解决的重要问题。

七、坚持机关党支部民主生活会制度。党员领导干部参加双重组织生活。要把执行《廉政准则》、制止奢侈浪费8条规定和落实党风廉政建设责任制的情况作为民主生活会的重要内容，增强班子内部解决自身问题的能力。

八、切实加强公务接待管理工作，认真执行公务接待标准。

九、严格实行政府采购制度。政协机关所需添置有关设备等，应按照政府采购的要求规范运作。

十、加强党性党风党纪教育。政协机关党支部要通过上党课、组织学习活动等形式，开展党性党风党纪教育，深化“三讲”教育，增强党员干部的廉洁自律意识，增强拒腐防变能力。

政协崇明县委员会秘书处财务工作制度

（2000年4月10日县政协秘书处制定）

为严肃财经纪律，确保本会财务工作规范化、制度化，特制定政协秘书处财务工作制度：

一、财会人员的工作制度

（一）加强政治学习和业务学习，不断提高政治思想觉悟、业务水平，做到遵纪守法，忠于职守，廉洁奉公，实事求是，钻研业务，当好领导参谋。

（二）认真贯彻执行有关法律法规和会计制度，严格进行会计核算和会计监督，正确反映和监督每项会计业务。

（三）严格遵守财会人员工作规则，做到：

1. 认真编制年度预算，及时完成年终决算，严格执行财务计划和预算，每月及时向领导反映情况，提供信息，严格执行费用的开支范围和开支标准，本着合理、节约的原则，把好经费支出关。

2. 建立良好的会计工作秩序，认真及时地做好记账、算账和报账工作，做到手续完备，内容真实，数字准确，账目清楚，按时上报。

3. 财务内部建立稽核制度，不定期检查财务收支、分析预算执行情况，挖掘潜力，不断提高经费利用效果，在经费使用和保管中发现问题，及时向领导汇报，提出意见。

4. 随时准备接受领导和财政、审计部门的检查和监督，如实提供会计资料以及有关情况，不得拒绝、隐匿、谎报。

5. 加强现金管理，按规定坚持定额保管制度，出纳不得兼管稽核、会计档案保管工作。

6. 按规定妥善保管会计凭证、账簿、报表等档案资料。调阅和销毁资料符合规定手续。

7. 加强财务管理，健全内部制约机制。一是坚持管账不管钱，管钱不管账的原则办事；二是健全审批制度，严格执行秘书长审批制；三是银行的财务印鉴必须分开保管使用。

8. 加强票证管理，做到收发手续完备，各类发票要妥善保管。

9. 加强固定资产管理，每年做好单位固定资产的清查和盘点工作。

10. 加强劳动工资管理，建立个人工资档案。

11．及时完成领导交办的其他会计事务工作。

12．严格履行会计职责，不弄虚作假、营私舞弊、贪污受贿、欺上瞒下。

13．明确岗位职责，不断改进工作作风，提高工作效率，使单位财务工作做到规范化、制度化。

二、经费使用、报支和审批制度

（一）秘书处工作人员出差报销费用由秘书长签字后报支，秘书处工作人员市内出差，严格控制乘坐气垫船、出租轿车，如遇特殊情况，确需乘坐，应向领导说明情况，并由秘书长签批后报支。

（二）秘书处工作人员因工作需要或其他原因，要外出考察学习或出差，须事先向秘书长请示，同意后方能外出。考察学习、旅差费用由秘书长签批后报支。

（三）机关办公用品的购置，应事先请示秘书长，同意后办理，凡购置价值在 1 000 元以上的固定资产，应先请示分管主席同意后方可办理。属固定资产由行政科做好财产登记，并做好固定资产账务处理，要做到账物相符；所有购物发票一律由经手人、证明人签字，经秘书长签批后报支。

（四）机关日常办公费、邮资费、电话费等费用，由行政科直接办理，并定期向秘书长汇报开支情况。

（五）秘书处各科室订阅报刊、杂志、书籍，经秘书长签批后办理订阅手续。

（六）秘书处工作人员参加学习、培训等事前请示秘书长，同意后方可参加，其学习、培训费用按有关规定执行。

（七）机关办公设备、专用设备的维修，事先请示秘书长，所有开支费用，经秘书长签批后报支。

（八）要管好、用好专项经费和业务费，保证专款专用，在使用前列出计划，由秘书长签批后实施。

（九）秘书处工作人员由于业务需要，开具分割发票或现金发票，其手续必须完备。所用发票一律到现金出纳人员处领取，并由现金出纳人员作好登记，一个项目的收费结束后，现金应及时解缴银行，发票入账联及时移交现金出纳人员入账；开出发票，现金应及时到位，拖欠现金应由有关科室负责催收；委组外出考察等业务需要，开出的分割发票的总额应与回收到的发票总额一致，并交现金出纳人员保管。

三、本制度自 2000 年 5 月起实行。

卷十 人 物

本卷设人物传略、人物简介和人物名录。

人物传略辑录历届县政协主席、副主席、秘书长14人。以卒年为序排列。

人物简介简要介绍历届县政协主席、副主席、秘书长34人,以任职届次为序排列。

人物名录收录历届县政协主席、副主席、秘书长、常务委员、委员,历届县政协第一次全体会议主席团成员、秘书长、提案审查委员会成员,县政协委组主任(组长)、副主任(副组长),县政协办事机构负责人,优秀县政协委员,在崇明的市政协委员,崇明籍人士当选为全国政协委员名录。

第一章 人物传略

本章辑录人物传略14人,其中历届县政协主席2人、副主席11人、秘书长1人。以卒年排序。

第一节 县政协主席传略

一、王乐三(1915—1987)

王乐三,曾用名蒋贵文,汉族,江苏省启东市人,初中文化程度。1941年9月参加工作,同年10月加入中国共产党,曾任江苏省启东县吕四区四堤乡农抗会主任、中共四堤乡党支部书记、中共吕四区委书记等职。中华人民共和国成立后,历任中共崇明县委民运部副部长、县农委主任、县委组织部部长,崇明县一届、二届、三届各界人民代表会议常务委员会副主席。1953年1月至1954年6月,任中共崇明县委第一副书记。1954年出席江苏省首届人民代表大会。1954年6月至1956年5月,任中共崇明县委第一书记。1956年3月至1958年4月,任政协崇明县第一届委员会主席。1956年5月至1957年10月,任中共崇明县委书记。1957年11月至1960年3月,在江苏省扬州干部文化学校学习。1960年4月至1963年3月,任中共崇明县委书记。1963年4月至1966年7月,任中共崇明县委副书记。“文化大革命”期间被批斗,在“五七”干校劳动,1977年恢复工作,先后任县农业银行领导小组成员、县革命委员会财经组组长。1979年4月至1982年9月,先后任崇明县革命委员会顾问、崇明县人民政府顾问。1982年10月离职休养。

1987 年 9 月，王乐三因病去世。

二、张惠和(1918—1994)

张惠和，汉族，江苏省启东市人，高中文化程度。1941 年 7 月参加工作，同年加入中国共产党。曾任启海(启东、海门)地区海五区农抗会主任、中共东南县海中区区委副书记、中共海门县委委员、中共东南县委委员和组织部部长。中华人民共和国成立后，历任中共海门县委副书记和书记、中央组织部组织处干事、中共江苏省委组织部党员管理处处长、中共南通地委副书记等职。1957 年 10 月至 1963 年 3 月任中共崇明县委第一书记。1958 年 4 月至 1966 年 5 月，任政协崇明县委员会第二届、第三届、第四届委员会主席。1963 年 4 月至 1966 年 5 月，任中共崇明县委书记、中共上海市委委员。后调任中共北京市丰台区委书记。“文化大革命”期间，被批斗，下放劳动。1970 年恢复工作，先后任中共北京市通县县委副书记、革委会副主任、县委书记、革委会主任，七机部中央工作队副队长，北京市国防一办副主任兼政治部主任。1979 年任中共北京市宣武区委书记、中共北京市委委员。1983 年 7 月退居二线，任宣武区委顾问、市顾问委员会委员。

1994 年 10 月，张惠和因病去世。

第二节 县政协副主席传略

一、范春如(1906—1985)

范春如，字煦，汉族，上海市崇明县人，高中文化程度，主任医师。1923 年 1 月至 1923 年 6 月，学习中医。1923 年 7 月至 1926 年 12 月，在范家宅私塾当教师。1927 年 1 月至 1953 年 7 月，在家开业行医。1953 年 8 月至 1954 年春，先后担任五滧乡联合诊所中医师、主任、县卫生协会主任。1954 年 3 月至 10 月，在江苏省南通专区中医进修班学习。1954 年 11 月至 1956 年 12 月，任崇明县中心医院中医师。1957 年 1 月至 1966 年 9 月，任崇明县中心医院副院长。1966 年 10 月至 1982 年 9 月，任崇明中心医院中医师。1982 年 10 月至 1984 年 12 月，任崇明中心医院中医科主任医师。其间，于 1956 年 3 月至 1981 年 6 月任政协崇明县第一届、第二届、第三届、第四届委员会副主席。

1985 年 1 月，范春如因病去世。

二、樊伯平(1913—1987)

樊伯平，汉族，江苏省南通市人，大学文化程度。1946 年 2 月参加工作，1956 年 4 月加入中国共产党。1938 年 2 月至 1941 年 12 月，在上海复旦大学任职员。1942 年 1 月至 1943 年 7 月，任江苏省南通通州中学教导主任。1943 年 9 月至 1944 年 7 月，任江苏省南通孝思中学教导主任。1944 年 9 月至 1945 年 1 月，任江苏省南通简易师范学校校长。1945 年 2 月至 1946 年 1 月，任崇川中学校长。1946 年 2 月至 1946 年 11 月，任南通中学分校教导主任。1947 年 9 月至 1948 年 1 月，任上海兴慈中学教员。1948 年 3 月至 1949 年 1 月，任南通中学副教导主任。1949 年 2 月至 1952 年 1 月，任江苏省南通专区教育局中教科科长。1952 年 2 月至 1978 年 8 月，先后任崇明中学、南通市第二中学校长，南通市姜灶中学教导主任。1978 年 12 月至 1982 年 12 月，任南通市第三中学校长。其间于 1956 年 3 月至 1958 年 4 月任政协崇明

县第一届委员会副主席。1982 年 12 月离职休养。

1987 年 5 月，樊伯平因病去世。

三、咸文和（1908—1987）

咸文和，曾用名咸达夫，汉族，江苏省建湖县人，初中文化程度。1941 年 5 月参加工作，同年 6 月加入中国共产党。历任江苏省建阳县高作区洗木乡农救会会长、中共高作区区委委员兼民兵大队长、中共建阳县委委员、盐城地区渡江五团党委书记兼团长等职。中华人民共和国成立后，历任中共江苏省建阳县委委员、南通地委农村调查大队书记兼队长和南通专署民政科科长。1954 年 9 月至 1958 年 5 月，任崇明县县长。1958 年 5 月至 1966 年 7 月，任崇明县副县长。1958 年 4 月至 1981 年 5 月，任政协崇明县第二届、第三届、第四届委员会副主席。第三届全国人民代表大会代表。1979 年 4 月至 1982 年 9 月，任崇明县人民政府顾问。1982 年 10 月离职休养。

1987 年 6 月，咸文和因病去世。

四、施文德（1909—1989）

施文德，汉族，上海市崇明县人，大学文化程度，副主任医师。1923 年 2 月至 1926 年 7 月，在上海中医专科学校学习。1926 年 7 月至 1928 年 7 月，在上海中医学院学习。1928 年 7 月至 1930 年 1 月，在崇明县城桥镇行医。1930 年 1 月至 1930 年 12 月，任上海中国医学院内科教授。1931 年后回乡行医，1933 年创办桥镇平民诊所，任所长。1956 年—1959 年 1 月，任崇明县桥镇中医联合诊所医师、副主任。1959 年 1 月至 1966 年，先后任城桥医院中医门诊部医师、城桥医院院长。“文化大革命”期间被诬陷停职。1979 年 3 月至 1981 年 5 月，任城桥医院院长。1981 年 6 月至 1987 年 4 月，任政协崇明县第五届、第六届委员会副主席。1987 年 10 月退休。

1989 年 8 月，施文德因病去世。

五、龚镜澄（1909—1995）

龚镜澄，又名龚览心，汉族，上海市崇明县人，大学文化程度。1929 年夏毕业于上海大同大学理科。1929 年 9 月至 1932 年 2 月，在广东省汕头市大中中学当教员。1932 年 2 月至 1932 年 8 月，失业在家。1932 年 9 月至 1933 年 6 月，在山东省青岛四方铁路中学当教员。1933 年 6 月至 1937 年 11 月，任胶济铁路管理局练习员。1937 年 12 月至 1938 年 4 月，失业在青岛。1938 年 5 月至 1941 年 5 月，任伪青岛市教育局办事员。1941 年 6 月至 1941 年 8 月，失业在家。1941 年 9 月至 1944 年 3 月，任崇明县市立第三中学教员。1944 年 3 月至 1945 年 11 月，任崇明县民本中学教员。1945 年 12 月至 1947 年 9 月，任胶济铁路青岛材料厂科员。1947 年 9 月至 1961 年 9 月，任崇明县民本中学教员。1961 年 9 月至 1970 年 9 月，任崇明中学教员。1970 年 9 月起，任崇明教师进修学校教员。1972 年 4 月退休。1981 年 6 月至 1984 年 4 月，任政协崇明县第五届委员会副主席。

1995 年 5 月，龚镜澄因病去世。

六、徐鼎铨(1924—1996)

徐鼎铨,汉族,上海市崇明县人,初中文化程度。1949年3月加入中国民主同盟。1942年6月至1947年12月,任崇明县北堡镇天顺绸布庄会计。1947年12月至1951年10月,任崇明县城桥镇鼎顺绸布庄职员。1951年11月至1955年12月,任崇明县桥镇绸布联络处经理。1952年8月至1953年2月,任崇明县第五届、第六届各界人民代表会议副主席。1956年1月至1956年3月,任崇明县公私合营桥镇绸布店经理。1956年3月至1966年,任政协崇明县第一届、第二届、第三届、第四届委员会副主席,其间,于1957年3月至1966年5月,任崇明县人民委员会副县长。1956年2月至1966年,任崇明县工商联第一届、第二届、第三届主任委员,上海市工商联第三届、第四届执行委员会委员。1966年5月至1972年9月,在"五七"干校劳动。1972年9月至1981年6月,任城桥镇百花纺织品商店营业员,崇明县百货公司副经理。1981年6月至1990年4月任崇明县第七届、第八届、第九届人大常委会副主任(其间还任崇明县工商联第四届、第五届执委会主任委员,中国民主同盟崇明县支部主任委员、崇明县委员会主任委员)。1991年1月离职休养。

1996年6月,徐鼎铨因病去世。

七、徐正林(1934—1996)

徐正林,汉族,江苏省如东县人,大专文化程度。1951年7月参加工作,1956年加入中国共产党。1951年8月至1953年9月,任南通供销合作社办事处办事员。1953年10月至1958年9月,先后任崇明县供销合作总社干部科办事员、科员、副科长。1958年10月至1960年12月,任崇明化工厂厂长。1961年1月至1966年12月,先后任崇明县公共汽车公司党委委员、支部书记、经理,其间于1964年4月至1965年8月任上海市委奉贤"四清"工作团南桥工作队组长。1967年1月至1972年5月,下放劳动。1972年6月至1974年8月,任公交堡镇车站站长。1974年9月至1982年3月,先后任崇明县交通局党委副书记、副局长、崇明县交通战备办公室主任。1982年4月至1987年月3月,先后任崇明县交通局党委书记、局长、崇明县交通战备办公室主任。1987年4月至1990年4月,任崇明县交通局党委书记、崇明县交通战备办公室主任。1987年4月至1993年4月,任政协崇明县第七届、第八届委员会副主席。其间,于1990年2月至1993年4月任中共崇明县委统战部部长、政协上海市第七届委员会委员。1993年任崇明县人民政府正处级调研员。1994年12月退休。

1996年12月,徐正林因病去世。

八、施桂馨(1915—1998)

施桂馨,汉族,上海市崇明县人,大学文化程度,高级工程师。1985年7月加入中国共产党。1930年—1933年6月,在上海中华职业学校土木科学习。1933年7月至1938年7月,任上海新华信托银行房地产部练习生、监工员,期间于1934年—1937年任上海中南建筑公司技术员。1938年7月至1946年7月,任重庆中华职业学校教师。1946年7月至1947年2月,失业在家。1947年2月至1956年1月,先后任崇明县汲浜初级中学教师和私立北堡初级中学教师、校长。1956年1月至1962年5月,任崇明县水利科副科长。1962年5月至1963年5月,任崇明县农业局副局长。1963年5月至1967年2月,任崇明县农机水利局副局长。1967

年2月至1968年6月，在崇明县革命委员会生产组工作。1968年6月至1974年7月，先后在崇明县水利局、农业局工作。1974年7月至1979年3月，任崇明县水利局海塘工程所工程师。1979年3月至1986年6月，任崇明县水利局副局长。其间于1956年3月至1986年4月，任政协崇明县第一届、第二届、第三届、第四届、第五届、第六届委员会副主席，崇明县第二届、第三届、第四届、第五届、第六届、第七届人民代表大会代表。上海市第七届人民代表大会代表。1986年4月退休。

1998年2月，施桂馨因病去世。

九、刘　蔚（1926—1999）

刘蔚，汉族，江苏省南通市人，初中文化程度。1943年3月加入中国共产党。1943年1月至1944年3月，先后任南通市沦田乡汉成村村长、指导员，金沙区七个乡联防大队政治指导员。1944年4月至1946年12月，先后任苏中金库办事员、会计，华中银行南通分行干部。1947年1月至1947年12月，在南通县财经局工作。1948年1月至1948年12月，任华中银行南通办事处业务股长。1949年1月至1950年7月，任中国人民银行南通县支行副行长。1950年8月至1954年4月，任中国人民银行崇明县支行副行长、行长。1954年5月至1956年1月，任崇明县供销社代主任、主任。1956年2月至1956年4月，任崇明县财贸部部长。1956年5月至1958年4月，任崇明县副县长兼县财贸部部长。1958年5月至1968年3月，先后任崇明县副县长、革命委员会（筹）领导成员。1968年3月至1972年9月，隔离审查。1972年9月至1979年2月，县良种场劳动。1979年2月至1981年6月，任崇明县计划委员会副主任。1981年6月至1984年4月，任政协崇明县第五届委员会副主席。1984年4月至1986年2月，任崇明县第八届人大常委会副主任。1986年2月，离职休养。

1999年10月，刘蔚因病去世。

十、蔡宗锷（1928—2001）

蔡宗锷，汉族，上海市崇明县人，小学文化程度。1948年2月加入中国共产党。1949年6月至1952年8月，先后任崇明县知青学习队班长，新河区新民乡副乡长、乡长、指导员，新河区组织干事、组织委员。1952年8月至1953年5月，先后任中共崇明县委党训班组长、分队长、分队指导员，县委整风工作队组长。1953年5月至1954年6月，先后任崇明县强民乡、城北区、竖河乡普选主席、分队长。1954年6月至1956年10月，任中共崇明县新河区委副书记。1956年10月至1960年2月，任中共崇明县委党训班副主任。1960年2月至1966年6月，任中共崇明县竖河公社委员会书记、管委会主任。1966年6月至1966年12月，任崇明县副县长。1966年12月至1969年4月，因“文化大革命”靠边站，派往“五七”干校劳动。1969年4月至1970年12月，先后任上海市工宣队三团一连一分队驻上海市粮食局第四米厂队长、第二米厂分队副队长、光明油厂分队长。1970年12月至1971年6月，先后任崇明县征集办公室政工组长、崇明县“一打三反”工作队派驻裕安乡八大队队长。1971年6月至1976年5月，先后任中共崇明县裕安公社委员会副书记、书记，革委会副主任、主任。1976年5月至1981年5月，先后任崇明县革命委员会综合计划组副组长、县计划委员会副主任，县劳动局党组书记、局长。1981年5月至1984年4月，任崇明县劳动局党组书记、局长。其间于1981年6月至1984年4月，任政协崇明县第五届委员会副主席。1984年4月至1987年4月，任崇明县第八届人大常委会副主任、党组成员。1987年5月，任崇明县人民政府调研员。1988年7月离职休养。

2001年12月，蔡宗锷因病去世。

十一、昝泰昌(1931—2012)

昝泰昌，汉族，上海市崇明县人，大学文化程度，特级教师。1987年2月加入中国民主同盟。1952年8月，毕业于上海交通大学化学系。1952年9月至1985年4月，先后任崇明中学化学教师、化学教研组组长。1985年4月至1990年4月，任崇明县教师进修学校校长。其间于1987年4月至1990年4月，任政协崇明县第七届委员会副主席。1990年4月至1993年4月，任崇明县第十届人大常委会副主任。1993年5月退休。

2012年7月，昝泰昌因病去世。

第三节 县政协秘书长传略

吴庆培(1930—2003)

吴庆培，汉族，江苏省镇江市人，高中文化程度。1947年5月加入中国共产党，1948年11月参加工作。1948年11月至1949年10月，任上海市地下学联干事、秘书处秘书。1949年10月至1959年2月，先后任共青团上海市工委服务部干事、副科长、科长。1959年2月至1966年5月，先后任中共崇明县委整社工作组组员、堡镇公社党委副书记。1966年6月至1967年9月，任上海市卫生局医院组副组长。1967年10月至1968年5月，任崇明县革命委员会(筹)大批判办公室负责人。1968年5月至1970年1月，被批斗靠边站。1970年2月至1984年3月，先后任中共崇明县汲浜公社党委委员、崇明中学党支部书记、城桥镇党委委员、副书记、城桥镇镇长。1984年4月至1986年8月，任崇明县政协秘书长。1986年9月至1987年6月，任崇明县扶贫办公室主任。1987年7月任崇明县人民政府调研员，1990年12月离职休养。

2003年9月，吴庆培因病去世。

第二章 人 物 简 介

本章简要介绍历届县政协主席、副主席、秘书长共34人，其中县政协主席8人、副主席21人、秘书长5人。按任职届次排序，同一届次的副主席以任职原列次序排序。

第一节 县政协主席简介

一、陈继明

陈继明，汉族，江苏省启东市人，1933年10月生，初中文化程度，高级经济师。1949年4月参加工作，1955年5月加入中国共产党。1949年4月至1949年9月，任江苏省启东市江海贸易公司点票员、开票员。1949年10月至1953年3月，任南通专区合作办事处南通货栈仓库会计。1953年3月至1955年11月，任崇明县联合棉花检验站办事员、堡镇组组长。1955年12月至1957年12月，任中共崇明县委五人小组办公室办事员、党总支副书记。1958年1月至1959年12月，任中共崇明县县级机关党委秘书、团委书记。1960年1月至1966年10月，任中共崇明县委组织部秘书、副部长。1966年11月至1968年3月，“文化大革命”靠边站。

1968年4月至1975年4月，任崇明县革命委员会办公室主任、组织组组长。1975年5月至1978年5月，任中共青浦县委常委、组织组组长。1978年6月至1981年6月，任中共崇明县委政策研究室主任。1981年6月至1990年4月，任中共崇明县委副书记、副县长。其间于1981年6月至1984年4月任政协崇明县第五届委员会主席。1990年4月至1993年3月，任崇明县十届人大常委会主任、党组书记。上海市第九届、十届人大代表。1993年4月至1994年3月，为副局级巡视员。1994年4月离职休养。

二、施　群

施群，汉族，曾用名施廷才，上海市崇明县人，1922年4月生，初中文化程度。1940年7月加入中国共产党。1938年8月至1938年11月，加入崇明抗日自卫队当战士。1938年12月至1941年2月，因年龄小而离开部队，在本乡学习中医。1941年2月至1942年2月，任中共大椿乡支部书记。1942年2月至1948年10月，先后任中共崇明县工作委员会组织委员、崇明县三区特派员。1948年11月至1951年5月，先后任中共崇明县三区区委组织委员、三区副区长、中共崇明县三星区区委委员、三星区区长。1951年6月至1959年5月，先后任中共崇明县委纪律检查委员会秘书、副书记、中共崇明县委委员、县监察委员会副书记、县监察委员会书记。1959年6月至1960年3月，任中共崇明县大新乡委员会书记。1960年3月至1964年3月，任中共崇明县委调研组组长。1964年4月至1965年11月，任崇明县物资局局长。1965年11月至1973年5月，遭诬陷被拘留审查。1973年6月至1974年10月，因病保外就医，在大新乡家中修养。1974年11月至1977年7月，任崇明县新河镇面粉厂营业员。1977年7月至1981年6月，先后任中共崇明县粮食局委员会副书记、副局长。1981年6月至1984年4月，任崇明县七届人大常委会副主任。1984年4月至1986年4月，任政协崇明县第六届委员会主席、党组书记。1986年3月离职休养。

三、张　彪

张彪，汉族，上海市嘉定区人，1929年5月生，中专文化程度。1950年2月参加工作，1951年8月加入中国共产党。1950年2月至1953年12月，任嘉定县封浜中心小学校长。1954年1月至1956年7月，任嘉定县南翔区区长、区委书记。1956年8月至1957年1月，任中共嘉定县委宣传部副部长。1957年2月至1978年3月，先后任嘉定县马陆乡党委干事、乡党委委员、马陆公社革委会副主任、党委书记。1978年4月至1984年3月，任嘉定县马陆公社党委书记。1984年4月至1987年3月，任崇明县副县长。1987年4月至1990年3月，担任政协崇明县第七届委员会主席、党组书记，政协上海市第七届委员会委员。1990年6月退休。

四、陆　瑾

陆瑾，女，汉族，上海市崇明县人，1944年5月生，大学文化程度。1965年11月加入中国共产党，1967年9月参加工作。1960年9月至1963年9月，就读于松江师范学校。1963年9月至1968年7月，就读于上海师范大学政治历史系。1968年8月至1969年8月，在崇明县城东公社五大队劳动锻炼。1969年8月至1970年8月，任崇明县城东公社新进中学教师。1970年8月至1972年4月，任崇明县城东中学教师。1972年4月至1976年8月，任崇明县教师进修学校政治组教师、党支部副书记。1976年8月至1978年11月，任崇明县教育局办公室秘书。

1978年11月至1981年4月，先后任崇明县教育局党委委员、办公室负责人、秘书股股长。1981年4月至1982年5月，任崇明县教育局党委副书记。1982年5月至1984年2月，调任为中共崇明县委组织部负责人。1984年2月至1990年4月，任中共崇明县委副书记。1990年4月至1998年3月，任中共崇明县委副书记。1992年10月出席中国共产党第十四次全国代表大会。1990年4月至1998年3月任政协崇明县第八届、第九届委员会主席，党组书记。政协上海市第七届、第八届委员会委员。1998年3月至2007年2月，任崇明县第十二届、第十三届人大常委会主任，党组书记。上海市第十一届、十二届人大代表。其间于1998年2月至2007年12月任上海市第十一届、第十二届人大常委会委员、市人大教科文卫委员会委员。2008年5月退休。

五、黄振兴

黄振兴，汉族，上海市崇明县人，1941年6月生，高中文化程度，政工师。1958年12月加入中国共产党，1960年9月参加工作。1957年7月，毕业于崇明县弘道中学。1957年7月至1960年9月，任崇明县堡镇公社二大队团支部书记。1960年9月至1960年12月，在中国人民解放军海军东海舰队服役。1960年12月至1965年3月，任海军快艇41大队1中队信号兵、班长。1965年3月至1969年3月，先后任海军快艇41大队副防化业务长、防化业务长。1969年3月至1978年1月，先后任海军快艇6大队政治部组织科干事、副科长。1978年10月至1983年2月，任海军旅顺基地政治部组织处副处长。1983年2月至1984年3月，在中共崇明县委干部考察组工作。1984年3月至1986年10月，先后任中共堡镇镇委员会代书记、书记。1986年10月至1993年2月，任中共崇明县委常委、组织部部长。1993年4月至1998年3月，任政协崇明县第九届委员会副主席。1998年3月至2002年9月，任政协崇明县第十届委员会主席、党组书记。政协上海市第八届、第九届委员会委员。2002年4月退休。

六、邵礼达

邵礼达，汉族，上海市崇明县人，1944年11月生，大专文化程度。1961年7月参加工作，1963年6月加入中国共产党。1961年7月，参加中国人民解放军，在上海警备区77团炮1连服役，后任班长。1965年5月至1966年10月，任上海警备区守备4团122加农炮连排长。1966年11月至1972年3月，先后任上海警备区守备1师司令部作训科参谋、副科长。1972年3月至1973年10月，任空军高射炮兵第8师政治部组织科副科长。1973年10月至1979年11月，任空军高射炮兵第22团政治处主任(其间，于1978年3月至1979年8月参加中国人民解放军政治学院政工专业学习并毕业)。1979年11月至1981年8月，任空军高射炮兵第22团政委。1981年9月至1988年12月，任空军高射炮兵第8师政治部主任。1988年12月至1993年1月，任崇明师范学校党支部书记。1993年1月至1998年1月，任中共崇明县委常委、县纪委书记、县监委主任。1998年1月至2002年8月，任中共崇明县委副书记、政法委书记。2002年9月至2003年3月，任政协崇明县第十届委员会主席。2002年9月至2003年1月，任县政协党组书记。2003年2月至2004年11月，为助理巡视员。2004年12月退休。

七、范陈杰

范陈杰，汉族，江苏省南通市人，1947年12月生，在职研究生毕业，高级政工师。1966年5月加入中国共产党，1968年8月参加工作。1968年8月至1970年5月，在上海市长江农场26连当职工。1970年5月至1971年11月，任上海市长江农场26连副指导员。1971年11月至1974年2月，任上海市长江农

场26连党支部副书记。1974年2月至1978年12月，先后任上海动植物检疫所党支部委员、副书记。1978年12月至1984年2月，任上海动植物检疫所副所长(其间，于1980年10月至1983年7月，参加上海农学院农业经济管理干部专修班学习并毕业；1983年7月至1983年12月，借往中共上海市农村工作党委参加干部考察工作；1983年12月至1984年2月，借往市委整党办组织组工作)。1984年2月至1987年5月，任上海市农业局党委委员、办公室主任(其间，于1984年9月至1986年7月，参加中央党校党政管理专业研究生班学习并毕业)。1987年5月至2003年1月，任上海市农林局党委副书记。2003年1月至2003年3月，任崇明县政协党组书记。2003年3月至2011年1月，任政协崇明县第十一届、第十二届委员会主席、党组书记，政协上海市第十届、十一届委员会委员。2011年3月退休。

八、施建华

施建华，汉族，上海市崇明县人，1956年1月生，大学文化程度，在职研究生毕业。1973年3月加入中国共产党，1982年7月参加工作。1971年1月至1973年6月，任崇明县大同公社向阳大队团支部副书记。1973年6月至1977年11月，任崇明县大同公社团委专职副书记(其间，于1975年2月至1977年11月，借共青团崇明县委员会工作)。1977年11月至1978年9月，任崇明县大同公社机关干部(其间，于1978年5月至1978年9月，驻崇明县裕安公社10大队任“双打”工作队副队长)。1978年9月至1982年7月，就读于华东师范大学政教系。1982年7月至1985年4月，任中共崇明县委宣传部干事(其间，于1983年12月至1985年4月，任县整党办秘书)。1985年4月至1991年4月，任中共崇明县委党校副校长。1991年4月至1994年4月，任中共崇明县委宣传部副部长(其间，于1992年8月至1993年5月，兼任崇明县广播电视局局长；1993年9月至1997年5月参加上海大学管理学院管理工程专业在职研究生班学习并毕业)。1994年4月至1995年9月，任中共崇明县三星镇委员会书记、三星镇人大主席。1995年9月至2000年10月，任中共崇明县委常委、宣传部部长。2000年10月至2002年3月，任中共崇明县委常委、县纪委书记、县监委主任。2002年3月至2006年11月，任中共崇明县委副书记、县纪委书记、县监委主任。2006年11月至2009年7月，任中共崇明县委副书记、县委政法委书记。2009年7月至2011年12月，任中共崇明县委副书记、县委政法委书记、县委党校校长、县委党校校委会主任。2011年1月，任政协崇明县第十二届委员会主席、党组书记。2012年1月起，任政协崇明县第十三届委员会主席、党组书记。政协上海市第十一届、第十二届委员会委员。

第二节　县政协副主席简介

一、顾　青

顾青，又名顾锡祥，汉族，江苏省如东县人，1925年7月生，出生地江苏省南通县，初中文化程度。1940年4月参加工作，1941年4月加入中国共产党。1940年6月至1951年7月，先后任如东县掘东区农抗会科长、予和乡副乡长和中共予和乡党支部书记，南通县三余区政府民政科长、宣传科长、中共三余区委书记，中共南通县委青委会书记。1951年7月至1957年10月，先后任中共崇明县委委员、团县委书记、中共崇明县委宣传部长、中共崇明县委副书记、第二书记，中共南通地委讲师团团长。1957年10月至1959年2月，任中共崇明县委第三书记。1959年2月至1963年3月，任中共崇明县委书记。1963年4月至1966年8月，任中共崇明

县委副书记。1966年8月至1966年12月，待分配。1966年12月至1967年1月，任上海市农委农机组副组长。1967年1月至1969年11月，被靠边审查，派往“五七”干校劳动。1969年11月至1974年3月，任黑龙江省嫒珲县上马厂公社党委委员、曙光大队知青队长。1974年3月至1976年3月，任上海市赴黑龙江省知青慰问团团员。1976年3月至1977年11月，任崇明县革委会卫生局党组副组长。1977年11月至1979年2月，任中共崇明县委宣传部部长兼县委党校副校长。1979年2月至1981年7月，任崇明县革命委员会副主任。1981年6月至1986年4月，任政协崇明县第五届、第六届委员会副主席。1985年1月离职休养。

二、黄冠球

黄冠球，又名黄忠，汉族，江苏省启东市人，1928年1月生，初中文化程度。1947年12月参加工作，1947年11月加入中国共产党。1947年12月至1949年2月，先后任启东县启西区源勇乡财务、启西区财粮分局局员。1949年3月至1951年5月，先后任崇明工作委员会财经队学员、崇明二区财粮分局副主任、三星区公所财粮主任、三星区公所组织委员。1951年6月至8月，派往中共苏北区党校学习。1951年9月至1966年12月，先后任中共崇明县委组织部组织员、中粮公司崇明县分公司副主任、中共陈家镇区委员会副书记兼副区长、中共三星区委员会副书记、县财贸部副部长、县委宣传部副部长、中共庙镇区委员会第一书记、中共三星乡委员会书记、中共三星公社委员会书记、县委宣传部部长。1967年1月至1969年9月，被批斗，派往“五七”干校劳动。1969年10月至1975年10月，先后任崇明县邮电局革委会主任、县革委会政工组组长、新河公社党委书记、合作公社党委书记、海桥公社党委书记。1975年11月至1978年1月，因病休息。1978年2月至1979年2月，任中共崇明县委宣传部副部长。1979年4月至1980年2月，任中共崇明县委统战部负责人。1980年2月至1987年4月，任中共崇明县委统战部部长，其间于1981年6月至1987年4月，任政协崇明县第五届、第六届委员会副主席。1987年4月，任中共崇明县委调研员。1988年7月离职休养。

三、唐丽光

唐丽光，女，汉族，上海市青浦县人，1934年6月生，大学文化程度，副主任医师。1958年9月参加工作，1985年12月加入中国共产党。1958年8月，毕业于苏州医学院。1958年9月至1978年4月，任崇明县中心医院内科医师。1978年4月至1987年，任崇明县中心医院内科主治医师。1984年—1988年，任崇明县中心医院院长。1988年3月起，任副主任医师。其间于1984年4月至1987年4月，任政协崇明县第六届委员会副主席。1994年6月退休。

四、黄茂生

黄茂生，汉族，上海市崇明县人，1935年5月生，大学文化程度，高级工程师。1985年12月加入中国共产党。1964年8月，毕业于上海水产学院。1964年8月至1982年3月，先后在浙江省淡水水产研究所、浙江省水产厅担任技术工作。1982年3月至1987年3月，先后任崇明县水产养殖场副场长、场长。1987年4月至1993年4月，任崇明县水产技术推广站站长、党支部书记。1993年5月至1995年2月，在县农委水产科工作。1995年3月至1995年5月，在县水产技术推广站工作。其间于1984年4月至1987年4月，任政协崇明县第六届委员会副主席。1995年5月退休。

五、宋 斌

宋斌，汉族，江苏省如东县人，1930年11月生，初中文化程度。1946年11月参加工作，1949年5月加入中国共产党。1946年10月至1947年9月，任如东县兵房贷管（税务）所征收员。1947年10月至1948年2月，任如东县兵房贷管（税务）所副所长。1948年3月至1949年2月，任如东县掘港贷管（税务）所所长。1949年3月至1952年2月，先后任如东县人民政府文书、文印股长。1952年3月至1952年8月，任如东县公安局秘书。1952年9月至1953年10月，任如东县工商科主任科员。1953年11月至1956年5月，任崇明县工商科副科长。1956年6月至1957年2月，先后任崇明县工商科副科长、商业科副科长。1957年2月至1966年9月，任崇明县商业局副局长兼工商科科长（其间于1959年5月至1960年5月在北京中央商业干部学校学习）。1966年9月至1969年3月，受“文化大革命”冲击，靠边劳动。1969年4月至1972年1月，参加工作队。1972年2月至1979年5月，先后任崇明县渔业公社党委秘书、公社办公室主任、公社党委委员、公社管委会副主任。1979年6月至1981年2月，任崇明县供销合作社党委委员、副主任。1981年3月至1981年9月，在北京参加供销合作总社地区主任学习班学习。1981年10月起，先后任崇明县供销合作社党委书记、副主任、主任。1986年4月至1990年4月，任政协崇明县第六届、第七届委员会副主席。其间，于1987年10月至1990年5月，任中共崇明县委统战部部长，政协上海市第七届委员会委员。1990年12月离职休养。

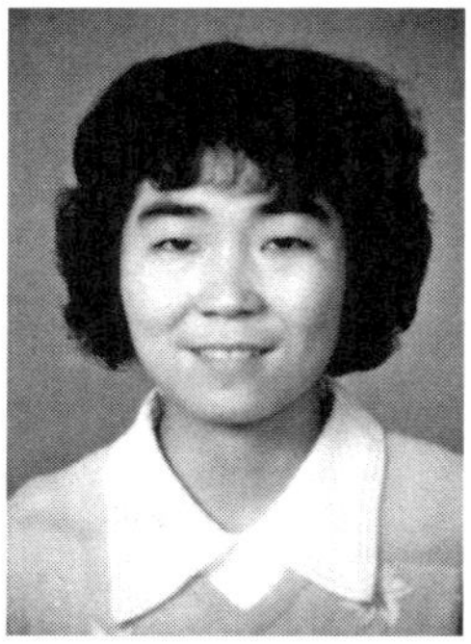

六、黄和招

黄和招，女，汉族，原籍台湾高雄市，1950年7月生，出生于日本京都，高中文化程度。1968年9月至1984年12月，任崇明县印刷厂车间副主任。1984年12月至1993年3月，任崇明县归国华侨联合会主席。1987年4月至1993年4月，任政协崇明县第七届、第八届委员会副主席。1993年5月，移居日本国。

七、施兆发

施兆发，汉族，江苏省通州市人，1935年4月生，大专文化程度，主任医师。1955年4月参加工作，1988年加入中国农工民主党。1955年4月至1958年8月，任崇明县中心医院外科医生。1958年8月至1961年5月，在苏州医学院医疗专业学习并毕业。1961年5月至1963年8月，任崇明县中心医院外科医师。1963年8月至1965年5月，在上海第二医科大学高级医师进修班学习并结业。1965年6月至2005年3月，任崇明县中心医院外科主任。其间于1987年4月至1998年3月，任政协崇明县第七届、第八届、第九届委员会副主席。1989年6月至1993年12月，任农工党崇明县支部主任委员。1993年12月至2001年9月，任农工党崇明县委主任委员。2005年4月退休。

八、罗永祥

罗永祥，汉族，上海市崇明县人，1942年8月生，大学文化程度。1967年7月参加工作，1988年6月加入中国民主促进会。1967年7月，毕业于上海师范学院中文系。1968年8月至1972年4月，任崇明县江口公社启瀛中学教师。1972年5月至1990年10月，先后任崇明县人民广播站、崇明县人民广播电台编辑、新闻部负责人。1990年11月至1993年4月，任崇明县侨务办公室副主任。1993年5月至1997年11月，任中共崇明县委统战部侨务科科长。其间于1992年10月起兼任崇明县归国华侨联合会第三

届、第四届、第五届副主席。1997 年 12 月至 2007 年 7 月，任崇明县侨务办公室副主任。1992 年 10 月起任民进崇明县委第一届、第二届、第三届主任委员，并于 1992 年 6 月当选民进上海市第七次代表大会代表、1992 年 12 月当选民进第七次全国代表大会代表、1992 年当选民进上海市十一届委员会候补委员、1997 年当选民进上海市十二届委员会委员。其间于 1987 年 4 月至 1990 年 4 月，任政协崇明县第七届委员会副主席。1993 年 4 月至 2007 年 2 月，任政协崇明县第九届、第十届、第十一届委员会副主席。2007 年 7 月退休。

九、姚振尧

姚振尧，汉族，原籍安徽省桐城县，1936 年 3 月生，出生于上海市长宁区，大专文化程度。1956 年 8 月至 1960 年 7 月，在上海外国语学院学习。1960 年 8 月至 1960 年 11 月，任崇明县宏达中学外语教师。1960 年 12 月至 1974 年 12 月，任崇明县三星中学外语教师、外语教研组组长。1975 年 1 月至 1988 年 1 月，先后任崇明县教师进修学校外语组组长、教研组组长。1988 年 1 月至 1989 年 3 月，任上海市崇明师范学校副校长。1989 年 3 月至 2001 年 1 月，任上海电视大学崇明分校校长，兼任上海市崇明科技培训中心主任。其间于 1990 年 4 月至 2001 年 1 月，任政协崇明县第八届、第九届、第十届委员会副主席。2001 年 1 月退休。

十、仇永鸣

仇永鸣，汉族，上海市崇明县人，1940 年 12 月生，研究生学历，高级工程师。1964 年 1 月加入中国共产党，1964 年 9 月参加工作。1964 年 9 月至 1968 年 4 月，在上海交通大学金属材料专业研究生班学习。1968 年 4 月至 1968 年 9 月，任中华人民共和国第五机械工业部五二研究所技术员。1968 年 9 月至 1970 年 5 月，在中国人民解放军 4658 部队军垦农场接受再教育。1970 年 5 月至 1979 年 1 月，先后任国营六一七厂热处理车间技术员、技术组长、副主任。1979 年 1 月至 1984 年 9 月，先后任宝钢研究所钢管室负责人、副主任。1984 年 9 月至 1987 年 9 月，任崇明县经济委员会副主任、县城镇集体工业联合社主任、上海市城镇集体工业联合社常务理事。1987 年 9 月至 1990 年 4 月，任崇明县计划委员会主任。1990 年 4 月至 1993 年 4 月，任崇明县副县长。1993 年 4 月至 2001 年 1 月，任政协崇明县第九届、第十届委员会副主席。2000 年 12 月退休。

十一、周祖安

周祖安，女，汉族，上海市崇明县人，1945 年 2 月生，大学文化程度。1965 年 12 月加入中国共产党，

1967 年 9 月参加工作。1962 年 9 月至 1968 年 9 月，在华东纺织工学院学习。1968 年 9 月至 1973 年 9 月，任江苏省南通县红旗纺织厂技术员。1973 年 9 月至 1974 年 1 月，任江苏省南通地区轻工业局纺工科技术员。1974 年 2 月至 1978 年 10 月，任江苏省南通市纺织公司生产股副股长。1978 年 11 月至 1979 年 12 月，任崇明县农机工业局技术股副股长。1980 年 1 月至 1981 年 3 月，任崇明县社队工业局生产计划股副股长。1981 年 3 月至 1982 年 9 月，任崇明县纺织工业公司行政负责人。1982 年 10 月至 1983 年 6 月，负责崇明县三星色织厂企业整顿试点工作。1983 年 6 月至 1985 年 4 月，任崇明县社队工业局纺织组负责人。1985 年 4 月至 1986 年 5 月，任崇明县纺织工业公司经理。1986 年 5 月至 1987 年 4 月，任崇

明县人民政府办公室副主任。1987年4月至1998年3月，任崇明县副县长。1998年3月至2003年3月，任政协崇明县第十届委员会副主席、中共崇明县委统战部部长。政协上海市第九届委员会委员。2005年4月退休。

十二、黄　雄

黄雄，汉族，江苏省海门市人，1938年12月生，大学文化程度，高级工程师。1958年9月至1963年7月，在上海复旦大学化学系学习。1963年7月至1966年8月，任中国科学院上海有机化学研究所实习研究员。1966年8月至1970年12月，任崇明县大新中学教师。1970年12月至1984年2月，崇明县制药厂工作，历任技术员、副厂长、厂长。1984年2月至1998年3月，任崇明县副县长。1998年3月至2003年3月，任政协崇明县第十届委员会副主席。2003年6月退休。

十三、袁佳平

袁佳平，汉族，上海市崇明县人，1952年9月生，大专文化程度。1972年7月加入中国共产党，1980年11月参加工作。1980年11月至1983年12月，任崇明县城北公社管委会副主任。1983年12月至1987年3月，任崇明县港东公社副社长。1987年3月至1992年8月，任崇明县港东乡副乡长(其间，于1987年3月至1988年7月，参加上海大学商学院企业管理专科学习并毕业)。1992年8月至1993年7月，任崇明县城桥乡党委副书记、城桥乡乡长。1993年7月至1997年6月，任崇明县堡镇镇党委副书记、堡镇镇镇长。1997年6月至2000年12月，任崇明县堡镇镇党委书记。2000年12月至2001年12月，任崇明县堡镇党委书记。2001年12月至2002年8月，任崇明县人民政府党组成员。2002年8月至2003年3月，任崇明县人民政府党组成员、调研员。2003年3月至2007年2月，任政协崇明县第十一届委员会副主席、中共崇明县委统战部部长。2007年2月至2012年1月，任政协崇明县第十二届委员会副主席。政协上海市第十届委员会委员。2012年1月，任县副巡视员。2013年4月退休。

十四、王　菁

王菁，女，汉族，宁夏回族自治区银川市人，1962年9月生，大学学历，中学高级教师。1983年7月参加工作，1992年10月加入中国民主同盟。1979年7月至1983年7月，在上海师范大学生物系学习。1983年7月至1987年7月，任崇明县新河镇大新中学教师。1987年7月至1997年7月，任崇明中学教师(其间，于1995年9月至1997年7月在上海师范大学教育科学学院发展与教育心理学研究生课程班学习并结业)。1997年7月至1998年7月，任崇明中学教务处副主任。1998年7月至2000年7月，任崇明中学校长助理，教务处副主任。2000年7月至2001年3月，任崇明中学校长助理、教务处主任。2001年3月至2001年7月，任崇明中学副校长、教务处主任。2001年7月至2005年1月，任崇明中学副校长。2005年1月至2005年8月，任崇明县教育局副局长。2005年8月至2006年9月，任崇明县人民政府办公室副主任。2006年9月至2007年2月，任崇明县人民政府办公室副主任、县合作交流办主任。2007年2月至2008年1月，任崇明县人民政府办公室副主任、县合作交流办主任、接待办主任。2008年1月至2009年8月，任崇明县教育局局长。2009年8月至2009年11月，任崇明县副县长、兼县教育局局长。其间，任民盟崇明县委第三届、第四届、第五届委员会主任委员，于2003年3月至2009年8月，任政协崇明县第十一届、第十二届委员会副主席。上海市第十二届人大代表。2009

年11月起，任崇明县副县长。

十五、吴复安

吴复安，汉族，上海市人，1948年6月生，大专文化程度。1968年7月毕业于上海财政金融学校。1968年7至1988年1月，先后任崇明县海桥供销社营业员、会计、副主任、主任。1988年1月至1992年11月，任崇明县城桥供销社主任。1992年11月至1993年4月，任崇明县工商联副主任委员。1993年5月至2000年12月，任崇明县商业委员会副主任。1997年5月至2001年1月任崇明县工商联副会长。2001年1月至2006年12月，任崇明县工商联会长。2003年3月至2007年2月，任政协崇明县第十一届委员会副主席。2008年6月退休。

十六、王为群

王为群，女，汉族，原籍江苏省启东市，1958年5月生，出生于上海市崇明县。大学文化程度，主治医师、政工师。1974年5月参加工作，1985年2月加入中国共产党。1974年5月至1976年12月，在崇明县新村公社新村大队插队（其间，于1974年5月至1975年5月在崇明县城桥医院、合作卫生院学习中医，1975年6月至1975年12月在崇明县中心医院妇产科学习）。1976年12月至1978年12月，在崇明卫生学校医士班学习。1978年12月至1981年1月，任崇明卫生学校教师、县卫生局团委副书记。1981年1月至1982年3月，在上海卫生职工医学院卫生管理专业学习并毕业。1985年7月至1986年10月，先后任崇明县卫生局人保股、医政股、协会科员。1986年10月至1990年4月，任崇明县卫生局办公室副主任。1990年4月至1998年11月，任崇明县卫生局党委委员、组织科科长。1998年11月至1999年9月，任中共崇明县委组织部副部长（其间，1997年9月至1999年12月，参加中央党校函授学院党政管理专业本科班学习并毕业）。1999年9月至2003年1月，任中共崇明县委组织部副部长、县人大常委会人事代表工作委员会副主任。2003年1月至2007年2月，任中共崇明县委常委、组织部部长。2007年2月至2012年1月，任中共崇明县委常委、统战部部长，崇明县社会主义学院院长，政协崇明县第十二届委员会副主席。2012年1月起，任中共崇明县委常委、统战部部长，崇明县社会主义学院院长，政协崇明县第十三届委员会副主席，政协上海市第十一届、第十二届委员会委员。

十七、褚以琳

褚以琳，女，汉族，浙江省杭州市人，1957年1月生，大学文化程度，会计师。1993年3月加入中国民主促进会。1974年6月至1981年1月，任上海市新海农场链条厂出纳、会计。1981年1月至1997年2月，任崇明县财政局国企所专管员、副所长、县财税局综合预算科科长、县财税局局长助理（其间于1996年3月至1998年1月参加华东师范大学研究生班国际商业管理专业学习并结业）。1997年2月至1998年3月，任崇明县人民政府办公室副主任。1998年3月至2009年7月，任崇明县副县长（其间于2000年9月至2003年8月参加上海电视大学会计学本科班学习并毕业）。2006年10月起，任民进崇明县委主任委员。2009年8月至2012年1月，任政协崇明县第十二届委员会副主席。2012年1月起，任崇明县十五届人大常委会副主任。上海市第十一届人大代表，第十届全国人大代表，政协上海市第十一届、第十二届委员会委员。

十八、施 俭

施俭，汉族，上海市崇明县人，1964 年 2 月生，大学文化程度，主任医师。1994 年 8 月加入中国农工民主党。1987 年 7 月，毕业于上海第二医科大学医疗系。1987 年 7 月至 1992 年 12 月，任崇明县中心医院外科住院医师(其间于 1990 年 10 月至 1991 年 4 月在上海市中山医院肝癌研究所进修)。1992 年 12 月至 2001 年 6 月，任崇明县中心医院主治医师、副主任医师。2001 年 6 月至 2003 年 3 月，任崇明县中心医院副院长。2003 年 3 月至 2011 年 2 月，任上海仁济医院崇明分院副院长。2011 年 2 月起，任崇明县人口和计划生育委员会主任。其间于 1998 年 3 月至 2003 年 3 月，任崇明县第十二届人大常委会委员。2001 年 6 月起任农工党崇明县委主任委员。2003 年 3 月至 2007 年 2 月，任崇明县第十三届人大常委会副主任。2007 年 2 月至 2012 年 1 月，任政协崇明县第十二届委员会副主席。2012 年 1 月起，任政协崇明县第十三届委员会副主席。

十九、周新卫

周新卫，汉族，上海市崇明县人，1954 年 11 月生，大学文化程度。1982 年 1 月，毕业于大连海运学院海渔系。1982 年 2 月至 1986 年 6 月，任上海水产学院教师。1986 年 6 月至 2006 年 12 月，先后任上海电视大学崇明分校教师、校长助理、副校长、校长、科技培训中心副主任、主任。2006 年 12 月起，任崇明县工商联主席、商会会长。其间于 2003 年 3 月至 2007 年 2 月，任崇明县第十三届人大常委会委员。2007 年 2 月至 2012 年 1 月，任政协崇明县第十二届委员会副主席。2012 年 1 月起，任政协崇明县第十三届委员会副主席。政协上海市第十一届委员会委员。

二十、沈卫国

沈卫国，汉族，上海市崇明县人，1957 年 4 月生，在职研究生学历，经济师。1976 年 6 月技加入中国共产党，1980 年 1 月参加工作。1978 年 3 月至 1980 年 1 月，在上海第六师范学校学习。1980 年 1 月至 1990 年 5 月，任崇明县人民政府办公室秘书(其间，于 1983 年 9 月至 1985 年 7 月在复旦大学中文系秘书专业大专班学习并毕业)。1990 年 5 月至 1997 年 5 月，任崇明县人民政府办公室副主任。1997 年 5 月至 1998 年 5 月，任崇明县计划委员会副主任、党组成员、经济发展研究中心主任。1998 年 5 月至 1999 年 9 月，任崇明县人民政府办公室主任(其间，于 1996 年 3 月至 1998 年 1 月参加华东师范大学在职研究生课程班学习并结业)。1999 年 9 月至 2007 年 3 月，任崇明县教育局党委书记。2007 年 3 月至 2007 年 12 月，任崇明县教育局党委书记、局长。2007 年 12 月至 2009 年 10 月，任崇明县教育局党委书记。2009 年 10 月至 2011 年 12 月，任崇明县卫生局党委副书记、局长。2012 年 1 月起任政协崇明县第十三届委员会副主席。其间于 2012 年 1 月至 2012 年 10 月，兼任县卫生局党委副书记、局长。

二十一、顾德昌

顾德昌，汉族，上海市崇明县人，1962 年 8 月生，大学文化程度，中学一级教师。2010 年 1 月加入中国国民党革命委员会。1980 年 7 月至 1984 年 7 月，在上海师范大学政教系学习。1984 年 7 月至 1996 年 7 月，先后任上海市长江农场中学教师、教务主任。1996 年 7 月至 1997 年 1 月，任上海电视大学崇明分校教师。1997 年 1 月至 2004 年 7 月，先后任上海电视大学崇明分校教务副主任、主任、校长助理。2004 年 7 月至 2007 年 7 月，任上海电视大学崇明分校副校长兼教务主任。2007 年 8 月起，任上海电视大学崇明分校校长、崇明科技培训中心主任，崇明县社区学院院长，崇明县成人教师进修学校校长，上海市崇明瀛通老年大学校长。其间于 2010 年 5 月，任民革崇明县支部主任委员。2010 年 1 月至 2012 年 1 月，任政协崇明县第十二届常务委员会委员。2012 年 1 月起，任政协崇明县第十三届委员会副主席。2012 年 4 月，当选民革上海市委委员，任民革上海市委教育与科技委员会副主任。

第三节 县政协秘书长

一、陈启刚

陈启刚，汉族，江苏省启东市人，1928 年 1 月生，初中文化程度。1943 年 1 月加入中国共产党。1943 年—1947 年任村副财政助理。1947 年—1949 年任村长。1949 年—1951 年，先后任崇明县知青队组长、工作组组长、指导员、副镇长、民政助理、秘书。1951 年—1964 年，先后任崇明县堡镇区秘书、中共崇明县委统战部秘书、中共崇明县委宣传部理论教员、县直属机关党总支书记、县委统战部副部长、政协崇明县第三届、第四届委员会秘书长。1964 年—1966 年，任中共崇明县委办公室主任。1966 年—1971 年，下放劳动，搞调查研究。1971 年 4 月，调南汇县，先后任南汇县卫生局局长、党委书记，县文教局局长、党委书记。1977 年 12 月，任南汇县体委副主任。1981 年 4 月，任南汇县政协副秘书长。1984 年 6 月，任南汇县人大常委会办公室副主任、调研员。1989 年 3 月离职休养。

二、薛以霆

薛以霆，汉族，江苏省镇江市人，1929 年 4 月生，高中文化程度。1949 年 5 月参加工作，1953 年 12 月加入中国共产党。1949 年 5 月至 1954 年 3 月，先后任中国人民银行上海分行虹口区办事处办理员、分理处主管员。1954 年 4 月至 1959 年 2 月，任中共上海市虹口区委工业部秘书、秘书科副科长。1959 年 2 月至 1966 年 7 月，任崇明县竖河公社党委委员、副社长。1966 年 7 月至 1967 年 4 月，任中共上海市委市政交通政治部办公室干部。1967 年 5 月至 1968 年 10 月，任崇明县竖河公社机关干部。1968 年 10 月至 1969 年 12 月，任崇明县抄家物资处理处办公室负责人。1970 年 1 月至 1971 年 5 月，任崇明县“一打三反”办公室负责人。1971 年 5 月至 1980 年 3 月，先后派往崇明县“五七”干校劳动，后任县党校党委委员、教研组长。1980 年 4 月至 1986 年 9 月，任政协崇明县第四届、第五届委员会副秘书长。1986 年 9 月至 1989 年 3 月，任政协崇明县第六届、第七届委员会秘书长。1989 年 4 月退休。

三、顾建新

顾建新，汉族，上海市崇明县人，1947 年 10 月生，大学文化程度，经济师、高级政工师。1970 年 8 月加入中国共产党。1974 年 3 月，毕业于北京大学历史系。1974 年 3 月至 1976 年 10 月，先后任中共崇明县委、县革委会办公室秘书。1976 年 10 月至 1977 年 5 月，任崇明县新民乡新民村工作队队员。1977 年 5 月至 1986 年 10 月，任中共崇明县委办公室秘书。1986 年 10 月至 1990 年 3 月，任中共崇明县委办公室副主任。1990年3月至1994年3月，任政协崇明县第八届、第九届委员会秘书长。1994年3月至2007年10月，任崇明县工业园区管委会副主任、副总经理。2007年10月退休。

四、刘亚池

刘亚池，女，汉族，上海市崇明县人，1951年5月生，大专文化程度，政工师。1972年10月加入中国共产党。1973年7月至1976年8月，先后任崇明县城桥乡团委书记、党委委员、革委会副主任。1978年10月至1984年10月，任共青团崇明县委员会副书记。1984年2月至1985年7月，在崇明县干部文化学校学习。1985年7月至1985年9月，在县整党办工作。1985年9月至1987年7月，在上海师范大学学习。1987年8月至1987年9月，在中共崇明县委政策研究室工作。1987年9月至1988年7月，任崇明县计划生育委员会副主任。1988年7月至1994年3月，任中共崇明县委统战部副部长。1994年3月至2001年9月，任政协崇明县第九届、第十届委员会秘书长。2001年9月至2005年10月，任崇明县归国华侨联合会主席。2006年5月退休。

五、陈汉刚

陈汉刚，汉族，上海市崇明县人，1956年8月生，大专文化程度，经济师。1974年9月参加工作，1981年6月加入中国共产党。1974年9月至1975年2月，崇明县堡镇公社广播站工作。1975年2月至1980年12月，崇明县堡镇公社科技站工作兼公社团委副书记。1980年12月至1982年10月，崇明县堡镇公社经营管理办公室工作兼公社团委副书记。1982年10月至1984年2月，任崇明县堡镇公社团委书记。1984年2月至1985年7月，崇明县干部文化学校学习。1985年7月至1985年9月，崇明县堡镇乡整党办公室工作。1985年9月至1987年8月，上海农学院农村经济管理专业学习。1987年8月至1990年9月，中共崇明县委政策研究室工作。1990年9月至1993年4月，任中共崇明县委政策研究室副主任。1993年4月至1997年12月，任中共崇明县委办公室副主任。1997年12月至2001年9月，任中共崇明县委办公室副主任、崇明县档案局局长、中共崇明县级机关工作委员会委员。2001年9月至2001年12月，任中共崇明县委办公室副主任、崇明县档案局局长、中共崇明县级机关工作委员会委员、中共崇明县政协党组成员、崇明县政协代理秘书长。2001年12月至2002年3月，任中共崇明县政协党组成员、崇明县政协代理秘书长、崇明县政协办公室主任。2002年3月起，任中共崇明县政协党组成员，政协崇明县第十届、第十一届、第十二届、第十三届委员会秘书长，政协崇明县委员会办公室主任。

第三章　人物名录

本章收录一届至十三届县政协主席15人次、副主席66人次、秘书长14人次、常务委员316人次、委员2 121人次，五届至十三届县政协第一次全体会议主席团成员253人次、秘书长9人次、提案审查委员会成员75人次，历届县政协内设办事机构负责人39人次、委(组)负责人343人次，县政协第九届至第十二届评选的优秀政协委员144人次，在崇明的五届至十二届上海市政协委员30人次，崇明籍人士当选为全国政协委员13人。

第一节　历届县政协主席、副主席、秘书长、常务委员、委员名录

常务委员和界别委员以姓氏笔画为序排列。因无资料可查，一届至四届县政协届中人员变动情况未能反映。

一、县政协第一届委员会名录

（1956 年 3 月—1958 年 4 月）

主　席	王乐三					
副主席	徐鼎铨	樊伯平	咸文和	范春如	施桂馨	
常务委员	王显夫	朱丹九	刘　蔚	沈　璞	沈文范	陆　和(女)
	陈启刚	邵仲衡	季永珍	季伯康	庞继勋	赵志良
	施国英(女)	施绳武	黄士奇	黄炎治	黄祥茂	黄曾望
	蔡申甫					
委　员						
中国共产党崇明县委员会		王乐三	朱　明	朱仲达	刘　湘(女)	刘　蔚
		吴献文	宋　斌	陆友明	陈启刚	季永珍
		季伯康	咸文和	顾炳元	倪师孟	赵志良
		赵养俭	黄吉谦			
工　人	杨仲高	陈维狗	蔡文焕			
农　民	宋洪章	茅宗浩				
妇　女	倪爱德(女)	梅士芬(女)	蒋淑贞(女)			
青年、学生	万震东	朱　庆(女)	邱炳生	沈洪才	施汉梁	盛振家
供销合作社	庞继勋	徐　杰				
工商界	朱希圣	孙春元	李　珮(女)	沈　璞	宋南华	张学明
	张俊才	张继生	陆　聘	陆秉文	陆顺川	陈铭新
	陈鼎煊	陈毓琛	封雪侯	施允恭	施绳武	徐鼎铨
	黄文西	黄成义	黄炎治	黄祥茂	龚聘侯	董文祥
	程希灏					
文　教	朱邦远	朱冠军	朱鸿泉	江一帆	纪匹夫	沈文范
	沈柏春	陆　和(女)	陈云章	陈述如	施国英(女)	施孟驹
	袁济东	顾成斐	黄楚先	黄德仁	龚镜澄	盛企康
	屠长林	筱少琴(女)	蔡焕昌	樊伯平		
科　技	邵仲衡	施桂馨				
渔　民	蔡才甫					
报　社	陈士新	姚振祥				
医　务	王显夫	王琢人	朱丹九	汤士骙	杨守仁	沈祖昌
	陆士堂	陆叔明	陆颖芳(女)	陈兆桢	范春如	施文德
	施余生	黄士方	黄曾望	龚福祥		
社会民主人士	陆伯良	施保昌	施剑秋	洪道明	蔡申甫	
宗教界	张驾云(女)	黄士奇				

二、县政协第二届委员会名录

（1958 年 4 月—1961 年 9 月）

主　席	张惠和					
副主席	咸文和	徐鼎铨	范春如	施桂馨		
常务委员	王显夫	朱耀熙	刘　蔚	沈　璞	沈文范	陆　和（女）
	季永珍	赵志良	施绳武	倪师孟	黄士奇	黄炎治
	黄曾望	龚镜澄	崔公烈	程希灏	蔡申甫	
委　员						
中国共产党崇明县委员会		朱耀熙	刘　蔚	刘　湘（女）	张惠和	陈子楠
		季永珍	赵志良	咸文和	顾洪福	顾　青
		蔡德先				
工　人	杨仲高	沈文彩	陈　健	陈亚平	陈维耈	庞继勋
	蔡文焕					
农　民	宋洪章	陆友明	陈海甫	茅宗浩	黄吉谦	
妇　女	倪爱德（女）	徐　忠（女）	梅士芬（女）			
青　年	朱　庆（女）	陈学明	赵品章	施汉梁		
手工业	孙付清	茅夏团				
工商界	朱希圣	朱镜屏	孙春元	李　珮（女）	沈　璞	宋　斌
	宋南华	张　鋕	张学明	张俊才	陆　聘	陈启刚
	陈品方	陈鼎煊	陈毓琛	封雪侯	施允恭	施绳武
	祝朝纲	顾尹耕	徐　杰	徐鼎铨	黄文熙	黄成义
	黄炎治	龚聘侯	董文祥	程希灏		
文教界	朱邦远	朱鸿泉	江一帆	纪匹夫	沈文范	沈柏春
	陆　和（女）	陈述如	赵养俭	施国英（女）	施孟驹	袁济东
	顾成斐	倪师孟	唐禹平	黄楚先	黄德仁	龚镜澄
	盛企康	崔公烈	屠长林	筱少琴（女）	樊伯平	
科　技	邵仲衡	施桂馨	龚乔木			
渔　业	蔡才甫					
大众报社	沈文明					
医卫界	王显夫	朱丹九	汤士骙	杨守仁	沈祖昌	陆士堂
	陆善培	陆颖芳（女）	陈吕簧	陈兆桢	范春如	施文德
	施余生	黄土芳	黄曾望	黄静贞（女）	龚福祥	
社会民主人士	陆伯良	施保昌	施剑秋	洪道明	谢志清	蔡申甫
宗教界	张驾云（女）	陈宏孝（女）	常　定	袁　达	黄士奇	

三、县政协第三届委员会名录

（1961 年 9 月—1963 年 11 月）

主　席	张惠和					
副主席	咸文和	徐鼎铨	范春如	施桂馨		
秘书长	陈启刚					
常务委员	王显夫	朱耀熙	刘　蔚	吴文彬	沈　璞	沈文范

	陆 和(女)	季永珍	赵志良	施绳武	黄士奇	黄炎治
	黄曾望	龚镜澄	崔公烈	程希灏	蔡申甫	
委 员						
中国共产党崇明县委员会		朱耀熙	刘 蔚	张贻树	张惠和	陈子楠
		陈启刚	季永珍	赵志良	咸文和	顾 青
		黄维荣	蔡德先	戴云龙		
工 会	杨玉林	张昌贤	陈 健	陈永祥	陈亚平	陈维耈
	庞继勋					
农 会	吴文彬	沈国柱	宋洪章	陈海甫	茅宗浩	
妇 联	季素英(女)	梅士芬(女)				
共青团	朱 庆(女)	袁文玉(女)				
手工业	孙富清	吴家超				
工商界	朱希圣	朱镜屏	孙春元	李 珮(女)	沈 玮	沈 璞
	沈其善	宋 斌	宋南华	张 鍒	张学明	张俊才
	陆 聘	陈学明	陈品方	陈鼎煊	陈毓琛	施绳武
	祝朝纲	顾尹耕	徐 杰	徐鼎铨	黄文熙	黄成义
	黄炎治	黄祥茂	黄清源	程希灏		
文教界	朱帮远	朱鸿泉	江一帆	纪匹夫	沈文范	沈文庭
	沈柏春	陆 和(女)	陈述如	施汉梁	施孟駒	祝荪如
	袁济东	顾成斐	徐知方	唐禹平	黄楚先	黄德仁
	龚镜澄	盛企康	崔公烈	筱少琴(女)	戴希和	
科 技	邵仲衡	施桂馨	龚乔木	谭 鼎		
渔 民	蔡才甫					
医卫界	王显夫	朱丹九	汤士骙	杨守仁	沈祖昌	张文韵(女)
	陆士堂	陆善培	陈吕篑	陈兆桢	范春如	赵养俭
	俞麟森	施文德	施余生	徐文俊	黄曾望	黄静贞(女)
	龚福祥					
社会民主人士	陆伯良	施保昌	施剑秋	洪道明	顾履若	谢一清
	蔡申甫					
宗教界	陈宏孝(女)	常 定	黄士奇	蔡瑞麟		

四、县政协第四届委员会名录

(1963 年 11 月—1981 年 6 月)

主 席	张惠和					
副主席	咸文和	徐鼎铨	范春如	施桂馨		
秘书长	陈启刚					
常务委员	王显夫	刘 蔚	沈 璞	沈文范	陆 和(女)	季永珍
	施绳武	黄士奇	黄炎治	黄曾望	龚镜澄	崔公烈
	程希灏	蔡申甫	戴希和			
委 员						
中国共产党崇明县委员会		朱耀熙	刘 蔚	沈 迪	沈国柱	张惠和
		陈启刚	季永珍	赵志良	咸文和	顾 青

		黄维雄				
工　会	万震东	杨玉林	张昌贤	陈永祥	陈亚平	陈维耇
	庞继勋					
农　会	吴文彬	宋洪章	陈海甫	茅宗浩		
妇　联	梅士芬(女)	黄慧英(女)				
共青团	沈　杰	郁瑞平				
手工业	孙富清	吴家超				
工商界	朱希圣	朱镜屏	孙春元	李　珮(女)	沈　玮	沈　璞
	沈其善	宋　斌	宋南华	张　錝	张元兴	张学明
	张俊才	陆　聘	陈品方	陈鼎煊	陈毓琛	施绳武
	祝朝纲	顾尹耕	徐　杰	徐鼎铨	黄文熙	黄成义
	黄炎治	黄祥茂	黄清源	程希灏		
文教界	朱邦远	朱鸿泉	江一帆	纪匹夫	沈文范	沈玉堂
	沈伯春	沈秉章	陆　和(女)	陈述如	赵仁臣	施汉梁
	施孟駒	祝荪如	袁济东	顾成斐	顾定一	徐知方
	黄楚先	黄德仁	龚镜澄	盛企康	崔公烈	筱少琴(女)
	戴希和					
科　技	邵仲衡	施桂馨	龚乔木	谭　鼎		
渔　民	蔡才甫					
医卫界	王显夫	朱丹九	汤士骙	杨守仁	汪玉基	沈文庭
	沈祖昌	张文韵(女)	陆树棠	陆善培	陈吕簧	陈兆桢
	范春如	赵养俭	俞麟森	施文德	施余生	徐文俊
	黄曾望	黄静珍(女)	龚福祥			
社会民主人士	陆伯良	施保昌	施剑秋	洪道明	顾履若	谢一清
	蔡申甫					
宗教界	陈宏孝(女)	常　定	黄士奇	蔡瑞麟		
邀请人士	孔嘉铨	沈伯侯	沈其孃	施尚珍	秦佐臣	倪钟美
	黄仁奎					

五、县政协第五届委员会名录

（1981 年 6 月—1984 年 4 月）

主　席	陈继明					
副主席	刘　蔚	施文德	施桂馨	顾　青	黄冠球	龚镜澄
	蔡宗锷					
秘书长	黄冠球(兼)					
常务委员	王春荣	王树桂	王焕源	朱　庆(女)	刘亚池(女)	
	祁牧民(1983 年 7 月起不再担任)			陆　和(女)	陆友明	杨士祥
	吴士新	吴献文	沈阶平	沈忠兴	严昌涛	陈金娣(女)
	陈振夏(1981 年 8 月起不再担任)			李清华	张旦华	张秀全
	范春如	郁显达	屈锦成	唐　纯	顾正中	徐鼎铨
	崔公烈	黄炎治	程希灏	薛以霆	薛林祥	薛春莲(女)

委 员

中国共产党崇明县委员会		刘 蔚	陈 新	陈继明	陆友明	李清华
		吴献文	屈锦成	唐 纯	顾 青	顾炳元
		黄冠球	蔡宗锷	薛林祥		
共青团	刘亚池(女)	俞和彬				
工 会	朱纯德	杨士祥	吴文彬	沈冠章	周祖岗	施方平
	顾 员	顾坤郎	黄文荣	臧佩娴(女)		
妇 联	朱 庆(女)	朱文娥(女)				
农 民	陈元耇	陈海甫	宋洪章	施乐群	张秀全	龚思元
	黄振兴					
工商界	宋 斌	宋南华	沈其善	陈品芳	陈毓琛	李楚培
	施建东	施其禄	顾尹耕	张玉德	张继升	徐鼎铨
	程希灏	黄炎治	黄祥茂	黄清源		
文艺界	王高犁	苏锡祺	顾冠军	薛春莲(女)		
科技界	王春荣	王树桂	王焕源	田长春	吉 林	沈忠兴
	朱耀林	吴士新	吕祖尧	施桂馨	洪晨耀	崔元信
	袁炳海	盛雅芳(女)	傅国梁	藉承斌		
教育界	吕 芳(女)	成以理(女)	纪匹夫	朱俊德	刘智敏(1982年5月增补)	
	沈文范	沈阶平	沈秉章	陆 和(女)	杨成文	季庆义
	陆纯相	陆善修	施 勤	钮文进	施汉梁	洪惠民
	姚超亭	顾文锦	顾定一	顾思三	龚镜澄	奚蕴芳(女)
	崔公烈	黄士煊	黄汉球	黄德仁	董玉驹	薛以霆
体育界	杨 炎	高能贵				
新闻界	沈召仁	张佐明				
医卫界	刘谨言	朱慧英(女)	汤士骙	陈 惠	庞 实	
	张文韵(女)	张旦华	杨秀娥(女)	陈吕篁	陆逸芳(女)	
	姜达歧(1982年5月增补)		唐丽光(女,1982年5月增补)			
	赵友仁	施文德	施伯安	范春如	顾正中	
	骆冠华	龚亚平	黄毓龙	程柔珍(女)	蔡镜如	
少数民族	马淑芳(女)	金秀娟(女)				
归国华侨	卢仲民	严昌涛				
宗教界	陈宏孝(女)	杨瀛堤(女)	郁显达	蔡瑞麟		
特别邀请人士	王守坚	王兴依(女)	王佳田	朱 洁(女)	乔国华	
	朱祖昌	祁牧民(1983年7月起不再担任)				
	杨三团	陈天麟	陈金娣(女)	陈振夏(1981年8月起不再担任)		
	施 潜	胡守中	施昌烈	徐 方	徐 忠(女)	
	钱学兰(女,1981年9月增补)					
	袁雪珍(女)	黄钟骅	黄锷丞	蔡子仁		

六、县政协第六届委员会名录

(1984年4月—1987年4月)

主 席　　施 群(1986年4月起不再担任)

副主席　顾　青(1986年4月起不再担任)　黄冠球
施桂馨(1986年4月起不再担任)　施文德　唐丽光(女)　黄茂生
宋斌(1986年4月增补)

秘书长　吴庆培(1986年9月起不再担任)　薛以霆(1986年9月增补)

常务委员　马碧芬(女)　王春荣　王益华　卢仲民　朱耀林　孙宁福
杨　炎　杨士祥　李清华(1984年8月起不再担任)
吴庆培(1986年9月起不再担任)　沈忠兴　陆　和(女)
陆开亮　张旦华　陈　惠　陈金娣(女)　陈雅珍(女)　罗永祥
昝泰昌　姚文安　顾思三　徐家隽　徐鼎铨　唐　纯
黄永洲　黄炎治　龚镜澄　薛允昌　薛以霆　薛春莲(女)

委　员

中国共产党崇明县委员会　丁成功　朱耀林　孙宁福　杜好勇
李清华(1984年8月起不再担任)　吴庆培(1986年9月起不再担任)
宋　斌　姚慕兰(女)　施　群(1986年4月起不再担任)
唐　纯　顾　青(1986年4月起不再担任)
顾思三　黄冠球　薛允昌

共青团　王益华　郁生耀(女)

工　会　朱纯德　沈冠章　杨士祥　郁锡祥　施成熙　施尧郎
顾坤郎　黄文荣　黄成祖　臧佩娴(女)

妇　联　朱文娥(女)　陈雅珍(女)

农　民　陆开亮　宋洪章　施乐群　倪凤歧　徐文慧　龚思元
盛祖培

工商界　沈其善　张继升　李楚培　施其禄　徐鼎铨　黄炎治
黄祥茂　黄清源

文艺界　沈志雄　苏锡祺　金海滨　薛春莲(女)

科技界　王泉兴　王春荣　朱锦昌　吉　林　吕祖尧　励允鸣
宋友韩　周卓伦　周祖安(女)　林鸿烈　洪晨耀
施桂馨(1986年4月起不再担任)　袁炳海　秦惠堂　顾维新
黄永洲　黄茂生　黄惠生　盛雅芳(女)　傅国梁　藉承斌

教育界　石程鼎　朱俊德　吕　芳(女)　陈治平　陆　和(女)　陆善修
沈士达　沈忠兴　沈思方　宋如兰(女)　张美玲(女)　杨成文
杨佐成　周永康　季庆义　洪惠民　姚超亭　施汉梁
昝泰昌　倪雅美(女)　奚蕴芳(女)　钱永仁　顾文锦　黄士煊
黄汉球　黄秀丽(女)　黄其昌　龚镜澄　董玉驹　薛以霆

体育界　朱景才　杨　炎

新闻界　张佐明　罗永祥

医卫界　朱文庆　刘谨言　陈　惠　陆逸芳(女)　沈望周　张旦华
张静芳(女)　杨秀娥(女)　杨忠义　骆冠华　姜达歧　施文德
施钧人　赵友仁　唐丽光(女)　徐家隽　黄毓龙　程柔珍(女)
蔡镜如　颜友庆

少数民族　马淑芳(女)　马碧芬(女)

归国华侨　卢仲民　黄锡培

宗教界　正　守　沈家元　杨瀛堤(女)　常　定　姚文安
特别邀请人士　王兴依(女)　王谨敏(女)　毛小娟(女)　乔国华　朱　浩(女)　朱镜渊
陈　新　陈伟鹤　陈金娣(女)　沈　刚　张丽琴(女)　施文彬
胡守中　高冠春　袁锡珍(女)　徐　方　徐小毛(女)　黄钟骅
龚兰芬(女)　滕志刚

七、县政协第七届委员会名录

(1987 年 4 月—1990 年 4 月)

主　席　张　彪
副主席　宋　斌　黄和招(女)　徐正林　昝泰昌　施兆发　罗永祥
秘书长　薛以霆
常务委员　马碧芬(女)　王光昭　王春荣　朱善泰　刘卫国　孙宁福
李志儒　杜佳超　杨士祥　杨益莲　励允鸣　汪文良
宋允康　宋友韩　沈显忠　陈孝运　陈金娣(女)　范希贤
周卓伦　胡文刚(1988 年 3 月增补)　姚文安　施　森　施兰芬(女)
顾鹏炎　徐鼎铨　奚玉薇(女)　黄文兴　董玉驹　蔡明英(女)
委　员
中国共产党崇明县委员会　孙宁福　陈孝运　沈志良　宋　斌　张　彪
吴鉴铭　杨士祥　胡文刚　徐正林　奚玉薇(女)
顾鹏炎　薛以霆
中国民主同盟崇明县支部委员会　杨益莲
中国民主促进会崇明县支部委员会　刘伟国
共青团　杜佳超　梅　诚
工　会　毛　琦　朱纯德　沈卓如　沈冠章　杨云鸣　郁锡祥
范宋平　施兰芬(女)　黄文荣　黄成祖　臧佩娴(女)
妇　联　王慧英(女)　陈雅珍(女)　黄林英(女)
农　民　陆开亮　吴志冲　施乐群　倪凤歧　徐文慧　徐亚英(女)
黄文兴
工商界　石建新(1988 年 3 月增补)　陆维成　沈　刚　杜好勇　唐文治
袁亦慧(女)　徐鼎铨　黄清源
文化艺术界　沈志雄　沈锦荣　李志儒　金德培　高振威　徐茂平
科技界　王春荣　朱善泰　朱锦昌　朱耀林　严鸿勋　励允鸣
沈显忠　沈鸿敏　宋友韩　张振权　周卓伦　范本范
林鸿烈　洪晨耀　姚志一　施国家　袁炳海　徐承杰
秦卫堂　钱裕令　顾维章　顾维新　黄永洲　黄惠生
崔元信　盛　鑫　傅国樑
教育界　丁志超　方肇明　卞毓孝　王光昭　石程鼎
许品元(1988 年 3 月增补)　朱俊德　陈治平　陆善修
沈士达　沈中兴　沈思方　沈蓓萝(女)　宋允康　张美玲(女)
杨　炎　杨成文　杨益飞　李洪庆　季庆义　俞关春
施汉梁　昝泰昌　高炳阳　倪雅美(女)　钱永仁　黄汉球
黄秀丽(女)　董玉驹　程宣猷

体育界　陈树铭　陈善言　范希贤
新闻界　沈志道　罗永祥
医卫界　方季平　刘学端(女)　陈崇稼　陆品兰(女)　陆逸芳(女)　沈望周　汪文良　吴成仁　杨丽敏(女)　杨忠义　周耀英(女)　范西芗　姜达歧　施　森　施兆发　施钧人　赵友仁　徐友凯　龚行森　蔡明英(女)　颜友庆
少数民族　马碧芬(女)　宋英武(女)
归国华侨　王　图　卢仲民　黄和招(女)
宗教界　陆惠东　沈家元　常　定　姚文安　正　守　樊品香
特别邀请人士　王谨敏(女)　毛小娟(女)　乔国华　朱　洁(女)　陈伟鹤　陈金娣(女)　陈济冲　陆胜德　沈向村　施文彬　徐　洪(1988年3月增补)　郭惠明　袁锡珍(女)　顾桐林　黄季蘅　黄钟骅　龚　淦　龚兰芬(女)　董庭卿　樊祥荣　薛春莲(女)

八、县政协第八届委员会名录

(1990年4月—1993年4月)

主　席　陆　瑾(女)
副主席　徐正林　黄和招(女)　施兆发　姚振尧
秘书长　顾建新
常务委员　方秋心　王成东　王光昭　王春荣　朱善泰　刘亚池(女)　刘伟国(1992年3月起不再担任)　孙宁福　陈金娣(女)　励允鸣　何家邦　沈显忠　汪文良　宋友韩　张鼎权　肖昌华　周卫杰(1991年3月增补)　杨德威　罗永祥　姚文安　施　森　施之录　施兰芬(女)　施秀琴(女)　胡文刚　徐卫国　徐鼎铨　顾鹏炎　黄文兴　董玉驹　蔡明英(女)

委　员
中国共产党崇明县委员会　朱学经　刘亚池(女)　孙宁福　陆　瑾(女)　吴鉴铭　周卫杰　胡文刚　徐正林　顾建新　顾鹏炎　黄炎明　潘永昌
中国民主同盟崇明县支部委员会　邵雪娟(女)　施之录
中国民主促进会崇明县支部委员会　刘伟国(1992年3月起不再担任)
中国农工民主党崇明县支部委员会　蔡丽乔(女)
工　会　朱纯德　严美芳(女)　沈卓如　沈冠章　肖昌华　杨云鸣　郁锡祥　范宋平　施兰芬(女)　黄文荣　黄成祖
妇　联　王慧英(女)　陈梦滇(女)　顾婉芳(女)
共青团　陈　宇　袁　刚
青　联　陆春涛　高冠雄
工商联　石建新　陆维成　沈　刚　张丽娟(女)　吴锡忠　吴瑞家(1992年1月起不再担任)　杜好勇　茅雪玲(女)　徐鼎铨　钱学帮　黄清源
教育界　方肇明　卞毓孝　王光昭　王成东　石程鼎　朱俊德　许品元　刘应超　严志超　陈治平　陆秉能　何家帮

	沈士达	沈蓓萝(女)	宋允康	张美玲(女)	张惠忠	杨益飞
	李洪庆	施汉梁	施惠芳(女)	高炳阳	黄　松	黄秀丽(女)
	董玉驹					
科技界	王璞佳	王春荣	朱善泰	朱锦昌	朱俊贤	严鸿勋
	励允鸣	沈成富(1992年1月增补)		沈显忠	宋友韩	张振权
	张熙祖	范本范	季新桃	林　鑫	林鸿烈	洪晨耀
	姚志一	施国家	袁炳海	徐承杰	钱裕令	顾维章
	黄永洲	黄惠生	崔元信	盛　鑫		
文化艺术界	沈志雄	沈锦荣	张桂芬(女)	金德培	高振威	盛振忠
农　民	陈　铁	陈志泉	陆开亮	吴志冲	茅汉山	施文忠
	倪凤歧	徐卫国	黄文兴	龚惠康		
体育界	方秋心	陈树铭	陈善言			
新闻界	沈志道	罗永祥				
医卫界	马世奇	王鸿兴	汪文良	朱缀新(女)	陈礼初	陈崇稼
	吴成仁	杨忠义	杨德威	周坤元	施　淼	施亚参
	施兆发	施秀琴(女)	施民权	施钧人	顾静英(女)	黄丽芳(女)
	龚行森	蔡明英(女)	颜有庆			
宗教界	陆惠东	沈家元	常　定	姚文安	正　守	樊品香
少数民族	孙锡福	宋英武(女)				
崇明县归国华侨联合会	王　图	卢仲民	张鼎权	黄和招(女)		
特别邀请人士	王谨敏(女)	毛小娟(女)	朱　洁(女)	陈伟鹤	陈金娣(女)	陈济冲
	陈家琪	陆胜德	沈向村	沈镇泉	周国良	张伟宇(女)
	茅承华	姚振尧	施文彬	徐　洪	高奇石(1992年3月增补)	
	钱志福	黄利梁(1992年3月增补)		顾桐林	顾毓民	谢义贞(女)
	董庭卿					

九、县政协第九届委员会名录

(1993年4月—1998年3月)

主　席	陆　瑾(女)					
副主席	黄振兴	仇永鸣	施兆发	姚振尧	罗永祥	
秘书长	顾建新(1994年3月起不再担任)		刘亚池(女,1994年3月增补)			
常务委员	王谨敏(女)	朱善泰	刘亚池(女)	杜兆新	杨德威	励允鸣
	肖昌华	吴复安	张诗履	张鼎权	施之录	施文忠
	施秀琴(女)	顾圣群	钱裕令	倪翠莲(女)	龚惠康	
	黄炎明(1994年3月增补)		徐耀明(1994年3月增补)			
	顾学高(1995年1月增补)		李家敏(1994年3月起不再担任)			
	时家兴(1994年3月起不再担任)		蒋卫琳(1995年1月起不再担任)			

委　员

中国共产党崇明县委员会	仇永鸣	刘亚池(女)	吴忠仁	沈卫国	陆　瑾(女)
	顾建新	黄振兴	龚达明	潘永昌	
	张圣童(1996年1月增补)		陈汉刚(1994年3月增补)		
	徐耀明(1994年3月增补)		李家敏(1994年3月起不再担任)		

时家兴(1994年3月起不再担任)　洪德邻(1994年3月起不再担任)

中国民主同盟崇明县委员会　施之录　徐鼎铨　龚学德
中国民主促进会崇明县委员会　张启贤　张诗履　罗永祥
中国农工民主党崇明县委员会　施兆发　蔡丽乔(女)
中国共产主义青年团崇明县委员会　姜卫忠　陈英(女,1995年7月增补)
赵柳滨(1995年1月起不再担任)
崇明县总工会　严美芳(女)　肖昌华　施永明　秦祖仪　黄文荣
崇明县妇女联合会　石守英(女)　俞朝霞(女)　黄丽芳(女)
崇明县青年联合会　陆春涛　高冠雄
崇明县工商业联合会　邢大伟　杨　刚　吴复安　吴锡忠　宋德明
张丽娟(女)　林　鑫　曾伯平　顾学高(1995年1月增补)
崇明县科学技术协会　江珍希　汤逸芳(女)　沈成富
崇明县归国华侨联合会　沈　刚　沈镇泉　张伟宇(女)　张鼎权　陈伟鹤
陈济冲　茅承华　高振威
崇明县台胞台属联谊会　王谨敏(女)　陈金娣(女)　陈家琪　姚振尧　顾桐林
顾毓民　黄　晓
农民界　吴品瑜　陈　铁　陈德安　范宜煊　高奇石　徐　洪
徐卫国　黄永洲　黄成祖　龚惠康　张学生(1995年1月增补)
黄德明(1995年1月增补)
经济界　王胜利　朱善泰　杨思聪　吴鉴铭　沈　力　张凤珍(女)
陆志忠　陈兴斌　陈家伟　季利平　施文忠　施汉良
施德兴　徐荫槐　黄　勇　黄星明　黄能全　龚安良
马烈勋(1994年3月增补)　黄炎明(1994年3月增补)
倪建春(1995年1月增补)　褚以琳(女,1995年1月增补)
蔡发元(1995年1月增补)　陈　宇(1995年1月起不再担任)
文化艺术界　张瑞仙(女)　盛振忠　黄洪祥　季金安(1993年12月起不再担任)
钱思剑(1995年1月起不再担任)
科学技术界　王璞佳　朱纯德　朱俊贤　杜兆新　励允鸣　沈显忠
宋友韩　张文昌　陈　炜(女)　季新桃　周卓伦　洪晨耀
姚志一　袁　禾　袁炳海　顾维章　钱裕令　倪志锋
徐承杰　黄　灿
教育界　卞毓孝　方肇明　王成东　刘应超　许品元　严志超
李洪庆　杨益飞　何家邦　张美玲(女)　陆秉能　陈治平
季　灏　周新卫　施建萍(女)　施惠芳(女)　倪翠莲(女)　黄　松
黄秀丽(女)　谭慧贤(女)
体育界　方秋心　陈树铭　郁志平
新闻界　史关森　沈志道
医药卫生界　马世奇　王鸿兴　朱玉琴(女)　朱洛君　杨忠义　杨德威
吴成仁　陈礼初　金碧玉(女)　施　森　施民权　施亚参
施秀琴(女)　施钧人　顾静英(女)　黄丽芳(女)　龚建平　滕志刚
穆金荣　姚晓平(1997年1月增补)　陈崇稼(1995年1月起不再担任)
少数民族　孙锡福　赵玉华(女)

宗教界　沈家元　常　定　樊品香　杜仁元(1993年12月起不再担任)
蒋卫琳(1995年1月起不再担任)　赵景充(1996年1月起不再担任)
特别邀请人士　袁兰馨(女)　顾圣群　钱志福　黄利梁　吴　帆(1995年7月增补)

十、县政协第十届委员会名录

(1998年3月—2003年3月)

主　席　黄振兴(2002年3月起不再担任)　邵礼达(2002年9月增补)
副主席　周祖安(女)　黄　雄　罗永祥　仇永鸣(2001年1月起不再担任)
姚振尧(2001年1月起不再担任)
秘书长　刘亚池(女,2001年9月起不再担任)
陈汉刚(2001年9月起代理,2002年3月增补)
常务委员　丁汉明　卫　岳　石炳良　杨　刚　杨永斌　张诗履
陈　炜(女)　金碧玉(女)　周新卫　施之录　施文忠　施汉良
施兆发　顾学高　倪翠莲(女)　黄　灿　龚学德　龚惠康
高振威(2002年3月起不再担任)
委　员
中国共产党崇明县委员会　卫　岳　朱　培(女)　刘亚池(女)　杨永斌　周祖安(女)
邱存昌(1999年1月增补)　郭耀东(1999年1月增补)
陈汉刚(2001年9月增补)　龚达明(1999年1月起不再担任)
仇永鸣(2001年1月起不再担任)　黄振兴(2002年3月起不再担任)
蔡成俊(2002年7月起不再担任)
中国民主同盟崇明县委员会　陈　凯　周洪生　施之录　龚学德
中国民主促进会崇明县委员会　张启贤　张诗履　罗永祥　顾速行
中国农工民主党崇明县委员会　丁汉明　施兆发　黄思道　蔡丽乔(女)
中国共产主义青年团崇明县委员会　杜松全　赵　杰
崇明县总工会　张　萍(女)　陈　英(女)　周锡涛　施炳祥
崇明县妇女联合会　张飞飞(女)　范玉琴(女)　黄丽芳(女)
石守英(女,2002年1月起不再担任)
崇明县青年联合会　宋六一(女)　施耀忠
崇明县工商业联合会　杨　刚　吴锡忠　宋德明　张丽娟(女)　陈尚明
费其兵　顾学高　顾铁泉　曾伯平
朱永昌(2000年1月增补)　刘希超(2000年1月增补)
杨惠如(2000年1月增补)
崇明县归国华侨联合会　何振明　沈　刚　沈镇泉　张国钧　陈伟鹤
陈济冲　黄大杰　高振威(2002年3月起不再担任)
崇明县台胞台属联谊会　王谨敏(女)　陈金娣(女)　姚振尧　黄　晓
农业界　尹海霞(女)　张学生　陈　炜(女)　陈德安　范宜煊　施和平
徐卫国　郭志超　高奇石　黄德明　龚安良　龚惠康
经济界　杨思聪　沈文贵　陆志忠　陈兴斌　陈家伟　季利平
柏　鹰　施文忠　施汉良　姜照柏　顾　群　顾兴家
顾建新　徐　洪　高　峰　黄星明　黄能全　龚承昌
虞素康

文化艺术界	李青舫	李家敏	张瑞仙(女)	黄文元		
科学技术界	王璞佳	石炳良	朱纯德	朱忠南	朱俊贤	刘汉平
	汤逸芳(女)	吴振龙	张龙兴	姚晓平	顾丕雄	钱裕令
	倪志锋	徐荫槐	黄　灿	黄　雄	盛　鑫	
	姚志一(1998年10月增补) 沈成富(1998年10月起不再担任)					
	吴　华(1999年7月起不再担任)					
教育界	于锦飞(女)	乔　杰	刘应超	许品元	沈士新	张士德
	陆秉能	陈　飞	陈志刚	陈治平	周新卫	钮秀琴(女)
	施　俭	施建萍(女)	倪翠莲(女)	黄　松	谭慧贤(女)	薛怀军
体育界	陈树铭	郁志平				
新闻界	陆永泉	蔡保忠				
医药卫生界	马世奇	史沛金(女)	朱　诚	朱洛君	沈乐娟(女)	宋超英(女)
	张　莉(女)	陈治泉	金碧玉(女)	胡鹏俊	施民权	施汉范
	施亚参	夏雪冬	倪朱九	陶秀凤(女)	黄丽芳(女)	
少数民族	赵玉华(女)	戴岳旻(女)				
宗教界	玄　光	樊品香	何　为(2001年1月增补)			
	赵景充(2000年9月起不再担任)					
特别邀请人士	刘仁德	杨文广	吴　帆	陆秀金(女)	顾松兰(女)	徐锦康
	黄国良　汪庆吉(女,2000年9月起不再担任)					
	袁兰馨(女,2002年1月起不再担任)					

十一、县政协第十一届委员会名录

(2003年3月—2007年2月)

主　席	范陈杰					
副主席	袁佳平	罗永祥	王　菁(女)	吴复安		
秘书长	陈汉刚					
常务委员	丁汉明	卫　岳	马世奇	石炳良	乔　杰	刘亚池(女)
	刘益昌	汤学锋	吴忠华	宋超英(女)	张成刚	张诗履
	陈裕生	赵　杰	黄　松	龚学德	盛建平	
	陈子龙(2005年2月增补) 杨德生(2005年2月增补)					
	顾钱菊(2005年2月增补) 施亚周(2006年1月增补)					
	尹海霞(女,2004年2月起不再担任) 杨永斌(2005年1月起不再担任)					

委　员

中国共产党崇明县委员会　卫　岳　朱　培(女)　邱存昌　陈汉刚　范陈杰
周建华　秦志超　袁佳平　袁新昌　郭耀东
张　忠(2005年1月增补)　杨德生(2005年1月增补)
杨永斌(2005年1月起不再担任)　秦文新(2005年1月起不再担任)

中国民主同盟崇明县委员会　王　菁(女)　陈　凯　周洪生　施之录
龚学德　施　蕾(2005年1月26日增补)

中国民主促进会崇明县委员会　石　涛　张诗履　范金丽(女)　罗永祥　顾速行
姚安宝(2005年1月增补)

中国农工民主党崇明县委员会　丁汉明　陈治泉　季　惠　施　乔(女,2005年1月增补)

尹海霞(女,2004 年 2 月起不再担任)

九三学社崇明县支社 陈 伟(2005 年 1 月增补) 施亚周

中国共产主义青年团崇明县委员会 张 英(女) 陈 杰

崇明县总工会 杨雪丽(女) 陈 英(女) 范玉琴(女) 施炳祥 顾蓓蕾

崇明县妇女联合会 朱爱华(女) 顾松兰(女) 黄春兰(女) 薛永红(女) 马士英(女,2005 年 7 月增补)

崇明县青年联合会 季晓云(女) 郭 震

崇明县工商业联合会 朱雪芹 刘希超 祁 斌 杨 刚 吴复安 陈裕生 俞建新 费其兵 顾柏铭 徐锡昌 姜 琤(女,2004 年 1 月增补) 高 华(2004 年 1 月增补) 孙育才(2005 年 1 月增补)

崇明县科学技术协会 苏澧水 吴 勇

崇明县归国华侨联合会 朱 铭(女) 朱连龙 刘亚池(女) 何振明 陈伟鹤 袁立峰 董汉斌 王克捷(女,2005 年 1 月不再担任)

崇明县台胞台属联谊会 王愫怡 石 婵(女) 沈 雄 黄 晓

农业界 杜俊德 吴忠华 吴德平 张学生 陈 忠 茅人权 赵 杰 姜梅珍(女) 顾富家 徐卫国 郭志超 高 健 陶永达 龚惠康 施 欢(2004 年 1 月增补) 陆 瑜(2005 年 1 月增补) 朱顺彪(2005 年 7 月增补,2006 年 7 月起不再担任) 张未劼(2005 年 7 月增补,2006 年 7 月起不再担任)

经济界 王卫东 朱建明 刘益昌 杨士龙 何惠银(女) 陆汉高 陆锦标 陈兴斌 周文忠 柏 鹰 施文忠 姜照柏 顾 群 顾兴家 倪洪兴 徐 洪 高 峰 黄 诚 黄 勇 黄全生 盛建平

文化艺术界 李青舫 张瑞仙(女) 陶美红(女) 黄 飞 沈飞龙(2005 年 1 月增补)

科学技术界 丁学忠 石炳良 朱忠南 汤学锋 沈 竑 张龙兴 陆 飞 陆 斌 陆祖国 施 超 袁 健 袁 斌 钱锦良 倪伯承 徐海鹰 陶松岳 黄 强 龚 飞

教育界 于锦飞(女) 乔 杰 沈 刚 沈 斌 沈士新 陈 飞 茅罗妹(女) 施 俭 施红卫(女) 施惠聪 袁 斌 袁永达 黄 松 黄嫦娥(女) 龚 超 薛怀军

体育界 王 震 施耀忠

新闻界 万建飞 陈 红(女)

医药卫生界 马世奇 朱 诚 杨建刚 沈志强 宋超英(女) 张 莉(女) 张耀范 施汉范 袁刚明 顾钱菊(女) 夏雪冬 倪朱九 陶秀凤(女) 黄 伟(2006 年 7 月起不再担任) 黄丽芳(女)

社会福利和社会保障界 张成刚 袁锦超

少数民族 赵玉华(女) 戴岳旻(女)

宗教界 玄 光 何 为 陈美金(女)

特别邀请人士 吴 磊 张正飞 陆秀金(女) 陆忠敬 陈卫国 陈子龙 陈觉民 施文忠 姚士新 曹洪洲 黄建新(2005 年 1 月增补)

十二、县政协第十二届委员会名录

（2007年2月—2012年1月）

主　席　范陈杰（2011年1月起不再担任）　施建华（中共，2011年1月增补）

副主席　王为群（女）　褚以琳（女，2009年8月增补）　袁佳平　施　俭

王　菁（女，2009年8月起不再担任）　周新卫

秘书长　陈汉刚

常务委员　丁汉明　马世奇　王家章（2010年1月增补）　孙宇峰（2009年1月增补）

严亚东　沈　竑（2009年1月增补）　杨德生　吴忠华

张成刚　张诗履（2009年1月起不再担任）　陆　瑜（2008年1月起不再担任）

陈伟（2010年1月增补）　陈　丽（女，2008年1月增补，2010年1月起不再担任）

范金丽（女，2010年1月增补）　周洪生（2010年1月起不再担任）

赵　杰（2008年1月起不再担任）　施　炎　施亚周（2010年1月起不再担任）

施利华（2008年1月增补）　施建华（民进，2009年1月增补）

施菊萍（女，2008年1月起不再担任）　施惠聪（2010年1月增补）

顾德昌（2010年1月增补）　倪　健（2008年1月增补，2010年1月起不再担任）

姚士新（2008年1月起不再担任）　姚安宝（2008年1月起不再担任）

袁永达（2009年1月增补）　黄亚忠　黄美兰（女）

盛建平（2009年1月起不再担任）

龚耀昌（2008年1月增补，2010年1月起不再担任）

密春雷　蔡志昌　樊红妹（女，2008年1月增补）

委　员

中国共产党崇明县委员会　王为群（女）　朱鑫德　杨德生　邱存昌　陈汉刚

周建华　范陈杰（2011年1月起不再担任）

施建华（中共，2011年1月增补）　姚士新（2008年1月起不再担任）

秦志超（2010年1月起转为特邀界别）

袁永达　袁佳平　郭耀东

樊红妹（女，2008年1月增补）

中国民主同盟崇明县委员会　王　菁（女，2009年8月起不再担任）

朱锡平（2008年1月增补）　赵素平（2010年1月增补）

陈　凯　周洪生（2010年1月起不再担任）

施　蕾（2008年1月起不再担任）　顾　斌　黄宗逵

蔡健丽（女）

中国民主促进会崇明县委员会　石　涛　张诗履（2009年1月起不再担任）

吴美华（女，2010年1月增补）　沈　禹　沈利敏（女）

范金丽（女）　姚安宝（2008年1月起不再担任）

钮　平　龚耀昌（2008年1月增补）

褚以琳（女，2009年8月增补）

中国农工民主党崇明县委员会　丁汉明　沈惠玲（女）　陆　斌

陈子龙（2008年1月起不再担任）

季　惠　施　俭　郭　震

黄永存（2008年1月增补）

九三学社崇明县支社　陈　伟　李锦高(2010年1月增补)　施亚周(2010年1月起不再担任)
施菊萍(女,2008年1月起不再担任)　赵中平

中国共产主义青年团崇明县委员会　宋学梅(女,2010年1月起不再担任)
李兵华(2010年1月增补)
施建华(民进,2008年1月起转为经济界别,2009年1月起转为民进界别)
郁　葱(女,2008年1月增补)

崇明县总工会　李　彬　范玉琴(女)　施炳祥　倪惠明　顾蓓蕾

崇明县妇女联合会　丁　丁(女)　宋菊平(女)　陈　英(女,2008年1月起不再担任)
竺鸿华(女)　黄晓霞(女,2008年1月增补)　薛永红(女)

崇明县青年联合会　周曰冬　茅　斌

崇明县工商业联合会　刘希超　孙育才　朱雪芹(女)　祁　斌　张成刚
杨　刚　杨张平(2009年1月增补)　陆祖秦(2008年1月增补)
陈　丽(女,2010年1月起不再担任)
陈裕生　周新卫　施　伟　费其兵　徐锡昌
顾柏铭

崇明县科学技术协会　吴　磊　沈　竑

崇明县台胞台属联谊会　王愫怡　石　婵(女)　沈　雄　陈　璇　黄　晓

崇明县归国华侨联合会　方云中　王克成　朱连龙
朱玲玲(女,2009年1月增补)　杨悦凡
沈庆佳(女,2009年1月增补)　陆春明
陈鸿翔　黄美兰(女)　瞿　英(女)

文化艺术界　张志安　沈飞龙　陈　婕(女)　季振华

科学技术界　丁学忠　史红仙(女)　叶华成(2010年1月起不再担任)
孙宇峰　朱忠南　杨晓华　陈　华　林智威
郑　勇(2009年1月起不再担任)　施　炎(2008年1月起转为经济界别)
施葆红(女)　胡林森　倪佰承
徐建芳(女,2008年1月增补)　袁　健(女)　陶松岳　黄　强
黄立坚　潘建根

经济界　朱观武(2009年1月增补)　朱国兵(2010年1月增补,2011年1月起不再担任)
朱国金(2011年1月增补)　刘　忠(2008年1月增补)
何惠银(女)　宋红蕾(女)　张立新(2008年1月增补)　来月霞(女)
邱学凡　邵洪瀛(女)　杨　军(2011年1月增补)
陆锦标　周文忠　姜　雷　柏　鹰
徐　洪(2008年1月起不再担任)
袁德泉　郭卫平　高　华　高松涛
密春雷　洪　榕(2010年1月增补)
盛建平(2009年1月起不再担任)
黄　诚　黄　勇　黄全生　龚炳生
谢开运(2010年1月起不再担任)　蔡庆东(2009年1月增补)

农业界　王卫东　王家章(2010年1月增补)
朱举纲　吴忠华　吴德平　张学生　杜俊德

范崇科（2009 年 1 月增补）　陆　瑜（2008 年 1 月起不再担任）
罗　毅　茅人权　施　超　施耀全
倪　健（2008 年 1 月增补，2010 年 1 月起不再担任）
赵　杰（2008 年 1 月起不再担任）
徐瑞国　郭志超　陶永达　高　健
黄　春　龚惠康（2009 年 1 月起不再担任）

教育界　丁惠斌　王　静（女，2009 年 1 月增补）
乔　杰　严亚东　吴　勇　吴宵红（女，2009 年 1 月增补）
沈　斌　罗永灵　施　乔（女）　施　俭　施红卫（女）
施惠聪（2010 年 1 月起转为民盟界别）　袁　斌
顾红梅（女，2008 年 1 月增补）　顾德昌（2008 年 1 月增补）
黄嫦娥（女）　龚　超　龚耀飞
龚耀昌（2008 年 1 月起转为民进界别，2010 年 1 月起不再担任）　薛怀军

体育界　武文泽　施耀忠

新闻界　万建飞　陆施燕（女）　陈　红（女）

医药卫生界　马世奇　朱松明　朱理东　汤建平　张　莉（女）　张国平
张耀范　杨永达（2011 年 1 月起不再担任）
杨建刚　苏　琴（女）　陈治泉　陈根宝　罗光永（2009 年 1 月增补）
夏雪冬　袁纲明　龚　飞　蔡志昌

社会福利和社会保障界　沈志强　姚　真（女，2009 年 1 月增补）
郭振雷（2010 年 1 月增补）　曹洪洲　黄胜利

少数民族　孟庆平　赵玉华（女）　戴岳旻（女）

宗教界　玄　光　何　为（2009 年 1 月起不再担任）
宋建立（2009 年 1 月增补）　陈美金（女）

特别邀请人士　王凯村　汤士松　杨积广（2011 年 1 月增补）
沈国兴（2010 年 1 月增补）
张永康　陈　冰　陈觉民　季松平
林艳华（女，2009 年 1 月增补）　施文忠（2010 年 1 月起转为经济界别）
施永法　施利华　钮东升（2010 年 1 月起转为中共界别）
顾建舟（女，2009 年 1 月增补）　黄　胜（2009 年 1 月起不再担任）　黄亚忠

十三、县政协第十三届委员会名录

（2012 年 1 月—）

主　席　施建华

副主席　王为群（女）　沈卫国　施　俭　周新卫　顾德昌

秘书长　陈汉刚

常务委员　丁汉明　万建飞　孙宇峰　朱晓平　严亚东　吴忠华
张　俊　张成刚　杨锦英（女）　沈　竑　沈士忠　陆善昌
陈　标　陈丽妹（女）　陈志德　季　惠　范金丽（女）　姚美琴（女）
施利华　施建华（民进）　施惠聪　赵　磊（女）　赵中平
顾圣德　密春雷　黄亚忠　黄宗逵　蔡　卫

委　员

中国共产党崇明县委员会		王为群（女）	刘　静（女）	朱晓平	朱鑫德	沈卫国
		沈士忠	陈汉刚	季松平	施建华	钮东升
		袁佳平	顾方亮	顾圣德		
中国民主同盟崇明县委员会		朱举纲	张　虹（女）	施惠聪	赵素平	顾　斌
		黄宗逵	蔡健丽（女）			
中国民主促进会崇明县委员会		吴美华（女）	沈　禹	陆　星	范金丽（女）	施建华
		钮　平	顾永兵			
中国农工民主党崇明县委员会		丁汉明	卢英民	宋红蕾（女）	沈惠玲（女）	陆　斌
		施　俭	郭　震			
九三学社崇明县支社		宋　琦（女）	李锦高	赵中平	蔡颖娟（女）	
中国民主建国会崇明县支部委员会			刘金华	吴忠华	茅　德	施　伟
			蔡乾亚			
中国国民党革命委员会崇明县支部委员会			杨积广	顾德昌	蒋　达	
无党派人士	刘方生	许明辉	张　俊	张荷清（女）	沈庆佳（女）	施文兵
	钱窈杰	曹　忠				
中国共产主义青年团崇明县委员会			李兵华	郁　葱（女）	姚耸立	
崇明县总工会	张永恒	陈　婕（女）	范本琴（女）	姚美琴（女）	倪惠明	
崇明县妇女联合会		丁　丁（女）	丁美红（女）	宋　张（女）	宋菊平（女）	
		竺鸿华（女）				
崇明县青年联合会		高春茂	黄华峰			
崇明县工商业联合会		刘希超	孙宇峰	朱雪芹（女）	祁　斌	张成刚
		杨张平	陆　贤（女）	陆祖秦	陈丽妹（女）	陈裕生
		周新卫	高松涛	黄　诚	龚永新	樊　飞
崇明县科学技术协会		沈　竑	林　凤（女）	袁文君（女）		
崇明县台胞台属联谊会		王舜华	王愫怡	张　雄（女）	陈　璇	茅人权
崇明县归国华侨联合会		方云中	王克成	朱连龙	朱玲玲（女）	杨悦凡
		陆春明	陈鸿翔	赵　磊（女）	黄美兰（女）	
文化艺术界	孙绍瑞	陆松平	陆春涛	姚伟超		
科学技术界	史红仙（女）	吴德平	杨　军	杨晓华	沈利敏（女）	陆善昌
	陈　华	陈忠卫	周曰冬	周光人	林智威	胡林森
	倪伯承	陶松岳	黄立坚	龚小飞	龚才根	
经济界	王文斌	刘　忠	朱建林	张立新	杨　峰	杨　霞（女）
	陆海兵	陈　勇	陈　标	陈　浪	陈立新	林　斌
	茅少一	俞　冲	施　娟（女）	施文光	倪耀忠	徐建培
	密春雷	黄民力	黄强妹（女）	龚炳生	惠　明	潘　洪
农业界	王卫东	吴永超	杜俊德	杨锦英（女）	沈伟平	沈耀家
	陆锦辉	范崇科	施　庆（女）	施耀全	胡志刚	谈志良
	高　健	黄　春	黄　霞（女）	黄诚超	黄春晓	
教育界	丁惠斌	孙　卫（女）	严亚东	吴宵红（女）	张志安	张定铨
	张裕标	陆祖兴	茅兴昌	袁　斌	顾红梅（女）	曹启利
	黄　凯（女）	黄乃华	黄永存	黄立昌	黄嫦娥（女）	龚耀飞

	潘　峰					
体育界	陈志德	武文泽				
新闻界	万建飞	袁永达	童建萍（女）			
医药卫生界	王卫国	朱松明	朱胜利	朱理东	张　钢	张　健
	张国平	李　冬（女）	杨建刚	苏　琴（女）	陈根宝	周　斌
	季　惠	罗光永	茅　斌	郁爱萍（女）	徐建芳（女）	蔡志昌
社会福利和社会保障界		张耀春	杜建华	姚　真（女）	倪　燕（女）	
		曹洪洲	黄胜利			
少数民族界	孟庆平	戴岳旻（女）	瞿　英（女）			
宗教界	宋建立	陈美金（女）	惟　觉			
特别邀请人士	朱国金	沈　益（女）	沈国兴	施利华	祝　勇	倪红兵
	郭春菊（女）	郭振雷	顾红英（女）	黄亚忠	曾国东	谢　俊
	蔡　卫					

第二节　历届县政协第一次全体会议主席团成员、秘书长、提案审查委员会成员名录

因无资料可查，一届至四届县政协第一次全体会议主席团成员、秘书长、提案审查委员会成员不详。

一、县政协五届一次会议主席团成员、秘书长、提案审查委员会成员名录

主席团成员	马淑芳（女）	王春荣	张佐明	朱　庆（女）	刘亚池（女）	刘　蔚
	陈继明	祁牧民	严昌涛	杨士祥	陆　和（女）	赵友仁
	施文德	施乐群	施桂馨	郁显达	范春如	高能贵
	徐鼎铨	顾　青	龚镜澄	崔公烈	黄炎治	黄冠球
	程希灏	蔡宗锷	薛春莲（女）			
秘书长	黄冠球					
提案审查委员会成员		刘　蔚	王春荣	张玉德	陆　和（女）	陆友明
		施文德				

二、县政协六届一次会议主席团成员、秘书长、提案审查委员会成员名录

主席团成员	马淑芳（女）	王泉兴	王春荣	王益华	卢仲民	朱　洁（女）
	吕　芳（女）	陈雅珍（女）	陆　和（女）	宋如兰（女）	张佐明	吴庆培
	杨　炎	杨士祥	李清华	骆冠华	姚文安	施　群
	施文德	施桂馨	赵友仁	唐丽光（女）	徐　方	徐鼎铨
	顾　青	龚镜澄	黄士煊	黄茂生	黄冠球	盛祖培
	薛春莲（女）					
秘书长	黄冠球					
提案审查委员会成员	施桂馨	顾思三	王春荣	张旦华	杜好勇	

三、县政协七届一次会议主席团成员、秘书长、提案审查委员会成员名录

主席团成员	马碧芬（女）	王光昭	王春荣	毛　琦	朱耀林	刘卫国
	孙宁福	陈孝运	陈金娣（女）	陈雅珍（女）	陆维成	汪文良

	宋　斌	宋友韩	宋允康	张　彪	杜佳超	杨士祥
	杨益莲	李志儒	范希贤	罗永祥	姚文安	施　淼
	施兆发	施兰芬(女)	昝泰昌	胡文刚	徐正林	徐鼎铨
	奚玉薇(女)	顾鹏炎	黄文兴	黄和招(女)	蔡明英(女)	薛以霆
	薛春莲(女)					
秘书长	薛以霆					
提案审查委员会成员		罗永祥	刘卫国	王春荣	杜好勇	顾鹏炎

四、县政协八届一次会议主席团成员、秘书长、提案审查委员会成员名录

主席团成员	方秋心	王成东	王光昭	王春荣	朱善泰	刘亚池(女)
	刘伟国	孙宁福	陈金娣(女)	陆　瑾(女)	励允鸣	何家邦
	沈显忠	汪文良	宋友韩	张鼎权	肖昌华	杨德威
	罗永祥	姚文安	姚振尧	施　淼	施之录	施兰芬(女)
	施兆发	施秀琴(女)	胡文刚	徐卫国	徐正林	徐鼎铨
	顾建新	顾鹏炎	黄文兴	黄和招(女)	董玉驹	蔡明英(女)
秘书长	顾建新					
提案审查委员会成员		罗永祥	刘卫国	王春荣	杜好勇	顾鹏炎

五、县政协九届一次会议主席团成员、秘书长、提案审查委员会成员名录

主席团成员	仇永鸣	刘亚池(女)	陆　瑾(女)	罗永祥	姚振尧	施兆发
	徐鼎铨	顾建新	黄振兴			
秘书长	顾建新					
提案审查委员会成员		罗永祥	朱俊贤	吴锡忠	陈家琪	施之录

六、县政协十届一次会议主席团成员、秘书长、提案审查委员会成员名录

主席团成员	丁汉明	卫　岳	仇永鸣	石炳良	刘亚池(女)	杨　刚
	杨永斌	张诗履	陈　炜(女)	罗永祥	金碧玉(女)	周祖安(女)
	周新卫	姚振尧	施之录	施文忠	施汉良	施兆发
	顾学高	倪翠莲(女)	高振威	黄　灿	黄　雄	黄振兴
	龚学德	龚惠康				
秘书长	刘亚池(女)					
提案审查委员会成员		黄　雄	龚学德	蔡成俊	丁汉明	石守英(女)
		杜松全	吴锡忠	张　萍(女)	张启贤	

七、县政协十一届一次会议主席团成员、秘书长、提案审查委员会成员名录

主席团成员	丁汉明	卫　岳	马世奇	王　菁(女)	尹海霞(女)	石炳良
	乔　杰	刘亚池(女)	刘益昌	汤学锋	杨永斌	吴忠华
	吴复安	宋超英(女)	张成刚	张诗履	陈汉刚	陈裕生
	范陈杰	罗永祥	赵　杰	袁佳平	黄　松	龚学德
	盛建平					
秘书长	陈汉刚					
提案审查委员会成员		罗永祥	郭耀东	龚学德	丁汉明	吴忠华

		陈　英(女)	陈　杰	秦文新	袁新昌	顾柏铭
		顾松兰(女)				

八、县政协十二届一次会议主席团成员、秘书长、提案审查委员会成员名录

主席团成员	丁汉明	马世奇	王　菁(女)	王为群(女)	严亚东	杨德生
	吴忠华	张成刚	张诗履	陆　瑜	陈汉刚	范陈杰
	周洪生	周新卫	赵　杰	施　炎	施　俭	施亚周
	施菊萍(女)	姚士新	姚安宝	袁佳平	黄亚忠	黄美兰(女)
	盛建平	密春雷	蔡志昌			
秘书长	陈汉刚					
提案审查委员会成员		袁佳平	周建华	施利华	丁汉明	王克成
		李　彬	宋学梅(女)	陈　伟	陈　英(女)	陆施燕(女)
		施　蕾	姚安宝	顾柏铭	龚　飞	

九、县政协十三届一次会议主席团成员、秘书长、提案审查委员会成员名录

主席团成员	丁汉明	万建飞	王为群(女)	朱晓平	孙宇峰	杨锦英(女)
	严亚东	吴忠华	沈　竑	沈卫国	沈士忠	张　俊
	张成刚	陆善昌	陈　标	陈汉刚	陈丽姝(女)	陈志德
	范金丽(女)	季　惠	周新卫	赵　磊(女)	张成刚	施　俭
	施利华	施建华(中共)		施建华(民进)		施惠聪
	姚美琴(女)	顾圣德	顾德昌	黄亚忠	黄宗逵	密春雷
	蔡　卫					
秘书长	陈汉刚					
提案审查委员会成员		沈卫国	朱鑫德	施利华	顾红英(女)	丁汉明
		万建飞	王克成	李兵华	宋　张(女)	吴忠华
		张永恒	张成刚	赵中平	杨积广	施建华(民进)

第三节　历届县政协委(组)负责人名录

一、第一届县政协学习委员会和工作组负责人名录

1956年7月3日,第一届政协设立学习委员会,主任咸文和,副主任徐鼎铨、樊伯平。

1956年7月6日,县政协一届二次常委会(扩大)会议讨论决定设立文教组、医务组、工商组、宗教组、社会组5个工作组。

文教组:组长樊伯平,副组长施桂馨、沈伯春;

医务组:组长范春如,副组长黄曾望、刘湘(女);

工商组:组长徐鼎铨,副组长沈璞、宋斌、黄祥茂;

宗教组:组长陆友明,副组长黄士奇、朱邦远;

社会组:组长陈启刚,副组长蔡申甫、陆伯良。

二、第二届县政协学习委员会负责人名录

第二届县政协不再设置工作组,由常委会和秘书处统一安排活动。为了加强学习,1958年4月17日县政协二届一次会议闭幕后,经常委会讨论决定,设立学习委员会,成员名单不详。1960年4月20

日，根据城桥地区政协委员相对集中的特点，在城桥地区设立文教、医务和工商（社会）3个毛泽东著作学习小组。因无资料可查，负责人情况不详。

三、第三届县政协学习委员会、学习小组和工作组负责人名录

第三届县政协设立学习委员会，成员名单不详。

1962年8月17日，县政协三届二次会议闭幕后，经常委会讨论决定，设立联络工作组和文教、医卫、工商3个专题研究组。

联络工作组：组长范春如，副组长施桂馨、崔公烈；

文教研究组：组长崔公烈，副组长戴希和；

医卫研究组：组长黄曾望，副组长朱丹九；

工商研究组：组长沈璞，副组长宋斌。

1963年7月1日，县政协三届四次常委会（扩大）会议决定在城桥地区已设立3个学习小组（原名毛泽东著作学习小组）的基础上，在堡镇、庙镇、新河和陈镇4个地区各设立1个学习小组。

城桥地区学习小组：第一组召集人朱丹九、范春如、杨守仁，第二组召集人施桂馨、程希灏、沈璞，第三组召集人洪道明、陆和（女）；

堡镇地区学习小组：召集人李楚培、胡天才、顾尹耕；

庙镇地区学习小组：召集人黄炎治、施汉梁；

新河地区学习小组：召集人纪匹夫、张学明、施余生；

陈镇地区学习小组：召集人张玉德、詹维新、黄德仁。

四、第四届县政协学习委员会、学习小组负责人名录

第四届县政协设立学习委员会，成员名单不详。

1965年3月18日，县政协四届三次常委会会议讨论通过学习小组的调整方案：原庙镇地区学习小组并入城桥地区学习小组，原新河、陈镇地区学习小组并入堡镇地区学习小组，并基本以界别为主重新编为6个学习小组，城桥和堡镇地区各有3个学习小组。

城桥地区学习小组：第一学习小组以医卫界人士为主。组长黄曾望，副组长朱丹九、施文德、杨守仁；第二学习小组以文教界人士为主。组长崔公烈，副组长沈文范、陆和（女）、施汉梁；第三学习小组以工商界、宗教界人士为主。组长沈璞，副组长程希灏、黄炎治。

堡镇地区学习小组：第四学习小组以医卫界和特邀人士为主。组长施余生，副组长汪玉基、沈其孃；第五学习小组以文教界和社会民主人士为主。组长纪匹夫，副组长胡天才、詹维新、朱秉明；第六学习小组以工商界、宗教界人士为主。组长李楚培，副组长张学明、顾尹耕、张玉德。

五、第五届县政协工作组负责人名录

1981年7月31日，县政协五届一次常委会讨论决定设立10个工作组。

教育组：组长崔公烈，副组长陆纯相、沈忠兴、陆和（女）；

医卫组：组长赵友仁，副组长龚亚平、张旦华、杨秀娥（女）；

文体新闻组：组长张佐明，副组长薛春莲（女）、高能贵；

科技组：组长王春荣，副组长朱耀林、王焕源；

工商组：组长徐鼎铨，副组长程希灏、黄炎治、黄祥茂；

侨务对台组：组长严昌涛，副组长陈金娣（女）、陈新；

农村组：组长屈锦成，副组长施潜、张秀全；

经济研究组：组长宋斌，副组长祁牧民、张秀全；

法制研究组：组长顾炳元，副组长王佳田、薛林祥；
宗教民族组：组长陆友明，副组长马淑芳(女)、郁显达。

六、第六届县政协工作组负责人名录

1984年10月25日，县政协六届三次常委会讨论决定设立9个工作组。
工交财贸组：组长杜好勇，副组长朱景才；
农村组：组长盛祖培，副组长宋洪章；
工商组：组长徐鼎铨，副组长黄清源、黄祥茂；
文体新闻组：组长张佐明，副组长金海滨；
科技组：组长王春荣，副组长朱耀林、秦卫堂；
教育组：组长顾思三，副组长施汉梁、陆和(女)、姚超亭；
医卫组：组长赵友仁，副组长张旦华、丁成功；
侨务对台组：组长陈新，副组长徐方；
宗教民族组：组长孙宁福，副组长马淑芳(女)；
经济开发组(1985年7月5日，县政协六届十次常委会(扩大)会议设立)：组长徐鼎铨，副组长吴庆培、沈刚。

七、第七届县政协专门委员会(组)负责人名录

1987年4月16日，县政协七届一次常委会讨论决定设立7个专门委员会、3个工作组。
对外经济联络委员会：主任胡文刚，副主任黄清源、沈刚；
海外联谊委员会：主任杨士祥，副主任沈向村；
市政工交财贸委员会：主任吴鉴铭，副主任杜好勇、施兰芬(女)；
科学技术委员会：主任朱耀林，副主任王春荣、秦卫堂；
教育委员会：主任李洪庆，副主任施汉梁、杨益连、刘卫国；
医卫、妇幼委员会：主任徐友凯，副主任汪文良、陈雅珍(女)；
文体、新闻委员会：主任范希贤，副主任沈志道、沈志雄；
宗教民族组：组长孙宁福，副组长马碧芬(女)、姚文安；
农村经济组：组长吴志冲，副组长倪凤歧；
文史资料组：组长顾鹏炎，副组长沈金荣。

八、第八届县政协专门委员会负责人名录

1990年4月6日，县政协八届一次常委会讨论决定设立11个专门委员会。
学习委员会：主任顾建新，副主任顾鹏炎；
提案委员会：主任罗永祥，副主任姚志一；
文史资料委员会：主任徐鼎铨，副主任金德培、沈锦荣；
市政工交委员会：主任胡文刚，副主任吴鉴铭、施兰芬(女)；
农村经济委员会：主任吴志冲，副主任杜好勇、黄永洲、朱学经；
科学技术委员会：主任王春荣，副主任宋友韩、范本范；
教育文化委员会：主任张惠忠，副主任沈志雄、李洪庆、刘伟国；
医卫体委员会：主任方秋心，副主任陈礼初、杨德威、汪文良；
法制委员会：主任钱志福，副主任周国良、沈志道；
民族宗教委员会：主任孙宁福，副主任姚文安；

海外联谊委员会：主任刘亚池(女)，副主任潘永昌、沈向村、沈刚。

九、第九届县政协专门委员会负责人名录

1993年4月9日，县政协九届一次常委会讨论决定设立12个专门委员会。
学习委员会：主任顾建新，副主任李家敏；
提案委员会：主任罗永祥，副主任姚志一；
文史资料委员会：主任徐鼎铨、张诗履(1997年1月10日起担任)，副主任黄炎明；
市政工交委员会：主任吴鉴铭，副主任施永明、杨思聪；
农贸经济委员会：主任龚安良，副主任黄永洲、王胜利；
科学技术委员会：主任杜兆新，副主任沈成富、宋友韩；
教育委员会：主任李洪庆，副主任倪翠莲(女)、施之录；
医卫委员会：主任杨德威，副主任陈礼初、施亚参；
文体新闻委员会：主任方秋心，副主任季金安；
民族宗教委员会：主任吴忠仁，蒋卫琳；
法制委员会：主任钱志福，副主任吴锡忠；
海外联谊委员会：主任刘亚池(女)，副主任潘永昌、高振威。

十、第十届县政协专门委员会负责人名录

1998年3月28日，县政协十届一次常委会讨论决定设立10个专门委员会。
学习委员会：主任刘亚池(女)，副主任卫岳、顾学高；
提案委员会：主任黄雄，副主任蔡成俊、龚学德；
文史资料委员会：主任张诗履，副主任李青舫；
经济委员会：主任龚安良，副主任施汉良、陈炜(女)、杨思聪；
科技委员会：主任石炳良，副主任沈成富、黄灿；
教育委员会：主任倪翠莲(女)，副主任施之录、周新卫；
医卫委员会：主任胡鹏俊，副主任施兆发、施汉范、施亚参；
文体委员会：主任李家敏，副主任李青舫；
社会法制委员会：主任袁兰馨(女)，副主任吴锡忠、石守英(女)；
海外联谊委员会：主任朱培(女)，副主任高振威。

2002年1月22日，根据《崇明县机构改革总体方案》精神，县政协十届十八次常委会决定将原10个专门委员会调整为8个。

提案委员会：主任黄雄，副主任龚学德；
文史资料委员会：主任张诗履，副主任李青舫；
经济委员会：主任顾群，副主任施汉良、赵杰、尹海霞(女)；
科技委员会：主任石炳良，副主任陈炜(女)、黄灿；
教文体委员会：主任倪翠莲(女)，副主任施之录、周新卫、施耀忠；
社会和法制委员会：主任李家敏，副主任丁汉明、吴锡忠、顾松兰(女)；
人口和健康委员会：主任胡鹏俊，副主任施兆发、施汉范、施亚参；
港澳台侨委员会：主任朱培(女)，副主任刘亚池(女)。

十一、第十一届县政协专门委员会负责人名录

2003年3月31日，县政协十一届一次常委会决定设立8个专门委员会。

提案委员会：主任罗永祥，副主任郭耀东、龚学德；
文史资料委员会：主任张诗履，副主任李青舫；
经济委员会：主任顾群，副主任刘益昌、赵杰；
科技委员会：主任石炳良，副主任吴勇、汤学锋；
教文体委员会：主任袁永达，副主任施之录、黄飞；
社会和法制委员会：主任丁汉明，副主任陈卫国、顾松兰(女)；
人口和健康委员会：主任施汉范，副主任沈志强、马世奇、张耀范；
港澳台侨委员会：主任朱培(女)，副主任刘亚池(女)、秦志超。

十二、第十二届县政协专门委员会负责人名录

2007年3月1日，县政协十二届一次常委会决定设立8个专门委员会。
提案委员会：主任袁佳平(2010年1月起不再担任)、褚以琳(女，2010年1月任)，副主任周建华、施利华；
文史资料委员会：主任张诗履(2009年2月起不再担任)、秦志超(2009年2月任)，副主任黄胜、万建飞；
经济委员会：主任黄全生，副主任徐洪、陈觉民、徐瑞国、张成刚；
科技委员会：主任吴磊，副主任史红仙(女)、黄强；
教文体委员会：主任袁永达，副主任吴勇、严亚东、施耀忠；
社会和法制委员会：主任郭耀东，副主任沈志强、季松平、陈冰；
人口和健康委员会：主任蔡志昌，副主任马世奇、张耀范、朱松明；
港澳台侨委员会：主任秦志超(2009年2月起不再担任)、朱鑫德(2009年2月任)，副主任朱鑫德、黄美兰(女)。

十三、第十三届县政协专门委员会负责人名录

2012年2月9日，县政协十三届一次常委会讨论决定设立4个专门委员会。
提案委员会：主任沈卫国，副主任钮东升、顾红英(女)；
经济委员会：主任陆善昌，副主任张成刚、张立新、陆锦辉、袁文君(女)；
社会事业委员会：主任陈志德，副主任陆松平、蔡志昌、黄乃华；
建设管理委员会：主任沈士忠，副主任黄美兰(女)、张永恒、季松平。

第四节　县政协办事机构负责人名录

一、秘书处秘书长、副秘书长名录

1961年9月，第三届县政协设立秘书处，秘书长陈启刚，副秘书长洪道明、万震东。
1963年11月，第四届县政协秘书长陈启刚，副秘书长洪道明、万震东。
1967年1月至1981年6月，县政协秘书处停止工作。
1981年6月，第五届县政协恢复工作，秘书长由副主席黄冠球兼任，副秘书长薛以霆。
1984年4月，第六届县政协秘书长吴庆培，副秘书长薛以霆。1986年9月，吴庆培不再担任秘书长，薛以霆任秘书长。
1987年4月，第七届县政协秘书长薛以霆，副秘书长姚志一。1988年3月，金德培任副秘书长。
1990年4月，第八届县政协秘书长顾建新。1990年10月，姚志一、金德培任副秘书长。
1993年4月，第九届县政协秘书长顾建新，副秘书长姚志一。1994年3月，顾建新不再担任秘书长，

刘亚池(女)任秘书长。

1998年3月,第十届县政协秘书长为刘亚池(女),副秘书长陆松平、金德培。2001年9月,刘亚池不再担任秘书长,陈汉刚任代理秘书长。

2001年12月,县政协撤销秘书处。

二、办公室主任、副主任名录

2001年12月,根据《崇明县机构改革方案》,县政协机关设置办公室,陈汉刚任主任,沈士忠任主任助理。2003年5月,沈士忠任副主任。2005年1月,施利华任副主任(试用期一年)。2006年3月,施利华任副主任。

2007年3月,经县政协十二届一次常委会会议协商决定,沈士忠不再担任副主任。2007年5月,经县政协十二届二次常委会会议协商决定,施利华不再担任副主任,施捷任副主任(试用期一年)。2009年12月,施利华任副主任,施捷不再担任副主任。2010年11月,王莉(女)任副主任(试用期一年)。2011年12月,王莉任副主任。2012年3月,施利华不再担任副主任。

三、专委会办公室主任名录

2001年12月,根据《崇明县机构改革方案》,县政协机关设置专门委员会办公室,副秘书长陆松平兼任主任。2007年3月,经县政协十二届一次常委会会议协商决定,陆松平不再兼任专门委员会办公室主任,由沈士忠任主任。2012年2月,经县政协十三届一次常委会会议协商决定,撤销专门委员会办公室。

四、研究室主任名录

2012年2月,经县政协十三届一次常委会会议协商决定,设立县政协研究室。同年3月,副秘书长施利华任主任。

第五节 优秀县政协委员名录

1991年,崇明县政协首次开展优秀政协委员评选活动,至2011年,共组织9次评选活动,表彰优秀政协委员177人次,表彰政协委员特别贡献奖4人。

一、1991年度优秀政协委员名录

吴志冲	王春荣	张惠忠	方秋心	高振威	徐卫国	杨德威
施汉梁	林 鑫	邵雪娟(女)	钱裕令	施秀琴(女)	范本范	姚文安
李洪庆	沈锦荣	徐 洪	陈家琪	谢义贞(女)	黄成祖	

二、1995年度优秀政协委员名录

王谨敏(女)	方秋心	杜兆新	李洪庆	杨思聪	杨德威	张诗履
陈济冲	施文忠	施亚参	顾圣群	徐鼎铨	高振威	钱志福
钱裕令	黄永洲	龚安良				

三、1997年度优秀政协委员名录

王谨敏(女)	孙锡福	陈礼初	陈济冲	杜兆新	杨思聪	杨德威
李洪庆	吴成仁	吴鉴铭	张启贤	张诗履	周新卫	施之录
施亚参	袁兰馨(女)	钱裕令	黄永洲	龚安良	蔡丽乔(女)	

四、1998—1999年度优秀政协委员名录

袁兰馨(女)	倪翠莲(女)	张诗履	施亚参	胡鹏俊	高振威	周新卫
施汉良	龚学德	张启贤	石守英(女)	朱忠南	宋超英(女)	乔　杰
戴岳旻(女)	刘仁德	施和平	沈镇泉	黄丽芳(女)	陈　飞	

五、2000—2002年度优秀政协委员名录

丁汉明	石守英(女)	史沛金	朱忠南	刘希超	沈镇泉	张启贤
陆秀金(女)	陈伟鹤	施之录	施汉范	袁兰馨(女)	顾丕雄	顾建新
顾铁泉	黄文元	黄思道	龚学德	谭慧贤(女)		

六、2003—2004年度优秀政协委员名录

马世奇	王卫东	王愫怡	刘希超	刘益昌	苏澧水	吴忠华
张　莉(女)	张成刚	张诗履	陆祖国	陈伟鹤	陈裕生	范玉琴(女)
周洪生	施文忠	施汉范	黄　松	龚学德	薛怀军	

七、2005—2006年度优秀政协委名录

刘希超	刘益昌	吴忠华	张诗履	张耀范	陆　瑜	陆秀金(女)
陈子龙	陈伟鹤	姜　琤(女)	施文忠	施亚周	施红卫(女)	施耀忠
袁　斌	顾速行	顾富家	黄　强	龚学德	戴岳旻(女)	

八、获特别贡献奖的政协委员名录

盛建平	孙育才	张成刚	高　健

九、2007—2008年度优秀政协委员名录

杨悦凡	苏　琴(女)	张成刚	张诗履	沈志强	陈　丽(女)	周洪生
施文忠	施亚周	施惠聪	胡林森	徐瑞国	袁永达	曹洪洲
黄　胜	黄　强	黄全生	龚耀飞	蔡志昌	戴岳旻(女)	

十、2009—2011年度优秀政协委员名录

王克成	王愫怡	朱理东	沈国兴	宋红蕾(女)	张　莉(女)	张成刚
陆祖秦	陆施燕(女)	范玉琴(女)	胡林森	施永法	袁永达	顾红梅(女)
郭　震	黄　强	黄全生	黄亚忠	曹洪洲	蔡志昌	戴岳旻(女)

第六节　在崇明的上海市政协委员名录

自1977年12月政协上海市第五届委员会起，崇明县始有市政协委员1人，至2013年共有30人次担任历届市政协委员。

一、政协上海市第五届委员会在崇委员名录

赵志良(1977年12月—1983年4月)

二、政协上海市第六届委员会在崇委员名录

王树桂(1983 年 4 月—1988 年 4 月)

三、政协上海市第七届委员会在崇委员名录

张　彪(1988 年 4 月—1991 年 2 月)　钱裕令(1988 年 4 月—1993 年 2 月)
陈孝运(1988 年 4 月—1989 年 2 月)　宋　斌(1989 年 2 月—1991 年 2 月)
徐正林(1991 年 2 月—1993 年 2 月)　陆　瑾(1991 年 2 月—1993 年 2 月)

四、政协上海市第八届委员会在崇委员名录

陆　瑾(1993 年 2 月—1998 年 2 月)　黄振兴(1993 年 2 月—1998 年 2 月)
钱裕令(1993 年 2 月—1998 年 2 月)

五、政协上海市第九届委员会在崇委员名录

黄振兴(1998 年 2 月—2003 年 2 月)　周祖安(1998 年 2 月—2003 年 2 月)
龚学德(1998 年 2 月—2003 年 2 月)

六、政协上海市第十届委员会在崇委员名录

范陈杰(2003 年 2 月—2008 年 2 月)　袁佳平(2003 年 2 月—2008 年 2 月)
龚学德(2003 年 2 月—2008 年 2 月)

七、政协上海市第十一届委员会在崇委员名录

范陈杰(2008 年 2 月—2011 年 1 月)　施建华(2011 年 2 月—2013 年 1 月)
王为群(2008 年 2 月—2013 年 1 月)　褚以琳(2008 年 2 月—2013 年 1 月)
周新卫(2008 年 2 月—2013 年 1 月)　陆　瑜(2008 年 2 月—2013 年 1 月)

八、政协上海市第十二届委员会在崇委员名录

施建华(2013 年 1 月—　)　王为群(2013 年 1 月—　)
褚以琳(2013 年 1 月—　)　密春雷(2013 年 1 月—　)
陈　丽(2013 年 1 月—　)　姜照柏(2013 年 1 月—　)
陆春涛(2013 年 1 月—　)

第七节　崇明籍人士当选为全国政协委员名录

施汝为,崇明县港西镇人,中国科学院物理研究所所长,第二届全国政协委员。

王　涛,崇明县堡镇人,建工部水泥研究院副院长、研究员,第五届、第六届全国政协委员。

张连华,崇明县城桥镇人,电子工业部第十一研究所所长,第七届全国政协委员。

施复信,崇明县城桥镇人,天津通信广播公司教授级高级工程师,第七届全国政协委员。

蔡光天,崇明县中兴镇人,上海前进进修学院院长,第七届、第八届全国政协委员。

施奠邦,崇明县堡镇人,中国中医研究院院长,第七届、第八届全国政协委员。

瞿世镜,崇明县城桥镇人,上海社会科学院英国文学研究中心主任、研究员,第七届、第八届、第九届、第十届全国政协委员。

梅兆荣，崇明县新河镇人，中国驻德国大使，第八届全国政协委员。
王中刚，崇明县港西镇人，贵州省政协副主席，第八届全国政协委员。
龚如心，崇明县城桥镇人，香港华懋集团，第九届全国政协委员。
徐　忠，崇明县港西镇人，西安交通大学流体工程系主任，第九届、第十届全国政协委员。
徐颂陶，崇明县三星镇人，人事部副部长，第九届、第十届全国政协委员。
赵丽宏，崇明县庙镇人，上海作家协会副主席，第九届、第十届、第十一届、第十二届全国政协委员。

专 记

崇明县各界人民代表会议

1949年6月，崇明县解放。8月，中共中央发出关于3万以上人口的城市及各县都要召开各界人民代表会议的指示。10月，崇明县根据《中国人民政治协商会议共同纲领》的有关规定，开始进行召开各界人民代表会议的各项筹备工作，包括学习有关文件，领会上级指示精神；召开干部会议，提高对召开各界人民代表会议重要性的认识；成立筹备机构，研究代表产生方法；听取意见，准备提案等。县各界人民代表会议是在军管时期或普选人民代表大会代表条件尚未具备之前，县人民政府联系广大群众的一种组织形式，具有人民民主统一战线的作用和政治协商的职能，采取协商决定的议事方式，代替行使县人民代表大会的职权。代表构成包括职工、农民、工商、教育、医卫、青年、妇女、党政、军队、自由职业、特邀等界别的人士，以协商、聘请、推荐、选举、特邀等方式产生。

1950年1月，崇明县第一届各界人民代表会议召开，至1953年2月，共经历6届。1954年7月，在普选的基础上，崇明县第一届人民代表大会第一次会议召开，县各界人民代表会议完成历史使命。

一、第一届各界人民代表会议

崇明县第一届各界人民代表会议于1950年1月16日在县城召开，县长姚志仁致开幕词，22日闭幕。本次会议应出席代表257人，出席代表255人。代表产生的过程是：先协商确定各界代表名额，后采用选举或推荐、邀请的方式落实代表人选（工人、农民等界别的代表选举产生，工商等界别的代表推荐、邀请产生）。

会议主要议程：听取军事管制委员会（简称军管会）政委曾子平所作的《崇明解放7个月来的工作报告》和中共崇明县委书记郁谦所作的《崇明县当前工作方针任务的报告》；选举产生崇明县第一届各界人民代表会议主席、副主席和常务委员会委员。

会议经过讨论，同意上述两个报告，并通过关于推行人民胜利折实公债、税收问题、发动社会救济与市镇冬赈工作、市镇建设、市镇冬防治安工作和劳资问题等6项决议。

会议选举产生常务委员会成员31人：郁谦为主席，姚志仁、黄政、王乐三、施昌烈、朱焰、陆秀如为副主席，汤铁、朱丹九、刘宗德、朱锦屏、江振康、吴达、杨士祥、张学明、杜学展、宋惠承、周展、郁小才、范宜家、施后清、施志坚、洪惠民、施鼎新、铁白、徐永时、徐鼎铨、梁文清、黄仲照、黎平、蔡申甫等24人为常务委员会委员。

会议收到提案(建议)415件,经整理合并为162件。其中民政类28件,财政、金融、税收类29件,生产救灾、备荒类10件,市政建设类22件,文化教育类38件,医药卫生类3件,工商、劳资类7件,公安治安类7件,其他类18件。

本届常务委员会先后召开3次会议。第一次会议主要议题:研究确定会址、秘书长人选、会期,研究成立"生产救灾委员会""冬赈冬防委员会"和"人民胜利折实公债推销委员会"。第二次会议主要议题:听取主席郁谦所作的《关于首届各界人民代表会议召开两个月来的工作报告》。第三次会议主要议题:讨论第二届各界人民代表会议召开时间、代表名额、代表产生方式等。

二、第二届各界人民代表会议

崇明县第二届各界人民代表会议于1950年6月28日在县城召开,县长姚志仁致开幕词,7月1日闭幕。应出席代表330人,出席代表328人。第二届各界人民代表会议代表除医卫界(自由职业)代表、特邀代表、妇女代表、军属代表等采用推荐、邀请产生外,其余各界代表均以民主选举产生。

会议主要议程:听取中共崇明县委副书记顾云如所作的《关于工作任务的报告》、县长姚志仁所作的《关于征收夏季公粮的报告》、县委宣传部部长汤铁所作的《关于救灾工作的报告》和副县长陆平所作的《关于税收工作的报告》。选举产生崇明县第二届各界人民代表会议主席、副主席和常务委员会委员。

会议经过讨论,同意上述各个报告,并作出救济失业职工的决议。救济失业职工的具体办法:职工要发扬阶级友爱,主动帮助失业职工兄弟;以市镇为主,各界本着同舟共济精神,解决失业职工生活困难;政府工作人员节约口粮,用作救济失业职工;政府和工会帮助失业职工求业,进行生产自救。

会议选举产生第二届各界人民代表会议常务委员会成员39人:郁谦为主席,姚志仁、黄政、王乐三、施昌烈、朱焰、陆秀如为副主席,王士明、许士文、朱丹九、江振康、刘维德、朱镜渊、陆平、杨士祥、张天一、沈云龙、沈兆良、陆承德、吴学昌、吴献文、宋惠承、陈善康、季明顺、施圣德、施志坚、施国华、施绳武、施鼎新、洪惠民、铁白、徐放、顾云如、袁友涛、徐鼎铨、黄汉斌、黄炎治、龚惠平、蔡申甫等32人为常务委员会委员。

会议收到提案(建议)149件。其中民政类18件,财政、金融、税收类26件,生产救灾、备荒类6件,市政建设类8件,文化教育类50件,工商、劳资类22件,公安治安类9件,其他类10件。

本届常务委员会先后召开3次会议。第一次会议主要议题:听取有关工作报告;讨论成立"崇明县和平签名运动委员会",并通电联合国安全理事会。第二次会议主要议题:协商出席苏北首届各界人民代表会议代表名单,讨论成立崇明县人民法庭。第三次会议主要议题:研究成立"寒衣劝募委员会""土改委员会";筹备召开第三届各界人民代表会议,讨论代表名额、代表产生方式、会议时间等。

三、第三届各界人民代表会议

崇明县第三届各界人民代表会议于1950年12月16日在县城召开,县长姚志仁致开幕词,18日闭幕。应出席代表369人,出席代表365人。由于崇明县即将开展全面性的土改工作,各方面工作任务繁重,以及时间又很紧,第三届各界人民代表会议代表的产生除农民代表重新选举产生和部分代表有所调整外,其余原则上均由第二届代表延续担任。

会议主要议程:听取中共崇明县委书记郁谦所作的《全崇明行动起来,响应号召,推进抗美援朝保家卫国的群众运动》的报告、县农委主任王乐三所作的《关于土改工作的报告》、县公安局局长秦洪洲所作的《关于冬防工作的报告》、团县委书记丁之华所作的《关于新民主主义青年团工作的报告》、崇明县各界人民代表会议副主席朱焰所作的《关于对美帝国主义开展"三视"宣传教育的报告》。选举产生崇明县第三届各界人民代表会议主席、副主席和常务委员会委员。

会议经过讨论,同意上述各个报告,并形成如下决议:进行广泛深入的宣传教育,加强对美帝国主义罪恶面目的认识，开展对美帝国主义的“三视”（仇视、鄙视、藐视）运动；支援中国人民志愿军部队，参加国防建设，动员知识青年和技术人员为祖国服务；发展民兵组织，扩大地方武装，强化冬防工作，镇压反革命分子，巩固革命秩序；发动组织农民，完成土地改革任务；普遍推广订立爱国公约，反对投机倒把，稳定市场物价；开展劳动竞赛，完成生产任务，增强国防力量。

会议选举产生第三届各界人民代表会议常务委员会成员37人：郁谦为主席，姚志仁、黄政、王乐三、施昌烈、朱焰、陆秀如为副主席，朱焰兼任秘书长，王士明、王兴谟、厉鉴佐、朱丹九、朱新培、朱镜渊、许汝文、刘维德、杨士祥、沈云龙、沈兆良、吴学昌、吴献文、李振纲、季明顺、杜雪林、陆顺川、金祥梅、施秀英、施国华、施绳武、施鼎新、宫宗道、铁白、袁友涛、徐鼎铨、黄汉斌、黄来生、黄炎治、谢志安等30人为常务委员会委员。

会议收到提案（建议）32件。其中民政类3件，税收类2件，土改类6件，市政建设类4件，文化教育类2件，工商、劳资类11件，公安治安类4件。

本届常务委员会先后召开3次会议。第一次会议主要议题：讨论成立“中国人民保卫世界和平，反对美国侵略委员会崇明支委会”，并确定12月15日至翌年1月15日为抗美援朝宣传月。第二次会议主要议题：讨论成立“反革命案件审查委员会”和今后工作任务。第三次会议主要议题：讨论第四届各界人民代表会议筹备工作等。

四、第四届各界人民代表会议

崇明县第四届各界人民代表会议于1951年7月28日在县城召开，30日闭幕。应出席代表356人，出席代表355人。代表产生采取民主选举、协商提名和聘请的方式。第四届各界人民代表会议起增加市镇居民、宗教、文艺等界别的代表，教师界别分为中教和小教界别，农民界别代表名额有所减少。

会议主要议程：听取中共南通地委汪清晨所作的《关于目前形势的报告》、县委宣传部部长汤铁所作的《关于响应“六一”号召，深入开展抗美援朝运动的报告》（“六一”号召即6月1日中国人民抗美援朝总会关于推行爱国公约，捐献飞机、大炮和优待烈、军属的号召），听取县长陆平所作的《关于清理镇压反革命分子，清理积案的专题报告》。选举产生崇明县第四届各界人民代表会议主席、副主席和常务委员会委员。

会议经过讨论，同意上述各个报告，形成继续深入开展抗美援朝运动、爱国增产节约运动、爱国售棉储棉运动和继续镇压反革命分子活动等决议，并决定为抗美援朝捐献战斗机一架、大炮半门。

会议选举产生第四届各界人民代表会议常务委员会成员43人：王遐松为主席，陆平、施昌烈为副主席，朱焰为秘书长，王士明、王兴谟、厉鉴佐、庄明、汤铁、刘维德、朱丹九、朱兴培、陈通、陈兆祥、陆承德、陆顺川、杜学展、吴献文、沈焕章、沈钧堂、张瑞珍、林德明、屈锦成、施敏、施祚承、施绳武、施宝玉、姚志仁、徐杰、徐鼎铨、袁友涛、倪华新、顾青、顾云白、顾德林、黄文标、黄丕谟、黄炎治、黄慧英、谢志安、蒋淑珍、蔡申甫、蔡德先等39人为常务委员会成员。会议还选举产生中国人民抗美援朝总会崇明分会常务委员会，委员12人，朱焰为主席。同时选举产生崇明县反革命案件审查委员会和崇明县优抚委员会，分别由王遐松、陆平兼任主任委员。

会议收到提案（建议）221件，经整理归并为175件。其中有关抗美援朝8件，镇压反革命7件，农业生产34件，市政建设15件，文化教育34件，医药卫生23件，工商贸易19件，其他方面35件。

本届常务委员会先后召开3次会议。第一次会议主要议题是：讨论响应中国人民抗美援朝总会“六一”号召有关事项，讨论做好优扶工作、开展爱国增产节约运动、推进签订爱国公约等。第二次会议主要议题是：听取全国政协会议、华东军政委员会会议、苏北行政公署委员会会议精神传达，讨论苏北第一届各界人民代表会议第二次会议提案等事项。第三次会议主要议题是：讨论继续加强抗美援朝工作，增加生产，厉行节约，支持中国人民志愿军；讨论深入开展反贪污、反浪费、反官僚主义运动；协商出席苏北第二次各界人民代表会议的区域代表名单；讨论第五届各界人民代表会议筹备工作。

五、第五届各界人民代表会议

崇明县第五届各界人民代表会议于1952年8月21日在县城召开,23日闭幕。应出席代表365人,出席代表352人。第五届各界人民代表会议代表名额和名单的确定以上届为主的原则,新增工会、社教、青年团、学联界别的代表和转业军人、区域界别的代表,取消机关界别代表,农民界别代表名额比上届增加。

会议主要议程:听取县长陆平所作的《关于县政府一年来工作的报告》和县委书记王遐松所作的《崇明当前形势和今后半年工作建议的报告》;选举产生崇明县第五届各界人民代表会议主席、副主席和常务委员会委员。

会议经过讨论,同意县长陆平所作的政府工作报告;同意县委书记王遐松在今后半年工作建议报告中提出的8项工作任务;通过关于贯彻婚姻法的决议。

会议选举产生第五届各界人民代表会议常务委员会成员43人:王遐松为主席,陆平、徐鼎铨为副主席,仇锦堂、庄民、江振康、朱康祥、陆聘、陆秉文、陆瑞林、杜学展、杜锡林、吴士成、沈云周、张有林、张其贤、李征晋、何耀章、屈锦成、施汉梁、施昌烈、施祚承、徐忠、徐倩、顾青、顾发林、顾然斐、顾晏福、倪华新、倪冠堂、黄守耕、黄炎治、黄振刚、黄淑英、黄曾望、黄慧英、黎平、谢志安、彭执中、蔡申甫、蔡德先、樊伯平、濮九禹等40人为常务委员会委员。

会议收到提案(建议)255件,经整理归并为194件。其中有关农业生产方面55件,市政建设方面22件,文化教育13件,医药卫生5件,工商贸易13件,民政优抚2件,镇压反革命4件,建议批评71件,其他方面9件。

本届常务委员会先后召开3次会议。第一次会议主要议题是听取有关工作报告,讨论继续贯彻婚姻法以及工商业问题和劳动就业等问题。第二次会议主要议题是关于组织各界学习《共同纲领》和《联共〈布〉十九次代表大会文献》。第三次会议主要议题是讨论第六届各界人民代表会议筹备工作等。

六、第六届各界人民代表会议

崇明县第六届各界人民代表会议于1953年2月2日在县城召开,4日闭幕。应出席代表258人,出席代表258人。第六届各界人民代表会议的代表名额比上届减少,在五届代表的基础上进行调整,调整的代表由有关界别采取民主选举或协商推荐的方式产生。

会议主要议程:由县委书记王遐松作关于贯彻执行1953年全国人民三项庄严伟大任务的开幕词;听取县长陆平所作的《关于五个月来政府工作的报告》、县委第二书记顾青所作的《关于今后三个月工作建议的报告》。选举产生崇明县第六届各界人民代表会议主席、副主席和常务委员会委员。

会议经过讨论,形成3项决议:响应党中央号召,坚决贯彻1953年全国人民三项伟大任务;会议对县政府工作表示满意,同意政府工作报告;同意中共崇明县委提出的今后3个月工作建议。

会议选举产生第六届各界人民代表会议常务委员会成员47人:王遐松为主席,陆平、徐鼎铨为副主席,王乐三、仇锦堂、庄民、江振康、陈明、陈企刚、陆聘、陆秉文、杜学展、吴士成、杜锡林、何耀章、张诚、张其贤、杨仲高、杨莲秀、屈锦成、郁庆珍、施汉民、施汉梁、施昌烈、施绳武、徐忠、徐倩、倪华新、倪冠堂、顾青、顾发林、顾然斐、顾晏福、黄守耕、黄炎治、黄振刚、黄淑英、黄曾望、黄慧英、黎平、谢志安、彭执中、蔡申甫、蔡德先、樊伯平、樊祥发、濮九禹等44人为常务委员会委员。

会议收到提案(建议)285件。其中有关农业生产方面88件,市政建设方面42件,文化教育44件,医药卫生12件,工商贸易8件,民政福利14件,建议批评75件,其他方面2件。

本届常务委员会先后召开2次会议。第一次会议主要议题是研究近期工作。第二次会议主要议题有:听取县人民政府关于过去4个月的工作情况的报告,提出普选、当前生产、夏季预征农业税等主要任务,并对本届代表中2名代表的资格问题审查等进行讨论。

本专记附录：

崇明县各界人民代表会议代表名录

第一届各界人民代表会议代表名录(257人)

职工代表(32人)

王亚川 朱学义 江振康 朱兴培 朱友才 李振江 沈念坤 杜厥功 沈江林 施秀英
郁志才 施锦才 施圣德 施谦 郁灿其 施国华 孙建中 孙守芳 范志杰 姜其辉
黄仲熙 黄政 黄来生 黄静华 陆瑞英 陈善康 杨士祥 刘宗德 龚惠芳 龚涵
龚贞郎 龚承德

农民代表(114人)

王乐明 王志贤 王友江 毛才先 田惠良 朱才高 朱钱富 朱仲英 朱灿根 李灿成
李汉青 李和尚 沈祖传 沈玉家 沈才清 沈文进 吴松郎 吴秀丰 杜雪林 周展
金亚郎 施若明 施和尚 施川佩 施德兴 施文彬 施朝郎 施汉文 施鹏寿 施后清
施新民 耿士昌 范本成 范成明 袁友涛 徐作民 倪锦文 姚祥郎 姚焕昌 孙兆岩
孙志清 孙富祥 姚五郎 高牛郎 陈云 陈廷华 陈江福 陈文相 陈康郎 陈国金
陈毛郎 陈富民 陈浩清 陈秀英 陆慕高 陆元明 陆顺德 陆福郎 孙才狗 黄丕良
黄风祥 黄元相 黄阿毛 黄才元 黄元祖 黄能信 黄茂才 黄大狗 黄自新 郁小才
陶学宝 陶竞 陆关郎 陆建其 张森先 张金祥 张雅琴 张加堂 张凤山 张有林
郭银祥 郭春佩 郁才华 盛士龙 彭一民 费小龙 童品操 汤瑞英 汤新其 杨兴才
杨秀丰 蔡小清 刘宗元 刘其狗 苏士德 谢志安 顾绍良 顺其清 顾作家 顾锡昌
顾留其 顾雪狗 顾川发 顾振邦 龚善本 龚秀成 朱德葵 朱小末 俞二郎 施德新
蔡小二 倪川杜 赵锡章 林长江

工商代表(27人)

孔新甫 朱锦屏 宋惠承 朱光义 朱洪熙 孔家千 杜学展 金振华 郁允松 施洪成
范文明 徐惠千 姚清德 陆聃 陆士衡 陆剑东 陈品芳 张学明 张家华 祝振纲
洪惠民 施鼎新 施昌烈 严世珍 顾庆高 顾尹耕 赵志仁

中教代表(8人)

朱焰 施强 施桂馨 沈柏春 陈云章 张志澄 赵国良 蔡凤圻

小教代表(14人)

卞奕和 毛文石 吴守恒 梁文清 施孟駒 范宜家 黄汉彬 陈祖英 张学礼 郭祖涛
沈秉章 杨国祥 赵正琳 刘兼善

青年代表(13人)

丁之华 王森荣 吴达 宋元明 姚文惠 黄云梯 黄国祯 黄继元 陆少英 张振声
张思德 曾尧强 铁白

自由职业代表(5人)

王显夫 王琢人 朱丹九 周志室 张天萱

妇女代表(8人)

施宝玉 秦雪英 黄炳珍 张桂芳 蒋淑珍 苏美兰 龚子芳 陆秀如

党政代表(11人)

郁谦 王乐三 王士明 王文标 施汉民 施志坚 姚志仁 秦洪洲 袁群 汤铁
施祚承

军队代表(9人)

洪茂才　徐永时　高炳移　陈振其　汤宜祥　张相海　赵树飞　顾汉才　龚秀扬

军管会代表(3人)

林德明　曾子平　黎　平

军属代表(3人)

吴明福　施建明　顾美珍

机关代表(2人)

黄吉谦　杨廷家

特邀代表(8人)

朱廷才　季福元　范春如　袁济东　陆伯良　曹宝琛　许仲礼　蔡申甫

第二届各界人民代表会议代表名录(330人)

职工代表(47人)

王顺祥　王　图　朱学义　朱友才　朱兴培　江振康　姚永安　沈士林　杜才仙　李振江　金镜煌　金克生　施圣德　施效才　施　敏　施国华　秦　诚　袁良诚　徐　平　倪学明　郭锦成　郭秀英　陈南平　陈永祥　陈　云　孙永芳　孙品芳　黄顺熙　黄勤华　黄坤元　黄君顺　陈善康　张　坤　陆兆昌　陆桂芳　杨士祥　杨文西　钱明道　陆耀章　顾思信　龚裕生　龚榴成　龚野郎　蔡金福　黄仲熙　刘宗德　黄　政

农民代表(152人)

王有清　王兴茂　王友江　卞康再　倪才福　倪雪春　石有清　田惠良　宋美英　宋秉芳　宋明礼　朱全郎　朱雪芳　朱仲英　吴秀丰　吴根宝　吴秉芳　吴锦秀　吴玉英　吴国民　吴相梅　何孝发　何德贞　李文达　李灿其　沈守芝　沈元亮　沈月家　沈国民　沈培德　沈　坤　沈朝宰　周亮生　周依仁　周品兰　周家超　金野郎　金克生　蜜克生　施瑞祥　施福安　施文相　施炳虎　施玉田　施锡春　施宝英　施　群　施俊龙　施　潜　郁占谟　郁品芳　郁钧培　郁灿其　范成寿　范再英　郁小才　范同义　柏灿其　胡松生　茅才先　俞庆芬　俞二郎　秦德龙　秦其安　徐士声　徐少荣　徐志利　徐锡郎　徐尚明　徐善德　徐小龙　徐志清　姚正祥　倪南屏　郭银祥　高惠韩　袁桃郎　袁振东　黄松英　黄学明　黄焕明　黄　鑫　黄梦金　黄大狗　黄惠英　黄金元　黄才先　黄元祖　黄占清　黄志高　黄慧英　张友甫　张月中　张楚桥　张云生　张伟成　张杏林　张国依　张月珍　张启相　张家元　张金祥　张德胜　张友林　陈康郎　陈祥囡　陈小金　陈付明　陈华英　陈允富　曹才祥　陈学狗　盛振家　盛士龙　陆元明　陆维一　陆宝岐　陆贤候　陆美娟　许汝文　曹才郎　梅占林　汤福根　曹占义　陶德里　蔡仁杰　蔡美英　杨桂英　杨培孝　刘炳文　翟进才　潘志安　蒋守群　蒋淑珍　薛林祥　钱成兴　谢志安　庞锦标　庞文献　顾流其　顾德顺　顾锡狗　顾振邦　龚尚能　龚茂桂　龚友明　龚士英　吴献文　王士明　刘维德　沈兆良　龚惠平

工商代表(39人)

王福民　王兴模　朱庆义　朱锦屏　宋惠承　沈锦堂　沈　忠　吴文绪　吴尚武　周文瑗　季雪门　金振华　俞园元　施绳武　施其梁　洪惠民　徐裕桢　徐鼎铨　徐振家　秦志桢　张天一　陈文再　陈希亳　陈毓琛　黄炎治　黄文照　黄清泉　赵志仁　严世珍　顾尹耕　顾拜昌　龚家臻　龚　道　季明顺　施昌烈　陆承德　袁友涛　沈云龙　施鼎新

教师代表(26人)

王品瑞　毛文石　宓祖康　朱　焰　朱锦元　朱希康　朱挺生　沈玉堂　沈柏春　施孟駒

施　弦　孙国煊　张瑞珍　张士驥　张翰生　陈云章　黄品元　黄思逵　黄念修　黄汉斌
黄家祥　程依理　杨振亚　朱镜渊　杨伯渔　赵国梁

医卫界代表(自由职业代表 6 人)

王琢人　朱丹九　周志室　范春如　陈兆桢　陈叔明

青年代表(13 人)

丁之华　宋彎澄　吴学昌　施云鹏　施汉梁　施达清　黄应平　黄继元　黄长凯　陈家升
铁　白　龚启洲　张友松

妇女代表(12 人)

施宝玉　郁玉兰　高秀英　陆治权　张彩帆　蔡一斌　刘菊芳　蔡平生　陈美兰　顾翠娥
陆秀如　朱成英

党政代表(13 人)

施志坚　姚志仁　徐　杰　秦洪洲　袁　群　陆　平　黄吉谦　黄文标　汤　铁　樊伯平
顾云如　郁　谦　王乐三

军队代表(11 人)

毛否标　王文纪　徐　放　徐士昌　孙运如　陈时造　顾怀岐　陈　鸿　曹鹤丹　杨进岐
顾林臻

军管会代表(2 人)

林德明　黎　平

军属代表(1 人)

郁兰珍

机关代表(2 人)

施汉民　顾善飞

特邀代表(6 人)

朱廷才　吴宋恒　袁济东　陆伯良　许仲礼　蔡申甫

第三届各界人民代表会议代表名录(369 人)

职工代表(52 人)

李振刚　施圣德　袁良诚　黄来生　蔡金福　施晋清　江振康　朱兴培　彭执中　陆兆昌
黄仲业　施　敏　姚惠芳　郭锦仁　郁灿其　秦　诚　杨士祥　郭仲贤　杨文熙　施效才
朱学义　金　亮　朱友才　杨建明　吴新桢　陆耀章　沈士林　刘宗德　黄君贤　浦子游
沈兆良　杜才仙　龚榴成　顾思信　陈才华　施秀英　龚惠丰　黄奎元　沈汉章　沈永安
阮学明　施增增　施国华　王顺祥　金克生　钱明道　黄　政　杨士祥　季明顺　黄炎治
吴汉斌　王士明

农民代表(183 人)

王兴茂　蔡学达　高学战　王江郎　赵秀英　赵祥郎　兰志道　张惠美　吴彩芳　赵二郎
吴新明　施玉贞　袁喜耇　袁大郎　兰秀英　宋二郎　彭学明　施井兰　顾达郎　屈锦成
徐美遇　陈希宗　施化成　顾学成　杨凤美　浦瑞兰　袁品根　陆秀英　施沛然　石二郎
沈国英　陈文清　黄汉明　龚水珍　蔡振其　黄孝甫　薛才安　黄廷郎　陈美英　陈祥元
秦明根　劳友才　董友林　朱美琴　沈福根　徐友利　郁品芳　薛彩英　刘松清　龚明荣
顾刘奇　陆相廷　黄守庚　黄才福　费小庞　沈灿其　蔡士进　张宝珍　施祥福　顾学成
邵昌熙　石志坚　何小法　樊沛金　张廷栋　赵永昌　梅洋明　黄廷相　沈文品　沈佩德
顾云芳　蔡瑞珍　陈美芳　何德珍　沈玉英　倪锦元　陈桂芳　周品兰　顾惠香　陈桂英

张兰英　陈美英　耿亚芳　陈相英　顾伟芳　郁瑞珍　金亚芳　朱亚英　茅月琴　朱秀芳
顾美英　樊蕴芳　潘秀芬　范成芳　黄秀贤　王兴芝　顾吕芳　郁佩英　陆志英　赵守英
顾才林　黄国爻　袁友清　杜雪林　陈廷槐　陈启贤　高志芬　朱小才　杨火林　吴志龙
袁正东　邱银才　张汉明　顾明祥　童思珍　董友林　吴井秀　顾松桃　朱照清　陈付民
倪凤英　陆付民　施国华　宋品芳　龚元庆　袁石根　施　潜　朱仲英　沈国民　顾学仁
李兼佐　许汝文　朱大郎　沈桂芳　毛才先　陆秀英　朱康祥　高岐坚　唐惠成　朱廷才
俞光芬　高维甫　赵严珍　陆品文　周雅芳　赵秀英　陈兆元　施陶富　田惠良　沈学其
黎尚明　宋文华　沈康明　张元成　胡守成　吴辉兰　施备郎　黄士逵　施石明　薛元昌
周彦耆　姜兴培　石信芳　沈凤仙　杨国新　盛士龙　王品希　施桂芬　李小富　施瑞新
张鸭毛　蔡益斌　陈里贤　施祚承　兰耀忠　吴献文　谢志安　朱新培　黄来生　吴学昌
沈云龙　陆承德　袁友涛

工商代表(40人)

沈锦堂　朱锦屏　黄炎治　陈希灏　沈丕烈　严世珍　王福民　徐裕桢　王兴谟　顾尹耕
龚　道　洪惠民　施昌烈　李楚培　施鼎新　季雪门　徐鼎铨　黄清泉　陈毓琛　施其禄
吴尚武　刘　蔚　张家骅　徐振家　吴文绪　宫宗道　沈　忠　黄文熙　施绳武　顾拜昌
赵志仁　秦志珍　龚元发　万建秋　陆顺川　俞国元　周文瑗　龚嘉珍　王兴谟　厉剑佐

教师代表(26人)

陈云章　沈柏春　黄彦修　施　弦　赵国良　王品瑞　朱　焰　孙国恒　沈玉堂　黄汉斌
张学礼　朱希康　毛文石　黄嘉祥　张翰生　宓祖康　施孟駒　黄思逵　朱挺生　张瑞珍
杨伯渔　杨振亚　朱镜渊　程依理　黄品元　周　祥

医卫界代表(6人)

朱丹九　陈叔明　王能发　王琢人　陈兆桢　范春如

青年代表(14人)

铁　白　丁之华　黄继元　吴学昌　施达清　杨文德　汤邦良　施国良　赖在家　黄长凯
张友松　施楚良　宋文明　施国华

妇女代表(17人)

张桂芳　孙品芳　赵守英　俞广芬　苏美兰　蔡益斌　吴静兰　蔡平生　程炳芳　薛彩英
祝纪成　张秀如　施宝玉　曹利华　张亦芳　陆秀如　施秀英

党政代表(13人)

施志坚　姚志仁　徐　杰　秦洪洲　袁　群　陆　平　黄吉谦　黄文标　汤　铁　樊伯平
顾云如　郁　谦　王乐三

军队代表(3人)

张　林　金祥梅　施树桐

军管会代表(2人)

林德明　黎　平

军属代表(3人)

郁兰珍　施金才　陆桂芳

机关代表(2人)

施汉民　顾善飞

特邀代表(8人)

蔡申甫　陆伯良　袁济东　许仲礼　朱廷才　张紫璠　吴宋恒　汪汉章

第四届各界人民代表会议代表名录(356 人)

职工代表(53 人)

毛银海　陈善庆　顾发林　朱学义　王生智　孙丽英　张亚琴　施三郎　潘海云　黄振纲
陈永祥　孙品芳　杨桂兰　朱兴培　陈义才　李振刚　梁文清　沈宽中　陆美如　樊人俊
丁学明　施美芳　黄小初　杨德芳　张漱石　顾七郎　洪　灏　郭宗贤　许步行　沈金元
方祥郎　朱江郎　陈亨郎　黄　斌　陆士贤　施俊清　庄　民　赵志同　黄宝岐　世仲高
石有才　郭锦仁　施　敏　黄清泉　蔡鸿儒　黄才江　陈福寿　董文祥　陈石根　王士明
王兴才　顾德林　顾云白

农民代表(152 人)

施灿其　陆美娟　杨兰英　施兴九　孙雪康　施文宰　陆顺聪　陆雅贞　沙振权　兰文浩
黄儒英　黄学平　朱明礼　李士义　陈鼎连　龚维孝　蔡占岩　张秀英　陆炳章　施禹洪
常惠兰　李秀明　施化成　杜金元　施品芳　沈志道　龚玉郎　宋品芳　徐美珍　施锡圭
施志清　黄才林　陶义郎　陈玉英　张才甫　吴文郎　周才江　黄玉兰　胡荣秀　龚林选
彭一鸣　黄占郎　朱凤英　何仁宝　陈尚英　施艮凤　顾海江　杨维林　顾尚郎　顾锡铭
施静芳　顾品娟　吴锦秀　陈葆芥　张兰美　黄守明　黄秀贤　施孟成　曹根郎　郁希昌
邱银才　杨士达　姜士槐　宋尚明　季秀兰　黄慧英　沈维俊　施丕堂　戴成章　樊德纭
陆丕连　沈显章　蔡锡恩　范本贞　姚廷宰　袁克珍　陈　英　王思孝　金礼成　石信芳
张伟人　沈大云　杨　议　刘龙祥　姚会芳　陈耀宗　印宝荣　陈菊芳　谢志安　何耀轩
伏敏惠　费小龙　沈美德　顾国珍　顾刘其　蔡瑞珍　陈桂英　薛振声　季初才　朱友岐
沈灿其　孙振和　陈翠桥　施邦达　顾云芳　徐明道　杨新元　戴亦兰　黄桂芬　顾能奎
倪学明　朱希贤　王伯英　包灿江　吴文彬　赵振林　倪风英　杨秀兰　何德贞　宋婉燕
施锦涛　蒋淑贞　张雪升　黄土煊　朱德明　徐尚明　沈美瑛　顾铁良　施秀兰　高维甫
张秀英　朱凤翔　范早郎　刘志超　黄秀英　施国富　周炳兰　钱成兴　蔡德先　吴献文
沈焕章　屈锦成　施　敏　施祚承　刘维德　袁友涛　顾　青　陈兆祥　陆顺川　陆承德
黄奕治　张瑞珍

工商代表(41 人)

陈毓琛　深巽章　黄朝贵　封雪候　李如民　黄炎治　朱镜屏　程希灏　厉鉴佐　顾镇藩
沈克贤　朱秀峰　陆顺川　陆秉文　李楚培　施昌烈　杜学展　季友石　杨德祥　陆　聘
陈昌烈　施元恭　黄凤祥　范存德　王兴谟　陈有信　沈金唐　龚元发　杨志明　季宝瑞
徐鼎铨　施其禄　张学明　詹炳南　秦志珍　顾拜昌　施绳武　吴锦才　朱广义　沈　宗
沈均堂

中教界代表(8 人)

朱　焰　祝荪如　苏椿龄　陈云章　冯光浩　顾文锦　沈柏春　施桂馨

小教界代表(17 人)

朱镜渊　顾昌英　黄忍逵　徐　忠　黄汉斌　张学伟　毛文石　胡守恒　朱希康　洪时衡
沈玉堂　朱廷才　张瑞英　杨振亚　杨广荣　庸惠英　汤　群

青年学生代表(13 人)

施达清　王中刚　王　诚　陈奕钧　陈少英　施楚良　范存高　黄家贤　顾　清　丁之华
张思德　陈　通　徐　萍

医卫界代表(9 人)

范春如　王福民　陆友明　施思明　汤士骙　沈祖昌　王能发　朱丹九　骆冠华

文艺工作者(3 人)

黄丕谟　陈明卿　陈惠英

妇女代表(12 人)

倪惠芳　黄进辉　施宝玉　苏美兰　蔡平生　顾品华　龚亚贤　祝纪成　张兰新　顾品菊
蔡益斌　徐士贤

合作社代表(3 人)

徐　杰　陈天麟　周尚德

市镇居民(6 人)

倪则伟　邢士法　祝纪程　茅　祥　余文虎　张国祯

党政代表(12 人)

黎　平　林德明　王遐松　汤　铁　姚志仁　陆　平　施汉民　秦洪洲　黄文标　樊伯平
陈　云　张　诚

军队代表(3 人)

张　林　金祥梅　施树恫

军管会代表(1 人)

林德明

军属代表(5 人)

龚友兴　张国华　吴茂才　苏五郎　倪华新

机关代表(2 人)

顾然斐　张承德

宗教界代表(4 人)

蔡瑞麟　顾云白　叶　承　黄一帆

特邀代表(12 人)

蔡申甫　盛企康　施鼎新　董文祥　张小三　陆伯良　张紫藩　许崇礼　袁济东　施孟騊
盛嗣均　施文德

第五届各界人民代表会议代表名录(365 人)

职工代表(40 人)

陈善庆　顾发林　张亚琴　施三郎　孙品芳　李振刚　郭宗贤　黄振兰　陈　德　陆瑞林
沈金城　郁清贞　薛瘦梅　杜厥功　王森山　施金利　徐　斌　施玉奇　何孟荣　施恒郎
徐小福　顾志坚　施俊清　袁良诚　朱尚珍　蔡国彰　方锡九　杨其生　钱锦涛　程　淦
沈银周　陆士贤　陈　云　彭良诚　陈新民　沈云周　黄振刚　张有林　杜锡林　顾云瑞

工会代表(4 人)

彭执中　庄　民　陈纪军　杨仲高

农民代表(168 人)

徐克俊　施永鼎　沈季郎　何耀章　金再林　张汝芬　王桂芬　黄兆贞　施学达　施静芬
郁素芳　杨廷福　杨兰英　沈汉章　袁士珍　施玉珍　包见元　龚文兰　陈义郎　沈妙郎
周有清　顾玉兰　张学周　沈　全　龚同祥　姚静芳　倪有清　陆士才　陆新才　薛福郎
张雪昌　顾品英　施锡珍　王能信　黄秀贞　沈和郎　黄小坤　倪福生　顾晏福　樊发云
陈惠兰　茅丕家　薛能希　宋耀先　彭邦时　陆在功　江发其　梁黄顺　茅灿其　陈　英
黄静芳　陆进兵　黄雨林　李陵兰　袁希繁　郁维芳　陈思瑞　朱兰芳　黄正元　郁启炎
杜文元　朱秀英　方志高　顾作章　施进龙　黄守明　王贤达　徐仁镜　沈品芳　张宝成

顾品娟　黄志乔　陈汉卿　陈士骏　孙品芳　陈惠英　朱成甫　俞元龙　倪 明　刘步才
朱和珍　沈振明　方美英　张翠兰　陈惠永　施尚义　黄士英　倪蕴珍　陈玉卿　龚兆珍
倪诗其　施元春　李云汉　姚鼎铭　黄林声　田惠良　顾士达　李廷爵　郁圣清　黄雪江
徐思周　陆炳章　周耀明　严洪元　季学周　包瑞春　顾汉明　倪尚义　蔡丕才　顾炳元
郭凤祥　陆茂盛　陆志芳　胡士成　张惠英　蔡玉琛　邵学成　沈清和　陶志龙　陈慕贞
黄志相　赵林才　马成为　张耀忠　张其林　胡金郎　邵守郎　赵安家　张良郎　杨希达
施惠兰　张兰仙　沈兰英　丁惠珍　王玉英　秦才其　刘志超　施惠文　施玉英　杨德培
高瑞云　施林安　倪汉文　何孝发　樊 山　袁国芳　周俊清　杨孝泉　黄顺华　陆凤高
张友郎　倪安明　黄念章　施彦士　陈文贤　周亚琴　陈友其　顾召珍　施顺江　黄林甫
倪成高　杨高林　屈锦成　蔡德先　吴士成　黄守耕　张其顺　黄慧英

工商代表(36 人)

陈有信　沈 璞　施元恭　丁承佑　姚文照　龚汉雄　施昌烈　杜学展　王兴谟　陆汝昌
厉鉴佐　沈希周　詹炳南　吴锦才　张玮琦　李安民　陆秉文　张西明　黄鹤庆　王政耀
施树南　李徵晋　张士才　施文泰　程希灏　刘亚一　黄炎治　陆君桓　黄祥茂　徐鼎铨
施其禄　张学文　张家骅　方俊涛　沈 宗　黄清源

合作社(1 人)

徐思贤

社教(6 人)

黄兴顺　吴汝钧　龚文达　陈鸣强　朱俊民　黄品芳

中教界代表(8 人)

施桂馨　沈柏春　陈乃昌　黄肇德　钮圣贤　黄思逵　陈云章　樊伯平

小教界代表(8 人)

洪时衡　龚 槐　朱其相　蒋雨六　徐 忠　顾品华　叶建华　杨振亚

青年团(5 人)

陈若愚　朱 庆　濮九禹　杨振川　顾云兰

学联(2 人)

王世贤　施汉梁

青年学生代表(6 人)

曹宗鼎　沈惠周　徐文达　陈 通　陆士祥　黄 初

文艺界(1 人)

陈佐舜

医卫界代表(9 人)

沈伯衡　黄曾望　范春如　汤士骙　王能发　沈祖昌　陆叔明　张静安　柏茂筠

妇女代表(16 人)

陈毓贞　李 佩　宋品芳　黄婉娥　顾惠香　顾文芳　陆雅芳　徐士贤　朱 英　徐守英
田素娟　黄淑英　黄慧英　刘 冰　朱振芳　施锦秀

党政代表(14 人)

蔡士风　顾 青　刘维德　王遐松　朱仲达　黄吉谦　沈国柱　陆 耀　徐 倩　施汉民
张 诚　施祚承　徐允福　陆 平

军队代表:(4 人)

周清荣　孙肇斋　陆成德　石文明

军管会代表(1 人)

黎　平

转业军人(1 人)

龚曾培

军属代表：(4 人)

苏国良　顾汉斌　包如柏　倪华新

区域代表(12 人)

顾然斐　吴明福　谢志安　杨连秀　沈　岩　范锡明　倪冠堂　黄冠球　仇锦堂　江振康
朱康祥　陆秉文

市镇居民代表(8 人)

胡振兴　马文锦　顾尚贤　施洪江　施兰仙　沈学章　张亦芳　宋冠群

宗教界代表(2 人)

叶　承　蔡瑞麟

特邀代表(9 人)

龚化文　施鼎新　陆　聘　张莜山　施孟騊　王显夫　蔡申甫　许崇礼　赵有信

第六届各界人民代表会议代表名录(258 人)

（名单无资料查找）

附 录

一、工作报告辑录

以下辑录政协崇明县第一届委员会常务委员会至第十二届委员会常务委员会工作报告共12篇。

政协崇明县第一届委员会常务委员会工作报告

（1958年4月15日，在县政协二届一次会议上）

徐鼎铨

各位委员：

本会自1956年3月建立以来，整整两年了。在此期间，在中共崇明县委的亲切关怀和直接领导下，在省政协的指导下，做了不少工作，取得了一定成绩。现将两年来的工作作一个简要的汇报，请予讨论和审查。

两年来，本会就统一战线工作中的重大问题、国家机关的重要政策措施、人民政治生活中的重要问题，进行了协商和讨论。

1. 在本会第三次常委（扩大）会议上，协商确定了本县第二届人民代表大会各阶层代表名额的分配比例以及民主人士代表候选人的名单。协商提名的86名候选人中，除个别落选外，其余均当选为第二届人民代表大会代表。会议还就支持埃及人民反对英、法侵略和和平解放台湾问题，进行了讨论，统一了认识。

2. 在本会第二次全体委员（扩大）会议上，协商了本县第二届人民委员会和县长、副县长候选人名单。经协商提名的候选人在县二届人大一次会议选举中全部当选。

3. 本会就农业合作化问题和1957年度中小学毕业生指导工作问题，在第二次全体委员（扩大）会议和第七次常委（扩大）会议上，作了反复的讨论和研究，绝大多数委员和列席会议的代表，对巩固农业合作化和正确对待中小学毕业生升学和就业问题，在认识上得到了提高。

4. 在本会第三次全体委员会议上，就本县的政法工作进行了充分的协商和讨论，通过有关部门负责同志的报告，对机关肃反工作有了明确的认识，对公安、检察、法院的性质、任务及其相互关系，有了一定的了解和认识，增强了法制观念。

5. 1956年5月11日，本会常委3人出席了中共南通地委召开的各县政协常委座谈会，协商讨论关于日、伪、蒋战争罪犯的处理问题，并交流各县政协工作经验。

6. 1957年4月以来，本会的政治协商工作是紧紧围绕正确处理人民内部矛盾、继续贯彻“双百”方针、帮党整风为中心而展开。1957年4月上旬，本会部分常委出席了中共南通地委召开的各县政协常委座谈会，听取了毛主席在第十二次最高国务会议上所作《关于正确处理人民内部矛盾问题》的传达报告，并进行了学习和讨论。在第六次常委会议和第七次常委（扩大）会议上，就大鸣大放、帮党整风和反击资产阶级右派的斗争问题性质作了讨论和明确。7月上旬，本会常委、委员和人民代表等16人，参加了中共南通地委召开的各县政协常委（扩大）座谈会，会议继续贯彻“双百”方针，帮助中共南通地方各级党组织整风，与右派分子划清政治思想界限，严厉驳斥了右派谬论，向右派分子发出声讨、展开斗争。与会人士得到了一次比较深刻的社会主义民主教育。

此外，本会还就增产节约、推销1957年国家经济建设公债、国家机关干部下放参农等问题，进行了讨论和研究。

除了通过本会常务委员会议进行政治协商以外，还开展了工作组活动。

1. 工商工作组就公私共事关系、人事安排、物源供应、推销1957年国家经济建设公债、1957年度中小学毕业生指导工作等方面的问题，分别召开会议协商、讨论和反映情况。

2. 文教工作组就消除顾虑，大鸣大放，帮党整风问题进行了2次座谈活动。组织暑假回乡学生介绍1957年上半年大专学校大鸣大放和反右斗争的情况，还对1957年度中小学毕业生指导工作问题进行讨论研究，交流工作经验。还组织崇中、扬子两中学教师50多人，参观本县三沙洪水闸和大桥工程。

3. 医务工作组就政协的性质、任务和作用问题，作进一步学习和讨论，还组织参观崇明电厂和三沙洪水闸。

4. 社会工作组也在1957年1月8日就农业合作化问题和国际形势问题进行了座谈。

5. 宗教工作组就宗教信仰自由与宗教活动必须服从党和人民政府领导，必须服从生产问题进行了座谈。对个别超越宗教范围的非法活动（如医病赶鬼、伪造和发动部分群众联名申请侵占庙产等）作了批判教育，并提出处理意见，供给政府有关部门参考。

6. 本会于去年7月，以传达中共南通地委召开的各县政协常委（扩大）会议精神为重点，派专人帮助庙镇的工商、医务、文教地区工作小组，新河、堡镇的工商地区工作小组开展活动，传达南通会议精神，进一步明确政协的性质、任务和作用。去年和今年清明节，组织部分委员和推派代表，到新河镇烈士墓凭吊革命先烈。

组织各界民主人士学习和参观视察活动方面，我们进行了如下工作：

1. 布置和分发文件，根据形势发展，前后学习了周恩来总理在全国政协一届二次会议上的《政治报告》、毛主席《关于正确处理人民内部矛盾的问题》、周恩来总理在一届全国人大四次会议上的《政府工作报告》、邓小平副总理《关于整风运动的报告》和《农业发展纲要40条（修正草案）》以及有关贯彻“双百”方针的《人民日报》社论等。

2. 去年6月，分桥镇、堡镇两片举行报告会，传达毛主席在第十二次最高国务会议上的讲话。

3. 本会先后荐送副主席范春如、常委黄曾望和求康法师等3人分别至省各界人士政治学校和佛教界学习班学习。

4. 1957年5月，组织12位委员和人民代表，对农业社进行视察，并参观堡镇港建闸工程、崇明纱厂和崇明中学。在县委统一部署下，在今年3月，由人民委员、人民代表、政协委员、邀请人士组成的参观团（24人），参观了农业生产大跃进和市镇上以“除四害”为中心的爱国卫生运动。

5. 本年3月下旬至4月下旬的10天中，组织了社会耆老（10人）、医务界人士（14人）、佛教界僧尼人士（52人）、基督教传道人士（4人）计80人，进行了整风学习，开展大鸣大放、大字报、大辩论，接受社会主义思想教育。

联系工作和处理人民来信工作方面，随着形势的发展和工作经验的积累，逐渐有所改进，并取得一些成绩。

1. 自省政协召开了工作组活动和联系社会人士专业会议以后，经常联系的社会人士共 17 人(其中政协委员 7 人，人民代表 2 人，其他人士 8 人)，成立了耆老组，规定每星期日下午碰头、学习、漫谈、吟诗、弈棋，已成为制度化。了解某些委员生活上的具体困难，并在可能范围内帮助解决。

2. 与在台蒋方军政人员家属和华侨、留学生(留学资本主义国家)家属保持经常联系，邀请他们参加会议和参观活动，解除他们思想顾虑，帮助和启发他们开展通讯联系，希望他们在和平解放台湾的斗争中有所贡献。

3. 处理人民来信工作，自 1957 年下半年起加强了制度化建设，有 23 人次反映的 91 条意见都作了处理，基本上做到了条条有着落。

本会的组织工作随着形势发展而发展和变化，委员已经从原来 84 人发展到 108 人，5 个工作组的成员也不断增加，联系面较成立时大为扩大。本会的性质、任务和作用问题，在委员和所联系的人士思想中已经扎下根来。为了纯洁组织，整风反右以后重新整顿政协的队伍。以贯彻中国共产党的团结一切可以团结的力量建设社会主义的基本方针，有必要把本会委员会进行一次协商改选，组成二届委员会，这也符合政协全国委员会组织章程的规定。

综观两年来的工作，成绩是肯定的，但用客观形势来衡量，还很不够。由于保守思想不同程度的存在，所以工作主动性还不够；缺少常委集体商量；工作组活动计划不能落实，工作开展不平衡。这些缺点必须在今后改进。我们相信在伟大的中国共产党的领导下，我们的工作一定会取得更大的成绩。党的统一战线，在社会主义原则下一定会继续巩固和扩大。凡是愿意接受中国共产党的领导，走社会主义道路的人们，必将更加团结。

(徐鼎铨时任崇明县第一届政协副主席)

政协崇明县第二届委员会常务委员会工作报告

(1961 年 9 月 13 日，在县政协三届一次会议上)

徐鼎铨

各位委员：

我受本会常务委员会委托，把二届会议期间的会务工作，向大会作汇报，请予审查。

1958 年以来，我们政协工作面临着在党的社会主义建设总路线的光辉照耀下，全国人民干劲冲天，我国国民经济的发展形成跃进再跃进的高速度前进的大好形势。我县和全国一样，在社会主义革命和社会主义建设已经取得巨大成就的基础上，目前正遵循党的八届九中全会决议精神，集中力量，大办农业，大办粮食，为争取 1961 年农业生产全面大丰收，促进整个国民经济新的胜利而斗争。

三年多来，本会在中共崇明县委的直接领导和亲切关怀下，在上海市政协的帮助指导下，做了一些工作，现分别报告如下：

以总路线宣传教育为纲，开展形势教育。通过时政座谈会、报告会和参观访问活动，帮助各界人士认清形势，提高思想认识，鼓足干劲，为社会主义事业积极服务。

据不完整统计，1959 年、1960 年两年中，就国内重大事件和国际形势的发展变化，进行 7 次时政座谈会，有 120 多人次参加。在国内重大事件方面，通过常委扩大会议，学习和座谈党的八届八中全会的决议精神；对于西藏上层反动集团叛乱事件和印度政府干涉我国内政、“尼赫鲁的哲学”举行多次座谈和讨论。在国际形势方面，就美国帝国主义间谍飞机侵犯苏联领空、破坏日内瓦四国首脑会议召开，1960 年日本人民、土耳其人民、朝鲜人民反对美帝及其走狗国内反动派的斗争形势和印度尼西亚政府当局的反华排华行动等问题进行了座谈讨论。

结合国内大跃进形势的发展和配合各界民主人士学习的需要，在市政协的帮助下，不定期举办时政报告会。1959 年以来，先后播放录音报告 15 次，听报告的有 648 人次；本会组织的报告会 2 次，听报告的有68人次。报告的内容有论述国际国内斗争形势的，有反映国内建设、大跃进形势的，有介绍技术革命和技术革新运动中先进人物和事迹的，有进行艰苦奋斗克服困难教育的，还有市政协二届二次全体委员会议精神和1960年全国人大、全国政协会议精神的传达报告等。

为了帮助各界民主人士增加和丰富对于"三面红旗"的感性认识，1959年下半年以来，先后组织12次参观活动，有174人次参加，其中主要参观本县的工业、农业、副业生产，人民公社及水利建设，文教卫生等事业；分别参观上海市工业、农业十年成就展览会，上海市闵行新工业区和市政协举办的对台宣传工作展览会；天主教人士参观披着宗教外衣进行反革命活动的罪证展览会。

以上活动，对于帮助各界民主人士认识东风压倒西风的国际形势，揭露和认清帝国主义的侵略本性，增强反对美国帝国主义的斗争决心，起着积极的教育作用。对于帮助各界民主人士看清国内大好形势，克服对"三面红旗"的某些怀疑和动摇，积极投入技术革新和技术革命运动，增强克服困难的信心，坚定走社会主义道路的决心，都起着巨大的鼓舞作用和有力的促进作用。不少委员在学习、座谈、参观访问以后，写了心得体会，表示坚信党和毛主席的英明、伟大和领导的正确，在各自不同的岗位上，艰苦奋斗，埋头苦干，贡献自己的一技之长和一得之见，为社会主义建设事业添砖加瓦。

推动和组织各界民主人士学习毛主席著作，学习政治理论，以毛泽东思想之矢，射自我改造之的。

1959年12月和1960年第一季度内，组织各界人士学习毛主席《矛盾论》。学习中，委员们理论联系实际，在初步领会毛主席思想之后，从理论上去分析和理解多快与好省之间的辩证关系；人民公社是我国政治经济发展的产物，是社会客观规律发展的必然；以辩证的观点去分清局部与整体，表面与实质，学会了对具体事物作具体分析的思想方法；懂得了必须掌握主客观条件，找出工作规律性，充分发挥主观能动作用，才能把工作做好等等。因此，体验到学习毛主席著作，确实能够提高马克思列宁主义理论水平，用马克思列宁主义立场、观点、方法来揭露矛盾、分析矛盾、解决矛盾，从而解决思想上、工作上问题。同时，进一步认识到学习毛主席著作对彻底改造资产阶级的立场和世界观，树立为社会主义服务的思想意志，提高为社会主义服务的工作能力，具有重要意义。因此，学习毛主席著作的自觉性有了提高。在此基础上，于去年4月，在城桥地区建立了文教、医务、工商（社会）3个"毛主席著作学习小组"。小组建立后，学习了《列宁主义万岁》等3篇重要文章。学习中对于现在时代的特点、战争与和平、和平共处和民族解放运动等问题，特别是马克思主义与现代修正主义根本分歧点，认识上有了不同程度的提高。

通过学习《抗日战争胜利后的时局和我们的方针》及其他有关文章后，不仅搞清楚了当时的历史真相，澄清了许多模糊观念，看清了国民党蒋介石的反动面目，而且联系当前国际形势的讨论，进一步认清了美帝国主义从来就是我们中国人民最凶恶的敌人，它的侵略与战争政策是不会改变的，对帝国主义要不怕威吓，不受欺骗，不抱幻想，必须针锋相对，坚决斗争。同时，以历史事实证明美帝国主义是欺软怕硬、欺弱怕强的，唯武器论是不对的。以人民的观点来看，美帝国主义确是貌似强大内部空虚的纸老虎。委员们还深刻体会到，伟大领袖的著作，是马克思列宁主义的普遍真理和中国革命实践相结合的典范，毛主席是当代的马克思，他的伟大、正确、光辉的学说，必须深入学习，反复学习，领会其精神实质，以毛主席思想之矢，射自我改造之的。

去年7月，还组织工商界人士40人，进行为期三个半月的脱产学习历史唯物主义，帮助工商业者认清社会发展的客观规律，坚定跟党走、走社会主义道路的决心。

认真进行政治协商工作，充分发挥政协团结各界人士的职能作用，调动一切积极因素，为社会主义事业贡献力量。

去年8月举行的本会常委扩大会议，就本县第四届人民代表大会代表候选人名额分配和初步名单进行了充分的协商讨论。本着"一般不动，个别调整"的原则，充分发扬了民主协商精神，对某些不合乎代表资格或因工作变动而失去代表性的进行了更动。参加会议的委员反映说："这次会议使我们在党的领导下，又一次充分地享受到民主权利，政协起到了政治协商的作用。"基层选举结果，被提名的各界民主人士全部当选。

为了充分发挥老年人的专长，使他们也能有为社会主义建设出力的机会，本会自 1958 年 2 月起，组织社会耆老 5 人，编修本县县志。经过一年多的辛勤劳动，已完成初稿，为本县史料工作作出了一定的贡献。

本会曾于 1959 年、1960 年国庆节前后，分别召开海外家属座谈会，帮助他们认清形势，提高认识，明确政策，消除顾虑，加强通信联系，鼓励亲人进步，共同为和平解放台湾而出一份力。

通过二届会议期间的工作，使我们体验到：紧密依靠党的领导，以总路线宣传教育为纲，坚持“三面红旗”的政治思想教育，贯彻和风细雨“神仙会”的精神，是团结各界民主人士，不断提高政治思想认识，调动积极因素，为祖国社会主义建设事业服务的根本经验。由于我们缺乏主动性和积极性，工作开展得不经常，活动内容和方式不够丰富多彩，与各界民主人士缺少经常的联系、接触和了解。这些缺点，亟需克服，使今后工作得到进一步充实和提高。

对于今后工作，提请委员们讨论：

1. 运用多种形式，开展国际国内形势教育。（略）

2. 继续推动和组织各界民主人士学习毛主席著作。（略）

3. 贯彻“百花齐放、百家争鸣”的方针。（略）

4. 对于国家政治生活中的重大事件，加强政治协商，达到统一思想、统一认识、加强团结的目的。（略）

各位委员：我们十分清楚地看到，在党的八届九中全会精神号召下，集中力量大办农业、大办粮食已成为全民运动，推动着我国国民经济从胜利走向新的胜利。我县农村形势和全国各地一样，在 12 条指示和 60 条工作条例（修正草案）的指导下，已经出现了一个气象万千、鼓舞人心、极为良好的形势。我们坚信，有伟大的党和毛主席的正确领导，有党所制订的一系列正确的方针政策，依靠全国人民的团结，对于我们国家由于过去连续两年遭受自然灾害所带来的局部的暂时的困难一定能被克服和战胜的，农业生产面貌一定能得到彻底改变。我们要进一步提高自觉性，坚定政治立场，加强世界观改造，更紧密地团结在党的周围，同党一条心，艰苦奋斗，埋头苦干，努力工作，为完成和超额完成我县 1961 年农业生产任务，为实现我国国民经济的继续跃进而贡献力量。

（徐鼎铨时任崇明县第二届政协副主席）

政协崇明县第三届委员会常务委员会工作报告

（1962 年 8 月 16 日，在县政协三届二次会议上）

徐鼎铨

各位委员：

我受常务委员会的委托，向大会作工作报告，请予审查。

1961 年 9 月，本会第三届第一次全体委员会议以来的十一个月中，我们在中共崇明县委的领导下，在上海市政协的指导下，进行了如下工作。

（一）推动各界人士积极参加国家政治生活，进行政治协商工作。

本会在 1962 年 2 月和 4 月，分别召开了两次常务委员会（扩大）会议，就国际、国内形势进行了学习、讨论和协商。委员们认识到，东风压倒西风是国际形势发展的主流，“敌人一天天烂下去，我们天天好起来”的英明论断是完全正确的；对我国政府在对外关系中一贯遵循的总路线和各项具体政策，表示热烈拥护和支持。国内经济形势方面：进一步肯定了 1958 年以来社会主义建设事业在各条战线上取得的伟大成就；认识到由于连续三年严重自然灾害给国民经济发展带来的暂时困难，是胜利前进中的困难，是可以被克服的。尤其在三届三次常务委员（扩大）会议上，传达了党中央对知识分子的政治估价之后，知识界人士都受到了极大的感动，表示要更加努力工作，不断进步，不辜负党的教育培养和殷切期望。

今年 5 月，本会与县人民委员会联合召集了全体政协委员，并邀请了部分知识界人士，听取了周恩来总理在第二届全国人民代表大会第三次会议上所作的政府工作报告的传达。通过讨论，进一步认识到国际、国内一片有利于我国社会主义建设事业的基本形势；更加明确地认识到，国民经济贯彻执行以调整为中心的调整、巩固、充实、提高的方针，在实践中已取得了显著成效，必将取得更大的成就。委员们联系我县农业生产情况，体会到自从党中央一系列正确的政策贯彻以后，所出现的新的生产高潮和农业丰收，反映着农村形势已经开始好转，随着农村形势的好转，整个国民经济也正在逐步好转。因而，对形势看得更清，前途看得更远，信心更足，决心更大。通过周总理报告中关于国家政治生活部分的讨论，对于充分发扬人民民主，坚决贯彻民主集中制的原则，受到了新的启发和鼓舞，为增进团结，巩固和发展人民民主统一战线奠定了良好的思想基础。

此外，本会三届一次常委会会议，曾就右派分子的改造工作进行了讨论。由于党对右派分子的改造工作，采取了正确的政策，并做了一系列工作，取得了很大的成效。几年来，已有一部分改造好了的右派分子摘去了帽子。对于目前组织右派分子进行政治理论学习的方法，认为是帮助他们转变立场、改造世界观的重要工作。同时，也认为改造右派分子的工作，一定要大家来做，这样更有利于他们的转化。

（二）继续组织各界人士进行时事政策和政治理论学习。

本会学习委员会在城桥、堡镇两地坚持组织了有20多人参加的两个“毛主席著作学习小组”，以各个时期的国际、国内形势教育为中心，学习《毛泽东选集》第四卷的重要文章，以毛主席思想去分析国内外形势的发展变化，对于帮助学员掌握形势发展的基本规律，分清形势发展的主流，以历史唯物主义和辩证唯物主义观点观察事物，确立党中央和毛主席领导中国人民革命和建设的伟大、英明、正确的基本观念，都获得很好的效果。

配合时事政策学习，我们举行了5次报告会，参加听报告的有各界人士215人次。其中播放了市政协举办的“访问江西革命根据地”“访问山东灾区”“上海青年京剧团在香港”和“慰问解放军归来”等报告（录音）。这些报告，对于帮助各界人士认清形势，了解灾区同胞与自然灾害作英勇斗争的动人事迹，学习革命人民的艰苦奋斗和自我牺牲精神，体会我们国家崇高的国际威望，增强民族自尊心和自豪感，都有很深的启发。我们还组织了部分人民代表和政协委员，参观了中国人民革命军事博物馆在上海的流动展览会。

为了丰富学习内容，我们还举办了“赋诗会”，《心声诗集》第一册已印发，第二册待印中。

（三）加强了联系工作，重视了各界人士反映意见的处理工作。

本会与各界代表人士的接触联系比以往有所增多，通过他们了解各界人士的情况、意见和要求；对年老体弱的委员，还进行了访问和慰问，关心他们的生活；今年春节，本会全体常委举行了春节座谈，畅谈我县经济形势的发展前途，交流和沟通思想，互勉互励，更紧密地团结在党的周围，努力工作，不断进步。

对于在个别访问、座谈会、学习会上反映出来的意见和要求，我们随时转请党政有关部门研究处理。例如在三届三次常务委员会（扩大）会议和中西医专业座谈会上，委员们提出的关系红与专、改进业务提高质量、西医学习中医、青老关系、劳逸结合和个人生活等方面的问题，都及时整理，转请党政有关部门研究。这些意见受到党和有关政府部门的重视，经过调查研究，对于那些应该而又可以改进的意见和建议，都在具体工作中加以注意改进。通过这些工作，对于调整关系，加强团结，调动积极因素，起着一定的积极作用；同时也是发扬民主，推进民主气氛，听取各方意见，帮助政府部门改进工作，把人民民主统一战线发展到推进社会主义建设的重要方面。

各位委员：我们的工作与以往比较是有了进步，并取得了一定的成绩，但也认识到，在围绕国民经济以调整为中心的方针，开展专业活动，吸取各界人士的具体意见和建议，把政协工作推进到为社会主义建设服务，还没有列入工作的重要位置上来；与各界人士的联系还不够广泛、经常和深入，对反映情况，缺少调查研究，具体意见的处理还没有做到件件有着落，事事有交代；政协活动不经常，形式也不够丰富多样。这些缺点产生的根本原因，在于我们对政协工作的意义和作用体会不深，工作中缺少主动性和积极性，亟应予以克服改进。还希望各位委员提出意见和批评。

根据全国政协和上海市政协最近召开会议的决议精神，结合本县具体情况，对于今后工作，我们认为：应当把全国人大和全国政协这两个大会的高度民主团结精神，继续贯彻到工作中去，以适应人民民主统一战线的新形势，为造成又有集中、又有民主、又有纪律、又有自由、又有统一意志、又有个人心情舒畅、生动活泼的政治局面而共同努力。遵照上海市人民代表大会和政协会议的决议精神，动员各界人士以实际行动来贯彻我县第四届人民代表大会第二次会议的决议而努力奋斗。具体工作提出如下几项，请委员们加以补充指正。

（一）围绕当前国民经济调整工作的中心，召开各种专题座谈会。（略）

（二）进一步加强联系工作，认真处理各界人士的意见。（略）

（三）继续组织各界人士进行时事政策和政治理论学习。（略）

（四）组织各界人士进行参观活动。（略）

各位委员：摆在我们面前的任务是重大的，艰巨的，我们坚信，依靠党的领导，上级政协组织的指导，有委员们的团结一致，共同努力，我们一定能胜利完成这些任务。让我们更紧密地团结在中国共产党和毛主席的周围，同心同德，发奋图强，就一定能够克服任何困难，打败任何敌人，取得社会主义建设的新胜利。

（徐鼎铨时任崇明县第三届政协副主席）

注：县政协四届一次会议上三届县政协常委会工作报告无资料可查，现选县政协三届二次会议上三届县政协常委会工作报告。

政协崇明县第四届委员会常务委员会工作报告

（1965 年 12 月 25 日，在县政协四届四次会议上）

徐鼎铨

各位委员：

我受常务委员会的委托，向全体会议作工作报告，请予审查。

自去年 12 月本会第四届委员会第三次全体会议以来，已有一年了。在此期间，我县人民在中共上海市委和崇明县委的正确领导下，高举毛泽东思想的伟大旗帜，深入开展社会主义教育运动，资本主义势力和封建势力受到了有力的打击，坏人坏事遭到揭发和批判，社会主义阵地进一步巩固和扩大，广大人民群众的思想觉悟空前提高，社会主义制度的优越性得到了更大发挥。在社会主义教育运动的推动下，农业生产战线上的比、学、赶、帮、超群众运动出现了新的高涨，今年我县农副业生产在去年全面大幅度增产的基础上，又有较大的增长和发展，人民公社集体经济更加壮大和巩固，工业、交通、商业、文化、教育、卫生等事业，在面向农村，为农业生产服务的方针指导下，都获得了新的成就，出现了一片生气蓬勃的革命气象。各界人士在革命的形势中也受到了教育。

今年上半年，本会在中共崇明县委的正确领导和亲切关怀下，在上海市政协的指导下，组织各界人士138 人学习中共中央《农村社会主义教育运动中目前提出的一些问题》和周恩来总理在三届全国人大一次会议上的《政府工作报告》，帮助大家进一步提高对毛主席思想和党的路线、方针、政策的认识，认清形势，认识自己，端正方向，加强改造，积极参加社会主义教育运动，过好社会主义关，为社会主义事业贡献力量。随着形势的发展，还先后学习了毛主席《中国社会各阶级的分析》和《正确处理人民内部矛盾的问题》有关章节，支持越南人民反美爱国斗争的有关社论、声明，《评莫斯科三月会议》《列宁主义的伟大胜利》、罗瑞卿同志《纪念战胜德国法西斯，把反对美帝国主义的斗争进行到底》等重要文章。学习期间，县委第一书记、本会主席张惠和同志和县人委副县长、本会副主席咸文和同志分别给大家作了重要报告，受到极大的启发、教育和鼓励。

经过这一时期的形势教育，多数人看到了我国在国际上的威望越来越高，毛泽东思想的影响越来越大，受到很大的鼓舞。通过越南斗争形势的学习和讨论，大家对越南人民为世界革命作出国际主义贡献，英勇顽强抗击美帝国主义取得伟大胜利，得到教育，是越南人民支持了我们，支持了世界革命，我们必须全力支持越南人民，赶走美国侵略者。许多人对美帝国主义的侵略和战争本质有了进一步的认识，对赫鲁晓夫修正主义勾结美帝国主义，出卖世界人民革命利益的丑恶面貌，愈来愈看得清楚了。“帝国主义不打不倒，修正主义不斗不垮，反帝必须反修。”认识到在美帝国主义一面大搞和平欺骗，一面阴谋扩大侵略越南战争的情况下，必须保持高度警惕，加强备战观念，如果美帝主义胆敢把战争强加在中国人民头上，我们全国人民在毛主席的人民战争的伟大思想指导下，敢于斗争，敢于胜利，是一定能够打败美帝国主义的。

在学习和讨论中，大家为我国政治战线、经济战线、思想文化战线、军事战线上出现的大好形势，感到兴奋，受到鼓舞。深切地体会到，我国所以能够迅速地战胜1959年到1961年三年困难时期和有效地粉碎赫鲁晓夫修正主义给我们制造的严重困难，在很短时间内国民经济出现全面好转，并开始进入一个新的发展时期，这完全由于党中央、毛主席的正确领导，全国人民高举了总路线、大跃进、人民公社三面光辉旗帜，坚决执行自力更生的方针，发扬大庆、大寨革命精神，在全国范围内开展社会主义教育运动，抓革命、促生产，团结全国各族人民，深入开展阶级斗争、生产斗争和科学实验三大革命运动的结果。

下半年来，许多人参加了工作单位的社会主义教育运动。目前运动还在深入进行中，但是九个月来运动的实践，经历了一场十分深刻的无产阶级思想对资产阶级思想的斗争，社会主义道路对资本主义道路的斗争。在斗争中，凡是能够严格要求自己，真诚接受党的教育和群众的帮助，做到有破有立的，在政治思想上都有一定的提高，受到的教育是十分深刻的。

首先，不少人认识到毛主席关于社会主义社会存在着阶级、阶级矛盾、阶级斗争的指示，具有伟大的革命意义和历史意义。社会主义教育运动中已经揭露出来的事实，证明被推翻的剥削阶级决不甘心退出历史舞台，他们总是顽固地同无产阶级进行较量，利用各种隐蔽的或者公开的方式，反对社会主义，妄图复辟资本主义。大家还看到，资产阶级思想和生活方式无时无刻不在从各方面影响、腐蚀一些干部和群众，特别是青年一代。“和平演变”是当前资产阶级同无产阶级斗争的主要形式，如果不及时反对“和平演变”，让它发展下去，是十分危险的。对“和平演变”的危险估计不足，甚至否认社会主义社会中阶级和阶级斗争的客观存在，是完全错误的。

其次，对社会主义教育运动的必要性增进了认识。不少人原来以为阶级斗争与己无关，经过运动的教育，不能不承认阶级斗争和两条道路的斗争是客观存在的，而且在自己身上就有不同程度的反映。无论在认识国内外形势，进行岗位工作，培养青年和教育子女方面，经常有社会主义思想和资本主义思想、社会主义道路和资本主义道路的斗争，如果让资产阶级思想占了上风，就会离开社会主义方向。事实完全证明了毛主席的教导：“我国社会主义和资本主义之间在意识形态方面的谁胜谁负的斗争，还需要一个相当长的时间才能解决。这是因为资产阶级对从旧社会来的知识分子的影响还要在我国长期存在，作为阶级的意识形态，还要在我国长期存在，如果对于这种形势认识不足，或者根本不认识那就要犯极大的错误，就会忽视必要的思想斗争。”

大家还看到，社会主义教育运动确实是一场重新教育人，重新改造人的伟大革命运动。不少人表示，在这场伟大的革命运动中，一定要相信并拥护党的政策，依靠党的领导和群众的帮助，以严肃认真的态度投身到阶级斗争的实践中去，努力改造自己，要永远听党话，跟党走，走社会主义道路，在各自的岗位上作出贡献。

当然，这些收获还是初步的，而且进展是不平衡的。现在，社会主义革命和社会主义建设正在进一步深入和发展，我们还需要认真地进行工作，帮助更多的人认清当前的革命形势，继续前进。

这一年中，本会还组织参观了在上海举行的日本工业展览会，增进中日友谊；八月间编印了《心声诗集》第四辑，交流援越抗美的学习心得；两年来征集到有关地方史料18篇，经过整理选辑付印了《地方史料》第一辑，共10篇。

各位委员，在当前国内外一片大好形势下，全国人民高举毛泽东思想伟大红旗，正在意气风发、斗志昂扬地迎接发展国民经济的第三个五年计划，力争在不太长的历史时期内，赶上和超过世界先进水平，把我国建设成为一个社会主义强国，对世界人民的革命事业作出更大的国际主义贡献。上海市第五届人民代表大会第二次会议号召，全市工人、农民、革命的知识分子和各界人民，在党和政府的领导下，更加紧密地团结起来，继续高举毛泽东思想的伟大红旗，坚持贯彻党的社会主义建设总路线和各项方针政策，以生产为中心，以赶上和超过世界先进水平为目标，更好地学习解放军和大庆、大寨，发扬自力更生、奋发图强、艰苦奋斗、勤俭建国的革命精神，深入开展阶级斗争、生产斗争、科学实验三大革命运动，为迎接和实现第三个五年计划的新任务，为尽快把上海建设成为我国一个先进的工业基地和科学技术基地而奋勇前进！

本会应在中国共产党崇明县委员会的领导下，在上海市政协的指导下，进一步发挥人民民主统一战线组织的作用，紧紧围绕社会主义教育运动，面向农村，为农业生产服务，做好以下几项主要工作：

第一，推动和组织各界人士进一步学习毛主席著作，继续加强形势教育，特别是备战教育。（略）

第二，推动各界人士继续投入社会主义教育运动。（略）

第三，团结各界人士积极投入增产节约运动，在为农业生产服务中作出应有的贡献。（略）

第四，推动各界人士积极参加爱国卫生运动，大力宣传计划生育，提倡晚婚，移风易俗。（略）

各位委员：目前国内外是一片大好形势。全世界人民反对美帝国主义及其走狗的斗争，正在以排山倒海之势向前发展。我国的社会主义革命继续深入，社会主义建设出现了全面新的高涨，整个国民经济进入一个新的发展时期。伟大的第三个五年计划明年就要开始了，摆在我们面前的任务是艰巨而光荣的。全县人民正以豪迈的革命热情，迎接新的战斗任务，任何困难也不能阻碍我们事业的胜利前进。各界人士应当认真学习毛主席著作，投入社会主义教育运动，积极参加增产节约运动，在实践中提高认识，努力改造世界观。让我们更加紧密地团结在中国共产党和毛主席的周围，在中共崇明县委的领导下，和全县人民一道，在比、学、赶、帮、超的群众运动中，为迎接和实现第三个五年计划积极贡献力量。

（徐鼎铨时任崇明县第四届政协副主席）

注：县政协五届一次会议上未作四届县政协常委会工作报告，现选县政协四届四次会议上四届县政协常委会工作报告。

政协崇明县第五届委员会常务委员会工作报告

（1984 年 4 月 8 日，在县政协六届一次会议上）

顾　青

各位委员：

我受五届县政协委员会常务委员会的委托，向六届一次全会作工作报告，请予审议。

三年来，在县委的领导下，在市政协的指导下，在县人大、县政府和各部门、本会各位委员和各方面人士的支持下，五届委员会常务委员会积极贯彻落实各项统战政策，调动各方面积极因素，发展大团结、大统一的大好形势，做了大量工作，收到较好效果。

三年来，本届常委会主要做了以下几方面工作：

（一）根据自愿原则，组织委员政治学习。

在政协组织恢复活动后，本会立即开展学习活动，1981 年下半年，委员们学习中国共产党十一届六中全会通过的《关于建国以来党的若干历史问题的决议》。1982 年，学习五届全国人大四次会议有关文件。1983 年，在学习中共十二大报告的基础上，学习新宪法、“六五”计划和政协章程等，6 月至 7 月传达学习全国人大、全国政协六届一次会议文件，7 月份以后掀起学习《邓小平文选》的热潮，10 月份以后，又学习中共十二届二中全会精神，领会中央关于整党和建设社会主义精神文明的重大意义。根据各阶段的情况，本会一般都及时按上级部署提出学习内容和要求，也组织一些辅导活动，还陆续向委员们提供学习资料，受到委员们的欢迎。委员们反映收获比较大，具体有以下几方面：一是进一步认清了我国经济形势，增强了实现“四化”的信心；二是通过学习《邓小平文选》，加深了对重新确立实事求是思想路线伟大意义的理解；三是提高了对新时期统一战线的认识，进一步调动了委员积极性；四是明确了整党的重要性、必要性和这次整党的政策，树立了帮助党整好风的思想。

（二）开展参观视察、专题调查等多种形式的活动，发挥委员们在“两个文明”建设中的作用。

三年来，本会与各工作组组织参观视察、专题调查等活动34次。通过开展多种形式的活动，开阔了委员们的视野，反映了一些被视察参观单位的经验和问题，还抓住一些比较突出的问题，作专题调查，这种方法更能帮助领导了解一个侧面的问题，效果较好。如1981年在农村刚推行生产责任制不久，社会上各种议论、反映较多，本会组织了部分委员到当时贯彻生产责任制进展较快的城桥公社，专题调查2个大队的4个生产队，调查中逐户访问座谈，听取在机关、社队企业工作的家属意见，在这基础上写出了一篇调查报告，既反映社员普遍要求建立生产责任制的真实感情，也如实反映刚开始实施责任制中的问题，有针对性地提出一些意见。

（三）狠抓政协委员的政策落实，推动落实各项统战政策。

三年来，本会始终把落实党的政策放在重要位置上抓，特别是落实一些委员和部分人士的有关政策取得不少进展。1983年，本会遵照中央领导同志关于落实统战政策的指示和全国政协六届二次会议精神，在县委领导下，本会进行了4次对落实统战政策的检查。1983年春，对落实知识分子政策问题，进行了座谈了解。在81名非党政协委员中，反映各种问题和意见的有57名委员，计88条，其中属“文革”期间的有65条，“文革”前的有23条。

为加强落实政策的工作，本会专门建立落实政策小组，并配备力量。在本会委员中，请了3位老同志联系了解，帮助督促有关单位对委员们提出的问题的落实。通过前一阶段工作，提出需要落实政策的57名委员及人士中，已有40名同志的问题得到了实事求是的解决，占70％；正在解决或尚未解决的有10人，占17.7％；有7名委员所反映的问题，应由外省市解决，占12.3％。目前这项工作正在继续抓紧进行中。

（四）开展对台工作，宣传统一祖国的方针政策。

做好对台宣传工作，是本会的重要任务之一。1983年1月，本会组织侨务对台工作组委员，检查了解对去台人员亲属落实政策的情况。从检查情况看，各公社、镇是关心重视这方面工作的。参与检查的委员听后很满意。7月下旬本会又与县委统战部联合，组织去台人员亲属20余人去上海参观市政协举办的对台宣传展览会，参观的同志反映，受到了一次生动的统一祖国的政策教育，提高了做好对台工作的信心。同时，我们还组织这些同志参观正在建设中的宝山钢铁厂，使大家开了眼界，许多同志表示只有社会主义的新中国，才能办这样规模的大厂，这是社会主义祖国繁荣昌盛、四化建设迈开大步的标志，进一步激发了热爱社会主义祖国的热情。

（五）积极开展工作组活动，发挥工作组作用。

三年来，本会各工作组在积极发挥工作组作用、开展工作组活动方面，做了大量工作，为开创政协工作新局面，打下了基础。事实证明，无论是政协工作的哪个方面，都离不开工作组的作用。本会大部分参观视察、专题调查活动都是在工作组中先进行酝酿，有的是工作组直接提出的。有的组从选题到参观视察的单位、方法、组成等，都提出很好的意见建议，这种精神应该提倡，这其中工作组的骨干起了很好的作用。

本届委员会各工作组，都做了大量工作，也积累了一些经验。如工商组，不仅坚持每二周集中学习的制度，有时节假日也坚持进行，还联合社会上热心办学人士，在有关党政部门的支持下，主办了中华职业补习学校，开办了英语、财会、电大预备班、园林进修班等，为“四化”建设培养人才。

（六）积极帮助和督促有关部门，做好提案处理工作。

县政协五届一、二、三次会议期间，委员们共提出提案和意见588条。第三次会议期间的181条提案和建议，至1983年12月基本处理完毕。

以上是本届常委会进行的主要工作，虽然取得了一定的成绩，但也存在一些缺点和问题，主要有以下几方面：

1. 对委员们的政治学习，主动关心不够。

2. 政协工作如何活泼多样、丰富多彩，做得也不够。怎样运用政协这一人才荟萃的特点，更加广泛地联系各方面人士，并根据一定时期的形势需要，开展形式多样的活动比较少，组与组之间也不平衡，这对政协工作应有的要求和作用有一定的影响。

3. 对委员经常联系和关心不够。对有些委员虽然走访看望、了解情况，但面还不广，对委员们的思想、工作、生活情况了解比较少，对社会人士关心则更少。

4. 如何进一步开展对台工作，这方面还比较薄弱，还有较大的活动余地。

5. 文史资料工作没有及时跟上。由于专职人员未及时落实，这项工作进展较慢。

第五届委员会常务委员会通过三年的工作，有以下四点体会：

（一）必须依靠县委领导，才能有效地开展政协工作。

三年来，本会工作所以取得较好的进展，是在中共崇明县委直接领导下取得的。政协的各项重大活动，均得到了县委支持；全县一些重大的问题，县委、县人大常委会、县政府及时与县政协通气，听取政协的意见。我们要紧紧依靠党的领导，经常的主动的多向县委请示汇报工作，在县委的统一领导下，把政协工作做得更好。

（二）要充分发挥工作组的主动精神，大胆放手，发挥工作组作用。

工作组是政协开展工作的基础，也是政协工作开创新局面的关键。工作组的组成仍应以界别为主，不宜太大。从实践经验看，工作组活动一般以每年2—3次为宜。活动内容应以专题调查研究为主，适当进行参观或其他形式的活动。调查选题要准，也要集中一点，避免出现选题过大、一般化，不易解决等问题。

（三）要充分发扬民主，发挥协商精神。

政协是统一战线的组织，由各方面人士所组成。要搞好政协工作，必须充分发扬民主，发挥协商精神，才能调动各方人士的积极性。要充分信任各方人士，坚持贯彻党与党外人士“肝胆相照，荣辱与共”的方针，开展谈心活动，提倡遇事协商。要运用主席办公会议、常委会会议或个别交谈等方式，发扬民主，交换思想，达到心情舒畅、调动积极因素的目的。

（四）要坚持贯彻“知情、出力、落实政策”的指示，更好地做好政协工作。

中央领导同志关于对政协委员“知情、出力、落实政策”的指示，是做好政协工作的巨大动力，只有坚决贯彻中央领导同志的指示，才能做到“肝胆相照”，充分调动委员的积极因素，才能更好地实现大团结大统一的局面。当前在贯彻中央领导同志指示中，正在不断取得进展，我们要坚定地按“知情、出力、落实政策”的要求，做好工作，进一步开创政协工作的新局面。

1984年工作的建议。

（一）指导思想。1984年的工作，要以政协章程为依据，以邓颖超主席1984年元旦在全国政协新年茶话会上的讲话为指针，围绕“两个文明”建设为中心，进一步落实好党的各项统战政策，积极开展对台工作，努力扩大与本县各方人士的联系，扩大爱国统一战线力量。要以丰富多彩的形式，开展政协工作，更好地开创政协工作的新局面。

（二）重点工作。建议着重抓好下列工作：

1. 继续组织委员和各界人士学习马列主义、毛泽东思想，不断提高思想认识。根据市委部署，1984年下半年我县将开展整党。政协委员应配合中共整党，继续学习有关整党文件，提高认识。明确这次整党只整党内，不整党外人士。要求党外人士认识帮助整好党的意义。要结合整党继续深入学习《邓小平文选》，同时还要求开展对《陈云文选》的学习，着重领会老一辈无产阶级革命家坚持实事求是、建设具有中国特色社会主义的基本思想和积极改革、不断创新的精神。同时，协助党和政府做好建设社会主义精神文明的工作。进一步加强对学习的领导，采取适当形式，进行交流、辅导等活动。

还要抓好政协章程的再学习，从本届委员会换届情况看，调整面比较大，一些新的委员对政协的性质、任务等还缺乏必要的了解，因此，建议在六届一次会议后，及时组织全体委员学习政协章程。

2. 继续推动有关部门，进一步落实知识分子政策和各项统战政策。

1984 年是落实政策关键的一年，要把“落政”工作抓深、抓细、抓到底。对政协委员的“落政”工作，属政策范围内应该落实的，要督促有关部门争取上半年完成；对其他社会人士要求落实政策的，我们也应尽量督促有关部门做好这方面工作。同时还要按中组部、中宣部、中央统战部的通知精神，以中青年政协委员和非党中青年知识分子为重点，对他们的安排、使用，发挥作用以及工作、生活条件等问题，继续进行检查，以进一步调动他们为“四化”服务的积极性和创造性。为做好“落政”工作，还要保持专线的力量，建议能在 4 月下旬和 6 月中旬进行两次检查、验收活动，推动“落政”的进展。

3. 围绕“两个文明”建设，进一步开展参观、视察、调查研究等多种形式的活动。可根据形势需要，分批组织数次参观调查或视察等活动。各工作组可根据自身情况，在一定时期有重点地选择一些项目进行参观调查等，希望能结合专业对一些较为迫切要求解决的问题，作一些调查研究。

4. 开展多种形式的活动，活跃政协工作。要结合形势与中心工作，以及“两个文明”建设的需要，开展多种形式的活动。如报告会、座谈会、交流会、茶话会或展览会等等，还要利用政协人才荟萃的特点，对发展我县经济发挥积极作用。活动方法力求形式多样、方便灵活，以增强效果。

5. 加强文史资料的收集整理工作。建议争取上半年搞出政协史初稿。对地方史料、人物史料也要开展收集工作。

各位委员，我们面临的任务是光荣和艰巨的，让我们共同携起手来，团结一致，热烈响应胡耀邦同志“毋忘团结奋斗，致力振兴中华”的号召，在中共崇明县委领导下，为进一步开创我县政协工作新局面而努力奋斗，以做好各方面工作的实际行动迎接伟大的中华人民共和国成立三十五周年！

（顾青时任崇明县第五届政协副主席）

政协崇明县第六届委员会常务委员会工作报告

（1987 年 4 月 10 日，在县政协七届一次会议上）

宋　斌

各位委员：

我受六届县政协委员会常务委员会的委托向七届一次全会报告三年来的工作，请审议。

三年来，在党的改革、开放方针指引下，我县各条战线，成绩显著，形势喜人。中共崇明县第五次党代会发出的建设富裕、文明新海岛的号召已成为团结、动员全县人民开发海岛、振兴崇明的凝聚力。县政协六届委员会在县委领导下，坚持四项基本原则，继承和发扬了人民政协的光荣传统和作风，积极履行政治协商、民主监督的职能，在推动我县的改革、开放、搞活和“两个文明”建设中，在实施“一国两制”的基本国策中，发挥积极的作用，开创了政协工作的新局面。主要有以下几方面：

一、发挥政协的职能作用，积极参与本县大政方针的协商讨论

新时期政治协商、民主监督的重点已转向“四化”为中心的经济建设，特别是社会经济发展和重大改革决策的讨论已成为县政协进行协商和监督的主要内容之一。县委、县政府积极贯彻市委、市政府的有关规定，对县的大政方针的协商比以前增多了，协商监督也发展到多层次、多形式。县政协领导经常列席县委有关会议，参加四套班子会议等，对县重大问题的决策发表意见，县委领导还不定期来会，听取意见或进行对话通气，使协商与监督的内容更加丰富、切实。随着政治协商、民主监督的深化，一年来还出现了微观决策协商与宏观决策协商相结合，以宏观决策协商为主；专题协商与长远的社会经济发展战略决策协商相结合，以长远战略决策协商为主的新趋势。县政府在制订崇明县到 2000 年的经济与社会发展规划（草案）时，县长田长春亲自向委员作详细介绍，发动县政协委员进行讨论，征求意见。通过近年来政

治协商、民主监督的发展，委员们反映，现在一些重大问题能够注意事先协商，尊重委员们的意见，增强了委员们的责任感与使命感，这是满意的。

二、加强学习，提高思想，充分调动各界人士积极性

三年来，我们继续努力恢复和发扬人民政协的民主传统和作风，积极做好委员的知情、出力工作，制订了常委、委员阅读中央和市委、市府文件的规定，并付诸实施。组织委员进行学习和参观活动，创造党内外人士都能畅所欲言的环境，巩固合作共事的关系。这期间，我们组织委员学习党的十二届三中全会、六中全会的精神和中国共产党全国代表会议精神以及全国人大、全国政协六届二次会议至五次会议的文件和精神，加深了对党的路线、方针、政策的理解和对党的感情。1986 年在县委统一组织下，许多委员还听取了统战知识的系列讲座，委员们对当前统一战线的新形势、新特点和在新形势、新特点下党的各项统战政策提高了认识，更进一步明确了人民政协是最广泛的统一战线组织，是实现以共产党为领导的、多党合作的重要组织形式和发扬社会主义民主的重要渠道。在学习中我们坚持贯彻自愿的原则，学习政治时事，学习党的路线、方针、政策，自我教育，自我提高，强调不抓辫子，不戴帽子，不打棍子，使参加学习的委员们普遍感到心情舒畅，为"四化"服务的积极性越来越高。

三、通过专题调查考察、提案和举办展览会等多种形式，为本县改革、开放和"两个文明"建设献计献策

我们注意把党和政府在改革、开放中需要研究的比较重大的问题和群众中普遍关心的问题，作为政协进行专题调查考察的课题和提案议题，三年来共组织 20 项专题调查、394 件提案或意见。1986 年就作了 6 项专题调查和转处了 126 件提案意见，对委员们提出的调查报告和意见、建议，党政有关部门都较重视，许多意见得到采纳。为使我县职业教育健康地发展，我们作了专题调查，提出了意见，受到县政府分管领导和教育局领导重视，他们结合市职教会精神，制订发展我县职业教育的计划，并对当前存在的主要问题，提出解决的措施意见。

为发扬社会主义精神文明，陶冶人们的思想情操，三年来，我们与有关部门配合，分别联合举办施南池、刘侃生、黄丕谟、姚泳伯等崇明籍画家的作品展览和茅雨亭、宋化石、徐茂平、陆春涛画展。这对丰富群众文化生活，鼓励美术工作者的创作热情，起了推动作用。

四、发挥政协优势，为经济建设服务

县政协在改革、开放和搞活经济中，着重在开展外引内联，发展横向经济联系方面做了大量工作。近三年来，我们通过多种渠道，配合县委统战部、侨办、侨联等接待港澳同胞、国外侨胞与外商近 30 批（次），与他们联络感情、建立联系，向他们介绍崇明发展前景、宣传有关政策。一些港澳同胞与外商，对进一步发展与我县经济合作，表示兴趣，有的提出了与我方合作的项目，有的正在索要有关资料，有的向我们提供了信息。还有的侨胞通过接待，激发了热爱家乡的感情，直接资助家乡的经济和文化事业。1986 年美籍华人张鼎九回崇，通过接待、落政，自愿赠送人民币 10 万元，在家乡办一座图书馆，还为扩大家乡罐头厂出了力。

我们还组织发动本会委员、各界人士、离休老干部等各方面力量，开展横向联系，组织技术咨询，为发展崇明经济献计出力。

对县的一些重大项目，我们还请市政协组织各方专家或有关部门负责同志帮助解决问题。如 1985 年 12 月，接待了市政协来崇考察团，对帮助我县制订长远发展规划起了很好作用。1986 年新河对江渡码头开工打桩，为使这项工程抓紧进行，我们向市政协作了汇报，提请市政协领导帮助督促。市政协领导十分重视，开工当天，亲自来崇，在轮渡上与各方协商，将预定的竣工时间，争取提前半年完成。

五、积极开展祖国统一工作，广泛宣传"一国两制"的基本国策

近年来，我们与县委统战部、县侨办、县侨联等组织配合，热情接待港、澳、台同胞和海外侨胞，并特别注意对一些有影响人士的接待工作。此外，每逢中秋、春节，我们还举行各界人士和港澳台胞、海外侨胞茶话会，联络感情，增进友谊，宣传祖国的大好形势，1986 年中秋，我们还邀请了正在崇明探亲的华侨港

胞一起参加座谈会，气氛热烈。在进行对港澳台胞、海外侨胞的工作中，注意发挥委员的作用，使工作更有成效。

六、协助党政部门，认真落实政协委员的政策

近年来，我们继续协助党和政府有关部门落实政协委员的政策。通过召开座谈会，个别交谈，听取意见，接受来信来访等，推动对委员的落实政策工作。至此，“文革”中委员被抄房屋财物的处理，已告一段落。对“文革”前委员中尚待落实的政策正按县的统一部署，协助有关部门有计划地进行。

在推动落实知识分子政策方面，我们也曾多次组织委员到知识分子比较集中的一些单位或部门召开座谈会，听取意见，促进这些单位在对知识分子的使用问题、人才流动、入党难和一些住房、建材困难等方面作出改进。

在六届委员会工作的三年中，政协工作有了较大进展。除上述工作外，政协在支持中华职业补习学校办学、培养人才，在保护鸟类、保持生态平衡，在保留发展文物古迹以及为群众排忧解难和处理来信来访等方面也做了不少工作，有一定成效。有的委员称政协是真正的委员之家。有的人士说，这一期间有一些工作政协牵了头，有渠道。他们对此表示满意。

许多事情说明这一时期政协的工作是政协史上最活跃的时期，出现了政协工作的新形势、新格局。从这一时期工作中，我们有几点体会：

一、县委的领导和政府的支持，是搞好政协工作的根本保证

回顾三年来的工作，特别是近一年来的工作，我们深深体会到政协工作的进展，主要是县委的领导和政府的支持。政协发挥“政治协商，民主监督”的作用，必须坚持党的领导。近年来政协的工作，正是在县委的领导关心下取得进展的，政协的重大活动，事先向县委请示，政协工作中存在的问题也及时向县委汇报，得到县委的充分支持。县委还从组织上明确由副书记分管政协工作，政协的主要领导参加县委有关会议和四套班子会议，及时了解全县的情况，充分听取政协的意见，体现了对政协的信任、尊重。当政协工作取得一些成绩时，县委领导几次给予肯定，给政协的工作以极大的鼓舞和支持，所有这些都为政协工作的开展，提供了最基本的条件。同时，主动取得政府的支持，也是搞好政协工作的必要条件。许多重大问题，政协要与政府协商，近年来政协与政府的协商有所发展，如政府制订的长期发展规划、“七五”规划都提交政协讨论，政府领导和政府有关部门领导都根据政协的要求，向政协委员介绍情况，征求意见，使政协工作内容充实。今后，随着协商内容的发展，我们更要注意主动和政府加强联系，取得政府的支持。

二、加强专题调查研究，贯彻办实事精神，是深入开展政协工作的前提

“政治协商，民主监督”在每一时期、每一件事上都有着具体的内容。近年来，政协工作有所发展，关键问题之一是加强了专题调查研究工作，没有专题调查研究，就不会有正确的协商与监督，就不能提高协商与监督的质量。如对精神病院的搬迁是历届政协委员关心的问题，但历来由于精神病院搬迁耗资甚大，县财力不能负担一直不能实施，经专题调查，发现了问题，终于在协商一致的基础上提出了积极的建议。这种在调查基础上的协商，为政协工作的持久开展，起了重要作用。

三、充分发挥工作组的作用，是搞好搞活政协工作的基础

工作组是政协工作的基础。几年来的实践证明，政协工作搞得比较活跃，重要的一条是发挥了各工作组的作用。工作组的活动开展得好，政协工作就活跃、有生气。在过去的三年里，科技组发挥了科技人才比较集中的优势，多次开展专题性的参观考察活动，积极开展科技咨询，为经济建设服务，受到了社会的好评。教育组紧紧抓住教育改革、教育质量、职业教育、幼儿教育等开展专题调查和考察，分别提出建设性意见供有关部门研究，许多意见得到采纳，受到有关部门的欢迎。工商、医务、宗教，侨务对台等组，也能根据实际情况或组织委员学习，或进行参观考察。通过这些活动，进一步调动了委员的积极性，密切了委员与政协的关系，更广泛地团结了社会各阶层人士，也为政协扩大了影响。要使工作组发挥作用，重要的是要加强对工作组的领导，同时选配好工作组的班子，使工作组具有一定的独立活动的能力。

对今后工作提出下列建议：

1987年是继续深入改革、开放的一年。要在深入贯彻坚持四项基本原则，反对资产阶级自由化的基础上，围绕发展经济为重点，以多干实事的精神，团结、发动全体委员和各界人士，为本县的“两个文明”的建设和祖国的和平统一作出更多贡献。

一、继续发挥政协的基本职能作用，进一步做好“政治协商，民主监督”的工作。政协要在县委领导下，加强与政府的联系，按照市委、市府有关规定的精神，积极参与对县有关重大问题的协商讨论，还要提高委员参政、议政的能力和效果。对县委、县府提交协商讨论的问题，要注意先多作调查研究，有准备地发表意见，不致无的放矢。形式和方法也要灵活多样，使协商和监督富有成果。

二、要以经济建设为重点，为“两个文明”建设和促进“一国两制”的实施多办几件实事。要根据社会需要，研究比较切实的问题，帮助县的经济和其他工作的开展。事情要切实可行，作风要踏实，要求各工作组根据自身的情况和特点，拟定组的活动计划。

三、加强“基础”工作，逐步积累“人才档案”，使政协真正成为人才荟萃的综合人才库。要组织一定力量并与各有关部门配合，逐步积累属于县范围内在职或不在职的专业人员的资料，有计划、分层次的调查建卡，以便在需要时可以组织、发挥这些人才的作用。

四、要调整、完善工作组。工作组的建立，既要符合政协特点，也要尽可能适应与人大、政府委局相对口，便于开展对口协商。在工作组的调整中，还要推举热心政协工作的同志担任工作组的组长，以便于今后工作组工作的开展。

五、扩大政协的联系面、团结面，办好县政协之友社。政协要关心、支持县政协之友社的活动，从各方面给予必要的支持，使之越办越兴旺。

六、加强制度建设，提高工作效率。要建立和完善各种制度，如主席办公会议制度、常委会会议制度、委员活动日制度、工作人员岗位责任制等等，使各项工作有秩序地进行。

此外，还要做好大会提案处理和做好文史资料工作以及与统战口几个部门通力协作，造好统战口办公楼等等。

当前，形势大好，我们要深刻领会邓小平同志关于“新时期人民政协前程远大，大有可为”的指示，充分发挥委员的积极性、创造性，努力把政协工作搞好，为本县“两个文明”建设和为统一祖国发挥更大的作用。

（宋斌时任崇明县第六届政协副主席）

政协崇明县第七届委员会常务委员会工作报告

（1990年4月2日，在县政协八届一次会议上）

徐正林

各位委员：

我受七届县政协委员会常务委员会的委托，向八届一次全体会议作三年来的工作报告，请审议。

一、三年工作回顾

三年来，七届县政协委员会在中共崇明县委的领导下，在市政协的指导下，在各位委员的共同努力下，认真贯彻中共十三大的路线、方针、政策，紧紧围绕经济建设这个中心，坚持四项基本原则，坚持改革开放，高举爱国主义和社会主义两面旗帜，根据新时期人民政协的性质、任务和地位，认真履行“政治协商、民主监督”的基本职能，为振兴崇明经济，努力建设社会主义新海岛积极工作，取得了一定的成绩。回顾三年来的历程，我们主要做了以下几个方面的工作。

（一）发扬社会主义民主，坚持履行政协政治协商、民主监督的基本职能。

三年来，通过召开主席办公会议、常委会会议、常委会扩大会议、全委会议和政协领导参加县四套班子会议，以及主席、常务副主席列席县委、县政府两套班子会议和县长办公会议等各种会议形式，积极参与全县政治、经济和人民群众生活中的重大问题的讨论。七届委员会期间，共召开20次常委会（扩大）会议、3次全委会议。全会期间，委员们列席县九届人大一至三次会议，对一府两院的工作报告，进行了充分的讨论，并提出许多合理化的意见和建议，有助于政府领导决策的民主化、科学化。三年来，县委、县政府领导26次应邀参加县政协常委会会议，对全县的重要工作，如干部廉政、党风建设、农副工生产、财政经济、文教卫生等情况进行通报，开展协商讨论。

委组活动是政协委员参政议政的主要活动形式，三年来，县政协重视和加强委组建设。每次全会期间，各委组都分别制订当年的工作计划，全会以后，各委组紧紧围绕我县“两个文明”建设，组织参观学习、调查考察，开展各种咨询服务，积极参政议政。

此外，县政协还通过茶话会、座谈会等形式，组织委员和民主党派、各界人士与县委、县政府领导座谈，使县领导能够倾听到各方面的意见，有利于正确决策。

委员提案也是政协委员参政议政，履行政治协商、民主监督的有效形式，三年来，共收到委员提案287件，内容涉及我县政治、经济、文化、教育、科技、市政、交通、医疗卫生等各个方面，充分反映了委员们对我县“两个文明”建设的强烈责任感，很多提案已得到有关单位采纳。

（二）发挥政协人才优势，为促进我县“两个文明”建设献计出力。

七届一次会议以来，县政协以经济建设为中心，组织委员深入调查研究，献计献策；积极牵线搭桥，开展横向联系，努力促进我县“两个文明”建设。

1. 开展专题调查活动。三年来，县政协组织委员，就我县外向型经济发展、农业创汇、乡村工业的治理整顿、滩涂围垦、教育、卫生、市政建设、城镇副食品生产及供应和专业户等问题，进行了12次专题调查，写出了24篇调查报告，及时向上级领导和政府部门反映，还帮助解决了一些有关问题。

2. 搞好内外联系，为发展崇明经济积极牵线搭桥。七届一次全会后，本会领导和县委、县政府领导以及有关部门通过各地振兴崇明家乡经济协会，发动在外地的崇明籍人士为振兴家乡经济献计出力，积极引进资金项目；对外经济联络委员会配合县工商联，组织部分县乡工业企业参加全国工商联在石家庄市举办的商品订货会，销出产品200多万元；为缓解本县工农业生产中原材料紧张，政协委员四处写信联系，和有关部门一起，采购棉花、棉纱、猪肉、煤炭、钢材、塑料等，帮助乡镇企业解决困难。

3. 筹措教育奖励基金。1987年，由县政协牵头开展了募集教育奖励基金的活动。在全县各乡镇局和市属工厂的大力支持下，共募集到教育奖励基金58万元，并成立了我县教育奖励基金会。从1988年开始，已颁发过两次奖励，共奖励教师506人，学生452人，鼓舞了广大教师和学生的积极性，对社会尊师重教产生了一定影响。

三年来，我们还积极开展技术咨询服务，帮助乡镇企业攻克技术难关；参与合资项目的可行性研究和论证讨论；帮助乡镇企业投标竞争；协助县经委编制崇明工业发展三年规划；组织医疗咨询服务，为驻崇部队和边远地区群众治病防病等等，受到了县领导及有关部门的重视，扩大了政协的影响。三年来，许多委员在各自的岗位上勤奋工作，勇于开拓创新，在我县“两个文明”建设中作出了显著的贡献，涌现了一批先进模范人物。

（三）组织委员认真学习方针政策，提高思想认识和参政议政水平。

为了进一步提高政治水平，统一思想认识，更好地坚持社会主义道路，坚持党的十三大提出的“一个中心，两个基本点”的基本路线，与党中央在政治上保持高度一致，与党和政府同心同德，为建设有中国特色的社会主义团结奋斗，七届政协常委会把组织学习，作为政协工作的一项重要任务来抓。

去年春夏之交发生的这场政治风波，是关系到党和国家生死存亡的斗争。县政协采取多种形式及时组织政协委员和民主党派负责人学习中央文件和中央领导同志讲话精神，提高了政协委员、民主人士和机关干部的认识，把大家思想统一到党中央的英明决策上来。我们除了组织主席学习会、党组学习会、政协常委学习会、政协之友社学习会外，还请县委领导来会作报告，召开民主党派崇明支部负责人座谈会，和县委统战部联合举行民主党派成员和非中共政协委员学习讨论会。大家一致表示，决心更紧密地团结在以江泽民同志为核心的新的党中央周围，坚持四项基本原则，坚持改革开放，与党和政府同心同德，同舟共济，克服困难，努力搞好治理整顿工作，为振兴中华、振兴崇明经济努力作出新贡献。

通过加强学习，委员参政议政的水平不断得到提高。1987 年换届后，我们组织委员学习政协章程，提高对新时期政协工作的认识；并介绍怎样参政议政，开展活动以及委组工作的内容方法等，从而增强了委员的光荣感、责任感和使命感，提高了参政议政的能力。

（四）加强“三胞”联谊工作，努力促进祖国统一。

三年来，我们配合有关部门，开展海外联谊活动，努力发展统一战线，积极促进祖国统一大业，为振兴中华，振兴家乡经济服务。七届一次全会后，政协海外联谊工作从过去注重联络感情、走亲会友和处理历史遗留问题，转到了为党的三大任务服务，逐步引入经济、信息等方面上来，扩大了同“三胞”的联系面。我们多次参与接待一些社会上有地位、经济上有实力、技术上有专长的海外“三胞”，有的已建立了直接联系，增强了同他们的亲情乡谊，调动了他们为家乡“两个文明”建设多作贡献的积极性。

（五）文史资料工作迈出了新的一步。

七届一次会议以来，我们健全了组织，加强了领导，认真贯彻全国政协文史资料工作会议的指导方针，高举爱国主义旗帜，坚持实事求是原则，积极开展我县文史资料的搜集、整理、编辑、出版工作，已取得初步成效。三年来，共搜集到 150 篇资料，油印《崇明文史资料》的征求意见本一册，27 万字；与县编史办合作编印《崇明文史资料》第一辑一书，共 32 篇 8 万字；另外《崇明文史资料》第二辑《现代航海家陈干青传记》近 5 万字和以崇明经济实业、航海、电讯界历史人物传记为主要内容的第三辑共 14 篇 6 万字，准备在今年内出书。

（六）建立政协之友社，发挥老同志作用。

七届一次会议后，成立了政协之友社理事会，首批参加的社员共有 49 人。三年来，我们为政协之友社安排活动场所，组织参观学习活动，向他们赠阅学习材料，并制订每月 2 次的活动日制度，根据他们的兴趣和爱好，成立书画、棋牌等小组。去年中秋，举办政协之友社老同志书画展等，受到老同志们的欢迎。三年来，我们组织政协之友社老同志对本县工农业生产的参观学习活动共 10 次，有 400 多人次参加；组织政治学习 40 多次。老同志们也把政协当作自己的家，积极参加政协活动，并不辞辛劳，利用与外界联系广的优势，为本县经济建设穿针引线，奔波出力，为我县“两个文明”建设献计献策。

总结七届常委会的工作，虽然经过努力，取得一定的成绩，为我县“两个文明”建设作出了一定的贡献，但是，对照党对新时期人民政协工作提出的要求和县委对我们的期望，还有很大差距。工作中还存在着一些不足之处：如由于作风不够深入，对政协委员的联系较少，委员的积极性未能充分发挥；委组活动不够平衡，有的活动深度不够；在协商监督上，我们有时由于缺乏主动、准备不够充分，协商监督的质量不够高等。

二、今后工作建议

（一）要坚持“长期共存、互相监督、肝胆相照、荣辱与共”的方针，坚持和完善共产党领导的多党合作和政治协商制度，进一步发挥政协的基本职能作用和发展爱国统一战线方面的作用。江泽民总书记指出：“人民政协是我国广泛的统一战线组织，是实现共产党领导的多党合作和政治协商制度的重要政治形式和组织形式，是发扬社会主义民主的渠道。人民政协要进一步履行‘政治协商、民主监督’的职能”。江泽民总书记的指示是政协工作的方向，县政协要在县委领导下，进一步加强与政府的联系，按照全国政协关于政治协商、民主监督的暂行规定和市委政协工作会议及县委关于加强政协工作的十条意见精神，进一步做好协商监督工作，积极参与本县有关重大问题的协商讨论，进一步发展政协委组与政府部门的对口协商监督，深入开展调查研究，与党和政府同心同德，努力夺取治理整顿的新胜利。

（二）围绕振兴崇明经济，坚持四项基本原则，坚持改革开放，为“两个文明”建设和推进祖国统一大业出力。当前，我们正处在一个十分困难而又充满希望的发展时期。我们要坚决贯彻中共十三届四中全会和五中全会对今后工作的指导方针，要坚决贯彻中共崇明县六届党代会和县委关于 1990 年工作的指导思想，充分发挥政协的人才优势，紧紧围绕治理整顿和深化改革，继续深入开展专题调查、科技咨询和技术服务活动，千方百计为我县工业和外向型经济的发展，联系解决资金、市场等困难，要进一步加强海外联谊工作，高举爱国主义旗帜，广交朋友，多层次多渠道多种形式的联络感情，增进了解，吸引侨心，促进祖国统一，振兴中华，发展崇明经济。

（三）加强学习，不断提高思想认识和参政议政水平。要按照江泽民总书记在今年全国政协新年茶话会上的讲话精神，加强对马克思主义立场、观点、方法的学习，加强对时事、政治的学习。并认真学习好《中共中央关于坚持和完善中国共产党领导的多党合作和政治协商制度的意见》这个重要文件。要发扬理论联系实际的学风，提倡自我学习和自我教育，不断提高思想水平和参政议政水平，提高认识能力和鉴别能力，坚持社会主义道路、拥护共产党的领导，坚定信心，进一步加强团结，与党和政府同心同德，共渡难关。

（四）加强委组活动，发挥政协整体功能。县政协各工作委员会，是政协履行政治协商、民主监督，发挥政协整体功能的重要活动形式，开创政协工作新局面的重要基础，在政协工作中具有重要的地位和作用。要进一步加强委组建设，活跃委组活动，深入开展与政府部门的对口协商监督，通过委组活动来组织全体政协委员积极参政议政，为我县"两个文明"建设献计出力。

此外，还要继续做好委员提案处理、文史资料工作，加强政协制度建设，改进机关工作作风，进一步密切与委员和民主人士的联系，认真做好群众信访工作。继续办好政协之友社，发挥老同志作用。

各位委员，我们已经迎来九十年代的第一个春天，放眼神州大地，春光明媚，展望未来，前程如锦。让我们紧密地团结在中国共产党的周围，高举社会主义和爱国主义两面大旗，满怀信心，以更加高昂的斗志，迎接各种困难的挑战，团结奋斗，为完成我县六届党代会提出的各项任务努力工作，在推进社会主义现代化建设中发挥人民政协的更大作用。

（徐正林时任崇明县第七届政协副主席）

政协崇明县第八届委员会常务委员会工作报告

（1993年4月4日，在县政协九届一次会议上）

陆　瑾

各位委员：

我受县政协八届常委会的委托，向九届一次全体会议作三年来的工作报告，请予审议。

自1990年4月八届一次会议以来，县政协八届委员会在中共崇明县委的正确领导下，在县人大、县政府的积极支持下，在市政协的热情指导下，在全体政协委员的共同努力下，认真贯彻党的各项方针政策，坚持四项基本原则，坚持改革开放，高举爱国主义和社会主义两面旗帜，紧密团结各民主党派和各界人士，紧紧围绕经济建设这个中心，积极参政议政、献计献策，为维护安定团结的政治局面，为健全社会主义民主和法制，为促进"一国两制"、和平统一祖国，为振兴崇明经济，推动我县"两个文明"建设，努力开展各项工作，取得了一定的成绩。回顾三年来的历程，我们做了以下几个方面的工作。

一、以经济建设为中心，积极参政议政

江泽民同志在中共十四大报告中指出："我们要在九十年代把有中国特色社会主义的伟大事业推向前进，最根本的是坚持党的基本路线，加快改革开放，集中精力把经济建设搞上去。同时，要围绕经济建设这个中心，加强社会主义民主法制和精神文明建设，促进社会全面进步。"

八届一次会议以来，县政协牢牢把握住时代脉搏，在认真履行人民政协"政治协商、民主监督"这一基本职能时，坚持以经济建设为中心，围绕我县的大政方针和人民群众普遍关心的重大问题，注重发挥政协人才库的优势，努力开展多层次、多渠道、多形式的协商监督工作，把参政议政和献计献策紧密结合起来，为我县的经济建设和精神文明建设作出了一定的努力。

三年来，县政协通过全体会议、常委会议和主席会议等形式，就我县地方重要事务和人民群众普遍关心的重大问题进行政治协商，并积极提出意见、建议，实行民主监督；县政协领导还通过参加县四套班子会议，列席县委、县政府两套班子会议和县长办公会议等，参与我县重大问题的决策，充分发挥人民政协在社会主义民主建设中的重要作用。

三年来，县政协在以经济建设为中心，积极开展参政议政方面，主要做了以下几项工作：

1. 组织情况通报，让委员知情出力。实践告诉我们，要充分发挥政协委员参政议政的作用，只有让他们了解全局情况，才能站得高，看得远，提出的意见和建议有的放矢。三年来，我们邀请县委、县政府领导和有关部门负责人来本会通报情况共20多次。这些情况通报涉及我县工农业生产、财政、交通、贸易、文教卫生、科技发展规划和党风建设等各个方面；此外，每年县长在人代会上所作的政府工作报告，也都事先来本会通报，听取意见。对这些通报，我们都通过《政协简讯》及时通报给全体政协委员。委员们普遍反映县领导的政情通报透明度高，把成绩和问题，困难和对策，都讲得比较清楚，为大家知情出力创造了条件，认为这是对政协委员的信任，决心与党和政府同心同德，为振兴崇明经济作出更大的努力。

2. 以振兴崇明经济为中心，组织委员开展献计活动。1990年4月，李鹏总理在视察上海工作期间，代表党中央和国务院宣布了开发开放浦东的重大决策，引起了国内和国际的密切关注。我们认为，崇明与浦东仅半江之隔，浦东的开发开放，是振兴崇明经济的一次机会，怎样利用好这一机遇，县政协要发挥好参政议政作用。7月初，我们发动全体政协委员开展了一个以“浦东开发，崇明怎么办?”为主题的献计活动，号召全体委员都来为振兴崇明经济献计献策。这一活动得到了委员们的热烈响应，总共收到了委员献计220多条。委员献计内容非常丰富，涉及尽快在浦东建立办事机构，搞好为浦东开发配套服务，千方百计争取辐射；在崇明东部开辟与浦东的对江航线；发挥崇明水土资源优势，发展蚕桑生产，建立上规模的橘园、葡萄园、金柑园基地，重点开发特色水产品等，建设有海岛特色的农业经济；组建企业集团，形成规模、技术、信息优势，发展工业生产；努力发展具有岛屿特色的旅游业等等。接着县政协又邀请了远东冰箱厂、万里电器总厂、华通毛纺织股份有限公司等九家本县有影响的企业厂长进行座谈，探讨如何利用浦东开发之机振兴崇明工业经济的良策；与此同时，本会科技委员会、农村经济委员会亦对此进行了专题研讨。最后，县政协综合各方面的意见、建议，写出了一份《关于建设海岛特色工程，发展崇明经济的建议》，并听取了施兴忠、胡伯坤两位副县长的意见，经第四次主席会议和第四次常委会议协商通过后，形成常委会建议案，提交给县委、县政府。实践证明：我们这份建议案，是符合当时上海市市长朱镕基对发展崇明经济的指示精神，符合市委、市政府的决策思想，得到了县委、县政府领导的肯定和重视。

在1992年3月下旬举行的县政协八届三次会议上，我们根据中共崇明县委六届七次会议提出的“县政协要在积极履行政治协商、民主监督职能的同时，充分发挥人才库、智囊团的作用，千方百计动员各方面人士，为加快崇明经济发展开良方、出妙点、谋高略”的要求，在安排1992年政协工作时，把组织全体政协委员开展一个以“科技兴岛、拓宽市场、转换机制、振兴经济”为主题的大学习、大讨论、大献计活动放到了首位，要求通过这一活动，使政协委员提高科技意识、弘扬科学精神，促进对“科学技术是第一生产力”这个马克思主义观点的共识，千方百计为科技兴岛出力，并要求每一个委员提一条有关科技兴岛、拓宽市场的提案、建议，或提供一个信息，或牵线搭桥，办成一件实事。广大政协委员热情高涨，纷纷为振兴崇明经济出谋献策、办实事。我县三联投资发展公司与台湾名村企业有限公司合资经营的上海正村服饰企业有限公司，就是由我会一位常委牵线的。

我们认为，新时期人民政协工作以经济建设为中心，县政协要积极参与县里一些大的经济活动，主动为经济建设做些实事。组织委员开展献计活动，是发挥政协委员参政议政作用的一个较好形式，也是履行政协基本职能的一个有效方式。

3. 围绕改革和建设中的重要问题，搞好政协常委会建议案。八届政协对抓好政协常委会建议案的工作是十分重视的。三年来，我们一共向县委、县政府提交了十一份政协常委会建议案，这些建议案的内容都是关系到促进我县“两个文明”建设的重大问题。其中关于对我县经济建设的建议案就有《关于整顿流通领域秩序，发挥供销商业主渠道作用的建议》《关于建设海岛特色工程，发展崇明经济的建议》《关于组建工业企业联合体的建议》《关于乡镇企业劳动人事、分配制度改革的建议》《关于深化流通体制改革的建议》《关于建立和健全农村合作基金会,搞好内部融资活动的建议》等八份。县政协向县委、县政府提交的这十一份常委会建议案,每一份建议案都是围绕县委、县政府的中心工作,针对影响我县全局的问题提出的;每一份建议案都是政协组织力量经过大量的、深入细致的调查研究后形成的,既提出了问题,又提出了解决问题的对策和措施,可操作性都很强;而且每一份建议案提出之前,都与县委、县政府领导和有关主管部门协商,增强了建议案的可行性。县委、县政府对县政协常委会建议案相当重视,认为这些建议案很中肯,符合崇明实际,反映了县政协全体委员关心崇明"两个文明"建设的热切心情,对发展崇明经济有一定的指导意义。县政府专门在县长办公会议上对这些建议案作了研究,并召开有关部门负责人会议逐项落实,有些建议后来被写进了我县的"八五"计划;政府有关主管部门对县政协常委会建议案非常欢迎。如1992年我们鉴于本县在产品销售和物资供应方面存在着分散布点、重复外出、互不通气、各自为政等流通体制的不完善情况,经过调查研究,提出了一份《关于深化流通体制改革的建议》,认为当前应在全县建立一支强有力的供销队伍,并在全国形成一个有效的销售和信息网络,这是发展崇明经济的一大关键。建议案就此提出了要继续健全和完善我县供销主渠道,在全国的主要大城市统一布点,设立崇明经贸办事机构和继续发挥各企业、各单位原有销售部门的作用等七条建议。县政府领导十分重视,专门召集有关部门负责人进行专题研究,并对七条建议的落实情况认真答复。县物资局反映,政协是实实在在地为振兴崇明经济出谋划策,建议案对他们搞好物资流通具有很强的指导作用,其中一些建议他们已经开始实施,并取得了一定的效果。

有些县政协的常委会建议案,社会效果也很明显。如1992年县政协针对近年来我县外来人员违法犯罪案件逐年增多的状况,邀请县政法部门和部分乡镇局的负责同志共商加强外来人员管理问题,在经过调查研究和反复听取有关职能部门意见后,提出了《关于进一步加强外来人员管理的建议》。县政府落实后收到了较好效果,市政协《联合时报》还对此作了报道。

县政协为抓好常委会建议案,不但注意了选准议题,加强领导,组织力量,深入调研,并邀请政府对口部门和民主党派成员一起参与,而且在建议案形成后,还注意参与建议案的实施过程,抓好反馈工作,使建议案切实发挥作用。

4. 努力搞好提案工作,为经济建设服务。提案工作是政协工作的一个重要方面,是政协委员行使民主权利,积极参政议政的一种重要形式,也是党和政府广泛联系各界人士,听取意见,改进工作,实现决策科学化、民主化的一条重要渠道。因此,认真抓好提案工作,不断提高提案质量,更好地为本县"两个文明"建设服务,是我们政协的一项重要工作。在当前一切工作都要服从于和服务于经济建设这个中心的形势下,提案工作也要贯彻为经济建设服务这个主题。八届一次会议以来,我们积极引导、鼓励委员围绕经济建设这个中心来提出提案,取得了较好的效果。三年来,我们共收到委员提案473件,向市政协提案14件,加上常委会建议案,共为498件,与上一届的284件相比,在提案数量上增加了75%。在本届委员的473件提案中,直接为我县经济建设服务的提案就有312件,占委员提案总数的66%;向市政协提交的14件提案,基本上都是为崇明经济建设服务的。这些提案内容扎实,质量较高,为本地区经济发展起了较好的作用,受到县委、县政府及有关方面的重视、肯定和好评。总结八届县政协提案工作,有六个特点:一是委员们通过学习,思想认识和政策水平已有了明显的提高,在提案时能紧紧围绕经济建设这个中心,把献计献策同提案结合起来,提案质量比较高;二是领导重视,提高了提案办理质量;三是承办单位把办理委员提案工作摆上位置,订出落实措施,使这一工作逐步走上了规范化、民主化、程序化的轨道;四是抓住了"提交、催办、反馈、协商"等几个提案办理工作中的主要环节,提高了办理效率;五是做好提案工作的跟踪服务,一抓到底,使委员提案落到实处;六是开展了评选最佳提案工作,给予表彰奖励,鼓舞了委员们提案的积极性。所有这些,都牢牢抓住为经济建设服务这个中心,有力地推动了提案工作的深入开展。

二、加强学习,转变观念,提高了委员以经济建设为中心的参政议政水平

认真组织政协委员和各界人士加强学习,不断提高认识,更好地坚持社会主义道路,坚定共产主义信念,自觉地接受共产党的领导,与党中央在政治上保持高度一致,这是政协的一项重要工作,也是人民政

协的优良传统。

三年来，县政协把加强学习，转变观念，坚持党的基本路线，坚持经济建设这个中心，不断提高政协委员的参政议政水平，作为一项重要工作来抓，取得了一定的成效。

1. 举办新委员学习班。1990 年 4 月县政协换届以后，有 66 名新委员进入政协，他们对政协工作比较陌生，为使他们尽快了解政协的基本知识和熟悉政协工作，县政协印发了《政协章程》《政协全国委员会关于政治协商、民主监督的暂行规定》《市委关于政协工作的会议纪要》《县委关于加强政协工作的意见》等有关文件作为学习材料，在新委员学习班上组织学习讨论。通过学习，使新委员对政协的性质、地位和作用有了初步的了解，明确了自己的责任，增强了光荣感和使命感。新委员们反映，学习班以后，对如何当好一名政协委员心中有了底，表示一定要积极参加政协活动，努力发挥应有的作用。

2. 传达学习全国统战工作会议精神。全国统战工作会议召开后，县政协立即召开主席会议、常委会议进行传达学习，并结合《中共中央关于坚持和完善中国共产党领导的多党合作和政治协商制度的意见》这个重要的历史文献，多次组织学习，认真领会文件精神，充分认识新时期统战工作的重要性、必要性和长期性，增强做好政协工作的自觉性。接着，县政协又与县委统战部一起召开各民主党派负责人座谈会，传达学习全国统战工作会议精神，深刻理解党中央的统战政策，调动民主党派成员的积极性，更好地发挥参政党的作用。另外，还分别召开乡、镇、局分管统战工作的党委宣传委员和中外合资企业党支部书记会议，进行传达贯彻，进一步提高党内搞统战工作同志的思想认识，使他们在工作中能更主动地团结非中共人士，更好地发挥党外人士在我县“两个文明”建设中的作用，共同为建设有中国特色的社会主义事业努力奋斗。

3. 学习中共十四大精神，坚持贯彻党的基本路线不动摇。邓小平同志视察南方时的重要谈话和中共十四大文件发表后，县政协一方面及时组织传达学习，一方面发出通知，要求全体委员联系思想和工作实际，认真学习，领会精神。通过学习，大家一致认为，中共十四大精神和邓小平同志视察南方时的谈话，是进一步解放思想，加快改革开放和经济建设步伐，夺取有中国特色社会主义事业更大胜利的有力思想武器。表示一定要精心学习、深刻领会，坚持党的基本路线不动摇，努力为崇明的改革开放和经济发展献计出力。

为了帮助和指导委员学习，我们开展了多种形式的学习活动，努力搞好委员学习的辅导和组织工作，使学习能持之以恒，学习形式生动活泼。如 1991 年年初，为了使政协委员、各界人士加深对中共中央十四号文件的理解，我们与县委统战部一起，邀请市委常委、市政协副主席、市委统战部部长毛经权同志来崇作辅导报告；有的工作委员会还组织部分委员到经济发展较快的苏南地区学习考察，使大家开阔了眼界，开拓了思路，增强了改革开放的信心。1992 年春，为了帮助大家加深理解邓小平同志南巡讲话的精神，我们邀请上海国际问题研究所郭隆隆教授来崇作辅导报告；为使委员坚定当好一名政协委员的决心和信心，我们在八届二次会议期间组织了一次“如何当好一名政协委员”的大会专题发言，新老委员从不同的角度畅谈了各自的认识和打算，引起了广大委员的热烈反响。我们还多次分片召开委员学习座谈会，组织委员参加《人民政协报》举办的“999 杯全国政协知识大奖赛”；县政协党组和统战部在 1991 年 7 月还联合召开政协委员中的中共党员座谈会，并在会后发出了《关于发挥政协委员中的共产党员先锋模范作用的通知》，要求他们在政协工作中进一步发挥先锋模范作用，更好地与非中共人士亲密合作。三年来，我们还不定期印发学习材料，这些材料内容丰富，既有对党和政府的路线方针政策的深刻阐述和学习指导，又有对我国经济形势的综合述评和一些专题研讨，还有对海湾战争、东欧及苏联问题等国际形势的分析、介绍，这些学习材料对辅导委员学习起到了很好的指导作用。

三年来，县政协组织委员开展多种形式的学习活动，使委员通过自我学习、自我教育，得到了自我提高，对坚持四项基本原则和坚持改革开放的信念更加坚定不移，对建设有中国特色的社会主义更加充满信心，为经济建设这个中心服务的自觉性有了进一步增强，委员的自身素质和参政议政水平有了进一步提高。

三、活跃委员会活动，充分发挥政协的整体功能作用

工作委员会活动是政协工作的一个基本落脚点，也是委员平时参加政协活动的主要形式。活跃工作委员会活动，既是人民政协自身建设的一个重要方面，又是发挥政协整体功能作用的一个重要环节。三年来，县政协要求工作委员会的活动，以多办实事、讲究实效为主，坚持把学习和调查研究相结合，把外出考察和献计献策相结合，加强与政府部门的对口协商，从而进一步提高了委员会独立活动的能力。各工作委员会紧紧围绕经济建设这个中心，发扬主人翁的精神，主动想大事、议大事、干大事，为振兴崇明经济努力做好服务工作。

1．切实制订计划，积极开展调查研究与视察考察活动。八届一次会议以来，县政协十一个工作委员会普遍开展了活动。每年都在政协全会期间讨论制定一年的活动计划，把组织委员学习讨论、交流心得体会放在活动的首位；把为经济建设服务开展专题调查研究和外出参观考察、对我县“两个文明”建设中的重要问题提出意见、建议，积极献计献策作为活动的中心内容来进行；还注意发挥各自的优势，努力为人民服务，为振兴崇明经济服务。三年来，县政协各工作委员会积极开展了多种形式的活动，围绕我县工农业生产、开拓外向型经济、商品流通、科技发展、社会治安、学校德育教育和职业教育及校办工业、社区文化、农村三级医疗网、文物保护等多种问题，开展调查，进行视察，组织讨论，对我县“两个文明”建设提出了不少有益的意见和建议。

2．建立了与政府部门的对口协商制度，加强了联系。三年来，县政协各工作委员会根据各自的特点制定活动计划，重点突出、目标明确，把加强与政府对口部门的联系，建立对口协商监督制度作为委员会活动的一项重要工作。在1991年春县八届二次会议后不久，县政协科技委员会就主动与县科委一起，召开了关于建立对口协商监督制度的座谈会，把委员会活动内容与对口部门的工作重点结合起来。同年10月“上海科技节”期间，与县科委联合召开了两次科技人员座谈会，就科学技术在振兴崇明经济中的重要作用、崇明科技发展方向、重点以及对策等展开了热烈讨论，并提出了六点建议，对制订崇明1992年科技工作计划很有参考价值。1991年8月，县政协教育文化委员会与县民盟、民进一起，医卫体委员会与农工民主党一起，分别同教育局、文化局和卫生局、体委等政府对口部门召开了座谈会，在充分协商讨论的基础上，就十个方面的内容，各自制定了对口协商监督制度。县政协党组、县委统战部联合发文批转了他们的对口协商座谈会纪要，进一步推动了各工作委员会与政府部门建立对口协商监督制度的工作。去年五月，县政协海外联谊委员会与县经委一起，就我县发展经济新制订的优惠政策进行座谈，还邀请了部分归侨、侨眷和台属参加，周祖安副县长也到会回答了委员们提出的优惠政策中一些还不很明确的问题，座谈会气氛十分活跃，委员们表示要发挥各自与海外有联系的优势，努力做好宣传和牵线搭桥工作，为崇明经济建设献计出力。三年来，本会农村经济、科学技术、市政工交等委员会都与政府对口部门一起，组织力量，深入调查研究，掌握大量的第一手资料，写出了质量较高的专题调查报告。调查报告既有对现状的深刻分析，指出问题的关键所在，又有解决问题的办法和建议，县政协的常委会建议案，有些就是在此基础上形成的，都得到了县委、县政府的肯定、重视和采纳。

3．开展评“三优”活动，促进委员会工作。根据县政协八届二次会议的决定，为使广大政协委员牢固树立政治责任感和使命感，促进委员会工作，我们在1991年首次开展了评选优秀政协委员、先进工作委员会和最佳提案的活动。1991年5月，经八届八次主席会议研究决定，发出了开展这三项评选活动的通知，明确了评选的条件和具体办法。10月，县政协秘书处又发出关于评选活动的实施细则，要求每个委员结合评选工作，认真搞好个人年度总结；各工作委员会也进行工作总结，并推荐优秀政协委员候选人名单。1992年1月，我们在此基础上召开了各工作委员会负责人会议，交流了委员会工作经验，提出了先进工作委员会候选名单。经第十三次主席会议和第十四次常委会反复协商讨论，最后评选出了20位优秀政协委员、3个先进工作委员会和8件最佳提案，进行了大会表彰。通过这次评选活动，进一步促进了委员会工作，增强了委员搞好政协工作的主动性，提高了委员参政议政的自觉性，鼓舞了委员为振兴崇明经济献计出力的积极性。

本届县政协各工作委员会开展的活动，有三个特点：一是活动前一般都是有计划、有目的，活动的针对性比较强。如科技委员会配合委员献计活动，组织了“浦东开发，崇明怎么办?”的专题研讨活动，1992年6月，组团前往与崇明地域经济相似的舟山，学习他们依靠科技进步，围绕“开发海洋、振兴舟山”的指导思想，在“海”字上做文章获得成功的先进经验；农村经济委员会到扬州和温州地区考察发展乡镇企业的新路子，对发展我县乡村企业提出了一些有价值的意见和建议。二是委员会活动与民主党派和政府对口部门联合起来搞，活动内容比较实。如医卫体委员会活动大多与农工党崇明支部联合举行；市政工交委员会在开展我县工农联营企业状况的专题调查时，与县协作办、经委等政府对口部门联合进行，效果较好。三是委员会活动与提案工作相结合，活动效果比较好。如法制委员会、教育文化委员会、农村经济委员会、文史资料委员会等都通过委员会活动后，提出了一些较好的集体提案，为县政协常委会建议案的形成，提供了很多素材。

三年来，本会委员怀着强烈的责任感、使命感和事业心，既热心参加政协活动，又在各自的岗位上勤奋工作，勇于开拓进取，在我县“两个文明”建设中作出了积极的贡献，不少委员受到本单位、本部门、县、市乃至中央有关部门的表彰、奖励。

四、发展了与民主党派、人民团体的联系，使政协真正成为参政议政的重要场所

根据《中共中央关于坚持和完善中国共产党领导的多党合作和政治协商制度的意见》这一文件精神，县政协八届一次会议以来，进一步发展了与我县民主党派和工商联、侨联、中华职教社等人民团体和各界代表人物的联系，增强了团结合作，为振兴崇明经济、加强社会主义民主和法制建设，积极参政议政、献计献策，与党和政府同心同德、共同努力奋斗，使政协真正成为各党派、各人民团体和各界代表人物团结合作、参政议政的重要场所。三年来我们的主要做法：

一是向各民主党派、工商联、人民团体和各界代表人物及时传达党中央、国务院和市委、市政府的重要文件和重要会议精神，通报我县经济建设、精神文明建设的全局情况，使他们能更好地知情出力。

二是鼓励他们以党派、团体名义提出提案，为发展崇明经济出谋献策。对他们的提案在经过政协常委会协商讨论后，以政协常委会建议案的形式转送给县委、县政府，加重了提案分量。如1991年民盟县委提出的《建筑业应当成为崇明经济一大产业》和县工商联提出的《关于对私营企业加强管理、积极引导扶持的建议》2份集体提案，都是以县政协常委会建议案的形式转送县委、县政府的，引起了县委、县政府的重视，并逐步得到落实。

三是县政协各工作委员会加强了与民主党派、人民团体的联系。三年来，本会各工作委员会与政府部门建立对口协商监督制度时，都邀请了有关的民主党派和人民团体一起参加座谈商讨，认真听取他们的意见。工作委员会在组织委员进行视察、考察和调查研究等活动时，也邀请他们中的有关成员一起参加。如去年6月、12月，本会教育文化委员会二次组织委员考察本县职业教育和校办工业情况时，邀请了民主党派和中华职教社有关人士一起参加了活动。此外，我们还推荐十名民主党派成员和无党派人士担任本县加强廉政建设纠正行业不正之风明查暗访员，这些同志在搞好这一工作中认真负责，发挥了一定作用。

三年来，县政协通过加强与民主党派、人民团体和无党派代表人士的联系，进一步增进了了解和友谊，使政协逐步成为各党派、各人民团体和各界代表人物团结合作、参政议政的重要场所。

五、加强机关自身建设，进一步提高办事效率

八届一次会议以来，县政协机关为了进一步搞好服务工作，提高办事效率，以改进工作作风为主要内容，加强了机关自身建设，努力使机关工作逐步走上制度化、规范化的轨道，认认真真做好各项服务工作。

三年来，我们通过加强机关内部的思想政治工作，不断修订完善岗位责任制，明确工作职责、目标和考核标准，使办事效率有了明显提高，并努力做好统战系统各部门之间的协调工作。通过联谊活动、交流情况等形式，沟通了思想，增进了友谊，理顺了关系，形成了一方有事，大家相帮，团结协调的局面。为了使机关工作形成制度化、规范化，我们制定了《政协崇明县委员会会议制度》《常委会工作简则》《主席会议

议事规则》《秘书处工作职责和目标》等7个方面的制度，使各项工作有章可循，避免了盲目性和随意性。从1991年4月起，县政协机关建立了信息咨询服务部，无偿地为乡村企业提供各种经济信息，取得了一定的社会经济效益。县政协领导和机关干部还为江口、大新、海桥等乡、村在引进项目、兴办联营企业等方面做了许多努力，积极为我县经济建设牵线搭桥，多办实事。

八届一次会议以来，我们高举爱国主义和社会主义两面旗帜，加强了海外联谊工作，认真做好台湾同胞、港澳同胞和海外侨胞的回崇接待工作，进一步扩大了与“三胞”的联系，积极向他们宣传祖国建设的大好形势，鼓励他们消除疑虑，回故乡投资办企业，为故乡经济发展多作贡献；努力搞好政协之友社的工作，注意发挥老同志作用，为经济建设服务；积极做好文史资料工作，出版了一本《现代航海家陈干青》的文史资料专辑，为市政协文史资料委员会编辑出版的《上海人物史料》撰写了《忧国忧民忧乡的王清穆》和《海生辉国增光—记现代航海家陈干青》的两篇稿子；我们还坚持走访委员制度和做好群众信访工作，编印好《政协简讯》，发起和组织了长江口北部地区七县(市)政协联谊会等等。

总结回顾三年来的工作，我们虽然作了很大的努力，也取得了一定的成绩，为我县经济建设和精神文明建设作出了一定的贡献，但对照党对新时期人民政协工作提出的要求和县委对我们的期望，还有一定的差距，工作中还有一些不足之处。如政协委员的学习制度还不够健全，政协委员提案还不能做到人人参与，各工作委员会活动还不平衡等，欢迎委员提出批评。

三年来，我们深深体会到，县委、县政府对政协工作的重视和支持是我们搞好工作的一个重要保证，而全体政协委员的团结奋斗和民主党派、人民团体及各界爱国人士的真诚合作，是搞好我县政协工作的一个重要基础。

各位委员：政协崇明县八届委员会已经胜利地完成了它的历史使命，本会第九届委员会即将产生，值此换届之际，我们谨向新一届政协提出如下建议。

一、切实加强政治协商和民主监督，为促进崇明经济发展服务

在经济建设已经成为当前社会生活主旋律的今天，县政协要紧紧围绕加快振兴崇明经济这个中心来开展工作，努力做到协商在决策之前，监督在实施之中。要以中共十四大精神为指针，团结全体委员和各界爱国人士，坚决贯彻落实县委七届一次会议精神，坚定信心，奋力拼搏，为发展崇明经济多做实事，特别要围绕改善我县投资环境、基础设施建设和土地批租，大力吸引外资，发展外向型经济以及冲出海岛、全方位发展崇明的第三产业等方面工作，深入搞好调查研究，积极参政议政、献计献策，努力为二十一世纪崇明大开发做好各项准备工作。

二、要进一步加强学习，增强贯彻执行党的基本路线的自觉性和坚定性

要通过学习，深刻领会邓小平同志建设有中国特色社会主义理论和中共十四大精神。在政治思想上加深对坚持党的基本路线一百年不动摇的理解，加深对建立社会主义市场经济体制的现实意义和深远意义的理解，加深对把崇明经济搞上去的重要性和紧迫性的理解，增强加快发展崇明经济的紧迫感、危机感、责任感和使命感；要组织委员学习经济管理、市场知识，努力拓宽知识面，进一步解放思想，彻底转变观念，振奋精神，坚定信心，充分发挥政协委员的主观能动作用，为振兴崇明经济积极参政议政，团结奋斗。

三、坚持贯彻“两手抓”的方针，切实履行政协的基本职能，推进“两个文明”建设

要进一步完善与政府部门的对口协商监督制度，努力活跃各工作委员会活动，不断提高委员会独立活动的能力，充分发挥政协的整体功能作用。活动要有计划、有目的地进行，要根据委员会各自的专业特点，积极主动地参与我县经济建设、社会主义精神文明建设和民主法制建设。要努力搞好委员提案工作，牢牢抓住经济建设这根主线不放松，鼓励委员围绕经济建设积极搞好提案，不断提高提案质量。要积极引导、鼓励委员把专题调查、献计献策跟提案工作结合起来，为振兴崇明经济服务。要加强对执法部门和经济监督部门执行党和国家的政策、法律、法规的民主监督，坚持反腐败斗争，不断清除社会各种丑恶现象，保障改革开放顺利进行。

四、加强各党派、各人民团体、无党派人士的团结合作，为振兴崇明，促进"一国两制"、和平统一祖国服务

要不断完善共产党领导的多党合作和政治协商制度，密切同各民主党派、人民团体和各界人士的联系，创造宽松的环境，发扬民主，沟通思想，听取意见，使政协成为各党派、各人民团体、各界代表人物团结合作、参政议政的重要场所。要积极主动地加强同台湾同胞、港澳同胞和海外侨胞的联系，特别要重视做好"三胞"人士的第二、三代人的工作，增强他们对祖国的向心力，为振兴崇明经济、促进祖国统一作出新的贡献。

五、努力加强政协的自身建设，在发展崇明经济中作出更大成绩

政协要加强自身的思想建设、组织建设和制度建设，认真学习，提高贯彻执行党的基本路线的自觉性和坚定性。要议大事、抓实事，发挥协商监督的主渠道的作用；要加强对工作委员会的领导，定期讨论和协调各工作委员会的工作和活动；要加强对委员的培训，增强参政议政的责任感和使命感，积极履行政协委员的职责。

各位委员，让我们更加紧密地团结在中国共产党的周围，高举爱国主义和社会主义两面旗帜，认真贯彻中共十四大精神，为完成我县第七届党代会提出的各项任务努力工作，为振兴崇明经济团结奋斗，在建设有中国特色的社会主义伟大事业中，发挥人民政协的更大作用。

（陆瑾时任崇明县第八届政协主席）

政协崇明县第九届委员会常务委员会工作报告

（1998 年 3 月 24 日，在县政协十届一次会议上）

陆　瑾

各位委员：

我受政协崇明县第九届委员会常务委员会的委托，向大会作工作报告，请予审议。

一、五年工作回顾

县政协九届委员会在中共崇明县委领导下，以邓小平理论为指导，坚持党的基本路线和基本纲领，高举社会主义和爱国主义两面旗帜，突出团结、民主两大主题，在历届县政协积累经验的基础上，依靠全体委员，围绕县委、县政府的中心工作，切实履行政协职能，积极开拓进取，使本届政协工作，在不断发展的新形势下取得了新的进展。

（一）深入学习邓小平理论，提高了政协委员的整体素质。加强学习是人民政协的优良传统。九届一次会议以来，县政协把搞好委员学习作为一项重要工作来抓，致力于不断提高委员的整体素质和参政议政水平，努力为崇明的"两个文明"建设献计出力。

1. 制定计划，明确学习内容。五年来，县政协每年在制定学习计划时，结合形势和任务明确学习内容，列出学习重点，提出具体要求。在学习活动中，坚持把学习邓小平理论作为首要任务，贯穿于整个学习活动的始终。我们认真组织学习了《邓小平文选》、邓小平建设有中国特色社会主义理论和关于人民政协及统一战线的一系列重要论述。还组织委员学习了党的十五大文件。通过举办学习《邓小平文选》第三卷、《关于社会主义市场经济的理论和实践》等辅导报告，使委员们加深了对建立社会主义市场经济体制的理解，进一步领会了邓小平理论的精神实质。

2. 讲究实效，拓展学习形式。五年来，县政协在组织辅导报告会、学习交流会、委员学习活动日的基础上，不断拓展学习形式，提高学习效果。一是开展了纪念毛泽东同志诞辰 100 周年征文活动，缅怀毛泽东同志的不朽功勋，赞颂邓小平继承和发展毛泽东思想的丰功伟绩；二是开展了"怎样当好政协委员"的学习研讨活动，委员们积极撰写心得体会文章，交流当好政协委员的体会和经验，增强了当好政协委员的光荣感和使命感；三是开展了政协知识竞赛活动，通过印发学习宣传资料，开办政协知识专题广播节目等形式，引导委员积极参与。并以问卷形式组织了竞赛活动，从而激发了委员们的学习兴趣，使大家进一步

明确了人民政协的性质、地位和作用，调动了委员参政议政的积极性。

3. 联系实际，注重学习效果。在组织委员学习中，县政协坚持以委员自学和参加本单位学习为主，以各委组组织学习为侧重点，发扬理论联系实际的学风，密切联系委员的思想和工作实际，把学习与调查研究结合起来，与知情知政、参政议政结合起来，与立足本职、多作贡献结合起来，切实提高活动质量，取得了较好的效果。通过内容丰富、形式多样的学习活动，增强了委员的学习自觉性，提高了委员的理论素质、政治水平和参政议政能力。

（二）选准角度，紧扣中心，提高了政治协商的质量。县政协不断总结政治协商的经验，使政治协商逐步实现规范化、制度化。五年中，先后召开了5次全体会议、26次常委会议、40次主席会议，就我县政府工作、财政预决算情况、国民经济和社会发展计划及执行情况、县人民法院和检察院工作，以及“两个文明”建设和群众普遍关心的重大问题，积极进行政治协商或专题研讨，为县政府决策提供依据。

1. 组织委员协商本县的大政方针。在每次政协全会召开前，组织部分委员对《政府工作报告（征求意见稿）》进行讨论，提出修改意见。全会期间，政协委员们对我县经济建设、社会发展和群众关心的热点、难点问题，提出意见、建议，和县委、县政府领导进行面对面的协商讨论。九届五次会议期间，经济界委员就如何加快崇明经济发展，科技界委员就如何培养人才、留住人才以及加大科普工作力度等问题分别与县委书记施兴忠、县长顾国林进行了协商讨论，两位领导都很重视委员提出的意见建议，并当即发表了自己的看法。

2. 提前介入本县战略性决策的讨论研究。在编制《崇明县国民经济和社会发展“九五”计划及2010年远景目标纲要》时，县政府主要领导来本会召开专题座谈会，听取大家的意见和建议。参加座谈会的政协委员认真讨论，积极发言，提出了30多条建议，供领导决策参考。

3. 重大决策协商在前的工作进一步加强。1995年，县政协根据县委、县政府提出的培育新的经济增长点，促进崇明经济发展的要求，围绕发展我县旅游业进行了调查研究，并召开主席扩大会议，请县长到会共商发展大计。提出了《抓住机遇，发挥优势，正确定位，重点突破，加快发展我县旅游事业若干建议》的建议案，供政府决策时参考。1997年9月，在县政府制定城桥镇总体规划时，县政协组织部分委员召开专题座谈会，对《规划》进行研究讨论，提出了意见、建议，受到县政府的重视。

（三）发挥优势，突出重点，加大了民主监督的力度。人民政协履行民主监督职能是我国民主监督制度的重要组成部分，九届县政协注重提高民主监督的质量，探索加强民主监督的形式，有针对性地开展工作。为了增强民主监督的时效性，九届一次会议以来，县政协每年都选择县政府工作的重点和群众关心的热点问题，先后对县属、镇办、村办工业，私营企业，蔬菜生产基地，岛外三产，县政府实事工程，市场管理以及精神文明建设等方面的重大问题，组织委员进行视察，并形成视察报告或建议案，供县政府或有关部门参考。为了增强民主监督的针对性，组织委员参与行风评议活动，了解本县卫生、邮电、电力、公安、税务、公用事业等系统的行风情况，听取干部和群众的意见。通过行风评议对这些部门及其工作人员的工作进行监督。为了增强民主监督的实效性，县政协采取跟踪视察的方式，在办理委员提案过程中实施民主监督，促使有关提案得到落实。如针对城桥镇育才路臭水沟整治不彻底的问题，政协提案委员会请县政府有关部门一起进行了现场视察，提出了彻底整治意见，得到县政府和有关部门的重视，彻底整治了臭水沟，受到群众的好评。为了增强民主监督的经常性，加强了政协监督队伍建设。目前，政协有各类监督员40多人。县政协通过加强联系，指导工作，把各类监督员的工作，纳入了县政协民主监督的总体工作，推进民主监督有序有效地开展。

（四）选择专题，深化调研，拓宽了参政议政的领域。九届一次会议以来，县政协本着参政议政要以新时期党的基本路线为指针，与全党工作大局相一致，与县委、县政府中心工作相贴近的指导思想，努力拓宽参政议政的领域，进一步提高了参政议政的质量。

1. 围绕中心，深入调研，重点抓好常委会和主席会议建议案。五年来，县政协选择本县改革开放、经济建设中的一些重大问题，进行深入的调查研究，认真听取各方面的意见后，经过细致的协商讨论，提出常委会或主席会议建议案共9件。1993年6月，县政协针对我县私营经济规模不大、实力不强的现状，通过专题调研后向县政府提出了《关于加快发展我县个体、私营经济的建议》的常委会建议案。1997年，国家计委批准我县为绿色食品开发园区，县委、县政府以此为契机，进一步明确了发展崇明经济的总体思路，县政协主席会议具体分析了本县发展绿色食品生产的资源优势和存在问题，确定组织部分委员对崇明米酒生产进行专题调研。主席会议认真分析了崇明米酒的生产、销售、市场等调研情况，认为崇明米酒基本符合国家关于营养酒发展方向，市场前景看好，应该从实际出发，以市场为导向，按照“正确定位，先联后扩，重点突破，稳步推进”的原则，使米酒生产尽快形成规模，成为崇明绿色食品的一个拳头产品。于是，提出了《进一步发展崇明米酒生产几点建议》的主席会议建设案，供县政府领导作决策参考。为了促进我县精神文明建设的发展，1996年5月，根据国务院和市政府关于开展全民健身活动的指示精神，县政协在文体新闻委员会组织委员视察乡镇体育场地和设施的基础上，对我县开展全民健身活动进行调查研究，提出了《关于我县开展全民健身活动的建议》。县政府领导对此十分重视，采取了7条措施，有力地推进了我县全民健身活动的深入开展。

2. 不断强化提案工作，进一步拓宽了参政议政的领域。九届政协的提案共645件，内容广泛，涉及我县“两个文明”建设的方方面面，大多数提案经过充分酝酿和深入调研，有情况、有分析、有建议，围绕县委、县政府的中心工作和群众生活及社会关注的热点问题，坦诚谏言，献计献策。由于县委、县政府的重视和各承办单位的通力协作，使每年的提案办复率达到100%。为了让委员与政府部门直接沟通，拓宽委员的参政面，县政协在九届任期内，三次组织了现场咨询和办理提案活动。县委、县政府各有关职能部门领导亲临现场，听取委员的意见，解答委员的提问，办理委员的提案，起到了很好的效果。为进一步拓宽参政议政的领域，县政协还在九届二次和三次会议期间，组织了18名委员围绕本县经济建设和社会发展中的重点、热点问题，作了专题发言。这些大会发言既肯定了成绩又提出了解决问题的意见和建议，得到了政府领导的重视。

3. 注重发挥优势，认真开展了解和反映社情民意工作。1995年以来，县政协就如何开展反映社情民意工作，更好地为“两个文明”建设服务，进行了积极的探索，并在实践中创造了有效形式，形成了若干制度。三年来共收到社情民意信息100多条，并将其中重要信息，编写成《社情民意》内部参阅件，及时报送县委、县政府领导，供决策参考。县主要领导对社情民意很重视，对重要的信息及时作出批示，使一些问题妥善解决。如县委书记施兴忠对县政协九届四次会议期间《社情民意》反映的县精神卫生中心选址的意见，及时作出批示，促成了重新合理选址。

4. 充分发挥委组优势，深入开展调查研究，提出意见建议，加大了参政议政的力度。专题调研和考察是县政协委组活动的主要形式。九届一次会议以来，县政协各委组进一步深化了调研工作，每年都制定专题调研和考察计划。五年来共向县政府提交了22篇调研报告、11篇视察报告和4篇考察报告，涉及工农业生产、科技、教育、文化、体育、卫生等经济建设和社会发展的各个方面。如市政工交委员会《关于崇明水泥厂经营情况的调查》、医卫委员会《关于改进和加强我县食品卫生工作的意见》、农贸经济委员会《关于建立我县“两杂”亲本种子繁殖基地的调查报告》、教育委员会关于《我县学生思想道德教育的现状及对策》、科技委员会《关于崇明县科普工作情况的调查报告》、城桥镇地区委员小组《关于加强城桥镇社区管理的调查报告》等，都得到了县政府领导的重视。对一些重点课题的调研，由县政协组织几个委组共同参与。去年第四季度，根据县政府第七次工作会议上提出的关于“切实加强农村卫生工作”的要求，县政协组织医卫委员会、城桥镇、堡镇镇地区委员小组和民盟、民进、农工3个民主党派及县政协秘书处组成5个小组，深入9个乡镇22个村，采取听、看、议、问等方式对我县农村集镇、农民居住地的环境卫生状况，进行了调查，向县政府送交了调研报告，并提出了7点建设性意见，供县政府决策参考。

5. 加强与政府部门的对口联系，拓展了参政议政的深度。九届一次会议以来，县政协各专门委员会加强了与政府对口部门的联系，在联系过程中就有关问题进行面对面的协商讨论，并形成书面意见供对口部门领导参考。如教育委员会、医卫委员会坚持每年都和对口部门联系，听取情况介绍，并就教育改革、医疗卫生制度改革等问题进行专题协商研讨，提出意见建议。1997年，本会农贸经济委员会就农业产业化问题与县农委开展对口联系，委员们在听取农委领导介绍农业产业化发展的情况后，针对存在问题，就加大绿色食品园区的开发力度和逐步推进农业产业化进程等方面提出了意见建议。五年来，通过开展对口协商联系活动，使委员了解情况更全面，与政府职能部门的沟通更直接，提出的意见建议更切合实际，从而拓展了参政议政的深度，提高了参政议政的质量。

（五）坚持团结，弘扬民主，调动了民主党派和各界人士的积极性。县政协牢牢把握团结和民主两大主题，坚决贯彻《中共中央关于坚持和完善中国共产党领导的多党合作和政治协商制度的意见》，进一步加强了同各民主党派、人民团体和各界人士的联系与合作，积极发挥政协协调关系、化解矛盾、理顺情绪、凝聚人心的作用，广泛调动各界人士的积极性，努力为我县的改革、发展、稳定献计出力。

1. 通过举行民主协商会、要情通报会等，向各民主党派、人民团体和各界代表人士传达上级的重要文件、会议精神，邀请他们参加委员活动日，向他们通报我县经济工作、机构改革、廉政建设、社会治安综合治理等情况；县政协召开的常委（扩大）会议，坚持邀请各民主党派、工商联的负责人参加；建立了县政协和民主党派、工商联、侨联的秘书长联席会议制度，互通情报，交流工作，增进共识。

2. 进一步发挥民主党派、工商联的作用，鼓励他们提出集体提案，积极参政议政。五年中，民主党派、工商联提出了18件集体提案，委员中的民主党派成员提交了225件提案，占提案总数的34.9%，质量都较高，不少提案被政府及有关部门采纳。

3. 民主党派、工商联成员通过受聘担任各种监督员，发挥民主监督的作用。五年来，他们积极参加经常性的民主监督活动，参与了对邮电、电力、卫生、公安等部门的行风评议。这些同志怀着强烈的责任感，忠实履行职责，发挥了民主监督的作用。

4. 广泛开展联谊工作，密切了与各界人士的联系。每年春节、中秋前夕，县政协都举行座谈、团拜等联谊活动，县党政领导同各界人士欢聚一堂，畅谈形势和工作，增进了解和共识。为庆祝香港回归，县政协以大团结、大联合为主题，与县委统战部联合召开了“迎香港回归”座谈会，使与会人员进一步树立了民族尊严，振奋了民族精神，增强了民族自豪感。五年来，我们还加强与本县宗教和少数民族人士的联系；开展对非公有制经济代表人士的团结引导工作。积极支持政协之友社开展活动。加强与兄弟县市政协的联系，切实做到了广交朋友，沟通信息，加强团结，增进友谊。

（六）制定制度，规范工作，加强了政协的自身建设。县政协在改革开放日益深化的新形势下，通过不断加强自身的思想建设、制度建设、组织建设和机关建设，努力解放思想，转变观念，坚持在思想上、政治上与党中央保持高度一致。

1. 加强了思想建设。县政协始终把学习放在各项工作的首位。五年来，县政协在学习工作中逐渐探索，形成了四个结合的做法，将学习政治理论与学习政协知识、委员自学与组织学习辅导、学习与开展委组活动、学习与知情知政等结合起来，进一步提高了政协委员的整体素质，增强了委员做好政协工作的光荣感、责任感和使命感。委员们立足本职，开拓进取，勤奋工作，在各自岗位上干出了出色的成绩，有50多名委员获得了县、市乃至全国性奖项。

2. 加强了制度建设。县政协在历年工作实践的基础上，修订和制定了《常委会工作条例》《主席会议工作规则》《专门委员会工作简则》《提案工作条例》《会议制度》《委员视察简则》《地区（系统）委员小组简则》等规章制度，对履行政协职能的内容、程序、方式等都作了规定，并付诸实施，使政治协商逐步走向规范化、制度化。

3. 加强了组织建设。县政协重视把委组建设作为政协工作的基础环节，加强领导，配好班子，创造必要的工作条件，使委组的作用能够得到充分的发挥。九届一次会议后，对专门委员会的设置作了适当调整，增设了文体新闻委员会，重点加强了农贸经济委员会的力量；并按照成熟一个建立一个的原则，在试点基础上逐步建立了堡镇镇、庙镇镇、侯家镇、城桥镇、教育系统等5个地区、系统委员小组。主席会议经常研究委组工作，每年数次召开委组主任（组长）会议，听取委组活动情况汇报，研究部署工作。五年中，县政协开展了两次评选先进委组和优秀政协委员活动。

4. 加强了政协机关建设。县政协以提高机关干部队伍整体素质为重点，通过深入学习邓小平理论和江泽民同志“讲学习、讲政治、讲正气”的重要指示，学习掌握政协和统一战线的方针政策，提倡在机关工作中“讲质量、讲效益、讲规范、讲协作”，明确工作职责，提高办事效率。制定和健全了机关干部目标岗位责任制，加强了对干部目标管理考核，强化服务意识，改进工作作风。建立了委员热线电话制度和走访委员制度。五年来县政协秘书处编印了《崇明政协简讯》102 期，《知政信息》56 期，充分发挥了政协机关在政协工作中的参谋、联络、服务作用。

二、主要工作体会

回顾过去五年的工作，我们有三点主要体会：

（一）坚持和依靠党的领导，服从和服务于大局，是做好政协工作的保证。九届政协五年来的工作实践，使我们深切体会到，要做好政协工作，必须坚持以邓小平理论作为政协工作的指针，主动争取县委领导和政府支持，按照县委统一部署开展工作，服从和服务大局，努力形成“党委重视、政府支持、政协主动”的格局，才能开创政协工作的新局面。五年来，县政协坚持把政协工作纳入党领导的轨道，自觉地接受党从政治原则、政治方向和方针政策的领导，使参加政协的各民主党派、人民团体和各界人士与党同心同德，自觉地坚持和维护中国共产党领导的多党合作和政治协商制度。县政协党组十分重视发挥政协委员中中共党员的先锋模范作用，要求他们在政协活动中维护党的权威，坚持正确的政治方向，团结非中共委员履行好政协职能，争当“两个文明”建设的排头兵。县政协领导还利用应邀参加县委、县政府的有关会议，了解全县工作的大局，使县政协工作更贴近党和政府的工作中心，树立把县委、县政府工作的中心作为政协工作重点的观念，努力克服随意性和盲目性，使政协履行职能更富有成效。实践证明，政协的建言献策，批评监督，都必须有助于加强和改善党的领导，维护党和人民的利益，这是政协工作的重要原则，也是搞好政协工作的根本保证。

（二）弘扬团结民主的主题，是做好政协工作的基础。人民政协是中国共产党领导的多党合作和政治协商的重要机构，是我国政治生活中发扬社会主义民主的一种重要形式。因此，在县政协工作中，一定要高举社会主义和爱国主义两面旗帜，围绕县委的工作大局和崇明发展目标，用共同的理想把各党派、各团体和各界人士凝聚起来，大力弘扬团结和民主两大主题，坚持民主协商，营造宽松和谐的民主气氛，广开言路、广交朋友、广献善策，充分发挥民主党派作用，坚持“求同存异”的统战工作原则，形成同心同德、群策群力、心情舒畅、生动活泼的政治局面，团结一切可以团结的力量，调动一切积极因素，为崇明的改革、发展、稳定贡献力量，使政协真正成为各党派、各人民团体、各界代表人士团结合作、参政议政的重要场所。

（三）发挥全体委员的作用，是做好政协工作的关键。几年来的工作实践使我们深深体会到，政协的优势在委员之中，只有牢固树立委员是政协主体的思想，才能紧紧依靠委员履行好政协职能。本届政协十分重视为委员知情参政创造良好的条件，有计划地组织委员参加政协的各种活动，充分重视发挥委员在决策咨询中的智囊团作用、反映社情民意中的沟通作用、影响带动各界人士和广大群众的桥梁作用。县政协各专门委员会是组织委员进行经常性活动的工作机构，是政协履行职能的重要基础。委组活动要发挥专委会专业人才集中的优势，注意选准角度，审时度势，才能履行好政协职能，为党和政府的工作帮忙使劲。政协的各种会议，是政协开展工作进行活动的载体，我们必须重视通过各种会议履行职能，精心组织，努力提高会议与活动的质量；并十分重视发挥提案、视察等载体的功能作用。在实际工作中，要根据具体情况，在力求内容与形式有机统一的前提下，努力创新求实，才能充分发挥政协的整体优势，为“两个文明”建设献计出力。同时，政协要履行好职能，必须切实搞好自身建设，不断提高政协的整体素质。

各位委员，回顾本届政协五年来的工作，取得了一定的成绩，这是邓小平理论光辉指引的结果，是中共崇明县委正确领导的结果，是各民主党派、人民团体通力合作、广大政协委员共同努力的结果，同时也离不开历届政协打下的基础和县政府及各有关方面的热情支持。在此，我代表九届政协常委会，向所有关心、支持政协工作的同志们、朋友们表示衷心的感谢，并致以崇高的敬意！

本届县政协的工作虽然取得了一定的成绩，但也存在一定的不足，诸如委组活动的深度、民主监督的力度、工作领域的宽度等方面都还有待进一步拓展，政协委员的主体作用也有待于进一步发挥。本届县政协已经完成了历史使命，未来五年正逢世纪之交，是我们崇明实现“两个文明”建设跨世纪目标的关键时期，也是迎接崇明大开发的重要历史时期，这为人民政协发挥作用展现了广阔的舞台，也对人民政协的工作提出了更高的要求，我们要面向新世纪，抓住新机遇，增创新优势，争取新发展。我们相信新一届县政协在中共崇明县委的领导下，一定能大力弘扬团结民主主题，团结一切可以团结的力量，扎实有效地履行职能，继续推进政治协商、民主监督、参政议政的规范化、制度化，使新一届政协参政议政有新的提高，专题调研有新的发展，委组活动有新的举措，反映社情民意有新的进展，海外联谊有新的突破，自身建设有新的面貌，进一步开创我县政协工作的新局面。

各位委员，各位同志，党的十五大为我们在下个世纪实现中华民族的伟大振兴指明了方向、规划了蓝图、吹响了号角，让我们紧密地团结在以江泽民同志为核心的党中央周围，高举邓小平理论的伟大旗帜，坚持党在社会主义初级阶段的基本路线和基本纲领，在中共崇明县委的领导下，认真贯彻党的十五大精神，全面落实县第八次党代会提出的各项任务，进一步解放思想，开拓进取，同心同德，艰苦奋斗，夺取物质文明和精神文明建设的新胜利，在建设有中国特色社会主义伟大事业中，发挥人民政协的更大作用，为我县改革开放和社会主义现代化建设作出新的贡献！

（陆瑾时任崇明县第九届政协主席）

政协崇明县第十届委员会常务委员会工作报告

（2003 年 3 月 16 日，在县政协十一届一次会议上）

邵礼达

各位委员：

我受政协崇明县第十届委员会常务委员会的委托，向大会作工作报告，请予审议。

一、五年工作总结

五年来，县政协十届委员会在中共崇明县委的领导下，坚持以邓小平理论和“三个代表”重要思想为指导，高举爱国主义、社会主义伟大旗帜，突出团结、民主两大主题，在历届县政协积累经验的基础上，紧紧依靠全体政协委员，广泛团结社会各界人士，围绕中心，服务大局，努力发挥政协优势，切实履行政治协商、民主监督、参政议政职能，为崇明经济建设和社会发展作出了一定贡献。

（一）积极参与政治协商。政治协商是人民政协的首要职能。五年中，县政协始终把开展政治协商放在政协工作的突出位置，通过加强与县委、县政府及其职能部门的联系，就本县大政方针、重大改革方案及政府部门的重点工作积极开展协商讨论，提出意见、建议。一是参与制订大政方针的协商讨论。在县政府每年的《政府工作报告》征求意见期间，政协委员本着高度的政治责任感，坦陈己见，就报告中涉及的一些重大问题积极提出协商意见。全会期间，全体政协委员认真听取和讨论《政府工作报告》，并围绕报告中提出的崇明开发开放、产业结构调整、生态环境保护、招商引资、“60—90”工程、精神文明建设、维护社会稳定等方面的重要问题积极建言献策。在制定《崇明县国民经济和社会发展第十个五年计划》过程中，县政协主要领导带领部分委员深入到部分乡镇和委局，通过广泛调查研究，对“十五”计划中若干问题提出意见、建议。在县政府就《崇明县国民经济和社会发展第十个五年计划（草案）》征求意见及全会讨论过程中，全体政协委员又畅所欲言，就加快崇明经济和社会各项事业的发展展开了热烈讨论，形成了不少建设性观点。二是参与重大改革方案的协商讨论。先后积极参与了县委、县政府关于县级机构和乡镇机构改革方案、乡镇行政区划和村级区划调整等重大改革方案的协商讨论，并提出意见、建议。同时，又根据我国加入世贸组织后所面临的新情况、新问题，主动提出了涉及经济结构调整、经济体制、人事制度改革等诸多方面的协商意见，供县委、县政府决策和职能部门工作参考。三是参与部门重点工作的协商讨论。先后就国家级生态示范区建设、上海实业有限公司崇明东滩开发建设总体规划、绿色食品园区形态开发规划、南门地区沿江改造工程等专题工作与县政府及有关单位进行了充分的协商讨论。各专门委员会加强了与政府有关职能部门的对口联系，先后就重点骨干企业培育、崇明水利工程建设、学校标准化建设、教育系统人事制度改革、卫生系统改革和卫生事业发展、城镇职工基本医疗保险、有关法律法规执行情况、打击假冒伪劣商品以及发展我县旅游产业等专题与有关职能部门开展协商讨论，提出了一些有益的意见、建议。

（二）切实开展民主监督。民主监督是人民政协的又一重要职能。五年中，县政协充分利用政协位置超脱、联系广泛的优势，通过组织委员集中视察、反映社情民意、开展提案跟踪督办和强化特邀监督员工作，努力加大民主监督的力度。一是组织委员集中视察。围绕县委、县政府的年度工作重点，分别组织全体委员先后对农业、工业、旅游业等重点产业，“60—90”工程建设、旧城改造等政府年度实事项目和重点工程以及国家卫生城镇创建，生态示范区、经济开发区建设等重点工作进行了视察。视察过程中，委员与政府领导面对面地进行座谈讨论，在充分肯定政府工作的同时，坦率提出意见、建议。二是反映各界社情民意。坚持把反映社情民意作为政协加大民主监督力度的重要手段。通过政协会议部署、专门委员会和地区委员小组内部发动、召开秘书长联席会议沟通信息、组织政协之友社社员活动、开展委员个别走访等多种途径，广泛征集和及时编发各类社情民意，供县委、县政府领导参阅。县委、县政府领导十分重视政协反映的社情民意，先后在《以传销为名搞非法集资诈骗在我县蔓延》《规范整顿游戏机房、网吧市场刻不容缓》《制止农村乱埋乱葬》《必须加强南门地区夜排档管理》等《社情民意》上作出重要批示。县有关部门和乡镇按照批示精神，及时组织力量开展整治工作，并取得了一定的成效。三是开展提案跟踪督办。坚持加强同提案承办单位的联系，把开展提案跟踪督办作为对职能部门工作进行民主监督的有效方法。通过加强与承办单位联系、反馈提案者意见、召开提案办理工作座谈会等途径，强化提案督办工作。与此同时，每年还选择若干件对我县经济建设和社会发展具有重要参考价值或涉及群众普遍关心的热点问题的提案，与县政府办公室协商确定为重点提案，在要求承办单位重点办理的同时，予以重点跟踪督办和跟踪视察，有效地促进了提案办理工作的开展。四是配合参与行风评议。通过调整充实特邀监督员队伍，不断规范特邀监督员工作制度，积极参与行风评议等手段，进一步推动了政协的民主监督工作。极大部分特邀监督员在坚持做好本职工作的同时，深入基层，深入群众，了解情况，反映呼声，客观评议，积极参与了县人民法院、公安局、民政局、卫生局、环保局、社保局、市工商局崇明分局等单位的行风评议活动，提出了不少具有针对性的意见、建议。

（三）围绕重点参政议政。参政议政是政治协商、民主监督职能的拓展和延伸。五年中，县政协以调查研究为基础，通过深化提案工作，开展专题讨论活动等形式，积极为政府工作建言献策，使参政议政取得了一定成效。一是认真组织专题调研。从常委会、主席会议到专门委员会、地区委员小组都坚持把调查研究作为履行政协职能的一项基础性工作。常委会议坚持围绕县委、县政府的重点工作和民主政治建设中的重要问题，每年选择二至三个专题开展调研活动，先后就农业产业结构调整、科技成果推广、招商引资、村务公开、农村垃圾收集处置等10多个专题开展调查研究，并形成建议案或调研报告；主席会议成员积极参与市政协《崇明岛发展定位》课题调研工作，并提供了具有一定价值的参考材料。主席、副主席坚持每月一次的知情调研活动，深入有关部门、乡镇及企业，先后就农副产品加工与销售、企业产权制度改革、产业结构调整、公民道德建设、普法宣传教育、社会治安综合治理等工作进行知情调研，提出了一些指导性意见、建议；各专门委员会和地区委员小组坚持选择重点课题，制订调研计划，组织所属委员，分别就我县工业、农业、旅游业、教育、科技、卫生、社会法制和海外联谊等领域的有关问题，深入基层单位开展调研活动，形成了数十份具有较高质量的调研报告。县政协所形成的各类建议案或调研报告都得到了县委、县政府领导的高度重视，其中不少建议得到了采纳。二是深化政协提案工作。坚持把深化提案工作作为使党派团体、专门委员会和全体政协委员进一步提高履行参政议政职能水平的主要途径，列入政协工作的重要议事日程。先后修订了《政协崇明县委员会提案工作条例》《政协崇明县委员会提案审查办法》《政协崇明县委员会优秀提案评选办法》，并严把提案审查关，为提高提案质量奠定了基础。同时，县政协把提案工作作为考核委组工作的一项重要内容，督促各委组以提案形式积极参政议政。除此以外，还注重将委员的专题研讨文章、反映的社情民意及时转化为提案，以及将部分提案通过进一步的调查研究，转化为政协调研报告或社情民意，充分发挥提案在政协履行参政议政职能中的重要作用。如县政协根据委员提案反映的农村用电管理中存在的严重问题及时开展调查研究，并形成调研报告，对加强农村用电管理提出了意见和建议。县委、县政府领导对此高度重视，根据调研报告的建议，在全县范围内部署开展了反窃电专项整治活动，取得了较好的成效。三是开展专题讨论活动。根据沪崇越江通道建设被列上市委、市政府重要议事日程，崇明即将迎来大开发、大发展的实际情况，县政协于 2001 年 3 月率先在各民主党派和全体委员中组织开展了“崇明大开发，政协怎么办”专题讨论活动，并把这项活动作为当年县政协工作的重中之重来抓，贯穿全年工作始终。各民主党派和全体政协委员将讨论活动作为履行参政议政职能的重要途径，结合崇明改革开放和现代化建设的实际，从不同角度，就崇明如何打好基础，作好准备，迎接开发以及作为政协委员怎样为崇明大开发献计献策等问题进行了认真探讨。在这次讨论活动中，县政协共收到研讨文章 67 篇。县政协适时召开了研讨交流会，各民主党派和与会政协委员直抒己见，对崇明如何作好准备，以开拓创新、奋发有为的精神状态和良好的投资环境迎接崇明大开发发表了许多中肯的意见和建议。县政协将这些意见、建议通过编发《调查与研究》或者直接转化为提案等送有关部门参考。

(四) 发挥党派团体作用。人民政协是各民主党派、工商联和人民团体参政议政的重要舞台。五年中，县政协认真贯彻《中共中央关于坚持和完善中国共产党领导的多党合作和政治协商制度的意见》，使各民主党派、工商联和人民团体作为政协参加单位，在政协工作中发挥了重要作用。一是参与政协各项活动。各民主党派、工商联和人民团体注重充分发挥本界别的群体优势，积极参加政协组织的各项活动。在政协全会分组讨论和大会发言中，提出了不少具有较高质量的意见、建议；党派成员副主席、常委在参加常委会议和主席会议时，都能做到认真参加讨论，坦率发表意见，积极参与政协重要工作的研究和重要问题的协商。各党派还坚持积极参加政协组织的调研活动，先后参加了本县农村用电管理、创建国家卫生城镇、农村生活垃圾处置等多项调研活动。在“崇明大开发，政协怎么办”研讨活动中，撰写了《开发旅游资源，促进旅游业发展》等多篇研讨文章，受到了有关方面的关注。二是运用提案参政议政。各民主党派、工商联和人民团体坚持深入基层开展调查研究，积极反映各自联系的界别所关心的重要问题，提出了不少立意高、内容实、分析透彻、措施可行的高质量提案，得到了县委、县政府的高度重视和采纳，部分问题已经得到解决，对我县的“两个文明”建设起到了积极的推动作用。如民盟、民进、农工党县委和县工商联联合提出的《加大打击吸毒、贩毒力度，确保一方平安》的提案，被列为年度重点提案。有关部门根据提案建议，及时进行工作部署，迅速采取有力措施，严厉打击了吸毒、贩毒犯罪活动，维护了社会稳定。民盟、民进、农工党县委针对崇明东滩湿地保护所面临的严峻形势，提出了《保护东滩湿地，加强生态岛建设》的提案。县政府办公室专门就此提案召开专题协商会，邀请党派负责人与有关单位就崇明东滩湿地保护进行探讨并达成了共识。担任政协委员的各党派成员五年中共提出 500 多件提案，成为县政协运用提案形式履行职能的重要力量。三是反映民意实施监督。各民主党派、工商联和人民团体积极反映基层群众特别是本界别人士的意见和呼声，发挥党派团体民主监督的作用。每年政协全会前，各党派团体坚持广泛征询所属成员对政府工作的意见，并通过成员中的政协委员以提案或社情民意形式予以反映。各党派团体还注重日常收集，并通过政协召开的秘书长联席会议的渠道，反映平时所了解和掌握的社情民意。各党派团体加强了对政协推荐担任特邀监督员的党派成员的指导和帮助，督促其认真负责地履行各自的职责，深入群众了解实际情况，积极参加有关部门的行风评议，对政府部门的工作实施民主监督。

(五) 广泛联系各界人士。人民政协是爱国统一战线组织，广泛联系社会各界，团结一切可以团结的力量是人民政协的重要工作。五年中，县政协坚持团结、民主两大主题，通过领导走访委员、各种联谊活动和开展横向交流等形式，进一步加强了同各界人士的联系与合作。一是落实领导走访制度。县政协坚持把领导走访委员制度作为加强同社会各界人士联系的重要方式，使政协委员切身感受到统一战线组织的巨大包容性和政协大家庭的温暖。县政协领导通过走访、约谈、召开座谈会等形式，了解委员的工作和生活情况，掌握委员的思想动态，听取委员对政协工作的意见、建议和社情民意的反映，引导、鼓励委员发挥聪明才智，为本县改革开放、经济建设、社会稳定献计出力。二是组织各界联谊活动。为了充分发挥政协自身优势，不断加强同党派团体和其他社会各界的联系，县政协专门制定了《政协崇明县委员会与民主党派、工商联负责人工作座谈会制度》，定期或不定期地召开各类座谈会、情况通报会，互通信息，帮助各民主党派、工商联及各界代表人士了解县政县情。每年春节、中秋节等传统节日，县政协还专门组织节庆联谊活动，邀请县委、县人大、县政府领导与各界人士欢聚一堂，共庆佳节。在日常工作中，县政协不断加强与本县少数民族、宗教界人士的联系，积极开展对非公有制经济代表人士的团结引导工作。县政协还十分重视政协之友社工作，努力为政协之友社社员发挥余热创造有利条件。三是拓宽海外联谊渠道。坚持发挥政协委员联系广泛的优势，积极探索海外联谊工作新路子，认真开展港澳台同胞、海外侨胞的联谊工作，是近几年县政协工作的一个特色。县政协热情接待回家乡观光、探亲和经商的崇明籍港澳台同胞和海外侨胞，向他们宣传“和平统一、一国两制”的基本方针，宣传崇明经济建设和社会发展的大好形势，鼓励港澳台同胞、海外侨胞和侨眷为祖国统一、家乡繁荣多尽一分力量，并真诚帮助在崇侨胞、侨眷解决实际困难。县政协港澳台侨委员会加强与县政府侨务办公室的合作，组织开展培训、检查，坚持维护侨胞、侨眷合法权益，并就新移民情况联合开展调查，掌握崇明籍海外新移民学业、工作、生活情况，鼓励新移民及其亲属关心家乡经济建设和社会事业发展，为振兴崇明经济献计出力。四是加强横向联系交流。县政协坚持把加强同兄弟区、县(市)政协的横向交流，学习兄弟区、县(市)政协工作先进经验作为加强横向联系，进一步提高政协工作水平的重要途径。曾先后 10 多次参加长江三角洲 12 县(市、区)政协工作研讨会、沪浙 10 县(市、区)政协联谊会，交流政协工作体会。与此同时，还积极组织政协委员赴兄弟区、县(市)政协学习考察先进经验，以推进崇明政协工作。

（六）不断加强自身建设。加强自身建设是政协不断提高履行职能水平的保证。五年中，县政协以强化学习作为主要抓手，力求全面提升委员整体素质，不断提高政协工作领导水平和政协机关服务水平。一是注重理论学习。县政协强化了对学习的组织领导，确定学习内容，制订学习计划，通过个人自学、集中学习和培训、辅导等多种形式，先后开展了邓小平理论、中共十五大精神、江泽民同志“七一”重要讲话和“5.31”重要讲话的学习活动，提高了全体政协委员和机关干部的思想政治水平，有效地推动了政协工作。县政协和原政协秘书处领导班子还根据中共崇明县委的统一部署，认真开展了“三讲”集中教育和“三讲”教育“回头看”活动，进一步增强了领导班子的凝聚力和战斗力。县政协还注重抓好政协工作理论的学习，认真组织学习中共三代领导人关于统一战线理论和政协工作的重要论述。中共十六大召开以后，县政协先后以政协党组成员学习会、主席会议成员学习交流会、政协常委扩大会、中共十六大精神报告会、政协机关干部学习交流会等多种形式，学习贯彻中共十六大精神，不断把政协委员和机关干部的思想和行动统一到中共十六大精神上来，把智慧和力量凝聚到崇明开发开放上来。此外，县政协还以委员学习日活动等形式，组织参加国际国内形势、WTO 知识、依法治国、环境保护等专题讲座，拓宽了委员视野，提高了委员的整体素质。二是实施机构改革。根据中共崇明县委关于本县机构改革的总体要求和具体改革方案，县政协在主席会议充分酝酿、研究的基础上，协商确定了《政协崇明县委员会机构改革方案》，并报中共崇明县委批准。同时，协商确定撤销县政协秘书处，建立县政协办公室和专门委员会办公室，确定了机关的人员编制和领导职数。同时，根据有关规定对专门委员会的设置进行了调整，撤销了原学习委员会，合并了原教育委员会和文体委员会，专门委员会由原 10 个减至 8 个，并及时协商调整了委组成员和主任、组长。通过实施机构改革，优化了政协组织结构，确保了政协工作的有序开展。三是强化委组建设。县政协注重加强委组建设，充分发挥委组在政协工作中的基础作用，组织全体政协委员自觉、主动、积极地参加政协各项活动，努力担负起政协委员的历史重任，切实履行好政协职能。坚持做到每年年初下达委组年度活动计划，加强经常性的检查，督促各委组严格按照时间节点完成各项活动内容。与此同时，县政协还每年定期召开委组主任(组长)会议，汇报情况，交流经验，明确要求，进一步提高委组工作的质量。在此基础上，还组织委组主任(组长)赴兄弟区、县、市政协考察，学习先进经验，努力提高委组工作水平。1999年和2002年，县政协还组织开展了评选优秀政协委员和先进委组的活动，进一步调动了委员参政议政和做好委组工作的积极性。

五年来，县政协工作虽然取得了一些成绩，但离政协章程的规定和中共崇明县委的要求，还存在着一定的差距。主要表现在：履行政协职能的规范化、制度化建设有待进一步加强，委员的主体作用、委组的基础作用有待进一步发挥，提案质量有待进一步提高，反映社情民意工作有待进一步强化。

二、五年工作体会

县十届政协任期的五年，是在邓小平理论和"三个代表"重要思想指导下，解放思想、积极进取的五年，是在中共崇明县委领导下，发挥优势、服务大局的五年，是在全体政协委员和各界人士的努力下，同心同德、团结奋斗的五年。回顾五年来的工作，我们体会到：

(一)要努力开创政协工作新局面，必须坚持党的领导。人民政协作为多党合作和政治协商的重要机构，在履行各项职能的过程中，必须始终坚持党的领导，在党委"总揽全局，协调各方"的工作格局中，充分发挥政协的整体功能和作用。五年来，县政协坚持把政协工作纳入党领导的轨道，做到自觉地接受党从政治原则、政治方向和方针政策上的领导，使参加政协的各民主党派、人民团体和各界人士与党同心同德，自觉地坚持中国共产党领导的多党合作和政治协商制度。在日常工作中，坚持做到思想上与县委同心，目标上与县委同向，工作上与县委同步，主动向县委多请示汇报，与县政府多沟通联系，为县委、县政府当好参谋。县政协党组认真把握政治方向，一方面，善于把中共中央、中共上海市委、中共崇明县委的要求变为主席会议和常委会成员的共识，并落实到履行职能的各项工作中去；另一方面，重视发挥政协委员中中共党员的先锋模范作用，引导他们带头参加政治协商、民主监督和参政议政活动，发挥了政协党组在政协工作中的领导核心作用。五年来的政协工作得到了中共崇明县委的高度重视，同时也得到了县人民政府的大力支持。实践使我们感到，在新的历史时期，只有自觉坚持党的领导，才能保证人民政协的政治方向，才能保持人民政协的旺盛活力，才能促进人民政协工作不断跃上新的台阶。

(二)要全面履行政协三大职能，必须坚持围绕中心、服务大局。人民政协工作是党和国家全局工作的一部分。围绕中心、服务大局，是人民政协履行职能必须遵循的原则，是政协工作不断开创新局面的基础，也是衡量政协工作是否到位的主要标尺。五年来，县政协根据县委、县政府的中心工作，发挥自身优势，组织委员围绕我县经济建设和社会发展大政方针的制订，开展政治协商；围绕改革、发展、稳定的大局，对大政方针的贯彻执行情况进行民主监督；围绕"两个文明"建设中的全局性问题积极参政议政，提出了一些具有科学性、前瞻性和可操作性的意见、建议。实践使我们感到，只有以经济建设为中心，自觉地服从和服务于改革、发展、稳定的大局，政协工作才能不断发展，不断前进。

(三)要充分体现政协整体优势，必须坚持发挥委员主体作用和委组基础作用。政协委员是政协工作的主体。五年来，全体政协委员坚持以自己的聪明才智和主人翁的姿态积极为崇明"两个文明"建设献计出力，在政治协商、民主监督、参政议政，推进民主政治建设方面作出了积极贡献。专门委员会作为政协的工作机构，地区委员小组作为专门委员会的延伸，都是组织委员参政议政、献计出力的重要形式。五年来，各委组认真开展调查研究、参观视察、座谈讨论等多种形式的参政议政活动，引导委员积极提出真知灼见。同时，发挥委组位置超脱、与委员接触频繁的优势，及时准确地把委员和委员联系的群众的意见建议反映出来。县政协还注重发挥界别优势，努力在沟通情况、化解矛盾、维护社会稳定上有所作为，促进统一战线各方面的大团结、大联合。实践使我们感到，要整体提高政协工作水平，必须充分发挥委员的主体作用，必须切实加强政协各专门委员会和地区委员小组的建设，必须注重政协各界别与各界人民群众的广泛联系。

(四)要切实保障政协工作顺利开展，必须坚持加强机关自身建设。政协机关是政协工作的参谋部、服务部，是"委员之家"。五年来，县政协坚持把强化机关干部的学习放在重要位置，不断增强机关干部认真实践“三个代表”重要思想的自觉性和坚定性。坚持把规范化、制度化建设作为搞好机关自身建设的重要基础，先后制订了十多项机关工作规章制度。坚持把加强机关作风建设，作为做好政协工作的重要措施，要求每个机关干部牢固确立学习意识、服务意识、创新意识和实践意识，不断改进工作作风，提高办事效率。实践使我们感到，要搞好新时期政协工作，必须坚持加强政协机关的自身建设，身体力行地实践“三个代表”的重要思想；必须加强机关规范化、制度化建设；必须坚持解放思想，与时俱进，开拓创新，努力改进工作作风，不断提高服务水平。

各位委员，回顾十届政协五年来的工作，取得了一定的成绩，这是邓小平理论和“三个代表”重要思想指导的结果，是中共崇明县委正确领导和县人民政府大力支持的结果，是各民主党派、人民团体通力合作，广大政协委员共同努力的结果，同时也离不开市政协的指导、帮助和历届政协打下的工作基础以及县委、县政府各有关部门、有关方面的关心、支持。在此，我代表县十届政协常务委员会，向所有关心、支持县政协工作的同志们、朋友们表示衷心的感谢，并致以崇高的敬意！

三、今后五年工作建议

今后五年，是崇明改革开放和社会主义现代化建设的重要时期，也是迎接和实施崇明大开发的关键阶段。我们面临着前所未有的历史机遇，同样也面临着巨大的挑战，人民政协肩负的责任也将更加重大。建议今后五年的县政协工作，应坚持以邓小平理论和“三个代表”重要思想为指导，全面贯彻中共十六大精神，高举爱国主义、社会主义两面旗帜，弘扬团结、民主两大主题，继承和发扬人民政协的优良传统，在中共崇明县委的领导下，进一步健全和完善“党委重视，政府支持，政协主动”的工作格局，勇于创新，努力实践，与时俱进，进一步加强同民主党派、人民团体和各界人士的联系，扩大政治协商的广度，加大民主监督的力度，拓展参政议政的深度，把崇明政协各项工作提高到一个新的水平，为崇明大开发、大发展作出更大的贡献。为此，本届政协对今后五年政协工作提出如下建议：

（一）认真学习，深刻领会，全面贯彻中共十六大精神，始终坚持以“三个代表”重要思想统领政协工作。中共十六大报告，全面总结了五年来我国国民经济和社会发展的辉煌成就和十三年来的成功经验，深刻阐明了中国共产党在新世纪举什么旗，走什么路，实现什么奋斗目标等重大问题，是中国共产党在新世纪新阶段的政治宣言和行动纲领。学习中共十六大精神，重点是学习贯彻江泽民同志的报告精神。建议新一届政协要按照中共中央、中共上海市委和崇明县委的部署，开展一系列体现政协特点的、形式多样的学习活动，使广大政协委员、机关干部进一步加深对中共十六大精神的理解，做到提高认识、增进共识，使中共十六大精神真正深入人心。在学习中，要紧紧围绕中共十六大的主题，深刻理解历史和时代赋予中国共产党的庄严使命，深刻理解中国共产党领导人民建设中国特色社会主义必须坚持的基本经验，深刻理解全面建设小康社会的奋斗目标，深刻理解中共十六大对中国特色社会主义经济、政治、文化、国防、祖国统一、外交和党的建设作出的战略部署。与此同时，还要深刻理解中共十六大报告对政协工作的论述，进一步认识人民政协在建设中国特色社会主义伟大事业中的责任和使命。“三个代表”重要思想是中共十六大的灵魂，是贯穿江泽民同志报告的一条主线。学习贯彻中共十六大精神，首先要抓住学习贯彻“三个代表”重要思想这个中心环节，全面深入地领会“三个代表”重要思想的科学内涵和精神实质，牢牢把握贯彻落实“三个代表”重要思想的根本要求，进一步用“三个代表”重要思想武装头脑，保持与时俱进的精神状态，树立马克思主义的科学态度，发扬理论联系实际的学风，着眼于建设有中国特色社会主义事业的新实践，着眼于人民政协工作的新发展，切实增强贯彻落实“三个代表”重要思想的自觉性和坚定性，做到坚持以“三个代表”重要思想统领政协工作，努力开创新世纪、新阶段崇明政协工作的新局面。

（二）围绕中心，服务大局，充分发挥政协在崇明大开发、大发展中的应有作用。要紧紧围绕发展这个执政兴国的第一要务，坚持以崇明大开发、大发展为主题，以全面建设小康社会为目标，认真履行政治协商、民主监督、参政议政的职能，充分发挥全体政协委员在崇明开发开放中的应有作用。建议新一届政协，一要适应发展着的新形势和变化了的新情况，进一步增强政治协商的主动性。要围绕高起点编制崇明发展规划、崇明县国民经济和社会发展第十一个五年计划以及县委、县政府将要确定的大政方针、出台的重要举措和每年的重点工作，组织委员深入进行调查研究，积极开展政治协商。同时，建议进一步加大对政治协商地位和作用的宣传，使政治协商得到县委的进一步重视，政府的进一步支持，社会的进一步关注。二要努力发挥政协独特的优势和作用，进一步注重民主监督的全面性。要坚持把政协的民主监督同党内监督、法律监督、舆论监督、群众监督结合起来，切实加强对党政部门在决策过程中的程序，党政部门对国家法律法规、大政方针的贯彻执行，重点工作的推进情况以及党风廉政建设、干部任免、依法治县等方面的民主监督。通过切实制订民主监督的有关规定，进一步保证民主监督的扎实有效；通过精心组织委员集中视察，进一步形成民主监督的良好氛围；通过认真开展对政府部门工作的民主评议，进一步监督政务公开、规范服务、文明办事、公正执法；通过适时组织明查暗访，进一步加大政协民主监督的力度。三要积极寻求政协工作与政府工作的最佳结合点，进一步增强参政议政的实效性。常委会议应根据政府工作的重点，对政府正在想办法寻找解决途径的课题，组织力量进行深入的调查研究，力求提出符合实际，易于操作的解决办法，为政府谋实招，献良策；专门委员会和地区委员小组应进一步强化调研工作，深入基层，深入实际，客观反映基层情况和群众的真实愿望，为政府部门工作提供依据；进一步完善提案工作的有关规定，严格立案标准，指导委员根据客观情况思考现实问题，提出既有前瞻性，又有可操作性的意见、建议，着力提高提案质量，力求使提案工作出实效。

（三）发扬民主，加强合作，大力营造社会主义民主政治建设的良好氛围。发展社会主义民主政治，建设社会主义政治文明，是全面建设小康社会的重要目标之一。建议新一届政协，一要坚持多党合作，发挥参政议政作用。坚持“长期共存、互相监督、肝胆相照、荣辱与共”的方针，坚决贯彻《中共中央关于坚持和完善中国共产党领导的多党合作和政治协商制度的意见》，努力发挥民主党派的参政议政作用。要坚持邀请民主党派负责人参加政协重要会议和重要活动的制度；坚持定期召开党派负责人工作座谈会，进一步沟通与民主党派联系与合作的渠道；积极探索党派与相关专门委员会的合作途径，使之优势互补，相互促进，发挥其在政协日常工作中的积极作用；坚持定期召开民主党派秘书长联席会议，通报政协工作，研究合作事宜；坚持高度重视民主党派集体提案，做到重点交办、重点督办，确保落到实处。二要弘扬两大主题，调动一切积极因素。努力发挥政协作为最广泛的爱国统一战线组织所具有的政治上最大限度的包容性、结构上的广泛代表性和社会性，团结一切可以团结的力量，调动一切积极因素，服务于崇明的大开发、大发展。要继续发扬自我教育的优良传统，认真组织全体委员、民主党派和各界人士进行自我教育，坚定走社会主义道路的信念；坚持以多种形式，搭好参政议政舞台，使全体委员、民主党派和各界人士畅所欲言，直抒己见，充分发挥各自的优势和聪明才智；多做协调关系、化解矛盾的工作，理顺情绪，鼓舞士气，充分调动全体委员、民主党派及各界人士的积极性和主动性。三要发挥桥梁作用，做好沟通交流工作。努力发挥政协政治大舞台的作用，在县委、县政府和民主党派、各界人士之间，构筑起互相沟通、密切联系的纽带。要建立界别恳谈会制度，通报情况，听取意见，专题研讨；要继续编好《知政信息》，进一步扩充信息量，及时反映党政部门的政策和工作动态，为各界人士知情明政创造条件；要强化政协委员中中共党员的统战意识，密切同各自所联系的各界人士的沟通和交流，积极宣传、解释党的方针和政策，实事求是地反映各界人士的意见。

（四）了解社情，反映民意，努力维护社会政治稳定。政协作为党和政府联系群众的一个重要渠道，应该继续把了解和反映社情民意作为政治协商的重要基础、民主监督的有效形式、参政议政的重要内容，同政协的各项工作结合起来。建议新一届政协，一要重视反映社情民意。要把了解和反映社情民意作为政协发挥职能作用的重要的、经常性的工作来抓。政协主席会议成员要深入委员了解社情民意，及时反映群众的呼声和愿望；建立反映社情民意工作制度和社情民意信息网络，聘请特邀信息员，疏拓社情民意信息渠道，适时编发《社情民意》。二要切实关心群众利益。要通过反映社情民意，使党政部门领导获取来自不同渠道、不同层次、不同群体、不同视角的信息，从而使党政部门的决策更加符合群众的利益。要坚持把群众的愿望和呼声更多地反映到政协的建议案、调研报告和其他意见建议中，使政协工作更加贴近群众，贴近实际，做到协商有源、监督有理、参政有据。三要努力维护安定团结的政治局面。协助党政部门积极开展沟通思想、解疑释惑的宣传，主动做好协调关系、化解矛盾的工作，全力维护社会稳定。

（五）与时俱进，开拓创新，切实加强政协规范化、制度化建设。与时俱进，开拓创新，是人民政协事业不断前进的客观需要，是人民政协工作服务大局的必然要求，是人民政协工作焕发生机的不竭动力。建议新一届政协，一要创新工作机制。要创新全会议事机制，鼓励党派团体、政协委员对政府、政协各项报告提出建议意见，提高全会议政质量；创新领导联系委员机制，通过走访、约谈、专题座谈，切实为委员排忧解难，为委员履行职能创造条件；创新学习机制，确定学习内容，检查学习进度，交流学习成果，在专门委员会和地区委员小组中创建学习型群体；创新界别活动机制，通报县政县情，了解各阶层愿望，并与政协专门委员会的日常工作相结合，体现政协界别特色。二要规范工作制度。要把坚持和推进政协各项工作的规范化、制度化作为加强自身建设的重点。健全委组工作制度，对学习、提案、调研、反映社情民意等工作实施目标管理；细化调研工作制度，确保调研工作摸实情，讲实话，献实策；修订提案工作制度，进一步完善《政协崇明县委员会提案工作条例》和相关工作制度，切实发挥提案在政协履行职能中的重要作用；完善特邀监督员工作制度，使特邀监督员的个体行为上升为政协的整体行为；强化政协机关岗位责任制度，加强机关目标管理，提高机关干部工作的主动性、积极性和政协机关工作的整体水平。三要夯实工作基础。要把加强队伍建设，夯实政协工作基础作为提高政协履行职能水平的重要抓手，进一步加强委员队伍建设，提高全体委员的政治理论素质、政协工作水平和业务工作能力以及作为界别代表参加政协活动的积极性、主动性和创造性，更好地发挥委员在政协工作中的主体作用；进一步加强委组建设，选配政治素质高、参政议政能力强，并且能热心致力于政协工作的同志担任委组负责人，充分发挥委组在政协工作中的基础作用；继续抓好优秀政协委员、先进专门委员会和地区委员小组以及优秀提案的评选工作，激励全体政协委员更加积极地投身于政协工作，共同为开创政协工作的新局面贡献力量。四要改进工作作风。要坚持解放思想，勇于接受先进理念，善于在工作中不断开拓创新；坚持求真务实，提升工作水准，提高办事效率；坚持服务基层，经常深入委员，密切联系群众，努力为民排忧解难，积极当好委组工作的参谋；坚持廉洁奉公、文明办事，努力塑造与人民政协工作相适应的文明礼貌的个人形象和政协机关务实高效的整体形象。

各位委员：中共十六大和市第八次党代会、县第九次党代会的胜利召开，为我们指明了继续胜利前进的方向；崇明改革开放和现代化建设事业的蓬勃发展，为人民政协工作提供了广阔的舞台。我们坚信，在中共崇明县委的领导下，在全体政协委员的努力下，新一届政协一定不辜负全县人民的重托和期望，不断与时俱进，不断开拓创新，不断奋发有为，一定能开创新世纪、新阶段的崇明政协工作的新局面。让我们紧密地团结在以胡锦涛同志为总书记的中共中央周围，高举邓小平理论伟大旗帜，全面贯彻中共十六大精神，努力实践“三个代表”重要思想，紧紧依靠广大政协委员，广泛团结各界人士，在全面建设小康社会的伟大事业中发挥人民政协的更大作用，为崇明大开发、大发展作出新的贡献！

（邵礼达时任崇明县第十届政协主席）

政协崇明县第十一届委员会常务委员会工作报告

（2007年2月5日，在县政协十二届委员会第一次会议上）

范陈杰

各位委员：

我受政协崇明县第十一届委员会常务委员会的委托，向大会作工作报告，请予审议，并请列席会议的同志提出意见。

一、四年工作总结

四年来，县十一届政协常委会在中共崇明县委的领导下，坚持以邓小平理论和“三个代表”重要思想为指导，以科学发展观为统领，认真贯彻中共十六大以来的一系列重大决策和重要决定，高举爱国主义、社会主义伟大旗帜，弘扬团结、民主两大主题，紧紧依靠全体政协委员，广泛团结社会各界人士，围绕中心，服务大局，切实履行政治协商、民主监督、参政议政职能，为加快推进现代化生态岛区建设，构建社会主义和谐社会作出了积极贡献。

（一）认真组织理论学习，着力夯实思想基础。四年来，县政协常委会坚持把组织开展学习活动放在政协工作的首位，广泛开展多种形式的学习活动，努力巩固政协委员和各界人士共同的思想基础。

1. 切实把握学习重点。通过制订年度学习计划，明确学习要求，以中共十六大以来一系列重大理论创新以及统一战线和人民政协理论为主要内容，认真组织全体委员深入学习邓小平理论、“三个代表”重要思想以及《江泽民文选》，学习科学发展观、构建和谐社会等重大战略思想和最新理论成果，学习中共中央《关于进一步加强中国共产党领导的多党合作和政治协商制度建设的意见》和《关于加强人民政协工作的意见》，学习胡锦涛总书记在庆祝人民政协成立55周年大会上的重要讲话，学习政协章程，学习市委、县委政协工作会议精神，使全体委员进一步提高了思想认识和理论水平，进一步增强了做好政协工作的责任感和使命感。

2. 不断拓展学习形式。在定期组织政协常委会、专门委员会和地区委员小组学习会的基础上，建立了县政协中心组学习制度，组织各民主党派、工商联、人民团体负责人定期集中学习，开展座谈交流，努力形成共识，不断巩固团结合作的政治基础。适时组织专题学习，通过邀请有关专家学者分别就政协章程、台海形势、中日关系、生态环境保护等作专题报告，进一步加深了委员对热点问题的认识；通过《崇明政协》月刊和县政协门户网站专设“学习园地”，为委员学习政治理论、党的方针政策、统一战线和人民政协理论及其他知识提供了平台。

3. 努力提高学习成效。坚持着眼于领会精神实质，着眼于对实际问题的理性思考，努力做到在解放思想中统一思想，在理论指导下开展工作，使全体委员充分认识到邓小平理论和“三个代表”重要思想是推进改革开放和社会主义现代化建设的行动指南，政协工作必须坚持以邓小平理论和“三个代表”重要思想为指导；充分认识到促进发展是人民政协履行职能的第一要务，政协工作必须坚持以科学发展观为统领；充分认识到坚持中国共产党领导的多党合作和政治协商制度的重大意义，政协工作必须不断增强各界人士在共同政治基础上的大团结。内容丰富、形式多样的学习活动，使政协委员和各界人士的思想和行动更为统一，使工作思路和目标更为明确，使政协事业的发展始终保持了正确的政治方向。

（二）切实履行三大职能，努力提高工作成效。四年来，县政协常委会紧紧围绕现代化生态岛区建设的大局，不断扩大政治协商的广度，加大民主监督的力度，拓展参政议政的深度，使履行政协职能的成效得到进一步体现。

1. 政治协商取得新成果。根据县委确定的年度协商重点，按计划组织各项协商活动，通过全体会议总体协商，常委会议、主席会议专题协商以及召开专题议政会等形式，认真负责地提出协商意见。一是围绕事关全县经济社会发展大政方针的确定以及各项重大规划的编制和完善开展协商。分别就三岛总体规划、三岛功能定位以及崇明新城、陈家镇东滩地区总体规划、崇明国民经济和社会发展“十一五”规划等提出协商意见。二是围绕事关我县经济社会发展的重大政策和重要改革措施的出台开展协商。先后就实施科教兴县战略、推进社会主义新农村建设、农村宅基地置换试点、完善县级国有(集体)企业法人治理结构模式等提出协商意见。三是围绕县委、县政府职能部门的重点工作以及与人民群众切身利益密切相关的热点、难点问题开展协商。先后就基础设施建设、林业和水利建设、社会保障、劳动就业、旅游业发展等重点工作听取县委、县政府及有关职能部门领导通报情况，并提出协商意见。

2. 民主监督取得新进展。积极探索实施民主监督的新形式、新方法，不断拓宽民主监督的渠道，努力提高民主监督的实效。一是切实做好提案和社情民意工作。县政协十一届一次会议以来，各党派团体、专门委员会以及政协委员共提出提案615件。县政协主席会议定期研究提案工作，与县政府共同协商确定重点提案予以跟踪督办，常委会议每年专题听取县政府关于提案办理工作的情况通报。在提案办理期间，组织相关提案者走访提案承办单位，了解办理进展情况，共同研究落实提案的具体措施；提案办理结束后，及时组织对重点提案落实情况的跟踪视察，并对部分承办单位的办理工作进行民主测评。与此同时，县政协广泛发动委员关注社情，反映民意，并及时报送涉及社会治安、精神文明建设、卫生事业发展、农村基层民主管理等方面的《社情民意》共15件，得到了县委、县政府的高度重视，促进了相关问题的有效解决。二是精心组织委员视察。坚持采取集中视察与分散视察、年终视察与平时视察相结合的方式，先后组织委员对现代农业、植树绿化、水系建设、环境保护、教育卫生、生态旅游、长兴海洋装备产业、长江隧桥工程建设等重点工作、重点工程、实事项目推进情况进行视察。同时，还组织委员开展"保护环境百里行"巡视活动，对各乡镇新增绿化、农村卫生、沟河整治、生态村创建等工作进行巡视，并形成专题视察建议案。三是切实加强特邀监督员工作。调整、充实了由66人次组成的特邀监督员队伍，并定期召开特邀监督员工作会议，走访聘请单位和特邀监督员，全面了解监督工作开展情况，及时整理反映监督意见，进一步提高了民主监督的主动性和实效性。

3. 参政议政取得新成效。广泛发动各党派团体和全体委员，紧紧围绕现代化生态岛区建设的实际，深入开展调查研究，积极提出意见和建议。一是努力完成县委交办的调研任务。先后围绕实现崇明经济社会跨越式发展、加快林业和水利建设、实施"生态富民、生态强县"战略等课题组织开展专项调研，分别形成5份专题调研报告。在调研过程中形成的促进三次产业融合发展、科学编制林业发展总体规划、加快全岛水系建设、积极探索"生态富民、生态强县"机制和体制等观点得到了县委、县政府领导的充分肯定，并予以采纳。二是自主选择课题开展调研。在常委会层面，先后就全面实施科教兴县战略、推进城乡一体化进程、加快发展现代农业等专题，进行广泛深入的调查研究，形成4份常委会建议案。在主席会议层面，先后80多次深入各乡镇、委局和相关单位开展调研，听取情况介绍，提出意见建议，并形成了《进一步推进我县林业建设》《加快崇明富余劳动力转移的若干建议》等主席会议建议案。在委组层面，发动委员选择不同角度开展调查研究，分别形成《加强"非典"防治长效管理的若干建议》《积极实施农村宅基地置换，加快农民居住向城镇集中》等90多份调研报告。三是组织大会发言和召开专题议政会。在全体会议期间，专门组织大会发言，发动党派团体和政协委员围绕我县经济社会发展的重点、难点和热点问题积极建言献策。同时，还坚持创新参政议政的形式，分别就加快现代化生态岛区建设、促进三次产业融合发展、完善"十一五"规划、构建社会主义和谐社会、推进新农村建设等召开6次专题议政会，提出不少具有较高质量的意见和建议，并先后形成4本调研文集。

（三）大力弘扬两大主题，积极构建和谐社会。四年来，县政协常委会坚持把为构建社会主义和谐社会服务放在突出位置，始终将团结、民主主题贯穿于履职的全过程，不断增强政协工作的感召力和凝聚力。

1. 努力增进与党派团体的沟通联系。始终坚持"长期共存、互相监督、肝胆相照、荣辱与共"的方针，切实加强与各党派团体的沟通联系，进一步营造团结合作的政治环境。县政协领导多次走访各民主党派、工商联，定期召开党派团体座谈会，听取工作情况介绍，就在政协组织中如何充分发挥党派团体作用交换意见；通过政协中心组的学习，不断统一思想认识，巩固共同的政治基础；重视发挥党派团体的参政作用，鼓励其以组织名义发表意见，提出提案和建议；注重发挥各党派团体的人才优势，组织开展联合调研活动；加大对党派团体工作的宣传，在《崇明政协》月刊上开设"统战之窗"专栏，广泛宣传各民主党派、人民团体的履职成效，为各党派团体参政议政提供更为广阔的舞台，营造更为宽松和谐的氛围。

2. 紧密联系社会各界人士。紧密联系社会各界人士，积极致力于巩固和发展最广泛的爱国统一战线。精心组织春节团拜会、中秋联欢会、护士节、教师节等座谈、慰问活动，使社会各界的团结更加紧密，社会和谐的基础更加巩固；每年不定期地召开界别座谈会，并逐渐把参加对象扩大到非政协委员的界别代表人士，使政协的团结面得到不断扩大；切实加强与本县少数民族、宗教界人士的联系；热情接待崇明籍港澳台同胞和海外侨胞，积极宣传"和平统一、一国两制"的基本方针，宣传现代化生态岛区建设的美好前景，鼓励他们为祖国统一和家乡繁荣贡献力量。认真落实"充分尊重、广泛联系、加强团结、热情帮助、积极引导"的方针，高度重视对新社会阶层的团结引导工作，不定期地走访我县新社会阶层的代表人物，激励他们争做合格的社会主义事业建设者。坚持以委员为本，认真落实走访委员制度，及时了解委员工作、学习和生活情况，组织全体委员进行健康体检，鼓励委员妥善处理做好本职工作与履行政协职能的关系，切实履行委员职责，充分发挥委员作用。同时，积极支持政协之友社开展各项学习、考察和联谊活动。

3. 努力营造和谐稳定的政治环境。坚持以解决好人民群众最关心、最直接、最现实的利益问题为重点，充分发挥位置超脱、渠道畅通的优势，聚焦和谐社会构建，关注民生、体察民情、反映民意，积极协助县委、县政府做好统一思想、增进共识，协调关系、化解矛盾，凝聚人心、促进团结的工作，努力实现好、维护好、发展好最广大人民群众的根本利益。组织委员先后就农村土地流转、失地农民安置、贫困群众生活保障、教育医疗资源配置等社会热点问题开展深入调研，提出对策建议，为县委、县政府有关政策的出台提供参考意见。此外，还充分发挥界别的群体作用，配合县有关部门做好社会矛盾的化解工作。

4. 不断加强横向交流。坚持把开展横向交流作为政协大团结、大联合的工作内容。四年来，先后接待全国政协、市政协、本市兄弟区政协以及其他省、市、区(县)政协考察团80多批，主办了长江三角洲十三县(市、区)以及沪浙十县(市、区)的政协工作研讨交流活动，组织常委会组成人员、各专门委员会和部分地区委员小组成员赴外地学习考察近20批次。在接待来访和外出考察的过程中，虚心学习各地政协开展工作的成功做法和先进经验，交流我县政协履行职能的成效和体会，热情介绍崇明现代化生态岛区建设的发展前景，不仅扩大了崇明政协的社会影响，也提高了"生态崇明"的知名度。

(四) 精心搭建活动平台，不断拓展履职空间。四年来，县政协常委会积极探索履行职能的新形式、新途径，围绕县委、县政府各项重点工作，精心组织多项主题活动，有效拓展政协的履职空间。

1. 积极参与县委组织的大讨论和教育实践活动。坚持把参与县委发动的加快实现崇明跨越式发展大讨论、科教兴县大讨论、生态岛区建设教育实践和三岛功能定位宣传实践等专题活动作为履行政协职能的重要载体，按照县委的统一部署，发动全体委员积极参加各次活动。通过发放学习资料、举办专题报告会、组织观看电视专题片、参加三岛功能定位和生态知识竞赛等形式，帮助委员把握发展形势，进一步统一对加快崇明经济社会发展、实施科教兴县战略、建设现代化生态岛区、树立"生态富民、生态强县"理念重要性、迫切性的认识。活动中，各党派团体、各专门委员会和地区委员小组及委员共形成各类研讨文章140多篇。此外，还提出200多条具有一定质量的意见、建议。

2. 成功举办主题庆祝活动。县十一届政协任期的四年，适逢人民政协成立55周年和崇明县政协成立50周年。为了广泛宣传人民政协的性质、地位和作用，进一步营造关心、支持政协工作的良好氛围，分别组织了具有一定规模和影响的庆祝活动。在人民政协成立55周年之际，配合县委召开庆祝大会，精心组织"政协之声"专场文艺演出等系列活动；在崇明县政协成立50周年之际，先后组织全县各界人士大型座谈会、"我与崇明政协"主题征文活动、编纂发行《崇明政协五十年》一书等系列活动，与各界人士共同回顾县政协50年风雨历程以及为崇明各个时期经济和社会发展所作出的重要贡献，共同展望我县多党合作和政协事业发展的美好明天。

3. 精心组织文化交流活动。充分利用政协联系面广、人才荟萃的特点和优势，先后组织各界人士春节团拜会、庆国庆迎中秋游园和专场文艺演出、庆祝国庆和人民政协成立55周年书画作品展、"一秀杯"崇明生态岛区建设摄影作品展以及"文化事业与生态岛区建设"主题沙龙活动、沪上书画家交流笔会等多项具有一定影响力的文化交流活动。为大力推动我县传统民间文化发掘保护、非物质文化遗产申报等工作的开展，还整理出版了《崇明楹联选》《李凤苞》等文史资料。系列文化交流活动的开展，为繁荣崇明文化事业，营造全民参与现代化生态岛区建设的良好氛围发挥了积极作用。

(五) 严格规范规章制度，扎实推进自身建设。四年来，县政协常委会积极研究探索符合政协章程规定的新形式、新方法、新机制，切实加强政协工作制度化、规范化、程序化建设，不断增强依章履职、合作共事、建言献策和凝聚人心的能力，使崇明政协工作的整体水平得到新的提高。

1. 建立健全各项规章制度。从健全规章制度入手，注重规章制度的连续性和可操作性，努力推进政协工作的制度化、规范化、程序化建设。四年来，共制定、修订16项规章制度。为了充分保证各层面作用的发挥，先后修订党组工作规则和常委会工作规则，并就进一步发挥政协常委会集体领导作用、委员主体作用、中共党员委员先锋模范作用、各民主党派、工商联参政作用、界别群体作用以及专门委员会基础作用等分别制订具体的意见和制度。同时,还修订先进专门委员会和地区委员小组、优秀政协委员、优秀提案评选办法,制订专门委员会、政协委员年度工作考核办法等制度。此外,还进一步落实了领导走访约谈委员制度、政协领导和机关干部挂钩联系委组等制度。一系列规范性制度的出台和实施,为加强县政协自身建设,更好地履行政协职能提供了制度保证。

2. 切实加大对政协工作的宣传力度。把加强宣传工作作为不断扩大政协工作社会影响力的有效手段,努力探索政协宣传工作的新形式、新方法。加强同《联合时报》和县内各大新闻媒体的联系和合作,编辑出版《崇明政协》月刊,建立县政协门户网站,构筑起县政协工作的立体宣传网络。紧紧抓住人民政协成立55周年、崇明政协成立50周年等重要时点以及政协全会、专题议政会、委员年终视察等重大活动,积极宣传国家基本政治制度和人民政协的性质、地位、作用以及为经济社会发展作出的重要贡献,宣传县政协的工作动态和成效,进一步营造了全社会更关注、更重视、更支持政协工作开展的外部环境。

3. 着力建设适应新时期工作要求的政协机关。按照"政治坚定、作风优良、学识丰富、业务熟练"的要求,结合保持共产党员先进性教育活动,组织全体机关干部认真学习政治理论,不断提高理论水平和政治素养。在机关内部大力弘扬与时俱进和改革创新的时代精神,大兴求真务实的工作作风,着力提高机关干部的中心意识、全局观念和服务水平。合理调整科室设置,明确岗位职责,健全工作制度,精心组织各类活动,努力为委员和委组知情明政、履行职能提供更全面的服务。机关干部努力继承和发扬人民政协的优良传统,真诚地与政协委员交朋友,听取委员对机关工作的意见和建议,不断改善服务质量,提高办事效率使政协机关的服务水平和工作能力得到新的提高。

四年来,县政协常委会工作取得了新进展,创造了新成绩。这些成绩的取得,离不开中央两个5号文件以及其他关于加强新时期人民政协工作的重大部署所创造的良好社会环境,离不开市政协的指导帮助,离不开中共崇明县委的正确领导,离不开县人大、县政府以及各部门、各乡镇的大力支持,离不开各民主党派、人民团体的通力合作,离不开全体委员和各界人士的共同努力,也离不开社会各界的热情关心。借此机会,我谨代表县十一届政协常委会,向全县各级党政组织,向各民主党派、人民团体,向全体政协委员和关心支持政协工作的各界人士致以崇高的敬意和衷心的感谢!

回顾四年来的工作,对照新时期社会主义民主政治建设和政协履行职能的新要求、新任务,我们清醒地认识到,还有不少方面需要进一步加强和完善。主要是:政治协商的规范化、制度化、程序化有待进一步健全,民主监督的广度和深度有待进一步拓展,参政议政的质量和实效有待进一步提高,委员的主体作用、界别的群体作用、委组的基础作用有待进一步发挥。相信这些问题会在新一届的政协工作中得到很好的改进和有效的解决。

二、四年工作体会

四年来,县政协常委会继承和发扬历届政协的宝贵经验和优良传统,坚持与时俱进,开拓创新,不断探索履行职能的有效形式,对政协工作规律有了新认识,对政协工作实践有了新体会。

(一)要正确把握政协工作的政治方向,必须自觉坚持中国共产党的领导。政协工作作为党总揽全局、协调各方总体格局中的重要部分,必须自觉置于党的领导之下。四年来,县政协始终坚持与县委思想上同心、目标上同向、工作上同步。县政协党组正确把握政治方向,努力把中央、市委、县委的要求变为各党派团体和全体委员的共识,并落实到履行职能的各项工作中去,有效发挥了在政协工作中的领导核心作用。四年来,县政协各项工作得到了县委的高度重视和县政府的大力支持。县委经常听取政协党组的工作汇报,专门召开政协工作会议,下发加强政协工作有关意见,并在全市率先出台了政协工作督查制度和重视支持政协工作考核制度。县政府领导定期向政协通报有关重点工作的进展情况,高度重视政协提案办理工作,认真听取来自政协的参政和监督意见。各级党政领导重视、关心和支持政协工作,为政协工作顺利开展创造了良好条件。实践证明,只有自觉坚持和加强党的领导,才能保证人民政协正确的政治方向和鲜明的时代特征,促进崇明政协工作不断跃上新台阶。

（二）要努力营造宽松和谐的政治环境，必须大力弘扬团结、民主两大主题。人民政协是中国共产党领导的各党派、各团体、各民族、各阶层大团结大联合的组织，在构建社会主义和谐社会中具有独特的优势。四年来，县政协大力弘扬团结、民主两大主题，自觉坚持中国共产党领导的多党合作和政治协商制度，充分尊重各民主党派、人民团体和各界人士的民主权利，坚持平等议事、民主协商，努力做到相互尊重、体谅包容，形成了同心同德、群策群力、宽松和谐、生动活泼的良好局面。同时，坚持关注民生，关注民情，倾听群众呼声，反映社情民意，充分发挥了党和政府联系群众的桥梁纽带作用。县政协还充分发挥政协界别优势，走访关心新社会阶层人士，促进民族团结与宗教和谐，协助有关部门做好社会突出矛盾的调处化解工作，为构建和谐社会作出了积极贡献。实践证明，只有始终坚持团结、民主两大主题，才能充分调动各界人士的积极性、创造性，凝聚各方智慧和力量为构建社会主义和谐社会作出应有贡献。

（三）要切实提高履行职能的实际成效，必须紧紧围绕中心、服务大局。围绕中心、服务大局，是人民政协履行职能必须遵循的原则，也是衡量政协工作是否到位的主要标尺。四年来，县政协牢固树立中心意识、大局意识、服务意识和参与意识，坚持从宏观、全局的角度思考和把握政协工作，精心组织委员围绕我县经济社会发展大政方针的制订，开展政治协商；围绕改革、发展、稳定的大局，对大政方针的贯彻执行情况进行民主监督；围绕现代化生态岛区建设中的全局性问题积极参政议政，提出具有科学性、前瞻性和可操作性的意见、建议。实践证明，只有牢固树立和落实科学发展观，把促进发展作为政协履行职能的第一要务，自觉围绕中心、服务大局，政协工作才能有所作为，政协工作的整体水平才能得到不断提高。

（四）要始终保持人民政协的旺盛活力，必须不断创新政协工作的履职形式。创新是一个民族进步的灵魂，是一个国家兴旺发达的不竭动力，也是人民政协事业持续发展的不竭动力。四年来，县政协始终坚持与时俱进，开拓创新，着眼于政协工作新的实践和发展，不断探索履行职能的新方法、新途径、新领域。在政治协商方面，制定协商计划，确定协商重点，不断完善协商程序。在民主监督方面，积极拓展监督渠道，创新监督形式，在提案办理、委员视察、监督员工作等方面形成了一套新规范。在参政议政方面，基本形成了全体会议大会发言、年中1—2次专题议政会的议政格局。实践证明，只有顺应形势，自觉坚持与时俱进，开拓创新，政协工作才能活力旺盛、常做常新。

（五）要全面体现政协组织的整体优势，必须充分发挥政协不同层面的各自作用。政协工作整体优势的体现，离不开政协各个层面重要作用的发挥。四年来，县政协积极探索适应新形势发展和新任务要求的领导方式，充分发挥常委会的整体功能和领导作用，制定完善常委会工作制度，定期召开常委会议，共同研究决定县政协工作的重大事项，组织常委参加知情调研和政情通报会，充分发挥常委会在履行职能中的作用。切实加强专门委员会和地区委员小组建设，进一步推进学习、调研等各项工作，使各委组真正成为县政协履行职能的重要基础。牢固树立“委员为本”的理念，切实加强委员队伍建设，精心构筑委员施展才华的舞台，发动委员积极参加各类协商议政活动，鼓励委员立足本职，在各自的工作岗位上建功立业。不断探索发挥界别作用的新形式、新载体，为进一步发挥界别作用，充分调动各界人士的积极性搭建了更加广阔的平台。实践证明，只有广泛调动政协不同层面的履职积极性，最大程度地发挥其各自作用，政协的整体优势才能得到全面体现。

三、今后五年工作建议

今后五年，是加快崇明现代化生态岛区建设的关键时期。崇明经济和社会事业第十一个五年规划的稳步实施，三岛联动发展的全面推进，上海长江隧桥工程的竣工通车，将为崇明的开发开放插上腾飞的翅膀。前所未有的历史机遇，给崇明带来了广阔的发展空间，也对县政协工作提出了新的更高的要求。建议今后五年的政协工作，应坚持以邓小平理论和“三个代表”重要思想为指导，以科学发展观为统领，高举爱国主义、社会主义两面旗帜，弘扬团结、民主两大主题，继承和发扬人民政协的优良传统，在中共崇明县委的领导下，进一步健全和完善“党委重视，政府支持，政协主动”的工作格局，进一步加强同民主党派、人民团体和各界人士的广泛联系，切实履行政治协商、民主监督、参政议政职能，与时俱进，开拓创新，努力开创崇明政协工作新局面，为加快建设现代化生态岛区，构建社会主义和谐社会作出更大的贡献。为此，本届政协对今后五年政协工作提出如下建议：

（一）切实加强学习工作，不断形成各界人士的思想共识。始终坚持把学习工作放在政协工作的重要位置，进一步帮助全体委员统一思想、增进共识，从而进一步提高履职水平。一要组织委员深入学习邓小平理论、“三个代表”重要思想以及十六大以来党中央提出的科学发展观、构建社会主义和谐社会等一系列重大战略思想，努力做到以最新理论成果指导政协工作的新实践。二要组织委员深入学习中共中央《关于进一步加强中国共产党领导的多党合作和政治协商制度建设的意见》《关于加强人民政协工作的意见》精神，深入学习政协章程以及不断丰富和发展着的统一战线和人民政协理论，努力做到在加强学习研究、把握精神实质，探索工作规律、务求工作实效上下功夫。三要组织委员认真学习社会主义市场经济与社会主义法制的基本理论，学习现代科学技术和现代管理知识，努力做到掌握新知识，运用新理论，研究新情况，解决新问题，进一步提高履职能力和水平。

（二）牢固树立科学发展观，紧紧围绕推进现代化生态岛区建设履行职能。坚持以科学发展观为统领，进一步做好履行职能的各项工作。一要认真研究政治协商的内容、形式和范围，完善政治协商的程序，精心组织好各个层面的协商活动，认真负责地提出高质量的协商意见。二要积极探索以协商讨论、批评建议为主要形式的民主监督新途径，通过视察、提案、反映社情民意、特邀监督、参与政风行风测评等多种形式，切实开展民主监督。三要牢固树立“参政为民、议政为民”的理念，密切关注社会热点、难点问题，按照“党政所需、群众所盼、政协所能”的原则，精心选择课题开展调查研究，积极参政议政，为县委、县政府科学决策、民主决策当好参谋。

（三）充分发挥政协优势，积极致力于构建社会主义和谐社会。坚持把为构建社会主义和谐社会服务摆在政协工作更加突出的位置，进一步发挥政协组织的独特优势。一要坚定不移地贯彻“长期共存，互相监督，肝胆相照，荣辱与共”的方针，坚持和完善中国共产党领导的多党合作和政治协商制度，切实加强同民主党派的合作共事，不断巩固和扩大各方面精诚团结的共同政治基础。二要充分发挥政协“人才库”“智囊团”的智力优势，组织委员围绕事关社会和谐发展的热点和难点问题，深入调查研究，积极建言献策，为构建和谐社会提供有效的智力支持。三要充分发挥政协联系面广、包容性强的政治优势，努力畅通民主渠道，不断扩大有序的政治参与，充分调动各党派团体以及各族各界人士的积极性、主动性和创造性，努力促进政党关系、民族关系、宗教关系、阶层关系的和谐。四要大力弘扬团结、民主两大主题，充分发挥联系广泛的群体优势，协助县委、县政府做好协调关系、理顺情绪、化解矛盾、凝聚人心的工作，促进社会公平、正义，为构建和谐社会夯实牢固的群众基础。

（四）认真贯彻中共中央关于加强政协工作的文件精神，努力推进社会主义民主政治建设。坚持按照党中央对新世纪新阶段人民政协事业发展的一系列新要求，进一步推进社会主义民主政治建设。一要充分认识“协商民主”在我国社会主义民主政治建设中的重要地位，按照县委的总体要求，结合政协工作实际，切实开展好各项协商活动，不断提高政治协商的质量和水平。二要充分发挥民主党派和无党派人士在政协中的作用，进一步密切与各党派、各团体、各民族、各阶层的联系，切实加强沟通交流，听取意见和建议，积极支持各党派团体发挥自身优势，在政协发表意见和主张、提出提案，自主开展视察调研等活动，充分发挥各党派团体在履行政协职能中的重要作用。三要不断深化界别工作，研究探索开展界别活动的有效途径和形式，通过举办委员沙龙、界别座谈会等形式，将政协的工作覆盖面扩大和延伸到社会的方方面面，团结一切可以团结的力量，调动一切可以调动的积极因素，进一步营造浓郁的团结合作氛围。

（五）大力推进政协工作制度化、规范化、程序化建设，不断开创崇明政协工作新局面。坚持以科学的精神、创新的态度和求实的作风，进一步推进政协“三化”建设。一要立足于充分发挥政协常委会的集体领导作用，积极探索适应新形势发展和新任务要求的领导方式，丰富常委会议的内容，拓展常委会议的形式，规范常委会议的决策程序，进一步提高对政协工作的领导水平。二要立足于充分发挥各专门委员会的基础作用，在专门委员会设置、工作职能界定、工作绩效考评等方面形成新规范，对学习、调研、考察等活动提出新要求，进一步提高专门委员会的履职能力和水平。三要立足于充分发挥政协委员的主体作用，努力探索委员管理的新机制，建立全面、客观的委员履职表现考评体系，进一步激发全体委员的履职积极性和主动性。四要立足于充分发挥政协机关的服务作用，切实加强政协机关的思想建设、组织建设、作风建设和制度建设，进一步提高机关办事效率和服务质量，使政协机关的工作更加规范有序、富有成效。

各位委员、同志们：

中共十六届六中全会和市委八届十次全会、县第十次党代会的胜利召开，为我们指明了胜利前进的方向；现代化生态岛区建设的不断推进，为县政协工作提供了更加广阔的舞台。我们坚信，在中共崇明县委的正确领导下，在全体委员的共同努力下，新一届政协一定能不辜负全县各界人士的重托和期望，与时俱进，开拓创新，振奋精神，扎实工作，不断开创崇明政协工作的新局面。让我们紧密团结在以胡锦涛同志为总书记的中共中央周围，高举邓小平理论和“三个代表”重要思想的伟大旗帜，以科学发展观为统领，紧紧依靠全体委员，广泛团结各界人士，充分发挥政协优势，切实履行政协职能，努力为推进崇明经济建设、政治建设、文化建设和社会建设，加快构建社会主义和谐社会作出新的更大的贡献！

（范陈杰时任崇明县第十一届政协主席）

政协崇明县第十二届委员会常务委员会工作报告

（2012 年 1 月 5 日在县政协十三届一次会议上）

施建华

各位委员：

我代表政协崇明县第十二届委员会常务委员会，向大会报告过去五年的工作，对政协崇明县第十三届委员会的工作提出建议，请予审议，并请列席会议的同志提出意见。

一、过去五年工作的回顾

过去的五年，是全县人民抢抓机遇、奋力拼搏，使崇明经济社会得到平稳较快发展，现代化生态岛建设取得重大进展的五年，也是崇明政协工作与时俱进、开拓创新，不断取得新成绩，开创新局面的五年。五年来，县政协常委会在中共崇明县委的正确领导和市政协的关心指导下，坚持以邓小平理论和“三个代表”重要思想为指导，深入贯彻落实科学发展观和中共中央两个 5 号文件精神，牢牢把握团结民主两大主题，围绕中心，服务大局，积极履行政治协商、民主监督、参政议政职能，圆满完成了十二届县政协历次全会提出的各项任务，为全面推进崇明改革开放和现代化生态岛建设作出了积极贡献。

（一）着眼全局，突出重点，政治协商取得新进展。五年来，县政协常委会认真贯彻中共崇明县委《关于进一步加强政治协商工作的意见》精神，坚持把协商融入全县经济、政治、文化、社会和生态文明建设中，主动议大事、谋良策、促发展，形成了全体会议广泛协商、常委会议专题协商、主席会议重点协商、专门委员会对口协商的新格局。

1. 组织全体会议广泛协商。在本届政协各次全体会议上，委员们以大会发言、分组讨论、专题议政等多种形式，就县政府工作报告及其他报告进行认真的讨论，并围绕事关全县发展大局的中心工作进行协商议政。五年来，先后围绕产业结构调整、新农村建设、国家级生态县创建、《崇明县 2009—2011 年经济和社会发展若干领域行动纲要》（以下简称《三年行动纲要》）实施、《崇明县国民经济和社会发展第十二个五年规划纲要》（以下简称“十二五”规划）编制、重点地区开发和重大项目建设等议题，广泛进行协商讨论，积极提出建议意见，共形成了 5 份全体会议协商建议书。

2. 召开常委会议专题协商。县政协常委会切实按照中共崇明县委确定的协商计划，开展政治协商活动，认真负责地提出协商意见。五年来，先后围绕中共崇明县委推进生态岛建设的总体思路、县政府工作报告、农村改革与发展、重点地区开发和重大项目建设、落实环保三年行动计划、加强崇明迎博办博工作、实施《三年行动纲要》、“十二五”规划编制、加强社会建设和管理、政协提案办理和落实工作等开展专题协商，基本上形成了县委、县政府主要领导协商通报总体工作思路和整体工作情况，分管领导协商通报条线重点工作，职能部门协商通报部门专项工作的专题协商工作格局。五年来，共形成了31份常委会专题协商建议书。

3．安排主席会议重点协商。县政协积极开展主席会议协商活动。五年来，先后就发展高效生态农业、加强农村和谐文化建设、组织城乡劳动力转移、水上交通体制改革、农村合作医疗、新型农村社会养老保险试点、深化医药卫生体制改革、城乡居民就业和社会保障体系建设、统筹乡镇协调发展等20多个议题进行协商通报，提出了一系列具有较高参考价值的意见和建议，并形成了6份建议案和建议书。

4．依托专门委员会对口协商。县政协各专门委员会围绕我县经济社会发展中的重点、热点问题，开展对口协商活动。五年来，先后与县经委、农委、科委、建交委、公安局、民政局、卫生局、教育局等单位开展了25次对口协商活动，围绕国家级地质公园建设，“十二五”期间的旅游业发展规划、水务发展规划、现代农业发展规划、文广影视事业发展规划，环崇明岛女子国际自行车赛工作，“校安”工程建设，商品房和保障性住房建设，医疗卫生事业规划编制，来沪人员管理，公共绿地建设，非物质文化遗产保护等重要问题深入开展协商议政，提出建设性意见。

（二）健全机制，创新形式，民主监督探索新途径。五年来，县政协常委会坚持不断健全民主监督机制，积极探索民主监督途径，努力创新民主监督载体，以委员视察、提案、特邀监督等多种形式开展民主监督，为进一步推进县委、县政府科学决策、民主决策发挥了积极作用。

1．精心组织开展委员视察、巡察活动。县政协常委会坚持把开展委员视察活动作为重要的履职形式，采取集中视察与专项视察相结合、平时视察和年终视察相结合的方法，围绕全县重点工作组织委员开展视察活动。五年来，县政协围绕县委、县政府重点工作、重大工程项目进展情况，城桥新城、陈家镇新镇和长兴岛海洋装备基地等重点地区开发建设情况等开展年终集中视察；围绕加强集贸市场管理、加快建设公共绿地、建设国际教育园区等工作开展专项视察。委员巡察活动是本届政协履职形式的一大创新，具有全县范围、全员参与、全面深入的特点。五年来，先后围绕加快发展高效生态农业、迎世博600天行动计划、世博安保和城市运行、保障城乡公共安全和规范建筑市场等开展4次专项巡察活动，形成4份委员巡察建议书。

2．认真做好提案促办工作。县政协常委会坚持把提案工作作为政协履职的重要抓手，切实加以推进。每年全会结束以后，及时研究全年提案工作计划，协商确定县政府、县政协领导督办的重点提案及督办方案，积极配合县政府召开年度提案办理工作会议，切实加强与承办单位的沟通协调，认真开展重点承办单位办理工作民主测评以及重点提案落实情况跟踪督查。五年来，先后对县发改委、经委、农委、建交委、交通港口局、文广局、绿化市容局、人保局、卫生局等提案较为集中的10家单位进行办理工作民主测评，有效地促进了提案的办理和落实。据统计，县十二届政协期间，共审查立案政协提案860件，提案办结率100%；承办单位答复为解决或采纳的有444件，占51.6%。

3．充分发挥特邀监督员作用。县政协常委会重视加强特邀监督员队伍建设，通过完善特邀监督员工作规则和组织召开特邀监督员工作会议等措施，强化特邀监督员工作。本届政协委员中，先后有63名委员受聘于22个部门担任特邀监督员，参加党风党纪、警风警纪、行风政风、城市文明等各类日常性的监督工作。同时，县政协组织政协委员积极参加县纪委、监察局每年组织的党风廉政建设和行风政风评议活动，为促进我县党风廉政、机关作风和政风行风建设发挥了积极作用。

（三）发挥优势，体现特色，参政议政富有新成效。五年来，县政协常委会坚持把参政议政作为人民政协的重要履职形式，不断拓展知政渠道，积极创建议政平台，切实增强参政议政实效，使参政议政的质量和水平明显提高。

1．认真开展常委会专题调研。五年来，县政协常委会先后围绕加快高效生态农业发展、加强农村和谐文化建设、加强崇明迎世博各项工作、编制我县“十二五”规划等重大问题，开展专题调研。对其中一些重点课题，还专程走访上海交大、上海农科院等大专院校、科研单位的专家、教授，广泛听取意见。在此基础上，撰写调研报告，提出具有一定前瞻性、综合性、可操作性的意见和建议。五年来，共形成4份常委会建议案，供县委、县政府决策参考。

2. 定期开展主席会议集体调研。五年来，县政协常委会重视主席会议成员的集体调研工作，形成每月2次的集体调研制度。主席会议成员先后前往乡镇、委局、园区、开发区开展集体调研，听取相关单位工作情况介绍，共形成集体调研意见建议书100多份，就乡镇重点工作和部门职能工作的推进提出建设性意见，为推进崇明经济社会科学发展发挥了积极作用。

3. 精心组织各党派团体、各界别和专门委员会建言献策。县政协常委会坚持每年精心选择确定课题，充分发挥党派、团体、界别的群体优势和专门委员会的专业优势，先后组织开展100多次调研活动，召开60多次界别委员座谈会，共形成120多篇具有较高质量的调研报告。五年来，县政协还先后围绕"科学发展，共建和谐""创建国家级生态县""关注民生，改善民生""加快崇明经济和社会事业发展""农村改革和发展""聚焦'十二五'，谋划新发展""生态崇明，低碳发展""加强社会建设，促进社会和谐"等主题召开9次专题议政会。在专题议政会上，县各党派、团体，县政协各专门委员会提出了一批很有见地的意见建议。县政协先后集结出版5本《调研文集》，并及时编发《领导参阅》，为县委、县政府科学决策提供智力支持。

4. 积极反映社情民意。县政协常委会充分发挥政协联系各界的优势，组织委员及时、深入了解民生问题和人民群众关心的热点问题，积极开展调查研究，及时反映社情民意。五年来，先后围绕增加申崇公交线路始发站，完善崇明中学周边交通设施，重视外来民工子女就学、疫苗接种，彻底整治堡镇菜场及新崇南路周边环境，实施南门车渡周边环境改造，安装分时电表、增设交通卡服务网点，改善横沙乡居民饮用水水质等热点问题，以《社情民意》或专件的形式报送县委、县政府，得到县委、县政府领导的高度重视和及时批示。其中，加快分时电表安装和增加申崇公交线路始发站等建议在市、县有关职能部门的共同努力下，在较短时间内得到了解决。

（四）凝聚人心，汇聚力量，团结民主开创新局面。五年来，县政协常委会坚持高举爱国主义、社会主义两面旗帜，按照团结民主两大主题切实履行政协职能，充分发挥了人民政协的优势和作用。

1. 努力畅通联系渠道，注重协调各方关系。县政协常委会充分发挥人民政协广泛代表性和巨大包容性的优势，切实加强与民主党派、工商联、无党派人士的沟通交流，定期召开党派团体领导成员和界别委员座谈会，鼓励支持民主党派、工商联和无党派人士积极建言献策。邀请民主党派、工商联成员和无党派人士参加县政协组织的调研、视察、提案督办等活动。通过元旦、中秋、国庆节联谊活动以及妇女节、劳动节、青年节、护士节、教师节等节日走访慰问活动，广泛联系各界人士。认真听取民族宗教界人士的意见，努力增进民族团结和宗教和睦。注重发挥县政协港澳台侨界别委员的作用，密切加强同港澳台侨人士的联系。广泛动员界别委员参与公益事业，多办实事好事。2008年"5·12"汶川大地震发生后，全体政协委员慷慨解囊，累计捐款捐物达130多万元。积极支持县政协之友社开展活动，充分发挥其在构建和谐社会中的作用。

2. 切实加强宣传、文史工作，不断扩大崇明对外影响。县政协常委会注重加强对外交流和宣传工作。要求政协机关不断加强与宣传部门、文广部门以及市、县新闻媒体的沟通联系，充分利用广电报刊媒体资源，广泛宣传人民政协和统战理论，宣传崇明政协工作，宣传各党派团体和政协委员的履职风采，宣传县政协为加快现代化生态岛建设所作出的积极贡献。紧紧抓住"五一"口号发布60周年、新中国和人民政协成立60周年、中国共产党成立90周年、辛亥革命100周年等重要契机，举行报告会、召开座谈会、组织书画作品展、开展人民政协和统一战线知识竞赛等系列庆祝和纪念活动，广泛宣传人民政协成立以来的伟大成就和在推动中国特色社会主义事业发展中的重要作用。充分发挥文史资料"存史、资政、团结、育人"的作用，加强与史志、档案、文博、图书馆等单位的联系，组织编写了《百年涛声》（崇明籍航海精英传记）《瀛洲纵横》《瀛洲诗抄》《崇明竹枝词注译》等文史资料，努力提升崇明文史资料的史料价值、文化品位和社会效用。

3. 注重来访交流，增进政协友谊。县政协常委会重视政协各界的友好往来。五年来，先后接待了

240多批次全国政协领导及有关专门委员会、市政协领导及有关专门委员会、兄弟省市区县政协领导及其他友好单位考察访问团。两次主办、多次参加苏浙沪十五县(市、区)、长江三角洲十三县(市、区)政协工作研讨会,与兄弟区县共同探讨新形势下的人民政协工作,进一步加强了与其他地区政协的互访交流。

(五)提升素质,固本强基,自身建设得到新加强。五年来,县政协常委会依照政协章程规定,切实加强政协自身建设,不断增强履职能力,提高履职水平,努力做到在固本强基中不断激发政协内在动力,在继承和创新中推动政协事业向前发展。

1. 不断加强制度建设。五年来,县政协常委会在总结经验的基础上,先后修订完善了《政协崇明县委员会主席会议工作规则》《政协崇明县委员会常务委员会工作规则》等14项工作制度;制定了《政协崇明县委员会关于专门委员会与党政职能部门开展对口协商联系活动的意见》《政协崇明县委员会关于发挥政协界别作用的意见》《政协崇明县委员会关于规范县政协委员参加会议活动、履行职责的规定》等规范性文件,使政协工作进一步走向制度化、规范化、程序化。

2. 着力加强委组建设。五年来,县政协常委会制订了政协领导和机关干部分工联系委组制度,指导、帮助委组开展调研、视察、对口联系、学习交流等各项活动近200次。选配责任心和组织协调能力强的委员担任委组负责人,每年召开两次委组负责人会议,交流工作经验,提出工作要求。同时,积极开展先进委组评选活动。五年中,先后评选出6个先进专门委员会和4个先进地区委员小组,有效地激发了委组的履职热情。

3. 切实加强委员队伍建设。五年来,县政协常委会注重发挥委员主体作用,不断强化委员学习培训,提高委员整体素质。先后举办了新委员培训班,组织了物权法、台海形势、中国政党制度、人民政协的地位和作用、辛亥革命百年启示等10多次专题报告会。经常组织开展委员学习交流、调研视察、外出考察等活动,不断增强委员综合素质和协商议政能力。同时,不断完善委员激励考核机制,建立委员履职台账,形成履职总体评价;组织评优活动,表彰优秀政协委员。五年中,先后有41名委员获得"优秀政协委员"称号;有84件委员提案被评为"县政协优秀提案"。

4. 大力加强政协机关建设。五年来,县政协常委会高度重视机关建设。县政协机关坚持以创建"学习型、创新型、服务型、和谐型"机关为目标,定期组织全体机关干部开展政治理论和业务知识学习,不断夯实理论功底,提高业务水平。切实加强机关的组织建设、制度建设和作风建设,进一步密切机关干部与各界政协委员的联系,真诚地与委员们交朋友,听意见,不断增强服务意识,提升服务水准,使政协机关的整体工作水平有了新的提高。

各位委员,过去不平凡的五年,是我们在探索中前进,在务实中创新,不断推动人民政协事业向前发展的五年。这些成绩的取得,离不开市政协的指导帮助,离不开中共崇明县委的正确领导,离不开县人大、县政府以及各部门、各乡镇的大力支持,离不开各民主党派、人民团体的通力合作,离不开全体委员的共同努力,也离不开社会各界的关注关心。借此机会,我谨代表十二届县政协常委会,向全县各级党政组织,向各民主党派、人民团体,向全体政协委员和关心支持政协工作的各界人士致以崇高的敬意和衷心的感谢!

回顾五年来的工作,我们也清醒地看到,十二届县政协的工作与中共崇明县委的要求,与社会各界和人民群众的期望相比,还存在一定的差距和不足。主要是围绕中心、服务大局、履行职能的能力和水平有待进一步提高,特别是如何深入开展政治协商,进一步促进党政科学民主决策;如何有效实行民主监督,进一步发挥人民政协民主监督的作用;如何创新构筑议政平台,进一步提高参政议政的实效;如何不断提高政协工作科学化水平,进一步推进制度化、规范化、程序化建设等。针对这些差距和不足,建议新一届县政协常委会在今后的工作中积极探索、认真研究、切实加以解决。

二、五年工作体会

五年来,县政协常委会继承和发扬县历届政协的优良传统,着眼于我县经济社会发展的新形势和人民政协工作面临的新任务,坚持解放思想,务实创新,对政协工作规律有了新认识,对政协工作实践有了新体会。

（一）要不断把人民政协事业推向前进，就必须坚持中国共产党的领导，使政协工作始终保持正确的政治方向。坚持中国共产党的领导是人民政协的根本原则。五年来，县政协始终不渝地坚持中国共产党在政治原则、政治方向和方针政策上的领导，在中共崇明县委“总揽全局，协调各方”的工作格局中，充分发挥政协的应有作用，积极引导参加人民政协的各民主党派、各团体和各界人士，始终坚持走中国特色社会主义道路，与中国共产党在政治上同心同德，在目标上同心同向，在行动上同心同行，不断巩固各界人士团结奋斗的共同思想政治基础，为推动县政协各项工作不断跃上新台阶提供了强有力的政治保证。实践证明，只有自觉坚持和加强党的领导，才能保证人民政协工作正确的政治方向和鲜明的时代特征，推进政协事业不断向前发展。

（二）要充分提升人民政协的履职成效，就必须始终围绕县委、县政府中心工作，服从服务于生态岛建设大局。围绕中心服务大局是人民政协履行职能必须始终遵循的重要原则，也是提升政协履职成效的根本途径。五年来，县政协坚持把促进发展作为履行职能的第一要务，深入贯彻落实科学发展观，围绕发展谋划工作，紧贴发展开展履职，全力服务于现代化生态岛建设大局；充分发挥政协人才荟萃、智力密集的优势，深入基层，深入群众，围绕中心，突出重点，广泛开展调查研究，共同为促进我县经济建设、政治建设、文化建设、社会建设和生态文明建设建睿智之言，献务实之策。实践证明，只有紧紧围绕县委、县政府中心工作积极履行职能，县政协才能在崇明现代化生态岛建设中体现作为，顺应时代发展新需要和人民群众新期待。

（三）要巩固和发展生动活泼、和谐稳定的政治局面，就必须大力弘扬团结民主两大主题。在中国共产党领导下实行团结和民主，是人民政协性质的集中体现。五年来，县政协紧紧围绕团结民主两大主题，把发扬民主、增进团结、协调关系、化解矛盾作为履行职能的重要着力点，努力促进政党关系、民族关系、宗教关系、阶层关系、海内外同胞关系的和谐；坚持团结一切可以团结的力量，调动一切可以调动的积极因素，广泛凝聚县各党派、团体和各族各界人士推进崇明现代化生态岛建设的智慧和力量。实践证明，只有大力弘扬团结民主两大主题，才能集中体现人民政协的性质，实现最广泛爱国统一战线的大团结、大联合。

（四）要充分发挥人民政协在构建和谐社会中的重要作用，就必须始终把实现好、维护好、发展好最广大人民的根本利益作为人民政协工作的出发点和落脚点。坚持以人为本、履职为民，是人民政协性质的体现。五年来，县政协牢固树立群众观念，顺应群众期待，努力畅通反映社情民意的渠道，在教育、就业、医疗、社会保障、住房和环境保护等多方面反映群众诉求，帮助党和政府妥善处理各方面利益关系，使我县各界人士共享崇明改革发展成果；积极引导和支持县政协委员真诚倾听群众呼声，真实反映群众愿望，真情关心群众疾苦，自觉承担社会责任，努力为人民群众排忧解难。实践证明，只有把政协履职实践和最广大人民的根本利益紧密联系起来，才能始终保持同人民群众的血肉联系，为人民政协事业的发展注入不竭的动力。

（五）要不断适应新形势新任务的要求，就必须解放思想，与时俱进，开拓创新。改革创新是开创政协工作新局面的动力和源泉。五年来，县政协积极探索新形势下人民政协工作的特点和规律，着力推进人民政协工作创新，积极探索政协工作的新思路、新领域、新机制、新方法，努力做到在推动科学发展上有新作为，在促进和谐社会建设上有新贡献，在推进社会主义民主政治建设上有新进展，在加强县政协自身建设上有新提高。实践证明，政协工作只有积极适应新形势新任务的要求，体现时代性、把握规律性、富于创造性，人民政协事业才能永远保持蓬勃生机和旺盛活力。

三、今后五年的工作建议

今后五年，是全面实施《生态岛建设纲要》和“十二五”规划，夯实崇明发展基础，加快现代化生态岛建设的关键时期，也是县政协继往开来，创造新业绩、谱写新篇章，大力推进政协事业向前发展的重要阶段。建议今后五年的政协工作要坚持以邓小平理论和“三个代表”重要思想为指导，深入贯彻落实科学发展观，高举爱国主义、社会主义两面旗帜，牢牢把握团结民主两大主题，继承和发扬历届政协的优良传统，在中共崇明县委领导下，切实履行政治协商、民主监督和参政议政职能，进一步加强同民主党派、人民团体和各界人士的广泛联系，充分发挥协调关系、汇聚力量、建言献策、服务大局的重要作用，努力开创崇明政协工作新局面，为把崇明建设成为具有示范意义的现代化生态岛作出新的贡献。为此，本届政协对今后五年政协工作提出如下建议。

（一）加强学习引导，进一步夯实各界人士走中国特色社会主义政治发展道路的思想政治基础。要进一步抓好常委会组成人员的学习，不断用中国特色社会主义理论统一思想，武装头脑，不断坚定走中国特色社会主义政治发展道路的信心和决心。要积极适应新形势、新任务、新要求，有针对性地加强委员学习培训，组织引导委员认真学习贯彻中共十七届六中全会和即将召开的中共十八大会议精神，学习党和国家的重大方针政策，学习统一战线和人民政协的理论和规章制度，学习履行委员职责必需的各方面知识，不断提高委员的综合素质和参政议政能力。要不断丰富学习形式，努力提高学习实效。通过报刊、杂志、网络等多种途径和组织专题报告会、学习交流会等多种形式，在县各民主党派、工商联、各人民团体，县政协各委组等各个层面广泛深入开展学习活动。通过学习，切实把全体政协委员和各界人士的思想和行动统一到中共中央和市委、县委的重大决策部署上来，把智慧和力量凝聚到推动崇明经济社会平稳较快发展上来。

（二）紧扣主题主线，进一步投身于崇明经济社会建设的伟大实践。崇明“十二五”规划为我县经济社会发展描绘了新蓝图，明确了新目标。要牢牢把握科学发展主题，紧紧抓住加快转变经济发展方式主线，找准服务大局、服务发展的切入点、着力点和结合点，努力为加快转方式、调结构多建睿智之言、多献务实之策。要坚持以现代化生态岛建设为中心，围绕加快重点地区开发、统筹乡镇发展、探索低碳生态发展模式以及大力推进文化建设等县委、县政府重视、人民群众关心、县政协有条件做好的课题，深入开展调查研究，充分发挥政协的优势和特点，提出具有综合性、战略性、前瞻性的建议意见，为县委、县政府科学决策提供参考和依据。要继续关注和促进民生改善，围绕加强和创新社会管理，促进城乡居民充分就业，加强社会保障体系建设，推进教育、卫生资源合理配置，加快住房保障体系建设，促进全县城乡公共安全和生产安全，开展协商议政和民主监督活动，努力促进我县经济社会全面协调可持续发展。

（三）弘扬两大主题，进一步营造团结和谐的政治环境。要大力弘扬团结民主两大主题，坚持求同存异、兼容并蓄的原则，尊重参加政协的各党派、团体、各阶层人士的特点，以坚强的团结和广泛的民主促进人民政协内部关系的团结与和谐。要认真贯彻“长期共存、互相监督、肝胆相照、荣辱与共”的方针，坚持和完善中国共产党领导的多党合作和政治协商制度，切实加强同各民主党派的合作共事。要进一步密切与各党派、团体、各民族、各阶层的联系，积极支持他们发挥自身优势，以党派、团体名义在政协发表意见、主张和自主开展调研视察等活动。要切实发挥政协在扩大公民和社会各界有序政治参与中的渠道和平台作用，创造条件让社会各界的各种意见和观点交流、交锋、交融，扩大重大问题协商求同的路径和范围，有序推进社会主义民主政治建设。要探索研究与社会各界人士加强联系的有效途径和方式，加强与港澳台侨及宗教界人士的联系交往，不断扩大县政协的团结面和包容性，努力构建和谐社会。要继续关心政协之友社工作，支持社员开展一些力所能及的活动，让他们老有所依、老有所学、老有所乐、老有所为。

（四）发挥独特优势，进一步加强新形势下的群众工作。人民政协是党和政府联系群众、团结各界的重要桥梁和纽带，具有开展群众工作的独特优势。要牢固树立群众观点，始终坚持以人为本、履职为民，做到思想上尊重群众、感情上贴近群众、工作上依靠群众，从群众中汲取智慧和营养。要认真总结开展群众工作的好经验、好做法，探索新途径、新载体，逐步完善政协组织、政协委员和界别联系群众的工作机制。要畅通信息收集、报送和反馈渠道，积极探索收集社情民意的新方式，及时准确地把握全局性、苗头性、倾向性问题，全面深入地了解教育、就业、医疗、环保、社会保障、食品安全等人民群众最关心最直接最现实的利益问题，真心倾听群众意见，真实反映群众诉求；要充分发挥参加政协各界代表人士的作用，在各界人士中大力宣传中国共产党的路线方针政策，切实做好思想沟通、解疑释惑的工作，增进各界人士对党和政府重大决策部署的理解，使党的主张成为各界人士的广泛共识。

（五）加强自身建设，进一步提高政协的履职能力。人民政协自身建设的水平，关系到履行职能的成效，影响着协商议政的质量。面对新形势新任务，县政协要把自身建设摆在重要位置。要进一步加强县政协常委会班子建设，不断增强常委会组成人员的学习意识、责任意识、表率意识和奉献意识，努力提高常委会领导政协工作的能力和水平。要进一步健全常委会工作机制，修订完善各项规章制度，努力促进政协制度化、规范化、程序化建设。要积极探索界别活动的有效途径和形式，经常性地组织开展界别活动；要充分发挥委组基础作用，鼓励和支持委组深入开展调研、视察、考察、对口联系和协商、学习交流等活动；要不断强化委员的主体观念和责任意识，鼓励和引导他们在做好本职工作的同时，切实履行好委员职责；要大力加强机关建设，深入开展“学习型、创新型、服务型、和谐型”机关创建活动，努力造就一支政治坚定、作风优良、学识丰富、业务熟练的政协机关干部队伍。

各位委员、同志们！

今后五年，崇明现代化生态岛建设将进入一个新的发展阶段。新起点开启新征程，新目标赋予新使命。让我们紧密团结在以胡锦涛同志为总书记的中共中央周围，高举中国特色社会主义伟大旗帜，坚持以邓小平理论和“三个代表”重要思想为指导，深入贯彻落实科学发展观，在中共崇明县委的领导下，团结一切可以团结的力量，凝聚一切可以凝聚的智慧，激发一切可以激发的活力，同心同德，同舟共济，承前启后，继往开来，为不断开创崇明政协工作新局面、为谱写现代化生态岛建设新篇章而努力奋斗！

（施建华时任崇明县第十二届政协主席）

二、重要文件辑录

以下辑录重要文件13份，其中中共崇明县委员会文件6份、政协崇明县委员会文件6份、中共崇明县政协党组文件1份。

中共崇明县委关于转发县政协党组《关于进一步发挥政协职能作用的几点意见》的通知

崇委〔1987〕16号

各乡、镇、局、公司党委，各部、委、办：

县委同意县政协党组《关于进一步发挥政协职能作用的几点意见》，望照执行。

新时期的人民政协是最广泛的爱国统一战线组织。对调动一切积极因素，团结一切可以团结的力量，实施政治协商、民主监督，在建设“两个文明”和实现“一国两制”构想，推进祖国统一的过程中，发挥着越来越重要的作用。全县各级党组织和党的干部要认真学习和深入理解新时期党的统一战线理论和方针政策，积极支持政协开展各项工作，充分发挥政协组织的职能作用。

中共崇明县委员会

1987年8月15日

关于进一步发挥政协职能作用的几点意见

中共崇明县委：

县政协从1981年6月恢复工作以来，在县委领导及市政协指导下，在履行政治协商、民主监督的基本职能和发挥政协人才聚集的优势，开展各种形式的活动，为建设“两个文明”和推动祖国统一等方面做了一些工作，取得了一定的成绩。但是对照中央提出的“政协工作要从一个高度走向另一个新的高度”“政治协商和民主监督应当经常化、制度化”要求，我们的工作还有较大的差距。今后要进一步发挥政协的基本职能作用，充分发挥政协人才库的优势。在“统一祖国、振兴中华”的伟大事业中，在爱岛建岛立功竞赛活动中作出应有的贡献。根据中办〔1986〕10号文件精神，参照其他兄弟地区经验，为进一步发挥政协的作用，经政协党组研究，提出如下几点意见：

一、进一步加强党在新时期统一战线理论、方针、政策的教育，提高广大党员、干部对人民政协的性质、地位、任务和作用的认识。

建议县委每年召开1次部、委、办、乡、镇、局主要负责同志参加的统战工作会议，由县委或政协主要领导宣传统战工作理论、方针、政策，宣传人民政协的性质、任务、作用及其职能；县委党校在轮训干部时，增设党的统战理论教育的课程；同时请县人民广播电台举办专题讲座，通过宣传教育，使广大党员、干部（尤其是领导干部）进一步提高认识，充分认清人民政协在建设具有中国特色的社会主义中的重要作用，进一步清除"左"的影响，澄清模糊观念，真正做到思想上重视政协工作，行动上关心和支持政协工作。

二、进一步发挥政治协商和民主监督的基本职能作用，使之经常化、制度化。

1. 督促政协根据县委总体安排，定期举行各种例会（党组会议、主席办公会议、常委会议、全委会议），协商、讨论全县的政治、经济、文化、教育、社会生活以及统一战线内部的重大问题，并向县委提出意见和建议。

2. 县委、县政府对全县性的大政方针或重大决策，如：县"党代会"有关的重要报告、决议和有关重要人事安排；县政府提请县"人代会"审议的政府工作报告；制定的国民经济计划和社会发展计划等，能在决策或决定前先与政协协商，由县委、县政府出面召开有关政协委员和有代表性的党外人士参加的会议，让各方面的意见、要求、建议充分反映出来，以利领导集中正确的意见，使决策、决定更加符合实际。

3. 乡、镇召开"人代会"要吸收各自管辖地区的县政协委员列席会议。县各条战线、各企业单位召开职代会、工代会，应吸收各自单位的县政协委员参加，使委员能了解本乡、镇和本单位的大事，提出意见和建议。

三、进一步做好知情出力工作，发挥政协的智力优势，为"两个文明"建设服务。

1. 各级党组织要重视对政协委员的教育，帮助提高他们的参政议政能力，组织他们学习参观，交给他们实际工作，在工作中锻炼提高，增强政协委员的责任感与使命感。

2. 凡有政协委员的单位，要注意吸收他们参加同级召开的有关会议。阅读传达到全体党员的上级党委的有关文件。

3. 县级各系统职能部门在召开有关工作会议时，可根据工作性质，邀请与本系统业务有关的政协工作委员会（组）正、副主任（组长）参加，以便他们知情出力。

4. 政协各工作委员会（组）到基层单位作调查研究、考察了解，有关单位应予支持配合，如介绍情况、提供数据、听取意见和建议，共商解决办法等。

5. 政协各工作委员会（组）与县级有关职能部门还可建立对口联系，以便相互配合，充分发挥政协人才荟萃的作用。

四、各职能部门要认真办理政协委员提案，努力提高办理质量。

重要的提案，承办单位应直接同提案人见面，征求意见，共商解决办法或研究可行性方案，使办理提案的过程，成为政治协商和民主监督的过程。

五、政协委员参加县政协召开的各种会议和政协委组开展的活动，各单位要给予方便和支持。

六、建议由县委办公室主任牵头，定期（每季一次）召集县人大常委会办公室主任、县政府办公室主任、县政协秘书长联席会议，交流情况，协调关系，研究工作。

以上意见，如无不妥，建议批转各级党组织参照执行。

中共崇明县政协党组
1987年8月12日

中共崇明县委关于加强政协工作的意见

崇委〔1989〕3号

各乡、镇、局党委(党组),各部、委、办:

中国人民政治协商会议是最广泛的爱国统一战线组织,为加强社会主义民主政治建设,完善共产党领导下的多党合作制度,更好地发挥人民政协政治协商、民主监督的职能作用,县委对进一步加强政协工作提出以下十条意见:

1. 县委把加强政协工作列入议事日程,县委常委会议每年安排一至两次听取政协工作汇报和讨论研究政协工作。

2. 根据政协的安排,县委、县政府定期向政协通报全县工作情况和重大事项;不定期地召开专题座谈会、谈心会、对话会等,听取政协委员的意见和建议。

3. 县委、县政府对全县性的大政方针,在作出重大决策时,一般先与政协联系、协商,做到协商于决策之前。

4. 重视处理县政协提出的建议案。重要的建议案将提交县委常委会和县长办公会议讨论,并认真答复。县委、县政府各部门对政协委员的提案,要努力提高办理质量,对重要的提案,承办单位要直接同提案人见面,征求意见,共商解决办法或研究可行性方案,使办理提案的过程,成为政治协商和民主监督的过程。

5. 各部、委、办、局与政协各专门委员会要加强联系、开展对口协商,听取意见,还可根据工作需要,邀请政协专门委员会负责人或委员列席有关会议。

6. 各乡、镇召开人民代表会议时,可请本地政协委员列席,县直各条线、各企事业单位召开职代会、工代会,也要请本单位的政协委员列席,以便听取对本地、本单位的意见和建议。

7. 对政协专门委员会和政协委员的调查、视察等活动,各部门、各单位要积极支持、密切配合、创造条件、提供方便,并热忱地帮助解决活动中遇到的困难,县政协委员参加县政协及所属各专门委员会举办的各种会议和活动,各单位要给予方便和支持。

8. 凡有政协委员的单位,可视工作需要,吸收他们参加同级召开的有关会议,并按照上级规定,阅读传达到全体党员的上级党委的有关文件。

9. 视议题需要,县委常委会议可请政协党组书记列席,建议县长办公会议请县政协主要负责同志列席,建议县人大常委会和县政协在召开常委会议或主任(主席)办公会议时,视议题需要请对方的领导列席。

10. 由县委办公室主任牵头,定期召开县委办公室、县人大常委会办公室、县政府办公室主任和县政协秘书长联席会议,交流情况,协调关系,研究工作。

中共崇明县委员会

1989年4月18日

中共崇明县委关于进一步加强政协工作的意见

崇委〔1995〕19号

各乡、镇、局党委(党组),各部、委、办:

为了认真贯彻中共中央和中共上海市委关于加强政协工作的通知精神,结合本县实际,落实《政协全国委员会关于政治协商、民主监督、参政议政的规定》,进一步加强和改善党对政协工作的领导,充分发挥政协在本县的改革开放和社会主义现代化建设中的重要作用,特提出如下意见:

一、进一步提高对新时期人民政协性质、地位和作用的认识,加强和改善党对政协工作的领导

1. 人民政协是我国人民爱国统一战线的组织,是共产党领导的多党合作和政治协商的重要机构,

是我国政治生活中发扬社会主义民主的重要形式。人民政协的主要职能是政治协商和民主监督，组织参加政协的各党派、团体和各族各界人士参政议政。各级党组织必须充分重视人民政协在建设有中国特色社会主义和本县改革、发展、稳定中的重要作用，采取切实有效的措施，进一步重视和支持人民政协的工作。

2. 坚持把政协工作列入县委常委会的议事日程。每年安排一至两次听取政协党组的工作汇报，讨论和研究政协工作的重大事项。

3. 政协党组书记列席县委常委会和有关重要会议。县政府召开常务会议、全体会议和有关会议时，可视需要邀请县政协有关领导列席。

4. 县委组织部、宣传部、统战部和县委党校要把邓小平同志关于统一战线的论述和以江泽民同志为核心的党中央对人民政协的有关指示、政策列入干部教育内容，教育全县党政干部进一步增强统战意识和民主意识，重视和支持政协工作。

5. 要通过多种途径和形式及时报道县政协履行职能的各种重要活动，反映政协和政协委员在改革开放和“两个文明”建设中发挥的积极作用。

二、进一步推进政治协商、民主监督、参政议政的规范化、制度化建设

6. 县委、县政府及有关部门要把政协的政治协商、民主监督活动纳入必要的工作程序，涉及全县的重大问题，要在决策之前加强政治协商并在实施过程中接受民主监督。县委、县政府每年至少两次向政协通报全县工作情况和重大事项，不定期地召开专题座谈会，听取政协委员的意见建议。县政协主席会议认为需要协商的问题，可建议县委、县政府有关部门将问题提交政协协商。

7. 县委、县政府及有关部门组织的有关检查活动应邀请政协委员参加。要积极发挥政协委员中各类特邀监督员的作用。

8. 各级党政部门对政协组织的委员视察、调查研究等活动，要积极配合，妥善安排，认真听取意见，及时改进工作。

9. 与政协专门委员会对口联系的部门，要加强联系，沟通思想，交换意见，每年一般两次向政协专委会通报情况，听取意见。

10. 由县委办公室主任牵头，每季度召开一次县委、县人大常委会、县政府、县政协办公室（秘书处）主任（秘书长）联席会议，互通情况，协商有关问题。

三、进一步重视政协建议案、提案和意见建议的办理

11. 政协的建议案，民主党派、有关人民团体的集体提案，政协的重要调研视察报告，由县委或县政府领导亲自阅批，有关部门要积极负责地研究办理，并尽快作出书面答复。

12. 对政协委员的提案，县委、县政府有关部门要在规定的时限内认真办理并作出书面答复，能解决的问题要抓紧解决，不能解决或暂时不能解决的问题要认真负责地解释。对政协以其他形式提出的意见建议也要认真办理。

13. 要加强对各部门办理政协建议案、提案、意见建议情况的督查工作，要把检查情况列入对部门的考核内容。

四、进一步加强政协的建设

14. 县政协党组要全面落实中共中央、中共上海市委关于加强政协工作的通知精神，按照全国政协的规定和县委的意见，制定实施具体制度和措施，切实加强政协的思想建设、组织建设、制度建设和作风建设，努力提高政治协商、民主监督和参政议政的质量，进一步发挥政协的作用。

15. 政协委员所在单位党政组织要支持政协委员积极参加政协的有关工作和活动，关心政协委员的思想、学习、工作与生活，要按照市委办公厅、市委统战部（沪委办〔1984〕12 号文件）有关规定，落实具体措施，使政协委员能及时看到有关文件、资料，听到有关情况的传达。

16. 乡、镇人民代表大会会议召开时，可请本乡、镇的政协委员列席会议；县直各条线、各企事业单位

召开职代会、工代会时，可请本单位的政协委员列席会议，以便听取他们的意见建议。

17. 政协委员中的中共党员必须模范地贯彻党的路线、方针、政策和县委的决议，带头参加政协的各项工作和活动，带头出主意、提建议，真心实意地同党外人士合作共事。

18. 县委组织部、县劳动人事局要会同政协党组配强政协机关的干部力量，把政协机关干部纳入整个党政机关干部交流的序列。与党政干部双向交流，促进合理流动，以保持政协机关的活力。

19. 积极创造条件，帮助政协配备与办公现代化相适应的办公设施和解决政协在工作用车、活动经费等方面存在的困难。

请各单位遵照执行。

中共崇明县委员会

1995年12月13日

中共崇明县委关于进一步加强政协工作的若干意见

崇委〔2003〕22号

各乡、镇、局党委（党组），各部、委、办：

为了全面贯彻落实党的十六大精神和“三个代表”重要思想，进一步加强和改善党对政协工作的领导，充分发挥人民政协政治协商、民主监督、参政议政的重要作用，推进社会主义民主政治建设，加快改革开放和现代化建设步伐，实现崇明经济和社会事业的跨越式发展，特提出如下意见：

一、进一步提高对做好新世纪、新阶段人民政协工作重要性的认识

1. 从战略高度充分认识人民政协的地位和作用。人民政协是中国人民最广泛的爱国统一战线组织，是中国共产党领导的多党合作和政治协商的重要机构，是我国政治生活中发扬社会主义民主的重要形式，是中国特色社会主义政治体制的重要组成部分。党的十六大把坚持和完善中国共产党领导的多党合作和政治协商制度，巩固和发展最广泛的爱国统一战线，写入了我们党领导人民建设中国特色社会主义必须坚持的基本经验。推进人民政协事业是发展社会主义民主政治，建设社会主义政治文明的重要内容。发展社会主义民主政治，建设社会主义政治文明，必须始终坚持、不断完善发展中国共产党领导的多党合作和政治协商这一基本政治制度。全县各级党组织都应从实践“三个代表”重要思想的高度，从坚持和完善我国基本政治制度、加强社会主义民主政治建设的高度，从巩固党的执政地位、实现国家长治久安的高度，从完成党在新世纪三大历史任务的高度，充分认识人民政协在我国政治生活中的重要地位，充分认识人民政协在建设有中国特色社会主义中的重要作用，充分认识做好新时期人民政协工作的重大意义。

2. 增强做好新世纪、新阶段人民政协工作的责任感和使命感。各级党组织要把重视和加强人民政协工作作为一项重要职责，以高度的政治责任感和历史使命感做好人民政协工作，进一步发挥人民政协的优势和在经济建设与社会事业发展中不可替代的作用，团结一切可以团结的力量，调动一切积极因素，为实现崇明经济和社会事业的跨越式发展努力奋斗。

3. 加强对统一战线和人民政协理论的学习和研究。重视和加强政协工作，必须加深对党的统一战线和人民政协理论的认识和理解。各级党组织要把统一战线和人民政协理论，作为中心组和党员领导干部学习的一项重要内容。县委党校要把统一战线和人民政协理论、政协章程以及党的三代领导人关于人民政协的论述，纳入教学的重要内容，列为对各级领导干部特别是新任领导干部培训的必修课程。县委组织、宣传、统战等部门和政协党组，要根据新形势、新任务的要求，加强对统一战线和人民政协理论的学习和研究，进一步增强政治意识、大局意识、责任意识和统战意识。

4. 加强对人民政协的宣传，扩大人民政协的社会影响。县委宣传部门要把人民政协的宣传，作为宣传工作的重要组成部分，进一步加大力度，有计划、有重点地宣传中国共产党领导的多党合作和政治协商制度，宣传人民政协的性质、地位和作用，宣传政协和民主党派开展的重要活动，宣传人民政协履行职能

的经验、成效和政协委员参政议政的典型事迹,促进政协工作的开展。

二、进一步加强和改善党对政协工作的领导

5. 始终把政协工作列入县委的议事日程。按照总揽全局、协调各方的原则,通过规范化、制度化建设,进一步加强和改善党对政协工作的领导。县委常委会每年至少安排两次专题听取政协工作汇报,研究和讨论政协工作的重大事项。

6. 充分发挥政协党组在政协组织中的政治核心作用。政协党组是县委的派出机构,代表县委在政协中起政治核心作用。对事关政协履行职能的重大问题,县委要征求政协党组的意见,并按照政协章程规定的程序办理。政协党组要认真履行县委赋予的职责,主动汇报和请示工作,保证党的路线、方针、政策以及县委的决定在政协贯彻落实。

7. 积极发挥党员领导干部和中共党员在政协工作中的作用。各级党的领导干部都要密切与民主党派、人民团体和无党派人士的联系,广交朋友,经常同他们沟通思想,交换看法,不断增进理解,扩大共识。政协委员和政协机关干部中的共产党员,要认真贯彻执行党的路线方针政策,同党外委员民主协商,平等议事,相互尊重,以诚相待,多沟通思想,多交换意见,以宽阔的胸襟和良好的形象团结各界委员,共同开创人民政协工作的新局面。

三、进一步推进政协履行职能的规范化、制度化建设

8. 建立健全政协履行职能的各项制度,保证人民政协发挥政治协商、民主监督和参政议政的作用。各级党政组织要积极支持政协按照宪法、法律、政协章程及有关规定履行职能。对过去行之有效的规章制度,要继续坚持和完善,并根据新的形势,积极探索和建立新的规章制度,努力把政协履行职能的规范化、制度化建设提高到一个新的水平。

9. 高度重视政协的政治协商。县委、县政府对本县的大政方针,政治、经济、文化和社会生活中的重要问题以及重要人事安排,要在决策之前同政协进行协商和就决策执行过程中的重要问题进行协商;政协也可以就其他有关重要问题,主动建议县委、县政府与县政协进行协商,逐步推进政治协商的规范化、制度化和决策的民主化、科学化。

10. 自觉接受政协的民主监督。县委、县政府及其职能部门要积极支持和自觉接受政协的民主监督,认真对待政协提出建议和批评。县政协要不断探索和改进适应形势发展需要,有利于政府更好地开展工作的监督方式和方法。要坚持在政协委员中聘请各类特邀监督员,并发挥他们的作用。县委、县政府及有关部门组织的调研、检查、听证活动,可视情邀请部分政协委员参加。

11. 积极支持政协的参政议政。县委、县政府要积极为政协参政议政创造条件,指导政协围绕全县的中心工作更好地参政议政。要支持政协选择人民群众关心、党政部门重视的问题,开展调查研究,提出建设性的意见和建议。要支持政协开展视察、考察、调研等活动,重视和吸收政协在参政议政过程中提出的意见和建议。

12. 认真做好社情民意、政协建议案和提案的办理工作。县委、县政府要重视政协反映的社情民意,畅通信息渠道,完善受理和反馈机制。对政协委员建议案和各民主党派、人民团体的集体提案,由县委、县政府领导直接批阅,统筹协调,重点督办。承办单位要认真负责地研究办理,在规定的时限内及时作出书面答复,能解决的问题要抓紧解决,不能解决或暂时不能解决的问题要认真做好解释工作。

四、进一步为政协开展工作创造条件

13. 坚持政协领导参加重要会议的制度。政协党组书记列席县委常委会议和有关重要会议。县政府全体会议和其他重要会议,可邀请县政协有关领导列席。

14. 坚持实行重要情况的通报制度。县委、县政府要就全局性的工作和政协委员普遍关心的重要问题,经常向政协通报情况,为政协常委会组成人员和全体政协委员知情议政创造条件。

15. 加强政府与政协的工作联系。定期开展政府职能部门与政协专门委员会对口联系活动,政府职能部门要主动邀请政协委员参加有关会议和活动,经常互通信息,交换意见,努力形成县委重视、政府支

持、各方配合的政协工作格局。

16. 切实维护政协委员履行职责的权利。政协委员是政协工作的主体。政协委员所在单位党政组织要大力支持委员参加政协的有关工作和活动，为委员履行职责提供时间、经费等方面的便利和保障。各乡镇召开人民代表大会时，可邀请所在乡镇的县政协委员列席会议；县级机关各部门、各企事业单位召开职代会时，可请所在单位的县政协委员列席会议，听取他们的意见。任何单位、部门和个人不得对提出批评和不同意见的政协委员进行排斥或打击报复。

17. 继续重视政协机关硬件建设。要积极创造条件，确保县政协履行职能和开展工作所需的经费，帮助县政协机关解决必须的硬件设施，为县政协开展工作创造良好条件。

五、进一步重视和加强政协自身建设

18. 不断增强人民政协统一战线组织的凝聚力。要充分发挥人民政协在协调关系方面的优势，多做沟通、联谊工作，凝聚各方面的力量，促进大团结、大联合。要加强同各民主党派、人民团体和各族各界人士的联系，经常就统一战线和政协工作中的重大问题交换意见、增进共识，发挥他们在人民政协中的作用。要协助党和政府多做宣传政策、理顺情绪、化解矛盾、凝聚人心的工作，引导和团结广大群众识大体，顾大局，调动和凝聚一切力量，同心同德，群策群力，共同为全面建设小康社会的目标而奋斗。

19. 大力加强政协委员和机关干部的思想建设。政协党组要组织政协委员和政协机关干部，深入学习邓小平理论、“三个代表”重要思想和十六大精神，学习党的路线、方针、政策，学习统一战线和人民政协理论，学习政治理论和现代经济、科技、法律及有关知识，增强在新形势下坚持中国共产党领导的多党合作和政治协商制度的坚定性，增强做好新时期人民政协工作的责任感和使命感，不断提高政协委员参政议政的能力和水平。

20. 切实加强政协的组织建设。为了更好地推进人民政协事业的发展，更有成效地履行政协职能，必须切实加强政协委员和政协机关工作人员两支队伍的建设。要根据新的形势合理设置政协界别和专门委员会。要优化委员结构，使政协委员既有广泛的代表性，又有一定的参政议政能力。县组织人事部门要按照革命化、年轻化、知识化、专业化标准和德才兼备的原则，通盘考虑政协机关干部队伍建设，把政协机关干部纳入全县党政干部交流序列，高度重视政协机关干部的培养、选拔和使用，加大政协机关干部与党政机关干部的双向交流和合理流动，不断提高政协机关干部队伍素质。要进一步改进机关作风，增强机关工作人员的全局意识、创新意识、服务意识和责任意识，提升服务水平，提高工作质量，形成务实高效的工作机制，不断增强政协机关的工作活力。

中共崇明县委员会
2003 年 7 月 4 日

中共崇明县委关于加强政协工作的意见

崇委〔2006〕3 号

中国共产党领导的多党合作和政治协商制度是我国的基本政治制度。人民政协是中国人民爱国统一战线的组织，是中国共产党领导的多党合作和政治协商的重要机构，是我国政治生活中发扬社会主义民主的重要形式。加强和改善党对人民政协的领导，推动人民政协富有成效地开展工作，充分发挥人民政协在国家政治生活中的作用，是加强党的执政能力建设的一个重要方面。为了深入贯彻党的十六大、十六届四中全会和市委八届七次、八次全会以及市政协工作会议精神，推进崇明经济建设、政治建设、文化建设、社会建设全面发展，根据《中共中央关于进一步加强中国共产党领导的多党合作和政治协商制度建设的意见》(中发〔2005〕5 号)、《中共上海市委关于深入贯彻〈中共中央关于加强党的执政能力建设的决定〉的意见》(沪委〔2005〕10 号)、《中共上海市委关于加强政协工作的意见》(沪委〔2005〕15 号)和政协章程的规定，在 2003 年下发《中共崇明县委关于进一步加强政协工作的若干意见》(崇委〔2003〕22 号)的基础上，就新形势下进一步加强政协工作提出如下意见。

一、进一步加强和改善党对政协工作的领导

（一）充分认识加强和改善党对政协工作领导的重要意义。人民政协是我国政治体制的重要组成部分，是各民主党派和社会各个界别参政议政、团结合作的重要场所，在我国政治生活中具有不可替代的作用。加强人民政协工作，支持和保证人民政协围绕团结和民主两大主题履行政治协商、民主监督、参政议政的职能，有利于党和政府广泛集中民智，实行科学决策；有利于使各民主党派的意见和主张在国家政治生活中得到充分表达；有利于吸收各民族、各团体、各阶层、各方面人士参与国事；有利于增进理解、扩大共识，使党和政府的决策成为最大多数人的自觉行动。坚持党的领导，自觉接受党的领导，是政协工作的基本前提和根本保证。为此，全县各级党组织要把加强和改善党对人民政协的领导，同积极支持人民政协依照法律和政协章程履行职能结合起来，把是否重视政协工作，能否发挥好人民政协在社会主义经济建设、政治建设、文化建设和社会建设中的作用，作为检验领导水平和执政能力的一项重要内容。要从提高党的执政能力、发展社会主义民主政治、构建社会主义和谐社会、推进崇明现代化生态岛区建设的战略高度，充分认识政协工作的重要性。

（二）完善县委对政协工作的领导方式。县委通过领导县政协党组的组织途径以及贯彻落实中央的路线、方针、政策和政协章程的制度途径，实现县委对县政协工作的领导。县委对政协工作的领导主要是政治、思想和组织领导。县委按照总揽全局、协调各方的原则，坚持政治原则、政治方向和重大方针、政策的领导，做好政治引导工作，保证正确的政治方向；坚持以马克思列宁主义、毛泽东思想、邓小平理论和“三个代表”重要思想为指导，贯彻落实科学发展观，引导各民主党派和社会各界在思想上、政治上与党中央保持一致。县委既要支持县政协依照章程独立负责、协调一致地开展工作，及时研究并统筹解决县政协履行职能中的重大问题，推进县政协履行职能的制度化、规范化、程序化，保证县政协按照政协章程的规定履行职能，又要通过县政协党组带领党员干部贯彻落实中央的路线、方针、政策，贯彻落实市委、县委的决策和工作部署。

（三）健全和完善县委领导政协工作的各项制度。县委要根据全县工作的需要和县政协履行职能的要求和特点，向县政协党组和政协组织提出任务和要求。县委常委会每年定期听取县政协党组的工作汇报。县政协党组书记列席县委常委会，县政协党组成员列席县委全会和县委常委会的有关会议，参加县委组织的有关调研活动和县委中心组学习。要进一步规范县政协党组向县委的请示报告制度，凡是县政协全年和阶段性的重要工作安排和部署，履行政治协商、民主监督、参政议政的重大议题，涉及政协自身建设的重大措施，召开县政协全体会议和常务委员会会议的议程安排，拟开展涉及全县大局和社会关注的重大活动等，县政协党组事先要向县委请示报告，经县委同意后实施。全国政协、市政协对政协工作的指导意见和县政协向市政协通报工作情况，县政协党组应当及时向县委报告，并根据县委的意见，做好相应的传达贯彻和情况通报工作。县委要着眼于统一战线和人民政协事业长远发展的全局，高度重视并切实加强县政协的干部队伍建设，将政协机关干部的培养、选拔、交流和任用纳入干部队伍建设的总体规划，统筹安排，每届要有一定数量的政协机关干部进行交流和轮岗，做好选拔干部到政协机关挂职锻炼的工作。

（四）发挥县政协党组的领导核心作用。县政协党组是县委在政协中的派出机构，负有贯彻中央路线、方针、政策和市委、县委各项决定的重要政治责任。县政协党组的主要职责是：负责贯彻执行党的路线、方针、政策，中央、市委、县委的重大决策和工作部署；讨论和研究县政协工作的重大问题；团结各界人士，围绕中心，服务大局，有效履行政协职能；认真贯彻县委要求，团结非党干部和各界人士，及时完成县委提出的工作任务；加强县政协机关党的建设，指导政协机关党支部开展工作。县政协党组要自觉接受县委对政协工作的领导，定期向县委汇报、请示政协工作；要通过自己的工作，引导和推动参加人民政协的各民主党派、人民团体和各界人士自觉接受中国共产党的领导；要保证党的主张和县委的决策通过政治协商成为各民主党派、人民团体和各界人士的共识。要结合政协工作实际，通过政协全体会议、常务委员会会议、主席会议、各专门委员会会议、专题座谈会、专题议政会和建议案、提案、调研报告、视察等各种形式，规划、组织好县政协的各项工作。要建立和完善党组成员联系常委、党员常委联系委员的制度。

（五）在政协工作的党员必须牢固树立党的观念和大局意识。政协委员中的党员和政协机关中的党员是受党组织委派从事政协工作的，其主要任务是保证党的决策和工作部署成为各民主党派和社会各界的共识。要牢固树立党的观念和大局意识，严格遵守党的政治纪律，积极贯彻党的路线、方针、政策。要在工作中将尽党员之责放在首位，在思想上、政治上、行动上与党中央和市委、县委保持一致。要模范地履行政治协商、民主监督和参政议政各项职能，团结社会各界人士共同做好政协工作。要努力提高自身修养和能力，继承和发扬党的统一战线和人民政协的优良传统，广交、深交党外朋友，努力成为合作共事的模范、发扬民主的模范、廉洁奉公的模范。

（六）党委及其工作部门要切实支持政协工作。要努力形成县委重视、政府支持、各方配合、政协主动的工作格局。各级党委及其工作部门要认真检查贯彻落实中央、市委和县委关于政协工作有关规定的情况，建立和完善县委办公室、县委统战部等部门参与的联合督办、推进落实的工作机制，并把贯彻落实的情况作为党委系统和领导干部考核的重要内容。要切实支持县政协对依法行政、公正司法的民主监督，并为提高监督实效提供便利、创造条件。要切实关心委员中的民主党派成员和无党派人士的工作和生活，为他们履行职能提供有力的保障。县委、县政府每年要结合全县工作重点，给政协出题目、交任务，充分发挥政协人才库、智囊团的作用；各级党组织要把对统一战线和人民政协理论的学习作为中心组学习的重要内容，将统一战线和人民政协理论的培训纳入干部教育培训计划；要把对人民政协制度的宣传纳入县委宣传工作的总体规划，宣传部门要积极搞好中国共产党领导的多党合作和政治协商制度、统一战线和人民政协理论与实践的宣传工作。

二、支持和保证人民政协依照政协章程的规定履行职能

（七）围绕团结和民主两大主题履行职能。县政协要依据政协章程的规定，围绕团结和民主两大主题，把握大方向，围绕大目标，立足大格局，促进大团结，切实履行政治协商、民主监督和参政议政的职能。要坚持发扬民主与加强团结的有机统一，在围绕团结和民主两大主题履行职能的过程中，既要努力营造平等协商、畅所欲言和活跃有序、和谐舒畅的氛围，广开言路，广求良策，广谋善举，为政协委员发表意见提供充分的机会，又要做好对各民主党派和社会各界释疑解惑、形成共识的工作，将各民主党派和社会各界人士的思想和行动统一到中央的路线、方针、政策和市委、县委的决策、部署上来，正确处理好个人利益与集体利益、局部利益与整体利益、当前利益与长远利益的关系，协助党和政府做好协调关系、化解矛盾、理顺情绪的工作。要切实把实现好、维护好、发展好最广大人民的根本利益作为政协履行职能的根本出发点和落脚点，团结一切可以团结的力量，调动一切积极因素，为构建社会主义和谐社会发挥人民政协特有的优势，作出积极的贡献。

（八）进一步履行好政治协商的职能。政治协商是中国共产党领导的多党合作和政治协商制度的重要组成部分，是实行科学民主决策的重要环节，是中国共产党提高执政能力的重要途径。坚持把政治协商纳入决策程序，就重大问题在决策前和决策执行中进行协商，是政治协商的重要原则。政治协商主要是围绕本县工作大局及政治、经济、文化和社会生活中的重大问题进行协商。具体内容是：本县构建社会主义和谐社会和现代化生态岛区建设中重要方针、政策和重大决策的制定和实施；政府工作报告；本县国民经济和社会发展长远规划和重要的区域性、专业性规划的制定和实施；重要人事安排；涉及人民群众生产生活的重大问题；有关爱国统一战线和政协工作的重要事务；县委、县政府及有关部门需要在县政协进行协商的议题；县政协提出的其他需要协商的问题等。县委根据年度工作重点，研究提出全年政治协商计划，确定协商议题。政治协商的主要形式是：县政协全体会议，常务委员会会议，主席会议，专门委员会会议，界别会议，专题座谈会，县委委托县政协党组召开的民主党派、人民团体和各界人士的协商座谈会等。要不断完善政治协商的程序。县委、县政府及有关部门一般应将协商议题和相关材料提前5个工作日交县政协，县政协要做好协商前的各项准备工作，提高协商的质量。县政协提出的需要协商的议题，一般应提前10个工作日告知县委、县政府及相关部门。县委、县政府领导和有关部门负责同志要参

加相关的协商及工作通报活动，充分发扬民主、广泛听取各界人士的意见和建议。凡县政协及其专门委员会组织的视察、调研，县委、县政府及有关部门应做好准备工作，保证视察、调研的顺利进行。县政府全体会议和有关工作会议，应邀请县政协副主席列席。县委、县政府职能部门召开的有关会议，应视情邀请政协相关专门委员会负责人参加。县政协各专门委员会与县委、县政府对口部门也应加强联系，互通情况，交流信息。县政协各种协商会的协商结果，应以建议案、提案、意见建议等形式行文送县委、县人民政府及相关部门。县委、县政府及有关部门要认真研究、抓好落实，并及时以书面形式反馈情况。

（九）进一步履行好民主监督的职能。人民政协的民主监督是社会主义监督体系的重要组成部分，也是发展社会主义民主政治的必然要求和重要内容。民主监督主要是通过批评和建议进行监督，要支持和保证人民政协依照政协章程开展民主监督。具体内容是：国家宪法、法律和法规的实施情况；重大方针、政策的贯彻执行情况；国家机关及其工作人员在履行职责、遵纪守法、为政清廉等方面的情况。主要形式是：通过政协全体会议、常务委员会会议、主席会议向县委、县政府提出建议案；通过各专门委员会会议提出建议或有关报告；通过政协提案、委员视察、委员举报及其他形式提出批评和建议；应邀参加县委、县政府及有关部门组织的调研和检查活动。县委、县政府开展的就贯彻执行中央和市委重要方针、政策情况及党风廉政建设情况的检查、其他专项检查和执法监督工作，可邀请政协委员参加。对县委、县政府重要决定的落实情况，政协委员在政协组织的视察活动中可以提出批评和建议。要继续探索和完善体现县政协民主监督特点的形式和机制，推进政协委员在行风评议、干部作风建设、政务公开、执法检查、专项视察等工作中的民主监督。坚持并不断完善由县纪（监）委、县委统战部牵头，相关部门参与的聘请政协委员担任特邀监督员的制度。各级党政组织要认真倾听来自县政协的批评和建议，自觉接受县政协的监督。依法保护政协委员民主监督和履行职能的权利。对履行民主监督职能中的重要情况，县政协党组要及时向县委报告。

（十）进一步履行好参政议政的职能。参政议政是人民政协履行职能的重要形式，也是党政领导机关经常听取参加人民政协的各民主党派、人民团体和各界人士的意见和建议，切实做好工作的有效方式。围绕中心、服务大局是参政议政的重要原则。参政议政主要是通过建议案、提案、调研报告、视察、考察、专题议政会、专题座谈会或其他形式向党和国家机关提出意见和建议。县政协要根据县委重点工作和全县工作大局，确定参政议政的重点内容和调研课题，充分运用联系面广、包容性大的有利条件，发挥人才荟萃、智力密集的优势，选择具有综合性、全局性、前瞻性的课题，深入开展专题调研，提出有见解、有分量的对策建议，为县委、县政府决策提供依据和参考。要继续认真做好提案工作。各级党政组织要认真执行《中共崇明县委办公室、崇明县人民政府办公室关于转发〈政协崇明县委员会办公室关于进一步做好提案办理工作的意见〉的通知》，落实领导责任，坚持办理程序，提高办理质量，认真研究和积极采纳提案中的合理建议。县委办公室负责党委部门、法院、检察院及人民团体提案办理的协调、督查工作；县政府办公室负责政府部门提案办理的协调、督查工作。每年提案办理工作的情况要向县政协常委会议通报。县委、县政府领导要亲自督促办理政协建议案和重点提案。政协专门委员会应主动与县委、县政府有关部门沟通情况，加强联系，使政协委员更好地知情明政，更好地了解决策过程，共同做好引导和形成共识的工作。

县政协要进一步完善了解和反映社情民意的工作机制，及时、准确地向县委、县政府反映社情民意。要围绕人民群众普遍关心的热点、难点问题履行职能，积极协助县委、县政府解决人民群众的实际困难和问题。

三、进一步发挥民主党派和社会各界在人民政协中的作用

（十一）充分发挥民主党派和无党派人士在人民政协中的作用。各民主党派是参加人民政协的重要组成单位。要进一步重视民主党派在政协工作中的作用，充分体现和发挥我国社会主义政党制度的特点和优势。要认真贯彻《中共中央关于进一步加强中国共产党领导的多党合作和政治协商制度建设的意见》（中发〔2005〕5号），坚持“长期共存、互相监督、肝胆相照、荣辱与共”的基本方针，保证民主党派以本

党派的名义通过政协发表意见和主张，提出代表本党派组织的提案，自主开展调查研究等活动。对以党派名义提出的提案要加大办理落实的力度。政协组织的政协委员调研、视察等活动，可与党派、团体联合开展，促进政协工作与党派、团体工作优势互补、团结合作。要保证民主党派成员和无党派人士在人民政协中占有较大比例，在政协各专门委员会负责人中应有适当数量。政协机关中要有一定数量的民主党派成员和无党派人士担任专职领导职务。

（十二）高度重视发挥界别在人民政协中的作用。界别工作是政协工作的显著特点和重要载体。要根据界别特点开展界别活动，进一步探索界别活动规律，丰富界别活动形式。要从本县实际出发，适当调整和完善界别设置。要通过政协专门委员会的组织、协调和服务，更好地发挥界别作用。要不断完善政协领导成员下基层调研和界别座谈会等制度，加强与社会各界人士和人民群众的沟通和联系。政协委员在提交提案、建议时，应听取所在界别的意见和建议，关心各界群众的利益，尤其是关注和维护困难群体的利益，使他们共享改革发展成果。要切实反映社会各界群众的诉求和愿望，做好维护社会稳定、促进社会和谐的工作。

（十三）进一步发挥政协委员的主体作用。政协委员是社会各界的代表人士，是人民政协履行职能的主体。政协委员要认真学习政协章程，切实贯彻政协章程，坚持按政协章程履行职能。要密切联系各界群众，深入体察人民群众的情绪和愿望，做好了解和反映社情民意的工作。要继续发挥政协委员在社区建设和管理中的作用。要积极参加政协组织的各项会议和活动。政协委员所在单位要关心和支持委员履行职能，把政协委员履行职能时间计入正常工作量，切实提供时间和经费保证。乡镇人民代表大会会议召开时，应邀请所在乡镇的县政协委员列席会议；县级机关各部门、各企事业单位召开职代会时，可邀请所在单位的县政协委员列席会议。县政协委员的人选推荐，在各级党组织推荐的基础上，党内的由县委组织部提名，党外的由县委统战部提名，建议名单由县委统战部汇总，在征求县委组织部、县政协党组意见后报县委审定，然后按政协章程规定的程序办理。

四、进一步加强县政协的自身建设

（十四）加强县政协的思想建设。县政协要把思想建设摆在各项建设的首要位置，坚持以马克思列宁主义、毛泽东思想、邓小平理论和“三个代表”重要思想为指导，认真贯彻落实科学发展观。要按照发展社会主义民主政治的要求，坚持与时俱进和改革创新，研究探索开展政协工作的新形式、新方法，认真搞好政治协商、积极推进民主监督、深入开展参政议政。要进一步完善政协组织的工作机制和活动方式。要继续建立健全与政协章程相配套的各项制度和程序，推进履行职能的制度化、规范化、程序化建设。

（十五）发挥政协全体会议、常务委员会、主席会议和各专门委员会的作用。县政协全体会议要坚持民主、求实、团结、鼓劲的方针，广开言路，求同存异，民主协商，集思广益，鼓励委员充分发表意见和建议。县政协常务委员会要坚持想大局、议大事，主动思考和研究新情况、新问题，不断提高工作实效。主席会议要充分发扬民主，对会议审议决定的事项要充分讨论，各抒己见，坚持少数服从多数的原则，对不同意见要认真考虑，体现平等协商、多党合作的精神。积极研究探索专门委员会工作机制，增加专门委员会领导成员中的中青年干部比例。各专门委员会要不断提高履行职能的能力和水平，组织委员认真学习、宣传党和国家的方针、政策和法律法规，就国家的大政方针以及政治、经济、文化和社会生活中的重要问题，崇明现代化生态岛区建设以及人民群众普遍关心的热点问题，深入开展调查研究，提出意见、建议和提案，团结和联系委员，积极反映社情民意。各地区委员小组也应积极发挥作用。

（十六）加强政协机关队伍建设。政协党组要切实加强政协机关干部队伍的思想建设、组织建设和作风建设，把政治坚定、作风优良、学识丰富、业务熟练的干部配备到重要工作岗位上。要努力创建学习型机关，建立多种学习制度，进一步支持和加强对机关干部的培训，提高机关干部的综合素质。要解放思想，与时俱进，勇于实践，大胆探索，按照更好适应履行职能的要求完善政协机关的工作机制，及时梳理和总结实践中行之有效的做法。在政协机关工作的干部要进一步加强学习，善于研究，努力把握新时期政协工作的特点和规律，增强创新意识，提高运用科学理论分析、解决实际问题的能力和按政协章程办事的能力，积极为推进崇明政协事业不断向前发展作出新的贡献。

中共崇明县委员会
2006年2月7日

中共崇明县委关于进一步加强人民政协政治协商工作的若干规定

崇委〔2009〕12号

为了切实推进社会主义民主政治建设，更好地把人民政协政治协商纳入县委、县政府决策程序，促进民主决策、科学决策，根据《中共中央关于加强人民政协工作的意见》（中发〔2006〕5号）精神，结合崇明实际，作如下规定。

一、人民政协政治协商的重要意义和重要原则

人民政协的政治协商是中国共产党领导的多党合作的重要体现，是党和政府广集民智、实行科学民主决策的重要环节，是党提高执政能力的重要途径。

把政治协商纳入决策程序，就全县的重大问题和重要工作在决策之前和决策执行过程中进行协商，是政治协商工作的重要原则。

加强政协政治协商工作，是县委总揽全局、协调各方的必然要求，是加强和改善党对人民政协领导的具体体现。因此，必须按照党的十七大精神和《中共中央关于加强人民政协工作的意见》要求，从政治高度，充分认识加强政协政治协商的重要意义，切实把加强人民政协的政治协商工作摆上重要议事日程，使政治协商纳入决策程序的要求真正落到实处。

二、人民政协政治协商的主要内容

（一）县委、县政府重要方针、政策和重大决策、重要改革举措的制定和实施；

（二）县级国民经济和社会发展规划和实施；

（三）县人民政府和县人民法院、县人民检察院的工作报告；

（四）县级财政预决算报告；

（五）县级年度实事项目、重点工程，以及与人民群众切身利益密切相关的重大事项的确定和实施；

（六）各民主党派参加人民政协工作的共同性事务；

（七）政协内部的重要事务，以及有关爱国统一战线的其他重要问题；

（八）其他需要在政协进行协商的重要问题，以及政协建议协商的重要问题。

三、人民政协政治协商的主要形式

（一）县政协全体会议；

（二）县政协常务委员会会议；

（三）县政协主席会议；

（四）县政协常务委员专题协商会议；

（五）县政协党组受县委委托召开的座谈会；

（六）县政协专门委员会对口协商会议；

（七）根据县委需要或县政协建议进行的专题协商会；

（八）根据需要召开的由县政协各参加单位和各界代表人士参加的协商会议。

四、人民政协政治协商的主要程序

（一）政协全会协商的程序。

1. 提交县人大全体会议审议的县政府工作报告等有关报告的草案，应以会议或书面形式征询县政协各参加单位和政协委员的意见和建议，开展协商讨论。

2. 除协商讨论和决定县政协内部事务的政协全会外，县委、县政府领导班子成员和县人民法院、县人民检察院领导以及县委、县政府各工作部门有关负责人，应按照会议安排，列席或参加全会的相关会议

及分组讨论。

3. 在政协全会协商讨论中形成的重要意见、建议，县政协应以全会建议案或其他适当的书面形式报县委，并抄送县政府。

4. 对县政协全会的建议案，县委、县政府主要领导应予阅批，提出初步办理意见。县委办公室、县政府办公室应将初步办理意见于5个工作日内通报县政协。办理部门应当认真办理，并在自收文之日起的2个月内，以公函形式答复县政协。书面答复应当具体、明确，具有较强的针对性。对于可以采纳的意见和建议，应当明确告知予以采纳及落实的时间、措施，并在落实后及时反馈；对于不能采纳的意见和建议，应当明确向县政协告知原因和理由。

（二）常务委员会会议和主席会议协商的程序。

1. 协商议题的提出和确定。由县委常委会根据年度工作重点和县政协党组的建议，研究并确定在县政协常委会会议和主席会议层面开展政治协商的年度计划和议题。

2. 协商活动的准备。县政协党组根据县委年度协商计划和议题安排协商活动。县政协常委会应组织必要的视察、考察和调查研究、专题讨论，为开展协商活动作好准备。县委办公室、县政府办公室应根据年度协商安排，通知相关部门将与协商议题有关的材料，于协商活动举行5日前送达县政协。

3. 协商活动的组织。根据协商计划安排，由县政协组织协商活动，县委、县政府有关领导就所确定的议题向政协常委会会议或主席会议通报情况，听取意见，开展协商讨论。

4. 协商意见的报送。县政协应将参加协商的各党派团体和各族各界人士提出的意见和建议整理后，以建议案或协商建议书等形式及时报县委，并抄送县政府。

5. 协商意见的处理和反馈。对县政协常委会会议和主席会议建议案和协商建议书，县委、县政府相关领导应予阅批，提出初步办理意见，由办理部门参照县政协全会建议案办理的程序和要求进行办理和答复。

（三）其他会议协商的程序。

县政协常务委员专题协商会议，县政协党组受县委委托召开的座谈会，县政协专门委员会对口协商会议，根据县委需要、县级有关部门建议或县政协建议进行的专题协商会等其他会议协商的有关程序，可以参照县政协常委会会议和主席会议协商的有关程序，也可以采取其他灵活、便捷的方式，具体办法由县政协与各参加单位共同协商确定。

中共崇明县委员会
2009年8月26日

政协崇明县委员会关于加强反映社情民意工作的意见

（1998年7月22日县政协十届三次常委会会议通过）

了解和反映社情民意是政协履行职能的重要基础，是拓展参政议政渠道和充分发挥委员作用的一种有效形式。为了使了解和反映社情民意工作有新的进展，特制定本意见。

一、了解和反映社情民意的目的意义

了解和反映社情民意是人民政协一项经常性的重要工作。了解和反映社情民意有利于人民政协更好地履行职能，使政治协商更加切实、民主监督更加有效、参政议政更加富有成果；有利于发扬社会主义民主，促进改革开放和社会主义现代化建设，巩固和发展安定团结的政治局面；有利于政协机关更好地为政协委员履行职责服务，为党政机关科学决策服务，为人民群众办实事服务。

二、了解和反映社情民意的内容

1. 政协各组成单位和政协委员对我县经济、政治、文化和社会生活中重要问题的意见和建议；

2. 各民主党派、人民团体和各界人士在政协各种会议上以及其他场所发表的真知灼见；

3. 重要的社会政治动态和一些敏感性问题；

4. 一个时期人民群众关注的热点问题，特别是普遍性的情绪变化，对重大事件、突发事件的反响，有识之士的警示性、批评性意见；

5. 事关本县党风廉政建设、精神文明建设、民主法制建设以及维护社会稳定等方面的重要意见和建议；

6. 本县党政领导希望了解的有关情况；

7. 对搞好政协工作具有重要意义的新情况、新问题、新经验。

三、了解和反映社情民意的对象及形式

了解和反映社情民意的对象是县政协委员、各专门委员会、政协之友社社员和各界人士等。

了解和反映社情民意的主要形式是政协例会、委员发言、视察调查、来信来访、专题座谈、委员热线电话、领导走访等。

政协秘书处将搜集到的意见和建议通过《社情民意》内部刊物，报送县委、县人大常委会、县政府有关领导。

四、了解和反映社情民意的网络及分工

以县政协机关工作人员、各专门委员会正副主任、地区委员小组正副组长、秘书长联席会议成员组成信息网络；

县政协各次例会及其他有关会议所反映的意见和建议，委员热线电话反映的意见和建议，政协领导与委员之间约见时所反映的情况，以及政协领导走访委员时收集的信息，由政协秘书处负责整理成书面材料；

各专门委员会搜集的有关委员和各界人士的意见、建议，由该专门委员会整理成书面材料；

地区委员小组反映的意见、建议，由该小组负责搜集整理；

政协委员及其联系的群众反映的意见、建议，由本人以书面或口头形式向所在委组的领导反映，也可直接向政协秘书处反映。

五、了解和反映社情民意的工作程序

除县政协的建议案、提案、视察调查报告以外，县政协委员、各委组、各民主党派、人民团体、各界人士和秘书长联席会议成员的意见和建议报县政协秘书处后，在整理、分析、筛选的基础上编成《社情民意》，经秘书长审核，由主席签发，报送县委、县人大常委会、县政府、县政协有关领导，并视情况抄送有关部门负责同志。

有价值的社情民意可通过调查后，上升为提案或建议案，送交有关部门办理。

六、了解和反映社情民意的要求

1. 反映社情民意要坚持实事求是的原则，如实反映情况。有喜报喜，有忧报忧，把真实情况和真知灼见反映上来，要尽量反映重大问题、倾向性问题和新鲜事物，避免琐碎小事，力求有较强的针对性和代表性。

2. 政协委员要结合自己的工作实际，加强与自己所代表的党派团体、界别及有关方面的群众联系，认真听取并及时反映他们的意见、要求、建议和呼声。

3. 政协秘书处工作人员必须进一步提高思想认识，改进工作作风，提高办事效率。要认真、及时编写好《崇明政协简讯》和《知政信息》，并采取多种形式，帮助委员了解情况，掌握政策，扩大视野，积极为委员了解和反映社情民意创造条件。

4. 政协秘书处整理和编写《社情民意》要讲求时效，做到收集快、整理快、报送快。对重大事件、重要情况要一事一报。同时，要及时了解社情民意上报后的处理情况或领导批示。

5. 要尊重和保护委员的各种民主权利，鼓励大家畅所欲言。

6. 在了解和反映社情民意的同时，广大委员要向所联系的各界群众积极宣传党的方针政策，帮助他们正确认清形势和任务，做好解释和疏导工作。

七、本意见经政协崇明县委员会常务委员会会议通过后实施

政协崇明县委员会关于进一步发挥常务委员会作用的若干意见

（2003年10月16日县政协十一届三次常委会会议通过）

崇明县政协常务委员会（以下简称常委会）是在政协全体委员会议闭会期间行使委员会的职权、处理政协重要事务的领导机构。在中共崇明县委领导下，为进一步贯彻实施《政协崇明县委员会常务委员会工作规则》，不断加强常委会工作，在常委会组成人员的共同努力下，凝聚全体委员的智慧和力量，围绕团结和民主两大主题以及党委和政府的中心工作，积极履行政协政治协商、民主监督、参政议政职能，努力开创新世纪、新阶段崇明政协工作的新局面，特提出以下意见。

一、切实加强理论学习

大力发扬理论联系实际的学风，坚持在改造客观世界的同时不断改造主观世界，努力使学习理论的过程成为提高认识、增进共识的过程，成为拓展思路、推进工作的过程。

（一）常委会要认真贯彻胡锦涛同志在“三个代表”重要思想理论研讨会上的讲话精神，把兴起学习贯彻“三个代表”重要思想新高潮作为当前的首要政治任务和一项长期的重要战略任务。常委会组成人员要坚持学在前、用在前，做自觉学、深入学的表率，在增强学习贯彻“三个代表”重要思想的自觉性和坚定性上下功夫，在全面掌握“三个代表”重要思想的系统理论上下功夫，在坚持运用“三个代表”重要思想指导实践上下功夫。通过学习，要进一步解放思想，实事求是，与时俱进，不断加强常委会的工作，充分发挥政协在崇明经济和社会事业发展中的推进作用、团结稳定的促进作用、政治参与的引导作用、民主决策的参谋作用、执政为民的监督作用。

（二）坚持集体学习和个人学习相结合，紧密联系政协工作的实际，做到学以致用、用以促学、学用相长。积极运用委员学习活动日、专题研讨会和学习交流会等各种形式，把学习“三个代表”重要思想同研究统一战线和人民政协理论，把握时事政治形势，学习经济、文化、科技、法律等各方面新知识结合起来，不断增强科学判断形势的能力、主动服务大局的能力、广泛团结各界的能力、有效履行职能的能力。通过政协的代表性、包容性，充分体现委员融合力；通过广开言路、广纳群言，充分发挥委组的整体创造力；通过建言立论、献计献策，不断提高政协影响力。

二、深入开展调查研究

面对世界科技发展的新趋势，面对我国经济发展阶段的新要求，面对上海城市新一轮发展的新形势，面对崇明实施科教兴县战略、加快实现崇明跨越式发展新的机遇和挑战，需要我们进一步认清形势，形成共识，不断增强政治意识、大局意识、法治意识、责任意识，为崇明物质文明、政治文明和精神文明建设作出新贡献。

（三）常委会要坚持做到想大局、议大事，认真履行政治协商、民主监督、参政议政职能。围绕事关崇明发展全局的重点、难点问题，围绕人民群众普遍关心的实际问题和有关重大事项，围绕做好新时期政协工作中需要改进和加强的重要问题，本着宏观性、前瞻性和实效性的原则，加强与中共崇明县委、县人民政府有关部门的沟通，密切与各民主党派、工商联、人民团体的联系，从既符合全局工作的需要，又有利于发挥政协自身优势出发，加强重点课题的调查研究，努力提高参政议政的水平。

（四）根据每年常委会确定的议题，常委会组成人员要带头参与专题调研，深入基层、深入群众，掌握第一手资料，并运用座谈会、研讨会、专题议政会等形式，对有关问题进行充分论证，为常委会会议审议有关建议案作好准备。

（五）常委会组成人员要主动思考问题，以自己的实践和探索，研究关系崇明经济和社会跨越式、可持续发展和政协工作中的新情况新问题，积极提出提案，反映社情民意，广泛建言献策。通过县政协《调查与研究》《社情民意》等刊物，及时提出对各方面工作的意见建议，为县委、县政府决策提供有价值的参考材料。

（六）常委会会议在审议建议案时，根据需要，可商请中共崇明县委、县人民政府领导及有关部门负责人列席，直接听取常委会组成人员的意见，共同协商建议案的可行性，提高常委会建议案的实效性。

（七）常委会会议审议决定的重要议题，应及时加以整理，形成意见和建议案，报送中共崇明县委、县人民政府及有关部门。对一些重要建议，要及时了解反馈意见，必要时组织常委会组成人员跟踪调查，使工作落到实处。

三、广泛团结各界人士

大团结大联合是巩固和发展中国共产党领导的多党合作和政治协商制度的需要，是巩固和扩大新时期爱国统一战线的需要，常委会的各项工作都应体现广泛团结的精神。

（八）常委会组成人员是各党派、各团体、各界别的代表人士，在常委会工作中，要进一步密切相互之间合作共事的关系，通过各种会议和活动，加强联系和沟通，营造坦诚相见、相互尊重的工作氛围，形成生动活泼、富有成效的工作局面。

（九）常委会要根据社会阶层结构的新变化，重视加强同民营科技企业的创业人员和技术人员、个体户、私营企业主等社会阶层的联系，做好扩大代表性和团结面的工作。继续推进人民政协对外友好交往工作，加强与港澳台同胞、海外侨胞和留学生的联系，增进相互的了解和友谊。

（十）充分发挥常委会组成人员联系群众的桥梁纽带作用，认真听取并及时反映各界人士和人民群众的愿望要求，尤其要关心弱势、困难群体的工作和生活，反映他们的实际困难，协助党和政府多做协调关系、化解矛盾的工作，实现好、维护好、发展好最广大人民的根本利益，共同维护安定团结的政治局面。

四、充分发扬政治民主

常委会要保持和发扬平等议事、求同存异的民主特色，并贯彻到各项工作中去。

（十一）尊重和保护常委会组成人员在履行政协职能中的民主权利，广开言路，提倡充分发表和反映不同意见，做到知无不言、言无不尽，鼓励反映实情、敢讲真话、多献良策，积极营造宽松和谐的民主氛围。

（十二）进一步规范常委会会议制度，一般每季度举行一次，必要时可临时举行；增加有关情况通报和协商议政的内容，进一步提高常委会会议的实效。

（十三）常委会组成人员应始终保持奋发有为的良好精神状态，不断增强做好政协工作的责任感和使命感，牢固树立实践探索和求实创新的观念，结合形势和任务，积极探索开展政协工作的新形式、新内容，进一步推进常委会工作的制度化、规范化和程序化。

五、不断强化自身建设

要用健全的机制和良好的作风，加强常委会自身建设，增强常委会组成人员履行政协职能的自觉性。

（十四）常委会组成人员必须模范遵守宪法和法律，并在政协章程和有关规定的范围内活动，做到勤政廉洁、刚正不阿、议政为民，努力塑造良好的自身形象。

（十五）常委会组成人员中的中共党员，要严格遵守政治纪律和政协的各项规章制度，切实保证中共中央、中共上海市委和中共崇明县委的决策部署在政协贯彻落实，把履行党员之责与尽常委之责结合起来，在政协的各项工作中充分发挥模范带头作用。

（十六）为保证常委会组成人员参加政协的会议和活动，常委会组成人员参加政协的各项工作，所在单位应按正常出勤计人工作量。有条件的单位应落实具体措施，使政协常委能及时看到有关文件资料，听到有关会议精神传达，为他们参政议政创造条件。

（十七）常委会组成人员要把参加常委会会议和活动，作为享有的权利和应尽的义务。要正确处理好本单位工作和政协工作的关系，常委会组织的会议都应保证参加，政协开展的学习、调研和视察等活动都要带头参与，并在专门委员会工作中发挥骨干作用。常委会组成人员因病或其他特殊原因不能出席常委会会议时，应事先向政协办公室请假，对缺席情况应在常委会会议纪要上予以反映，每年年底以适当方式进行通报。

（十八）常委会组成人员要增强保密观念，严格遵守《政协崇明县委员会常务委员会工作规则》中有关保密规定。

政协崇明县委员会关于进一步发挥委员主体作用的意见

（2004年3月23日县政协十一届五次常委会会议通过）

为切实加强政协自身建设，进一步发挥政协委员的主体作用，充分调动政协委员履行职能的积极性，现根据《中国人民政治协商会议章程》，结合本县政协工作实际，提出如下意见。

一、提高认识，重视发挥委员主体作用

1. 委员是政协工作的主体。充分发挥委员作用，是搞好政协工作，提高政协工作水平的基础和关键。政协能否切实履行职能，充分发挥政治协商、民主监督、参政议政的作用，在很大程度上取决于能否充分发挥委员的作用。因此，要进一步发挥委员的主体作用，激发委员参与政协工作的主动性、积极性和创造性，努力促进县政协工作的创新和发展。

2. 县政协主席会议和常委会要把充分发挥委员主体作用，积极履行政协职能列入重要议事日程。要经常听取专门委员会办公室和各专门委员会关于发挥委员作用的情况汇报，专题研究发挥委员作用的工作思路、工作制度和工作措施。

3. 县政协各专门委员会、各地区委员小组、机关各科室要按照《政协崇明县委员会专门委员会、地区委员小组主要任务和工作职责》《政协崇明县委员会专门委员会工作简则》和机关工作职责的有关规定，明确分工，各司其职，做到密切联系委员，精心组织活动，为委员履行职能创造条件、提供舞台。

4. 委员要充分认识人民政协的性质、地位和作用，牢固树立委员的主体意识，进一步增强责任感和使命感，把委员的权利和义务、荣誉和责任统一起来，积极参加政协活动，切实履行委员职责，充分发挥委员应有作用。

二、加强学习，不断优化委员综合素质

5. 委员要自觉学习马克思列宁主义、毛泽东思想、邓小平理论和“三个代表”重要思想，学习中共中央的路线、方针和政策，不断提高政治思想水平。

6. 委员要自觉学习《宪法》《政协章程》、统一战线以及政协理论，充分利用政协有关报刊了解信息，丰富知识，拓宽视野，做到以《宪法》为准则，切实履行《政协章程》所规定的各项职能，自觉服从和服务于崇明改革、发展、稳定的大局。

7. 委员要认真学习与履行职能密切相关的现代经济、科技、管理和法律法规等方面知识，尤其要认真学习生态理论以及与生态岛建设相关的知识，不断优化知识结构，努力提高参政议政的能力和水平，为切实履行委员职责，推进物质文明、政治文明、精神文明建设贡献自己的聪明才智。

三、拓宽渠道，密切联系各界政协委员

8. 要继续坚持政协领导走访、约谈委员和挂钩联系委组等制度，及时沟通和传递政协工作信息，全面了解和掌握委员的学习、工作和生活情况，听取对县政协工作的意见和建议，指导和帮助委组开展工作。

9. 县政协实施委员接待日制度和委员信访接待日制度，及时协调解决委员在学习、工作和生活中遇到的问题。

10. 根据《政协章程》的有关规定，切实保障委员权利，保障委员对县政协工作的知情权、参与权和监督权。县政协机关要进一步增强服务功能，使之成为“政协委员之家”。县政协办公室要通过会议、文件、内部刊物等形式和途径，定期向委员通报重要活动及工作动态。在协商确定政协年度工作计划、重要工作、重要决定之前，要认真听取委员的意见和建议。

四、改进方式，不断提高政协工作水平

11. 县政协根据年度工作安排，适时组织委员参加有关政治协商、民主监督和参政议政活动。要通过情况通报会、专题报告会、学习交流会等多种形式，精心组织开展委员学习日活动；不定期地组织委员参加专题协商、专题研讨和专题座谈会；每年至少组织一次委员集中视察，并根据工作需要不定期地组织专题视察；县委、县政府及有关职能部门提请县政协协商、通报、论证和征求意见的事项，随时组织委员参与；支持并协助各专门委员会、地区委员小组不定期地开展学习与视察活动。

12. 委员提交的提案，反映的社情民意，提出的意见、建议和批评，由县政协办公室负责收集整理后，按相关程序及时转送、交办，并根据《政协崇明县委员会提案工作条例》等有关规定，负责跟踪督办。

13. 委员要进一步增强界别意识，密切联系群众，了解和反映他们的愿望和要求，充分发挥党和政府联系人民群众的桥梁和纽带作用，努力维护人民群众的根本利益。

14. 委员要正确处理好本职工作和政协工作的关系，积极参加政协组织的各类会议和各项活动。要紧紧围绕县委、县政府的中心工作，每年至少提交一件提案，反映一条社情民意，参加一次视察活动，提交一篇研讨文章。

15. 要通过视察、评议、担任特邀监督员等方式，对国家法律、法规的实施，重大方针、政策的贯彻执行，国家机关及其工作人员的工作情况进行民主监督，提出建议和批评意见。

五、珍惜荣誉，积极行使权利履行义务

16. 委员要认真做好参加会议和活动的各项准备工作，不断提高履行职能的水平。会议或活动之前要围绕主题，加强调查研究，了解第一手材料；会议或活动中要充分发扬民主，就本县政治、经济、文化和社会生活中的重要问题以及人民群众普遍关心的热点、难点问题进行协商、讨论，积极坦诚地发表自己的观点，认真负责地提出意见、建议。

17. 委员要积极行使政协章程赋予的民主权利，在政协组织的各类会议和各项活动中，充分发表各种意见。如因履行政协职能而遭受不公平对待或合法权益受到侵害时，可以向县政协反映。县政协将在有关部门配合下及时追查，并督促有关方面严肃处理。

18. 委员要努力增强政治意识、责任意识和全局意识，积极拥护、宣传和贯彻中国共产党的路线、方针、政策，牢记责任，珍惜荣誉，自觉奉献，服务社会，不负众望，不辱使命，以自己的模范行动，在人民群众中树立政协委员的良好形象。

19. 委员要主动保持与县政协机关的经常联系。政协机关发出征询函、调查表或要求提供有关资料时，应主动配合，及时回复。本人职务、职称、学历、工作单位、通讯地址、联系方式等有变动或有建功获奖等情况，应及时告知县政协办公室。

20. 委员要坚持发扬主人翁精神，密切关注和了解县政协工作动态，关心、支持政协工作和机关建设，帮助政协机关转变工作作风，改进工作方法，提高办事效率，并经常对做好政协工作提出意见和建议。

六、完善措施，建立健全激励约束机制

21. 建立会议签到制度。委员出席政协全体会议和县政协召开的其他会议，应在报到处或签到处签到。政协常委要妥善安排，保证出席政协常委会会议。因特殊原因不能到会的，须由本人事先向政协办公室说明情况，并经政协有关领导同意。

22. 建立活动考勤制度。对无充分理由、未履行请假手续，经常不参加政协组织的学习、视察、调研等活动的委员，由县政协视情作内部通报。

23. 建立通报制度。县政协办公室要把委员参加政协会议、活动和履行职责的情况进行收集汇总，并定期在一定范围内公布。每年年底，将委员年度履职情况书面送县委组织部、统战部、委员所在单位党组织、党派、团体等推荐单位。

24. 建立表彰制度。县政协每届开展两次评选优秀政协委员活动。对履行职能责任心强，参政议政热情高，积极参加政协会议和活动，建言献策有实效的委员进行表彰。要利用广播、电视、报刊等多种媒体，广泛宣传优秀委员的先进事迹。

25. 委员要树立高度的社会责任感，坚持自重、自省、自警、自励，模范地遵守宪法和法律、法规，严格贯彻执行《政协章程》。如严重违法违纪，严重违反《政协章程》的，将依据有关法律法规和《政协章程》规定，由县政协常务委员会依据情节轻重，给予警告处分或撤销其委员资格，并由本人承担相应的政治和法律责任。

政协崇明县委员会关于进一步发挥民主党派、工商联在人民政协中作用的意见

（2004年7月22日县政协十一届六次常委会会议通过）

为认真贯彻落实《中国人民政治协商会议章程》和《政协全国委员会关于政治协商、民主监督、参政议政的规定》，坚持和完善中国共产党领导的多党合作和政治协商制度，不断加强同县级各民主党派、工商联的联系，充分体现人民政协是中国共产党领导的多党合作和政治协商的重要机构，是发扬社会主义民主的重要渠道，是履行政治协商、民主监督、参政议政职能的重要场所，充分发挥县级各民主党派、工商联在政协工作中的重要作用，特提出如下意见。

一、努力营造民主党派、工商联开展政治协商的良好氛围

1. 充分认识坚持中国共产党领导的多党合作的政治基础，进一步明确各民主党派性质、地位和在社会主义事业中的重要作用，为县级各民主党派参加政治协商、民主监督、参政议政创造良好的条件。

2. 坚持以邓小平理论和“三个代表”重要思想为指导，积极支持、鼓励民主党派、工商联对我县大政方针以及政治、经济、文化和社会生活中的重大问题进行协商，集思广益，促进决策科学化、民主化。

3. 县政协每年至少定期召开两次由县级各民主党派、工商联负责人参加的座谈会，通报工作，沟通情况，共同就履行职能中的有关问题进行协商，交换意见。

4. 中共崇明县政协党组可受中共崇明县委委托或因其他工作需要，及时邀请县级各民主党派、工商联进行座谈，沟通思想，增进共识，帮助县级各民主党派、工商联就涉及本县的重大问题建言献策。

5. 县政协每半年召开一次县政协秘书长与各民主党派、工商联秘书长联席会议，通报有关情况，听取各方意见，协调相互关系，商榷有关事宜。

二、大力支持民主党派、工商联进行民主监督

6. 大力支持县级各民主党派、工商联对宪法和法律在本县的实施、本县重大方针政策的执行、国家机关及其工作人员的工作，通过建议和批评进行监督，努力营造“知无不言，言无不尽，言者无罪，闻者足戒”和勇于坚持正确意见和敢于提出不同意见的氛围。

7. 积极推荐县政协委员中符合条件和有专门知识的民主党派人士、工商联会员担任政法机关、行政机关的特邀监督员、行风监督员等，帮助县级各民主党派、工商联加强司法和行政执法中的民主监督。

三、积极创造民主党派、工商联参政议政的工作条件

8. 县政协全体会议应邀请没有担任政协委员的有关民主党派、工商联负责人列席会议。积极支持各民主党派、工商联在政协全体会议上以本党派名义发言，进行参政议政。

9. 对县级各民主党派、工商联的提案、建议案、调研报告、反映的社情民意，县政协应按照《政协崇明县委员会提案工作条例》和其他规定，及时通过适当渠道转送中共崇明县委、县人民政府，并做好跟踪检查、督促落实工作。

10. 县政协各专门委员会应加强与县级各民主党派、工商联的工作联系与协作，按照协商议题和对口关系，主动沟通情况，发挥各自专业优势和群体优势，共同开展调研活动，形成调研成果。

四、切实加强与民主党派、工商联的联系

11. 县政协组织开展的各种联谊活动，应邀请县级各民主党派、工商联负责人、秘书长及其代表人士参加。

12. 县政协领导要加强与县级各民主党派、工商联的联系，每年至少走访县级各民主党派、工商联机关一次，了解情况，帮助县级各民主党派、工商联反映和解决实际问题。

13. 政协委员中的共产党员应加强与县级各民主党派成员、工商联会员的交流与合作，积极为县级各民主党派成员、工商联会员知情明政提供信息，创造条件。

14. 县政协及县政协办公室的有关文件、简报一般应抄送县级各民主党派、工商联，帮助了解县政协工作动态。

15. 在必要时，县政协召开常委会会议及有关专题座谈会，应邀请县级各民主党派、工商联秘书长列席，了解会议精神，更好地发挥各民主党派、工商联参政议政作用。

16. 县政协办公室、专门委员会办公室要做好各种协商会、座谈会的准备工作。凡是属于重要会议的，应将所需研究的议题及有关材料提前送交与会人员。

政协崇明县委员会关于加强了解和反映社情民意工作的若干意见

（2004年7月22日县政协十一届六次常委会会议通过）

为了进一步加强县政协反映社情民意工作，推进反映社情民意工作的规范化、制度化，根据《中国人民政治协商会议章程》《政协全国委员会关于进一步加强了解和反映社情民意工作的若干意见》，提出如下意见。

一、充分认识反映社情民意工作的重要性

（一）了解和反映社情民意是政协履行职能的基础和关键环节，是畅通社会主义民主渠道，建设社会主义政治文明的重要举措，是坚持实事求是和群众路线的具体体现，是政协协商讨论的客观依据，民主监督的重要内容，参政议政的基本素材。做好了解和反映社情民意工作，有利于推进决策民主化、科学化，有利于维护和发展安定团结的政治局面。

二、正确把握了解和反映社情民意工作的指导思想

（二）了解和反映社情民意工作要坚持以邓小平理论、“三个代表”重要思想为指导，坚持实事求是、团结民主，重视民情、反映民意、广集民智，促进决策民主化、科学化，维护和发展安定团结的政治局面，努力为崇明物质文明、政治文明、精神文明建设作贡献。

三、严格遵循了解和反映社情民意工作的基本原则

（三）坚持突出重点的原则。围绕县委和县政府的中心工作和重要工作部署，着重收集和反映县政协各组成单位、各专门委员会、政协委员和社会各界人士所反映的带有倾向性、界别性、普遍性的重要情况、意见和建议。

（四）坚持务求真实的原则。坚持实事求是，反对弄虚作假，有喜报喜，有忧报忧，真实、准确地反映客观情况。

（五）坚持注重质量的原则。做到着眼大局，贴近实际，贴近群众，充分反映需要县委和县政府了解的有分量、有价值的社情民意。

（六）坚持体现特色的原则。重视反映其他渠道不易掌握、不易获取的社会情况和群众意见；重视反映统一战线内各方面代表人士的看法，包括各种不同意见；重视反映各个界别和特殊群体的要求，包括那些人数不多但需要合理兼顾的群体的意见。

（七）坚持讲究时效的原则。做到收集快、整理快、报送快，对重大事件、重要情况要做到一事一报，急事急报，必要时应跟踪连续报。

四、全面掌握社情民意的主要内容

（八）社情民意是社会生活的基本情况和人民群众的意见、愿望和要求。社情民意主要反映党和政府重要方针政策措施贯彻落实情况的反馈性意见；政治、经济、文化和社会生活的热点、难点，以及改革、发展、稳定等方面的动态性意见；政协委员在参政议政中提出的具有前瞻性、警示性、代表性的意见和建议；本县统一战线和人民政协工作中的重要情况，以及保障政协委员正常履行职责的意见和建议等。

五、积极拓宽了解和反映社情民意的渠道

（九）政协委员要密切联系群众特别是本界别群众，经常主动地征求和反映他们的愿望和要求，使自己成为本界别群众名副其实的代表。每个县政协委员每年至少应反映一条社情民意。

（十）县级各民主党派、工商联、人民团体等县政协组成单位应积极发挥在了解和反映社情民意工作中的重要作用。各组成单位通过座谈、研讨、走访等形式，加强与所联系的社会群体的沟通联系，反映他们的意见、建议和要求。政协各组成单位每年至少应反映三条有价值、有分量的社情民意。

（十一）县政协各专门委员会、地区委员小组要充分发挥优势，在组织委员开展专题调研、座谈讨论时，有重点地收集和反映可供县委、县政府决策参考的一些重要情况、意见和建议。委员在调研视察中形成的某些单项意见和建议、时效性强的意见和建议等，可作为社情民意反映。各专门委员会每年至少应反映两条社情民意。

（十二）县政协从各组成单位和政协各专门委员会、地区委员小组中聘请有较强的政治敏锐性和理论政策水平、有一定文字表达能力的委员担任社情民意信息员，及时撰写和反映社情民意。

六、不断完善了解和反映社情民意的工作机制

（十三）县政协办公室要加强与县委办公室、县政府办公室、民主党派、工商联、人民团体、政协各专委会、地区委员小组、社情民意信息员的工作联系，建立畅通的联系渠道，指导社情民意的调查、收集和整理工作。加强社情民意工作情况的交流，通过社情民意工作座谈不断提高了解和反映社情民意的工作水平。各专门委员会和地区委员小组要加强与界别委员、党政对口部门的联系，广泛收集、及时整理社情民意。

（十四）《社情民意》参阅件是县政协办公室主办，向县委、县政府领导报送社情民意的载体。要严格工作程序，规范报送方式，增强针对性、时效性和实效性。

（十五）建立社情民意工作的跟踪、督办、反馈机制。对已经报送的社情民意，特别是经领导批示的社情民意，县政协要加强跟踪，努力提高社情民意所提意见和建议的落实率。对重要社情民意的落实，必要时可组织政协委员开展视察活动。对社情民意的领导批示和建议落实情况，应及时向社情民意反映者反馈。

（十六）建立激励机制。县政协应将反映社情民意的情况作为评选优秀政协委员、先进专门委员会和地区委员小组的重要依据。对产生重要影响的社情民意，可视情给予奖励。

七、切实加强了解和反映社情民意工作的组织领导

（十七）县政协常委会会议和主席会议要把了解和反映社情民意工作列入重要议事日程，做到经常研究、部署和检查。

（十八）县政协办公室、专门委员会办公室要把反映社情民意工作作为一项重要任务，要明确专人负责收集社情民意。建立健全社情民意的来稿登记、编审上报、文稿存档等工作制度。

（十九）应加强对社情民意工作的宣传。对一些适于公开报道的社情民意及解决情况，可通过《崇明报》、崇明电台、电视台等新闻媒体进行宣传。

（二十）要为从事社情民意工作的同志创造条件，安排参加有关会议、活动以及业务培训，不断提高工作水平。

中共政协崇明县委员会党组关于发挥县政协委员中的共产党员作用的意见

（2004年7月27日中共政协崇明县委员会党组会议通过）

人民政协是中国人民爱国统一战线组织，是中国共产党领导的多党合作和政治协商的重要机构，是我国政治生活中发扬社会主义民主的重要形式。为充分体现人民政协的政治优势，进一步发挥政协委员中的共产党员先锋模范作用，切实履行政协政治协商、民主监督、参政议政的职能，提出如下意见。

一、县政协委员中的共产党员是县政协委员中的一员，与其他各界政协委员具有同等的权利和义务。同时，县政协委员中的共产党员是受党组织的委派，参加政协从事党的统一战线工作，是人民政协始终保持正确的政治方向，充分发挥党和各界人士的桥梁纽带作用，积极推动民主政治建设的重要力量。

二、县政协委员中的共产党员应充分认识人民政协的性质和地位，充分认识人民政协在推进物质文

明、政治文明、精神文明建设中的重要作用，牢固确立政治意识、大局意识、统战意识、群众意识和委员的主体意识，进一步增强责任感和使命感，充分体现共产党员的先进性，模范履行政协委员的职责。

三、县政协委员中的共产党员应带头学习马克思列宁主义、毛泽东思想、邓小平理论和“三个代表”重要思想；带头学习统一战线和人民政协理论；带头学习现代经济、科技、管理和法律等方面的知识；带头学习业务知识，不断提高履行政协职能和做好本职工作的水平，服从、服务于改革、发展、稳定的大局。

四、县政协委员中的共产党员应模范执行党的各项方针、政策，模范遵守宪法和法律、法规，始终保持艰苦奋斗的优良传统，始终保持同人民群众的密切联系，进一步树立共产党员、政协委员的良好形象。

五、县政协委员中的共产党员应不断增强统战意识，牢牢把握团结、民主两大主题，团结一切可以团结的力量，密切同各界人士的沟通联系，积极宣传、解释党的方针政策，善于求同存异、体谅包容、平等待人、协商办事，主动热忱地广交、深交党外朋友，虚心听取党外人士的意见，实事求是地反映各界人士的意见和要求，协调关系，解疑释惑，化解矛盾，理顺情绪，凝聚人心，共同营造和保持真诚相待、宽松和谐、畅所欲言、团结合作的政治环境。

六、县政协委员中的共产党员应模范履行政协职能，带头围绕县委、县政府的中心工作开展调查研究，撰写调研报告；带头在县政协全体会议和其他协商会、议政会等会议上建言立论，为建设生态岛，加快实现崇明跨越式发展献计献策；带头撰写提案，提出既有前瞻性，又有可操作性的意见建议；带头了解和反映社情民意，重视民情、广集民智，促进党和政府决策的科学化、民主化。

七、县政协委员中的共产党员应带头参加县政协召开的会议和组织的座谈、讨论、视察、考察等各项活动。县政协常委会组成人员中的共产党员应发挥表率作用和导向作用，不无故缺席常委会会议，确保常委会会议正确、有效地履行对县政协工作的领导职能。担任专门委员会主任、地区委员小组组长的共产党员应认真组织好委组活动，善于发挥委组的界别优势和专业优势，善于引导委组成员发挥聪明才智，使委组工作更富生气，更有成效。

八、县政协委员中的共产党员应积极做好人民政协的宣传工作，宣传人民政协的性质、地位、作用和职能，宣传县政协为建设生态岛，实现崇明跨越式发展所开展的各项活动，提高全社会对新时期人民政协工作重要性的认识，为人民政协履行职能创造更有利的社会环境。

九、县政协委员中的共产党员，尤其是担任部门或单位领导的共产党员要努力为其他政协委员知情明政、开展调查研究、视察考察、沟通信息，提供方便，创造条件。应充分发扬民主，高度重视、及时采纳其他委员和各界人士提出的批评、意见和建议。应不断改进工作作风和工作方法，认真办理、注重落实政协提案和社情民意，努力提高政协工作的实效。

十、县政协党组应把进一步发挥县政协委员中的共产党员作用列入重要议事日程，领导县政协委员中的共产党员坚持团结、民主两大主题，认真贯彻“长期共存、互相监督、肝胆相照、荣辱与共”的方针，加强与党外人士的合作，切实做好党的统一战线工作。同时，充分调动县政协委员中的共产党员的积极性，带头履行政协政治协商、民主监督、参政议政职能，为崇明经济和社会各项事业的发展作出更多的贡献。

十一、县政协党组应加强与县政协委员中的共产党员所在党组织的联系，了解县政协委员中的共产党员在本单位的工作情况，定期通报县政协委员中的共产党员在政协工作中的表现。对在履行政协职能中缺乏热情、经常无故缺席政协活动或有其他不良表现的，与所在党组织共同做好教育和帮助工作。

政协崇明县委员会关于进一步发挥政协界别作用的意见

（2012年5月28日县政协十三届三次常委会会议通过）

为了进一步突出政协界别特色，充分发挥政协界别作用，不断加强政协自身建设，切实履行政协职能，推动崇明政协工作的新发展，根据《中共中央关于加强政协工作的意见》和《中国人民政治协商会议章程》规定，特制定本意见。

一、充分把握发挥界别作用的重要意义、指导思想和总体要求

1. 重要意义。人民政协是我国政治体制中唯一由界别组成的政治组织。界别是人民政协区别于其他政治组织的显著特征。在新的形势下，进一步突出界别特色，发挥界别作用，可以为各民主党派、工商联、人民团体以组织名义发表主张提供重要场所，为社会各界提出意见和建议畅通渠道，有利于调动各民主党派、工商联、人民团体、无党派人士参政议政的积极性；可以推动委员加强与各界群众的联系，广泛了解社会各界的意见和要求，使群众中分散的、个别的意见得到系统综合的表达，集中社会各阶层、各方面人士的真知灼见，有利于推进决策的民主化和科学化；可以更好地协调各界之间和各界内部的关系，有利于协助党和政府做好新形势下协调关系、化解矛盾、理顺情绪、促进和谐的工作。

2. 指导思想。界别活动要坚持以邓小平理论和"三个代表"重要思想为指导，以科学发展观为统领，以政协章程为依据，以界别为单位，牢牢把握团结和民主两大主题，突出政协特点，发挥界别优势，充分调动各界别委员的积极性，认真履行政治协商、民主监督、参政议政职能，团结和动员各界人士为推动我县经济建设、政治建设、文化建设、社会建设和生态文明建设贡献力量。

3. 总体要求。发挥政协界别作用的总体要求是围绕中心、服务大局，准确定位、主动融入，发挥优势、有所作为。要切实增强"四个意识"，即增强团队意识，注重凝聚界别委员的集体智慧；增强责任意识，通过政协组织和专门委员会的平台，切实发挥界别作用和优势；增强特色意识，准确把握各界别共性和个性特点，突出界别活动主题；增强创新意识，积极探索、完善机制、创新方式、增强活力，努力提高各界别履行政协职能的水平和实效。

二、着力发挥界别在政协履行职能中的作用

4. 发挥界别在政协全体会议中的重要作用。在政协全体会议上组织界别开展分组或联组讨论，安排界别作大会发言，充分反映本界别的意见和建议；在各种协商会、座谈会上，提倡以界别名义提出主张，发表意见；界别召集人列席县政协常委会议，参与审议讨论和发言活动。

5. 发挥界别在调研视察中的重要作用。各界别要根据县政协的年度重点工作，选择适合本界别特点的课题和本界别群众关注的问题，组织开展调研视察和考察活动，提出意见和建议。县政协常委会、主席会议就专业性较强的问题进行调研视察时，可邀请相关界别的委员参加。

6. 发挥界别在提案工作中的重要作用。建立界别提案征集制度，鼓励各个界别针对本界别工作和群众普遍关注的问题，提出界别提案，对有界别特点、内容实、质量高的提案优先列为重点提案。主席领衔促办重点提案及其他重要提案可邀请有关界别委员参与协商、讨论，鼓励各个界别根据自身特点和优势，独立开展提案协商办理或有重点地促办提案。

7. 发挥界别在反映社情民意方面的重要作用。各界别要密切联系群众，关注群众合理诉求，深入群众走访调研，广泛听取群众意见，积极反应社情民意信息，及时、准确地向党委和政府提出意见和建议。每个界别委员小组确定 1—2 名社情民意信息员，及时收集和反映有界别特色的重要信息。

8. 发挥界别在专门委员会工作中的重要作用。县政协各专门委员会由相关界别委员组成，并按界别设立若干委员活动小组，组织、协调各界别委员。根据各自界别特色，开展调研、视察、研讨、座谈、咨询服务以及与党政部门对口联系等活动。各专门委员会要注重充分发挥界别委员的整体功能，积极支持委员活动小组和县政协各界别委员小组工作上的互动，努力使专门委员会成为界别活动的重要依托。

9. 发挥界别在联系本界别群众方面的重要作用。各界别应根据自身特点，加强与本界别群众的联系，及时传达党的路线、方针、政策及有关工作部署，协助党委、政府做好统一思想、协调关系，化解矛盾、理顺情绪，共同营造安定和谐的社会环境。

三、不断丰富界别活动的内容、形式

10. 界别活动的内容。学习中国特色社会主义理论体系和党的路线、方针、政策以及统一战线和人民政协理论；学习国家和地方法律法规和界别履行职能的相关知识；了解本县经济社会发展及党政部门工作情况；传达贯彻县政协常务委员会会议、主席会议精神，通报政协工作情况；开展调查研究，为本县经

济社会发展建言献策；反映社情民意，促进民生改善；围绕团结民主两大主题，广泛联系界别人士，汇聚各方力量；从事公益服务，为界别群众排忧解难。

11. 界别活动的形式。组织开展学习交流、调研、视察、走访、慰问、情况通报、咨询服务、参加社会公益活动等。可以同专门委员会或其委员活动小组联合举行，也可以联组开展活动。

12. 界别活动的要求。根据县政协年度工作重点，以及相关专门委员会年度工作安排，结合本界别特点，制定年度活动计划，每年集中活动不少于两次；组织好政协全体会议期间各界别的参政议政；根据县政协常务委员会年度工作要点，以及相关专门委员会年度工作计划，结合本界别特点，制定年度活动计划；学习工作力求实效，不断提高委员理论素养和履职能力。每年要就县委、县政府重视、本界别群众关注的问题，组织本界别委员在调查、考察的基础上，以界别名义提出提案、大会发言、社情民意信息或调研报告；在届内选择有关领域内的重大问题，有计划、有步骤地开展深入调研，提出意见和建议，供县委、县政府决策参考。加强与县政协相关专门委员会及其委员活动小组的联系和互动，协助各专门委员会工作更加突出界别优势和专业特点。

四、切实加强界别活动的组织领导

13. 建立政协界别委员小组。为有利于活动开展，县政协建立若干界别委员小组，并明确1名召集人，其人选由界别委员协商推荐、主席会议研究确定。召集人要切实担负起职责，根据本界别特点，积极组织本界别委员开展各具特色的活动，密切与本组委员的联系和沟通，了解和反映他们的意见建议，做好本组委员履职情况和参加界别活动的考核等工作，充分发挥界别优势。

14. 建立县政协领导联系界别制度，县政协主席会议要把发挥界别作用放在重要位置，及时了解和研究新情况、新问题，加强指导，推进工作。县政协主席、副主席按照分工联系界别，参加相关界别委员小组的活动，指导和推动界别活动的开展。县政协办公室、研究室、各专门委员会参与各相关界别委员小组的活动，并协助做好协调服务工作。县政协主席会议、常务委员会会议适时听取界别委员小组工作情况汇报。

五、努力提升界别活动的服务和保障水平

15. 建立界别工作联系机制。县政协办公室负责与界别委员小组活动的总体协调，指导、联系、协助中共界、特邀界的委员小组活动；县政协提案委员会指导、联系、协助各民主党派、无党派人士界的委员小组活动；经济委员会指导、联系、协助工商联界、科技界、科协界、经济界、农业界的委员小组活动；社会事业委员会指导、联系、协助教育界、文化艺术界、体育界、新闻界、医药卫生界的委员小组活动；建设管理委员会指导、联系、协助工会界、共青团界、青联界、妇联界、侨联界、台联界、社会福利和社会保障界、少数民族界、宗教界的委员小组活动。各界别的委员小组活动要与相关党派、团体、专门委员会的活动整体考虑，有机结合。

16. 加强对界别活动的宣传报道。有计划、有重点地组织对界别活动的新闻报道；组织界别委员在新闻媒体上参与访谈，发表意见和建议；及时总结经验，指导和推动界别活动有效开展；在县政协网站和《崇明政协》月刊上开辟有关专栏，组织界别委员讨论交流，反映界别活动情况。

17. 提供对界别活动的服务保障。县政协为开展界别活动、发挥界别作用提供一定的活动经费及其他必要的条件。县政协机关要做好联络、协调和后勤保障等工作，为委员界别活动搞好服务。机关全体工作人员都要牢固树立服务观念，大力弘扬敬业、奉献、协作、务实、创新精神，努力提高服务水平和工作质量，为开展委员界别活动创造条件。

六、认真做好界别活动的总结表彰工作

18. 总结表彰。县政协每年召开一次界别召集人会议，总结交流开展界别活动的情况和经验，部署年度界别活动工作。县政协每届进行两次先进界别委员小组评比和总结表彰活动。

编　后　记

《崇明县政协志(1956—2012)》经全体编纂人员的共同努力，终于付梓出版。这是崇明政协史上的一件大事，也是全县各界人士政治、文化生活中的一件大事。

《崇明县政协志(1956—2012)》编纂准备工作始于2012年10月，县政协召开主席会议，审议通过编纂计划和编纂纲目，并决定成立《崇明县政协志(1956—2012)》编纂委员会。县政协一名副主席分管编纂工作，县政协办公室、研究室具体组织实施。

2013年5月，《崇明县政协志(1956—2012)》编纂工作进入实质性启动阶段。三年多来，编纂人员兢兢业业，埋头苦干，查阅了2 000多卷档案资料，专访了部分县政协委员和政协工作者，收集了300多万字资料，经梳理形成150多万字的志书初稿。2015年6月，形成志书评议稿，分送上海市地方志办公室领导和有关专家、学者审阅；同时送县政协主席会议成员、部分老领导、老同志及办公室、研究室有关同志征求意见。2015年7月30日，编纂委员会召开专家评审会，出席会议的专家学者发表了很多真知灼见。上海市地方志办公室原副主任、研究员、专家组组长姚金祥宣读评审意见。编纂人员按照专家评审会意见，作了认真修改。2015年10月，编纂委员会召开部分历届政协老领导和政协工作者座谈会，根据座谈会提出的意见，又作了修改。2016年3月，形成送审稿，送编纂委员会审查。根据编纂委员会审查意见，再次作了修改。2016年9月，形成验收稿。2016年10月，通过验收稿。

《崇明县政协志(1956—2012)》的编纂工作是在县政协领导的重视和关心下进行的。县政协主席施建华多次听取编纂工作情况汇报，并提出指导性意见，帮助解决编纂工作中遇到的困难和问题。县政协副主席王为群、沈卫国、施俭、周新卫、顾德昌也经常关心指导编纂工作。县政协各专门工作委员会及县政协有关科室多次提供资料。中共崇明县委组织部、统战部，崇明县档案局(馆)为查阅档案资料提供方便。历届县政协领导、政协委员、县政协之友社社员及社会各界人士也给予热情帮助。编纂过程中，还得到上海市地方志办公室、崇明县地方志办公室和各兄弟区同行的指导和帮助。在《崇明县政协志(1956—2012)》即将出版之际，我们谨对编纂《崇明县政协志(1956—2012)》给予支持和帮助的各位领导，各位专家、学者，有关单位及有关人士表示诚挚的谢意。

鉴于编纂人员知识和水平有限，加上历史资料缺失，难免会有疏漏和不妥，不足之处，敬请广大读者批评指正。

编　者

2016年12月